U0694708

上海市志

科学分志
科学技术卷

1978—2010

上海市地方志编纂委员会 编

上海古籍出版社

1	
2	
3	
	4

1. 1978 年上海市科学技术大会

2. 1995 年上海市科学技术大会

3. 1999 年上海市技术创新大会

4. 2006 年上海市科学技术大会

1. 2000 年上海市科学技术奖励大会
2. 2005 年上海中长期科技发展规划纲要专家咨询会
3. 2009 年上海市推进高新技术产业化工作会议
4. 2010 年国家技术创新工程上海市试点工作推进大会

1	
2	3
4	

1. 2005 年国家最高科学技术奖获得者吴孟超
2. 2009 年国家最高科学技术奖获得者谷超豪
3. 2010 年国家最高科学技术奖获得者王振义

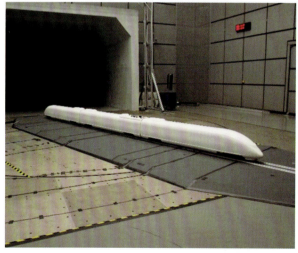

1. 上海光源
2. 上海超算中心
3. 同济大学汽车风洞
4. 65 米口径射电天文望远镜

1	2
3	4
5	6
7	8

1. 1993 年第二届上海科技博览会
2. 1999 年 10 月 7 日，'99 上海科技节开幕
3. 上海市科普工作会议于 2000 年 8 月 30 日召开
4. 2007 年 "科技创业杯" 颁奖大会
5. 上海科技馆
6. 上海电子科普画廊
7. 2008 年上海国际青少年科技博览会
8. 2010 年上海科普大讲坛

1	3
2	5
4	6

1. 1998 年，市公路学会举办'98 上海科技论坛"面向 21 世纪的上海高速交通"研讨会
2. 2001 年 11 月 24 日，市科协举办工博会科技论坛院士圆桌会议
3. 2005 年，第二届长三角科技论坛暨市科协第三届学术年会开幕式
4. 2006 年 11 月 21—23 日，市科协召开第八次代表大会
5. 2008 年，市科协第六届学术年会开幕
6. 2008 年，市科协会成立 50 周年庆祝大会

1. 上海研发公共服务平台
2. 2009 年上海研发公共服务平台服务企业推进大会
3. 上海市高新技术成果服务中心
4. 2009 年科技情报工作座谈会

1	3
2	4

1. 上海第一家上市的民营科技企业——复星实业有限公司

2. 2009 上海市科技小巨人企业沙龙

3. 2008 年第 11 届国际企业孵化器培训研讨班

1	2
3	4
	5

1. 2008 年 5 月，上海科技成果应用到抗震救灾第一线，图为宽带接入系统在灾区应用
2. 2008 年 7 月 3 日，"沪滇科技成果洽谈会"项目推介交流会在云南昆明开幕
3. 2003 年，上海科技人员支援西藏自治区，实施国家光明工程
4. 2008 年 8 月 26 日，院市合作委员会第六次会议
5. 2009 年 5 月 17 日，长三角区域创新体系建设工作座谈会暨联席会议在上海召开

1. 2004 年 11 月 2—6 日，世界工程师大会在上海举办
2. 2006 年上海—法国罗纳阿尔卑斯大区科技创新合作二十周年庆祝活动
3. 2007 年 11 月 27 日至 30 日，高级海事论坛
4. 2005 年 10 月 15 日，上海伽利略导航有限公司投资加入中国伽利略卫星导航有限公司

张江高科技园区建园 15 周年

上海张江国家自主创新示范区各分园分布示意图

1. 漕河泾开发区
2. 张江园区全景
3. 园区分布图

1	2
3	4
5	6 7

1. 非线性双曲型方程组和多元混合型偏微分方程的研究获国家自然科学二等奖（1982）
2. 内燃机配气机构计算方法、程序和应用获国家科技进步一等奖（1985）
3. 线性与非线性发展方程获上海科技进步一等奖（2000）
4. 设计严格安全软件的完备演算系统获上海市科技进步奖一等奖（2000）、国家自然科学二等奖（2002）
5. 神经网络的非线性映照理论、盲信号分离和主成分（微小成分）分析获国家自然科学二等奖（2002）
6. 单核 C★– 代数的分类获上海科技进步一等奖（2005）
7. 高维非线性守恒律方程组与激波理论获国家自然科学二等奖（2005）

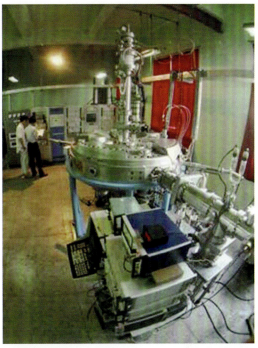

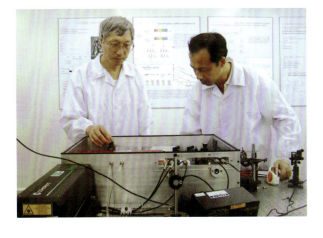

1	2
3	
4	

1. 1985 年 7 月，中科院上海光机所建成当时中国规模最大的高功率钕玻璃激光装置——激光 12 号装置

2. 1993 年，世界上第一台超灵敏小型回旋加速器质谱仪在中科院上海原子核所问世

3. 小型化 OPCPA 超短超强激光装置研究获 2004 年国家科技进步奖一等奖

4. 光场时—频域精密控制的研究获上海市科技进步一等奖 (2005)、国家自然科学二等奖（2006）

实现了超支化聚合物的多维多尺度自组装

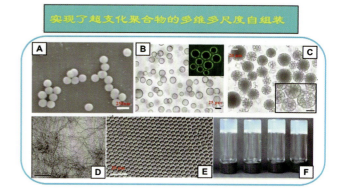

	1	2
	3	4
		5

1. 含氟碳—碳重键的新合成方法学研究获上海市科技进步一等奖（1999）、国家自然科学二等奖（2000）

2. 通过金属配位作用而实现的一些高选择性合成反应获上海市科技进步一等奖（2001）、国家自然科学二等奖（2002）

3. 中科院院士蒋锡夔完成的有机分子簇集和自由基化学的研究获国家自然科学一等奖（2003）

4. 基于组合方法与组装策略的新型手性催化剂研究获上海市自然科学一等奖（2008）、国家自然科学二等奖（2009）

5. 超支化聚合物的可控制备及自组装获上海自然科学一等奖（2007）、国家自然科学二等奖（2009）

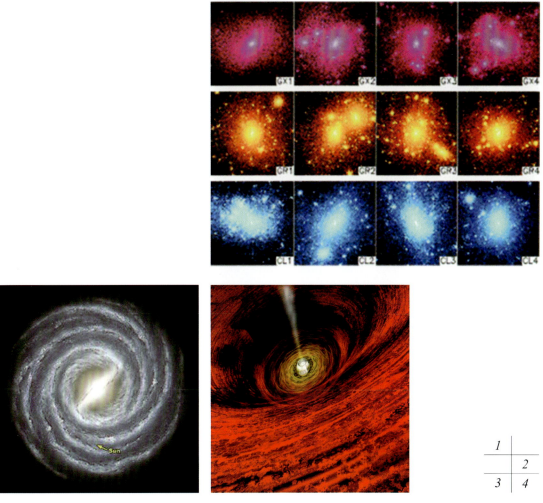

	1
	2
3	4

1. 1.56 米大型天文望远镜获中国科学院科技进步一等奖（1990）、国家科技进步一等奖（1992）
2. 宇宙结构形成的数值模拟研究获上海市科技进步一等奖（2004）
3. 首次高精度测得银河系英仙臂的距离的成果发表在 2005 年的美国《科学》杂志
4. 发现银河系存在超大黑洞的最新证据的成果发表在 2005 年的英国《自然》杂志

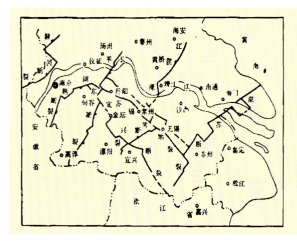

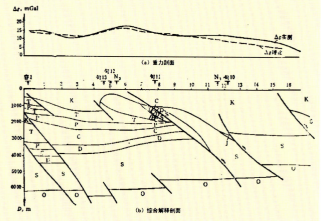

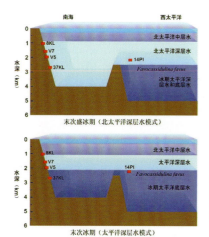

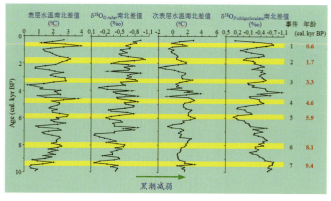

1. 江苏南部重磁力等地球物理资料综合研究获上海科技进步一等奖（1988）

2. 西太平洋边缘海三维空间古海洋学研究获上海科技进步一等奖（2002）

3. 亚洲风尘起源、沉积与风化的地球化学研究及古气候意义获国家自然科学二等奖（2010）

4. 上海科学家参与极地科考，红旗飘扬在南极冰盖

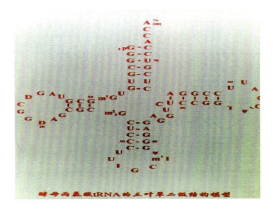

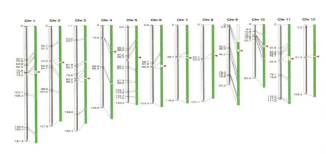

1. 人工全合成酵母丙氨酸转移核糖核酸获国家自然科学一等奖（1987）

2. 氨基酰-tRNA 合成酶及其相关 tRNA 的相互作用获上海市科技进步一等奖（2000）、国家自然科学二等奖（2001）

3. 树突状细胞的免疫学功能及其来源的全长新基因的克隆与分析获上海市科技进步一等奖（2001）、国家自然科学二等奖（2003）

4. 阿片类物质介导的神经信号转导的调控和耐受成瘾机理研究获上海市科技进步一等奖（2001）、国家自然科学二等奖(2002)

5. 水稻基因组第四号染色体测序及分析获上海市科技进步一等奖（2003）、国家自然科学二等奖（2007）

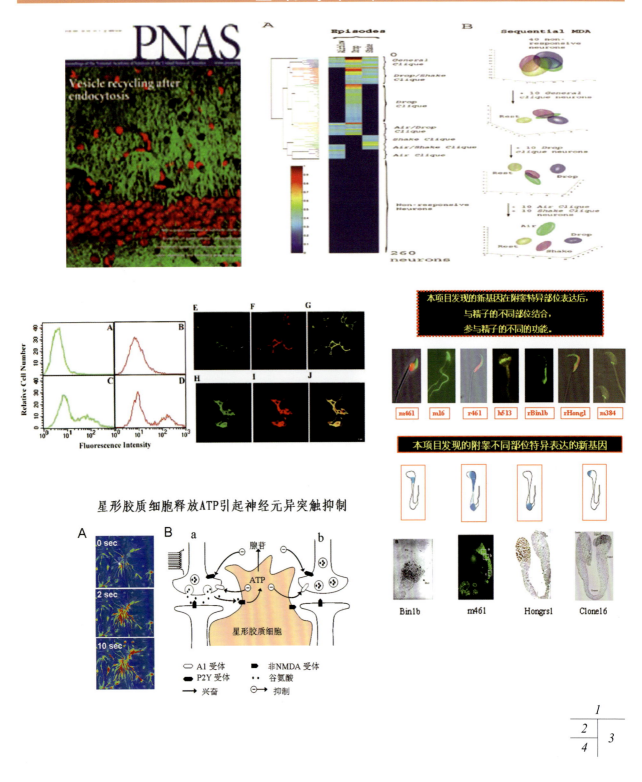

星形胶质细胞释放ATP引起神经元异突触抑制

1. 世界上首次发现大脑记忆的编码单元与大脑密码解读的成果刊登于2005年《美国科学院院刊》（PNAS）杂志上
2. G蛋白偶联受体信号与其他细胞信号通路间的对话机制获上海市自然科学一等奖（2006）、国家自然科学二等奖（2007）
3. 精子在附睾中成熟的分子基础研究获上海市自然科学一等奖（2007）、国家自然科学二等奖（2008）
4. 胶质细胞新功能的研究获上海市自然科学一等奖（2009）、国家自然科学二等奖（2010）

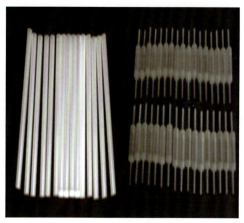
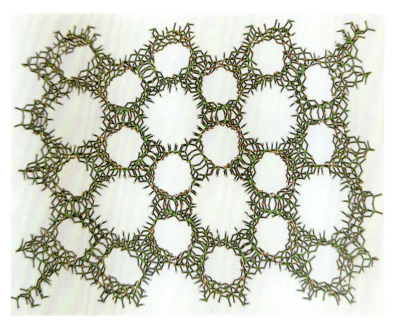

$$\frac{1}{3} \quad \frac{2}{4}$$

1. 1979 年，华东计算机所成功研制出我国首台每秒 500 万次的大型计算机

2. 碳纤维补强石英复合材料及"东五"帽制备工艺获国家发明一等奖（1980）

3. 有序排列的纳米多孔材料的合成与组装获上海科技进步一等奖（2002）、国家自然科学奖二等奖（2004）

4. "创新一号"低轨通信小卫星系统获上海科技进步一等奖（2004）、国家科技进步二等奖（2005）

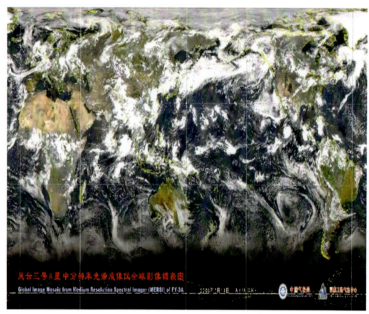

1	2
3	4

1. GSM/GPRS 手机核心芯片关键技术获上海科技进步一等奖（2005）、国家科技进步一等奖（2006）
2. "高端硅基 SOI 材料研究和产业化"获上海科技进步一等奖（2005）
3. 2007 年世界首例转基因克隆兔在沪诞生
4. 星载全覆盖复合分辨率光谱成像关键技术获上海科技进步一等奖（2010）

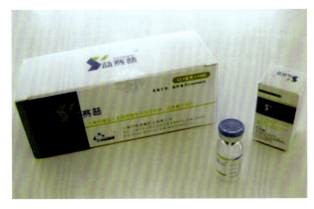

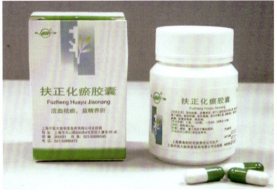

1. 向阳红 10 号年获国家科学技术进步特等奖（1986）
2. 宝钢高炉喷煤技术获上海科技进步一等奖（2001）、国家科技进步二等奖（2002）
3. 注射用重组人 II 型肿瘤坏死因子受体抗体融合蛋白获上海技术发明一等奖（2006）
4. 扶正化瘀胶囊进入 II 期临床研究获国家科技进步奖二等奖 (2007)

1	
2	3
4	5

1. 燃料电池轿车动力系统集成与控制技术获上海科技进步一等奖（2007）、国家科技进步二等奖（2008）
2. 2010 年，自主研发的国内技术最先进、容量最大的风力发电机组 3.6MW 大型海上风机在上海电气临港重装备基地成功下线
3. 全国第一世界领先的 1.65 万吨自由式油压机获上海科技进步一等奖（2009）
4. 超临界 600MW 火电机组成套设备研制与工程应用获国家科技进步一等奖（2008）
5. 主品牌荣威中级轿车平台及荣威 550 车型开发获上海科技进步一等奖（2010）

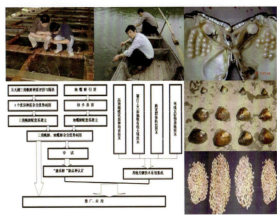

1	2
3	4
5	6

1. 优质抗病青菜品种"矮抗青"获上海科技进步一等奖（1985）

2. 新浦东鸡培育获国家科技进步二等奖（1985）

3. 锦绣黄桃获上海科技进步一等奖（1986）

4. 从"吉富"到"新吉富"——尼罗罗非鱼种质创新与应用获上海技术发明奖一等奖（2007）

5. 香菇育种新技术的建立与新品种的选育获国家科技进步二等奖（2008）

6. 淡水珍珠蚌新品种选育和养殖关键技术获上海科技进步一等奖（2008）

高产、优质、抗病油菜"沪油杂1号"

高产抗锈病小麦品种"川麦42"（左）及其对照（右）

```
1 | 3
2 | 4
```

1. 植物新品种"培忠杉"（东方杉）的研究与开发应用获上海科技进步一等奖（2009）
2. 中华绒螯蟹育苗和养殖关键技术的研究和推广获上海科技进步一等奖（2009）
3. 高产、高抗病隐性核不育双低油菜杂交种沪油杂1号的选育获上海科技进步一等奖（2010）
4. 人工合成小麦优异基因发掘与川麦42系列品种选育推广获国家科技进步二等奖（2010）

1	2
3	4

1. 现代集装箱码头智能化生产关键技术获上海市科技进步一等奖（2003）、国家科技进步二等奖（2004）
2. 特大城市医疗保险系统集成技术获上海市科技进步奖一等奖（2007）
3. 兼容IPv6的宽带接入汇聚与服务系统获上海市科技进步一等奖（2008）
4. 电信级IPTV业务的技术研究及规模商用获上海市科技进步一等奖（2009）

1	2
3	4
5	6

1. 宝钢一期工程施工新技术获国家科技进步特等奖（1988）
2. 超高层建筑施工技术研究——金茂大厦88层获国家科技进步一等奖（1999）
3. 秦山30万 KW 核电厂设计与建造获国家科技进步特等奖（1988）
4. 东海大桥工程关键技术与应用获上海市科技进步一等奖（2006）、国家科技进步一等奖（2007）
5. 大断面管幕－箱涵顶进应用技术研究获上海市科技进步一等奖（2006）
6. 重交通沥青路面设计的理论体系、关键技术与工程应用获上海科技进步一等奖（2008）、国家科技进步二等奖
（2009）

1
2
3

1. 上海磁浮示范线轨道系统关键技术研究获上海市科技进步一等奖（2003）
2. 上海国际航运中心洋山深水港区（外海岛礁超大型集装箱港口）工程关键技术获上海市科技进步一等奖（2008）、国家科技进步二等奖（2010）
3. 智能列车监控系统在城市轨道交通中的推广和应用获上海科技进步一等奖（2009）

1
2 | 3

1. 结构抗震防灾新理论新技术研究获上海市科技进步一等奖（2005）、国家科技进步二等奖（2006）
2. 电力系统安全保障技术获上海科技进步一等奖（2008）
3. 大跨度拱桥抗风设计理论及其工程应用获上海科技进步一等奖（2009）

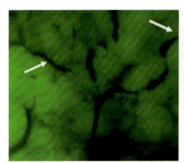
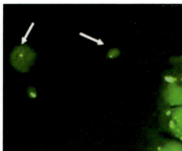
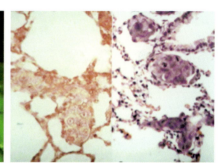

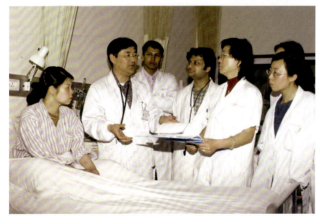

1	2
3	
4	5

1. 于仲嘉教授的手或全手指缺失的再造技术荣获国家发明一等奖（1985）
2. 于仲嘉教授检查患者董勤亮全手指缺失再造后的功能
3. 转移性人肝癌模型系统的建立及其在肝癌转移研究中的应用获国家科技进步一等奖（2006）
4. 嗜铬细胞瘤的早期诊断与治疗获上海科技进步一等奖（2008）
5. 糖尿病及其慢性并发症的预测及检查方法的优化与应用获上海科技进步一等奖（2008）

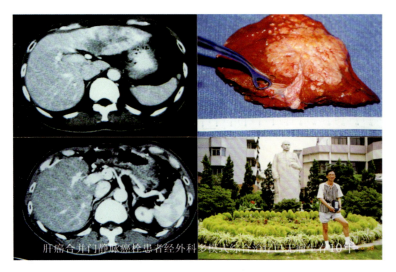

肝癌合并门静脉癌栓患者经外科多模式综合治疗健康生存10年

1. 肝癌门静脉癌栓形成机制及多模式综合治疗技术获国家科技进步二等奖（2008）
2. 上海市民体质网络系统的研发与应用获上海科技进步一等奖（2010）
3. 肾阳虚证的神经内分泌学基础与临床应用获国家科技进步二等奖（2010）

1	2
3	4
5	6

1. 苏州河水环境治理关键技术研究与应用获国家科技进步二等奖（2003）
2. 大型源水生物处理工程工艺研究与应用获国家科技进步二等奖（2004）
3. 汽车尾气三效净化催化剂获上海技术发明一等奖（2006）
4. 可持续生活垃圾填埋处置及资源化研究与应用获上海科技进步一等奖（2008）
5. 功能化系列水处理剂研制与产业化生产及应用获上海技术发明一等奖（2009）
6. 催化还原技术强化废水生物处理工艺开发获上海技术发明一等奖（2010）

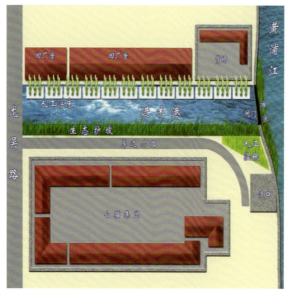

1. 浦东国际机场东移和九段沙生态工程研究获上海市科技进步一等奖（1999）
2. 城市景观水体生物净化关键技术研究与苏州河梦清园示范获上海科技进步一等奖（2008）
3. "黄浦江、苏州河受污染水体生态修复关键技术研究"项目的进木港示意图
4. 科技支撑崇明生态岛建设

上海市地方志编纂委员会

主 任 委 员　周慧琳
副主任委员　翁铁慧　李逸平　朱咏雷　宗　明
委　　　员　（以姓名笔画为序）
　　　　　　于　勇　于秀芬　王　平　王　宇　王　岚　王德忠　方世忠
　　　　　　朱勤皓　华　源　向义海　邬惊雷　刘　健　严爱云　李　谦
　　　　　　李　霞　李余涛　李国华　杨　莉　肖跃华　吴金城　吴海君
　　　　　　余旭峰　张　全　张小松　张国坤　张超美　陆　靖　陆方舟
　　　　　　陈　杰　陈　臻　陈宇剑　陈德荣　邵　珉　金鹏辉　周　亚
　　　　　　周　强　周夕根　郑　杨　郑健麟　孟文海　赵永峰　胡广杰
　　　　　　姜冬冬　洪民荣　姚　海　秦昕强　袁　鹰　桂晓燕　徐　枫
　　　　　　徐　建　徐　炯　徐　彬　徐未晚　高融昆　郭　芳　黄永平
　　　　　　黄德华　曹吉珍　盖博华　巢克俭　蒋怀宇　谢　峰　缪　京
　　　　　　薛　侃
办公室主任　洪民荣
副 主 任　生键红

上海市地方志编纂委员会

（2007.8—2020.6）

主 任 委 员　殷一璀（2007.8—2014.11）　徐　麟（2014.11—2015.9）
　　　　　　董云虎（2015.9—2018.6）
副主任委员　（2007.8—2011.8）
　　　　　　王仲伟　杨定华　姜　樑　李逸平　林　克
副主任委员　（2011.8—2014.11）
　　　　　　屠光绍　杨振武　洪　浩　姚海同　蒋卓庆　林　克
办公室主任　李　丽（2008.7—2010.10）　刘　建（2010.10—2014.2）
副 主 任　沙似鹏（1997.12—2007.9）　朱敏彦（2001.1—2012.5）
　　　　　　沈锦生（2007.7—2009.2）　莫建备（2009.9—2013.11）
　　　　　　王依群（2016.9—2020.3）

《上海市志·科学分志·科学技术卷(1978—2010)》
编纂委员会

主　任　寿子琪(2010.6—2018.1)　　　张　全(2018.1—)

副主任　徐美华(2010.6—2015.11)　　陈　杰(2015.12—2016.3)

　　　　　马兴发(2016.4—10)　　　　朱启高(2016.11—2018.6)

　　　　　骆大进(2018.6—)　　　　　朱志远(2010.6—2014.12)

　　　　　田申荣(2015.1—)　　　　　石　谦(2010.6—2016.10)

　　　　　曹阿民(2016.10—)　　　　王晓东(2010.6—2015.12)

　　　　　王凡立(2016.1—)　　　　　缪文靖(2016.10—)

委　员　马兴发(2010.6—2014.1)　　陈海鹏(2014.2—2017.6)

　　　　　陈　馨(2017.7—)　　　　　刘俊彦(2010.6—2014.1)

　　　　　吴寿仁(2014.1—2016.12)　方　浩(2016.12—)

　　　　　张肇平(2010.6—2014.1)　　秦　亮(2014.2—2015.12)

　　　　　俞　清(2016.1—)　　　　　陈宏凯(2010.6—2017.11)

　　　　　李　靖(2017.12—)　　　　骆大进(2010.6—2018.6)

　　　　　孙中峰(2017.7—)　　　　　王凡立(2010.6—2015.12)

　　　　　陶艺音(2016.1—2016.10)　李志卫(2016.11—)

　　　　　田申荣(2010.6—2014.12)　唐　铮(2015.1—)

　　　　　朱爱存(2010.6—2015.12)　周嗣渊(2016.1—2016.10)

　　　　　刘小玲(2016.10—)　　　　吴国瑛(2010.6—2014.5)

　　　　　周　敬(2014.6—2016.9)　　董美娣(2016.10—)

　　　　　葛同舟(2010.6—2012.5)　　王正刚(2012.5—2018.10)

　　　　　赵文良(2018.10—)　　　　李岩松(2016.10—)

　　　　　刘　伟(2010.6—2013.5)　　石　谦(2018.9—)

　　　　　张聪慧(2010.6—)

主　编　徐美华(2010.6—2015.11)　　陈　杰(2015.12—2016.3)

　　　　　马兴发(2016.4—10)　　　　朱启高(2016.11—2018.6)

　　　　　骆大进(2018.6—)

副主编　刘　伟(2010.6—2013.5)　　骆大进(2010.6—2018.6)

　　　　　张聪慧(2013.6—)　　　　　石　谦(2018.9—)

《上海市志·科学分志·科学技术卷(1978—2010)》
编纂办公室

主　任　朱泽民(2010.6—2015.10)　　　张聪慧(2015.10—)

副主任　张瑞山(2010.6—)

成　员　朱孟良　张晓加　刘燕影　李　辉

编　辑　张瑞山　朱孟良　张晓加　刘燕影　李　辉　刘长波　刘朝粹
　　　　　石绮玥　任荣祥

《上海市志·科学分志·科学技术卷(1978—2010)》
指导专家名单
（以姓氏笔画为序）

丁国徽	丁奎岭	丁秋蓉	万　颖	马红孺	王圣滔	王兆德
王远明	王丽萍	王拥军	王　炜	王建平	王思培	王　勇
王铭庆	王渠东	王　震	方　浩	叶晓军	朱　青	朱盛镭
朱　嶲	乔文明	华里发	华裕达	刘荣厚	江世亮	汤章城
阮康成	孙正心	孙立军	芮和兵	芦　洁	巫永睿	李　皓
李　于	李荣霞	李健民	杨云凌	杨平西	杨建群	时建刚
吴寿仁	吴洁敏	邱夷平	何品刚	余岳峰	闵永林	沈竞康
忻元龙	张　宇	张利权	张若京	张胜年	张锦豪	张　群
张　鳌	陆星海	陈士信	陈天平	陈红光	陈　超	陈森兴
范安康	郁增荣	罗奇峰	金志刚	周朝晖	郑　震	郑志航
赵有才	赵荣善	胡孝渊	钮云洲	施国粹	贺鹤勇	钱　吉
钱维锟	徐子成	徐　宏	徐美华	徐　强	郭晓娟	唐戈云
黄素梅	曹志浩	康来仪	彭建平	童裕孙	薛　林	薛小平
薛苏杭	戴　宁					

《上海市志·科学分志·科学技术卷(1978—2010)》 评议会专家名单

组　　长　李　丽
成　　员　（以姓氏笔画为序）
　　　　　王拥军　巴兆祥　叶贵勋　朱洁士　江晓原　汤章城　张利林
　　　　　张洪发　茅伯科　林卫青　岳　伟　施国粹　徐　强　黄素梅

《上海市志·科学分志·科学技术卷(1978—2010)》 审定会专家名单

组　　长　李　丽
成　　员　（以姓氏笔画为序）
　　　　　王拥军　叶贵勋　吕瑞锋　华裕达　江晓原　汤章城　杨仁雷
　　　　　林卫青　郁增荣　徐　强

《上海市志·科学分志·科学技术卷(1978—2010)》 验收单位和人员名单

验收单位　上海市地方志办公室
验收人员　洪民荣　王依群　黄晓明　过文瀚　黄文雷
业务编辑　李洪珍

序

  《上海市志·科学分志·科学技术卷(1978—2010)》由上海市科学技术委员会主持编纂,上海市科学学研究所具体承编,上限为1978年,下限为2010年,全面反映改革开放以来上海科技发展的历程和成就。

  改革开放以来,上海科技发展经历了加快研究开发新兴技术,为改造传统产业服务;发展高新技术及产业,促进上海产业结构调整;构建"一流科技",增强城市综合竞争力;大力推进自主创新,建设创新型城市等阶段。取得了巨大成就,为上海经济、社会的全面发展提供了重要支撑。

  改革开放以来,上海科技走过非凡的历程,发生了深刻变化。实现了科技管理由定项目、拨经费的微观管理向战略规划、政策协调的宏观调控的转变,科技政策和法规由单一、零散向综合、系统、整体的转变,科技体制由科研导向到创新导向的转变,高新技术园区由引进为主到创新为主的转变等。建立了以企业为主体、市场为导向、产学研结合的技术创新体系,形成了开放、共享、动态的科技服务体系,形成了高端、青年、海外等多层次的人才体系,形成了科研院所面向经济、服务民生的新体制和机制等。

  上海正在实施创新驱动、转型发展战略,全面建设具有全球影响力的科技创新中心。上海科技工作以习近平新时代中国特色社会主义思想为指导,在市委、市政府的坚强领导下,坚持科技创新和体制机制创新"双轮"驱动,坚持以提升创新策源能力为主线,为提升上海城市能级和核心竞争力做出更大贡献,创造新的辉煌。

  《上海市志·科学分志·科学技术卷(1978—2010)》共14篇,分为3大部分:科技基础、科技成就、科技人物。反映了上海科技在体制改革、管理服务、普及合作和高新技术园区等方面的发展历程、变化和成就;展示了上海科技在攀登科技制高点、面向经济增长点、服务民生关注点等方面取得的成就;记录了为上海科技发展做出突出贡献的科学家的生平事迹。

　　《上海市志·科学分志·科学技术卷(1978—2010)》编修过程中,得到上海市地方志办公室的具体指导,得到众多专家的指导和帮助,得到许多单位的支持和帮助,这里表示由衷的感谢。

2019 年 5 月

凡　例

一、本志坚持以马克思主义为指导,遵循辩证唯物主义和历史唯物主义原理,实事求是记述上海市自然、政治、经济、文化和社会的历史与现状。

二、本志为上海市首轮社会主义新方志中《上海通志》《上海市级专志丛刊》之续,续义不续例,体例方面创新调整,并对首轮志书补缺正误。采用小篇平列体,分别编纂,陆续出版,汇为全志。

三、本志记述地域范围,以2010年底上海市行政区划为准。由上海市辐射至全国其他地区及国外事物,兼及记述。

四、本志记述内容的时限,上起1978年,下迄2010年,反映这一时期上海改革开放全貌。首轮《上海市级专志丛刊》所缺或记述内容不够丰富的分志、分卷,上溯至事物发端。中国共产党分志、人民代表大会分志、人民政府分志、人民政协分志、民主党派分志,为保持同一届次内容记述的完整性,下延至2010年后的首个换届年份。

五、本志按自然、政治、经济、文化和社会为序设置分志、分卷,事以类从,类为一志,并兼顾当代社会分工的原则。全志除总述外,中国共产党分志、农业分志、工业分志、商业分志、服务业分志、城乡建设分志、金融分志、口岸分志设置综述卷,并设经济综述分志,加强全志整体性。各分志、分卷采用篇章节体,卷首设概述、大事记,以专记、附录、索引殿后。

六、本志体裁以述、记、志、传、图、表、录为主,力求内容与形式统一。

七、本志人物传遵循"生不立传"原则。入传人物排列先后以卒年为序,在世人物以人物简介(排列以生年为序)、人物表(人物录)记载。

八、本志采用规范的语体文、记述体,行文按《〈上海市志(1978—2010)〉行文规范》,力求严谨、朴实、简洁、流畅,以第三人称记述。

九、本志纪年,凡1949年5月27日上海市解放以前的用历史纪年,一般标示朝代、年号、年份,括注公元纪年;1949年5月27日上海市解放后,一律采用公元纪年。

十、本志所记述的地名、机构名称、职称及币种、计量单位,一般按当时称谓。

十一、本志所用统计资料,原则上根据统计部门公布的材料;未列入统计部门统计的,根据部门统计的材料。

十二、本志资料来源于国家档案馆、上海市及有关省市档案馆、部门档案馆(室),以及历史文献、口碑资料、社会调查、部门提供的材料等,均经考证核实,一般不注明出处。

编 纂 说 明

一、《上海市志·科学分志·科学技术卷(1978—2010)》(简称本卷)是《上海市志(1978—2010)》的系列志书之一。重点记述 1978—2010 年上海科技发展的历程和成就。1978 年以前内容作承前勾连,1978—1990 年简明记述,1990—2010 年详细记述。

二、本卷记述的地域范围为全上海的科技机构的科学技术活动情况、发展历程和主要成就。

三、本卷采用述、记、志、传、图、表、录等体裁,卷首设图照、凡例、概述、大事记,卷末设专记、附录、编后记。志体部分为 13 篇。1—5 篇为科技基础,包括科技机构、管理、服务、科技普及与合作、高新技术园区等内容;6—13 篇为科技成就,包括基础研究、高新技术、农业、制造业、服务业、健康、建设、生态环境等内容。

四、本卷按篇、章、节、目等分级,篇下设"无题导言",章、节下"无题导言"根据内容需要安排,不求一律。

五、本卷行文遵循《〈上海市志(1978—2010)〉行文规范》。

六、本卷相关机构名称以篇为单位,首次出现时用全称,再次出现时用简称,特殊情况下仍用全称。主要单位全称与简称见附录《上海科技机构单位全称与简称表》。其中,上海市科学技术委员会简称市科委、上海市科学技术协会简称市科协、中国科学院上海分院简称上海分院、上海科学院简称上科院。

七、本卷资料主要来源为《上海科学技术志》《上海科技年鉴》和《上海科技进步报告》等。

目　　录

CONTENTS

概　述

一

中共十一届三中全会召开后,上海科技工作贯彻"经济建设必须依靠科学技术,科学技术必须为经济建设服务"的方针,推进科技与经济的结合,发展新兴技术,改造传统行业。

1978年2月,上海科学大会召开,提出"抢时间、争速度,为在20世纪内把上海建设成为一个具有世界先进水平的科学技术基地而奋斗"的目标。1978年3月18日,中共中央召开全国科学大会,邓小平在会议上提出"科学技术是生产力"的观点,要求全党全国重视科学技术工作。大会号召"树雄心,立大志,向科学技术现代化进军"。同年4月,上海召开全市党员负责干部会议,贯彻全国科学大会和上海科学大会精神,决定开展10项重点项目科研会战。1984年5月,市政府召开市科技工作会议,提出"七五"计划期间上海科技发展战略、目标和任务。1988年6月,市委和市政府选择工业领域中的14项重点项目,集中投资105亿元,并组织各路科技力量积极参加会战攻关。

在战略规划方面,1977年11月,制定《上海市1978—1985年重点科学技术发展规划纲要》;1983年,上海组织1600多位专家编制《1986—2000年上海市科学技术长远发展规划》;1984年1月,组织80余位专家编制《上海市"七五"科技发展计划》。确定科技发展战略思路为:加强技术的研究和开发,选择有限目标,发展高新技术,加强技术储备;以新兴技术改造传统产业,努力解决国民经济中的重大科技问题,促进现代化建设事业的发展。经过若干年的努力,上海工业逐步向新的技术基础转移,技术进步的效益成为上海工业稳定发展的重要因素。

在科技体制改革方面,1980年提出"预算包干、结余留用"的办法;1983年,对研究院所实施扩大自主权、经费包干、科技责任制等10个方面的配套改革;1984年,实施科技发展基金项目合同制;1986年,提出科技经费分类管理,技术开发类型科研机构逐步减拨科研事业费,基础研究类型科研机构主要依靠申请自然科学基金,社会公益类型科研机构以及农业科研机构实行科研事业费包干。

在政策法规方面,主要是针对扩大科研机构的自主权、实行有偿合同制的试点、推进技术市场和各种形式的科研生产联合体等方面出现的突出问题,围绕科研系统内部、科技与经济结合、科技体制改革外部环境和市场运行机制的形成而做出的系列政策和法律规定。如《关于科研单位进入扩大自主权试点工作的几点意见》《上海市技术转让实施办法》《上海市科学技术拨款管理办法》(1986)、《上海市科学技术进步奖励规定》(1985)等。

在科研机构方面,1977年11月,恢复成立中国科学院上海分院,成立上海科学院(与中国科学院上海分院合署办公);1987年7月上海科学院实行独立建制。各种研究所纷纷设立,如上海脑研究所、上海市钢铁工艺研究所、上海市计划生育研究所等。科研机构与企业开展多渠道、多形式的横向联合:进入企业或企业集团,向行业技术开发中心发展,成为科研先导型企业。1990年,上海拥有各类研究和开发机构1416个。其中独立的研究和开发机构264个;大中型企业的技术开发机构327个;高等院校有51所,所属研究和开发机构有350个;还有民办科研机构607个。上海拥有专业技术人员86.16万人,其中自然科学专业人员45.11万人,是1978年的22万人的一倍多。自然科学专业人员中,获高级技术职务的 3.7 万人,获中级技术职务的 13.4 万人。上海平均每万人拥有自然科学人员 337.4 人。

在科技社团和普及方面,1977 年,上海市科学技术协会恢复工作,开展科普、科技讲座、科技咨询和评选上海市科技精英等工作。从 1987 年到 1990 年,连续举办四届"科普之夏"活动;开展实用知识和技能讲座、新技术与管理知识讲座等,举办上海青少年科学研讨会等青少年科普活动,举办各种科技知识、科技成果的展览活动。1985 年,成立上海发明者联谊会;1986 年,成立上海发明协会;1987 年,开展上海市优秀发明选拔赛等群众发明活动。

伴随着科技生产力的解放,上海科学技术取得了很多突破。首次在世界上人工合成酵母丙氨酸转移核糖核酸,全国强激光和激光核聚变领域重大成就——高功率激光器"神光"问世;研制中国第一台每秒 500 万次集成电路电子计算机,研制成功"风暴一号"火箭,发射一箭三星,参与长征三号运载火箭首次发射成功;完成世界首例断肢再植手术,为一名失去双手的患者再造双手,国内第一台 XDN-1 型颅脑 CT 研制成功;国内首创 12.5 万千瓦中间再热汽轮机,国内首座核能电站试制的 30 万千瓦汽轮机填补中国核电制造的空白;全国第一座半潜式海洋石油钻井平台"勘探三号"建成,向阳红 10 号远洋调查船获国家科学技术进步特等奖。

二

进入 20 世纪 90 年代,上海科技工作以大力发展高新技术产业,促进上海产业结构调整为战略目标,加速高新技术向产业转移,构建与上海功能定位相适应的高新技术产业发展总体框架;实施"科教兴市"战略、科技经济一体化战略、技术创新战略等,构建与上海"一流城市"相适应的"一流科技"。

1990 年 4 月,中共中央、国务院同意上海市加快浦东地区的开发。1992 年 10 月党的十四大决定,以上海浦东开发开放为龙头,尽快把上海建成国际经济、金融、贸易中心之一。1992 年 8 月,上海市委和市政府作出《关于发展科学技术、依靠科技进步振兴上海经济的决定》,明确把高新技术产业化作为科技工作的重点。1995 年 5 月中共中央召开全国科技大会。大会号召全面落实邓小平同志"科技是第一生产力"的思想,投身于实施"科教兴国"战略的伟大事业。1995 年 8 月上海召开第二次科技大会认真贯彻落实,围绕实施"科教兴市"战略、加速科技进步、促进经济和社会全面发展这一主线全面展开科技工作。1995 年 10 月,市委和市政府制订《关于加速上海科技进步的若干意见》,对实施"科教兴市"战略,培育高新技术产业等重要问题,作了政策性规定。1996 年 6 月,市人大通过《上海市科学技术进步条例》。这是一部规范上海市科技进步工作的基本法规。1997 年,召开高新科技产业化工作会议和基础性研究工作座谈会。明确今后三年上海高新科技及其产业发展的总体目标和基本思路;确定今后一个时期上海基础研究工作的总体目标和重点。1998 年,市委、市政府召开促进高新技术成果转化工作会议,发布了《上海市促进高新技术成果转化的若干规定》。

上海的高新技术产业发展逐渐壮大。1992 年,成立计算机应用与产业领导小组和现代生物与医药产业联席会议,分别由市委和市政府领导负责。高新技术产业产值从 1993 年的 400 亿元上升到 1999 年的 1 000 亿元,占全市工业企业产值从 7% 上升到 18%,上海的高新技术企业数从 353 家上升到 905 家。至 1999 年,上海形成了信息、生物与医药、新材料三大新的高新技术产业。上海的高新技术园区经过 12 年的滚动开发,形成了"一区六园":漕河泾新兴技术开发区、张江高科技园区、上海大学科技园区、中国纺织国际科技产业城、金桥现代科技园、嘉定民办技术密集区的新格局。民办科技型企业从 1985 年起步,到 1988 年的 344 家,再发展到 1999 年的 9 708 家,资产规模达到 580 亿元,技工贸总收入 503 亿元。

科技体制改革逐步推进。对开发型科研单位在运行机制、分配、劳动人事、财税、投入、外贸等方面进行综合改革试点;对地方开发型研究所进行转制改革,大部分转变为科技企业,其余并入大型企业;科技投资新机制开始形成,与金融机构携手合作,广泛融资,多渠道增加科技投入。经过 10 多年的科技体制改革,上海的科技体制改革逐步走向深入,上海的科研机构面向经济建设主战场的能力明显增强,全市 247 个自然科学研究机构中地方所属的 159 个单位有 104 个归入企业或集团管理,科研机构经费收入中来自市场部分的高达 77.3%,地方科研机构则高达 83.8%。科技与经济结合的市场机制正在形成,建立了 47 个企业技术开发中心、工程研究中心、工程技术研究中心。

科技政策法规日益完善。围绕实施"科教兴市"战略、深化科技体制改革、加速高新技术成果转化制定了一系列科技政策法规。市委和市政府做出《关于发展科学技术,依靠科技进步,振兴上海经济的决定》,出台《关于加速上海科技进步的若干意见》《中共上海市委、上海市政府关于加快本市高科技产业发展的若干意见》《上海市促进高新技术成果转化的若干规定》《关于上海开发型科研单位综合改革试点的意见》《关于上海地方应用型研究所深化体制改革实施意见》等;市人大通过《上海市漕河泾新兴技术开发区暂行条例》《上海市科技进步条例》和《上海市技术市场条例》等。

科技社团和科学普及日趋活跃。1990 年以后,上海市科协开展青少年生物百项科技活动,评选"菜篮子科技功臣",评选星级学会,举办"科技论坛",建立"决策咨询工作联席会议"制度等。1991 年起,举办上海科技节;1996 年 4 月,中共上海市委宣传部、上海市科委、上海市科协联合召开上海市科普工作会议,会议颁布上海"九五"科普发展规划,实施"四个一百"工程,即创建 100 个科普文明村(里弄),100 个科技特色学校,100 个科普教育基地,创作 100 种优秀科普影视、书籍作品;1998 年,上海科技馆开工建设。1992 年,上海发明协会首次举办评选"实施发明成果优秀企业家"活动;1993 年,设立"上海市发明奖励基金";1995 年,举办"上海市青少年创造发明设计竞赛"活动和设置上海高校学生创造发明"三枪杯"奖;1996 年,评选优秀发明人,授予"上海发明家"的称号。

逐步形成了一批科技优势领域。20 世纪 90 年代,围绕信息、生物、新材料、先进制造、绿色技术五大重点领域,组织实施一批对经济和社会发展有重要影响的攻关项目,集中全市各路科技力量联合攻关,取得了一批新成果。上海的研究所和高校瞄准国际学科发展前沿和上海社会经济发展的需要,调整方向,开辟和加强了一批具有重大学术意义和位于国际前沿的新课题。急性早幼粒细胞白血病研究中发现了第一个人类疾病相关基因,在世界上首次成功构建了高分辨率的水稻基因组物理全图,4 号染色体的测序研究取得了重要成果,研制成功小型化脉宽可调超短脉冲高功率激光系统;研制成功国际上首创治疗腹泻的新药培菲康(双歧三联活菌胶囊),研制成功中国拥有自主知识产权的第一个基因工程一类新药——人 α 型干扰素基因的冻干粉针剂;完成的首例双下肢再植术填补了世界医学史上的一项空白,完成国内首例"背驮式"肝移植手术,中国首例活体亲属肾脏移植手术成功,完成了世界最先进的不开刀治疗颅内动脉瘤术;国内首台无水冷陶瓷发动机完成3 105 公里实际路试,中国首座超临界大电站——华能上海石洞口第二电厂一期工程两台 60 万千瓦临界机组竣工。

三

进入 21 世纪后,上海科技坚持"体制创新与科技创新的结合、抢占科技制高点与培育经济增长点相结合、政府推动与发挥市场机制作用相结合";以增强自主创新能力和知识竞争力为手段,构建城市创新体系;以坚持走中国特色、上海特点的自主创新道路为主线,贯彻"自主创新、重点跨越、支撑发展、引领未来"的方针,努力提升城市的自主创新能力,为实现"四个率先",建设创新型城市打下坚实基础。

2003年12月,市委制定《上海实施"科教兴市"战略行动纲要》,进一步明确科技工作在实施"科教兴市"主战略中的地位和作用。2004年签署"科技部和上海市政府工作会商制度议定书",为上海科技创新工作服务国家战略、承接和参与国家重大科研任务奠定基础。2005年,市政府设立"科教兴市"重大产业科技攻关项目专项基金,用于支持符合国家和上海市产业发展战略需求,能迅速形成知识产权的研发项目。2006年1月中共中央召开全国科技大会,提出加强自主创新、建设创新型国家。2006年3月上海召开第三次科技大会,提出积极探索中国特色、上海特点的自主创新道路。5月,根据《国务院关于实施〈国家中长期科学和技术发展规划纲要(2006—2020年)〉若干配套政策的通知》精神,市政府发布《关于实施〈上海中长期科学和技术发展规划纲要(2006—2020年)〉若干配套政策的通知》,旨在解决城市创新体系和自主创新能力建设中的瓶颈问题。2008年2月29日,国家发展改革委举行国家高技术产业基地授牌大会,上海获准建设"综合性国家高技术产业基地"。2009年5月15日,中共上海市委、市政府印发《关于进一步推进科技创新加快高新技术产业化的若干意见》。5月16日,市政府印发《关于加快推进上海高新技术产业化的实施意见》,确定新能源等9个领域为上海市推进高新技术产业化发展的重点领域。

2000年起开始实施专项行动计划;至2001年底,先后启动4项专项行动计划,即集成电路设计、中药现代化、纳米科技和光科技;至2004年底,启动全部6项专项行动计划,即集成电路设计、中药现代化、纳米科技、光科技、技术标准和专利再创新专项行动计划。2005年2月,科技部与上海市政府会同教育部、建设部、信息产业部等部门,制订《世博科技行动计划》。通过《世博科技行动计划》,科技世博设置235个专项,投入10亿多元,取得1 000多项成果。2004年7月30日,首批29个上海市"科教兴市"重大产业科技攻关项目正式启动;2005年3月24日,第二批19个上海市"科教兴市"重大产业科技攻关项目启动。2007年,上海启动四个科技示范工程:科技世博园(世博科技专项)、崇明生态岛、智能新港城、张江药谷。

2000年3月9日,上海市科委建立科学技术专家库;4月13日上海市科委发布《应用开发类科技项目招标投标实施办法》;8月2日,上海市科委决定实行科技项目管理新机制,即重大项目招标制、专家评议责任制、重大项目协调人制、全成本核算课题制和研究经费拨款节点制。2002年8月21日市科委、市财政局、市计委、市经委发布《上海市科研计划课题制管理办法(暂行)》。2005年,市科委颁布《上海市科学技术委员会网上评审管理办法》,正式实施科研计划项目网上评审。2006年,市科委制订《上海市科技项目绩效评估管理(暂行)办法》,成立"上海市科技项目(评估)管理中心"。2009年2月27日,市科委、市财政局发布《上海市科研计划课题预算编制要求的说明》,强化科研项目经费使用的监督管理。2010年,建立"政府资助科技和产业化项目信息共享系统",实现跨系统政府信息资源共享和高效利用。

2000年,上海市政府批转了《上海市科委、上海市经委关于上海地方应用型研究所深化体制改革实施意见》,对全市90个地方开发型研究所进行转制。76个研究所转制为科技企业,9个进入企业集团,其余转为中介机构或并入大学等其他单位。通过深化改革,一批转制院所逐步成为技术创新的先导力量。2004年7月,科技部和上海市政府签署了《关于推进科技体制改革综合试点的合作协议》,上海科研院所改革是其中的重要内容,得到了科技部以及上海市政府各部门的积极支持与配合。2009年9月16日,市科委、市发展改革委、市国资委、市财政局等部门联合发布《关于进一步加快转制科研院所改革和发展的指导意见》。

科技政策法规形成体系。围绕科技创新体系建设,为培育创新源泉、塑造创新主体、培养创新人才、优化创新创业环境服务,进一步完善创新政策环境。科技政策法规向科技创新政策法规演化,对一批科技政策法规进行了修改和完善:如《上海市促进高新技术成果转化的若干规定》(简称"18条")、《上海市科技进步奖励规定》、《上海市科学技术进步条例》等。科技政策法规实现由零散、单向到整体、配套的转变,制定若干综合性科技政策法规:如《实施〈上海中长期科学和技术发展规划纲要〉的若干配套政策》(简称"36条")、《上海市促进大型科学仪器设施共享规定》等。更加注重科技政策法规的执行和操作,制定了若干政策法规的操作细则:如与《上海市科技进步奖励规定》配套的就有《实施细则》《社会力量设奖管理办法》和《奖励委员会章程》等,与《上海市促进大型科学仪器设施共享规定》配套的有关于信息、评估、资金、采购等方面的实施细则,与"36条"配套的实施细则多达34项。

科技人才形成系统。2005年,增加针对企业的"B类人才计划";同年7月,实施针对留学人才的"上海市浦江人才计划";同年,启动针对高端人才的"上海市领军人才计划"等;形成层次分明、布局合理、高效透明的科技人才体系。至2010年,上海市累计有121位科学家143次担任过国家"973"计划项目和国家重大科学研究计划项目的首席科学家;上海入选获资助的杰出青年科学家累计达307人,占全国总人数的12.85%;上海入选获资助的创新群体累计达33个,占全国创新群体总数的13%;上海市优秀学科带头人计划累计资助了697人,累计投入资助经费13 732万元;上海市青年科技启明星计划累计资助青年科学家1 408人次,跟踪资助286人次,累计资助经费投入超过1.8亿元;自2005年开始启动以来,上海市浦江人才计划累计资助1 333人次(含团队),其中A类科研开发人才711人(含团队)、B类科技创业人才120人(含团队)。

企业技术创新能力进一步提升。2005年,设立科技创新考核指标,促进国有大型企业的科技创新;2006年,实施科技小巨人工程,促进科技中小企业的发展;继续开展高新技术企业认定和企业技术中心建设;2009年,实施"研究开发费用加计扣除"政策,激励企业开展研发和技术创新活动,同年8月,启动技术先进型服务企业评选;2010年,开展创新型示范企业试点工作,同年,建立产业技术创新战略联盟,提升产业技术创新能力,同年启动科技企业"加速器"试点,加速培育科技企业,探索加速培育优质潜力企业的模式。

高新技术园区加快发展。2000年,中共上海市委、上海市政府制定"聚焦张江"的战略决策;同年1月组建张江高科技园区领导小组和办公室,出台《上海市促进张江高科技园区发展的若干现定》(简称"19条")。2003年,上海市高新技术产业开发区全面实施"二次创业"。2005年,经国务院批准,上海高新技术园区"一区六园"的规划面积为42.13平方公里。2006年,经国务院批准,"上海高新技术产业开发区"正式更名为"上海张江高新技术产业开发区"。2007年,《上海张江高新技术产业开发区"十一五"发展规划》经上海张江高新技术产业开发区领导小组全体会议审议通过。2010年,上海市委、市政府决策向国务院申报张江高新区建设国家自主创新示范区,同年6月,张江高新区管理委员会成立。2010年,张江高新区形成门类齐全、技术密集、层次合理且具有一定规模的高新技术产业集群,成为上海科技和经济发展的重要增长点,全年实现工业总产值4 202.59亿元、出口创汇214.97亿美元、实现税收441.81亿元。

科技合作迈上新台阶。2001年7月成立上海市政府、中国工程院合作委员会,组建上海市中国工程院院士咨询与学术活动中心(院士中心)。同年11月23日,中国科学院与上海市政府在上海市政府会议厅签署新一轮5年全面合作协议。2003年,在国家科技部的指导和协调下,江苏省、浙江省和上海市政府签定了《关于沪苏浙共同推进长三角创新体系建设协议书》，建立了由两省一市主管领导组成的长三角区域创新体系建设联席会议制度。2004年7月14日，科技部与上海市政府签署工作会商制度议定书。在国际科技合作方面，由一般的派遣访问考察、举办中小型的学术会议、开展一些科技项目合作，向加强政府间科技合作、举办大型化国际性科技活动、开展重要的合作研究、发展技术贸易，进而向吸纳国际创新资源、加强科技孵化和风险投资的国际化、共建研究机构和基地、促进科技型企业海外上市等方面提升。

科技奖励制度日趋完善。2001年3月22日，市政府发布实施《上海市科学技术奖励规定》，按照《国家科学技术奖励条例》要求对上海市科技奖励制度进行重大改革。市科委制定《〈上海市科学技术奖励规定〉实施办法》，使科技奖励工作法制化、规范化。2007年1月11日，对《上海市科学技术奖励规定》进行修正，上海市科学技术奖按照修订的要求，首次按科技功臣奖、自然科学奖、技术发明奖、科技进步奖和国际科技合作奖5个奖励类别进行评审，与国家五大科技奖项对接。2002年起，上海获国家科技奖励占全国获科技奖励项目的比重超过10％；2007年至2010年，上海获国家科技奖励占全国获科技奖励项目的比重超过15％。上海在2005年、2009年和2010年获得国家最高科学技术奖，从而三度囊括国家科技奖励五大奖项。

科技成果大量涌现。通过实施科技创新攻关计划等，通过参与国家重大专项以及相关人才计划的资助等，上海科技创新能力大幅提高，科技成果大量涌现。有机分子簇集和自由基化学的研究获得国家自然科学奖一等奖，填补了该奖项连续4年的空缺；完成"国际水稻基因组计划"第4号染色体精确测序任务，这是中国完成的最大的基因组单条染色体精确测序任务；完成第一个扁形动物基因组序列——日本血吸虫基因组测序和基因功能分析工作；建设中国最大的大科学装置和大科学平台——上海光源。在国际上首创纳米材料的大面积操控排布新技术，研制成功代表国内CPU研制最高水平的高性能嵌入式32位微处理器——神威Ⅰ号，研制成功世界上第一个为TD-SCDMA标准量身制作的3G手机核心芯片，中国下一代芯片工艺核心技术——极紫外光刻机光源技术研究获突破，启动基于高性能宽带信息网3TNet技术的中国下一代广播电视网。成功施行一例世界首创、体外循环长达23小时的动脉搭桥手术，世界首创的大胰腺癌分阶段治疗使手术切除率达到36％，在亚洲首先成功实施中末期双肺慢性阻塞性肺病患者同种异体左全肺移植手术，在世界上率先完成第一例幼儿全耳全撕脱再植术。中国第一个自主研制、进入临床试验的疟疾疫苗——重组疟疾疫苗进入一期临床阶段，益赛普成为国内第一个实现产业化批准上市的人源化单克隆抗体类药物，一类新药H101成为世界上第一个被准许上市的溶瘤病毒药物，实现了中国血栓性疾病治疗性抗体药物零的突破，研制成功中国首个肠促胰岛素分泌肽类药物"谊生泰"。首台国产5 000吨汽车大梁液压机研制成功，世界上锻造能力最强的165MN自由锻造油压机正式投产；上海外高桥电厂90万千瓦超临界机组辅助成套设备研制成功，总装机容量百万千瓦以上的重型燃机国产化示范工程——华能石洞口燃机电厂顺利投产；高档自主品牌轿车荣威750上市，帕萨特领驭燃料电池轿车服务北京奥运会、上海世博会，研制成功国内首列国产化率达85％、具有自主知识产权的A型地铁列车；中国吨位最大、技术最新的30万吨海上浮式生产储油船顺利下水，中国第一艘拥有完全自主知识产权的8530标准箱超大型集装箱船"新亚洲"号出坞，中国自主研制的7 500吨全回转浮吊研制成功。

大事记

1978 年

2月4日　市委召开上海市科学大会,提出把上海建设成为具有世界先进水平科技基地的目标。

3月7日　市委决定苏步青任市科协主任;江征帆、李时庄任市科协副主任、党组副书记。

4月23—29日　市委召开全市党员负责干部会议,传达贯彻全国科学大会精神。会议决定搞好十项重点科研任务的会战。

6月6日　市委下达市科委关于《贯彻执行全国科学大会精神——1978年工作要点》的通知。

9月30日　上海第三钢铁厂铸钢车间运用全水冷挂渣炉壁新工艺,创电炉炉龄369炉的全国最高纪录。

12月19日　市委组织部、市科委联合召开党员负责干部会议。传达全国自然科学技术人员普查工作总结会议精神,同时对解决科技人员用非所学的问题作了具体部署。

1979 年

2月28日　中国第一台每秒500万次集成电路电子计算机在上海华东计算机技术研究所研制成功,受到第四机械工业部的奖励。

5月11日　市委批复同意成立上海市计算机委员会,由16位同志组成,杨士法为主任。

8月23日　市科委选定上海激光研究所等5个地方研究所作为扩大自主权试点。

10月　向阳红10号远洋调查船竣工,交付使用。该船由708研究所总体设计,江南造船厂总装建造,1986年获国家科学技术进步特等奖。

11月24—28日　上海市科技情报工作会议召开,会上宣布市科委决定:上海科技情报研究所同时为上海市科委的情报处,管理全市的科技情报工作。

同年,上海有色金属研究所研制成功的钨/钨复合材料及复钛、复铝、复钢等双金属材料,获国家重大科技奖。

1980 年

2月26日　市政府在市体育馆召开"上海市科研成果授奖大会",给全市537项科研成果授奖。其中一等奖10项,二等奖89项,三等奖438项。

5月14—16日　上海市科学技术协会第二次代表大会召开。大会总结了市科协自1958年第一次代表大会以来的工作,明确了科协工作的方针和任务,讨论通过市科协自然科学专门学会组织通则(试行),选举产生新的科协领导机构。

6月13日　上海市第一个集体所有制研究所——上海家用电器研究所,正式成立。

同日　上海中山医院首次临床输注全氟碳代血液成功,临床应用超过350例,占世界第三位。

8月28日,市科委向市委汇报《上海市科学技术十年长远规划的初步意见》,提出上海要大力开展应用研究和发展研究,促使科学技术迅速转化为生产力;要加强新兴科学技术的开拓性研究的基础研究,为今后的发展提供科学储备。

1981 年

1月12日　市政府同意市科委、市农委开展上海市海岸带和海涂资源综合调查,并成立上海市海岸带和海涂资源综合调查领导小组。

5月4—7日　华东地区各省、市科委第一次联席会议在上海召开,就加强科技合作交换了意见。

6月13日　市政府同意撤销上海自然博物馆筹备委员会,并正式以上海自然博物馆命名。

11月21日　上海市第六人民医院骨科副主任于仲嘉等医务人员继1979年断手再植成功之后,成功为一名失去双手的患者再植了两只手。

同年　中国科学院上海生物化学研究所等单位首次人工合成酵母丙氨酸转移核糖核酸,获得第三届国家自然科学一等奖。

同年　中国科学院学部委员、上海仪器仪表研究所总工程师支秉彝发明"见字识码"软件系统。

1982 年

2月12日—3月15日　市科委在展览馆举办上海市科技协作交流会,展出各类科技成果2 600余项,提出生产技术难题1 200余项。

7月13—18日　国家科委自然科学奖励委员会在北京召开全国自然科学评奖会议,授予120项重要成果以国家自然科学奖。其中上海获奖项目有20项。一等奖1项:人工全合成牛胰岛素研究;二等奖8项。

7月15日　市政府在市体育馆召开科技成果授奖大会,给上海市540项科技成果授奖,其中一等奖11项,二等奖96项,三等奖433项。

8月30日—9月30日　中国科协、上海市科协等联合主办的第三届格拉斯曼广义相对论国际会议在沪召开。

同年　上海医疗机械研究所,在国内有关院校科研单位的配合下,研制成功具有国内先进水平的第一台XDN‐1型颅脑CT。

1983 年

2月20日　市科委决定在市激光技术研究所等6个地方科研单位,进行以科技责任制为主的改革试点。

5月26日　上海科学技术开发交流中心正式成立,并召开了董事会成立大会,原则通过了董事会章程(试行)。

7月4日　市委决定建立中国共产党上海市科学技术工作委员会(简称科技党委),统一领导市科委系统、中国科学院上海分院系统以及市科协的党的工作。由吴邦国任书记。

9月　国内第一块CMOS1K位高速随机存储RAM在中国科学院上海冶金研究所研制成功,获1984年中国科学院重大科技成果一等奖。

10月12日　上海市第一个大规模科研生产联合体——光纤通信科研生产联合体建立。

11月4日—12月20日　"上海市技术革新成果展览会"在上海展览馆开幕,展出747项技术革新成果。

1984年

3月11日　中国第一例用精子洗涤法进行人工授精的男婴,哇哇坠地。这是上海第二医学院王一飞等在上海瑞金医院妇产科的协同下获得成功的。

4月1日　由第七机械工业部有关单位和上海航天局共同研制的"长征三号"三级火箭发射成功一颗科学实验卫星。同月,又使用该火箭发射一颗地球同步试验通信卫星。

4月7日　上海科技市场开幕。

5月2—5日　市政府在上海体育馆召开全市科技工作会议,提出上海"七五"期间科技战略目标和今明两年科技工作任务。

同月　上海造船厂隆重举行国内自行建造的第一座半潜式海洋石油钻井平台"勘探三号"建成典礼。

8月　上海科技人才开发银行成立。

9月5—7日　市科协第三次代表大会在市政府礼堂召开,谢希德当选主席,上届科协主席李国豪为顾问。

同月　江南造船厂为上海市隧道建设公司制造的直径为11.3米的盾构隧道掘进机交付使用。

11月19日　国家海洋局、国家南极考察委员会在上海举行大会,欢送中国首次赴南大洋和南极洲考察队出发。

1985年

5月4日　上海市科普公园正式开幕。

5月7日　"1985年技术市场交易会"在上海科学会堂开幕,于13日闭幕。

5月9日　国内第一个机器人研究所——上海机器人研究所在上海工业大学正式成立。

6月30日　上海市第六人民医院于仲嘉发明的"手或全手指缺失再造技术"获国家发明一等奖。

同月　中国科学院上海光机所建成"激光十二号实验装置"。1987年通过国家鉴定,被正式命名为"神光"装置。

7月15日　市政府在上海展览中心召开上海市农业科技成果授奖大会。大会对50项农业科技成果进行了奖励。

8月25—28日　由联邦德国科技部部长里森胡贝尔率领的科技代表团访问上海。

9月4日　上海市科技工作会议在上海展览中心召开。市委副书记、市长江泽民在会上讲话。

同月 国内第一台自由电子激光器——喇曼自由电子激光器在上海诞生。

11月10—14日 市科协、中国化学会等联合召开国际药用天然产物有机化学学术会议。

11月15日 市政府决定成立漕河泾微电子工业区开发规划领导小组。

12月16日 上海市首次科学技术进步奖评审工作正式开始。26日,市政府公布《上海市科学技术进步奖励规定》,对申请科技进步奖的条件和奖励等级、奖金等作了具体规定。

1986 年

2月2日 上海中山医院培养成功国内第一株同时具有分泌、产生甲胎蛋白和乙肝病毒表面抗原功能的人体肝癌细胞株。

3月18日 复旦大学遗传学研究所研究成功的水稻单细胞培养和植株再生技术通过鉴定。

4月25日 在第14届日内瓦国际发明展览会上,上海共获得4枚奖牌。

4月27日 市政府发布《上海市科技咨询管理办法(试行)》和《上海市技术转让实施办法》。

4月30日 市政府发布《上海市扩大地方独立科研机构自主权的暂行规定》。

5月9日 上海发明协会成立大会在上海展览中心召开。

7月27日 由中国科学院上海天文台等与日本合作完成的高空科学气球首次越洋飞行成功。

12月20日 上海市和法国罗纳—阿尔卑斯大区之间科技合作议定书签署。

同年 中国科学院上海药物研究所取得“人工全合成美登素”重大成果。

1987 年

4月12日 在第15届日内瓦国际发明与新技术展览会上,上海地区送展的9项发明成果全部获奖。

5月17日 上海研制出“上海1号”机器人和“上海2号”机器人。

5月21日 中国科学院上海生物化学研究所研究员洪国藩在生物固氮研究中,首次发现特殊蛋白——核酸复合体。

5月23日 中国科学院上海冶金所提出4项有关超导成材研制的专利申请,其中有国内第一根高温超导复合带材。

6月12日 “300米氦氖氧饱和潜水科学实验”在沪圆满结束。

7月18日—8月18日 上海市首届“科普之夏”隆重举行。这是上海市新中国成立以来规模最大、收效最高的一次综合性的科学普及活动。

8月4日 中国第一台M52100A型大型龙门凹凸导轨磨床通过鉴定。

8月6日 市科委决定从1987年起设立青年科技基金,资助35岁以下的优秀青年科技工作者。

12月7日 1987年度国家发明奖225项中,上海占16项。上海灯泡厂女工程师王菊珍发明的“钨铈电极”获得年度唯一的一等奖,并取得美国专利证书。

1988 年

1月9日 国内第一艘排水量2.4万吨可装4 000辆轿车的汽车滚装船在江南造船厂下水。

6月2日　国家"七五"重点科技攻关项目"同步气象卫星云图接收系统",由航天部上海科学仪器厂、上海市气象局研制成功。

6月18日　上海新中华机器厂研制出用于发射中国自行制造的第一颗气象卫星的新型运载火箭。

7月13日　中国科学院上海细胞所郭礼和等采用分泌型基因工程菌的构建技术,构建了3株人生长激素基因工程菌。

7月26日　上海举行首次国际激光专题会。

8月24日　由上海电钟厂试制的国内第一块新华社快讯大屏幕显示系统安装在北京火车站。

9月7日　由上海航天基地设计、制造的中国第一颗试验性气象卫星"风云一号",在太原卫星发射中心发射成功。

10月18日　世界上第一株可用来研制避孕疫苗的单克隆抗体、杂交瘤细胞在上海医科大学诞生。

11月8—10日　市科协第四次代表大会举行,通过了市科协第三届委员会工作报告和上海市科协章程,产生了市科协第四届委员会。翁史烈当选为市科协主席。

12月22日　上海航天基地参与的实用通信卫星发射成功。

同年　上海汽轮机厂顺利完成为国内首座核能电站试制的30万千瓦汽轮机,填补中国核电制造上的空白。

1989 年

1月　中国科学院上海天文台建立的甚长基线射电干涉测量系统通过中国科学院鉴定。

3月22日　上海市首届"星火奖"评审揭晓,共评出星火科技奖26项、星火示范企业奖3项、星火管理奖5项、星火优秀青年奖1项。

4月16日　由上海核工程研究设计院设计、上海第一机床厂制造的秦山30万千瓦核电站核岛主设备——"反应堆堆内构件",正式通过国家级验收。

5月3日　由上海市科委主办、同济大学承办的中德科技合作10周年科技成果展览会开幕。

9月9日　市科协四届五次常委会审议批准首届科技精英获奖人名单:申屠新林、曾乐、顾翼东、黄培忠、包起帆、王承德、吴汝平、郭亚军、席裕庚、惠永正。

11月29日　国际海事技术学术会议和展览会召开,205个国家和地区的800多位来宾出席。

12月1日　由上海地区和北京地区11个研究单位组成的传感技术联合国家重点实验室,在上海正式建成,并通过了国家计委、中国科学院的验收。

12月7日　上海市1989年度星火计划工作会议召开。

1990 年

3月9日　第四届国家自然科学奖揭晓,上海有7个项目获奖。

5月9日　上海市科技进步奖评审委员会举行1989年度上海市和国家科技进步奖、国家发明奖和星火奖授奖会议,上海市获奖80项,在各类获奖总数中均居全国首位。

9月6日　上海研制的国内首台无水冷陶瓷发动机完成3 105公里实际路试。

9月24日　在中国第二颗"风云一号"气象卫星上,上海研制的"甚高分辨扫描辐射计"的红外探测通道开通,向地面发回高质量的夜间红外云图。

12月4日　国家"七五"重大项目——"生物固氮的分子基础及其化学模拟"的研究,在沪通过国家验收,整体研究水平跨入国际先进行列。

12月7日　在1990年度国家科学技术奖励大会上,上海有69项优秀科技成果获奖,获奖总数继续荣居全国各省市首位。

1991 年

2月1日　国家"863"高科技项目——"人新型白细胞介素——新基因工程"研究,在中国科学院上海生物化学研究所取得重大突破。

3月13日　邮电部第一研究所承担的国家"七五"重点科技攻关项目——DS-30中大容量程控数字市话交换机研制成功。

3月28日　国内第一台560吨加氢裂化反应器,由上海锅炉厂、上海重型机器厂制造成功。

4月15日　上海举办新中国成立后首届医药卫生科技成果展览会,共展出科技成果600余项。

5月16日　市科委决定从1991年起设立"科技管理进步奖",以鼓励促进上海市基层单位和科技管理部门管理的科学化、现代化。

6月4日　上海港木材装卸公司高级工程师包起帆发明的"新型木材、废钢抓斗系列",在美国第六届国际发明和新技术展览会上获得金奖。

6月8日　上海冶金矿山机械厂设计制造的大型电除尘器获国家重大技术装备成果奖。

7月24日　沪京科技工作者合作,首次在国际上采用扩增牛的SRY基因鉴定牛胚胎的性别获得成功。

7月27日　上海市"1991年优秀发明选拔赛"评审结束,全市143项最新成果获奖。

9月13日　第二届上海市十大"科技精英"评选揭晓。他们是:苏洪雯、严义埙、张根度、张熹、杨玉良、杨雄里、陆苹(女)、侯惠民、高敦嶽、薛永祺。

9月14日　市科委认定1991年第三批4家企业为漕河泾新兴技术开发区新兴技术企业。

10月5日　首届上海科技节暨上海科技大会,在上海友谊会堂开幕。

10月9日　首届上海科技博览会在上海展览馆开幕。

12月9日　由上海第十二制药厂和市计划生育科学研究所共同承担的新型计划生育抗早孕药物"米非司酮",在上海通过中试鉴定。

12月12日　国家科技奖励大会颁奖,上海有84项科技成果获国家级科技奖励。

12月14日　中国第一个生命有机化学国家重点实验室,在中国科学院上海有机化学研究所通过了国家级验收。

12月16日　1991年"上海青年科技启明星计划"评选揭晓,36名青年科技人员被首批批准列入当年开始实施的培养计划。

1992 年

1月2日　国家重点工程——上海石洞口第二电厂的全国第一台60万千瓦超临界变压运行发

电机组点火启动。

1月25日　中国科学院上海光学精密机械研究所的徐至展等研制成功小型化脉宽可调超短脉冲高功率激光系统。

3月20日　《上海科技年鉴》创刊。在市科学会堂举行了《上海科技年鉴(1991年)》首发式。

3月26日　由上海工业大学与上海市科技创业中心联合创立的校园硅谷——上海工业大学科技园建成。

3月30日　上海国际量子光学学术会议召开。美国、英国、德国、日本、意大利等16个国家和地区的100多位科学家参加会议。

4月18日　上海市首届高新技术交易会在漕河泾开发区举行。参加交易会的单位有100多个,共有400多个项目。

4月25日　干扰灵(人α扰型基因工程干扰素)通过国家卫生部和上海市科委的成果鉴定并正式试产。

5月7日　"上海市产、学、研联合工作领导小组"和"产、学、研联合工作协调办公室"宣布成立。

5月24日　数字卫星通信中速数据(IDR)系统设备在上海通过邮电部的技术鉴定。

5月31日　由上海瑞金医院等单位完成"急性早幼粒细胞白血病中 t(15：17)染色体易位的分子生物学研究"通过了上海市科委主持的鉴定。

6月27日　上海举行首届优秀科技期刊表彰大会。51种期刊荣获优秀科技期刊称号,40种期刊受到大会表扬。

7月22日　上海市优秀发明选拔赛评委会评审揭晓,1992年度上海有140项优秀新发明获奖。

7月28日　上海市张江高科技园区正式挂牌开业。

8月5日　第二届"上海市青年科技启明星计划"评选揭晓,33名优秀青年科技人员入选。

同日　中国科学院上海原子核研究所石双惠课题组得到新核素铂-202。这是世界上首次发现新核素铂-202。

8月9日　由上海航天局等单位研制的"长征二号丁"运载火箭将一颗新型科学探测和技术试验卫星送入预定轨道。

8月29日　上海市科技工作会议在友谊会堂举行。

9月14日　经国家科委批准,上海张江高科技园区和上海漕河泾新兴技术开发区统称为上海市高新技术产业开发区。

9月26日　中国科学院上海天文台研制成功新型氢原子频标——小型化氢钟。

10月27日　上海三中通信技术设备公司负责研制的国内第一代大容量现代化电话线路数字式扩容复用设备通过专家鉴定。

11月4日　上海医科大学在国内外首次确立乙肝病毒免疫耐受动物模型。

11月7日　中国科学院上海冶金所采用"熔融法"制取的高温超导材料,获最高临界电流密度值。

11月17—19日　上海市科学技术协会第五次代表大会在云峰剧场召开。大会选出由224名委员组成的市科协第五届委员会,杨福家担任主席。

12月18日　1992年度上海市科技进步奖评审揭晓,共评出获奖项目358项,其中一等奖13项,二等奖120项,三等奖225项。

12月29日 上海科技投资公司成立,为国内第一家探索科技风险机制的公司。

1993 年

1月6日 经市政府批准,市科委、市经委、市建委、市农委联合颁布的《上海市专业技术人员业余兼职管理试行办法》开始实施。

1月12日 复旦大学科技人员攻克碳^{60}的制备、分离及研究这一物理和化学领域的高科技难关。

3月19日 上海瑞金医院、上海血液学研究所陈竺、陈赛娟,在急性早幼粒细胞白血病研究中发现了一个新的人类疾病基因。

4月19日 中国科学院上海生物化学研究所"人表皮生长因子(HEGF)基因工程实验室研究"成果,通过专家鉴定。

4月27日 上海医科大学刘星楷等从中药黄芪中成功提取到治疗心力衰竭的有效成分,阐明了它的化学结构。

同日 由中国科学院上海原子核研究所承担的中国第一台自行设计制造的串列加速器质谱计(AMS)正式投入运行。

6月1日 上海市1993年科技工作会议在上海展览中心举行。"深化科技体制改革,大力发展科技第一生产力"是会议的主导思想。

7月23日 由上海第六人民医院完成的首例双下肢再植术,填补了世界医学史上的一项空白。

7月29日 上海中西药业公司科研人员研制成功用于防治棉花、果树、粮食、蔬菜等各种作物上害虫的溴氟菊酯。

10月2日 中国科学院上海生理研究所梅镇彤领导的实验室,在世界上首次发现可明显增强人脑记忆能力的"M物质"。

10月7日 中国科学院上海光学精密机械研究所邓佩珍领导的课题组,研制成功优质高渗钛蓝宝石激光晶体。

10月12日 1993年上海市科技进步奖评审揭晓,共有351个项目获奖,其中一等奖16项、二等奖111项、三等奖224项。

10月18—30日 上海举办第二届科技节,主题是"把科学技术的恩惠洒向浦江两岸"。

10月20—26日 第二届上海科技博览会在上海国际展览中心举行。

10月21日 维甲酸类药物在恶性血液中的应用国际学术会议在上海千鹤宾馆召开。

12月2日 在北京举行的第二届中国青年科技成果博览会上,上海共有51项成果获得金奖。

12月29日 嘉定民办技术密集区正式创立。

1994 年

1月1日 上海长海医院消化内科首次在国内研制出镍钛合金支撑管,治疗食管狭窄。

1月4日 上海仁济医院、上海市激光医学研究中心与中国科学院上海光学精密机械研究所共同协作,研制成功掺钕钇铝石榴石激光接触式蓝宝石刀头。

1月8日 中国科学院上海生物化学研究所杜雨苍领导的课题组,首次发现一系列高活性记忆增强肽。

1月12日　全市第一个由企业资助设立的科技奖励基金——上海市自然科学牡丹奖正式设立。

2月1日　中共上海市委、市政府召开上海市计算机应用与产业发展动员大会。

2月7日　上海信谊药业有限公司研制成功国际上首创治疗腹泻的新药"培菲康"（双歧三联活菌胶囊）。

2月22日　经国家科委批准，中国国际纺织科技产业城在上海青浦县兴建，成为国内第一个行业性高科技园区。

2月27日　中国人民解放军第二军医大学附属东方肝胆外科医院发现"让免疫系统识别杀死肝癌的疫苗"。

3月2日　中国科学院上海生物化学研究所张永莲完成"雄激素对大鼠PSBP基因转录调控的研究"。

3月26日　复旦大学生命科学学院遗传学研究所和上海农学院植物科学系合作，成功培育出水稻抗白叶枯病新品系。

4月8日　上海中药研究所等研制的人工合成麝香获得成功，获卫生部新药证书。

4月11日　长江计算机（集团）联合公司所属上海计算机厂开发出东海奔腾微型计算机。

4月27日　上海—德国巴符州科技合作协议签字仪式在上海新锦江大酒店举行。

6月7日　由上海市工业微生物研究所主持研究的"大型牛场厌氧发酵工程工艺、装置及规模设计的研究"，在上海通过国家科委技术鉴定。

6月13日　中国科学院上海硅酸盐研究所研制成功氟化钡晶体。

6月22日　中国科学院上海光学精密机械研究所研制的第三代新型激光器DPL获得成功。

6月27日　华东理工大学袁勤生发明的"超氧化物歧化酶（SOD）"获得1994年美国匹兹堡国际发明与新产品博览会金奖。

8月7日　上海市肿瘤医院于尔辛等探索出一套晚期肿瘤特别是肝癌的诊治方法。

8月20日　上海新华医院小儿外科研究人员完成小肠缺血缺氧早期诊断及药物保护的课题研究。

同日　中国科学院上海光学精密机械研究所圆满完成计算机重现全息图的理论研究和软件开发。

8月23日　中国科学院上海冶金研究所在国内首先研制出SDFL600门砷化镓门阵列电路。

9月16日　中国科学院上海有机化学研究所惠永正主持的课题组，完成复杂寡糖缀合物的全合成。

9月17日　同济大学与上海机械施工公司合作项目"东方明珠发射天线钢桅杆液压提升技术和设备研制"通过专家鉴定，技术达国际先进水平。

9月18日　中国科学院上海硅酸盐研究所完成的"铌酸锂晶体缺陷结构和杂质效应的相互作用研究"获中国科学院自然科学一等奖。

9月22日　中国科学院上海生物化学研究所与中国人民解放军第二军医大学合作，研制成功中国人戊型肝炎病毒（HEV）酶联免疫检测试剂盒。

10月18日　同济大学材料系研制的"涡轮式超细粉气流分级技术研究和设备"通过专家鉴定，达20世纪90年代国际先进水平。

10月19日　上海大学名誉校长黄宏嘉主持的特种光纤研究在上海大学通过专家鉴定。

10月27日　复旦大学、上海市农业科学院畜牧兽医研究所等合作研究的"猪口蹄病毒基因工程疫苗"项目,通过由国家教委组织的专家鉴定。

10月29日　上海市儿童医院上海医学遗传研究所曾溢滔在分子水平上直接检测亨廷顿舞蹈病(简称 HD 病)的致病基因。

11月3日　上海市农业科学院作物育种栽培研究所李树林等科技人员研究油菜显性核不育三系法制种,获得成功并通过鉴定。

11月6日　复旦大学遗传学研究所李昌本课题组承担的"863"项目"人肿瘤坏死因子衍生物研究",通过专家鉴定,成果达国际先进水平。

11月27日　上海长海医院完成国内首例腹腔镜脾脏切除术。

12月23日　复旦大学遗传学研究所承担的抗艾滋病药物叠氮胸苷—酶法生物合成项目通过专家鉴定,达国际先进水平。

同日　上海大学的垂直壁面行走机器人系统通过专家鉴定。

1995 年

1月3日　由上海市青年科技人员黄作兴发明的"中压防腐调节型蝶阀",在比利时布鲁塞尔获尤里卡金奖。

3月7日　市科委推出"上海市优秀学科带头人资助计划",30 名优秀中青年科技人员首批获得资助。

4月5日　中国第一台自行设计、自行研制的大型串列静电加速器,在中国科学院上海原子核研究所建成。

4月7日　上海市十届人大常委会第十七次会议审议、通过《上海市技术市场条例》,并定于1995 年 7 月 1 日施行。

5月8日　中国第一台高性能精密装配机器人在上海交通大学机器人研究所通过验收。

8月3日　由中国科学院上海天文台叶叔华领衔的国际合作研究计划——亚太地区空间地球动力学研究获得国际专家支持。

8月30日　上海市政府和中国科学院合作协议签约仪式在市政府举行。

8月30—31日　上海市科学技术大会在上海展览中心举行。会议提出"科教兴市"发展战略。

10月7日　第四届中国国际计算机应用展览会在上海开幕,拉开了以"人类进入信息时代"为主题的上海科技节的序幕。

10月8日　由中国船舶工业总公司武汉舰船设计研究所上海分所设计、上海求新造船厂建造的铝质自控水翼高速客船"南星"号交船。

12月5—9日　1995 年国际海事会议开幕,来自世界各国的 400 多位代表参加学术会议。

12月25日　1995 年上海市科技进步奖评审揭晓,共评出奖项 276 项。

1996 年

1月9日　首架 MD-90 飞机水平安定面在上海飞机制造厂完工并交付美国麦道飞机公司,标志着上海飞机大型部件制造跨上了一个新台阶。

1月22日　上海市农业科学院园艺研究所培育出上海南方温暖地区第一个优质早熟葡萄新品种——"申秀"，并通过市科委鉴定。

2月2日　上海科技城建设项目正式由上海市计委批准，计划在年内完成总体设计方案。

2月28日　中国科学院上海技术物理研究所王建宇领衔完成的"机载成像光谱遥感实用系统"达20世纪90年代同类仪器国际先进水平。

3月1日　由电子工业部华东计算技术研究所牵头研制的中国第一台小型超级计算机在上海通过国家级技术鉴定。

3月23日　由中国航空工业总公司与上海长海医院共同研制成功的C-L中国短柱人工心脏瓣膜通过技术鉴定，其性能达国际先进水平。

3月28日　华东理工大学李新洲等首次证明爱因斯坦提出的"宇宙的四维性"问题。

4月4日　中国科学院上海硅酸盐研究所研制成功中国第一台扫描电声显微镜（SEAM）。

4月12日　由中共上海市委宣传部、市科委、市科协联合召开的上海市科学普及工作会议召开，这是上海历史上第一次由党和政府召开的全市科普工作会议。

4月17日　中国科学院上海硅酸盐研究所研制成功掺铊碘化铯晶体。

6月11日　上海首次制造亚临界60万千瓦发电机组，并在吴泾电厂实施。

6月17日　世界首例"急症自体踝关节移植代替膝关节手术"，在上海市第六人民医院取得成功。

6月18日　中国科学院上海原子核研究所将DNA双螺旋状链拉成直线，并固定在平整的衬底上，取得跻身纳米生物学研究国际前沿的重大进展。

6月20日　上海市人大常委会第28次会议审议通过《上海市科学技术进步条例》，定于10月1日起施行。

7月4日　上海医科大学陈国强完成的《氧化砷治疗急性早幼粒白血病的细胞分子机制研究》论文，是中国血液研究又一重大突破。

7月19日　第二军医大学吴孟超、陈汉带领攻关组完成国内首例"背驮式"肝移植手术，标志着中国肝移植技术达到国际先进水平。

8月8日　中国科学院上海冶金研究所雷啸霖等在国际上首创半导体输运平衡方程理论，被誉为雷—丁理论，成为半导体研究中一个著名的理论方法。

8月12日　由上海船舶海洋工程研究设计院设计、沪东造船厂建造的、具有世界先进水平的泰国皇家海军综合补给船——米雪兰号交付泰方。

8月13日　中国规模最大的电力负荷无线电监控系统首期工程在上海竣工并投入试运行。

9月4日　复旦大学黄骏廉等科研人员完成的一项高分子领域的综合性课题，使"导向药物控释高分子材料的设计和合成"研究技术在国际上居领先地位。

9月5日　上海市实施发明成果优秀企业家、优秀总工程师表彰大会召开，包起帆等6位在发明创造上做出显著成绩的优秀发明人获得首届"上海发明家"称号。

9月6日　中国科学院上海光学精密机械研究所研制成功台式超短强激光装置。其建成使中国强场激光物理的研究进入一个新阶段。

9月14日　中国第一辆太阳能电动轿车由上海科峰电动车公司等单位联合研制成功，达到国际同类产品水平。

9月18日　中国首例活体亲属肾脏移植手术在中国人民解放军八五医院获得成功。

10月8日　上海隧道工程有限公司用直径11.22米的超大型泥水平衡盾构在软土地层顺利施工并将地面沉降控制在3厘米内,在盾构掘进技术上达到世界先进水平。

10月9日　世界首例前臂延长再造手术在上海市第六人民医院取得成功。

10月15—18日　以"国际大都市与科学技术"为主题的首届上海科技论坛在上海科学会堂召开。

10月23日　由上海瑞金医院上海血液学研究所陈赛娟、陈竺领衔完成的"人类白血病诱导分化和凋亡的细胞及分子机制研究"课题,通过上海市科委组织的鉴定。

10月24—25日　上海市科学技术协会第六次代表大会在市委党校召开。800多名代表参加,叶叔华当选为新一届市科协主席。

1997 年

1月1日　上海电气(集团)总公司与中国机械设备进出口公司总承包的巴基斯坦木扎法戈32万千瓦机组并网发电一次成功。

1月6日　中国科学院上海生物化学研究所洪国藩在世界上首次构建成功高分辨率水稻基因组物理全图。

2月9日　上海同仁医院在国际上首次成功为一位晚期胰腺癌十二指肠阻塞患者安放腔内支架。

4月2日　采用体外细胞繁殖复制人体器官在动物实验中取得成功,这一世界首例研究成果由上海第二医科大学第九人民医院取得。

5月8日　由市委宣传部、市科委、市教委、市科协联合召开的上海市科普"四个一"工程命名表彰大会在上海友谊会堂举行。

6月13日　上海电缆厂自行设计制造的国内首根110千伏大长度海底高压充油电力电缆,在第八十八届巴黎国际发明展览会上获得金奖。

7月4日　上海金卡工程通过国家验收,是全国12个试点城市中第一个通过验收的金卡工程。

同日　为三峡工程自行研制的世界上第一台250吨门座式起重机,在上海港口机械厂诞生。

8月20日　中共上海市委、市政府在上海展览中心召开上海市基础性研究工作座谈会。

8月26日　中共上海市委、市政府在上海展览中心举行上海市高科技产业化工作会议。市委书记黄菊作主题报告,提出今后3年上海加快高科技产业化的总体目标和基本思路。

10月4日　"第十一届上海市优秀发明选拔赛"结束,共有200项最新的职务、非职务及青少年发明获得1997年"上海市优秀发明奖"。

10月31日　中共上海市委、市政府发布《关于加快上海市高科技产业发展的若干意见》。

11月6日　上海市肿瘤研究所在国际上首次发现患者17号染色体基因缺陷。

11月21日　市政府发布《关于印发〈上海市加强高科技产业人才队伍建设的若干规定〉的通知》。

12月17日　1997年度上海市科技进步奖揭晓,共评出奖项274项。其中一等奖13项、二等奖75项、三等奖186项。

1998 年

1月5日　上海市胸科医院在国际上率先将同种异体气管移植应用于临床并取得成功,施行的2例手术取得满意疗效。

1月8日　经过3年的努力,全国首条城市信息高速公路——上海科技网全面开通。

1月23日　中美合作生产的MD-90-30干线飞机在上海成功进行机翼和机身"小十字"对接,标志着中国干线飞机制造进入新阶段。

2月5日　大型消磁船——南勤203船建造完工并交付使用,是国内科技含量最高的消磁船。

2月10日　上海医学遗传研究所与复旦遗传学研究所合作,对转基因羊的研究获得重大突破,在羊乳中成功分离出有活性的治疗血友病的人凝血因子IX。

2月16日　上海瑞金医院陈中元采用的微创体外循环心内直视手术技术,达到国际先进水平。

4月1日　由国家科技部、上海市科委和复旦大学共同筹建的国内规模最大的国家高性能计算中心,在复旦大学上海应用物理研究中心成立。

4月3日　上海医科大学熊思东在国际上首次成功建立乙肝病毒免疫耐受动物模型。

4月28日　中国首例腔静脉人造血管移植术在上海第六人民医院获得成功。

5月18日　国家科技部同意上海高新技术产业开发区在总面积不变的前提下,由原来的"一区四园"调整为"一区六园"。

6月1日　市政府发布《上海市促进高新技术成果转化的若干规定》,以推动高新技术成果转化工作。

6月4日　中国长征火箭家族的新成员长征四号乙大型三级运载火箭在上海航天局研制成功,可承担国内外太阳同步轨道卫星的发射任务,并可发射气象卫星和搭载科学实验卫星。

6月26日　上海市委、市政府召开高新技术成果转化工作会议,颁布《上海市促进高新技术成果转化的若干规定》。

7月2日　世界首株具有高转移潜能的人肝癌细胞系由上海中山医院在体外成功建立,能在体外稳定生长连续传代并保留某些生物学特性。

8月3日　复旦大学发明的基因克隆测序新技术经流水线运转,能日均找到15条人类全长新基因并完成测序。

10月31日　第六届国际水稻分子生物学会议在上海举行,来自中、美、日等10多个国家的水稻分子生物学领域的权威人士近200人出席会议。

11月3日　上海长海医院完成"不开刀治疗颅内动脉瘤"手术,是世界上治疗颅内动脉瘤最先进的方法之一。

11月10日　为世界第一台10兆瓦模块式高温气冷堆配套的三大主设备在上海通过验收,标志着中国在核电新堆型的研究、设计和制造领域达到国际先进水平。

11月17—21日　主题为"新世纪对科学技术的挑战"的"98上海科技论坛"在沪举行,市委书记黄菊为大会发来贺信。

12月5日　国内最大的多功能大功率海洋救助拖轮"德翔号"在东海船厂建成,标志着中国海洋救助事业跨入世界先进行列。

12月12日　上海长征医院研制成功多器官移植保存液,大大提高了器官移植手术成功率,并填补国内医学领域的一项空白。

12月25日　由中国船舶总公司七院第七〇八研究所研究设计、求新造船厂建造的"天鹅"号动力气垫地效翼船研制成功,经各项性能试验表明,该船总体性能达到国际水平。

1999 年

1月7日　体积只相当于芝麻的八分之一、重量仅12.5毫克的电磁型微马达在上海交通大学信息存储研究中心研制成功。这是当时世界上最轻的电磁型微马达。

1月17日　上海市肿瘤研究所在国内首先研制成功的"胸苷激酶基因工程化细胞制剂"成为中国首个用于肿瘤治疗的基因药物。

2月19日　上海中药研究所研制的第四代银杏叶制剂——杏灵颗粒,通过美国药品管理部门(FDA)预审,进入国际联合性二期临床实验,获得中美独有知识产权证书。

同日　由上海市儿童医院上海医学遗传研究所黄淑帧、曾溢涛主持研究的中国第一头转基因试管牛"滔滔"诞生。

2月26日　由上海大唐集团研制的国内第一个具有完全自主开发知识产权的DM900数字蜂窝基站系统,在上海通过信息产业部组织的生产定型鉴定。

3月25日　上海医科大学宋后燕领衔的"注射用重组链激酶"课题组,获得由该校颁发的304.6万元的转让收益。

4月23日　由上海建工集团承担关键项目的中国第一、世界第四的大跨径悬索桥——江阴长江大桥主桥贯通。该桥全长3 071米,总投资达33.74亿元。

5月10日　长征四号乙运载火箭将"风云一号"第三颗气象卫星及搭载的"实践五号"科学实验卫星送入预定轨道,"长四乙"火箭和"风云一号"第三颗气象卫星以上海为主研制。

6月5日　中国首条矩形隧道穿越延安东路隧道引道段,打通地铁二号线陆家嘴站出入口获得成功,为国内地下工程施工技术填补了一项空白。

6月14日　上海市政府在友谊会堂召开"促进高新技术成果转化工作会议",颁布了新修订的《上海市促进高新技术成果转化的若干规定》。

7月3日　中国科学院知识创新重大工程之一——中国科学院上海生命科学研究院成立。中国科学院院长路甬祥、上海市市长徐匡迪为研究院成立揭牌。

8月9日　上海创业投资有限公司和上海技术产权交易所正式揭牌成立。

10月3日　中美合作生产的首架MD-90飞机在上海成功地进行了首次试飞。

10月10日　时速达180公里的首列国产大容量内燃动力车组"新曙光"号在上海、南京、杭州线铁路运行,标志着中国铁路正式起步走向准高速与高速新阶段。

11月10日　华东理工大学攻克一项30年悬而未解的氯化钛白制备技术难题,该项目通过科技部与教育部的鉴定。

11月20日　中国成功发射第一艘"神舟"号试验飞船。上海航天技术研究院、上海技术物理研究所、上海硅酸盐研究所承担的与飞船相关的十多个项目,取得良好效果。

11月26—27日　上海市技术创新大会在上海展览中心召开,会议提出今后一段时期上海技术创新的目标和任务。

12月5日　上海重型机器厂与法国公司合作制造的新一代双模式全断面掘进机(盾构)通过总

体验收,标志着上海盾构制造水平跻身世界先进水平。

12月13—17日　第一届上海国际工业博览会在上海展览中心举行。

12月25日　苏州河一期综合整治全线开工。

同日　污水治理二期工程建成通水,吴泾、闵行等地区污水外排工程同时竣工。

12月28日　上海技术产权交易所正式开市,16家高新技术企业率先挂牌,挂牌交易总额达5.22亿元。

12月31日　市委、市政府正式发布《加强技术创新,发展新科技,实现产业化实施意见》。

2000 年

1月3日　由上海第二医科大学、上海市第九人民医院、上海市基因研究中心共同负责的"治疗性克隆"研究获得重大突破。

1月7日　海军411医院实施首例"术中微波保肢"手术获得成功。

1月11日　上海在国内首次利用胚胎移植技术批量繁育波尔山羊。

1月17日　上海大学自行设计制造的具有完全自主知识产权的国内首条精密机芯机器人自动装配线投入使用。

同日　市政府发布《上海市促进张江高科技园区发展的若干规定》。

1月23日　中国科学院上海有机化学研究所田庚元等科研人员首创一种新型免疫型药物——牛膝多糖。

1月25日　上海市人大常委会审议通过《上海市鼓励引进技术的吸收与创新规定》。

2月13日　上海医科大学曹世龙等科研人员完成的"肺癌INK4a/ARF基因状态及该基因转染对其增殖、放射敏感性影响的研究",通过卫生部组织的鉴定。

2月20日　全国首家集成电路设计产业化基地——上海集成电路设计产业化基地在上海科技京城建立。

同日　第二军医大学郭葆玉等研究人员在国际上首次发现具有中国人特征的人胸腺素原α基因,并被美国国立卫生研究院基因库收入登录正式命名。

2月23日　上海IC卡芯片设计取得新突破,由国家"909工程"集成电路设计公司——上海华虹集成电路有限公司设计开发的国内首张具有自主知识产权的非接触式IC卡通过鉴定。

3月4日　中美合作生产的第二架MD-90干线客机于2月24日在上海成功完成全部试飞项目后,获得美国联邦航空局(FAA)颁发的单机适航证。

3月9日　上海市科学技术专家库建立。

3月15日　市政府召开"上海信息港主体工程建设大会",上海信息港建设取得阶段性成果,完成了"九五"规划的"1520"工程建设目标。

同日　上海长海医院在国内率先运用世界先进的"纯化造血干细胞移植法",对一名多发性骨髓癌患者进行治疗并获得成功。

4月1日　上海首次制造的第一台60万千瓦亚临界国产引进型燃煤机组,在吴泾热电厂八期工程中安装完毕,进入总体调试阶段。

4月5日　中国科学院上海植物生理生态研究所、上海交通大学生命科学研究中心部分揭开人类短指基因秘密。

4月6日 国内第一根具有自主知识产权的大屏幕多媒体彩管——上永牌29英寸多媒体彩管在上海永新彩色显像管有限公司研制成功。

4月7日 国家"863"工程重大项目——10兆瓦高温气冷试验堆的两项关键设备——氦气风机及控制棒驱动机构在上海研制成功。

4月13日 市科委正式发布《应用开发类科技项目招标投标实施办法》,并对"应用型DNA芯片的研究和开发"采取招投标方式。

4月14日 上海市第六人民医院成功施行一例世界首创的、体外循环长达23小时的动脉搭桥手术。

4月18—19日 由上海市政府、国家科技部、外经贸部、教育部、中国科学院、中国工程院和联合国开发计划署共同主办的"世界企业孵化与技术创新大会"在上海举行。

5月22日 上海设立全国首家科技成果拍卖中心。

5月28日 上海超级计算中心在张江高科技园区动工兴建。

6月5—7日 由联合国开发计划署、上海市政府、中国信息产业部、中国科学院共同主办的"亚太地区城市信息化高级论坛(CIAPR)"在上海举行。

6月16日 秦山二期工程60万千瓦核电站关键设备、列入国家"九五"科技攻关项目的核电蒸发器在上海锅炉厂有限公司制造完成。这是在国内首次完整制造整台60万千瓦核电蒸发器。

6月17日 上海建成全国最大骨髓库。上海医科大学首次发现造成先天性近视的两个基因点。

6月20日 上海应用型研究所科技体制改革工作会议召开。90家地方应用型研究所在2000年内完成企业化转制。

6月22日 上海市首例机器人辅助微创心脏手术在上海市第一人民医院获得成功。

6月26日 由美、日、德、法、英和中国科学家共同参与的人类历史上最重要的科研工程——人体遗传密码草图正式公布。中国科学家负责测定人类基因组全部序列的1%,北京与上海的科学家承担了主要工作。

7月4日 上海第二医科大学附属第九人民医院在组织工程研究方面获得重大突破,应用组织工程技术分别复制羊颅骨、鸡肌腱和猪关节软骨获得成功。

7月11日 江南造船集团有限公司为美国航海人控股公司建造的"航海人火星"2.2万立方米半冷半压式乙烯液化气船在上海下水。这是世界上规模最大的乙烯液化气船。

7月12日 全国首家技术专利免费转让网站(www.trimen.com.cn)在上海开通。

7月24日 第十九届国际金属有机化学会议在上海开幕。

7月27日 2000年上海大都市生态、环境与可持续发展国际研讨会举行,上海市市长徐匡迪在开幕式上作报告。

7月29日 国家上海生物医药科技产业基地领导小组召开第三次会议,上海市市长徐匡迪强调要大力推动祖国医药产业发展。

8月2日 市科委科技项目管理改革工作会议决定实行科技项目管理新机制,科技项目管理中心的一中心、二中心和三中心正式揭牌成立。

8月4日 上海东方肝胆外科医院在国际上首次阐明蛋白质Z在调节凝血过程中的重要生理功能,解决了一个科学难题,标志着中国科学家掌握了先进的基因打靶技术。

8月30日 上海市科普工作会议召开,确定"十五"期间上海市民科技素质指标要保持全国领先水平,领导干部和青少年群体的科技素质指标要高于市民总体科技素质水平。

9月1日　由上海大学开发研制的集群式高性能计算机系统自强2000－SUHPCS,峰值速度高达每秒3 000亿次,整体水平达到国际先进。

9月2日　"长征四号乙"型运载火箭成功将"中国资源二号"卫星送入预定轨道。

9月4日　苏州河综合整治一期工程的首条污水管道贯通,标志着作为工程"重头戏"的苏州河支流截污工程提前进入冲刺阶段。

同日　第二军医大学曹雪涛等利用大规模DNA测序技术,从人体重要的免疫细胞——树突状细胞的基因文库中,首次发现了一种新型免疫分子的全长新基因。

9月6日　复旦大学、上海市农业科学院经过18年潜心攻关,使中国首个抗病毒基因工程疫苗在上海问世。

9月17日　由上海血液中心和南京454医院合作实施的上海首次、中国首例采用脐带血移植医治淋巴癌获得成功。

9月21日　中共中央政治局委员、上海市委书记黄菊到市科技党委、市科委调研,并作重要讲话。

10月5日　中国科学院上海生物工程研究中心定位并克隆成功两个与白内障和乳光牙疾病相关的基因。

10月5—6日　2000年先进机器人及应用国际研讨会在上海举行。

10月19日　第三届国际人类基因组组织(HUGO)亚太地区会议和第四届亚太人类遗传学会议在上海召开。

10月24—28日　第二届上海工业博览会和上海国际工业博览会论坛在上海展览中心举办,技术交易馆成为热点,近400个项目成交,总成交额达24.4亿元。

10月30日　中国科学院上海生物化学与细胞生物学研究所在世界上首次实现了"绿色荧光蛋白与蜘蛛拖牵丝融合基因"在家蚕丝基因中的插入。

11月3日,上海华显数字影像技术有限公司引进美国的最新技术进行二次创新,开发出首台具有自主知识产权的大屏幕高清晰度全数字化投影机。

同日　上海通用卫星导航有限公司研制成功"智能化汽车自主导行系统"。

10月6日　国内首例非开胸治疗"肌部室间隔缺损"手术在上海儿童医学中心获得成功。

11月7—10日　2000年上海科技论坛举行,徐匡迪市长作了《工程科技与城市经济》首场专题报告。论坛共举办10场主题报告、8个研讨会、36个专题讨论会以及青年学者论坛。

11月8日　第一座由中国人自己制造的高水平自控玻璃温室在浦东孙桥现代农业园区竣工。

11月9日　上海市科委和上海市新闻出版局共同集资设立"上海科技专著出版资金",年投入不低于200万元。

11月15日　中国科学院上海原子核研究所与德国莎莱大学首次通过单个DNA分子纳米操纵技术,用DNA分子长链"书写"出"DNA"三个字母,这是继美国加州大学IBM实验室专家操纵单个原子写出"IBM"字母后,人类在生物大分子纳米成像与操纵方面的又一巨大进步。

11月17日　上海中山医院与美国专家合作完成中国首例机器人辅助冠状动脉搭桥手术。

11月20日　第一届国际机械工程学术会议和第六次国际机械工程学会联合会会议在上海国际会议中心同时召开。

11月25日　全国首家气象科普馆——上海浦东气象科普馆在世纪公园落成。

11 月 28 日　上海卢浦大桥设计方案正式确定,其跨径为 550 米,成为世界第一拱桥。

同日　上海交通大学"深亚微米集成电路设计技术"课题通过鉴定。其中运用的"逻辑综合与物理设计一体化理论"属国际首例。

12 月 3 日　上海信息港主体工程建成世界级规模城市宽带网。

12 月 7 日　市政府在市信息化工作会议上发布《关于上海市鼓励软件产业和集成电路产业发展的若干政策规定》。

12 月 10 日　上海长征医院为一名Ⅰ型糖尿病肾病尿毒症患者进行了胰—肾联合移植手术,填补了上海的医学空白。

12 月 14 日　上海华山医院同种异体黑素细胞移植治疗白癜风获得成功。26 例病例证实,总有效率达到 70%。这项研究成果填补了国内外白癜风治疗的空白,具有十分重要的临床应用价值。

同日　上海瑞金医院神经外科在国内率先采用眶上眉弓内钥匙孔手术,成功地为一位患者切除了前颅窝底脑膜炎。这一手术的成功,意味着中国颅底显微外科有了新的突破。

12 月 19 日　2000 版《促进高新技术成果转化的若干规定》(简称"18 条")出台。该政策自 1998 年 6 月发布以来第二次修改。

同日　"长征三号甲"火箭将中国自行研制的第二颗"北斗导航试验卫星"发射升空,并准确送入预定轨道。

12 月 30 日　上海自然博物馆和复旦大学的专家成功地从化石的骨骼中提取出通过 X 染色体代代相传的线粒体 DNA,使人类了解祖先的来龙去脉和生老病死的努力更进一步。

2001 年

1 月 4 日　国内最大的 100～125 瓦的太阳能光伏组件在上海交通大学诞生。具有自主知识产权、可年产 2 兆瓦晶体太阳能电池关键设备及生产线通过了专家鉴定。近 5 万瓦太阳能光伏电池组件出口到瑞士等国家。

1 月 6 日　市科委在全国率先启动五年一度的技术预见研究,该项目由上海市科学学研究所承担。

2 月 19 日　2000 年度上海市共获得国家科学技术奖励项目 21 项,其中一等奖 1 项、二等奖 20 项,占全国获奖项目总数的 7.2%,名列前茅。

2 月 25 日　8 200 立方米半冷半压式石油液化气(LPG)船在江南造船(集团)有限公司下水。

2 月 27 日　被誉为光电子产业"基石"的新一代半导体材料——铟镓铝磷外延片在上海研制成功并投入批量生产。

3 月 2 日　中国科学院上海生命科学研究院张永莲研究员课题组首次克隆生殖系统中第一个天然抗菌肽基因的重要成果在美国《科学》杂志发表。

3 月 20 日　复旦大学和上海市农业科学院经过 18 年潜心攻关,研制出世界上首个抗口蹄疫基因工程疫苗。

3 月 28 日　第五届中国上海国际生物技术与医药工业展暨研讨会开幕。

4 月 16 日　市委、市政府举行上海市科学技术奖励大会。266 项优秀科技成果获奖。

4 月 20 日　科技部认定浦东生产力促进中心为国家级示范生产力促进中心。

同日　第二军医大学药学院在世界上首次发现一种名叫单核细胞趋化蛋白-1 的趋化因子,对骨肿瘤有抑制作用。

5月9日　由上海交通大学生命科学技术学院领衔的中国科学家在国际上率先研制出具有广谱、高效、安全，能有效控制真菌性根腐和茎腐的生物农药——抗菌剂农乐霉素(M18)。

5月14日　首届"科技活动周"上海地区活动揭开序幕。活动以"科技在我身边——珍惜生命、热爱生活、崇尚科学、反对邪教"为主题。

5月28日　上海创源计算机信息安全公司首次提出"杀毒＋防黑"的防毒概念，多项技术指标达到国际领先水平。

同日　市科协组织实施的《跨世纪上海公众科学素养调查与研究》公布。

5月30日　上海交通大学最新研制成功的"电子束大角度偏转系统及其优质图像扁平管"通过市科委鉴定。

5月31日　全国最大的垃圾焚烧厂——浦东新区生活垃圾焚烧厂发电机组开始安装。该厂日处理垃圾1 000吨，每年可供电1亿度。

6月6日　上海市器官移植研究中心在上海市第一人民医院成立。

同日　第十届上海国际信息通信展览会在上海光大会展中心开幕。

6月10日　国内首部网络运用的3G(第三代)样机由上海贝尔研制成功。

6月13日　上海科研人员发现母乳中含有与婴儿、特别是新生儿和早产儿生长发育息息相关的物质。这一研究填补了国内空白，达到国际先进水平。

6月16日　中国第一个拥有自主知识产权的计算机安全防火墙软件——上海瀚博信息安全技术有限公司研制的PC安全卫士在上海通过鉴定。

6月17日　上海华山医院成功实施世界首例成人神经干细胞自体移植。

6月19日　上海众托科技有限公司开发的"易扫通"填补了国内笔式扫描仪的空白。

7月3日　上海长征医院将国际上先进的铜离子电化学技术应用于血管瘤的治疗。

7月5日　上海产首台"家用血糖仪"由上海新立工业微生物科技有限公司研制成功，并在上海市各大医药商店销售。

7月10日　上海市首例肠道引流式胰肾联合移植在上海市第一人民医院获得成功。

同日　通过电化学反应连续把燃料中的能量直接转化成电能的发电方式工作的1～1.5千瓦熔融碳酸盐燃料电池系统(MCFC)在上海交通大学问世，并通过专家组鉴定。

7月15日　上海飞机制造厂生产的第100架波音737-NG飞机平尾，按计划交付美国波音飞机公司。"上飞厂"制造的平尾符合国际航空质量体系标准，达到世界先进水平。

同日　由武汉烽火通信科技股份有限公司、上海交通大学等承担研制的"863"跨主题重大项目光交叉连接设备(OXC)、光分插复用设备(CDMA)通过验收。

7月17日　《自然遗传学》杂志刊登：A-1型家族性短指症基因被中国科学院上海生命科学院研究员、上海交通大学Bio-X生命科学研究中心主任贺林领导的课题组成功定位并克隆。

7月18日　上海瑞金医院利用全基因组筛查技术发现，在人体9号染色体内，有两处2型糖尿病易感基因的新位点，是中国糖尿病患者所特有的精细位点，这一发现使中国的糖尿病基因研究获得重要突破。

7月22日　第二军医大学药学院海洋药物研究中心首次在国际上发现，在叶托马尾藻、铁钉菜和蓝斑背肛海兔等三种海洋生物中具有多种抗癌活性的化合物。

7月27日　上海市纳米科技与产业发展领导小组召开上海市纳米科技与产业化创新发展推进

会议。

7月29日　由上海交通大学特聘长江学者张文军教授等科研人员研制成功，拥有自主知识产权的"高密度数字光盘高清晰度电视码流播放仪"通过技术鉴定，这一成果为国内首创。

8月5日　中国科学院上海细胞生物学研究所利用[cDNA阵列]技术发现一百多个基因表达的变化与人类肝癌有关。

8月26日　经过中国科学家的共同努力，国际人类基因组计划中国部分"完成图"提前两年绘制完成，并通过由科技部和中国科学院联合组织的专家验收。

9月3日　中国科学院上海植物生理生态研究所科研人员做成了世界首批动物角蛋白转基因棉服装（兔毛棉花）。

9月5日　2001年度上海市科技进步奖初评揭晓：299个获奖项目中，三资企业占7.7%，并有4家留学生企业；项目完成人中，首次出现美国、德国和新西兰的科技人员。一等奖项目增至36个，比上年增加了2倍。

9月12日　上海华山医院与上海联合基因公司合作利用基因芯片检测乙肝病毒变异，在国内率先开发、研制出检测乙肝病毒变异的基因芯片。

9月30日　中国首根用于磁悬浮铁路工程的50米长、重达350余吨的轨道梁，在上海磁悬浮制梁基地诞生。该超长轨道梁的制成，标志着中国的磁悬浮混凝土技术研究和实际运用居世界先进水平。

10月23日　市五医院承担的"腔隙性脑梗死患者血浆组织因子途径抑制物的测定"通过专家鉴定。该成果填补了国内空白，为腔隙性脑梗死病的防治提供了新途径。

10月28日　第二军医大学研制成功囊虫病和钩端螺旋体病的基因疫苗并完成临床试验，这标志着中国医学生物工程热门领域的基因疫苗研究又取得新的进展。

10月29日　国家人类基因组南方研究中心宣布在国际上率先独立完成钩端螺旋体、表皮葡萄球菌、黄单胞菌3种重要人类和植物病原体的全基因组精细测序，标志着中国独立从事大规模基因组测序和生物信息学研究水平的一个重要跨越。

11月4日　由上海锻压机床厂自行设计制造、拥有自主知识产权的首台国产5 000吨汽车大梁液压机通过专家鉴定。这标志着中国超大型压力机的设计、制造技术取得重大突破，达到国际先进水平。

11月6日　"上海创业国际论坛"在上海揭幕。全国人大常委会副委员长成思危出席论坛并发表主题演讲。科技部部长徐冠华来信祝贺。

11月8—14日　以"生物科技——为了新世纪人类的幸福"为主题的第六届上海科技节举行。

11月9日　中国迄今建造的最大吨位（17.5万吨）散货船在上海外高桥造船有限公司开工。该公司在不到25个月的时间内成为国内最大船舶总装企业。

同日　市六医院成功完成国内首例微创食管癌切除术，患者术后生命体征平稳。

11月16日　国家"973"计划组织工程首席科学家曹谊林取小狗5毫升骨髓造出"狗头盖"补窟窿，这是中国运用组织工程的技术和方法，首次为高等哺乳动物在体外再造组织并成功移植，修复面之大在世界上无先例。

同日　上海华龙移动通信系统芯片设计取得重大突破，使中国在第三代移动通信系统中终于有了自己的中国"芯"。

11月21日　上海第二医科大学附属第九人民医院经过10年攻关，在国内外率先提出并开展的对颌面部各类血管瘤及血管畸形的综合治疗法通过鉴定。

12月5日　医生赵万里和赵双民发现的一种恒齿缺失症被命名为"贺—赵缺陷症",成为国际医学界首次以中国人姓氏命名的遗传疾病。

12月7日　上海华山医院胰腺癌诊治中心的大胰腺癌分阶段治疗使手术切除率达到36%,该技术在世界上为首创。

12月19日　国内第一条国产化年产3万吨大型纺丝生产线在上海石化改造成功,标志着中国短丝生产技术达到国际先进水平。

12月27日　国内首台自行设计、自行制造的秦山二期工程60万千瓦核电反应堆压力容器在上海锅炉厂有限公司诞生,标志着中国大型核电制造跻身世界先进行列。

2002 年

1月4日　上海第二医科大学附属第九人民医院应用组织工程技术将体外大量扩增的雪旺氏细胞复制"鼠神经"获得成功。

1月8日　由中国科学院上海生命科学研究院生化细胞研究所研制成功的"多肿瘤标志物蛋白芯片检测系统",能同时检测10种常见肿瘤并对较低收入人群早期诊断肿瘤。

1月9日　上海第二医科大学附属第九人民医院、上海交通大学在精技机电(上海)公司的配合下,在国内首次采用数字信息技术研制成功仿生人耳赝复体。

1月14日　上海第二医科大学附属第九人民医院和上海交通大学联合攻关,采用数字信息技术进行仿生上颌骨重建手术获得成功。

1月17日　由上海建材集团开发的国内自行设计制造的首条新一代环保型75吨/日生活垃圾焚烧处理生产线,在上海奉贤区泰日镇上海华环热能实验厂内建成。

1月21日　由中国科学院上海原子核研究所、上海交通大学胡钧、李民乾课题组取得的用单个DNA分子长链书写"DNA"字母的"纳米成像"成果,在《纳米通讯》上作了报道。

1月27日　上海瑞金医院、上海市内分泌研究所在国际上率先从人体9号染色体短臂21带区域定位到中国人Ⅱ型糖尿病易感基因,该研究论文发表在国际权威刊物《糖尿病学》杂志。

2月1日　国家科学技术奖励大会在北京召开,2001年度由上海市完成或与其他省市合作完成的14个项目获得国家科学技术奖励,占全国获奖项目总数的6.28%。

2月25日　上海华山医院首次在国内应用"水刀"———新技术喷水分离器,成功为一名患者切除了直径达30厘米的巨大肝血管瘤,术后一星期患者即康复出院。

3月14日　由复旦大学公共卫生学院承担的国家"九五"重点科技攻关项目——"规范化甲型肝炎减毒活疫苗保护效果与免疫策略的研究"完成。

3月17日　2001年度上海市科技进步奖揭晓,297项成果获奖。

3月18日　市委、市政府隆重召开上海市科学技术奖励大会,为2 542名科技人员和325个单位庆功。2001年科技进步奖一等奖31项、二等奖115项、三等奖151项。

3月30日　中国首套60万千瓦核电站反应堆堆内构件——秦山二期核电站2号核电反应堆堆内构件,在上海第一机床厂顺利竣工。

4月1日　上海外高桥造船有限公司为中远集团开工建造第一艘17.5万吨"好望角"型散货轮。

4月3日　中国科学院上海光学精密机械研究所宣布:激光聚变实验装置——"神光Ⅱ"建成,标志着中国大型强激光和激光核聚变研究跨上一个新台阶。

4月15日　2002年度国际人类基因组大会在上海开幕。这一集中展示当时基因研究领域最高水平的国际学术会议吸引了全球1 000多位知名学者与专家。

4月26日　上海第二医科大学在国际上率先研制出在皮下、皮内注射的胃癌细胞"瘤苗",并成功进行了8例小样本临床试验,经国家药监局批准进入一期、二期临床研究。

5月8日　市科委2002年全市80%科技项目都向全社会公开招标。

5月15日　中国自行研制的长征四号乙运载火箭顺利升空,将风云一号D星和海洋一号卫星一同送入了预定轨道。上海航天局参与了研究开发。

5月30日　上海市首个国家级生态示范区在崇明岛建立。

同日　上海光机所成功观测到玻色—爱因斯坦凝聚奇观。世界上仅有德、美、日等少数发达国家获得过玻色—爱因斯坦凝聚。

6月4日　中国科学院上海有机化学研究所成功合成了埃坡霉素A、C和异埃坡霉素D等化合物的化学结构,创制了具有自主知识产权的埃坡霉素新类似物。

6月6日　上海华虹集成电路公司率先开发出新型高端智能卡芯片,成为国内第一款具有自主知识产权的带RSA协处理器的IC卡芯片。

6月11日　上海市肿瘤研究所的医学科学家首次克隆到肿瘤抑癌基因——"肝癌抑制因子1",为寻找新的肝癌诊断和治疗方法提供重要线索。

6月14日　第三届亚太地区城市信息化论坛在上海举行。中共中央政治局委员、国务院副总理吴邦国发来书面致辞。全国政协副主席胡启立出席开幕式并致辞。

同日　上海长征医院骨科专家运用肩胛骨、肋骨和背阔肌肌皮瓣联合组织游离移植手术,为一小腿胫骨缺失长达12厘米的患者重新再造了缺损的小腿骨。

6月19日　直径11.2米的超大型盾构进入大连路隧道施工井,中国建设史上两个新的纪录产生了:两台大型盾构联袂推进;四条隧道平行排在一起,平行距离仅350米。

6月24日　中国科学院上海光机所强光光学重点实验室获得了OPCPA激光研究中输出功率3.6 TW的国际同类研究新的最高水平。

7月11日　由上海市电力公司、国家电力公司等共同投资建设的2万千瓦风力发电项目正式在上海启动。

7月16日　中国科学院上海光机所经过三年的努力,成功观测到原子的凝聚态现象,使中国成为世界上继美、德等国之后第十个观测到这一现象的国家。

7月25日　国内第一艘跨海火车渡轮——琼州海峡火车渡轮的主船体建造工作在江南造船厂全部结束。

同日　上海瑞金医院肝移植小组成功完成国内首例劈离式肝移植手术。这是继26年前瑞金医院在国内首次成功施行同种原位异体肝移植后,再次在肝移植领域写下的一项"第一"。

8月6日　中国科学院上海生命科学研究院首次揭示控制神经轴突生长方向的新机制,《自然·神经科学》发表了这一最新成果:G-蛋白偶联受体能够控制神经轴突生长的方向。

8月7日　为贯彻落实《科普法》,从2002年到2005年,上海每年投入不低于100万元设立上海科普创作专项出版基金。

8月19日　国内首套集成电路生产线质量跟踪分析软件(EDSS)在上海贝岭股份有限公司投

入运行。

同日　全国第一个城市多功能 GPS 综合应用网成功在中国科学院上海天文台上海全球定位系统(GPS)中心工作站试运行。

8月23日　宝钢、广电、上汽、电气四大集团创立"中央研究院"。

8月28日　由中国船舶工业第七〇八研究所设计的世界首艘抗台风油船"南海奋进"号交付中国海洋石油总公司,用于南海文昌油田。

9月2日　上海大学、上海机电一体工程有限公司自主研制成功 GMU－VAN 后桥机器人弧焊生产线。

9月12—18日　首届浦东新区"科技创新创业周"开幕。

9月16日　治疗艾滋病的新药——去羟肌苷及散剂,获得国家药品监督管理局的新药证书及生产批号,由设在张江高科技园区内的上海迪塞诺生物医药有限公司生产。

9月19日　上海阿尔斯通交通设备有限公司建造的第一列轨道交通列车正式下线。

9月20日　为鼓励中青年科技人员开展原创性科技成果的研究,上海市设立的牡丹奖开始评选。从事自然科学研究的 45 岁以下的中青年科技人员可参与评选。

10月7日　"世界第一钢拱桥"卢浦大桥工程准确合龙就位,全长 550 米的巨型钢拱实现南北对接。

10月11日　由上海沪东中华造船(集团)公司建造的国内第一艘超巴拿马型集装箱船在上海顺利出坞下水。

10月22日　由第二军医大学郑秀龙教授课题组研制的甘氨双唑钠原料药和冻干粉针剂获得国家一类新药证书,填补了国内外在肿瘤放化疗增效药物研究领域的空白。

10月24日　由上海重型机器厂制造的万吨油压双动铝挤压机在山东龙口试车成功。

10月29日　中国首个转基因植物检测基因芯片在上海博星基因芯片技术公司诞生,并通过专家鉴定。

11月3日　第五届亚太地区国际分子生物学大会在上海开幕。本次会议的主题是"分子生物学的新领域——新纪元的挑战与机遇",来自世界各国的 200 位专家参加了会议。

11月18日　上海交通大学研制成功世界最大体积 SmBCO 超导单晶体,标志着中国高温超导体研究达国际先进水平。

11月19日　市科委与德国巴符州科学研究与艺术部签订新一轮合作备忘录。

11月21日　上海复旦微电子股份有限公司成功研制代表国内 CPU 研制最高水平的高性能嵌入式 32 位微处理器——神威Ⅰ号。

11月28日　市一医院器官移植获新突破:用最新技术联合移植胰肾,使全国首例手术患者具有正常人胰肾功能。

12月4日　上海燃料电池汽车及零部件技术国际研讨会召开。

12月9日　上海市胸科医院成功实施右中、下叶肺移植,该例肺移植手术的成功填补了上海市大脏器移植的空白点,实现了上海市肺移植零的突破。

12月10日　复旦大学在纳米沸石多级孔材料组装及研究方面取得了重要进展。《自然》杂志详细报道了他们的成果,表明其工作处于这一领域的前列。

12月11日　上海瑞金医院的"染色体平衡易位 46, xy, t(2;16)(q23;q22)一例报告",经国际人类染色体异常核型库鉴定,发现未有相同登记,为全球首先报道。

12月12日 "世界第一钢拱桥"卢浦大桥通过上海市科委鉴定,抗风抗震能力达到了世界先进水平,能够抵御12级台风和8级地震,这也是上海现有桥梁中的最高水平。

12月16日 同济大学附属东方医院顺利完成亚洲首例永久性植入型人工心脏植入手术。

12月23日 "十五"上海科技重大项目技术预见计划取得阶段性研究成果:132位专家联合撰写的330多万字的《上海技术预见报告》完成。

同日 上海汽轮发电机有限公司为国内首次制造完成90万千瓦发电机定子,标志着上海电站设备制造业达到了国际先进水平,具备了制造百万千瓦级发电机机组的能力。

12月25日 国内第一辆燃料电池电动自行车由上海绿亮电动自行车有限公司和美国Powerzinc公司博信电池上海有限公司合作开发研制成功。

12月26日 上海交通大学微纳米科学技术研究院在国际上首创了纳米材料的大面积操控排布新技术,从而结束了全世界都缺少可实际应用的大面积纳米操控排布手段的状况。

同日 中国科学院上海药物研究所将抗癌新药"沙尔威辛"的专利技术转让给上海绿谷集团,转让费3000万元,这是上海当时成交标的最大的专利技术转让合同之一。

12月31日 上海磁悬浮示范运营线试运行通车,国务院总理朱镕基和德国总理施罗德剪彩。上海磁悬浮示范运营线是世界上第一条商业化磁悬浮运营示范线。

2003 年

1月1日 上海国际赛车场工程全面展开,上海建工集团建设者表示要确保2004年3月底如期建成这座亚洲最大、最先进的F1赛车场。

1月9日 上海航天局宣布载人飞行的"神舟五号"进入总装测试阶段。

1月13日 上海市科协和上海科技发展基金会联合开始主办"上海市科协青年科技人才飞翔计划"。

同日 国内首台燃料电池汽车"超越一号"在上海问世。

1月16日 华东师范大学钱卓、胡应和博士建成国内首家脑功能基因组学研究所。

1月17日 上海南方模式生物科技发展有限公司承接的上海市科委2001年重大项目"利用小鼠动物模型进行大规模基因功能研究",经专家验收通过。

1月21日 上海市肿瘤医院泌尿外科主任叶定伟博士等研究发现:雄激素及其雄激素受体和表皮生长因子及其受体之间存在的互动关系是雄激素非依赖性前列腺癌生成的机制之一,使得中国有关前列腺癌的发病机制研究取得突破性进展。

1月23日 东华大学"舱外航天服外层防护材料研究项目"被列入教育部发布的2002年度中国高校十大科技进展,成为华东地区唯一连续三届获此殊荣的高校。

同日 上海交通大学机械与动力工程学院上官文峰教授领衔的研究小组提出的新的柴油机尾气后处理技术路线经过实验获得成功。

2月11日 2002年上海市国民经济和社会发展统计公报公布,上海全年用于研究与发展(R&D)经费支出相当于国内生产总值的比例达到1.89%。

同日 上海长征医院成功完成国内首例经腹腔镜胰腺癌根治手术。

2月13日 上海市肺科医院胸外科日前为一名63岁的终末期双肺慢性阻塞性肺病患者成功实施同种异体左全肺移植手术,这是亚洲首获成功的老年人肺移植手术。

2月15日　第二军医大学潘卫庆教授领导的课题组和上海万兴生物制药有限公司共同合作、自主开发研制的"重组疟疾疫苗"获得国家药品监督局及世界卫生组织的批准。

2月20日　上海中山医院首次采用一种新的手术微创疗法,成功治疗了9例大动脉炎脑缺血,这种手术疗法在国内外尚属首次。

2月26日　国际权威科学刊物《自然·材料学》杂志刊登了由复旦大学赵东元教授研究组完成的"酸碱对路线自我调节合成有序度高、稳定的介孔矿物"研究论文。

2月28日　国家科学技术奖励大会在北京隆重召开,上海获得的一等奖共有5项,二等奖共有26项;国家自然科学奖有8项,国家技术发明奖有1项,国家科技进步奖有22项。

3月3日　中国科学院上海有机化学研究所蒋锡夔院士领衔的课题组在有机分子簇集和自由基化学研究取得进展,提出和验证了6个创新概念,均为国内外首次发现及提出。

3月5日　上海第二医科大学附属第九人民医院宣布,该院整形外科应用显微外科技术,在世界上率先成功完成了第一例幼儿全耳全撕脱再植手术。

3月6日　由博信电池和浙江大学共同研制的世界首辆锌空气燃料电池车在上海露面。

3月10日　国内迄今为止建造的最大吨位散货船——绿色环保的17.5万吨"好望角"型散货船,在上海外高桥造船有限公司顺利下水。

3月19日　上海中山医院汤钊猷院士、叶青海、钦伦秀教授等与美国国立卫生研究院的科学家合作的一项成果"应用基因表达谱预测肝细胞癌转移",在英国《自然医学》杂志网络版发表。

3月22日　国内第一套拥有自主知识产权的新药筛选体系在张江建成。

4月10日　2002年度上海市科学技术奖励大会召开,其中一等奖39项、二等奖108项、三等奖166项,有2 800余名科技人员、188家单位获得奖励。

4月16日　上海市第一家国家级软件专业孵化器——国家"863"软件专业孵化器(上海)基地,在闵行区浦江镇动工兴建。

同日　复旦大学化学系分子催化与先进材料实验室赵东元教授等人在介孔材料合成研究领域取得重要进展。科研成果被最新一期的《自然》杂志引用。

4月21日　市科委宣布,启动"非典"科研攻关计划,从检测、治疗和预防三方面研究相关药物。

4月30日　2003年上海科技节"科技创造未来——城市·创新·主人"市民科普讲坛开赛。

5月7日　复旦大学成功分离出流行的非典冠状病毒样颗粒。

同日　东华大学成功研制出预防"非典"的超细纤维无纺布,为国内首家。

5月9日　上海新华医院孙锟等人成功研制出可方便移动的"非典型肺炎专用专家远程会诊系统"。

5月12日　上海首个"与抗SARS病毒相关专利数据库"完成。

5月17日　中国科学院上海生命科学研究院院长裴钢宣布完成SARS病毒基因克隆和主要蛋白表达。

同日　2003年上海科技节开幕,主题为"依靠科学,战胜非典"。

5月24日　上海市第一个用SARS康复患者血液样品构建的抗体基因库顺利建成。

5月27日　上海市开始全面启动"一网两库"建设。

5月30日　中国科学院上海生命科学研究院生化与细胞研究所孙兵等人成功制备出针对SARS病毒的特异性抗体。

6月10日　中国科学院上海光机所"小型化10 TW级OPCPA超短超强装置研究"通过鉴定。

同日　市科委启动实施 2003 年重大科技项目和"世博专项"。

6 月 12 日　市科协启动建立"上海市科协高级科技专家库"项目。

同日　中国科学院上海技物所完成了"风云 3 号"气象卫星中模样阶段样机和初样结构热控星产品的研制。

6 月 17 日　上海交通大学 Bio－X 生命科学研究中心邓子新实验室提出南昌霉素生物合成模型，并使南昌霉素生物合成基因簇克隆成功。

6 月 19 日　中国船舶及海洋工程设计研究院开发出国际领先水平的浮式生产储油船。

6 月 20 日　第二军医大学药学海洋药物研究中心主任易杨华教授等科研人员在从海洋生物分离出新的天然化学成分中，发现具有抗 SARS 病毒和保护被感染细胞作用的新成分。

6 月 22 日　国内最大盾构法施工隧道——翔殷路隧道开工，副市长杨雄出席开工仪式。

同日　上海最大吨位的"海上石油城"——15 万吨的海上浮式生产储油装置（FPSO）竣工。

6 月 24 日　国内首个利用 NGN 网络技术的宽带视频系统面世。

7 月 4 日　《全民科学素质行动计划》（简称 2049 计划）开始在上海实施。

7 月 16 日　第四届上海市自然科学牡丹奖颁奖大会隆重召开，大会表彰奖励了 4 名在从事自然科学基础性研究工作中成绩突出的中青年科技工作者。

8 月 5 日　上海技术产权交易综合指数诞生。

同日　国内第一款保护孩子健康使用电脑的家用软件"爱子盾"在上海面世。

8 月 6 日　上海首个面向大学生科技创业的园区——杨浦大学城大学生科技创业园正式成立。

同日　全长 1 120 米的复兴东路隧道北线越江段全线贯通，这是世界上第一条投入运营的双管双层隧道。

8 月 19 日　上海首个以市场化手段运作的科普服务公司——上海科普技术发展有限公司成立。

8 月 21 日　复旦大学生命科学院李昌本、赵寿元等科研人员研制出能杀灭或抑制恶性肿瘤的"特诺丰注射液"，获得国家食品药品监督管理局颁发的基因衍生物抗癌新药证书。

同日　上海第二医科大学盛慧珍教授领衔的"治疗性克隆"课题研究获得突破，在国际上率先证明可以对人体细胞核进行重新编程。英国《自然》杂志刊登了评述性新闻。

8 月 22 日　上海市胸科医院成功地用种上细胞的猪骨修复胸壁破损，世界上首例人工制造存活的胸骨由此诞生。

8 月 28 日　由上海市血液中心脐带血造血干细胞库课题组长仇志根博士创立的再胜源干细胞工程有限公司开张，为上海市首家干细胞自体库。

9 月 15 日　中国科学院和上海市签署进一步开展合作的《会谈纪要》，全国人大常委会副委员长、中国科学院院长路甬祥和中共上海市委副书记、市长韩正出席签字仪式。

9 月 16 日　复旦大学留日博士俞燕蕾研制成功光响应式可弯曲材料，有关论文发表在最新的英国《自然》杂志上。

9 月 19 日　由市科委、徐汇区政府和企业共同出资筹建的纳米技术中试平台，在徐汇区华泾镇的上海市纳米产业化基地建成并启用，这是上海第一个纳米技术专用公共平台。

同日　由林正浩教授领衔的同济和清华学术团队完成了 32 位嵌入式 cpu 设计，并交付中芯国际进行试验。这块芯片大约为 P－2 水平，是国内第一块完全自主设计开发的 cpu。

9 月 23 日　上海长海医院对外宣布，该院营养科成功研制出世界首个"临床营养治疗专家系统"。

9月29日　复旦大学公共卫生学院俞顺章教授等研究人员宣布,发现了在水污染的罪魁祸首藻类植物中含有致癌的毒素节球藻毒素和促癌毒素微囊藻毒素。

同日　载重三万吨的世界最大的多用途重吊货轮——"中波明月"号货轮,在上海船厂二号船台下水。

10月15日　上海二医大陈国强教授领导的课题组在国际权威杂志《白血病》上提出,低氧模拟化合物和低氧能够诱导白血病细胞分化。

同日　"神舟"五号载人飞船发射成功。由中国航天科技集团公司所属的中国空间技术研究院和上海航天技术研究院为主研制的推进系统,保证了飞船顺利上天。

10月17日　上海技物所张建国研究员提交的"医学图像存储与传输系统开发"方案获得专家论证通过,被市科委正式列入2003年上海市重大科技攻关项目。

10月21日　由上海隧道股份公司研发制造的世界第一超大型矩形顶管机在工程施工中取得成功。

10月29日　上海交通大学成功研制出非典疑似患者远程会诊系统。

2004 年

1月2日　上海交通大学化学化工学院颜德岳教授及其博士生周永丰、侯健在国际上率先报道了宏观超分子自组装现象。美国《科学》杂志对这一成果进行了报道。

1月6日　上海隧道工程股份有限公司承建的中国第一条地铁双圆隧道胜利贯通,这标志着中国成为继日本后第二个掌握双圆隧道施工技术的国家。

1月27日　上海交通大学Bio-X生命科学研究中心和中国科学院上海生科院营养科学研究所在试管中完成了DNA计算机的雏形研制工作。

1月29日　市科委和科普促进中心等单位联合送出一份特别的"科普年夜饭"——首批25台"科普之窗"多媒体触摸屏正式开通,并由市领导送往静安等社区试用。

2月3日　美国《科学》全文发表了中国科学家揭示的SARS病毒"演变"规律。参与课题研究的15家单位中,上海占了6席。市科委通过不同形式对该项目予以支持和资助。

2月9日　被誉为捕鼠"神探"的电子探鼠仪在上海投入生产。外形似手杖的电子探鼠仪是一项获专利的国际首创的新成果,可节约大约90％以上的投药量。

同日　17.5万吨绿色环保型好望角型散货船"和泰"号在外高桥造船公司启航,这是国内建造的最大吨位货轮,也是国内首次获得美国ABS船级社颁发的"绿色入级符号"证书。

2月13日　上海国家人类基因组南方研究中心的科学家成功发现了肝炎病毒导致肝癌的基因,找到了肝癌发病的两条主要基因传导途径。这一发现刊登在《美国科学院院报》上。

2月19日　上海率先创办的专利集市向长三角地区拓展。专利集市采用登记入场、自由洽谈、自主交易、规范管理的方式运作。

同日　上海微小卫星工程中心研制的"创新一号"存储转发通信小卫星系统,是中国第一代低轨道数据通信小卫星。

同日　上海硅酸盐所发明专利"非真空下降法生长掺铊碘化铯晶体的工艺技术",通过了国家知识产权局的评审,被评为第八届中国专利奖优秀奖。

2月20日　国家科学技术奖励大会在京隆重举行。上海市26个项目获2003年度国家科学技术奖励,占全国获奖总数的10.2%。

同日　同济大学研究成功的第三代多媒体手机芯片设计和产业又有新进展,"神芯二号"系列产品投入批量生产,中国手机芯片告别主要依靠引进的历史。

2月25日　同济大学"人类心房颤动致病基因的发现"和第二军医大学"烧伤后全身炎症反应综合征和多器官损伤的基础与临床研究"上榜"2003年中国高等学校十大科技进展"。

3月2日　中国科学院上海有机化学研究所开发出两种新型高效油菜田除草剂——丙酯草醚和异丙酯草醚原药及其10%的乳油制剂,获得国家新农药登记证书和生产批准证书。

同日　微系统所"中远红外量子级联激光器材料、器件及物理"通过了国家基金委信息科学部中期检查。中国成为第四个拥有实现单模可调谐分布反馈量子级联激光器的国家。

3月4日　上海大学承担的国家"863"高科技项目"介入式内窥诊疗机器人关键技术"——用机器抓手代替医生的手做手术,通过科技部组织的863专家组的验收。

3月10日　在镇江谏壁电厂排水隧道工程中,上海城建集团隧道股份公司胜利完成了坡度为负8.5%的钢结构顶管隧道工程,刷新了中国顶管隧道顶进坡度新纪录。

3月15日　同济大学成功研制一种可广泛用于电气、汽车、建筑、纺织等领域的新型纳米复合材料,从而解决了普通塑料的高性能与低成本化问题。

3月22日　华东师范大学光谱学与波谱学教育部重点实验室"光钟"研究取得重大突破,检验了光学齿轮箱的精确度。该成果发表在美国《科学》杂志上。

4月2日　上海微系统所在集成毫米波汽车防撞雷达研究方面取得重大进展,在国内首次研制成功集成毫米波雷达前端关键MMIC混频器和MMIC VCO芯片。

4月15日　2003年度上海市科学技术奖励大会召开。上海市科学技术进步奖共授奖317项,其中一等奖34项、二等奖111项、三等奖172项。

4月16日　复旦大学人类新基因研究组从多细胞动物的几种细胞膜蛋白及细胞外蛋白中鉴定出一个新的蛋白质结构域,命名为MANSC。英国《生物化学趋势》杂志发表了这一成果。

同日　中国科学院上海硅酸盐研究所高濂研究员主持完成的"晶内型氧化物基纳米复相陶瓷的制备科学与性能研究"项目达国际领先水平,荣获2003年上海市科学技术进步一等奖。

同日　《2004—2010年青少年科技人才培养计划》正式启动,该计划与"科技启明星计划"、"曙光计划"接轨。

4月18日　上海科技馆二期展项工程正式开工。

4月21日　国家人类基因组南方研究中心和上海瑞金医院代表中国与十二国同行联手,从4万多个基因中整合出2万多个功能基因。这是继人类基因组测序后的又一重大成就。

4月27日　上海展讯通信有限公司研制成功国产3G手机核心芯片,这枚"中国芯"的诞生,标志着中国通信核心芯片的关键技术达到了世界领先水平。

5月9日　中国科学院上海生命科学研究院首次发现交感神经系统调控免疫系统的一个潜在的分子机制。国际权威杂志《分子细胞》发表了这项研究的论文。

5月12日　复旦大学研制成功"中视一号"高清数字电视地面传输移动接收系统专用芯片。这是国内首块具有完全自主知识产权的专用芯片。

5月18日　上海国际科普论坛首次亮相申城,专家们讨论了中国和世界科技、经济、社会与自然发展的新成果、新趋势和新问题。

5月22日　中国科学院上海光学精密机械研究所的小型化超短超强激光功率成功突破100太瓦大关,标志着上海在这一领域进入了国际同类研究的前沿。

6月8日　拥有自主知识产权的国内第一代含药缓释血管支架,由浦东留学生企业微创医疗器械(上海)有限公司研制成功,从而打破了国外同类产品对国内市场的垄断。

6月23日　上海复旦张江公司研制成功先天愚型产前筛查系统。这是国内自2000年启动"出生缺陷干预工程"以来首个获准上市的筛查系统。

6月24日　同济大学研制成功"超越二号"燃料电池轿车,其所有关键零部件都由国内自主开发。

7月14日　上海市研发公共服务平台正式运行,这是国内第一个研发公共服务平台。科技部部长徐冠华、上海市市长韩正出席大会并讲话。

7月21日　中国科学院上海生科院植物生理研究所研制的"注射用重组葡激酶"获得国家一类新药证书,成为全球首个注册的重组葡激酶类溶血栓药物。

7月25日　"21世纪医药国际学术大会暨2004年上海国际生物技术与医药研讨会"在上海浦东国际会议中心隆重开幕。

7月27日　上海七一一研究所研制成功国内唯一的热气机发电技术。

7月29日　上海交通大学水下工程研究所研制的国内下潜深度最大、功能最强的取样型水下机器人——"海龙"首次亮相,并进行现场调试。"海龙"可在3 500米水下轻松取物。

7月30日　上海首批29项重大产业科技攻关项目正式签约启动,项目涉及生物技术、信息产业、新材料、现代装备制造业等领域。市委副书记殷一璀出席大会并讲话。

8月11日　复旦大学基因免疫和疫苗研究中心研制的国内第一个用于肺结核疫苗的基因疫苗配方出炉。

8月15日　复旦大学研制成功具有自主知识产权的第一款国产可编程逻辑电路10万门规模器件及软件系统原型。

8月24日　上海华谊(集团)公司研制成功世界上唯一使用基因技术制备肽的新药,有望成为全球第一个糖尿病基因治疗类药物,这是中国在基因工程药物研制方面的重大突破。

8月30日　中国科学院、上海市政府和法国巴斯德研究所在上海举行正式合作协议签字仪式。根据合作协议,三方共建中国科学院上海巴斯德研究所。

9月2日　国内首个高内涵药物筛选技术平台在张江正式启用,这一项目的实施有望大大提高新药研发效率,缩短研制周期。

9月9日　上海航天技术研究院研制的"长征"四号乙运载火箭在太原卫星发射中心成功将实践六号A、B两颗空间环境探测卫星送入太空。

9月21日　国内首幢真正意义上的生态建筑办公示范楼在莘庄建成。该大楼云集了10项生态技术,比国内同类建筑超前5～10年。

同日　首届"中国青年女科学家奖"评选在京揭晓,中国科学院上海药物研究所研究员龙亚秋成为4位获奖者之一。

9月29日　中华人民共和国科学技术部、意大利环境与国土部、上海市科学技术委员会和意大利隆巴底大区在上海共同签署了关于在氢能开发利用方面加强合作的谅解备忘录。

10月1日　上海第二医科大学蔡倩和苏庆林研究揭示了神经突触蛋白转运新模式。该成果是神经生物学领域的重大突破,英国《自然·细胞生物学》发表了该学术论文。

10月7日　上海市工程师学会成立。

10月19日　以上海航天局为主研制的国内第一颗业务型地球静止轨道气象卫星——"风云"二号C星，在西昌卫星发射中心由长征三号甲运载火箭发射升空。

10月20日　世界上首例杂交旱稻组合在上海诞生。在上海地区小面积试种的结果表明，杂交旱稻的产量与大面积种植的杂交水稻产量基本持平，米质也较为优良。

11月3日　2004年世界工程师大会在上海正式开幕。来自70个国家和地区的近3 000名工程界精英共同探讨"工程师塑造可持续发展的未来"议题。

11月15日　中国首台10万亿次超级计算机——曙光4000A系统启动仪式在上海超级计算机中心举行。

11月21日　上海首批重大产业科技攻关项目"人源化单克隆抗体类新药产业化"取得重要突破，获美国发明专利。

11月23日　第二军医大学发现了一种新型细胞群体——新树突状细胞亚群。该研究成果刊登在英国《自然·免疫学》杂志上。

同日　上海电气集团股份有限公司与德国西门子股份公司签约，在上海组建国内首个F级和E级重型燃机核心部件的制造基地。

11月25日　由上海广电集团生产的、中国首批拥有自主核心技术的第五代TFT－LCD液晶显示屏正式面世。

12月11日　国家上海生物医药科技产业基地领导小组会议召开。上海市委副书记、市长韩正主持会议并讲话，上海市副市长严隽琪出席。

12月13日　上海交通大学研制成功高清数字电视最核心的三块芯片，这是国内首次全面掌握高清晰度数字电视产业的芯片级关键技术。

12月25日　国家重大科学工程"上海光源"在浦东张江高科技园区举行开工典礼。

12月29日　国内首个地面交通工具风洞中心——上海地面交通工具风洞中心在同济大学嘉定校区开工建设。

2005 年

1月14日　中国科学院上海生命科学研究院研究生蒋辉等发现GSK蛋白激酶活性对确定神经细胞极性起关键作用。这一研究成果发表于美国《细胞》杂志。

1月22日　由复旦大学微电子研究院等自主设计、上海宏力半导体和中芯国际制造的数字电视芯片"中视一号"，在上海通过了由教育部主持的技术验收。

1月23日　上海交通大学医学院附属第九人民医院组织工程重点实验室和上海组织工程研究与开发中心从家兔角膜上成功分离了1平方米的角膜缘干细胞。

2月4日　"世博科技行动计划"领导小组成立大会暨第一次全体会议在北京召开，标志着世博科技行动正式启动。

2月18日　上海市科普基金会成立。

2月20日　中国首台具有自主知识产权的国产地铁盾构"先行号"，由上海隧道工程股份有限公司研制成功。"洋盾构"在国内地下施工界一统天下的局面被打破。

2月22日　复旦大学附属眼耳鼻喉科医院的重要科技成果"国产多道程控人工耳蜗"实施技术

转让并产业化。

2月24日　复旦大学生命科学院郑兆鑫课题组研制成功猪口蹄疫O型基因工程疫苗,获得了农业部授予的一类"新兽药注册证书"。

3月1日　2005年长三角区域创新体系建设联席会议办公室工作会议在江苏省扬州市召开。苏浙沪共商加强三地合作,推进长三角创新体系建设大计。

3月2日　上海交通大学医学院与中国科学院上海生命科学研究院完成"骨桥蛋白在类风湿性关节炎中的病理机制"研究,论文刊登在美国《临床研究》杂志。

3月13日　上海绿谷集团的"双灵固本散"通过美国国家食品与药物管理局(FDA)审核,是国内首个进入美国临床试验的抗癌中药。

3月21日　同济大学和附属同济医院发现,人类第21号染色体上一个离子通道基因KCNE2"功能获得"性突变可导致心房颤动的发生。此成果发表于《美国人类遗传学》杂志。

3月25日　中国科学院上海天文台景益鹏博士运用电脑为宇宙"画"了一张粒子数为512^3的模拟"图片"。该"图片"是全球精度最高的样本,它揭示了暗物质晕的分布规律。

3月28日　2004年度国家科技奖揭晓。上海42个项目分获2004年度国家自然科学奖、国家科技进步奖,占获奖总数的13.95%。

4月13日　中国科学院上海生命科学研究院发现老年性痴呆的致病原因:蛋白质中4个相邻的氨基酸率先"变形"是整个蛋白质变形的关键。《美国科学院院刊》发表了这一成果。

4月14日　英国《自然》杂志发表中国科学院上海生命科学研究院神经科学研究所王以政、袁小兵等的研究论文。该研究发现引导神经生长方向的细胞膜离子通道机制。

4月22日　中国科学院上海生命科学院生物化学与细胞生物学研究所研究员徐国良在染色质组蛋白H3K79甲基化的调控机制和在白血病发生中的作用方面取得重要成果,论文发表在美国《细胞》杂志。

4月26日　华东师范大学脑功能基因组学研究所在世界上首次发现大脑记忆的编码单元,提供了解读大脑密码的可能性,这一成果刊登于《美国科学院院刊》杂志。

5月10日　上海市科学技术奖励大会召开。2004年度上海市科技进步奖共授奖316项,其中一等奖41项、二等奖107项、三等奖168项。

5月14日　主题为"科技以人为本,全面建设小康"的2005年上海科技节在上海科技馆开幕。上海科技馆二期展馆同时试开放。

5月19日　上海市健康科学研究所臧敬五研究员领衔的研究小组,在多发性硬化的免疫病理机制研究方面获突破性进展。《美国科学院院刊》发表了有关研究结果。

6月15日　国内迄今为止最大的大科学装置和大科学平台——"上海光源"在上海张江高科技园区开工。

同日　中国科学院上海药物研究所研制出具有中国自主知识产权的丹参多酚酸盐及其注射剂,使心血管疾病患者有了中国自主知识产权的特效药。

7月1日　上海市浦江人才计划启动。市人事局和市科委每年投入4 000万元人民币作为支持留学人员来上海工作、创业的政府专项资助。

7月5日　振华港机公司研制成功一种全新的"双小车双40英尺起重机",最多能同时搬运四个40英尺集装箱,成为全球最能干的"港口大力士"。

7月10日　中国科学院上海生命科学研究院神经科学研究所等单位研究发现:果蝇在同时使

用嗅觉和视觉时,它的记忆能力会得到增强。美国《科学》刊登了此项研究。

7月18日　同济大学经过8年研发,研制成功名为"聚乳酸"的"玉米塑料"。

7月21日　复旦大学将一种源于飞蛾的PB转座因子用于小鼠和人类细胞的基因功能研究,在世界上首次创立高效实用的哺乳动物转座因子系统。该成果在美国《细胞》杂志上发表。

8月11日　国际水稻基因组计划完成,中国科学家的贡献率达20%。以中国科学院上海生命科学研究院国家基因研究中心为首的项目组负责第4号染色体精确测序任务。

8月18日　拥有当代世界最先进技术的F级重型燃气轮机在上海诞生。

8月18—19日　受陈至立国务委员的委托,科技部部长徐冠华率国务院调研组在上海召开科技政策座谈会。

8月25日　中国科学院上海生命科学研究院神经科学研究所揭示了吗啡镇痛作用的新原理,并一举找出了其间产生耐受性的"罪魁祸首"。该成果发表于美国《细胞》杂志。

同日　由上海纺织控股集团公司自主研发的芳砜纶纤维千吨级生产线研制成功,填补中国原创高性能纤维空白。

8月29日　中国科学院上海硅酸盐研究所合成了一种纳米"药物分子运输车",并给它装上了"开关"和"磁性导航仪"。这一成果发表在《美国化学学会会志》。

9月11日　中国科学院上海生命科学研究院植物生理生态研究所成功克隆出一个与水稻耐盐相关的功能基因。这一成果在线发表于《自然遗传学》杂志。

9月15日　复旦大学卓敏教授、李葆明教授带领的研究团队首次发现:大脑前扣带皮层及其神经元NR2B受体在恐惧记忆形成过程中起到重要作用。该成果发表在国际神经学顶级刊物《神经元》。

9月26日　上海市和加拿大魁北克省政府在上海签署加强科技合作的协议,上海市市长韩正、加拿大魁北克省省长夏雷出席签字仪式。

9月28日　上海市政府召开常务会议,研究进一步加快上海高新技术产业开发区发展的政策措施。

10月12日　中国载人飞船神舟六号发射成功。上海航天局承担了神舟号载人飞船的大部分研制工作。

10月13日　中国科学院和德国马普学会合作组建的中国科学院—马普学会计算生物学伙伴研究所在上海揭牌,中国科学院院长路甬祥,中共上海市委副书记、市长韩正出席仪式并致辞。

11月5日　国家科技部与上海市政府共同在上海发布《世博科技行动计划》。

11月26日　上海转基因研究中心从波尔山羊耳朵上提取细胞核,由莎能奶山羊代孕产仔,成功培育出世界上首批由亚种间体细胞克隆获得的波尔山羊。

12月1日　上海石化在PTA(精对苯二甲酸)技术国产化方面取得重大突破。由该公司开发的年产80万吨工艺包和成套技术达到国际先进水平,打破了国内长期以来被国外少数大公司垄断的局面。

12月2日　中国科学院上海生命科学院生物化学与细胞生物学研究所裴钢研究组与复旦大学药理研究中心马兰研究组专家研究发现:β抑制因子同时具有向细胞核传递信息的功能。该成果发表于美国《细胞》杂志,并申请了国家专利。

12月6日　经两年攻关,上海交通大学牵头研制的无人驾驶智能车首辆样车问世。车头装有计算机图像分析系统和电脑摄像头、磁感应器和激光雷达,指挥车辆前行。

12月7日　复旦大学教授邵正中研究发现蛛丝内部分子链排列方式,把两种截然相反的分子链排列过程称为"取向"和"解取向"。该成果被刊登在英国《自然材料学》杂志。

12月8日　中国科学院上海天文台徐烨博士等4位中外科学家成功测得太阳系到银河系最近的"英仙臂"距离为6 370光年。2006年1月6日美国《科学》杂志登载了4位科学家的论文。

12月12日　上海三维生物技术有限公司历经7年,自主研发重组人5型腺病毒注射液,获得国家一类新药证书,并成为国内第一个拥有全球知识产权的新型肿瘤生物治疗药物。

12月14日　上海银晨智能识别有限公司和中国科学院计算技术研究所历时7年研制成功的嵌入式人脸识别系统技术,在生物认证领域取得突破性进展,处于国际先进水平。

12月20日　上海交通大学教授邓子新领衔的科研团队在众多细菌DNA分子上发现了一种新的硫(S)修饰,阐明了一项DNA不稳定现象的分子机理。论文在英国《分子微生物学》上发表。

同日　首个胃癌治疗性中药在张江高科技园区问世。该项新成果是国内中药抗癌领域第一个专门用于胃癌等消化系统肿瘤的治疗性药物,填补了国内空白。

2006 年

1月5日　上海研制成功生物新药H101,获国家一类新药许可,有望打入国际市场,成为世界上第一种被批准上市的个体化的体内肿瘤疫苗。

1月9日　2005年度国家科技大奖揭晓。上海有44个项目获奖,首次囊括5大奖项,占全国获奖项目的14.01%,获奖比例创历史新高。

1月12日　上海市政府发布《上海中长期科学和技术发展规划纲要(2006—2020年)》。

1月18日　上海浦东知识产权中心挂牌成立。

1月22日　上海市政府与中国航天科技集团公司在闵行区签署了战略合作框架协议并召开战略合作座谈会,上海航天科技产业基地建设同时启动。中共上海市委副书记、市长韩正,中国航天科技集团公司党组书记、总经理张庆伟共同为上海航天科技产业基地揭牌。

2月9日　中国科学院上海生命科学研究院发现了抑制"过激"免疫反应的新机制,为治疗"过激"免疫性疾病提供了可能的药物作用靶点。该成果刊登在英国《自然·免疫学》。

2月10日　上海科华生物工程股份有限公司自主研发出艾滋病病毒试剂盒,为艾滋病诊断提供了快捷、方便的新途径。

2月22日　上海中信国健药业有限公司自主研发的抗体类新药"注射用重组人Ⅱ型肿瘤坏死因子受体-抗体融合蛋白"(商品名为"益赛普")成功上市,打破国产抗体药物为零的纪录。

3月23日　上海市科学技术大会隆重举行。会议强调全面贯彻落实全国科技大会精神,大力实施"科教兴市"战略,着力突破制约发展的制度瓶颈,积极探索中国特色、上海特点的自主创新道路。会议还对《上海市中长期科学和技术发展规划纲要(2006—2020年)》作了说明。

4月17日　上海交通大学克隆了农用抗生素井冈霉素的生物合成基因簇,提出井冈霉素生物合成机理的新模型,成果发表在《化学生物学》。

4月18日　国务院正式批准"上海高新技术产业开发区"更名为"上海张江高新技术产业开发区"。

4月27日　中国第一艘自主研发设计的超大型油船——30万吨级巨型油轮研制成功。

5月4日　中国科学院上海生命科学研究院发现了神经元突触发育的新机制。《神经元》杂志以封面文章报道了这一重要成果,这是中国科学家的成果首次登上该杂志封面。

5月13日　上海建工集团机施公司研发的中国首台遥控式大截面矩形隧道掘进机成功推进,标志着中国享有自主知识产权的国内最大可变截面矩形盾构获得成功。

5月25日　市政府举行专题新闻发布会,正式发布《实施〈上海中长期科学和技术发展规划纲要(2006—2020年)〉的若干配套政策》。

5月29日　上海交通大学成功构建了能够长期存活的人/山羊异种移植嵌合体干细胞。成果发表在《美国科学院院刊》。

6月3日　杂交旱稻品种"旱优2号"和"旱优3号"成为世界上首个商品化的杂交旱稻品种。

6月9日　中国科学院上海生命科学研究院发现,神经元与NG2胶质细胞之间的突触存在功能可塑性。这一成果发表在美国《科学》杂志。

6月22日　中国科学院上海应用物理所研制出一种新型电化学DNA纳米生物传感器,使DNA检测更便捷。此项成果发表于《美国化学会志》。

7月8日　第二军医大学研发的大肠癌树突状细胞治疗性疫苗,获得国内首个国家食品药品监督管理局Ⅱ期临床批文,临床试验疗效显著。

7月9日　中国科学院上海硅酸盐研究所自主研发的透明陶瓷首次成功射出激光,标志着中国在激光材料方面取得重大突破,成为世界上仅有的几个掌握这一尖端技术的国家之一。

7月10日　中国科学院上海硅酸盐研究所成功使氧化铈(100)面纳米晶体按一定尺寸、一定方向自动组装成特定的形状,实现了纳米结构可控备和组装,在纳米材料制备领域开辟了一片新天地。

7月11日　"上海城市创意指数"编制完成。

7月20日　"上海张江高新区"领导小组第一次会议召开,中共上海市委副书记、市长韩正到会并讲话。

8月3日　世界顶级的科普展览"极致探索——穿越科学时空之旅"在上海科技馆开幕。全国人大常委会副委员长、中国科学院院长路甬祥,中共上海市委副书记、市长韩正,德国马普学会主席彼得·格鲁斯等为展览揭幕。

同日　上海科学院自主研发出"雾化冷却式高效节能空调技术",可使能效比为5级的空调节电21%,直接升为2级,该技术属世界首创。

8月9日　上海大学引入特征选择方法,使机器学习精度提高近6个百分点,相关论文在第九届亚太地区人工智能会议上获选"最佳论文"。

8月15日　中国科学院上海巴斯德研究所首次发现某种结构蛋白在SARS病毒致病过程中可能具有一定调节作用。成果发表在《美国科学院院刊》。

8月17日　复旦大学等单位在国际上首次发现决定水稻产量的"基因钥匙"——一组含连续8个基因的区段,位于野生稻2号染色体短臂末端。相关成果发表在《基因研究》。

8月24日　全国第一辆采用电容电池混合动力的环保型、新能源高压道路冲洗车由上海瑞华集团开发研制成功。

8月26日　复旦大学在国际上首次发现可使谷类种子变成"大个子"的基因片断——位于开花基因FCA中名为RRM1的结构域。RRM1基因片断可使植株的所有细胞变大。研究成果发表在《整合植物生物学》。

8月28日　超级电容公交电车11路示范线正式开通,成为世界首条超级电容公交商业示范线路。

9月1日　上海市政府、中国工程院合作委员会第五次会议召开,会议审议通过了第五届合作委员会成员名单,审议了"上海院士中心"2005年度工作报告和2006年度工作要点。

9月18日　中国科学院上海生命科学研究院与美国合作,发现了视黄斑病失明的罪魁祸首——吸烟烟雾中的丙烯醛,还找到用"万能抗氧化剂"硫辛酸防治此病。该成果发表于《眼科与视觉科学研究》。

同日　2006年上海国际少儿科学创意大赛举行。

9月19日　国内首个集装箱自动化无人堆场正式投入生产运行,该项目采用的"接力式"装卸工艺、集卡全自动定位落箱技术和双倍的装卸模式均属世界首创。

10月2日　中国科学院上海生命科学研究院与德国合作发明"多抗原配体图谱(MELK)"技术,能同时在单个细胞内检测跟踪上百个蛋白质,有助于正确诊断、治疗癌症等疾病。成果以封面文章形式发表在《自然·生物技术》。

10月9日　上海交通大学医学院附属第九人民医院专家在国内率先开展的"血管内膜下血管成形术",达到欧美国家同等水平。

10月11日　上海市科普工作联席会议召开,审议通过了《上海市科普事业"十一五"规划》。

10月31日　中国科学院上海硅酸盐研究所成功设计并制备出半导体"纳米管",成果发表在《德国应用化学》。

11月1日　上海广电集团自主设计研发出国内第一款47英寸(120厘米)液晶高清电视屏。

同日　上海复旦微纳电子有限公司、复旦大学等单位携手研制成功第一款基于中国数字地面传输标准的信道解调模块系统"中视2号"。

11月13日　中国科学院上海技术物理研究所研制出氮化镓紫外探测器。

同日　上海交通大学医学院附属第九人民医院为一位患者实施了自体"预制脸"换脸手术,实现了面部烧伤治疗的突破。

11月14日　中国科学院上海药物研究所科研人员在国际上率先破解了人体"葡萄糖监控器"的工作原理,该研究部分成果发表在国际权威期刊《美国科学院院刊》。

10月16日　复旦大学和中国科学院上海药物研究所首次发现DARC在乳腺癌生长过程的负调控作用,相关成果发表在《肿瘤基因》杂志。

11月19日　《上海市科普事业"十一五"规划》公布。

11月20日　中国科学院上海生命科学研究院发现,名为β2-肾上腺素受体被激活后,会增加β淀粉样蛋白在大脑中的沉淀,并导致老年痴呆症。《自然·医学》发表了这一成果。

11月22日　上海市科学技术协会第八次代表大会开幕。会议确定了未来五年市科协发展目标,并选举产生了市科协第八届委员会。

12月1日　锐迪科微(上海)电子有限公司开发的国内首颗采用数字模拟混合信号(CMOS)工艺的FM收音机芯片在上海问世。

12月12日　国家"863"计划重大专项"高性能宽带信息网(3Tnet)"在上海通过专家组验收。

同日　国内第一台商品化国产地铁盾构"先行2号"由上海城建隧道股份机械制造公司制造安装完成。

同日　世界最高强度等级的管线钢在宝钢集团试制成功。

12月13日　同济大学与上汽集团等多家企业研制的第四代燃料电池汽车"超越—荣威"成功

装配。

12月17日　第二军医大学发现一种抗病毒免疫反应调节新机制,相关成果发表在《免疫》杂志。

2007 年

1月1日　中国科学院上海生命科学院和上海交通大学医学院健康科学研究所的科学家筛选并识别出 α 海连结蛋白基因可能是白血病干细胞肿瘤抑制基因。相关成果发表于《自然·医学》杂志。

1月9日　"益赛普"等4个由上海科研机构和企业自主研发的抗体类药物及临床前研究项目通过验收。

1月15日　上海血液学研究所、上海交通大学以及中国科学院上海生命科学院的研究人员发现了白血病相关蛋白 EEN 基因的基因组结构特征,为进一步揭示白血病致病分子机理提供了重要资料。相关研究成果发表在《血液》杂志。

1月18日　中国科学院上海生命科学院的科学家揭示了抑制癫痫病新机制。该成果刊登于《神经科学》杂志。

1月31日　国家新药筛选中心与中国科学院上海药物研究所的科学家找到一种新型雌激素替代类小分子化合物,其表现优于同类化合物,既可治疗骨质疏松,又可预防乳腺癌。该研究成果发表于英国《药理学》杂志。

2月15日　2006年度"中国基础研究十大新闻"评选揭晓,上海科学家完成的两项成果入选,分别是位居第七的"研究证明人类干细胞可存活于山羊体内",以及位居第九的"研究发现神经元-胶质细胞间的突触具有长时程可塑性"。

2月16日　上海重型机器厂完成当今世界上最大的"16 500 吨自由锻造油压机框架结构"设计与制造。

2月19日　中国科学院上海硅酸盐研究所在世界上首次成功制备出具有多达4层结构的纳米级空心球。该成果发表于德国《应用化学》。

2月27日　国家科学技术奖励大会举行。由上海牵头和完成的42个项目获得2006年度国家科学技术奖励,占全国获奖项目的 12.88%,获奖比例连续5年保持两位数。

3月6日　中国科学院上海应用物理研究所发现纳米水通道的电学开关特性,并阐明了相关的物理机理。该研究成果发表于《美国科学院院刊》的提前版。

3月13日　《上海市实施〈全民科学素质行动计划纲要〉工作方案(2006—2010 年)》发布。

4月1日　中国科学院上海生命科学院发现 TRPC 的通道对于保护小脑颗粒神经元的存活十分重要。相关成果发表在《自然·神经科学》。

4月5日　中国科学院上海应用物理研究所发现一种离子液体填充到碳纳米管内部后可以形成一种超高熔点的晶体。该研究成果发表在《美国化学会志》。

4月6日　中国科学院上海生命科学院与国外科学家合作发现,神经细胞轴突的生长和导向存在新机制,该研究成果发表于《自然·细胞生物学》。

4月8日　中国科学院上海植物生理生态研究所成功克隆出一个与控制水稻粒重的数量性状相关的功能基因 GW2。该成果发表于《自然·遗传学》。

4月10日　华东师范大学的科研人员在小鼠大脑发现能编码"窝"概念的脑细胞,这一发现对研究人类大脑的抽象概念及高级认知功能具有指导意义。该研究成果发表于《美国科学院院刊》。

4月18日　2006年度上海市科学技术奖励大会举行,中共上海市委书记习近平出席会议并作重要讲话。中共上海市委副书记、市长韩正主持会议。

4月19日　中国科学院上海生命科学院发现脑胚胎发育重要协调机制,相关成果在线发表于《细胞》杂志。

5月9日　中国科学院上海生命科学院的科学家发现,果蝇利用先期学习的经验,可以显著提高随后的视觉特征抽提能力。这一成果发表于《神经科学杂志》。

5月17日　上海张江高新区领导小组会议召开,中共上海市委副书记、市长韩正对上海张江高新区的未来发展提出了新的要求。会议下发了《上海张江高新技术产业开发区"十一五"发展规划纲要》。

5月28日　中国拥有完全自主知识产权的第一艘8530标准箱超大型集装箱船在沪东中华造船公司顺利出坞,这是中国建造的最大容量的集装箱船。

5月29日　华东师范大学研究发现了控制革兰氏阳性菌感应抗菌肽的三原素感应系统,为开发新型抗菌药物提供了新的靶点。该研究成果发表于《美国科学院院刊》。

6月1日　中国科学院上海应用物理研究所利用一种自主研发的特殊纳米操纵技术"动态组合纳米蘸笔",使DNA"分子手术"迈出走向实际应用的关键一步。该成果发表在《美国化学会志》。

6月4日　复旦大学科研人员研究发现一个名为Sun1的蛋白可能是造成不育的重要原因之一。该成果刊登于《发育细胞》杂志,并被《科学》杂志选为"值得关注的论文"。

6月21日　浙江、江苏、上海两省一市政府在杭州联合召开2007年长三角区域创新体系建设联席会议。三方共同签署《长三角科技资源共享服务平台共建协议书》。

6月29日　中国科学院上海生命科学院发现位于果蝇脑中的多巴胺系统和蘑菇体结构能帮助果蝇做出抉择。《科学》杂志以报告形式发表了这一研究成果。

7月9日　中国科学院上海生命科学院和上海交通大学医学院健康科学研究所的科研人员发现β-arrestin2蛋白在生命体内可能导致免疫系统攻击自身器官的现象发生。该成果刊登于《自然·免疫学》。

7月12日　《自然》杂志的新闻特写栏目撰文介绍上海交通大学研究人员的中药代谢组学研究新方法。

7月13日　中国科学院上海生命科学院发现抑制炎症反应新机制,有望为化脓性脑膜炎、急性呼吸窘迫症等炎症性疾病开辟治疗新途径。该成果在线发表在《自然·免疫学》。

7月19日　国家科技部公布的《2006年全国及各地区科技进步统计监测报告》显示:2006年,上海科技进步监测综合指数达74.64%,继续居于全国31个省、自治区、直辖市之首。

同日　中国科学院上海生命科学院研究人员发现:神经肌肉接头(NMJ)在突触形成过程中存在"正反相克"机制,该研究成果发表于《神经元》。

7月23日　上海中医药大学、上海现代中医药技术发展有限公司等联合研制的抗肝纤维化新药——扶正化瘀胶囊(片),获准进入美国启动FDAⅡ期临床研究。

8月16日　《上海市促进大型科学仪器设施共享规定》经市第十二届人大常委会第三十八次会议表决通过,这是国内首部促进创新资源共享的地方性法规。

8月23日　中国科学院上海生命科学院发现了强迫症生理机制。英国《自然》杂志发表了该项研究并配发评论文章。

9月4日 中国科学院上海生命科学院发现一种 Raf-1 调控蛋白,为治疗癌症提供了新靶点。该成果发表于《美国科学院院刊》。

9月5日 上海神力科技有限公司自主研发的新一代燃料电池城市客车"神力一号"首次亮相。

9月14日 全球首台基于 AVS 标准的嵌入式网络摄像机"龙眼"在中国科学院计算研究所上海分所研制成功。

同日 世界首例转基因克隆兔在上海诞生。这只转基因克隆兔携带有绿色荧光蛋白基因,为今后大规模建立转基因兔动物模型、定向研究人类疑难杂症奠定基础。

9月19日 中国首台自主研制的船舶自动电站成套设备由中国船舶重工集团公司七〇四研究所研制成功。

9月27日 华东师范大学、复旦大学与英国达勒姆大学学者发现,早在 7700 年前,人类就知道如何利用烧荒筑坝的方式来营造适合种植水稻的土壤环境。其论文发表在英国《自然》杂志。

10月10日 华东师范大学和美国加州大学合作研究发现,幼年时造成的大脑听觉功能损伤,成年后通过科学的听觉强化训练有望得到修复。这一成果刊登于《美国科学院院刊》。

10月18日 上海交通大学与美国麻省理工学院合作,发现细菌 DNA 大分子上的磷硫酰化现象。该成果发表于《自然·化学生物学》。

10月19日 华东师范大学科研人员与英国科研人员合作研究发现,与人类语言进化有关的 Foxp2 基因对蝙蝠的回声定位产生很大影响。相关成果发表于《公共科学图书馆·综合》杂志。美国《科学》杂志专栏对此进行了评述。

10月24日 中国第一颗绕月探测卫星"嫦娥一号"发射成功并进入预定地球轨道。上海的科研人员为探月工程做出巨大贡献。

11月2日 上海交通大学医学院发现调控"缺氧诱导因子1"功能的分子机制,有望阻断肿瘤血管生长。该成果刊登于《细胞》杂志。

同日 中国科学院上海植物生理生态研究所的研究人员找到破坏棉铃虫解毒机制新方法。《自然·生物技术》刊登了这一成果。

11月8日 被誉为上海"硅谷指数"的张江创新指数首次对外发布。经测算,2006 年度张江园区创新指数为 131.3 点,比 2004 年上升 31.3 点,比 2005 年上升 12.8 点。

11月24日 世界最大的 COREX 熔融还原清洁冶炼系统在宝钢集团浦钢公司罗泾工程基地建成出铁。中共中央政治局委员、中共上海市委书记俞正声,全国政协副主席、中国工程院院长徐匡迪等出席仪式。

11月30日 英国《整形外科》杂志以封面文章和主编述评形式发表了上海交通大学附属第九人民医院整形专家在严重脸面畸形治疗上的研究成果。

12月21日 中国第一架具有完全自主知识产权的喷气支线客机在上海飞机制造厂总装下线。

2008 年

1月9日 2007 年度国家科技奖励大会召开。上海 54 个项目(人)获得四大类科技奖励,获奖总数占全国的 15.4%,为历年最高。

1月10日 上海市科技精英评选 20 年暨第十届上海市科技精英颁奖大会举行,中共中央政治局委员、上海市委书记俞正声,中国科协党组书记邓楠出席颁奖大会并讲话。中共上海市委副书记、市长韩正,市委副书记殷一璀,副市长杨定华出席并为获奖者颁奖。

1月15日　2007年度上海市科普工作联席会议和上海市公民科学素质工作领导小组联会召开,副市长杨定华等出席。

1月16日　中国科学院上海光学精密机械研究所研制成功拥有完全自主知识产权的下一代多功能光盘NVD母盘和盘片样片,其存储容量是普通DVD的两倍以上。

3月10日　集装箱上带有国产电子标签的"中海宁波"号集装箱船从上海外高桥码头起航,驶往美国萨瓦纳港,标志着全球首条电子标签集装箱国际航线开通。

4月3日　中国第一艘液化天然气(LNG)船"大鹏昊"号在上海沪东中华造船公司交付船东。这艘海上"巨无霸"能让6.5万吨液化天然气在−163℃下保持稳定状态远涉重洋。

4月20日　上海华谊集团自主研发制造的国内首台2万吨级顺酐反应器竣工。

5月18日　首届浦江创新论坛开幕。全国政协副主席、科技部部长万钢,中共上海市委副书记、市长韩正,论坛主席、全国政协科教文卫体委员会主任徐冠华,全国政协外事委员会主任赵启正,中共上海市委副书记殷一璀等领导出席。

7月15日　以"科技创造美好生活"为主题的2008年上海国际青少年科技博览会拉开帷幕。

同日　由上海、江苏和浙江三地科技部门协商编制的《长三角科技合作三年行动计划(2008—2010年)》发布。

7月27日　国产最长、最重的船用曲轴在上海电气临港重装备基地下线。

8月22日　上海仁济医院成功实施上海市首例成人间辅助性原位活体肝移植手术。

8月27日　上海最大水源地工程——青草沙水源地原水工程三大主体工程项目全面开工建设。其过江管工程创同口径盾构一次性推进长度的世界纪录,原水输水泵站达到亚洲第一、世界第二的规模。

8月28日　国内首台100万千瓦发电机组锅炉给水泵在上海成功下线,标志着上海发电机组关键配套设备自主创新跃上一个新台阶。

9月8日　上海市农业生物基因中心育成世界首例节水抗旱杂交稻——"旱优3号",每亩节水超400吨,节省农药化肥费近250元。

9月22日　上海开展2008年科普日活动,活动主题为"节约能源资源、保护生态环境、保障安全健康"。

9月24日　2008年中国国际嵌入式大会暨第八届全国嵌入式系统学术研讨会在上海举行。

9月25日　中国自行研制的神舟七号载人飞船在酒泉卫星发射中心发射升空。在整个"神七"的研制过程中,上海航天人承担了三分之一的任务。

9月26日　中国科学院、上海市政府进一步深化院市合作协议签字仪式在上海举行。中共中央政治局委员、上海市委书记俞正声,全国人大常委会副委员长、中国科学院院长路甬祥出席仪式并为中国科学院上海浦东科技园揭牌。中共上海市委副书记、市长韩正在仪式上致辞。

10月4日　中国自主设计制造、世界最大吨位的1.65万吨自由锻造油压机在上海重型机器厂有限公司投产。

10月7日　上海电气第一机床厂公司自主制造的中国首台核岛关键设备——秦山二期扩建工程3号机组堆内构件实现全部国产化,标志着中国核电反应堆关键设备的设计制造技术达到国际先进水平。

10月24日　上海市农科院培育的水稻新品种"花优14""申优繁15"通过验收。"花优14""申优繁15"产量潜力达到800公斤以上,品质达到国家优质米标准,示范应用效果显著。

11月3日　由科技部、奥科委和上海市政府共同主办的2008年科技奥运论坛在上海举行。全国政协副主席、科技部部长万钢,中共上海市委副书记、市长韩正等出席论坛。

11月5日　中国科学院上海微小卫星工程中心自主研制的创新一号02星搭载长征二号丁运载火箭顺利升空。

11月28日　中国自主设计研发、拥有完全知识产权的新型支线客机ARJ21-700在上海首飞。

12月1日　中国酒泉卫星发射中心用长征二号丁运载火箭将遥感卫星四号成功送入太空。长征二号丁运载火箭由中国航天科技集团公司所属上海航天技术研究院研制。

12月5日　上海科技界举行纪念改革开放30周年座谈会。中共上海市委副书记殷一璀在会上为"上海科技改革开放30周年系列丛书"首发揭幕。

12月23日　上海市科学技术协会成立50周年庆祝大会举行。中共中央政治局委员、上海市委书记俞正声,中共上海市委副书记、市长韩正出席庆祝大会。

12月26日　上海隧道工程股份有限公司研制成功的首台国产大直径泥水平衡盾构"进越号"在打浦路隧道复线工程中首次应用。

12月30日　中国科学院上海浦东科技园暨新技术基地建设开工仪式举行。中共中央政治局委员、上海市委书记俞正声,全国人大常委会副委员长、中国科学院院长路甬祥出席并共同启动开工装置。中共上海市委副书记、市长韩正出席并致辞。

2009 年

1月9日　中共中央、国务院在北京隆重举行国家科学技术奖励大会。在2008年度国家科学技术奖中,由上海牵头或合作完成的57个项目获奖,获奖总数占全国16.4%,是历年来最高的一次。

2月17日　上海首度采用风云三号卫星遥感的方式,从820公里的高空观察城市臭氧和霾的变化,并在全国率先推出一项全新的气象服务产品——臭氧健康指数。

2月24日　由上海雷博新能源汽车技术公司自主研发的纯电动(超级电容+锂电池)公交客车投入商业营运。

2月27日　中共上海市委、市政府召开上海市科学技术奖励大会。中共中央政治局委员、上海市委书记俞正声出席会议并讲话,上海市委副书记、市长韩正主持会议。

3月28日　中共上海市委举行常委会,听取关于推进科技创新增强发展能力课题调研和上海市推进高新技术产业化工作情况的汇报。中共中央政治局委员、上海市委书记俞正声主持会议并讲话。

4月20日　中国海洋工程装备制造标志性工程——世界第6代3 000米深水半潜式钻井平台在上海外高桥造船有限公司顺利下坞,进入搭载总装阶段。

4月22日　上海瑞金医院宣布,正在尝试的骨髓移植治疗Ⅰ型糖尿病获得7例成功案例。

4月29日　上海光源国家重大科学工程竣工典礼举行。中共中央政治局委员、国务委员刘延东,中共中央政治局委员、上海市委书记俞正声,全国人大常委会副委员长、中国科学院院长路甬祥，中国工程院院长徐匡迪共同启动竣工装置并为上海光源国家科学中心（筹）揭牌。

5月11日　中国第一个具有自主知识产权的沙星类抗菌药——盐酸安妥沙星由中国科学院上海药物研究所研制成功。

5月15日　2009年科技活动周暨上海科技节在上海科技馆开幕。

5月25日　世界上规模最大、由4座振动台组合而成的"多功能振动实验中心"在同济大学嘉定校区奠基开工。

同日　全长280米的新一代船模拖曳水池试验室在中国船舶工业集团公司708所闵行分部投入使用，这是世界上唯一一座具有制造斜浪和横浪能力的拖曳水池。

5月27日　由上海科技馆、上海科普教育发展基金会主办，上海市科委支持举办的上海科普大讲坛开讲，中国工程院院长徐匡迪院士作"应对气候变化，发展低碳经济"的演讲。

5月31日　上海召开推进高新技术产业工作会议，中共中央政治局委员、上海市委书记俞正声出席会议并讲话，上海市委副书记、市长韩正出席会议并作工作部署。

6月11日　上海外高桥第三发电有限公司首创的"低能耗脱硫"系统在第一台机组上正式投运，标志着上海电力工业在燃煤发电这一重装备高技术领域达到世界顶尖水平。

6月15日　由上海超级计算中心参与研制的百万亿次超级计算机——"魔方"正式开通运转。中共上海市委副书记、市长韩正出席开通仪式并致辞。

6月26日　上海自然博物馆新馆工程开工建设。中共上海市委副书记、市长韩正，市委副书记殷一璀，副市长沈晓明等共同为新馆开工奠基培土。

7月1日　中国第2架具有完全自主知识产权的ARJ21-700飞机在上海成功首飞。

7月3日　中国科学院上海生命科学研究院建院10周年。中共中央政治局委员、上海市委书记俞正声致信祝贺。

8月2日　第21届国际生物化学与分子生物学联盟学术大会暨第12届亚洲大洋洲生物化学家与分子生物学家学术大会在上海国际会议中心开幕。

8月3日　上海市生物医药产业推进大会在上海展览中心举行。市发展改革委、市科委在会上联合发布了《关于促进上海生物医药产业发展的若干政策规定》和《上海市生物医药产业发展行动计划（2009—2012年）》。

8月15日　世界最大的1.65万吨自由锻造油压机、250吨/630吨·米锻造操作机和450吨电渣重熔炉在上海重型机器厂有限公司全面投运。中共中央政治局委员、上海市委书记俞正声出席自由锻造油压机开锤仪式并宣布开锤。

9月4日　亚洲首座海上风力发电场——东海大桥风电场首批3台机组正式并网发电。

9月8日　联合利华全球第6个研发网络核心——上海研发中心正式落成使用，标志着中国成为联合利华全球研发重镇。

9月12日　中国自主研制的第3架ARJ21-700新支线飞机在上海成功首飞。

9月14日　第13届亚洲化学大会在上海国际会议中心开幕。中国科学院常务副院长、中国化学会理事长白春礼院士出席大会，并任新一届亚洲化学联合会会长。

9月15日　"2009上海国际海事论坛"开幕。

9月18日　上海市科协发布2008年度上海公众科学素养调查。调查显示：14.4%的上海公民具备基本的科学素养，比2005年提高了3.7个百分点。

9月19日　国内首个"汽车风洞"——上海地面交通工具风洞中心在同济大学正式落成。全国政协副主席、国家科技部部长万钢出席落成典礼并讲话。

9月23日　上海市科技党委、上海市科委举办"上海科技界庆祝中华人民共和国成立60周年系列活动"。中共上海市委副书记、市长韩正启动展览开幕装置。

10月14日　哈曼国际工业集团宣布其东北亚及大中华区总部在上海正式成立,同时启用在上海的研发及工程中心。

10月16日　世界500强企业ABB机器人业务部全球研究中心在上海研制出ABB最小一款工业机器人。

10月18日　外高桥造船公司建造的绿色环保型31.9万载重吨超级油轮"九华山"号命名仪式举行。

10月20日　中国科学院上海硅酸盐研究所和上海市电力公司研制出容量为650 Ah的钠硫储能单体电池,使中国成为继日本之后第二个掌握大容量钠硫单体电池核心技术的国家。

10月31日　世界上规模最大的隧桥结合工程——上海长江隧桥正式建成通车。中共中央政治局委员、上海市委书记俞正声出席仪式,并宣布上海长江隧桥建成通车,市委副书记、市长韩正,国家交通运输部副部长冯正霖致辞。

11月2日　上海市政府与瑞士诺华公司《关于在上海进一步加大研究开发投资战略合作备忘录》签约仪式举行。

11月4日　具有完全自主知识产权的年产15万吨碳五分离装置在中国石化上海石化股份公司打通全流程,生产出合格产品。

11月7日　青草沙水源地原水工程严桥支线C4标分项工程——一号管顶管实现结构贯通,开创国内同类型、大口径、超长距顶管施工新纪录。

11月11日　上海天文台等利用"嫦娥一号"探月卫星获取的数据,在月球正面发现了以往未被探明的两处大火山,新地标被分别称为"玉兔"和"桂树"。

11月25日　国家蛋白质科学研究上海设施项目和交叉前沿科学中心,同时在张江高科技园区奠基开建。

11月28日　中共中央政治局常委、国务院总理温家宝到上海考察高新技术企业和科研院所,就加快转变经济发展方式、产业结构调整和升级等进行调研,并听取了中共中央政治局委员、上海市委书记俞正声代表市委、市政府所作的工作汇报。

12月8日　上海交通大学研发成功中国下潜深度最大、功能最强的无人遥控潜水器。

12月10日　沪东中华造船(集团)有限公司建造的液化天然气船(LNG)"大鹏星"号正式命名。

12月29日　上海65米射电望远镜工程奠基仪式在佘山举行。

2010 年

1月6日　上海市肿瘤医院在国内率先开展肺癌诊断新技术——"气管镜超声引导针吸活检术"临床诊断。

1月11日　中共中央、国务院在北京举行2009年度国家科学技术奖励大会。上海获奖数占全国总数的15%,连续第8年获奖总数占全国比重保持两位数。

1月19日　中国最大的重大科学工程上海光源(SSRF)通过国家发改委组织的验收。

1月20日　上海市政府公布最新制订完成的《崇明生态岛建设纲要(2010—2020年)》,明确力争到2020年形成崇明现代化生态岛建设的初步框架。

2月21日　上海2010年推进高新技术产业化工作会议召开,确定2010年的具体工作目标是:高新技术产业化重点领域新增规模1 000亿元以上,产业规模达到8 400亿元以上,比上年增长14％以上,计划完成高新技术产业化投资700亿元。

2月25日　全国第一家由科技创业孵化器牵头的创业投资基金在上海成立。

2月26日　世界第6代3 000米深水半潜式钻井平台在上海外高桥造船有限公司出坞。

2月27日　亚洲首座大型海上风电场——上海东海大桥10万千瓦海上风电场34台风机全部安装完成。

3月16日　由上海交通大学主导制定的光网络测试领域RFC标准,被IETF国际标准组织作为最高级别的推荐性标准发布。

3月24日　2009年度上海市科学技术奖励大会在上海展览中心友谊会堂举行。中共中央政治局委员、上海市委书记俞正声出席会议并讲话,市委副书记、市长韩正主持会议。

4月12日　上海市高新技术成果转化服务中心主办的2010年科技创新政策宣传周启动。

4月13日　中国第4架具有自主知识产权的ARJ21－700飞机在上海成功首飞。

4月19日　全国人大常委会副委员长陈至立率全国人大执法检查组到上海,对上海实施《中华人民共和国科学技术进步法》情况开展执法检查。中共上海市委副书记、市长韩正作专题汇报,市人大常委会主任刘云耕主持汇报会。

5月9日　上海市政府举行2010年上海世博会"世博科技"专题新闻发布会,就如何实现世博会高效、便捷的管理和运营等方面进行了全方位说明。

5月14日—20日　2010年上海科技活动周举行,活动的主题是"携手建设创新型国家",副题是"城市·创新·世博——让生活更美好"。

6月4日　上海市科委重大科技攻关项目"薄带连铸连轧产业化关键技术研究"通过验收。

6月15日　"长征二号丁"运载火箭成功将"实践十二号卫星"送入太空。"实践十二号卫星"以中国航天科技集团公司上海航天技术研究院为主研制。

6月22日　2010年中国国际物联网大会暨第3届上海通信发展论坛开幕。

7月1日　自主研发的国内技术最先进、容量最大的风力发电机组——3.6 MW大型海上风机在上海电气临港重装备基地成功下线。

7月6日　亚洲首座大型海上风电场——东海大桥风电场正式并网发电。

7月8日　世界上首条电压等级最高、输电距离最远、输送容量最大的特高压直流输电工程——向家坝上海±800千伏特高压直流输电示范工程正式投入运行。

7月9日　国内首个"上海芯"盾构机由上海建工基础公司研制成功。

7月28日　上海推进高新技术产业化工作会议召开,中共中央政治局委员、上海市委书记俞正声,市委副书记、市长韩正出席并讲话。

7月30日　国家技术创新工程上海市试点工作推进大会举行。中共中央政治局委员、上海市委书记俞正声,全国政协副主席、科技部部长万钢出席并讲话。

8月9日　上海国际港务集团包起帆领衔制定的"集装箱RFID货运标签系统"正式成为国际标准化组织(ISO)认可的国际公共规范。

8月28日　国内首台自主设计和制造的第2代改进型核电百万千瓦级蒸汽发生器在上海电气

集团临港基地制造成功。

9月17日 《上海市科学技术进步条例》由上海市第十三届人民代表大会常务委员会第二十一次会议修订通过,自2010年11月1日起施行。

10月13日 2010年度长三角地区合作与发展联席会议召开。

10月13—14日 "2010年国际技术转移大会"在上海举行。

10月19日 以"促进全球技术产权交易,大力发展低碳经济"为主题的2010年南南全球技术产权交易峰会在上海举行。

11月5日 国家科技部与上海市政府在上海举行部市工作会商制度议定书签字仪式暨2010年部市工作会商会议。

11月6—7日 2010年浦江创新论坛在上海举行。

11月8日 上海振华重工集团设计研发的8 000吨浮式起重船在上海长兴岛成功交付韩国三星重工。该起重船是世界上最大的海上作业浮式起重船。

11月10日 国家科技部和教育部在上海召开第3次全国大学科技园工作会议,部署"十二五"期间的国家大学科技园工作。

11月16日 轨道交通11号线的列车信号系统升级启用世界最为先进的CBTC列车控制信号系统。

12月2日 上海市科委与市金融办联合推出"上海市科技型中小企业履约保证保险贷款"试点,首批10家科技型中小企业共获得2 380万元贷款。

12月26日 中国科学院上海高等研究院入驻浦东科技园仪式、国家重大科技基础设施项目——蛋白质科学研究(上海)设施开工仪式在张江高科技园区举行。

第一篇　科研机构

1978年以后,上海科研机构蓬勃发展,各种研究所纷纷设立。较为知名的有：上海脑研究所、上海市钢铁工艺研究所、上海市无机化工研究所、上海市软件技术开发中心、上海市模具技术研究所、上海市能源研究所、上海家用电器研究所、上海市自行车研究所、上海市丝绸科学研究所、上海市隧道设计研究所、上海市商业机械研究所、上海市气象科学研究所、上海市食用菌研究所、上海市内分泌研究所、上海市计划生育研究所、上海市环境保护科学研究所、上海金山石化总厂研究院等。对研究院所实施扩大自主权、实行经费预算包干、科技责任制、有偿合同制、所长负责制和建立技术交流网络等10个方面的配套改革。1987年,科研机构与企业开展多渠道、多形式的横向联合,43个科研机构进入企业或企业集团,37个科研机构向行业技术开发中心发展,25个科研机构成为科研先导型企业。经中共上海市委批准,上海科学院于1987年7月实行独立建制,增强了以技术科学为主体的开发研究。1990年,上海拥有各类研究和开发机构1 416个。其中独立的研究和开发机构264个;大中型企业的技术开发机构327个;高等院校有51所,所属研究和开发机构有350个;还有民办科研机构607个。上海拥有专业技术人员86.16万人,其中自然科学专业人员45.11万人,是1978年的22万人的一倍多。自然科学专业人员中,获高级技术职称的3.7万人,获中级技术职称的13.4万人。上海平均每万人拥有自然科学人员337.4人。

　　1990年后,地方应用型科研机构进行转制化改革,至2000年底,上海地区对中央直属和上海市属105个研究所进行转制,其中76个研究所转制为科技企业,9家进入企业集团,其余转为中介机构或并入大学等其他单位。组建新型科学研究中心,例如依托上海脑研究所的上海生命科学研究中心(1994年成立),依托复旦大学的上海应用物理研究中心(1994年成立),挂靠在中科院上海硅酸盐研究所的上海新材料研究中心(1996年成立),以及1998年组建的国家人类基因组南方研究中心等。1999年,作为中国科学院知识创新工程首批试点单位之一,中科院在上海的8个生物学研究所经结构调整、体制创新,组建成立中科院上海生命科学研究院。2000年,全市有国有独立科技机构304个,附属于高等院校的研究开发机构326个,大中型工厂办技术开发机构263个,民营科技企业12 316家。

　　2000年后,中央部署科研机构进行属地化管理,大部分划归上海科学院。建立新型科研院所,对标世界科学技术前沿：在基础科学方面,建立上海交通大学Bio－X生命科学研究中心、同济大学海洋科学技术研究中心、华东师范大学脑功能基因组学研究所等科研机构;在前沿技术方面,建立上海集成电路设计研究中心(ICC)、上海市纳米科技与产业发展促进中心、上海太阳能电池研究与发展中心等研究中心。建立合作研究机构,中科院上海生命科学研究院和上海第二医科大学共建健康科学中心,上海师范大学、中科院上海天文台共建"天体物理联合研究中心"等国内合作研究机构,中国科学院和德国马普学会组建中国科学院—马普学会计算生物学伙伴研究所,中国科学院、上海市政府和法国巴斯德研究所合作建立中国科学院上海巴斯德研究所等中外合作研究机构。上海广电集团公司、上海电气(集团)总公司、上海汽车工业(集团)总公司等建立研发实力更强的中央研究院,形成中央研究院、子公司技术中心、生产企业技术开发机构三级技术创新体系。2010年,全市有国有独立科技机构247个,附属于高等院校的研究开发机构214个,大中型工厂办技术开发机构638个。

第一章　中国科学院上海分院

第一节　机构沿革

1950年3月，中国科学院经政务院批准成立华东办事处，接管并改造了原中央研究院和北平研究院在上海、南京的研究机构。1958年11月成立上海分院，1961年改为华东分院，1970年中国科学院撤销分院体制，1977年11月恢复成立中国科学院上海分院（简称上海分院）。1977年11月，划给上海市的原院属研究所和原分院附属机构全部划归中国科学院领导。所有独立机构实行以院为主、与上海市双重领导的体制。1980年以生理研究所第二研究室为基础成立脑研究所。1982年分院附属动物饲养场改为中国科学院上海实验动物中心。1983年成立分院科技干部进修学院。1984年成立生物工程实验基地筹备处，分院科学仪器厂并入该筹备处。至1984年，中国科学院设在上海的机构，包括分院机关及其附属单位在内，合计27个单位。

1994年8月，中国科学院正式批准建立"中国科学院上海生命科学研究中心"，11月15日，"上海生命科学研究中心"正式挂牌运转。1995年8月，中国科学院与上海市政府签定全面合作协议，在上海合作建设一流科学研究基地。1998年成立"上海生命科学研究院筹备委员会"及其工作小组。1999年7月，中国科学院上海生命科学研究院成立。

进入21世纪，中国科学院上海分院及其各科研单位不断深化科技体制改革，根据实际需要推动改革发展。为推动上海交叉学科研究发展，中国科学院上海交叉学科研究中心于2002年3月成立。该中心的目标是建成面向国内外、具有国际先进水平的、围绕生命科学的多学科交叉的前瞻性和战略性理论研究场所，并成为培养国内大学科带头人的摇篮。截至2010年，上海分院系统有14个法人研究机构：上海微系统与信息技术研究所、上海技术物理研究所、上海光学精密机械研究所、上海硅酸盐研究所、上海有机化学研究所、上海应用物理研究所、上海天文台、上海生命科学研究院、上海药物研究所、上海巴斯德研究所、福建物质结构研究所、宁波材料技术与工程研究所、城市环境研究所和上海高等研究院。上海分院系统有12个国家重点实验室、8个中国科学院重点实验室，以及中国科学院上海教育基地、中国科学院上海国家技术转移中心、中国科学院上海交叉学科研究中心。1978年到2010年，中国科学院上海分院历任院长为王应睐、曹天钦、王志勤、汤章城、沈文庆、江绵恒。

2010年，上海分院有专业技术人员6 400多人、高级研究人员2 476人、中国科学院院士51人、中国工程院院士13人、入选国家杰出青年基金获得者138人、国家自然科学基金委创新群体19个、国家"973"项目首席科学家189人次。上海分院研究领域主要包括同步辐射、核科学与核技术、高能量密度物理、有机化学与有机材料、无机非金属材料和金属材料、天体物理、天文地球动力学和技术方法、通信技术、微电子技术、光电子技术、激光技术、红外技术、生物化学与分子生物学、细胞生物学、神经生物学、植物生理学、分子遗传学、创新药物和生物技术、病毒学与免疫学、健康营养研究等。截至2010年，上海分院各研究院所作为第一完成单位获得的奖项有：国家自然科学一等奖3项，占中科院的15.8%；国家科技进步一等奖6项，占中科院的19.4%；国家技术发明一等奖3项，占中科院的75%；国家科技进步特等奖（参与）4项，占中科院的100%。

第二节　科　技　贡　献

　　1956 年以来,上海分院的科学家攻克了原子弹的三大技术难关中的两大技术难关——"氟油"和"真空阀门";研制成功用于浓缩铀 235 的关键部件——"甲种分离膜",即"真空阀门"(获国家科技进步特等奖和国家技术发明一等奖),其项目负责人吴自良院士成为国家"两弹一星"功臣;在世界上首次"人工合成牛胰岛素"(获国家自然科学一等奖);培育出世界上第一只无父雌蟾蜍和繁殖一批无外祖父的蟾蜍;率先成功研制碳纤维补强石英复合材料(获国家技术发明一等奖);成功研制中国第一根石英系光纤和中国第一台红宝石激光器;率先与工业部门合作研制出国内第一块大规模集成电路、ECL 高速电路、国内第一块 8 位、16 位微处理器等微电子器件;在国内最早从事抗生素的研究,为金霉素和链霉素工业做了开创性工作。

　　1978 年以来,上海分院系统各研究所产生了一批重大科技成果,包括具有世界水平的"酵母丙氨酸转移核糖核酸的人工全合成"(获国家自然科学一等奖)、"激光 12 号实验装置"(获国家科技进步一等奖)、"坩埚下降法工业生产锗酸铋(BBO)大单晶方法"(获国家技术发明一等奖)、"高速、超高速双极型数字集成电路"(获国家科技进步一等奖)、"风云一号甚高分辨率扫描辐射计"(获国家科技进步一等奖)、"1.56 米天体测量望远镜"(获国家科技进步一等奖),以及测定青蒿素的结构、世界首选的治疗凶险性疟疾药物蒿甲醚等。

　　1998 年,中国科学院开始实施知识创新工程试点。上海分院的研究院、所进行了全面的改革与创新,产生了一批重大创新成果。在基础研究方面,"物理有机化学前沿领域两个重要方面——有机分子簇集和自由基化学研究"取得突破性成果,打破了当时(2002 年)多年空缺国家自然科学一等奖的局面。在世界首次发现与附睾内在防御系统相关的基因,A－1 型家族性短指症基因成功定位并克隆;世界上首次发现大脑记忆的编码单元,发现了神经元突触发育的新机制;完成水稻 4号染色体精确测序和分析,染色体水平的水稻籼粳比较基因组学研究;研究揭示了阿尔茨海默病致病的新机制,表明 β2－肾上腺素受体有可能成为研发老年痴呆症的治疗药物的新靶点;成功克隆了控制水稻粒重的基因 GW2,并深入阐明了该基因的生物学功能和作用机理;发现了支持"我们太阳系所在的银河系的中心存在超大质量黑洞"观点的迄今为止最令人信服的证据;现代地壳运动和地球动力学研究获突破;在核技术与物理生物的交叉研究方面,发展了一种基于原子力显微镜的单个纳米颗粒蘸笔纳米刻蚀技术等。中国 2001—2008 年 SCI 收录论文数排名前 20 名和国际论文被引用篇数排名前 20 名的研究机构,上海分院系统各有 5 个研究院所占 25%。在战略高技术研究方面,参与国家"载人航天工程",研制成功神舟飞船应用系统中有效载荷和相关材料与器件(获国家科技进步特等奖);参与"探月工程",研制并完成了探月工程测控系统 VLBI 精密测量,研制成功月球轨道激光高度计;率先研制并成功发射"创新一号"01、02 微小卫星和"神舟"七号载人飞船伴星;成功研制"风云二号 C 业务静止气象卫星及地面应用系统""风云""海洋""环境"等系列应用卫星的多种有效载荷、机载高光谱分辨率成像遥感系统。成功研制小型化 OPCPA(光学参量啁啾脉冲放大)超短超强激光装置(获国家科技进步一等奖)、神光Ⅱ高功率实验装置单元器件。研制成功高端硅基 SOI 材料(获国家科技进步一等奖);成功研制出碳化硅部件,突破了 PWO、LBO、LSO 等大尺寸人工晶体制备技术;参与国家重点武器型号系列,成功研制"特种高温润滑油"(获国家科技进步特等奖)、"T300－上浆剂";成功研制 SLR 卫星激光测距、时频与信息,在卫星导航工程获得应用;率先研发"宽带无线视频应急系统",成功运用于汶川抗震救灾;成功开发具有自主知识产权的"万吨级 CO 气相催化合成草酸酯和草酸酯催化加氢合成乙二醇"成套技术,等等。在可持续发展相关系统研究方面,应物所如期、高质量地建成具有国际先进水平的中能(3.5 GeV)上海第三代同步辐射光源,成为生命科学、材料科学、化学化工、能源资源、环境科学、核科学、医学、药学等学科创新研究不可替代的综合性实验科学平台,成为不同学科的相互渗透和交叉融合,提高国家创新能力和可持续发展能力的大科学平台。药物所研制开发了若干具有自主知识产权的创新药物,如盐酸安妥沙星、丹参多酚酸盐及其粉针剂、希普林等,相关技术获得美国等国际专利。在抗"非典"过程中,帮助企业解决"抗禽流感药物"的技术难题,获得国家颁发的"磷酸奥司他韦"新药证书,从而取得罗氏公司在中国生产"达菲"的许可等。2001—2008年分院系统共获得新药证书31张,其中国家一类新药证书4张。

第三节 沪地所属研究机构

1956年,上海分院有生理生化研究所、实验生物研究所、植物生理研究所、药物研究所、冶金陶瓷研究所、有机化学研究所、昆虫研究所上海工作站、紫金山天文台佘山观象台、地球物理研究所、徐家汇观象台等11个自然科学研究机构。1978年,有冶金研究所、硅酸盐化学与工学研究所、光学精密机械研究所、原子核研究所、技术物理研究所、有机化学研究所、药物研究所、植物生理研究所、生理研究所、细胞生物研究所、生物化学研究所、昆虫研究所、上海天文台等。1980年成立脑研究所,1984年硅酸盐化学与工学研究所更名为硅酸盐研究所;1990年成立生物工程研究中心,1999年建立上海生命科学研究院,由原中国科学院8个生物学研究机构调整组建而成。2001年冶金研究所更名为微系统与信息技术研究所;2003年原子核研究所重组更名为应用物理研究所,2004年建立巴斯德研究所,2010年建立上海高等研究院。

表1-1-1 1978—2010年中国科学院上海分院(沪区)所属研究机构情况表

机 构 名 称	研 究 领 域	获奖情况(1978—2010年)	人员情况(2010年)
中国科学院上海微系统与信息技术研究所	电子科学与技术、信息与通信工程、微小卫星、无线传感网络、未来移动通信、微系统技术、信息功能材料与器件等	国家科技进步奖3项,国家发明奖1项,上海科技进步奖16项,上海自然科学奖2项,上海发明奖2项	职工774人、科技和管理人员607人、中国科学院院士2人、中国工程院院士1人、美国国家科学院外籍院士1人
中国科学院上海硅酸盐研究所	人工晶体、高性能结构与功能陶瓷、特种玻璃、无机涂层、生物环境材料、能源材料、复合材料及先进无机材料等	国家科技进步奖13项,国家发明奖26项,上海科技进步奖53项,上海自然科学奖7项,上海技术发明奖2项	职工691人、高级技术人员219人、中国科学院院士2人、中国工程院院士3人(1人为双院士)
中国科学院上海光学精密机械研究所	强激光技术、强场物理与强光光学、信息光学、量子光学、激光与光电子器件、光学材料等	国家科技进步奖21项,国家自然科学奖6项,国家发明奖1项,上海科技进步奖2项	职工890人、专业技术人员747人、中国科学院院士7人、中国工程院院士1人
中国科学院上海应用物理研究所	光子科学、加速器科学技术、核能科学技术、核科学技术与前沿交叉科学	国家科技进步奖2项,国家自然科学奖2项,上海科技进步奖19项,上海自然科学奖2项	职工829人、科技人员631人、研究员及正高级工程技术人员63人、中国科学院院士1人

（续表）

机 构 名 称	研 究 领 域	获奖情况(1978—2010 年)	人员情况(2010 年)
中国科学院上海技术物理研究所	红外、光电探测系统技术，红外焦平面和红外、光电系统核心元部件，红外基础物理理论与应用基础研究	全国科学大会奖 7 项，国家科技进步奖 34 项，国家自然科学奖 5 项，国家发明奖 2 项，上海科技进步奖 100 项，上海自然科学奖 2 项，上海发明奖 1 项	职工 771 人、专业技术人员 648 人、中国科学院院士 6 人、中国工程院院士 2 人、国际欧亚科学院院士 1 人(兼)
中国科学院上海有机化学研究所	化学生物学、金属有机化学、有机合成化学、元素有机化学、物理有机化学、化学信息学、有机材料化学和有机分析化学等	国家科技进步奖 25 项，国家自然科学奖 22 项，国家发明奖 17 项，上海科技进步奖 58 项，上海自然科学奖 5 项	职工 658 人、科技人员 520 人、中国科学院院士 8 人
中国科学院上海生命科学研究院	分子细胞、脑与智能、分子植物、人口健康等	国家科技进步奖 13 项，国家自然科学奖 23 项，国家发明奖 6 项，上海科技进步奖 46 项，上海自然科学奖 16 项，上海发明奖 2 项	职工 1 985 人、中国科学院院士 22 人、中国工程院院士 2 人、中国科学院外籍院士 1 人、美国国家科学院院士 2 人、发展中国家科学院院士 9 人
中国科学院上海天文台	天文地球动力学、天体物理、行星科学、现代天文观测技术和时频技术等	国家科技进步奖 10 项，国家自然科学奖 5 项，上海科技进步奖 15 项，上海自然科学奖 2 项	职工 222 人、科研人员 160 人、中国科学院院士 1 人、中国工程院院士 1 人
中国科学院上海药物研究所	创新药物基础和应用基础研究，发展药物研究新理论、新方法和新技术。围绕恶性肿瘤、心脑血管、神经、代谢性、免疫性及感染性等疾病开展新药研发	国家科技进步奖 2 项，国家自然科学奖 8 项，国家技术发明奖 5 项，上海科技进步奖 21 项，上海自然科学奖一等奖 4 项，上海技术发明奖一等奖 2 项、二等奖 1 项	职工 600 余人、正高级职称 90 人、两院院士 6 人
中国科学院上海巴斯德研究所	传染性疾病、公共卫生健康事业、流行病监测体系和新生病毒鉴定等各种技术服务	无	职工 124 人、科研人员 100 人、学科带头人 15 人
中国科学院上海高等研究院	交叉前沿与先进材料、信息科学与技术、空间科技、能源与环境、生命科学与技术等	无	职工 240 人、科技人员 143 人、研究员及正高级工程技术人员 48 人、副研究员及高级工程技术人员 41 人

第二章 上海科学院

第一节 机构沿革

上海科学院成立于1977年11月,在管理体制上实行与中国科学院上海分院两块牌子一套班子,办公地点在岳阳路319号。根据中共上海市委员会通知的要求,由中国科学院上海分院和上海科学院统一领导有关科研单位,涉及单位共计31个。上海科学院的主要职能是归口管理有关科研单位11个,其中包括中央在沪单位9个。

1987年7月上海科学院实行独立建制,其任务是管理下放到上海的中央各部门科研机构和部分市科委所属的独立的研究单位和事业单位,组织协调原属市科委、上海科学院代管的中央部属所的工作,组织这支科技力量为上海经济建设和科技事业的发展服务,并积极探索技术开发机构与企业紧密结合的途径。院部办公地点迁至中山南二路969号。归口管理有关科研单位16个,其中包括中央在沪单位9个、市属单位7个。

1995年9月,院部办公地点迁至斜土路2140号;2000年1月,院部办公地点迁至钦州路100号;2007年10月,院部办公地点迁至浦东新区科苑路1278号。截至2010年底,上海科学院系统成员单位增加到35个,其中直属单位8个、市属单位8个、中央在沪单位19个。

2010年,全院总人数9 648人,其中技术人员6 493人(高级职称1 434人、中级职称2 120人),博士295人、硕士1 653人,中国科学院院士2人、中国工程院院士7人。上海科学院主要从事计算机科学,船舶与海洋工程,电子通信与自控,光电子学与激光,材料科学,机械工程与机电一体化,动力与电气工程,能源与环保,生物、医药与遗传优生,应用物理,情报信息,科技政策与管理学等方面的研究开发。有国家和地方级重点实验室8个、国家和地方级工程技术研究中心9个,国家和地方级检测中心15个,博士后流动站和科研工作站4个,博士点12个,硕士点31个,与上海多所高等院校合作建立研究生联合培养基地。

1978年到2010年,上海科学院承担国家和上海市的重大科研项目及重点攻关配套项目近千项,取得各类科技成果4 000多项,在光通信、计算机、微波、激光、航天、船舶等高技术领域取得系列突破性进展,为国家和上海地区的高技术发展做出积极贡献。

1978年到2010年,上海科学院历任院长为王应睐、曹天钦、金柱青、盛子寅、张景云、孙正心、曹振全、钮晓鸣。

第二节 主要研究机构

一、市属单位

1987年,上海科学院市属单位有:上海市计算技术研究所(1969年成立,1971年改现名)、上海市激光技术研究所(1970年成立,1977年改现名)、上海市能源研究所(1979年成立,1984年改现名,1999年划归上海材料研究所管理)、上海市计划生育研究所(1978年成立)、上海材料研究所(代管,1946 年成立,1999 年改现名并成为市属单位)。1988 年 6 月,上海市科学学研究所(1981 年成立)、上海科技管理干部学院(1980 年成立,1985 年改现名)、上海专利事务所(1984 年成立)成为上海科学院市属单位。2010 年,上海科学院有市属单位 8 个:上海材料研究所、上海市计算技术研究所、上海市激光技术研究所、上海市计划生育科学研究所、上海市科学学研究所、上海科技管理干部学院、上海专利商标事务所有限公司(2004 年改现名)、上海市能源研究所。

表 1 - 2 - 1　1978—2010 年上海科学院市属单位情况表

机 构 名 称	研 究 领 域	获奖情况(1978—2010 年)	人员情况(2010 年)
上海材料研究所	特种金属材料、高分子及复合材料、陶瓷材料、硬质合金和粉末冶金材料、材料先导技术等	国家科技进步奖 18 项、国家发明四等奖 1 项、上海科技进步奖 15 项、机械及机械电子工业部科技奖 16 项、国防科技进步奖 1 项	职工 344 人、专业技术人员 138 人、正副高级科研人员 67 人
上海市计算技术研究所	嵌入式系统硬件、软件的设计开发技术、无线传感器网络技术与通信技术、色谱分析技术及软件技术等	上海科技进步奖 2 项、水利部科技进步奖 1 项	职工 152 人、专业技术人员 119 人、正副高级科研人员 28 人
上海市激光技术研究所	激光加工装备及工艺、激光生物医学设备、多媒体艺术激光、激光光学元器件、激光全息与防伪等	国家科技进步奖 4 项、国家发明奖 1 项、上海科技进步奖 40 项	
上海市计划生育科学研究所	新型计划生育/生殖健康药具、生殖调控机制及相关疾病发生机制、生殖流行病学、新药临床前评价等	国家科技进步奖 1 项、上海科技进步奖 2 项	职工 155 人、专业技术人员 131 人、正副高级科研人员 44 人、中国工程院院士 1 人
上海市科学学研究所	技术预见、科技评估、科学普及、科技统计等	国家科技进步奖 1 项、上海科技进步奖 5 项	职工 39 人、专业技术人员 35 人、正副高级科研人员 9 人
上海科技管理干部学院	科技管理、技术创新管理、技术管理、知识产权管理、人力资源开发咨询	上海科技进步奖 2 项	职工 107 人、专业技术人员 54 人、正副高级科研人员 12 人
上海专利商标事务所有限公司	知识产权保护代理、知识产权法律咨询、法律事务服务及知识产权法律、法规的培训	无	职工 229 人、专业技术人员 105 人、正副高级科研人员 23 人

二、直属单位

1999 年,上海仪器仪表研究所(1958 年成立)成为上海科学院直属单位;2004 年,上海知识产权培训中心(1997 年成立)、上海科耀科技发展有限公司(1997 年成立)成为上海科学院直属单位;2005 年,上海市脑血管病防治研究所(1997 年 3 月成立)成为上海科学院直属单位;2010 年,上海实验动物研究中心(1983年成立)、上海计算机软件技术开发中心(1984年成立)、上海集成电路技术与产业促进中心(2000年3月成立)、上海市纳米科技与产业发展促进中心(2001年7月成立)成为上海科学院直属单位。截至2010年,上海科学院直属单位8个:上海仪器仪表研究所、上海市脑血管病防治研究所、上海市纳米科技与产业发展促进中心、上海集成电路技术与产业促进中心、上海计算机软件技术开发中心、上海实验动物研究中心、上海知识产权培训中心、上海科耀科技发展有限公司。

表1－2－2　1978—2010年上海科学院直属单位情况表

机 构 名 称	研 究 领 域	获奖情况(1978—2010年)	人员情况(2010年)
上海仪器仪表研究所	电测仪器、元器件测试设备、通用计量电测设备、儿童医疗保健诊断仪器等	国家科技进步奖1项、上海科技进步奖2项、机械工业部和机械电子工业部科技奖26项	职工65人,专业技术人员56人,正副高级科研人员8人
上海市脑血管病防治研究所	中风基础理论、流行病学、脑血管病预防、中风预警、检测、中药物、综合干预与管理等	上海科技进步奖2项	员工13人,专业技术人员11人,博士1人,硕士3人,高级职称4人、中级职称5人
上海市纳米科技与产业发展促进中心	纳米压印的工艺研究、应用研究,尤其适用于LED及光刻胶的制作	无	职工19人,专业技术人员17人,高级科研人员4人
上海集成电路技术与产业促进中心	集成电路设计技术服务、信息技术领域项目管理、产业化促进	无	职工31人,专业技术人员27人,高级科研人员3人
上海计算机软件技术开发中心	软件工程技术标准、软件开发与系统集成、信息系统设计等	国家科技进步奖1项、上海科技进步奖11项	职工70人,专业技术人员66人,高级科研人员21人
上海实验动物研究中心	实验动物管理和培训,检测和科研,引进、培养、推广新的实验动物品系,动物实验服务等	上海科技进步三等奖1项	职工29人,专业技术人员24人,高级科研人员8人
上海知识产权培训中心	知识产权培训、专利再创新、专利代理、企业咨询、知识产权战略研究	无	职工17人,专业技术人员6人

三、中央在沪单位

1987年,上海科学院代管中央在沪单位有:中国电子科技集团公司第二十一研究所(1963年成立,2002年3月改为现名)、中国电子科技集团公司第二十三研究所(1963年1月成立,2002年3月改为现名)、中国电子科技集团公司第三十二研究所(1958年成立,2002年3月改为现名)、中国电子科技集团公司第五十研究所(1977年1月成立,2002年改为现名)、中国船舶重工集团公司第七〇四研究所(1956年11月成立,2002年改为现名)、中国船舶工业集团公司第七〇八研究所(1950年11月29日成立,2003年改为现名)、中国船舶重工集团公司第七〇五研究所上海技术工程部(1983 年 1 月 14 日成立,1999 年改为现名)、中国船舶重工集团公司第七一一研究所(1963 年 4 月 1 日成立,2002 年改为现名)、中国图书进出口公司上海公司(1982 年成立,1992 年改为现名)。1988 年,中国船舶重工集团公司第七〇二研究所上海分部(1981 年 12 月成立,2002 年 1 月改为现名)、中国船舶重工集团公司第七二六研究所(1943 年成立,1999 年改为现名)、中国船舶重工集团上海工程建设技术开发处(1984 年成立,1999 年改为现名)、中国工程物理研究院上海激光等离子体研究所(1984 年 12 月 20 日成立,1991 年 3 月 6 日改为现名)成为上海科学院代管中央在沪单位。1991 年,中国电子科技集团公司第五十一研究所(1978 年成立,2002 年改为现名)划归上海科学院;1993 年 10 月,中国船舶重工集团公司第七〇一研究所上海分部(1976 年成立)改为现名并划归上海科学院;1994 年,中国工程物理研究院上海办事处成立和划归上海科学院;1997 年,中国煤炭科工集团上海研究院(1959 年成立,2009 年改为现名)划归上海科学院;1999 年,核工业第八研究所(1963 年 5 月成立,1988 年改为现名)划归上海科学院。

截至 2010 年,上海科学院代管中央在沪单位 19 个:中国电子科技集团公司第二十一研究所、中国电子科技集团公司第二十三研究所、中国电子科技集团公司第三十二研究所、中国电子科技集团公司第五十研究所、中国电子科技集团公司第五十一研究所、中国船舶重工集团公司第七〇一研究所上海分部、中国船舶重工集团公司第七〇二研究所上海分部、中国船舶重工集团公司第七〇四研究所、中国船舶重工集团公司第七〇五研究所上海技术工程部、中国船舶工业集团公司第七〇八研究所、中国船舶重工集团公司第七研究院第七一〇研究所试验站、中国船舶重工集团公司第七一一研究所、中国船舶重工集团公司第七二六研究所、中国船舶重工集团上海工程建设技术开发处、中国工程物理研究院上海激光等离子体研究所、核工业第八研究所、中国工程物理研究院上海办事处、中国煤炭科工集团上海研究院、中国图书进出口公司上海公司。

表 1-2-3　1978—2010 年上海科学院代管中央在沪单位情况表

机 构 名 称	研 究 领 域	获奖情况(1978—2010 年)	人员情况(2010 年)
中国电子科技集团公司第二十一研究所(上海微电机研究所)	主要从事各类微特电机与组件的研究、开发、试制、生产	国防科学技术进步奖 37 项、上海市科学技术奖 10 项	职工 736 人,专业技术人员 301 人,高级科研人员 66 人
中国电子科技集团公司第二十三研究所(上海传输线路研究所)	光、电信息传输线、连接器及组件、光纤、光缆、光器件、光电传输系统和线缆专用设备等	国家级奖励 15 项、省部级奖励 17 项	职工 508 人,专业技术人员 321 人,正副高级科研人员 98 人
中国电子科技集团公司第三十二研究所(华东计算技术研究所)	基础软件、关键芯片、嵌入式计算机等	国家科技进步奖 9 项、国防科学技术进步奖 15 项、军队科技进步奖 5 项、上海市科学技术奖 34 项	职工 984 人,高级科技人员 104 人,中级及以上科技人员 312 人
中国电子科技集团公司第五十研究所(上海微波技术研究所)	军工电子、电力电子、市政电子、安全电子	获国家科技奖 4 项、上海科技奖 11 项、国防科技奖 5 项	职工人数 771 人,专业技术人员 670 人,正副高级科研人员 89 人
中国电子科技集团公司第五十一研究所(上海微波设备研究所)	微波设备与技术、电路与系统、信号与信号处理、计算机等		职工 393 人,专业技术人员 239 人,正副高级科研人员 40 人

（续表）

机 构 名 称	研 究 领 域	获奖情况（1978—2010 年）	人员情况（2010 年）
中国船舶重工集团公司第七〇一研究所上海分部	护卫舰、军贸产品、军辅船、公务船、特种船舶、高新船舶等的总体设计，以及相关硬件与系统总承供货	国家科技奖 3 项、国防科技奖 12 项、集团科技奖 24 项	职工 173 人，专业技术人员 122 人，正副高级科研人员 45 人，中国科学院院士 1 人
中国船舶重工集团公司第七〇二研究所上海分部（中国船舶科学研究中心上海分部）	船舶及海洋工程、水力工程、水中兵器试验、实船性能试验检测、计算机等		在编人员 58 人、专业技术人员 48 人、高级科研人员 23 人、中国工程院院士 1 人
中国船舶重工集团公司第七〇四研究所（上海船舶设备研究所）	船舶电站、特种机械、减摇装置、环境工程、特种推进、甲板机械等	国家科技奖 9 项、其他科技奖 9 项	员工 897 人，专业技术人员 679 人，正副高级科研人员 213 人
中国船舶重工集团公司第七研究院第七〇五所上海技术工程部			
中国船舶工业集团公司第七〇八研究所（中国船舶及海洋工程设计研究院）	舰船产品的研究与设计：军用舰船、民用船舶海洋工程装备等	国家科技进步奖 31 项、国家发明奖 4 项、上海科技进步奖 18 项、国防科技进步奖 17 项	职工 900 多人，专业技术人员 700 多人，高级科技人员 200 多人，中科院院士 1 人、中国工程院院士 1 人
中国船舶重工集团公司第七一〇研究所试验站	目标特性测试研究、国防预研课题研究和型号产品研制生产等	国家科技进步奖 1 项、中国船舶工业总公司科技进步奖 3 项	职工 22 人，专业技术人员 17 人，其中正副高级科研人员 3 人
中国船舶重工集团公司第七一一研究所（上海船用柴油机研究所）	柴油机、热气机、动力系统集成、舰船机舱自动化、热能工程与技术、能源服务等	国家科技进步奖 15 项、上海科技进步奖 7 项	职工 907 人，专业技术人员 548 人，高级科研人员 247 人，中国工程院院士 1 人
中国船舶重工集团公司第七二六研究所（上海船舶电子设备研究所）	水声对抗、水下近程防御、舰艇消防等专业技术研究和系统及装备设计、生产等	全国科技大会奖 7 项，国防科工委、工信部、船舶重工集团各等级奖 41 项	职工 463 人，专业技术人员 273 人，正副高级科研人员 68 人
核工业第八研究所	粉末冶金、复合材料、膜过滤材料、电子材料、磁性材料等	国家科技进步奖 2 项、国家发明奖 1 项、上海重大科技成果奖 2 项	职工 137 人，专业技术人员 36 人，正副高级科研人员 6 人
中国工程物理研究院上海激光等离子体研究所	高功率激光光学工程、高功率激光驱动器、激光等离子体物理、高压物理等	国家科技进步奖 4 项、上海科技进步奖 3 项、国防科技进步奖 6 项	职工 46 人，专业技术人员 40 人，正副高级科技人员 16 人，中国科学院院士 1 人、中国工程院院士 2 人
中煤科工集团上海研究院	主要从事煤矿井下与矿山系统成套设备与技术的开发、研究和制造		

第三章 部门研究机构

第一节 农业研究机构

一、上海市农业科学院

前身是上海市农业科学研究所,1959年7月成立。该所在1956年成立的上海市农业试验站、1957年成立的上海市畜牧兽医试验站、1958年成立的上海市乳牛科学研究所和上海市农业机械化研究所的基础上建立。1960年扩建为上海市农业科学院,设作物育种栽培、园艺、食用菌、土壤肥料、植物保护、畜牧兽医(附设畜牧试验场)、农业机械化(附设农机实验工厂)7个研究所,1个农业试验场。1989年,设作物育种栽培、土壤肥料、植物保护、园艺、食用菌、畜牧兽医、科技情报7个研究所和生物技术研究中心、测试中心、饲料产品质量监督检验站等。1999年,设作物育种栽培研究所、园艺研究所、食用菌研究所、环境科学研究所、植物保护研究所、畜牧兽医研究所、农业科技信息研究所、饲料质量监督检验站、农业生物技术和测试中心、动植物引种研究中心、重固良种繁育中心和花卉研究开发中心等。2001年11月,获批设立博士后科研工作站;2002年,建立林木果树研究所,环境研究所与植物保护研究所合并成立生态环境保护研究所;2005年8月,与上海海洋大学(原上海水产大学)组建上海水产大学农业研究院;2006年4月,农业部食用菌产品质量监督检验测试中心(上海)、上海市饲料质量监督检验站和上海市农业科学院测试中心合并组建农产品质量标准与检测技术研究所。

2010年,全院在职职工908名,其中专业技术人员555名,国家及地方领军人才16名,高级专业技术职务科技人员221名(研究员95名),硕士253名、博士133名,享受国务院特殊津贴专家71名,拥有博士后科研工作站1个;形成了粮油作物种质创新与推广应用、园艺作物新品种选育与高效栽培、食用菌种质创制与产业化技术、畜禽新品种选育与健康养殖、生态农业与植物病虫害绿色防控、农产品质量安全与保鲜加工技术、农业生物技术与资源评价利用、现代农业经济与数字农业技术等八大优势学科(领域);取得各类科技成果1340余项,获部、市级以上科技奖励成果349项,其中国家级科技奖励23项,部、市级科技进步一等奖28项;获得专利和植物新品种权、通过审(认)定品种670余件,其中通过国家审(认)定品种45件;发表论文4770篇,出版专著和编著220余部。

表1-3-1 2010年上海市农业科学院下属研究机构情况表

机 构 名 称	成立时间	研 究 领 域
作物育种栽培研究所	1960年	水稻、油菜和玉米等作物新品种、新组合选育;林木、果树引进和新品种选育;相关植物生物技术研究;农产品保鲜加工研究和辐照灭菌服务
林木果树研究所	2002年	桃、梨、草莓、葡萄等果树种质资源的收集、保存、鉴定评价与利用以及新品种选育研究;果树栽培新技术、新模式研究;中高档盆花及彩叶观赏苗木新品种选育研究

机 构 名 称	成立时间	研 究 领 域
设施园艺研究所	1960 年	蔬菜、瓜果新品种选育及栽培技术研究
食用菌研究所	1960 年	遗传育种、栽培工艺、食用菌的加工、药用菌开发、菌种保藏和利用、病虫害防治、信息资源等领域的研究
畜牧兽医研究所	1952 年	猪、禽新品种培育及杂交优势利用,饲料饲养、畜禽疫病防治及环境保护等
生态环境保护研究所	2002 年	环境科学和绿色技术、持续农业和新型肥料、水肥现代化调控技术、病虫草害综合治理技术、有益微生物的开发、生态环境保护等
农业科技信息研究所	1985 年	都市型现代农业理论体系研究、宏观与微观农业技术经济研究、新农村发展规划研究、区域农业经济研究、市场物流信息研究、科技兴农发展战略研究、农业科技发展政策研究等
生物技术研究所	1989 年	功能基因分离、克隆与元件构建和高效转基因技术、农作物新种质、新品系、人龋齿疫苗、饲料添加剂、酶制剂等生物工程产品、转基因作物及其加工产品检测和安全性评价等
农产品质量标准与检测技术研究所	2006 年	兽药和农药残留评价及快速检测技术研究、农产品安全生产配套监控技术体系的研究、新型添加剂检测技术的研究、农业投入品质量检测技术研究和食用菌生理生化研究等

二、上海市粮食科学研究所

建于 1958 年 12 月,是主要从事粮食、油脂及食品加工的研究开发和检测的综合性应用型研究所。2001 年根据上海地方科研院所体制改革精神,转为科技型企业。共取得科研成果 386 项,获国家发明奖、国家科技进步奖、部级科技进步奖、上海市科技进步奖 40 余项。

三、上海市农业机械研究所

成立于 1958 年 9 月,主要从事农业机械及农业设施的研究设计及试制试验、农业工程及综合配套技术研究、农业机械及农业设施引进及技术创新服务、农业机械及农业设施科研成果示范及推广应用,开展温室工程、畜禽机械、农田机械、农用电器及微电子技术等研究。1980 年到 2010 年,有 70 余项研究成果获得国家、部级和上海市科技进步奖或科技成果奖。

四、中国农业科学院上海兽医研究所

前身为中国农业科学院家畜血吸虫病研究室,成立于 1964 年 10 月。1982 年 2 月更名为中国农科院上海家畜血吸虫病研究所。1989 年 7 月更名为中国农科院上海家畜寄生虫病研究所。2006 年 3 月更名为中国农业科学院上海兽医研究所,加挂中国动物卫生与流行病学中心上海分中心牌子。主要开展动物传染病、动物寄生虫病和动物药物研究。设有动物血吸虫病、寄生虫病、动物药学、猪传染病、禽传染病和兽医公共卫生等 6 个研究室。

第二节　卫生研究机构

一、上海医药工业研究院

创建于 1957 年,是一家综合性、应用型的国家级医药工业技术研究机构,在国内医药界乃至海外享有盛誉,曾先后隶属于国家化工部、医药局、药监局。2000 年 10 月转制为国有重要骨干企业,先后隶属于中央企业工委、国务院国资委。主业为创新药物及工艺的研发、技术经营和药学领域研究生教育。研究院现有上海市抗感染药物研究重点实验室、化学制药部、生物制药部、中药制药部、上海呼吸系统药物工程技术研究中心、药理评价研究中心、化学制药新技术中心、分析测试中心等 8 个科研部门。截至 2010 年 12 月底,上海医工院累计申报专利总数 900 余项,获得授权专利总数近 300 项,新药证书总数达到 275 本。先后获国家科技发明奖 14 项,国家科技进步奖 15 项,上海市科技进步奖等省部级科技进步奖 280 余项。

二、中国生物技术集团公司上海生物制品研究所

1949 年 9 月建立,初名华东人民制药公司上海生物制品厂,1951 年改名华东生物制品实验所,1953 年 4 月改名卫生部上海生物制品研究所,1989 年卫生部成立中国生物总制品公司,管理包括上海生物制品研究所在内的 6 家生物制品研究所;2003 年中国生物制品总公司更名为中国生物技术集团公司,隶属于国务院国资委。是国家医学微生物学、免疫学、细胞工程、基因工程、血液制品的主要研究机构,是生物制品产、学、研、销一体的国家认定的高新技术企业,是国家第一批生物化学和分子生物学、病原生物学专业硕士学位授予单位。承担并完成"863""973""科技支撑""重大新药创制""传染病重大专项"攻关项目等几十项国家级和省部级科研任务,获得科研成果 100 余项,其中 30 余项获国家科委、卫生部或上海市科技进步奖。

三、中国疾病预防控制中心寄生虫病预防控制所

前身为中央卫生研究院华东分院,1950 年建于南京,1956 年改名为中国医学科学院寄生虫病研究所,1957 年与中国医学科学院海南疟疾研究站合并,迁址上海,1983 年划归中国预防医学科学院领导。2002 年 1 月 23 日更名组建为中国疾病预防控制中心寄生虫病预防控制所。主要从事应用流行病学、病原与媒介生物学、病理学、免疫学、分子生物学、生物化学、药学及药理学等多学科研究,开展疟疾、血吸虫病、丝虫病、包虫病、黑热病、食源性和土源性等重要寄生虫病的流行特点、传播规律、防治策略、控制与监测、免疫诊断技术、基因工程疫苗、防治药物等应用研究,以及寄生虫与媒介的遗传变异、种群分化、宿主免疫、药物作用机制等寄生虫学基础研究。

四、上海市高血压研究所

创建于 1958 年,是国内最早成立的以防治高血压和预防卒中为主要任务的专业性研究机构。1992 年研究所与上海瑞金医院高血压科实现所科合一。设有细胞与分子生物学研究室、流行病学

研究室、临床测试实验室,血管检测中心、自发性高血压大鼠实验动物房和社区防治中心等。建有上海市血管生物学重点实验室,研究重点为心血管疾病的早期标志物识别、心血管重塑的病理生理及分子机制研究、干预心血管疾病的药物新靶点研究。主持国家级重大课题("863""973"子课项和国家攻关项目)18项,国家自然科学基金20项、上海市科委重点项目5项,共争取到各类科研经费5 300余万。发表SCI收录论文100多篇,获得各类科技奖39项。

五、上海市肿瘤研究所

成立于1958年,是上海市卫生和计划生育委员会领导的独立研究机构。1980年经世界卫生组织(WHO)确认为世界卫生组织癌症预防与控制合作中心。1985年经国家计委批准建立癌基因及相关基因国家重点实验室,研究方向为以肝癌为主要研究对象,研究癌基因、抑癌基因及其他调控细胞生长的基因群,以系统生物学理念与方法研究癌发生发展和转移的分子机理及诊断、防治癌症的新途径。1996年由国家科委与上海市科委共建基因治疗研究中试上海基地。2003年经教育部批准,由上海市卫生和计划生育委员会与上海交通大学共建上海交通大学肿瘤研究所。2010年10月29日,上海市卫生和计划生育委员会与上海交通大学医学院共建肿瘤所,上海仁济医院与肿瘤所院所合一,研究方向为:开展恶性肿瘤的流行病学与病因学研究,肿瘤发病机理及基因诊断和基因治疗、细胞及免疫学诊断和治疗等生物高科技研究,探索肿瘤防治的新途径。

第三节　建筑研究机构

一、上海市建筑科学研究院(集团)有限公司

创建于1958年,是全国建筑行业最大的地方性综合研究机构。2001年从事业单位转制为企业,更名为上海市建筑科学研究院有限公司,2006年组建上海市建筑科学研究院(集团)有限公司,成为为城市建设、管理和运行提供技术服务与系统服务的科技型企业。主要从事技术研发、技术咨询、检测检验、检查评估、工程咨询与管理、建筑设计等业务,拥有国家建筑工程材料质量监督检验中心、建设部绿色建筑工程技术研究中心、上海市工程结构新技术重点实验室等10余个部、市级技术研发和服务平台,有结构材料实验室、装饰材料实验室、建材防火实验室、节水实验室、建筑幕墙和门窗实验室、木材实验室、建筑节能实验室、通风空调实验室、建筑环境实验室、建筑机械实验室、建筑工程实验室、声学性能实验室、校准实验室等多个专业实验室。获国家级科技成果奖7项,省部级科技成果奖184项。

二、上海市政工程设计研究总院(集团)有限公司

成立于1954年,名为建筑工程部城市建设局上海给水排水设计院。1993年6月12日,更名为上海市政工程设计研究院。2005年12月26日,更名为上海市政工程设计研究总院。2010年10月,改制为上海市政工程设计研究总院(集团)有限公司。从事规划、工程设计和咨询、工程建设总承包及项目管理全过程服务。拥有给水、排水、道路、桥梁、水利、轨道交通、磁浮、地下空间开发、规划、建筑、环境工程、城市景观、热力、燃气、岩土、测量、检测、施工管理和工程总承包等。

三、同济大学建筑设计研究院(集团)有限公司

成立于 1958 年,名为同济大学土木建筑设计研究院;1979 年更名为同济大学建筑设计研究院;2008 年更名为同济大学建筑设计研究院(集团)有限公司。拥有 4 个建筑设计综合所、8 个建筑设计分院和 6 个市政类设计分院,具有建筑、市政、桥梁、公路、岩土、地质、风景园林等多项设计资质,是国内设计门类最全、设计资质涵盖面最广、专业综合设计能力最强的设计单位之一。

四、上海市特种基础工程研究所

成立于 1978 年,是以特殊地基基础工程和特种地下工程结构为主要研究对象的应用技术开发研究单位,隶属于市基础工程公司。设有以深基础和软弱地基加固、特种工程结构和水下基础专业、各种桩基承载力测试、深基础工程综合性监测及以桥梁工程等为对象的研究项目体。研究开发了地下连续墙施工工艺及设备、水下超长距离顶管、地基基础加固新工艺、斜拉桥施工工艺、土层锚杆及围护支护工程等项目。

第四节　化工研究机构

一、上海化工研究院

1956 年,重工业部化学工业管理局在上海筹建肥料工业研究所,1956 年 9 月 25 日,上海肥料工业研究所正式改名为化学工业部上海化工研究院。1998 年 7 月,化工部撤销,该院隶属于国家石油和化学工业局。1999 年 7 月,进行了属地化转制,由事业单位转为科技型企业,直属上海市经济委员会。2004 年 1 月,划归市国有资产监督管理委员会管理。主要从事生物化工、化学肥料、有机高分子化工、化学工程、化工机械及装备、新型材料、精细化工、化工自动化和仪表、环境保护、化工信息、技术培训、化肥质量监督及标准制定等。

二、中国石化上海石油化工研究院

前身为上海石油化学研究所,于 1960 年 5 月经上海市科委批准筹建,是国内最早从事石油化工技术开发的单位之一。1981 年 9 月,划归上海高桥石化公司。1984 年 12 月成为中国石化总公司直属研究单位,1990 年由研究所升格为研究院。1998 年底,更名为中国石油化工集团公司上海石油化工研究院。2004 年底,与原上海石化股份公司所属的科技开发公司进行整合,总体实力又上了一个新的台阶。致力于基本有机原料、芳烃、增产低碳烯烃、合纤单体、煤化工、高分子材料、油田化学品及精细化工等技术领域,涵盖了石油化工及煤化工产业链的主体技术,研发工作涵盖了前瞻性基础性研究、应用研究、成套工艺技术及配套催化剂研究、工程化放大、分析表征及计算机模拟计算等,形成了研发特色和技术优势。

三、上海染料研究所有限公司

1962 年成立上海市染料研究所;1963 年 11 月,化工研究院合成材料室涂料一组二组并入染料所,改称上海市染料涂料研究所;1980 年,经批准由上海市染料涂料研究所中的"染料研发部分"和上海染料化工六厂及上海纺织应用技术研究室合并组建上海市染料研究所;2002 年,上海市染料研究所改制为多元化投资的有限责任公司,更名为上海染料研究所有限公司。是一家集科研、生产、经营、服务、检测为一体的,专业从事食品添加剂、着色剂的现代化科技型企业。

四、上海市农药研究所

建于 1963 年,是中国首家建立的农药专业研究所。1995 年经国家科委批准,上海农药研究所成为国家南方农药创制中心上海基地的依托单位。主要从事化学农药、生物农药、农药剂型的研发,负责专业杂志《世界农药》(原名《农药译丛》)的编辑和发行工作,有化学合成、生物工程、农用抗生素、分析测试、剂型加工、药效应用等研究室。先后开发了 150 多项科研成果,获国家、部和省市级科技进步奖 50 多项。

第二篇 科技管理

1978 年,上海召开全市科学技术大会,实施了科技面向经济建设的发展战略,制定了《1978—1985 年重点科学技术发展规划》《1986—2000 年上海市科学技术长远发展规划》和《"六五""七五"科技发展规划》;围绕科研系统内部、科技与经济结合、科技体制改革外部环境和市场运行机制等制定了若干政策和法规;进行了对研究院所扩大自主权、实行经费预算包干、科技责任制和有偿合同制、所长负责制和建立技术交流网络等 10 个方面的配套改革,实施科技发展基金项目合同制。

1990 年以后,召开第二次科学技术大会和技术创新大会,提出大力发展高新技术产业,促进上海产业结构调整;围绕实施"科教兴市"战略、深化科技体制改革、加速高新技术成果转化制定了一系列科技政策法规,如《上海科技进步条例》《促进高新技术成果转化的若干规定》;实施了"科教兴市"发展战略,制定了《上海市科技发展'九五'计划与 2010 年长远规划》和《"八五""九五"科技发展规划》;对开发型科研单位实施综合改革和转制改革;实施针对青年人才的"启明星计划"、针对中青年的"上海市优秀学科带头人资助计划"等。

2000 年以后,召开第三次科学技术大会和推进高新技术产业化工作会议等,大力推进自主创新,建设创新型城市;实施了自主创新发展战略,制定《上海中长期科学和技术发展规划纲要(2006—2020 年)》和《"十五""十一五"科技发展规划》;围绕科技创新体系建设、培养创新人才、优化创新创业环境服务、完善创新政策环境等制定了许多政策和法规,如《上海中长期科学和技术发展规划纲要(2006—2020 年)》若干配套政策及其细则等,形成了比较完善的科技创新政策法规体系;实施六大专项行动计划、世博科技行动计划、"科教兴市"重大专项、科技示范工程等;实施应用开发类科技项目招标制度、科技项目管理新机制、科研计划项目网上评审、科技项目绩效评估、新型科研院所改革、政府资助科技和产业化项目信息共享等,确定项目管理"8+1"的基本构架;增加针对企业的"B 类人才计划",实施针对留学人才的"上海市浦江人才计划"、针对高端人才的"上海市领军人才计划"等。

第一章 宏 观 管 理

第一节 科技发展战略

自 20 世纪 70 年代末中国改革开放以来,上海紧密围绕国家科技发展战略,结合本地实际,分步实施贯彻落实,开创了一个由拨乱反正、恢复科研秩序到全面贯彻党中央改革开放政策,依靠科技力量推动上海经济和社会发展的新的历史时期。

一、科技面向经济建设战略

1978 年 2 月 4 日,上海科学技术大会确定了这一时期科技发展的战略思路是:加强技术的研究和开发,以新兴技术改造传统产业,努力解决国民经济中的重大科技问题,促进现代化建设事业的发展。1981 年 5 月,上海市政府召开全市科技工作会议,提出要进一步提高对科学技术重要性的认识,明确科学技术要着重为经济建设服务,特别是要为解决国民经济中具有重大经济效果的问题服务的方针,从实际需要出发,加强生产技术的研究与开发。1984 年 5 月,上海市政府再次召开全市科技工作会议,提出要加快上海科技发展的步伐,适应新技术革命形势,积极开发新兴技术;会议又指出,上海经济要发展、城市要改造、生活要改善,必须依靠科学技术,还强调要有领导、有步骤地进行科技体制改革。

1992 年 8 月上海市委和市政府做出了《关于发展科学技术、依靠科技进步振兴上海经济的决定》,确立了这一阶段科技发展的战略思路:坚定地走依靠科技进步和提高劳动者素质的道路,大力发展高新技术产业,促进上海产业结构的战略性调整。

二、"科教兴市"发展战略

1995 年 5 月中共中央召开全国科技大会,江泽民总书记在大会上提出了"科教兴国"的战略方针,一方面把经济建设和社会发展转移到依靠科技进步和提高劳动者素质上来;另一方面,坚持教育为本,把科技和教育摆在经济社会发展的战略位置上。上海市市长徐匡迪代表市委、市政府在全国科技大会上提出上海迈向 21 世纪科技发展的四个战略:一是以市场为导向的科技经济一体化战略;二是突出高起点、大跨度的技术创新战略;三是抓重点、抓突破、抓制高点的赶超战略;四是实施深化改革和加快发展的协同推进战略。

1995 年 8 月 30—31 日,中共上海市委、市政府在上海展览中心友谊会堂召开上海市科学技术大会。市长徐匡迪作题为《实施"科教兴市"战略,为加快实现上海宏伟目标奋斗》的总结讲话,提出"科教兴市"战略。1995 年 10 月,市委和市政府制定《关于加速上海科技进步的若干意见》(简称《若干意见》),提出了"五大任务"和"三大措施"。"五大任务":第一,加强重点领域的研究开发和成果转化;第二,形成新的高新技术支柱产业;第三,加强建设高科技园区;第四,形成若干个大型企业集团和发展一批民营科技企业;第五,建设一批科技标志性工程。"三大措施":一是增加科技投入,科研开发经费占国内生产总值的比重,1997年达到2%,2000年达到2.5%;二是深化科技体制改革,按照"稳住加强一头,放开搞活一片"原则,继续抓好科技机构调整和科技人员分流,形成新的科技体系;三是加速培养人才和吸引人才,调动和发挥人才的积极性、创造性。《若干意见》进一步确立了科技进步的主体是企业的观念,科技进步的导向是市场的观念,科技进步的灵魂是创新的观念,科技进步是全社会共同任务的观念。《若干意见》对实施"科教兴市"战略,培育高新技术产业,形成新的产业增长点,建立创新机制,促使企业成为技术开发的主体,建立新科技体制,拓宽资金渠道,加速培养和造就一批高水平科技人才等重要问题,作了政策性规定。

1999年11月26—27日,上海市技术创新大会在上海展览中心召开,这次会议的主要任务是:认真贯彻全国技术创新大会精神,明确面向21世纪上海技术创新工作的目标与思路,动员全市各级党政组织和社会各界,进一步实施"科教兴市"战略,认清形势,明确任务,加强技术创新,构建创新体系,加速科技成果转化为现实生产力,加快高科技产业化进程,提高上海经济发展的整体质量,为全面实现上海跨世纪发展的宏伟目标奠定坚实的基础。

2003年12月16—17日,中共上海市委召开第八届委员会第四次全会,审议通过了《上海实施"科教兴市"战略行动纲要》,明确"科教兴市"是推进上海城市经济社会发展的主战略。

三、自主创新战略

2006年1月,中共中央召开全国科技大会,部署实施《国家中长期科学和技术发展规划纲要(2006—2020年)》,提出加强自主创新、建设创新型国家的战略。2006年,胡锦涛总书记对上海提出了"四个率先"的新要求,其中就包括率先提高自主创新能力。

2006年1月12日,上海市政府发布《上海中长期科学和技术发展规划纲要(2006—2020年)》,明确了把"以应用为导向的自主创新"作为今后一段时期上海科技发展的基本思路,以知识竞争力为标杆测度的上海中长期科技发展目标。2006年3月23日,上海市委、市政府在展览中心友谊会堂隆重召开了上海市科学技术大会,明确了增强自主创新能力的基本思路和重点任务。

第二节　科技会议

一、科技大会

【第一次科技大会】

1978年2月4日,上海市委召开上海市科学大会,中共上海市委第一书记苏振华、市委第三书记彭冲等出席,市科委主任杨士法在会上作《高速度把科学技术搞上去,为实现四个现代化做出贡献》的报告。提出"我们的奋斗目标是把上海建设成为我国一个具有世界先进水平的科技基地"。彭冲同志作了讲话,提出"要有赶超世界先进水平的志气","要有一股很大的干劲"。大会表彰了300多个先进单位和900多名先进个人,奖励了一批重大科技成果,评选出参加1978年春天召开的全国科学大会的代表和向大会报送的重大科技成果390项。

【第二次科技大会】

1995年8月30—31日,中共上海市委、市政府在上海展览中心友谊会堂召开上海市科学技术大会。市委书记黄菊作题为《加速科技进步,促进经济发展和社会全面进步》的报告。副市长华建敏就《中共上海市委、上海市政府关于加速上海科技进步的若干意见》作了说明。市长徐匡迪作题为《实施"科教兴市"战略,为加快实现上海宏伟目标奋斗》的总结讲话。市委副书记陈至立就如何落实大会精神提出了要求。大会主要任务是:认真贯彻党中央、国务院《关于加速科学技术进步的决定》和全国科学技术大会的精神,回顾总结改革开放以来上海依靠科技进步发展经济的实践和经验,研究确定进一步加速科技进步的措施,全面落实科学技术是第一生产力的思想,在全市形成实施"科教兴市"战略的热潮,真正地使经济建设转向依靠科技进步和提高劳动者素质轨道上来,促进上海经济发展和社会全面进步。

【上海市技术创新大会】

1999 年 11 月 26—27 日,上海市技术创新大会在上海展览中心召开,会议提出了今后一段时期上海技术创新的目标和任务。中共中央政治局委员、中共上海市委书记黄菊在会上作重要讲话,上海市市长徐匡迪作总结讲话,上海广电集团等 5 家单位在会上作交流发言。这次会议的主要任务是:认真贯彻全国技术创新大会精神,明确面向 21 世纪上海技术创新工作的目标与思路,动员全市各级党政组织和社会各界,进一步实施"科教兴市"战略,认清形势,明确任务,加强技术创新,构建创新体系,加速科技成果转化为现实生产力,加快高科技产业化进程,提高上海经济发展的整体质量,为全面实现上海跨世纪发展的宏伟目标奠定坚实的基础。

【第三次科技大会】

2006 年 3 月 23 日,上海市委、市政府在展览中心友谊会堂隆重召开了上海市科学技术大会。上海市委主要领导发表重要讲话,科技部部长徐冠华到会致辞,市委副书记、市长韩正在会上作了关于《上海市中长期科技发展规划纲要》的说明。大会明确了增强自主创新能力的基本思路和重点任务:围绕国家科技创新部署和建设创新型国家的总体战略布局,以自主创新能力和知识竞争力为手段,构建良好的创新体系,实施"三个支撑",即支撑产业结构优化升级,支撑可持续发展,支撑城市功能提升。大会要求通过"三个聚焦"(聚焦国家战略、聚焦重大产业、聚焦创新基地)和"三个加强"(加强投融资机制创新、加强市和区县联动、加强人才培养),突破自主创新的瓶颈和障碍,发挥上海自主创新的潜力,攀登科技制高点,培育经济增长点。中共上海市委、市人大、市政府、市政协主要领导出席会议,市委、市政府主要领导讲话。大会颁发了 2005 年度上海市科学技术进步奖 318 项,其中一等奖 44 项、二等奖 109 项、三等奖 165 项。蒋锡夔院士和汤钊猷院士荣膺 2005 年度上海市科技功臣。

二、科技工作会议

1977 年 10 月 17 日—11 月 4 日,上海市委召开上海市科技工作会议。会议提出了贯彻落实中共中央关于召开全国科学大会通知的各项措施;制定了《上海市 1978—1985 年重点科学技术发展规划纲要》;提出了《关于召开上海市科学大会的意见》。市委副书记陈锦华在开幕会上讲话,市委书记林乎加作总结报告。

1981 年 5 月 22—26 日,市政府召开全市科技工作会议,市科委主任杨士法作了工作报告,回顾了自全国科学大会以来,上海科技战线取得的成绩,部署了今明两年上海的科技工作。会议发了三个试行草案:《上海市技术保护和有偿转让试行条例》《关于改进科研经济管理的意见》《关于充分发挥全市科技"五个方面军"作用的意见》,提供分组讨论,提出修改意见。市长汪道涵在 26 日作总结报告,着重指出:一、要牢固树立科学技术必须与经济、社会发展相结合的思想。二、坚定不移地贯彻执行科技工作为经济建设服务的方针。三、组织协调和管理工作。四、发挥科技工作者的积极性,为经济调整和现代化建设做出贡献。

1984 年 5 月 2—5 日,市政府在上海体育馆召开全市科技工作会议,副市长刘振元作了题为《加快科技发展步伐,迎接新的挑战》的报告。提出了上海"七五"期间科技战略目标和今明两年科技工作任务,提出了包括机器人、生物工程、工程塑料等第一批 10 个重大科技战役。市长汪道涵在总结讲话时指出,上海经济要发展,城市要改造,生活要改善,必须依靠科学技术。他强调,要有领导、有步骤地进行科技体制改革。会议向 1983 年度 249 项重大科技成果授了奖,其中一等奖 5 项、二等奖 29 项、三等奖 215 项。

1985 年 9 月 4 日,上海市科技工作会议在上海展览中心召开。市委副书记、市长江泽民在会上讲话。他希望科技工作者要有远大的理想、强烈的事业心、高尚的情操,在探索未知的科学事业中取得出色的成就。要完整地辩证地理解科学事业与经济建设的关系,要正确处理引进技术与自力更生的关系。他指出,人才培养是技术进步的关键。

1988 年 8 月 12 日,上海市科技工作会议在上海展览中心举行,副市长刘振元作了《进一步推进科技与经济结合,充分发挥科技优势,为实现上海外向型经济而奋斗》的工作报告,市科委主任金柱青作了《科技界要在上海的经济建设和社会进步中大显身手》的发言,朱镕基市长向全市科技界、企业界提出 4 点意见和要求。大会由中共上海市委副书记、副市长黄菊主持。会上,还对 1987 年度上海市科技进步奖和荣获 1987 年度国家科技奖的单位和科技人员颁了奖。

1991 年 10 月 5 日,上海科技大会暨上海首届科技节在上海友谊会堂开幕。市长黄菊等出席会议专程来上海的国家科委副主任惠永正、中国科协副主席高镇宁,分别代表国家科委和中国科协致辞。中国科学院发来了祝贺信。市委书记吴邦国为科技节题词:"发挥科技优势,振兴上海经济"。市长黄菊发表了重要讲话。市科委主任金柱青作了《谱写上海科学技术事业的新篇章》的主题报告。会上,黄菊等向获得 1990 年上海市科技进步一等奖的 17 个重大科技成果的人员颁奖。

1992 年 8 月 29 日,上海市科技工作会议在上海展览中心友谊会堂举行。会议由市长黄菊主持,中共上海市委书记吴邦国在会上发表了重要讲话,黄菊宣读了中共上海市委、上海市政府《关于发展科学技术,依靠科技进步振兴上海经济的决定》并作了详细说明。

1993 年 6 月 1 日,上海市科技工作会议在上海展览中心举行。"深化科技体制改革,大力发展科技第一生产力"是会议的主导思想。市委副书记陈至立在讲话中强调当前科技工作的重点,是要大力推进科技成果产业化。要进一步解放思想、转变观念、继续大力推动科技体制改革,处理好面向经济建设主战场、发展高新技术产业、加强基础研究这三方面的关系。

1997 年 8 月 26—27 日,上海市高科技产业化工作会议召开。中共中央政治局委员、中共上海市委书记黄菊作主题报告,市委副书记、市长徐匡迪就正确把握世界高科技发展趋势和如何加快上海高科技讲话,副市长蒋以任对《中共上海市委、市政府关于加快高科技产业化发展的若干意见》作了说明。

1998 年 6 月 27 日,中共上海市委、上海市政府召开高新技术成果转化工作会议,颁布了《上海市促进高新技术成果转化的若干规定》。上海市高新技术成果转化项目认定办公室和高新技术成果转化服务中心揭牌。

1999 年 6 月 14 日,上海市政府在上海展览中心召开促进高新技术成果转化工作会议。副市长左焕琛主持会议,宣读并颁布了《上海市促进高新技术成果转化的若干规定》,市委领导作了《加速科技成果转化,促进增长方式转变》的报告。

2009年5月31日,上海召开推进高新技术产业化工作会议,中共中央政治局委员、上海市委书记俞正声出席会议并讲话,市委副书记、市长韩正出席会议并作工作部署。市领导刘云耕、冯国勤、殷一璀、丁薛祥、沈晓明等出席会议。会议发布了《关于加快推进上海高新技术产业化的实施意见》,聚焦新能源、民用航空制造业、先进重大装备、新能源汽车、海洋工程装备、生物医药、电子信息制造业、新材料、软件和信息服务业等9个重点高新技术产业领域,为上海高新技术产业发展绘制了一幅全新的发展蓝图。

2010年7月28日,上海推进高新技术产业化工作会议召开,中共中央政治局委员、上海市委书记俞正声,市委副书记、市长韩正出席并讲话。市领导殷一璀、徐麟、沈晓明出席会议,市委常委、常务副市长杨雄主持会议,市政府有关领导通报了高新技术产业化工作情况。会前,俞正声、韩正等出席上海市高新技术产业化展开幕式,并参观了展览。

表 2-1-1　1977—2010 年上海市委、市政府召开的科技会议情况表

日　期	会　议　名　称
1977 年 10 月 17 日—11 月 4 日	上海市科技工作会议
1978 年 2 月 4 日	上海市科学大会
1981 年 5 月 22 日—26 日	上海市科技工作会议
1984 年 5 月 2 日—5 日	上海市科技工作会议
1985 年 9 月 4 日	上海市科技工作会议
1988 年 8 月 12 日	上海市科技工作会议
1991 年 10 月 5 日	上海科技大会暨首届科技节会议
1992 年 8 月 29 日	上海市科技工作会议
1993 年 6 月 2 日	上海市科技工作会议
1995 年 8 月 30—31 日	上海市科学技术大会
1997 年 8 月 26—27 日	上海市高科技产业化工作会议
1998 年 6 月 27 日	上海市高新技术成果转化工作会议
1999 年 6 月 14 日	上海市促进高新技术成果转化工作会议
1999 年 11 月 26—27 日	上海市技术创新大会
2006 年 3 月 23 日	上海市科学技术大会
2009 年 5 月 31 日	上海推进高新技术产业化工作会议
2010 年 7 月 28 日	上海推进高新技术产业化工作会议

第三节　科技管理机构

1977年11月28日,中共上海市委决定:恢复设立上海市科学技术委员会,在上海市科学技

术委员会设立党组,任命杨士法为上海市科学技术委员会主任兼党组书记。1983年7月4日,为加强党对科技工作的全面领导,中共上海市委决定设立中共上海市科学技术工作委员会,统一领导市科委系统、市科协、中国科学院上海分院、上海科学院的党的工作,由吴邦国任书记。

1990年10月4日,市编制委员会发文同意市科委增设法制处。当时市科委机构设置为:办公室、人事处、监察室、机关党总支、发展预测处、综合计划处、科技管理处(法制处合署办公)、条件财务处(科学事业经费拨款办公室合署办公)、国际合作处、成果处(上海市技术市场管理办公室)、业务一处(工业)、业务二处(城市建设)、业务三处(农业)、业务四处(基础研究)、业务五处(信息化)、漕河泾新兴技术开发区领导小组办公室、火炬计划办公室、星火计划办公室、科技情报处(上海科技情报研究所合署办公)。1993年科技管理处改为政策法规处和科技体改处;漕河泾新兴技术开发区领导小组办公室改为上海市高新技术产业开发办公室;新增上海市现代生物与医药产业办公室和上海市计算机应用与产业发展领导小组办公室。1995年发展预测处改为发展研究处;上海市高新技术产业开发办公室在市科委内部称高新技术产业开发区管理处;科技情报处改为科技信息处;新增业务六处(现代生物与医药技术)。1998年新增事业处和上海市高新技术成果转化认定办公室。1999年火炬计划、星火计划、生物医药和计算机应用等办公室,以及上海市高新技术成果转化认定办公室不再列入市科委机构设置序列。

2000年市科委机构改革,重新设置为:办公室、人事教育处、监察室、机关党委、发展研究处、体制改革与法规处、发展计划处、条件财务处、事业监管处、国际合作处、高新技术产业开发区管理处、基础研究处、高新技术产业化处、信息技术处、生物医药处、社会发展处。2004年取消事业监管处,新设研发基地建设与管理处。2004年4月,中共上海市科学技术工作委员会与中共上海市教育工作委员会合并成立中共上海市科技教育工作委员会,李宣海任中共上海科教党委书记,李逸平任市科教党委副书记、市科委党组书记。2006年新设科普工作处。2008年10月,中共上海市科技教育工作委员会撤销,分别成立中共上海市科学技术工作委员会与中共上海市教育工作委员会,陈克宏任上海市科技党委书记。2010年高新技术产业开发区管理处取消,新设张江高新区管委会综合协调处、张江高新区管委会发展规划处、张江高新区管委会政策研究处、张江高新区管委会企业服务处。

表2-1-2 1978—2010年上海市科学技术委员会正副主任

时　间	主　任	副　主　任
1977.11—1983.7	杨士法	张文韬(兼)　许言　丁公量　黎崇勋　周克(1979.1—1981.4)　徐鑫(1982.1任职)　王玉卿(1978.6任职)　杜信恩(1979.9任职)　胥华民(1979.9—1981.4)　沈志农(1981.1—1985.12)　陈仁甫(兼)　蔡祖泉(兼)
1983.7—1992.7	金柱青	沈志农(1981.1—1985.12)　魏瑚(女 1983.7—1989.8)　陈祥禄(满族 1983.7—1989.8)　沙麟(1986.2—1992.3)　王欣(兼)(1984.7—1992.3)　吕也博(1989.8—1995.8)　颜呈准(1989.8—1996.3)　朱寄萍(1991.6—1999.9)　华裕达(1991.6—1992.7)　张鳌(满族 1991.6—2004.10)
1992.7—1999.9	华裕达	朱寄萍(1991.6—1999.9)　吕也博(1989.8—1995.8)　颜呈准(1989.8—1996.3)　张鳌(满族 1991.6—2004.10)　徐贯华(1993.8—1999.9)　李明轩(回族 1996.10—2001.4)　曹臻(1995.8—2004.10)　张其标(1995.2—2004.1)

（续表）

时　间	主　任	副　主　任
1999.9—2003.4	朱寄萍	李明轩（回族 1996.10—2001.4） 李宣海（1999.10—2000.8） 赵为民（2000.11—2003.3） 曹臻（1995.8—2004.10） 张鳌（满族 1991.6—2004.10） 张其标（1995.2—2004.1） 丁薛祥（1999.10—2001.8） 李逸平（2001.4—2003.4） 李铭俊（2001.10—2004.4）
2003.4—2008.2	李逸平	陈克宏（2004.10—2008.10） 俞国生（2003.8—2004.4） 曹臻（1995.8—2004.10） 丁文江（2004.10—2006.12） 李铭俊（2001.10—2004.4） 乐景彭（兼，2004.4—2008.6） 王奇（兼，2004.4—2008.10） 张其标（1995.2—2004.1） 张鳌（满族 1991.6—2004.10） 寿子琪（2004.1—2008.2） 陆晓春（2005.7— ） 徐祖信（2007.9— ）
2008.2—2010.12	寿子琪	王奇（兼）（2008.10—2010.12） 陈克宏（2004.10—2008.10） 陆晓春（2005.7— ） 徐祖信（2007.9— ） 于晨（2010.6— ） 陈鸣波（2010.12—）

表 2-1-3　1978—2010 年中共上海市科学技术工作委员会书记或党组书记

时　间	书　记	副　书　记	党组书记
1977.11—1983.7			杨士法
1983.7—1986.1	吴邦国	茅志琼 （女，1983.7—1984.7） 戈悦宽 （女，1983.7—1986.7） 金柱青 （1983.7—1987.11） 陈至立 （女，1984.11—1986.1）	金柱青
1986.1—1988.3	陈至立（女）	金柱青 （1987.11—1988.10） 章博华 （女，1986.7—1992.9）	
1988.10—1992.7	金柱青	朱寄萍 （1991.5—1992.7） 陈剑辉 （1991.6—1996.7）	
1992.7—2001.11	朱寄萍	华裕达 （1992.7—1999.8） 张爱民 （1995.8—1998.8） 李明轩 （1996.10—2000.12） 李宣海 （1999.10—2000.8） 赵为民 （2000.11—2001.11） 李明轩 （2000.12—2001.4） 吴捷 （2001.9—2003.7）	
2001.11—2003.2	赵为民	吴捷 （2001.9—2003.7） 朱寄萍 （2001.12—2003.4）	
2003.4—2004.4	李铭俊	吴捷 （2003.7—2004.4） 李逸平 （2003.7—2004.4）	
2004.4—2008.2			李逸平
2008.10—2013.7	陈克宏	陆晓春 （2008.10—2013.5） 陈龙 （2009.8—2013.5）	陈克宏

表 2 - 1 - 4 上海市科学技术委员会内设机构

时 间	机 构
1990 年	办公室、人事处、监察室、机关党总支、发展预测处、综合计划处、科技管理处(法制处合署办公)、条件财务处(科学事业经费拨款办公室合署办公)、国际合作处、成果处(上海市技术市场管理办公室)、业务一处(工业)、业务二处(城市建设)、业务三处(农业)、业务四处(基础研究)、业务五处(信息化)、漕河泾新兴技术开发区领导小组办公室、火炬计划办公室、星火计划办公室、科技情报处(上海科技情报研究所合署办公)
2000 年	办公室、人事教育处、监察室、机关党委、发展研究处、体制改革与法规处、发展计划处、条件财务处、事业监管处、国际合作处、高新技术产业开发区管理处、基础研究处、高新技术产业化处、信息技术处、生物医药处、社会发展处
2010 年	办公室、人事教育处、监察室、机关党委、发展研究处、体制改革与法规处、发展计划处、条件财务处、研发基地建设与管理处、国际合作处、基础研究处、高新技术产业化处、信息技术处、生物医药处、社会发展处、科普工作处、张江高新区管委会综合协调处、张江高新区管委会发展规划处、张江高新区管委会政策研究处、张江高新区管委会企业服务处

第二章 科技计划与投入

第一节 中长期规划

一、1978—1985 年重点科学技术发展规划

1977 年 6 月 6 日,上海市革委会科技组召开制定上海市八年科技发展赶超规划的动员大会。会议提出:这次规划的制定要着眼于赶超世界先进水平;要坚持以农业为基础,工业为主导的方针;并按照充分利用、合理发展的精神把上海建成为先进的工业和科学技术基地。1977 年 10 月 17 日—11 月 4 日,上海市委召开上海市科技工作会议。会上发布了《上海市 1978—1985 年重点科学技术发展规划纲要》。规划提出"抢时间、争速度,在本世纪内把上海建成为一个具有世界先进水平的科学技术基地"的奋斗目标;明确科学技术要着重为经济建设服务,特别是要为解决国民经济中具有重大经济效果的问题服务的方针,加快上海科技发展的步伐,适应新技术革命形势,积极开发新兴技术。

二、1986—2000 年科学技术长远发展规划

1983 年,上海组织 1 600 多位专家编制《1986—2000 年上海市科学技术长远发展规划》,对上海科技发展的重点领域和产业进行调研、预测和论证,撰写 1 700 多万字的《上海 2000 年科技发展战略》。1984 年 9 月 1 日,市科委召开上海市科技长远规划前期工作总结大会。由 700 多个单位、1 600 多位专家参加的上海市十五年科技发展规划前期工作结束。专家们对 71 个科技优先发展领域、候选重点行业和重大社会问题,开展了调研、预测、论证工作,共编写了 77 个专题报告,为制定上海市科技规划和经济社会发展规划提供了主要的科学依据。

《1986—2000 年上海市科学技术长远发展规划》按照"经济建设必须依靠科学技术,科学技术必须为经济建设服务"的方针,把传统产业的技术改造和技术进步放在科技工作的首要位置;在进一步做好大型企业技术进步的同时,加强对中小企业和乡镇企业经济技术进步的支持;选择有限目标,发展高新技术,加强技术储备;确定了微电子、新型材料、光纤通讯、激光、生物工程、机器人、海洋工程七大新兴技术为新产业革命和科技发展重点。从原来的全面展开逐步向有重点推进的方向过渡。

三、"九五"计划及 2010 年科技长期发展规划

1994 年,上海市科委组成规划领导小组、总体组、专家小组和课题研究小组,着手《上海市科技发展"九五"计划与 2010 年长远规划》。主要内容概括为"四大战略""九大计划""五大领域""八大举措"。"四大战略"即以市场为导向的科技经济一体化战略、引进消化与技术创新并举的创新战略、跨越式的赶超战略、促进科技改革和发展的协同推进战略。"九大计划"即上海"信息港"计划、

高新技术及其产业发展计划、先进制造技术开发推进计划、基础性研究计划、绿色技术计划、城建科技发展计划、科技先导产业发展计划、科普工作发展计划、跨世纪科技标志设施建设计划。"五大领域"即信息技术、现代生物技术、先进制造技术、新材料技术、绿色技术。"八大举措"即加强对科技发展的宏观规划和协调管理;深入改革,建立科技新体制;建立创新机制,逐步使企业成为技术开发的主体;拓宽资金渠道,大幅度增加科技投入;加速人才培养,造就一批高水平科技人才;办好高新技术园区,推进高新技术健康发展;重视引进技术,开展广泛的国际合作;加强科技法制和知识产权保护。

四、2006—2020 年中长期科学和技术发展规划

上海市科委按照市委、市政府的部署,根据《2004—2005 年上海"科教兴市工"作计划》提出的"制定上海市中长期科技发展规划"的要求,于 2004 年 3 月启动上海中长期科技发展规划战略研究工作,成立了一个覆盖全市的、由 300 余人组成的规划编制核心工作小组。规划编制小组汇聚各方智慧,历经"战略研究"和"纲要编制"两个阶段的多轮研讨、征求意见和反复修改,形成了《上海中长期科技发展规划纲要(征求意见稿)》。

2006 年 1 月 12 日,上海市政府发布《上海中长期科学和技术发展规划纲要(2006—2020 年)》。确立了以知识竞争力为衡量指标的城市创新体系建设目标,提出以应用为导向的自主创新发展思路,凝练出上海中长期技术创新和科学研究任务,提出以重点围绕核心资源形成机制、企业动力激活机制、市场价值实现机制及科技统筹管理体制的"三机制一体制"为核心的上海科技创新体系的建设任务。在技术创新方面,围绕"健康(Healthy)上海、生态(Ecological)上海、精品(Added-value)上海和数字(Digital)上海"四个方面,实施"引领(HEAD)工程";围绕 11 个应用方向研发 33 个战略产品或功能,攻克相关的 60 项关键技术;明确了规划实施的相关保障措施。

第二节 五 年 规 划

一、"六五"科技发展计划(1980—1985 年)

1977 年 9 月,中共中央发出通知,要求抓紧制定科技发展规划,做出三年、八年安排及 23 年(即到 2000 年)设想。同年 10 月,召开市科技工作会议,制定《上海市 1978—1985 年重点科学技术发展纲要》。1978 年 4 月,上海召开全市党员负责干部会议,决定"五五"后三年开展 10 项重点项目科研会战(简称"10 大会战",即大规模集成电路、计算机技术及应用、光纤通讯、超导技术、环境保护、肿瘤防治、水稻良种选育、催化剂筛选技术、精密仪器、遥感技术及应用)。

二、"七五"科技发展计划(1986—1990 年)

1984 年 1 月,上海组织 80 余名专家进行调查研究,提出关于上海经济发展战略对策、建立新产业、改造传统工业等三个报告。在此基础上,编制了《上海市科技长远发展规划》和《上海市"七五"科技发展计划》,确定重点发展微电子、新材料、光纤通讯、激光、生物工程、机器人和海洋工程七大新兴技术,并组织相应的科技会战。

三、"八五"科技发展计划（1991—1995 年）

1990 年 10 月，根据中共上海市委、市政府领导的意见，上海"八五"科技发展计划编制完成。其发展目标是：（1）科技促进外向型经济发展，使行业技术水平和出口产品有较大提高。（2）传统行业技术进步有明显提高，增强新产品的开发能力。集中解决一批关键的共性技术，加快引进技术的消化和吸收，抓紧国产化工作，并开发与之相适应的新技术。（3）发展高新技术，使部分高新技术逐步产业化。（4）科技兴农，使大城市农业得到全面的发展。（5）科技促进社会环境的改善，人民生活质量的提高。（6）加强科技自身发展和建设，提高科技能力。（7）进一步搞好治理整顿，完善配套政策和管理制度，推动科技体制改革工作健康发展。

四、"九五"科技发展计划（1996—2000 年）

上海市科技发展"九五"计划和 2010 年长期规划由上海市科委牵头，会同市计委，组织上海科技情报研究所等单位研究人员和专家一起组成课题组，开展研究和编制工作。1994 年 3 月成立总体组，4 月底提出了概念稿，组织分课题组，各分课题组由市科委各处室负责，经过共同努力，8、9 月份提出规划研究初稿。1995 年 5 月完成了全部研究工作，包括总报告、16 篇分课题专题报告和一套高新技术产业化规划报告等共 50 多万字。1995 年 9 月完成规划编制。

五、"十五"科技发展计划（2001—2005 年）

随着经济全球化和中国加入世贸组织，"十五"期间国民经济的持续快速增长为上海科技加速发展创造了良好条件。"十五"计划着眼于提高城市综合竞争力，以培养创新人才和提高持续创新能力为抓手，加快科技教育的互相融合和资源共享，基本建成适应现代科技发展要求的创新体系。主要任务是：以生命科学与生物技术、信息科学与信息技术、材料科学与材料技术为重点，瞄准世界学科前沿开展相关的高科技与基础性研究，力争重点突破，在有优势的科技前沿取得一批具有世界先进水平的科技成果。以市场为导向，以企业为主体，以提高科技原创力为突破口，开发、培育并形成一批符合上海产业发展方向、有自主知识产权、有市场竞争力的技术、产品，培育有明显特色的高科技产业集群。以资源集聚和共享为主线，进一步优化和完善全市高新技术园区和大学园区的布局和规模，建设若干开放的应用性研究、基础性研究和高层次人才培养基地。

六、"十一五"科技发展规划（2006—2010 年）

"十一五"是上海发展的关键时期，上海国际大都市建设进入攻坚阶段，世博会在上海举办，科学技术肩负着重要的历史使命。"十一五"提出的战略重点是：围绕知识竞争力提升的目标，贯彻以应用为导向的自主创新竞争策略，前瞻性与有效性原则，确定科技发展重点领域，在对科技依赖较大的健康社会、生态环境、高端制造和数字城市等四个方面，明确为数字上海、精品上海、生态上海和健康上海建设提供科技支撑与保障。面向科学发展前沿，立足上海的优势与基础，进一步明确科学研究的基本方向。同时，在全社会传播科学知识、弘扬科学精神、崇尚科学思想、倡导科学方法,为自主创新奠定扎实的群众基础,营造适宜的文化氛围。布局开发 12 项重大战略产品,建设能集中体现和发挥科技引领经济社会发展作用的四大重大科技示范工程,即科技世博园、智能新港城、崇明生态岛、张江药谷。围绕未来五年上海国民经济和社会发展的需求,部署了 41 项技术创新项目和 17 项科学研究项目。启动生命健康研究院、城市生态研究院、产业技术研究院及计量标准研究院的建设。继续推进全社会各方资源全面共享、标准统一、分工有序、高效互动的研发公共服务体系。

第三节　年　度　计　划

1984 年 4 月,上海市科委和财政局颁行了《上海市科学技术发展基金试行条例》,规定了该基金主要来源于地方财政安排的科技三项费用和科技成果推广费用,由上海市科委管理、财政局监督,主要使用于地方科学研究与技术开发项目,包括科技攻关计划项目、科技咨询项目、国际科技合作项目和基础研究项目等。科技攻关项目 1983 年开始组织实施,包括对国民经济起重大作用的急需项目、研制有一定进展的项目、重点建设和技改中应用的项目等;科技咨询项目自 1979 年起实施,主要开展重大工程项目、重大社会问题和科技发展长远规划等的调研、预测、论证,或可行性研究;国际科技合作项目包括商签和执行对外科学技术协议、科技开发合作、人员与技术交流等;基础研究项目包括有重要科学意义或重要应用前景的研究项目、在三年左右的时间内可望取得预期成果的研究项目等。

1990 年 3 月,上海市科委和财政局正式颁行《上海市科学技术发展基金管理办法》,停止执行上述试行条例。1991 年度市科技发展基金立项计划由科技攻关、科技咨询、基础应用研究、国际科技合作、科技事业发展基金、科技产业化、局管基金计划等计划组成。科技事业发展基金是为改善上海市地方科研单位实验条件(不包括基本建设)和实验装备的项目;科技产业化包括星火计划、火炬计划、科技成果推广计划等。星火计划 1985 年试点,1986 年正式实施,是依靠科技进步发展中小企业特别是乡镇企业,推动村镇全面建设,促进地方经济振兴,起引导、示范作用的全国性科技计划。火炬计划于 1987 年 7 月开始实施,旨在促进高新技术成果商品化、产业化和国际化的一项指导性开发计划,是一项与"863"高新技术研究发展计划和科技五年计划相配套的中长期专项科技计划。

1996 年,市科技发展基金计划增加了人才培养计划,用于资助科技人才的发展。主要包括1991 年开始实施的"青年科技启明星"专项计划、1993 年开始实施的"上海市优秀学科带头人资助计划"等。

2000 年,增加了国内科技合作计划,包括科技援疆、振兴东北、长三角科技合作等。2001 年将科技事业发展基金改成科技环境支撑计划,将科技产业化计划改成科技型中小企业创新资金计划。2001 年的上海市科技发展基金包括科技攻关、科技决策咨询、基础性研究、人才培养、国际科技合作、国内科技合作、科技环境支撑、科技型中小企业创新资金和局管基金等计划。2001 年至 2006 年的其他类中含有国家项目匹配资金,对获得国家科技项目的单位,除安排配套计划项目外,也拨出一定比例的匹配经费予以支持。

2003 年起上海市科学技术发展基金下达的各类项目总体以"科技创新登山行动计划"予以实施。2004 年增加研发公共服务平台和科普计划。2006 年起科技型中小企业创新资金也称为企业技术创新工程。2007 年增加国家项目匹配计划。2008 年科技攻关计划改为科技支撑计划,因此2008 年至 2010 年上海市科技发展基金计划包括科技支撑、科技咨询、基础性研究、人才培养、国际科技合作、国内科技合作、科技环境条件支撑、企业技术创新工程、研发公共服务平台、科普和国家科技项目匹配等计划。

表 2 - 2 - 1　2006—2010 年上海市科技发展基金计划落实表　　　　　　　单位：项、万元

	2006 年		2007 年		2008 年		2009 年		2010 年	
	项目	金额	项目	金额	项目	金额	项目	金额	项目	金额
科技攻关/支撑	645	73 428	220	95 140	750	113 337	832	72 536	1 259	120 421
科技咨询	105	1 230	59	550	69	1 647	83	1 588	94	1 550
基础性研究	317	7 450	229	7 600	464	12 400	583	11 500	628	11 490
人才培养	209	6 700	578	7 330	579	9 000	460	10 200	430	13 830
国际科技合作	77	3 400	69	4 330	169	3 550	158	5 500	144	4 950
国内科技合作	54	3 230	40	3 140	76	2 950	88	37 950	95	3 230
科技环境条件支撑	32	2 240	27	3 600	55	4 300	56	2 800	212	12 800
企业技术创新工程	508	14 792	625	19 795	803	26 842	1 160	37 160	1 013	30 540
研发公共服务平台	83	17 000	78	22 150	112	19 407	145	22 950	115	12 475
科普	4	3 000	19	3 000	23	3 000	46	3 150	60	3 632
国家项目匹配		见其他	821	15 303	1 100	17 789	731	10 016	520	6 872
局管基金	11	600	—	—	—	—	—	—	—	—
其他	598	21 930	57	2 062	26	1 378	16	4 950	24	3 730
合计	2 643	155 000	2 822	184 000	4 226	215 600	4 358	220 300	4 594	225 520

第四节　专项计划

一、六大专项行动计划

上海市科委结合"十五"计划的实施，自 2000 年起第一次从战略的角度开始实施专项行动计划。至 2001 年底，先后启动 4 项专项行动计划，即集成电路设计、中药现代化、纳米科技和光科技。至 2004 年底，先后启动全部 6 项专项行动计划，即集成电路设计、中药现代化、纳米科技、光科技、技术标准和专利再创新专项行动计划。集成电路设计专项行动计划于 2000 年启动实施，包括平台建设、人才培养、产品开发、企业孵化、国际合作等多方面的内容。中药现代化专项从 2001 年启动，包括中药新产品的研究与开发、中药的标准化研究和中医药的应用基础研究等。纳米科技专项从 2001 年启动，包括纳米材料和工业化及测试评估、纳米生物医药、纳米电子器件、纳米测量和标准化等领域。光科技专项于 2001 年启动，包括关键技术攻关、战略技术研究和前沿技术研究等方面。2002 年，上海市科委设立技术标准专项，该专项从以下几方面进行部署：重要技术标准的研究和制定、标准化示范基地的建设、先进的技术和方法、相关的测量标准和校正标准等、上海市技术标准发展战略和推进模式等。2002 年，上海市科委设立专利技术二次开发专项，目的是提高全市企业的

技术创新能力,引导企业充分利用专利战略。

二、世博科技行动计划

2005 年 2 月,科技部与上海市政府会同教育部、建设部、信息产业部等相关部门,制定了《世博科技行动计划》。该计划围绕"城市,让生活更美好"的世博会主题,突出"科技改变城市生活"的内涵,围绕上海世博会园区规划、场馆建设、新能源利用、节能环保、交通运营、安全健康及展览展示等领域的科技需求,在世博科技行动专项中进行了有针对性的项目安排。通过《世博科技行动计划》,科技世博设置 235 个专项,投入 10 亿多元,取得 1 000 多项成果。

三、"科教兴市"重大专项

2004 年,为了推动"科教兴市"主战略的深入实施,上海市委、市政府设立专项资金,以资本金注入、无息委托贷款等方式支持重大产业科技攻关项目。2004 年 7 月 30 日,首批 29 个上海市"科教兴市"重大产业科技攻关项目正式签约启动,项目集中在五大领域,其中现代装备制造业 9 项、信息产业 8 项、生物医药及农业 4 项、新材料及化工 2 项、公共服务平台 6 项。2005 年 3 月 24 日,第二批 19 个上海市"科教兴市"重大产业科技攻关项目启动,项目主要集中在四大领域,其中交通运输领域 8 项、能源领域 2 项、信息技术领域 4 项、生物技术与医药领域 5 项。

四、科技示范工程

2007 年,上海启动了四个科技示范工程:科技世博园(见世博科技专项)、崇明生态岛、智能新港城、张江药谷。崇明生态岛科技专项工程围绕自然生态、人居生态、产业生态等三方面,开展技术集成创新和科技成果示范;智能新港城围绕临港新城在海洋、生态、装备、物流、智能等方面的需求,开展关键技术攻关,形成一批新产品和示范应用服务平台;张江药谷围绕张江国家生物医药科技创业基地建设,开展生物医药技术攻关,形成完整的研发创新体系,促进生物医药技术和产业的发展。

第五节　科　技　投　入

科技经费和科技人力投入是科技进步发展的基础。改革开放以来,政府不断加强科技经费投入力度。1979 年以前,市政府对科技的支持主要围绕科学研究、中间试验和新产品试制三个方面的重大项目攻关下达科研经费。从 1980 年开始,市政府每年增加 1 000 万元,专门用于支持科技成果推广应用。1987 年设立上海市自然科学基金。1995—2000 年,市财政每年另拨 1 亿元用于高新技术产业化、重点科技工程和研究开发项目,对全市科技投入的增长起到很好的引导作用。1998—2000 年,市政府安排 6 亿元资金设立创业投资专项基金,从事风险投资,优先支持经认定的高新技术成果转化项目。1999 年,建立 1 亿元科技型中小企业创新基金,支持中小企业的创新活动。2001 年起设立国家科技项目匹配资金,加大吸引国家科技资金投入力度。2006 年设立高新技术成果转化专项基金、上海市创业投资风险救助专项资金,2007 年设立上海市人才发展基金、上海市企业自主创新专项基金。2010 年市级财政拨付自主创新和高新技术产业化重点项目资金 20.36 亿元;成立上海市创业投资引导基金,拨付首批资金 10 亿元。除了直接的政府投资之外,财政还在税收方面采取了一系列的优惠政策,促使上海全社会研究与试验发展(R&D)经费不断增长,从而间接地支持了科技创新和高新技术产业的发展。科技人力资源分布从原先在科研机构聚集逐步转向工业企业聚集。

表 2-2-2　1980—2010 年地方财政支出中科技部门费用情况　　　　单位：亿元

年　份	地方财政支出总额(A)	科研部门费用(B)	B/A(%)
1980	19.18	0.19	1.00
1981	19.06	0.18	1.00
1982	20.68	0.20	1.00
1983	22.39	0.20	0.88
1984	30.32	0.29	0.97
1985	46.07	0.39	0.86
1986	59.08	0.61	1.03
1987	53.85	1.09	2.02
1988	65.88	1.19	1.74
1989	73.31	1.73	2.35
1990	75.56	1.76	2.33
1991	80.85	1.45	1.80
1992	94.99	1.63	1.70
1993	119.60	2.60	2.17
1994	190.84	3.43	1.8
1995	260.00	5.12	1.97
1996	333.00	5.63	1.69
1997	428.00	7.65	1.79
1998	480.70	8.28	1.72
1999	546.38	10.83	1.98
2000	622.84	10.08	1.62
2001	726.38	12.39	1.71
2002	877.84	15.25	1.74
2003	1 102.64	19.84	1.80
2004	1 395.69	39.32	2.82
2005	1 660.32	79.34	4.78
2006	1 813.8	94.89	5.23
2007	2 201.92	105.77	4.85

(续表)

年　份	地方财政支出总额(A)	科研部门费用(B)	B/A(%)
2008	2 617.68	120.27	4.64
2009	2 989.65	215.31	7.20
2010	3 302.89	202.03	6.12

表 2 - 2 - 3　1985—2010 年上海科技活动人员按执行部门分类情况

年　份	科技活动人员合计(人)	科学家工程师	科研机构	科学家工程师	大中型工业企业	科学家工程师	高　校	科学家工程师
1985	64 174	40 029	44 675	28 476	11 842	5 823	6 503	5 153
1986	69 221	40 148	51 061	31 661	13 805	5 004	4 345	3 483
1987	200 643	95 909	76 923	32 542	73 276	20 153	47 136	41 444
1988	237 300	112 310	84 784	36 877	92 803	25 980	52 094	45 212
1989	223 129	117 773	80 964	37 086	79 350	28 311	55 506	47 642
1990	204 648	115 008	78 466	38 489	64 509	24 991	53 013	46 079
1991	201 804	118 881	76 118	37 288	63 169	25 541	62 517	56 052
1992	197 293	121 872	67 495	36 480	68 543	29 501	61 255	55 891
1993	213 066	107 481	61 508	34 821	88 713	33 995	62 845	38 665
1994	149 719	122 666	55 188	32 570	87 805	34 211	63 726	55 885
1995	183 096	110 258	51 204	31 632	80 368	33 320	51 524	45 306
1996	191 727	127 663	47 906	31 318	93 023	51 530	50 798	44 815
1997	180 380	125 270	45 475	29 949	84 403	50 555	62 181	55 389
1998	199 759	128 921	42 225	28 135	95 009	44 935	62 525	55 851
1999	160 360	110 512	40 813	27 592	71 013	38 589	48 534	44 331
2000	182 769	119 478	37 369	22 368	74 619	43 174	20 985	19 322
2001	175 728	122 536	37 410	25 194	65 024	40 882	22 304	21 749
2002	178 875	125 632	26 106	18 013	65 347	43 235	22 793	22 421
2003	175 859	123 255	25 611	16 653	62 193	41 462	22 837	22 651
2004	182 463	122 261	24 669	16 090	58 550	37 420	26 113	21 219
2005	196 736	145 492	31 219	21 812	60 889	42 140	30 211	24 720
2006	200 681	150 359	30 340	21 708	67 979	48 463	34 608	28 472
2007	227 866	169 477	32 839	25 189	83 739	56 298	36 998	30 145
2008	230 756	172 375	32 741	26 492	82 702	54 928	40 223	33 005
2009	339 027		33 746		117 088		60 012	
2010	334 627		32 497		226 038		62 115	

表 2 - 2 - 4　1993—2010 年上海全社会研究与试验发展(R&D)经费与国内生产总值(GDP)的比重

年　份	R&D经费投入(亿元)	国内生产总值(GDP)(亿元)	R&D/GDP(%)
1993	23.04	1 509.93	1.53
1994	27.61	1 966.65	1.40
1995	32.60	2 462.57	1.32
1996	40.90	2 877.76	1.42
1997	49.76	3 360.21	1.48
1998	55.69	3 688.20	1.51
1999	63.75	4 034.96	1.58
2000	76.73	4 551.15	1.69
2001	88.08	4 950.84	1.78
2002	102.36	5 408.76	1.89
2003	128.92	6 250.81	2.06
2004	170.28	7 450.37	2.29
2005	213.77	9 144.0	2.34
2006	258.84	10 572.24	2.45
2007	307.50	12 494.01	2.46
2008	362.30	14 069.87	2.58
2009	423.38	15 046.45	2.81
2010	481.70	17 165.98	2.81

第三章 科技体制改革

第一节 计划管理体制改革

1986 年 8 月 16 日,上海市政府批准颁发的《上海市科学技术拨款管理办法》规定:凡列入上海市科技发展基金的项目,均实行合同制;凡有一定经济效益和偿还能力的项目,均应签订有偿合同,并在合同中规定全部或部分偿还的金额,等等。上海市先后出台的科技攻关、基础研究、火炬、星火、成果推广、新产品研究、中小企业创新基金、小巨人工程、软科学研究、科普等各类重要的科技计划,均要求制定《上海市科学技术委员会科研计划项目课题任务书》,并将其作为合同附件。2000 年,上海市科委遵循市场经济体制的运行规律,通过科技计划和项目管理的申请、评审、组织、监督、验收等各个环节上的配套改革,使管理程序逐渐透明,竞争氛围不断加强,提高了科研项目立项的准确性,项目执行过程中的效率和项目成功率,有效发挥政府公共经费资助的作用。

2000 年 3 月 9 日,上海市科委建立科学技术专家库,4 200 多位专家的信息入库。所有参加评审的专家都从专家库中选拔。2000 年 4 月 13 日,上海市科委发布了《应用开发类科技项目招标投标实施办法》,详细规定了招标、投标、开标、评标、中标、法律责任等事项。2000 年 8 月 2 日,上海市科委科技项目管理改革工作会议决定实行科技项目管理新机制,即在上述实行重大项目招标制、专家评议责任制的基础上进一步实行重大项目协调人制、全成本核算课题制和研究经费拨款节点制,简称"五制"建设。2002 年 8 月 21 日,市科委、市财政局、市计委、市经委发布《上海市科研计划课题制管理办法(暂行)》,规定了实施课题制管理的主要内容及适用范围,课题的确立,课题的组织管理、经费管理,课题验收与资产、成果管理及课题的监督与检查等。

2005 年,市科委颁布《上海市科学技术委员会网上评审管理办法》,正式实施科研计划项目网上评审。2006 年,上海市科委将科技项目的全部管理过程,包括项目指南的征集、指南发布、网上评议、项目合同拨款、项目过程管理、验收等环节全部在网上执行。同年,市科委研究制定《上海市科技项目绩效评估管理(暂行)办法》,对科技评估的组织管理、服务方式、评估原则、评估机构资质与考核、评估程序等内容作了规定。依托上海市科技成果转化服务中心成立"上海市科技项目(评估)管理中心"。2006 年,确定了项目管理"8+1"的基本构架,建立上海市火炬高新技术产业开发中心等 8 个组织结构优化、专业能力强、功能定位准确、服务意识到位、廉政高效的科技项目管理中心(管理团队)和 1 个科技项目评估中心(试点)。上海科技计划管理制度总体框架初步形成。

2009 年 2 月 27 日,市科委、市财政局发布《上海市科研计划课题预算编制要求的说明》,强化科研项目经费使用的监督管理。2010 年,为了在全市范围内避免科技计划项目重复立项,市科委、市财政局、市发改委和市经信委牵头筹建的"政府资助科技和产业化项目信息共享系统"经过市教委、市审改办、市农委和市卫生局等 15 家单位共同努力,实现了跨系统政府信息资源共享和高效利用。通过项目审批信息交流,提升了上海市的科技和产业化管理的整体水平,提高政府公共资金的实际使用效益。

第二节　拨款制度改革

1979 年 11 月 23 日,财政部颁发《文教科学卫生事业单位、行政机关"预算包干"的试行办法》,提出了"预算包干、结余留用"的办法。1980 年 4 月 11 日,市科委、市财政局共同发布《上海市地方科学研究单位试行"预算包干"实施办法》。这项改革的推行,使科研单位由原来的国家统收统支改为增收节支。1980 年 9 月 27 日,市科委、市财政局进一步明确科研成果转让的收费和开支办法,颁发《关于科研成果转让等收费标准和费用开支渠道的暂行规定》。

1984 年 9 月,根据国家科委、国家体改委《关于开发研究单位由事业费开支改为有偿合同制的改革试点意见》的精神,上海市科委与市体改办拟订了贯彻实施意见,并经市政府批准在 24 个地方科研单位进行第一批试点。市科委和财政局又联合颁行了《关于开发研究单位由事业费开支改为有偿合同制改革中有关基金管理和财务处理若干问题的通知》,规定了促进科技经费管理改革的若干措施。试点单位分别与各自主管部门核定经费的减拨额度。市科委及主管部门将减拨下来的经费通过技术合同的形式下达给科研单位。

1986 年 8 月 16 日,市政府批准颁发了适用于上海市事业性质的地方独立科研机构的《上海市科学技术拨款管理办法》,该办法明确指出了"从第七个五年计划起,上海市地方科学技术经费拨款的增长应高于上海市地方财政经常性收入增长的比例"。同时也具体规定:上海市地方技术开发类型科研机构逐步减拨科研事业费,基础研究类型科研机构逐步做到主要依靠申请自然科学基金,社会公益类科研机构及农业科研机构实行科研事业费包干。

1991 年,开发型科研机构继续进行科技拨款制度的改革。根据国家科委的要求,结合上海实际情况,对上海市开发型科研机构科技拨款改革状况进行调研,并采取切实的措施和步骤,使上海市地方开发型科研机构的改革基本到位。由市科委直接管理事业经费的 25 个开发型科研机构,有 18 个研究所事业费拨款改革到位。为及时准确了解和把握科研机构体制改革的态势,上海建立科研机构体制改革联络网,对全市 264 个独立科研机构,以分层抽样的方法确定 37 个样本单位为改革的稳定跟踪点。

1992 年,全市 173 个开发型科研机构的拨款制度改革基本到位。这些科研机构全年的经费总收入达 20.87 亿元,其中自行组织的各项收入达 16.1 亿元,是政府投入经费的 3.38 倍。拨款制度改革,使技术开发型科研单位面向经济的意识增强,科技人员主动与企业联系,通过市场争取项目和经费。科研单位的经费来源呈多元格局,改变了以前单一依靠国家拨款的模式。开发型科研机构从 1984 年削减事业费 10% 的额度开始,削减比例逐年提高,1991 年基本到位,结束了单纯依靠国家拨款的历史;各开发型科研单位经济规模不断扩大,经费总收入从 1985 年的 12.17 亿元增加到 1996 年的 63.12 亿元。政府拨款在总收入中的比例逐年下降,由 1985 年的 35.6% 下降到 1996 年的 22.5%;横向收入比例不断上升,由 1985 年的 32.9% 上升为 1996 年的 64.8%。大部分开发型科研单位的成果推广率从原来的 20% 提高到 70% 以上。至 1999 年开发型科研单位转制改革前,全市各科研院所通过市场竞争获得的各类技术性收入占科研院所经费总收入的比例平均达 83% 以上。

第三节　科研机构改革

自 1979 年以来,上海先后进行了研究院所扩大自主权、实行经费预算包干、科技责任制和有偿合同制、所长负责制和建立技术交流网络等 10 个方面的配套改革。1992 年对开发型科研单位实施综合改革。1999 年对开发型科研单位实施转制改革。2009 年实施新型科研院所改革。

从 1979 年开始,遵照中央关于"调整、改革、整顿、提高"的八字方针,并参照企业扩大自主权的办法,上海在部分开发型科研机构中进行了扩大自主权的试点,允许科研单位在保证完成上级下达计划任务的同时,根据自己的研究方向和可能条件,面向社会自行承接外单位的委托科研、试制和技术服务等合同任务,实行技术的有偿转让与计划推广并行的办法。从 1983 年开始,上海选择 9 个地方开发型科研机构进行以科技责任制为主要内容的改革试点。试点工作从科研工作的特点和各单位的实际出发,研究制订了以科技指标为主、经济指标为辅的定量考核办法,明确科研单位对国家承担的责任。1987—1989 年,根据科研机构的内部管理进一步适应改革的需要,开始引入竞争机制,实行所有权和经营权分离,研究所按实际情况,将承包指标落实到部门和人员,所部与研究室、课题组、车间和班组及管理科室分别签订承包合同。1989 年,研究机构以自身为主体,创建技术先导型企业。1989 年对上海 260 个独立机构的调查表明,有 87 个研究所组建技术先导型企业98 个,注册资金 1.8 亿元,企业职工人数 10 279 人,年产值为 2.8 亿元,其中创汇 1 040 万美元,成为科技与经济体制改革的新的生长点。

1992 年,市科委在听取科研院所意见的基础上,会同财税、人事等部门协调研究,制定《关于上海开发型科研单位综合改革试点的意见》,选择了 58 家开发型科研单位在运行机制、分配、劳动人事、财税、投入、外贸等方面进行综合改革试点。1994 年,《关于上海市开发型科研单位深化综合改革试点意见》出台,上海又选定了 50 家科研院所和企业,进行新一轮科技体制改革多模式的试点,用 3 年左右的时间,逐步建立起上海技术创新的新体制,以推进科技与经济的密切结合,增强企业产品开发和技术创新能力。科研院所通过进入企业集团、转制为企业、与企业合作和所办企业等多模式的探索,建立企业、院校与科研机构"产、学、研"一体的科研开发体系,逐步形成具有活力的技术进步机制和"开放、流动、竞争、协作"的科研运行机制,提高上海科研单位的研究开发能力,形成上海精干的、有特色的科研体系和有效的技术服务体系,使上海的科技体制改革向更深层次发展。

2000 年,上海市政府批转了《上海市科委、上海市经委关于上海地方应用型研究所深化体制改革实施意见》,对全市 90 个地方开发型研究所进行转制:76 个研究所转制为科技企业,9 个进入企业集团,其余转为中介机构或并入大学等其他单位。通过深化改革,一批转制院所逐步成为技术创新的先导力量。2004 年 7 月,科技部和上海市政府签署了《关于推进科技体制改革综合试点的合作协议》,上海科研院所改革是其中的重要内容,得到了科技部及上海市政府各部门的积极支持与配合。国家和地方给予转制院所的科研经费专项支持、税收优惠等政策到期后还将延续一段时间。

2009 年 9 月 16 日,市科委、市发展改革委、市国资委、市财政局等部门联合发布《关于进一步加快转制科研院所改革和发展的指导意见》,确立转制科研院所改革和发展的基本原则为:"聚焦功能、分类指导、自主选择、循序渐进";倡导建立以推进产业科技进步为宗旨,承担产业基础技术、共性技术和前瞻技术的研究开发及专业技术服务等公共职能及准公共职能的新型科研院所。2010年 8 月 9 日,市科委、市发展改革委、市财政局、市工商局、市国资委五部门联合批复同意上海电缆所开展新型科研院所改革试点及其改革试点工作方案,改革试点期为 2010—2014 年。在试点期内,市科委与市财政局依据研究制定的《关于转制科研院所履行公共职能的绩效评价与补贴暂行办法》,对上海电缆所履行公共职能的情况进行绩效评价,并根据评价结果,通过后补贴方式予以支持,所支持的经费应全部用于其他公共职能及与公共职能相关的能力建设。

第四章 科技政策与法规

第一节 科技政策与法规建设进程

上海的科技法制建设是在中国的改革开放方针政策指引下,伴随着科技体制改革和社会主义法制建设的发展而兴起、发展与完善,从初步的科技立法向立法、执法、法制宣传服务,以及法规清理、行政审批制度改革、政府信息公开等科技法制建设的各个方面不断发展完善,取得了很大的成效。

1979—1990年阶段的科技体制改革,首先从扩大科研机构的自主权、实行有偿合同制的试点开始,随后,技术市场和各种形式的科研生产联合体也应运而生。从20世纪80年代初制定的法规、规章、规范性文件来看,大都是针对当时改革开放中一些突出问题和试点情况而订立的实施性规定,例如《上海市技术有偿转让管理暂行办法》《上海市民办科学研究和服务机构管理规定试行办法》《关于科研单位进行扩大自主权试点工作的几点意见》《关于组织科技"五路大军"加强科技部门与经济部门结合的若干意见》《上海市科学技术保密实施细则》《上海市奖励重大科技情报成果暂行规定》《关于贯彻国务院关于科技人员合理流动的若干规定的试行办法》《关于促进专业技术人员合理流动的补充规定》《关于在部分单位试行科技人员聘用制办法》等。

1985年《中共中央关于科学技术体制改革的决定》颁布,改革拨款制度,开放技术市场,实行知识产权保护,拓宽技术向社会扩散的渠道,随着科技体制改革全面展开,科技立法也进入全面启动阶段。大量的法规、规章和规范性文件出台,围绕科研系统内部、科技与经济结合、科技体制改革外部环境和市场运行机制的形成予以调整,例如《上海市科技咨询管理办法》《上海市技术转让实施办法》《上海市科学技术拨款管理办法》《上海市科学技术进步奖励的规定》《上海市科技外事工作暂行管理办法》《上海市专利许可合同管理办法》《上海市"星火计划"项目暂行管理办法》《上海市实验动物管理办法》《上海市技术出口暂行办法》《上海市科技成果登记的具体规定(试行)》《上海市技术服务和技术培训管理办法》《上海市专业技术人员聘用合同制暂行办法》《上海市专业技术人员辞职暂行办法》《上海市专利纠纷调处暂行办法》《上海市民办科技经营机构管理办法》《上海市专业技术人员待业保险暂行办法》《上海市技术合同登记管理暂行办法》《上海市科学技术发展基金管理办法》《上海市自然科学基金试行条例》《上海市青年科学基金管理暂行条例》,以及由上海市人民代表大会常务委员会通过的《上海市发展新兴技术和新兴工业暂行条例》《上海市漕河泾新兴技术开发区暂行条例》等。这些法规、规章和规范性文件的出台为科技体制改革奠定了基础。

20世纪90年代,围绕实施"科教兴市"战略、深化科技体制改革、加速高新技术成果转化制定了一系列科技政策法规。

在实施"科教兴市"战略方面:1992年8月,市委和市政府做出《关于发展科学技术,依靠科技进步,振兴上海经济的决定》,明确了上海科技工作的重点是高新技术产业化,各级党政一把手必须亲自抓第一生产力。1995年,出台《关于加速上海科技进步的若干意见》,对实施"科教兴市"战略、促进经济发展和社会全面进步,培育高新技术产业、形成新的产业增长点,建立创新机制、逐步使企业成为技术开发的主体,深化改革、建立新科技体制,拓宽资金渠道、大幅度增加科技投入,加速培养和造就一批高水平科技人才、提高市民科学文化素质等方面做出规定。并正式提出上海高新技术产业开发实施"一区多园"模式。在1996年《上海市科技进步条例》和《上海市技术市场条例》的科技立法中,全面规范和完善了上海市科技工作的法律环境。通过科技成果转化的基金建立、优惠贷款、税收减免、奖励等规定,鼓励科技组织与经济组织联合,支持科技成果转化为生产力,奖励积极推广科技成果的组织和个人,发挥促进和保障科技成果应用和推广的功能。

在科技体制改革方面:1992年,出台《关于上海开发型科研单位综合改革试点的意见》,选择了58家改革起步早、经费自立、管理基础较好,研究与开发能力较强的开发型科研单位在运行机制、分配、劳动人事、财税、投入、外贸等方面进行综合改革试点。国家科委将上海市科研机构改革政策转发全国。1994年,《关于上海市开发型科研单位深化综合改革试点意见》出台,上海又选定了50家科研院所和企业,进行新一轮科技体制改革多模式的试点。2000年,上海市政府批转了《上海市科委、上海市经委关于上海地方应用型研究所深化体制改革实施意见》,对全市90个地方开发型研究所进行转制。

在促进科技成果转化和高新技术产业发展方面:1990年4月,市人大常委会通过《上海市漕河泾新兴技术开发区暂行条例》,这是全国第一部以立法形式明确高新技术产业开发区主要任务、管理体制、开发基金、优惠政策、人才管理及环境保护等内容的高新技术产业开发区地方法律。1997年,出台《中共上海市委、上海市政府关于加快上海市高科技产业发展的若干意见》,就高新技术产业、科技企业、科技成果转化、高科技人才等方面提出了若干规定。1998年6月,市委、市政府召开促进高新技术成果转化工作会议,发布了《上海市促进高新技术成果转化的若干规定》(简称十八条),为成果转化创造良好环境。"十八条"是上海促进高新技术成果转化的标志性文件,在全国起到示范作用。政策出台后,上海市建立科技成果转化"一门式"服务中心,有18个委、办、局集中设置"服务专窗",简化程序,提高成果转化各项手续的申办效率。为保证上述政策措施的落实,相继制订了工商登记、财税、人事等七个方面的实施细则,有效推动了上海科技成果转化和高新技术产业发展。

2000年以后,上海科技法制建设认真贯彻国家技术创新决定和上海市技术创新决定,围绕科技创新体系建设,为培育创新源泉、塑造创新主体、培养创新人才、优化创新创业环境服务,进一步完善创新政策环境、促进政府职能转换,为上海面向新世纪、适应新形势、开创新局面打下基础。

2000年,上海市政府再次修订发布了《上海市促进高新技术成果转化的若干规定》。该规定体现了上海科技成果转化政策导向的连续性和开拓性相结合、政府扶持与市场运作机制相结合、成果转化政策创新性与操作性相结合的指导思想,抓住当前全市高新技术成果转化中的薄弱环节,贯彻"融入全国、融入世界"的思想,在内容上体现了"六个加大力度",即在营造科技创业投资环境上,加大了科技与资本结合的政策支持力度;在鼓励外商转让先进技术方面,加大了对外开放的力度;在激活创新机制上,加大了技术要素参与分配的力度;在创新主体建设上,加大了支持企业技术开发的力度;在构筑科技成果转化的人才高地上,加大了吸引国内外优秀技术和经营人才的力度;在科技成果转化的重点上,加大了对以信息化为主导的高新技术成果的支持力度。

《国家科技奖励条例》颁布后,上海及时组织力量起草了《上海市科技进步奖励规定(草案)》,确定奖励名称、统一各种奖项、规范评审机构和评审程序,同时起草《实施细则》《社会力量设奖管理办法》和《奖励委员会章程》等配套文件,为巩固科技奖励改革成果、增加评奖透明度和公正性、规范评审程序奠定了基础。

为贯彻落实国家技术创新决定关于技术合同和软件开发企业及其他方面的优惠政策,市科委和市财政局、市国家税务局、市地税局制定了《上海市技术合同认定登记办法》和《上海市软件开发企业认定办法》等实施性文件。

为加快开发型科研院所向企业转制,继1999年国务院有关部委242个科研院所转制,2000年上海市政府批转了《上海市科委、上海市经委关于上海地方应用型研究所深化体制改革实施意见》,全市90个地方开发型研究所的转制初步完成。76个研究所转制为科技企业,9个进入企业集团,其余转为中介机构或并入大学等其他单位。通过深化改革,一批转制院所成为技术创新的先导力量。

为进一步推进科技型中小企业的技术创新活动,上海设立了"上海市科技型中小企业技术创新资金",发布了《上海市科技型中小企业技术创新资金管理办法》及匹配资金、种子资金和融资辅助资金3个实施细则。该项资金与"国家创新基金"匹配联动,协调运作,取得了很好的效果。2002年,根据《上海市政府关于上海市行政审批制度改革的通知》要求,市科委组织各处室认真清理行政审批事项,汇总结果由委领导办公会议讨论通过后,上报市政府。经核定,市科委共有37项行政审批事项,保留20项,其中1项经市政府公布为取消年检的调整项目,其余17项经市政府二次公布为取消或不再审批项目。在20项保留项目中,除5项涉及外事的项目和1项国家科技部近期实施的项目外,全部实行政务公开。同时,在政务公开的基础上,开展电子政务工作,进一步规范和简化办事流程,实行网上受理、网上办事。

2004年6月3日上海市人大常委会新闻发布会宣布,上海市人大常委会正着手组织开展上海市促进"科教兴市"战略实施地方性法规框架的课题研究。根据市人大常委会"上海市促进'科教兴市'战略实施地方性法规框架课题研究方案"的要求,市科委成立科技立法框架研究分课题组,组织专家进行研究。课题组通过大量资料调研、文献检索,收集整理国内外科技立法方面的目录资料共1 559项,课题组在大量的分析、比较和研究的基础上,阐述了当前上海制定科技立法规划贯彻"科教兴市"主战略需要思考的问题、遇到的瓶颈及立法需求。课题组在广泛收集资料的基础上,深入开展比较研究,深入分析了国外市场经济国家在技术创新、产学研结合、政府科技计划项目、知识产权管理、中小企业技术创新、数据共享、大型科研仪器设备共享、实验动物管理、科学技术普及等相关领域所走过的历程,比较研究各国在特定领域的立法状况,在认真研究国家科技立法趋势和理清上海市现状的基础上,提出上海市进一步发展的15项立法建议和8项修订建议。课题总报告《上海市科技立法规划研究课题报告》,通过了市人大组织的专家评审。

2006年3月,市人大决定将《上海市促进大型科学仪器设施共享规定》正式列入2006年度立法计划。根据立法工作的总体部署,市科委组织落实《上海市促进大型科学仪器设施共享规定》起草工作。2006年11月1日,市科委以"关于报送《上海市促进大型科学仪器设施共享规定(草案送审稿)》的函",报送上海市政府法制办公室。2007年3月21日,市科委向市人大常委会作了《关于〈上海市促进大型科学仪器设施共享规定(草案)〉的解读》汇报。2007年4月25日,市十二届人大常委会第三十五次会议对《上海市促进大型科学仪器设施共享规定(草案)》进行第一次审议。2007年6月28日市人大常委会第三十六次会议进行第二次审议。市科委专门就《上海市促进大型科学仪器设施共享规定(草案)(表决建议稿)》中有关中央在沪单位的大型科学仪器设施共享问题,征求了科技部、教育部和中国科学院三部门的意见。2007年8月16日,上海市第十二届人大常委会第三十八次会议审议通过了《上海市促进大型科学仪器设施共享规定》,成为国内首部促进科技资源共享的地方性法规。《上海市促进大型科学仪器设施共享规定》出台后,市科委按规定在六个月内组织起草制定了《信息报送办法》《评估与奖励办法》《专项资金管理办法》《大型科学仪器设施新购评议办法》等配套实施文件。

2006年5月23日市政府印发了《实施〈上海中长期科学和技术发展规划纲要〉的若干配套政策》。上海市配套政策共36条。7月11日市政府办公厅印发《"36条"配套政策实施细则(第一批)工作方案》,提出了50项实施细则及其责任分工和时间节点要求。在15项实施细则或方案出台实施的基础上,9月份市领导召开市政府专题会议明确工作部署,由市发改委、市科委、市财政局等三部门牵头,抓紧做好实施细则的协调平衡工作,包括认定标准、政策资源、考核评估、法规等,并研究实施细则出台的步骤和方式。在各部门共同努力下,"36条"配套政策实施细则最终调整为34项,其中直接面向企事业单位的18项、面向人才的3项、其余为政府部门间分工协作的实施方案或工作措施。面向单位和个人的实施细则均提供了操作流程图,明确政策享受条件、标准、受理部门及时限等。此外,"36"条配套政策中涉及的14项财税优惠政策,除"孵化器和大学科技园"政策需待国家实施细则出台外,其余13项均可直接执行。2008年,根据市领导的要求,市科委组织市科技成果转化中心加强与各相关委办局的沟通联系,积极主动地做好"36"条政策的宣传、落实工作,建立起政策协调联络员制度、政策培训讲师团,完善"一门式"服务窗口,不断创新工作方式,扩大政策效应。

为了进一步贯彻落实《中华人民共和国科学技术进步法》,经上海市委常委会2008年8月29日会议通过的《上海市人大常委会五年立法规划(2008—2012年)》,将《上海市科学技术进步条例》(以下简称《科技进步条例》)修订工作列为正式项目。上海市科委于2008年11月26日制订"关于《上海市科学技术进步条例》修订起草的工作方案",明确了《科技进步条例》修订的总体思路、基本原则、具体内容及分类内容。2009年,市科委开展调研起草和征求意见工作。经吸收各方面意见、反复修改完善,形成了《上海市科学技术进步条例(修订草案)》。2009年10月,市科委向市人大报送了"《上海市科学技术进步条例》立项论证报告"、《上海市科学技术进步条例(草案建议稿)》、"《上海市科学技术进步条例》修订对照稿""《科技进步条例》配套情况实证表"等材料。2009年11月,市人大将《上海市科学技术进步条例》修订工作列入市人大2010年立法正式项目。2010年5月12日,市人大常委会听取了上海市科委主任寿子琪所作的"《上海市科学技术进步条例(修订草案)》内容解读",并随后对《上海市科学技术进步条例(修订草案)》进行第一次审议。2010年7月进行第二次审议。2010年9月17日,《上海市科学技术进步条例(修订)》经上海市第十三届人民代表大会常务委员会第二十一次会议通过,并于2010年11月1日起施行。

第二节　主要科技政策与法规

改革开放以来,上海在科技计划、科技经费、科技人才、科技机构、科技企业、科研基地、科研基础设施与器材、科技园区、科技成果、科技奖励、科普等科技创新活动的方方面面制定了大量的地方性法规、规章和规范性文件,以及数量众多的各项科技政策文件,对于加快上海市科技进步步伐、推动科技成果转化、营造良好的创新环境起了极其重要的作用。

表 2－4－1　1987—2010 年上海市科技法规、规章一览表

类　型	名　　　称	颁 布 单 位	颁 布 时 间
市人大法规	上海市鼓励引进技术消化吸收暂行规定	八届人大第 29 次会议	1987 年 6 月 20 日
	上海市鼓励引进技术的吸收与创新规定	十一届人大第 16 次会议修订	2000 年 1 月 25 日
	上海市发展新兴技术和新兴工业暂行条例	八届人大第 30 次会议	1987 年 8 月 14 日
	同上,废止	十一届人大第 36 次会议	2002 年 1 月 29 日
	上海市漕河泾新兴技术开发区暂行条例	九届人大第 17 次会议	1990 年 4 月 8 日
	上海市技术市场条例	十届人大第 17 次会议	1995 年 4 月 7 日
	上海市科学技术进步条例	十届人大第 28 次会议	1996 年 6 月 20 日
	上海市促进大型科学仪器设施共享规定	十二届人大第 38 次会议	2007 年 8 月 16 日
	上海市促进农业科技进步若干规定	十二届人大第 39 次会议	2007 年 10 月 10 日
市政府规章	上海市科学技术保密实施细则	市政府	1982 年 11 月 8 日
	上海市科学技术进步奖励规定	市政府	1985 年 12 月 25 日
	上海市科学技术奖励规定	市政府	2001 年 3 月 22 日
	上海市技术转让实施办法	市政府	1986 年 4 月 27 日
	上海市科技咨询管理办法	市政府	1986 年 4 月 27 日
	上海市科学技术拨款管理办法	市政府	1986 年 8 月 16 日
	上海市实验动物管理办法	市政府	1987 年 6 月 18 日
	上海市合理化建议和技术改进奖励实施办法	市政府	1987 年 12 月 13 日
	上海市外商投资企业享受技术密集型、知识密集型项目优惠待遇的办法	市政府	1988 年 4 月 3 日
	上海市民办科技经营机构管理办法	市政府第 1 号令	1989 年 2 月 21 日
	上海市技术合同登记管理暂行办法	市政府第 24 号令	1990 年 1 月 7 日
	上海市促进高新技术成果转化的若干规定	市政府	1998 年 6 月 1 日
	上海科技馆捐赠办法	市政府第 87 号令	2000 年 9 月 20 日
	上海市社会公共安全技术防范管理办法	市政府第 93 号令	2001 年 1 月 9 日
	上海市促进张江高科技园区发展的若干规定	市政府	2001 年 7 月 5 日
创新政策文件	关于上海市鼓励软件产业和集成电路产业发展的若干政策规定	沪府发〔2000〕54 号	2000 年 12 月 1 日
	上海中长期科学和技术发展规划纲要(2006—2020 年)若干配套政策	沪府发〔2006〕12 号	2006 年 5 月 23 日
	上海市鼓励跨国公司设立地区总部的规定	沪府发〔2008〕28 号	2008 年 7 月 7 日
	关于上海市实施国家知识产权战略纲要的若干意见	沪府发〔2008〕38 号	2008 年 9 月 28 日
	关于促进上海市服务外包产业发展实施意见的通知	沪府发〔2009〕16 号	2009 年 5 月 26 日

（续表）

类 型	名 称	颁 布 单 位	颁 布 时 间
创新政策文件	市政府贯彻国务院关于推进上海加快发展现代服务业和先进制造业建设国际金融中心和国际航运中心意见的实施意见	沪府发〔2009〕25 号	2009 年 5 月 11 日
	关于加快推进上海高新技术产业化的实施意见	沪府发〔2009〕26 号	2009 年 5 月 16 日
	上海市政府关于批转市发展改革委、市财政局制订的《上海市自主创新和高新技术产业发展重大项目专项资金管理办法》的通知	沪府发〔2009〕38 号	2009 年 7 月 30 日
	关于小企业贷款信用担保管理的若干规定	沪府办发〔1999〕45 号	1999 年 11 月 22 日
	上海市科研计划课题制管理办法	沪府办发〔2002〕32 号	2002 年 9 月 10 日
	国家重大科技专项和上海市重大科技项目资金配套管理办法(暂行)	沪府办发〔2007〕19 号	2007 年 4 月 26 日
	上海市大型科学仪器设施共享服务评估与奖励暂行办法	沪府办发〔2008〕2 号	2008 年 1 月 14 日
	上海市国家级重要科研设施和基地建设的配套支持试行办法	沪府办发〔2009〕6 号	2009 年 3 月 12 日
	上海参与国家重大科技专项组织实施工作机制	沪府办发〔2009〕18 号	
	市政府办公厅转发市金融办等七部门关于上海市促进知识产权质押融资工作实施意见的通知	沪府办发〔2009〕26 号	2009 年 8 月 10 日
	关于进一步加快转制科研院所改革和发展的指导意见	沪府办发〔2009〕33 号	2009 年 9 月 16 日
	国家科技重大专项资金配套管理办法(暂行)	沪府办发〔2009〕39 号	2009 年 9 月 29 日
	关于转发市商务委、市发展改革委、市财政局制订的《上海市促进服务外包产业发展专项资金使用和管理试行办法》的通知	沪府办发〔2009〕49 号	2009 年 11 月 3 日
	关于加大对科技型中小企业金融服务和支持实施意见	沪府办发〔2009〕52 号	2009 年 11 月 27 日
	关于促进上海新能源产业发展的若干规定	沪府办发〔2009〕54 号	2009 年 12 月 7 日

上海市技术市场条例

《上海市技术市场条例》由上海市第十届人民代表大会常务委员会第十七次会议于 1995 年 4 月 7 日通过，自 1995 年 7 月 1 日起实施。1997 年 7 月 7 日上海市第十届人民代表大会常务委员会第三十七次会议《关于修改〈上海市技术市场条例〉的决定》修正，2003 年 6 月 26 日上海市第十三届人民代表大会常务委员会第五次会议修正。《条例》分为总则、技术交易准则、技术交易服务机构、技术市场的管理、法律责任、附则等六章，共三十条。

上海市科学技术进步条例

《上海市科学技术进步条例》由1996年6月20日上海市第十届人民代表大会常务委员会第二十八次会议通过,根据2000年7月13日上海市第十一届人民代表大会常务委员会第二十次会议《关于修改〈上海市科学技术进步条例〉的决定》修正,2010年9月17日上海市十三届人民代表大会常务委员会第二十一次会议修订。2010年修订的《条例》共计八章四十九条,由总则、企业技术进步、科学技术研究开发机构和科学技术人员、科学技术资源共享与服务、科学技术普及、保障措施、法律责任和附则组成,涵盖科技进步的主要方面和领域,注重科技进步的持续性,既强调技术创新和成果转化、产业化,也重视基础研究和前沿高新技术研究;注重科技进步的协调性,既强调科技创新,也重视发展科普事业;注重科技进步的系统性,既明确政府责任和行为规范,也重视引导和发挥全社会的力量和作用。

上海市促进大型科学仪器设施共享规定

2007年8月16日,上海市第十二届人民代表大会常务委员会第三十八次会议通过了《上海市促进大型科学仪器设施共享规定》(以下简称《共享规定》),自2007年11月1日起施行。这是国内首部促进大型科学仪器设施共享的地方性法规。《共享规定》针对上海实际,围绕三条立法基本思路进行规范:一是以科学仪器设施的信息公开促进科学仪器的共享;二是以财政性投入的资源共享促进社会资源的有效利用;三是以调控科学仪器设施的增量激活科学仪器的存量共享。围绕着上述立法基本思路,《共享规定》建立了三项基本制度:一是信息公开制度;二是新购评议制度;三是评估奖励制度。三项制度相互联系,互为补充。为了贯彻落实《共享规定》,上海市科委组织相关行政部门在《共享规定》颁布起六个月内围绕这三项基本制度共同研究制定并发布了3个配套实施细则:2007年10月25日发布的《上海市大型科学仪器设施信息报送暂行办法》、2008年1月3日发布的《上海市新购大型科学仪器设施联合评议实施办法(试行)》和2008年1月29日由市政府办公厅发布的《上海市大型科学仪器设施共享服务评估与奖励暂行办法》,明确了操作流程,形成了较为完整的配套执行规范,率先在全国建立了仪器共享基本制度体系。

上海市科学技术奖励规定

1985年12月25日,上海市政府公布《上海市科学技术进步奖励规定》,对申请科技进步奖的条件和奖励等级、奖金等作了具体规定。2001年3月22日,上海市政府发布《上海市科学技术奖励规定》。2007年1月11日,上海市政府第67号令公布了《上海市政府关于修改〈上海市科学技术奖励规定〉的决定》,修改的主要内容为:(1)调整奖项设置。比照国家科学技术奖的奖项设置,将全市科学技术奖励的奖项调整为由上海市政府设立统一的"上海市科学技术奖",以体现市政府科技奖励的权威性,下设科技功臣奖、自然科学奖、技术发明奖、科技进步奖和国际科技合作奖等五个分奖项。(2)扩大评奖范围。将科学技术普及工作和科技管理、决策等方面的软科学项目纳入评奖范围。(3)梳理评奖条件。对各个奖项的评奖条件重新进行了规定。(4)完善评奖程序。在评奖结果正式认定之前,增加复核程序。奖励机构可通过复核程序,组织有关专家对所有评审项目进行综合平衡,以保证科技奖励的全面和公正。

上海市促进高新技术成果转化的若干规定

1998年,根据上海高新技术产业化的总体部署,以优化高新技术成果转化环境为重点,市领导亲自挂帅组织全市23个委办局对上海高新技术产业化的政策环境进行了较为全面的调查研究,制定出在当时情况下促进高新技术成果转化和产业化的新政策。1998年6月1日,市政府发布《促进高新技术成果转化的若干规定》,提出促进高新技术成果转化的18条优惠政策。主要内容是:(1)通过制订高新技术重点产品目录,引导企业产品发展方向,使符合上海产业结构调整方向的高新技术产品和企业得到应有的政策支持。(2)市政府确定从1998年至2000年,安排6亿元资金设立高新技术成果转化创业基金,按照市场化的运作方式用于经认定的高新技术成果转化项目的贷款贴息、股权投资和融资担保。区县政府亦采取相应措施。(3)实施"疏堵双管齐下"的政策:一方面为科技人员创办高新科技企业创造各种便利条件,建立"一门式"服务中心;另一方面要求政府资助的应用性研究成果必须在一定时间内实施转化。(4)允许成果完成人和主要创业者根据贡献大小,在无形资产的比例中获得相应的股权收益,激励科技人员从事科技成果转化工作。(5)应用型研究开发项目必须包括实施转化和产业化,否则不能作为项目完成,不得申报市级奖励,也不得再申请新项目资助等。1999年3月30日,国务院办公厅发布《关于促进科技成果转化的若干规定》以后,上海市政府根据发展需要于1999年、2000年和2004年作了三次修改,逐步完善了上海市高新技术成果转化环境。

《上海中长期科学和技术发展规划纲要(2006—2020年)》若干配套政策

为贯彻落实2006年2月7日国务院发布的"国务院关于实施《国家中长期科学和技术发展规划纲要(2006—2020年)》若干配套政策的通知"(简称"60条"),2006年5月23日,上海市政府发布《关于实施〈上海中长期科学和技术发展规划纲要(2006—2020年)〉若干配套政策的通知》(简称"36条"),从加强政府科技投入和管理、大力提升企业自主创新能力、增强产学研创新合力、加快推进高新技术成果转化、加强引进消化吸收再创新、加大政府采购力度、改善投融资环境、加强知识产权的创造,运用和保护、加强人才队伍建设、完善推进落实机制10个方面进行细化和补充完善。"36条"以加快构建企业为主体、市场为导向、产学研相结合的技术创新体系为核心;以大力提升自主创新能力,推进理念、主体和机制创新为着力点,在政策设计上,重点把握了"三个结合、三个强化":一是把落实国家政策和上海市好的经验做法相结合,强化政策的有效性和操作性;二是把梳理和整合上海市现有政策与创新推进机制相结合,强化政策的延续性和突破性;三是把切实帮助企业解决实际问题与加强面上指导相结合,强化政策的针对性和系统性。

2006年上海"36条"出台后,市政府各部门陆续制定了23项实施细则、6项实施意见(方案)和工作措施(见下表);出台了11个配套政策或科技创新有关的政策法规,并对2006年以来的7项政策进行了修订。

表2-4-2 上海中长期科技发展规划主要配套政策一览表

类别	细 目	政策法规名称	颁 布 时 间
	配套政策	《上海中长期科学和技术发展规划纲要(2006—2020年)》若干配套政策	2006年5月23日
实施细则	政府投入	国家重大(科技)专项和上海市重大科技项目资金配套管理办法(暂行)	2007年4月26日
	企业创新	关于印发《上海市国资委系统推进"科教兴市"管理工作试行办法》等五个办法的通知	2006年9月7日
		上海市企业自主创新专项资金管理办法	2007年5月29日
		上海市科技小巨人工程实施办法	2006年5月29日

(续表)

类别	细目	政策法规名称	颁布时间
实施细则	创新合力	"计量基地技术创新和开放共享机制"实施办法	2007年2月28日
		关于推进科技兴农项目的实施意见	2006年9月8日
	成果转化	高新技术成果转化专项资金扶持办法	2006年12月29日
	引进创新	关于应用信息技术改造提升传统产业的若干政策意见	2007年1月12日
		上海市关于支持重大技术和装备引进消化吸收再创新的实施意见	2007年5月30日
	政府采购	上海市政府采购支持自主创新产品暂行规定	2006年12月11日
		上海市重大基础设施采购自主创新成果的试行办法	2006年10月27日
		上海市鼓励重大技术装备首台业绩突破实施办法(试行)	2007年2月2日
		上海市重大技术装备首台业绩突破项目认定办法(试行)	2007年11月1日
	融资环境	关于上海市担保机构代偿损失实施补偿的暂行办法	2006年9月8日
		上海市创业投资企业备案管理操作暂行办法	2006年12月1日
		关于加强中小企业信用制度建设的实施意见	2006年12月30日
		上海市创业投资风险救助专项资金管理办法	2007年1月1日
	知识产权	知识产权投资入股登记办法	2006年10月26日
		上海市专利资助办法	2007年3月1日
		上海市加快自主品牌建设专项资金管理暂行办法	2007年10月23日
		上海市标准化推进专项资金管理办法	2008年2月14日
		上海市发明创造的权利归属与职务奖酬实施办法	2007年4月29日
		关于加强上海市无形资产评估管理的通知	2006年12月1日
	人才发展	上海市人才发展资金管理办法	2007年1月18日
		上海领军人才队伍建设工作实施办法	2006年7月8日
		关于实施《上海中长期科学和技术发展规划纲要(2006—2020年)》若干人才配套政策的操作办法	2007年1月19日
		关于上海市进一步加快高技能人才培养工作的通知	2007年12月26日
		上海市促进科普事业发展的实施意见	2006年12月26日
		关于开展利用科普教育基地拓展上海市中小学课程资源试点工作的意见	2006年7月19日

第三节 科技执法与服务

一、执法检查

【市科委执法检查】
加强执法检查既是督促科技法规实施的必要手段,也是检验和衡量科技立法质量,进而修改完善科技法规的重要手段。在历年来工作实践的基础上,市科委建立执法检查制度,并相继对《上海市技术合同登记管理暂行办法》《上海市技术出口暂行办法》《上海市实验动物管理办法》《上海市技术市场条例》《上海市科学技术进步条例》等法规实施执法检查。2001年,上海市科委对全市近100家实验动物生产和使用单位按10%抽查率抽取了10家单位(其中市卫生系统3家、市药监系统2家、市农委系统1家、中国科学院系统1家和实验动物生产单位3家)进行执法检查。从检查情况来看,实验动物生产和使用单位基本上能执行《上海市实验动物管理办法》中所规定的要求,但也存在一些问题:如设施建设发展不平衡,部分单位设施相对较差;市场尚不规范;质量监控中的标准方法和试剂尚未统一等。针对检查中的问题,各单位及时着手整改。上海市科委将依照上海市实验动物管理办法的要求,进一步强化实验动物管理,实施国家许可证制度、推行质量一票否决制及完善质量监督体系,制定相关标准等工作,加快实验动物管理法制化建设。

【人大执法检查】

1998年10月5日全国人大常委会首次对上海进行执法检查。全国人大常委会副委员长彭珮云率领执法检查组,对上海市贯彻《中华人民共和国促进科技成果转化法》情况进行检查。1999年1月全国人大常委会在1998年对北京市、上海市、陕西省的实施情况进行执法检查的基础上,向3个地方转发了《全国人大常委会执法检查组关于检查〈中华人民共和国促进科技成果转化法〉实施情况的报告》,督促各地研究落实。1999年6月中旬,市人大常委会分四组对上海市执行成果转化法、科技进步条例的情况进行了视察,实地察看了部分高新技术产业开发区、科研机构、高等院校、大中型企业、民营科技企业、国家重点实验室和创业中心、农业试验示范基地,并与工业系统、科研院所、高校的部分科研人员进行座谈。6月16日,上海市人大常委会组织上海市人大代表和常委会组成人员听取市科委、市计委、市经委、市农委和市财政局关于执行科技法律法规情况的汇报。在历时3个月的执法检查中,上海市人大常委会科技执法检查组就促进科技进步和成果转化所涉及的运行机制、转化方式、中介机构、保障条件等问题进一步深入调研。上海市人大常委会执法检查组在基本肯定政府在法律法规的宣传、政策配套、加大投入等方面工作的基础上,进一步提出促进科技成果转化的一些深层次的问题,并以书面形式督促政府部门研究制定整改措施。1999年11月28日至12月1日,全国人大常委会再次来上海复查上海市贯彻落实《中华人民共和国促进科技成果转化法》的整改情况。

2003年,《中华人民共和国科学技术进步法》实施十周年之际,全国人大常委会决定对《中华人民共和国科学技术进步法》(以下简称《科技进步法》)开展执法检查,五位副委员长共同参与检查。根据全国人大常委会办公厅"关于委托部分省、直辖市人大常委会检查《科学技术进步法》实施情况的通知"的要求,上海市人大常委会办公厅于2003年11月4日向市政府办公厅发出"关于商请做好《中华人民共和国科学技术进步法》执法检查相关工作的函",转送了全国人大常委会的通知和"上海市人大常委会《科学技术进步法》执法检查工作方案"。

根据市人大执法检查工作方案中关于各部门自查的要求,市科委经过认真总结和研究,形成"实施《科学技术进步法》建设上海科技创新体系"汇报材料,于2003年12月9日报送市人大常委会办公厅。汇报材料总结了十年来在市委、市政府领导下,上海贯彻实施《科学技术进步法》取得的成绩,研究和探索新形势下深入贯彻实施《科技进步法》的新措施。汇报材料指出,十年来上海贯彻《科技进步法》取得很大成绩。为了更好地贯彻实施《科技进步法》,1996年6月20日上海市人大审议通过了《上海市科学技术进步条例》（以下简称《科技进步条例》）。上海历届市委、市政府对科技工作十分重视,1995年在上海市科技工作大会上提出了"四个观念"（科技进步的主体是企业、科技进步的导向是市场、科技进步的灵魂是创新、科技进步是全社会的共同任务）的指导原则;1997年在上海市高新技术产业化工作会议上确立了重点发展领域;1998年在上海市高新技术成果转化工作会议上推出了"十八条"政策;1999年在上海市技术创新大会上确立了"建设技术创新体系"的目标;2002年提出了上海在新一轮发展中要依靠"科教兴市"走通"华山天险一条路"的要求。市委、市政府的高度重视,为上海市贯彻落实《科技进步法》,实施"科教兴市"战略,建设上海科技创新体系,推动科技体制改革,推进上海科技经济社会全面发展指明了方向和目标,为形成全社会共同关注科技进步的氛围奠定基础。

市人大常委会在要求市政府有关部门进行全面自查并提交自查报告的基础上,组织部分常委会组成人员、市人大代表,并邀请部分在沪人全国人大代表,分组实地视察了部分企业和科研机构,听取了市政府有关部门、部分企业、科研院所和高科技企业孵化器等单位的汇报。与此同时,上海市人大常委会还委托各区（县）人大常委会对本区域贯彻"科技进步法"的情况进行了检查。2004年1月13日,上海市人大常委会向全国人大常委会报送了"关于上海市贯彻实施《中华人民共和国科学技术进步法》情况的报告"。

根据2003年11月4日上海市第十二届人大常委会第十五次主任会议原则通过的"上海市人大常委会贯彻《上海实施'科教兴市'战略行动纲要》的行动计划（2003—2005年）"的安排,2004年,市人大常委会对科技进步法律法规实施情况进行跟踪检查。跟踪检查的重点是科技管理体制改革、科技创业投资服务平台建设,以及2003年执法检查中所发现问题的整改情况等。市人大常委会成立了由副主任胡炜任组长,教科文卫委员会、财经委员会、人事代表工作委员会等有关部门负责人组成的执法检查组,于2004年5月初至6月中旬对上海市实施《中华人民共和国科学技术进步法》和《上海市科学技术进步条例》的情况进行了调研和执法检查。2004年7月1日,上海市人大常委会办公厅以"上海市人大常委会办公厅转送关于上海市实施《中华人民共和国科学技术进步法》和《上海市科学技术进步条例》情况检查报告的函",将"执法检查报告"转送市政府办公厅,请研究处理。

2007年12月29日,全国人大常委会通过了经全面修订的《中华人民共和国科学技术进步法》。2010年4月19日至22日,全国人大常委会副委员长陈至立率全国人大执法检查组抵沪,对上海实施《中华人民共和国科技进步法》情况开展执法检查。陈至立副委员长等领导在听取市长韩正的工作汇报及参加相关高校、科研院所和企业座谈会后,对上海执行《中华人民共和国科技进步法》的情况给予充分肯定。

二、司法服务

【法制服务机构】

为了维护科技机构和科技人员的合法权益并为普法教育提供指导,1992年上海成立了两个法制服务机构。1992年9月28日,经国家科委批准,上海技术合同仲裁委员会成立,从10月1日起受理技术合同纠纷案件。市政府副秘书长卢莹辉,市科委主任华裕达,分别担任该委员会的主任和常务副主任。1994年8月31日第八届全国人民代表大会常务委员会第九次会议通过自1995年9月1日起施行的《中华人民共和国仲裁法》第十条和第七十九条规定,仲裁委员会在直辖市和省、自治区人民政府所在地的市设立,本法施行前在直辖市、省、自治区人民政府所在地的市和其他设区的市设立的仲裁机构,应当依照本法的有关规定重新组建。因此,上海技术合同仲裁的业务并入上海市仲裁委员会。1992年11月26日,由市科委法制处推动,以上海市第二律师事务所为主,吸收和聘请一定数量的兼职律师、特邀律师和科技人员,成立了上海市科技法律顾问室,为科研单位和科技机构提供法律保护、谈判咨询、专利代理及其他法律服务。

【技术鉴定服务】

为了配合司法、仲裁机构依法审理科技案件,根据《最高人民法院、国家科学技术委员会关于正确处理科技纠纷案件的若干问题的意见》和《最高人民检察院、国家科学技术委员会关于办理科技活动中经济犯罪案件的意见》,上海市科学技术委员会颁布了《上海市科学技术委员会接受司法、仲裁机构委托组织技术鉴定的管理办法(暂行)》。1999年为了适应司法部门关于案件受理、审理,以及专家质询等司法程序改革要求,市科委在征求司法、仲裁部门意见后对《管理办法》进行修订并重新发布。2003年《中华人民共和国行政许可法》颁布后,最高人民检察院在清理法规过程中废止了《最高人民检察院、国家科学技术委员会关于办理科技活动中经济犯罪案件的意见》,为了适应新形势的要求,市科委于2003年发文停止了技术鉴定工作。

8年来,市科委接受司法委托的技术鉴定项目共89项,其中本地的项目为83项,外地项目为6项。本地项目中,法院系统的项目为67项,检察院系统的项目为4项,公安局系统的项目为12项。经上海市司法部门介绍慕名而来的6个外地项目中,浙江省宁波市中级人民法院3项、江苏省高级人民法院1项、广东省深圳特区中级人民法院1项、江苏省常熟市公安局1项。

三、政策服务

科技创新活动涉及项目攻关、人才流动、企业创业、产品营销、技术转让、股权投资、融资、知识产权保护和产权交易等各种行为。政府的创新创业扶持政策涉及多个行政部门的职能,因此,提供政策服务、方便企业享受政策是政府部门完善企业创新创业环境的重要组成部分。

【"18条"政策服务】

上海市高新技术成果转化服务中心(简称"转化中心")是上海市政府为实施《上海市促进高新技术成果转化的若干规定》(简称"18条"),促进高新技术成果转化而设立的专门工作机构,于1998年7月6日挂牌运作。"转化中心"的主要职能是:(1)负责组织对高新技术成果转化项目的认定;(2)组织市政府各有关职能部门对高新技术成果转化项目的认定咨询、风险资金申请受理、优惠政策落实和项目公司的登记注册等提供"一门式"服务。市高新技术成果转化服务中心组织市工商、财政、人事等19个委办局,在转化服务中心开展"一门式"服务,并开通了网上工作平台;(3)采集、包装、推荐科技成果,为科技成果的转化架设桥梁,推动产学研金政的信息交流;(4)根据"18条"的要求,推动政策的落实,促进以产业化为目标的技术转让、股权投资、产权交易;(5)培育和指导从事科技成果转化的中介服务,组织开展推动上海市高新技术成果转化的各项中介服务活动。2004年3月30日,市高新技术成果转化服务中心开通综合服务全天候热线电话。该综合服务热线电话具有政策咨询、信息查询和投诉建议三大服务功能。创业者可通过热线电话了解《上海市促进高新技术成果转化的若干规定》的内容、主要实施细则、项目认定申报程序和办法;也可对政策落实情况提出建议投诉并进行结果查询等。

【"36 条"政策服务】

2008 年,市科委根据市领导的要求,组织市科技成果转化中心加强与各相关委办局的沟通联系,积极主动做好"36 条"政策的宣传、落实工作,建立起政策协调联络员制度、政策培训讲师团,完善"一门式"服务窗口。

收集整理政策宣传资料 为了方便政策的学习、研究和实施,市科委组织市科技成果转化中心对国务院"60 条"政策和上海市"36 条"配套政策,以及实施细则等进行汇编,先后印发了三辑《实施细则汇编》,共一万多套,免费发放;同时为了使企业更方便地知晓科技创新政策,在政府各相关部门的支持和协助下,收集了上海市正在实施的促进科技创新的 29 项相关政策的操作方法,包括细则和流程,编制了《上海市科技创新政策申报服务指南》。

探索形式多样宣传方式 为了提高公众对科技创新政策的知晓度,市科委组织市科技成果转化中心努力建立起长效机制,为公众提供更为灵活的政策宣传方式。一是开通 24 小时电话服务热线,在原来主要提供"18 条"政策服务的基础上,将服务内容拓展延伸至"36 条"政策服务。二是每月 12 日在市科技成果转化服务中心开设科技政策宣讲专场。同时,市科技成果转化服务中心与市各委办局的联络员、培训师、咨询师形成联动,在成果转化网预告每月第三、第四周的星期四在各场所组织的科技创新政策宣传培训讲座,公众可以根据自己的时间安排选择。2007 年 3 月 26 日市科技成果转化服务中心在张江高新区功能园区举办第一次政策宣讲活动,并由此拉开科技创新政策宣传帷幕。经统计,2007 年共举办了 116 场各类政策宣传培训会,参会人数达到 9 871 人次;2008 年共举办 243 场科技创新政策宣传培训,参会人数达到 20 000 多人。

加强重点政策宣传辅导 2008 年 3 月 7 日,针对企业进行 2007 年度企业所得税汇算清缴中"企业研发费用 150% 加计扣除"成为热点中的热点这一特殊背景,举办了"科技创新政策专题研讨会",邀请市财政局及会计事务所的资深专家,结合《企业所得税法》和企业所得税汇算清缴要求,为企业就如何享受支持企业技术创新的所得税优惠政策,特别是技术开发费加计扣除的政策(包括政策享受条件、财务会计规定、税收清算口径及企业新会计准则对企业的要求和影响等)的操作实务进行为期一天的专题辅导培训。总计有 150 多家企业的财务负责人和高管参加此次专题研讨会。2008 年 4 月 14 日,国家《高新技术企业认定管理办法》出台;7 月 8 日,《高新技术企业认定管理工作指引》下发;8 月 8 日,《上海市高新技术企业认定管理实施办法》正式发布。随着这一系列政策的出台,国家对高新技术企业的认定有了较大的变化,提高了认定的门槛,制订了统一申报办法,采取了新的标准和要求。自 2008 年 8 月 20 日起,转化中心连续组织了 14 场次高新技术企业认定申请培训和辅导活动,累计参会人员达 3 850 人次,参会企业逾千家,其中 500 人以上大型讲座 3 次,150 人以上的区、县专题辅导会 6 场。

加强调研了解掌握配套政策推进情况 为了了解掌握配套政策推进情况,市科委、市发改委和市财政局组织科技成果转化中心对各委办局贯彻落实配套政策的情况进行调研。截至 2008 年 5 月,涉及科技创新政策的 36 个实施细则或工作方案全面进入操作阶段。收集了 13 个委办的 55 个落政数据(市金融办、市技监局、市教委除外),其中的一些老政策与新政策之间实现了较好的衔接。同时,抓住企业技术开发费加计扣除重点政策的落实情况进行专项调研。根据对上海 64 家科技企业(其中 13 家高新技术企业)享受技术开发费政策情况和 19 个区县科技管理部门推动该政策落实情况的调研显示：接受调研的64家企业,其中有51家非高新技术企业中有28家享受了技术开发费政策,13家高新技术企业中有7家享受了技术开发费政策。分析29家企业没有享受该政策的原因,一是没有单独做账(15家,其中高新技术企业3家),二是企业无利润(8家),三是成立时间不到一年(3家),四是知道政策但没申报(3家,其中1家为上市的高新技术企业)。

第五章 科技人才

第一节 科技人才管理

1978—1984 年在拨乱反正、落实党的知识分子政策的同时,上海市开始对科技人员的管理制度进行分析研究,提出改革的设想,探索改革的途径。通过认真落实党的知识分子政策,到 1978 年底,全市在"文化大革命"中被撤职、靠边下放的科技人员绝大多数恢复或安排了适当工作;用非所学、用非所长的科技人员调整了工作。1982 年和 1984 年,根据中央部署,两次进行落实知识分子政策的检查。邓小平提出的"知识分子是工人阶级自己的一部分""尊重知识,尊重人才"的指导思想日益深入人心,知识分子的政治地位从根本上得到改变。一个有利于科技人员发挥聪明才智,有利于科技队伍发展壮大的社会环境逐渐形成,从而为科技人员管理制度的改革创造了良好的社会历史条件。

一、人才流动和市场

1979 年,上海市部分科研机构着手对科技人员管理制度进行局部改革尝试,进行内部人员结构调整和人员流动工作。1982 年 2 月,市科委在上海展览馆举办上海科技协作交流会,同时开展了人才交流咨询服务活动。1984 年 2 月,市政府颁发文件,规定凡从市区流往郊县或国营农场工作的科技人员,可保留市区户口,工资不变;到县以下单位工作者,向上浮动一级工资,作为岗位津贴。1984 年,市科委、市人事局等先后建立人才交流服务机构,推动了人才交流活动的开展。1984 年 7 月,市人事局成立市人才交流服务处,同时建立全市各区县人才交流机构,至 1985 年,发展成为有160 个人才交流机构的多层次服务网络,拓宽了人才交流的渠道和范围。1988—1989 年,市政府先后批准颁发《上海市专业技术人员辞职暂行办法》《专业技术人员聘用合同制暂行办法》《上海市专业技术人员争议处理暂行办法》《上海市专业技术人员待业保险暂行办法》等一组配套政策文件,对确立人才市场中科技人才与单位的主体地位、健全社会化服务体系和社会保障制度等做出规定,为加速全市人才市场的培育,实现人才资源配置由"统包统配"模式向"人才市场"模式的转变奠定基础。2000 年,上海开始施行以"智力流动"为特征的只流动智力、不流动人事关系的"柔性流动"政策。引进的拔尖人才在上海工作期间可享有上海市民同等待遇。为推动人才能进能出的柔性流动机制的形成,市人事部门和劳动社会保障部门又联合出台了《上海市引进人才工作证实施办法》,明确持有《引进人才工作证》的各类人才在上海工作、生活,无需另行申办《工作寄住证》和《外来人员就业证》,并免缴再就业基金,以及享受户口迁移、养老保险、职称评定等多项优惠政策。

2002 年,上海市贯彻人事部、国家工商行政管理总局颁布的《人才市场管理规定》,积极推进改革和发展,上海人才市场体系初步形成。一是制定颁布了《上海市人才中介职业资格制度暂行规定》等一批规范性文件;二是上海市人事局、市工商局年内共同组建了上海市人才市场监督管理处,专业从事全市人才市场监管和执法,全年立案调查案件 31 件,其中办理终结 22 件,有效维护了人才市场的正常秩序;三是成立了全国首家人才中介行业协会;四是公共人事服务和人才市场中介分开,将政府所属人才交流服务机构进行了改制,原上海人才市场率先改制为上海市人才服务中心(事业)和上海人才有限公司(企业),建立统一的公共人事服务平台和网络,各区县也采取了相应改革方案;五是规范市场准入,举行首次人才中介职业资格考试,通过人才中介师考试513名,通过人才中介员考试159名,完成了首批中介职业资格人员的登记和注册。至2002年底,全市人才中介机构共269家,比2001年增加156家,其中民办机构154家,中外合资合作机构9家,国有集体机构106家。

二、专业技术职务评聘

1986年开始,按照中央部署,对科技人员专业技术职称的评定和任职制度进行改革,实行专业技术职务聘任制度,科技人员的工资与受聘专业技术职务相对应。1986年1月,上海开始进行职称评定改革,实行专业技术职务聘任制度和以职务工资为主的结构工资制度。3月,市政府决定成立市职称改革工作领导小组,下设办公室,具体负责领导和组织实施全市职称改革工作。4月,市职称改革工作领导小组颁发《上海市关于专业技术职务任职条件评审组织的有关规定》和《上海市实行专业技术职务聘任制的组织实施意见》,对各级评审委员会组成、系列主管部门、评委、区县局的职责分工和专业技术职务聘任制度工作程序等做出明确规定。经过试点,逐步推开,上海市于1988年底基本完成首次专业技术职务评聘工作。自1989年起,全市专业技术职务聘任工作转入经常化、制度化。

1999年,研究制定了《上海市专业技术职称(资格)评定与专业技术职务评聘相分离的暂行规定》以及7个配套文件,提出了把申报权还给个人,把评审权赋予社会,把聘任权归于单位,实现单位"自主设岗,自主聘任,自主管理,自我约束"的人才管理机制,促进职称改革由"资格管理"向"岗位管理"过渡。2004年4月19日,为了推进人才能力建设,改革人才评价制度,完善和健全专业技术能力认证体系,逐步形成以业绩和能力为导向、社会化的人才评价机制,上海市人力资源和社会保障局印发《上海市专业技术水平认证暂行规定》,2004年8月23日上海市人力资源和社会保障局颁发《关于上海市专业技术职称(职务)评聘工作有关事项的通知》,为单位实施专业技术职务(岗位)聘任提供客观公正的评价,创造良好的评聘环境。为了贯彻落实《上海实施人才强市战略行动纲要》,加快推进"科教兴市"战略和人才强市战略的实施,根据上海建设"四个中心"的战略目标,以优先发展的先进制造业、现代服务业的人才需求为重点,2005年6月22日上海市人力资源和社会保障局印发《上海市重点领域人才开发目录》,并规定凡符合《目录》的留学回国人员申报专业技术职称(资格)时,可以根据其在国外取得的成果,参照同类人员,直接申报相应的专业技术职称(资格)。2006年8月4日上海颁发第二批《目录》时再次沿用这项政策。

三、人才发展战略

20世纪90年代初,市人事局等有关单位开展"1991—2000年上海人才发展战略及其规划方案研究",并着手制订《上海人才发展十年规划》和《"八五"计划纲要》。《规划》把建立一支与上海的地位和功能相适应的人才队伍提到了战略高度。同时《规划》提出,20世纪90年代上海人才资源开发和科技人员管理制度改革必须适应社会主义市场经济的要求,建立新的人才管理体制和运行机制。

2001年,上海市人事局制定并组织实施2001—2005年上海市国家公务员培训计划,全年组织了公务员英语 300 句、普通话和计算机应用能力达标等各项培训活动,参加初任、任职、专门业务和更新知识培训的人数分别为 733 人、3 370 人、8 260 人、26 090 人。

2004 年,上海加强培养多层次、多结构、多领域的创新人才,2004 年相继启动了"百千万质量人才工程""上海知识产权人才战略""2004—2010 年青少年科技人才培养计划";并成立世博人才发展中心,启动世博人才培训。"2004—2010 年青少年科技人才培养计划"与"科技启明星计划""曙光计划"接轨,形成一个贯通基础教育阶段到成人的优秀科技人才发现和跟踪培养行动序列。

2006 年 5 月 8 日,上海市人事局发布了《上海市"十一五"人才发展规划纲要》(以下简称《纲要》)。《纲要》指出,"十一五"期间人才发展应继续遵循"统筹协调和分类指导、转变政府职能、人才能力建设优先、以人为本、人才开发服务全国"的原则,以提升人才国际竞争力为主线,以提高人才创新能力为核心,通过大规模提升人才资源总量、加强高层次人才队伍建设、提升人才国际化程度、促进非公有制领域人才发展、健全人才发展服务体系、大力激发人才活力、推进人才工作政策法规和营造良好的社会环境等举措。

2010 年全市党政人才、专业技术人才中具有大专以上学历或者中级以上专业技术职称的各类人才达到 240 万人;25 岁及以上人口中本科及以上学历的比例达到 15% 左右;每万人劳动力中从事研究和开发的科学家和工程师达到 80 人以上;来上海工作和创业的留学人员总量达到 8 万人,常驻上海的外国专家达到 15 万人;全市高技能人才在职工队伍中的比例显著提高,农村实用人才队伍素质基本满足现代化新农业发展的需要。

第二节　科技人才计划

一、青年科技启明星计划

1987 年 8 月 6 日,上海市科委决定设立上海市青年科学基金,资助 35 岁以下优秀青年科技工作者,鼓励他们进行创造性劳动。1991 年,上海市科委开始实施青年科技"启明星"专项计划。启明星计划是上海市科学技术发展基金计划的一个组成部分。凡在当年 1 月 1 日未满 35 周岁的科技人员可以按规定申请启明星计划项目。申请者提出的项目应符合上海市科技发展的方向,有较好的应用价值,有利于提高科学技术研究、应用开发、成果转化等总体水平,具有新颖性、创新性等特点。评审专家由学术威望高、造诣深的科学家、工程技术专家和有关部门的管理专家组成,其中科学家、工程技术专家不得少于 80%。"上海科技启明星计划"对入选对象实行动态管理,对优秀者实施跟踪培养,连续资助。

1993 年上海推出了"启明星跟踪计划",旨在对"启明星"优秀人才提供"续航动力"。按照"启明星"规则,当资助对象的第一个研究课题完成验收后的 3 年内,可以提出"启明星跟踪计划"申请,这也意味着入选人有连续获得科研经费的机会。据统计,每 5 个"启明星"中就有一个得到跟踪资助。

2005 年增设上海青年科技启明星计划"B 类",强化了对企业科技人才的培养。2010 年 B 类"启明星"占到当年"启明星"总数的 35%。上海市青年科技启明星计划从 1991 年每年资助 36 位"启明星"到 2010 年每年资助 134 位,资助强度从最初的 5 万到 2010 年的 20 万,"启明星"支持的规模和强度 20 年来翻了近两番。自 1991 年启动实施以来,至 2010 年,累计资助青年科学家 1 408 人次,跟踪资助 286 人次,累计资助经费投入超过 1.8 亿元,为上海的科技人才高地建设培育了大批优秀的青年科技人才。

二、上海市优秀学科带头人计划

1993 年,上海市开始实施"上海市优秀学科带头人资助计划"。选择在基础学科和专业技术领域崭露头角、做出优异成绩的优秀中青年学科带头人为资助对象,以高起点、高目标、高强度资助的"三高"培养形式,结合上海市重点基础性研究计划的实施,有计划地造就一批跨世纪的国家级科技专家。1994 年,上海市科委颁布《上海市优秀学科带头人资助计划管理办法》。2003 年,市科委对《上海市优秀学科带头人资助计划管理办法》进行了修改。2005 年,上海市优秀学科带头人计划增设"B 类"(企业科技人才)。自 1993 年至 2010 年,上海市优秀学科带头人计划累计资助了 697 人,累计投入资助经费超过 1.37 亿元。

三、浦江人才计划

为了全面实施"科教兴市"主战略,加快集聚海外优秀留学人才,进一步优化科技创新和自主创业环境,2005 年 7 月 1 日,上海市人事局和上海市科委联合设立并实施"上海市浦江人才计划",每年投入 4 000 万元作为支持留学人员来上海工作、创业的政府专项资助。

上海市浦江人才计划既是政府资助项目,也是一个政府示范项目。重点资助新近回国来上海的海外留学人员及团队,为他们提供工作、创业的"第一桶金"。凡回国来上海工作、创业不超过 2 年的海归个人或者团体,都可以申领这笔 10 万元到 50 万元不等的政府专项资助。这是全国范围内针对留学人员的最大资助项目。同以往各类政府资助相比,浦江人才计划实现了资助对象、专业类别及资金使用范围的全覆盖。人文科学也可申请资助。来上海工作或是创办企业的留学人员及团队均可申请浦江人才计划资助。

资助类型分为科研开发("A 类")、科技创业("B 类")、社会科学("C 类")和特殊急需人才("D 类")四类。资助强度分为三类:一类为 50 万元;二类为 20 万~30 万元;三类为 10 万元左右,为海外留学人员来上海工作和创业提供"第一桶金"。上海市科委负责"A 类"和"B 类"项目的评审、立项和后续管理工作,上海市人事局负责"C 类"和"D 类"项目。浦江人才计划正式推出后,在国内外产生了良好的反响。同年,浦江人才计划"A 类"和"B 类"共资助 134 人(含团队),其中"A 类"114 人(含团队)、"B 类"20 人(含团队)。

自 2005 年开始启动至 2010 年,浦江人才计划累计资助了 1 333 人次(含团队),其中"A 类"科研开发人才 711 人(含团队)、"B 类"科技创业人才 120 人(含团队)。

四、白玉兰杰出科技人才基金

自 1997 年 1 月开始实施,基金的管理按《白玉兰杰出科技人才基金实施管理暂行办法》执行。该基金资助境内外优秀人才来上海合作开展长期或短期的科学研究、技术开发、成果孵化和转化、科学知识普及教育、科技管理等活动期间所需的部分交通、生活费用,以及资助上海地区优秀科技人才参加境外有一定影响的国际学术会议所需的部分交通、生活费用。

该基金由上海市科学技术委员会和上海市财政局共同设立。来上海合作者应具备博士学位或具有高级专业技术职称。上海地区承担国家或上海市重大研究开发项目所急需的人才;在科技管理、科学知识普及教育等科技活动中对上海科技进步、经济建设和社会发展有指导作用的人才；在科学研究中，取得国内外同行公认、具有前瞻性创新成果的人才；在技术开发与成果孵化和转化中，取得较明显的社会、经济效益的人才，都可提出申请。

1998 年 3 月 30 日举行首次资助仪式，有 11 名海外留学人员成为首批被资助者，资助金额达50 万元。基金先期由政府投入引导，以后广泛吸纳社会团体、企业和个人赞助。当年该基金筹集资金 1 000 万元。2007 年，白玉兰基金实施十年来累计资助人数为 702 人次，累计资助金额1 611.8 万元。

五、领军人才计划

2005 年，由中共上海市委组织部、上海市人事局共同起草的《关于加强上海领军人才队伍建设的指导意见》（以下简称《指导意见》）正式出台，标志着上海市领军人才队伍建设工作正式启动。《指导意见》明确提出了领军人才队伍建设的目标是：到 2010 年，上海形成 500 名以两院院士、国家百千万人才、突出贡献专家等为主体的领军人才国家队，1 000 名左右以各行各业学术技术带头人为主体的领军人才地方队，5 000 名左右由各区县、系统选拔培养的优秀青年人才为主体的领军人才后备队等三个层次的梯队结构。

2010 年，上海市国家级领军科技人才队伍稳步扩大，共有 27 位科学家成为新一批国家"973"计划项目和国家重大科学研究计划项目的首席科学家。新上任的 27 位首席科学家中有 74% 此前曾分别得到过上海市青年科技启明星及跟踪、优秀学科带头人、浦江人才、领军人才等计划资助。至2010 年，上海市历年累计有 121 位科学家 143 次担任国家"973"计划项目和国家重大科学研究计划项目的首席科学家。

第六章　科技成果与奖励

第一节　科技成果鉴定与登记

一、科技成果鉴定与登记制度

中国科技成果管理工作由国家科委统一领导,实行国家级、部门与地方级、基层级的三级管理体制,采取集中与分散相结合的分级管理办法。1978年10月,国家科委颁行了《关于科学技术研究成果的管理办法》。1984年2月,国家科委又颁布《关于科学技术研究成果的管理规定(试行)》。1987年10月,国家科委颁行《科学技术成果鉴定办法》。1994年10月26日国家科委以第19号令发布修订后的《科学技术成果鉴定办法》,分总则、鉴定范围、鉴定组织、鉴定程序、鉴定管理、法律责任、附则7章40条,自1995年1月1日起施行。

为落实国家科技成果鉴定和登记制度,上海市科委于1987年6月颁行《上海市科技成果登记暂行规定》,于1989年9月颁行《上海市科学技术成果鉴定办法实施细则》。经过一段时间实践,上海市科委在1990年12月发布的《对上海市科学技术成果登记、鉴定工作的几项补充规定》中指出,"经研究并口头请示国家科委科技成果司,现决定暂停执行《科学技术成果鉴定办法》和《上海市科学技术成果鉴定办法实施细则》中的'视同鉴定'形式之规定,在今后的成果鉴定与登记工作中,不再受理'视同鉴定'项目的申报"。1996年3月上海市科委发布的《上海市科委科技成果鉴定程序规定(暂行)》第二条规定,列入上海市科委"上海市××年科学技术发展基金合同项目鉴定计划"内的应用技术成果,以及少数科技计划外的重大应用技术成果,按照本规定进行鉴定。第十七条规定,凡经市科委组织鉴定、评审的科技成果,成果完成单位必须到科技成果管理机构办理上海市科技成果登记。2002年8月8日,上海市科委在全国率先宣布不再主持科技成果水平鉴定,取消了由政府主管部门组织的各类成果鉴定会,但科技成果登记工作仍按有关规定进行。

表 2-6-1　上海市科技成果登记情况表

年　份	1980	1981	1982	1983	1984	1985	1986	1987	1988
成果登记	624	660	650	736	1 688	1 956	2 123	1 955	2 062
年　份	1989	1990	1991	1992	1993	1994	1995	1996	1997
成果登记	1 855	2 092	2 588	2 557	1 995	1 715	1 350	1 094	1 193
其中应用成果	—	—	—	—	—	1 589	1 243	920	959
年　份	1998	1999	2000	2001	2002	2003	2004	2005	2006
成果登记	1 305	1 252	1 102	1 338	1 418	1 508	1 629	1 701	1 953
其中应用成果		835	809	929	948	1 045	1 204	1 261	1 799
年　份	2007	2008	2009	2010
成果登记	2 396	1 866	2 166	2 318
其中应用成果	2 162	1 695	2 009	2 104

二、科技成果档案管理

1982 年 2 月 10 日,市科委、市档案局联合发出《关于做好重大科技成果档案整理、归档工作的通知》,要求各部门健全科技档案制度,重大科研项目都应有完整、准确、系统的科技档案。为了配合科学技术成果登记工作,完善保存科学技术成果资料,上海市科技成果档案资料馆于 1987 年 9 月开始筹建,1993 年 4 月正式成立,为独立的全民所有制科学技术事业单位,隶属于上海市科学技术委员会。上海市科技成果档案资料馆的主要业务:接收、搜集、整理、保管上海市科学技术委员会在科研项目管理中形成的各类科研项目管理档案材料;开发科技成果档案信息资源;受上海市科学技术委员会委托,配合上海市档案局对全市科技档案管理及上海市科学技术委员会直属单位档案工作进行指导、监督和检查,并提供"四技"服务。

上海市科技成果档案资料馆的馆藏档案主要来源于上海市科学技术委员会各业务处室及市科技奖励办等部门在重大科研项目管理过程中形成的科技文件材料。馆藏科技成果档案 80 000 余卷(册),门类有:上海市科技进步奖、上海市科研计划项目、上海市软科学项目、上海市科技成果登记项目、上海市高新技术成果转化项目、上海市星火项目、上海市火炬项目、上海市科学技术委员会基建项目、《上海科技年鉴》文稿等九大类。上海市科技成果档案资料馆编写和保存的《上海科技年鉴》(1949 年起至今),记载了上海科技进步的历史,内容包括基础研究和高新技术研究、科技促进经济社会发展、科技管理与服务、上海市科技工作大事记等篇章。

第二节　科技成果推广

1981 年,市政府决定每年由地方财政拨款 1 000 万元作为科技成果推广的专项资金。1986 年 4 月,上海市科委发布了《上海市"星火计划"管理暂行办法》。1987 年 5 月,市科委、计委、农委及人民银行上海市分行等单位联合发布《上海市关于扶植和鼓励"星火计划"的暂行规定》,建立上海市星火计划基金:优先安排、重点支持符合信贷规定的为上海市星火计划项目添置需要的设备和试制投产所需要的资金贷款、减免税金、税前还贷等一系列优惠政策。1988 年 8 月,上海市科委发布了《上海市"星火计划"项目验收试行办法》。1988 年 11 月 19 日,上海市"火炬计划"工作会议召开,上海"火炬计划"全面推开。1990 年,市科委制定了"八五"计划期间上海市"星火""火炬"计划实施纲要和上海市"星火""火炬"计划项目管理暂行办法,1992 年颁发《上海市科技成果推广管理实施办法(试行)》,规范了各有关部门和单位的职责和工作程序。1992 年 1 月 20 日,上海市科委、财政局、税务局发布了《上海市关于扶植、鼓励实施"火炬计划"的暂行规定》,对"火炬计划"项目、产品、承担单位和人员,制定了在银行贷款、税收和奖金等方面的具体优惠措施。1993 年,上海市科委将"星火"计划、"火炬"计划、重大成果推广计划汇集成科技成果产业化计划。

1995 年,上海"火炬""星火"、科技成果推广三大计划,紧紧围绕信息技术、生物技术、新材料技术、先进制造技术和绿色技术五个重点领域及汽车制造、通信设备等六大支柱工业,新列项目 306 项,投资 18.17 亿元。

至 1998 年,上海列入"火炬"计划项目 737 项,总投资 70.8 亿元,新增产值 397.8 亿元,新增利税 91.82 亿元,创、节汇 12.1 亿美元。"星火"计划共安排项目 2 550 多项,总投资 58.37 亿元,新增产值 230.1 亿元,新增利税 48.7 亿元,创、节汇 6.8 亿美元。科技成果推广计划共安排项目 428

项,总投资 17.96 亿元,新增产值 103.2 亿元,新增利税 28.9 亿元,创、节汇 3.5 亿美元。

1999 年,为加强项目管理,克服重立项、轻管理的现象,抓了项目的验收和目标考核。1999 年三大科技产业化项目到期应验收的项目数为 156 项,根据实际情况,对历史拖欠的项目、企业因产品市场等问题无法再实施的项目进行了撤销或结题处理,并扣减后续经费的下拨。在计划验收项目中,验收 144 项,撤销 12 项。其中"星火"计划 83 项,实际完成 80 项,完成率 96.4%;"火炬"计划 59 项,完成 51 项,完成率 86.4%;成果推广计划 14 项,完成 13 项,完成率 92.9%。三大计划平均完成率 91.9%。这些项目总投入达 17.11 亿元,落实银行贷款 7.7 亿元,实现年新增产值 92 亿元,年新增利税 18 亿元,年创汇近 2 亿美元。累计实现新增产值 149 亿元,新增利税 28 亿元,累计创汇 2.8 亿美元。通过项目验收,督促项目单位总结经验,提高管理水平,加强技术创新和技术开发,促进企业再上一个新的台阶,为上海经济发展做出了贡献。

2000 年上海全年下达"三大计划"("火炬"计划、"星火"计划、成果推广计划)项目计 264 项,总投资 30.57 亿元,银行贷款 13.01 亿元。

2003 年是国家实施"火炬计划"15 周年,科技部举办了一系列庆祝活动,上海市科委、上海市高新技术开发区等一批先进管理单位和先进个人受到表彰,一批"火炬"项目和实施单位被评为优秀"火炬计划"项目和优秀高新技术企业。上海市科委也表彰了一批"火炬计划"先进管理单位、优秀"火炬"项目、优秀高新技术企业和先进个人。上海市科委参加了国家"火炬计划"15 周年成果网上展示,在上海科技网站开辟专栏,举办了为期近两个月的上海"火炬"成就网上展示。在解放日报、科技日报等多家媒体和网站上组织多次专题宣传和报道活动,系统总结和介绍 15 周年成就,以推动"火炬计划"的进一步实施,加速上海高新技术产业发展,推动上海产业结构调整和经济发展。15 年来,上海累计实施"火炬计划"项目 1 542 项,其中国家级"火炬计划"项目 282 项,形成了以电子信息、生物医药和新材料为主导的高新技术产业和高新技术企业群体。"火炬计划"促进了上海产业结构的升级,推动了上海高新技术产业的持续发展,对上海经济的贡献十分明显。

1998 年,上海颁布《上海市促进高新技术成果转化的若干规定》,建立高新技术成果转化项目认定制度。1998 年至 2010 年底,上海市高新技术成果转化认定办公室共认定高新技术转化项目 7 169 项,累计落实财政专项资金近 20 亿元,贷款贴息 1.28 亿元;累计通过成果转化政策引进 1 326 人,通过职称评审 4 839 人。政策的有效落实,进一步促进了科技成果的转化。

表 2-6-2 "火炬"计划实施情况表

年　度		项目数	总投资(亿元)	银行贷款(亿元)
1989		21	0.327 2	0.060 7
1990		49	0.676 6	0.308 5
1991		70	1.271 8	0.803 8
1992		68	2.140 1	1.263 7
1993		78	4.57	—
1994		84	7.22	—
1995		83	—	—
1996		100	9.48	5.48

（续表）

年　　度		项目数	总投资（亿元）	银行贷款（亿元）
1997		81	19.19	9.06
1998		87	15.61	7.91
1999		78	14.06	6.29
2000	国家级	22	4.01	1.61
	市　级	91	15.80	6.80
2001	国家级	22	2.50	1.40
	市　级	242	19.30	6.20
2002	国家级	50	6.0	2.5
	市　级	120	6.8	2.4
2003	国家级	47	4.68	1.94
	市　级	120	4.66	1.2

表 2 - 6 - 3　"星火"计划实施情况表

年　　度	项 目 数	总投资（亿元）	银行贷款（亿元）
1987—1989	495	3.9	1.95
1990	253	1.43	0.574 0
1991	—	—	—
1992	370	4.031 1	2.423 3
1993	322	6.3	—
1994	286	7.75	—
1995	156	8.3	5.0
1996	79	6.8	3.8
1997	74	8.9	4.8
1998	51	5.9	2.9
1999	50	7.3	2.7
2000	136	6.6	3.5

表 2 - 6 - 4　科技成果推广计划实施情况表

年　　度	项 目 数	总投资（亿元）	银行贷款（亿元）
1987—1989	58	0.525 6	—
1990	—	—	—
1991	50	0.525 9	0.342 0

（续表）

年　度	项 目 数	总投资（亿元）	银行贷款（亿元）
1992	53	1.045 7	0.537 9
1993	103	5.05	—
1994	86	5.15	—
1995	156	8.3	5.0
1996	79	6.8	3.8
1997	74	8.9	4.8
1998	51	5.9	2.9
1999	50	7.3	2.7
2000	136	6.6	3.5

第三节　国家科技奖励

1977 年国家科委建制恢复后，科技奖励的立法和实施进入了一个新阶段。1978 年 12 月国务院发布重新修订的《中华人民共和国发明奖励条例》。1979 年 11 月国务院发布《中华人民共和国自然科学奖励条例》。1984 年 4 月国务院又重新修订发布《中华人民共和国发明奖励条例》和《中华人民共和国自然科学奖励条例》。1984 年 9 月 12 日国务院发布《中华人民共和国科学技术进步奖励条例》。1986 年 12 月 15 日国家科学技术进步奖评审委员会发布《中华人民共和国科学技术进步奖励条例实施细则（试行）》，1987 年 8 月 2 日国家科委发布《中华人民共和国发明奖励条例实施细则》。1993 年 6 月 28 日国务院令第 114 号修订三项条例。1999 年 5 月 23 日国务院令第 265 号公布《国家科学技术奖励条例》，同时废止 1993 年 6 月 28 日国务院修订发布的《中华人民共和国自然科学奖励条例》《中华人民共和国发明奖励条例》和《中华人民共和国科学技术进步奖励条例》。《国家科学技术奖励条例》在设立权威性最高奖项、加强奖励力度、减少奖项的基础上，规定基本不设部级奖，地方上除一项省级科学技术奖外，不得再设其他奖项。《条例》分总则、国家科学技术奖的设置、国家科学技术奖的评审和授予、罚则、附则 5 章 26 条。国家科学技术奖包含 5 个奖项：国家最高科学技术奖、国家自然科学奖、国家技术发明奖、国家科学技术进步奖和中华人民共和国国际科学技术合作奖。

2002 年起，上海获国家科技奖励占全国获科技奖励项目的比重超过 10％，2008 年达 16.4％。上海在 2005 年、2009 年和 2010 年获得最高科学技术奖，从而三度囊括国家科技奖励五大奖项。

表 2 - 6 - 5　上海获国家科学技术奖情况表

奖项	国家科技进步奖				国家技术发明奖				国家自然科学奖					合计
等级	特	一	二	三	一	二	三	四	特	一	二	三	四	
1979					1	1	1	2						5
1980					1	—	14	9						24

（续表）

奖项	国家科技进步奖				国家技术发明奖				国家自然科学奖					合计
等级	特	一	二	三	一	二	三	四	特	一	二	三	四	
1981					—	2	12	10						24
1982					—	—	8	4						12
1983					—	3	9	6						18
1984					1	3	9	11		1	9	8	4	46
1985	2	16	89	131	1	3	13	8						263
1986					—	—	2	2						4
1987		1	31	59	1	4	13	8		1	8	12	7	135
1988	1	2	15	44	0	2	9	12						85
1989		2	15	40	0	1	10	7						75
1990		3	16	27		1	11	4			2	4	1	69
1991	1	2	14	26		1	6	10			2	2	2	66
1992		2	11	28			4	6						51
1993		6	8	22		1	3	6			1	4		51
1994	该年度国家级科技奖未评													
1995	1	1	8	35		2	3	2			2	3	2	59
1996		1	16	17		1	10	2						47
1997	1	1	6	22		1	2	4		1	5	3		46
1998			10	20			1	4						35
1999		1	3	23		1	3	1			1	1	2	36
2000		1	16			1					3			21
2001		3	8								3			14
2002		4	18			1					7			30
2003			23			1					3			27
2004		4	35								3			42
2005		4	30			3					7			44
2006	1	5	27			5					4			42
2007	1	4	34			4					9			52
2008	3	6	39			6					3			57
2009	2	4	41			3					4			54
2010	2	4	40			4					6			56

表 2-6-6　上海获最高科技奖和国际科技合作奖情况表

	2004	2005	2006	2007	2008	2009	2010
最高科学技术奖		1				1	1
国际科技合作奖	1	1		2		1	1
合　计	1	2		2		2	2

表 2-6-7　上海获国家科技奖励占全国获奖项目比重

获　奖　年　份	1993	1994	1995	1996	1997	1998	1999	2000	2001
获国家奖情况(项、人)	55	未评	59	46	46	34	36	21	14
占全国获奖项目比重(%)						6.26	5.98	7.29	6.3
获　奖　年　份	2002	2003	2004	2005	2006	2007	2008	2009	2010
获国家奖情况(项、人)	31	26	42	46	42	54	57	56	58
占全国获奖项目比重(%)	11.8	10.2	14.0	14.3	12.9	15.4	16.4	15.0	16.3

第四节　上海科技奖励

　　1980 年 2 月 26 日,市政府在市体育馆召开"上海市科研成果授奖大会",给全市 537 项科研成果授奖,其中一等奖 10 项、二等奖 89 项、三等奖 438 项。1984 年 5 月 2—5 日,市政府在上海体育馆召开全市科技工作会议,会上向 249 项重大科技成果授奖,其中一等奖 5 项、二等奖 29 项、三等奖 215 项。

　　1985 年 12 月 16 日,为了加强"科学技术进步奖"的评审工作,市政府决定成立上海市科技进步奖评审委员会,下设办公室作为评审工作的日常办事机构。1985 年 12 月 25 日市政府公布《上海市科学技术进步奖励规定》,对申请科技进步奖的条件和奖励等级、奖金等作了具体规定。1986 年 3 月 25 日,市政府在上海展览中心首次召开上海市科学技术进步奖授奖大会,有关方面代表 900 余人参加大会。488 个项目获奖,其中有一等奖 17 项、二等奖 99 项、三等奖 372 项。1992 年 7 月市政府决定设立上海科技功臣奖,对在面向经济建设主战场、推动科技与经济结合方面,在发展高科技、实现产业化方面,在调整人和自然关系的若干领域方面,以及在基础研究方面做出突出贡献的优秀科技人员,由市政府授予"上海科技功臣"称号,并发给证书和 5 万元奖金。上海科技功臣奖每两年评选一次,每次评选 6~10 人。

　　2001 年 3 月 22 日,市政府发布实施《上海市科学技术奖励规定》,按照《国家科学技术奖励条例》要求对上海市科技奖励制度进行重大改革。市科委制定《〈上海市科学技术奖励规定〉实施办法》,使科技奖励工作法制化、规范化。新的奖励制度改革的主要内容:(1)调整奖励对象范围。对申报上海市科技进步奖的对象作了重大调整,从以往仅局限于上海市民、组织报奖,扩大到为上海科技和经济发展做出贡献的个人和组织,包括"三资企业"及外国人、外地企业及外地人。只要在上海从事科学研究与技术开发工作,取得自主知识产权的创新成果,有专利技术或产品,并取得显著的经济、社会效益的组织和科技人员均可申报上海市科技进步奖。上海的单位和个人在推进全国其他地区科技、经济发展,或者在推进中西部合作中取得的科技成果也可以申报上海市科技进步奖。（2）调整专业评审组。根据国家科学技术奖励评审制度，结合上海的实际和学科优势，对原有专业评审组进行了合并、撤销和调整，共设立专业评审组15个。（3）进一步完善评价体系和评价指标。根据自然科学、技术发明、技术开发、社会公益和重大工程五大类成果设计了五种不同的评分标准，评分指标由原来的五个每个四档共20个级别，增加到十个指标、每个指标八档共80个级别的评分标准，突出重点指标的加权分数，使评价指标更加科学、合理。（4）采用了与评分指标相配套的光电判读专家自动阅卷评分系统，准确、快速，提高了评审效果。（5）完善科技成果的评价依据。改变过去以单一专家鉴定报告为依据的做法，除鉴定证书外，专利证书、行业准入证书、新药证书、成果转化认定证书、新产品证书、检测报告、应用（引用）及社会公认程度等都可以作为评奖依据。

2007年1月11日，上海市政府令第67号《上海市政府关于修改〈上海市科学技术奖励规定〉的决定》对《上海市科学技术奖励规定》进行修正，上海市科学技术奖按照修订的要求设置，首次按科技功臣奖、自然科学奖、技术发明奖、科技进步奖和国际科技合作奖5个奖励类别进行了评审，与国家五大科技奖项对接。

表2-6-8 上海市科技进步奖获奖情况表

奖项	科技进步奖			技术发明奖			自然科学奖			科技功臣奖	国际科技合作奖	合计
等级	一	二	三	一	二	三	一	二	三			
1980	10	89	438									537
1982	11	96	433									540
1984	5	29	215									249
1985	17	99	372									488
1986	17	88	255									360
1987	16	100	263									379
1988	21	90	229									340
1989	12	69	223									304
1990	17	79	186									282
1991	21	102	218									341
1992	13	120	225							7		365
1993	16	111	224									351
1994	15	97	195							7		314
1995	12	85	179									276
1996	10	86	159							6		261
1997	13	77	185									275
1998	14	105	183							7		302
1999	12	81	198									291
2000	10	81	175									266

（续表）

奖项等级	科技进步奖			技术发明奖			自然科学奖			科技功臣奖	国际科技合作奖	合计
	一	二	三	一	二	三	一	二	三			
2001	64	115	151							2		297
2002	39	108	166									313
2003	34	111	172							2		317
2004	41	107	168									316
2005	44	109	165							2		318
2006	32	93	130	4	7	14	9	12	8			309
2007	27	90	137	5	12	23	8	10	7	2	2	323
2008	32	91	131	7	8	9	7	11	3		1	300
2009	33	80	131	5	11	10	11	4	11	2	2	300
2010	36	68	136	7	11	14	6	9	10		1	298

第三篇 科技服务

科技服务主要包括科技信息服务、科研设施服务、技术市场服务、公共研发平台、政府决策服务等。

1958年11月，上海科学技术情报研究所成立，并着手逐步建立上海科技情报网络。至20世纪80年代中期，全市有专业科技情报工作人员8 000余人，初步形成一个纵横交叉、多层次的科技情报工作体系和网络。20世纪90年代，科技信息服务向经济、社会纵深拓展，加强科技信息咨询服务功能，建立专业、行业情报网、数据库、科技信息计算机系统等；1995年上海科学技术情报研究所正式与上海图书馆合并。2000年以后，上海科技信息服务更加注重专业化、数字化、精准化等，建立上海情报服务平台、行业科技情报平台、上海行业情报发展联盟、上海行业情报服务网等平台。

在科研设施方面，上海形成了以重点实验室和工程技术中心为主体的研发基地，建立了以上海光源为代表的大科学装置。1984年，上海建立了第一个国家重点实验室，到2010年，上海有40个国家重点实验室。1990年建成第一个市重点实验室，至2010年，上海共建成市级重点实验室81家。1994年建成第一家国家工程技术研究中心，至2010年，上海共有国家工程技术研究中心15家，参与建设2家。2005年开始建设上海市工程技术研究中心，至2010年，共建设93个上海工程技术研究中心。2000年以后，上海相继建设上海光源、上海超级计算中心、上海地面交通工具风洞中心等大科学装置。

1981年底，上海市首次在一轻、工程系统举办科技协作交流会。1982年，又举办全市性的科技协作交流会，到1984年，全市技术交易额达1.8亿元。1989年，上海市技术市场管理办公室成立。1986—1990年，上海市技术市场逐步形成体系，颁布了有关技术转让、技术合同等规定。1990年以后，形成各类专业技术市场和技术市场服务队伍；建立区县技术市场管理办公室，成立上海技术交易所和上海技术产权交易所等技术交易机构。1995年，市人大颁布《上海市技术市场条例》。2000年以后，技术市场更加成熟、管理更加规范、规模继续扩大，成立上海联合产权交易所和上海市技术市场协会等机构。2006年，推出了全国首创的"技术交易实时显示系统"，2010年技术合同成交金额超过500亿元。

2004年，上海开始建设研发公共服务平台，至2010年，研发平台十大服务系统全部开通，建立由全市18个区县服务中心、52个服务站点、7家行业协会、30个高新园区、12家技术创新服务平台和786家加盟服务机构组成覆盖全市的服务推广体系。自建和新建科学数据库总数据量超过3.1 TB，网上登记的30万元以上大型科学仪器5 805台，集聚全市32家主要文献图书情报机构、34家国家级检测中心、235家各类重点实验室和工程中心、78家专业技术服务平台，累计对外服务达到2 880万次，注册用户数达到31.4万户。

1979年起，上海开始进行软科学研究和科技咨询工作。1985年，市政府颁布《上海科技咨询管理办法》。1991年，对部分软科学课题进行招标。1997年，编制发布《上海市科学技术发展基金软科学项目管理手册》。2000年开始设立"上海市科技发展基金软科学研究博士生学位论文资助计划"。2001年，上海科技发展研究中心正式启动，负责软科学研究项目的管理。2002年，上海市科委对于软科学研究项目实行项目节点拨款制。2008年，上海市科委制定《上海市科技发展基金软科学研究项目管理细则》。

第一章　科技信息服务

第一节　科技信息服务工作

上海于1958年11月成立上海科学技术情报研究所（简称上情所）。建所初期，上情所通过调查研究找准自己的定位，经过不到十年的努力，无论在组织机构、文献资源，还是情报服务的深度与广度方面，都初具规模。1966年至1976年，国家经历了十年浩劫。重重困难中的上情所依然坚守岗位，坚持开展各种技术交流活动和研究调查，尽力为上海的科技、经济发展服务。1966年以后，除阅览室仍维持开放外，上情所情报业务工作基本处于停顿状态。在此阶段后期，1970年后该所逐步恢复为基层和读者开展情报服务和技术交流工作，并开展对外科技座谈活动和声像业务。党的十一届三中全会后，顺应国家的形势变化，上海科技情报事业迎来了发展的新契机。

1978年，世界知识产权组织赠送给中国一套专利文献（1893—1963年），当时国家科委将这套专利文献转赠给上情所，这套资料对后来国家专利局的建立也起到了举足轻重的作用。同年，上情所接待日本特许厅访华团，访问期间，日方决定向上情所赠送1971—1973年日本特许公报资料1 805册18万件，进一步扩大了上情所文献资料的数量，增强上情所科技文献馆藏力量。1979年11月24—28日，第六次上海市科技情报工作会议召开。市科委主任杨士法同志到会讲话。会上重申上海科技情报研究所同时为上海市科委的情报处，管理全市的科技情报工作。同年12月20日市科委颁发了《关于健全和加强各专业局科技情报机构的意见》。

1981年，上情所引进安装了小型计算机系统PDP - 11/34A，并引进英国德温特公司的世界专利索引（WPI）检索磁带，在国内率先建成了WPI计算机检索系统。1982年6月9—16日，上海市第七次科技情报工作会议在文化广场召开，上海市市长汪道涵和国家科委顾问、全国科技情报学会理事长武衡到会讲话，市科委副主任许言作《适应经济调整形势，加强科技情报工作》的报告。会议制定颁布了《关于上海市经委系统工业局、工业公司、研究单位、工厂企业如何开展科技情报工作的暂行条例》。会议强调科技情报工作必须与经济发展紧密联系起来，以适应对外开放、提高经济效益、进行技术改造和技术引进、发展综合技术及管理现代化的需要，做到"广、快、精、准"地为经济建设服务。出席这次会议的有5 000人。

1984年7月6日，市科委在市政府礼堂召开上海市科技情报工作会议。会议要求加强战略性科技情报及行业技术开发、产品开发情报的研究和服务；加强科技情报事业的现代化建设。会上，对上海市首次评选出的121项重大科技情报成果发了奖，其中一等奖7项、二等奖23项、三等奖91项。1985—1986年，上海市科技情报工作积极贯彻"经济建设必须依靠科学技术，科学技术必须面向经济建设"的方针，据不完全统计，两年中市内各科技情报单位得到国家和市级科技进步奖的情报成果有38项。

1987年，全市主要科情单位采集的中外文科技资料超过100万件；编辑出版的科技图书400种、科技期刊180多种；一些主要局情报所开展了科技声像工作。同年，上海科技情报单位为市、局两级决策提供的主要研究报告200篇，为市级领导提供的主要课题21个、报告50多篇。4月初，上情所成立了数据库建设领导协调小组与工作班子，加快了数据库建设的步伐。WPI数据库在

IBM-4381上得到开发应用;GIA数据库完成原带数据代码转换程序,并着手在IBM-4381机上建联机数据库;国际工业标准库,对引进磁带着手建库工作;中文数据库完成了中文数据库模块和编目卡片模块的开发。此外,化工局情报所、仪表局情报所等也建立起本局系统主要产品数据库。同期,科技情报单位积极探索与国外同行合作的可能性,开辟非订购情报资料收集渠道又有了新的发展。1988年,上海市科技情报工作初步形成一个比较完善的文献收集、整理、管理、检索、研究、咨询、开发和出版报道等工作体系,并先后与国内外有关单位、学术团体建立了情报资料交换关系。全市共收藏各种国外科技、经济期刊16 000多种;各国专利文献1 400多万件;各种科技图书资料1 400多万册;国内科技资料、声像资料、世界各国标准资料、美国政府研究报告、国内各种专业会议资料等也有大量收藏,并拥有包括国际联机终端、IBM-4381计算机在内的各种先进的配套服务设施。1989年,上海市科技情报工作认真贯彻国家科委《关于加快和深化科技情报体制改革的意见》,转变思想观念,明确情报工作投入经济建设主战场的任务,改革情报机构的运行机制,加速上海市科技情报事业的发展。同期,情报研究水平从单一的科技逐步向经济、社会、市场等领域扩展,从纯科技的水平、动态研究到以战略性情报研究为宗旨的高层次咨询服务,提出了上海市科学技术的发展战略,为制订上海市"八五"科技发展规划和3年调整计划提供可靠的决策依据。

1990年,科技情报部门充分发挥本身所拥有的丰富的国内外文献馆藏、具有一批专业覆盖面宽并长期进行文献检索咨询工作的专业力量等优势,面向社会开展专题文献检索服务,上情所全年完成用户委托课题检索服务项目680余个。按产品大类或行业重新组织行业情报网,组成以各县科委情报室为主参加的郊县科技情报网,组织郊县与市区、县与县及工业与农副业之间的科技、经济情报交流。上海市条块结合、纵横交叉的情报组织网络基本形成,为科技、经济和社会发展开展情报信息服务提供了组织保障。1991年,上海市科技情报工作注重科技结合经济、联系社会发展。市、局两级情报机构逐渐完善运行机制,健全规章制度,开展有偿服务,并引入"质量第一""服务至上"的竞争机制。第一个地区情报研究所——卢湾区科技情报研究所于1991年5月应运而生,填补了地区科技情报工作空白。形成上海科技情报研究所、上海图书馆、中国科学院上海文献情报中心、中华医学会上海图书馆和上海农业科学院科技情报研究所五大科技文献中心,馆藏各有特色。

1992年,"加强积累,分析研究,及时报道"的方针,在市、局两级情报所得到较好贯彻。上海科技情报研究所完成课题研究报告及综述资料58篇共230多万字;专门出版《科技发展动态研究》《上海重点工程、新兴产业、重大设备发展动态》《高科技要闻》三种不定期刊物,全年共出版66期,20万字,受到欢迎;接待外国同行来访63批,共170多人次。1993年,上海科技情报界的任务主要是深化体制改革,强化服务功能,形成由市、局两级科技情报机构和各类科研院所及大中型企业情报室构成的上海科技情报网络。开发上海地区第一张光盘数据库产品——《中国化学文献数据库》,异种机联机检索系统通过专家鉴定,自建一定数量的数据库。1994年,上海市的各级科技情报机构继续围绕着深化体制改革,强化服务功能,在做好为科研和领导部门决策服务的同时,努力探索为企业服务的方式。上海市科技情报界多次与郊区的企业界开展联谊活动,带着自己的服务项目和情报产品,寻求技术合作、技术咨询、企业情报代理等服务。上海科学技术情报研究所在规划1994—1998年的近期目标时,强调了信息载体多元化、信息网络增值化、信息服务产业化的三个转变,明确提出形成信息产品制作、信息加工与查询服务和信息咨询服务三大功能,充分运用先进信息技术,以国内外科技信息的开发应用为纽带,使科技信息与经济信息相结合,提高科技情报全方位地为经济建设服务的能力。

1995年,上海市的各级科技情报机构都面临着重大的体制改革任务,原有的仪表、机电、冶金等工业局相继改制为控股公司,使这些局所属科技情报研究机构面临改变原有服务方向与内容,在新形势下尽快适应以资产管理为中心的产业信息咨询服务的挑战。1995年10月4日,上海科学技术情报研究所与上海图书馆合并为一体,在运行机制上采取两块牌子、一套班子。在这一年,上海市科技情报界围绕着深化科技情报体制改革,强化信息服务功能,积极探索为企业情报需求服务的主题,多次召开工作研讨会,以求得科技情报机构的更好发展。1996年,向功能社会化、信息生产和服务产业化的方向进行结构调整,把情报研究所、信息中心、计算机中心合并成一个信息中心,使之功能互补,促进人力、物力资源共享,实现"图书与情报的结合""科技与经济的结合",为上海的经济建设、社会发展、精神文明、科技进步更好发挥信息中心的作用。

2004年,上图情报馆所从建设"上海情报服务平台"的高度对上情所网站(www.istis.sh.cn)进行改版,初步探索了公益性情报内容服务新模式,该平台网站建设以服务自主创新战略为总目标,坚持"支持决策导航研发"的定位,坚持"公益性、专业性、公开性、综合性"的原则。2005年,在上海市科委的支持下,上图情报馆所以"上海情报服务平台"为基础,牵头建设了专门提供科技情报内容的行业科技情报平台,形成以情报技术专题为特色,揭示产业和技术领域动态为重点,兼顾城市研究、文化研究等内容的信息情报发布和服务平台,并与上海研发公共服务平台对接,2006年被上海市研发公共服务平台授予优秀服务单位。"上海情报服务平台"网站月均页面访问量从2007年后基本稳定在80万～100万次。

2009年5月,上图情报馆所正式推出面向中小企业的公益性图书情报服务品牌——创之源@上图,同年中小企业情报服务点同时挂牌。2010年,为17家中小企业办读者证约1.3万张,发放宣传资料约1万册,提供标准、专利文献3 200多份,专题网站访问量5.2万人次。2010年9月,30家发起单位齐聚上海图书馆,召开上海行业情报发展联盟成立大会。市委常委、宣传部长杨振武和上海市科技党委书记陈克宏出席会议。上海行业情报发展联盟是由上海行业情报服务链中的企业和机构自愿发起共同组成的非营利性联合体,其宗旨是广泛联合本地区行业情报机构及相关行业组织和单位,以"平等合作、共建共享、重在服务"为原则,加强会员单位的沟通与合作,及时交流情报服务经验和需求信息,为上海的科技、产业和文化的发展提供信息和智力支持,使行业情报工作在本地区的社会经济发展中发挥更大的作用。同年11月,由上海科学技术情报研究所牵头、以上海市科技情报学会为核心、多家情报研究机构共同参与的上海行业情报服务网(www.hyqb.sh.cn)顺利建成并正式开通。上图情报馆所每年下半年在上海图书馆召开上海行业情报发展联盟年度大会,并举办上海科技情报服务宣传周,聚焦"科技情报与前沿科技",依托上海行业情报发展联盟和社会资源开展前沿科技情报调研,运用展览和讲座等形式开展科普宣传,增强全社会的情报意识,培育本地区的情报服务市场。

第二节　科技信息服务机构

一、综合科技信息服务机构

【上海科学技术情报研究所】

1958年11月27日,上海科学技术情报研究所成立,上海市科学技术委员会建制,属中国科学院上海分院,办公地址在岳阳路319号16号楼。1960年7月,该所设立办公室、资料室、研究室和联络科,办公地址迁至岳阳路170弄1号。1961年7月成立上海市科委情报处,与该所两块牌子一套班子。1962年5月,该所国外文献阅览室对外开放,地址在长乐路462号。同年7月,上海科学技术编译馆由上海市科协划归该所,地址在南昌路59号。1964年4月,该所调整业务机构,设立研究一室(情报研究室)、研究二室(情报理论与方法研究室)、国外文献室、中文资料室、编辑室、出版发行科、办公室、科技编译馆和复制车间。至此,上海科技情报研究所初具规模。1969年10月,所本部和国外文献室、上海科学技术编译馆分别迁入新址——淮海中路1634号,并重新调整业务机构,设立交流组、资料组、简报组、翻译组、出版组和复制车间。1971年,该所成立上海对外技术座谈办公室,同年成立科技电影放映小组,开始订购国外科技影片并购置电影放映设备。1975年3月,在资料馆内成立检索室机检小组,同年借用外单位的国产XJ-2型计算机首次进行计算机检索试验。

1978年,成立上海科学技术文献出版社,出版报道工作正式纳入国家出版计划。1979年5月,成立第一届学术委员会。1981年9月,成立上海市科技情报咨询服务中心。1984年11月,成立上海金龙信息系统公司。同年,上海经济区科技情报中心成立,该所当选为中心的理事长单位。1986年5月,从美国引进了IBM-4381中型计算机系统,为建立全国科技情报检索网络上海分中心提供了条件。1988年5月,成立上海对外技术与产品信息咨询服务公司。1989年4月,实行所长负责制。为健全民主管理机构,建立所务委员会。1990年11月,市科委决定由该所情报处归口管理全市自然科技期刊的日常工作。至1992年,该所是国内规模较大、综合性较强、科技咨询力量较为雄厚的情报研究和文献服务单位之一。

1993年,上海科技情报研究所在业务改革、创收分配和人事制度改革三方面齐头并进,深化体制改革,强化服务功能,有效地开拓科技情报业务,为上海经济建设开展全方位的服务。由于制订了服务的好坏与经济效益有着直接关联的政策,在工作人员大幅度下降的情况下,一线科技情报服务人员还是得到了保证。全所1993年实际工作人数减少11%,其中管理人员减少24%,一线服务人员只减少7.8%;而创收比1992年增加24%。1995年11月9日,上海科学技术情报研究所正式与上海图书馆合并为一体,合并后作为市政府直属事业单位,归口市委宣传部,这是国内出现的第一个省市级图书情报联合体。合并后的上海图书馆上海科学技术情报研究所(以下简称上图情报馆所),实现了文献信息资源合理配置、人才互补,提高了服务工作层次和综合整体优势。

2003年5月,上图情报馆所成立了文献提供中心,建立了一流的文献服务平台、快速响应的文献服务体系、符合国际标准的馆际互借体系;同时,积极响应和参与上海公共研发服务平台的科技文献库建设,参与筹建上海社科文献中心等工作,不断夯实文献服务的基础能力。2004年,上图情报馆所以上情所网站改版为契机,从建设"上海情报服务平台"的高度来推进,初步探索了公益性情报服务新模式。2005年,建设的"行业科技情报平台"进入上海公共研发服务平台。2006年,建立了文献提供服务平台:整合多个个性化文献服务子系统,将IEEE快速传递系统、中文科技期刊PPV服务系统整合。建立国际化、开放的馆际互借体系:与国内外多家图书情报机构建立了良好的馆际互借合作关系。2010年,在上海市科委的支持下由上图情报馆所牵头完成上海行业情报服务网项目建设。

【上海市科技信息中心】

1993年9月成立,直属上海市科学技术委员会,是上海市科委信息化建设工作的服务保障机构,主要承担上海市科技电子政务系统的开发、运行服务和维护保障,同时还承担上海市科委委托的其他工作。1994年,上海市科委成立上海市科技统计协会,依托上海市科技信息中心(简称信息中心)开展科技信息统计服务工作,同时负责与市科委、市统计局联合开展《上海科技统计年鉴》等编辑出版工作。1995 年,市科委开始建设上海科技网,倡导以"科技服务"为核心的建设理念,发布政府公开信息、提供网上办事服务、宣传科技工作动态信息、推广科普知识教育。2001 年,市科委决定将上海科技网整体划归信息中心。

2003 年,上海市科研计划项目管理系统由信息中心开始负责建设。此系统是以指南发布为始、以项目验收为终的全流程信息化管理系统,由二十多个子系统构成,是一个较为完整的科研计划项目信息化服务和管理体系。2008 年,市科委将与信息宣传工作相关的职能延伸部分进行整合,划并到信息中心。信息中心开始承担《上海科技年鉴》和《上海科技进步报告》的编辑、出版等服务工作,为科委信息工作做好后台支撑,逐步构建上海科技信息枢纽。

【中国科学院上海生命科学信息中心】

1953 年 3 月 1 日,根据中国科学院院长会议决定,中国科学院上海办事处图书组与冶金陶瓷、有机化学、水生生物、实验生物、生理生化和植物生理等研究所图书室合并,原名定为"中国科学院图书馆上海分馆",隶属于中国科学院图书馆和上海办事处双重领导。1958 年 10 月和 1964 年 8 月,先后改名为"中国科学院上海分院图书馆"及"中国科学院华东分院图书馆",隶属华东分院领导,业务上则受中国科学院图书馆指导。1970 年划归上海市科技组领导,改称"上海科技图书馆"。

1978 年 3 月 23 日起重新归属中国科学院后,更名为"中国科学院上海图书馆"。1987 年,改名为"中国科学院上海文献情报中心",它既是中国科学院上海地区文献情报中心,同时也是中国科学院生物科学文献情报中心。

2002 年 5 月,信息中心与上海图书馆/上海科学技术情报研究所共建了生命科学图书馆,设置了读者服务部、资源建设部、咨询研究部、上海科技查新咨询中心、中国生物学文献数据库部;2002 年 6 月,整合入中国科学院上海生命科学研究院,定名为中国科学院上海生命科学信息中心(以下简称信息中心)。信息中心系中国科学院上海生命科学研究院成员单位之一,下设生命科学图书馆、情报研究中心、生命科学期刊社、网络管理部、学会工作部五个业务板块。

2004 年,上海科技查新咨询中心认定为中国科学院上海科技查新咨询中心。2005 年 5 月与上海浦东新区政府、药物所在上海浦东张江高科技园区共建了浦东分馆。2005 年,为加强对缺藏文献需求的服务,推进馆际合作,成立了文献服务部;2006 年,为进一步推进基于网络的信息化和学科服务,读者服务部与资源建设部合并为信息服务部;同年,为贯彻建设创新型国家战略,开展了科技情报和知识产权信息服务,成立了竞争情报部。

二、行业科技信息服务机构

【上海市医学科学技术情报研究所】

1959 年创建,原名上海市医学科学技术情报研究站,1980 年改为现名,是上海市卫生局直属的具有独立法人资格的全民所有制事业单位。2006 年底,增挂"上海市卫生发展研究中心"(以下简称"中心")牌子,实行"两块牌子、一套班子"的管理模式。所(中心)内设医学科学情报研究部(查新办)、卫生政策研究部、科研事务服务部、期刊部、事业发展部和综合管理办公室,主要业务包括医学科技情报分析研究与咨询服务、卫生政策研究与课题管理、医药卫生项目查新检索和咨询、医学科技管理、医学科技情报期刊编辑出版、公益性信息情报服务等。

【上海市轻工业科技情报研究所】

1982年成立,专业从事科技情报收集整理研究、市场调查研究、投资项目可行性研究、新产品开发可行性研究、企业合资合作可行性分析/竞争对手情况分析、企业管理和决策咨询等工作。该所有经济科技类专业技术人员31人,占全所职工总数97%,其中高级职称的资深专家14人,占专业技术人员总数的45%;含上海市注册咨询专家7人,占专业技术人员总数的23%,涉猎计算机、信息管理、电机、食品、化学、光学、照明、硅酸盐、外语、工商管理、经济管理、系统工程等众多学科。

【上海市化工科学技术情报研究所】

1980年成立,致力于跟踪世界化工科技水平和经济发展潮流,研究分析国内外化工行业发展趋势和化工前沿科技发展方向,着力搭建情报信息交流平台,为政府决策提供咨询,为企业发展提供支持,建立五大情报支撑体系:决策情报、规划情报、科技情报、市场情报、服务情报。先后荣获国家级科技情报成果奖、部市级科技进步奖、部市级科技情报成果奖等多项嘉奖,享誉海内外。

【上海市农业科学院农业科技信息研究所】

前身为科技情报研究所,于1985年在上海市农业科学院科技情报研究室基础上建立,同年,经市科委、市农委批准,肩负起上海农业发展咨询研究中心的职责。1994年,科技情报研究所改名为农业科技信息研究所。2011年3月,农业科技信息研究所与数字农业工程技术研究中心合署办公。研究所设有综合办公室、数字农业工程技术研究中心(暨上海数字农业工程与技术研究中心)、都市农业研究中心(暨农业经济研究室)、《上海农业学报》《食用菌》《上海农业科技》《上海蔬菜》编辑室、图书馆、网络信息中心等部门。

三、上海科技信息服务网络

上海科学技术情报研究所于1958年成立后,上海市科委就着手逐步建立上海科技情报网络。1959年3月,第一次上海科技情报工作会议在科学会堂召开,贯彻全国科技情报工作会议精神。会议通过了《关于加强上海科技情报工作的意见》,明确上海科学技术情报研究所是全市的科技情报中心。1960年11月,上海召开第二次科技情报工作会议。会议确定科技情报工作应紧密围绕增产节约运动,为保粮、保钢、保尖端的科学技术服务,要有计划、有重点、有系统地了解与掌握世界先进水平及其发展动向。会议制定3个文件:《上海市1961年摸清主要学科水平任务表》《国内外科技文献翻译选题》《上海市重大科技成果登记制度》,还通过《当前开展情报工作意见》的报告。

1979年10月,上海市科技情报学会成立是依法成立、具有独立法人资格的上海市科技情报工作者的学术性群众团体,其宗旨是团结、组织全体会员和广大科技情报工作者,积极开展多种形式的学术研究与交流,宣传普及科技情报知识,促进科技知识的普及和信息资源的开发利用;促进科学技术信息事业面向社会、面向经济、面向科技;促进科技情报事业的繁荣与情报科学的发展,振兴科学技术和社会经济,为社会主义市场经济的繁荣与发展服务。

1985年,上海建立起较为健全的科技情报网络,主要有三方面:一是以市、局、公司、基层的科技情报单位组成的市内科技情报网,有800多个单位,专职人员6 500多人。二是以机电、化工、仪表、冶金、交通、医药、建材、一轻、二轻、电力、航天、农业等行业或专业为特点的跨系统、跨省市的科技情报网,这样的情报网在上海约有70个。三是上海经济区科技情报中心,它是在国务院上海经济区规划办公室倡导下,由上海经济区内各省市科技情报所为加强横向联系,寻求合作,自愿组织起来的,共有68个成员单位参加,秘书处设在上海。1988年,上海有专业科技情报工作人员8000余人,初步形成了一个纵横交错、上下贯通的全市科技情报工作体系和网络。上海市共有科技情报机构和部门近千个,分布在工业、交通、财贸、农业等几十个系统。它们根据各自特点分层次地开展工作,以相互通过行政、业务和其他形式进行技术、学术和信息的联系沟通,实行多种形式的情报业务协作,初步显示了上海科技情报工作的整体效能。1988年,上海市工业系统13个专业科技情报所成立了具有法人资格的"上海市工业系统科技情报集团",标志着上海市科技情报网络开始由"松散"型向"紧密"型迈出了新的一步。科技情报队伍不断发展壮大,达到近万人的规模,其中专职科技情报人员有6 500多人,占全国科技情报人员总数的10%,高、中、初级人员也有了较为合理的配比。为提高情报人员业务水平、更新知识,上海市积极创造条件,不断通过多种渠道和形式,开展多层次的情报业务培训。

20世纪90年代中期以来,随着体制改革的深入,许多工业局、公司转制组建控股集团公司。一些从属于局、公司的行业情报机构事业经费逐年削减,转而从事各项创收活动。有的机构依托企业集团,如上海化工情报所依托华谊集团、上海机电情报所依托上海电气集团。有的机构重组归并,如上海轻工业局情报所和二轻局情报所合并成上海轻工科技情报所,先归属于上海轻工控股集团,后于2010年因轻工集团的分拆重组划归上海同盛投资(集团)有限公司。有的机构撤销,如上海仪表局情报所因下海经商,试图以副养主,结果主副全丢。归属基本未变的是非工业系统(如医药、铁路、农业等)的行业情报机构,但服务内容和对象也有许多调整。而作为协调管理全市科技情报机构的上海市科委情报处,随着上海科技情报所机构归属的变化也自然消失。

2005年5月10日,上海情报服务平台正式推出新版。新版网站在原先八大产业坐标:信息产业、汽车产业、化学工业、材料工业、装备制造业、生物与医药、能源与环境、现代服务业的基础上,增加了以"第一情报"为统帅的五个情报坐标——情报资源、第一情报、城市竞争情报、知识产权情报和竞争情报。推出了技术"专题";为注册用户精选内容,提供"每周信息参考";针对查新、市场调研等服务项目,提供在线表单下载、填写。推出"情报专家导航""科技论坛精粹""情报合作联盟""产业资源知识图"等服务。

2010年9月,30家发起单位齐聚上海图书馆,召开上海行业情报发展联盟成立大会。同年11月,由上海科学技术情报研究所牵头、以上海市科技情报学会为核心、中国科学院上海科技查新咨询中心、上海市浦东科技信息中心、中国科学院上海光学精密机械研究所、上海市化工科学技术情报研究所、上海海事大学图书馆、上海市机电科技情报研究所等多家情报研究机构共同参与的上海行业情报服务网(www.hyqb.sh.cn)顺利建成并正式开通。上海行业情报服务网通过整合情报服务机构的资源优势和服务能力,全面提升面向中小企业用户的情报服务能级,扩大情报服务面,满足企业自主创新的情报需求,助推上海市、长三角乃至全国中小企业的科技研发和自主创新。

第二章 研发基地与基础设施

第一节 研 发 基 地

一、国家重点实验室

国家重点实验室作为国家科技创新体系的重要组成部分,是国家组织高水平基础研究和应用基础研究、聚集和培养优秀科学家、开展高层次学术交流的重要基地。国家计委于1984年起正式启动了国家重点实验室建设计划。从1989年起,国家自然科学基金委员会受国家计委和国家科委的委托,对国家重点实验室进行了评估。1999年,科技部根据当时的情况修订了《国家重点实验室评估规则》。国家自然科学基金委员会采用了新的评估综合指标体系对化学学科的18个国家重点实验室和11个部门开放实验室进行了评估。2002年,科技部颁发《国家重点实验室建设与管理暂行办法》。2003年起,科技部开始在基础好、实力强、水平高的研究型大学和科研院所高起点建设国家实验室。2003年7月21日印发了新的《国家重点实验室评估规则》,并在2004年开始的新一轮的国家重点实验室评估中使用。2008年3月3日科技部、财政部联合宣布,设立国家重点实验室专项经费,持续稳定支持基础研究和前沿技术研究,制定发布《国家重点实验室专项经费管理办法》,规范专项经费的管理,提高资金使用效率。2008年8月29日,科技部和财政部发布《关于印发〈国家重点实验室建设与运行管理办法〉的通知》。为进一步规范国家重点实验室的评估工作,更好地发挥实验室评估的导向作用,不断增强国家重点实验室的科技创新能力,2008年12月17日科技部修订发布《国家重点实验室评估规则》。

"七五"期间(1986—1990年),上海有13个国家重点实验室陆续投入建设,其中7个建成,向国内外开放。在此期间,国家对上海国家重点实验室累计投资(含自筹)6 210万元。至2010年,上海共有国家重点实验室40个。在历年国家科技部组织的评估工作中,上海共有9个国家重点实验室被评为"优秀",约占全国"优秀"类总数的33%。

表 3 - 2 - 1　1978—2010 年上海市国家重点实验室情况表

序号	实验室名称	领域	依 托 单 位	成立时间(年)
1	遗传工程国家重点实验室	生命	复旦大学	1984
2	三束材料改性国家重点实验室	材料	复旦大学	1988
3	应用表面物理国家重点实验室	信息	复旦大学	1990
4	专用集成电路与系统国家重点实验室	信息	复旦大学	1991
5	医学神经生物学国家重点实验室	生命	复旦大学上海医学院	1992
6	海洋工程国家重点实验室	工程	上海交通大学	1985
7	癌基因及相关基因国家重点实验室	生命	上海交通大学医学院(上海市肿瘤研究所)	1985

（续表）

序号	实验室名称	领域	依 托 单 位	成立时间(年)
8	金属基复合材料国家重点实验室	材料	上海交通大学	1989
9	区域光纤通信网国家重点实验室	信息	上海交通大学	1991
10	机械系统与振动国家重点实验室	工程	上海交通大学	1991
11	医学基因组学国家重点实验室	生命	上海交通大学医学院	2001
12	人类基因组研究国家重点实验室	生命	上海交通大学医学院	1994
13	河口海岸国家重点实验室	地学	华东师范大学	1991
14	精密光谱科学与技术国家重点实验室	信息	华东师范大学	2007
15	土木工程防灾国家重点实验室	工程	同济大学	1988
16	污染控制与资源化研究国家重点实验室	工程	同济大学	1991
17	海洋地质国家重点实验室	地学	同济大学	2004
18	化学工程国家重点联合实验室	化学	华东理工大学	1987
19	生物反应器工程国家重点实验室	生命	华东理工大学	1991
20	传感技术联合国家重点实验室	信息	中国科学院上海微系统与信息技术研究所	1987
21	信息功能材料国家重点实验室	材料	中国科学院上海微系统与信息技术研究所	1991
22	生命有机化学国家重点实验室	材料	中国科学院上海有机化学研究所	1989
23	金属有机化学国家重点实验室	化学	中国科学院上海有机化学研究所	2000
24	分子生物学国家重点实验室	生命	中国科学院上海生科院生化细胞所	1984
25	植物分子遗传国家重点实验室	生命	中国科学院上海生科院植生所	1986
26	红外物理国家重点实验室	信息	中国科学院上海技术物理研究所	1990
27	纤维材料改性国家重点实验室	材料	东华大学	1991
28	高性能陶瓷和超微结构国家重点实验室	材料	中国科学院上海硅酸盐研究所	1991
29	新药研究国家重点实验室	生命	中国科学院上海药物研究所	1991
30	强场激光物理国家重点实验室	数理	中国科学院上海光学精密机械研究所	2004
31	医学免疫学国家重点实验室	生命	第二军医大学	2006
32	神经科学国家重点实验室	生命	中国科学院上海生科院神经所	2007
33	创新药物与制药工艺企业国家重点实验室	生命	上海医药工业研究院	2007
34	先导化合物研究企业国家重点实验室	生命	上海药明康德新药开发有限公司	2007
35	抗体药物企业国家重点实验室（筹）	生命	上海张江生物技术有限公司	2010

(续表)

序号	实验室名称	领域	依托单位	成立时间(年)
36	汽车钢板材料企业国家重点实验室(筹)	材料	上海宝钢集团有限公司	2010
37	航运技术与安全企业国家重点实验室(筹)	信息	上海船舶运输科学研究所	2010
38	特种电缆制备企业国家重点实验室(筹)	工程	上海电缆研究所	2010
39	民用飞机模拟飞行企业国家重点实验室(筹)	信息	中国商用飞机有限责任公司	2010
40	乳业生物技术企业国家重点实验室(筹)	生命	上海光明乳业股份有限公司	2010

二、上海市重点实验室

上海市科委自"七五"计划期间建成 7 个国家重点实验室以来,为适应上海经济发展及生产结构调整的需要,根据上海市科技发展方针,加强科技自身发展和建设做好科技储备,促进高新技术领域的探索,"八五"期间,集中资金 3 000 万元,重点支持上海市地方科研单位、地方大专院校中,以应用研究为主并有一定基础条件的 20 个实验室建设为上海市重点实验室。1990 年,为加强对重点实验室的管理,确保实验室建设目标顺利实现,上海市科委制定了《上海市重点实验室建设管理办法》(以下简称《办法》)。该《办法》分为 6 章(总则、申请条件、申请步骤、实施办法、管理和其他),其主要内容为集中财力、物力,投向基础好又有开发能力的科研院所和大专院校;实验室应有具备较高水平的学科带头人和必备条件与基础,依托单位能保证实验室运行;申请实验室资助单位须填报实验室建设项目申请书,由主管部门审批后报市科委,在组织专家组评审及综合平衡后经市科委审批同意签订建设合同等。

2003 年初,为了切实发挥"项目、人才、基地"三要素中基地的重要作用,针对国家和上海市重点实验室的体系现状和未来发展需求,包括在建设和运行过程中所发挥的作用、取得的绩效和存在的不足,上海市科委组织了专项调研,起草了《关于进一步加强在沪重点实验室建设和管理的若干意见》,提出要结合上海的优势学科领域和上海产业发展的需要,按照"重点支持、整合资源、开放竞争"的原则,加强重点实验室建设。要坚持"三高一优两重点",即依托高水平研究机构、高校和高科技企业,提升优秀的部门(行业)重点实验室,重点支持具有瞄准学科前沿,提高原始创新能力的专门学科实验室和集成关键性、原创性科技能力的跨学科重点实验室的建设水平。2003 年 10 月 8 日上海市科委印发《上海市重点实验室建设和管理办法》,2009 年上海市科委修订和完善了《上海市重点实验室建设与管理办法》《上海市重点实验室评估实施细则》,制定了《上海市重点实验室运行经费使用实施细则》。至 2010 年,上海共建成市重点实验室 81 个。2010 年,市科委根据《上海市重点实验室建设和运行管理办法》和《上海市重点实验室评估实施细则》,委托上海市科技项目(评估)管理中心对 28 个上海市重点实验室(生物医药领域)开展了评估。其中上海市口腔医学重点实验室、上海市内分泌肿瘤重点实验室、上海市脑功能基因组学重点实验室、上海市化学生物学(芳香杂环)重点实验室等 4 个实验室被评为"优秀"类实验室,上海市胚胎与生殖工程重点实验室、上海市血管生物学重点实验室、上海市抗感染药物研究重点实验室等3个实验室被评为"一般"类实验室，其他21个实验室被评为"良好"类实验室。

表3-2-2　1978—2010年上海市重点实验室情况表

序号	实验室名称	领域	依 托 单 位	成立时间(年)
1	上海市药物(中药)代谢产物研究重点实验室	生命	第二军医大学	2007
2	上海市免疫学研究重点实验室(国家重点实验室)	生命	第二军医大学	2007
3	上海市医学生物防护重点实验室	生命	第二军医大学	2007
4	上海市周围神经显微外科重点实验室	生命	复旦大学附属华山医院	2005
5	上海市脑功能基因组学重点实验室(教育部)	生命	华东师范大学	2001
6	上海市能源作物育种及应用重点实验室	生命	上海大学	2007
7	上海市胚胎与生殖工程重点实验室	生命	上海交通大学附属儿童医院	1992
8	上海市兽医生物技术重点实验室	生命	上海交通大学农学院	1990
9	上海市内分泌肿瘤重点实验室	生命	上海交通大学医学院附属瑞金医院	2007
10	上海市人类基因组研究重点实验室	生命	上海交通大学医学院附属瑞金医院	1993
11	上海市组织工程研究重点实验室(国家工程研究中心2004)	生命	上海交通大学医学院附属第九人民医院	1997
12	上海市口腔医学重点实验室	生命	上海交通大学医学院附属第九人民医院	2003
13	上海市生殖医学重点实验室	生命	上海交通大学医学院	1996
14	上海市血管生物学重点实验室	生命	上海市高血压研究所	2001
15	上海市眼底病重点实验室	生命	上海交通大学附属第一人民医院	1998
16	上海市胰腺疾病重点实验室	生命	上海交通大学附属第一人民医院	2005
17	上海市环境与儿童健康重点实验室	生命	上海交通大学医学院附属新华医院	2004
18	上海市中西医结合防治骨与关节病重点实验室	生命	上海市伤骨科研究所	1997
19	上海市复方中药重点实验室	生命	上海中医药大学	1998
20	上海市结核病(肺)重点实验室	生命	同济大学附属上海市肺科医院	2007
21	上海市医学图像处理与计算机辅助手术重点实验室	生命	复旦大学上海医学院	2006
22	上海市化学生物学(芳香杂环)重点实验室	生命	华东理工大学	2001
23	上海市农业遗传育种重点实验室	农业	上海市农业科学院	1994
24	上海市设施园艺技术重点实验室	农业	上海市农业科学院	1998

（续表）

序号	实验室名称	领域	依 托 单 位	成立时间(年)
25	上海市抗感染药物研究重点实验室	生命	上海医药工业研究院	2007
26	上海市细胞工程重点实验室（企业国家重点实验室）	生命	上海张江生物技术有限公司	2002
27	上海市分子男科学重点实验室	生命	中国科学院上海生科院生化细胞所	2007
28	上海市妇科肿瘤重点实验室	生命	上海交通大学医学院附属仁济医院	2008
29	上海市糖尿病重点实验室	生命	上海交通大学附属第六人民医院	2008
30	上海市骨科内植物重点实验室	生命	上海交通大学医学院附属第九人民医院	2008
31	上海市脏器移植基础研究重点实验室（筹）	生命	复旦大学附属中山医院	2009
32	上海市信号转导与疾病研究重点实验室（筹）	生命	同济大学	2009
33	上海市胃肠肿瘤重点实验室（筹）	生命	上海交通大学医学院附属瑞金医院	2009
34	上海市虚拟环境下的文艺创作重点实验室	社发	上海戏剧学院	2007
35	上海市声乐艺术重点实验室	社发	上海音乐学院	2007
36	上海市法医学重点实验室	社发	司法部司法鉴定科学技术研究所	2007
37	上海市现场物证重点实验室（筹）	社发	上海市公安局刑侦所	2009
38	上海市星系与宇宙学半解析研究重点实验室	天文	上海师范大学	2007
39	上海市计算机软件评测重点实验室	信息	上海计算机软件技术开发中心	1997
40	上海市特种光纤与光接入网重点实验室	信息	上海大学	1991
41	上海市智能信息处理重点实验室	信息	复旦大学、宝信软件股份有限公司	2005
42	上海市现代应用数学重点实验室	信息	复旦大学	2001
43	上海市金融信息技术研究重点实验室	信息	复旦金仕达计算机有限公司、财经大学	2003
44	上海市信息安全综合管理技术研究重点实验室	信息	上海交通大学、格尔软件股份有限公司	2002
45	上海市高可信计算重点实验室	信息	华东师范大学	2007
46	上海市数字媒体处理与传输重点实验室	信息	上海交通大学、上海文广（集团）有限公司	2005
47	上海市网络制造与企业信息化重点实验室	制造	上海交通大学、上海电信有限公司	2007
48	上海市空间导航与定位技术重点实验室	制造	中国科学院上海天文台	2006

（续表）

序号	实验室名称	领域	依 托 单 位	成立时间(年)
49	上海市功能磁共振成像重点实验室	制造	华东师范大学	2005
50	上海市电站自动化技术重点实验室	制造	上海大学、上海电力学院	2007
51	上海市机械自动化及机器人重点实验室	制造	上海大学	1997
52	上海市力学在能源工程中应用重点实验室	制造	上海大学	2006
53	上海市电磁兼容重点实验室	制造	上海计量测试技术研究院	2002
54	上海市在线检测与控制技术重点实验室	制造	上海计量测试技术研究院	1994
55	上海市激光制造与材料改性重点实验室	制造	上海交通大学	2006
56	上海市数字化汽车车身工程重点实验室	制造	上海交通大学、上海汽车工业(集团)公司	2003
57	上海市电气绝缘与热老化重点实验室	制造	上海交通大学、上海汽轮机有限公司	2004
58	上海市现代光学系统重点实验室	制造	上海理工大学	2007
59	上海市空间飞行器机构重点实验室	制造	上海宇航系统工程研究所	2006
60	上海市船舶工程重点实验室	制造	中国船舶工业集团公司第七〇八研究所	2006
61	上海市低温超导高频腔技术实验室	制造	中国科学院上海应用物理研究所	2002
62	上海市激光束精细加工重点实验室	制造	上海市激光技术研究所	1990
63	上海市全固态激光器与应用重点实验室	制造	中国科学院上海光学精密机械研究所	2008
64	上海市空间智能控制技术重点实验室	制造	上海航天控制工程研究所	2009
65	上海市核电重点实验室	制造	上海核工业研究院	2009
66	上海市分子催化和功能材料重点实验室	材料	复旦大学	2002
67	上海市金属功能材料开发应用重点实验室	材料	同济大学	1995
68	上海市工程材料应用与评价重点实验室	材料	上海材料研究所	2001
69	上海市钢铁冶金新技术重点实验室	材料	上海大学	1995
70	上海市特殊人工微结构材料重点实验室	材料	同济大学、上海航天技术研究院	2007
71	上海市稀土功能材料重点实验室	材料	上海师范大学	2007
72	上海市先进聚合物材料重点实验室(筹)	材料	华东理工大学	2008

(续表)

序号	实验室名称	领域	依 托 单 位	成立时间(年)
73	上海市绿色化学与化工过程绿色化重点实验室	环境	华东师范大学	2002
74	上海市城市化生态过程与生态恢复重点实验室	环境	华东师范大学	2007
75	上海市道路工程重点实验室	环境	上海市市政工程研究院	1990
76	上海市结构工程新技术重点实验室	环境	上海建筑科学研究院(集团)有限公司	1992
77	上海市医学真菌分子生物学重点实验室(筹)	生命	第二军医大学附属长征医院	2010
78	上海市中医临床重点实验室(筹)	生命	上海中医药大学附属曙光医院	2010
79	上海市女性生殖内分泌相关疾病重点实验室(筹)	生命	复旦大学附属妇产科医院	2010
80	上海市可扩展计算与系统重点实验室(筹)	信息	上海交通大学	2010
81	上海市功能性材料化学重点实验室(筹)	材料	华东理工大学	2010

三、国家工程技术研究中心

为了探索科技与经济结合的新途径,加强科技成果向生产力转化的中心环节,缩短成果转化的周期,同时面向企业规模生产的实际需要,提高现有科技成果的成熟性、配套性和工程化水平,加速企业生产技术改造,促进产品更新换代,为企业引进、消化和吸收国外先进技术提供基本技术支撑,1993年2月4日国家科委颁发《国家工程技术研究中心暂行管理办法》。1994年上海成立第一家依托中国科学院上海冶金研究所的"国家金属薄膜功能材料工程技术研究中心"。1997年华东理工大学参与"国家生化工程技术研究中心"建设,设立"上海中心"。2009年华东理工大学参与建设"国家盐湖资源综合利用工程技术研究中心(上海)"。至2010年,上海共有国家工程技术研究中心15家,参与建设2家。

表 3-2-3　1978—2010 年国家工程技术研究中心情况表

序号	国家工程技术研究中心	依 托 单 位	成立时间(年)
1	国家金属薄膜功能材料工程技术研究中心	中国科学院上海冶金研究所	1994
2	国家生化工程技术研究中心(上海)	华东理工大学	1997
3	国家中药制药工程技术研究中心	上海中药制药技术有限公司	1998
4	国家家禽工程技术研究中心	上海市新杨种畜禽场	2000
5	国家染整工程技术研究中心	东华大学	2000
6	国家信息安全工程技术研究中心	上海信息安全工程技术研究中心	2001

序号	国家工程技术研究中心	依 托 单 位	成立时间(年)
7	国家光刻设备工程技术研究中心	上海微电子装备有限公司	2002
8	国家磁悬浮交通工程技术研究中心	上海磁悬浮交通发展有限公司	2006
9	国家燃料电池汽车及动力系统工程技术研究中心	同济大学	2007
10	国家宽带网络与应用工程技术研究中心	上海未来宽带技术及应用工程研究中心有限公司	2008
11	国家盐湖资源综合利用工程技术研究中心（上海）	华东理工大学	2009
12	国家中小型电机及系统工程技术研究中心	上海电器科学研究院	2009
13	国家海上起重铺管核心装备工程技术研究中心	上海振华重工(集团)股份有限公司	2009
14	国家食用菌工程技术研究中心	上海市农业科学院	2009
15	国家民用飞机工程技术研究中心	中国商用飞机有限责任公司	2009
16	国家设施农业工程技术研究中心	上海都市绿色工程有限公司	2010
17	国家半导体应用系统工程技术研究中心	上海科学院	2010

四、上海工程技术研究中心

为了增加申请国家工程技术研究中心的储备，上海加大市工程技术研究中心的建设力度，2005年，上海市科委起草了《上海工程技术研究中心建设和管理办法》，并围绕高新技术、关键共性技术和公益性技术研究，根据上海现有科技优势和有关产业需求，筹建了药物代谢等7个工程技术研究中心。2006年1月6日，上海市科委正式颁发《上海工程技术研究中心建设与管理办法（暂行）》。2006年，首个国家射频识别（RFID）产业化基地、国家数字媒体技术产业化（上海）基地、国家863软件专业孵化器（上海）基地、全国第一家以集成电路设计为专业特色的国家高新技术创业中心等一批国家基地相继建立，为上海在生态环境、生命健康、先进制造、数字城市等领域的项目研发和产业化提供支撑。至2010年，上海累计批准建设93个上海工程技术研究中心，覆盖全市九大高新技术产业化领域中的主要攻关内容，带动上海市各产业链上相关企业的技术进步，培养和储备优秀的科研和技术团队，实现产业化关键瓶颈的持续突破，切实增强产业发展后劲。

表3-2-4 1978—2010年上海工程技术研究中心情况表

序号	上海工程技术研究中心	依 托 单 位	成立时间(年)
1	半导体照明工程技术研究中心	上海科学院、张江(集团)公司	2005
2	平板显示工程技术研究中心	上海广电电子股份有限公司	2005
3	太阳能工程技术研究中心	上海太阳能科技有限公司	2005
4	抗体工程技术研究中心	上海中信国健药业有限公司	2005

（续表）

序号	上海工程技术研究中心	依 托 单 位	成立时间(年)
5	复方中药(绿谷)工程技术研究中心	绿谷(集团)有限公司	2005
6	中药制剂(汇仁)工程技术研究中心	汇仁(集团)有限公司	2005
7	药物代谢工程技术研究中心	上海新药研究开发中心、中国科学院上海药物研究所	2005
8	上海分子治疗与新药创制工程技术研究中心	华东师范大学	2006
9	上海抗艾滋病病毒药物工程技术研究中心	上海迪赛诺医药发展有限公司	2006
10	上海稳定性同位素工程技术研究中心	上海化工研究院	2006
11	上海电动汽车工程技术研究中心	同济大学	2006
12	上海宽带无线移动通信工程技术研究中心	上海无线通信研究中心	2006
13	上海新能源汽车检测工程技术研究中心	上海机动车检测中心	2006
14	上海建筑改建与持续利用工程技术研究中心	上海市第四建筑有限公司	2006
15	上海超级电容器工程技术研究中心	上海奥威科技开发有限公司	2007
16	上海电机系统节能工程技术研究中心	上海电器科学研究所(集团)有限公司	2007
17	上海高压电器工程技术研究中心	上海思源电气股份有限公司	2007
18	上海天然气供应保障及高效利用工程技术研究中心	上海航天能源有限公司	2007
19	上海盾构工程技术研究中心	上海盾构设计试验研究中心有限公司	2007
20	上海轨道交通工程技术研究中心	上海轨道交通设备发展有限公司	2007
21	上海嵌入式系统应用工程技术研究中心	上海计算机软件技术开发中心	2005
22	上海港口机械工程技术研究中心	上海振华港口机械(集团)股份有限公司	2008
23	上海汽车电驱动工程技术研究中心	上海电驱动有限公司	2008
24	上海核电装备工程技术研究中心	上海重型机器厂有限公司	2008
25	上海建筑节能工程技术研究中心	上海建筑科学研究院(集团)有限公司	2008
26	上海风电工程技术研究中心	上海电气风电设备有限公司	2008
27	上海数字农业工程技术研究中心	上海市农业科学院	2008
28	上海设施农业工程技术研究中心	同济大学	2008
29	上海热交换系统节能工程技术研究中心	上海电力学院	2008
30	上海无机能源材料与电源工程技术研究中心	中国科学院上海硅酸盐研究所	2008
31	上海资源环境新材料及应用工程技术研究中心	上海大学	2008

（续表）

序号	上海工程技术研究中心	依托单位	成立时间(年)
32	上海绿色化学工程技术研究中心	中国科学院上海有机化学研究所	2008
33	上海 Med-X 重大疾病物理治疗和检测设备工程技术研究中心	上海交通大学	2008
34	上海射频识别工程技术研究中心	上海集成电路技术与产业促进中心	2009
35	上海移动电话系统设计与测试工程技术研究中心	上海中通标通信技术有限公司	2009
36	上海基础软件工程技术研究中心	上海中标软件有限公司	2009
37	上海航运物流信息工程技术研究中心	上海海事大学	2009
38	上海制造业能源管理系统工程技术研究中心	上海宝信软件股份有限公司	2009
39	上海集成电路制造设备和工艺材料工程化应用工程技术研究中心	上海集成电路研发中心有限公司	2009
40	上海煤基多联产工程技术研究中心	上海华谊(集团)公司	2009
41	上海轨道交通通信信号工程技术研究中心	上海铁路通信工厂	2009
42	上海超导传输线工程技术研究中心	上海电缆研究所	2009
43	上海镁材料及应用工程技术研究中心	上海交通大学	2009
44	上海中药固体制剂创新工程技术研究中心	上海和黄药业有限公司	2009
45	上海免疫诊断试剂工程技术研究中心	上海科华生物工程股份有限公司	2009
46	上海市水产养殖工程技术研究中心	上海海洋大学	2009
47	上海乳业生物工程技术研究中心	上海光明乳业股份有限公司	2009
48	上海可控环境农业工程技术研究中心	上海电气(集团)总公司	2009
49	上海道路交通智能诱导系统工程技术研究中心	上海电科智能系统股份有限公司	2009
50	上海生活垃圾处理和资源化工程技术研究中心	上海市环境工程设计科学研究院有限公司	2009
51	上海工业固体废弃物资源化利用工程技术研究中心	上海市建筑科学研究院(集团)有限公司	2009
52	上海卫生信息工程技术研究中心	上海市卫生局信息中心	2009
53	上海智能电网用户端设备与系统工程技术研究中心	上海电器科学研究所(集团)有限公司	2010
54	上海节能工业锅炉工程技术研究中心	上海工业锅炉研究所	2010
55	上海航天工艺与装备工程技术研究中心	上海航天设备制造总厂	2010
56	上海商用飞机发动机工程技术研究中心	中航商用飞机发动机有限责任公司	2010
57	上海数控装备工程技术研究中心	上海电气集团股份有限公司中央研究院	2010

（续表）

序号	上海工程技术研究中心	依 托 单 位	成立时间(年)
58	上海激光加工装备工程技术研究中心	上海团结普瑞玛激光设备有限公司	2010
59	上海光电玻璃装备工程技术研究中心	中国建材国际工程集团有限公司	2010
60	上海仓储物流设备工程技术研究中心	上海精星仓储设备工程有限公司	2010
61	上海动力与储能电池系统工程技术研究中心	上海空间电源研究所	2010
62	上海特种轴承工程技术研究中心	上海市轴承技术研究所	2010
63	上海电力能源转换工程技术研究中心	上海市电力公司	2010
64	上海电站泵工程技术研究中心	上海凯泉泵业(集团)有限公司	2010
65	上海活性天然产物制备工程技术研究中心	第二军医大学	2010
66	上海呼吸系统药物工程技术研究中心	上海医药工业研究院	2010
67	上海模式动物工程技术研究中心	上海南方模式生物研究中心	2010
68	上海光子生物医学设备工程技术研究中心	上海康奥实业发展有限公司	2010
69	上海转基因动物育种与制药工程技术研究中心	上海杰隆生物工程股份有限公司	2010
70	上海生物样本库工程技术研究中心	上海医药临床研究中心	2010
71	上海激光医学设备工程技术研究中心	上海市激光技术研究所	2010
72	上海消能减震工程技术研究中心	上海材料研究所	2010
73	上海粉末冶金汽车材料工程技术研究中心	上海汽车粉末冶金有限公司	2010
74	上海绿色路面材料工程技术研究中心	上海建设机场道路工程有限公司	2010
75	上海石油管工程技术研究中心	海隆石油工业集团有限公司	2010
76	上海防腐蚀新材料工程技术研究中心	华东理工大学华昌聚合物有限公司	2010
77	上海金属材料改性工程技术研究中心	上海市机械制造工艺研究所有限公司	2010
78	上海表面纳米工程技术研究中心	上海宝钢工业检测公司	2010
79	上海汽车用塑料材料工程技术研究中心	上海普利特复合材料股份有限公司	2010
80	上海电子政务工程技术研究中心	万达信息股份有限公司	2010
81	上海传感用特种光纤与应用工程技术研究中心	上海亨通光电科技有限公司	2010
82	上海数字化教育装备工程技术研究中心	华东师范大学	2010
83	上海创意产品设计工程技术研究中心	上海工程技术大学	2010
84	上海互动媒体工程技术研究中心	上海文广互动电视有限公司	2010
85	上海防伪工程技术研究中心	上海复旦天臣新技术有限公司	2010
86	上海三维动画技术与创意设计工程技术研究中心	上海幻维数码创意科技有限公司	2010

（续表）

序号	上海工程技术研究中心	依托单位	成立时间(年)
87	上海激光影像工程技术研究中心	上海三鑫科技发展有限公司	2010
88	上海低碳农业工程技术研究中心	上海市农业科学院	2010
89	上海城市植物资源开发应用工程技术研究中心	上海植物园	2010
90	上海黄酒工程技术研究中心	上海金枫酒业股份有限公司	2010
91	上海城市雨洪管理工程技术研究中心	上海市城市建设设计研究院	2010
92	上海地面沉降控制工程技术研究中心	上海市地质勘查技术研究院	2010
93	上海轨道交通网络化运营工程技术研究中心	上海申通地铁集团有限公司	2010

第二节 大科学装置

大科学装置是指通过较大规模投入和工程建设来完成,建成后通过长期的稳定运行和持续的科学技术活动,实现重要科学技术目标的大型设施。

一、上海光源

2004 年 12 月 25 日,上海光源(上海同步辐射装置),即 SSRF(Shanghai Synchrotron Radiation Facility),在浦东张江高科技园区开工建设,这是国内第一个由国家和地方(上海市)共建的大科学工程,总投资约 14.4 亿元。2009 年 4 月 29 日,中国第一台性能居国际一流水平的第三代同步辐射装置——上海光源举行竣工典礼。5 月 6 日,首批 7 条光束线和实验站向用户试开放。在首轮试开放的 39 天内,上海光源开机率 93.8％,无故障平均运行时间 25.2 小时,故障平均持续时间 1.8 小时,达到或超过国际同类装置第一年运行水平。首轮开放接待用户 640 人次,执行 60 个单位的 163 个课题,涉及生命、材料、医学和环境等 10 多个学科。至当年年底,共接待用户 1 520 人次。2010 年 1 月 19 日下午,上海光源在上海顺利通过国家验收,标志着中国这一性能指标达到世界一流的中能第三代同步辐射光源,历经十年立项和五十二个月紧张建设,全面、优质、按期完成工程建设任务,正式对中外各学科领域的科研用户开放。

作为国家级大科学装置和多学科的实验平台,上海光源由全能量注入器(包括 150 MeV 电子直线加速器、周长 180 米的全能量增强器和注入/引出系统)、电子储存环(周长 432 米,能量 3.5 GeV)、光束线和实验站组成。上海光源能量位居世界第四(仅次于日本 SPring-8、美国 APS、欧洲 ESRF),性能超过同能区现有的第三代同步辐射光源,是世界上正在建造或设计中的性能最好的中能光源之一。

上海光源建造规模符合中国国情,投资适中,在宽广的光子能区具有好的性能价格比。光子能量范围优化在 0.1～40 KeV。在 5～20 KeV 的硬 X 射线区,其耀度可接近大而昂贵的 6～8 GeV 的第三代光源。在 1～5 KeV 能谱范围内的耀度居世界最高之列;上海光源具有建设 60 条以上光束线和上百个实验站的能力,可同时提供从远红外线、紫外线,到硬 X 射线等不同波长的高亮度光束,每年供光机时将超过 5 000 小时,每天可容纳几百名科研人员在各自的实验站上使用同步辐射光,进行多学科前沿研究和高新技术开发应用。科学寿命大于 30 年。

同步辐射装置为许多前沿学科领域的研究提供了一种最先进又不可替代的工具。利用同步辐射实验技术开展实验研究所涉及的学科之众多,应用的领域之广泛,是其他大科学装置无法比拟的。科学家利用上海光源装置,可破解生物大分子三维结构,揭示蛋白质空间结构,为正在到来的"后基因组时代"生命科学研究创造优良条件,使中国生命科学迅速进入结构分子生物学的世界前列,并从"源头"上促进中国医学、制药和生物技术产业的创新发展。利用上海光源的 X 光显微成像和断层扫描成像技术,可直接获取亚细胞结构图像,给中国科学家提供全新的生命动态视野,这可能成为 21 世纪初中国生命科学的光辉里程碑。用上海光源中的高亮度 X 射线光束,可揭示材料中原子的精确构造,以便设计出更多丰富人们生活的新颖材料。用上海光源中的双色减影心血管造影技术,可为心血管疾患作快速清晰的早期诊断。利用上海光源中的 X 射线深度刻蚀光刻技术,可制造肉眼难以看清的微型马达、微型齿轮、微型传感器、微型泵阀和微型医用器件等。上海光源装置建成后,直接带动中国电子工业、精密机械加工业、超大系统自动控制技术、高稳定建筑技术及其他相关工业的快速发展。

二、上海超级计算中心

上海超级计算中心(SSC,Shanghai Supercomputer Center)成立于 2000 年 12 月,是 2000 年上海市一号工程——上海信息港主体工程之一,由上海市政府投资建设,位于浦东张江高科技开发园区内。它是国内第一个面向社会开放、资源共享、设施一流、功能齐全的高性能计算公共服务平台,至 2010 年拥有曙光 4 000 A(2004 年世界排名第十)和"魔方"(曙光 5 000 A,2008 年世界排名第十、亚洲第一)等 3 台超级计算机。其中,2009 年 6 月部署的峰值速度 200 万亿次/秒的"魔方"(曙光 5 000 A),在公布的全球高性能计算机 TOP500 排行榜中名列第十,使上海超级计算中心跃升为世界上计算能力最强的高性能计算中心之一。该中心同时配备丰富的科学和工程计算软件,致力于为国家科技进步和企业创新提供高端计算服务。自投入运行以来,该中心为上海市的各个行业提供了大量的高性能计算应用服务,主机资源得到充分有效的利用,在气象预报、药物设计、生命科学、汽车、新材料、土木工程、物理、化学、航空航天、船舶等 10 个应用领域取得了一批重大成果,充分发挥了公共服务平台的重要作用。同时,上海超级计算中心立足上海,面向全国,为各地的工程科研院所和多所知名大学等超过 350 家用户,提供了随需应变的高性能计算资源、技术支持和高级技术咨询服务,支持了一大批国家和地方政府的重大科学研究、工程和企业新产品研发,在汽车、航空、钢铁、核能、市政工程、新材料、生物制药、天文、物理、化学等多个领域取得了大批重大成果。

三、上海地面交通工具风洞中心

以同济大学汽车学院为依托,由同济大学承建的上海地面交通工具风洞中心项目是上海市重大产业科技攻关项目,得到了国家发改委、科技部、财政部、教育部和上海市政府的大力支持。项目总建筑面积 35 137 平方米,总投资为 4.9 亿人民币,2004 年 12 月立项,2009 年 7 月 1 日投入试运营。

　　项目总体目标是建设具有国际一流水平的公共性汽车和轨道车辆技术平台,包括国内首座汽车气动声学整车风洞、国内首座热环境整车风洞和一个集汽车造型、加工、设备维护、科研和管理于一体的多功能中心。建成后的风洞中心与同济大学新能源汽车工程中心、上海汽车质量检测中心、汽车试验场共同组成具有国际一流水准、配套齐全的地面交通工具测试研究基地。

　　风洞是汽车和轨道交通车辆自主研发所不可缺少的重大基础设施,是中国汽车工业从制造走向设计的标志性装备平台。风洞中心能够进行包括轿车、客车、SUV、卡车在内的各类汽车整车和零部件、轨道车辆模型等系列试验,以优化造型,降低油耗;提高车辆行驶安全性和操纵稳定性;控制车辆内外空气动力噪声;实现优化发动机冷却系统及空调系统等目的;可在较短的时间内完成车型开发、改性设计和热力学性能测评等内容。除支持汽车企业外,还为中国高速列车自主研发和大飞机项目提供不可缺少的关键技术支撑平台。建成后的风洞在噪声控制、地面模拟、空气动力测量精度、环境模拟等关键技术指标上均达到世界领先水平,并拥有风洞项目的全部自主知识产权。

第三章 技 术 市 场

1981 年底，上海市首次在一轻、手工系统举办科技协作交流会。1982 年，又举办全市性的科技协作交流会，为科研单位与生产单位之间转让技术，进行技术贸易创造了条件，取得良好效果。之后，各种形式的技术贸易活动纷纷出现。到 1984 年，全市技术交易额达 1.8 亿元。各系统的技术贸易机构也相继建立。

第一节　技术市场政策与法规

1985 年 3 月，中共中央颁布《关于科学技术体制改革的决定》，明确指出：要"促进技术成果的商品化、开拓技术市场，以适应社会主义商品经济的发展"。这一年，上海技术市场发展迅速，技术交易额达 5.8 亿元，比上年增加 2 倍多。以后 3 年中，技术市场稳步发展，管理逐步完善。1986—1990 年，上海市技术市场处于稳定发展阶段，逐步形成体系，成为科技发展中不可忽视的支撑力量。这一时期，市政府颁发《上海市技术转让实施办法》《上海市技术服务和技术培训管理办法》《上海市技术合同登记管理暂行办法》《上海市专利纠纷调处暂行办法》等；市科委和市财政局颁发《上海市专利基金试行办法》；市外经贸委和市科委还发布《上海市技术出口暂行办法》等一系列法规。至此，技术市场的法制建设逐步趋向完善，初步走上法制轨道。1992 年上海制定《关于支持科技进步的财税政策的规定》《关于扶植技术市场的有关补充规定》等，规范技术市场的行为，对参与技术交易活动在税收上给予优惠，提高对科技人员奖酬金的比例，大大调动了科研院所、大专院校、技贸机构和企业的积极性。

1995 年，上海技术市场框架支撑体系进一步得到加强。4 月，上海市人大审议通过颁布实施《上海市技术市场条例》后，先后进行 3 次广泛宣传活动，由市科委领导参加《条例》出台的座谈；与市人大教科文卫委联合召开宣讲会；7 月 1 日《条例》实施日，各区、县、局开展各种形式的咨询活动。通过各种活动，宣传了《条例》，增强法制观念，规范市场行为。为贯彻、落实《条例》，上海市科委着手制订《上海市技术市场基金管理暂行办法》和《上海市技术交易服务机构许可证暂行办法》等相应配套规章。

2003 年 6 月 26 日，上海市第十二届人民代表大会常务委员会第五次会议通过了《关于修改〈上海市技术市场条例〉的决定》，修改后的条例更加符合改革不断深化及中国加入世贸组织后的要求，为营造上海技术市场法制环境提供了法律依据。上海市科委根据《合同法》和《上海市技术市场条例》要求，积极会同上海市工商、财税、物价等部门开展调研，共同研究，制定出 2003 版上海技术合同示范文本，并与上海市工商局联合拟制《关于推行使用技术合同示范文本的通知》，进一步规范了技术交易行为，从源头上减少合同纠纷，确保了合同的正常履行。同时，与上海市税务局协调，对有关技术市场政策进行梳理，共同制定发布《关于技术开发、技术转让项目免征营业税的实施意见》和《关于技术转让合同认定登记实施办法》。2008 年，上海市科委与市工商、财税等部门对 2003 版技术合同示范文本中不适当的条款进行完善，形成了 2008 版技术合同示范文本。2010 年 12 月 20 日，根据上海市政府令第 52 号，修正并重新发布《上海市技术合同登记管理暂行办法》。

第二节　技术市场监管

1986年5月,成立"上海市技术市场协调指导小组",由市科委、市经委、市建委、市农委、市总工会、市计委等10多个部门参加组建,对全市的技术市场活动进行组织、协调和指导。1987年10月建立"上海市科技协作联合办公室",由市科委和市协作办领导,上海科技开发交流中心、上海科技咨询服务中心、上海高校科技服务中心、中国科学院上海分院技术服务部、上海市离退休专业人员咨询服务协调委员会等单位组成,办事机构设于上海科技开发交流中心,主要是开展全国性的技术协作。1989年9月,上海市技术市场管理办公室成立,统一管理全市技术市场,原上海市技术市场协调指导小组由新建立的管理办公室替代。至1990年底,全市设立24个技术合同登记处。

1992年,在国家对技术市场的"放开、搞活、扶植、引导"方针指导下,市科委与财政、税务、工商、银行等协同管理部门建立联席会议制度,共同探讨上海市技术市场发展中的问题。依托技术经纪人事务所、无形资产评估事务所、技术合同仲裁委员会、科技法律咨询服务部等技术交易服务机构,构筑成一个较为完善的技术市场保障体系。1994年,为加强技术市场基础建设与建立健全技术市场管理服务运行体系,按照国家科委要求,相继在嘉定区、浦东新区、黄浦区、杨浦区成立区级技术市场管理办公室。除崇明县外,建立区县级技术市场管理办公室16个,遍布全市的技术合同登记处扩建到39个。1996年,为进一步完善技术市场,根据《上海市技术市场条例》,对技术交易提供场所、中介、评估等技术服务机构实行许可证制度,进一步做好技术交易服务机构管理工作。加强对乡镇企业技术交易活动的扶植和培养,建立农村技术市场信息网络,初步探索以大城市为依托的郊县农村技术市场模式。为开拓技术市场,加速科技成果转化,进一步加强与外省市的合作,特别是与周边地区的合作。

2000年,对技术开发、技术转让及从属于它的技术咨询和技术服务实行免征营业税,政策倾斜激发了全市各行各业从事"四技"活动的积极性。上海技术交易所、上海技术产权交易所等做好技术与资本相结合的工作,交易内容从成果买卖、技术入股,发展到股权出让、产权置换等,吸引科研院校、中小企业竞相进场。2003年,市场办在全市各区县科委、各系统设立34个技术合同登记处,负责技术合同的认定登记工作。完善技术合同审批制度,拟制技术合同免征营业税审批程序。2004年,上海市技术市场管理办公室通过办好开通技术合同网上预审、印发《上海市技术合同认定登记办事指南》、开展执法检查、推进技术经纪人培训等一系列实事,将"服务政府、责任政府、法治政府"工作落到实处。2005年,上海市技术市场办公室对技术市场管理和经营人员进行定期培训,并前往各登记处进行各类政策宣讲和业务指导,组织宣传培训人员达300多人次;对于各登记处新进人员,进行技术市场管理方面的上岗培训和考核;对于技术合同登记处工作人员,组织其进行上岗证的年检;此外,还定期组织全市技术市场管理人员参加"新知识、新技术"讲座,以丰富管理人员的业务知识。2005年底,技术市场网络的二期建设完成,技术合同可全部实行网上预审,同时还增加了信息发布、登记处网上论坛、网站的各种统计分析等功能。随着网上预审功能的逐步拓展,为进一步参与国家科技基础条件平台和上海研发公共服务平台的建设打下基础。

2006年,上海技术市场加强市场体系中监管层、交易层和经纪层的衔接和互动。率先推进规范技术市场秩序试点工作,积极营造科技创新的法制环境;率先推出技术交易实时显示系统,将科技创新资源集聚到上海研发公共服务平台技术转移子系统中,进一步发挥科技资源优化配置作用。2006年9月,市场办推出了全国首创的"技术交易实时显示系统",得到了科技部和市领导的充分肯定;率先推行促进技术经纪新机制,成立了上海市执业经纪人协会技术经纪专业委员会,出台了《上海市技术经纪发展促进资金管理办法》。2007年,上海市技术市场管理办公室积极探索,通过不断丰富扩展上海研发公共服务平台技术转移系统的实时显示功能,及时反映重大产业项目在技术市场供需和交易的情况,聚焦重点产业,展示技术市场发展趋势。此外,为配合"36条"配套政策的落实,市场办按照上海市科委"全覆盖、全过程、全透明"的要求,将政策法规、办事流程等相关内容整合至科技成果转化服务中心"一门式"服务平台。通过多种途径,多种方式让办事单位更便捷和全面地了解并享受政策,从而降低办事单位享受政策的成本,为企业自主创新能力提升提供保障。2007年,上海积极探索建立完全按《公司法》要求建立以市场化方式运作的技术经纪公司。截至2007年底,上海市培养技术经纪人近900人,成立技术经纪公司22家。

2008年,上海制定了《上海市技术合同登记处资质认定规范》,对全市各登记处重新进行资质评估和全面规范管理。对上海市技术合同网上预审网站进行了全面改版,将全国技术合同网上登记(上海部分)整合入其中,推出全新的技术合同信息服务系统,使合同信息的本地化使用更加便捷。还制定了《医药类、船舶类、软件类的技术合同认定指导意见》,使得《技术合同认定规则》在落实过程中更加符合上海本地的实际情况。编写了《2007年上海技术市场统计年报》,并组织了上海市技术交易指标体系的研究,新指标体系增加了体现上海科技发展特色的指标,可针对性地查询和归纳分析上海市技术市场的发展现状和趋势。2009年初,上海市技术市场办公室根据上海市科技党委、上海市科委关于"助企业、促创新、渡难关"的十项措施安排,协同各相关部门做好优惠政策落实工作,包括:与上海市财税相关部门加强联系,建立了沟通协调机制,帮助企事业单位享受税收优惠政策;联合浦东、徐汇等企业较聚集的区县科委,组织开展了多场技术市场优惠政策宣讲会。2009年8月,上海市教委、上海市科委和杨浦区政府签订了三方共建协议书,联合筹建上海高校技术市场。2009年,上海市技术市场办公室邀请上海市政府法制办、上海市工商局、上海市仲裁委、上海市科委体改处等有关部门的负责人,组织了多场行政执法培训讲座。在完成编制技术市场行政处罚程序、行政处罚法律文书的基础上,专门开辟了救济渠道,设立了投诉电话和举报邮箱。在全市各登记处试行推广《医药、船舶、计算机软件类技术合同认定指导意见》的基础上,制定了具体的疑难合同专家评审流程,成立了技术专家和合同专家2个评审小组,采取分级审批流程,确保重大疑难技术合同认定工作的公正性和科学性。在上海市技术合同信息服务系统基础上,进一步优化系统功能,针对不同用户的需求,全面升级了系统服务界面,确保用户能快速查询到所需信息。该系统点击数量全年累计超过20万次,用户注册累计超过3 300家。同时,在现有网络答疑的基础上,又开通了对外咨询服务热线,全年接听来电咨询超过5 000个。

2010年,上海市技术市场管理办公室立足"培育、引导、规范、提高"八字方针,为促进成果转化、繁荣技术市场做出了应有的贡献。继续强化队伍建设,开展行政执法培训、技术市场管理与经营工作培训、上岗证考核和业务培训工作,参加全国技术转移公共政策与实务培训等;不断规范合同认定流程,确保程序公正,拟订《技术合同审批管理办法》,对技术合同审批采用个人审批和办公室复审相结合,并形成技术合同认定指导意见,在上海市高校中试点推行技术咨询、技术服务合同简易程序等;细致做好法律法规规章制度的修订完善工作,如修订《技术合同认定规则》和《上海市技术合同登记管理暂行办法》等;做好统计分析工作,加强政策理论研究,在做好上海市技术合同统计年报的基础上,承担并完成了上海市科技发展基金软科学研究项目"上海技术市场现状及政策效应研究";创新工作方法,更好地服务企业,开展多场技术市场政策宣讲和技术合同认定登记实务培训,试点简化合同认定登记程序等;加强与法制、工商、税务、仲裁等部门机构的定期会商和沟通机制,确保技术市场各项政策的顺利落实。

第三节　技术市场交易

1978 年以后,通过科研经济合同制的实行,一些科研单位在选题上开始注重与生产的结合,使科研成果能被生产单位采用,推动了科研为生产服务,促进科研与生产的结合。同时,科研单位加强了经济管理,注意了市场,使科技向社会化方向发展。1981 年 9 月 3—18 日,市科委在上海工人文化宫举办轻工、手工(二轻)行业的科技协作交流会。这两个工业系统提出 567 项技术关键难题,有 443 项与有关科研单位建立了联系。1982 年 2 月 12 日—3 月 15 日,市政府和市科委举办全市性的上海市科技协作交流会,有 22 个系统、500 多个单位参加展出,展出科技成果 2 600 余项,提出生产难题 1 200 余项,会上签订合同 900 多项。1983 年 5 月 26 日,成立上海科学技术开发交流中心。该中心的主要任务是组织好"四个转移"工作,即科学技术由实验室向工厂转移,军用向民用转移,国外向国内转移,沿海向内地转移。1984 年,举办上海市微电子技术及应用展览会和上海市新技术交流洽谈会等技术交易活动,到年底,技术交易金额达 1.8 亿元。1985 年,上海把开放技术市场、技术商品化等作为科技体制改革的突破口来抓,举办 1985 年技术市场交易会、上海化工技术贸易洽谈会等,参加在北京举办的首届全国技术成果交易会。上海第一家以技术成果作为商品的上海科技开发交流中心常设技术市场正式开张,专利技术进入技术市场,全市技术贸易额达到了 5.8 亿元。1986 年,举办上海市技术市场学术讨论会、国内第一届激光应用专业市场、上海应用技术成果转让洽谈会等。11 月 28 日—12 月 2 日,150 多位上海市人大代表视察上海技术市场。1987 年,第五届上海对外贸易洽谈会首次设立"技术出口角",举办上海科技成果、生产资料交易会、中国首次专利技术交易会、1987 年电子工业技术交易会等。1988 年,上海对外贸易洽谈会"技术出口角"发展为"技术出口馆",在香港举办上海技术展示贸易洽谈会,上海的技术市场交易额达 6.3 亿。1989 年,举办上海市重点行业产品对比展览会、上海市科技系统双增双节义务咨询日等,全市技术贸易额为 6.06 亿元,技术出口(包括硬件)成交额达 2.3 亿美元。

1990 年,上海市政府颁发《上海市技术合同登记管理暂行办法》,召开上海市技术合同登记工作会议。在全市设立 24 个技术合同登记点,登记技术合同 15 937 项,合同成交额为 5.15 亿元,技术出口成交额为 7 000 万美元。1991 年,举办大型和跨省、市区域性技术交易会活动 8 次。首届上海科技博览会,汇集全市 35 000 项科技新成果,签订技术合同 25 023 项,技术合同成交额达 9.33 亿元。形成高新技术和适用技术兼蓄,全民、集体、私营并存,大、中、小乡镇企业投入的多层次、多渠道的技术贸易网络。1992 年,在国家对技术市场的"放开、搞活、扶植、引导"方针指导下,建立市科委与财政、税务、工商、银行等协同管理部门的联席会议制度,共同探讨上海市技术市场发展中的问题;经登记的各类技术合同 32 731 项,合同成交额达 15.25 亿元。1993 年,举办 1993 年中国新科技成果专利产品博览会、第二届上海科技节博览会。12 月成立的上海技术交易所,是由国家科技部和上海市政府共同组建的国内首家国家级常设技术市场,注重为中小企业技术创新和发展提供公共服务,为技术供需双方提供个性化解决方案。全市登记技术合同 2.55 万项,技术合同成交金额 20.32 亿元。1994 年,以上海技术交易所为龙头,牵头协调组成以中介、服务为内容的各类专业性技术市场——上海工业技术市场、上海化工市场、专利市场、上海人才技术市场、全国高校技术市场、区县科技市场。经认定登记的技术合同 2.51 万项,技术合同成交总金额 22.09 亿元。1995

年,依靠金融融资支撑,支持科技成果产业化的重大举措"上海技术市场基金"启动。对技术交易提供场所、中介、经纪、评估等技术交易服务机构实行许可证制度。全年技术合同成交额达 23.04 亿元,技术合同成交数 2.1 万余份。1996 年,上海技术交易所使传统的技术交易走向现代化。它拥有全国联网的计算机信息系统,电子告示牌、电子广播不断向客户告示各种信息;电子邮件系统迅速沟通全国范围内供需联系,使异地交易变得快捷。加强对乡镇企业技术交易活动的扶植和培养,建立农村技术市场信息网络,探索以大城市为依托的郊县农村技术市场模式。经认定登记的"四技"合同为 20 074 项,合同成交额达 25.65 亿元。1997 年,上海技术经纪人事务所、无形资产评估事务所、会计师事务所、审计师事务所的建立,技术合同仲裁、专利咨询、科技法律咨询、科技保险等技术市场服务保障体系的部署配套,为技术市场的发展构筑一个优化而有序的外部环境。各类技术交易服务机构迅速发展,达 7 000 多家,从业人员 15 万,成为新的国民经济增长点。上海技术交易成交 1.89 万项,成交额 28.76 亿元。1998 年,对技术合同登记人员的上岗培训,对技术市场管理人员和经营干部的职业培训,对技术经纪人的业务培训,从各个层次同时展开。全年组织策划技术交易活动 95 场次,其中涉外活动 9 场次、专题技术交易活动 15 场次、本市技术交易活动 32 场次、跨地区技术交易活动 22 场次。全市经认定登记的技术交易项目达 18 364 项,成交金额为 31.41 亿元。1999 年,市科委与市工商局联手,举办技术经纪人培训班 5 期,413 人取得《经纪资格证书》和《技术经纪资格证书》。市技术市场管理办公室举办《合同法》培训班 15 期,共有 1 000 人次参加培训。上海技术交易所建立为中小企业服务的专家队伍,开通电子信息网络、企业查询传真服务网络、国家级技术交易机构网络和国际技术交流网络。组织技术交易活动达 76 场次,其中涉外技术交易活动 4 场次、专题技术交易活动 18 场次、本市技术交易活动 35 场次、跨地区技术交易活动 42 场次。成立上海技术产权交易所,通过资本运作,为科技项目解决融资难题。经登记的技术合同项目达 19 721 项,成交额达 36.63 亿元。

2000 年,举办技术市场管理经营人员培训班,300 多人参加学习;举办 6 期技术经纪人培训班,316 人参加培训;举办国际质量体系认证讲习班(ISO 系列讲习班)。技术交易所组织技术交易活动 121 场次,其中涉外技术交易活动 6 次。经认定的技术合同达 20 974 项,成交金额 73.90 亿元。2001 年,参与和举办技术市场管理人员和技术经纪人培训,成立上海市经纪人协会,建立全市技术经纪人登记档案。实行技术项目委托代理制,实现国内 11 个技术交易所间技术项目代理,促进先进技术区域间转移。经认定的技术交易项目 23 816 项,成交额 106.16 亿元。2002 年,与全国各省市中介服务和技术交易机构建立广泛联系,承办和参与各种形式的技术交易活动 91 场次,联合国中小企业技术网中国门户网站一期工程基本完成。经认定的技术交易项目达 26 010 项,成交金额 120.22 亿元。2003 年,上海技术交易所被评为第一届中国技术市场协会金桥奖先进集体,联合国中小企业技术网中国门户网站正式开通。经认定的技术交易项目达 27 292 项,成交金额 142.78 亿元。2004 年,举办上海市首届专利及高新技术成果专场拍卖会、首届长三角高新技术项目交易洽谈会等,上海技交所工博会"技术留售"服务正式启动,上海国际技术转移信息平台网站开通。经认定的技术交易项目达 27 327 项,交易金额 171.70 亿元。

2005 年,开通上海技术市场交易信息系统,实现对上海市技术交易量的实时统计和发布等。开通联合国亚太中小企业创业网,方便中国的中小企业与国际交流、获得信息及服务。经认定的技术合同数达 30 290 项,交易金额达 231.73 亿元。2006 年,率先推出技术交易实时显示系统,率先推行促进技术经纪新机制,成立上海市执业经纪人协会技术经纪专业委员会,开通运行上海技术经纪公共服务网。经认定的技术合同数达 28 191 项,技术交易额为 344.43 亿元。2007 年,上海市技术合同网上预审系统全面开通,上海市技术经纪公共服务网改版升级,建立 11 个创新驿站。经认定的登记技术合同为 27 698 项,成交金额达 432.64 亿元。2008 年,上海技术交易所等 7 家单位入选首批国家技术转移示范机构,接近全国(76 家)的 1/10。成立上海技术转移服务联盟,推出全新的技术合同信息服务系统。经认定的技术合同项目达 28 713 项,成交总额达到 485.75 亿元。2009 年,上海农村产权交易所揭牌成立,同时开通农村产权网络信息专业服务平台,举办上海专利技术交易大会等活动,共建创新驿站 19 个。经认定的技术合同为 27 109 项,成交金额为 489.86 亿元。2010 年,上海经认定登记的技术合同 26 185 项,成交金额 525.45 亿元。1 月 16 日,上海高校技术市场成立。11 月 17 日,上海市技术市场协会成立。截至 2010 年底,上海技术交易所共建创新驿站 22 个。

表 3-3-1　1995—2010 年各类技术合同情况表　　　　　　　　　　　金额:亿元

年　份	类　别	合　计	技术开发	技术转让	技术咨询	技术服务
1995	项目	21 213	1 915	775	3 672	14 851
	金额	23.04	4.14	1.57	2.12	15.21
1996	项目	20 074	1 841	823	3 821	13 589
	金额	25.65	4.38	1.50	2.81	16.97
1997	项目	18 863	1 643	1 037	3 569	12 614
	金额	28.76	5.72	2.14	3.28	17.61
1998	项目	18 364	1 206	919	3 235	13 004
	金额	31.41	4.55	2.58	2.44	21.85
1999	项目	19 721	1 158	937	3 993	13 633
	金额	36.63	3.68	3.50	3.24	26.21
2000	项目	20 974	1 561	888	3 905	14 620
	金额	73.90	9.96	36.44	3.51	23.99
2001	项目	23 816	2 385	1 294	5 012	15 125
	金额	106.16	28.24	50.71	4.63	22.58
2002	项目	26 010	2 984	1 156	4 983	16 887
	金额	120.22	45.40	46.18	4.63	24.01
2003	项目	27 292	3 512	2 112	5 306	16 362
	金额	142.78	50.96	50.79	6.11	34.92
2004	项目	27 327	4 398	2 453	4 814	15 662
	金额	171.70	61.31	42.32	6.00	62.07
2005	项目	30 290	5 256	2 444	4 753	17 837
	金额	231.73	87.47	110.08	6.42	27.76
2006	项目	28 191	6 165	2 172	3 592	16 262
	金额	344.43	142.79	165.18	7.60	28.86

（续表）

年 份	类 别	合 计	技术开发	技术转让	技术咨询	技术服务
2007	项目	27 742	6 425	2 133	3 086	16 098
	金额	432.64	181.50	212.49	5.50	33.15
2008	项目	28 713	7 154	1 749	3 873	15 937
	金额	485.75	213.24	229.53	6.41	36.57
2009	项目	27 109	8 071	1 549	3 034	14 455
	金额	489.86	266.30	174.34	5.39	43.83
2010	项目	26 185	8 894	1 370	2 685	13 236
	金额	525.45	264.68	213.86	4.93	41.98

第四章　研发公共服务平台

第一节　研发平台建设

2004 年,上海市科委在《科技创新登山行动计划》中明确了上海研发公共服务平台的建设任务。2004 年 7 月 14 日,上海研发公共服务平台(简称"研发平台")建设推进大会召开,开通了研发平台试运行对外服务。研发平台依托以"上海科技服务导航"为标志的门户网站(www.sgst.cn),由科学数据共享、科技文献服务、仪器设施共用、资源条件保障、试验基地协作、专业技术服务、行业检测服务、技术转移服务、创业孵化服务和管理决策支持十大系统组成。2007 年 6 月,由研发平台牵头建设的长三角大型科学仪器设备协作共用网(www.csjpt.cn)正式开通。8 月 16 日经上海市十二届人大常委会第三十八次会议表决通过《上海市促进大型科学仪器设施共享规定》(简称"《共享规定》"),明确了信息报送、新购评议、共享服务评估和奖励等制度和政策。

2008 年,上海首次按照《共享规定》实施共享服务奖励。上海市科委组织专家对申请奖励的共享服务进行了严格的审查和精确的计算,44 个单位的 409 台(套)仪器设施的共享服务获得了奖励,获奖励的共享服务数达 3.92 万次,年度奖励资金总额达到 405.2 万元。其中,9 所高校共获得奖励 68.8 万元,占 17%;22 家科研院所获得奖励 218.6 万元,占 53.9%,13 家企业获得奖励 117.8 万元,占 29.1%。这些奖励资金集中用于仪器设施的维护、仪器操作人员的补贴及培训。2010 年,研发平台十大服务系统全部开通,形成较强的服务能力,服务体系建设日趋完善。按照国家技术创新工程实施方案的总体要求,研发平台加大力度引导、支持创新要素向企业集聚,提高产业核心竞争力,全面提升科技创新效率,并不断提高服务长三角、服务全国的能力。截至 2010 年底,研发平台依托区县科委、高新园区、行业协会、创业孵化器等机构,逐步建立了由全市 18 个区县服务中心、52 个服务站点、7 家行业协会、30 个高新园区、12 家技术创新服务平台和 786 家加盟服务机构组成覆盖全市的服务推广体系。研发平台在生命科学、化学化工、电子信息、先进制造、中医药和资源环境等领域进行科学数据共享分系统建设,自建和新建科学数据库总数据量超过 3.1 TB;加盟研发平台的 786 家服务机构覆盖生物医药、新材料、软件信息、先进装备制造、精细化工等各个高新技术产业。网上登记的 30 万元以上大型科学仪器 5 805 台。研发平台还集聚了全市 32 家主要文献图书情报机构,包括 34 家国家级检测中心在内的各类检测机构、235 家各类重点实验室和工程中心、78 家专业技术服务平台、数十家技术转移服务机构和创业孵化服务机构等,有效地推动了科技资源使用率。服务对象覆盖了全国各省市自治区(包括港澳台地区),知名度与影响力波及海外,"科技 114"品牌形象得到进一步巩固。研发平台 6 年来累计对外服务达到了 2 880 万次,注册用户数达到 31.4 万户。

第二节　研发平台十大系统

2004 年 7 月 14 日,上海研发公共服务平台建设推进大会召开,开通了研发平台试运行对外服务。研发平台由科技文献服务、科学数据共享、仪器设施共用、资源条件保障、试验基地协作、专业技术服务、行业检测服务、技术转移服务、创业孵化服务和管理决策支持十大系统组成。

一、科技文献服务系统

科技文献服务系统是一项科技综合情报咨询与信息分析支持系统,可为用户提供一站式信息服务。该系统为用户提供科技信息资源在线联合目录查询和跨系统数据库检索服务,组织联合采购和专题信息数据库建设,建立馆际互借和网络化原文远程传递体系、虚拟参考咨询和用户培训系统、情报咨询与查证系统等。

2005年上海科技文献资源库汇集了全市五十多家综合或科技图书馆、科技情报所、知识产权和技术标准机构的科技文献资源:外文期刊(电子版)1万多种,外文期刊(印刷版)15 900种,上海科技期刊300多种(最新目次),专业检索数据库100多个,专业网站导航近2万个,可检索中国标准文献60万件,可检索国内科技会议资料40万件。2006年,研发平台科技文献服务系统先后联合CALIS、NSTL、CSDL及万方数据公司等四大文献系统,编制了跨四大系统和上海城域的西文期刊联合目录,联合上海市馆藏资源丰富的图书馆,建成了由28家加盟单位服务信息构成的文献服务信息库。并在引入万方文献数据的基础上,根据用户的需求,引入了标准全文库、会议论文全文库(中西文)、医药专利全文库等多种符合企业创新需求的文献资源,免费为中小企业和科技人员提供在线服务。全年文献系统在线查询次数达到95 508次,文献下载量达154 339篇,数据量达41 537 MB,实现线下的全文传递服务502 486篇次。以"科技文献综合服务卡"的方式,为中小型高科技企业提供中文文献服务。截至2007年12月底,外文文献数据库更新到13 852 813篇,数字化期刊全文数据库更新到7 892 513篇,中国会议论文全文数据库更新到452 566篇,中国学位论文全文数据库更新到691 425篇。全年共有199万人次使用平台提供的科技文献服务,科技文献服务卡注册用户30 684人,申请文献传递922 845篇。

2010年,研发平台文献系统再添新产品——标准文献服务系统正式开通试运行。标准文献服务系统是面向全市中小企业的可在线提供标准文献题录检索、全文阅读、购买、咨询及有效性查证等一站式服务的服务系统,它包括中国国家标准、中国行业标准、地方标准和国外标准等,涵盖医药、石油、能源、电子元器件与信息技术、通信、航空航天、环境保护等众多行业。通过该系统,用户能在线浏览存放于上海市标准化研究院服务器上的60余万条信息,系统提供标准号、检索词、中国标准分类号、国际标准分类号、标准品种、采用标准等多种检索途径,帮助用户寻找所需求的标准。用户只需一次登录研发平台检索页面,即可完成对上海市标准化研究院题录数据库的检索,实现标准文献信息异地共享查询。

二、科学数据共享系统

2005年,科学数据共享系统完成自建特色数据库40多个,实现了5 000多个国内外数据库和300多个专业数据分析软件的目录导航系统,建成了生命科学数据在线分析平台7个。2006年,科学数据共享系统继续定位在生命科学、化学化工、环境资源、先进制造、电子信息、中医药六大领域,以资源整合为主线、加强数据服务的规范管理为目标进行建设。截至年底,数据库从原有的47个增至65个,可提供共享服务的数据量增加了0.218 TB,总计可提供的共享服务的数据量为5.628 TB,编写元数据381条。同时,平台制定了规范标准及管理办法10余篇,内容主要涉及数据服务、数据管理和系统建设等规范。

2007年,生命科学领域新增数据资源达100 GB,中医药领域数据资源新增约200 MB,化学化工领域新增约80万条数据记录。在对外服务方面,化学化工数据中心新增注册用户达10 090个,数据库数据检索达195 240人次。2010年,上海地震科学数据共享服务平台依托市地震局,由市地震局、上海大学、上海市计算科学研究所共同完成。该平台于10月1日正式投入使用。

三、仪器设施共用系统

2005年,仪器设施共用系统有712台设备上网,设备总价值约18亿元。2006年,仪器设施共用系统新增了仪器的数据传输、加工和查询(比对现有数据库)功能,实现了从试验测试到数据分析的一条龙服务,用户使用便捷,并完善了现有后台管理功能,提高了规范服务和管理质量。2007年,仪器设施共用系统在资源汇聚、服务能效等方面都取得了稳步提升,服务区域覆盖除青海省及港澳台地区外的各省、自治区和直辖市。围绕《上海市促进大型科学仪器设施共享规定》的实施,组织开发了大型科学仪器信息填报系统,完善了仪器设施共用服务系统功能。结合用户需求,对仪器信息内容结构、管理单位填报流程等进行了调整,完善了仪器设施加盟入网的流程,扩大了仪器共享系统的资源量,提高了仪器信息的权威性、可信度,提升了信息公开、服务共享等功能。

2010年,《上海市促进大型科学仪器设施共享规定》及其4个相关配套办法的深入落实,进一步提高了科技公共投入的产出效率。截至年底,平台汇集的仪器总量达5 805台(套)、仪器原值总计约57.93亿元,分别比2007年底《规定》出台前增长了300%和185%。

四、资源条件保障系统

根据上海市实验条件和自然资源的学科领域、区域分布特点,构建以实验条件保障和自然资源保存利用为目标的服务保障系统。

2005年,建设实验动物和模式生物中心,提高上海实验动物的生产服务、实验研究、种质保存、质检技术及模式生物研发技术水平;构筑特种化学试剂服务平台,开展仪器分析专用试剂、超高纯试剂、微电子化学品等高尖端特种试剂的研制等。2006年,引入国家科技基础条件平台关于自然资源的分类体系和数据标准,以实物资源的信息共享为突破,强调资源拥有单位的对外公共服务建设,为相关的研究机构和企业提供各类服务。同时,根据各类实物资源的特点,开展了实物资源共享和服务的管理规范、组建服务联盟、资源的准入机制等各种管理制度的研究。当年加盟资源条件保障系统的服务单位有12家,资源类型涉及实验动物、模式生物、试验细胞、试剂、人类重要遗传物质等。

2007年,整合模式生物、化学试剂、实验细胞、农业种质、动植物病原和人类基因等相关资源。上海南方模式生物研究中心、中国科学院上海生命科学研究院细胞资源中心、上海农业生物基因中心、上海化学试剂研究所、国药集团化学试剂有限公司、上海人类基因组研究中心等加盟研发平台并对外提供服务,可对外提供人类基因全长ORF克隆、农业生物种质、渔业动植物病原、标准化细胞株、标准物质和遗传工程小鼠等实物资源及定制服务。2010年,经过组织动员、培训宣讲、在线填报、校核审核、汇交研讨、数据上报6个阶段,23家委办的119家单位上报涉及人员、仪器、研究实验基地、生物种质、科学数据等更新数据并通过审核,数据更新上报完成率达100%。为进一步分析科技资源的分布、利用现状与问题,开展了上海科技基础条件资源配置状况与分析研究专题工作,并整理出上海各区县的科技创新资源数据集,为各区县的科技管理工作提供参考。

五、试验基地协作系统

试验基地协作系统于 2005 年立项研发。由上海软件中心、上海万达公司、上海科技信息中心为承担单位,联合上海市智能信息处理重点实验室、信息安全综合管理技术研究重点实验室、金融信息技术重点实验室组成项目研发团队。该系统围绕"一个试验基地基础共享库,工程应用和科学研究两类协作模式,协作、管理和公众 3 个工作门户,嵌入式、金融信息、研究和信息安全四项示范应用"进行建设,推动了嵌入式系统与软件、金融信息等产学研联盟的形成,并取得了协作系统软件著作权。整个系统于 2006 年 4 月完成分析设计(原型分析),7 月完成主要编码,9 月完成系统测试,并进行内部试运行。试验基地基础信息库采集导入了上海市包括核心层、紧密层、联系层的 832 家实验室的基本信息、示范试验基地的 21 类服务,并通过相关示范开展了 3 项服务,例如通过嵌入式示范为上海视讯科技有限公司的宽带 IPTV 研发提供服务等。

2007 年,试验基地协作系统建立了一个试验基地基础信息库,提炼了面向工程应用和面向科学研究的两类产学研协作模式,研发了面向试验基地协作共享服务的协作门户、面向管理层决策支持服务的管理门户和面向社会公众开放的公众门户三个门户,形成了嵌入式示范应用、金融信息示范应用、研究示范应用和信息安全示范应用四类示范应用。为企业和社会提供各类专业化服务共 640 项,开展各类专业技术培训共 1 460 余人次;为软件基地、企业提供咨询和技术服务 416 次,编发各种宣传简报和专业期刊 30 多期;承担科研项目 14 项,其中国家级项目 2 项,获得了 3 项软件著作权。

六、专业技术服务系统

专业技术服务系统围绕与重点产业发展相关的新兴领域,布局新建若干重要的专业技术平台,形成系统和完善的专业技术服务链。在生物、信息、新材料、先进制造和工业设计等领域,建设了新药筛选、集成电路设计、多媒体、信息安全、纳米、微机电系统等专业服务平台。例如,上海集成电路设计研究中心可提供设计工具、测试、流片等六大类专业服务,国家集成电路设计生产力促进中心累计服务全国 170 家企业,其中外地企业 98 家。

2006 年,专业技术服务系统重点探索新的服务运行机制,形成产业服务链和打造综合性服务平台,整个系统形成 28 个不同专业的技术服务平台。其中,芯片专业技术服务平台是由民办企业和政府联合投资组建,以从事公共专业技术服务为主营业务,由企业独立运营,芯片平台累积服务量达到 200 余次。同时,平台在浦东形成了针对生物医药产业的服务链,打造了从基础研究、临床前研究、临床研究到新药上市等研发不同阶段的 10 余个专业技术服务平台,涉及基因、细胞、实验动物、毒理、药筛、药效等各个环节。平台还注重发展集技术服务、成果转化服务、创业服务等的综合性服务平台,如纺织技术服务平台、浦东张江生物医药专业技术中介服务平台等。2007 年,专业技术服务系统的生物医药领域专业技术服务体系建设、上海纺织研发公共服务平台、张江生物医药企业专业技术中介服务能力建设等 8 个项目顺利通过了上海市科委验收,并对外开展服务。这些专业技术服务平台的建成对生物医药领域的中小企业的研发提供了有力的支持。面向上海创新优势产业的共性需求,重点支持新能源、环境、生物医药、电子信息等领域,以深化能源与环境、生物医药、电子信息等领域专业技术服务平台建设,以完善设计、试验、检测、推广等专业技术服务链为主要目标,设立了27个平台建设专项,促进具有较强的示范带动作用的专业技术服务平台开放,提升服务能力。同时对一些关键性技术平台进行改造和提升,建立通用标准技术和技术服务流程,为企业自主创新提供研发、设计、试验、检测、推广等服务,形成一批具有特色的专业技术服务平台。

2010年,为贯彻落实《国家技术创新工程上海市试点工作方案》,市科委从9月开始组织开展了上海市专业技术服务平台的评选工作,共涉及14个区县的128家企事业单位。经过初筛、专家评审、专家复议,最终评选出13个区县的61个平台成为首批上海市专业技术服务平台,涉及生物医药、电子信息制造、新材料、先进重大装备、软件与信息服务、新能源汽车、环境保护等产业领域。为保障工作顺利推进,研发平台还制定了《上海市专业技术服务平台评定命名的条件标准》《上海市专业技术服务平台建设与管理暂行办法》等,为下一步工作的顺利开展奠定了基础。

七、行业检测服务系统

行业检测服务系统旨在推进国家和上海市技监部门授权的具有一定资质的分析测试中心和行业检测机构提供系统全面、质量可靠的行业检测和专业测试服务,成为全市乃至长三角地区的检测服务窗口。委托认证后,出具有行政效力的检测报告,或者提交专业性的分析测试报告。同时,为用户提供检测需求咨询,促进检测机构之间的技术和服务交流。组织电力工业、有色金属、粮油制品、轻工、纺织、机电、化学、建筑材料等108家专业测试与行业检测单位入网服务。例如,新药安评中心通过国家GLP认证,自成立以来,累计接受了来自全国28个省市的210个新药的安全评价任务,其中一类新药15个。2008年,中国铁路通信信号上海工程有限公司申报的上海中铁通信信号电信检测技术公共服务平台正式加盟上海研发公共服务平台。该公司在铁路通信信号检测方面具有创新实力和业务专长,在城市轨道交通、铁路通信信号等方面形成了专业服务能力,初步形成了检测资源较为齐全、服务功能较为完整、产业特色明显的专业技术服务平台。该平台的正式加盟,有利于进一步整合社会资源,运用市场化的运作方式,拓展服务渠道,更好地为相关企业提供通信信号检测、咨询等专业技术服务。

八、技术转移服务系统

技术转移服务系统鼓励科研院所、大专院校建立技术转移中心,构建技术转移网络。该系统依托上海技术交易所和在上海的国家级技术转移中心,共同构筑集企业技术攻关项目需求发布、高校和科研院所科研成果供给、委托研发及技术成果交易等功能于一体的技术交易平台,促进技术流动和高效利用,实现与全国技术市场互动。同时,该系统组织全市从事国际技术转移的有关力量,形成上海国际技术转移联盟,构建跨单位、跨部门的国际技术转移信息服务平台,促进资源共享和技术交流合作。2010年上海技术交易成交金额超过500亿元。

九、创业孵化服务系统

2008年,上海研发公共服务平台创业孵化子平台启动。该子平台由上海市科技创业中心牵头,聚集了上海市科委及各区县科委、大学生创业基金会、创投协会、小企业服务中心、科技成果转化中心等机构及全市的 35 家孵化器,分为孵化功能、共享服务、支撑实现、协调管理 4 个系统,为中小科技企业提供包括政策、管理、金融、人力资源、开办场地及专业化支撑等在内的综合性企业孵化服务。2010 年,上海基本构建完成以"创业苗圃+孵化器+加速器"为载体的孵化服务链和以"专业孵化+创业导师+天使投资"为核心的孵化服务模式的新型孵化服务体系,组建了来自投资、管理咨询等机构的 100 多名资深人士组成的创业导师队伍,有效帮助企业发展。创业苗圃、孵化器、加速器 3 个载体针对创业企业不同的发展阶段为企业提供孵化服务。截至 2010 年底,上海共建成创业苗圃 23 家,科技企业孵化器 59 家,基地孵化面积 72.02 万平方米,孵化器资金总额 11.57 亿元,孵化专项基金 3.02 亿元;基地在孵企业 2 744 家,在孵企业研发投入 8.78 亿元,在孵企业累计获得财政资助额 27.48 亿元,在孵企业累计获得风险投资额 27.48 亿元,在孵企业从业人数 411 533 人;累计毕业企业 1 193 家。

十、管理决策支持系统

科技管理决策支持系统基于电子政务系统,建立包含国家和地方财政资助的科技项目、科技成果、科技人才、科学仪器与科学设施、科技文献等各类科技资源在内的管理决策信息支持系统,面向政府管理部门、高等院校、科研院所、企业及个人等不同用户提供分级分类的信息发布,优化配置科技资源的决策管理,减少科技资源的重复投资。上海市科委建立科技发展基金项目管理系统,在科技资源的利用和共享方面作了一些探索。2010 年市科委、市财政局、市发改委和市经信委牵头筹建的政府资助科技和产业化项目信息共享系统,经过市教委、市审改办、市农委和市卫生局等 15 家单位共同努力,实现了跨系统政府信息资源共享和高效利用。

第五章 政府决策咨询服务

第一节 软科学研究

一、软科学研究计划与项目

1979年起,上海市科学技术委员会开始组织行业、重大工程项目、重大社会问题和科技发展长远规划等的调研、预测、论证,或可行性研究。至1984年,共开展200余项这类"软课题"的研究。1986—1987年研究课题为559项,1989年为931项,平均每年完成国家部委、省市、区县委托的软科学课题480余个,约占全国的8%;据统计和测算,全市各方面对软科学研究经费投入,平均每年超过400万元,年平均增长率为6%,全社会的投入量相当于市科委对软科学研究投入量的3倍。

1991年,市科委资助93项决策咨询类"软课题",经费支出为133.55万元(包括1990年浦东开发开放专项结转资助费9.4万元),其中以浦东开发开放软科学系列研究为主的上海区、县发展规划类研究,课题数16个,占总数比例17.2%。1994年,软科学研究项目紧紧围绕上海市重大问题开展研究。同时,启动了对咨询业的管理,上海作为全国咨询业试点的方案得到了市政府的确认和国家科委的批准,上海成为国家科委批准的4个咨询业试点省市之一。1994年度列入市科委软科学研究计划的项目66项,市科委出资152.3万元,国家科委资助15万元,共167.3万元。1997年的研究方向集中在上海特定都市产业的发展模式、技术引进、政府公共政策、郊区城市化发展等问题上,以实证研究为主,加强研究的实用性。在此基础上,首次对指南项目实行公开招标,由专家小组公平评议,择优确定承担人。中标的共15项,下达经费50多万元。1998年上海市科技发展基金软科学研究项目分为招标和非招标二类,招标项目14项,安排经费59万元,非招标项目44项,安排经费128万元。

2000年,上海市科技发展基金软科学研究计划侧重于科技促进经济、社会发展和科技发展规律及政策。根据这一重点,上海市科学技术委员会发布《2000年上海市科技发展基金部分软科学研究课题指南》,提出3个方面12个领域的研究课题。通过公开招标和定向招标,有45个项目列入软科学研究计划,资助经费197.8万元,当年拨款153.2万元。2000年度软科学研究计划项目共结题验收44项,其中社会公共政策8项,技术、产业发展16项,科技政策11项,自然环境2项,科技管理4项,其他3项。2001年,重点围绕知识产权、能源环保、科技创新与体制创新等方面的战略进行研究。通过面向社会公开招标和定向资助,全年共立项资助软科学项目45项,资助经费197.8万元。2002年,重点围绕技术跨越、科技原创力提升、海外科技人才回流、科技中介功能建设、创新文化建设、若干优势领域发展战略等方面开展研究。通过面向社会公开招标和定向资助,全年共立项资助软科学项目54项,资助经费553.3万元。2003年,重点围绕"科教兴市"战略与科技宏观管理体制与机制、知识生产中心和知识服务中心的形成与推进、世界一流研究机构评价指标、提升上海企业核心技术竞争力等十二个方面开展研究。通过面向全国公开招标和定向立项,资助软科学研究项目64项,并首次吸纳了外省市力量参与研究。

2004年,根据中共上海市委《上海实施"科教兴市"战略行动纲要》,上海市科委围绕"科教兴市"主要瓶颈及其破解对策、上海科研机构布局调整与功能定位、研发服务平台运行和管理机制、产学研联合模式与机制、上海科技发展与学科建设关联性研究、重大产业化项目跟踪管理与评估方法研究等10个方面开展研究。通过面向社会公开招标与定向委托相结合,确立了"'科教兴市'战略实施评价体系与对策研究""OECD国家研究资助模式的演变及其对上海科技政策的启示""美欧科技框架计划研究""上海市'科教兴市'立法规划研究""科学发展观视野中的上海城市科技创新体系研究"等78项研究课题。同时,作为软科学研究的长期任务,技术预见工作也有新的突破,以支撑上海市中长期科技发展规划研究为重点,组织两轮全市范围内的技术预见德尔菲调查(预见期限到2020年),根据调查结果遴选出若干项上海需要优先发展的关键技术。2005年,上海市科技发展基金软科学研究项目聚焦自主创新、绩效评价、职能转变等3个主题,围绕"提高科技自主创新能力""科技创新绩效评估""专利与技术标准战略""规划编制的方法与有效实施""资源共享与知识服务""市民科技普及""科技政策与立法""研发管理体制与运行机制""创新互动与服务全国""区县科技发展与产业集群创新"等10个重点研究领域,提出了建议研究的30多个方向。通过面向社会公开招标网上在线评审,确立了"推进'科教兴市'主战略向纵深发展研究""影响上海科技自主创新能力的瓶颈制约及突破口选择研究""技术预见对区域发展贡献和影响的测评方法研究""上海知识型服务业发展模式构建和实证研究""上海市科研机构的知识产权战略及相关制度的研究""科技创新绩效评估研究"等43项重点研究项目;确立了"发展上海生物经济策略研究""面向上海市国际金融中心的金融IT产品创新体系研究"等42项定向研究项目及"区县科技进步综合评价方案研究""'十五'地方科技计划项目情况统计分析"等13项统计分析研究项目。

2006年,上海市科技发展基金软科学研究项目以"知识竞争力"为标杆,凸显"以应用为导向的自主创新"基本思路,着眼区域创新体系的建设和完善,面向自主创新政策研究和落实的需要,围绕"增强上海的知识竞争力""加快企业创新主体的到位""构建创新价值实现的市场环境""夯实创新的研发基地与服务平台"等十个重点研究领域,提出了建议研究的46个课题,力争为落实《上海中长期科技发展规划纲要》提供更加有效的科学决策依据。经过网上评审及遴选,确立了"上海知识密集制造业与高技术服务业互动发展机理和案例研究""促进上海优势领域军民融合创新机制与相关政策研究""非连续性技术创新的产学研合作机制研究""科技小巨人企业发掘和培育机制与相关政策研究——以浦东为例""上海建设区域技术创新扩散中心研究""国家实验室管理体制与运行机制研究及国际案例分析"等43项重点研究项目。对一些指向性特别明确的任务,上海市科委以邀标的方式组织优势力量开展研究,确立了"OECD区域竞争力案例研究及对上海的启示""上海海洋科技发展战略研究"等29项定向邀标研究课题。同时,还组织了"上海R&D投入统计调查的主要问题及对策研究""上海市科技进步对经济发展作用的绩效研究"等9项统计分析研究课题。这些项目研究为政府决策部门在整体上推进上海中长期科技发展规划纲要的实施,做好科技创新工作打下了良好的基础。

2007年,上海市科技发展基金软科学研究项目指南继续围绕上海中长期和"十一五"科技发展规划深入实施,根据加强创新体系建设和创新环境建设,聚焦国家战略、聚焦重大产业化项目、聚焦创新基地的总体要求,提出了"有利于促进产学研合作的信用体系建设研究""国有及民办企业总工程师队伍建设现状及对策研究""已转制应用类科研院所改革绩效评估与功能定位研究""公益类研究院所的功能定位与运行机制研究"等18个重点研究领域。经过网上评审及复审,确立了"上海产学研合作的信用体系建设研究""企业总工程师队伍建设的现状和对策研究""基于研发公共服务平台的知识服务发展战略和政策研究""创意产业研发公共服务平台的市场化运行机制研究""长三角联合推进战略产业发展的领域和路径研究"等一批指南研究项目。与此同时,对一些指向性特别明确的研究任务,市科委以邀标的方式组织优势力量开展研究,确立了"增强企业高层次技术管理人才创新推动力的对策研究""国外推进公共研究机构创新的模式和方法及对上海的启示""在沪外资研发活动对国家创新体系的影响及对策研究""上海知识密集制造业与高技术服务业发展态势与要素支撑研究""上海高新技术企业发展政策及发展效应研究"等研究项目。2007年,共计立项41项。

2008年,上海市科委通过网上公开征集项目研究建议,在专家论证的基础上,凝炼出"创新型城市的构建与创新方法研究""培育和壮大特色创新集群""知识密集型服务业相关政策研究""完善产学研相结合的技术创新体系"等9个重点研究方向作为年度招标指南对外公开发布。经过网上评审及遴选,"知识竞争力与创新型城市的评价研究""卓越创新模式及企业技术创新方法研究""创新集群内企业创新网络的构建及应用"等40个课题被列为2008年度上海市科技发展基金软科学研究重点资助项目。2009年,上海市科委对"金融危机下世界主要国家和地区科技应对战略与政策研究""研发全球化与上海研发产业发展研究""上海共性技术研发机构布局与运行机制研究"等16个研究方向进行招标,经网上评审及答辩,立项资助81项课题。2010年度软科学研究18个重点方向,包括"上海'十二五'科技发展环境研究""战略性新兴产业上海发展机遇研究""世博会上各国科技成果跟踪研究"等,评审确定50个立项项目。2010年,上海市科委在广泛征集意见和建议的基础上,组织专家研讨,凝炼确定招标指南,经公开招标、专家评审,共资助了"'十二五'期间世界科技发展新趋势研究""战略性新兴产业上海发展机遇研究"等82项课题研究。结合科技工作的热点、重点和难点问题,市科委会同相关部门和单位,围绕科技金融、高新区发展、财政科技投入、科技服务业发展及后世博科技创新等专题,深入开展调查研究,形成系列调研报告,供领导决策参考。

二、软科学研究管理

1997年,编制发布了《上海市科学技术发展基金软科学项目管理手册》,明确了从项目申报到立项、项目管理、成果管理全流程的管理规范。同年,开始为软科学研究项目的立项制定研究指南。通过向专家广泛征询建议后,先制定研究指南框架,明确主题,再以指南框架征询具体研究项目、研究内容、方案,对项目筛选后,制定年度研究指南。在上海科技网上开辟了上海市科技发展基金软科学研究栏目,通过科技网公开软科学项目管理的规范,收集项目建议,发布信息。1998年,上海市科技发展基金软科学研究项目分为招标和非招标两类,在上海科技网设立上海市科技发展基金软科学研究站点,新增了研究报告栏,加强成果的应用与交流。

2001年,上海加强了软科学专家库的建设,新增160余位专家。同时对软科学项目进行中期检查,共有31项课题通过专家评审,中止1项,未通过评审2项。2001年6月,上海科技发展研究中心正式启动,具体负责上海软科学研究项目的管理工作。2002年,上海市科委对于软科学研究项目实行项目节点拨款制,即项目的经费分三期下达,先期下达课题经费的40%;课题经中期检查合格后,下达课题经费的30%;课题最终通过评审后,再下达剩余经费。当年经中期检查,终止1项课题研究,4项课题因研究进度等问题后续经费被暂缓下拨。

2005年,上海市科委在软科学研究成果的基础上,通过凝炼和消化吸收有价值的研究报告,编辑出版了36期《科技发展研究》,向市领导提供了《上海创业投资的"强"与"弱"》《美国创新所面临的新形势》《创新,正以新的形式不断涌现》(上、下)等重要研究成果,对科技决策具有重要参考价值。同时对可以公开学习的研究成果,及时在科技网上公开发表,发挥软科学研究成果资源共享和决策咨询的作用。2006年,上海市科委编辑出版49期《科技发展研究》,向市领导提供了《组织与机制,未来创新的重要平台》《上海知识服务业发展现状及对策建议》《如何把基础研究优势转化为产业竞争优势》等研究成果。2007年,上海市科委围绕国外创新战略(芬兰创新计划、创新型欧洲、创新网络伦敦创新战略等)、知识产权战略(专利和技术标准战略的实施)、研发与全球化(研发全球化、外资研发机构、国际研发中心的运行机制)、服务型政府建设(上海科技公共服务的提升和优化)、创新体系建设(产学研合作、国家实验室、知识服务业)等研究热点,组织人力对研究成果进行深入挖掘,提炼研究成果的精华,共编制《科技发展研究》50期。2008年,根据《上海市科研计划课题制管理办法(暂行)》要求,上海市科委制定《上海市科技发展基金软科学研究项目管理细则》,依托软科学项目过程管理平台,开展软科学项目的过程管理和节点检查,并适时组织部分研究项目进行阶段性成果交流。对于结题完成优秀的项目,项目承担人可获得在下一年度自由选题的机会。对有开发价值的软科学研究成果,组织人力对其进行深入挖掘,提炼课题的研究精华,加快后期开发与应用。

2009年,软科学研究在过程管理上根据课题组研究进展情况,多形式、多途径地加强与课题组的交流互动,促进研究工作高质量进行。一方面,充分发挥信息技术作用,依托软科学项目过程管理平台,引导和促进课题组按照时间节点完成研究工作任务,并及时就课题组研究成果质量进行点评,提出意见和建议。另一方面,充分发挥专家作用,邀请一批立项评审专家,对在研课题进行辅导支持,特别是对应用导向性明确的项目,及时指导明晰研究思路和研究重点。2009年共组织了6批102项次的节点成果交流,促进了研究成果质量的提高。2009年共编发21期《科技发展研究》成果简报,其中包括应对国际金融危机需要的"发达国家金融危机时期扶持中小企业的对策""发达国家及地区推进创业的成功经验"等;应对创新集群建设需要的"日本产业集群计划""创新集群的内涵、要素及形成条件""上海集成电路创新集群形成条件分析"等;以及结合战略性新兴产业培育需要的"物联网的发展态势、现状及相关建议""云计算的发展现状、态势及相关建议"等。2010年,全年共编发21期《科技发展研究》成果简报,报送各级领导部门和机构。编译了韩国《新增长动力产业规划及发展战略》等国外优秀研究成果。上海市科委共组织了8批92项次的节点成果交流,邀请立项评审专家和相关决策部门,对课题研究进行辅导,既促进了研究质量提高,又为研究者搭建与决策部门信息对接的平台。

三、博士生资助

为加强软科学研究基础,培养年轻的软科学研究人才,增强软科学研究队伍,上海市科委决定从2000年开始设立上海市科技发展基金软科学研究博士生学位论文资助计划,对选题好、研究思路新、有较强研究能力的全日制在读博士研究生给予立项资助。每人资助1万元。博士论文的资助范围为:科技促进经济、社会发展研究、科技发展规律、政策研究。按照《上海市科委博士生论文资助专项协议书》规定的时间节点,上海市科委依托软科学研究博士生学位论文资助管理平台,对资助论文撰写情况进行跟踪和检查。经过几年的引导,选择科技发展相关领域作为论文研究方向的博士生数量和论文质量明显提升。经过10年的持续资助,截至2010年底上海市科委累计资助博士生160余位。

表 3 - 5 - 1　2000—2010 年博士生论文资助计划情况表

年　份	2000	2001	2002	2003	2004	2005
资助数量	7	7	7	5	8	18
年　份	2006	2007	2008	2009	2010	
资助数量	22	26	18	20	18	

第二节　科技咨询与服务

1979 年,上海社科院经济、法律、社会咨询服务中心、上海机电产品对外咨询服务公司和一些工程咨询部、技术服务部等相继成立。市科委为了进行探索,下达了 48 个小型决策咨询的"软课题",迈出了咨询业重要的一步。1985 年起,上海在全国率先将科技咨询成果列入市科技进步奖评定范围,当年评出获奖成果 25 项。到 1985 年底,上海市拥有 500 多个咨询机构,研究人员达 6 000 多人,并形成网络,共完成 1 万多个咨询项目,不仅为政府部门、企业决策提供了科学依据,还推动了上海市系统工程、预测学、行政科学、计量经济学等边缘和横断学科的发展。1986 年 4 月 27 日,上海市政府发布《上海市科技咨询管理办法》,第一次以地方政府规章形式明确了科技咨询的合法地位,对上海科技咨询工作的健康发展和咨询产业的形成起到了很好的保证和推动作用。同时,市科委对科技咨询机构重新进行登记、审查、发证,保障了科技咨询机构的合法权益。1987 年 3 月 10日,市科委会同市统计局联合发出《关于建立科技咨询统计年报的通知》,决定自 1986 年起,对上海的科技咨询业进行统计,并公开出版《上海科技咨询产业年报》。1987 年 3 月 23 日,上海市科技咨询协会在科学会堂召开了成立大会。

1990 年,上海科技咨询协会举办上海市科技咨询十年成果展示会,检阅上海科技咨询 10 年成果。市委副书记吴邦国出席开幕式并题词:"大力发展上海咨询产业,为改造振兴上海服务"。经过12 年发展,上海各类咨询机构数达 1 034 家,其中专业咨询机构 229 家,覆盖经济、工业、外贸、科技、教卫、交通、农业、社科等十大系统,专职从事咨询业的人数达 1.54 万人,兼职咨询人员达 5 万余人。12 年来,上海咨询业共完成各类咨询项目 11 万余项,其中对国外咨询 810 项;仅 1990 年咨询业总收入就达 2.49 亿元,净收入为 0.94 亿元。1997 年 4 月 3 日,上海市咨询协会在南京西路友谊会堂举行成立 10 周年纪念日庆祝大会,副市长左焕琛出席会议,并作了《抓住历史机遇、开拓咨询市场、提高服务水平》的讲话。咨询协会理事长刘振元在会上说:上海现代咨询业的崛起,是改革开放和现代化建设的产物,18 年来上海咨询业在开拓中前进,现初具规模。会上由市领导给新评选的 619 位注册咨询专家颁发了证书。市委、市政府副秘书长黄奇帆作了题为《上海融资的十种渠道和搞活企业的五个机制》的专题报告。出席大会的有国家科委和兄弟省市的代表,有该会会员和注册咨询专家代表和新闻界的朋友,共 1 000 多人。

上海咨询产业发展迅速,自 1987 年到 1997 年底,上海市从事咨询的机构由 1987 年 453 家发展到 7 380 家,从业人员由 16 375 人发展为 146 658 人,咨询专业人员由 13 622 人发展为 99 727 人,咨询年收入达 33.73 亿元。上海咨询产业经过 18 年的发展,形成了一批业绩显著的骨干咨询企业,催生了一批富有特色的新兴民办咨询机构,培育了一支咨询业务水平高、服务优良的专业咨询队伍。上海咨询业伴随着改革开放的深入发展而健康成长:在组织结构、运营机制方面发生深刻变化,越来越符合市场经济发展的要求;在从业人员、营业收入、对国家贡献等方面也呈大幅度增长的态势。2002年,上海咨询业已成为具有一定规模的现代服务业,咨询企业发展到7 353家(其中主营咨询的1 607家,兼营咨询的5 746家),从业人员184 356人(其中专业人员117 839人),咨询总收入达107.83亿元。

第六章　科　技　出　版

第一节　科　技　图　书

一、图书出版管理

1978年1月1日，上海出版系统恢复原建制，上海科学技术出版社亦恢复工作。经过调整改组，上海市出版局下设10个专业出版社。20世纪80年代末全市有出版社近40家；编辑人员2 000余人，其中具有高级职称的近600人；每年出版图书7 000余种；出版各类报纸期刊600多种，基本形成了多学科、多层次和多形式的出版体系。至1990年底，上海市多数出版社和印刷厂实行了社长或厂长负责制，出版、印刷管理及经营工作进一步得到加强。上海科技教育出版社、上海科学普及出版社、上海翻译出版公司等单位采用电脑管理，促进了信息收集利用、选题和出书结构分析、生产成本核算和财务管理工作的系统化、正规化、统一化，管理手段和管理水平有所提高。

1991年9月，上海市新闻出版局印发"八五"期间上海出书规划纲要，计划出版150种代表国家水平的重点图书，特别要抓好科技图书和高水平学术专著，以及直接反映和服务于上海改革开放的各种图书的出版；筹建总投资8 000万元，建筑面积36 000平方米，集图书出版、发行、展览、交易于一体的上海书城。1993年，全国地方版科技图书展销中心在上海成立。中心设在河南中路221号中国科技图书公司三楼，是一个地方版科技图书门类最齐、品种最多、新书上柜最快的常年展销中心。1997年，上海第一个主题书展——加强精神文明建设图书展在中国科技图书公司五楼展示厅举行。这次图书展由上海市精神文明建设办公室和上海市新闻出版局主办，中国科技图书公司承办，共展出图书1 300多种。展销10天，销售额2.3万元。

"十五"（2001—2005年）期间，上海市新闻出版局与上海市科委合作设立科技专著出版资金支持科技专著出版。5年来，共有110种受资助的科技图书出版，兑现资助金额467万元。其中，《热河生物群》《中国医籍大辞典》《分子材料》《汽车摩擦学》《敏捷制造的理论技术与实践》《真空动力学》《线性模型中的最小二乘法》《顾恺时胸心外科手术学》等20余种专著，分别获得了国家图书奖和上海市优秀图书奖；另有《电力网络规划的方法与实用》《板壳后屈曲行为》《现代毒理学及其应用》《骨科修复重建手术学》等20余种专著分别获得华东地区科技出版社优秀图书奖和华东地区大学出版社优秀教材、学术专著奖。"十一五"期间（2006—2010年），上海重点图书出版规划项目共326项（含国家重点项目140项），其中科技类图书78项（含国家重点项目35项），许多重要项目在2006年启动，如《竺可桢全集》《科学前言进展》等。

2006年规划出版了一批新型科技、科普读物，如《中华民族基因多样性》《超级杂交水稻研究》《中国灸法学》《异种移植》等；科普方面，著名品牌"哲人石"新推出《脆弱的领地——复杂性与公有域》《一种文化——关于科学的对话》及"嫦娥书系"等更富思想阅读价值的高级科普著作。2007年，国家新闻出版总署举办首届"三个一百"原创出版工程，上海有8种自然科技类图书入选。2007年上海出版界谨慎策划科普选题，精心打造品牌书系，出版了各类科普图书约600种，比"十五"时期年均出版科普图书400余种有大幅增长。2009年，上海得到国家出版基金资助的科技类项目有

6 种,资助金额 264 万元。上海科学普及出版社出版的《多彩的昆虫世界》获国家科技进步奖二等奖。上海科学技术文献出版社出版的《原来如此》获上海科技进步奖二等奖。2010 年,上海文化出版社出版的《追星——关于天文、历史、艺术与宗教的传奇》获国家科技进步奖二等奖、《幻想——探索未知世界的奇妙旅程》获上海科技进步奖三等奖。

二、图书出版资助

【上海科技专著出版资金】

上海科技专著出版资金设立于 2000 年 11 月 16 日,由上海市科委和上海市新闻出版局共同建立。资助的科技专著主要指自然科学领域内各学科、各门类优秀的原创性科技著作。资金由政府和社会各方面共同投入,在 2000—2004 年的 5 年中,每年投入不少于 200 万元作为年度出版资金。资金来源主要有:上海市科委每年投入资金不少于 50 万元,上海市新闻出版局每年拨款 50 万元,国内外企事业单位、社会团体的赞助及个人捐赠,其他收入。资金用于资助自然科学范围的优秀科技著作的出版,以及有关评审、管理费用。2001 年至 2010 年,上海科技专著出版资金共资助 209项,兑现支付资助资金 819.2 万元(2006—2010 年经专家评审确定资助 152 项,实际只有出版的 99项得到资助)。

表 3-6-1 2001—2010 年上海科技专著出版资金资助情况表

年 份	2001—2005	2006	2007	2008	2009	2010
确定资助项目(项)		28	28	31	31	34
实际出版项目(项)	110	21	18	23	21	16
兑现资助金额(万元)	467	58.5	54.5	66	75	98.2

【上海科普创作出版专项资金】

2002 年,为落实《科普法》,推动科普著作原创,加大对自然科学范围优秀科普著作(包括各类科普专著、科普剧本,列入国家或上海市重点图书出版规划的科普研究和推广应用新技术读物等)出版的资助力度,繁荣上海科普创作和出版事业,推动科学普及和加快人才培养,上海市科委和上海市科协研究决定,共同出资、集资设立"上海科普创作出版专项资金"(以下简称资金)。资金由政府和社会团体等各方面共同投入,在 2002 年至 2005 年的 4 年中,每年投入不低于 100 万元作为年度出版资金。资金主要来源有:上海市科委每年投入资金 50 万元,上海市科协每年投入资金 50 万元,其他部门资助,国内外企事业单位、社会团体赞助和个人捐赠,其他收入等。2010 年,上海科普创作出版专项资金对《我们的科学文化》等 38 部科普图书进行了专项资助。

三、图书出版情况

1985—1986 年,共出版科学技术类图书 1366 种(不含科技类大中专教材),其中初版 973 种,重版 393 种。"八五"期间各出版社制定了重点图书选题及出书规划;加强了学术著作和重点图书的出版;同时有效地控制了连续十年持续增长的初版图书品种;图书重版率有较快上升。1990 年是近几年重版率最高的一年,共出版图书 7 767 种,比 1989 年增长 14.81%,其中新出图书品种数减少 1.47%,重版图书品种数增长 59.56%。

1994 年,上海科学技术出版社、上海科学技术文献出版社、上海科技教育出版社、上海科学普及出版社和上海远东出版社为进一步拓展优秀科技图书的出版规模,决定携手联合出版优秀科技丛书、套书。5 家出版社共同研究选题、共同制订计划,按各社优势,合理分工出书,费用由各社承担,盈亏自负。上海科学技术文献出版社出版的《百病防治丛书》在国内出版的家庭保健类图书中连创四个"全国第一":丛书的累计印数达到 165 万册,居同类书的全国第一;丛书中的单一品种,在一个书店的日销量达到 4 000 册,居同类书的全国第一;丛书中初版印数最少者,也达到 10 万册,居同类书的全国第一;丛书中的海外版有 6 种版本,其中重版次数最多的达到 6 次,这在同类书中也是全国第一。1996 年,共出版科技类专著、文集、教材、手册、词典、图谱及科普图书等 1 300 多种,占当年上海出版图书总数的 25% 以上。其中有上海"九五"重点图书出版规划中的科技图书 120 种,包括国家"九五"重点书 32 种,如体现上海文化积累、出版水平的标志性出版物、填补国家空白的《中国藏药》(上海科学技术出版社),学术水准很高的原创性著作《中国工程技术专著丛书》(上海科学技术出版社)、《物理学前沿丛书》(上海科学技术出版社)、《非线性科学丛书》(上海科技教育出版社),传播科学思想、科学方法的优秀科普著作《中国科学院院士自述》(上海教育出版社)等。1999 年,上海市共出版科技类图书 2 100 种,其中新出图书 1 100 种,再版率为 47.62%;总印数 5 670 万册,总定价 5.62 亿元,获各类奖项图书共 111 种。

2003 年,上海科技类图书出版品种 2 279 种,其中新书 1 438 种,总印数 4 025.76 万册,总印张 249 336.06 千印张,总定价 4.375 亿元。2003 年三、四月份,上海出版界策划出版抗击非典和有关防疫图书 20 余种,总印数达 330 余万册,为广大读者及时提供了知识性、操作性很强的科普读物。10 月中旬,"神舟五号"一飞冲天,掀起了一股航天图书的出版热、销售热,如上海科学普及出版社的图文本《飞天梦——目击中国航天秘史》、上海科学技术出版社的《倒计时——航天器的历史》等。2004 年,上海共出版科技类图书 2 618 种,其中新书 1 636 种,总印数 3 388.81 万册,总印张 263 745.32 千印张,总定价 43 751.12 万元。2005 年,上海科技类图书出版品种 2 160 种,其中新书 1 457 种,总印数 2 079.32 万册,总印张 212 027.13 千印张,定价总金额 4.02 亿元。2006 年,上海科技类图书出版品种 2 242 种,比 2005 年增加 3.66%,其中新书 1 400 种,比 2005 年减少 3.9%;总印数 1 522.41 万册,比 2005 年减少 26.78%;总印张 211 465.18 千印张,比 2005 年减少 0.27%;定价总金额 3.91 亿元,比 2005 年减少 2.69%。

2007 年,上海科学普及出版社出版了一套"全民科学素质行动计划纲要"系列科普丛书,由六个分册组成:《环境篇》《安全篇》《健康篇》《能源篇》《资源篇》《生态篇》。读者不仅能从中学到不少科学知识,还能掌握许多简便实用的方法。该丛书首印 15 万册,深受广大读者喜爱。2008 年,上海出版新版图书近 1 万种,其中科技类图书 1 450 余种。在首届中国出版政府奖评选中,上海有 5 种科技(普)类图书获奖,分别是《超级杂交稻研究》《中华民族遗传多样性研究》《药学大辞典》《技术史》和《杨国亮皮肤病学》。2009 年,上海出版新版图书 10 615 种,其中科技类图书 2 365 种。2009 年出版了《药用植物种质资源》《盲信号处理——理论和实践》《面神经疾病》等"十一五"国家重点规划图书。上海交通大学出版社出版的由江泽民所著的《论中国信息技术产业发展》英文版在 2009 年法兰克福国际书展举行全球首发式。2010 年,是实施上海"十一五"重点图书出版规划的最后一年,上海各出版社都相当重视,一批科技类重点图书如期出版,如"大飞机出版工程"系列图书、《中药天然产物大全》《汉语人机语音通信基础》等。为迎接 2010 年上海世博会,上海各出版社陆续出版了 760 多种世博图书,如《世博科技画册》《中国 2010 年上海世博会科学技术报告》等。

第二节 科 技 期 刊

一、科技期刊管理

1992年,为了加强上海科技期刊管理,以提高期刊质量、合理布局、繁荣科技出版事业,根据国家科委和国家新闻出版署于1991年联合颁发的《科技期刊管理办法》(以下简称《办法》),上海建立了科技期刊质量考评制度。上海科技情报所情报处会同市新闻出版局期刊处、市科协宣传部拟定了《上海科技期刊质量考核标准(试行)》,并对1991年底前领有刊号的379种科技期刊,从内容、编辑、印刷装帧和管理四个方面进行质量考查。1993年,上海市的科技期刊工作主要是强调规范化管理。市科委和上海科技情报研究所制定了《上海市贯彻〈科学技术期刊审读办法〉的实施细则》,对上海市所属的科技期刊分系统进行年度审读,要求是:是否坚持办刊宗旨;报道范围是否明确;编辑方针是否执行标准化、规范化的要求。各系统分头实施效果良好,强化了科技期刊的主办单位和主管单位的工作职责。1994年,上海市科技期刊管理工作围绕科学化和规范化,积极推进贯彻执行国家科委制定的《五大类科技期刊质量要求及评估标准》和《科技期刊作者、审者、编者工作准则》等有关要求。同时,还加强对上海市内部准印证科技期刊的管理工作。组织年度科技期刊的日常审读工作。

1995年,在全面推行抓好正式科技期刊审读工作的基础上,上海着重抓好内部准印证科技期刊的审读工作,拟定了《关于上海市内部准印证科技期刊审读的通知》。从6月份起组织专家进行审读,共完成了107种内部准印证科技期刊的审读工作,并以书面形式向期刊编辑部门反馈审读意见。积极推行国家科委《关于颁布五大类科技期刊质量要求及评估标准的通知》精神,做好科技期刊贯彻质量要求及评估标准的推广工作,要求指导(综合)类、学术类、技术类科技期刊实行年度报道计划申报制度,弥补这些科技期刊在这一工作的薄弱环节,为这些科技期刊的正规化建设创造条件。1997年,上海市科委根据国家新闻出版署《关于期刊治理工作的通知》和国家科委、国家新闻出版署《关于科技期刊治理工作的通知》精神,为进一步调整期刊结构、合理布局,向各委办局部署了上海市科技期刊治理整顿的步骤和方法。上海市科委经研究并商市新闻出版局,决定停办9种科技期刊。1997年开始重新划分科技期刊类别,一类为"国内外公开发行",另一类为"国内发行"。1998年,上海市科技期刊管理工作的重点是主编上岗培训。根据国家新闻出版署、中共中央宣传部、国家教委、人事部联合颁布的《关于在出版行业开展岗位培训实施持证上岗制度的规定》,举办2期主编培训班,参加学员共220人。

2000年6月29日,上海市科技期刊管理工作会议在上海图书馆召开,会议以"抓精品、创名牌、走向世界"为主题。参加会议的有上海市科委、中共上海市委宣传部、上海市新闻出版局及各委办局分管期刊工作的领导。会议对上海科技期刊工作的成绩作了充分的肯定,同时也对今后上海科技期刊管理工作提出了具体要求和更高的目标。2003年,上海市科技期刊编辑学会分别于2月和12月举办了编辑上岗培训,科技部和上海市科委有关领导专程到场作重要讲话。共有271位学员参加培训,按教学计划规定学完全部课程,并通过考试取得新闻出版总署颁发的岗位培训合格证书。2004年11月27日至12月6日,上海市科技期刊编辑学会、新闻出版总署教育培训中心上海分中心共同举办了第九期上海市科技期刊编辑(主编)上岗培训班。169位编辑(主编)按教学计划规定完成全部课程,并听取了"国家期刊发展'十一五规划'思路""科技期刊和科技发展""上海市科技发展战略"等专题报告,通过考试取得了上岗证书。

2005年,由上海市科委支持,上海市科技期刊编辑学会、江苏省科技期刊编辑学会、浙江省科技期刊编辑学会共同主办,中国科学院上海生命科学信息中心承办的"长三角科技论坛"的"科技期刊发展专题论坛"在上海举办,140余位代表与会。论坛安排了6个专题报告,就期刊国际合作、国外期刊发展动向、期刊与长三角经济社会协调发展、创办国际区域化品牌期刊、走社会效益和经济效益协调发展来办好期刊等几个方面展开了讨论。2006年6月8—9日,首届"科研与科技期刊发展论坛"在上海举行。论坛由中国科学院出版委员会办公室、中国科学院上海生命科学研究院/上海生命科学信息中心/Cell Research、中国科学技术协会学会学术部和国家自然科学基金委员会杂志部共同主办,生命科学信息中心承办,来自全国近百种科技期刊的百余位代表与会。该论坛旨在推动科研与科技期刊的互动发展,就科学研究与科技期刊的互动与发展、科技期刊的发展规律与实践、防范和甄别学术造假、中国科技期刊国际合作等主题进行了研讨。

2008年6月26—28日,第5届长三角科技期刊发展论坛暨2008年上海科技期刊国际研讨会在上海交通大学举行,来自上海市科技期刊编辑学会、浙江省科技期刊编辑学会和江苏省科技期刊编辑学会的代表,期刊主管部门、省市科委(科技厅)及科协有关人员及国内外特邀专家等,就"科技期刊体制创新与文化产业发展"进行了广泛研讨,共谋新时期科技期刊发展之路。与会专家学者围绕科技期刊的体制、机制创新,科技期刊在国际化、数字化环境下的发展,新时期科技期刊人才队伍建设,科技期刊的文化产业发展等问题,进行了广泛的讨论。2009年10月27—28日,由中国科协和国家新闻出版总署联合主办、上海市科协承办的第5届中国科技期刊发展论坛在上海召开。论坛吸引了420余位国内科技期刊界专家和30余位国际知名出版单位的负责人参加。论坛分设科技期刊管理体制与运营机制创新,科技期刊的评估体系与科技期刊发展,科技期刊的数字化、网络化和集团化发展,开放存取等出版新形式与科技期刊发展,大众期刊市场化、产业化运营战略等分论坛进行专题讨论。

2010年9月7—8日,由中国科协和新闻出版总署联合主办、市科协承办的第6届中国科技期刊发展论坛在上海召开。全国人大常委会副委员长、中国科协主席韩启德为该次论坛的主席。中国科协党组成员、书记处书记冯长根,新闻出版总署副署长李东东,市政协副主席、市科协副主席高小玫等领导和国内外逾450名嘉宾出席了论坛开幕式。论坛还吸引了11家国际知名科技期刊出版公司或服务商参与。2010年11月26—27日,由浙江省科技期刊编辑学会、上海市科技期刊学会及江苏省科技期刊编辑学会主办的第7届长三角科技期刊发展论坛在杭州举行,近130位苏浙沪三地科技期刊编辑代表出席。该届论坛以"长三角科技期刊的机遇与挑战"为主题,分别以大会报告、专题报告形式进行,会议收到交流论文31篇,出版了会议论文集,共评出特等奖4篇、一等奖5篇、二等奖9篇。

二、科技期刊出版

至1985年,全市有科技期刊100多种。到1989年12月31日,全市共有316种,除首都北京外,居全国各省、市、自治区的首位。至1990年底,全市共有自然科学技术期刊316种,其中指导管理类6种、学术类94种、技术类149种、情报检索类43种、科普类23种。

1990年,上海市出版系统进行了报刊压缩整顿和期刊重新登记工作,全市共出版杂志522种,其中自然科学技术类杂志占54.41%;出版各类报纸共81种,其中专业类报纸66种,占总数

81.5％。截至 1992 年,上海出版自然科学和技术类期刊 300 种,根据上海邮政局、上海报刊发行局的统计,上海期刊整体发行量呈良好的上升趋势。全年上海市评出优秀科技期刊 50 种。上海公开发行的科技类报纸有《上海科技报》《上海青少年科技报》《动手做》《学生计算机世界》《上海大众卫生报》《上海中医药报》《世界科技信息》《全国地方版科技新书目》共 8 种,1993 年的总发行量为2 035.94 万份。1993 年,新批准 5 种科技期刊:《生命与灾祸》,上海市民防协会主办,双月刊,公开发行;《应用数学和力学(英文版)》,上海工业大学主办,月刊,公开发行;《文物保护与考古科学》,上海博物馆主办,半年刊,公开发行;《抗癌》,上海市抗癌协会主办,季刊,公开发行;《上海医药》,上海医药行业协会主办,月刊,公开发行。

1995 年着重抓好内部准印证科技期刊的审读工作,拟定了《关于上海市内部准印证科技期刊审读的通知》。1996 年,上海市共有正式科技期刊 354 种,基本形成学科门类齐全的出版体系。其中市属科技期刊 176 种,部属科技期刊 178 种。按期刊类型分:技术类 246 种,占总数的 70％;学术类 68 种,占总数的 19％;科普类 21 种,占总数的 6％;指导(综合)类 11 种,占总数的 3％;检索类8 种,占总数的 2％。按文种分,除中文版期刊外,还有英文版期刊 16 种。为了与国际接轨,上海当年有 20 余种期刊改为大 16 开版本。1996 年批准正式科技期刊 1 种(《中外轻工科技》,上海二轻情报所主办);批复停刊 1 种。1997 年,上海市科技期刊总数 354 种,批准《上海力学》《上海针灸杂志》《男性学杂志》《中医文献杂志》《上海口腔医学》《上海汽车》《上海精神医学》《上海医药》《体育科研》《化学世界》《汽车与配件》《上海大学学报》《上海公路》《自然杂志》等 14 种科技期刊出增刊一期,《上海调味品》《电脑技术》《上海建材》等更改页码。1998 年,上海新批准期刊 13 种,增刊 16 种,更改刊名、刊期、页码等 28 项。经国家科技部批准,1998 年上海市卫生局系统有 7 种医学科技期刊获准公开发行,显示出上海医学科技学术水平的优势得到充分肯定。其中有上海市卫生局主管的期刊《美容科学》《自我保健》《上海优生优育》《肝脏》《介入放射学》《老年医学与保健》,有卫生部主管的期刊《中国卫生资源》。上海市卫生局系统共有 23 种科技期刊公开发行。"国家期刊奖"是迄今为止中国期刊界的最高奖项,每两年评选一次。1999 年,中央各有关期刊主管部门和各地新闻出版管理部门通过认真筛选,共推荐参评社科类期刊 272 种,国家科技部组织有关专家推荐参评科技类期刊 278 种。经评委会初评、复评和定评,48 种社科期刊和 64 种科技期刊获奖,国家新闻出版署对获奖期刊进行表彰,颁发奖杯及获奖证书,并统一制作了期刊徽标,从 2000 年 1 月起统一印制在获奖期刊封面显眼处。在全国 64 种获奖科技期刊中,上海 9 种科技期刊榜上有名。

2000 年,全国有 24 种优秀学术期刊获国家自然科学基金会"专项基金"资助,其中上海有 4 种,分别是《化学学报》《生物化学与生物物理学报》《中国药理学报》和《光学学报》。2002 年开展的第二届国家期刊奖评选活动,共评出获奖期刊 60 种(社科期刊和科技期刊各 30 种),获奖期刊数量有所减少,但重点期刊的品牌地位更加突出。经激烈角逐,上海地区有 13 种科技期刊获奖,其中《生理学报》和《上海环境科学》两种期刊荣获"第二届国家期刊奖";《生物化学与生物物理学报》《化学学报》《中国新药与临床杂志》和《大众医学》4 种科技期刊荣获"第二届国家期刊奖提名奖";《第二军医大学学报》《同济大学学报》(自然科学版)、《中国化学》(英文版)、《上海交通大学学报》《细胞研究》(英文版)、《印染》《低压电器》7 种科技期刊荣获"第二届国家期刊奖重点期刊奖"。

2009 年,为了发挥优秀期刊在期刊出版事业中的示范作用,带动华东地区期刊整体质量提高,推动期刊出版繁荣发展,经华东地区各省市新闻出版局协商,于 11 月举办了第 4 届华东地区优秀期刊评选活动。经评委会严格筛选,上海有 54 种科技期刊入选华东地区优秀科技期刊。2010 年,全市共有自然科学类期刊 360 种。8 月,上海市科技期刊学会编辑的《科技期刊发展与导向(第七辑)》由上海科技文献出版社正式出版。该论文集展示了上海、长三角地区乃至全国的科技期刊工作者开展的相关研究与探索,反映了中国科技期刊的发展与导向。全书共收录论文 67 篇,其中关于数字化网络出版论文 12 篇、创新与发展论文 13 篇、编辑学与编辑工程论文 20 篇、评价与引证论文 8 篇、经营与管理论文 14 篇。

第四篇 科技社团、科学普及与科技合作

上海市科学技术协会于 1958 年 11 月建立。1977 年,市科协恢复工作,开展科普、科技讲座、科技咨询等,1989 年起开始评选上海市科技精英。1990 年以后,开展青少年生物百项科技活动、评选菜篮子科技功臣、评选星级学会、举办科技论坛、建立决策咨询工作联席会议制度等。2000 年以后,举办院士圆桌会议、学术年会、长三角论坛等,召开首次企业科协工作会议,推出上海市科协青年科技人才飞翔计划和上海市科协资助青年学者出版科技著作晨光计划,提出上海市科普资源开发与共享信息化工程建设的框架。到 2010 年,有学会、协会、研究会 184 个、个人会员 21.6 万人、团体会员 1.4 万个。

上海先后制定了九五、十五、十一五、十二五科普工作规划,实施了"四个一百""2211""科普示范专项"、科普能力建设等工作,开展了科普之夏、科技节、科技周等科普活动,举办了实用知识和技能、新技术与管理知识、青少年科技启蒙、名家科普讲坛、上海科普大讲坛等科普讲座,建设了科学会堂、上海科技馆、专题科普场馆、科普教育基地、科学商店等科普活动场所,创作了大量优秀科普作品(图书、期刊、画廊、电视片等),设立上海科普创作出版专项资金。

群众性发明创造活动活跃,成立上海发明协会,设立上海市发明奖励基金,开通上海发明网。在全国发明展览会、日内瓦国际发明与新技术展览会、萨格勒布国际展览会上获得众多奖励,开展了上海市发明家、上海市优秀发明选拔赛、实施发明成果优秀企业家等发明评选活动,举办上海市青少年创造发明设计竞赛、上海高校学生创造发明"三枪杯"奖、上海市青少年科技创新大赛、明日科技之星等青少年发明创造活动。

在国内科技合作和交流方面,上海开展了对口支援、长三角合作、振兴东北、院市合作、部市合作等。从 20 世纪 80 年代起,上海开展对西藏、新疆、重庆、云南和三峡库区等地的科技援助工作,与 11 个省市自治区签定全面科技合作协议,2000 年设立西部科技合作专项和振兴东北科技合作专项。2003 年,建立了长三角区域创新体系建设联席会议制度,开展了重大科技专项合作项目,制定了长三角科技合作三年行动计划等。1995 年,与中国科学院建立全面合作关系,共同组织实施基础性、前瞻性重大科研项目。2001 年,与中国工程院建立合作委员会,组建上海市中国工程院院士咨询与学术活动中心。2004 年,与科技部建立工作会商制度,在国家重大专项、世博科技、科技示范工程等方面开展合作。

在国际科技合作和交流方面,与法国、德国、日本、加拿大、意大利、俄罗斯、美国等国家的相关地区和机构签订了科技合作协议,与联合国工业发展组织(UNIDO)、联合国开发计划署(UNDP)、世界银行、世界卫生组织(WHO)、教科文组织(UNESCO)、国际原子能机构(IAEA)、世界粮农组织(FAO)、欧洲经济共同体(CE)等,开展了有实质内容的科技合作。举办各种国际会议和国际展览,设立国际科技合作专项,参加国际科技合作交流活动,接待来自世界各地的专家学者等。

第一章 科技社团

第一节 上海市科学技术协会

一、机构沿革

1958年11月23日,上海市科学技术协会(简称"市科协")成立。1961年以后,市科协制定了《关于上海市各自然科学专门学会当前工作的十条意见》,肯定了学会是科学技术工作者自愿结合的群众性学术组织,整顿了学会和基层科协组织,走上了比较健康的发展轨道。至1966年,有44个市级学会,会员2万余人,各区县科协及1000多个工厂、公社科协,会员10余万人。

1977年,市科协恢复。1980年5月14—16日,市科协召开第二次代表大会,出席大会的代表1532人。市科协"二大"明确了科协是党领导下的科技工作者的群众团体,是党团结和联系科技工作者的纽带,是党领导科学技术工作的助手。1984年9月,市科协召开第三次代表大会,出席大会的代表1493人。谈家桢作题为《团结和动员广大科技工作者,为改造上海、振兴上海作出新贡献》的工作报告。1988年11月8—11日,市科协召开第四次代表大会。大会总结了过去4年科协的工作,确定了今后4年的工作方向。1989年5月,市科协集中30位上海各学科的著名专家成立高级顾问委员会。同时,市科协决定从1989年开始,每两年评选一次上海市科技精英。

1990年初,市科协等在全市开展青少年生物百项科技活动。该活动旨在引导青少年学习科学知识的同时,提高对生物科学的兴趣,学习科学研究的基本工作方法,培养实际操作的技能和技巧。同年,在上海市第四届"科普之夏"期间,举办"美哉中华、爱我中华"美术摄影展览会,市科协联合市科委、市农委、市财办,开展群众性评选"菜篮子科技功臣"活动,评选出10名功臣。1993年,市科协承办高新技术产业、产品发展国际研讨及展示会,吸引来自美国、英国、日本、波兰、中国香港等国家和地区及国内100多位高层次专家参会。市科协等联合举办了高层次的高新技术系列讲座,联合开设人才技术市场等。1994年,市科协提出科协工作的新思路:弱化行政属性,成为在党领导下的公益性科技社团法人;反映和展示上海高层次的学术水平;促进公众理解科学技术;发表对科技、经济及社会发展等方面的观点、意见和建议。开展创星级学会活动的决定,评选星级学会。1996年,举办以"国际大都市与科学技术"为主题的首届科技论坛,被称为上海市开埠以来最大的一次高水平学术交流活动。1998年10月,市科协召开上海市科协区县工作会议,提出规范学术交流活动的5点要求,对下属学会进行清理整顿。1999年,市科协建立决策咨询工作联席会议制度,以统一协调,分层实施,集成管理,形成合力,逐步形成一套比较完善的运行机制。

2000年,举办上海科技论坛,参与了上海市科普大会的筹备和科普工作"十五"规划制定,制订了"市科协学术基金+学术经费管理办法"等制度。2001年,完成上海市科协发展思路研究,举办第三届上海国际工业博览会科技论坛,承办上海科技节,建立上海科普网站,印制了《第七届上海市科技精英画册》,召开首次企业科协工作会议。2002年,市科协与市科委等单位联合印发《关于学习、宣传和实施〈科普法〉的通知》,市科协与市农委联合举办上海农业科技论坛,为40周岁以下的青年科技人才设立上海青年科技英才奖项。2003年,为"科教兴市"战略建言献策,收到近200篇建议,举办第三届江浙沪基因科技青年学术研讨会,举办了首届学术年会,推出上海市科协青年科技人才飞翔计划和上海市科协资助青年学者出版科技著作晨光计划。2005年,市科协协办2005年上海"科教兴市"论坛,与市科委共同主办上海城市科普发展国际论坛,参与主办以"创新人才交流"为主题的首届长三角青年创新展。2006年,明确了上海市公民科学素质工作领导小组成员及办公室,办公室设在上海市科协,启动并进行了全市性的以"节约资源、保护生态"为主题的系列活动。2007年,市科协提出上海市科普资源开发与共享信息化工程建设的框架。2008年,市科协举办科技精英评选20年系列宣传活动和市科协成立50周年系列庆祝活动;编写蓝皮书《关于发展上海服务经济中若干高端产业和新兴产业的建议》;市科协基层组织建设向企业和高科技园区倾斜,完成了上海国家级高新技术产业开发区——张江高新区"一区六园"科协组织全覆盖的工作目标。

截至2010年,上海市科学技术协会历任主席为:刘季平、舒文、苏步青、李国豪、谢希德、翁史烈、杨福家、叶叔华、沈文庆。

二、科协工作

【学术交流】

在学术交流方面,上海科协抓住上海的优势学科以及与上海经济发展、城市建设密切相关的综合性问题来推动全市的学术交流和学科发展,形成了院士圆桌会议、学术年会、长三角科技论坛等特殊学术交流活动。

院士圆桌会议。院士圆桌会议是由上海市科协主办的高层次决策咨询活动,每年举办一次,自2000年创办以来,成为院士们发表具有战略性、前瞻性、科学性建议和意见的重要平台。历届院士圆桌会议在有关领导、两院院士的鼎力支持和热情参与下,取得了一系列重要成果,其建议内容为国家和上海市相关部门的科学决策提供了重要参考。

表4-1-1　2005—2010年院士圆桌会议情况表

年　份	会　议　主　题
2005	新型工业化道路中的自主创新
2006	创新人才与创新型国家建设
2007	自主创新与造就杰出科技人才
2008	未来科技进展与上海产业结构调整优化
2009	金融危机下的上海城市竞争力
2010	十二五期间高层次创新型科技人才的培育和集聚

学术年会。一年一度的上海市科协学术年会是市科协所属学会和会员进行学术交流、展示整体形象的重要平台,旨在充分发挥广大科技工作者在推动国家科技进步中的作用,为经济社会的全面可持续发展服务。自2003年创办以来,年会成功举办了八届,成为科技工作者之间,以及科技工作者与公众、政府、企业之间交流与互动的重要平台。

表 4-1-2　2003—2010 年学术年会情况表

年　份	届　次	主　要　内　容
2003	第一届	不设主题
2004	第二届	发电、电力输送和电力系统防灾、疾病与基因治疗、工程技术对生态及社会的影响等
2005	第三届	生态环境、气象、能源、水利、生物工程、营养等12个专题
2006	第四届	落实科学发展观，着力自主创新，建设世界造船大国和强国
2007	第五届	基础学科、工程技术、城市建设、产业发展、工程师队伍建设等
2008	第六届	上海世博会、科技与能源、环境与产业、人才、健康管理等
2009	第七届	上海世博会、"四个中心"建设等
2010	第八届	后世博时代的科技发展：新技术的推广应用、产业转型、人才培养等

　　长三角科技论坛。长三角科技论坛是江浙沪两省一市科协共同创办的高层次、综合性、大规模的学术交流平台。自2004年创办以来，论坛充分发挥两省一市区域条件优越、自然禀赋优良、经济基础雄厚、体制比较完善、城镇体系完整、科教文化发达的优势，动员组织专家学者和广大科技工作者在更大范围、更广领域和更高层次上积极参与科技合作与交流，为促进长三角地区实现率先发展、增强综合实力和科学创新能力、可持续发展能力和国际竞争力等方面发挥积极作用。

表 4-1-3　2004—2010 年长三角科技论坛情况表

年　份	届　次	主　要　内　容
2004	第一届	科技以人为本、共建人才高地
2005	第二届	生态环境、气象、能源、水利、生物工程、营养等
2006	第三届	科技自主创新与区域发展
2007	第四届	科技创新与民企发展
2008	第五届	自主创新和长三角一体化
2009	第六届	加快长三角一体化进程，大力发展低碳经济
2010	第七届	区域统筹和创新发展

【科学普及】

　　上海科协在全市建立了遍及各街道、乡镇的科普网络，充分调动所属学会、区县科协的力量，联合全市大众传播媒介、各专门机构及社会团体积极从事科学技术的普及和推广。每年举办科普讲座、科普展览、科普夏令营等系列科普活动。

表 4-1-4　1990—2010 年科普讲座情况表

年　份	科普讲座次数（次）	参加人次（万人次）
1990	5 140	45.45
1991	3 499	24.7

（续表）

年　份	科普讲座次数（次）	参加人次（万人次）
1992	2 033	30.1
1993	2 556	48.6
1994	2 139	23.27
1995	3 264	51.77
1996	6 701	44.65
1997	3 454	85.04
1998	5 447	48.77
1999	5 520	58.1
2000	9 222	99.6
2001	7 567	73.2
2002	7 102	49.7
2003	3 620	44.6
2005	6 609	100.88
2006	6 778	101.12
2007	7 616	104
2008	10 910	638
2009	10 711	178.9
2010	10 905	161.6

表 4－1－5　1990—2010 年科普展览情况表

年　份	科普展览次数（次）	参加人次（万人次）
1990	304	69.39
1991	624	140.4
1992	4 547	167
1993	1 257	100
1994	285	42.07
1995	253	151.31
1996	295	84.63
1997	273	91.63
1998	834	102.93
1999	561	100.3
2000	1 361	158.5

（续表）

年　　份	科普展览次数（次）	参加人次（万人次）
2001	1 029	104.1
2002	822	100.4
2003	535	100.96
2005	1 385	406
2006	1 089	189
2007	1 210	189.8
2008	1 942	773
2009	1 452	348.6
2010	4 179	1 130.7

　　"八五"期间，上海市科协系统共举办科技夏令营480次；组织青少年参加各类科技竞赛活动988次，青少年在科技竞赛中获奖34 397项；各区县科协共建立科普示范基地400多个，印发科普资料200多万份。"九五"以后，上海市科协系统继续开展各类丰富多彩的科普活动。

表 4-1-6　1996—2010 年科普夏（冬）令营和青少年科技竞赛情况表

年　　份	科普夏（冬）令营（次）	青少年科技竞赛（次）
1996	115	420
1997	82	295
1998	116	393
1999	228	303
2000	337	691
2001	256	1 057
2002	49	50
2003	21	50
2005	248	704
2006	198	756
2007	218	684
2008	276	813
2009	171	644
2010	181	935

【科技咨询】

　　市科协利用科技人才集中、学科涵盖面广的特点，为政府及企业作决策和工程咨询。1979年起，上海科协组织的宝钢顾问委员会在宝钢的建设过程中发挥咨询智囊作用。1987年，市科协汽车顾问委员会对上海在 20 世纪末达到年产 30 万辆轿车建设项目进行反复论证,为上海汽车工业的发展提供科学依据。1989 年 5 月,成立市科协高级顾问委员会,提出"对上海市水资源利用和黄浦江二期引水工程的建议",得到市领导重视。1990 年起,围绕环境污染、高新技术开发区、"科教兴市"等开展科技咨询工作。2000 年起,围绕人才培养、科技创新、民生科技等开展科技咨询。

表 4-1-7 1991—2010 年科技咨询情况表

年　份	咨询合同(项)	咨询合同实现金额(万元)
1991	7 792	6 649
1992	9 212	11 276.9
1993	7 835	11 502.5
1994	6 123	12 480.27
1995	4 400	11 319.41
1996	4 215	11 443.56
1997	13 468	15 381
1998	3 517	6 183.8
1999	4 053	8 801.5
2000	3 103	4 514
2001	6 459	8 113
2002	2 465	11 389
2003	3 087	12 289
2005	6 240	37 311
2006	8 233	83 231
2007	1 559	33 373
2008	1 808	76 803
2009	1 196	87 808
2010	1 257	153 325

第二节　专业协会、学会、研究会

上海科协成立于 1958 年 11 月,至 1966 年,上海科协接纳的市级学会共 44 个,会员 2 万余人。另外在各区县及部分工厂、公社建立了科协组织,会员达 10 余万人。"文化大革命"开始后,上海科协及其所属团体均被迫停止活动,1970 年,以"上海市科学技术交流站"(下设 20 余个技术交流队)取代上海科协及其所属学会的工作。直到"文化大革命"结束后的 1977 年 9 月,中共上海市委决定恢复上海科协及其所属学会,由著名科学家、教授苏步青担任上海科协主任。至 1980 年,上海科协先后恢复和新建的市级学会共有 85 个(包括由"文化大革命"中建立的技术交流队改组成的专业技术协会),会员近 5 万人。同时,各区县科协也先后得到了恢复,会员数约 1.5 万人。自 1980 年 5 月以后,上海科协每 4 年召开一次代表大会,到 1990 年底,参加上海科协的市级学会、协会、研究会

共有 156 个,会员达 19.8 万。团体会员 5 373 个,另有 16 个学会吸收外籍或港澳地区的会员 31
名。市级学会所属分科学会有 1 016 个。市级学会理事有 5 913 名。1995 年,有市级学会 163 个、
个人会员 219 392 人、团体会员 6 143 个;厂矿科协 38 个,会员 39 994 人;乡镇科普协会 130 个,郊
县专业技术研究会 178 个,会员 4 386 人。2005 年,有市级学会 176 个,个人会员人数约 17.6 万,
其中外籍会员 253 名,团体会员有 12 069 个;所属分科学会有 894 个;理事有 7 009 人;专职工作人
员有 683 人。2010 年,有市级学会 184 个,个人会员人数约 20 万,其中外籍会员 120 名,团体会员
有 13 838 个;所属分科学会有 922 个;理事有 7 526 人;专职工作人员有 877 人。

表 4-1-8 1991—2010 年上海市科学协会情况表

年 份	学会(个)	会员人数(万人)	理事人数(人)	专职人员(人)
1991	156	20.89	5 990	609
1992	146	21.21	5 658	592
1993	156	22.27	6 069	613
1994	161	22.93	6 215	613
1995	161	21.94	6 236	577
1996	164	22.09	6 325	644
1997	158	21.9	6 072	670
1998	156	21	6 204	709
1999	158	20.4	6 105	700
2000	156	20.1	6 071	679
2001	162	20.5	6 359	699
2002	167	20.4	6 683	668
2003	172	18.2	6 792	680
2005	176	17.6	7 009	683
2006	179	17.9	7 173	752
2007	180	18.6	7 212	777
2008	181	18.6	7 225	756
2009	180	18.5	7 317	742
2010	184	20	7 526	887

为了规范学会、协会、研究会管理,加强学会建设,推进和引导学会的改革与发展,上海市科学技术
协会从 2003 年起开展星级学会评估工作,制定实施了《上海市科学技术协会星级学会评估标准(试行)》。

表 4-1-9 2003—2009 年星级学会评选情况表

年 份	三 星 级	二 星 级	一 星 级
2003	7	23	25
2004	2	6	8

(续表)

年　份	三 星 级	二 星 级	一 星 级
2005	12	25	28
2006	5	9	13
2007	18	24	23
2008	26	36	35
2009	33	33	32

市科协所属市级学会分为软科学学会群、基础科学学会群、生命科学学会群、信息科学学会群、机电学会群、材料能源学会群、城市科学学会群、轻纺学会群、医药学会群、农业科学学会群、工作者学会群。2010年,市科协所属市级学会情况如下:

表 4-1-10　软科学学会群情况表

学 会 名 称	成立时间	学 会 名 称	成立时间
上海市科学学研究会	1980 年 3 月	上海市现代设计法研究会	1986 年 12 月
上海市未来研究会	1982 年 5 月	上海市继续工程教育协会	1986 年 11 月
上海市管理科学学会	1979 年 4 月	上海市质量技术应用统计学会	1994 年 10 月
上海市自然辩证法研究会	1960 年 5 月	上海市金融工程研究会	2002 年 12 月
上海市系统工程学会	1985 年 3 月	上海市心理学会	1951 年 3 月
上海市科学技术史学会	1986 年 1 月	上海市科学与艺术学会	2005 年 9 月
上海市咨询业行业协会	1987 年 3 月	上海市心理咨询行业协会	2007 年 1 月
上海市知识产权研究会	1987 年 5 月		

表 4-1-11　基础科学学会群情况表

学 会 名 称	成立时间	学 会 名 称	成立时间
上海市数学会	1951 年 12 月	上海市气象学会	1950 年 9 月
上海市物理学会	1953 年 9 月	上海市分子科学研究会	1980 年 5 月
上海市力学学会	1959 年 9 月	上海市珠算心算协会	1980 年 4 月
上海市声学学会	1980 年 12 月	上海市地球物理学会	1987 年 7 月
上海市激光学会	1978 年 11 月	上海市微量元素学会	1988 年 12 月
上海市红外与遥感学会	1979 年 9 月	上海市工业与应用数学会	1989 年 9 月
上海市天文学会	1953 年 1 月	上海市非线性科学研究会	1993 年 12 月
上海市地理学会	1952 年 11 月	上海市运筹学会	2004 年 11 月

表 4-1-12　生命科学学会群情况表

学 会 名 称	成立时间	学 会 名 称	成立时间
上海市动物学会	1951 年 10 月	上海市遗传学会	1978 年 9 月
上海市寄生虫学会	1962 年 3 月	上海市生理科学会	1954 年 5 月
上海市植物学会	1949 年 9 月	上海市免疫学会	1979 年 3 月
上海市植物生理学会	1979 年 8 月	上海市营养学会	1985 年 5 月
上海市解剖学会	1953 年 4 月	上海市生物工程学会	1993 年 10 月
上海市昆虫学会	1952 年 11 月	上海市体育科学学会	1984 年 9 月
上海市细胞生物学学会	1984 年	上海市神经科学学会	1985 年
上海市微生物学会	1953 年 5 月	上海市实验动物学会	2002 年 1 月
上海市生物化学与分子生物学学会	1961 年 12 月	上海市生物信息学会	2005 年 6 月
上海市生物物理学会	1981 年 12 月		

表 4-1-13　信息科学学会群情况表

学 会 名 称	成立时间	学 会 名 称	成立时间
上海市电子学会	1961 年 9 月	上海市科学技术情报学会	1979 年 10 月
上海市通信学会	1980 年 3 月	上海市图书馆学会	1979 年 9 月
上海市自动化学会	1979 年 9 月	上海市计量测试学会	1980 年 6 月
上海市仪器仪表学会	1980 年 4 月	上海市传感技术学会	1987 年 6 月
上海市计算机学会	1984 年 6 月	上海市科技期刊学会	1985 年 9 月
上海市微型电脑应用学会	1983 年 6 月	上海市显微学学会	1988 年 10 月
上海市电子电器技术协会	1970 年 12 月	上海市图像图形学学会	1993 年 9 月
上海市机器人学会	1985 年 12 月	上海市系统仿真学会	1996 年 9 月
上海市电影电视技术学会	1986 年 2 月	上海市科技传播学会	2004 年 12 月
上海市标准化协会	1981 年 4 月		

表 4-1-14　机电学会群情况表

学 会 名 称	成立时间	学 会 名 称	成立时间
上海市机械工程学会	1953 年 2 月	上海市压铸技术协会	1979 年 11 月
上海市电机工程学会	1934 年 10 月	上海市真空学会	1985 年 1 月
上海市农业机械学会	1978 年 10 月	上海市工程图学学会	1981 年 11 月
上海市造船工程学会	1952 年 1 月	上海市宇航学会	1987 年 12 月
上海市航空学会	1988 年 1 月	上海市汽车工程学会	1987 年 10 月

（续表）

学 会 名 称	成立时间	学 会 名 称	成立时间
上海市制冷学会	1981 年 4 月	上海市电气工程设计研究会	1988 年 12 月
上海市金属切削技术协会	1979 年 11 月	上海市振动工程学会	1993 年 6 月
上海市焊接学会	1979 年 11 月	上海市惯性技术学会	1995 年 11 月
上海市模具技术协会	1979 年 11 月		

表 4-1-15　材料能源学会群情况表

学 会 名 称	成立时间	学 会 名 称	成立时间
上海市化学化工学会	1923 年	上海市工程热物理学会	1980 年 1 月
上海市金属学会	1956 年 4 月	上海市能源研究会	1980 年 11 月
上海市硅酸盐学会	1961 年	上海市粘接技术协会	1979 年 11 月
上海市腐蚀科学技术学会	1979 年 10 月	上海市热处理学会	1981 年 9 月
上海市颗粒学会	1985 年 11 月	上海市有色金属学会	1989 年 3 月
上海市石油学会	1979 年 6 月	上海市稀土学会	1989 年 12 月
上海市太阳能学会	1980 年 6 月	上海市复合材料学会	1995 年 4 月
上海市核学会	1978 年 6 月	上海市水力发电工程学会	1995 年 9 月

表 4-1-16　城市科学学会群情况表

学 会 名 称	成立时间	学 会 名 称	成立时间
上海市建筑学会	1953 年 7 月	上海市环境科学学会	1978 年 8 月
上海市土木工程学会	1953 年 7 月	上海市生态学会	1981 年 11 月
上海市照明学会	1978 年 8 月	上海市净水技术学会	1980 年 4 月
上海市交通工程学会	1979 年 12 月	上海市消防协会	1985 年 3 月
上海市铁道学会	1980 年 9 月	上海市公路学会	1988 年 6 月
上海市航海学会	1978 年 6 月	上海市城市科学研究会	1985 年 4 月
上海市水利学会	1963 年 7 月	上海市人类居住科学研究会	1993 年 9 月
上海市海洋湖沼学会	1950 年 1 月	上海市灾害防御协会	1989 年 3 月
上海市地质学会	1979 年 6 月	上海市景观学会	2006 年
上海市测绘学会	1956 年 12 月	上海市宝玉石行业协会	1996 年 5 月

表 4-1-17　轻纺学会群情况表

学 会 名 称	成立时间	学 会 名 称	成立时间
上海市纺织工程学会	1954 年 10 月	上海市皮革技术协会	1981 年 9 月
上海市轻工科技协会	2000 年 8 月	上海市印刷行业协会	2004 年 4 月

（续表）

学 会 名 称	成立时间	学 会 名 称	成立时间
上海市食品学会	1979 年 7 月	上海市工业美术设计协会	1986 年 11 月
上海市造纸学会	1963 年 8 月	上海市包装技术协会	1978 年 10 月
上海市服饰学会	1985 年	上海市烟草学会	1986 年 2 月
上海市塑料工程技术学会	1981 年 8 月	上海市粮油学会	1988 年 4 月

表 4-1-18　医药学会群情况表

学 会 名 称	成立时间	学 会 名 称	成立时间
上海市医学会	1917 年 4 月	上海市针灸学会	1954 年 12 月
上海市中医药学会	1952 年 7 月	上海市法医学会	1987 年 12 月
上海市中西医结合学会	1981 年 9 月	上海市药理学会	1988 年 11 月
上海市药学会	1930 年 2 月	上海市预防医学会	1988 年 10 月
上海市护理学会	1938 年	上海市麻风防治协会	1989 年 4 月
上海市防痨协会	1938 年 10 月	上海市生物医学工程学会	1979 年 1 月
上海市计划生育与生殖健康学会	1980 年 12 月	上海市环境诱变剂学会	1985 年
上海市安全生产协会	1987 年	上海市康复医学会	1991 年 12 月
上海市康复医学工程研究会	1985 年 11 月	上海市心理卫生学会	1994 年 5 月
上海市抗癌协会	1987 年 12 月	上海市健康管理研究会	2005 年 11 月

表 4-1-19　农业科学学会群情况表

学 会 名 称	成立时间	学 会 名 称	成立时间
上海市农学会	1978 年 9 月	上海市植物保护学会	1965 年 1 月
上海市茶叶学会	1983 年 7 月	上海市林学会	1981 年 9 月
上海市畜牧兽医学会	1937 年 4 月	上海市水产学会	1965 年
上海市园艺学会	1956 年 10 月	上海市土壤肥料学会	1963 年 8 月
上海市作物学会	1961 年 7 月	上海市风景园林学会	1994 年
上海市植物病理学会	1951 年 10 月	上海市农业工程学会	2003 年 9 月

表 4-1-20　工作者学会群情况表

学 会 名 称	成立时间	学 会 名 称	成立时间
上海市科普作家协会	1978 年 11 月	上海市星期日工程师联谊会	1988 年 5 月
上海市青少年科普促进会	1981 年 2 月	上海市科技社团专职工作者协会	1985 年 5 月
上海市女工程师协会	1984 年 10 月	上海市科技启明星联谊会	1993 年

（续表）

学 会 名 称	成立时间	学 会 名 称	成立时间
上海市老科学技术工作者协会	1984 年 6 月	上海市反邪教协会	2001 年 5 月
上海市科技翻译学会	1985 年	上海市企业科协管理协会	2003 年 5 月
上海市科学技术研究所协会	1987 年	上海市科学普及志愿者协会	2003 年 7 月
上海市女医师协会	1988 年 4 月	上海市工程师学会	2004 年 10 月

第二章　科学普及与群众发明

第一节　科 学 普 及

一、科普规划和科普工作

1995年上海建立了科普工作联席会议制度,统筹协调和组织全市的科普工作;编制了第一个科普发展规划;制定了第一个加强科普工作的政策性文件。

【科普规划】

"九五"科普规划　1996年4月,中共上海市委宣传部、上海市科委、上海市科协联合召开上海市科普工作会议。会议颁布了上海"九五"科普发展规划,提出了上海新一轮科普发展目标:科学素养达标率领先全国;建设上海科技城、上海青少年科技教育中心、上海院士走廊等科普标志性设施;组建3 000人的科普志愿者队伍;科普基层网络健全率达100%;实施"四个一百"科普工程,即创建100个科普文明村(里弄)、100个科技特色学校、100个科普教育基地,创作100种优秀科普影视、书籍作品。市政府从"政策支撑、资金扶植、奖励激励"3个方面着手,全面改善科普工作的条件和环境,使上海向"科普任务目标化、科普队伍网络化、科普投入多元化、科普节日法定化、科普活动社区化、科普宣传经常化、科普行为社会化"的方向健康发展。

"十五"科普工作计划　"十五"科普工作计划是第一个正式列入上海市政府编制计划的五年计划。该计划提出"十五"期间上海科普工作要遵循"以人为本、四位一体;注重规范、促进开放;有限目标、重点实施"的战略思路,努力实现3个战略目标:上海市民科技素养指标要领先全国;上海科普基础设施水平要争全国一流;积极营造良好的科普工作环境,完善科普工作管理体系、政策法规体系、社会化服务体系及多渠道投入体系。要围绕大力提高市民科技素质、营造良好科普环境、推进科普基础设施和科普队伍建设、繁荣科普宣传和科普创作、举办各类科普活动五大任务。实施5个科普发展行动计划:市民创新意识和能力提高计划、科普"四个一百"工程深化计划、科普工作体系发展计划、重点科普作品扶持计划和重点科普场馆建设计划。2003年4月,上海市科委、市发改委等21家科普工作联席会议成员单位联合制定了《上海科普工作"十五"后三年滚动发展计划》,根据"科教兴市"战略决策,从建设世界级城市目标出发,提出上海科普工作的进一步发展必须体现融入全国、融入世界的发展特色;体现率先迈进国际大都市的发展特点;体现当代知识经济与信息化时代的发展特征的要求,明确了发展目标,为上海科普工作跃上新台阶创造条件。

上海市科普事业"十一五"规划　2006年,由上海市科委牵头,会同上海市科普工作联席会议办公室各成员单位,组织各方面专家对上海未来5年科普工作的目标、任务和举措进行调研,编制完成了《上海市科普事业"十一五"规划》,提出夯实3类科普资源(基础设施、科技传媒、科普队伍)、关注5大目标人群(领导干部和公务员、青少年、农民、在职职工、其他人群)、实施7项示范专项(科普示范社区、专题性科技类场馆、科技教育特色示范学校、大学生科普志愿者服务社、科普场馆旅游示范线、职工技术创新优秀成果、优秀科普作品),人均科普经费在"十五"基础上翻一番,每50万人拥有 1 家科技类场馆。2010 年,上海市民科学素质在全国率先达到世界主要发达国家 20 世纪末水平。

上海市实施《全民科学素质行动计划纲要》工作方案(2006—2010 年) 2007 年,上海市科普工作联席会议和上海市公民科学素质工作领导小组坚持联会制度,根据国务院《全民科学素质行动计划纲要》的目标和任务,并结合上海的具体实际和特点,制定和印发了《上海市实施〈全民科学素质行动计划纲要〉工作方案(2006—2010 年)》,明确了"十一五"期间的八项主要工作任务,目标是到 2010 年,上海公民的科学素质指标领先于《科学素质纲要》中提出的全国总指标,达到世界主要发达国家 20 世纪末的水平。这标志着科学普及工作开始进入了全面加强能力建设,为实现建设上海创新型城市,增强国际竞争力的目标奠定坚实社会基础的新阶段。

上海市科普事业"十二五"发展规划 2010 年,在广泛征求意见的基础上,《上海市科普事业"十二五"发展规划》编制完成。围绕国家、上海中长期科技发展规划纲要重点任务,从关注目标人群、创新科普活动、推进资源共享、促进人才集聚、繁荣科普市场五方面,提出"十二五"科普重点任务,力争通过"十二五"规划的推动实施,将上海打造成为全国科学素质引领区、科普活动创新区、科普人才集聚区、科普资源共享区和科普市场开拓区。

【科普工作】

上海市科普工作联席会议 1996 年 4 月,中共上海市委宣传部、上海市科委、上海市科协联合召开了上海市科普工作会议。会议颁布了上海"九五"科普发展规划,提出上海新一轮科普发展目标。建立了由市领导挂帅,市科委牵头,市科协负责的有关部、委、办、局和社会团体参加的上海市科普工作联席会议制度,统筹协调和组织全市的科普工作,并规定了联席会议的具体职责、组织形式和工作方式。2000 年 8 月 30 日,第二次科普工作会议召开。会议总结了"九五"期间上海科普工作取得的成绩,部署了新一轮科普工作的目标和任务。上海市副市长左焕琛作重要讲话,上海市科委主任朱寄萍代表上海市科普联席会议作题为《努力探索,不断创新,开创科普工作新局面》的工作报告,上海市教委等单位作交流发言。左焕琛副市长在讲话中强调要提高对科普工作的认识,要把搞好科普工作看成维护国家安全和社会稳定的需要、提高创新能力和综合国力的需要及实现上海跨世纪目标的需要;搞好科普工作要坚持 3 个原则(以人为本、四位一体、不断创新),要求广大科普工作者积极投身于科普工作,宣传、出版等部门要进一步加大对科普工作的宣传力度。

"四个一百"工程 根据上海"九五"科普发展规划,"九五"期间上海实施"四个一百"工程,即创建 100 个科普文明村(里弄)、100 个科技特色学校、100 个科普教育基地,创作 100 种优秀科普影视、书籍作品。1996 年,全市创建一批科普村(里弄)、科普教育基地、科技特色学校,一批优秀科普影视读物编制完成,有 96 个单位被列入"四个一百"工程的首批创建名单。经过专家考评,1997 年有 21 个市级科普村(里弄)、22 个市级科普教育基地、25 所科技教育特色学校、20 部(本)优秀科普作品,被上海市科普工作联席会议首批正式命名。1998 年又评定 34 个科普村、21 个科普基地、21 所科技教育特色学校和 22 部(本)优秀科普作品。1999 年评出科普村 60 个、科普教育基地 21 个、科技教育特色学校 26 所、优秀科普影视作品 22 部(本)。2000 年评出"十佳科普村"10 个、科普教育基地 19 个、科技教育特色学校 22 所、优秀科普作品 20 部(本)。2001 年评出"十佳科普村"10 个、科普教育基地 33 个、科技教育特色学校 31 所、优秀科普作品 20 部(本)。上海累计创建科普村 115 个,评选出"十佳科普村"20 个,建立科普教育基地 114 个,培植科技特色学校 125 所,创作优秀科普作品 104 部(本),超额完成"四个一百"工程计划,把科研、教育、宣传、企业、街道等发动起来,形成了科普工作齐抓共管的局面。

科普"2211"工程　根据上海市"十五"科普发展规划,上海市科普工作联席会议办公室决定,从2002年起开展科普"2211"工程创建工作,即每年创建20个科普街道(社区)、20所科技特色教育示范学校、10个科普工业企业和10个科普商业企业。评选每年进行一次,末位淘汰,不搞终身制。2003年,评选出科普示范街道(社区)20家、科技特色教育示范学校28所、科普工业企业4家、科普商业企业3家和科普教育基地14家。2004年,"2211"科普示范工程评选出22个科普示范街道(社区)、6家科普示范工业企业和1家科普示范商业企业。截至2006年,此项科普示范项目命名工作完成,培育了34个科普示范性街道(镇)、29所科技教育特色示范学校、17家科普工业企业和9家科普商业企业,对推动社区的科普活动、学校的素质教育和企业的技术创新发挥了重要作用。

科普示范专项　2007年,根据科普事业"十一五"规划的科普示范专项创建目标,市科普工作联席会议办公室命名29个街道(镇)为2007年度科普示范社区,34所学校为2007年度上海市科技教育特色示范学校,授予21件作品(书籍、文章、影视)上海市优秀科普作品奖。市科普工作联席会议办公室命名31个街道(镇)为2008年度科普示范社区、34所学校为2008年度上海市科技教育特色示范学校,授予20部作品(书籍、文章、影视)上海市优秀科普作品奖。2010年,市科普工作联席会议办公室命名黄浦区半淞园路街道、徐汇区凌云路街道等32个街道(镇)为2009年度科普示范社区;授予《青少年生物与环境科技活动指南》《幻想——探索未知世界的奇妙旅程》等21部作品(图籍、文章)上海市优秀科普作品奖;命名上海市敬业中学、上海市育才初级中学、上海市横沙中学等32所学校为2009年度上海市科技教育特色示范学校。

科普能力建设　2007年12月,科技部在上海召开国家科普能力建设培训班暨上海论坛,会上科技部宣布在上海率先启动国家科普能力建设试点工作。2008年,按照上海科普能力建设试点的整体框架,在全国率先启动科普工作监测评估试点,开展了2008年度上海科普资源状况调查,开展上海科普场馆运行机制研究,完成了《上海科普图书创作出版专项资金实施办法》的修订。2009年,加快推进国家科普能力建设试点工作,启动了《中国公民科学素质的基准制定与试测》项目。2010年,在完成《中国公民科学素质的基准制定与试测》国家课题的基础上,研究制定了测评指标体系与充实测评题库,并在徐汇、奉贤等区县试点开展了以能力为导向的公民科学素质测评工作;启动区县科普工作测评,重点对18个区县的科普投入、科普能力建设及科普绩效等进行评估,促进了区县对科普资源的匹配。

二、科普活动

在科普活动由恢复到蓬勃发展十多年的基础上,1987年,上海市科协三届八次常委会做出决定,于每年夏季集中一段时间,在全市城乡开展名为"科普之夏"的广泛的科普宣传教育活动。

【科普之夏】

从1987年到1990年,连续举办四届"科普之夏"活动。按集中与分散、重点与一般相结合的原则,走社会化、群众化的道路,努力把内容丰富多彩、形式灵活多样的科普活动重点放到基层去展开。期间,数百位科学技术高级专家深入城乡,登上科普讲台,在基层普及科学技术知识,其中有许多著名科学家,如谢希德、石美鑫、洪国藩、许荫椿,以及走上领导岗位的科技工作者,如副市长刘振元、市委组织部长赵启正等。据不完全统计,四届"科普之夏",共举行各种主题的报告会、讲座

2 400多场次,各种展览会200多个,知识竞赛近千场,放映科教电影和录像8 900多场,另有科普集市、夏令营参观考察等各种形式的活动。第三届"科普之夏"期间,上海还开始"上海市科技精英"的评选活动,在举荐、表彰和宣传科技人才方面产生了广泛而深远的社会影响。"科普之夏"活动使上海人民生动地感受到了科学技术的恩惠,对增强公众的科技意识,提高市民的科学文化素质起到了积极作用。

表4-2-1 历届科普之夏活动情况表

时 间	主 题	活 动
1987年	将科学技术的恩惠洒向人间	讲座、培训、知识竞赛、电影、展览
1988年	人·资源·环境	讲座、学术交流、座谈会、电影、展览
1989年	科学技术是振兴上海的金钥匙	讲座、科技精英评选、电影、展览
1990年	金钥匙就在你身边	讲座、宣传、知识竞赛、电影、展览

【科技节】

1991年,上海市政府采纳20多位市人大代表和政协委员的建议,由市长办公会议确定举办"上海科技节",这是致力于促进科学技术进步与推动公众理解科学的大型科学技术传播活动,也是世界上第一个由地方政府确立的科技节。市长办公会议明确:"上海科技节由市科委牵头,每两年举行一次,要有主题、有内容"。由此,上海的科普活动进一步趋向规模宏大、内容精彩,每届主题都紧扣时代发展脉搏,引起公众高度关注,并且不断面向世界开放,每届都吸引了全国和世界的相关科技、教育团体及人士前来参与。2001年,经国务院批准,在每年五月的第三周举办全国科技活动周活动。为有效整合资源、提升活动层次、扩大科技节(科技活动周)的社会影响,2003年,经上海市政府批准,每两年举办一次的上海科技节与每年举行的全国科技活动周合并,形成逢单年同时举办科技活动周与科技节,逢双年举办科技活动周的格局。1991年至2010年的20年间,每逢科技节期间,从科研院所到工厂农村,从高等院校到区、县、街道,到处都令人感觉到市民对科技节活动的关注。各界人士的积极响应、踊跃参与形成了浓厚的学科学、用科学的氛围。

表4-2-2 历届上海科技节(周)情况表

年 份	主 题	主 要 活 动
1991	科学技术是第一生产力	表彰和奖励科技人员、街道科普、科学文化夜市等
1993	把科学技术的恩惠洒向浦江两岸	高新科技成果展览、科普报告会、科普知识竞赛、科普集市等
1995	人类进入了信息时代	科技节博览城、信息世界展览会、信息时代报告会等
1997	走可持续发展之路	走可持续发展之路主题展、国际环保展览会、青少年科技世界等
1999	创新——迎接知识经济的挑战	主题报告会、21世纪畅想、科技成果博览会等
2001	生物科技——为了新世纪人类的幸福	生命科学、生物技术、生活质量、院士报告、生命伦理研讨等
2003	依靠科学　战胜非典	网上科技节、市民科普讲坛、电子科普画廊等

（续表）

年　份	主　　　　题	主　要　活　动
2005	科技以人为本,全面建设小康社会	大众科技奖、环境友好主题展、科普展板等
2007	携手建设创新型国家	科技馆院士长廊、科普基地参观卡
2009	科技·人·城市——与世博同行	国际科学与艺术展、科普基地联合展、科普论坛
2010	城市·创新·世博——让生活更美好	科普巡展、科普大讲坛、与院士看世博、流动科技馆等

【科普讲座】

科普讲座是普及科技知识和方法的重要手段。上海的科普讲座主要包括：针对生产一线的实用知识和技能讲座、针对领导干部的新技术和管理知识讲座和针对青少年的科技启蒙活动。

实用知识和技能讲座　1977年,上海市科协普及部配合市劳动局组织"安全生产知识讲座"19讲,有1 600人次听讲。1978年,市科协举办"八个带头学科和十大会战项目"科普讲座,每周1次,共18讲。1981年,中国药学会和上海市卫生教育馆联合会举办药学科普讲座,共12讲。1987年,上海首届科普之夏期间,副市长刘振元、市委组织部部长赵启正以专家身份在科学会堂向群众作科普报告,农业专家徐正泰、储晰、陈玉成等到农村多处演讲,营养专家赵法伋等去街道作报告。1990年8月,松江县科协组建松江县科协科技兴农讲师团,半年里,讲师团共下乡26次,听众近2 000人次。1995年,根据上海农村的特点,市科协与市委组织部、市农委密切合作,坚持"实际、实用、实效"的原则,对农村干部和党员进行市场经济、市场营销、企业管理、节能降耗、环境保护、种植业、养殖业等的实用技术培训,使其成为农村科技致富的带头人。

新技术和管理知识讲座　1979年上半年,上海市科协举办5次党政领导干部科普报告会,介绍新兴科学技术的发展,举办现代管理科学基础知识讲座。1984年,上海市科协联合市遗传、激光、通信、生态、科普创作等学会,举办各系统、各级领导干部和科技人员参加的新技术革命知识讲座,讲授10个专题。1986年,上海市各级领导干部2 400多人次参加"新技术、新知识、新观念"系列讲座。1996年,在领导干部中开展以上海"九五"期间信息技术、生物技术、先进制造技术、新材料、绿色技术等五大重点技术领域为内容的全市性科普讲座。市领导以身作则、率先垂范,在每次市政府工作会议的第一项议程前,抽出30分钟举办现代科技知识系列科普讲座,1996年举办6讲。应中共上海市委、上海市政府的邀请,中国工程院院士报告团于1996年3月18—22日来上海作高新技术科普报告,并对上海高新技术产业、支柱产业和浦东新区作考察。

青少年科技启蒙活动　1979年7月12—13日,上海市科协、市教育局、团市委在科学会堂召开1979年上海青少年科学讨论会。会上收到论文26篇,内容涉及数学、物理、化学、生物、地理等。1980年1月25—26日召开第二届青少年科学讨论会。会议共收到中小学生撰写的有关数学、物理、化学、生物、医学、天文、气象、地质等学科论文131篇。1982年2月,上海市科协、团市委、市教育局和中福会联合举办上海市第三届青少年科学讨论会。1988年3月—7月15日,对应征的在校中学生(含中专生和中等技校生)举行4次讲座,题目为"太空环境""太空站""太空特殊环境对地球生态物理化学等的影响"和"航天飞机与返回式卫星"。1990年,上海市科协、市教育局、中国福利会、市园林管理局、市环境保护局联合在全市开展青少年生物百项科技活动(以下简称"生物百项")。该活动旨在引导青少年在学习科学知识的同时,提高对生物科学的兴趣,学习科学研究的基本工作方法,培养实际操作的技能和技巧。1992年,由市科协和有关部门在各区、县活动的基础上,共同举行"上海生态的未来与我们"青少年科学讨论会,全市有100多名青少年参加,这一活动得到海内外专家的很高评价。1996年,在青少年中举办金钥匙杯科技知识竞赛活动,共有43.9万大、中、小学生参与,开展中小学生科技知识竞赛、大学生科技实用技术竞赛;组织以科学技术与上海的未来为主题的大学生辩论赛,共有16所高校的260名大学生参加辩论赛,有力地促进青少年科普教育活动。

名家科普讲坛 由上海市科协创办于2003年1月16日,中国科学院院士、曾经担任上海市科协主席的叶叔华在科学会堂为名家科普讲坛做了首场演讲,此后,讲坛基本保持每月一讲,上海科普网同时向网友进行现场直播。截至2008年8月,名家科普讲坛邀请100多位科学技术专家面向全市公众进行了114次科普演讲,受到广泛的欢迎和好评。

上海科普大讲坛 于2009年5月27日在上海科技馆正式开讲。讲坛以公众的科学需求为导向,以通俗化的语言和科普化的形式,引导公众认识、理解、欣赏科技,提高公众科学素养,最终形成一种以社会发展中的科学技术为议题、以公众理解为导向的科学传播新模式。讲坛自创办以来聚焦进化论、转基因、低碳经济、日全食、艾滋病的防控、应对气候变化等当前科技发展的重点和市民关注的热点,成功举办了6讲,邀请了徐匡迪院士、叶叔华院士、汪品先院士等17位中外著名科学家作了精彩的科普演讲,并与市民开展近距离的交流与对话,近1500名听众来到现场参加了活动。2010年,全年共举办讲坛近70场,受到了各层次市民的热烈欢迎。

【科普展览】

1979年5月1日,由上海市科普创作协会、中国美术家协会上海分会联合举办的上海科普美术作品展览在上海美术馆正式展出,展品包括油画、国画、水粉画、连环画、剪纸、雕塑等。1981年1月29日—2月10日,上海市科普创作协会、中国美术家协会上海分会联合举办上海市模范科技工作者肖像画展,在上海美术展览馆展出。1982年2月,上海市科协、团市委、市教育局和中国福利会联合举办1982年上海市中小学生科技活动成果展览,展览内容有中小学生在开展科技活动中的"小改革""小创造""小发明"和"小建议",各种科技活动中由学生制作的作品、活动资料、图片,以及自制的教具、模具、工具等。展品都由学生自主选题、自己设计和自己制作。1984年6月11日—12月5日,上海市计生委、市科协等7个单位,为向广大群众宣传"控制人口数量,提高人口质量"基本国策,联合举办优生优育展览会,参观对象为成年人和初中三年级以上的学生,近10万人参观。联合国人口基金会官员也参观了展览会。在展览会现场设立了咨询台,由专家解答有关遗传、性知识、避孕知识等方面问题。

1987年,科学会堂举办了十几期科普宣传和科技成果展览,包括反映儿童科学想象力和创造力的"未来之家,未来城市"儿童画展、揭示大自然奥秘的"科学奇观"摄影艺术大奖赛作品展览,深受观众欢迎,这两个展览还赴各省市巡回展览。1988年8月,以"人·资源·环境"为主题举办了漫画展。同年11月24日到年底,航天部、上海市科委、市科协等15个单位联合举办航天展览会,展出30多件中国自制的火箭、导弹卫星的实物和模型,共有30万人次参观。1989年10月30日—12月10日,由上海市教卫办、市科委和市科协等单位联合举办科学技术——振兴上海的金钥匙展览会,展示了40年来上海运用科学技术手段促进经济发展所取得的一系列重大成果,近30万名青少年参观了展览会。为配合全市科技兴农会议,上海市科协和市农委在1990年3月21—25日联合举办上海历史上第一次科技兴农展览会,宣传10年来的农业科技成就,增强全社会科技兴农意识。

2010年5月26—31日,由市科协、市文学艺术界联合会、浦东新区政府共同主办的2010年上海国际科学与艺术展在浦东展览馆举办。展会以科技世博为主线,聚焦"融合——科技·世博·美"主题。

三、科普场馆

【上海科学会堂】

是上海市政府根据第一届人民代表大会科学家代表任鸿隽等人的建议案设立的一个科技活动场所,始于1958年1月。上海市市长陈毅题写"科学会堂"4个大字。1989年市科协决定重新整修科学会堂。一号楼经过一年多的整修改造:二层西侧原大礼堂改建成多功能科荟厅;大厅可用拼装组合形式,根据需要分隔成庄重的学术报告厅,或是宴会厅,或是豪华的舞厅;其东侧有光启厅、道婆厅、时珍厅、张衡厅、李冰厅、冲之厅、霞客厅、沈括厅、毕昇厅、思邈厅等,每个厅都安放着被命名人的雕像或象征物。科学会堂一号楼以国际学术交流和国内高层次学术活动为主,二号、三号、四号楼相配套,中心花园相协调,成为学术交流、兼顾联谊、展览、餐饮、休憩、办公为一体的科学殿堂。整个科学会堂可同时举行20场以上的活动,每天可接待数千人。

【上海自然博物馆】

1956年11月成立筹备委员会,确定按天体、地球、生物、人类的进化历史,分设天文、地质、古生物、动物、植物、人类6个专业馆。动物学分馆于1960年初步建成,1962年后又先后建成"古动物史"和"从猿到人"2个展览厅,并充实动物学分馆,使之初具规模。1981年6月上海自然博物馆被上海市政府正式命名。1984年10月植物学分馆建成,坐落在市中心延安东路260号,建筑面积12 800平方米。植物学分馆在龙吴路的展览厅与市园林局合建于上海植物园内,展出面积1 500平方米,另建植物标本楼,面积为3 000平方米。2001年,上海自然博物馆撤销建制,归并入上海科技馆。上海自然博物馆新馆项目于2007年正式立项,总投资13亿元,2009年6月26日破土动工,2015年二季度建成对外开放。

【上海科技馆】

1998年12月18日动工,2001年12月18日一期工程建成并对外开放的上海科技馆,位于浦东新区行政文化中心,是上海著名的综合性科技馆、全国文明单位。该馆总投资17.55亿元,占地面积6.8万平方米,建筑面积9.8万平方米,其建筑风格独特,呈西低东高、螺旋上升的不对称结构,象征了生命的孕育,寓意宇宙的宽广无垠,体现历史的广博和现代科技的震撼。上海科技馆以"自然 人 科技"为主题,十二个主题展区风格各异,以科学综合的手段、寓教于乐的方式,使参观者在赏心悦目的娱乐中接受现代科技知识的熏陶。十二个主题展区与馆内亚洲最大的科学影城、六大新媒体剧场、两个意识浮雕长廊、蜘蛛展、动物世界展等共同构筑起现代化的科技乐园。上海科技馆是世界上展示面积最大的科技馆之一,也是中国技术设施最先进的科普教育基地。开馆以来,平均每年接待参观者200多万人次。

【专题科普场馆】

2004年,10所专题科普场馆的改造和提升被列为上海市政府十大实事工程之一。2005年,又改造和提升9所专题科普场馆。2006年,上海市科普工作联席会议办公室发布《上海市专题性科普场馆标准》,对专题科普场馆的基础设施和管理提出了要求。2009年,上海市科普工作联席会议办公室发布《上海市专题性科普场馆管理办法(试行)》,对专题性科普场馆的管理、申报、开放、活动和评估等提出了具体要求。截至2010年底,全市专题科普场馆已达33家,场馆面积达10余万平方米。

【科普教育基地】
1996年,上海开始科普教育基地的创建改造。2000年9月28日,上海市科普教育基地联合会正式成立,并在上海市科学技术委员会的指导下开展工作。2004年,由上海市科委策划、上海市测绘院编制,出版发行了全国首张科普教育基地地图,向市民免费赠阅。2005年,上海市科普工作联席会议办公室颁布《上海市基础性科普教育基地暂行标准》,对科普教育基地的基础设施、制度与管理、活动开展提出要求。截至2010年底,市级基础性科普教育基地总数达188家,涵盖天文、地理、生物、环境、交通、航天、医学、农业、信息技术等多个学科领域。适用于市内高校、科研院所和厂矿企业的科技实验室、实验基地、工作场地、科技场所,以及可用于科普教育并愿意向社会开放的各类场所。

四、科普创作与宣传

20世纪80年代前后,科普创作开始呈现出空前活跃和繁荣的景象。1978年5月,中国科协在上海召开了全国科普创作座谈会。当年11月,上海率先在全国成立了科普创作协会(后改名上海市科普作家协会),随后,《科学生活》等20多种科普杂志相继创刊,科普作品活跃于报纸杂志的新闻、科技、文学和生活等版面,上海科教电影厂每年拍摄制作数十部科教影视新片和翻译片,其中有20多部分别获得了一、二、三、五届中国电影"百花奖"和"金鸡奖"的最佳科教片奖及有关国际电影节奖。当时,上海科普创作和出版的繁荣盛况令全国瞩目,成为公认的科普创作重镇。

20世纪90年代,上海科普创作继续有所进展,出版了许多介绍实用技术和现代科技的著作,市科协每年举办上海市优秀科普作品奖评选活动。《中国科学院院士自述》一书,继1997年被评为市优秀科普作品后,又获1998年中宣部"五个一"工程奖。《十万个为什么》《家庭医学全书》等三部科普书籍首次获得上海市科技进步二等奖和三等奖。科普宣传活动形式多样:《解放日报》《文汇报》《新民晚报》等报刊都辟有科普专版;上海人民广播电台、东方电台、上海电视台、东方电视台、教育电视台、有线电视台也都分别开办各有特色的科普专栏节目。1997年8月,由市科委、市教委、市科协等市科普工作联席会议成员单位组织,上海滑稽剧团创作编排了一台以宣传社区科普和青少年科普活动内容为主题的滑稽戏《来龙去脉》,是国内第一部通过滑稽戏寓教于乐宣传科普工作的好戏。

2000年7月,上海市科委和市科协研究决定共同出资、集资设立上海科普创作出版专项资金。该专项资金由政府和社会各方面共同投入,在2002—2005年4年中,每年投入100万元作为年度出版资金。2005年,科普丛书"科学原来如此"出版。该丛书是上海组织100多名科普工作者,经过数十次论证、研讨、修改,历时2年,编写完成的大型科普丛书,由上海科学技术文献出版社于5月出版。丛书共10册:《沧桑变幻的地理》《万方纵横的交通》《生生不息的植物》《传输力量的能源》《无限寥廓的宇宙》《千姿万态的动物》《沟通世界的通讯》《亘古繁衍的生命》《赖以生存的环境》和

《无所不在的材料》，总计 300 万多字。在篇目选择上，既注重知识的沿袭性，也注重鲜明的时代性和探索性；在分类方法上，有别于传统的、割裂知识点的条目式编写方式，而是将各个知识点融会贯通，体现信息时代、知识经济时代特征，是继《十万个为什么》后又一部具有原创特色的科普图书。

2007 年，举办首届上海科普多媒体作品大赛。该大赛由市科普工作联席会议办公室、市公民科学素质工作领导小组办公室指导，市科协主办，上海科技报社、长宁区科协承办。大赛征集到作品 235 件，形式有 DV、FLASH、二维动画（2D）、三维动画（3D）。经过评审，DV 作品一等奖和动画作品一等奖空缺，评出 DV 作品二等奖 2 个、三等奖 1 个、优胜奖 2 个，最佳 Flash 动画表现奖 1 个，最佳动画（2D，3D）表现奖 1 个，动画作品优胜奖 2 个；长宁区、普陀区、闸北区、闵行区科协普及部、上海科技报科普网编辑部、上海大学数码艺术学院、长宁区幸福家园俱乐部等 10 个单位获优秀组织奖。颁奖仪式于 9 月 15 日在 2007 年全国科普日上海地区活动启动仪式上举行。2008 年，加强各出版社科普图书出版指导，《多彩的昆虫世界》、"嫦娥书系"丛书获 2008 年上海科技进步二等奖，是科普作品首次获科技进步奖。2010 年，上海电视台纪实频道"科技密码"科普栏目，聚焦重大科技事件和热点内容，让公众了解科技发展与最新成果，被中国广播电视协会科教传播工作委员会评为全国科教专题类优秀节目奖。上海市科普多媒体内容制作了 10 部以"启思带你走近世博"为主题的二维 Flash 科普动画短片。上海科技馆与上海电视台纪实频道合作，启动了神秘的中国野生动物世界系列科普影片的拍摄。结合玉树地震、H1N1 流感、"11·15"高楼火灾等重大灾害事件的应急科普宣传，全年开展应急宣传活动数十项、编制应急科普挂图 3 期共 15 000 余份、制作各类应急科普小册子数十种、向全市 25 万户家庭配置家庭应急包并开展相关逃生培训，及时、有效地向公众普及应急防灾知识、提高自救互助能力。

第二节　群　众　发　明

1985 年 12 月，上海市发明者联谊会成立，下设技术转让部、咨询培训部和专利实施部。联谊会是国内第一个地区性发明者的学术性群众团体，由中国专利局上海分局和《文汇报》发起主办。联谊会维护发明者的合法权益，鼓励科技人员开展发明创造活动。1985 年，由《上海科技报》、上海电视台《科技之窗》、上海专利事务所联合组办成立上海发明家俱乐部。1986 年，上海工业技术发展基金会成为联合组办单位之一。俱乐部每年开展一次群众性的创造发明竞赛，奖励优秀发明项目，并组织推广转让及产业化工作。上海专利事务所选择优秀项目免费代办专利申请，为发明者提供帮助。

1986 年 10 月，上海发明协会成立。协会确定宗旨为"办实事，求实效，为发明者提供实质性服务"。协会不以营利为目的，重点支持、扶持非职务发明项目，包括提供发明方案的咨询论证、申请和实施专利的经费资助、发明项目的开发实施、技术评审、技术转让等一系列服务工作。成立以来，协会与有关单位一起举办各种发明评选和奖励，举办上海市发明和新技术展览会；组织评选上海市的优秀发明项目参加全国发明展览会；组织参加国际发明展览会等。1996 年，编辑印制了《上海发明协会成立 10 周年纪念》画册。2005 年，上海市发明协会主办的上海发明网开通。

1987 年，支持和鼓励职工群众投身群众性创造发明的上海市优秀发明选拔赛应运而生，由上海市总工会、上海市知识产权局会同上海发明协会、上海市高新技术成果转化服务中心等单位联合举办，每年举办一次，按职务发明、非职务发明、青少年发明分别评选。1999 年首次设立特等奖。2000 年以后不再分类，统一为一、二、三、四等奖和推广实施奖。

表 4-2-3　1991—1999 年上海市优秀发明选拔赛获奖情况表

年　份	获　奖项目数	职　务　发　明			非职务发明		青少年发明	
		获　奖	特等奖	一等奖	获　奖	一等奖	获　奖	一等奖
合计	2007	794	3	129	948	50	246	22
1991	143	69		2	53	1	21	1
1992	140	59		7	71	7	10	1
1993	127	31		6	82	2	14	2
1994	129	51		8	58	3	20	1
1995	152	46		12	91	4	15	1
1996	189	79		17	72	4	19	1
1997	174	63		17	83	4	28	3
1998	190	103		23	59	4	28	4
1999	210	102	3	21	77	3	31	4

表 4-2-4　2000—2006 年上海市优秀发明选拔赛获奖情况表

年　份	参赛项目	获奖项目	一等奖	二等奖	三等奖	四等奖	推广实施奖
2000	392	302	39	78	114	25	46
2001	412	330	40	119	137	15	19
2002	559	382	45	89	144	32	72
2003		385	41	92			
2004	534	390	41	107	181	41	20
2005	734	523	41	132	256	73	22
2006	790	594	50	130	279	116	19

　　1992 年,上海发明协会首次举办评选实施发明成果优秀企业家活动,共评选出 30 名实施发明成果的优秀企业家。1995 年,上海发明协会开展第四届评选实施发明成果优秀企业家活动,并首次评选实施发明成果的优秀总工程师。截至 2007 年,共举办 16 届实施发明成果优秀企业家活动,累计评选优秀企业家 446 位,实施发明成果 817 项。

表 4-2-5　实施发明成果优秀企业家情况表

年　份	实施发明成果优秀企业家(名)	优秀总工程师	实施的发明成果(项)	利税(亿元)	产值(亿元)
1992	30		26	1.08	3.00
1993	50		61	4.24	16.10
1994	65		83	4.89	21.69
1995	46	21	109	19.00	141.00

（续表）

年　份	实施发明成果优秀企业家(名)	优秀总工程师	实施的发明成果(项)	利税(亿元)	产值(亿元)
1996	38	13	74	7.80	41.29
1997	30	4	56	9.10	61.30
1998	24	2	46	13.70	77.40
1999	17	6	47	10.30	55.20
2000	23	4	45	7.76	55.90
2001	24	5	54	17.60	168.00
2002	20	8	48	7.30	42.10
2003	20	5	40	16.65	65.42
2004	18	5	40	3.60	37.00
2005	19	8			
2006	20		25		
2007	16				

　　1993年7月28日，经上海市科学技术委员会批准，设立上海市发明奖励基金。此项基金主要用于奖励取得较大经济效益和社会效益的发明、专利和重大新技术成果的发明者及实施成果取得显著成绩者，包括青少年、大学生、在读研究生、科技人员、非职务发明者及企业家等。基金来源于国内外热心支持发明创造的社会团体、企事业单位、其他组织和个人的资助。上海市发明奖励基金的工作，由上海发明协会承办。协会制定《上海市发明奖励基金章程》，并成立上海市发明奖励基金理事会。发明奖励基金以不动用本金为原则，每年以息金作为活跃群众性创造发明活动的奖励金，并接受基金理事会监督，1995年开始启用。1998年2月，为鼓励和提高上海市中小学生的创新能力，加大对青少年创造发明的支持力度，在上海市科委领导的创议下，上海发明协会报请上海市科委批准，设立了上海市中小学生发明开发基金。基金的日常管理工作由上海发明协会负责。该基金主要用于奖励上海市中小学生所创造的构思先进、灵巧、实用性强的优秀项目，资助上海市青少年创造发明设计项目的开发，使一些优秀项目能够开发成为先进实用的发明成果。

　　1995年，上海发明协会和上海市少年科技指导站共同举办了上海市青少年创造发明设计竞赛活动。这项活动以"立足普及、兼顾提高"为指导思想，通过层层发动，逐级申报，全市有330多所中小学校、10万多名中小学生、8.6万件设计作品参赛，普及面很广。

表4-2-6　上海市青少年创造发明设计竞赛获奖情况表

届　数	年　份	获奖作品(项)	一等奖	二等奖	三等奖
第一届	1995	252	8	45	132
第二届	1996	115	8	30	77
第三届	1998	115	5	23	87
第四届	1999	200			

（续表）

届　数	年　份	获奖作品(项)	一等奖	二等奖	三等奖
第五届	2000	100	9	35	66
第六届	2001	242	17	39	186
第七届	2002	171	17	35	119
第八届	2003	164	18	50	96
第九届	2004	253	38	76	139
第十届	2005	495	80	150	265
第十一届	2006	290	51	104	135
第十二届	2007	298	41	105	151

1995年，上海发明协会设置上海高校学生创造发明"三枪杯"奖，旨在鼓励和推动在读大学生、研究生培育崇尚科学、勤奋务实及创新开拓精神。最早的名称为大学生创造发明杯奖。1996年起，上海三枪(集团)有限公司捐资赞助该奖项的评奖工作，为表铭谢，特更名为创造发明"三枪杯"奖。2005年起更名为科技创业杯。2009年，特别设立科技创业项目奖。

表4-2-7　2006—2010年科技创业杯获奖项目情况表

年　份	获奖作品(项)	一　等　奖	二　等　奖	三　等　奖
2006	94	6	23	65
2007	87	2	23	62
2008	82	3	20	59
2009	80	3	19	58
2010	75	5	21	49

1996年，为了表彰奖励发明人中的拔尖人物，上海发明协会首次在上海市以中青年为主的发明者中评选优秀发明人。在各系统推荐申报的基础上，经专家评审委员会评选出6名拔尖人才，授予"上海发明家"称号，他们是：中国科学院上海硅酸盐研究所研究员范世，上海第二医科大学附属第九人民医院教授戴克戎，中国纺织大学环境科学与工程系教授陈季华(女)，上海港龙吴港务公司总经理、高级工程师包起帆，上海冶金控股(集团)公司所属上海钢铁工艺技术研究所高级工程师郁竑，上海建工(集团)总公司所属上海市机械施工公司高级工程师王大年。2006年6月24日，第二届上海发明家评选揭晓，共有9位新入选的上海发明家，分别是：上海医药工业研究院研究员王文梅、上海振华港口机械股份有限公司高级工程师田洪、复旦大学上海医学院教授宋后燕、复旦大学教授陈芬儿、展通信有限公司首席技术官陈大同、华东理工大学教授钱锋、东华大学教授顾利霞、上海交通大学附属第九人民医院教授曹谊林、中石化上海石油化工研究院教授级高工程文才。

2000年，上海开始处于英特尔国际科学与工程学大奖赛。2002年，在英特尔产品上海有限公司的大力支持下，上海地区赛更名为英特尔上海市青少年科技创新大赛。2010年，第25届英特尔上海市青少年科技创新大赛在上海举行。来自全市18个区县和浙江、江苏、云南及外籍参赛队的1500多名中小学生、教师参加活动，收到769件青少年创新成果、446幅科幻画、120项青少年机器人创意设计作品、113项科技实践活动、51件教师发明作品、50部科学DV短篇及47件教师科技教育方案。

2003年,上海市科委和市教委开始主办明日科技之星评选活动。每年进行一次,目的是在青少年学生中选拔品学兼优的科技人才,为科技"启明星"计划和"曙光"计划储备人才。截至2010年,上海评选出100多位明日科技之星,他们均得到市科委提供的万元奖学金资助、考大学加20分和提供升学绿色通道的待遇,有关方面也在其以后的学业中进行跟踪培养。

第三章 科技合作与交流

第一节 国内科技合作与交流

一、国内科技合作

上海非常重视国内科技合作交流工作,改革开放以来,根据经济技术发展的需要,在平等互利的基础上积极开展经济技术的横向联合工作,确立4个服务观点:为全国四化建设服务;为实现上海经济发展战略服务;为补充上海紧缺原材料服务;为增强企业自我改造、自我发展和扩大出口能力服务。在联合目标上,上海要与各地建立4种联合基地:原材料联合开发基地;出口产品粗加工生产基地;科研生产联合基地;名优产品联合生产销售基地。1978年至1982年技术协作项目从只有26项到200多项,1985年达到了1 500多项,上海同全国27个省市自治区建立了科研生产联合体2 000多个。

20世纪90年代,上海市科委继续贯彻"立足上海,服务全国"的要求,按照"优势互补、互惠互利、联手发展、共同繁荣"的原则,在对西藏的"科技援藏"、云南的"科技扶贫"、长江沿岸中心城市及沿海开放城市的科技合作,以及对西南地区的科技合作等方面,在合作的实质性和深入性上取得新的进展。截至2000年,上海与11个省市自治区签定全面科技合作协议。上海的科研单位、大专院校和科技企业与西部地区达成的项目合同与意向285个,项目总投资83.21亿元。

2000年以来,结合上海科技"服务长三角、服务长江流域、服务全国"的发展战略,上海市科委发挥上海科技优势,组织上海科技力量,积极推进国内科技合作,取得了一定的进展。市科委先后与黑龙江、河南、宁夏等13个省市区签定科技合作协议;在与河南、宁夏等中西部地区的科技合作中,鼓励和吸引双方的高新技术成果和企业到对方落户和实施转化;与长江沿岸中心城市、云南等省区的合作中,建立了科委主任联席会议制度。2004年,为配合国家振兴东北工作,市科委又增设了振兴东北科技合作专项;2006年,上海市西部开发科技合作项目管理中心正式更名为上海市国内科技合作项目管理中心。2008—2009年,在国内科技合作工作中,继续以做好对口支援和科技合作两条腿走路的原则,以支援带合作,以合作促支援。2010年,完成《上海市国内科技合作与对口支援"十二五"规划纲要》的编制工作,开展科技对口支援项目9项,下达经费500万元;支持西部开发和振兴东北科技合作项目28项和7项,共资助经费520万元,带动社会投入3 155.5万元,可产生经济效益1.83亿元;开展长三角科技联合攻关项目28项,资助经费980万元,带动社会投入2.05亿元。

二、长三角科技合作

2003年,在国家科技部的指导和协调下,江苏省、浙江省和上海市政府签定了《关于沪苏浙共同推进长三角创新体系建设协议书》,建立了由两省一市主管领导组成的长三角区域创新体系建设联席会议制度。联席会议下设办公室,负责长三角科技合作具体任务的组织和协调,并设立了相应的专项资金。2004 年,上海市科委、浙江省科技厅、江苏省科技厅三方签定联合协议,并于 6 月 24 日在相关媒体上颁布《关于联合开展长三角重大科技攻关的公告》,共征集项目 117 项,其中上海 65 项。经三地专家评审后确认 9 项(上海、江苏、浙江各 3 项)为重大科技联合攻关项目,三地科委支持经费共计 1 000 万元。

2005 年底,沪苏浙两省一市决定重点推进环保、能源、科技资源共享、交通合作等四个专题,为长三角科技合作进一步指明了方向。2006 年,长三角区域创新体系建设联席会议工作会议在上海召开。《长三角"十一五"科技发展规划纲要》的编制正式启动。2007 年,沪苏浙三地联合编制了《长三角科技合作三年行动计划(2008—2010 年)》,谋划长远发展。2007 年 5 月,温家宝总理在上海召开长江三角洲地区经济社会发展座谈会,提出了要把长三角建设成为创新型区域的要求,为长三角进一步加强科技合作提供了坚实的保障。

2008 年 6 月,《长三角科技合作三年行动计划(2008—2010 年)》正式印发,提出了推进长三角科技创新与合作的 21 条政策性建议。2009 年,沪苏浙皖科技部门在科技部的指导下,成立联合工作组,启动研究制订推进长三角地区建设国家级自主创新综合示范区建设方案。2010 年,项目中心共征集到长三角联合攻关项目 140 项,立项 28 个,涉及新能源与节能减排技术、海洋工程装备、生物医药及公共安全四大领域,立项总投资约 1.68 亿元,其中上海投资约 1.39 亿元,苏浙皖地区投资 1 888.3 万元,市科委支持 980 万元。2004—2010 年,长三角联合攻关项目共立项 59 项,立项总投资约 3.6 亿元,市科委支持 4 155 万元。

三、对口支援

20 世纪八九十年代,上海市科委开始开展科技对口支援,包括对西藏的"科技援藏"工作、对云南的"科技扶贫"工作等。1996 年,市科委成立了科技援藏工作领导小组;1997 年,与云南省科技厅签订科技合作协议。上海的科技援藏工作围绕日喀则的经济建设和社会发展,重点扶持市场前景好、有明显造血功能的短平快项目,逐步构筑由输血向造血功能转化的科技援藏框架。截至 2000 年,援助金额累计达 322 万元。

2001 年,上海加强对西藏、新疆、重庆、云南和三峡库区等地的科技援助工作,2001 年共支持经费 260 万元。2003 年,在科技援藏方面,上海市科委下达"上海市肿瘤医院与西藏自治区人民医院肿瘤研究合作"项目,在 5 年内为西藏建立肿瘤诊治专业学科,并培养一批技术骨干,形成一支专业队伍,改变西藏医疗没有肿瘤专科的现状。2004 年,上海市在西藏日喀则、重庆五桥区、云南红河、普洱、迪庆、文山州(市)(简称云南四州市)、宜昌夷陵区继续实施科技对口援助工作,支持经费 300 万元。上海与新疆阿克苏地区、西藏日喀则等 8 个上海重点对口西部支援地区,共同签署了"一对八"《2005—2007 年人才开发合作交流备忘录》。

2005 年,在西藏日喀则、云南四州市、重庆五桥区、宜昌夷陵区、新疆阿克苏地区继续实施科技对口援助工作,全年支持经费 370 万元。2006 年,在西藏日喀则、重庆五桥区、云南四州市、宜昌夷陵区、新疆阿克苏地区继续实施科技对口援助工作,支持经费 400 万元。上海新疆科技合作基地有超过 18 家科技企业入驻,并推介了 10 多个科技合作项目,上海—云南技术转移基地在玉溪建立了分基地。2007 年,上海市科委结合对口支援地区科技发展的需求,依托建成的各个上海科技中心,在西藏日喀则、新疆阿克苏、云南四州市、三峡库区、四川广安华蓥市继续实施科技对口援助工作,组织实施 19 项科技帮扶项目,支持经费 450 万元。10 年来,市科委共援助科技帮扶资金 1 500 多万元,实施援助项目 60 多项。市科委与新疆科技厅等在乌鲁木齐市共同主办"上海—新疆科技合作洽谈会暨沪疆科技创新国际论坛"。

2008 年,上海市科委结合对口支援地区科技发展的需求,在西藏日喀则、新疆阿克苏、云南四州市、三峡库区、四川广安华蓥市继续实施科技对口援助工作,组织实施了 17 项科技帮扶项目,支持经费 500 万元。2009 年结合对口支援地区科技发展的需求,在西藏日喀则、新疆阿克苏、云南四州市、三峡库区、四川广安华蓥市开展了 14 项科技帮扶项目,支持经费 500 万元。2010 年,市科委结合对口支援地区科技发展的需求,在西藏日喀则、新疆阿克苏、云南四州市、三峡库区、四川广安华蓥市开展了 9 项对口科技帮扶项目,支持经费 500 万元。在西藏日喀则开展科技情况调研,在云南红河实施国家农业科技园区标准化优质稻种植与加工示范,在重庆建设 5 万只无公害蛋鸡养殖示范基地,在湖北开展出口柑橘栽培技术集成示范,在四川实施梨棚架滴灌商业栽培技术示范。

四、其他省市科技合作

20 世纪 80 年代末,上海所属 12 个区与国内 200 多个地、市、州、县及京津所属的一些区建立了横向联合,形成了一批联合体。据不完全统计,上海一些区从横向经济技术协作中获得的利润占区属工业企业利润的十分之一。

20 世纪 90 年代,上海与有关省市签订科技合作项目 271 项,技术交易额达 5 667.5 万元,与 11 个省市自治区签定全面科技合作协议,上海高新技术成果转化服务中心和上海技术产权交易所在重庆、成都、河南、宁夏、内蒙古和甘肃等地区设立 25 个分中心和交易信息部。

2000 年以来,上海实施西部开发专项和振兴东北科技合作专项。2000 年,市科委在国内科技合作专项中设立西部开发专项;2001 年,市科委批复成立上海市西部开发科技合作项目管理中心。从 2003 年至 2007 年,西部科技合作计划专项共立项 295 项,市科委投入 2 250 万元,带动社会投入 7.6 亿元;振兴东北科技合作计划专项立项 47 项,市科委投入 430 万元,带动社会投入 2.3 亿元。

2004 年,共征集西部项目 260 项,实际立项 65 项,遍布新疆、四川、广西等 12 个省市自治州,投资总额达到 2.1 亿多元,上海市科委支持 550 万元,创历史新高。上海市科委组织上海的科技企业、投资机构,参加东北亚高新技术及产品博览会、第十五届哈尔滨经济贸易洽谈会,与东北三省的企业达成了一批合作项目,上海市科委对其中的 13 个项目给予拨款 130 万元。2006 年,西部科技合作项目和振兴东北老工业基地专项计划共征集到西部项目 140 项,上海市科委正式立项的西部项目 53 项,共资助 400 万元。2007 年,上海市共征集到西部项目 129 项,有 30 个项目获立项,立项投资总额 8 533.8 万元,其中上海投入 2 921.3 万元,西部地区投入 5 112.5 万元,市科委立项投放资金 500 万元,预期经济效益约 4.14 亿元。2007 年振兴东北项目合作领域涵盖现代农业和现代制造业两大类,现代农业征集到 7 项,其中 4 项获得立项;现代制造业征集到 8 项,其中 5 项获得立项。

2008 年,西部科技合作项目和振兴东北老工业基地专项共征集项目 58 项(西部 44 项、东北 13 项),上海市科委支持立项 38 项(西部 29、东北 9 项),资助金额 520 万元(西部 400 万元、东北 120 万元),立项投资总额 5 315.3 万元,其中上海投入 2 288.6 万元,西部和东北地区投入 3 026.7 万元,预期产生经济效益 3.416 亿元。2009 年,上海继续加强与西部、东北的科技合作,共征集西部项目 46 项,共投入资金 1 258 万元,西部地区投入 6 636 万元,上海市科委资助 425 万元,预期经济效益 3.1 亿元。东北项目合作领域涵盖现代农业和现代装备制造业两大类,现代农业征集到 2 项,其中 2 项获得立项；现代制造业征集到 5 项，其中 2 项获得立项。2010 年，上海国内科技合作项目管理中心（以下简称项目中心）共征集到西部科技合作项目 38 项，立项 28 项，立项总投资 2 788 万元，其中上海投资 1 157 万元，西部投资 1 210 万元，市科委支持 420 万元，预期经济效益 1.24 亿元。项目中心共征集振兴东北科技合作项目 13 项，立项 7 项，涉及现代农业和现代制造业两大领域，立项总投资 888.5 万元，其中上海投资 503.5 万元，东北投资 285 万元，市科委支持 100 万元，预期经济效益 5 900 万元。

五、院市合作

自 1995 年 8 月，中国科学院与上海市政府建立全面合作关系以来，双方在重大工程项目、科学研究中心、高新技术产业化和人才培养等方面的合作取得了令人振奋的进展，双方优势得到了充分体现。上海市政府和中国工程院本着优势互补、互惠互利和共建共管的原则，于 2001 年 7 月成立了上海市政府与中国工程院合作委员会，组建了上海市中国工程院院士咨询与学术活动中心（院士中心）。院士中心作为合作委员会的执行机构，一年多来在上海市政府和中国工程院的大力支持和院士们的积极协助下，紧紧围绕上海市的经济、科技发展战略，为实现上海成为一个"龙头"、四个"中心"的目标，提升城市综合竞争力，充分发挥了院士智囊作用，为政府及有关部门科学决策、民主咨询做出了积极的工作。

2001 年 11 月 23 日，中国科学院与上海市政府在上海市政府会议厅签署新一轮 5 年全面合作协议。双方面向上海市社会经济发展的战略需求，共同组织实施基础性、前瞻性重大科研项目。中国科学院与上海合力推动技术创新，为上海市传统产业改造和高新技术产业发展做出实质性贡献。2008 年 9 月 26 日，中国科学院、上海市政府《进一步深化院市合作协议书》签字仪式在上海举行。2009 年，开展量子精密测量及其相关技术的研究、超细气态悬浮煤粉燃烧技术研究、地铁突发事故应急处置关键支撑技术研究及应用推广、纯电动汽车能源动力系统核心技术的研究等。2010 年，市科委会同中国科学院继续部署重大项目，加强前瞻技术和高新技术产业化布局。在前沿技术领域，开展增强硅基薄膜光吸收效率的新技术研发。在新能源利用和节能减排领域，开展生物燃料丁醇的生产与车用关键技术研究与示范，开展 CH_4 和 CO_2 重整制合成气中新型催化剂关键技术研究。在新材料和新器件领域，开展亲水性高性能聚偏氟乙烯中空纤维膜生产关键技术研究，开展有机薄膜晶体管阵列面向电子纸显示的器件设计及工艺优化研究。

六、部市合作

自 2004 年 7 月 14 日科技部与上海市政府签署工作会商制度议定书后，2005 年 8 月双方正式启动部市合作工作。部市合作围绕"两大目标、三个聚焦"，即围绕服务国家战略、服务上海经济社会发展两大目标，聚焦重大攻关项目，聚焦创新基地建设，聚焦创新创业环境建设。2010 年 11 月 5 日，科技部与上海市政府在上海举行新一轮部市工作会商制度议定书（2010—2015 年）签字仪式暨 2010 年部市工作会商会议。

2004 年签订部市合作框架协议以来，部市合作取得了丰硕成果：为世博会成功举办提供了强有力的科技支撑，从 2005 年起启动实施的世博科技行动计划，聚焦世博建设、能源、环境、运营、展示及安全等领域的科技需求，部市累计投入财政资金超过 8 亿元，组织开展了技术攻关和集成应用,取得自主创新成果约 1500 项,绝大多数实现了应用。实现了重点领域的重大技术突破,在极大规模集成电路制造装备及成套工艺、重大新药创制、新一代无线移动通信网等国家重大专项中承接和实施了一大批重大专项任务,部分阶段性成果实现产业转化。围绕崇明生态岛建设要求,一批国家级项目、基地、人才先后落户崇明,通过技术攻关和集成应用,为崇明实现低碳、生态、可持续发展提供了强有力的科技支撑,特别是"崇明生态岛建设指标体系"研究提出的 24 个核心指标,正在引领崇明生态岛建设。在创新体系建设上迈出重要步伐,作为部市合作的重要内容,上海创新体系建设以实施国家技术创新工程试点为重大契机,加快推进企业主体培育、张江高新区发展、创新政策完善、公共服务体系建设等,着力营造良好的创新创业环境。

七、港澳台科技合作与交流

【沪台合作】

1992 年 11 月 26 日,台湾文辉企业发展有限公司委托上海压铸技术协会举办的压铸模具设计及压铸技术发展研讨会在上海举行。1993 年 4 月,由市科协主办、市交通工程学会和台北市道路交通安全促进会承办的海峡两岸都市交通学术研讨会在上海首次举行。1997 年 8 月 2 日至 11 日,应台北电脑商业同业公会邀请,上海科技考察团一行 12 人赴台湾参加两岸信息产业发展研讨会,参观了台北电脑应用展览会,访问了台湾资讯工业策进会、生产力中心、台湾大学资讯工程系和新竹科技园区的宏碁等著名电脑企业。1998 年 3 月 23 日,1998 年台北—上海自来水及下水道工程与管理研讨会在台北市台湾科技大学国际会议厅召开。1999 年,科技系统赴台交流项目有 13 个,共102 人次,包括研讨、座谈、考察、展示等多种形式。台湾方面因科技事宜来上海 8 批近 30 人次,召开沪台会议 2 次。

2000 年,上海科技界赴台交流活动有 9 批 49 人次,其形式包括研讨、座谈、考察、展示等;台胞科技事宜来上海 10 批约 50 人次。上海市科委负责接待的台湾团组 16 批约 110 人次,其中包括台湾工艺博物馆馆长,台湾积体电路、华新立华等知名企业代表。2000 年 4 月,上海科学学研究所与科技开发交流中心联合举办沪台技术转移研讨会,上海和台湾商业界、学术界、知识产权管理单位的知名人士约 60 人与会,其中台湾代表 25 人。2001 年,上海市科委共接待或参与接待台湾团组15 批逾 300 人次,包括台湾交通大学、中华软体协会、电机电子商业同业公会、模具同业公会等各类学术机构和组织。经市科委办理有关手续的赴台交流项目有 8 项 48 人次,包括研讨、考察、布展与合作研究等形式。2002 年 9 月 23—24 日,由上海市科协、中国台北政治大学商学院和上海大学知识产权学院联合主办的 2002 年海峡两岸产业发展学术研讨会,在上海科学会堂思南楼举行。2006年 7 月 6—7 日,上海市科协与中国台湾政治大学科技管理研究所在科学会堂联合主办 2006 年海峡两岸科技自主创新研讨会,来自海峡两岸的知名专家、学者分别以台湾和上海的企业为例,围绕"自主创新""创造力与自主创新""科技与自主创新""自主创新与事业绩效"4 个主题,就自主创新与知识产权保护、制造型企业如何进行产业创新、企业的自主创新能力与企业附加值、高校如何介入企业形成产学研互动、自主创新与创新型人才的培育等问题进行交流。8 月 21 日,来自中国内地、台湾、香港的海峡两岸三地的化工类博士点的 50 多所高校及科研院所的博士研究生、博士生导师、专家学者 300 余人,参加了华东理工大学承办的 2006 年海峡两岸三地化工类博士生学术论坛。2007 年 9 月 20 日,以创业为主题、以青年为对象的海峡两岸青年与创业论坛在科学会堂举行,台湾共有 46 位专家学者与青年创业者来上海交流,而上海有近 150 人参加了该论坛,其中 80% 与会者来自创业型中小企业。

【沪港合作】

沪港科技合作始于 20 世纪 80 年代，进入 90 年代后，双方合作更加密切，仅上海市科协系统，1995 年至 1997 年就召开了 20 多次学术会议，有 200 多位香港科学家参加。1996 年，上海科学院有 18 批 41 人次赴港考察交流，来访的香港科技人员更多。双方交流的领域从土木工程到城市智能化交通、城市环境保护、电子计算机、通信技术、电机工程、城市规划、生物和化学等领域。上海市科协与香港工程师学会、香港科技协进会、香港学者学会、京港学术交流中心等学术团体均保持着密切联系。香港科技界成为上海科技界扩大与外界联系的一个媒介，上海航运学会通过香港航运学会，结识了台湾航运学会。

20 世纪 90 年代以来，上海与港方合作成立合资企业 11 家，合作金额达 1.03 亿元，涉及计算机开发、工程技术和娱乐服务等领域，合资的东联电脑技术公司，设计生产能力达 10 万台/年。沪港合资企业对改善上海科研单位的科研条件，引进科学的管理方法，促进科技成果产业化起到了积极作用。1997 年，沪港科技合作逐步走向全方位、多层次。中国科学院上海冶金研究所与香港中文大学初步达成建立联合实验室的协议。中国科学院上海硅酸盐研究所严东生、郭景坤院士与香港大学、香港理工大学签署了互换科学家、互换研究生、互换科学杂志，共同组织国际会议和学术活动等内容的合作协议。1998 年 4 月 30 日，沪港化学合成联合实验室在上海正式成立，这是中国科学院与香港首次在内地建立联合实验室。1999 年 9 月 6—8 日，由香港工程师学会主办、上海市科协承办的 1999 年港沪科技合作研讨会，在香港召开，上海方面选派了 9 位专家出席会议，围绕土木建筑/环保专题、信息技术/电子学和相关的电气科学、楼宇设计专题与香港专家共同研讨。

2004 年 5 月 17—19 日，上海市科协代表团一行 26 人参加了在香港召开的第四届港沪科技合作研讨会。该届会议共收到论文 26 篇，其中香港代表 9 篇，上海代表 17 篇，论文内容的特点是与现实生活紧密关联。与会人员还分别参观了香港地铁公司车务控制中心、九广铁路公司东铁控制中心、香港中文大学工程学院和香港科技大学工学院。2006 年 8 月 25—26 日，由上海市科协与香港工程师学会联合主办，上海市工程师学会、上海市交通工程学会、上海市土木工程学会和上海浦东新区工程师协会协办，上海国际科技交流中心承办的沪港科技合作研讨会在上海科学会堂召开。该研讨会旨在关注两地科技与经济发展的前沿热点，促进两地技术知识和资讯的交流互换，努力拓宽两地合作领域，共同提高各自的城市竞争力，以促进两地的科技与经济长期繁荣发展。2007 年 10 月 18—19 日，由上海市科协和香港工程师学会共同举办的第六届港沪科技合作研讨会在香港举行。该研讨会的召开恰逢香港回归祖国 10 周年，同时也是该研讨会举办 10 周年、两会建立合作关系 15 周年，因此具有特殊的纪念意义。此次论坛分为两组主题进行讨论：一是智能交通管理、废物处理及物流；二是节能与绿色建筑。围绕两组问题，沪港两地工程师介绍了各自经验，并展开研讨。代表们还参观了香港空运货站、亚洲空运中心和中华电力控制中心，并与 3 个企业进行了现场交流。

第二节　国际科技合作与交流

20 世纪 80 年代，上海科技界国际合作开创了新局面，双边、多边的科技合作研究有了新的开端。中日两国科学家乘坐上海制造的"实践"号科学考察船，合作普查黑潮；中日合作首次进行科学气球越洋飞行获得成功;中法两国科学家乘坐"向阳红9号"海洋科学考察船,对长江口进行合作调查;上海天文台和法国、美国、德国、日本等国天文台开始合作研究,并参加1980—1985年国际地球自转联测有关合作研究等。与此同时,还进行有关上海经济发展和城市建设中的一些重要课题,如上海地铁、黄浦江大桥、城市垃圾处理及化工、交通等项目合作进行可行性研究。上海科技学术界同60多个国家和地区有了科技交流和合作往来,同10多个国际科技组织建立了科技协作关系。上海一些著名的综合性大学和专科院校同国外200多所大学建立校际交流关系。上海举办了10多次规模较大的国际科技展览和交流会,各种小型的交流活动日趋频繁。上海派往国外、境外参加国际学术交流活动的专家、科技人员有5 000多人次,外国至上海进行学术交流的专家有1万多人次。

一、国际科技协议

1986年,围绕上海经济发展战略和城市总体规划,在环境保护、能源技术、城市基础建设、医疗卫生等领域,上海与日本"JICA"签定了关于建造上海地铁可行性研究的协议;与日本专家进行了污染综合防治规划及南浦大桥建设的可行性研究;与欧共体商定执行系统节能合作研究;与美国国际开发合作署贸易和发展规划办公室(TDP)开展了多项可行性研究和技术咨询合作,涉及煤气—化工—热电三联供、城市垃圾处理工程、食品发酵、城市综合交通规划等。

1990年,上海市和法国罗那・阿尔卑斯大区根据两地科技合作协议书和议定书的有关条款,由市科委副主任颜呈准等三人组成上海市科技工作组,于11月7日对罗那大区进行了工作访问。访问期间召开了两次上海—罗那・阿尔卑斯大区科技合作混合委员会会议。1994年3月,与美国"新硅谷"的蒙哥马利郡签署了科技合作协议。5月,上海与德国巴・符州正式签署上海—巴・符州科技合作协议,并落实了自来水检漏技术、表面处理技术的两个新合作项目,由德方提供关键设备和资金。11月,与美国应用材料公司签署协议,共同建立科技合作基金,由美方提供100万美元用于以微电子及信息科学为主要内容的研究开发。12月,与越南胡志明市科委签署了两地科技合作协议,以促使上海的技术向越南转移。1998年,上海市科委与美国贺氏公司共建上海互联网高速接入技术实验室,合作意向书于8月5日签字,副市长左焕琛参加签字仪式,并会见了贺氏公司总裁陈佰强一行。1999年成功举办中国—意大利工业设计周活动,通过研讨会、报告会、展示、考察等多种形式,在为期一周的活动中,中意双方有关对口单位分别签署多项合作交流意向书。上海市副市长左焕琛代表上海市政府与意大利米兰市政委员会主席德・卡罗里斯签署合作意向书。

2001年,与英国联合利华公司、美国应用材料公司、法国罗那・阿尔卑斯大区政府及韩国SK公司达成协议,共同设立了4个研发基金。2007年,与加拿大艾伯塔省高等教育和技术部代表团签署两地合作备忘录。

二、科技合作研究与项目

1985—1986年,上海对外科技合作与交流有了较大发展。上海与法国、欧洲共同体、美国、日本、世界卫生组织等签订了一批合作项目。1989年,围绕市重点项目和市科委的主要工作,全年共组织了61个科技合作项目,组织实施了23项。与此同时,还在市属单位落实了5项国际科技合作研究课题。1990年,与保加利亚开展了反压铸造法生产高氮钢和不锈钢、激光技术在医学和工业上应用的合作研究;与罗马尼亚开展了工厂化养猪技术相互考察;与法国合作完成钱家塘地区旧房改造的可行性方案;中法合作完成上海南北有轨快速交通系统的预可行性研究。

1991年支持安排的国际科技合作项目11个,涉及7个国家和国际组织。1994年4月,在德国汉堡成功举办了1994年上海技术展示交流会,上海市市长黄菊和汉堡市市长为展览会开幕式剪彩并讲话。1995年,"CIMS技术应用"由上海第二纺织机械公司与德国汉诺威大学合作,列为中德政府间合作的"CIMS车间层控制"项目,吸收德国先进的CIMS技术,结合生产实际进行研究开发,建立先进的CIMS系统。与德国巴符州合作的上海CIMS培训中心,德方提供了200余万马克的设备和整套的Alsys计算机软件,10余名专家来上海指导技术。1998年,上海市科委与巴符州、法国罗那—阿尔卑斯大区商谈新一轮合作计划;与加拿大魁北克省在生物技术方面作了进一步交流;与美国加利福尼亚州、澳大利亚新南威尔士州等地区探讨了建立地区间科技合作关系事宜。上海与欧盟就数据卡和网络技术在医疗上的应用合作项目进行预可行性研究的方案论证;与挪威合作进行苏州河治理可行性研究;与瑞士合作举办固体废弃物处置技术研讨会,并确定进一步进行城市垃圾处理的规划和处理技术的合作研究。

2000年,在政府间合作框架下的地区间合作项目(不包括基金)共立项32个,合作国家与地区达19个。上海市科委投入合作经费676万元,项目总投入达4 033万元。合作领域包括生物医药、新材料、计算机软件、通信、能源、环保、智能交通、现代农业和机电一体化等。2001年,上海市科委配合重大项目开展了关键技术攻关的国际合作,其中包括燃料电池电动汽车、智能交通系统、集成电路设计和莱赛尔纤维产业化等4个重大和重点项目。2002年,由上海市科委向科技部申报获准立项的政府间合作项目有53项,在研双边政府间合作项目13项,完成4项。2003年,上海市科委共安排31项国际科技合作项目、8个大型国际学术会议及4项国际合作基金计划项目,共投入1 200万元。2003年,上海市科委与市发改委、外经贸委(外资委)等制定了《上海市关于鼓励外商投资设立研究开发机构的若干意见》和《〈上海市鼓励外国跨国公司设立地区总部暂行规定〉的若干实施意见》。上海市科委与上海市外经贸委共同发布了《关于对具有研发功能的地区总部享受优惠政策有关事项的通知》。

2006年,全年共确定42项国际合作项目、19项科技兴贸项目、9项国际技术转移项目,合作伙伴涉及俄罗斯、德国、美国、法国和欧盟等13个国家和地区。"转基因产品品系特异性检测技术研究及数据库""超高强钢板高功率激光焊接生产技术研究"等16个项目列入科技部国际科技合作专项计划,涉及10个不同合作国家;"接种治疗型DNA疫苗的慢性丙肝患者中宿主和病毒遗传特征的研究"项目列入科技部拉美南太合作计划;"中草药抗糖尿病作用机制研究及药物先导物的发现"等5个项目列入中澳科技合作特别基金项目计划;"中欧绿色电子产品合作研究"等3个项目列入欧盟研究与开发框架计划。2007年,共有34项申报项目被列为双边政府间科技合作项目,涉及15个国家和地区;14项申报项目分别被列入科技部国际科技合作重点计划(11项)、中国—欧盟合作计划(2项)和非洲援外项目(1项),并获得2 660万元的经费支持,项目数和经费额在各省市中排名第一。

2008年,上海市共争取到国家科技部22项各类国际科技合作项目的支持。上海市科委为了鼓励和支持上海市大学和科研机构开展对外科技合作,共支持了政府间合作项目、非政府间合作项目、科技兴贸项目和国际技术转移项目等共98项,切实推动了上海市科研人员的对外合作和交流。2009年,市科委资助了一大批实质性的国际科技合作项目,在科学研究、技术开发、人才培养、基地建设等方面起到积极作用。上海还积极争取了科技部的支持,上海的项目获得了国家科技部近

4 000 万元的国际合作经费资助。上海新增 3 家国际科技合作基地。2010 年,由上海市高校、科研院所和企业承担的高安全性聚合物锂离子电池的研究等 18 个项目获得科技部国际科技合作专项计划支持,总经费 3 429 万元。市科委继续推进与加拿大、芬兰、法国罗阿大区、朗格多克—鲁西永大区、蒙彼利埃大区、德国巴符州、丹麦中央大区、瑞典哥德堡市、英国东北地区、澳大利亚昆士兰州等国家和地区的政府间科技合作,在生物医药、电子信息、能源环保、先进材料等领域启动了一批合作研发项目。

三、访问与交流

1978 年 9 月 29 日,经邓小平批准,上海交通大学组团出访美国,历时 48 天。1981 年 4 月,上海市赴美参加光纤学术讨论会代表团成行。1984 年 12 月,新型材料金属赴法考察团成行。1987—1989 年,共接待了 40 个国家和政府组织的科技代表团共 146 批,890 余人次;归口审批全市科技出国项目共 1 387 批,2 354 人次。

1990 年,上海市接待了苏联、德国、法国、意大利、美国、芬兰、罗马尼亚、新西兰、土耳其、新加坡、日本、秘鲁、泰国、利比亚、巴基斯坦等 15 个国家政府科技代表团或政府部门的科技官员共 20 批 111 人。1991 年,经市科委审理的全市科技人员出国参加科技活动达 613 批 1 123 人次,出国参加共同研究和开发的有 115 批 199 人次,分别占全市科技人员出国总人数的 19% 和 18%。由市科委接待的来自周边国家、北美、苏联、东欧、西北欧和西南欧、中东和非洲的官方科技团组共计 49 批 355 人次,其中副部长以上的科技团组有法国、新加坡、印度、利比亚、欧洲共同体、澳大利亚、瑞士等 10 批 63 人次。市科协系统共邀请和接待了来自世界近 30 个国家和地区及中国台湾的科技团组 433 批 2 344 人次;举办专业性短期讲学 30 多期;单独或配合有关部门召开双边、多边国际学术会议(展览会)35 个;派出专业团组 31 个 80 多人次,分别前往 10 多个国家和地区进行访问考察、学术交流或参加国际会议。

1993 年,邀请接待来自世界各地近 50 个国家和地区的来访团、组 500 多批 4 100 人次;单独或配合有关部门举办双边、多边国际学术会议(展览会)41 个;派出团、组 60 多个 230 多人次,分别前往 10 个国家和地区进行访问考察、学术交流、科技与经贸合作或出席国际会议;外派进修生 25 人。1994 年,经市科委审批出国的有 890 批 1 700 人次,邀请来沪交流 98 批。1994 年,市科技协会系统共邀请接待来自 50 多个国家和地区及中国台湾的来访团组 470 多批 3 100 多人次;单独或联合有关部门举行双边、多边国际学术会议和展览会 56 个;派出团组 26 个 60 多人次,分别前往阿联酋、希腊、法国、英国、德国、俄罗斯、日本、新加坡、韩国、印尼等 12 个国家和香港地区进行访问考察、学术交流、科技与经贸合作或出席国际会议。

1995 年,全市审批出国项目共计 1 143 项 2 229 人次,比 1994 年增加 12%;审批在上海举办国际合作会议和科技展览会 70 项。至 1995 年底,上海与 60 多个国家和地区进行了科技往来,并与数十个国际科技组织建立关系,与 20 个友好城市开展科技项目的交流合作。1997 年,共派出 1 200 余批约 2 800 人次出访,进行科技交流。1998 年,共派出 1 100 余批约 2 700 人次进行科技交流。在上海举办国际学术会议和科技展览会 52 个。上海市科委共接待各国重要科技团组 80 多个。1999 年,上海市科委共审批全市因公科技出国团组 1 092 批 2 433 人次。邀请 38 批 111 人次国外科技人员来上海,接待 70 余批团组近 400 人次,其中副部级以上及市长团组有 12 个近 150 人次。

2000 年,通过官方渠道接待的来访团组逾 90 个约 400 人次,其中副部级及市长以上级别团组有 13 个 87 人次。13 个团组中包括新加坡国家科技局主席、米兰市政委员会主席、南非文艺科技部部长、荷兰交通部副部长、俄罗斯科技部副部长和埃及工业与技术发展部第一国务秘书等。2001年仅上海市科委就接待来访团组逾 80 批 800 多人次,其中副部级以上的团组有 19 个。2002 年,上海市共接待境外官方科技代表团组共 84 批逾 600 人次,其中高级别的代表团有 27 批。

2006 年,来自欧洲、美洲、大洋洲、独联体和东欧等十几个国家和地区的政府、科研单位和企业代表团先后访沪。全市科技类因公出国(境)团组共 413 批 1 447 人次;赴台科技交流团组共 9 批81 人次;接待来访团组 60 余批 400 多人次。2007 年,全市科技类因公出国(境)团组 372 批 1 260人次。2008 年,全市因公出国(境)科技考察 106 批 506 人次,赴台交流团组 7 批 67 人次。接待国外重要来访团组 24 个,其中包括来自德国、挪威、丹麦、芬兰、斯洛伐克、波兰、哈萨克斯坦、西班牙、阿根廷和越南等国家的副部级以上高级访问团组。2009 年,共接待来自芬兰、德国、瑞士、丹麦、荷兰、加拿大、澳大利亚、英国、法国和塞尔维亚等国家重要科技团组 25 批 166 人次,其中副部级以上代表团 5 个,跨国公司全球副总裁以上代表团 3 个。2010 年,市科委利用上海世博会契机,在世博会期间共接待了 72 批国外重要科技团组来访,邀请多位国际知名专家参加上海世博科技论坛,并组织了 20 余次科技交流活动,促进了与各国各地区的友好交流与相互了解,形成了一批合作研发意向。

四、国际学术会议与国际展览会

1978—1990 年,上海市属单位在上海组织召开了 15 个国际学术会议和研讨会,有近 2 000 名中外学者参加。有 348 批 445 人次出国参加各种国际学术会议和研讨会,还有部分科技人员被作为个人会员吸收参加国际或外国科技团体。

1992 年,由市科委审批在上海举办的国际学术会议有 30 项,这些学术会议交流了国际学术发展的最新动向、先进经验,同时也扩大了上海市科技的影响,提高了中国科技在国际的地位。1993年,在上海举办国际学术、技术会议和展览会共 45 项;与欧洲共同体合作举办 2 次学术研讨会;与日本三和银行合办招商研讨会,组织大型的第七届国际海事技术学术会议和展览会。1994 年,在上海举办国际会议 52 项,包括上海国际社会公共安全展览会、上海国际通信展览会、上海国际城市交通、地铁展览会、上海家用电器和摄影技术展览会及上海国际机电一体化技术装备展览会、上海电器照明展览会等。

1995 年,开始举办上海国际计算机与网络展览会,每年突出一个主题,吸引国外最具实力的厂家来展示最新技术与产品,几乎与国际同步地引导了上海计算机、软件、网络、多媒体与网站技术的发展,并促进 IBM、INTEL、PHILIP、惠普等著名的国际跨国公司来上海投资办厂和设立研发机构。1997 年 9 月,举办国际高层建筑空调技术学术会议,是国内举办的规模最大的国际性空调技术学术会议。1999 年,批准在上海举办国际学术会议和展览会 73 个,上海开始举办中国国际工业博览会。

2000 年 6 月,由联合国开发计划署、上海市政府、中国信息产业部、中国科学院共同主办的亚太地区城市信息化高级论坛(CIAPR)在上海举行,这是上海市政府首次与联合国合作实施地区性项目。为让专家学者更好地了解欧盟国际合作政策,2001 年,上海市科委举办了欧盟第五个框架计划推介会,会上请国家科技部国际合作司和欧盟驻华使团的官员介绍了有关政策、合作项目申请途径和程序。2001 年,中国国际海事技术学术会议和展览会(第十一届中国国际海事会展),于 12 月

4—7日在上海举行。2002年,上海市科委组织和参与组织国际学术研讨会及培训班14次;4月,国际人类基因组大会在上海举行,来自世界各国和地区的1 100多名专家、学者齐聚上海,对人类基因研究的前沿问题展开交流讨论,收到论文数量为历届之最;8月20日,第十届国际东亚科学史会议在上海光大会展中心举行,这是上海第一次主办此类国际学术会议;11月,在上海举行世界工程师大会,70个国家和地区的近3 000名工程师精英云集上海与会。

2005年,以"科学·发展·人"为主题的国际科学联合会第28次会议上海科学论坛在上海举行,来自62个国家的世界著名科学家们参加了论坛。2006年,由上海市单位在上海举办的国际科技展览共27个,总面积10万多平方米,外省市单位在上海办展20个,总面积20万平方米。上海市科委资助举办了一批学术层次高、国际影响大的重要会议,如上海国际生物技术与医药研讨会、上海国际导航科技与产业化论坛、第五届国际介孔材料研讨会、第五届国际电力电子与运动控制会议、国际区域科学学会2006年学术专题研讨、第十九届极端相对论核核碰撞国际会议等。

2008年,在上海市举办的国际科技展览活动共44项,总面积达到35万多平方米,其中由上海市单位主办的展览活动为25项,总面积9.6万平方米。EMECS-8海湾环境管理学会第8届国际大会、国际数字媒体技术与产业发展论坛、上海国际生物技术与医药研讨会等国际研讨会在上海举行。2008年中国国际工业博览会"创新科技馆"围绕科学发展观、以人为本主题,重点展示在以应用为导向的民生科技中涌现出的最新成果和项目。2009年,在上海举办的国际科技展览共45项,总面积达到44万多平方米,其中由上海市各单位主办的展览24项,总面积13万多平方米。第15届中国国际海事会展、2009年中国国际嵌入式大会、第11届上海国际生物技术与医药研讨会、国际标准化组织/船舶和海洋技术委员会国际标准会议、蛋白质组学国际研讨会等活动先后在上海成功举办。2010年是上海世博会年,一系列重要的国际科技会议和交流活动在上海举行,包括第8次中欧能源合作大会、中德电动汽车论坛、第2届上海崇明生态岛国际论坛、中奥(地利)科技周、中美清洁能源联合研究中心第二次会议等,这些活动的举办为上海与海内外的专家学者提供了高层次的交流平台,也提升了上海在相关领域的知名度和影响力。全年在上海举办展览共34项,总面积38.49万平方米,其中上海市单位主办21项,总面积11.99万平方米。

第五篇　技术创新体系与科技园区

建立企业主体、市场导向、产学研结合的技术创新体系是上海科技创新的重要方面。技术创新体系的重点在于提高企业的技术创新水平和发展、壮大高科技企业。

在提高企业技术创新水平方面,开展了技术引进、攻关和改造,组织新产品开发,建立企业技术中心,开展产学研合作等。上海技术引进、消化吸收和再创新经历了仿制、消化、合作和自主创新四大阶段,实现了从仿制到创新、从买技术到自主开发、从硬件到软件、从封闭到开放、从一般到重点的五大转变,实施了10大科技项目会战、14项重点工业会战项目科技攻关等,每年开展几十项到数百项的工业技术攻关和重点技术改造。从1988年起,开展国家和上海重点新产品的开发。从1992年起,开展国家级企业技术中心的建设。1996年,开始上海市企业技术中心建设。2010年,上海拥有国家认定企业技术中心42家,上海市企业技术中心323家。产学研合作从20世纪80年代的短期项目合作发展到90年代的长期资本、实体合作,进一步发展到2000年以后的长期、全面的创新战略联盟。

在科技企业方面,从1991年起,开展高新技术企业认定,制定和完善高新技术企业认定办法,促进高新技术企业和产业的发展,推出首部促进高新技术成果转化的地方政策,成立相关机构,促进高新技术成果转化,截至2010年底,上海市累计认定高新技术成果转化项目7 169项。1984年,上海出现首家民营科技企业(机构);1996年,民营科技企业向规模化、集团化和国际化发展;2000年以后,民营科技企业更加重视技术创新和知识产权等,成为高科技产业发展的重要力量。2000年起,实施上海市科技型中小企业创新资金计划,资助科技中小企业的技术创新和发展。2006年起,实施科技小巨人工程,到2010年,资助科技小巨人企业135家、科技小巨人培育企业459家,市、区两级政府支持经费达13.23亿元。1988年,成立上海市科技创业公司,促进创业者及其企业的培育和孵化;至2010年底,上海科技企业孵化器59家,孵化基地面积超70万平方米。

上海高新技术园区始于20世纪80年代的漕河泾新技术开发区。1990年,上海市人大通过全国第一部有关高新技术开发区的地方法律;1992年,建立张江高科技园区;其后又建立上海大学科技园区、中国纺织国际科技产业城、金桥现代科技园和嘉定民办技术密集区,形成一区六园。2000年,中共上海市委、上海市政府制定了"聚焦张江"的战略决策;2003年,上海市高新技术产业开发区全面实施"二次创业";2006年,经国务院批准,上海高新技术产业开发区正式更名为上海张江高新技术产业开发区。2011年1月19日国务院正式批复,上海张江高新技术产业开发区成为国家自主创新示范区。

第一章 企业技术创新

第一节 技术引进、攻关与改造

1979年，上海市科学技术委员会组织了光纤通信、大规模集成电路、计算机及其应用、环境保护、水稻、肿瘤等科研项目的十大会战；1982—1984年，上海工业系统完成重点技术改造项目264项，总投资达4.51亿元。1983年，确定并组织了模具、机械基础件、美化猪皮革、纺织后整理、生产过程在线检测、六层一次挤压涂布感光材料、钢渣粉煤灰建材、肝炎、海水和淡水水产高产养殖、配合饲料、节能设备等22项重大科技攻关项目；在1984年的上海科技工作会议上，提出了第一批10个重大科技战役，包括机器人、生物工程、工程塑料、海洋石油工程、鸡鱼蛋奶的开发等。配合工业部门开发500项新产品、500项优质产品、500项出口产品，解决有关的关键技术。1985—1986年，上海工业系统组成了模具技术、印刷技术、智能化产品、自动化仪表、宾馆成套产品、纺织染化料、粉末涂料、高分子功能材料等8项重点一条龙技术开发和攻关。1985年至1988年末，对外签约成功引进的技术项目累计1848项，成交金额达21亿～51亿美元，引进的技术和装备基本上达到了国际上20世纪70年代末和80年代初的先进水平。

1987年，上海市组织14项重点工业会战项目的科技攻关，当年安排攻关经费598.1万元，占新安排科研经费的17.5％。上海市选定的14个重点工业攻关会战项目是：桑塔纳轿车国产化；贝尔公司程控电话交换机和元器件国产化配套；数控机床和精密组合机床；彩色显像管及玻壳、薄带、荧光粉等配套工程；多功能涂层整理、多层复合织物的开发和改造；微型电子计算机、小型计算机及外部设备；超临界60万千瓦机组和亚临界60万和30万千瓦等机组的优化；光纤通信设备配套；上海照相机总厂的DF-300电子单反照相机及国产化；模具行业技术改造；养鸡养猪机械成套设备；彩色感光材料及国产化；30万吨乙烯装置和30万吨合成氨装置国产化；核电站及其配套。

1990年以后，上海的引进技术消化吸收经历了四个台阶。第一台阶是开展大量的测绘仿制和翻版工作，"八五"期间共开展引进技术消化吸收8500余项，其中局级单位以上重点项目形成产值298亿元，节汇11.57亿美元，创汇3.17亿美元。第二台阶是开展引进技术消化和国产化，全市组织了桑塔纳轿车、彩电、冰箱等28条"龙"项目的国产化。1995年，桑塔纳轿车、电站设备、程控交换机等支柱产业的主机国产化率分别达到87％、90％和66％，同时也带动了一大批传统行业技术进步和产品结构调整。第三台阶是引进软件技术和自主开发相结合，在引进技术的同时，坚持提高自主研究、开发创新能力。如30万千瓦亚临界发电机组通过引进软件技术自行消化吸收，优化设计、开发出改进型机组，使外国人反过来采用了上海的技术成果。第四台阶是引进技术与国外合作开发相结合。宝山钢铁（集团）公司2030轧机、大众2000型桑塔纳轿车、施乐5416复印机等。1990年，在工业科技攻关成果方面共取得成果130项，新安排科技攻关项目125项，投入经费2000万元，在柔性加工、数控机床、片装电子元器件贴装、工具加工、纺织机械、轻工机械、节能锅炉等行业安排40余项攻关项目，在玩具、家具、文体用品、缝纫机、保温容器等重点出口行业安排了18个项目，投入经费达280万元。重点抓了微电子改造传统工业、机电一体化技术、稀土材料技术、工业用水节水技术、模具技术、表面处理技术、传感技术、粉末涂料技术、新型节能技术和模式识别调优技术等 10 个方面的开发和推广工作。

1992 年,在轻纺出口产品攻关方面,安排 12 项攻关项目,投资 229 万元,重点攻关项目为"皮革新工艺、新材料开发""木塑复合层积材料研究""水彩画颜料无毒研究"等。在关键的共性技术上,狠抓模具技术、基础元器件技术、装备技术、节能技术、模糊控制技术 5 大共性技术攻关,取得较好效果。1993 年,狠抓 10 大科技攻关取得成效,包括现代设计技术、等离子技术、装备技术、可降解塑料技术、节能技术、"CFC"氟利昂替代技术、稀土应用技术、模具技术、液压气压元件密封技术等。

1995 年,确立工业技术攻关项目 57 项,投入总经费 1 095 万元,其中重点项目 22 项,投入经费 750 万元。项目安排上,主要是面向先进制造技术和新材料两大领域。1996 年,市科委下达工业科技攻关项目 79 项,拨款 2 205 万元(其中有偿 596 万元),项目涉及总投资 3.6 亿元。79 项攻关项目中,重大项目 3 项,重点项目 21 项,一般面上项目 55 项。项目主要重点领域为先进制造技术、新材料技术及六大支柱产业的创新工程。1997 年,上海工业集中力量抓紧重大骨干项目和重点技改项目的建成投产,积极扶持支柱产业和优势产品,总投资 55.69 亿元,每投入 1 元,可获产值 2.87元,税利 0.38 元,比 1996 年竣工的重点项目分别增 0.76 元和 0.02 元。全年完成技术改造投资 450 亿元,建成和基本建成投资 2 亿元以上的工业重大骨干项目 14 项,竣工投产投资在 2 000 万元以上的市重点技改项目 55 项。在这 55 个竣工项目中,属发展六大支柱产业的有 25 项,总投资 42.36 亿元,可年增产值 119.6 亿元,占 55 项总产值的 75%;年增税利 15.38 亿元,占 55 项总税利的 72%。经对 1995—1997 年竣工的 150 项市重点技术改造项目进行投产达产效益跟踪,实现产值 368 亿元,创造利润 31 亿元,基本完成全年投产达产计划。其中纲领税利在 1 000 万元以上的 50个重大项目,可实现产值 312 亿元,创利 14 亿元,超额完成全年投产达产计划。

1998 年,上海市完成国有经济技术改造 366 亿元,建成和基本建成投资在 2 亿元以上的工业重大骨干项目 9 项,有 38 项投资额在 5 000 万元以上的市重点技术改造项目在年内陆续竣工。1999年,从国家财政债券中拨出 90 亿元用于国有企业的技术改造贷款贴息,上海共有 28 个技术改造项目得到了国家的贴息。在引进技术的消化吸收与创新方面,逐步推进五大转变:一是消化吸收工作从过去以仿制为主向以开发创新为主转变;二是引进从单纯买技术向培育自主技术开发能力转变;三是消化吸收从偏重成套设备等硬件为主向软件、硬件技术并举转变;四是消化吸收从分散的封闭式为主向开放的社会化为主转变;五是在经费投入上,从以引进为主转到重点领域、重点项目消化吸收创新为主上来。

2000 年,上海工业竣工投产了 35 项重点技术改造项目,总投资为 23.7 亿元,投产后形成产值 36 亿元,利税 7 亿元。全年安排实施国家节能专项、地方节能节电项目 42 项,总投资 10.8 亿元,可实现节约 28 万吨标准煤,经济效益 4.6 亿元。先进技术的引进发生了一些变化:计算机软件引进项目增多,技术引进来源国呈现多元化趋势,大金额合同较为集中,国有企业在技术引进合同项目数中仍占高比例等。市人大常委会颁布了《上海市鼓励引进技术的吸收与创新规定》,强化和规范了引进技术吸收与创新的各项优惠政策。2001 年,全年完成工业投资 650 亿元,技术改造投资 320亿元。市经委会同有关委办和集团公司研究制定了《上海市引进技术的吸收与创新重点项目指导目录》《上海市新产品市场准入有关认证补贴的实施办法》等。2002 年,全年完成工业投资 688 亿元,技术改造投资 423 亿元。面对世界机床机械产品信息化、数控化、智能化的发展潮流,上海机床行业开始了"脱胎换骨"的调整,并取得丰厚回报。数控机床产值占竞速切削机床产值的三分之一,整个机床行业盈利增长达 188%。下达 191 个市引进技术的吸收与创新计划项目,项目总投入 30

亿元。预计达标后,可增销售额 150 亿元,利润 55 亿元,税金 11 亿元。2006 年,工业纯技改投资 189 亿元,同比增长 25.4%。2010 年,实施《重点技术改造项目竣工验收管理办法》,全年实施 230 项重点技改项目,涉及总投资 460 亿元。

第二节　新　产　品　开　发

1988 年下半年,国家科委、上海市科委相继开始制定下达新产品试制鉴定计划。国家科委会同人事部、劳动部、物资部、国务院引进智力办、国家税务局、国家物价局、国家技术监督局、中国工商银行联合颁发了《国家级重点新产品试制鉴定计划管理规定》,引导、鼓励企事业单位积极开发新产品。这项政策性调控的计划,是对开发生产新产品的企事业单位实施税收、价格、信贷、替代进口、出口创汇、物资、关税等政策优惠的依据。1988 年 11 月 4 日上海市经委发布了《上海市优秀新产品奖励暂行规定》,旨在奖励在新产品开发中做出重要贡献的集体和个人,促进新产品的研制开发,加速上海工业产品的升级换代,推动科学技术进步,调动广大科技人员的积极性和创造性。

1991 年,上海市科委将《上海市级新产品目录》改为《上海市级新产品试制鉴定计划》,并在市税务局大力支持下,发布了《关于对上海市企事业单位研制的新产品减免产品税、增值税若干具体规定的通知》,使新产品免税措施落到实处,企业得到实惠。同年,还相继制定颁发了《上海市新产品鉴定验收办法》《上海市新产品成果登记办法》《上海市优秀新产品奖励办法》和《上海市工业系统优秀科技工作者奖励办法》四个管理办法,对上海工业科技开发工作实行规范化管理。1990—1995 年,上海市共有 665 个项目列入国家级新产品,在 1993—1995 年度列入国家级新产品的 386 个项目中,投入产出比高达 4.17～4.6。1995 年,上海市级新产品试制鉴定计划和中试产品计划工作,面向全市的科研院所、高等院校、科技先导型企业,以及有关的大、中型企业和广大乡镇企业,并与市科技攻关计划、火炬计划、星火计划、科技成果推广计划、高新技术企业认定工作紧密衔接。1996 年,根据国家科委的《科学技术成果鉴定办法》,制定、实施了《上海市新产品试制鉴定计划项目产品鉴定办法》,以规范管理列入上海市新产品鉴定计划项目的产品鉴定。

1998 年是国家科技部将国家重点新产品计划列项由评审改为评估的试点工作的第一年,上海作为全国重点新产品评估工作试点七省市之一,市科委委托上海科技咨询有限公司初评,按照国家重点新产品评估试点工作规范,探索定性和定量结合、评估与评审结合的方法,结合上海实际工作情况,完成国家重点新产品的评估工作。上海市国家重点新产品入选率从 1997 年的 50% 增加到 1998 年的 85%。上海市科委在建立上海市新产品计划项目受理、水平检索、质量检测、产品鉴定、专家评审和评估管理体系的基础上,引入了中介机构评估机制,形成了更为完善的新产品计划宣讲政策—项目申报—评审、评估—列项实施—政策落实—跟踪管理—信息反馈的全程管理系统及其计算机管理信息系统。国家科技部充分肯定了上海的国家重点新产品评估试点工作和新产品工作的完整的管理体系,认为其处于全国前列,具有指导意义。

2002 年,上海市经委制定了《上海市工业企业新产品市场准入许可及认证费用资助实施办法（试行）》《关于加强企业技术中心知识产权工作的若干意见》《支持区县建立技术创新专项资金实施办法》和《上海市工业技术创新统计规程（试行）》等政策,对企业的市场准入和体系认证费用进行补贴,补贴对象为当年取得认证证书的各种所有制企业,补贴金额为直接认证费用的 20%～30%。上海市新产品试制鉴定计划与上海市中试产品计划集成为《上海市国家重点新产品计划》和《上海市重点新产品试制计划》。2003 年,上海市科委在上海市财政局的支持下,与国家重点新产品财政专项补助经费支持政策相衔接,首次设立上海市重点新产品财政专项补助资金,并落实1 000万元补助资金,择优支持创新性强、技术含量高、具有自主知识产权、对行业共性技术有较大带动作用、具有国内和国际竞争力的重点项目98项。

2006年,上海市重点新产品计划加强与相关科技计划的衔接。优先支持科技小巨人工程企业开发的新产品、国家"863"计划、国家和上海市科技攻关、高新技术成果转化项目及上海市火炬计划、中小企业创新基金、技术标准专项、技术再创新与产学研联盟专项成果转化的新产品、高新技术企业开发的新产品、部市合作和市区(县)联动匹配资金开发的新产品,聚焦重点企业,进一步凸显了企业技术创新的主体地位,确立了企业在产品创新中的绝对地位。2007年度上海市新产品计划共立项328项,其中电子信息类产品占18.6%、生物医药与医疗器械类产品占10.4%、光机电一体化类产品占31.4%、新材料类产品占29.2%、新能源与高效节能减排类产品占10.4%。经国家科技部批准,上海市有95个项目被列入国家重点新产品计划,其中28项获得国家财政专项补助共1 000万元,连续7年居全国前列。经上海市科委审定,233个项目被列入2007年度上海市重点新产品计划,其中78项得到上海市财政专项补助共1 800万元。

2008年度上海市新产品计划共立项347项,其中电子信息类产品占20.2%、生物医药与医疗器械类产品占6.6%、光机电一体化类产品占26.2%、新材料类产品占29.4%、新能源与高效节能减排类产品占10.1%、交通类产品占7.5%。经国家科技部批准,上海市有99项列入国家重点新产品计划,其中45项获得国家财政专项补助共1 960万元,连续8年居全国前列。2008年,经上海市科委审定,有248项列入上海市重点新产品计划,其中81项得到上海市财政专项补助共1 800万元。2009年,上海市科委会同上海市发展改革委、上海市财政局,出台《上海市自主创新产品认定管理办法(试行)》。三部门共同成立工作小组,设立认定办公室,确认335家单位的523项(含试点的6项)产品列入2009年度上海市自主创新产品目录。经上海市科委审定,有312个项目列入上海市重点新产品计划,其中76项得到上海市财政专项补助共1 800万元。在312个项目中,电子信息类产品占23.1%、生物医药与医疗器械类产品占9%、光机电一体化类产品占24.7%、新材料类产品占26.9%、新能源与高效节能减排类产品占7.3%、交通类产品占9%。2010年总共有366个项目列入上海市新产品计划(86项是国家重点新产品,280项是上海市重点新产品)。经国家科技部批准,有86个项目列入2010年度国家重点新产品计划,其中电子信息类17个占19.8%、新材料类21个占24.4%、光机电一体化类27个占31.4%、生物医药类8个占9.3%、新能源与高效节能类10个占11.6%、交通类3个占3.5%。经市科委审定,有280个项目列入上海市重点新产品计划,其中87个项目有10万～20万元的市财政专项资金资助,总共1 500万元。在280个项目中,电子信息类67个占23.9%、新材料类66个占23.6%、光机电一体化类70个占25%、生物医药类22个占7.9%、新能源与高效节能类32个占11.4%、交通类23个占8.2%。

表5-1-1 2004—2010年上海国家重点新产品情况表

年 度	项目 (项)	项 目 水 平		总投资 (万元)	年产值 (万元)	年利润 (万元)	年创汇 (万美元)
		国际领先 或先进	国内领先 或先进				
2004	106	98	8	272 238	1 982 379	259 441	17 620
2005	115	92	23	980 011	3 643 222	572 523	359 792

（续表）

年　度	项目（项）	项　目　水　平		总投资（万元）	年产值（万元）	年利润（万元）	年创汇（万美元）
		国际领先或先进	国内领先或先进				
2006	115	98	17	820 491	3 696 505	534 982	114 252
2007	95	84	11	128 932	1 070 426	228 027	47 029
2008	99	89	10	171 153	1 517 899	223 885	45 496
2010	86	76	10	191 934	2 134 480	401 939	85 598
合　计	616	537	79	2 564 759	14 044 911	2 220 797	669 787

表 5 - 1 - 2　2004—2010 年上海市重点新产品情况表

年　度	项目（项）	项　目　水　平		总投资（万元）	年产值（万元）	年利润（万元）	年创汇（万美元）
		国际领先或先进	国内领先或先进				
2004	202	174	28	324 844	2 001 567	477 505	26 925
2005	161	134	27	200 688	798 649	147 446	72 419
2006	265	215	50	337 140	1 418 070	275 382	25 604
2007	233	202	31	327 601	2 574 109	316 433	69 276
2008	248	211	37	635 443	3 754 483	431 060	64 122
2009	312	266	46	614 031	1 899 493	323 023	
2010	280	234	46	493 036	2 492 000	206 149	32 974
合　计	1 701	1 436	265	2 932 783	14 938 371	2 176 998	291 320

第三节　企业技术中心

　　1993 年，上海市经委根据国家经贸委要求，选拔和推荐了一批企业（集团）技术开发中心。1994 年，宝山钢铁（集团）公司、上海第五钢铁厂、江南造船厂、上海汽车工业总公司、市药材公司、亚太农药（集团）公司、轮胎橡胶（集团）公司、氯碱股份有限公司、中西药业公司等 9 家企业（集团）的技术中心，被国家经贸委认定为国家级技术中心，并享受国家有关优惠政策。1996 年，为强化政策引导和扶持，相继制定了《上海市鼓励和支持企业集团和大中型企业建立技术中心的意见》《上海市企业技术中心认定办法》，开展了市级技术中心认定工作，并首批批准上海焊接技术和标准件等 5 个研究所进入企业，建立技术中心。到 1996 年底，经国家经贸部认定的国家级企业技术中心达到 11 家；上海认定的市级企业技术中心有上海贝尔、贝岭、三维药业公司等 6 家。1999 年，上海加快了企业技术中心的建设，积极倡导各企业以多种方法建立技术中心：一是以企业为主体，吸收高校、研究院所的优势技术力量，建设企业技术中心；二是吸纳研究院所进入企业（集团），建立以研究所为骨干的技术中心；三是在高新技术领域建立境外企业技术中心；四是与外方合资合作共建技术中心。当年累计建有 70 家市级以上企业技术中心,比 1998 年增加 30 家,其中国家级 23 家、市级 47 家。

2001 年,根据国家经贸委加强对企业技术中心跟踪考核的要求,结合上海市企业技术中心建设实际,上海市经委研究制定了《上海市企业技术中心建设评价指标体系》,以进一步提高企业技术中心建设质量。累计建立国家级、市级企业技术中心 120 家,不同层次的企业技术中心 150 家,逐步形成国家级、市级、区县(企业集团)级三个层次的技术开发体系。2004 年,上海市制定并实施《上海市企业技术中心建设纲要》和《上海市企业技术中心重点建设指南》,在企业技术创新体系建设方面体现"科教兴市"、与国际接轨和分类指导、差别扶持三大原则,实现核心技术能力和技术创新体系的突破。上海市经委会同上海市财政局、市税务局、市海关等部门修订了《技术中心评定与考核办法》。新考评体系严格了对企业技术创新能力等创新指标的考核要求,还将区县级企业技术中心纳入考评范围,构建了国家级、市级、区县级三级企业技术创新体系。

2005 年,上海市围绕上海优先发展先进制造业行动方案,重点鼓励和支持国家认定和上海市认定企业技术中心的建设,并与各区县联手积极培育区级企业技术中心。鼓励和支持企业技术中心开展产学研联合攻关和合建开发机构,构建以企业为主体、市场化为目标、产学研结合的技术创新体系。2009 年,在金融危机背景下,为做好企业研发费加计扣除政策的落实工作,上海市科委与上海市税务局多次商讨制定出新的"企业自行申报备案、科技部门鉴定、税务部门核定"政策申报流程,明确对有异议的研发项目由科技部门进行鉴定工作,同时授权上海市高新技术成果转化服务中心对央企和市属企业的研发项目进行鉴定,并对全市各区县科技部门开展注册地企业研发项目鉴定工作提供必要的业务辅导。上海市、区县两级科技部门完成税务部门提出的 5 624 个研发项目的鉴定需求,其中 4 848 个项目通过鉴定,项目鉴定通过率 86%,鉴定结果全部得到税务部门认可。协调落实政策机制,推进研发费加计扣除政策的落实,2008 年度 1 858 家企业享受到研发费加计扣除政策,税前加计扣除额达到 121.6 亿元,同比增长 134.7%,实际减免税收 30.4 亿元。2010 年,上海新增 4 家国家认定企业技术中心和 46 家上海市认定企业技术中心。至此,上海累计拥有市级以上企业技术中心 365 家,其中国家认定企业技术中心 42 家(5 家为国家认定企业技术中心分中心)、上海市认定企业技术中心 323 家。

第四节 产学研合作

1992 年 5 月,上海市经济委员会与上海市高等教育局、中国科学院上海分院、上海科学院联合组成上海市产学研联合工作领导小组和产学研联合工作协调办公室。随即,开展了几项主要工作:接手上海市经济委员会从 1989 年起连续每年组织的全市性企业难题攻关招标;召开上海市第一届产学研联合工作会议,为确保一批项目在"八五"期间取得上亿元产值,提出了相应的政策措施;建立工业技术市场,在技术攻关、技术推广、技术贸易、技术服务、科技信息交流等方面,发挥产学研联合的桥梁和纽带作用。1991—1995 年期间,"产学研"联合上了四个台阶:第一个台阶是通过企业生产难题公开招标,吸引各路科技大军进入经济建设主战场。第二个台阶是 1992 年成立了由市经委、高等教育局、中国科学院上海分院和上海科学院联合组成的上海市产学研联合领导小组和协调办公室,建立了工业技术市场,使企业生产难题和高校、研究所成果双向交流。但仍然以小项目为主,这两个台阶都是属于一次性短期合作。第三个台阶是 1994 年首批诞生了 21 个以高新技术成果产业化为目标、强强联合的"产学研"重点工程项目,初步形成了以资产为纽带的优势互补、利益共享、相互依存的"产学研"联合新格局。这是中长期合作。第四个台阶是企业同高校、研究所共同建设实体,成为优势互补、长期依存、风险共担、利益共享的实体。

1992年,国家产学研联合开发工程高新技术产业化项目有5项,上海高校列入计划的有中国纺织大学的"细旦、超细旦丙纶长丝及制品"和同济大学的"复合材料大口径管道"等2项。1993年市经委会同市高教局、中国科学院上海分院、上海科学院组织第5次企业重点产品开发、生产技术难题攻关招标暨科技成果转让洽谈会,签订了67项攻关合同,有49项列入上海市产学研专项计划,并在资金上予以支持。1994年,首批组织和认定了21个以高新技术为特征的产学研联合工程项目。1996年,共建了16个产学研联合工作示范点、61个长期联系点,探索多种模式的产学研联合机制:如共建技术开发中心、经济实体、开发性实验室,吸纳科研院所进入企业,建立开发基金。1997年,确定了10个重点产学研联合产业化项目,截至1997年,上海先后有8个项目被列为国家级产学研项目。1998年,产学研联合工作从以项目为纽带进行合作发展到以资产为纽带,共建技术发展机构和经济实体,到1998年底,全市共建47个产学研联合技术开发机构和23个经济实体。

自2000年开始,原每年一次的产学研专项申报工作改为随时可以申报。2001年,由中国大汽车集团和高校、科研院所合力攻关的国家"863"计划电动汽车专项启动以来,作为解决新型汽车产业发展关键和共性技术的研究项目,专项的实施极大地调动了产学研三方的合作积极性,通过三方协同作战,中国第一代燃料电池混合动力汽车样车"超越一号"问世,在不到两年时间里,走过了从燃料电池到燃料电池发动机再到燃料电池汽车的历程,缩短了中国与世界先进水平的差距。2002年,以企业为主体的产学研联合形成新热潮:一是以重大专项为抓手,推动了产学研更紧密联合;二是推动了大集团与中国科学院进行战略合作;三是推动了企业与高校建立长期合作关系。2003年,在产学研结合的广度和深度上又取得了新的突破。由中国科学院上海微系统与信息技术研究所牵头,东南大学、中国科技大学等高校和国内外著名厂商加盟的上海无线通信研究中心在长宁区多媒体产业园成立,形成瞄准未来无线通信产业的产学研战略联盟。产学研三方抓住产业发展中具有重大影响的大项目,整合力量、联合攻关,取得了显著成效。

2004年,上海市经委与上海市发改委、市国资委、市科委共同制定改制方案,加快推进工业系统部属和地方行业转制研究院所的机制创新,形成了以企业为主体的多层面的产学研联合创新体系。积极推进企业技术中心与高校、研究院所进行产学研联合,共建联合研发机构进行联合研究开发或委托研究开发。2004年,《曙光计划》首次设立了产学研专项招标。2005年,上海市经委组织了一批重点产业技术产学研联合攻关项目,经专家评审34个项目入选,项目总经费8.92亿元。2005年1月28日,上海华谊(集团)公司等8家企业和上海交通大学等5所高校建立了产学研战略联盟,推进建立产学研合作长效机制。上海市科委设立了产学研技术创新专项资金,鼓励以企业为技术吸纳和技术创新的主体,以高校和科研院所为技术开发及技术转移的主力,推进形成产学研战略联盟。

2006年,上海市经委重点支持"支柱、装备、战略、新兴和都市"五大产业的技术进步和产业发展,全年落实34个产学研攻关项目,下拨启动资金2 490万元,带动企业自筹项目经费9.4亿元。2010年4月15日,市科委启动上海市产业技术创新战略联盟试点工作,围绕上海市高新技术产业化九大重点领域,以行业龙头或骨干创新型企业为重要依托,充分运用市场机制,促进各类企业、大学、科研机构及相关科技中介服务机构发展,推动产业技术创新战略联盟开展联合攻关,制定产业发展规划。在广泛调研和有关联盟牵头单位踊跃申报的基础上,经专家评审推荐,首批确定了"上海智能电网终端用户设备产业技术创新战略联盟"等22个上海市产业技术创新战略联盟,并安排了一定的财政经费资助联盟的建设和运行。

第二章 科技企业

第一节 创新型企业

一、高新技术企业

【高新技术企业认定】

1991年,上海市开始率先在开发区内认定高新技术企业。1992年,开始开展开发区外高新技术企业认定,同年9月,市经委与市科委、市财政局、市税务局共同制定了《上海市高新技术企业(产品)认定办法》,经市政府批准正式颁布。同时成立上海市高新技术企业(产品)认定领导小组,下设办公室,由市科委负责。1996年,高新技术企业认定工作作了三方面的调整:一是认定工作重点向50家试点单位倾斜;二是认定工作着重推进企业的经营机制转换和现代企业制度的建立;三是认定工作要求高新技术企业增强企业开发新产品、新工艺、新技术的能力和加大R&D投入。1997年,经市政府批准颁布《上海市高新技术产业开发区外(上海市高新技术企业认定工作程序)(暂行)》。2001年,上海市高新技术企业认定办公室对《上海市高新技术企业认定办法》进行了修订,增添了"经认定的企业必须是建立现代企业制度的经济实体",要有"完整的企业章程和生产、技术、财务管理制度",具有"研制、生产条件及产品质量保证措施"等条款。

2002年,上海市高新技术企业认定工作呈现出三大特点:注重企业创新能力和拥有自主知识产权,简化软件企业申请高新技术企业认定的程序,开展高新技术企业跟踪调查活动和复审制度。2004年,上海高新技术企业认定工作凸显三大亮点:认定的高新技术企业全部拥有知识产权,开展高新技术企业信用体系建设,要求企业按现代企业制度管理运行。2007年,在高新技术企业认定的过程中推出了一系列新方法:实行公告制,实行网上申报制,实行专家评审制,实行公示制。2008年,国家科技部、国家财政部和国家税务总局分别于4月和7月联合发布《高新技术企业认定管理办法》和《高新技术企业认定管理工作指引》,随后,上海市科委与上海市财政局、国税局、地税局、发展改革委、经济信息化委、知识产权局共同组成上海市高新技术企业认定指导小组,负责指导、管理和监督上海市高新技术企业认定(复审)工作。认定指导小组下设上海市高新技术企业认定办公室(简称"认定办"),设在上海市科委,负责上海市区域内的高新技术企业认定(复审)和管理的日常工作。

2009年,上海按国家新认定办法共认定批准高新技术企业713家,其中张江高新技术产业开发区内117家、开发区外596家。这些高新技术企业实现总产值2690.58亿元,总销售额2270.20亿元,创利税200.76亿元,出口创汇2770.00万美元,近3年内获得的发明专利594项、实用新型专利2283项、外观设计专利937项、软件著作版权1476项、集成电路布图设计专有权33项。其中按技术领域统计,电子信息技术领域企业达到182家,占到总企业数的25.53%;高新技术改造传统产业领域企业达到210家,占到总企业数的29.45%;生物与新医药技术企业达到46家,占到总企业数的6.45%。2010年,进一步从受理、分类分组、选择专家、组织评审等七方面明确认定工作流程,实行监督检查制度和信用制度建设,开展网站建设与管理等。为了确保认定管理工作高效、规范,对高新技术企业的认定申报程序和认定申报材料提出了更明确的要求,企业提出申请必须具备齐全的网上申报与纸质材料,方能参加专家评审。修订了专家评审要点,确定高新技术企业知识产权必须拥有近3年的规定期限,不得随意理解和解释,充分体现认定评审工作的严肃性和规范性。

【高新技术企业发展】

上海市高新技术企业的发展起步于1991年,当年认定了29家,全部在漕河泾新兴技术开发区内。1992年,开始出现向开发区外延伸发展的趋势,共认定高新技术企业115家,年总产值71.5亿元,其中漕河泾新兴技术开发区内有74家,开发区外有41家,共减免所得税2 000多万元。1997年,经批准认定的587家高新技术企业,其产值占上海市高新技术产业产值的2/3。1998年,全市经认定的高新技术企业761家,科研开发经费投入42.6亿元,占销售收入5.67%,全年利税113.2亿元。1999年,上海市经认定的高新技术企业共905家,比1998年增加了18.4%。2000年,上海市经认定的高新技术企业1 136家,人均利税7.184万元;科研开发经费投入72.4亿元,占销售收入5.24%。这些数字表明,上海市的高新技术企业形成相当规模,成为上海经济发展的重要源泉。

2001年,共有1 398家企业获得上海市高新技术企业认定,其中开发区内通过复审的有290家,新认定的有59家;开发区外通过复审的有796家,新认定的有253家。有558家企业分别通过了ISO 9000、ISO 14000、GMP、UL等国内外认证。2004年,在认定的2 161家上海市高新技术企业中,民营中小型企业的数量达1 389家。2005年,经认定的高新技术企业2 303家,其中民办中小型企业1 538家。申请专利10 756项,软件著作权申请批准3 038项。

2007年3月16日,第十届全国人民代表大会第五次会议通过了《中华人民共和国企业所得税法》,明确规定,国家需要重点扶持的高新技术企业减按15%的税率征收企业所得税。外商投资企业和港澳台商投资企业要求认定高新技术企业热情高涨,在2007年高新技术企业认定中,外商投资企业和港澳台商投资企业总数为656家,占认定总数的23.92%,其研究开发经费投入达189.66亿元,占总量371.16亿元的51.1%,其总销售额3 118.78亿元,占认定企业总销售额的54.01%。企业销售额超过20亿元的外商投资企业和港澳台商投资企业有30家,总销售额为1 786.53亿元,接近全市认定企业总量的1/3;税金为48.76亿元,接近全市认定企业总量的1/5。2009年,认定批准高新技术企业713家,其中张江高新技术产业开发区内117家,开发区外596家。这些高新技术企业实现总产值2 690.58亿元,总销售额2 270.20亿元,创利税200.76亿元,出口创汇2 770.00万美元。2010年,上海高新技术企业网上申报共697家。6月—11月共组织专家300多人次、分3批对697家企业进行了合规性审查,认定高新技术企业629家,其中张江高新技术产业开发区内73家,开发区外556家。实现总产值1 153.6亿元,总收入1 522.75亿元,年创利税197.03亿元,出口创汇43.31亿美元,近3年内获得的发明专利510项、实用新型专利2 115项、外观设计专利328项、软件著作版权1 656项、集成电路布图设计专有权19项。

表5-2-1 2001—2010年认定高新技术企业情况表

年 度	2001	2002	2003	2004	2005	2006	2007	2008	2009	2010
高新技术企业数	1 398	1 743	1 916	2 161	2 303	2 542	2 743	3 002	2 500	3 129
开发区内	349	444	486	524	535	566	616	675	548	619
开发区外	1 049	1 299	1 430	1 637	1 768	1 976	2 127	2 327	1 952	2 510

（续表）

年　度	2001	2002	2003	2004	2005	2006	2007	2008	2009	2010
总产值(亿元)	1 555.1	1 933.64	2 136.04	3 112.34	4 197.73	4 875.46	5 391.37	6 980.99	7 423.34	9 579.2
总收入(亿元)	1 766.3	2 405.59	2 531.24	3 612.32	4 671.98	5 305.37	5 896.92	7 896.13	8 712.11	11 250.48
利税总额(亿元)	277.9	386.51	314.32	388.55	526.06	660.68	729.5	755.16	945.37	1 446.59
科研开发费(亿元)	112.9	180.80	177.16	222.35	286.39	333.98	371.16	406.74	467.46	610.18
创汇(亿美元)	62.4	59.54	74.31	131.82	156.13	233.79	229.56	343.97	368.22	437.28

二、高新技术成果转化

1998年6月1日,上海市委、市政府在全国率先推出促进科技成果转化的首部地方政府政策性文件——《上海市促进高新技术成果转化的若干规定》,俗称"18条"。"18条"第一次明确提出科技人员通过科技成果转化和转让可获得相应的股权收益;第一次公开提倡科技人员可以兼职从事高新技术成果转化工作;第一次规定企业用税后利润投资经认定的高新技术成果转化项目可返还已征的对应所得税。1999年6月9日,上海市政府对"18条"进行第一次修订,主要有四大突破:把政策的适用范围扩大到所有在上海注册的企业,其中包括外商投资企业;对上海市企事业单位和个人申请国内外发明专利,政府资助部分专利申请费和专利维持费;进一步突出技术要素分配,成果价值占注册资本比例可以超过35%,不受国家规定限制;减少审批环节,提高办事效率,建设创新创业服务体系。

2000年11月12日,"18条"再次修订,其明确规定境内外各类资本包括民间资本建立的创业投资机构,可比照享受地方优惠政策。突出股权投入、技术转让和自行转化等三种成果转化方式,形成以股权、权益和奖励为主要内容的三种收益方式,并且鼓励各类所有制企业试行"期权、期股"制度,形成对科技人员的长期激励与短期激励的有效结合。在"18条"出台的同时,成立了集政策支撑与市场导向于一体的推进科技成果转化的专门工作机构——上海市高新技术成果转化服务中心。上海市高新技术成果转化服务中心设置"一门式"服务窗口,受理承办"18条"规定的各项优惠政策,提供项目认定、资产评估、项目公司登记注册等配套服务,并建立规范的申请、受理、审批、办理程序。截至2002年,全市认定1 850个高新技术成果转化项目,其中电子信息、生物医药、先进制造和新材料四大领域的项目占88%,自主开发的项目超过90%,达到国际先进水平的占71%,具有自主知识产权(包括专利、商标、版权)的项目占48%,实现转化的项目占90%。

2003年,高新技术成果转化项目达到2 339个,当年实现销售额430.7亿元。在2 339个转化项目中,电子信息类占26.2%、生物医药类占19.2%、新材料占23.6%、先进制造占20.1%、现代农业等占10.9%,77%的项目技术水平达到国际先进,57.3%的项目拥有各类专利和软件著作权。2004年3月29日,上海市高新技术成果转化服务中心宣布:简化高新技术成果转化项目认定审批程序,六大类成果转化项目可"跳"过初评、专家评审,直接"保送"进入政府审批阶段。12月22日,上海市政府颁布了再次修订的《上海市促进高新技术成果转化的若干规定》。

2006年3月,市高新技术成果转化服务中心开始尝试项目认定网上评审,流程简化后,企业申报积极性大大提高,申请量同比增长约30%。项目的评审也变更为每月一次。12月29日,上海市财政局颁布了《高新技术成果转化专项资金扶持办法》，共认定高新技术成果转化项目712项，比2005年增长18.3％，新增产值约200亿元。2009年，上海市高新技术成果转化服务中心编印《上海市科技创新政策精编》和上海市科技创新政策体系图，免费向企业发放1000多份；开展企业研发费加计扣除政策专题培训、科技成果转化实务培训、科技创新政策企业联络员岗位培训及"32条"等热点政策培训等，共计148场，培训14 563人次；编写并发布《2008年上海科技创新政策报告》。2010年1月1日，新修订的《上海市高新技术成果转化项目认定程序》正式颁布实施。截至2010年底，上海市高新技术成果转化认定办公室共认定高新技术成果转化项目588项（累计认定项目7 169项），按重点技术领域分布为：电子信息类占32.14％、新材料类占14.8％、先进制造类占29.42％、生物医药类占6.97％、环保节能类约占11.2％，新认定项目的总投资额为78.11亿元。1998年至2010年底，累计落实财政专项资金近20亿元，贷款贴息1.28亿元；累计通过成果转化政策引进1 326人，通过职称评审4 839人。政策的有效落实，进一步促进了科技成果的转化。

第二节　民营科技企业

上海地区的民办科技机构最早出现于1984年3月，同年8月，经市政府批准，上海市科委发布《关于上海市民办科学研究与技术服务机构管理办法（试行）》，在不到1年的时间内，全市民办科技机构即发展到200家。1985年下半年，上海民办科技机构一度处于发展的低潮期，因清理整顿公司等种种原因大批机构歇业。到1985年末，仅保留120家，1986年末，全市民办科技机构发展到143家。1988年3月，上海市科委会同市工商局、税务局召开全市民办科技机构发展大型研讨会。1988年5月23日，上海市税务局颁发了《关于民办个体科技机构有关税收财务问题的补充规定》，以优惠的税务政策支持、扶持上海市民办、个体科技机构的发展。1989年2月，市长朱镕基签发市政府1号令，发布《上海市民办科技经营机构管理办法》。从此，对民办科技机构的发展和管理，做到有章可循，各部门也把扶持民办科技机构发展列入工作议事日程，为其发展创造了一个较好的社会环境。在1987—1989年的3年中，上海的民办科技机构尚处于初期的创业阶段，具有以下一些特点：以集体所有制为主；离退休人员和业余兼职人员在从业人员中占较大的比例，达到总数的33.4％，远远高于全国的平均值16.5％；以从事"四技服务"活动为主，科技成果产业化程度较低。1987年末，全市民办科技机构为163家；1988年末，达344家；到1989年，达477家，比3年前的1986年增长2.2倍，机构数在全国各省市中居第5位。

到1991年底，上海有713家民办科技机构，从业人员4万人，其中科技人员占65.4％。一年的营业额达2亿多元，全市各区年营业额超过1 000万元的民办科技机构达4家，还出现一批出口创汇企业。1992年，上海地区的民办科技机构向规模型、产业化方向发展，营业收入总额达6.8亿元，其中年产值超过1 000万元的民营科技企业提高到12家。至1993年底，年销售额1 000万元以上的科技企业上升幅度明显，达152家。1994年，上海民营科技企业的发展出现一些新的特点：用于研究开发的资金投入比1993年增长37.58％，达8.64亿元；申请专利247项，获专利权207项，实施专利216项；由分散趋向集体化开发经营，有科技型股份制企业12家；有30家科技企业正向集团型科技企业方面发展；与科研院所实行合作开发、联手经营、发挥双方的优势互补作用；开始重视科技成果产业化基地的建设。民营科技企业成为区、县经济发展新的生长点和新的支柱产业。

1995年，上海民营科技企业进入以"资产股份化、管理集团化、经营国际化"为标志的二次创业阶段。市科委登记认定的民营科技企业总数为6 787家，其中全年技工贸总收入超过1亿元的有

20 家,总收入在 4 000 万元以上的有 16 家,1 181 万元以上的有 64 家,合计 100 家,号称"民营科技 100 强",受到了上海市科委的表彰。1996 年,人均劳动生产率首次超过 10 万元,其中年技工贸收入亿元以上的有 25 家。1997 年是上海民营科技企业充满机遇的一年。民营科技企业发展的总体目标朝着规模化、集团化和外向化发展,其发展途径从主要靠自身积累,逐步转向资产运作,而且跨所有制、跨地区的科技企业不断涌现,上海民营科技企业的规模与实力都有较大增长。至 1997 年底止,上海民营科技企业资产规模超 300 亿元,技工贸收入超亿元的有 36 家。1998 年,上海的民营科技企业发展到 8 638 家,技工贸总额 375 亿元,比 1997 年同期增长 35%,其中经认定的高新技术企业 155 家,占全市总量的 26%,出现了一批亿元和几十亿元的企业。1999 年是上海民营科技企业取得较快发展的一年,据统计,其资产规模达到 580 亿元,正成为科技产业化的一支新生力量。

2000 年,上海民营科技企业数量与经济总量快速增长,创业环境进一步完善,资产总额达到 1 064 亿元。2001 年,上海市民营科技企业继续保持良好的发展势头。全年新增民营科技企业 4 697 家,新增注册资本 196.1 亿元,全市民营科技企业达 15 462 家,资产总额计 1 388.97 亿元,技工贸总收入达 1 125.78 亿元。2002 年,上海市民营科技企业保持了良好的发展势头,全市民营科技企业达 18 441 家,资产总额 1 902.56 亿元,技工贸总收入达到 1 487 亿元。民营科技企业初步形成市场导向、自主研发、产权明晰、机制灵活的技术创新机制,在国内外具有相当强的技术和市场竞争力。截至 2003 年底,全市民营科技企业达 21 516 家,技工贸总收入达 2 142.96 亿元,收入超亿元企业有 260 家,比 2002 年增长 33.33%;资产总额达 2 603.60 亿元,比 2002 年增长 36.85%;上缴税收 109.51 亿元,比 2002 年增长 73.33%。

2005 年,上海市科技企业联合会在顺利完成科技企业资质认证试点工作的基础上,制定了《上海市科技企业资质认证暂行办法》,并会同全市区、县科技企业联合会共同开展对全市科技企业的资质认定和发证工作,对符合条件的 5 000 家民营科技企业统一发放《上海市科技企业资质证书》。2006 年,高新技术企业认定中民营中小型企业的数量达 1 744 家,企业质量也在逐年提高。其中,民营高新技术企业中销售额上亿元的有 293 家,总销售额达 1 399.45 亿元,占全市总量 26.94%;销售额上 10 亿元的 26 家,总销售额达 731.26 亿元,占全市总量 14.08%。2009 年 6 月,上海市科协重点针对一些不同类型的、具有一定规模、科技含量较高、热衷于创新的上海民营企业,结合其高端生产研发任务急迫、急需高层次专家队伍提供产学研合作研发的实际情况,探索建立院士专家企业工作站。经国家科技部和国家科学技术奖励工作办公室批准,中国民营科技促进会组织开展 2009 民营科技发展贡献奖评选活动。经各省市推荐、奖项评审委员会评审,上海市 15 家优秀民营科技企业、9 名优秀民营科技企业家、2 名先进民营科技工作者获 2009 年民营科技发展贡献奖。

第三节　科技中小企业

一、科技中小企业发展

为了鼓励企业创新,自 2000 年,上海开始实施上海市科技型中小企业创新资金计划,与国家中小创新基金共同支持上海市科技型中小企业的发展,又称为种子资金。本着公开、公平、公正的原则,开展了三个方面工作:一是鼓励引导科技型中小企业积极争取国家创新基金支持,上海加强匹配资金;二是积极鼓励上海的金融、担保机构为科技型中小企业拓宽融资渠道;三是对未能获得国家创新基金支持的项目经专家评审筛选后给予种子资金的支持,进一步培育扶持,使上海科技型中小企业的技术创新迈上新台阶。至 2002 年,上海实施的创新资金充分发挥了引导和推动作用,吸引企业总投资达 5.26 亿元,是政府资助资金的 23 倍。当年,上海市科委组织专家分别对前期支持的 64 个种子资金项目进行了验收评审:其中 58 项验收合格,4 项基本合格,2 项不合格;有 25 项处于研发后期,39 项尚处于中试阶段,均在不同程度上完成了成果的研发与转化;特别是生物医药领域的 7 个项目,有 6 项取得新药证书,1 项待批。据验收时统计,在这 64 个项目中,上海创新资金共投入经费 1 500 万元,同时带动企业、银行和个人等社会资金投入,项目实际总投资达到 1.83 亿元,实现销售额 4.26 亿元,利润 4 325 万元,税收 2 805 万元,极大地推进了科技型中小企业的技术创新活动。至 2004 年,上海市设立了中小企业创新资金,共计投入 4.8 亿元,共资助了 1 388 家企业,累计新增产值达 59.35 亿元,利税 14.44 亿元。

2002 年,上海市获国家创新基金支持 73 项(含 2001 年结转项目,其中 3 项为国家农业科技成果转化项目),获资助 5 221 万元,上海配套资金 864 万元;上海创新资金以种子资金方式支持了 123 个项目,资助经费 2 285 万元;以农业科技成果转化专项方式支持了 19 个项目,资助经费 515 万元;以火炬计划方式支持中小企业成果产业化 46 项,资助经费 300 万元。2003 年,共有 375 家科技型中小企业申报国家创新基金,经专家评审和科技部批准,45 个项目获得 2 445 万元资助,居全国各省市第二位,约占总资金的 10%,上海匹配资金 345 万元。上海市创新资金批准立项 121 项,资助金额 2 595 万元。年中,上海对 81 项国家创新基金项目和 157 项上海市创新资金项目进行了验收,其中验收国家创新基金项目 33 项,通过验收比例为 100%;验收上海市创新资金项目 92 项,通过验收比例为 98%,绝大部分项目运行良好。同时,通过国家创新基金项目的实施,企业创新能力有明显的提升,效益显著,获得许多具有自主知识产权的技术,其中专利、软件著作权登记及新药证书就有 71 项,产品销售总额达 9.31 亿元,利润 1.68 亿元,上缴税收 4 672 万元,出口创汇 906 万美元,新增就业人员 1 532 人。2004 年,上海市国家创新基金项目的总体进展情况良好,在科技型中小企业在实施技术创新中,整体创新能力和知识产权自我保护意识进一步增强。政府资金牵动项目承担企业、各区县政府和金融机构等社会资金共同投入比例为 1∶12.88,其中金融机构贷款额占 31.5%,比 2003 年增长 9%。172 个项目中,获专利 253 项,其中获发明专利授权 95 项,与 2003 年相比增加了 37%;大部分立项项目的技术创新和产业化产生了跨越式的发展,有 94% 的项目处于批量生产和中试阶段,75.4% 的项目产品进入市场并处于盈利状态。据统计,这些企业 2004 年度的产品新增销售收入达 12 亿元,比 2003 年增长 21.2%;新增净利润达 1.4 亿元,比 2003 年增长 31.4%;上缴税收 7 402 万元,比 2003 年增长 14.3%;出口创汇 1 274 万美元,比 2003 年增长 27.1%。

2005 年,上海市创新资金共支持科技型中小企业创新项目 248 项,上海市获国家创新基金立项 154 项,全市科技中小企业申请专利 8 010 项,获得专利授权 3 970 项。2008 年,上海市科委确认 559 个项目为上海市科技型中小企业创新项目,支持经费 2.07 亿元,其中市级创新资金支持经费 1.03 亿元,比 2007 年增加 74.4%,区级创新资金支持 1.04 亿元。2009 年 4 月 21 日,由上海市促进中小企业发展协调办公室、上海市企业科技创新服务中心、上海市高新技术成果转化中心、上海市教委科技发展中心和上海市商业投资(集团)有限公司 5 家单位发起的"五星联盟"在上海举行成立仪式。联盟的 5 个发起单位分别在重点中小企业培育、政府财力扶持引导、科技和人才政策疏导、高校科研资源利用、投资上海市场运作等方面发挥优势,共同帮助和推进上海高新技术中小企业的发展壮大。

二、科技小巨人

上海市科学技术委员会和上海市经济委员会于2006年5月29日颁发了《上海市科技小巨人工程实施办法》。当年12月25日根据评审确定了首批上海市科技小巨人企业20家、科技小巨人培育企业50家,市、区支持经费各8 000万元。这20家科技小巨人企业平均研发人员达到40%,每年的科研经费投入达到7%,平均申请专利达到42.3%,连续三年销售收入平均增长率达到60%以上。

2007年,新增20家企业为上海市科技小巨人企业,98家上海市科技小巨人培育企业,市、区资助经费各1.29亿元,比2006年增长61.25%。2008年,上海市科学技术委员会、市经济和信息化委员会审定上海东方泵业(集团)有限公司等27家企业为上海市科技小巨人企业,市科委资助经费合计为4 050万元,各有关区县配套经费合计为4 050万元;审定上海宝康电子控制工程有限公司等95家企业为上海市科技小巨人培育企业,市科委资助经费合计为9 500万元,各有关区县配套经费合计为9 500万元。2009年,审定上海中国弹簧制造有限公司等34家企业为上海市科技小巨人企业,市级财政助经费合计为5 100万元,各有关区县财政资助经费合计为5 100万元;审定上海宝景信息技术发展有限公司等113家企业为上海市科技小巨人培育企业,市级财政资助经费合计为1.13亿元,各有关区县财政资助经费合计为1.13亿元。

2010年,有34家企业被审定为上海市科技小巨人企业,市级财政资助经费合计为5 100万元,各有关区县财政资助经费合计为5 100万元;审定107家企业为上海市科技小巨人培育企业,市级财政资助经费合计为1.07亿元,各有关区县财政资助经费合计为1.07亿元。至此,上海共涌现科技小巨人企业135家、科技小巨人培育企业459家,市、区两级政府支持经费达13.23亿元。科技小巨人培育企业从业人员总数为12.18万人,其中海外留学回国人员701人,研发人员38 807人,占从业人员的32%。科技小巨人企业累计实现产品销售收入(主营业务收入)2 146.82亿元,累计净利润228.24亿元,累计缴税117.02亿元,累计出口创汇49.32亿美元。

表5-2-2 2006—2010年科技小巨人资助情况表

年 度	2006	2007	2008	2009	2010
小巨人企业数	20	20	27	34	34
市财政资助(万元)	3 000	3 100	4 050	5 100	5 100
区县财政资助(万元)	3 000	3 100	4 050	5 100	5 100
小巨人培育企业数	50	98	95	113	107
市财政资助(万元)	5 000	9 800	9 500	11 300	10 700
区县财政资助(万元)	5 000	9 800	9 500	11 300	10 700

第四节　科技金融与科技创业

一、科技金融

为全面贯彻落实《上海中长期科学和技术发展规划纲要(2006—2020年)》及其配套政策,进一步拓宽科技企业投融资渠道,上海的产权市场成为服务中小企业股权融资的重要平台。数据显示,仅 2008 年上半年,上海产权市场共成交中小企业产权交易性吗 6 宗,成交金额 30.01 亿元,比 2007 年同期增长 2.11 倍。

2008 年,经科技部和中国保监会批准,上海入选第二批科技保险创新试点城市(区),上海的首批试点在张江高科技园区核心区内的高新技术企业中开展。有关保险公司推出 20 余种科技保险险种,高新技术企业可能遭遇的技术、市场、人才风险大都能找到对应的"避风港"。市科委、市财政局设立科技保险专项资金,对科技保险参保企业提供一定的保费补贴。

2009 年 8 月 10 日,上海市政府办公厅转发了《关于上海市促进知识产权质押融资工作的实施意见》:企业将知识产权出质给银行等融资服务机构,银行等融资服务机构作为知识产权质权人向企业出借资金,企业按期向银行等融资服务机构偿还本息;企业将知识产权出质给融资担保机构、保险公司等第三人,融资担保机构、保险公司等第三人作为知识产权质权人为企业融资提供担保或信用保险,银行等融资服务机构向企业出借资金,企业按期向银行等融资服务机构偿还本息;由拥有知识产权的企业与银行等融资服务机构协商确定法律允许的其他知识产权质押融资方式。

2010 年,上海积极深化细化有关中小企业融资的具体推进措施,相继出台了《关于鼓励和促进科技创业的实施意见》(4 月 19 日)、《关于印发〈上海市知识产权质押评估实施办法(试行)〉和〈上海市知识产权质押评估技术规范(试行)〉的通知》(7 月 5 日)、《关于上海市开展外商投资股权投资企业试点工作的若干意见》(7 月 19 日)、《关于加强金融服务促进上海市经济转型和结构调整的若干意见》和《关于加快上海市融资性担保行业发展 进一步支持和服务上海市中小企业融资的若干意见》(8 月 9 日)、《关于促进上海市小额贷款公司发展的若干意见(2010 年修订版)》(8 月 19 日)、《上海市融资性担保公司管理试行办法》(8 月 31 日)、《关于推进上海市中小企业上市工作的实施意见》(9 月 13 日)、《关于试点开展科技型中小企业短期贷款履约保证保险工作的通知》(10 月 9 日)等政策,有效缓解科技型中小企业融资困难,帮助科技企业实现科技成果转化和产业化,加速高新技术产业化进程。

为缓解科技型中小企业融资难问题,针对科技型中小企业普遍存在的轻资产、缺担保和无抵押的现状,率先在国内创新推出上海市科技型中小企业短期贷款履约保证保险试点方案,利用保险机制为科技型中小企业信用增级,改善信贷环境。中国银行上海分行、上海银行、浦发银行 3 家银行分别提供 5 000 万元贷款额度,市科委为其分别匹配 100 万元的风险补偿准备金,同时引入太平洋保险公司提供风险担保。2010 年 12 月 2 日,第一批办理科技型中小企业短期贷款的 10 家企业正式签订贷款协议。

二、科技创业

1988 年,根据第一次全国火炬计划工作会议提出的建立科技创业服务中心的几点意见,上海市科技创业公司成立。公司组织各方面科技力量,促进科技成果尽快商品化和科技转化为现实生产力。加强与金融机构合作,扩大和加强科技资金的融通管理,使科技发展经费尽可能按"有偿使用、滚动增值"的要求运行,提高资金使用率。1989 年初,上海市科技创业服务中心建立,推进全市高新技术科研成果朝产业化方向发展,偏重对创业者及其企业的培育和孵化,又称为孵化器。当年 11 月,上海市科技创业公司和上海市科技创业服务中心合并为上海市科技创业中心。1990—1992 年,首先在漕河泾开发区建立多个培育企业及项目的孵化基地,为从事高新技术开发与生产的企业和创业者提供场地和其他条件,制定吸引和培育科技企业的有关条例;二是为有发展前景和有产业化迹象的项目筹措开发资金,促进项目成熟;三是直接投资,组建新的高技术企业;四是寻求海外合作者,建立和发展合资型高新技术企业。同期,发起成立由上海市高教局、创业中心及漕河泾开发区三方联合投资的上海高创科技发展总公司;联合上海工业大学,筹建创办全国第一家高等学校科学园区——上海工业大学科学园区;投资建立集技术开发、投资、生产、销售为一体的上海创新科技公司。

1993—1995年,上海市科技创业中心(创新公司)实行孵化、投资并重,根据创办科技实体推进高新技术商品化、产业化、国际化的指示精神,选择若干高新技术领域,又直接投资、控股、参股等方式参与高新技术产业化,建立一批先导型企业和科技实体。

2009年,上海科技企业孵化器以"创新带动创业,创业带动就业"为指导思想,围绕上海市科技两委"助企业、促创新、渡难关"10项重大举措,在全市范围内开展科技创业导师、科技创业苗圃和大学生见习培训3项重点工作,使上海的科技创业活动上了一个新台阶。在全市范围内试行《上海科技创业苗圃试点暂行管理办法》,试点8家科技创业苗圃;试行《上海市科技企业孵化器认定暂行办法》,新认定科技企业孵化器10家,涉及LED、先进制造技术、新能源、动漫衍生产品、创意设计、软件等新兴产业,紧贴上海市委、市政府及上海市科技两委的产业导向,配套出台《上海市市级科技企业孵化器(市级高新技术创业服务中心)认定暂行办法》。截至2009年底,上海科技企业孵化器有42家,基地孵化面积62.16万平方米,孵化器资金总额7.79亿元,孵化专项基金2.39亿元;孵化器总收入3.15亿元,净利润3 869万元,上缴税金2 046万元;基地在孵企业2 242家,在孵企业总收入55.31亿元,在孵企业R&D投入7.32亿元,在孵企业累计获得财政资助额4.20亿元,在孵企业累计获得风险投资额17.41亿元,在孵企业从业人数35 131人;累计毕业企业976家,中国火炬创业导师数16人,其他创业导师数214人,批准知识产权保护数1 127项。

2010年3月31日,上海市创业投资引导基金正式成立。该基金由上海市政府设立,是按"政府引导、市场运作、科学决策、防范风险"的原则,采用参股创业投资企业和跟进投资、融资担保等方式运作的政策性基金,总规模为30亿元,基金设立后由上海创业投资有限公司管理。截至2010年底,上海科技企业孵化器59家,基地孵化面积72.017 7万平方米,孵化器资金总额11.572 4亿元,孵化专项基金3.018 3亿元;孵化器总收入3.460 1亿元,净利润1 148万元,上缴税金2 554万元;基地在孵企业2 744家,在孵企业总收入75.169 4亿元,在孵企业研发投入8.784亿元,在孵企业累计获得财政资助额27.480 9亿元,在孵企业累计获得风险投资额27.480 9亿元,在孵企业从业人数41 533人;累计毕业企业1 193家,中国火炬创业导师数6人,其他创业导师数102人,批准知识产权保护数1 277项。

"十一五"期间,上海基本构建完成以"创业苗圃+孵化器+加速器"为载体的孵化服务链和以"专业孵化+创业导师+天使投资"为核心的孵化服务模式的新型孵化服务体系,有效帮助企业发展。创业苗圃、孵化器、加速器3个载体针对创业企业不同的发展阶段为企业提供孵化服务。2010年,新建创业苗圃15家,育苗项目405个,截至12月底,共建成创业苗圃23家;新建孵化器17家,共建成孵化器59家,总孵化面积超过70万平方米,孵化企业2 000多家,形成了徐汇、杨浦、张江3个孵化器聚集区;加速器试点企业2家,加速培育企业43家。专业孵化、创业导师、天使投资3个服务功能的结合是帮助企业发展的抓手。截至2010年底,上海拥有27个专业孵化器,初步搭建了各具特色的专业技术服务平台,推动产业集聚;组建了来自投资、管理咨询等机构的100多名资深人士组成的创业导师队伍,可通过创业导师背后的巨大社会资源推动企业发展;科技与金融相结合帮助企业解决实际资金问题,2010年全市孵化器为科技型中小企业争取投融资13.6亿元,服务企业560家(次)。

第三章　高新技术园区

　　1985 年,国家科委向国务院提出在中国某些有条件的省市地区试办高新技术工业园区的建议,获得国务院的支持与赞同。随后,上海市政府酝酿筹建上海新兴技术开发的工作正式提上政府工作议事日程。1987 年底,上海市科委向市政府提出将漕河泾微电子工业区改名为上海漕河泾新兴技术开发区的建议。1988 年 6 月,经国务院批准,漕河泾新兴技术开发区被列入上海经济技术开发区,适用经济技术开发区的各项政策规定。1990 年 4 月,市人大常委会通过全国第一部有关高新技术产业开发区的地方法律——《上海漕河泾新兴技术开发区暂行条例》。1991 年 3 月,经国务院批准,漕河泾新兴技术开发区被确认为全国首批 27 个国家高新技术产业开发区之一。

　　1991 年 12 月,张江高科技园区正式破土动工。1992 年 7 月 20 日,国家科委发文,批准上海市高新技术产业开发区由浦西的漕河泾新兴技术开发区和浦东的张江高科技园区两部分组成。1992 年,在市政府的具体部署下,市科委负责制定了《关于上海市高新技术产业开发区深化改革的意见》。这份改革性的政策文件,对高新技术企业在生产经营运行机制、分配制度、劳动保险、扩大自主权、实行股份制等方面都具有变革性的积极作用,使高新技术企业具有与"三资"企业相竞争的机制和相应的待遇。1992 年 3 月,上海工业大学科技园区正式创建,9 月启动,占地 660 亩。园区旨在加速推动大学高新技术科研成果的商品化和产业化。1993 年,经国家主管机关批准被列入国家级高新技术产业开发区的上海市高新技术产业开发区,扩展为四个园区:漕河泾新兴技术开发区、张江高科技园区、上海工业大学科技园区、中国纺织国际科技产业城,总面积约 22.1 平方公里。1995 年,上海形成嘉定民办技术密集区、中国纺织国际科技产业城、漕河泾新兴技术开发区、上海大学科技园、金桥现代科技园、张江高科技园区,规划面积 22.1 平方公里,开发 12.05 平方公里。至此,上海市高新技术产业开发区以漕河泾新兴技术开发区为先导,以张江高科技园区、金桥现代科技园区为新秀,以青浦中国纺织科技产业城为高科技振兴纺织行业的典范,上海(工业)大学科技园区和嘉定民办技术密集区等作为科技人员创办高科技企业的试验田,形成一区多园、各具特色、滚动开发的新格局。截至 1996 年底,各园区开发建设总面积从 1989 年的 2.27 平方公里发展到 1996 年的 13.05 平方公里。1996 年上海市高新技术产业开发区新增企业 271 家,企业总数达 1 321 家,技工贸总收入约 340 亿元,实现利税 17.7 亿元,人均产值 36 万元,人均利税 2.5 万元。国家科技部于 1998 年 4 月 5 日发文同意上海高新区根据发展需要,在总面积 22.12 平方公里不变的前提下,调整为"一区六园",调整后的上海高新区由漕河泾新兴技术开发区、张江高科技园区、上海大学科技园区、中国纺织国际科技产业城、金桥现代科技园、嘉定民办科技密集区组成。

　　2000 年,中共上海市委、市政府制定了"聚焦张江"的战略决策,决心集全市之力,依托上海的综合优势和浦东开发开放先试先行优势,把张江园区建设成为技术创新和科技成果转化、产业化的示范基地,产学研结合、综合改革的先行先试基地,创新人才、研发机构和高科技企业集聚与辐射基地,与市场经济和知识经济相适应的科技服务基地。并于 1 月组建张江高科技园区领导小组和办公室,出台《上海市促进张江高科技园区发展的若干规定》("19 条")。2001 年上海市政府对"19 条"进行了修改,于 2001 年 7 月 5 日发布了"新 19 条"。"新 19 条"要求上海市政府有关委办局将相应的审批权限下放到张江高科技园区领导小组。2003 年,上海市高新技术产业开发区全面实施

"二次创业"。2005年,经国家发改委审核、国务院批准,上海高新技术园区"一区六园"的规划面积为42.13平方公里,其中张江园区规划面积由原5平方公里扩容为25平方公里,另外五个园区仍维持原规划面积不变。

2006年,经国务院批准,上海高新技术产业开发区正式更名为上海张江高新技术产业开发区。《上海张江高新技术产业开发区"十一五"发展规划》经2007年上海张江高新技术产业开发区领导小组全体会议审议通过。更名以后,上海张江高新区积极推进发展模式创新,注重从主要依靠土地、资金等要素驱动向主要依靠创新驱动转变,产业发展从大而全、小而全向发展特色产业和主导产业转变,园区建设从主要重视基础设施等硬件建设向注重优化服务等软件建设转变。在主动融入区域和"大张江"整体发展战略过程中,上海高新区各分园之间形成了错位竞争,主导产业和特色产业的集群优势更加明显。核心园区张江高科技园区形成集成电路、软件和生物医药三大产业,外资研发机构云集;漕河泾新兴技术开发区形成微电子、光电子、计算机及其软件和新材料等四大产业,内外资研发机构和企业众多;金桥现代科技园形成电子信息、汽车及零部件、现代家电、生物医药四大产业,大企业实力强劲;上海大学科技园主要发展新材料、新能源和计算机应用技术;中国纺织国际科技产业城主要发展纺织高科技产业;嘉定民办科技密集区主要发展新材料、激光应用技术、计算机和软件产业。上海高新区初步形成门类齐全、技术密集、层次合理并具有一定规模的高新技术产业群,推动了全市高新技术产业的发展。

2010年,上海市委、市政府决策向国务院申报张江高新区建设国家自主创新示范区,同年6月,张江高新区管理委员会成立。2011年1月19日国务院正式批复,上海张江高新技术产业开发区成为继北京中关村、武汉东湖之后第3个国家自主创新示范区。3月29日,市委、市政府发布《关于推进张江国家自主创新示范区建设的若干意见》,提出到2020年张江国家自主创新示范区建设成为世界一流高新区。

第一节　张江核心园区

一、历史沿革

1992年,张江高科技园区开始建设,并与漕河泾开发区合称为上海高新技术产业开发区,形成"一区二园"格局。园区的产业导向是发展微电子技术、光电子技术、生物工程技术、人工智能技术、激光技术、计算机软件开发技术、现代化通信和现代化信息传输技术、柔性制造技术、海洋工程、航天航空技术和新材料技术等,逐步形成集教育、科研、开发、生产、销售、博览为一体的高科技园区。1993年,张江高科技园区首期工程破土动工,有电脑、精密模具加工、计算机软件及外围设备、CIMS、光盘系统软件开发、MC系统智能化仪表、医疗电子仪器、年产4 000吨MOS试剂、高纯气体生产、软件园等16个高新技术产业化项目被批准进区落户建设。1994年,张江高科技园区累计开发2.3平方公里,经专家规划定位为:国内一流的国际化技术城;重点发展生物医药、微电子信息技术、光机电一体化等产业。

1996年,与市回国人员服务中心共同成立了留学人员创业基地。国家上海生物医药科技产业基地正式签约,从而确立了张江园区作为中国药谷的产业定位,制定了"基地"发展规划。以罗氏、新药中心为代表的生物医药项目,以摩托罗拉、阿法泰克为代表的微电子产业项目,以联信、松下为代表的机电项目,共同构筑了高科技产业区的基本框架。1998年,形成生物医药产业、信息产业和科技创业三大基地的雏形。高科技产业产值从1995年的不足1亿元迅速上升到1998年的35亿元。到1998年底,有8家具有一流水平的国家级、市级研究开发机构在园区落户,950多位各类科研人才汇集园区创业,归国留学生创办的企业达24家,一批前沿性科技成果进入了中试开发和生产阶段。1999年,市委七届四次全会做出"聚焦张江,建设上海面向21世纪高科技产业基地"的战略决策,确定以建设张江高科技园区作为重点的高新区发展目标,张江高科技园区进入聚焦发展阶段。

2000年4月,张江技术创新区正式对外开园,国家科技部成果基地、中国科学院上海浦东科技园、上海浦东火炬创业园、上海高校科技产业园等首批30多家创业孵化企业进园挂牌。第一个国家级软件产业基地——上海浦东软件园,于2000年7月20日在张江高科技园区揭牌。由中国科学院和上海市政府共同向国家建议,国家和上海市共同投资兴建的世界上最先进的第三代同步辐射装置之一——上海同步辐射装置(SSRF)工程落户上海浦东张江高科技园区。上海市政府2000年一号工程——上海超级计算机中心,于2000年底在浦东张江高科技园区落成。2001年,浦东软件园二期工程开工,建设软件出口基地、国家信息安全成果产业化基地、超大规模集成电路芯片设计基地等。年内,《促进张江园区发展的若干规定》(新"19条")实施细则颁布,给予"聚焦张江"、促进园区建设政策支持。园区相继成立集成电路产业基地、"863"信息安全基地、微电子港和生物医药基地开发公司,形成"多元开发、多元投资、协作招商、优势互补"的开发建设格局。

2002年,张江先后引进社会、民间资本和海外资本4.5亿元,相继成立各具特色的"一园四基地",即浦东软件园有限责任公司和吸引社会资本组建的上海"863"信息安全产业基地有限公司、吸引境外资本组建的上海张江微电子港有限公司、吸引国内资本组建的上海张江集成电路产业区开发有限公司,以及吸引集体资本组建的张江生物医药基地开发有限公司。继2002年引进GE(美国通用电气)全球研发中心后,2003年又先后引进美国Honeywell、杜邦全球研发中心,日本欧姆龙、住友电工等研发基地,罗氏制药在中国的第一个研发中心,中国台湾亚旭电脑、TwinMos、欧堡电脑的研发中心,中国香港和记黄埔的生物医药研发中心等20家。至年底,园区有研发中心约50家,经认定的国家级、市级、区级研发中心25家,其中年内增加10家。2004年,初步确立以集成电路和生物医药两大产业为支柱,金融信息、光电子照明等关联产业衍生发展的基本构架;初步建立以企业为主体,产学研结合的技术创新体系。8个国家级"基地"落户张江,分别是上海国家微电子产业基地、上海国家信息化产业基地、国家半导体照明工程产业化基地、国家文化产业示范基地、国家上海生物医药科技产业基地、国家软件出口基地、国家软件产业基地和国家"863"计划信息安全成果产业化基地。

2005年,张江园区新引进了包括汉高化学、朗盛化学、伊士曼化学等全球著名化学材料企业的研发中心,全球最大的化学材料企业陶氏化学也签约建立亚太总部和研发中心,初步形成新材料产业研发的集群效应。随着杜邦中国总部、TCL阿尔卡特手机研发中心等的引入,园区国内外研发机构累计近200家,其中经认定的国家级、市级、区级研发机构达65家。园区产学研一体化效应开始显现:第二军医大学的郭亚军教授与兰生国健药业就肝癌疫苗的产业化组成了产学研联盟;绿谷集团与中国科学院上海药物研究所,汇仁药业与中医药大学结成了战略伙伴关系;园区还推动建立了以企业为主体的移动视音频产业联盟、软件出口外包联盟、生物医药研发外包联盟和手机研发俱乐部。

2009年4月29日,总投资约12亿的中国最大的大科学装置"上海同步辐射光源"在上海张江核心园正式竣工并面向国内外用户开放。6月3日,中国电信上海公司与张江集团正式签约,共同打造上海首个"数字园区"。7月,中国商飞公司设计研发中心在上海张江核心园奠基,一期工程正式开工建设。11月26日,中国科学院上海浦东科技园的两个重要项目——国家蛋白质科学研究上海设施和交叉前沿科学中心举行奠基仪式。2010年,张江核心园协调服务面积由原来的25平方公里扩大到包括康桥和国际医学园区在内的约73平方公里。园区实现工业总产值1 395亿元,包括张江核心园、康桥和国际医学园区3个园区的数据,同比增长32.5%;税收130亿元,同比增长26.8%;地方财政收入40亿元,同比增长25.5%。

二、产业布局

经过近20年的开发,张江核心园构筑了生物医药创新链和集成电路产业链的框架。截至2010年,园区建有国家上海生物医药科技产业基地、国家信息产业基地、国家集成电路产业基地、国家半导体照明产业基地、国家"863"信息安全成果产业化(东部)基地、国家软件产业基地、国家软件出口基地、国家文化产业示范基地、国家网游动漫产业发展基地等多个国家级基地。在科技创新方面,园区拥有多模式、多类型的孵化器,建有国家火炬创业园、国家留学人员创业园等。

【集成电路产业】

2000年,张江高科技园区引进了第一期投资14.76亿美元的中芯国际集成电路制造(上海)有限公司和第一期投资16.3亿美元的宏力半导体制造有限公司,同时带动了其上下游企业在园区的集聚。2001年7月11日,规划面积6平方公里的张江集成电路产业区建设实质性启动,承担开发建设的张江集成电路产业区开发有限公司同日揭牌成立。产业区内规划研发中心、晶圆生产厂区、封装测试区、保税仓储及配套区等功能区域,是11平方公里微电子产业带的核心区域。至年底,完成土地开发1.54平方公里,区域内有中芯国际集成电路有限公司、宏力半导体制造有限公司、贝岭股份有限公司、泰隆半导体等大型项目。2002年底,中国首家产学研结合、企业化运作的集成电路研发中心—上海集成电路研发中心也在张江高科技园区落户。集成电路产业基地引进和组建96家集成电路企业,其中晶圆制造企业3家、芯片设计企业44家、光掩膜和封装测试企业16家、研发教育机构10家、配套服务企业23家。总投资30亿美元的中芯国际集成电路有限公司从2001年11月第一条生产线正式投产以来,2条8英寸晶圆生产线全部投产,月投片量达3.7万片,技术水平达0.18微米,并着手开发0.13微米铜布线制程的生产技术,形成设计、芯片制造、封装、测试和设备制造的集成电路产业链和创新链。2003年上半年,引进了东京电子、上海微电子装备公司等知名设备制造商,引进了华虹、厦新电子等知名系统厂商,张江高科技园区集聚的集成电路企业超过130家,集成电路产业链慢慢形成。截至2004年,张江高科技园区引进和组建了151家集成电路相关企业,其中晶圆制造企业3家、芯片设计企业91家、测试和封装企业10家、研发教育机构11家、配套服务企业36家。园区拥有从芯片设计、制造、封装测试到设备制造、系统商、大学和科研院所等集成电路各个产业环节较为完整的集成电路产业链。

2006年,园区引进了全球排名第七的芯片设计企业Marvell的芯片设计中心、全球图形芯片领域排名第一的ATI公司的芯片设计中心、全球著名的CPU芯片制造企业AMD的研发中心、全球射频通信芯片的领先供应商RFMD研发中心。全球领先的光通信公司TELLABS、世界模拟混合芯片设计的领导者美国MAXIM美信公司、美国PMC芯片设计、美国国家仪器等知名高科技公司也在园区设立了研发中心。在科技部、上海市科委和张江集团的共同推动下,国家RFID产业化上海基地正式获得批准在张江成立,这也是国内唯一的国家 RFID 产业基地。2007 年,园区集成电路设计在产业链中的比重持续提升,达到 10.7%。集聚了 AMD、VIA、Nvidia、Marvell、Cypress 和 Sunplus 等一批国际知名设计企业,自主培育了展讯、锐迪科等一批知名设计企业。2007 年,园区集成电路产业营业收入达 229.7 亿元,比上年增长 37.2%,远超国内其他地区,占上海的 59%,占全国的 18.4%。2009 年,集成电路产业销售收入 201.19 亿元。作为中国最大的集成电路研发制造基地,年内,集成电路产业中的 IC 设计销售收入 42.38 亿元,比上年增长 37.59%;芯片制造销售收入 63.63 亿元,比上年下降 25.34%;封装测试销售收入 54.05 亿元,比上年下降 17.48%;设备材料销售收入 6.13 亿元,比上年增长 19.96%。2010 年,园区集成电路产业销售收入 299.1 亿元,比上年增长 48.7%,占上海的 54.4%。

【生物医药产业】

1994 年 5 月 21 日,在张江高科技园区正式成立上海新药开发研究中心,一批最新生物医药成果落户,为浦东"生物医药谷"的形成和发展奠定了基础。1995 年 11 月,上海新药研究开发中心在张江高科技园区正式破土建造,并建立生物技术的中试基地。新药中心受上海市现代生物与医药产业办公室的委托,积极组织新药研究开发,具体实施上海市现代生物与新药产业发展基金。新药中心还广泛开展与国际联系,积极物色国外合作项目。建成国内外医药产品市场、企业情况及新产品动态的信息库,为全市提供信息服务。1998 年,国家上海生物医药科技产业基地在产业能级的提升和科技创新能力的提高方面有较大进展。国家人类基因组南方研究中心、国家新药筛选中心、国家新药安全评价中心、国家上海中药制药工程技术研究中心、上海新药研究开发中心、上海中药创新中心、摩根谈生命科学研究中心、高校重点实验室、生物技术实验室、中国科学院上海生物药物研究所等一批生物医药研究开发机构落户基地,基地总投资 4.45 亿元,上海市科委投入近 1 亿元,基地内设孵化场地近 5 万平方米,为科技型小企业之间的技术交流、信息共享和资源相互配置提供便利,是人才、资金和高技术的聚集地。海内外著名企业瑞士罗氏制药、日本麒麟、比利时史克必成、深圳三九生化等 22 家企业进驻基地,投资额达 25 亿元。

2001 年,生物医药产业引进项目 108 个,生物医药基地初步形成产业项目、研发机构、孵化创新、教育培训、专业服务五大群体和"人才培养—研究开发—中试孵化—规模生产"的现代生物医药技术创新体系。至年底,园区生物医药基地一期(80 万平方米)完成项目布局,二期(50 万平方米)完成"三通一平",结束招商工作。2002 年,生物医药产业基地年产值超 24 亿元,入驻生物医药企业 119 家,引进生物医药项目 184 个。制药、国家级研发中心、医学院校、中小型创业企业、专业化中介服务机构等五大板块逐步壮大。医药基地内既有世界制药前 20 强的跨国企业,又有一批民族品牌的国内生物医药公司(机构)。知名的研发机构有国家人类基因组南方研究中心、国家新药筛选中心、国家新药安全评价中心。现代中医药产业在张江取得突破性进展。

2004 年,"研究开发—中试孵化—规模生产—营销物流"的现代生物医药创新体系在张江园区初具规模。年内,现代生物医药完成工业总产值 35.8 亿元,进入临床试验新药 10 多个、实验室阶段新药 20 多个。1 月 16 日,全球知名的罗氏制药企业宣布,罗氏制药中国研发中心落户上海浦东张江高科技园区。该研发中心由罗氏全资拥有并独立运营,为罗氏的全球研发活动以及在中国的发展战略提供有力支持,成为罗氏设在美国、日本、欧洲的研发机构的重要补充力量。罗氏制药中国研发中心于年底建成并投入使用,有 40 位科学家在中心工作,主要致力于药物化学领域的研究,初期工作重点为基本化合物结构和重要化合物库研究。2006 年,吸引国内外重量级企业和研发机构,如诺华和辉瑞的研发中心、中国科学院上海有机化学研究所;杜邦公司继2005年在张江设立研发中心后,又将大中国区的总部迁入张江;从事心脏医疗支架的微创公司也与张江集团签定土地合同,拟建其研发中心及总部。张江生物医药产业吸引合同外资约4 498万美元;吸引内资注册资本约1.04亿元。年内,引入诺华、阿斯利康、帝斯曼、雷允上等一批知名企业。园区生物医药企业共申请专利540多项,其中国际专利25项,申报国家一类新药40余个,进入实验室阶段的新药40余个,进入临床实验的新药20余个,完成临床研究的新药项目19个。

2007年,园区集聚了265家生物医药企业,比上年增长10.4%,其中营业收入超亿元规模的生物医药企业达14家、营业收入在5 000万—1亿之间的企业达到11家。此外,张江生物医药产业有38家收入千万元规模的企业以超过20%的增速快速成长,为园区诞生下一个亿元级生物医药企业培育大量的"种苗"。一批研发创新企业在心血管医疗器械、荧光诊断试剂、人源化单克隆抗体、重组蛋白药物等领域拥有国内领先优势。2009年2月5日,张江核心园新药孵化平台签约仪式在张江集团举行,上海生物医药产业的发展又多了一个新契机。4月27日,总建筑面积约3.37万平方米的张江药谷公共服务平台在张江核心园正式落成启用。平台内共有90个全装修的生物医药孵化单元,分为生物、化学、中医药三大类,分别配备了齐全、专业的实验室和办公设施,总孵化面积约1.8万平方米。该平台的落成标志着国内生物医药领域可共享创新资源最多、可提供专业服务力量最集中、生物医药领域公共服务配套最完善、孵化空间面积最大的孵化器正式对外服务。5月11日,上海抗体药物国家工程研究中心有限公司和上海张江(集团)有限公司签定合同,建立抗体药物国家工程研究中心。

【软件产业】

2000年7月20日,第一个国家级软件产业基地——上海浦东软件园,在张江高科技园区揭牌。一期工程3万平方米建筑,当年600家软件企业落户,42家软件企业进驻,销售收入达9亿元。2001年5月底,上海浦东软件园二期工程正式开工,二期工程总投资2.73亿元,整个园区占地面积再扩大9万平方米,同时在园区内建设软件出口基地、国家信息安全成果产业化基地、超大规模集成电路芯片设计基地及信息技术学院、软件应用技术研究院、国家软件构建库、创新和孵化中心等。7月,浦东软件园被授予"国家软件产业基地"称号。9月29日,陆家嘴、金桥、外高桥3个分园成立。至年底,软件园二期工程结构封顶,吸引内资22.45亿元,外资1.95亿美元;累计注册企业924家,入驻企业55家。经营范围涵盖软件开发、系统集成、信息服务、电子商务、软件出口、信息安全、芯片设计等领域。2002年,在浦东软件园注册的企业近1 000家,入驻企业170家,加上技术创新区的40家,入驻张江的软件企业达到210家。浦东软件园二期年内竣工,招租率超过85%。全年软件产值26亿元,比上年增长58%。2003年,浦东软件园完成占地12万平方米、建筑面积16万平方米的建设规模。注册企业达982家,入驻企业218家,有6 000多名软件从业人员在园区工作。软件园实现销售额约40亿元,上缴税收逾2亿元,软件出口额达2 000万美元。同年,国家发展和改革委员会与商务部、信息产业部共同研究,批准浦东软件园为"国家软件出口基地"。2004年12月28日,上海浦东软件园三期(即祖冲之园)工程开工奠基。三期工程投入15亿元,规划用地58万平方米,三期建设中增加了8 000平方米的集中孵化空间,在注重引进国内外知名软件企业的同时,加大对软件孵化企业的培育。

2007年,园区拥有5家国家规划布局内重点软件企业,占浦东新区的50%,占上海的21.7%。获得CMM认证的软件企业32家,其中8家企业获得CMM5认证,比上年增加2家;3家企业获得

CMM4 认证,21 家企业获得 CMM3 认证。营业收入超过千万元且增速 20％以上的软件企业达 39 家。园区聚集了大批国内、国际知名的软件企业研发中心,2007 年福布斯全球软件企业 30 强中有 11 家在张江设立研发中心,中国软件企业百强中有 11 家在张江设立研发中心。

【文化科技创意产业】

文化科技创意产业是园区在 2000 年以来发展最为迅速的产业领域,充分借助资本力量,通过资源整合和技术创新推动产业发展,形成"科技＋创意＋内容"的产业融合发展模式,形成以盛大为代表的商业模式创新、以 PPlive 为代表的技术创新和以《爱情国境线》为代表的资源整合创新三种具有代表性的企业发展模式。

2004 年 12 月 9 日,国家文化产业示范基地在张江园区揭牌,基地以与张江园区信息产业相关的多媒体软硬件、动漫画、游戏软件(包括网络游戏)的开发和制作,高科技影视后期制作、产品工业制造设计等为文化产业主要发展内涵,并建立服务于此类产业的中介、展示、版权交易平台,从而形成结构完整、互相依存、充满活力的现代文化产业架构和产业链。基地总体规划面积近 40 万平方米,分先期基地、一期基地、二期基地 3 个阶段建设。2005 年,张江园区文化创意产业营业收入 30 亿元。年内引进文化创意企业 43 家,引资额超过 2 亿元。产出一批具有原创知识产权的文化科技创意类作品,如盛大公司的《梦幻国度》、第九城市的《快乐西游》和 SJS 公司的《超级青蛙战士》、《少林小子》等。至年底,在张江园区有全球最大的互动娱乐游戏软件开发商和发行商美国电子艺界(EA)公司、百度(中国)公司、华纳上海音乐公司、上海公众传媒等国内外知名公司入驻。

2006 年,张江文化创意产业基地引进全国印刷业知名企业雅昌集团,并与温哥华电影学院达成战略合作意向。年底,创意基地集聚 164 家文化创意企业,注册资金 13.71 亿元。在纳斯达克上市的盛大网络和第九城市成为国内网游业界的两个巨头。网游产业成为创意基地的主要产值来源,盛大和第九城市两家公司(包括其分子公司)全年合计产值 26.3 亿,占创意基地全部产值的 87％。在基地 164 家企业中,以自主研发为主的企业占 6 成以上。张江文化科技创意类企业年内营业收入 30 亿元,带动相关产业产值约 240 亿元。2007 年,张江文化科技创意产业实现营业收入 51.63 亿元,比上年增长 71.6％;利润总额 12.89 亿元,比上年增长 19.8％。截至 2007 年底,园区累计引进各类文化和相关企业达 200 多家,具有自主创新产品的企业占到 75％以上,其中 2007 年引进 52 家。全国十大互联网公司中有 6 家在张江设立总部或分部。获得著作权授权 35 件,并形成了一批具有代表性的产品品牌和企业品牌。园区文化科技创意产业逐渐形成"3＋1"的产业格局:"3"指网络游戏、动漫和影视后期制作,它们共同组成了张江核心园区网络游戏动漫产业集群;"1"指数字内容产业,逐渐打造提供内容服务的文化创意产业集聚地。12 月,张江动漫研发公共服务平台(ASP)获得德国 MENTAL IMAGES 颁发的 MENTAIL RAY 中国技术支持中心的授权证书,标志着 ASP 正式成为 MENTAL IMAGES 公司在中国最核心的伙伴,大大提升上海动漫研发公共服务平台的功能。园区拥有张江动漫研发公共服务平台、矽幻科技、创新科技等一批国内外知名企业和机构,其中张江动漫研发公共服务平台完成多部高品质动漫及影视特效作品。

2008 年 6 月 27 日,张江动漫谷揭牌仪式在浦东新区办公中心举行。仪式上还举行上海漫画博物馆(筹)、上海动画博物馆(筹)及张江动漫谷运营主体——上海张江文化控股有限公司的揭牌仪式。动漫谷发挥集聚、孵化、研发、信息、展示等功能为一体,依托炫动卡通、今日动画、灵动卡通等一批动漫企业,建成拥有原创、策划、经纪、后期制作、销售、传播、延伸开发,以及观光体验等完整产业链的动漫主题文化创意产业集聚区。运作模式采用以企业为主、政府支持的方式,调动各种社会资源对动漫产业的投入,计划5—10年集聚200家动漫相关企业,使动漫及相关产品产值超50亿元。2009年,张江高新区内集聚了100多家核心动漫类企业,包括动漫谷文化创意产业基地、国家数字出版基地等,以盛大公司为代表,不断引领"内容+投资"的新一轮网游产业平台化发展进程。盛大集团旗下共拥有在美国上市的盛大网络(集团母公司)、盛大游戏、华友世纪(即盛大音乐)和在韩国上市的 Actoz 等4家上市公司,它们与盛大文学、盛大在线构成了盛大实施集团化运营、进军世界领先互动娱乐媒体企业的宏伟战略目标。2011年2月28日,在文化部召开的第三批国家级文化产业示范园区和国家级文化产业试验园区授牌会上,张江文化产业园区被命名为国家级文化产业示范园区。园区拥有盛大网络、网易、第九城市、城市动画等国内知名或业界领先的文化企业,以及全国首个国家级数字出版基地和张江动漫谷、上海动漫博物馆。2011年,园区文化产业产值717亿元,比上年增长29.6%,经营收入超过1亿元的企业有73家,比上年增加16家。

【国家信息安全成果产业化(东部)基地】

由国家科技部和上海市政府共同支持推进,首期投资4.8亿元、占地28.31公顷的国家信息安全成果产业化(东部)基地,于2001年7月6日在张江高科技园区西南角开工建设。基地分研发区、产业化区、孵化区和基地管理中心四大功能区域,建成后汇聚国家信息安全工程技术研究中心、国家"863"计划计算机病毒与黑客重点研究中心等四个国家级信息安全研究机构和上海交通大学信息安全工程学院、上海市计算机病毒防范服务中心信息化服务热线两个全市信息安全研究服务机构等一批中国优秀的信息安全企业和专业技术人才。

2002年,国家信息安全基地完成2.37万平方米土地的批租,首期6 000平方米的信息安全孵化楼竣工,上海三零卫士信息安全有限公司、芯原微电子(上海)有限公司、上海迪普网络科技有限公司等10多家企业入驻。2003年,国家信息安全基地内入驻企业42家,承担24个国家及上海市的各类信息安全重大科研项目,其中国家"863"项目7项、其他国家重点科技项目10项、上海市重点项目7项。成果转化项目46个,其中"863"计划成果6项、国家科技成果项目4项、产学研合作项目7项、自主开发成果28项,初步形成产业"集聚效应",体现整体优势。

第二节　漕河泾新兴技术开发区

一、历史沿革

1984年11月,上海市政府决定建立上海漕河泾微电子工业区。1988年初,决定在微电子工业区的基础上扩大地域建立漕河泾新兴技术开发。1988年6月,经国务院批准,漕河泾新兴技术开发区被列入中国沿海城市经济技术开发区。1990年4月8日,市人大九届十七次常委会审议通过《上海市漕河泾新兴技术开发区暂行条例》。1991年3月,经国务院批准,确认该开发区为国家高新技术产业开发区,总规划面积近5.984平方公里。1995年12月19日,漕河泾开发区"飞地"——占地168亩(11.2万平方米)的松江新桥工业园开始建设。

1993年,漕河泾新兴技术开发区开发、建设3.4平方公里。区内经市科委批准认定的高新技术企业有109家,职工总数约4.3万人,全区工业产值61.8亿元,销售收入75.8亿元,年利税9.94亿元,年创汇2.52亿美元,开发区初步形成综合型高新技术产业开发区。1995年,在微电子方面,上海微电子开发基地、上海贝岭微电子制造有限公司等,具有4～5英寸(1英寸=2.54厘米)、

1.2～3微米、年产1.2亿块大规模集成电路生产能力,并着手向亚微米水平升级。在计算机软件方面,有华东计算技术研究所软件分所等20多家研究、开发、生产单位,邮电部上海通信设备厂、上海光纤通信工程公司等成为光纤通信方面的主力军。在生物工程方面,有中国科学院上海生物工程研究中心等单位,逐步形成上海生物工程中试基地。此外,在航空航天技术、激光与光、声、电技术及光机电一体化、自动化电子仪器仪表、测试技术、新能源、新材料等方面,也显露出较好的产业化前景。1998年,漕河泾新兴技术开发区在开发建设和经营方面继续保持良好的发展势头,并在功能拓展上有了新的突破,逐步发展成为环境优雅、科技创新氛围浓郁、高新技术企业集聚的国内一流的高新技术产业开发区,形成微电子、现代通信、计算机及软件、生物工程、新材料、光机电一体化、航空航天等高新技术的产业群体,有各类高新技术企业675家。

2000年,漕河泾新兴技术开发区的发展呈现快速、持续、健康增长的喜人局面,形成以信息、新材料、生物医药三大支柱产业为特色的高新技术产业群,初步建成以孵化器建设为中心的技术创业新基地,西区开发取得重大突破。2001年3月,漕河泾开发区和英国宇航集团、阿灵顿公司合资建设的"科技绿洲"项目奠基启动。2004年,开发区信息(微电子、光电子、计算机软硬件)、新材料、生物医药和航天航空等高新技术支柱产业持续和健康地发展,其中信息产业发展尤为突出,年销售收入达到开发区总销售额的70%,出口总额超过开发区出口总额的90%。截至2004年底,开发区拥有集成电路企业60余家,实现年销售收入48亿元;光通信及网络设备企业100余家,年销售收入26亿元;计算机软硬件企业150家,年销售收入428亿元;电子器件及数字电子企业70余家,年销售收入24亿元;新材料、能源及化工企业50家,年销售收入42亿元。2004年7月7日,经国务院批准,漕河泾开发区在闵行区浦江镇扩地发展,建设8.3平方公里的浦江高科技园。2006年10月10日,浦江创新创业园首期2.4万平方米工程启动建设。该园将建设成为人才密集、技术密集、资金密集、资本密集的集专业孵化器、技术创新体系为一体的示范性创新创业平台,以及定位清晰、功能齐全、设施完备的具有漕河泾品牌特色的精品孵化园区。

2005年12月21日,漕河泾现代服务业集聚区作为上海首家新开工建设的现代服务业集聚区启动了首期工程建设。漕河泾现代服务业集聚区按照国际化、高科技、生态型的标准,定位于总部经济、研发设计、创新孵化、综合服务"四个平台"的功能目标,力争建设成为既具有现代化区域形态,又具有高新技术服务特色的高附加值服务业集聚区,是漕河泾开发区"十一五"期间开发建设的重点项目。2006年,在11月8日开幕的2006年上海软件外包国际峰会上,漕河泾开发区被授予"中国服务外包基地上海示范区",成为上海市首批4家获得认定的服务外包示范区之一。服务外包成为全球新一轮服务产业转移的重要形式,漕河泾开发区作为国家级经济技术开发区利用区内优良的软硬件设施,为服务外包发展奠定了坚实的基础。漕河泾开发区的服务外包产业形成以软件服务外包为主,通信、电子、旅游、质量检验等多方面的服务外包齐头并进的格局。

2008年,漕河泾开发区现代服务业集聚区、科技绿洲、浦江高科技园三大重点区域建设全面铺开。漕河泾开发区本部区建设总面积78.3万平方米。2009年,开发区实现销售收入1 862.6亿元,同比增长16.17%,其中第三产业收入564.9亿元,同比增长33.32%,第三产业占开发区销售收入比例首次突破30%;工业总产值(现价)1 253.2亿元,同比增长9.27%;地区生产总值562.1亿元,同比增长18.6%;工业增加值350亿元,同比增长10.85%;第三产业增加值211.8亿元,同比增长34.06%;税收44.8亿元,同比增长34.65%;利润79.3亿元,同比增长42.97%;进出口总额176.9亿美元(同比下降2.04%)。2010年,漕河泾新兴技术开发区全年实现销售收入2 200亿元,同比增长22.2%,其中第三产业收入809.7亿元,同比增长40.4%,第三产业占比上升至

36.9%;工业总产值1 260亿元,与2009年基本持平;地区生产总值(GDP)660亿元(国家级高新区部分508亿元),同比增长15.8%(其中工业增加值368亿元,同比增长0.2%;第三产业增加值308.5亿元,同比增长40.5%);税收收入66亿元,同比增长10%;进出口总额180.3亿美元,同比增长1.9%。获批工业和信息化部国家新型工业化产业示范基地。

二、产业布局

到1992年底,漕河泾新兴技术开发区跨出以微电子为基础的产业布局,基本形成了微电子、光纤通信、航空航天、电子仪表、信息技术、生物工程等高新技术开发和生产集群,1992年工业总产值达32亿元。1998年,漕河泾新兴技术开发区在功能拓展上有了新的突破,形成微电子、现代通信、计算机及软件、生物工程、新材料、光机电一体化、航空航天等高新技术的产业群体,有各类高新技术企业675家。开发区每年R&D投入占到开发区总销售收入的5%以上。

2000年,漕河泾新兴技术开发区的发展呈现快速、持续、健康增长的喜人局面,形成以信息、新材料、生物医药三大支柱产业为特色的高新技术产业群,初步建成以孵化器建设为中心的技术创业新基地,西区开发取得重大突破。2002年,漕河泾新兴技术开发区形成微电子、计算机和现代通信技术主导产业。2002年1月18日,漕河泾开发区软件园与上海另外6家软件园一起,被认定为市级软件产业基地。软件园充分利用徐汇区、漕河泾开发区、上海交通大学三方优势,积极整合园区资源,开拓了浦原基地、软件专业孵化器、软件培训中心、信息服务平台等4个项目,积累了软件产业增值服务的初步经验。2003年,漕河泾开发区的集成电路、光通信、计算机及软件、电子器件及数字电子和新材料、新能源等高新技术支柱产业都得到了持续、健康、快速发展,其中信息产业发展尤为突出,年销售收入达到开发区总销售额的近70%,出口总额超过开发区出口总额的90%。为进一步拓展发展空间,漕河泾开发区选址闵行区浦江镇建设浦江高科技园,基本奠定了漕河泾开发区"一区一园"的发展新格局。2004年,正式启动了服务贸易区地块开发,成立领导小组及工作小组,开展区内客户需求调研,完成策划报告,动迁准备工作也于年底取得突破性进展。嘉里漕河泾物流有限公司进入正常运作。

2006年,开发区在信息、生物医药、新材料和航天航空等高新技术基础上,又集聚了汽车配套、环保及新能源、移动通信等高科技产业。当年10月10日,浦江创新创业园首期2.4万平方米工程启动建设。截至2009年底,浦江高科技园累计引进内外资企业54家,总投资额12.02亿美元,合同外资4.82亿美元。2007年12月27日,上海市政协科促会、上海市科协、漕河泾新兴技术开发区发展总公司在漕河泾开发区联合举行知识产品(上海)集散中心启动仪式暨首届科技创新联动发展研讨会。2008年,开发区逐步形成信息、新材料、航空航天、生物医药、现代服务业五大产业集群,正在培育形成汽车零部件研发、无线通信及终端设备、环保新能源等三大新的产业亮点。2009年,发展电子信息支柱产业和新材料、航天航空、生物医药、汽车研发配套和环保新能源五大重点产业及现代服务业支撑产业,"一五一"产业格局初步形成。

第三节　金桥现代科技园区

金桥出口加工区是1990年经国家批准成立的国家级经济技术开发区,位于浦东新区北部,总规划面积27.38平方公里。1998年4月,经国家科技部批准,在上海金桥出口加工区内高新技术密集的6平方公里建立金桥现代科技园,分为金桥北区和南区两部分。

1994年,区内企业工业总产值50亿元,1995年,高新技术产业总产值达80亿元。至1995年8月,有来自世界18个国家和地区的33家国际著名跨国公司落户,占进驻浦东的跨国公司总数的60%。国家大力鼓励发展的11个高新技术领域有9个在此初步形成产业,产品有传真机、程控交换机、数字式移动电话、卫星通信设备、飞机零部件、仿真设备、生物制品、电脑软件等高附加值产品。与园区内高科技产业相配套的研究机构及第三产业也正按计划逐步发展,先后开辟了科技城、21世纪科学工业园及金桥科技成果培育基地。1995年4月,上海市有关部门将金桥列入市生物医药"金三谷"发展规划,作为市生物医药发展基地。1996年,在引进的35个项目中,高新技术、高附加值项目占25个,形成以微电子、现代通信、新一代家电、轿车及汽车零部件、机电一体化、生物医药等6大高新技术产业。1999年,随着上海通用和华虹NEC两个特大型项目相继投产,金桥现代科技园区的支柱产业结构发生了历史性变化,汽车及零部件产业一跃成为金桥的第二大支柱产业,年度工业总产值首次突破10亿元,上升到79.40亿元,比1998年增长14.1倍。

2000年,金桥现代科技园发挥区内通用汽车、华虹NEC、西门子移动通信、惠普、柯达等"龙头"项目整机产品的拉动和联动效应,从产业链上下游配套入手,将整机产品的配套项目和零部件供应商引入区内。电子信息、新型家电、生物医药、汽车及其零部件等四大支柱产业工业总产值计408亿元,占开发区总数的89.4%,比上年增长47.5%,其中电子信息产品产值247亿元,占总数的54%,比上年增长55.7%。2004年,金桥开发区成为上海乃至中国最具代表性的先进制造业基地之一,集聚了一大批世界著名的先进制造业企业,如上海通用、上海贝尔阿尔卡特、华虹NEC、西门子移动通信、联合汽车电子、夏普电器、日立电器、松下等离子显示器、柯达电子、上海惠普、索广影像等。作为金桥先进制造主体的四大重点产业:电子信息、汽车及零部件、现代家电和生物医药的产值之和,占开发区工业总产值的92%。作为先进制造业基地,金桥有11家企业名列全国工业重点行业"效益十佳"企业行列。2005年,有19家企业跨入上海百强企业行列,其中上海通用汽车有限公司以405亿元的年销售收入名列第三。另外,该园区还有11家企业跻身上海外贸出口100强。

2006年7月,金桥生产性服务业集聚区获上海市经委批准正式挂牌,使金桥成为上海具有代表性的生产性服务业发展基地。开发区产业结构调整与经济增长方式转变进入了一个新的发展阶段,形成了先进制造业、生产性服务业协调发展的新格局。2007年7月被命名为中国服务外包基地上海示范区;2009年6月被命名为生产性服务业功能区,以"总部经济、研发设计、商贸营运和服务外包"为特色的金桥生产性服务业初步形成规模,2010年实现营业收入372亿元。2008年5月,生态工业园区通过科技部等组织的专家评审,11月,浦东再生资源公共服务平台试运行。10月,成为上海市知识产权试点园区。2009年,金桥现代科技园全年累计引进项目50个、增资项目落地35个,吸收投资总额4.78亿美元,其中合同外资3.73亿美元,超额完成了全年预定目标。投资总额达12亿美元的日月光封装测试项目正式上报国家发展改革委审批。大唐产业园、中国移动通信视频基地、中国电信视讯运营中心、上海贝尔全球信息技术服务中心、泰珂软件科技(上海)有限公司等一批新的功能性项目相继落户金桥现代科技园。2010年,金桥开发区工业总产值2 097.3亿元,占浦东新区24.7%,占上海市7.0%。3家企业工业产值超过100亿元,32家企业产值超过10亿元。营业收入3 234.2亿元,上缴税收252.4亿,吸纳就业人口超过15万人。

金桥开发区建立以来,共引进项目1 247个,累计吸收投资总额194.6亿美元,其中合同外资76.8亿美元。据2010年《财富》统计,62家世界500强公司在金桥投资了107个项目。跨国公司云集的金桥开发区,科技引领特色鲜明,产品创新与世界同步。2010 年,金桥开发区实现新产品产值 1 198.5 亿元、高新技术企业产值 832.5 亿元,分别占开发区工业总产值的 57.1%、39.7%。

第四节　上海大学科技园区

1992 年 3 月,上海工业大学与上海市科技创业中心联合创办了上海工业大学科技园区,同年 9 月正式启动,规划面积 1 公里。1993 年 9 月,经国家科委批准,上海工业大学科技园区正式纳入上海市高新技术开发区。通过多种途径筹集资金 1 350 万元,引进 9 个科技含量高的项目进园孵化,至 1993 年底达产值 752 万元,创利近 300 万元。1994 年更名为上海大学科技园区。该科技园区采用负债经营来完成科技成果的中试孵化,并用所创利润设立科技园区科学基金,支持学校教学科研工作。将上海大学的科研成果进行深度开发和中间试验,完善其工艺,并进行小批量生产,然后再转移到企业扩大生产,加速科技成果的产业化、商品化。1998 年 12 月,经上海市科委、财政局、地税局认定为上海市高新技术成果转化孵化基地之一。

2000 年,上海大学科技园新增土地开发面积 0.1 平方公里,新建厂房 5 万平方米,新建孵化楼 2 万平方米。2001 年,结合上海大学新校区的落成启用,上海大学科技园的发展布局进行了适当调整,即由原延长路向宝山新校区延伸,建立了上海大学四通纳米港,把发展纳米技术作为一个重要方向。2002 年,科技园区成为由孵化基地、辐射区、工业园、创业园及产业化基地等组成的多功能大学科技园,被科技部、教育部批准启动建设国家大学科技园。园区内有认定的高新技术企业 19 家,其中软件企业 2 家,1 家企业获得计算机信息系统集成资质。2002 年 8 月,经上海市科委批准,由上海大学与闸北区联合建立的"上海市多媒体产业化基地"和"上海市上海大学多媒体应用技术研究中心"同时揭牌,并正式启动"多媒体谷建设"工程。2003 年 7 月,通过验收并成为上海市国际企业孵化器"一器六基地"之一,年底获得科技部下达的国家大学科技园孵化能力建设重点科研项目拨款 40 万元。

2005 年,该园区依托上海大学的成果、技术、设备和人才优势,加速孵化器建设,完善孵化功能,以产学研结合、科技成果转化、高新技术企业孵化、高素质创业人才培育为宗旨,取得了稳步发展。11 月,上海大学科技园创业中心被科技部批准为国家级高新技术科技创业服务中心。2008 年,上海大学科技园区启动延长校区整体功能改造,初步形成以软件和信息服务业为主导,新能源、新材料和文化创意产业快速发展的产业格局。园区引进了房地产信息服务业龙头企业——上海克而瑞信息技术有限公司,该公司于 2009 年 10 月在美国纳斯达克(NASDAQ)成功上市。2009 年,上海大学科技园区成为集高科技企业与现代服务业研发中心、技术服务中心及相关配套于一体的园区,成为高技术人才的培养基地与高新技术产业的孵化基地。工商注册企业 494 家,比 2007 年增长 19 家,年度新注册企业 71 家。高新区生产总值为 28.5 亿元,其中高新技术企业占 8 亿元。企业营业总收入为 30.1 亿元,其中高新技术企业 10.1 亿元。企业净利润 1.98 亿元,实际上交税额 2.28 亿元。

2010 年,上海大学园区结合中长期发展规划和"一体两翼"的校区功能定位,提出了将延长校区改造为高新区、大学科技园、上海大学研究院和具有 3 000 名学生规模的研究生培养基地的战略性构想,得到了上海市政府的大力支持。2010 年初,学校通过了延长校区整体改造的方案,3 月,市规划国土资源局批准了延长校区改造控制性详细规划。改造后,上海大学延长校区成为学科建设、研究生培养与社会经济发展需求紧密结合,与高新技术产业和现代服务业对接的高新技术人才培养基地与高新技术产业孵化基地。12月，基本完成上大园"十二五"发展规划编制。"十二五"期间，上大园依托上海大学，整体提升自主创新能力，着力培育新兴产业，以软件和信息服务业为主导，推进新材料、新能源和文化创意产业快速发展，吸引跨国公司、500强企业与集团公司的研发中心入驻；借助市场机制和人才资源，着力打造国内一流的高新技术研发基地，继而成为高新技术人才培养基地与新技术产业的孵化基地，成为集高科技企业与现代服务业研发中心、技术服务中心及相关配套的高科技园区。

第五节　嘉定民办科技密集区

创建于1994年，位于沪嘉高速公路两侧的市级工业开发区内，地处嘉定新城区，占地面积2平方公里，由复华高新技术园区、嘉定高科技园区和中科高科技工业园3部分构成，以新材料、光机电一体化、激光应用技术、新能源（核能应用）、现代生物技术、计算机及软件开发为重点发展产业。

一、复华高新技术园区

以复旦大学为依托，积极推进新材料、新能源、微电子和先进制造技术。园区创建于1994年初，是一家民办高新技术产业开发区，以新材料、新能源、微电子科学和先进的制造技术为产业重点。至1995年底，开发1.2平方公里，投资5 500万元，修建复华路、合阳路共1 500米长，并辅以水、电、煤气、环保等配套建设。

2003年，突出以招商引资为重点，加快园区建设、房产开发、物业管理及软件园建设等各项工作。2004年，企业自办科研机构5家，高新区工商注册企业71家，境外客商当年实际投资额7 800万美元。园区工业增加值为4.72亿元，产品销售收入26.09亿元，上缴税额9 300万元。2005年，实现总产值32.3亿元，利税3.5亿元，创汇3.7亿美元。园区营造了完善的投资环境，开发建设了复华城市花园，是园区的功能开发区，占地面积50多万平方米，包括为园区配套的商务、休闲和现代生活社区，为入驻企业提供优美舒适、生态化的工作和生活环境。同年，明确把现代服务业、机电一体化、光电子、信息技术等先进制造业和区域功能性产业（汽车产业）作为园区产业发展方向。先后引入国内最大搜索引擎——百度在线网络技术有限公司、国内网上交易额最大的ebay易趣网络贸易公司、上海江南建筑设计咨询有限公司等具有鲜明特点的现代服务型企业，以及上海航天电子有限公司、上海同晋汽车工业设备有限公司、机械工业部第四设计院、上海御翔信息科技有限公司等从事汽车产业、信息产业、光电子产业的企业。

2006年，复华高新技术园区取得规划局的选址复函，项目用地不低于150亩（10万平方米）。截至2007年底，复华高新技术园区的工业总产值为31.53亿元，总收入达到30.62亿元，利税总额达到2.95亿元，同比分别增长13.5％、12.3％和25％。2008年，在稳定园区现有工作的基础上，努力拓展园区发展，布局和筹备复华园区的二次开发建设，推动园区稳中有进地发展。提出对国家级高新技术园区重新整体规划、分期实施的发展思路，并要求园区与马陆镇共同参与开发建设。校区、地区、园区"三区"加强多方面合作，谋求联动效应，实现共赢发展，并明确了进一步开发建设上海复华高新技术园区的合作前景和意向。

2009年，引进企业6家，引进国家级工程研发中心1个，引进省部级工程研发中心1个。截至2009年底，园区企业自主研发形成的自主知识产权数112个，授权数68个。2010年底，复华高新技术园区科技产业集群建设项目——科技创新基地 1 期竣工,基地规划用地 150 亩,建筑面积 21 万平方米,其中 1 期 43 亩、总建筑面积 6.627 5 万平方米。该基地旨在引进研发创新类企业,为高新技术、高附加值、低能耗的产业提供完善而高效优质的服务,提高入驻企业的创新能力,取得企业、园区、地方多赢的经济效益和社会效益。2010 年,复华高新技术园区和马陆镇政府共同投资组建上海复华高科技产业开发有限公司,重点推动现代服务业和信息产业发展。按照嘉定区政府提出的上海复华高新技术园区重新整体规划的要求,新组建的上海复华高科技产业开发有限公司按照一次规划、分期实施、滚动开发的发展思路,全面展开规划设计、开发建设和招商引资工作。

二、嘉定高科技园区

依托上海嘉定科技卫星城的优势,重点培育留学生企业和民营科技企业,优先发展新材料、信息技术、光机电一体化、新兴医药技术。嘉定高科技园是上海市科委和嘉定区政府联合开发建设的园区,规划占地面积 800 亩。

2001 年 8 月 30 日,由市侨联和嘉定高科技园区联手创建的上海侨联"科教兴国"示范基地签定合作协议书。这是全国第一个侨商创业基地,标志着侨界人士来上海创业步入新一轮的发展期。2002 年,上海嘉定高科技园区加快二次创业步伐,相继被上海市科协、上海科技新闻学会评选为 2002 年最具影响力的科技园区,被科技部和中国民办科技促进会评选为全国十佳民办科技园区。继 2003 年与嘉定区政府签约北区用地许可后,2004 年先后办出了 1 200 亩建设用地规划许可证,签定了 500 亩教育用地和 300 亩软件产业用地的批租意向书,完成了后两项计 800 亩用地的预立项和边界勘测定桩。2004 年,上海嘉定高科技园区暨国家留学人员创业园努力加大招商力度,提高入驻企业质量,提高了单位面积的产出率,初步形成了以光电子、汽车零配件为主导的特色园区。

2005 年,入驻园区企业 670 家,总产值 38 亿元,同比增长 20%;上缴税收 2.5 亿元,同比增长 33%。截至 2007 年底,共有入驻企业 1 000 余家,初步形成汽车研发、光机电一体化的产业集聚,并广泛分布于现代服务业的诸多领域。入驻企业中,有归国留学人员创办企业 200 余家,高新技术企业 36 家;拥有国家级企业技术中心 1 家,市级企业技术中心 5 家,博士后工作站 4 家。孵化培育较成功的企业累计达 30 家。2007 年园区实现总产值 150 亿元,上缴税收 5.2 亿元。2008 年,园区以优化企业服务质量、推进招商引资工作为主线,着力提升园区发展水平,新增企业 235 家,新增合同外资 843 万美元,完成销售产值 44.3 亿元,同比增长 43.8%;完成税收收入 1.9 亿元,同比增长 20%,成功申报高新技术企业 9 家、小巨人 2 家。

2009 年,嘉定高科技园区申请张江专项资金 2 000 多万元,经审核批准 1 300 万元,其中主要申报的项目为二次创业。通过采用资助动迁补偿和引进补贴的方式,将不符合园区引导方向的企业,如高污染、高能耗、技术含量低的企业搬离园区,并引进符合园区引导方向和产业特色的高科技企业入驻,实现园区的资源优化配置。2010 年,上海物联网中心落户嘉定,启动了嘉定新城环境监测、智慧社区、精准农业等物联网应用示范工程。截至年底,嘉定园区技术合同登记数达 369 项,成交额 9.61 亿元;嘉定园区科技企业成功申报国家和上海市科技项目 219 个,12 家企业被评为上海市科技小巨人(培育)企业,15 家企业入选上海市创新型企业,新增国家高新技术企业 60 多家;市级知识产权示范企业达 9 家,嘉定高科技园区被认定为上海市知识产权工作试点园区。

三、中科高科技工业园

是中国科学院上海中科股份有限公司规划开发建设的园区,规划占地面积 400 亩。凭借中国科学院多学科及其在上海众多研究所(院)和中试基地的综合优势,吸引国内外高新技术产业化项目投资者。将光通信、光电新材料、新能源、传感器及光机电一体化产品,作为园区重点引入发展的优势领域。1995 年,中科高科技工业园首期开发其中的 20 亩地,建造四层框架式标准厂房一幢,建筑面积 5 300 平方米,总投资 1 000 万元以上。引进 2 个高科技项目:上海中科医疗装备公司、上海中科生物医药发展有限公司。

2001 年初,嘉定区地方政府与中国科学院达成协议,由嘉定工业园区注入建设资金,并由小股东变成拥有 80% 股份的大股东,解决了资金相对匮乏的问题。2005 年,中科高科技园区年总产值 4.62 亿元,年税利 5 376 万元,出口创汇 3 351 万美元,引进项目 3 个,引进外资 1 738 万美元。2008 年,中科高科技园区实现销售收入 9.5 亿元,上缴税收总额 0.36 亿元,出口创汇 0.8 亿美元。实现工业总产值 12.8 亿元,上缴税收总额 0.57 亿元。2009 年,中科高科技园区根据国家发展低碳经济的调整,在原有优势产业领域的基础上作了相应调整,重点引进了新能源和纯电动车辆两个崭新的产业。

第六节　中国纺织国际科技产业城

1993 年 10 月,中国纺织总会选址上海青浦,创办以发展高科技产业为特征的高科技园区,规划面积 2.133 平方公里。1994 年 2 月,经国家科委批准,纳入上海市高新技术产业开发区,成为国内第一个具有行业特色的国家高新技术开发区。园区重点发展以纺织、金属、建筑材料为主的新型材料,以及与之相辉映的现代生物与医药、机电与微电子等高科技产业。1994 年 4 月奠基,1995 年进入全面启动、开发阶段。总体规划分为三个功能区,其中,高新技术产业区占 66%,经济文化管理中心区(含科研开发)占 16%,生活配套服务区占 18%。产业城总体规划的建筑容积率保持在 10 左右,产业区建筑密度控制在 40% 以内。第一期工程的启动面积为 48 公顷,重点是营造高新技术创业中心基地和引入国际纺织高新技术产业。1998 年 4 月成为上海高新技术产业开发区"一区六园"之一。年底,有 23 个工业项目或开工,其中美国杜邦纤维、德国赫司特油毡基布、法国博舍玻璃纤维、美国英特飞地毯、韩国双铃等业内巨子及华源铝业相继投产。

至 2000 年底,中国纺织国际科技城引进项目 23 个,总投资 6.1 亿美元;产值 1 197 亿元,比上年增长 44%;税金 1.26 亿元,比上年增长 122%;出口交货值 456 亿元。同年,中国纺织国际科技城进行土地规划的调整和资产重组,与相邻的青浦工业园区强强联合,争取青浦区政府的支持,加强协调,形成了招商引资的新优势。2002 年,中国纺织国际科技城实施新一轮开发建设,以招商引资为主题,以开发建设为抓手,以清理资产为重点,重塑园区形象,共吸引外资 8 285 万美元,注册内资实体项目 4 个,完成注册型企业 60 家,实现税收 9 000 万元。2005 年,中国纺织国际科技产业城按照"依托产业、高举火炬、内外接轨、条块结合"的方针,从实际出发,制定切实可行的招商政策,拓宽思路,创新举措。全员招商完成项目 262 个,占总数的 47%,加大联盟招商力度,政策适度倾斜,联盟招商数量达 300 户,占总数的 53%。

2006 年,中国纺织国际科技产业城区内企业工业产值 37 亿元,产业集聚度达 79%,实现税收

2.3 亿元;2007 年区内企业工业产值 46.2 亿元,实现税收 2.8 亿元,产业集聚度达 76%。2008 年,中纺科技城主动适应宏观调控政策,准确把握发展的有利条件,坚持以民营招商为中心,立足高新工作、精细管理两个基点,推动各项工作有序、有效、有质发展。全年注册项目完成 106 个,同比增长 130%。2008 年区内企业工业产值 50.6 亿元,实现税收 3.02 亿元,产业集聚度达 75%。2009 年,中国纺织国际科技产业城注册项目 153 户,较 2008 年增长 44%;税收收入 1.514 8 亿元,较 2008 年增长 28.8%;地方收入 7 174 万元,较 2008 年增长 14.09%;新增税收 1 006 万元,较 2008 年下跌 41.2%;工业总产值 43.3 亿元,较 2008 年下跌 3.9%。

2010 年 7 月,申报扩区,成立上海张江高新技术产业开发区青浦区有限公司,形成南、北两大产业基地,南部为中纺科技城,北部为原青浦工业园区部分区域,总开发面积约为 25 平方公里。2010 年,张江高新青浦园区完成外资项目总投资 7 105.34 万美元,注册资本 4 339.5 万美元,合同外资 4 063.5 万美元,到位资金 1 713.7 万美元;完成内资实体型企业注册资本 3.36 亿元,到位资金 2.446 亿元;完成税收收入 8.44 亿元;完成规模产值 124 亿元,同比增长 26.4%;万元工业产值能耗比 2009 年同期下降 12.5%,高于考核目标(下降 8%)4.5 个百分点。

第七节　上海紫竹科学园区

2001 年 6 月 8 日,闵行区人民政府、上海交通大学、上海紫江集团为共建上海紫竹科学园区举行签约仪式。9 月 11 日,经上海市政府和教育部批准,闵行区政府、上海交通大学和上海紫江(集团)有限公司三方联手兴建上海紫竹科学园区。2002 年 6 月 25 日,上海紫竹科学园区奠基仪式举行。规划中的上海紫竹科学园区,由大学园区、研发基地和紫竹配套区三部分组成,总占地面积约 1.89 公顷,集三方科研、人才、资本、产业等综合优势,强强联合进行体制和机制创新,完成"战略合作、共同发展、实现三赢"的目标。一期总占地面积约 1.3 公顷,主要发展数字技术、软件工程、微机械和纳米工程、光通信器件与系统、生物工程和先进制造技术等产业。2003 年,上海紫竹科学园区被列为市级高新技术产业开发区;位于园区研发基地核心区域的紫竹信息数码港,于 2003 年 2 月 28 日开工建设,建筑面积达 12 万平方米,于 6 月 26 日园区两周年庆典时正式投入使用。紫竹信息数码港主要以集成电路设计与软件开发为主,构成上下游产品紧密衔接的产业链基地和研究开发基地。数码港设计理念超前,提供先进的 5A 智能信息化管理设施,可以孵化、集聚 150 余家集成电路设计和软件开发公司,容纳各类科技从业人员约 2 万人。

2005 年,园区投资环境不断优化,入驻企业板块化趋势日渐明朗,并朝着"研发中心＋区域总部"的模式发展,如英特尔板块、微软板块、意法板块、雅马哈板块等。这些项目的引进,使园区从早期单纯的研发中心模式向研发中心与销售中心加管理中心相结合模式过渡,为园区的财税收入和良性循环打下坚实基础。2009 年 9 月,被国家发改委授予"上海国家生物产业基地",被国家商务部和科技部授予"国家科技兴贸创新基地(生物医药)"。2009 年 10 月,被中组部认定为"海外高层次人才创新创业基地",被上海市政府授予"上海市知识产权质押融资试点园区",被上海市商务委授予"上海市软件出口(创新)基地";2010 年 12 月,中国(上海)网络视听产业基地揭牌;2011 年 3 月,被上海市评为"上海品牌园区";2010 年,园区税收收入 23.8 亿元,同比增长 46.9%;实现技工贸收入 216.5 亿元,同比增长 25.6%。研发基地从业人员数 12 304 人,其中女性 4 509 人,研发人员 2 799 人(以上数据为实际注册并入驻园区企业)。2011 年 6 月,获得国务院《关于同意上海紫竹高新技术产业园区升级为国家高新技术产业开发区的批复》。

第八节　杨浦知识创新区

于1997年成立,由市科技创业中心、杨浦科投和复旦科技园三方共同投资组建。通过10年的开拓创新,截至2007年底,杨浦科技园区拥有孵化面积6万多平方米,在建工程4万多平方米,净资产4亿多元。作为国家高新技术创业服务中心,杨浦科技园区分别经历了初创阶段、快速发展阶段、二次创业阶段和集团化发展阶段,探索出了一条公益性和功利性相和谐的孵化器创新管理模式,也为推动区域经济的发展做出了贡献。期间,被国家科技部认定为"国家高新技术创业服务中心"和"全国科技管理系统先进单位"。

2007年,杨浦科技园区在上海市科委的支持下,成功建立了上海中荷合作基金,成为自上海中法基金、中英基金之后又一国际合作基金。2008年,杨浦科技园区以科技部提出的"创业导师＋创业投资＋专业孵化"的模式,建立了由联络员、辅导员和创业导师服务三个层面共同组成的体系,覆盖企业约200家。2009年11月10日,中国(上海)创业者公共实训基地揭牌仪式举行,大学生创业示范园正式开园。2010年,杨浦园共新引进企业853家;注册资金45.65亿元,其中注册资金500万元以上的企业为106家;大学生创业企业达1330余家。全年共获批16个张江专项资金项目,获得市级项目资助资金4479万元,基地内10家企业获得"加速企业创新计划"项目立项。

第六篇 基础研究

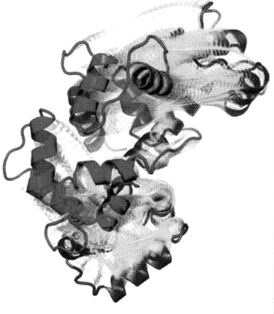

1978 年以来,上海先后建立上海自然科学基金和青年科学基金,资助基础性研究和基础应用研究项目。1987—1989 年共受理申请 3 423 项,批准资助 565 项,批准资助金额 796.6 万元。基础研究取得一批重要成果:人工全合成酵母丙氨酸转移核糖核酸获 1988 年国家自然科学一等奖,人工合成抗肿瘤有效物质——美登素,研究成功国际首创的抗癌"生物导弹","桁梁桥空挠曲扭转理论"达到世界水平,薄板薄壳统一理论所用的非线性微分方程组和薄板大挠度摄动法、奇异摄动法被国际上称为"钱伟长方程""钱伟长方法",罗祖道的二维圆柱接触问题的柔系数计算曲线被称为"罗氏公式",张香桐在脑研究中发现的光强化现象被称为"张氏效应",以及创立"夏道行函数"、苏步青微分几何学派、"卢鹤绂不可逆性方程"等,并研制直径 1.56 米的天体测量望远镜、25 米射电望远镜和氢原子钟。

1991 年以来,中共上海市委、市政府提出进一步加强基础研究、争创一流水平的要求,选择一批国际前沿、上海有优势的重点课题组织研究。自然科学基金中首次设立了重点项目专项,对承担国家重点攻关项目、基础性研究项目的科技人员实施特殊津贴,组织与建立了国家级的基础性科学研究中心——上海应用物理研究中心、上海生命科学研究中心、上海新材料研究中心和南方国家基因组研究中心等。1997 年 8 月,上海市委、市政府专门召开上海市基础性研究工作座谈会,确定上海基础研究工作的战略目标是:总体水平保持国内领先,若干领域在国际上占有一席之地,在科学前沿发展一批有特色的领导科学潮流的项目。在世界上首次成功构建了高分辨率的水稻基因组物理全图,国际上率先建成水稻基因组 BAC 全库,人类白血病相关基因方面的研究成果在《科学》(Science)和《自然》(Nature)杂志发表,中国第一头携带人血清白蛋白基因的转基因试管牛诞生,在国际上首创半导体输运平衡方程理论,研制成功世界上最小、倍频次数最高的新型回旋加速器,建立了确定性无限维系统最优控制理论等。

从 2001 年起,上海在组织实施地方重大、重点基础性研究项目时,突出注重加强原始性创新,围绕有限目标,紧抓科学制高点,在若干优势领域重点突破。2001—2010 年,上海市基础研究立项 3 352 个,总计投入 8.533 亿元。上海积极承担国家基础研究项目,为提高国家原始创新做出贡献。2001—2010 年,上海承担国家自然科学基金项目 13 075 项,经费 43.9 亿元。自 1998 年正式实施《国家重点基础研究发展规划》即"973"计划以来,到 2010 年,上海累计承担 93 项,占全国总数(660 项)的 14.1%。自 2006 年国家重大科学计划启动实施以来,到 2010 年,上海累计主持 49 个项目,占全国立项总数的 20.5%。2001—2010 年,上海基础研究成果众多,在国际上产生广泛影响。上海科学家在美国《科学》(Science)杂志上发表论文 23 篇,在《自然》(Nature)杂志上发表论文 33 篇,《自然》旗下期刊发表论文 89 篇,多项研究成果发表在《细胞》(Cell)、《美国科学院汇刊》(PNAS)、《美国化学会志》(JACS)、《应用化学国际版》(Angew. Chem. Int. Ed)、《物理评论快报》(Phys. Rev. Lett.)、《临床肿瘤杂志》(Journal of Chinical Oncology)等国际著名刊物上。

第一章 数　　学

第一节　基　础　数　学

一、几何和代数

1977 年,苏步青对三次参数样条曲线的一个定理做了全面的补充和修改,讨论五次参数样条曲线的奇点(包括二重点和尖点)及拐点的性质,导出了一个相对仿射不变量,并在《应用数学学报》上发表了《关于三次参数样条曲线的一个定理》《关于五次有理曲线的注记》。期间还出版有《射影共轭网概论》(1978 年)。1978—1985 年,许永华研究非结合非分配的环,定义包含通常环类的非结合非分配的环,建立了它的理想理论;引进准素理想及其伴随素理想的概念、半素理想及其伴随半准素理想的概念、根及半单纯两非环,对它们作了基本性质研究,建立了分解成单纯子环直和的有关诸定理等,并将研究成果写成系列报告《非结合非分配的环》发表在《中国科学》和《数学学报》上。同期,许永华引进了拟本原环概念及其一系列基本概念和基本性质,建立稠密定理、双侧模同构定理等一些基本定理;用双侧模方法代替通常有限拓扑方法描述了具有极小单侧理想本原环结构,并发表《拟本原环》系列论文。许永华在《关于本原代数的 Kronecker 积的结构》中,扩充了不可约线性变换代数 Kronecker 积的结构理论中的著名 Azumaya - Nagayama 定理;在《关于齐次完全可约模的结构》中,建立阐明齐次完全可约模的结构与向量空间的结构的等价性的定理,并导出关于齐次完全可约模的一些基本定理。

1980 年代,苏步青和忻元龙将仿射平面上有关参数曲线的几个不变量的研究推广到了高维仿射空间;何子藩给出了黎曼空间中全测地曲面的两种推广;忻元龙研究欧几里得球面上确定子流形的拓扑;潘养廉研究欧氏空间中具有平行平均曲率的子流形和高斯映照的关系,利用高斯映照的调和性,得到了对这种子流形的一些几何限制;胡和生证明从欧氏空间 Rn(n≠2)到四维黎曼流形的具有限或慢发散能量的调和映照或相对调和映照必定是常值映照。1980 年代末,华东师范大学时俭益分别在《英国伦敦数学学会》杂志、《美国数学进展》杂志上发表论文,刻画了一般仿射外尔群的最低双边胞腔及其所包含的左胞腔,证实关于仿射外尔群符号型个数的卡特猜想,把对称群上著名的鲁滨逊—宣斯坦特算法推广到了 Ā 型仿射外尔群上。1982 年,复旦大学夏道行开展的"单叶函数及拟似共形映照(复变函数的几何理论)",获得国家自然科学四等奖。该项研究开创了关于戈鲁净不等式指数化的工作,直到二十年以后,国外数学家才得到同类结果。在单叶函数论方面的面积原理的一个重要不等式(现称 Grunsky 不等式)实际上是该成果研究者首先得到的。在从属函数方面,研究者解决了戈鲁净的两个猜测,这些结果得到了国际上著名数学家的称赞。同年,许永华等完成的"环的结构理论",获得国家自然科学四等奖,该研究成果包括:得出国际上称谓的许氏定理,即在环的链条件方面极小条件等价于极大条件的充分必要条件,彻底解决了 Artin 环和Noetner 环之间的关系;在本原环的研究中发展了 Jacobson 的理论,提出了 v -基座双侧模同构一系列新的概念与方法,获得了新的成果;在 Galois 理论方面,进一步发展了除环上的 Galois 理论;在非结合环非分配环的研究方面属国际首创,统一了各种不同的代数系统,指出各种不同代数系统的深刻联系。

1985年，华东师范大学肖刚在其由联邦德国施普林格（Springer）出版社出版的专著中，在Horikawa工作的基础上，对亏格2的纤维化做了系统的研究，获得了一系列分类结果，特别是证明了关于这种纤维化的一个重要猜想（$k^2 \leqslant 8x$）以及对不规则的亏格2纤维化进行了完整的分类。1986年，肖刚完成"代数曲面分类的几个问题"，获得国家教委科技进步一等奖，主要成果：首次系统地研究了带亏格2的曲线丛的曲面分类，取得重要突破；给出一般型曲面双典范映射不是有限时的一个完整刻画；证明了若一个一般型曲面的典范映射由"pencil"组成，则此pencil的基亏格为1，$q=0$，或基亏格为0，$q \leqslant 2$；证明了当一般型曲面的典范映射是有限时，其次数$\leqslant 8$；证明了满足$k^2 < f(x)$的具有超椭圆束的一般型极小曲面，其纤维的亏格必有上界，且其上界仅与k^2/x有关；构作一批具有正指数的单连通极小曲面，这是曲面地理学的一个重要突破。同年，复旦大学李元熹发表于《数学年刊》的《几个拓扑度计算公式的统一处理》，用新的方法统一处理了Stenger、Kearfott和Stynes等人的计算拓扑度的公式。1987年在《数学进展》上发表《几个组合引理的拓扑证明》，利用拓扑学中的拓扑度理论和有关事实，运用分块线性映射的拓扑度，证明了几个组合引理。

1987年，姜才坤在《数学年刊》发表的《关于非紧对称空间的基本群》中，讨论了可换Lie群、单Lie群及不可约Riemann全对称空间的基本群之外的其余不可约对称空间的基本群，得到g/h的伴随空间的基本群的计算公式及计算方法，并列出g/h的伴随空基本群。同年，华东师范大学王建磐给出线性代数群一般上同调的两种新定义。曹锡华和王建磐合著《线性代数群表示导论》，由科学出版社出版。1988年，屠伯埙在《Schur定理在四元数体上的推广》（刊载于《数学年刊》）一文中，将Schur定理与Schur不等式推广到实四元数体Q上，证明Q上任何可中心化阵必酉相似于Q上的上三角阵，由此建立Q上的Schur恒等式与Schur不等式。1988年，许永华研究不可约代数张量积上模范畴，给出此范畴的一些等价范畴，建立了含有非零基座本原环A与忠实的代数B的张量积的对应定理。他还系统地发展著名的Jacobson理论并建立一套无限本原环理论，应用他的理论，扩展了环论中一系列著名的重要定理，如Wedderburn－Artin定理、Litoff定理等，其中一个定理被誉之为"许永华—Tominage定理"。

1990年代末，华东师范大学朱德明开展的"同宿、异宿轨道的存在性、分支和混沌"课题研究，在关于高维非线性系统异宿环问题上，得到周期轨道的存在性和存在域。利用独创的坐标架方法，发现高维非线性系统的同宿、异宿、二重周期等轨道分支现象。同期，上海交通大学韩茂安研究了平面Hamiltonian系统扰动系统异宿环分支，得到了在异宿环附近至多存在两个极限环的条件，利用Liapunov-Schmidt方法获得了高维自治系统在共振情况下决定周期解个数的分支函数，给出在同宿分支中的Melnikov函数展开式中首先出现的三个系数的计算公式，证明不变环面和次调和轨道的存在性及法向双曲性。1990年代末起，复旦大学陈晓漫和他的科研团队开始涉足非交换几何的研究，特别是在粗几何的研究上取得了一系列的成果。陈晓漫和王勤刻画了粗几何指标代数的理想结构，证明了若干类粗几何上的粗Novikov猜测成立；他们还证明了如果度量空间可以纤维化粗嵌入到Hilbert空间，则对应的极大粗Baum－Connes猜测成立。

1992年，许永华、吴泉水等完成的"模、范畴理论及其应用"获得国家教委科技进步二等奖。作者在模的Morita理论、模的自同态环、有限射影模、模的局部化理论、Grothendieck范畴的表示、Gelfand-Kirillov维数的基域扩张等方面做了深入系统的研究。1994年，复旦大学忻元龙等完成的"调和映照及其应用"获得国家教委科技进步一等奖，系统研究了调和映照的等变方法，建立了等变映照的一般的理论框架，构造了球面和射影空间等正曲率流形中一大类新的调和映照，证明了一类等变调和映照的"大边值"问题解的存在性，证明了 Π2m＋1(S2m＋1)的任一奇数类必有调和代表元，证明了球面 Sn(n＞2)到任何黎曼(Riemann)流形的稳定调和映照一定是常值映照。用绍恩—乌伦贝克(Schoen-Uhlenbeck)的正则性定理将调和映照基本存在定理推广到目标流形是无焦点的情形，并分析了到正曲率流形的多种情形的正则性。同年，复旦大学陈天平等在《科学通报》发表《连续模的控制及量化定理》，讨论了紧度量空间(X,d)上线性算子的量化逼近定理，引入连续模的一种新的控制函数，建立了一般紧度量空间上的量化逼近定理。华东师范大学朱德明在《科学通报》发表《连接非双曲奇点的通有异宿轨道的保存问题》，通过发展指数 3 分性理论，在奇异轨道邻域建立主法向标架场，给出一种适用面广且实用的新方法，来研究连接非双曲奇点的奇异轨道的分支问题。

1995 年，复旦大学谷超豪、胡和生和周子翔完成了专著《达布变换及几何应用》，主要成果有：提出达布变换普遍矩阵形式的公式，使之有很广的适用范围；建立多变数时的达布变换，求出高维时空的许多孤立子解；用达布变换解决一系列微分几何中的重要问题。1999 年，华东师范大学时俭益开展的"仿射外尔群的胞腔理论"研究获得国家自然科学四等奖。仿射外尔群的胞腔理论是代数群表示理论的核心，自 1980 年代初以来，在刻画仿射外尔群胞腔、研究胞腔的结构和性质及其在代数群表示理论的应用方面取得了系统的、突破性的重大成果和贡献，并同时形成了自成一体的研究思路和方法。该理论在组合数学中产生很大影响，被国际组合数学界命名为"时排列"。同年，谷超豪等在《中国科学》发表《用奇异 Darboux 变换实现 uniton 的构造性因子分解》，利用奇异 Darboux 变换建立了到 U(N)群的 uniton 的新的因子分解，考虑了 Grassmannuniton 的因子化过程，给出了构造 Grassmannuniton 的纯代数方法。

2005 年，华东师范大学林华新等开展的"单核 C*-代数的分类"获得上海市科技进步一等奖，该项目主要研究内容是寻求一种简单且可计算的不变量来确定 C*-代数的结构，首创的分类定理具有一般性并且提供了应用方法，推进了 C*-代数理论及其应用的发展。主要发现：首创 C*-代数上迹秩的概念，当迹秩为零时，C*-代数传统的实秩与稳定秩同时为最小，且低迹秩的 C*-代数具有特殊的结构使其包含了通常的稳定有限单核 C*-代数；发现 C*-代数的近似可乘映照的唯一性定理，用 KK-理论在稳定近似酉等价的意义下完全确定了 C*-代数间的近似可乘映照；创建零迹秩单核 C*-代数的同构分类理论。

二、分析和方程

1978 年，复旦大学曹家鼎在《数学学报》上发表《Favard J. 的一个逼近问题的解》，找到了法国数学家 Favard J. 在一次演说中提到的流形，推广到(c,α)(α＞0)求和法及 ZygmundA. 典型平均求和法。1978 年后，复旦大学的严绍宗在不定度规空间的算子理论方面开展了系统的研究，他和合作者一起在 Pontrjagin 空间的对称算子及其自伴扩张、酉算子与自伴算子的三角模型这两类算子的谱系和临界点理论，函数演算，Krein 空间上酉算子与自伴算子的性质，压缩算子的三角模型，以及正则压缩算子的酉扩张理论方面，取得了一系列成果，这些成果系统地总结在 1987 年由科学出版社出版的《线性算子谱理论 Ⅱ——不定度规空间上的算子理论》一书中。

1980 年代初，复旦大学陈天平在《数学学报》《中国科学》和《科学通报》上，讨论一些缺插值样条函数，对于广义 Hermite 插值样条函数得到了收敛速度的估计；对于 C^2 类缺插值样条函数建立了存在性、唯一性定理，估计了收敛速度，并得到了一个渐近表示式；估计了样条函数的导函数，给出了某些函数类的特征；讨论一种 H—B 插值样条，给出了收敛速度估计和渐近展开，并进一步讨论一类高次缺插值样条，给出收敛速度估计，渐近展开和饱和函数类；讨论 $L^P「0,1」(1{\leqslant}P{\leqslant}\infty)$ 中的样条函数，给出 n 类缺插值样条函数在 L^P 范数下的收敛速度估计，并进一步给出了一个逼近定理。同期，曹家鼎在《数学学报》和《数学年刊》上，研究非周期函数在 L^P 空间中的逼近，建立了一般定理，构造了一类对研究 L^P 空间中的逼近很有用的线性逼近方法，给出对 π. B. Канторович 多项式的应用，并推广了这个多项式。1983 年，他在《数学年刊》上撰文，进一步推广了这个多项式，研究任意正线性泛函和任意正线性算子，证明了两个重要的等式，找出了函数类 W^2C 用正线性算子逼近偏差的精确值。

1982 年，复旦大学谷超豪、李大潜等开展的非线性双曲型方程组和多元混合型偏微分方程的研究，获得国家自然科学二等奖。该成果系统地解决了两个自变数的拟线性双曲型方程组的一般边值问题解的局部存在性问题，建立了最完整的局部理论，比国际上同类成果早 19 年，解决了二维 Minkowski 空间到一般完备黎曼空间的调和映照的初值问题和初边值问题整体解的存在性问题，以及其他一些重要问题。研究了多元混合型方程的性质与可微解，在这个国际上公认的十分困难的领域得到了十分新颖而又十分重要的结果。建立了准对称方程组高价可微分解的理论。同年，夏道行、严绍宗开展的泛函积分与算子谱理论，获得国家自然科学三等奖。该成果在泛函积分方面，给出了相当广泛一类拓扑代数上的正泛函的表示，创造性地提出了一整套新方法，成功地发展了拟不变测度及调和分析的详尽而一般结论，建立了关于可微分变换群拟不变测度的拉东-尼古丁导数的表示定理。在算子谱理论方面，独创地提出了奇异积分算子模型，为亚正常算子的研究奠定了基础。在亚正常算子、半亚正常算子及非正常算子的研究中取得了一系列重要而深刻的结果。在不定尺度空间的算子谱理论方面同样获得了一系列丰富的结果。在局部有齐拓扑代数的研究中，得到了国内外同行的高度重视。同年，夏道行完成的关于戈鲁净不等式指数化的工作，获得国家自然科学四等奖。该研究成果开创了关于戈鲁净不等式指数化的工作，直到 20 年以后，国外数学家才得到同类结果；在单叶函数论方面的面积原理的一个重要不等式（现称 Grunsky 不等式），实际上是该成果研究者首先得到的；在从属函数方面，解决了戈鲁净的两个猜测。

1985 年，夏道行、严绍宗开展的非正常算子谱论和不定度规空间算子理论，获得国家教委科技进步一等奖。该成果在非正常算子理论方面完成了亚和半亚正常算子系统理论，包括亚和半亚正常算子谱的性质、奇异积分模型、演算理论，以及这个理论在散射空间的应用等。出版专著《线性算子谱理论（Ⅰ）》。此外，在其他非正常算子类中也获得了不少重要结果，如改进了 θ 类算子的基本条件，提出了无限维空间极积算子概念，改进、推广了全部有限维空间的结果等。在不定度规空间算子理论方面给出了自共轭算子模型、谱分解表达式，搞清了空间结构、临界点结构，建立了一般无界算子理论，解决了自伴算子平方根及函数演算等。出版专著《线性算子谱理论（Ⅱ）》。1986 年，谷超豪、洪家兴等完成的多元混合型方程，获得国家教委科技进步一等奖。该项目研究成果：研究了以蜕型线（面）为特征的第二类混合型方程，得到一个普遍的存在性定理；得到一大类混合型偏微分方程，解出了各种边值问题，论证了解的可微性，开创了对高阶混合型偏微方程的研究；推广了 Lopatinski 边界条件，解出了一般的边值问题及论证了解的可微性。同年，李大潜和俞文魮在《拟线性双曲型方程组的中心波定解问题》中，证明具小幅度的局部中心波解的存在、唯一性，并给出了一些有用的估计式。同年，复旦大学童裕孙在不定度规空间上讨论了与算子约化有关的代数和约化代数的若干问题，在《数学学报》上发表《不定度规空间上算子的约化》。在《数学年刊》发表的《关于算子方程 AXB—X＝C》中，讨论了 Hilbert 空间上算子方程 AXB—X＝C 的可解性，在 A,B 为自共轭算子、正常算子、平移算子、有限维空间上算子的情况下，分别得到了这类算子方程有解的一些充要条件。

1987年，李绍宽在《亚正常算子的整体Pincas函数》中，引入整体Pincus函数，讨论它的一些性质，得到了许多与亚正常算子的Pincus函数的结果相似的结论。陈晓漫给出亚正常算子或半亚正常算子的记号模型，并建立了φ-亚正常算子和φ-拟亚正常算子的Mosiac函数和Pincus函数。同年，复旦大学陈晓漫和黄超成在《科学通报》上，讨论双交换亚正常算子组的联合谱，得到了联合谱的谱分割性质。严绍宗研究一般类型的算子方程A＝A＊C，给出了当C2是正常单射时，方程A＝A＊C可解的充要条件以及解的全部形式。

1992年，复旦大学曹家鼎完成的论函数逼近论中波哲尔问题的解及有关问题，获国家教委科技进步三等奖。曹家鼎与德国数学家H•Grosky合作，系统地研究用线性算子的布尔和逼近，给出了在代数多项式逼近上的很多应用。应用卷积型算子（Picugov－Lehnhoff算子）的离散化算子，得到一些新多项式，用这些多项式给出了Butzer问题的很多解。将Butzer问题的解及新多项式应用于计算机辅助几何设计中，得到一些有意义的结果。1998年，陈天平承担的国家科技部基础理论研究攀登项目"认知科学"和国家自然科学基金项目"时变非线性系统识别，信号盲分离及神经网络"，获得上海市科技进步一等奖。该项研究首次揭示了神经网络的能力是由于Sigmoidal的有界性，而不是连续性，给出了用有界性（而不是连续性）的Sigmoidal神经网络逼近定义紧集上的任一函数的构造性证明。证明了任意非多项式的连续函数可作为仿射基神经网络的激发函数。构造了用仿射基和径向基神经网络逼近定义在无限维空间中紧集上的任意连续泛函及算子的神经网络模型，被称为"Chen"氏模型。1999年，复旦大学侯宗义、张万国等完成的反问题和不适定问题的研究，获得上海市科技进步三等奖，主要内容为线性与非线性不适定问题。研究了线性不适定问题正则解的若干新的构造方法，提高了最优收敛率。给出了正则参数的各种适宜的选择方法，并建立正则解收敛阶估计等。对难度较大的非线性不适定问题得到有意义的一系列较先进的成果，把国外的渐近阶二分之一提高到三分之二。

2000年，复旦大学郑宋穆、沈玮熙开展的线性与非线性发展方程，获得上海市科技进步一等奖。该项目主要成果：对多类从应用中提出的非线性耦合偏微分方程组解决了其整体存在性及惯性流形、惯性集的存在性等问题；得到了一般形式的非线性抛物型方程小初值整体解存在性与空间维数关系、非线性抛物方程及双曲抛物方程组解具有与线性方程组解相同衰减率等；成功地将偏微分方程能量估计方法与算子半群理论相结合，建立了研究一般线性耗散力学系统指数稳定性及解析性的简便、有效的系统框架。2003年，复旦大学郭坤宇、陈晓漫完成的解析Hilbert模课题，获得上海市科技进步一等奖。该项目建立了高阶局部化技术，研究了商模和解析模在原点高阶局部化之间的相似问题。建立了解析Hilbert模的特征空间理论，表明许多重要的解析子模的结构完全由它在一点处的特征空间决定，解决了多重圆盘和单位球上的Hardy子模（由多项式生成）的分类问题。首次提出Fock空间拟不变子空间的概念，提供了研究Fock空间结构的新途径。首创的非交换Hilbert模理论在群的酉表示方面取得了重要进展。证明了一个表示相似与酉表示的一阶上同调是平凡的。建立了双重圆盘上Hardy模的亏格算子和亏格函数理论，给出了模的几何不变量和算子指标的联系。

2005年，复旦大学陈恕行开展的高维非线性守恒律方程组与激波理论，获得国家自然科学二等奖。该项目重点研究了尖头物体的超音速绕流，对于三维尖前缘机翼和尖头锥体的超音速绕流问题含附体激波解的存在性与稳定性给予了严格的数学论证，解决了Courant-Friedrichs提出的长期悬而未决的难题,为大量实验与计算结果提供了理论基础。提出与发展了将部分速度图变换与区域分解及非线性交替迭代相结合的方法,开辟了一个研究偏微分方程含自由边界的边值问题的新途径。该项目在对非线性双曲型方程组解的激波形成的研究中发现了特征的包络是激波生成的源,从而揭示了解从光滑的初始资料发展出激波的过程,以及解的奇性结构与渐近性态。在超音速流问题中证明了弱斜激波的稳定性,证实了有关激波稳定性的一个猜测。2007年,复旦大学范恩贵领衔的课题组开展的非线性偏微分方程精确求解的数学理论和方法研究,获得上海市自然科学二等奖。该项目提出了一类带有任意参数新的谱问题,导出了联系多个重要物理方程的双Hamiltion发展方程族,将谱问题可非线性化为Liouville意义下完全可积的有限维Hamilton系统。提出了一种新的广义qKdV方程族,建立了整个方程族统一而显式的q形式Darboux变换、可换定理和非线性叠加公式。建立了联系耗散长水波方程的发展方程族和双Hamilton结构,构造了耗散长水波方程的代数几何解。建立了基于计算机代数统一构造非线性方程多形式精确解的广义tanh方法和新的辅助方程法。

第二节　概率论与控制论

1979年,华东师范大学茆诗松、费鹤良和丁元用二个次序统计量给出极值分布的参数估计,并讨论最优化选择问题和区间估计问题。他们还用随机模拟方法给出了极值分布二参数 μ 与 δ 的区间估计所用的分位点表。1980—1985年,复旦大学杨亚立研究遍历拟不变测度,得到了一些成果。他运用夏道行不等式讨论拟不变测度的0—1律,遍历测度乘积的遍历性,证明了拟线性泛函序列必定以概率1收敛或以概率1发散;讨论拟可加泛函和拟可加算子的0—1律,得到了新的结果;推广了Gauss关于抽象Wiener空间中可测拟范数讨论样本集中的著名定理;证明了如G是遍历拟不变连续测度空间中的可测加群,则 $\mu(G+a)=0$ 或1。1988年,茆诗松与D. SingPurwalla在《IEEE Transaction on Relibility》上,研究Weibull分布的参数估计问题。他们使用Bayesian方法结合试验数据和专家意见后,给出了Weibull分布中两个参数的估计。

1990年,复旦大学李训经、姚允龙、龙云程、孙莱祥等完成的分布参数系统的最优控制理论,获得国家自然科学四等奖。该研究突破了线性分布参数系统和非线性分布参数系统的最优控制,把Pontryagin的最大值原理推进到分布参数系统,运用无限维向量值测度理论来研究最大值原理,揭示了无限维系统控制理论的特性。1993年,上海交通大学胡毓达等发表《多目标交互规划的修正Z-W法及其收敛速度》,对求解多目标线性规划的Z-W交互规划方法作了重要修正,估计了修正Z-W法计算速度的上界。1996年,上海大学张连生等发表《积分—水平集总极值算法的另一实现途径》,提出了一个积分—水平集求总极值的概念性算法及Monte-Carlo随机投点的实现途径,从理论上证实该算法能求到总极值和总极值点。1999年,李训经等开展的确定性无限维系统的最优控制理论,获得上海市科技进步奖一等奖。该项目比较完整地建立了确定性无限维系统的最优控制理论,主要成果:对Banach空间上发展系统的具初终端混合约束的最优控制问题,发展了新的针状变分方法,证明了最大值原理;并证明抛物型系统和泛函微分系统周期最优控制的最大值原理是成立的;研究不定指标无界作用的线性二次最优控制问题,得到闭环最优控制;建立了无限维系统最大值原理与动态规划原理之间的内在联系;证明了最优控制的验证定理;建立了无限维系统最优控制的存在性理论。

2003年,上海交通大学谷传纲、王彤、杨波等开展的基于最优控制理论的多级离心压缩机现代设计方法,获得上海市科技进步奖一等奖。该项目提出了三多与二非设计新观念,将现代最优控制理论首次应用于压缩机的叶轮设计体系中,建立以控制叶道表面最优速度分布的三元叶轮与小流量、高压比二元叶轮的子午流通与叶片型线优化设计技术;解决三多设计中的优化问题与级间匹配等问题;建立离心式压缩机喘振判断方法与准则。同年,上海交通大学席裕庚完成的预测控制理论、方法和原理的研究,获得上海市科技进步奖一等奖。该项目首次提出了其状态空间分析与设计理论,在内模控制结构下给出了系统性能和控制本质的完整理论分析;建立了基于系数变换分析预测控制系统性能的特色方法体系;提出了满意控制概念和有约束多目标多自由度优化理论,提出了基于信息论和大系统方法论的串级、多模型、分解协调、优化变量集结等一系列预测控制新方法;提出了预测控制三项原理,给出了其控制论、信息论解释及多层智能预测控制的概念;首次将预测控制原理推广到动态不确定环境下以优化为目标的各类广义控制问题。

2005年,上海第二工业大学承担的大规模的NP困难排序问题松弛策略的研究取得成果。该项目对大规模的NP困难排序问题及其他的组合最优化问题,从随机化算法、列生成技术、凸性及其最优性条件等三个方面进行理论研究和应用研究,是"离散"和"连续"的相互融合、"确定"和"随机"的相互交叉、经典方法和数学规划最新理论的相互渗透。2006年,上海交通大学谷传纲、王彤、杨波等开展的约束工业过程的满意优化控制理论及应用,获得上海市自然科学奖一等奖。该项目首次提出满意优化控制理论框架,得到了一系列的研究成果:提出一种基于阶跃响应测试的多变量系统结构化闭环辨识方法,将强耦合的多变量系统的辨识问题分解成单入单出系统的辨识问题,实现了多变量系统的实时在线辨识;在复杂系统控制器的设计方面,发展了复杂工业过程自适应预测控制的理论和方法;形成了基于最终目标的生产全过程优化控制的系统化理论。

2007年,复旦大学朱道立领衔的课题组在复杂优化问题理论和算法研究领域取得成果:建立了变分不等式的映射理论,提出一类广义Gap函数和变分不等式co-coercive辅助问题等算法;建立求解广义双层优化问题的非精确和精确罚函数方法;提出了一种解决多阶段均值——方差金融优化模型的新嵌入技术;得到大规模优化问题的分解算法和广义拉格朗日分解——协调方法;建立约束非凸优化问题的广义增广拉格朗日对偶理论和精确罚理论;建立了向量值函数和集值映射的Ekeland变分原理及其等价定理;建立了一般整数规划的渐进强对偶理论,对非线性整数规划问题提出了一系列有效的对偶——分解算法。

第三节　应用数学

一、数值分析

1982年,上海科技大学完成的总体最优化数值方法及其应用,获得上海市重大科技成果二等奖。该项研究独特地利用积分方法提出了一种求总极值迭代解可以用统计方法实验的模型,为维数较高的问题不但提供了算法上可行的方法,还建立了总极值最优性理论,证明了算法的收敛性和收敛的判据及总计算量的估计。1985年,复旦大学尚汉冀完成的内燃机配气机构计算方法、程序和应用,获得国家科技进步奖一等奖、上海市重大科技成果一等奖、机械工业部科技进步奖一等奖。该项成果首创了FB2型函数凸轮,完成N次谐波凸轮等算法和程序;完成半自由度和4+N1+N2自由度的动力学算法和程序;提出分析实测凸轮机构的数值方法及提出用平面磨床直接加工凸轮靠模的方法。1986年,复旦大学吴立德、罗肖阳、翁富良、周降婴等完成的形状分析中的一些结果,获国家教委科技进步奖一等奖。严格叙述和证明了 Freeman 关于直线链码的精测和关于直线链码的 3 个准则是充分必要的；给出了最快的线性算法，以检验一个链码是否为直线链码；证明了直线链码全体；并把结果推广到六角形格子的链码场合，将链码的弦性质推广到三维场合；提出了一种基于统计模型的线性计算复杂性的分段线逼近的快速算法和一种综合利用灰度变化性和结构信息的边缘检测方法，并将上述结果推广到分段非线性逼近场合。该项研究是图像处理、模式识别的重要发展方向，提出了重要理论和独创见解，对实际有指导意义。

1990 年，同济大学马在田、曹景忠等开展的波动方程法地震偏移成像的理论与应用，获得上海市科技进步奖一等奖。该成果提出了从全波动方程出发，解高阶方程的阶段分裂法和解全声波方程的函数替代法，实现准确波动方程的有限差分偏移方法，解决了国内外都在研究的大倾角偏移问题。该成果使地震成像正确清晰，提高了勘探成功率。1995 年，上海大学郭本瑜开展的非线性偏微分方程约差分方法和谱方法及其应用，获得国家自然科学奖三等奖。项目主要成果：建立了非线性问题数值逼近的广义稳定性和局部弱广义稳定性理论；提出满足各种守恒律的流体力学方程差分格式，建立了严格误差估计；提出非线性项斜对称谱逼近和基于 Bochner 求和法的滤波技术，发展了各种混合逼近方法，提供了非线性问题谱方法误差分析新方法；独立提出数值天气预报中正压模式的瞬时涡度守恒格式，并推广到斜压模式；设计了非线性波动方程的数值方法，应用数值实验发现边界脉冲诱发孤波现象。同年，复旦大学郑宋穆、沈纬熙等完成相变问题的数学理论，获得国家教委科技进步奖二等奖。该项目证明了任意（大）初值时的整体解的存在唯一性，对 C－H 方程、P－F 方程组及耦合 C－H 方程组，讨论了稳态问题解的存在性、多重性及 $n=1$ 时解的精确个数；证明了当 n 趋向于无穷大时，相应的方程（组）的解趋向于稳态问题的解 $n=1$ 及 $n>1$ 时，极限集是紧的、连通的，由稳态解构成。

1998 年，复旦大学吴宗敏完成的径向基函数的研究，获得上海市科技进步奖二等奖。在国际上首次给出了针对一般线性泛函信息插值的计算公式，解决了多元散乱 Hermite-Birkhoff 型数据的插值问题。系统刻画了正定径向函数的特征并找到了一系列的径向基函数插值中十分重要紧支柱正定径向基函数。解决了径向基函数插值计算的稳定性、可靠性和可行性问题。同年，复旦大学李大潜、周忆等完成的非线性双曲型方程的整体经典解，获得国家自然科学奖三等奖。对非线性发展方程的经典解的整体存在性及生命跨度的下界估计，提出了处理框架——整体迭代法；对完全非线性波动方程具小初值的柯西问题，利用整体迭代法，借助于对线性波动方程的解所建立的一些精细的估计式；对一切空间维数 n 及非线性右端项的一切可能的整数阶数 p，得到了关于经典解的整体存在性及生命跨度下界估计的完整结果。对半线性波动方程□ $u=|u|p(p>l)$ 具小初值的柯西问题，在空间维数 $n=1,2,3$ 且 p 小于等于临界值时，得到解的生命跨度的精确估计；当空间维数 $n=4$ 且 $p>$ 临界值时，证明了解的整体存在性，使高维情形的 Strauss 猜想首先在 $n=4$ 时得到证实。

2000 年，复旦大学数学系承担的攀登计划"国家基础研究重大关键项目"、国家自然科学基金项目"板壳问题有限元预处理技术中的理论问题及其应用"和博士点基金"壳体问题的离散预算法研究"等项目，解决了计算层次板时产生自锁现象，用奇异摄动方法得到层次板的近似边界层强度；对协调元、非协调元和混合元的多重网络、区域分解、多水平方法等预处理技术研究得到了新的结果；理论上完整解决两点边值问题混合元离散的超收敛研究和椭圆不定问题的最优超收敛研究结果。2004 年，中科院上海技术物理研究所尹球主持完成大气短波辐射传输的解析递推算法研究。该项目组以辐射函数概念为出发点，通过对辐射函数各种递推性质和使用方法的研究，建立一种能够高效处理大气短波辐射传输过程的解析递推方法。该方法能同时兼顾计算精度和计算速度,在数值天气预报和对地遥感分析等领域具有应用价值。

2005 年,复旦大学周子翔完成的可积非线性偏微分方程的精确求解,获得上海市科技进步奖一等奖。主要成果有:具体实现了 Davey-Stewartson Ⅰ方程、2+1 维 N 波方程等 2+1 维(二维空间、一维时间)可积系统到 1+1 维可积系统的非线性约束,首次结合运用非线性约束与 Darboux 变换得到了一大类 2+1 维非线性偏微分方程的显式的整体局域孤立子解及解的定性性质;将 Darboux 变换应用于一些几何、物理中重要的且有相当难度的问题,得到了有几何、物理意义的精确解;给出了 2+1 维可积系统的 Darboux 变换与二元 Darboux 变换的普适的构造方法,对 1+1 维和高维可积系统的 Darboux 变换证明了一些普遍性的性质;实现了 Davey-Stewartson Ⅰ方程和 2+1 维 N 波方程到有限维可积系统的非线性约束,在辛流形不是欧氏空间时得到了显式的周期解和概周期解。2009 年,上海交通大学、华中科技大学朱向阳、丁汉等完成的机器人操作规划与空间几何推理理论,获得上海市自然科学奖一等奖。主要成果:提出了凸集间的伪距离函数、伪距离的快速计算方法及其微分的解析计算方法,为机器人工作空间、形位空间和旋量空间的几何推理提供了统一的推理引擎;解决了曲面物体多指抓取最优规划这一难题;建立了离散点域内夹持规划的线性规划模型,为这一组合复杂性问题提供了有效的解决方案;建立了机器人最优操作参数与微分动力系统平衡点之间的联系。2010 年,复旦大学吴宗敏等在《中国科学》发表《Multiquadric 拟插值对高阶导数逼近的稳定性分析》,利用 multiquadric 拟插值提出了一种新的方法,比传统差商方法更为稳定。性质表明基于散乱甚至有干扰的数据,在逼近函数的高阶导数时,multiquadric 拟插值方法是一个有效的工具。

二、数学模拟

1985 年,复旦大学苏步青、刘鼎元、华宣积等开展的计算机辅助几何设计,获得国家科技进步奖二等奖。计算几何是国际上 1970 年代初期形成的一门新学科理论,主要应用于船舶、汽车、飞机、叶片、模具、建筑、服装等复杂曲线和曲面外形的计算机辅助设计与制造(CAD/CAM)。该项研究创造性地把几何不变量理论引入计算几何学科,以解决 n 次参数曲线的奇点和拐点分布问题,特别是解决了 n=3 这一具有实用意义的情形。同年,上海机械学院刘高联完成的准三元流各类命题的有限元解法及计算程序,获得机械工业部科技进步奖特等奖。该研究成果为:建立了转轮内完全三元流动各类杂交气动命题统一的变域变分理论,为叶轮机气动设计创立了非常广泛和灵活的新理论;提出了矩函数、周角函数、广义势函数和流函数、迹函数等一系列新通用函数,为各类杂交命题及非定常流动问题的求解提供了新手段;完成了一系列准三元流各类命题的有限元解法及计算程序,提供了一套合理的新理论计算工具。1987 年,复旦大学李大潜、郑宋穆、谭永基等完成的电阻率法测井的数学模型与方法,获得上海市科技进步奖一等奖。该项目是国际上对电阻率测井数学模型及方法的最完整而系统的研究成果。它以稳定电流场为基础的电阻率测井方法,建立了统一的数学模型,提出可行性计算方法,考察了多类型电极系特性,选取最优电极系并做了测井解释图版,在油田开发中发挥了明显作用。

2000 年,华东师范大学何积丰完成的设计严格安全软件的完备演算系统,获得上海市科技进步奖一等奖,2002 年获得国家自然科学奖二等奖。该项目首次发现可采用关系代数作为程序和软件规范的统一数学模型;首次在关系代数基础上创造了程序代数,使用项重写技术创造了程序代数的计算系统；首次提出软件规范中抽象数据类型实现(数据精化)的完备演算法则，发明了使用上下仿真映照对来计算程序模块中各过程的函数说明；提出程序理论的统一化处理技术，发现各类程序理论之间连接的数学模型和检查理论一致性的法则。2004年，复旦大学张文等完成非稳态非线性油膜力的理论建模和转子系统非线性动力分析。该项目首次在流固耦合、非线性油膜力模型、非线性转子动力学领域建立了用三个函数表示的非稳态非线性油膜力新模型；提出了动态油膜新概念，改进了经典的Gumbel假设；对圆柱短轴承，导出了三个函数精确解，获得非稳态非线性油膜力解析式。2010年，上海师范大学郭本瑜研究组承担的高性能计算方法研究，把谱方法推广到非直角区域，拓宽了谱方法应用范围。构建了一类仿射内点最优路径算法。建立了随机误差为滑动平均过程的单响应近似线性模型的贝叶斯最优稳健设计准则和多响应线性模型基于预测置信椭球体积的最优设计准则。建立了前列腺间歇治疗的偏微分方程模型，找出最优治疗参数。

第二章 物 理 学

第一节 力 学

上海的力学界有着悠久的发展历史,先后有上海交通大学、复旦大学、同济大学等高校开办了力学专业。同时,一些从事工程学科、特别是土木工程学科的研究人员也在从事工程力学的研究。改革开放以后,上海交通大学、复旦大学、同济大学等高校出现了一批具有全国领先水平的力学分支方向,例如加权残数计算方法、复合材料力学和断裂力学等,相应的学科带头人活跃在全国力学界。后来,又有多位来自北京、西安等地的力学学科带头人陆续调来上海,促进了上海力学学科的第一批硕士点和博士点的成立。上海大学成立了应用数学和力学研究所。至2010年,拥有教育部国家重点学科的高校有上海交通大学(工程力学和流体力学)、同济大学(固体力学)和上海大学(流体力学)。具有力学一级学科博士授权点的单位有:上海交通大学、同济大学和上海大学。上海交通大学的力学学科被评为国家重点一级学科。上海交通大学、复旦大学、同济大学和上海大学都拥有力学博士后流动站。

一、材料力学

1986年,复旦大学欧阳鬯用复势罗朗展开法,分析具有弹性对称复合面材料的Ⅲ型剪切缺陷、裂纹群问题,给出了应力强度因子的计算公式。1989年,上海交通大学沈惠中研究了矩形板在横向压力和面向压缩共同作用下的后屈曲,探讨两种面内边界条件,并计及板初始几何缺陷的影响,计算结果与实验结果一致。沈惠中以同样的方法,研究正交异性矩形板后屈曲摄动分析,给出多种复合材料板的计算结果,与实验结果也相符合。

1991年,上海材料研究所孙国芳、苏先基等开展的材料动态断裂性能研究及其在典型机械零件上的应用,获得国家科技进步奖三等奖。该研究解决了动态应力强度因子确定的关键技术;运用先进的动态冲击装置和研制的小型落锤等来测定动态断裂韧性等有关参数;利用最新的损伤力学原理和研制应用了先进的光学焦散线装置来研究和测定材料在动态破坏过程中裂纹起始和发展的全过程,研究测定新型复合材料抗动态断裂能力。上海交通大学徐祖耀的专著《相变原理》获得国家科技进步奖三等奖。该书主要论述相变热力学、形核理论、长大理论、相变动力学、相变晶体学、软模和预相变及现代相变研究的数理方法。该书论述的基本原理成为发展新材料及材料相变理论的基础。

2009年,上海交通大学孙弘研究组开展的合成超钻石硬度材料理论研究,研究组采用量子力学密度泛函理论为基础的第一性原理计算方法,计算了纤锌矿氮化硼(Wurtzite BN)和六方金刚石(Lonsdaleite)结构材料的理想强度。从理论上预测这两种材料的(维氏)硬度可能比地球上已知的最硬材料(立方)金刚石的硬度高18%和58%。

二、结构力学

1980年,同济大学李国豪对桩的水平位移、内力和承载力作了分析,解决了宝山钢铁总厂工程中桩基位移难题。1982年,李国豪开展的桁梁桥空间挠曲扭转理论,获得国家自然科学奖三等奖。该理论应用连续体的思想,把桁梁的主桁和上下平联的腹杆设想为各自连续分布的腹杆条,把中间横撑架设想为连续分布的横撑架片,从而形成了空间连续体的物理模型。在这基础上演行了截面不变形和可变形的桁梁扭转理论。该理论用微分方法描述桁梁的挠曲、扭转、侧倾失稳和挠曲—扭转振动的一般规律,并得到解析解,达到了国际水平。这个方法比用古典的结构力学处理桁梁的方法,在理论上和实践上有简明便利的优点,为桁梁桥研究工作和设计计算铺平了道路。该理论通过模型实验得到了验证。1980年代初,同济大学李国豪、项海帆等开展的桥梁抗震理论,获1985年国家教委科技进步奖一等奖。该成果建立了一般理论和实用计算方法,开发了应用软件,解决了各种桥梁体系的抗震设计问题,成果达到国内外先进水平。同期,上海工业大学钱伟长对圆薄板大挠度问题研究做了进一步的完善,在合成展开法中用中心点位移替代载荷作展开参数,大大满足了收敛速度,并使所有边界条件都在各级近似中跨级满足。给出了齐次解并证明了解的收敛性,与非齐次解结合,给出了圆环壳的一般解而解决了难题。1986年,复旦大学王文亮和杜作润合作完成动态子结构方法的改进及推广应用研究,获上海市科技进步奖一等奖。该成果是对结构动力学中的模态综合法中的自由界面方法(由Craig、Hou等提出)的重大改进。模态综合法包括固定界面方法和自由界面方法两种。其中,自由界面方法虽然有着界面自由度少的优点,但精度低。作者提出的改进方法从理论上保证了高精度,并保留了界面自由度少的优点。应用改进方法可以大大减少求解多部件复杂结构振动问题的计算自由度。1987年,复旦大学张文开展的复杂转子系统动力学,获得国家自然科学奖三等奖。在转子系统运动稳定性和整机动力学方面的理论获得成果,并开发了具有原创性的工程分析软件,用于航空发动机、汽轮机、离心机等的研制和排故。1988年,上海工业大学刘人怀、成振强使用修正迭代法,研究集中载荷作用下开顶扁球壳的非线性稳定问题,得到了决定上、下临界载荷的二次近似解析公式。刘人怀和李东还研究了均布载荷下,开顶扁球壳的非线性稳定问题,得到临界载荷的二次近似解析公式。黄用宾、王德怀研究正交各向异性圆柱薄壳在任意边界条件下的稳定问题,导出以径向位移 W 为基本未知量的微分方程,提出求解方法。1989年,同济大学成祥生研究闭合圆柱形壳体在冲击荷载下的动力计算问题,导出闭合圆柱形壳体在冲击力作用下的动力因数,其特点是具有实用价值,计算简便。他还用能量法研究矩形板不对称侧向屈曲中的若干问题,讨论具有不对称支承的矩形板分别在有集中力、均布荷载及集中力偶作用下,发生不对称轴向屈曲时最小的临界负荷。

1990年,上海工业大学钱伟长、王刚等人提出曲线边界薄板弯曲问题的一种新单元——曲边四边形单元问题,给出了二维坐标的变换关系,由于引进了基于广义变分原理的附加刚度,使计算精度更高。之后,钱伟长又列出旋转壳在包括扭转在内的轴对称变形下的一般平衡方程,证明旋转对称壳内的剪应力独立于壳内其他薄膜和弯曲应力,求解了只考虑薄膜应力的扭转问题,求解了考虑弯曲扭应力在内的扭转问题,指出薄壳中抗扭刚度主要部分来源于薄膜应力。1992年,同济大学张若京和张维(清华大学)完成旋转薄壳自由振动中的转点问题研究,获国家教委科技进步奖一等奖。研究发现,在某一频率范围内,旋转壳的子午线上存在转点,且转点在子午线上随频率的变化而移动位置。壳体的振动模态在转点的两侧及附近分为三段完全不同的形式,反映了三段特性各异的运动。可以用三个分段函数分别表示它们,称为匹配渐近解。用一个函数统一地表示这三部分特性各异的运动,称为全域一致解。1995年,同济大学项海帆等开展的大跨桥梁风致振动及控制理论研究,获得国家自然科学奖四等奖。该课题提出了颤振分析的状态空间法、识别颤振导数的初脉冲耦合振动法、修正的Scanlan抖振分析方法、抖振反应谱理论及工程实用方法、"抖振选型"概念和方法。在桥梁风振控制理论方面,研究了调质阻尼器对抖振、涡激振动及驰振等的控制。在对抖振的控制研究中,提出一些新公式、新概念。进行了多座大跨桥梁全桥气动弹性模型的风调试验等。1998年,上海大学程昌钧等开展的工程结构中分叉问题的分析与计算方法,获得国家教委科技进步奖一等奖。该研究利用非线性动力学的分叉理论来研究工程结构非线性动态分叉点失稳问题,对结构非线性动态稳定和失稳的判别、分叉点和极值点的确定方法及分叉点处分支解方向的寻求方法等进行了研究,推导了相应的计算公式。

2000年,上海交通大学、上海大学刘延柱、陈文良、陈立群等著《振动力学》,获得教育部自然科学奖一等奖。2001年,由同济大学主持、浙江大学和北方交通大学参加的受施工扰动影响的土体环境稳定理论和控制方法研究取得成果。该项研究体现了近代岩土力学与工程的前沿研究热点,在受施工扰动土体物理力学参数的变化、与城市环境土木工程学有关的几项典型工程,诸如深大基坑开挖、盾构掘进和沉桩施工过程中的环境土工稳定及其变形预测与工程险情预报,以及施工变形的智能预测与模糊逻辑控制软件研制等方面进行了研究。2002年,上海交通大学、华东师范大学韩茂安、朱德明、肖冬梅等开展的非线性动力系统的全局理论及其应用,获得教育部自然科学奖一等奖。2004年,上海交通大学吴长春开展的非协调元与杂交元的优化理论与实践:断裂评估,获得上海市科技进步奖一等奖。该项目首创罚平衡杂交元,用来估算结构及其相关控制参量的上界。创立了零能模式的对偶控制定理,确保杂交、混合元解的稳定性。首次提出了断裂参数的界限定理。建立了J的对偶量I^*积分,创建了关于断裂参数J和I^*积分的界限定理。J积分具有下限特性,该下限可由位移协调元估算;I^*积分具有上限特性,该上限可由罚平衡元估算。2005年,上海交通大学金先龙等完成的基于超级计算机的结构动力学并行算法设计、软件开发与工程应用,获上海市科学技术进步奖一等奖。该项目在结构动力学的并行算法设计、软件开发和工程应用方面取得多项核心技术与创新成果,包括:基于数学模型、力学模型的区域分解和时域分解的并行算法与软件、特大型工程地震安全性评价的并行算法与软件、汽车碰撞事故再现的并行算法与软件、工程应用的全三维非线性建模方法与技术。2006年,上海大学狄勤丰等完成的预弯曲动力学防斜快钻技术研究与应用,获上海市科技进步奖一等奖。该项目面对国内油气资源勘探中遇到的井斜难题,在国内外首次提出和开发了一种低成本的新型防斜钻井技术——预弯曲动力学防斜快钻技术。该技术利用带预弯曲结构的钻具组合,引导钻具组合的变形特征,使钻具组合的涡动特征有利于防斜目的,并可使用较大钻压(比钟摆钻具组合可使用的极限钻压提高50%以上),达到提高机械钻速的目的(30%～700%)。该技术包括带特定预弯曲工具的钻具组合进行的防斜快钻技术和带单弯螺杆的复合钻井防斜快钻技术。

2010年,同济大学葛耀君等开展的特大桥梁颤振和抖振精细化理论,获得国家自然科学奖二等奖。该项目针对桥梁颤振和抖振这两种最主要的风致振动形式开展精细化研究,在国际上率先推导出了基于结构与周围气流相互作用机理的结构、气流耦合系统统一方程,建立了三维桥梁颤振全模态分析理论和方法;揭示了悬索桥颤振稳定性能随不同梁段拼装施工方法的演化规律;揭示了颤振驱动机理——气动负阻尼效应,阐明了风嘴、开槽、稳定板、裙板和检修轨道移位等措施的颤振控制原理;在国际上首次提出了斜风作用下大跨桥梁抖振频域分析方法,开发了相配套的桥梁构件气动参数的斜节段模型风洞试验技术;在国际上首次提出了缆索承重桥梁风振可靠性评价体系——基于二阶矩可靠度理论的桥梁颤振失稳可靠性评价方法和基于首次超越理论的桥梁抖振失效可靠性评价方法,开拓了桥梁抗风可靠性研究领域。

三、弹性力学

1984 年，复旦大学马文华对弹性薄板方程的分步有限元作了分析，提出一个关于薄板问题的控制方程，利用熟知的分步降阶方法，分步得到数值解答，若取二阶完整插值于第一步，则理论上的解答精度是与四阶相当的，采取高阶时还可获得更高阶的位移解答，相应的内力精度也随之提高，程序的编制和计算工作量易掌握和推广，所述结果随形状、载荷不同都能发挥有限元的特点。1985 年，上海交通大学、沪东造船厂朱崇贤、吴传信、陆伟东等完成的船舶取消首支架纵向下水新工艺，获得国家科技进步奖一等奖。该成果从理论上改变了原来将船作为刚体绕首支架转动的力学机理，采用了弹性支座上的受力分析，取消了首支架，从理论上和实践上解决了无首支架下水的工艺问题，系国际首创，达到国际先进水平。1986 年，上海交通大学王之淳和日本大阪府立大学松本瑛一论述多连通域二维热弹性与平板弯曲问题的力学相似性，求出了具有偏心圆孔的圆形平板的热应力，实验结果与数值非常接近。上海海运学院蔡亦飞、沈一飞建立有限变形的弹性理论中的余虚功原理，从一个泛涵的驻值条件出发，可以同时给出应变位移关系和 Γu 上的几何边界条件，从而取消了应变位移关系作为变分的附加条件。沈一飞和同院的胡熙民还导出单杆在各支座条件下横振、纵振；热振时杆端位移和力之间的关系；用位移法解析了框架的自振频率及振型。同济大学石小平、姚祖康采用迭加法解决了弹性地基上四边自由矩形厚板的求解问题。1987 年，同济大学成祥生研究弹性地基板由运动载荷引起的动力反应，以变分法讨论在弹性地基上的薄板由运动载荷引起的动力反应、计算运动载荷的质量，讨论关于强迫振动、精度的影响面及内力影响面、共振条件的临界速度等。1988 年，上海工业大学钱伟长运用有限元方法，结合动态光弹性分析，对动态应力强度因子的计算进行分析研究，将动态劈尖的奇异性分析解引入有限元计算，并以动态光弹性分析所得到的裂纹扩展长度与时间的关系曲线作为定解补充条件，据此建立有效模型拟裂纹扩展的数值模型。上海应用数学和力学所张进敏研究非线性固体的各向异性程度，将 Rychlewski 和自己得到的详细研究的线性弹性体各向异性度的概念推广到非线性、非弹性体，所定义的各向异性度的良好特性证明了其合理性。

1991 年，同济大学陈根漾等开展的粘弹性垂直渐变介质对 P‑SV 波引起的地面运动的影响，用幂级数形式的广义传播矩阵计算了粘弹性垂直渐变介质对 P‑SV 波引起的地面运动的影响。分析了低频及裂纹密度不太高时损伤层的损伤状态对反射波与透射波的影响。得出了大尺度弹性柱体由于辐射波所引起的水动力荷载及其动力响应。1993 年，复旦大学、航天部六〇八研究所张文、王文亮、王皓等开展的叶片—盘—轴整体全弹性转子振动特性分析，获得上海市科技进步奖一等奖。该成果成功地解决了航空发动机整机振动分析的关键问题。首创转子模态综合建模手段，准确计算了离心力刚度效应；提出了广义陀螺特征值问题新解法，全面突破了问题难点；实现了可在微机上执行实际转子的盘—片—轴全弹性整体转子振动特性分析，为航空发动机和类似结构的振动特性分析提供了实用分析手段。

2002 年，华东理工大学李培新、雷月葆、徐宏等开展的含缺陷结构断裂参量计算与断裂评定新方法，获得上海市科技进步奖一等奖。该项目以弹塑性断裂力学理论为基础，提出了数种含缺陷结构断裂参量计算与断裂评定的新方法。定义了具有明确物理意义的裂纹张开能量释放率 J 积分，创建了简便的杆系构件裂纹断裂参量 K 计算新方法。定义了全新的 J 积分估算表达式，提出等效原场应力法和扩大 EPRI 法应用范围的塑性多段幂次法。解决了由压力管道拉伸解和弯曲解直接叠加计算拉弯组合载荷作用下的 J 积分估算。提出当量应力应变关系概念,建立了强度不匹配焊缝结构均质化的断裂参量计算法。指出国际上在有二次应力时断裂参量计算修正因子在推导过程中存在的错误,提出更为科学的 ρ 因子计算公式。首次采用声发射技术进行管道断裂试验缺陷启裂监测。

四、流体力学

1987 年,上海机械学院刘高联、陈月林、陈康民等开展的叶轮机气动力学新理论体系(变分原理、最优设计理论及有限元)的建立与系统研究,获得国家自然科学奖二等奖。该项研究开创了连续介质力学(主要指流体力学、叶轮机气动力学、流—固—热多场耦合问题)的反—杂交命题和最优命题的变分理论,刘高联成为该学科的奠基人。上海交通大学刘延柱等开展的陀螺动力学理论研究,获得国家自然科学奖四等奖。该项研究用摄动法,讨论微粗糙平面上轴对陀螺绕直立的极轴或赤道轴永久转动的稳定性,作为摄动因素的摩擦力,是滑动速度的任意非线性函数,导出的解析解形式稳定性判据与 Contenson-Maghus 理论一致,但摒弃了线性摩擦假定。1988 年,上海交通大学沈惠中、张建武从 Karman 板大挠度方程出发,以挠度为摄动参数,用直接摄动法,研究简支矩形板在单线压缩下的后屈曲状态。探讨两种面内边界条件和初始挠度的影响。上海交通大学席时桐应用二流湍流模型,模拟二维轴向称湍流射流取得成果,模型设湍流流场角一点为"湍流"和"非湍流"流体所交替占据,从而模拟了湍流的"间隙现象"。上海应用数学和力学所周哲玮做了关于圆管 Poiseuille 流动中平均速度的一种修正剖面及其稳定性研究,首次得到了轴对称扰动造成的失稳的结果,提出了 Hagen-Poiseuille 流动一种新的产生失稳的可能途径。

1990 年,上海工业大学朱勇、戴世强讨论二流体系统界面上内孤立波的分裂,发现上下层流动密度比对分裂成两个内孤立波的条件没有影响,只要孤立波从较深的流动运动到较浅的流体就会发生分裂,但分裂成 2 个以上孤立波的条件受密度比和上游上下层流体厚度比的影响。1991 年,上海交通大学包光伟等开展充液陀螺在粗糙平面上的自旋稳定性研究。提出了一种确定线性系统运动稳定性的几何方法,给出了充液系统的自旋运动稳定性在三维参数空间中的几何分布。提出了相对论分析力学的几个新型变分原理,建立了相对论力学的广义动能和广义加速度能的定义,导出了一阶非线性非完整系统的相对论性 чаплыгин 方程、Nielsen 方程和 Appell 方程。1997 年,复旦大学、英雄股份有限公司裘祖干、滕名达、赵松生等开展的自来水笔结构设计的力学原理及应用,获得国家技术发明奖三等奖。该研究在国际上首先应用流体力学理论,提出一套完整的自来水笔结构设计的原理和方法。完善和改进自来水笔结构静力学设计方法,对自来水笔的储水系统、出水系统和进气系统提出改进设计的计算公式。建立了自来水笔墨水流动的力学模型,提出了自来水笔结构动力学设计方法。提出了一种检测自来水笔抗漏水性的新方法——漏水升压法。

2004 年,上海电力学院蒋锦良等承担的流体通过多孔介质区域的流动特性研究,提出和证明了渗流中流线不封闭的特性和条件、许多实际渗流一般都不是小雷诺数流动、流体在充满多孔介质的突变截面通道中流动时一般不会出现旋涡和回流等重要结论。提出了一种新的半人工瞬变方法,将多孔介质区域和无多孔介质区域组合为统一流场,导出统一基本方程组进行统一计算。

第二节　声　　学

1970 年代末,中科院声学研究所东海研究站(东海站)张仁和等在深海研究中发展了平滑平均场理论,解决了现有方法中的发散问题,并在国际上首先提出水下声道中反转点会聚区的概念和计算方法,计算的结果与实验符合较好,证明海底反射声波也能形成会聚区。1980 年代初,东海站张仁和、金国亮提出了计算浅海混响强度较完整的理论,解决了射线理论计算远程混响及影区、焦散区的困难。在计算界面散射时,提出了可分解的海底散射模型,即海底散射系数可表示为入射角函数与散射角函数的乘积,并满足互易解。张仁和还用广义相积分近似与简正波振幅函数包络平滑的方法,获得浅海平均场积分表示。用这种方法计算的声场不但精度高,而且运算速度比传统的简正波方法与抛物方程法至少提高一个数量级。东海站尚尔昌在波动传播理论中,从波动方程边值问题出发,导出了严格的简正波和广义射线表达式。证明了分层介质波导中简正波生成的函数,以及广义射线生成函数之间严格满足傅立叶变换关系,并讨论了分支线在变换中的影响。

1981 年,同济大学朱士明、魏墨盒等研发的测量声速的精测尾时方法,获得国家发明奖四等奖。该成果提供一种适用于工业测量的精确测量液体中超声波传播速度的方法。测量超声脉冲在已知长度的待测媒质中来回传播的时间(声时),利用石英振荡器提供时间标准精确量出声时中的整数个时标的部分,然后将声时中剩余的时间(尾时)用模拟方法输出,而且可以用电表显示、记录仪记录,或放大后提供控制信号。同年,上海市粮食科学研究所王寅观、周耀中研制的 CSB 型超声波混合油浓度测定仪,获得国家发明奖四等奖。东海站沈志华、向大威等研制的 STS-1 线阵超声诊断仪,获得 1981 年中科院科技成果奖一等奖、1985 年国家科技进步奖三等奖。

1982 年,中科院声学研究所、东海站尚尔昌、关定华、周纪浔等开展的浅海声场的研究,获得国家自然科学奖二等奖。该项工作在阐明浅海声场规律的基础研究上取得了许多独创性的成果。对于声场计算的重要方法之一的简正波理论,该项工作首先得出了射线简正波的基本公式。在分层不均匀的浅海中,给出了由边界反射系数和折射线跨度所表示的简正波指数衰减系数与群速的计算公式,阐明了浅海声场中由声速剖面及海底边界这两项重要环境因素对声场影响的基本特征,给出了浅海声波传播的清晰物理图像。

1985 年,东海站张叔英、任来法研制的 DDC1-1 型深地层剖面仪,获得上海市科技进步奖一等奖。该仪器为海洋地质调查急需的大型仪器设备,在海上试验中获得的东海大陆架斜坡地层剖面图,显示了该仪器可为国际海界划分提供新的数据;在远洋应用性调查试验中获得的琉球海沟地层剖面图(水深 6 700 米,测得深达 500 米的海底剖面),为深海大洋现代沉积及近代构造运动的研究提供了依据。1988 年,东海站张仁和、朱柏贤、侯温良等人开展对浅海传播损失数值预报的研究,根据中国海洋条件建立数值预报理论模型,提出了计算声传播损失的简便方法——平滑平均声场理论,解决了外国学者理论计算中的发散困难。该项目 1989 年获得中科院自然科学奖一等奖。1989 年,东海站张仁和等开展的反转点会聚区理论与南海声道研究,获得国家自然科学奖四等奖。

1994 年,东海站、国家海洋局海洋技术研究所张叔英、任来法、凌鸿烈等开展的 ASSM 型声学悬浮泥沙观测系统研制成功。该成果对水中悬浮泥沙的声学观察方法有重要创新,对水文测试及实际工程勘测有重要应用价值。

2005 年,中科院上海硅酸盐研究所、同济大学殷庆瑞、钱梦騄等研发的扫描电声显微镜及其相关器件和材料,获得国家技术发明奖二等奖。该项目在传统扫描电声显微镜的基础上,研制了多参量可控的样品台和控制仪组成的复合结构电声信号传感器、电声信号敏感元件以及作为电声信号传感器敏感元件的大尺寸、高性能铌镁酸铅(PMN-PT)晶体材料,创建了三维电声成像理论,阐明了电声成像的衬度机理和近场成像的物理本质;拓展了电声成像技术在原子力显微镜上的应用,建立了低频高分辨率扫描探针声学显微成像技术(SPAM)。SEAM 建立了常规电子显微术和探针显微术所不具备的功能。系统的横向分辨率 0.19 微米,纵向分辨率 90 纳米。2009 年,东海站研制成功超声波成孔成槽质量检测仪。该检测仪利用超声探测原理,能直观地观测连续墙槽宽、钻孔孔径、垂直度、孔壁坍塌等状况,实现对钻孔周围四个方向孔壁状态同时进行监测。该设备最大探测深度 150 米,最大孔径达 8 米,测量精度 0.2%FS。

第三节　光　　学

一、红外光学

1981 年,华东师范大学秦莉娟、林远齐、王祖赓等运用钾蒸汽甲 4S‐5S 的受激电子 Kaman 散射效应,探测到在 3 610 cm^{-1}～3 780 cm^{-1} 红外区的可调谐相干辐射。他们通过 Rb 蒸汽中 5S‐6S 受激电子喇曼散射,获得了在 3 626 cm^{-1} 附近可调谐的红外输出。1989 年,上海光学仪器研究所汤定元、方家熊、徐国森等研制成功 8～14 μm 光学型碲镉汞红外探测器。

1990 年,中科院上海技术物理研究所(技物所)严义埙、张凤山、许步云等开展的红外薄膜光学研究,获得中科院科技进步奖一等奖。1992 年,中科院上海光学精密机械研究所(光机所)等单位承担超长波段(2～5 μm)红外光纤通信物理基础研究,研制成两种探测率高、响应速度快的红外探测器,建立了超长波段红外光纤通信总体试验系统,并发表 100 多篇关于红外光纤的色散和损耗机理、散射、微观及光纤传输理论等方面的学术论文。1992 年,技物所完成大气探测红外分光辐射计 Ⅱ 型,是"风云一号"气象卫星上的遥感仪器,指标和功率均达到国际先进水平。1993 年,同济大学吴翔主持的耗散量子隧道系统的理论研究,系统研究了耗散量子系统中热库声子波函数形变的影响,发现形变与耦合情况及维数有关,系统并无普适行为。发展了一套直接处理低能红外发散的新的自洽量子微扰理论。1999 年,技物所宗予勤、詹丽珊、匡定波等开展的空间遥感探测仪器红外辐射定标系统,获得上海市科技进步奖一等奖。该系统在国内首次研制成功大口径、高精度离轴 R— C 准直光学系统;研制成功和应用了深低温精密大型辐射定标系统;研制成功了精度高、动态范围大的低温热管标准黑体辐射源;国内首次研制成功定标目标跟踪与系统评价装置。该系统有很强的防污染能力,适应真空深低温环境下的工作。

2006 年,技物所承担的集成铁电薄膜红外焦平面物理和关键技术基础研究,在国际上首次提出一种光—光读出方式的新型非致冷热释电红外探测器模型,实现了硅基铁电薄膜低温生长,获得了多种薄膜的红外光学常数,获得了铁电薄膜电子结构、尺寸效应、界面效应及相关微观物理机制的多项成果。该项目还制备了 256×1 线列 PZT 红外焦平面器件,并实现红外成像。2007 年,技物所陆卫、陈效双、李宁等开展的红外探测效应中局域化机理与操控及其应用研究,获得上海市自然科学奖一等奖。该项目提出并制备出红外探测多波段集成电子态调谐新结构、红外分光多波段集成光子态调谐新结构、红外子带跃迁新结构、红外耦合增强金属/半导体微结构等;发现了 GaAs 基表面量子结构垒上准局域态主导性光跃迁机理,发现了量子阱长波红外探测中金属/半导体近场增强效应,发现了碲镉汞材料中异型特征结构局域化机理,发现了质子诱导局域化—钝化效应间竞争机理等;发展了高灵敏度原位调制反射光谱,发展了显微成像光谱新途径和量子阱红外探测器波长预测新方法,发展了载流子参量的红外光谱获取新方法,发展了多层优化第一性原理计算新方法等。授权发明专利 27 项。

二、物理光学

1981年9月—1983年9月,中科院上海冶金研究所逄永秀、甫宗、潘慧珍等人研制成光通信用快速辐射度发光二极管,该发光管由5层外延片组成,并在层中间加长一层光输出波导层,结构合理,具有快速和输出功率高等优点。1985年,光机所李锡善、王文桂、高瑞昌等完成的LH-300型激光全息干涉仪,被定为物色光学玻璃国家标准中光学均匀性的标准测量仪器。该干涉仪是将全息成像原理和经典干涉原理相结合,用二次曝光全息差分干涉技术制成的光学材料均匀性的测量仪器。仪器具有测量精度高、有效口径大(300毫米)、被测元件的加工质量要求低等特点,获得1986年度上海市科技进步奖一等奖。1986年,光机所王之江、孙保定、李植森等完成的1∶1扫描式投影光刻机是制造大规模集成电路的关键设备,获得上海市科技进步奖一等奖。该成果解决了高分辨率反射式投影系统、紫外宽带薄膜、千瓦弧形毛细管汞灯、高精度扫描机构等四项关键技术。研制了全部采用国产元器件和材料的光刻机。1988年,技物所梁平治、张忠堂、孙德庆等研制的新型高性能高可靠三元线阵硅探测器,获得上海市科技进步奖一等奖。该器件主要用于中国发射的第一颗气象卫星,它的结构设计有创造特色,特别在抑制相邻光敏之间串音和减少暗电流方面较为出色。1988年9月"风云1号"发射成功,在地面上收到了清晰的气象和海洋图像,充分说明该探测器性能优良,工作效果出色。

1990年,光机所王育竹、周汝枋、程与旦等开展的激光偏转原子束研究与亚泊松光子统计规律的验证,获得国家自然科学奖三等奖。该课题在自行研制的高精度大型原子束装置上利用激光束与原子束相互作用,系统地研究了光的自发辐射压力的性质。利用多光束偏转原子束观测光压力的大小并验证半经典光压理论的适用性;利用多光束偏转原子束观察自发辐射产生的原子动量扩散和验证原子共振荧光中光子发射的亚泊松光子统计规律;利用多光束偏转原子束测量物理量,并进行了光压偏转原子束用于分离同位素的可能性研究。1993年,复旦大学金亚秋完成的随机介质中矢量辐射传输和遥感理论,获得国家自然科学奖三等奖。该项目先后完成了Mie球形粒子主动—被动遥感的矢量辐射传输理论的数值研究,一层离散散射粒子随机介质强起伏理论,以及在冰雪、降雪、降雨等主动遥感中的应用。在星载遥感数据分析研究中,完成了多层非均温Mie粒子随机介质的VRT方程组的求解方法,以及地表参数的统计反演。推导了一层密集分布散射粒子散射相干的VRT方程及其数值结果分析。

2000年,技物所承担的"风云二号"B星多通道扫描辐射计,具有大口径、高分辨率、高精度、高可靠性等特点。主要参数:轨道高度:3.58万千米;对地球扫描角:17.4°;一帧图像扫描范围:20°×20°;通光孔径:400 mm。全帧扫描线数:可见光:2 500×4=10 000条线;红外波段:2 500条线;水汽波段:2 500条线。该仪器提高了中国在空间对地观测领域的国际地位。2004年,技物所承担完成主动光学对地观测技术——激光三维成像技术研究。该研究在国内首次研制成对地观测推帚式激光三维成像系统原理样机。该项研究突破对地观测的推帚式激光成像若干关键技术,其大功率脉冲激光的变角度分束发射技术、地面多点激光回波的阵列探测与处理技术、高精度时间间隔测量技术、推帚式激光成像的多通道定标技术和激光三维成像处理技术具有创新性。2005年,华东师范大学马龙生、毕志毅、陈扬开展的光场时—频域精密控制的研究,获得上海市科技进步奖一等奖,2006年获得国家自然科学奖二等奖。该项目研制成飞秒激光光梳,对光场在时域和频域同时实现了精密控制,发现光梳受控于光学频率标准时,可高精度地实现光学频率合成与传递,

其不确定度可达 10^{-19}，验证了光梳作为光齿轮进行频率传递的精度，为实现光钟奠定了基础；发现 2 个超短光脉冲可相干合成为一个新的超短脉冲；提出两种超灵敏光谱方法，探测吸收灵敏度达到国际领先水平；提出调制转移光谱激光稳频和稳频激光在光纤中精密传输的方法。

2006 年，光机所周常河、陆云清等在国际上首次发现高密度光栅的偏振自成像效应。该效应显示在光栅周期接近光波波长时，入射光偏振态的改变将导致不同的光栅自成像。该效应的发现对高密度光栅的使用有重要参考价值，对相关开发、利用和检测等具有实际意义。该发现入选《科技导报》评选的 2006 年中国重大科学进展之一。2009 年，光机所徐至展研究组与李儒新研究组合作，首次提出了利用驱动激光场控制色散特性来补偿阿秒脉冲固有啁啾的新方法，并获得了近变换极限的阿秒脉冲。2010 年，光机所徐至展、李儒新、程亚等开展的强场超快极端非线性光学的前沿研究，获得上海市自然科学奖一等奖。该项目创立周期量级强场超快极端条件并发现其时空频耦合与谱移新特性；发现周期与亚周期时间尺度量子相干控制与阿秒相干辐射产生新机制；开拓强场超快极端非线性相互作用新理论，发现新效应新机制。

三、信息光学

1987 年，上海科技大学黄宏嘉、周幼威、汪道刚等完成的单模光纤技术研发，获得上海市科技进步奖一等奖。采用该技术制作的单模光纤，损耗低、色散小，可用于建立大容量远距离通信系统，不仅包括线系统，还可用于局部地区网络，并能用来制造传感器。该项目根据解析理论模型，结合工艺，总结出一套中国自己的结构参数设计曲线。该光纤性能良好，成功建立了无中继传输试验线，进行了彩电图像和伴音传输，质量达到四级。1988 年，上海第二光学仪器厂、光机所王雅芳、刘立人、汪鸿忠等研制的 CCD-1D 型多用成像屈光度仪，获得上海市科技进步奖一等奖。该仪器采用了现代光学中的傅里叶变换和空间强度滤波对镜片进行光学信息处理，使仪器能方便地测量其他类型屈光度仪难以测量的镜片的光学中心与像质多焦、变焦等特种镜片。同年，光机所所长、中科院院士徐至展主持的纳米信息记录、存储和计算机三维重构课题组，在世界上首次采用电子全息术观察到 $0.21\,\mu m$ 介质粒子内部的电场分布。这项技术将为发展中国半导体微电子研究提供独特的测量方法。

2000 年，光机所完成的微结构光学先进技术研究，在国际上首先提出并实现了光折变铌酸锂晶体全息的实时实地激光加热固定方法；在国内首先实现了掺铁锰色效应铌酸锂晶体和在国际上首先实现了掺铜铈等铌酸锂晶体的光折变非挥发性全息记录和同时光固定；在国际上首先提出了空间局域光折变全息的概念，以及在一块晶体内利用光折变局域全息和晶体的多种效应构成三维光子系统的集成技术。2003 年，光机所承担的国家"973"项目——冷原子和原子介质中量子信息存储研究，首次在中国实现了量子信息存储，存储时间长达 $100\,\mu s$。该项目建立了电磁感应透明和量子信息存储的实验装置，观察到了光的群速减慢和光信号脉冲的存储现象。光的群速减慢到 $1.85 \times 10^3\,m/s$，比真空光速减小了 1.62×10^5 倍。

2006 年，华东理工大学田禾、陈彧、朱为宏等开展的有机光电功能材料与分子机器，获得上海市自然科学奖一等奖。该项目成果有：提出利用不同波长的荧光来表征分子机器运动的思路，创新合成了带"锁"的荧光分子"梭"和双荧光识别光控分子"梭"等多构型分子机器，为发展全光学信号的分子开关或分子逻辑门奠定了基础。提出利用热失重法测定 C_{60} 在共价键合高分子材料中的含量，该方法成为学术界认可的有效测定 C_{60} 含量的方法之一。创新合成了一系列含有光致变色单元的光开关分子体系,提高了其光、热稳定性等应用性能;创新提出用荧光、磷光作为检测手段的可擦式光存储原理。2008年,技物所、光机所开展的"嫦娥一号"卫星激光高度计研制,获得上海市科技进步奖一等奖。激光高度计是"嫦娥一号(CE-1)"卫星的主要有效载荷之一,能对月球表面三维形貌进行遥感探测。该项目结合"嫦娥一号"卫星200千米的圆形轨道设计,使激光高度计系统在国际上第一次实现月球南北两极高程数据的获取,并绘制了中国首幅全月面高程模型图DEM,使中国空间主动激光遥感技术走到国际前列,改变了该项技术以往只能从国外引进的局面。

四、超短、超强激光系统

1980年起,光机所承担了激光12号实验装置的研制任务,由邓锡铭、余文炎、范滇元、胡绍农、黄镇江等人主要负责,全所300余人参加,在电子部1411所、中科院成都光电所、长春光机学院协作下,1987年6月完成,经试运行后在1987年7月通过国家鉴定,命名为"神光"装置。该装置是一组庞大的高功率激光系统,由成百台分光学设备集成,末端输出口径为$\Phi200$ mm,每束激光功率为10^{12} W,工作波长1.052 μm,脉宽由100 ps至3 ns可变,聚焦后靶面功率密度可达10^{17} W/cm²。装置主要用于激光核聚变能源开发研究,也可用于核武器物理、X光激光,以及强激光与物质相互作用的研究。总体技术水平达到国际同类装置的先进水平,其中有15项属国内首创。1990年获得国家科技进步奖一等奖。1985年,光机所王润文、查鸿逵、王哲恩等研制的五千瓦连续CO_2激光器,获得上海市科技进步奖一等奖。该激光器是用于宇航、火箭、飞机、船舶、汽车、拖拉机、仪表等工业中,对特殊材料进行高精度的焊接、切割和表面处理等。该激光器与国外同类产品相比的特点是,采用了双风机并联运行,有稳定的双放电通道,门型折叠光谐振腔,立式结构和管板式放电电极,结构紧凑,激光功率密度聚焦后可达到106 W/cm²。

1993年,光机所徐至展等研制成小型化脉冲可调超短脉冲高功率激光系统,获得中科院科技进步奖一等奖、国家科技进步奖三等奖(1995年)。该系统综合利用并发展了多项新技术,波长1.06 μm,脉宽在20 ps至2 ns之间大范围阶跃式可调,超短脉冲运行时功率可达10^{11} W,仅占用不足10 m²的光学防震台面。该系统的主要关键创新技术有激光脉宽大范围可调、高效率多级同轴双程激光放大、圆偏振激光束传输、高精度同步的多级电光开关、激光系统小型化立体排布、实时光路对准、高精度恒流充电技术等。同年,光机所何慧娟、李永春、顾圣如等完成的双波长高功率锁模激光系统,获得上海市科技进步奖一等奖。该系统是集光、机、电为一体的综合性高技术激光器系统,能产生1 064纳米和532纳米超短脉冲,峰功率达10^9 W,可传输到2万公里之外,脉冲宽度窄到10^{-11}秒,可测量超快过程。该系统应用于高精度人造卫星激光测距,精度2~3厘米。1996年,光机所程兆谷、王润文、奚全新完成工业用横流CO_2激光器,获得国家技术发明奖二等奖。该项目特点:与国际上同类型高功率CO_2激光器采用的电极结构和放电技术相比,注入放电区的电功率比自持放电有了成倍增加,输出激光功率也有了成倍提高;采用的两镜选模腔技术,连续运转长达16小时,其功率不稳定度仅为±1%。1999年,光机所徐至展、林礼煌、欧阳斌等研发的超短脉冲高功率激光的系列新技术,获得国家技术发明奖二等奖。该项目在超短脉冲激光的产生、激光单脉冲的选取、激光脉冲的高效率放大、激光脉冲性能监测与优化、激光装置运行稳定可靠和装置小型化等关键技术方面,做出了系统的发明创造,开发出一系列有关激光装置总体与单元技术的10项创新专利技术。

2001年,光机所徐至展、张正泉、范品忠等开展的复合泵浦X射线激光,获得国家自然科学奖二等奖。该项目首次实现类锂硅离子的 4 种新波长的 X 射线激光并发现类锂离子的两个新的 X 射线激光跃迁；首次实现类锂钾和钙离子两种新波长的 X 射线激光；首次利用类钠离子复合泵浦机制实现新波长的 X 射线激光；利用类锂钛离子，首次将复合泵浦类锂离子 X 射线激光的最短波长进一步推进到 46.8 埃的世界新纪录，接近"水窗"波段；首次采用前置成像光学系统，发展了时空分辨的测试新方法；首次观察到复合泵浦 X 射线激光发射区的时空分辨特性；上述在国际上首次获得的波长小于 100 埃的 8 种新波长的复合泵浦 X 射线激光，都是在比国际上同时期用其他方案远为低的泵浦强度条件下实现的；首次观察到用氩作为工作介质的最短波长高次谐波，并首次发现自由电子的重要影响与谱分裂的实验现象；率先突破驱动激光能量大于 1 J 的限制等。同年，光机所和中国工程物理研究院上海激光等离子体研究所等单位共同研制成"神光Ⅱ"高功率钕玻璃固体激光装置。该项目实现了多项重要单元技术和总体创新集成，包括前端分系统独创的损耗调制型激光振荡器技术及冷阴极闸流管控制的时空变换脉冲整形技术；首创主激光放大器分系统中的无开关双程组合式放大技术及降低 B 积分增量的小圆屏技术；终端光学分系统中创新集成的高转换效率三倍频技术，以及突破高精度调试关键的三倍频模拟光技术等。该项目获得 2002 年上海市科技进步奖一等奖，2005 年国家科技进步奖二等奖。同年，光机所主持、中科院物理所合作参加的中科院"九五"基础性研究的重大项目——强场激光物理中若干前沿问题研究，建成国内最先进并达到国际一流水平的小型化超强超短激光装置，建成具有国际一流水平的强场激光物理实验基地。首次发现：超强超短激光对固体靶等离子体中电子和离子的猛烈加速新机制；超强激光场中多电荷离子的自旋轨道耦合的重要效应；高次谐波发射的谱分裂现象；自由电子对谐波产生效率影响的直接实验证据等。该项目部分成果获得 1998 年中科院发明奖一等奖、1999 年国家技术发明奖二等奖。2002 年，上海激光等离子体研究所开展的近水窗波段的类镍—钽软 X 光激光输出，在"神光Ⅱ"装置上进行了一轮类镍—钽光激光实验，首次在国内装置上获得了近水窗波段的类镍—钽软 X 光激光输出。实验采用了基频激光与倍频激光联合打靶的概念，并采用了预—主脉冲激光驱动方式和多靶串接方案，实验得到的最大 GL 值约 5.5。

2003 年，光机所徐至展、杨晓东、陆海鹤等承担的小型化 OPCPA（光学参量啁啾脉冲放大）超短超强激光装置研究，获得上海市科技进步奖一等奖、国家科技进步奖一等奖（2004 年）。该项目在国际上首次建成基于 OPCPA 新原理的小型化 1 064 纳米波长十太瓦级超短超强激光装置，获得高量级泵浦 OPCPA 激光系统研究中激光峰值输出功率 16.7 TW 并对应输出脉冲宽度 120 fs 的创国际最高水平的总体结果。在关键单元技术与基础实验中也取得了国际领先水平的创新成果，如：首创 OPCPA 放大系统中泵浦光脉冲与信号光脉冲间精确时间同步的关键技术，将其时间同步精度提高到小于 10 ps；首创飞秒激光脉冲注入再生放大器实现脉冲放大、时间和光谱整形的技术；成功解决高量级泵浦条件下获得高能量转换效率 OPCPA 放大的关键科学技术问题，末级宽带 OPCPA 放大器能量转换效率达到了 25.5%；首次建成与高效率 OPCPA 放大系统有效匹配并精确时间同步的小型化纳秒级强激光泵浦源；首创 OPCPA 放大系统中光路精确对准和时间同步调节技术等。同年，光机所建成 1 台基于钕玻璃放大器的 20 TW 超短脉冲系统（SPS 装置），激光输出功率相当于 2001 年建成的"神光Ⅱ"装置输出功率总和的两倍以上。SPS 装置可以用作其他与"快点火"有关的判断性实验和检验与标定 ICF 物理实验中各种相关的测量装备，在自然科学方面，可以用来研究超强激光场与原子的相互作用，用作软硬 X 射线及其他与超强激光光场有关的科学研究，对自然科学中强场物理的研究具有十分积极的意义。

第四节 电磁学、半导体物理学

一、电磁学

1981年,复旦大学林晓标讨论有关饱和静磁场的计算机控制问题。在磁场强度很大时,铁磁物质产生饱和现象,导磁系数依赖于磁场强度,这必须准确计算磁场,列出非线性微分方程。他为此给定电流的分布求磁场分布;在允许的电流分布的集合中找到一种电流分布,使产生的磁场与给定的最接近。1982年,华东师范大学李明义用矩量法,计算并研究E-平面波入射时不同截面的理想导电柱体表面上感应电流的分布,远区散射和柱体近区场强分布,数值计算结果与实验值相符。该校物理系孙乃华研究了任意截面介质柱体的电磁散射。他应用单矩量法,研究平面波(E波,H波)入射介质圆柱和矩形介质柱的散射问题,其结果与实验结果符合。同年,复旦大学王宗欣、赵惠芬研究由陶瓷、硅等高介电常数材料制成的矩形、圆形介质波导的工作模式,应用给出的图表,可以方便地决定单模工作区域。他们还给出了矩形介质波导各种模式导波长的表示式和圆形介质波导本征值方程的解法,实验测得的几种矩形、圆陶瓷介质波导的导波长,结果与理论计算值相等。1983年,上海师范学院张心心研究进入耗散介质的平面电磁波——纵椭圆偏振波的偏振性质,指出在一般情况之下,电场或磁场处于纵椭圆偏振状态。他还讨论这类电磁波的传播速度、电场和磁场之间的相位关系,以及波印亭矢量问题。该院张民生与上海教育学院分院周昺路研究了孤立导体表面电荷分布与导体表面曲率之间的关系,对电磁学教科书关于孤立导体表面电荷分布与导体表面曲率的关系的解说提出了质疑。通过实例计算表明,孤立导体表面的电荷公式并不是由导体表面的曲率决定的,二者不存在简单的关系。1984年,上海师范学院张梦心、何久安提出一套利用低频电磁波来研究导体中电磁波传播性质的实验装置,并说明测定各种导体中的相速和衰减系数的方法及步骤,填补了电磁学物理实验中有关电磁波实验的空白。

1986年,复旦大学史传进提出一种推导电子组态LS耦合光谱项的状态组合模型方法,其理论意义简明、清晰,与Russell-Saunders方程相比,更易于计算机处理,故适用于多个同科电子的复杂情况。复旦大学华中一、谷超豪提出用两种形状的连续变电位封闭边界来产生严格的四极场,第一种方法是利用电位按$COS2\theta$的关系作连续变化的圆形边界,第二种是利用电位按线性变化的正方形边界,它们都可以在所包含的面积内得到理想的四极场。复旦大学翁台蒙、邹亚明提出静磁场中类氢快离子Stark效应的计算方法,用微扰矩阵对角化的近似方法,计算了处于互相垂直的静磁场和静电场中类氢离子的能级、波函数及电偶极自发辐射的光谱线强度。同年,中科院上海原子核所钱云龙提出以双聚焦、无空间色散设计原则,来代替常用的全消色差设计原则,使医用电子直线加速器的偏转磁铁具有更好的特性。他探讨了缩短靶与磁铁出口的距离,改变入射角所引起的影响,减小旋转治疗头的回转半径,以使偏转磁铁更轻巧。1989年,光机所马健、傅淑芬试制出一种新的静电双棱镜——二次电位分布静电双棱镜,可增强干涉电子的强度,并扩大等间距干涉条纹的区域。同年,复旦大学王阳、姜祥琪证明在同一封闭几何边界上,如叠加两种规定的连续电位,可以在同一空间产生两种相应的场,用简单正方形几何截面的连续线性变化电位边界,作为四极场式的聚集结构,可以同时叠加X,Y偏转场,初步的电子光学实验证明这种设想是正确的。

1990年,上海科技大学严祖祺、阮可妃等从麦克斯韦方程出发,定量地讨论高速带电粒子通过界面产生渡越辐射过程中的能量平衡问题,并由此揭示了带电粒子渡越箔片组过程中的速率脉动变化问题,有助完善带电粒子通过箔片组产生渡越辐射之理论。同年,复旦大学王祖彝研究了均匀外电场中带电导体球表面上的电荷分布。他应用叠加原理、唯一性定理及类比方法得出均匀外电场中带电导体球表面上电荷分布规律,从而求出了球外电场分布。同年,复旦大学邱经武、张先锋、唐志明等开展的液氮温区超导量子干涉器件研究,获得上海市科技进步奖一等奖。该项目在国内首先研制出在 $77^{O}K$ 下稳定运行的 YBCO 射频超导量子干涉器件。研制成工作在液氮温区的变温直流磁化率仪,实现了在弱磁场下测量高温超导薄膜等微小样品直流磁化率的变化。填补了国内高温超导研究中直流性能测试手段方面的空白。

2000 年,上海交通大学张琛、赵小林、杨春生等研发的实用电磁型微马达关键技术开发,获得国家技术发明奖二等奖。微马达是微电子机械系统中的关键部件之一,其性能的优劣和体积大小直接影响到它的性能指标。研制出直径仅 1 mm 的电磁型微马达,其体积仅为芝麻的 1/4 左右,重量仅 12.5 mg,使微马达的研制水平上了一个新台阶。经过直肠内窥镜、微泵和微直升飞机等器件较长时间的试运行,结果表明该马达的运行寿命、输出力矩等关键技术指标达到国际领先水平。2005 年,上海交通大学毛军发、尹文言、李征帆等开展的新型微波射频电路研究,获得上海市科技进步奖一等奖。该项目提出一种新的步进频域有限差分法及其稳定性条件,使分析效率在相同精度前提下提高一个数量级以上。发展了手征类复合介质中的并矢格林函数算子理论;提出了一种 R-∞ 超宽带匹配网络的综合理论和方法。提出了非均匀传输线综合的新理论方法。发展了双各向同性和双各向异性介质传输线理论。建立了传输线和多种微波器件功率容量模型。利用 DDM - CM 理论,将螺旋电感、过孔等效为均匀传输线,得到硅衬底多层螺旋电感品质因素的解析公式。2007 年,中科院上海应用物理研究所方海平课题组通过多方合作,发现纳米水通道具有优异电学开关特性,在有效力学信号导致足够大的通道壁形变下,"通"或"关"的状态迅速响应;只有在外界电荷非常近时,通道才会响应,迅速关闭。研究还表明,纳米水通道的这个优异开关特性的主要原因是,限制于这种纳米水通道中的一维水链的特殊性质和水分子与电荷相互作用的局域性。2008 年,华东师范大学段纯刚、朱自强、褚君浩等在磁电效应机制研究上取得突破。发现在外加电场的作用下,简单的铁磁金属中的 3 d 巡游电子为屏蔽该电场会集聚在金属表面,电子之间的交换关联作用会改变表面磁矩。证明通过载流子的移动,能在铁磁金属表面产生磁电效应。计算表明表面电子的轨道角动量在外场作用下会发生微小变化,影响金属表面磁晶各向异性能。

2009 年,上海大学、北京科技大学周国治、鲁雄刚、钟庆东等开展的冶金过程中的带电粒子控制技术,获得上海市技术发明奖一等奖。该项目提出了以"可控带电粒子流"新原理代替传统的"直接碰撞的化学反应"方法,取得了重要创新成果。主要发明点:发明用可控氧流方法制备高纯 Ti、Ta、Cr、Ni、Nb 及各类稀土金属和合金,为提取冶金开辟了全新的发展方向。发明用可控氧流方法实现无污染脱氧。所研发"脱氧体"专利的脱氧电流密度比美国获奖的同类专利高数十倍。全面研究渣金间带电粒子流的运动规律,对相关的熔体物理化学性质进行计算,为带电粒子控制技术提供理论基础。同年,中科院上海应用物理研究所方海平研究组开展的纳米管内的分子操控——基于受限空间水的信号传递和放大课题,提出并数值验证了微弱信号可通过水传递和放大,因电偶极作用远弱于电荷之间作用而克服了纳米尺度的信号干扰。理论上实现管外电荷对管内水和生物分子混合体的操控,提出纳米管中的实验室(lab-in-nanotube)构想。发现水在特殊表面上的有序会造成第一层水分子的氢键饱和,失去与其他水分子成氢键的机会,导致该层水分子在常温下不亲水。

二、半导体物理学

1978—1981年,中科院上海冶金研究所(冶金所)邹世昌、柳襄怀、林成鲁等与光机所等有关部门协作,对半导体离子注入激光退火进行研究。他们用调Q红宝石脉冲激光退火,使得重离子Bi注入的损伤完全消除,95%的Bi处于替代位置,又用连续Nd:YAG激光退火,使得退火以后杂质浓度分布不变,用沟道技术测得一维晶格膨胀,研究了杂质浓度与一维膨胀的关系。这种研究在国外文献尚未见报道。1980年9月—1981年9月,冶金所王渭源、卢建国等与上海科技大学分部协作,研制出DGM-2型全离子注入的GaAs双栅场效应晶体管。1981年9月—1983年9月,冶金所逄永秀、甫宗等研制成光通信用快速辐射度发光二极管,该发光管由5层外延片组成,并在层中间加长一层光输出波导层,结构合理,具有快速和输出功率高等优点。1981—1985年,冶金所邹元燨对砷化镓材料的制备提出方案,并从理论上解决了材料的缺陷问题,提出了GaAs材料中的缺陷模型。彭瑞伍用固体掺杂剂,制备多种实用的多层结构外延材料,研究外延过程中多种物理化学过程,提高了GaAs材料的质量。1980年代中期,冶金所雷啸霖在与美国学者丁秦生合作中,创立了半导体热能载流子输运的平衡方程理论,提出了分离质心的力学运动与相对电子的统计运动、选择最捷径初态等一系列物理思想,发展了非线性电子输运的平衡方程,创立了半导体热载流子输运的平衡方程理论,在国际学术界被称为雷—丁理论。该理论告诉人们:可以用少数参量来描述强相互关联的多载流子系统在电磁场中复杂的运动,并通过求解动量、能量及粒子数平衡方程获得最重要的输运信息,为半导体热载流子输运问题的研究开辟了一条新的途径。该成果获得1995年国家自然科学奖二等奖。同期,上海在固体物理的研究上开拓了微晶玻璃、人工晶体、超纯元素制备、特种精密合金等的新研究领域。冶金所邹元致力于半导体材料和有关高纯金属及其物理化学的研究,研制出高纯金属镓、磷、砷等元素材料。他对以砷化镓为代表的Ⅲ-Ⅴ族化合物半导体作了缺陷方面的深入研究,提高了砷化镓的质量。1988—1990年,技物所褚君浩等研究窄禁带半导体表面二维电子气子能带结构,发现了电致自旋分裂的子能带色散关系和郎道能级的交叉现象。

1993年,技物所汤定元、褚君浩、郑国珍等开展的碲镉汞半导体材料的光学和电学性质研究,获得国家自然科学奖三等奖。该课题发现HgCdTe光电子输运的物理规律,提出了HgCdTe晶体质量判别依据和检测技术。提出了HgCdTe晶体禁带宽度Eg与组分X、温度T的关系。得出了电子有效质量与禁带宽度关系式和本征载流子浓度n_i与Eg、T的关系式。在国际上首次获得零禁带范围内的EA与组分关系。首先提出了导带中杂质带导电的理论假设。首次建立了测量HgCdTeMIS结构电容谱研究共振态的方法。获得了HgCdTe晶体中施主能级与导带分离的证据。建立了HgCdTe材料、器件的能带参数、物理量及其经验公式和判据。同年,冶金所雷啸霖开展的半导体超晶格子带纵向输运的理论研究,超过国际同行水平。他采用平衡方程理论,成功地解释了峰值漂移速度与临界电场随子带宽度的变化规律,以及峰值漂移速度随温度下降而趋于饱和的现象。根据这一理论研究横向限制对超晶格稳态与瞬态响应行为的影响发现,适当限制载流子的横向运动对制作高频器件有利。研究还发现在载流子浓度较高的系统中,横向运动对布洛赫振荡有很强的阻尼作用,在无限制超晶格中几乎全被抑制。1995年,技物所沈学础、单伟、姜山等开展的几类半导体和超晶格、量子阱结构中跃迁过程的光谱研究,获得国家自然科学奖三等奖。该项目揭示了LnGaAs/GaAs多量子阱体系中同时存在第一和第二类超晶格电子态;提出和实现了共振调制光谱和高压下调制吸收光谱;首次在液氮温度观察到量子阱激子激发态跃迁;证明限制电子子带带间跃迁压力系数小于对应体材料;使超纯硅浅杂质检测灵敏度提高 4～5 个量级,比国外报道的高 2 个量级;发现硅中两个新复合浅施主和 16 条新杂质谱线;首次实验证明强相互作用杂化电子态波函数是组元波函数线性叠加的基本假说。同年,技物所用 MBE 方法制备Ⅱ-Ⅵ族半导体薄膜材料取得明显进展,获得量子阱红外探测器的线列样品,多元长波红外器件实现了探测率的背景限性能,获中科院科技进步奖一等奖。

2002 年,技物所褚君浩、何力、赵双民等开展的碲镉汞红外焦平面光电子物理的应用基础研究,获得上海市科技进步奖一等奖。该项目研究窄禁带半导体碲镉汞红外焦平面光电子物理,在碲镉汞光电激发动力学若干重要基础问题方面取得多项国际首创研究结果。发展了碲镉汞带间光跃迁和能带结构的实验和理论。建立碲镉汞表面子能带结构理论模型。2003 年,复旦大学侯晓远等开展的用电子能谱方法研究半导体表面的物理和化学特性,获得上海市科技进步奖一等奖。该项目研究了 Si、InP、GaAs、GaN 等微电子和光电子技术中最重要的半导体材料的表面和界面特性,取得了重要成果。解决了高质量的 InP 和 GaP 清洁极性表面的制备问题;在国际上最早提出了两种表面结构模型:InP(100)(4×2)表面原子结构的失列-二聚物模型和 InP(111)(1×1)表面的原子振荡弛豫模型。在 Si(100)表面发现了一种新的 C(4×4)再构相,确定了它的原子排列模型,以及它同(2×1)再构之间的相变规律。

2004 年,中科院上海微系统与信息技术研究所承担的太赫兹半导体振荡源与探测器的研究,在太赫兹探测器及物理方面提出了太赫兹辐射感生的碰撞离化机制,解释了强太赫兹辐射在低维半导体中的吸收规律。首次提出了量子阱负有效质量太赫兹振荡器的物理思想。2005 年,技物所褚君浩等开展的碲镉汞薄膜的光电跃迁及红外焦平面材料器件研究,获得国家自然科学奖二等奖。该项目研究结果在理论上推进了碲镉汞光电跃迁理论和能带结构理论,发展了窄禁带半导体物理学,同时直接应用于碲镉汞材料设计、生长和表征及器件研制;促进了中国 1 024×1 元、2 048×1 元的碲镉汞线列焦平面及 64×64 元、128×128 元碲镉汞焦平面列阵器件的研制成功;使中国进入国际上能够成功研制这类器件的先进国家行列,解决了国家重大需求的关键科学问题。2006 年,中科院上海微系统与信息技术研究所曹俊诚负责完成半导体 THz 辐射源理论及 THz 时域光谱应用研究。该项目在半导体 THz 振荡源、探测器及其物理研究方面率先开展了多项创新性的工作,发展了 THz 辐射感生的碰撞离化模型,解释了强 THz 辐射在低维半导体中的吸收规律,并合作研制出 THz 量子级联激光器和 THz 量子阱探测器。

2010 年,中科院上海有机化学研究所高希珂研究组采用在缺电子的芳核上稠合富电子的硫杂环(提高迁移率),并结合拉电子的丙二氰基团封端的策略(保证稳定性),发展了一类新的可溶液加工的 n-型有机半导体材料——2(1,3 二硫 2 叶立德)丙二氰稠合的萘酰亚胺衍生物,并使用溶液加工的方法制备了该类分子材料的 OTFT 器件,电子迁移率高达 0.51 平方厘米/伏·秒,开关比大于 105,阈值电压低于 10 伏,且器件具有良好的空气稳定性和操作稳定性。同年,中科院上海微系统与信息技术研究所开展的上海市科委基础研究重大项目——光子晶体对太赫兹波的调制特性研究,利用传输矩阵方法研究了掺杂半导体 n-GaAs/聚碳酸酯一维光子晶体的太赫兹波透射谱。研究结果发现,与一般由两种介电材料组成的一维光子晶体不同,由于掺杂半导体中自由载流子对太赫兹波存在较强的吸收,所以这种材料组成的一维光子晶体除可形成光子带隙外,还可以增强 n-GaAs 对太赫兹波的透射。

第五节　等离子体物理学

1979年,复旦大学陆全康提出关于温度各向异性等离子体回旋不稳定性的尼奎斯特图。他指出平行于外磁场方向的等离子体动力温度大于垂直方向温度时具有不稳定性,这与物理图景相违背。陆全康力图从非相对论色散关系的尼奎斯特图中,自然反映出不存在这类不稳定性,从而消除了非相对论判据的佯谬。1981年,陆全康通过以 δ 函数为核的积分变换和尼奎斯特图,得出在双麦克斯韦等离子体中沿任意方向的对所有波矢 $\rightarrow$ K 与频率 ω 成立的电磁波不稳定性的严格判据。1983年,陆全康和陈国荣等利用以二体关联动力学为基础的公式,计算出在各向异性等离子体中体散射结构因子的解析式,所得结果适用非热力学平衡的恒定态和热力学平衡态的散射体系。同年,光机所徐至展等人开展强激光与等离子体相互作用的研究,得到以 1.06 微米激光与等离子体相互作用所发射的二次谐波的一维空间分辨的光谱和二维空间分辨的成像,证明强激光束在等离子体中的自聚集或细丝现象。1986年,光机所徐至展、余坚、唐永红从平面电磁波垂直入射一维不均匀磁化等离子体的理想模型出发,讨论自生磁场对密度轮廓修正的影响,计算结果与激光打靶实验一致,并能自然得到临界密度附近的密度凹陷。同年,复旦大学陆全康和中科院物理研究所俞季华对各向异性等离子体散射中的试探粒子模型和BBGKY方程做了比较,对于三麦克斯韦分布体系,用试探粒子模型和BBGKY两种方法分别求得散射结构因子,在试探粒子法应用Solpeter近似时,二者结果一致,在 $\varphi=90°$ 时,该结果和Watt的结果一致。1987年,光机所徐至展、李弘毅等人在线状等焦激光辐照平面靶及柱形细丝靶的实验中,首次观察到了线聚焦激光产生的等离子体中的自聚焦成丝及喷流结构。1988年,上海科技大学沈文达、光机所朱莳通利用严格的解析方法,求得激光等离子体中稳态自洽密度的三参量解族,讨论了几种特殊情况,指出了Lee等人给出的平台型密反分布只是其中的一种特殊情况。

1990年,光机所徐至展、余坚、唐永红等完成的强激光与等离子体相互作用中若干非线性过程研究,获得国家自然科学奖三等奖。该项目在快离子发射、二次谐波发射、自聚焦与成丝不稳定性、密度轮廓变陡及自生磁场效应等重要非线性过程的研究方面都取得重要进展。还在特殊聚焦激光与等离子体相互作用、双频激光与等离子体相互作用,以及激光与薄箔靶相互作用等方面都得到了有意义的研究成果。1995年,光机所徐至展、张燕珍等开展的线聚焦激光与等离子体相互作用研究,获得国家自然科学奖二等奖。该项目首次用多谐波显微成像术研究并观测到线聚焦激光等离子体不同电子密度区的谐波发射分布;首次观察到线聚焦激光在等离子体中的自聚焦成丝现象;首次发现了线聚焦激光等离子体发射的离子及其速度分布在空间上的各向异性;首次观察到线聚焦激光等离子体发射的X射线谱线的源加宽效应并提出了消除方法;对线聚焦激光等离子体及不同离化阶离子空间分布的均匀性及随时间演化过程进行了系统研究;首次发现了线聚焦激光等离子体的大尺度喷流结构,并对其动力学过程进行了时间分辨研究等。

2001年,上海激光等离子体研究所承担的国家高新技术“863”计划中的X线激光及其应用实验研究,获得了类镍—银X线激光的饱和输出,成功拍摄到动态莫尔条纹图像。得到高温稠密等离子体临界面附近电子密度梯度的空间分布,推算出电子密度的空间分布,获得有关等离子体电子热传导等过程有意义的物理信息。2003年,上海激光等离子体研究所在X射线激光干涉法诊断等离子体电子密度实验研究方面取得进展。该所在国内首次成功进行了激光等离子体临界面附近电子密度诊断的演示试验。采用M-Z干涉法诊断聚苯乙烯(C_8H_8)等离子体,获得非常清晰的包含

C_8H_8 等离子体电子密度分布信息的干涉条纹;观察到明显的干涉条纹的移动,给出待测 C_8H_8 等离子体临界面附近的电子密度空间分布,探测到的最高电子密度达到 9.5×10^{20} cm^{-3},非常接近基频驱动激光对应的临界密度 1×10^{21} cm^{-3}。2005 年,上海激光等离子体研究所 X 射线激光实验课题组以类镍-银 X 射线激光为探针,采用马赫-贞德尔干涉法成功地获得了倍频激光驱动 CH 靶等离子体电子密度的空间分布,测得的最高电子密度 Ne~3.2×10^{21} cm^{-3}(临界面处的电子密度 Ne~4×10^{21} cm^{-3}),总体水平与美国利弗莫尔实验室相当。

2006 年,中科院上海应用物理研究所完成微束在团簇中的运输机制及相关效应的研究。该课题首次利用等离子体与碳纳米管相互作用合成金刚石纳米线;实验证实 2MeV He 离子束入射角小于碳纳米管的沟道临界角时,存在着沟道相干散射效应;获得 2MeV He+纳米束斑阵列图;揭示了不同手性碳纳米管对热导率与温度的关系;实现了碳纳米管中 Ag110m 放射性物质的填充;发现了多壁碳纳米管对四膜虫生长有浓度依赖的促进作用。2010 年,上海交通大学开展的实验室模拟太阳耀斑中环顶 X 射线源和重联喷流,借助激光与等离子体相互作用产生的自生强磁场,利用"神光Ⅱ"强激光装置构造了激光等离子体磁重联拓扑结构,并观测到了与太阳耀斑中环顶 X 射线源极为相似的实验结果。

第六节 固 体 物 理 学

1982 年,中科院上海硅酸盐研究所(硅酸盐所)周仁、李家治、张福康等开展的我国古代陶器和瓷器工艺发展过程的研究,获得国家自然科学奖三等奖。该课题经过 1956—1978 年的长期研究,对中国从陶到瓷的技术发展过程获得了具有充分科学根据的结论,显示瓷器发明是在新石器时代制陶技术的基础上逐渐发展而成的。从新石器时代至殷周时代有三大技术突破:原料的选择和精制;釉的发明和利用;窑炉的改进和烧成温度的提高。中国从陶到瓷的发展过程可划分为三个发展阶段:学会制陶技术;学会制造原始瓷;学会制造瓷器。中国商周已出现原始瓷,经过一千多年的发展,到东汉时完成了从原始瓷到瓷器的过渡。根据现有出土文物试样的分析,中国发明瓷器的时间应不迟于东汉。同年,中科院上海冶金研究所许顺生、杨传铮、徐景阳等开展的材料科学中的结构与点阵缺陷的 X 射线研究,获得国家自然科学奖四等奖。1984 年,中科院上海冶金研究所、复旦大学等的吴自良、邹世昌、金大康等研制的甲种分离膜的制造技术,获得国家发明奖一等奖。甲种分离膜是原子能工业中的一项核心部件,制造技术要求高、难度大,它的研制成功为国家原子能工业填补了一项重要空白。1985 年,光机所姜中宏、张俊洲、朱从喜等开展的 LF12 磷酸盐激光玻璃的研究和试制,获得中科院科技进步奖一等奖。1987 年,光机所邓佩珍、乔景文、钱振英开展的激光晶体缺陷的研究,获得上海市科技进步奖一等奖。该项目得出了 Nd∶YAG 晶体位错的传播规律,从理论上澄清了 1970 年代关于这方面的错误观点。该项目清晰地观察到了缺陷形态,从理论上分析和解释并运用于优质晶体的生长。研究了晶体位错的空间分布、位错的起源、位错的性质及标准的位错蚀斑图像。1988 年,硅酸盐所蒲芝芬、黄庚辰、葛振伟等开展的 TeO_2 大单晶及高分辨率大容量 TeO_2 光偏转器的研制,获得国家科技进步奖二等奖。同年,光机所干福熹、林凤英、周忠盖等开展的无机玻璃物理性质计算和成分设计,获得国家自然科学奖三等奖。

1980 年代末,复旦大学表面物理研究室在半导体表面态、表面结构和界面物理性质的研究上取得成绩;真空物理研究室在金属和合金的表面物理、表面电子谱的研究上取得进展,首创芯能级联合谱仪,开发掌握了 10 多种功能的电子能谱技术,能对半导体电真空、金属和催化剂材料进行分析。1988—1990 年,技物所褚君浩等研究窄禁带半导体表面二维电子气子能带结构,发现了电致自旋分裂的子能带色散关系和朗道能级的交叉现象。

1994 年,硅酸盐所承担的新型钡和铋基无铅压电陶瓷及其制备技术为"863"项目开发出新型钡基和铋基无铅压电陶瓷材料。该项目发明了织构化陶瓷的多层晶粒生长新工艺,获得织构化程度达 73% 的钛酸铋钠陶瓷和 95% 的铋层状压电陶瓷。开发成功用于超声无损检测和测距的压电换能器、高温加速度计和流量计的压电陶瓷晶片,在分辨率、信噪比、灵敏度余量等主要性能指标上超过 PZT 压电陶瓷晶片。同年,硅酸盐所 α′-β′-Sialon 复相陶瓷课题组,采用无压烧结工艺研制的一种可用于制作切削刀具的 α′-β′-Sialon 复相陶瓷,经热处理后其高温强度 ρ 1 300 ℃达 644 MPa。1995 年,硅酸盐所开展的铌酸锂晶体缺陷结构和杂质效应,获得国家自然科学奖三等奖。该项目阐明铌酸锂晶体的缺陷结构及其与杂质离子的相互作用机理,为控制并进而人为改变它的光电子性质(如光折变、发光等)提供必要的理论和实验依据,包括掺镁浓度阈值效应机理、光电子改性的物理化学基础和晶体表面离子束改性的缺陷问题等。1996 年,光机所汤洪高、邓佩珍、殷绍唐等完成的优质可调谐激光晶体掺肽蓝宝石 Ti:Al_2O_3 的研制,获得国家科技进步奖二等奖。该课题用自创的感应温场上移法及垂直温梯法,研制出高完整性及高光学质量的优质掺钛蓝宝石可调谐激光晶体。其部分指标如下:高增益系数为 63 dB 双程增益,高掺钛浓度为 $Ti^{3+}=0.38Wt\%$,$a_{490}=$ 6 cm^{-1},高激光破坏阈值为 15 J/cm^2。1997 年,技物所张勤耀、袁诗鑫、杨建荣等完成的碲镉汞 32×32 长波混成红外焦平面及分子束外延材料研制,获得上海市科技进步奖一等奖。该项目采用分子束外延技术研制成功大面积长波、组分均匀的碲镉汞外延薄膜材料,外延材料的单晶成功率和 P 型热处理的成品率达到 100%。解决了器件相关的工艺问题和物理评价问题,温度分辨率达到 0.1℃,在国内首次实现对室温目标的热成像。1998 年,硅酸盐所沈定中、严东生、殷之文等研制的非真空下降法生长大尺寸高质量 CsI(TI) 晶体,获得国家技术发明奖三等奖。铊碘化铯 CsI(TI) 晶体是一种重要的无机闪烁体,具有发光效率高、发光峰值能与光电二极管很好匹配等优良特性,在高能物理、核物理、工业检测等领域有着重要的应用价值。日本高能物理研究所(KEK)和美国斯坦福直线加速器中心(SLAC)建造 B‑Factory 电磁量能器均采用 CsI(TI) 晶体作为探测材料。

2000 年,上海交通大学顾明元、张国定、陈荣等开展的金属基复合材料界面研究,获得上海市科技进步奖一等奖。该项目主要创新是:发现了铝对碳纤维表面原子排列的诱导作用,提出了金属基复合材料界面结合分类新方法;发现了基体中存在的碳浓度梯度,提出了反应产物生长机制的新学说;建立了树枝状界面相的物理和力学模型;创立了一种界面结合强度测定新方法和复合材料低应力破坏理论。2001 年,技物所承担的室温型铁电薄膜红外焦平面列阵研究项目,研究发明了采用高度稀释的前驱体溶液生长高性能铁电薄膜的溶胶—凝胶工艺;首次采用化学溶液方法直接在(Pt/Si)和单晶体硅衬底上实现高度(100)择优取向的金属性(LNO)薄膜的生长;成功研制出非致冷 PZT 和 BST 铁电薄膜红外探测器。2002 年,复旦大学陆昉、蒋最敏、王迅等研制的硅基低维结构材料的研制、物性研究及新型器件制备,获得国家自然科学奖二等奖。该项目对硅基材料分子束外延生长、物理特性及器件研究,取得新发现和创新成果。突破了硅分子束外延过程中的表面偏析和界面原子互混等难题;首次发现了量子点形成时在衬底引入畸变所对应的衍射峰,直接证实了通过衬底畸变实现量子点应变释放的机制;发现了锗量子点的基态到激发态填充 1 至 7 位空穴的库仑荷电效应;首次成功研制和设计出光纤通信用的多种锗硅波导光电子器件和单片集成。同年,光机所主持的蓝绿光高密度光盘存储材料研究项目,在国内首次制成直径为 100 毫米的 Ag‑In‑Te‑Sb 和 Ge‑Sb‑Te 溅射制膜用靶材。成功地合成了亚酞菁染料,其薄膜在 500~650 nm 波段具有优良吸收和反射特性,为双波长(甚至双短波长)记录/读出的实现和短波长记录材料的选择开辟了新思路。

2003 年,光机所徐军、周永宗、邓佩珍等完成的大尺寸优质蓝宝石晶体研制,获得国家科技进步奖二等奖。该项目在国际上首次采用独创的、具有自主知识产权的导向温度梯度技术生长出大尺寸蓝宝石晶体,突破了国际上公认的蓝宝石晶体生长难关,可以直接生长光轴方向即双折射方向的高质量晶体;首次提出蓝宝石晶体的着色机理;首次采用两步法脱碳去色新工艺;首次提出采用双加热温梯法新工艺,比国际上采用的提拉法和热交换法省去了铱坩埚和大量昂贵氦气。同年,硅酸盐所高濂、王宏志、靳喜海等开展的晶内型氧化物基纳米复相陶瓷的制备科学与性能研究,获得上海市科技进步奖一等奖。该项目旨在制备高力学性能的纳米复相陶瓷并深入研究这类陶瓷的性能和制备过程中的若干科学问题。主要发现与创新点:发现了湿化学法制备纳米复合粉体的科学规律;在国际上首创用放电等离子烧结(SPS)技术实现了陶瓷的超快速烧结;用创新性的复合粉体制备工艺和 SPS 超快速烧结技术,制备出各种高性能的晶内型氧化物复相陶瓷;发明了兼有高力学性能和高导电性能的纳米复相导电陶瓷;发明了将碳纳米管高度均匀分散在纳米粉体中的新技术。2004 年,光机所徐军、邓佩珍、赵志伟等主持开展的掺镱和四价铬离子激光晶体的研究及应用,获得上海市科技进步奖一等奖。该项研究在材料的相变机理、Cr^{4+} 的被动和自调 Q 激光机理、Yb^{3+} 离子的敏化机理等方面取得突破。发明 Cr^{4+}、Yb^{3+}：$Y_3Al_5O_{12}$ 激光晶体,首次实现 Cr^{4+}：YAG 对 Nd：YVO_4 的被动调 Q 激光输出等,使 Cr^{4+}：Mg_2SiO_4 晶体的生长,以及激光快速、脉冲、连续、可调节输出等 10 多项关键技术得到解决。2005 年,复旦大学李全芝、黄立民、陈晓银等研发的分子筛材料的表面活性剂模板合成和组装,获得上海市科技进步奖一等奖。该项目合成了不同结构和多级孔结构的分子筛。发现了合成微孔和介孔分子筛的模板剂的统一性;发明了二元和三元混合表面活性剂为模板剂合成介孔分子筛的新路线;提出合成具有强酸性和双模孔结构的新型微孔-介孔复合分子筛的新思路;提出了合成骨架壁含微孔分子筛次级结构单元(SBU)的 SBU-介孔分子筛的新概念。

2006 年,技物所褚君浩、程建功、孟祥建等开展的铁电薄膜微结构控制和特性研究,获得上海市自然科学奖一等奖。该项目对铁电薄膜晶粒尺寸和取向等微结构的控制生长及其特性进行研究,取得重要结果,解决了用于红外探测的铁电薄膜制备的关键科学问题。发现铁电极化和介电特性的晶粒尺寸效应及其控制方法,首次实现非制冷铁电薄膜 BST 红外探测器热成像。首次利用化学溶液方法实现了高度择优取向的镍酸镧 $LaNiO_3$(LNO)导电氧化物电极薄膜材料的生长。首次发现利用非对称电场可以使铁电材料的极化疲劳可逆,为疲劳的铁电材料的极化恢复提供有效途径。解决铁电薄膜复合结构非制冷红外探测器关键技术科学问题,研制出室温下工作的铁电薄膜 256×1 远红外探测器,实现红外成像。2009 年,复旦大学、华东师范大学龚新高、孙得彦、顾晓等开展的金笼子结构与纳米体系结构转变的理论研究,获得上海市自然科学奖一等奖。该项目围绕纳米体系的新结构、新现象,以及建立新理论方法等方面开展了大量的研究工作。首次在理论上发现了金属团簇具有类 C_{60} 的笼子结构,并被其他学者所证实。它不仅改变了金属纳米体系通常具有密堆结构的基本常识,同时改变了有关形成笼子(空洞)结构必须具有共价键的认识。首次提出了金属团簇结构的三壳层模型等普适结构规律。建立了新的等压分子动力学方法。克服了传统方法难以用于有限体系的困难,为研究纳米体系的压力响应和结构转变提供了有效的研究手段。首次发现了稳定金属纳米团簇的玻璃化转变,并被实验所证实。它不仅是一个新的熔化行为,同时改变了有关玻璃化转变的基本常识。

第七节 热 学

1990 年,中科院上海原子核研究所开展用费拉索夫方程研究[208]Pb 巨共振随温度的变化,结果表明随着核温度的升高,巨共振峰展宽并向低能端移动。用含温度推广的汤姆斯(Thomas)-费米(Fevmi)模型讨论了"热核"和核物质的激发能、熵和自由能等热力学函数的温度依赖特性,确定有限温度下核物质的状态方程,计算了液气相变的临界温度,及其对核物质不对称度的依赖关系。1997 年,上海理工大学华泽钊、任禾盛、陈儿同等开展的低温技术在生物医学中的应用,获得国家自然科学奖四等奖。该项研究形成非晶态固化(玻璃化)的理论与方法,提出了提高溶液玻璃化性能的途径和措施,研制了相应的超快速冷却设备。研制了大型低温生物显微系统、生物保存降温仪、低温显微差示扫描量热系统和降温速率可达 104 K/S 的冷却装置等。实现了人的血液细胞、胰岛组织、骨髓细胞、甲状旁体、肝细胞及珍稀动物精子、卵子和胚胎的低温保存。1998 年,华东理工大学胡英、刘洪来、王琨等完成的高分子系统的分子热力学应用基础研究,获得教育部科技进步奖一等奖。该项研究建立了包含缔合作用的具有严格的统计力学基础,形成十分简洁的分子热力学模型。构建了实用的亥氏函数状态方程和基团贡献模型,可预测高分子系统的汽液平衡和具有UCST、LCST、环形和计时沙漏形等各种类型的液液平衡;发展了一个能在格子模型上有效地模拟高分子溶液相平衡的构型偏倚蒸发法;首次提供了二元系高分子链长达 200 和三元系的相平衡模拟数据。同年,上海理工大学完成的毛细血管内亚稳态流及汽液两相流的研究,解决了国际上多年探索而未能解决的亚稳态流的规律问题;提出了毛细管内汽化过程中的两相临界流的形成机理和规律的新观点;发展了汽液两相流的漂移流模型;找出了非共沸混合工质亚稳态流规律及两相流工质参数沿管长的分布规律。其研究成果促进了本学科理论的发展,对不同常规管径的毛细血管内的热力学非平衡汽化特性和汽液两相流特性方面均有创新和突破。

2000 年,上海交通大学潘健生、胡明娟、钱初钧等开展的热处理数学模型和计算机模拟的研究与应用,获得国家科技进步奖二等奖。该项目建立了瞬态温度场—相变—应力应变相互耦合的非线性三维有限元模型;建立了界面条件剧变的模型,实现了复杂热处理操作的模拟;用三维有限元模型和计算机模拟研究表面改性层力学行为,实现膜层的合理设计;开发成功渗碳(或渗氮)动态控制数学模型及其智能控制技术;用流场动力学模拟的方法优化了特大型气体渗碳炉的设计。它适用于形状复杂零件和复杂的热处理操作,覆盖了加热、淬火、渗碳、渗氮、特种膜层表面改性等几种量大面广的热处理工艺,覆盖面明显超过美国国家制造中心在研项目的预期目标。同年,上海交通大学、西安交通大学杨世铭、陶文铨、李心桂等合著的《传热学》,获得教育部自然科学奖一等奖。2001 年,复旦大学王季陶定量化解决了低压人造金刚石、立方氮化硼等新工艺相图计算等实际问题;发现 150 年来经典热力学把第二定律的等式看成平衡体系的标志是不充分或不严格的,提出了一个完整的现代热力学分类系统,创建了一个非平衡非耗散热力学新领域。同年,上海电力学院承担的新一代高效低污染燃烧(RIJKE 型燃烧)装置的研究,在燃煤燃烧试验装置中实现热声转换,属国内首创。该课题开发出利用声能作用的新型声能燃煤燃烧(RIJKE 型燃烧)装置。该项目从理论上掌握和发展了热声转换理论,建立研究自激变化的数字模型,在实验上得出热声转换的内在规律,成功地开发出与传统燃烧方式不同的、具有许多突出优点的新一代高效热能转换装置。

2005 年,上海交通大学黄震、乔信起等开展的燃油溶气雾化与燃烧新技术的基础研究,获得上海市科技进步奖一等奖。该项目首次发现了喷孔孔内流态和压力分布的两种模式及其对溶气燃油雾化的控制机理,成功地解决了燃油溶气喷射中溶气析出气泡生长率低这一国际上一直未能解决的学术难题。揭示了 CO_2 组分比例、温度、压力对溶有 CO_2 燃油的相变过程、闪急沸腾现象和雾化过程的影响规律和控制机理。发现了一种能同时有效地降低柴油发动机氮氧化物和碳烟微粒排放的新方法,提出了发动机溶气燃油喷射与燃烧的雾化作用、稀释作用、热作用和化学作用理论。提出了一种高效、快速制备溶气燃油的新方法——气体射流溶气法,解决了国际上溶气燃油快速制备的技术难题。2006 年,上海交通大学郑平、吴慧英开展的纳微系统中流体流动与传热传质的基础研究,获得上海市自然科学奖一等奖。该项目首次提出适用于微电子芯片冷却的矩形分形树微通道网络系统概念;首次发现在亚微米通道中存在液相/汽液两相/汽相交变流动沸腾模式,以及大幅度、长周期的温度振荡现象;首次提出微扰动器的设计原理,发现纳米管道中微汽泡产生的位置与壁面亲疏水特性有关;发现相同反应物流量条件下,减小通道截面会加速燃料从微通道到电极反应界面的扩散,可以提高微型燃料电池的性能。发现要提高燃料电池输出功率,必须使燃料电池工作在有利于质传递的泡状流区,并给出了出现泡状流、塞状流、环状流的条件。

2008 年,上海交通大学王如竹、王丽伟等开展的吸附式制冷机理与传热传质特性及循环理论研究,获得上海市自然科学奖一等奖。该项目针对新能源中能量高效梯级利用的吸附制冷,解决了国内外尚未解决的物理吸附制冷吸附床传热传质缺乏有效强化、简易高效的循环方式等重要难题。揭示了活性碳纤维—甲醇工质对的高效制冷性能,阐明了化学吸附性能衰减的机理和动力学特性,利用前驱态理论改进了化学吸附模型;揭示了固化吸附剂传热传质过程相耦合;利用升膜蒸发换热理论实现了制冷系统蒸发器的高效换热和冷热隔离。利用基础理论成果,实现了太阳能及低品位余热驱动的吸附制冷系统的创新研制,并研制出吸附系统在太阳能冰箱、渔船制冰机、冷热电三联供等场合的应用。2010 年,上海交通大学黄震、吕兴才、张武高承担的燃料设计理论与均质充量压缩着火燃烧的研究,获得上海市自然科学奖一等奖。该项目突破了燃料喷射雾化模式的制约,缩短了燃空混合的物理时间尺度;调制着火与燃烧的化学时间尺度,对边界层混合气的反应活性进行"修复";阐明了不同辛烷值的基础燃料的化学反应过程及其宏观表征;发现了一种基于燃料设计的均质充量压缩着火与燃烧控制新方法;发展了基于燃烧设计与管理思想的分层复合燃烧模式,实现了全工况范围内的燃烧相位、放热速率和形态的调制。

第八节　原子与分子物理学

1981 年起,华东师范大学物理系在用非线性激光光谱学研究原子分子物理学上,做了开拓性的工作。1981—1984 年,夏慧荣、严光耀和美国斯坦福大学教授、诺贝尔奖获得者肖洛(AL. Shawlow),发现分子近共振增强双光子跃迁的特殊线型,获得了对中间能级失谐量及激光密度的依赖关系。1983 年,光机所王育竹用多光束做了激光偏转原子束,用光学探测法使光束和原子束共振,原子在空间发光,通过照相机把荧光的强弱呈现在二极管阵列上,得到的信噪比、角分辨率比传统方法得到的高出 1 个数量级。1984 年,华东师范大学王祖赓、夏慧荣、马龙生等,首先在国际上报道运用双光子混合泵浦原子—分子系统,以及在宽范围双光子泵浦分子系统产生激光,提出了双光子混合共振激光的概念和机理。同年,王祖赓、王应哲和美国斯坦福大学的肖洛教授报道在分子中串级受激辐射的研究成果。1985 年,复旦大学夏敬芳、吕诚哉建成一套用于多光子电离光谱的实验装置,用氮激光激发下的 CS_2 的三光子电离过程,研究了激发光强、CS_2 蒸汽压及收集区电场强度对电场的影响,测定了离子电量和入射光强之间的 JQ-I 关系、离子电离和 CS_2 蒸汽压之间的关系,以及高气压下电离和气压的关系。1987 年,光机所霍云生、楼棋洪等对金属蒸汽受激喇曼散射的原子基态抽空效应进行研究。他们将受激喇曼散射原子基态及终态粒子数变化的速率方程,与聚焦的泵浦光束及喇曼光束功率变化的微分方程组联立,进行数值求解,研究了金属蒸汽受激喇曼散射过程中基态粒子数的抽空现象,及其对喇曼能量转换过程的影响。1989 年,光机所殷立峰、林福成等人利用自制铀空心阴极放电灯,进行铀发射光谱的测量研究,通过对一系列铀空心阴极放电的最佳光谱特性参量的测量,分析铀空心阴极放电的最佳工作参数,并测得铀原子发射光谱的发射强度和 gf 数。

1990 年,复旦大学何懋麟、罗龙根等人利用新型低气压对称热管炉研究有原子不同气压下的双核光电流光谱,观察到由 Eu 17 341 cm^{-1} 能级发出的 4 条新谱线、由 16 612 cm^{-1} 能级发出的 3 条新谱线。同年,华东师范大学徐曙、邬学文研究了 $XNa_2O . YB_2O_3$ 玻璃的熔融态结构。他们采用变温核磁共振技术,研究结果表明:R≤0.5 的熔体中存在两种较为稳定的结构,即 730℃ ~ 780℃时形成了 B 原子间以双桥氧连接的网状结构,在 880℃~922℃形成 B 原子间三桥氧的链状结构,R>0.5 时仅存第一种结构。同年,技物所季华美等人研究红外透射光谱在 HgCdTe 分子束外延材料检测中的应用,指出在 HgCdTe 外延生长工艺中,红外透射光谱的测试恰能得到截止波长、厚度等参数,并有非破坏性。1991 年,中国工程物理研究院上海激光实验室王世绩、顾援、周关林等开展的双靶对接高增益类氖锗软 X 光激光实验研究,获得上海市科技进步奖一等奖。该项目在国内首次采用平焦场光栅谱仪和条纹相机耦合,拍摄了时间积分和时间分辨的 X 光激光谱,得到了可靠的软 X 光激光束折射角等结果。该项目"双靶对接"的概念和技术属国际首创,实验总体水平达到国际先进,得到的 GL 值属世界领先。

1994 年,复旦大学陈良尧、钱右华等研发的波长扫描和入射角可变全自动椭圆偏振光谱仪,获得上海市科技进步奖一等奖、国家科技进步奖三等奖(1995)。该成果建立了新的椭圆光谱分析物理模型,独创性地导出了新光学系统的解析表达式。独创设计和研制了高可靠无机械传动件的检起偏器 2:1 同步旋转结构。所发展和采取的若干种物理测量分析模式和技术方法,具有独创性。在近红外、可见和近紫外区趋于取代反射和透射法而成为研究固体光学性质的主要实验手段。同年,技物所薛永祺、王建宇、沈鸣明等研发的机载成像光谱仪,获得国家科技进步奖三等奖。该仪器集成像与光谱功能于一体,可广泛应用于环境和各类自然资源调查。成像光谱仪在 0.44 μm ~ 2.5 μm 的可见光—近红外和短波红外波段具有 64 个光谱通道,光谱取样间隔 20 mm~30 mm,瞬时视场 3 mrad~4.5 mrad,扫描总视场 90 度。具有高光谱分辨率、高信噪比、宽视场特点。总体设计立足本国技术基础,在小型化和模块化结构、智能化数据采集系统和实时监视机上数据预处理等方面具有独创性。填补了国内成像光谱技术的空白。1998 年,技物所沈学础领导的科研组发展了多种新的光谱研究方法,如 GaAs 调制掺杂量子阱的限制电子态,量子阱子带间跃迁压力系数。InGaAs 多量子阱光生载流子寿命等,都以可靠的实验方法、精确的不含糊的数据澄清了国际上争议的问题和矛盾结果,因而被国外同行认为是国际上最佳研究结果之一。1999 年,技物所研制的多通道扫描辐射计,是"风云一号"(02 批)卫星上唯一的一台对地观测的多光谱成像遥感光学仪器,其性能直接影响卫星获取地球景象资料的能力及卫星的使用价值。它能同时获取地面分辨率为 1.1 千米的包括 4 个可见光、2 个近红外和 4 个红外波段的十通道地球图像资料。

2002 年,光机所承担的玻色—爱因斯坦凝聚研究项目,在磁阱中对铷原子云进行蒸发冷却的过程中,观察到原子云对探测光束的衍射现象。原子云对探测光束的衍射,表明原子云密度在空间的分布发生了巨大的变化。衍射条纹的出现,证实原子云中发生了 BEC 相变,说明原子云中的多数原子进入凝聚体。玻色—爱因斯坦凝聚(BEC)是爱因斯坦所预言的新物态。2003年,技物所方家熊、朱三根、邱惠国等研制的四波段红外焦平面集成组件,获得上海市科技进步奖一等奖。该项目为中国实现航天对地观测所需关键设备、新型航天遥感系统——可见、红外中分辨率成像光谱仪,针对该光谱仪组件必需适用 $2\ \mu m \sim 12.5\ \mu m$ 波段4个通道的分光功能和85 K工作温度的条件,采用新概念设计探测器组件,发展了新的工艺技术和试验方法。解决了短波红外晶体材料和探测器、短波红外列阵读出电路、中波和长波红外晶体材料和探测器、微型低温红外滤光片、多通道列阵金属陶瓷封装结构、红外焦平面集成组件性能参数测试和试验等6项关键技术。

2005年,华东理工大学开展的非寻常条件下量子体系奇异特性的可检测遗留效应及相关研究,在非对易空间量子理论的研究方面,解决了文献中理论框架的不自洽性和不完备性。发现在特殊交叉电磁场中冷里德堡原子轨道角动量的零点值为约化普朗克常数的四分之一。解决了文献中角动量超对称伴子的带猜测性的困难,发现在零动能极限下冷里德堡原子超对称伴子的轨道角动量的零点值为约化普朗克常数的三分之二。证明了畸变量子理论的微扰等价定理。同年,技物所承担完成国家"863"项目——机载高空间分辨力、高光谱分辨力多维集成遥感系统。该课题提出集成系统的创新设计思路,研制由宽视场高光谱成像仪、线阵推帚式高空间分辨力全色立体和多光谱数字相机、激光测高装置、稳定平台和高精度定位定向系统(Position & Orientation System)等组成的机载一体化综合集成系统;开发成功多维信息处理软件,实现高光谱、高空间、激光测高、POS数据的融合处理。2006年,华东师范大学开展的冷原子穿越激光束的量子隧穿时间,研究了一束冷原子入射到一个蓝失谐的激光束上所表现出的量子力学隧穿效应。在理论上分析了具有内部结构的原子矢量物质波穿过激光束的量子力学反射与透射,量子力学波动性使得冷原子穿越一个激光束时明显地展现出与经典粒子(热原子)不同的结果。

2008年,光机所开展的积分球冷却气体原子研究,利用国产的高反射率陶瓷积分球(反射率98%),首次在国内实现了积分球冷却气体原子。该研究把冷却光通过多模光纤导入积分球内,获得的冷原子比通常的光学黏胶冷却大两个数量级。观察到冷原子在积分球内的激发、扩散及自由下落过程。同年,光机所开展的脉冲光抽运型铷原子钟研究,在国内首次实现脉冲光抽运型原子钟(POP型)的原理性运转,成功观测到Ramsey干涉条纹,中心条纹线宽(140±10)赫兹。POP型原子钟在时间上实现了激光场、微波场与原子的相互作用的分开,提高了原子钟频率的中短期稳定性,可延长导航系统原子钟的使用寿命。2009年,光机所张海潮研究组在国际上首次实现了中性原子的高频势阱囚禁和导引。该研究进展对实现原子芯片高频势阱、微型原子激射器的连续运行和物质波干涉研究具有重要意义。利用高频电磁场导引原子的原理是,有空间梯度的射频场混合了在均匀强静磁场中原子的磁子能级,在静磁场和射频场的作用下,原子的本征态是缀饰态。这些缀饰态的本征能级随空间位置的变化给出了绝热的囚禁势。同年,华东师范大学张卫平研究组在量子与原子光学领域取得进展。该研究得出经过激光冷冻技术形成的超冷原子团能够与弱到单个光子水平的光发生相互作用。该微弱的相互作用能够控制原子在不同的量子态间进行类似于开关式的"跳跃"。

2010年,技物所开展的星载全覆盖复合分辨率光谱成像关键技术,获得上海市科技进步奖一等奖。该项目研制的气象卫星光学遥感仪器,实现了多光谱、高分辨率、高灵敏度的综合观测能力和技术跨越。首创250米空间分辨率、2 900千米幅宽的长波红外成像技术;集成创新应用国内规模最大的长波红外光导40元线列红外探测器技术,实现高灵敏度性能;采用国内首创的低温工作光学系统实验室校正技术,突破了实验室环境下同时实施常温、低温光学的难题,解决了低温状态下红外双光路的光轴配准、光学元部件之间的轴向间隔保证,以及红外探测器面阵的焦面调整、多通道探测的像元配准等技术。

第九节　原子核物理学

1978年,复旦大学杨福家、汤家镛研究级联过程的衰变规律。他们给出利用多能级级联过程的衰变规律,可以修正以前只计及单能级衰变规律而得到的全部寿命数据。1979年,中科院上海原子核研究所(原子核所)李民乾、盛康龙等人研制成全自动质子激发X射线分析系统,其特点为灵敏、快速、多元素同时分析。他们利用原子核所回旋加速器产生的3.5 MeV质子束,建成全自动PIXE分析系统,提高了加速器利用率和实验精度,主要指标达国际先进水平。该系统应用于月岩成分分析、生物医学中微量元素研究等方面。

1980年,原子核所周善铸、潘浩昌、林俊英、吴解征等人对回旋加速器上氚年代测定进行研究。他们把浓缩后的待测水样品经电解收集的氢氚、氚混合气体送入加速器,离子源的各种离子被引出并加速到高能量,然后利用核物理实验技术中的粒子探测和鉴别技术,对氚离子及其他各种离子分别进行逐个计数,其灵敏度比常规的衰变方法要高出几个数量级,从而可用少得多的样品量(约少1 000倍)进行年代测量。1985年,原子核所常宏钧、刘玉堂、蒋星石完成的1.2 m固定能量回旋加速器改造为30 MeV(P)等时性可变能量回旋加速器工程,获得国家科技进步奖二等奖。同年,原子核所翁守清、孔祥海、谢炳华开展的用内充气正比计数器装置绝对标定氚水和氚气的放射性比活度,获得国家科技进步奖三等奖。同年,复旦大学毕品镇和卢鹤绂从部分子模型出发,考虑胶子的作用,以质子结构函数的实验数据探讨原子核内的夸克分布。在一个有n核子的原子核内,在最低级近似之下,可以假定其中每一个核子在与其他核子平均作用(n−1)次后,就有一次是"自由"的。由此得出的原子核结构函数,在$0 \leqslant X \leqslant 1$区域内与实验符合很好,在$X > 1$可作出预言,并可消除中子结构函数的理论与实验的不符合。

1987年,复旦大学毕品镇和卢鹤绂用核的夸克—胶子模型,研究Preu-ran过程的核效应,其结果与实验相符,这表明核子内的夸克结构依赖周围环境。1988年,原子核所方建国、沈天健、扬少琪等开展的自然伽玛能谱测井方法与仪器的研究,获得上海市科技进步奖一等奖。自然伽玛能谱测井,是国外1970年代投入使用的新的核测井方法,它对分析地层结构。解决复杂地质问题具有独到之处,其应用对油田的勘探和开发具有重要价值。该项目的研制成功填补了国内空白。1989年,复旦大学毕品镇研究了有限温度下的K介子凝聚。他将Brown等讨论在零温度K介子凝聚的工作推广到有限温度,结果表明温度对于原子核的临界密度影响不大,新物质相有可能在重离子反应中形成。该校顾牡用(p.r)反应研究^{40}Ca核的$J\pi = 1^+$,$T = 1$态取得成果。他测量了^{39}K(p.r)^{40}Ca反应的激发曲线及角分布,在质子能量为2.7 MeV～3.8 MeV中出现9个共振,其中6个共振第一次在(p.r)反应中观察到。EP=2 824 keV共振对应的激发态能量为11.083 MeV,具有向基态跃迁的MI强度$B(MI, \uparrow) = 0.24 \mu o^2$,基本符合Brown壳模型的计算结果。

1990年,复旦大学原子核科学系开展激光与离子束共线相互作用研究。得到寿命为$\tau = 27.6 \pm 0.9$ ns,观察不同同位素共振激发波长的位移,由此计算中6 K。9/2能级三个组态4f46P、4f35d2和4f35d6p的混合比0.84、0.15和0.01。同年,上海交通大学钱诚德根据实验事实和相互作用玻色子模型理论,提出了偶偶核的SP相互作用玻色子模型,并用此模型的SU(3)极限,讨论偶偶变形重核的转动带能谱,理论能谱与重核的实验能谱符合。同年,原子核所科研人员研究了

9 KeV 电子产生的锆原子 L 次壳层初级空位分配和 L_1 - $L_{2,3}M_{4,5}$ 库斯特尔—克鲁涅希跃迁产额，73 到 83 号元素的原子 L 次壳层荧光产额。报道了新获得的 35 个基础原子物理量（其中约一半是国际上首次得到的实验值），指出了以前对 L 次壳层空位跃迁过程的某些不正确的定量解释。1993 年，以原子核所为主要参加单位的 5 兆瓦低温核供热试验堆，获得国家科技进步奖一等奖。5 兆瓦供热堆是具有内在安全的新一代核动力装置，能有效地包容放射性，未对外部环境和热网造成任何放射性污染。供热堆的非能动余热排出系统可以在任何工况下可靠地排出堆芯的剩余发热。1994 年，原子核所所建成国产最高能量的串列静电加速器，端电压 6 MV 以上，能量稳定度好于 0.1%，引出 10 余种离子束，满足应用核物理和实验核物理研究需要。1995 年，原子核所主持的核子微探针技术在地质、材料、生命和环境科学等领域中的应用，获中科院自然科学奖二等奖。

2001 年，原子核所沈文庆、马余刚、冯军等完成的重离子核反应的集体效应和奇异核产生及其性质研究，获得国家自然科学奖二等奖。该课题给出常规核反应总截面的最佳经验公式，被国际同行称为"沈公式"；创立用核输运理论研究核反应截面的新方法，提供了从总截面中提取核态方程和介质中核子-核子作用截面的可能，初步解决了世界上广泛使用的 Glauber 模型计算反应总截面的中能下偏低的问题；解决了用统计法决定反应平面离散有很大误差的问题；发展相对论平均场理论来研究丰中子核的晕中子效应，用加入对称势的主体归一化来计算奇异核内核子分布的新方法；导出轻系统在中能时核态方程和介质中核子—核子相互作用截面的有关结论；给出了可以产生当时世界上最重的奇异核次级束的实验截面，发展了擦散模型可以用于预言奇异核次级束产生截面。2002 年，以原子核所为依托单位的"973"计划项目"放射性核束物理与核天体物理"取得成果。课题组用反应总截面测量，从实验上提出 23Al 和 27P 是有质子晕核的论断，首次发现一批可能具有奇异（晕）结构的原子核。

2004 年，中科院上海应用物理研究所（应用物理所）重离子反应课题组分析得到了 200 GeV 的 d＋Au 碰撞中 Lamdba、K0 和 Phi 产额的实验结果，发现粒子产额遵循粒子种类依赖型，以及在 d＋Au 碰撞中没有高横动量下产额压缩的现象；分析完成了 62 GeV 的 Au＋Au 碰撞中 Phi 介子产额和椭圆流的实验结果。用非平衡的流体动力学模型研究了在有限重子密度的化学非平衡的 QGP 中产生的双轻子、奇异性和硬光子及 k-/pi-比等。同年，该所研制成拥有完全自主知识产权的 10 万千瓦级燃煤发电机组烟气脱硫用超大功率工频变压器型电子加速器试验样机。该样机能在 600 keV 能量下输出 300 mA 电子束流，束流强度和束功率均超过国内工业辐照加速器的最高技术指标，接近国际上用于电子束烟气脱硫示范工程的同类型加速器的水平。

2006 年，应用物理所等完成先进核分析技术在环境科学中的应用研究。该项目在国际上率先实现单颗粒 PM2.5 污染源的追踪，发现上海市中心大气 PM2.5 单颗粒污染来源；在国际上首次对一个城市较为定量地估算铅的排放源对大气污染的影响；发展同位素示踪与 HPLC－ID－ICP－MS 相结合研究生物体内汞结合蛋白的定量方法；成功实现纳米聚苯乙烯颗粒物和 PM10 的放射性碘标记，实验发现炎症反应能明显增加不溶性超细颗粒物从肺组织向血液循环系统的转移；发现 153Sm 和 169Yb 都能通过血—脑屏障进入脑，并在脑中蓄积，说明脑也是稀土在体内的靶器官；首次在国际上清晰地观察到 PM2.5 染毒造成肺组织约 0.5 毫米的活体鼠的出血斑点。2009 年，应用物理所开展的通过测量中子—质子比提取中子皮厚度的可能性研究，研究了以丰中子核为炮弹的核反应中产生的中子—质子产额比（Rnp）与弹核中子皮厚度的依赖关系。通过调节液滴模型中炮弹中子密度分布的弥散度系数，得到不同大小的中子皮厚度。通过 IQMD 模型模拟核—核碰撞过程，得到核反应中产生的中子—质子比信息，进而得到中子皮厚度与中子—质子比的依赖关系。同时利用 IQMD 模型模拟了 Ca 和 Ni 的丰中子同位素炮弹与 12C 靶在 50A MeV 的碰撞反应,结果表明中子-质子比与中子皮厚度之间存在很强的线性关联。

第十节　粒　子　物　理　学

1978 年,复旦大学殷鹏程对强子结构提出了一种新的袋模型——胶袋模型。他把 SLAC 袋模型里的夸克由袋的边界移到了袋的内部,得到了类似 M. I. T. 袋的解的形式,同时给予 M. I. T. 袋模型以场记基础。1982 年,华东师范大学朱伟、徐在新等提出了一种类似 Thomson 原子结构的强子结构模型,强子由准自由的价夸克和处于"凝聚"态的胶质组成,海夸克取胶子场的真空极化形式。以统计热力学方法处理胶子态,用部分模型处理夸克,解释了 μ 对大横动量实验中的几个事实及一些其他强子过程。

1984 年,复旦大学汪荣泰、倪光炯从(1+l)维的场论模型着手,讨论玻色子场和费米场的内在联系及无质量流的 Thirring 模型。指出了无质量的 Thirring 模型的连续,并使之等效为无质量的自由标量场模型,利用旋量场算符具体地构造了等效的标量场算符,导出无质量 Thirring 模型的临界耦合常数 gcr=π。同年,复旦大学李新洲和上海师范学院陆继宗研究了广义规范层次,认为初始磁单极质量、质子寿命和 Weinberg 角可以用来对 Dawson‐Georgj 的广义规范层次理论加以限制,由此对 N=3 的情况做了系统的研究,指出如果 C2(G3)-C2(G2)=1,大统一理论和热大爆炸宇宙之间的矛盾可以避免。1985 年,复旦大学李新洲和中国科技大学汪克林在自发破缺的具有 Higgs 三重态 SU(2)规范理论中,探讨同位旋 1/2 的费米子的质量对费米子—磁单极束缚态的影响。他们研究的结果表明,当费米子与 Higgs 场之间的直接耦合趋于零,狄拉克质量保持固定时,费米子—磁单极束缚态的必要条件不被满足。

1987 年,上海师范学院冯承天提出电磁场理论是 U(1)丛上的联络的观点,论证了主丛的定义、转移函数、局部截面和局部平凡化、主丛上的联络,以及外协变微分和曲率等基本概念。同年,华东师范大学朱伟探讨 Friedberg—李政道模型的袋壁效应,讨论了在原子核中孤子口袋(F‐L 模型)的性质,指出由于核子间的相互作用将使得袋壁变薄,从而袋控膨胀,由此联系到实验上观察到的结构函数的畸变现象,并通过后者确定了 F‐L 模型中的参数,所得结果与实验给出参数相符。同年,复旦大学陈虹、陆全康提出关于电磁相互作用体系的关联函数的一种新解法。他们从 BBGKY 理论出发,借助试探粒子的概念,提出这种新的解法。该工作是 Rostoke,Rosenbluth 工作的推广,由此导出计算电磁效应的 Balescu‐Lenard 方程。

1988—1990 年,复旦大学孙耀德、毕品镇采用椭球袋模型,讨论胶子有效质量对重夸克势的影响,分别计算了胶子有效质量为 0,0.2 GeV,0.4 GeV,0.6 GeV 和 1.0 GeV 时的重夸克势。计算表明,除汤川势外,势仍近似呈线性,随胶子有效质量增加,斜率逐渐减小。1990 年,中科院上海原子核所陈军锋、贺泽君研究极端相对论原子核碰撞产生的热夸克物质的特征轻子谱。他们基于相对论流体力学,计算了高温高密夸克—胶子等离子体在衰变过程中产生的特征双轻子谱。

2003 年,中科院上海应用物理研究所(应用物理所)参与了年度 RHIC‐STAR 的运行,并在 200 GeV 的 d+Au 的反应中分析了 φ 介子的产生,提取了产额的横向动量谱和温度等。STAR 合作组在 2002 年的 200 GeV Au+Au 碰撞和 2003 年的 d+Au 的对比中,发现产生了高密度的强耗散的物质,这与理论上预言的重离子碰撞有可能产生夸克和胶子等离子体物质的预言相一致。在理论方面,建立了富重子夸克—胶子等离子体的化学平衡演化模型,并首用 Jüttner 分布描写部分子的相空间分布,在此基础上发现了一个夸克胶子产生的信号——中等质量双轻子产生的重大增强,为 RHIC - STAR 的实验提供了理论预言。同年,中科院上海光学精密机械研究所在国内首次成功进行了亚皮秒激光轰击含氘材料出中子的判断实验,获得了单发最高 $2.4×10^4$ 个中子产额,为国内核聚变与"快点火"相结合的研究奠定了基础,特别对推动国内"快点火"研究具有十分重要的意义。

2005 年,应用物理所完成丰质子核结构和核反应研究。该项目通过核反应总截面的实验测量,提供了 23Al 和 27P 可能是质子晕核的实验证据;发现 29P 是质子皮核的候选核。开展了对 A～30 区质子晕核寻找和特性的实验研究,测量了反应总截面、碎裂反应产物动量分布和单或双质子的擦去反应截面;进行了核液气相变时存在着核碎片的等级分布律研究。在理论研究方面,预言了放射性核束发射的核子—核子动量关联函数与核的束缚能或核子分离能的关系;提出了超重核的性质共存观点。同年,应用物理所完成了 RHIC 能区的 φ 介子的实验数据的系统性分析。在 RHIC - STAR 首次尝试使用事件混合重构的方法研究 φ 介子的椭圆流,发现两条子粒子的自关联对于椭圆流的影响极大。同年,该所承担的 100 MeV 高性能电子直线加速器,经测定直线加速器输出的电子束能量均超过 100 MeV,能散度小于 1%,输出的电子束流发射度小于 1π · mm · mrad。

2006 年,应用物理所对 RHIC 的 200 GeV/c Au＋Au 的中心碰撞进行两粒子和三粒子关联研究,发现相对论重离子碰撞中强子关联谱的背向关联角劈裂的现象,类似于流体动力学上的马赫波现象。首次提出了部分子的级联碰撞,解释了美国相对论重离子对撞机(RHIC)上观测到的类马赫波现象的观点,并且描述了类马赫波产生的时间演化过程。在实验中发现自旋在粒子产生及其动力学中起着重要作用。2007 年,应用物理所马余刚项目组与美国劳伦斯 · 伯克利国家实验室合作开展相对论重离子碰撞研究,共同发现由奇异夸克组成的 φ 介子具有明显的椭圆流(v2)并与其他介子属于同类,产生 φ 介子的奇异夸克符合热平衡公式描述,φ 介子的核修正因子(Rcp)也与其他介子属于同类,而与重子不同,确认了部分子阶段的集体流在 RHIC 中形成。2008 年,马余刚项目组发展了一种提取夸克横向动量分布的方法,结合夸克组合模型可以提取强子化时刻的奇异夸克(s)和轻夸克(u、d)的横向动量分布,并在 200 GeV/c 的 Au - Au 碰撞中的不同碰撞中心度的实验数据中得到了应用,定量地提取了 s 夸克和 d(u)夸克的横向动量分布。

2010 年,应用物理所与美国布鲁克海文实验室等中外科学家合作,在上亿次金原子核进行高能"对对碰"的海量数据中寻找反物质超核的证据。通过反氦 3 和 pi 介子衰变道的不变质量谱重构,探测到第一个反超核粒子——反超氚核。它是一个反 Lambda 超子和一个反质子、反中子聚合形成的束缚态。这个可能大量存在于宇宙"婴儿期"的物质是科学家们发现的最重的反物质原子核,也是第一个含有反奇异夸克的反物质原子核。

第三章 化 学

第一节 无 机 化 学

1980年,复旦大学陈与德从离子极化观点出发,提出了多种参数推算配合物稳定常数的经验公式,并尝试预测配合物稳定性。复旦大学顾翼东、俞练民、吴介达等创造"内在还原法"制备蓝色氧化钨,其化学纯度高(9.99%)、化学活性强、颗粒流动性好和易于还原成钨粉。1982年,中科院上海硅酸盐研究所(硅酸盐所)郭祝昆、林祖纕、严东生等开展的稀土氧化物—高熔点氧化物系统相平衡与结晶化学规律的研究,获得国家自然科学奖三等奖。该成果系统地研究了稀土氧化物和ⅡA、ⅣB族高熔点氧化物(BeO、TiO$_2$、ZrO$_2$)、系统的相平衡,共19个二元系统:Ln$_2$O$_3$ - BeO(Ln=La、Nd、Sm、GdHoYb、Y)、Ln$_2$O$_3$ - ZrO$_2$(Ln=La、Nd、Sm、Gd、Ho、Yb、Y)和Ln$_2$O$_3$ - TiO$_2$(Ln=La、Nd、Gd、Ho、Yb)。做出了这些系统的相图,它们随稀土元素离子半径的减小而呈规律性的变化。在这些系统中,确定了一系列稳定和介稳定化合物及各种类型的固溶体;探讨了它们生成和变化的结晶化学规律性。提出了一种化学反应的熔体结构模型,用这些模型计算了一些 Ln$_2$O$_3$ - BeO 系统的相图,得到了满意的结果。1985年,硅酸盐所郭祝昆、林祖纕、严东生等开展的稀土氧化物—高熔点氧化物系统相平衡与结晶化学规律的研究,获得中科院科技进步奖一等奖。1986年,硅酸盐所严东生、符锡仁、庄汉锐等完成的重烧结氮化硅陶瓷,获得中科院科技进步奖一等奖。1986年,复旦大学蒋仁安、庞震完成了络合均相沉淀法生产钨酸及其机理的研究。他们寻找了 H$_2$O$_2$ 络合剂、改进除硅条件、寻找回收残留钨吸附剂,并进行了工艺的研究。1987年,中科院上海冶金研究所陈念贻、江乃雄、刘洪霖等开展的熔盐与合金的化学键理论研究,获得国家自然科学奖四等奖。

1988年,复旦大学谢高阳等采用回流加热、溶剂析出晶体的方法,合成了钕、钐、铕、钆、镝、铽、铒和镥的氯化物与甲基亚砜配合物的晶体,对其中5种配合物的组成及一些物理性质进行了表征,并用X射线单晶分析了氯化铁与甲基亚砜配合物的结构。同年,华东化工学院朱裕贞、苏小云、臧祥生、周新提出一种光度法研究配合物的最优化估值,对多种实验方法数据的处理均能适用,并可直接求算配合物的逐级稳定常数和摩尔吸光系数的最优估值。同年,中科院上海有机化学研究所许庆仁参与的合作项目——从金川镍系统钴渣制取纯氧化钴粉新工艺工业试验,获得国家科技进步奖二等奖。1989年,复旦大学蒋安仁、庞震等完成的络合均相沉淀法生产钨酸及其机理研究,获得上海市科技进步奖一等奖。钨酸是冶金工业和化工工业的重要中间原料,络合均相沉淀法生产钨酸在国际上是一项创造,工艺流程简单,收率高,节能,节酸,而且减少三废污染。同年,复旦大学朱思三、顾翼东用紫外吸收光谱法,研究六聚钨酸和十聚钨酸在溶液中的相互转化过程,鉴定了相互转化的产物,测定了转化反应速率常数和表观活化能。

1990年,硅酸盐所仲维卓、华素坤、章元龙等开展的人工水晶的结晶习性与生长规律,获得国家自然科学奖三等奖。该项目提出了Si - O四面体五联分子[Si$_5$O$_4$(OH)$_{12}$]为生长基元的假说和三方偏方面体单形在水晶生长过程中起主要作用的论点;提出了Si - O四面体的一个二次对称轴与晶轴 C 间的交角随温度而变化;按水晶的结晶习性可有效地选择最佳籽晶取向进行掺杂,为彩色水晶的均匀着色提供了理论依据;提出用表面结构简便地确定晶体左右型及双晶的方法,进一步证实了晶体微观结构与宏观结构的一致性。同年,复旦大学顾翼东等应用倒滴加法制备出活性粉状白钨酸,受到国际国内的重视。利用过硼酸钠完成了一种新型的烯烃邻羟基乙酰基化反应,具有理论意义。

1991年,华东化工学院程继健、梁振华等开展的硫系玻璃系列研究,获得国家自然科学奖四等奖。该研究在国际上首次成功地得到了晶化率在95％以上的硫系微晶玻璃。同时锗的引入还消除了基玻璃在12.8μm处的吸收,这在国际上也属首创。研制出了一系列具有极低检测下限、高选择系数与对各种强腐蚀介质十分稳定的新型浓度化学传感器。开发了若干具有优良的光、电性能的硫系与硫系—卤化物玻璃新的形成系统。同年,硅酸盐所在高温结构陶瓷材料方面,着重开展超细粉体、多相复合、纳米级晶粒陶瓷等研究工作。通过对$PbNb_2O_5$陶瓷的稀土掺杂和二价金属离子置换铅的实验,研制成一种Kt达0.50、Tc为460℃的新型高温压电陶瓷材料。1992年,复旦大学集中了该校物理、化学等多学科的教师进行C_{60}的制备、分离及化学修饰研究,在制备、分离、化学修饰和离子束研究等方面,取得国内领先水平的成果。1997年,硅酸盐所承担的新型抗水镁水泥复合材料的研究与开发取得成效。该所研究了此类材料的化学配比和相组成关系,以及添加剂在稳定结构和抗水性方面的作用和机理,找到一种以磷酸盐为主体的无机复合添加剂,大幅提高镁水泥材料的综合性能和抗水性能。

2003年,同济大学、上海大学、硅酸盐所吴庆生、刘金库、丁亚平等报道了首次利用胶棉人工活性膜模板,成功制备了硫化镉准纳米圆球,产物粒径范围80 nm～280 nm。圆球边界清晰,为立方闪锌矿多晶结构,晶格常数a＝0.581 8 nm。光学性质研究表明,当激发波长为390 nm时,出现了波长为480 nm的蓝光和535 nm的绿光两个发射峰,表现出明显的量子尺寸效应。2005年,上海交通大学张亚非等完成的氧化物辅助合成一维半导体纳米材料及应用,获得国家自然科学奖二等奖。该项目创立了一维半导体纳米材料的生长新机制和合成方法——氧化物辅助生长法。成功地控制生长了线状(一维)、链状(零维)及带状(准二维)硅纳米结构并阐明了其形成机理。大量制备了高纯、特长、高取向、尺寸统一、直径可调的纳米线,并对其进行掺杂以提高其性能。成功制备了大量性能优越的锗、碳化硅、Ⅲ～Ⅴ和Ⅱ～Ⅵ族半导体纳米线等具工业应用前景的纳米材料。同年,硅酸盐所高濂、孙静、刘阳桥等开展的纳米微粒和碳纳米管的分散及表面改性研究,获得上海市科技进步奖一等奖。该项研究首创利用俄歇电子能谱研究分散剂在纳米微粒表面吸附机理及状态;定量揭示沉积物形貌分维值与浆料分散状态的内在关系;首次将2-膦酸丁烷-1,2,4-三羧酸(PBTCA)成功应用于陶瓷超细粉体的分散;发明表征碳纳米管悬浮液稳定性的半定量方法;首次提出反微乳非共价键合法;率先报道多种新型功能性碳纳米管复合体材料的研制,成功解决碳纳米管的分散及与基体材料的界面结合问题。

第二节　有 机 化 学

一、有机合成化学

1982年,中科院上海有机化学研究所(有机所)黄鸣龙、周维善等开展的甾体激素的合成与甾体反应的研究,获得国家自然科学奖二等奖。该成果合成了多种甾体激素药物和甾体口服避孕药。各种甾体激素合成方法中,有些是他们的独创。该项研究发现的一些化学反应和合成方法,丰富了甾体化学内容,有助于合成水平的提高。同年,有机所、上海科技大学黄耀曾、沈延昌、丁维钰等共同开展的高活性的胂叶立德在有机合成中的应用,获得国家自然科学奖三等奖。该项研究成果认为:有拉电子基团(COOR、COC_6H_5、CN)的胂叶立德能在极温和的条件下与醛酮顺利地反应,这一方法是一步合成 α,β-不饱和酸酯、α,β-不饱和酮和 α,β-不饱和腈的好方法;膦叶立德不能与 α,β-不饱和酸酯作用;膦叶立德不能与 α,β-不饱和酮反应;发现了有机化学中前所未有的一种炔酯—烯醚重排,应用交叉反应和标记元素 18O、阐明此特种重排的反应机理;在研究甲氧羰基亚甲基三苯基胂与酮反应的立体化学中,发现了产物 E 式和 Z 式的比例决定于作用物酮的结构。

1987 年,有机所黄维垣、黄炳南、王巍等开展的亚磺化脱卤反应,获得国家自然科学奖二等奖。该项研究提供了合成三氯甲基亚磺酸、磺酸及其衍生物的一种新方法,并首次应用于合成 α,α-二氯多氟烷基亚磺酸、磺酸等类化合物。1988 年,有机所周维善、许杏祥、吴照华等开展的青蒿素及一类物结构和合成,获得国家自然科学奖二等奖。青蒿素是从中药青蒿中分离的新倍半萜内酯,具有独特的抗疟作用,临床应用效果良好。青蒿素结构具有两个明显的特征,一是含有双烷基的过氧基团,二是从过氧基开始存在着氧—碳—氧—碳的交叉排列,这样的结构在自然界还是首次被发现。采用一系列新的物理技术并结合化学反应测定了它的结构和绝对构型。同年,有机所李基森、龚秀英、何子鉴等研制的有色、贵金属和合金等新型电刷镀溶液系列(66 种)的研制与应用,获得国家科技进步奖二等奖。

1990 年,中科院上海药物研究所(药物所)潘白川、周启霆、顾学钦等开展的植物抗癌成分美登素的全合成研究,获得国家自然科学奖三等奖。该项研究于 1976 年开始,1978 年完成 C1 - C8 和 C9 - N 两大片段的合成,1983 年完成了光学活性美登醇的全合成,以后又设计了新的合成路线。改进反应步骤,对手性碳原子加以立体控制,合成了光学纯的美登醇和美登素,其熔点、TLC、HPLC、比旋度、CD、UV、IR、MS、NMR 和生物活性等均与天然标准品一致。美登素的全合成证明了本项研究在各片段的划分、制备及其相互连接、各手性碳原子构型控制、大环内酰胺的成环、多种保护基因的选择及应用等方面都是成功的。同年,有机所郭广忠、李镇宇等开展的杨干透翅蛾性信息素结构鉴定、合成及应用,获得国家科技进步奖三等奖。杨干透翅蛾是中国西北和华北地区杨树主要蛀干害虫之一。该发明通过摘取未交配雌蛾的性腺体用漂洗方法收集性信息素,经多种仪器分析及野外试验,鉴定出该虫的性信息素为顺 3 顺 13 -十八碳二烯-1-醇。然后以丙炔醇为原料通过炔键移位等七步反应合成出该性信息素。通过应用解决了用性信息素测报、检疫及防治应用中的一系列技术问题。

1993 年,有机所黄耀曾、施莉兰、杨律华等完成的有机砷、锑化合物在有机合成应用中的方法学,获得国家自然科学奖二等奖。该成果在室温、弱碱条件下由有机砷盐一步直接与醛反应,合成多烯醛、酮、酯、酰胺及腈;实现一步制成酮酯的催化反应;将有机砷盐合成多烯化合物的简捷方法,应用于多种天然产物的全合成上;合成的 4 种昆虫性信息激素,其构型完全符合天然产物的要求。1996 年,有机所开展的过渡金属卡宾和卡拜络合物及其在有机合成中的应用研究,获得双金属桥卡宾和桥卡拜合物,发现合成这些化合物的新方法、新路线。发现取代基自旋离域参数 σ_{jj} 与 σ_{mb} 或 σ^+ 配套相关性很好,并首次采取双参数相关分析。

1998 年,有机所中科院院士黄维垣课题组开展亚磺化脱卤反应在有机合成中的应用。该研究利用亚磺化脱卤反应的自由基特征,对其在有机合成中的应用进行了深入系统的研究,发展出一系列含氟有机化合物的合成新方法,并成功地将其应用于许多含氟天然类似物及其他复杂有机分子的合成,具有很强的创新性。1999 年,有机所沈延昌、黄耀曾、忻元康等开展的含氟碳—碳重键的新合成方法学研究,获得上海市科技进步奖一等奖。该项研究在含氟碳-碳重键的新合成方法学有新发现:立体控制地合成 Z-和 E-碳—碳双键的合成方法学;消去三苯基肿形成碳—碳双键的合成方法学;含氟磷酸酯受亲核试剂进攻形成碳-碳双键的合成方法学;四异丙氧基钛促进的还原烯化反应合成方法学和含氟碳—碳三键形成的合成方法学。该研究成果获得 2000 年国家自然科学奖二等奖。

2000 年,药物所唐希灿、白东鲁、朱大元等开展的石杉碱的化学与药理研究,获得国家自然科学奖二等奖。该项目在国际上率先系统报道了石杉碱甲改善模拟阿尔茨海默病(AD 病)因产生的记忆障碍,保护神经细胞对抗 β-淀粉样蛋白产生的毒性与诱发的细胞凋亡作用。率先在国际上成功合成消旋石杉碱甲与石杉碱乙,用立体选择性方法合成石杉碱甲左旋体与右旋体研究取得进展,对映体过剩率达到 90%,远高于国外报道的 64%。发现一个新衍生物"ZT-1",优于石杉碱甲,是治疗 AD 病患者认知缺损的更理想候选药物,获得中国及美国专利。2004 年,有机所经多年研究,研发成功两种具有自主知识产权的除草剂。该项研究发现一类具有全新结构和高效除草活性的农药先导化合物——2 嘧啶氧基苄胺类化合物,首批开发出两种具有自主知识产权的新型高效油菜田除草剂——丙酯草醚和异丙酯草醚原药及其 10% 的乳油制剂。

2005 年,有机所马大为、邹斌、余尚海等开展的氨基酸衍生物的反应、合成及性质研究,获得上海市科技进步奖一等奖。该项研究首次发现了氨基酸作为配体、酰胺基作为邻位取代基团对于 Ullmann 反应的加速效应;发展了以 beta 氨基酸酯为手性源合成生物碱的新方法,发展了 5 类通过串联反应合成生物碱的方法,可以加速几类生物碱及其衍生物的合成;首次完成了可以治疗角膜炎的 Martinellic acid,有抗真菌活性的 Microsclerodermin E,具有强抗炎活性的环肽大环内酯 Halipeptin A 和抗疟活性的海洋生物碱 Lepadin H 等天然产物的全合成;发现新结构的 APICA 是选择性的代谢型谷氨酸受体第二组亚基的拮抗剂。该成果获得 2007 年国家自然科学奖二等奖。同年,有机所林国强主持的国家基金重大项目——手性与手性药物研究中的若干科学问题研究,取得重要结果。该项目设计合成硫代膦酰胺类手性配体和含有酚羟基的手性膦化合物,在迈克尔(Michael)加成反应和 Aza-Baylis-Hillman 反应中取得结果,为前列腺素和头孢类药物基本骨架的合成提供新方法;取得合成光学活性 α-羟基 β-氨基酸新方法;发展了双功能手性催化剂;完成具有自主知识产权的抗艾滋病病毒新药临床前研究;建立几种手性配体及金属催化剂的负载化新方法,以及"均相催化-液/液两相分离"催化剂分离回收新方法;建立羟腈化酶微水相反应体系;研究脂酶催化的去对称化反应等。

2008 年,有机所俞飚领衔的课题组通过 Suzuki-Miyaura 偶联反应得到一系列大豆异黄酮 7-O-α-D-阿拉伯呋喃糖苷。化合物显示出对 α-葡萄糖苷酶抑制活性,且 IC50 低至 6 纳摩。同年,有机所马大为课题组完成了有效的抗炎剂 salinamide A 的首次全合成。该合成方法的特点在于简练构建苯甘氨酸衍生的环氧片段,以及两个大环内酰胺化位点的确定。2009 年,有机所马大为研究组完成了具有抗肿瘤活性的海洋环酯肽 Piperazimycin A 首次全合成,高效地合成了难以构建的(R,S)-γ 氯代哌嗪酸/(S,S)-γ 羟基哌嗪酸的二肽片段,通过 N-2-氯乙酰与羧酸阴离子的 SN2 反应实现了大环内酯化。

2010 年,有机所俞飚、惠永正、王来曦等开展的具有重要生理活性的复杂糖缀合物的化学合成,获得国家自然科学奖二等奖。该研究首次全合成了一系列具有重要生理活性的复杂天然糖缀合物,领先于国际一流实验室完成的具有抑制植物生长活性的结构独特的树脂糖苷 Tricolorin A 的全合成;完成了具有超强抗肿瘤活性的皂甙 OSW1 的全合成等;完成了对固氮信号因子四糖脂

NodRm－1的第二例全合成;开拓性地研究了对植物(特别是中草药)中的皂甙和黄酮苷类化合物的合成。

二、物理有机化学

1979年,有机所刘铸晋、吴厚铭等开展的全电子表新型液晶材料及液晶显示器制备新工艺,获得国家发明奖三等奖。该项成果在液晶材料上,根据分子结构与性能的关系,设计了新型的液晶材料,提出了多种合成液晶材料的方法。在配方上,研究成功了高介电各向异性值、高稳定性、中螺距的BP型特色配方。这种配方具有电光参数优良、低温工作特性好的特点。同年,有机所孙诗澄等开展的新荧光渗透液,获得国家发明奖三等奖。该发明解决了中国无损检验中长期存在的一个关键问题,设计和合成了新的荧光染料。研究了渗透液的各种组分及其关系,解决了渗透液的渗透性、清洗性、腐蚀性和稳定性。研究成功二类新荧光渗透液:自乳化荧光渗透液ZA、ZB和后乳化荧光渗透液HA和HB。新荧光渗透液具有荧光强、渗透性好、产品质量稳定、灵敏度高、对金属无腐蚀和清洗性好的特点,达到了国际同类产品的水平。

1982年,有机所蒋锡夔、陈庆云、吴成九等开展的有机氟化学和自由基化学的研究,获得国家自然科学奖三等奖。该项研究在多年的有机氟化学研究中取得了多项成果:发现了合成含氟β－磺内酯的反应并研究了这一类新化合物的反应;提出了非自由基型碳氟键反应的一般性规律,对卡宾化学也提出了分析性观点;在含氟烯烃二聚、含氟过氧化酚热分解动力学,以及自由基对氟烯烃加成反应的定位问题等研究中均得到有意义的结果,发现了自由基化学中一种特殊溶剂效应,纠正了多个前人不正确或不全面的观点。1987年,有机所汪猷、钱瑞卿、金善炜等开展的天花粉蛋白的化学一级结构、二级结构、空间结构研究,获得国家自然科学奖二等奖。该项研究自1978年开始对天花粉有效成分天花粉蛋白的一级结构进行测定,并与协作单位共同完成了二级结构与空间结构的初步测定。这是完全由中国化学家和物理化学家完成分离、提纯并测定一级和空间结构的第一个蛋白质。

1990年,有机所陈庆云、杨震宇等开展的氟化学中单电子转移反应的研究,获得国家自然科学奖二等奖。该项研究将自由基链式亲核取代反应(IRNS)和单电子转移(SET)机理研究的理论应用于氟化学。首次系统地研究了氟烷基碘在铜、锌等络合物引发下对碳—碳重键的加成反应,得到高产率的加成物,并证明这类反应都有一个电子转移过程。阐明了钯或铂与全氟烷基碘所生成的稳定络合物的氧化加成基元反应是通过SET机理进行的。首次将Heck反应扩展至芳基SP碳的取代,扩大了Heck反应范围,为芳基元C－O断裂提供了一条新的合成路线。1997年,有机所钱长涛、叶常青、邓道利等开展的稀土金属有机配合物的合成、结构和反应性能的研究,获得国家自然科学奖三等奖。该研究获得多项重大发现:发现通过碳链环桥联双环戊二烯配体抑制环戊二烯基的运动度和用Lewisbase满足配位饱和这两种方法都能稳定轻稀土有机配合物;发现氧代-五亚甲基双环戊二烯是设计合成的最好的环桥联配体;研究成功一种合成高活性中性稀土有机氢化物的简便方法;发现两种活性高、选择性好、使用方便的新的均相催化体系:Cp3Ln/NaH,Cp2LnCl/NaH(Cp:环戊二烯基);发现一种新奇的Ln－Cπ键断裂反应,Cp2YCl与醛、酮反应高产率生成富烯;发现甲氧乙基环戊二烯是稳定低价稀土和轻稀土有机配合物的有效配体。

1998年,华东理工大学完成的萘系杂环生物性能染料的合成、光氧化及构效关系,获得教育部科技进步奖一等奖。该项目设计、合成了二呋喃并萘、呋喃并萘酰亚胺、呋喃并萘并吡喃酮、噻吩并萘并吡喃酮、萘酰亚胺过氧化氢物共 5 个系列近 40 个新的萘稠杂环化合物；确立取代基类型、位置及分子平面性与 DNA 嵌入性能间的关系；提出通过增加两反应官能团间距进行呋喃香豆素低光毒性改造的新方法；确立了萘稠杂环的单线态氧光化学行为，设计、合成、发现了效率高于苯同系物的萘酰亚胺过氧化氢型 DNA 嵌入光敏切断剂。1999 年，有机所陆熙炎、麻生明、马大为等开展的以烯烃或炔烃衍生物为原料的合成方法学研究，获得国家自然科学奖二等奖。该项研究发现了一些有学术意义和应用前景的反应，如氧转移反应、低价过渡金属和烯丙基-氧键的反应、烯丙基碳-磷键的形成和钯催化下双官能团试剂的成环反应等。研究以炔烃衍生物为原料的合成反应，炔酸衍生物的三键在乙酸中接受卤离子进攻时，发生立体选择性氢卤化反应高选择性地得到（Z）-式 β-卤代丙烯酸衍生物。在国际上首先发现了在叔膦催化下贫电子联二烯或炔烃和贫电子烯烃的［3＋2］环加成反应，可以方便地合成环戊烯衍生物。在炔酸烯丙酯的分子内成环反应方面，发展了几个完全用二价钯催化，不经过零价钯而再生二价钯催化物种的方法。

2001 年，有机所戴立信、侯雪龙、唐勇等开展的通过金属配位作用而实现的一些高选择性合成反应，获得上海市科技进步奖一等奖。该项目通过金属配位作用引导环氧化合物的开环反应，如环氧丙醇的开环反应，实现了专一的区域选择性，并应用于具有重要生理活性物质的合成；通过杂原子与钯配位控制的亲核试剂对烯烃的加成，在多个反应中实现了区域选择性和立体选择性控制，创新发展了一条全新的"发散型"手性药物 β-阻断剂的合成路线；通过锂的配位作用，在叶立德途径合成小环化合物的反应中实现了立体选择性和对映面选择性控制；在金属催化的硼氢化反应中通过铑的配位作用，实现了优异的区域选择性和对映面选择性。该成果获得 2002 年国家自然科学奖二等奖。

2002 年，有机所蒋锡夔、计国桢、张劲涛等开展的物理有机化学前沿领域两个重要方面——有机分子簇集和自由基化学的研究，获得国家自然科学奖一等奖。该项目首次提出并验证了有机分子簇集和自卷的 6 个概念：提出并用实验验证动脉粥样硬化病因与分子共簇集倾向性有直接关系；提出并实验证明了只有带有不同电荷长链分子才能形成静电稳定化簇集体；提出解簇集概念，研制成有效解簇剂，为药物的分子设计提供了启示；利用分子自卷形成 14、17、18 元环大环化合物和催化某些有机反应；揭示溶剂的内在特性溶剂促簇能力对有机分子簇集和反应性的影响；揭示了分子几何因素及自卷对分子簇集倾向性的影响。在自由基化学的研究中，解决了在国际上多年未解决的结构性能关系 σ·参数与取代基的自旋离域效应两个重要难题：证明了 σ·参数应与取代基的极性效应无关，而只与取代基的自旋离域能力有关；取代基的自旋离域效应始终与自由基化学结构性能关系 σ·相关，但在许多自由基反应中，采用极性参数 σx 就可以得到很好的相关而不需要采用 σ·参数。该项目首次建立了最完整、最可靠的反映取代基自旋离域能力的参数 σjj·，并成功应用于多种自由基反应和波谱参数的相关分析；发现了自由基化学中结构性能相关分析存在 4 种规律性，即取代基极性效应和自旋离域效应始终存在，根据它们相对贡献的大小，分别可用 3 个方程中的一个进行相关分析，以及还有不能相关的第 4 种情况的总结性规律假设，从而解决了自由基化学界长期存在的两个重要问题。

2003 年，有机所陈庆云和美国佛罗里达大学的 W. R. Dolbier 教授共同发现了一种新型二氟卡宾试剂——$FSO_2CF_2CO_2Si(CH_3)_3$。在催化剂氟化钠存在下，该试剂与烯烃、炔烃反应，生成相应的二氟环丙烷和二氟环丙烯化合物，被收入有机化学的重要工具书 *Organic Synthesis*。同年，复旦大学陈芬儿、袁建莉、何严萍等完成的 d-生物素的不对称工业全合成研究，获得上海市科技进步奖一等奖。该项目发明了以富马酸为起始物，经氯气反式加成，相转移催化 N-苄基化，非光气关环高纯度制备环酸,摆脱罗氏公司使用剧毒光气关环限制。同年,有机所钱长涛、邹刚、陈耀峰等开展的稀土和一些后过渡元素金属有机催化剂化学,获得上海市科技进步奖一等奖。该项目研究稀土金属有机配合物的合成、结构和反应,利用稀土元素强亲氧性和高配位数的特点,研究出稀土金属有机催化剂,用于催化重要有机反应;选择性合成手性稀土有机配合物,单组分催化剂催化极性单体选择性聚合反应。研制具有自主知识产权的新型铁、钴聚烯烃催化剂。该成果丰富和发展了稀土金属有机和后过渡元素金属有机化学。

2004年,有机所麻生明、施章杰、赵士民等开展的金属参与的联烯化学中的选择性调控,获得上海市科技进步奖一等奖。该项目成果:应用缺电子联烯作起始物,以酸性溶剂来阻止双键的迁移,成功地发展了一般方法难以合成的βγ-不饱和烯酸及其衍生物的高效合成方法;发现金属参与的二组分及三组分偶联关环反应,观察到对于联烯结构单元上3个碳的不同反应模式,并成功实现了反应模式之间的选择性、反应的"接力"和反应的立体选择性调控,为光学活性化合物的合成提供了方法;发现1,2-联烯基亚砜的高区域及立体选择性的羟卤化反应,实现了依序选择性分步偶联反应和光学活性烯丙醇化合物的合成,证明了亚砜基参与立体选择性的调控。该项目获得2006年国家自然科学奖二等奖。2007年,有机所朱仕正、金桂芳、宋力平等开展的含氟杂环化合物合成方法学的研究,获得上海市自然科学奖二等奖。该项目合成了一系列含氟重键化合物和含氟羰基类化合物,并将其作为合成砌块,在温和的反应条件下与众多有机试剂反应,制备一系列含氟的氮、氯、硫的杂环或芳杂环化合物,其中有些反应具有区域选择性和立体专一性。

2009年,有机所丁奎岭、袁宇、王兴旺等开展的基于组合方法与组装策略的新型手性催化剂研究,获得国家自然科学奖二等奖。该项目发展了一系列用于催化氢化、杂DA、羰基-烯等反应的新型、高效、高选择性手性催化剂,发现并阐明了催化体系中的不对称放大效应、添加物的活化作用及其机理等;首次实现了包括羰基-烯、氧化和氢化等在内的多个非均相催化反应的高选择性、高活性;发展了一系列结构可调的新型单齿和双齿手性配体,实现了多个不对称反应的高活性和高对映选择性及底物的普适性,为多种手性氨基酸等药物关键中间体的合成提供了有效的方法。2010年,有机所麻生明、顾振华、焦宁等开展的基于炔烃和联烯的一些反应化学研究,获得上海市自然科学奖一等奖。该项目以炔烃和联烯为研究对象,对其合成反应性进行了系统研究。主要成果:通过4种效应实现了联烯或炔烃的高选择性合成调控,发现了1,3锂迁移并实现相应的选择性调控;发展了原子经济性高立体选择性一步合成甾体类化合物和具有广泛的生理活性β-内酯/酰胺类化合物的方法;发展了钯催化的联烯及其衍生物和硼酸的偶联反应,为多取代烯烃的立体选择性合成提供了新方法;实现了带亲核性基团的联烯与丙炔醇碳酸酯、2炔酸酯2,3联烯醇或联烯偶联环化生成具有广泛生理活性的丁烯酸内酯类化合物。

第三节　高分子化学

一、高分子合成化学

1979年,上海化工研究院和复旦大学王铭钧、杨玉良等研究4-氯-4′-羟基二苯砜及4,4′-二羟基二苯砜钠盐与4,4′-二氯二苯砜的溶液共缩聚,并研究缩聚反应的各种条件,以制备聚苯醚砜。1981年,华东师范大学邵耀民、夏炎进行了丙烯酸类多胺树脂与氯乙酸反应,制得多胺乙酸基树脂,用于络合锰,效果很好,同时还研究从氰基亚胺、酯基亚胺直接或间接制取多种形式的EDTA

类螯合树脂。严俊、夏炎利用氰基与羟胺反应的特性,先将氰化物引入交联聚苯乙烯苯环后再与盐酸羟胺反应,制得一系列带肟的树脂。1985年,有机所陈镜泓、葛文正报道采用动态热重—微商热重法,研究聚三氟氯乙烯在空气中的热裂解过程,并运用几种不同的动力学处理方法所求得的结果,评价各种动力学理论和说明聚三氟氯乙烯反应程度在5%～95%的整个过程中活化能的变化情况。1986—1987年,复旦大学黄骏廉、于同隐对二苯甲酮敏化前后3,4-聚异戊二烯-2,6-双(4′-叠氮苄叉)环己酮体系的光交联反应进行研究,证明该体系的光交联反应以双氮烯和被二甲酮活化的大分子的外双键加成为主,还研究了在敏化剂二苯甲酮存在下3,4-聚异戊二烯的光交联反应。

1990年,华东化工学院陆柱、朱迎春、李晓东完成的HW-钨系水处理剂的研发,获得国家发明奖三等奖。该处理剂是具有缓蚀、阻垢多种功能的复合水处理剂,可广泛用于冷却水和空调水系统,解决设备及管道的腐蚀和结垢问题。采用了钨酸钠、聚丙烯酸钠等多种缓蚀剂和阻垢剂的复合,因而具有优良的缓蚀、阻垢性能。1991年,上海交通大学王正方、钱模侠、黄瑞芳完成的JPS-1型阳图印刷感光剂,获得国家发明奖二等奖。该项目用2-重氮-1-萘醌-5-磺酰氯精制后作为感光单体,用自行发明的尼泊金改性酚醛树脂作为成膜剂,通过酯化反应制得感光性高分子材料。该材料具有感脂性好、吸墨性强、无需提墨、分辨率高、还原性强、曝光效率高、曝光及显影宽容度大及化学稳定性好等优点,达到国际同类产品的先进水平。1992年,有机所完成新型功能添加剂及可降解塑料系列制品的研究开发。采用该新功能添加剂及可降解塑料复合组分配方,生产出可被日光与生物降解的PF塑料系列产品。1997年,有机所等合作开展的非天然分子化学,获得国家自然科学奖二等奖。同年,有机所的免疫调节剂——牛膝多糖获得中科院发明奖一等奖。

2006年,复旦大学开展三元共组装方法合成介孔高分子/二氧化硅纳米复合材料,合成类"钢筋混凝土"的介孔高分子/二氧化硅纳米复合材料,通过热处理将其转化为介孔碳/二氧化硅纳米复合材料。此类材料具有高度有序的介观结构和贯穿的孔道,并具有大孔径、大孔容、高比表面的特点。同年,该校孙冰洁、武培怡等人,用冷冻升华法制备浓度为1×10^4 g/ml和2×10^5 g/ml的单链无规聚苯乙烯(a-PS)。测定a-PS在等温处理时红外吸收峰的时间依赖性与温度依赖性,研究样品中链缠结和链结构单元的堆积等因素对红外吸收峰的影响。同年,该校李盛彪、张晔等人设计并合成了两个不同烷氧基增溶的结构新颖的含氟聚苯撑乙烯Pa、Pb和共聚物Pc。测量发现热失重曲线拐点温度超过400℃。2008年,复旦大学刘宏波、汪长春采用无皂乳液聚合及种子无皂乳液聚合方法制备了200 nm～800 nm四种不同尺寸的单分散PMMA/GMA/DVB(PMGD)复合微球。实验发现单体滴加速度是影响种子无皂乳液聚合过程二次成核的关键因素。证明了微球表面d-PAMAM的存在。2009年,复旦大学毛伟勇、龚涛等人,利用改进的正相细乳液聚合法,对疏水的CdTe纳米晶进行包覆,得到了纳米级的交联聚苯乙烯荧光微球。此类荧光功能微球成功用于细胞成像。2010年,复旦大学管娟、许惠心等人通过将大豆蛋白(SPI)和羧甲基壳聚糖(CMCS)进行溶液共混,加入环氧氯丙烷作为交联剂,制备了一种天然高分子两性荷电水凝胶。这种SPI/CMCS水凝胶在电场的作用下可以快速弯向一侧电极,表现出很好的电场敏感性。

二、高分子物理化学

1979年,复旦大学何曼丽、章巨修、张宪康用热裂解色谱测定了ABS树脂的组成,树脂的各个组分也可用相分离、红外吸收光谱和化学方法进行分析。上海化工研究院王铭钧用Laplace变换方法,从动力学微分方程导出多种类型线型缩聚产物的分子量分布函数。1979—1980年,华东化工学院颜德岳在不作准稳定态假定的前提下，求解反应动力学方程组，得到了双官能团活性聚合物，如离子型遥爪聚合物的分子量分布函数，并利用相似的数学方法，推导在有单体链转移存在时的活性聚合，以及电子转移引发的负离子聚合反应产物的分子量分布函数。

1986年，有机所惠永正、蒋锡夔、顾建华等开展的糖淀粉螺旋构象的微环境效应，获得中科院科技进步奖一等奖。该项目首次开展了用糖淀粉螺旋构象为包结部位的新型宿主体系的研究。肯定了包结驱动力主要为疏水—亲脂相互作用。用酯水解的模型反应证明，在包结状态中反应是熵有利的。对一系列化合物研究了受物处于螺旋包结状态的反应性，得出了所有涉及环状中间体和过渡态的反应受到抑制的结果。所用反应有：二苯乙烯衍生物异构化、NorrishⅡ型光反应、羰基邻基参与反应、活泼次甲基生成碳阴离子等。该项目1988年获得国家自然科学奖三等奖。

1988—1989年，华东化工学院郭少华、周克俭等进行α-甲基苯乙烯与丁二烯阴离子共聚组成研究，还报道了α-甲基苯乙烯与苯乙烯阴离子共聚合研究。他们以正丁基锂为引发剂，四氢呋喃为极性添加剂，在环己烷中进行α-甲基苯乙烯与丁二烯的共聚反应动力学规律研究，求得两种单体通过不同聚合活性种增长反应及解聚反应的速度常数，提出多活性种存在下伴有解聚的共聚反应机理。1989年，上海交通大学胡孝东、颜德岳进行了关于单取代烯类聚合物中键接异构序列的研究。同年，华东化工学院和中国科技大学徐种德、苏诚伟、韩哲文等研究聚甲基丙烯酸三丁基锡酯(PTBTM)和聚甲基丙烯酸三甲基锡酯(PTMTM)在约60种溶剂中的溶解性能，测定了它们在不同性质溶剂中的特性黏度，订定了PTBTM和PTMTM溶度参数，并就有机锡聚合物中锡原子上的取代基对其溶解性能的影响进行了讨论。

1991年，复旦大学孙鑫、吴长勤、傅柔励开展的导电高分子的电子关联和键结构，获得国家自然科学奖三等奖。该项目研究了导电高分子中键结构的形成原因，提出的电子关联新理论解决了国际上关于高分子中二聚化起源的激烈争论。同时该成果可用来改进高分子新材料的非线性光学性能和应用价值。理解并改进导电高分子性能的关键是研究其键结构，提出的新理论揭示出，电子关联对键结构的影响决定于材料中的相互作用程：长程时电子相互作用增加二聚化；短程时减弱二聚化。1998年，华东理工大学完成高分子系统的分子热力学。建立了包含缔合作用的严格的统计力学基础，形成简洁的分子热力学模型。构建了实用的亥氏函数状态方程和基团贡献模型。发展一个能在格子模型上有效地模拟高分子溶液相平衡的构型偏倚蒸发法。首次提供了二元系高分子链长达200和三元系的相平衡模拟数据。

2002年，复旦大学承担高分子共聚物的分子设计和共聚合方法研究，提出用分子设计的方法，制备新的引发体系，把各种不同的聚合反应机理结合进同一体系。2003年，中国科技大学、复旦大学江明等合作研究的高分子链在稀溶液中的折叠和组装，获得国家自然科学奖二等奖。该研究制得了特高分子量且单分散的一系列聚N-异丙基丙烯酰胺样品。利用激光光散射方法成功地跟踪了该高分子单链随温度升高从"无规线团"蜷缩成"单链小球"的构象变化过程，首次观察到了热力学稳定的单链小球。发现了一种存在于这一变化过程中的一种新的高分子构象——融化球，这一系列的结果被国际知名科学家誉为高分子科学中的一个"地标"。同年，复旦大学承担的乳液聚合及其微球的功能化研究，在有关乳液聚合的基础研究及各种功能化微球研究中取得研究成果。该项目开发出改进的微乳液聚合，实现了高固含量(35%)，克服了常规微乳液固含量低的缺点；研究了微乳液聚合制备的纳米聚合物微球的特性，发现一些奇异的性质；制备出一系列的微米级单分散微球。2005年，上海石油化工研究院等五家单位承担的国家"973"计划项目——新结构高性能多孔催化材料创制的基础研究，解决了多孔催化材料的催化功能化、孔道尺寸调变、原位表征和分子设计的关键科学问题。该项目在碳四烯烃催化裂解技术、第二代紫外—可见拉曼光谱表征技术、共结晶分子筛催化材料合成及芳烃转化技术、反应控制相转移催化材料及烯烃环氧化技术等方面取得进展。同年,东华大学承担的氟碳相硼烷的制备及其应用,制备出氟碳相频呐醇、氟碳相片那醇硼烷和氟碳相硼酸酯,合成了氟碳相频呐醇铱酸酯,探索出氟碳相频呐醇铱酸酯在双羟化反应中的反应条件,表明氟碳相铱酸酯能反复使用,并能用于各种类型的烯烃。

2007 年,华东理工大学田禾、王巧纯等开展的有机荧光功能材料,获得国家自然科学奖二等奖。该项目利用分子工程方法优化染料分子设计,创新合成了新型的可控分子器件和高性能有机光电功能材料。成果包括:利用不同波长的荧光来判断分子马达运动的思路,创新合成了带"锁"的荧光分子"梭"和双荧光识别光控分子"梭",合成了基于光学信号的多构型[2]轮烷的分子机器和多输入、双荧光波长输出的三稳态[3]轮烷型分子"算盘";研究了一系列新型含有光致变色染料的光开关分子体系,显著提高了其光、热稳定性等应用性能;提出了用荧光、磷光作为检测手段的可擦写式光存储原理,开发出非破坏性读出光存储有机材料;创新合成多系列新型结构有机功能染料,并应用于电致发光器件、有机光伏电池等领域,开展了大量而有效的工作。同年,上海交通大学颜德岳、周永丰、高超等开展的超支化聚合物的可控制备及自组装,获得上海市自然科学奖一等奖、国家自然科学奖二等奖(2009)。该项目提出了由商品化的双组分单体通过一步反应合成超支化聚合物的新思想,建立了多种新的不对称合成方法,发展了多种控制超支化聚合物支化结构的新策略,揭示了产物支化结构和性能之间的内在规律。首次发现了超支化聚合物的宏观自组装现象,突破了长期以来分子自组装研究在微观和介观尺度的限制,将其拓展到了宏观尺度;实现了超支化聚合物的介观和微观自组装,制备了多种新型超分子结构;成功将囊泡作为模型体系来模拟生物膜的组装过程。建立了均方回转半径对支化度的依赖关系,给出了产物支化度和分子量分布的公式,揭示了单体中官能团的不等活性对产物支化结构及分散度的影响规律。

2008 年,中科院上海硅酸盐研究所施剑林、陈航榕、李亮开展的介孔主客体复合材料组装方法与催化性能研究,获得上海市自然科学奖一等奖。该项目开展以介孔材料作为主体材料,利用其有序孔道作为"微反应器",在孔道中设计装载不同种类和不同存在形式的客体材料,从而产生结构可控的新型介孔基主客体复合材料的系列研究。2009 年,复旦大学金国新、翁林红完成的有机金属配合物的合成、结构以及催化烯烃聚合反应项目,获得上海市自然科学奖一等奖。该项目设计并合成出具有自主知识产权的烯烃聚合催化剂。引入具有离域电子体系的碳硼烷基团,首次合成出半夹心结构 Co,Rh,Ir 系列碳硼烷"类芳香性"化合物和含有金属间直接成键的同核与杂核的双、三、四和六核簇合物,提出了一种构筑后过渡金属 M－M 间成键的新方法。首次发现卡宾化合物具有催化乙烯、降冰片烯聚合的活性,拓展了卡宾化合物的应用领域。设计并合成出若干系列具有自主知识产权的烯烃聚合催化剂。

2010 年,复旦大学江明、陈道勇、姚萍承担的大分子自组装的新路线及其运用,获得上海市自然科学奖一等奖。该项目创建了大分子自组装的新路线,首创了大分子自组装的"非嵌段共聚物路线",实现了大分子的规则组装;得到核—壳间非共价键连接的聚合物胶束(NCCM)和空心球,构筑不同结构与功能的组装体;提出了嵌段共聚物的新的组装机理,实现了聚合物胶束的高效制备,获得了一系列结构新颖、功能独特的嵌段共聚物组装体,形成了包括各类蛋白/多糖体系的天然大分子自组装的绿色化学新方法。同年,以复旦大学杨玉良为首席科学家承担的"973"项目——聚烯烃的多重结构及其高性能化的基础研究,在双轴拉伸聚丙烯(BOPP)和无规共聚聚丙烯系列管材(PPR)、PE 管材专用料(PE100)和高抗冲聚丙烯(HIPP)等高档专用料生产的基础科学问题的研究上取得了突破,并进一步指导企业开发出其性能达到甚至超过国外同类产品水平的专用料。

第四节 物 理 化 学

1982年,有机所袁承业、叶伟贞、徐元耀等开展的萃取剂的结构与性能的研究,获得国家自然科学奖二等奖。该项目通过开展萃取剂的结构与性能关系的研究,提出并验证了配位原子或基团的反应活性、空间位阻效应和溶解度,为研制设计高效萃取剂奠定了理论基础并直接指导萃取剂的合成。同年,中科院上海冶金研究所周仁、邹元燨、汪厚基等开展的包头铁矿高炉冶炼过程中氟的行为研究,获得国家自然科学奖三等奖。为配合中国钢铁基地的建设,在进行冶炼试验的同时,针对矿石含氟的特点,对成渣过程、炉渣的性质,以及氟在高炉冶炼过程中的行为进行了系统而又深入的研究,为高炉设计和冶炼方案的选择提供了技术资料和理论依据,对世界上解决含氟矿石的冶炼有参考意义。1985年,中科院上海硅酸盐研究所(硅酸盐所)陈显求、黄瑞福、陈士萍等完成的唐、宋、元代典型陶瓷的物理化学基础研究,获得中科院科技进步奖一等奖。研究发现中国宋代建盏、吉州、山西天目等古瓷釉的液相分离结构,并应用现代物理化学手段和理论解决了兔毫形成的机理,为恢复建盏名瓷提供了实验数据和形似、神似、质似的依据。1987年获得国家自然科学奖三等奖。

1990年,有机所叶伟贞、吴甫炳、许庆仁等开展的烃基膦酸单烷基脂的制备方法,获得国家发明奖三等奖。该项发明采用了廉价的无机固碱对2-乙基己基膦酸一二(2-乙基己基)酯(简称中性酯)进行碱性水介制备P-507。这一全成烃基膦酸单烷基酯的新方法于1986年5月获得发明专利。与过去用乙醇胺老方法水介中性酯制备P-507相比,该发明具有合成工艺简便、稳定等优点,可降低原料成本1/3,缩短水介反应周期,较好地解决"三废"问题,产品质量与日本同类产吕PC-88A萃取剂性能相同,达国际先进水平。1993年,上海石油化工研究所陈欣、吴粮华、张立才等完成的MB-86丙烯腈催化剂研究及工业应用,获得国家科技进步奖一等奖。该催化剂的制备工艺特点有:确定适当的组分配比,获得理想的复合效果;深度氧化产物明显减少,催化剂的选择性得到提高;改变传统制备方法,从而保证活性相的均匀分布,使催化剂性能得到改善,有效提高催化剂的耐磨强度和活性;解决了制备MB-86催化剂的放大规律。该催化剂较国外同类型催化剂高4～5个百分点,其综合性能达到国际领先水平。

1997年,上海大学万晓景、朱家红、经开良等完成的金属间化合物的环境脆性研究,获得国家自然科学奖三等奖。该课题首次提出Ni_3Al的脆性仅在有水汽存在的情况下发生,硼对NiAl的韧化作用主要是抑制其环境氢脆的新观点。首次证明硼抑制Ni_3Al环境氢脆的机理是硼强烈降低氢的扩散系数所致。在国际上首次用AES及XPS实验验证了Fe_3Al及Ni_3Al与水汽或氧气的表面反应,解决了一个国际上悬而未决的问题。同年,华东理工大学宋炳辰、房鼎业、应卫勇等完成的甲醇合成铜基催化剂动力学研究与年产20万吨甲醇反应器模拟设计放大,获得上海市科技进步奖一等奖。该项目得到了合成甲醇的双速率动力学方程,提出了绝热—管壳复合型甲醇反应器结构型式并建立了合成反应器催化床数学模型。1998年,上海交通大学颜德岳开展的聚合反应的动力学模型,获得上海市科技进步奖一等奖。该项目引入或提出了线性微分算子法、图论方法、特殊变量代换法和隐函数方法,严格求解了各种不同类型的聚合反应体系的微观动力学微分方程组。创立了从聚合反应机理、反应条件和单体转化率预测和估算聚合物分子量分布及其他分子参数的方法,系统地建立了聚合反应动力学的非稳态模型。该项目获得1999年国家自然科学奖四等奖。1999

年,华东理工大学承担完成国家"九五"攻关项目——火力发电厂烟气 SO_2 回收新技术研究。该项目在工艺技术上发展了以合成氨为吸收剂的脱硫方法,烟气脱硫过程不消耗吸收剂,流程简单紧凑。开发的大口径、高开孔率的筛板塔,操作中气液比大于 3 000,比国外同类技术大 30 倍以上,是一种高效、大通量、低压降的脱硫设备。

2004 年,复旦大学赵东元、唐颐、余承忠等开展的有序排列的纳米多孔材料的组装合成和功能化,获得国家自然科学奖二等奖。该项目研究和建立了多级有序分子筛的构筑方法,在材料形貌、孔结构、孔内活性位等几个层次上,实现了材料的定向合成和宏观控制;创立了电荷匹配理论和有机-无机作用调控理论,将合成材料用于催化、蛋白分离等领域;合成了 20 余种新型介孔和微孔分子筛;提出了"酸碱对"匹配理论、共溶剂和盐效应等控制纳米孔材料形貌的方法,创造了介孔模板微波消解结合硬模板技术等制备介孔材料的新技术,合成了新型三维立方和非硅基介孔材料;合成微囊和仿树木多级孔等结构的多种沸石催化和功能材料;发明了微孔和介孔材料的孔工程方法,实现了孔材料活性位的理性组装。2005 年,有机所麻生明和吉林大学承担完成国家"973"计划项目——创造新物质的分子工程学研究。该项目合成了手性孔道及微孔-介孔协同催化材料;合成了对手性分子和气体具有分离功能的高效分离材料;建立了分子导体与磁体的锥形;合成了一体化 $ZnAl_2O_4$ 晶体纳米管列阵;合成了 5 个能解决不对称催化反应的高效手性诱导的光学活性配体及催化剂,建立了 3 个高效不对称催化体系。该项目获国家自然科学奖二等奖 5 项,省部级自然科学奖一等奖 1 项、二等奖 1 项,省部级科技进步奖一等奖 6 项、二等奖 2 项,其他奖 25 项,国际奖 2 项;获得国家发明专利授权 62 项。2006 年,华东理工大学、无锡威孚力达催化净化器有限责任公司卢冠忠、郭耘、张志刚等研制的汽车尾气三效净化催化剂,获得上海市技术发明奖一等奖。该项目根据汽车尾气污染物催化反应原理和催化机理,发明了高稳定性与高储放氧性能的稀土基储氧材料;发明了大表面积和高热稳定性的氧化铝基复合材料;发明了"稀土—非贵金属—微量贵金属"的催化剂和工艺;发明了整体式催化剂的制备方法和工艺;解决了催化剂制备的工程化问题。

2007 年,复旦大学周鸣飞、陈末华等开展的不稳定反应中间体和自由基的光谱、成键及反应研究,获得上海市自然科学奖一等奖。该项目采用创新的实验研究方法,制备和捕获一些重要反应过程中产生的瞬态反应中间体,为复杂体系中的动力学机理研究提供实验和理论依据。发展了将高频放电与低温基质隔离相结合用于制备与大气和燃烧等复杂过程相关的重要带电不稳定中间体和自由基的方法。首次报道了一系列具有共价成键特性的正、负离子的红外光谱。发展了将脉冲激光溅射与低温基质隔离相结合的实验方法,用于过渡金属原子及简单氧化物分子的反应研究。首次在 OCBBCO 分子中发现了硼原子之间的三重键。同年,硅酸盐所祝迎春与日本 AIST 研究结构研究员 Fujiwara Masahiro 协作,通过在介孔口部和内部组装具有光控开关分子,构筑成功具有光控开关功能、光动力控制释放功能的纳米存储器件。该纳米器件可在医学诊断、药物输送、化学过程控制与检测等方面获得应用。2008 年,有机所丁奎岭、袁宇、王兴旺开展的基于组合方法与组装策略的新型手性催化剂研究,获得上海市自然科学奖一等奖。该项目首次系统地将不对称活化和毒化、手性传递和放大等概念与组合化学方法结合进行手性催化剂库的设计与评价;发展了一系列用于催化氢化、杂 DA、羰基烯等反应的新型、高效、高选择性手性催化剂,阐明了有关催化体系中的不对称放大现象、添加物的活化作用及其机理等;首次提出了手性催化剂"自负载"等新方法,发展了包括羰基烯、氧化和氢化等在内的多个非均相不对称催化反应的高选择性、高效催化剂体系;发展了一系列结构可调的新型单齿和双齿手性配体,实现了多个不对称反应的高活性和高对映选择性及底物的普适性。该项目获得发明专利授权 10 项。2009 年,硅酸盐所高濂、朱英杰、杨松旺等开展的低维纳米结构的液相生长、形貌调控和自组装,获得上海市自然科学奖一等奖。该项目发明了纳米晶自组装的新方法,实现多种纳米晶的可控自组装;成功合成了分散性良好的6个外表面均为{100}面的CeO_2纳米立方块,发现了CeO_2{100}面可以在纳米尺度下稳定存在的现象,揭示了一种基于三维方向上纳米晶的定向聚集生长而生成新的无缺陷纳米单晶的规律;创建了快速、节能和环境友好的微波辅助离子液体法,并应用于10余种低维纳米材料的快速制备;发展了低维纳米结构形貌调控的新方法,率先应用水热微乳液法。

2010年,有机所高希珂研究组开展的发展一类新的可溶液加工的n-型有机半导体材料研究,发展了一类新的可溶液加工的n-型有机半导体材料——2(1,3二硫2叶立德)丙二氰稠合的萘酰亚胺衍生物,制备了该类分子材料的OTFT器件,电子迁移率高达0.51平方厘米/伏·秒,阈值电压低于10伏。同年,有机所丁奎岭研究组开展的优化双金属协同催化体系合成手性氰醇衍生物研究,基于双金属协同催化的设计理念,将2个Salen-Ti单元以适当的桥链将其集成于同一分子内,开发出了以顺式降冰片烯二羧酸桥联的高活性手性双Salen-Ti络合物催化剂,将催化效率提高了1~2个数量级,以TMSCN为氰化试剂时,催化剂用量可降至1/200 000。同年,该所开展的金属铱催化Spiroindolenine骨架的不对称构建,以[Ir(COD)Cl]2与四氢喹啉骨架的膦氮配体L*(R,Ra)的催化体系,实现了铱催化3-位取代吲哚的分子内烯丙基烷基化反应,以92%~98%的产率和最高99/1的dr值以及97%ee值得到相应的Spiroindolenine骨架的化合物。

第五节　分　析　化　学

1984年,中科院上海冶金研究所等开展的化学键参数模式识别方法,获得上海市重大科技成果奖二等奖。该所在材料科学、地球化学勘探、癌症病因和早期诊断、冶金和化工生产优化及生物高分子的信息处理等方面,应用模式识别方法找出一批经验规律。在此基础上合成和发现了LaPd5等一批新的稀土化合物和低密度乙烯高效催化剂;找出多种微量元素对癌症发病率的综合影响,为胃癌的早期诊断开辟了新途径;试制出耐HC1腐蚀的新型非晶态合金。同年,复旦大学秦启宗、毛家骏等编写的《化学分离法》出版,是国内第一部关于化学分离法的专著。该书着重介绍在无机和分析化学中常用的分离方法,包括溶剂萃取法、离子交换色层法、萃取色层法,以及沉淀和共沉淀法等,还介绍了吸附色层、电化学分离法、挥发法、反冲分离和泡沫浮选分离法等化学分离法。

1985—1986年,复旦大学汪乃兴、宋鸿镒等研究黄素单核苷酸的脉冲极谱行为,用循环伏安法研究了黄素单核苷酸的电极反应动力学性质,测定其在汞电极上的反应速度常数,还研究了以锗(IV)—高氯酸体系的催化波间接测定多巴胺的方法。1986年,复旦大学程为庄、于同隐对聚对苯二甲酸乙二酯、聚对苯二甲酸丁二酯、聚苯撑醚砜的分子量分布及平均聚合度的分析方法进行了研究,经过几种分析手段(反相HPLC、非水反相HPLC、HPGPC)的比较,确立了以高效凝胶渗透色谱(HPGPC)测定这三类齐聚物的分子量分布方法。1987年,华东师范大学徐钟隽、潘教麦研究三乙四胺六乙酸与铈(III)的配合物在紫外区的吸收光谱,用导数分光光度法,测定了混合稀土氧化物中的铈的含量。

1987—1988年,复旦大学物理二系激光化学实验室林桦、穆国融等研究了CDF3的红外光化学,用自制的光声、光热探测器测量CF3Br的红外多光子吸收过程,得到激光光热、光声光谱,并做了外加稀释气体、温度降低对谱形的影响。1988年,中科院上海有机化学研究所李昌厚、孙吟秋、李培鸿研制的UV-FL-1型紫外分光荧光检测器,获得国家发明奖四等奖。1988—1990年,复旦大学汪乃兴、邓家祺等进行植物分子的电分析化学系列研究,用微分电脉冲极谱法研究了叶绿素的电化学行为,并应用于冬青等各种植物及含叶绿素药物牙膏的测定;用微分脉冲极谱法研究了茶碱的电化学行为及电极反应机理,认为具络合物吸附波性质;利用植物叶提取出的叶绿素研制出的PVC(聚氯乙烯)膜叶绿素传感电极,测验其特性及 Nernst 响应范围。1989 年,复旦大学童伟达、杨玉良、孙猛等用红外光谱法对 O-酰基-α-酮肟 RC(O)ON＝C(R)(O)的光分解机理进行了研究,并通过对反应物消失和分解产物生成的动力学方程的拟合,求得表观动力学速率常数。华东师范大学陈婉如、周伟良、潘教麦等用分光光度法测定了对氯偶氮氯膦试剂的质子化常数和逐级离解常数,并运用量子化学计算结果阐释其质子化与离解作用的微观机理。

1991 年,中科院上海冶金研究所、南京炼油厂陈念贻、张未名、高秉宏等开展的化学模式识别及其应用,获得国家科技进步奖二等奖。该项目开发出包括面向显示、人机交互、通过逆映照复原多维空间图像的化学模式识别新算法。成功地实现了一般情况下不用做小实验,不用添设备,只是搜集工厂的技术记录上机运算,便能出数学模型,并据此改进生产操作方法。此外,用化学模式识别方法总结已知矿床规律,在已知矿床外围辅助找矿。1992 年,上海市计算技术研究所龚雪冰、陶军等开展的 CDMC-5 型色谱数据处理机,获得上海市科技进步奖一等奖。该机是一种可广泛应用于记录及处理气相和液相色谱等分析仪器输出数据的高档专用机,它以 16 位微机做中央处理器,形成色谱数据处理系统。

2002 年,中科院上海有机化学研究所袁身刚、姚建华、郑崇直等开展的创制新化学实体的计算机方法学,获得上海市科技进步奖一等奖。该项目融合计算机科学、数学、生命科学、化学化工及相关学科的最新理论成就,研究了解决创制新化学实体中的关键化学问题的方法。首次实现了从分子设计、分子动力学模拟、查新检索、合成路线设计发现新化合物,以及中试放大全过程的计算机辅助研究。2003 年,中科院上海药物研究所、国家新药筛选中心叶其壮、丁健、胡国渊等开展的现代新药筛选体系和高通量筛选技术的研究和应用,获得国家科技进步奖二等奖。该项目建立了新药筛选体系和高通量筛选技术。主要体现在:利用现代分子生物学、细胞生物学、基因组学、蛋白组学、分子药理学的最新进展,建立各种异体表达系统,在国内首次实现系统化克隆、表达和纯化关键的靶标蛋白,并将其发展为高效、灵敏的分子水平高通量筛选模型;通过基因转染技术,建立多个疾病相关信号传导通路关键靶点的工程细胞株,并将其发展为高效、灵敏的细胞水平高通量筛选模型。同年,第二军医大学、上海新波生物技术有限公司韩玲、吴冠英、李振甲等开展的镧系元素时间分辨荧光分析技术及仪器的配套研究,获得国家科技进步奖二等奖。该项目主要研究内容为:时间分辨荧光免疫分析技术的基础试剂及基本技术的研究;时间分辨荧光有关应用项目的研究和方法的建立;时间分辨荧光分析仪器的研制和生产。该项目成果包括合成的螯合剂、基本试剂和建立的技术及核酸、蛋白质、细胞因子、免疫检测方法。同年,复旦大学侯晓远、丁训民、董国胜等开展的用电子能谱方法研究半导体表面的物理和化学特性,获得上海市科技进步奖一等奖。该项目解决了高质量的 InP 和 GaP 清洁极性表面的制备问题;在国际上最早提出了两种表面结构模型 InP(100)(4×2)表面原子结构的失列——二聚物模型,和 InP(111)(1×1)表面的原子振荡弛豫模型;在 Si(100)表面发现了一种新的 C(4×4)再构相;对 Si(111)氮化表面所形成的(8×8)和"四重度"两种再构,确定了它们的原子结构模型;生长了以前很难制备的立方晶 GaN,晶体质量达国际最高水平。获得了 3 项国家发明专利。

2005 年,上海通微分析技术有限公司阎超、黄晓晶、于立民、王建民等开展的多用加压毛细管电色谱系统,获得上海市科技进步奖一等奖。该项目将色谱和电泳分离原理综合集成,产生双重分离过程在同一根毛细管色谱柱中实现,提高了分析方法的灵活性、选择性和分析速度;首创高精度的纳升级二元溶剂输送技术,实现液体在液压和电渗流的共同作用下通过毛细管色谱柱;利用纳升级微流控制技术实现了定量阀进样,提高了方法的灵活性、精度、准确度;发明了国际首创的电动填充毛细管色谱柱技术;利用紫外/可见和激光诱导荧光检测器解决了柱型检测器灵敏度的问题。2007年,上海市计量测试技术研究院何宝林、张利民、盛克平等开发成功纳米粒子气溶胶分析系统。2008年,华东理工大学钱旭红、肖义、崔京南等开展的生物功能色素及荧光分子传感器,获得上海市自然科学奖一等奖。该项目首次获得了能在水溶液中高选择性识别响应汞离子的检测灵敏度极限(0.1毫米)的萘酰亚胺类荧光分子传感器,发展了高灵敏性的荧光信号传感机理,设计、合成并获得了多系列性能突出的能对过渡金属离子、质子、阴离子、农药残留及其他生物相关客体高选择性响应的荧光分子传感器和荧光标记。首次发现芳香杂环中硫杂原子不同于氧的 DNA 嵌入及光损伤等促进作用规律,合成了十多类含硫杂环并萘酰亚胺 DNA 光敏切断剂。

第四章 天 文 学

第一节 天 体 测 量 学

20世纪70年代中期，上海天文台开始用地面光学经典技术和空间新技术测定地球自转参数和测站间基线长度的变化，深入探索地球运动和地壳形变的规律及其机制。1980年代先后建成人卫激光测距(SLR)系统，建立包括经典技术和多普勒、SLR、LLR(激光测月)、VLBI(甚长基线干涉测量)5种观测技术的资料分析和数据处理程序系统。参加了包括国际地球自转联测等一系列国内和国际合作，取得一大批观测和研究成果。以上海天文台叶叔华为首席科学家的"现代地壳运动与地球动力学研究及应用"课题被列入"八五"国家首批攀登计划项目。

1995年7月，上海天文台天文地球动力学研究中心成立。主要研究领域为：地球自转变化的检测、分析和预报；行星内部结构、流体和磁流体动力学过程和耦合机制研究；空间飞行器精密定轨理论和应用的研究；卫星激光测距及新技术研发；地球重力场的检测、模拟和精密重力场模型的建立研究；研究和开发空间行星探测技术与方法等；各种空间技术的观测和数据处理的理论、误差分析、数据处理等。

一、天文地球动力学

70年代，上海天文台与复旦大学数学系合作研究分析了1820—1970年地球自转资料，发现该时期地球自转变化可以用9—89年的11个周期及179年的1个长周期来拟合。随着新技术在天体测量学上的使用，从甚长基线干涉测量资料中发现地球自转速度的季节性变化和某些高频变化，均起因于大气和地球自转角动量之间的交换，并发现了地球自转的9.33天周期。1978年，上海天文台开展的我国经度起算值的确定，获得中科院重大成果奖。

80年代，上海天文台通过对1962—1986年地球自转日长变化的资料分析，发现地球自转年际速率变化与赤道海温变化存在着很好的一致性。1989年，应用这一规律，采用日长变化序列的极小值，成功地预测了厄尔尼诺(EI Nino)事件在1990年至1991年间达到盛期。此项研究的方法在国际上尚属首次，产生了较大的影响。1986年，上海天文台的地球自转参数归算的新研究，获得中科院科技进步奖一等奖。

1993年，上海天文台郑大伟、宋国玄、罗时芳等开展的地球自转运动与热带海洋、大气的相互作用——用天文方法预测厄尔尼诺(EI Nino)事件，获得上海市科技进步奖二等奖，1995年获得国家自然科学奖三等奖。该项目揭示和发现地球自转运动与厄尔尼诺事件、大气环流、海平面变化及海洋洋流活动的规律和联系；提出了地球自转与热带海洋、大气相互作用物理过程新的理论模式；用古代天文观测的日长变化资料反演大气环流年际变化的历史状况；在国际上首先发现了地球自转变化中"50天"的波动过程；首次用天文方法在国际上预测了对全球引起自然灾害频发的1991年EI Nino事件。1997年，上海天文台叶叔华任执委会主席的重大国际天文学方面的合作项目——亚太地区空间地球动力学计划(APSG)，取得成果。该项目首次精确测定了中国东部(上海)相对于欧亚板块稳定地区的水平运动,证实了中国大陆在印度板块作用下向东运动的论断;首次在国际上提出了对 EI Nino 事件预测的天文学方法,并成功预测了 1991 年到 1997 年全部 4 次 EI Nino 事件。1999 年,上海天文台承担的亚太地区空间地球动力学研究,取得多项成果:建成及改进了多种空间对地观测数据处理软件,使中国成为国际上重要的空间对地观测数据处理中心之一;根据 GPS、VLBI、SLR 的实测资料,给出中国大陆特别是上海相对周边地区的运动速度,其水平分量精度达到 1 毫米~3 毫米/年,利用基线长度变年监测上海站三维位移速率,精度优于 1 毫米/年;利用地面和空间观测技术综合研究全球、太平洋海域和中国沿海海平面变化,得到了对上海沿海海平面未来上升趋势的估计;研究地球自转运动与热带海洋、大气活动的相互作用,成功地用天文方法对 EI Nino 现象进行预测,得到了国际上的承认和好评;开展 GPS 气象学研究,成功地实施用地基 GPS 测量大气水汽的试验,率先提出使掩星点在某区域上空基本不变的 LEO 卫星轨道设计新思路,对地区性天气预报起重要作用。

2001 年,上海天文台承担的亚太空间地球动力学研究,给出了中国大陆地壳运动的基本特征。建立一个新的非刚体地球章动模型,被列为国际 IAU2000 章动模型的 4 个参考模型之一。研究结果为测绘、航天、海洋、地震、气象和地球物理等部门提供天文观测数据及其归算软件系统,为亚太地区,特别是中国东南沿海地区重大自然灾害(如地面沉降、暴雨、台风和海平面变化等)发生过程提供重要的预测信息。2002 年,上海天文台、中国地震局的叶叔华、朱文耀、黄王成等开展的中国现代地壳运动和地球动力学研究,获得上海市科技进步奖一等奖。该项目首次建立了一个由 500 多个 GPS 测站组成,精度达毫米级的中国地壳运动完整图像;给出了青藏高原地壳运动的新图像,提出了不存在大规模的高原物质挤出现象,高原变形更符合地壳增厚的新见解;建立新的地球章动模型,成为国际主要参考模型,多次成功预测了厄尔尼诺灾变事件的发生;建立了最精细反映中国海平面变化信息的全球平均海平面模型;建立了适用于中国航天和远程导弹的重力场模型;建立了国内首个地基 GPS 气象网,首次得到了 GPS 监测雷暴雨天气变化的可靠结果。

2003 年,上海天文台与美国宇航局合作,发现中国大陆地壳存在振幅 3 毫米~10 毫米的视垂向,这种视运动大部分可由地球表面质量负荷变化作出解释。该成果具有重要的理论意义与应用价值,其监测到的季节性坐标变化,记录了各种地球物理过程的季节性活动和 GPS 数据分析中残余的季节性系统误差。2004 年,上海天文台利用空间对地测量资料,研究地球整体动力学过程,在国际上首次揭示了西太平洋暖池(Warm Pool)运动与地球自转速率变化和极移的关系;通过全球大气海洋运动对地球自转 Chandler 摆动的影响,清楚揭示了 Chandler 摆动的时变性。2006 年,上海天文台等承担的"九五"国家重大科学工程——中国地壳运动观测网络,获得国家科技进步奖二等奖。该项目以监测地壳运动服务于地震预测预报为主要目标,兼顾大地测量和国防建设需要的基础设施。建立了全国统一、规模最大、数据质量最佳的地壳运动观测网络,覆盖了中国大陆 95% 的国土。具有连续动态监测功能和综合性、多用途、开放性、资源共享的特点,整体水平达到同期国际先进水平。该项目在全国年度及中长期地震趋势预测、国务院抗震救灾指挥、国界勘定、神舟飞船定轨、国家测绘基准建设和卫星导航产业发展等工作中发挥了重要作用。

二、卫星激光测距

1983 年起,上海天文台作为全球 SLR 资料分析中心之一,在建立软件系统处理各种卫星观测资料、卫星精密定轨理论研究,以及利用卫星观测测定各种大地测量、地球物理和地球动力学的有关参数等方面取得了丰硕成果。1985 年,上海天文台、中科院上海光学精密机械研究所杨福民、石效良、朱幼敏等研制的 LAGEOS 卫星高精度激光测距系统,获得上海市科技进步奖一等奖。其主要的观测对象是 LAGEOS 卫星(直径为 60 厘米的球形,1976 年由美国发射),测程超过 7 000 公里,测量精度达 15 厘米,达到国际先进水平。所观测的卫星资料被国际人造卫星激光测距中心(SLR)正式用于计算地心坐标和求解地球自转参数。该技术还为国内的人造卫星激光测距站提供了卫星预报、资料处理等技术服务。

1987—1990 年,上海天文台在人造卫星激光测距的研究中,测定地球自转参数的精度达到了国际先进水平。在这一当代天体测量学研究的重要前沿研究中,全面、严格地分析了各种摄动因素对卫星轨道的影响,建立了完善的力学模型、精确的计算公式及有效的软件系统,均系国内首次完成的工作。其中卫星的动力测地、高精度卫星激光测距系统及观测研究、国际地球自转联测获得1987 年中科院科技进步奖一等奖,哈雷彗星联测研究获得 1989 年中科院自然科学奖一等奖。

1992 年,上海天文台开展的 GPS 卫星定轨研究,在国内首次建立了 GPS 卫星的精密定轨软件系统 SHAGAP。对 IGS 组织的 EPOCH92 的全球 GPS 联测资料进行了定位、定轨和测定有关地球动力学参数的综合处理。对 18 颗 GPS 卫星的定轨结果与国际上的 GPS 的精密星历相比,定轨精度达 1 米~2 米,接近国际先进水平。利用中国 GPS 测轨网进行 GPS 卫星定轨研究,定轨精度达 2 米~3 米,能满足中国 GPS 精密大地测量和地壳动力学研究的需要。对激光地球动力学卫星LAGEOS 的定轨精度好于 10 厘米。1997 年,上海天文台朱文耀、黄城、冯初刚等开展的卫星精密定轨研究及其在大地测量、地球物理和地球动力学中的应用,获得国家科技进步奖二等奖。该项研究中的厘米级卫星轨道摄动因素精细模型的建立、独立设计的用于综合解算卫星轨道、大地测量和地球物理参数的"多级复弧"新算法和用于监测区域性地壳形变激光同步测距差分新技术等,属国际领先水平。研制建立的上海天文台 GPS 分析软件系统和精密定轨软件是国内最完整、精度最高的用于卫星精密定轨和测地的软件,用这些软件系统处理了全球的 SLR 和 GPS 资料,建立了全球地球参考架,测量了全球板块运行,首次监测了中国大陆和青藏高原大尺度的水平运动等,并在航天、测绘、地球物理、地质地矿等部门广泛应用。上海天文台成为中国唯一的全球空间新技术的资料分析中心和全球 GPS 地球动力学服务的正式成员。

2002 年 12 月 30 日发射升空的"神舟四号"轨道舱下表面安装了上海天文台研制的激光反射器组件。这是国内首次在航天器上安装激光反射器,精密测定了激光脉冲往返的时间间隔,得到卫星的精确距离,单次测距精度可达±1 厘米左右。2003 年,上海天文台自行设计研制分光发射系统,建立双通道发射、双通道接收的双波长卫星激光测距系统,进行多波长激光器测距试验。用$0.683\ \mu m / 0.532\ \mu m$ 双波长,成功对 Beacon－C、Ajisai、Topex、Starlette 等卫星进行了双波长测距试验,测量得到的大气延迟与模型计算值基本吻合。双波长卫星激光测距试验在国内尚属首次。2008 年,上海天文台平劲松研究组利用测控数据对"嫦娥一号"卫星进行精密轨道确定,得到了沿纬度方向空间分辨率为 1.5 千米、经度方向好于 8 千米、高程精度约为 31 米的月球全球地形图,并得到了 360 阶次的球谐函数展开模型——嫦娥月球地形模型(CLTM－s01)。

三、行星探测

1980 年代开始,上海天文台用目视等高仪和 40 厘米折射望远镜,测定 100 多颗射电星和射电源的位置,编制了《上海射电星星表》。1983 年,上海天文台完成的我国光电等高综合星表,获得中科院科技进步奖一等奖。1985年上海天文台出版了《42个疏散星团成员表》和《736对目视双星历表和视轨道总表》。

1985—1986年哈雷彗星回归期间,上海天文台参加了国际联测工作,包括快速高精度照相定位和大尺度现象观测,共获得100多幅质量较好的大尺度结构照片,发现了哈雷彗星的爆发、喷流、扭结和射线等活动现象。43次定位观测的精度和速度均满足国际联测组织的要求,被用于修正空间飞船的轨道。1987年12月8日,上海天文台与美国、日本天文台共同对324号小行星掩恒星SAO41263的现象进行了国际联测,测定了这颗小行星的形状和精确位置。1987—1990年,上海天文台参加中国大地测量星表的观测和编制。

1994年上海天文台参加了全国彗木相撞观测网,组织了1.56米望远镜的光学观测和25米望远镜的射电观测,共拍摄到600余幅CCD照片,获得6次撞击的准确时间和撞击的光变曲线。1996年4月起,上海天文台为迎接1997年海尔波普彗星的回归,使用1.56米望远镜负责近核结构的观测和研究,取得丰富的彗星观测资料和研究成果,确定了该彗星的两次爆发,测出径向喷流及旋喷流的速度、自转周期和自转轴指向等。首次将小波处理方法引入彗星图像的处理,得到可与空间望远镜相媲美的喷流分解图。同年,上海天文台等开展的苏梅克—列维9号彗星撞击木星的研究项目,获得上海市科技进步奖二等奖。

2004年,上海天文台承担的行星流体动力学基本理论研究取得进展。该项目发现了旋转椭球形流体中惯性波动完整显式解,使得100年来流体力学中的经典问题得以解决;给出了旋转椭球形流体中所有惯性波动耗散的分析表达式;完整地解决了天体在环形磁场里的动力学波动及其稳定性问题。2009年,上海天文台开展"嫦娥一号"绕月探测工程科学应用研究,利用公布的"嫦娥一号"探测器高精度月球地形模型CLTM-s01,通过比较行星学的分析方法发现月球背面的撞击盆地、撞击坑和正面的火成沉积山脉。通过类比月面亚平宁山脉和地球的喜马拉雅山脉的地形、重力、内部构造,提出在月球的亚平宁山脉地下岩石层存在大的断裂带的假说,改变了早先关于月壳内部没有横向运动的认识。该研究结果为研究月球的地貌特征和盆地演化奠定了基础。

四、授时和频率工作

1978年1月8日,上海天文台建立了中国第一个独立原子时尺度。1979年后,上海天文台的实验室铯钟和商用铯钟开始加入原子时系统,并建立了测量精度约$1\mu s$的高精度自动化测量系统,使原子时尺度的水平有了较大提高,1980年获得中科院科技进步奖一等奖。同年10月,上海天文台开始出版《原子时公报》,每月1期,发送给国内外100多个单位。至1982年底,准确度从原来的1×10^{-11}提高到$1\times10^{-12}\sim2\times10^{-12}$,稳定度由原来的$6.5\times10^{-12}$/小时提高到$5\times10^{-13}$/小时。

1982年,上海天文台、紫金山天文台叶叔华、李华、罗定江等开展的我国世界时系统的建立和发展,获得国家自然科学奖二等奖。世界时是以地球自转运动为基准,通过天文观测而得到的一种准确时间。中国世界时系统自建立以来,通过6个天文台站100多人的共同努力,精度不断提高,系统的长期稳定度达到1.3毫秒,系统的内部精度达到1毫秒左右,满足了国民经济建设的需要,保持了国际先进水平。1983年开始,上海天文台独立原子时成为当时世界上10个独立原子时之一,是中国最早参加国际原子时合作的单位,其频率准确度优于3×10^{-13},长期频率稳定度优于1×10^{-13},进入了世界先进行列。上海测试技术研究所、上海天文台郑裕民、华元龙、高宏达等研发的氢原子频标,获得1985年国家科技进步奖二等奖。

1987—1990 年，上海天文台研制成功新型氢原子钟，即实用型氢激射器频标。它是一种稳定度和准确度很高的现代时间频率标准，1 000 万年累计误差不到 1 秒，这种频标在国防、空间技术和现代科学实验中具有重要应用价值，如用于人造卫星、宇宙通信、甚长基线干涉测量及爱因斯坦相对论验证、引力波检测等方面。这一成果标志着中国氢激射器频标的研制技术跨入了国际先进行列。1992 年，上海天文台在实用型氢激射器频标基础上，又研制成功军用车载式工程型氢原子钟和守时用小型氢原子钟。原子时尺度方面，氢原子钟正式投入实际的守时系统。用自动腔调谐系统装备起来的氢钟使原子时守时的均匀性提高，并正式参加国际原子时数据交换与归算。GPS 接收机系统的使用，使时间同步精度达 10 ns，频率比对精度达 1×10^{-13}/天，超过罗兰-C 系统近一个数量级，在上海地区也获得重要应用。

2001 年，在卫星导航定位系统建设中，上海天文台提供的 4 台氢原子钟和研制的时频分系统为工程建设成功和系统正常运行作出贡献。2004 年，上海天文台为国家授时中心研制成功"NTSC 守时型氢原子频标"。至 2010 年，上海天文台研制并建立了国内重大专项中最主要的时间频率系统。研制的主动型氢钟的性能指标，满足了国内大多数工程领域的应用需求。"十一五"期间，研制的主动型氢钟在技术指标和可靠性方面都有了较大的改进和提高，其稳定度达到 2×10^{-15}/天，平均无故障时间 MTBF＞5 000 小时；被动型氢钟技术指标满足了国家重大专项的要求，其稳定度达到 8×10^{-15}/天；在国家重大专项中承建的时间频率系统（包括氢原子频率标准）性能指标达到国内领先、国际先进水平。

第二节　天　体　物　理

星系和宇宙学研究中心是上海天文台从事基础天体物理研究的主要机构，研究方向包括：黑洞和高能天体物理、星系形成与演化、宇宙学、宇宙大尺度结构、数值天体物理、星团和银河系结构、系外行星等方向，尤其在黑洞吸积与喷流理论、银河系中心黑洞的观测与理论研究、宇宙大尺度结构的数值模拟，以及星系形成与演化等方面的研究，在国际上有一定影响。星系宇宙学中心与国内外的天文研究机构有着密切的合作关系：2000 年与德国马普天体物理所成立了马普伙伴小组，2005 年 10 月与中国科技大学成立了星系和宇宙学联合实验室。中心还参与了多项大规模的国际、国内天文观测计划，如 LAMOST 巡天、Sloan IV、BigBoss、LSST 等。

一、高能天体物理

1981 年，上海师范学院周敏耀、陈良范探讨关于黑洞熵的意义，研究了 Kerr 黑洞外物质的最大比熵，计算表明极端相对论性的物质在通过视界时熵变近乎连续，表明了黑洞的熵与通常物质的熵完全可能具有相同的含义。1982 年，上海师范学院朱世昌、上海天文台宋国玄、华东师范大学钱振华求解了各向同性共同坐标系内的爱因斯坦场方程，得到了一个共形平直共动内部解。此动态解可作为各向同性坐标内 Schwarzschild 内部静态解的动态延伸。1984 年，上海天文台开始量子宇宙学和黑洞物理学研究，主要工作内容有早期宇宙的性质、经典和量子虫洞的性质、黑洞的时空性质和辐射等。1989 年开始与复旦大学物理系合作开展有关粒子物理与宇宙学的研究，首次把零温标量弧子星和弧子黑洞推广到有限温度，使之更符合宇宙早期的情况，并证实在低于临界温度时上述两类天体的存在性、力学稳定性和热力学稳定性，特别是得出了与前人观点不同的大质量弧子黑洞的比热为正的结论。

1999年起,中科院光学天文开放实验室佘山基地对NGC4151、3C390.3、Mkr279等活动星系核的观测资料进行分析研究,至2001年完成0716+714和BL Lac两个目标。通过观测发现这两个源的光变曲线都存在准周期振荡现象,且用相对论性喷流的运动能较好地说明这一现象。

2005年,上海天文台通过对位于银河系中心被称为人马座A*(Sgr A*)的神秘射电发射源的高空间分辨率观测,发现了支持太阳系所在的银河系的中心存在超大质量黑洞观点的令人信服的证据。获得了Sgr A*在3.5mm波长上的首个图像,确定该源的真实直径与地球轨道半径相当。推断出的最小质量密度比任何已知的黑洞候选者的密度都要大1万亿倍以上,估计Sgr A*的质量约相当于400万个太阳的质量。同年7月10日,上海天文台参与的一个国际研究小组利用大型射电望远镜阵,观测到来自银河系人马座的软伽马射线再现源(SGR)1806-20特大爆发的余辉,是在银河系发现的第三个SGR大爆发,是前两次强度总和的100倍,首次计算出该中子星与地球的距离。探测到该剧烈爆发对应的射电辐射的衰减轮廓。给出了到SGR 1806-20的距离在6.4千秒~9.8千秒差距(2万~3万光年)。2008年,上海天文台开展黑洞系统高能辐射的起源问题研究,使用国际上敏感度最高的XMM/Newton望远镜对三个银河系内的黑洞双星进行长时间观测,成功得到了谱,发现谱与喷流模型预言完全吻合,与吸积盘模型预言完全不同,故认为应该起源于喷流,而不是长期以来公认的吸积盘。

二、恒星、星团和银河系

1980年代中期,上海天文台与北京天文台、加拿大Dominion天文台合作,观测20多颗密近双星,确定了分光轨道解,对其中7对双星确定了测光轨道解和绝对参量,测定精度均达1%~2%。5对大熊W型食双星的分光轨道解测定精度比国外同类工作提高了一倍至一个量级,而且是首次测定的分光轨道解。1988年起改用1.56米望远镜观测。能观测到亮于8等恒星的掩星现象,测定的5颗恒星的角直径中4颗为世界上首次测定,精度达到国际同类工作先进水平。1986年,上海天文台使用光电观测,成功地测定了恒星SAO076608和SAO076613在月掩星过程中的光变曲线,并归算出这两颗恒星的角直径。

1992年,上海天文台利用佘山40厘米折射望远镜拍摄的9对底片的PDS测量结果测定了疏散星团M67区恒星的相对自行、疏散星团M39的自行成员及296颗AC星的高清度自行。同年,上海天文台完成了对疏散星团M67高精度的相对自行测定,自行测定的高精度为每百年±0.04,在半径45′范围内共有成员概率大于0.8的282颗恒星。证实早期初毓华发现的新类型变星K1082,订正了该星的光变周期。在球状星团M3、M4和M5中,继续发现了若干颗新型变星。发现后发团成员星系的速度和空间质量分层比室女团更为明显,证实规则星系团较之不规则星系团有较长的动力学演化过程。发现后发团核区存在次团结构,次团结构的质量分层比整个团系更为显著,证实星系团内的次结构比团本身有更长的动力学演化过程。1995年,上海天文台测定了疏散星团和星协中上万颗恒星的相对自行,并对其中3个疏散星团进行了B、V两色星等测定。对作为距离定标标准的昴星团和鬼星团进行了高精度的自行测定和成员判定,其中关于鬼星团924颗星的位置、自行、测光和成员概率被Strasbourg世界天文数据中心收录。

1998年,上海天文台用中心重叠法进行天体测量归算,得到了球状星团NGC4147中心附近11′×11′天区内到B=17.6 mag为止115颗恒星的位置和绝对自行。用VainuBappu望远镜的

CCD进行了BVRI四色测光,给出了这115颗恒星的位置、绝对自行和成员概率数据。1999年,上海天文台利用40厘米折射望远镜拍摄的2个底片天区15张照相底片上的31次观测,以ACT星表作为初始参考星表,按中心重叠法进行归算处理,得到了16颗依巴谷星和38颗场星的高精度位置和自行结果,其中依巴谷星的赤经和赤纬标准误差的平均值分别为±10.5 mas和±7.5 mas,赤经自行和赤纬自行标准误差的平均值分别为±0.7 mas/yr和±0.59 mas/yr。

2005年,上海天文台和南京大学天文系、美国哈佛－斯密森天体物理中心、德国马普射电天文研究所合作,精确地测定了离地球约6 370光年的一个大质量分子云核的距离和运动速度,成为当时天文学中精确测定的最远天体的距离。解决了在天文学里银河系旋涡结构中离太阳最近英仙臂距离的长期争论,证明了银河系密度波理论。测得银河系旋涡结构中离太阳最近英仙臂距离及这个臂中分子云核的三维运动,该分子云核在银河系中的运动与银河系旋涡结构密度波理论预计的速度场基本一致。距离的测量精度达2%,首次直接测量银河系的大小及其运动。2010年,上海天文台开展的银河系及其核球结构的研究,证实了银河系的盒状核球其实是侧面看到的银河系的棒,发现银河系几乎是由一个纯星系盘演化而来,并不包含由星系并和形成的经典核球。该结果与宇宙学模拟预言的结果相悖,表明银河系是一个大质量的纯星系盘,所以现有的宇宙学模型必须在星系尺度上有大的改进。

三、星系形成和演化

1994年起,中科院光学天文开放实验室佘山基地开始对活动星系核的观测,该基地参加了国际上对NGC4151、3C390.3、Mkr279等活动星系核的联测。此外还开展对BL Lac天体的长期监测,有40多个目标列入常规目录进行观测。从1999年开始,佘山基地对观测资料进行分析研究,2001年完成0716+714和BL Lac两个目标,并在SCI杂志上发表了几篇文章。

2001年,上海天文台宇宙学团组(马普小组)通过高分辨率的数值模拟推测:在宇宙形成极早期,暗物质可能是"温暖"的。发现在温暗物质主导的宇宙中,模拟出来的星系中心密度比冷暗物质模型预言的要低;它周围伴星系也比先前预想的要少。根据这两个结果,暗物质既非"冷"也非"热",而可能是"温暖"的。至2004年,上海天文台马普小组在暗物质晕的内部结构和星系形成的研究方面,首次提出暗物质晕内部物质分布的三轴椭球模型;发现了暗物质晕的内部结构与其形成历史之间的相关关系,提出了预言暗物质晕内部结构的公式;发现了热气体的角动量与暗物质的角动量之间存在明显差异,指出了热气体的角动量分布与盘星系的角动量观测是相容的;构造了预言星系的恒星、气体成分、星系空间分布及星系运动等多种观测性质的模型等。2007年,上海天文台侯金良、陈力、常瑞香等开展的星团银河系结构和星系化学演化研究,获得上海市自然科学奖二等奖。该课题利用星团研究银河系结构,整理出具有金属丰度和运动学参数的疏散星团样本,对银河系盘金属丰度梯度的演化给出了可靠的结论;证实了化学演化模型的预言。在单个星团研究方面,提出的星团成员判定方法和结果在国际上得到广泛引用。在旋涡星系的统计与理论研究方面,利用SDSS大样本星系观测数据,首次对星系的大小进行了全面的统计研究。

2008年,上海天文台开展关于探索暗物质、暗能量和宇宙学尺度上引力性质的一种新途径的研究。该研究以大尺度本动速度探索暗物质、暗能量和宇宙学尺度上的引力性质。采用Ia型超新星"标准烛光"的本动速度造成其视亮度的变化,提取超新星的本动速度。该方法不依赖于距离的测量,不受距离测量误差影响,因此可应用到红移0.5左右。同年,上海天文台开展条件光度函数的实测，从 SDSS DR4 星系群样本出发，分别测量中心星系和伴星系不同颜色成分的条件光度函数；不同质量暗晕中的质光关系；中心星系光度（质量）随暗晕质量变化的标度关系；不同光度（质量）中心星系与卫星星系的比例等。这些结果为研究宇宙学、星系形成和大尺度结构提供了重要观测判据。同年，上海天文台开展星系的并合时标公式研究，利用考虑恒星形成的高分辨率宇宙学流体和 N 体模拟研究星系之间的并合过程，并将测得的并合时标与 Chandrasekhar 公式所给出的理论预言进行比较，给出了暗物质模型中星系并合时标的一个准确而方便的拟合公式，解决半解析模型的过度并合问题。

2009 年，上海天文台景益鹏、赵东海、李成等开展的星系形成的理论和观测研究，获得上海市自然科学奖一等奖。该项目取得的主要成果有：发现暗物质晕的质量增长历史包含了早期的快速增长和晚期的缓慢增长两个阶段。证明以往星系形成半解析模型的星系并合时标被低估了一倍左右。通过引入黑洞形成和能量反馈的物理模型，合理解释了宇宙早期大质量、红色星系的形成。首次自洽地研究重子宏观物理过程对宇宙暗物质结构形成和对暗物质晕内物质分布的影响，定量计算了这些物理过程对预言弱引力透镜功率谱的影响。首次测量了星系的成团强度随星系恒星质量的变化关系。

四、宇宙学和大尺度结构

1983 年，上海天文台开始用数值模拟方法研究星系与宇宙大尺度结构。在引进国外的泊松（Poisson）解的基础上，建立能适用于旋涡星系、椭球星系、宇宙大尺度结构的一整套比较完善的数值模拟程序。特别在宇宙大尺度结构的模拟算法中，建立更有效的短程力的计算方法，与国外同类算法相比速度更快。1990 年，华东化工学院的华东理论物理研究所在宇宙学的研究中取得了突破性的研究成果，首次在理论上证明了观测的宇宙必定是四维的。宇宙的四维性问题是由爱因斯坦提出的，但一直没有在理论得到进一步证明。在研究卡卢札—克莱因量子宇宙学说的基础上，由于对量子宇宙的广泛研究引起了对时空拓扑结构的深入探讨，在引入蛀洞效应以后，经过繁复而深奥的运算，证明出现一维时间和可观测空间的三维性的概率接近于1，其他维数接近于零，由此证明了观测的宇宙必定是四维的。此外，还发现了宇宙弦欠缺角的新计算方法，得到了非拓扑费米子弦的存在性和稳定性的证明，得到比爱狄克量子力学的三维量子振幅的第一个例子等。1998 年，华东理工大学、复旦大学李新洲、徐建军、翟向华等开展的宇宙弦与拓扑缺陷及其相关问题的研究，获得上海市科技进步奖二等奖。

2001 年，上海天文台马普小组获得了一组粒子数为 1.3 亿的宇宙学 N 体模拟和粒子数为 3 400 万的宇宙学 N 体/流体模拟，这些模拟在星系形成研究中具有重要价值，在国际同类研究中处于领先水平。2004 年，上海天文台景益鹏开展的宇宙结构形成的数值模拟研究，获得上海市科技进步奖一等奖和 2005 年国家自然科学奖二等奖。该项目首先建立了宇宙学 N 体模拟和单个宇宙天体模拟；发现并提出了小质量暗晕的成团性比 PS 理论的预言要强得多，同时提出了暗晕成团的精确公式；首次发现了暗物质晕的密度轮廓随晕的动力学状态而变化的规律，提出了描述密度轮廓的密集因子的对数正则分布公式；发现暗晕内部密度轮廓的幂指数在 1.1～1.5 之间，成为高精度研究暗晕结构的最有影响的结果之一；首次提出了描述暗晕内部物质分布的三轴椭球密度分布模型；首次精确测量了星系对的速度弥散，其结果被广泛用于检验星系形成模型；最早提出了构造星系相关函数和速度弥散的星系团低权重模型。

2005 年，上海师范大学李新洲、郝建纲、刘道军开展的宇宙动力学及相关问题研究，获得上海市科技进步奖一等奖。该项目在国际上首先提出或发现：快子场为暗能量候选者的观点；p 暗能量宇宙的 Big Rip 吸引子，开辟了宇宙动力学研究的一个新方向；快子型 p 暗能量并扩充到 Brane 世界；带有 p 暗能量宇宙存在晚期德西特吸引子；p 宇宙追踪吸引子；与卡德威等同时独立构造了多分量暗能量模型，并首先提出多分量 p 模型；提出具有负动能的查雷金气体模型。建立了 3 种解析方法：p 宇宙学动力学的相空间分析方法被广泛使用；广义 ξ 函数正则化技术；对长方体腔使用的爱泼斯坦正则化技术被认为在几何依赖性方面的计算是最令人信服的。纠正了 4 项错误认识：对著名的"正质量猜测"提出了反例；分段弦不能使用 ξ 函数正则化的观点；膜背景时空不能是整数维观点；p 宇宙命运一定为 Big Rip 观点。2008 年，上海师范大学星系与宇宙学重点实验室利用加拿大—法国—夏威夷望远镜的天文数码相机 MegaCam 的观测资料，第一次探测到由爱因斯坦广义相对论预言的宇宙极大尺度结构所引起的宇宙极度弱引力透镜信号，即宇宙尺度为 2.7 亿光年的网状结构的暗物质分布，是之前探测到最大尺度的 3 倍。同年，上海天文台开展关于探索暗物质、暗能量和宇宙学尺度上引力性质的一种新途径的深入研究。通过功率谱的统计方法，从其视亮度的变化中提取出超新星的本动速度。该方法为探索暗物质、暗能量和宇宙学尺度上引力性质提供了新途径。

第三节　射电天文学与天文仪器

1980 年代，上海天文台先后建成人卫激光测距（SLR）系统，建立包括经典技术和多普勒、SLR、LLR（激光测月）、VLBI（甚长基线干涉测量）5 种观测技术的资料分析和数据处理程序系统。上海天文台研制的 1.56 米天体测量望远镜，推动了该领域研究的发展。佘山 25 米望远镜是中国 VLBI 网、欧洲 VLBI 网（EVN）和国际测地/天体测量学 VLBI 服务组织（IVS）的正式成员，每年参加国内外 VLBI 联测；在高分辨率天体物理和高精度天体测量等研究领域发挥了重要的作用，受到国际同行的极大关注。佘山 VLBI 站将先进的射电天文观测技术与国家重大工程任务结合，利用中国 VLBI 网参与对"嫦娥一号"卫星的精密测轨。2010 年，上海天文台开始承建 65 米射电望远镜。

一、射电天文学

1970 年代，上海天文台开始 VLBI 研制工作。1980 年，上海天文台完成 6 米天线的射电望远镜（VLBI）实验系统。1981 年底，首次上海—埃菲尔斯堡（Effelsberg，德国）甚长基线干涉实验获得成功。1987 年 11 月，以上海天文台为负责单位建成了上海 VLBI 系统，其中的上海佘山射电天文观测站，装备有 25 米口径 9 波段射电望远镜、VLBI MK2 和 MK3 型数据采集系统、氢原子钟及时间比对设备等；上海 VLBI 数据处理中心，包括 S-2 相关处理机系统及 VLBI 天体物理和天体测量研究的数据处理系统。上海 VLBI 系统是中国第一个具有国际先进水平的 VLBI 系统，适用于天文学、地球动力学和空间科学等领域，测量精度可达到厘米、亚厘米，分辨率和定位精度可达到高于千分之一角秒。系统的总体技术水平达到了国际先进水平，获得 1993 年国家科技进步奖二等奖。

1980 年代后期，上海天文台不断发展国际合作，有中美 VLBI 合作计划、中德测地 VLBI 合作计划、中日联合 VLBI 观测、中俄米波（327 MHz）VLBI 的观测研究，得到了国际上的许多技术援助，使观测系统不断完善，各个观测频段得到了健全，性能也不断提高。1991 年上海 VLBI 站成为欧洲 VLBI 网(EVN)的协联成员,1994 年 4 月成为 EVN 的正式成员。之后又相继成为美国 VLBI网和亚太地区望远镜(APT)的正式成员,参加广泛的国际 VLBI 联测。到 1998 年初,上海佘山 25米 VLBI 站参加国际 VLBI 网的观测主要有:美国 NASA 组织的地球科学研究 VLBI 网的观测,以天体物理研究为主的欧洲 VLBI 网的观测,亚太地区望远镜的观测及空间 VLBI(VSOP)的观测。2005 年加入 EVN 的董事会。

1992 年起,上海天文台在天文地球动力学研究方面分析处理了数十次国际 VLBI 合作观测数据,检测出上海佘山射电观测站与在美国夏威夷和阿拉斯加、日本鹿岛及澳大利亚堪培拉的射电观测站之间,存在着相对地壳运动,其相对运动速率分别为:−1.3 厘米/年、−8.7 厘米/年、−2.8 厘米/年、−6.1 厘米/年。在天体物理方面,与澳大利亚等国合作完成了近赤道河外耀变源的 5 GHzVLBI 巡天观测研究,并利用 EVN 的 VLBI 观测对若干活动星系核的致密机构进行了深入的研究。1996 年 6 月,佘山站还参加了俄罗斯组织的金星雷达 VLBI 实验,结果只有三个灵敏度高的台站收到条纹,上海站就是其中之一。佘山 VLBI 站自 1997 年下半年参加空间 VLBI(VSOP)观测以来,观测时间逐年增多,质量也不断提高,成为 VSOP 观测计划的主要地面站之一,取得了许多有科学价值的观测结果。VSOP 首批观测结果发表在 Science(Vol. 281, p. 1825, 1998),Shanghaitelescope(China)参加了其中大部分观测。在 VSOP 的巡天观测中,上海 VLBI 基地的观测时间在全世界所有地面站中列第一,在该研究领域引起了巨大反响。

2000 年,上海天文台通过美国 VLBA(10 个特制 25 米射电望远镜构成的 VLBI 网)对 15 颗高能活动星系核样本在 18 厘米波段上的偏振进行了 24 小时观测。这是上海台 VLBI 观测历史上第一次由该台研究人员作为主要申请者获得美国 VLBA 网观测计划。这次 VLBA 偏振观测为高能活动星系核的磁场及喷流的弯曲的内在性质研究提供重要观测资料。同年,佘山 VLBI 观测基地18 厘米双偏振观测获得成功,具有很好的左、右偏振信号,该系统使佘山 VLBI 观测基地 18 厘米波段满足了欧洲网的双偏振观测要求。获得射电源 DA193 在佘山—南山基线上的清晰相关条纹。2004 年 9 月 23 日,上海天文台与欧洲空间局合作,实施了首次对欧洲空间局发射的小型月球探测卫星 Smart−1 的 VLBI 观测,延迟观测精度(弥散度的均方差)和延迟率观测精度均好于预计结果。2005 年 1 月 14 日 18 点 10 分,佘山 25 米射电望远镜和 10 多架国内外的射电望远镜监测了"惠更斯号"土星探测器降落到土卫六的全过程,为研究土卫六的大气状况及星面环境等提供了高质量的观测数据。

2007 年,上海天文台、国家天文台乌鲁木齐天文站和日本航天局共同主持的深空探测器甚长基线干涉仪(VLBI)国际合作观测项目,利用新集成设置的多通道、多比特、可变带宽简易 VLBI 数据采集记录系统,成功实施三台站三基线的集成测试,获得 e−VLBI 干涉条纹。2008 年,上海天文台、国家天文台张秀忠、洪晓瑜、胡小工等完成的甚长基线干涉测量应用于"嫦娥一号"探月卫星的精密测轨,获得上海市科技进步奖一等奖。该项目对 VLBI 系统进行了关键技术创新与集成,取得了突破性成果,完全满足"嫦娥一号"卫星(CE−1)月球探测快速飞行和多次变轨的要求,成功地完成了卫星关键阶段的测轨任务。2009 年 3 月 1 日 16 时 13 分,"嫦娥一号"卫星在经历 494 天的飞行后成功落月,上海天文台 VLBI 中心成功组织 VLBI 测轨分系统,对卫星整个落月过程进行了跟踪测量。

二、天文仪器

1978 年,上海天文台牵头与上海光机所等单位协作研制 60 厘米人卫激光测距系统,后经改进,该系统测距精度提高到 5 厘米,达到国际第三代水平,进入国际先进行列。同年,上海天文台研制的短波授时系统,获得中科院重大成果奖。1979 年,上海天文台研制的真空照相天顶筒,获得中科院科技进步奖一等奖。

1985—1986 年,上海天文台为了进行哈雷彗星回归的观测和 1987 年日环食观测,专门研制成 Φ150 毫米天体照相仪、Φ160/220/352 毫米施密特望远镜,拍摄到哈雷彗星大尺度结构、日环食时出现的"贝利珠"等一批珍贵照片。此外,还完成了快速光度计的研制,并成功用于月掩星观测;配合空间天文观测需要,完成 I 型、II 型球载红外望远镜等设备研制。

1992 年,上海天文台负责总体设计,在新沪玻璃厂、彭浦机器厂等有关单位协作下,研制成功 1.56 米天体测量望远镜,获得国家科技进步奖一等奖。该望远镜于 1974 年提出设计任务,经过 15 年的努力,完成研制任务。该望远镜的设计和研制是一项庞大而复杂的工程,有许多创新之处。如:机械上采用叉一轭式机架以保证镜结构的对称性;光学上采用了 R－C 系统,精心设计改正镜并扩展了视场,系统消畸变获优良像质,主副镜都采用微晶玻璃,消除了温度变化所引起的焦点移动等。这台望远镜的主镜直径为 1.58 米,通光口径为 1.56 米,镜筒长为 4 米,转动部分重量达 32 吨,它可用快、慢、微和跟踪速度转动,还能自动定位和显示,曝光 15 分钟可拍摄到 17 等星的微弱星光,可用于恒星的视差测定、自行的精度测定,研究恒星的空间分布及有关的天体物理研究。该望远镜是当时世界上最大的天体测量望远镜。

1998 年,上海天文台激光测距组采用滤波技术、单光子雪崩二极管接收技术及其他光、机、电、计算机、卫星轨道计算和数据处理等先进技术和方法,建立了中国第一个白天人造卫星激光测距系统。该系统获得 1998 年上海市科技进步奖一等奖,1999 年国家科技进步奖三等奖。

2005 年,上海天文台通过与乌克兰尼古拉耶夫天文台的合作,完成了漂移扫描 CCD 照相机的研制。该项目完成了整套设备的硬件和控制软件的研制,在定位精度和探测暗目标方面达到了较高的水平,可配备在 1.56 米望远镜或 20 厘米马克苏托夫望远镜上,在移动天体(如小行星、恒星、卫星)及快速测光等方面发挥作用。2010 年 3 月 19 日,上海天文台开始建设 65 米射电望远镜,于 2012 年 10 月建成。它涵盖了射电天文研究的全部厘米波级和部分毫米波级的波段,可以全方位 360 度转动,以高精度指向需要观测的天体和航天器,最高指向精度优于 3 角秒。

第五章 地　　学

第一节　地　理　学

一、自然地理

1980—1985年,华东师范大学与其他高校协作完成了国家"六五"科技攻关项目——山西省农业自然条件遥感调查。取得3项成果:卫星遥感信息在山西自然资源定量分析中应用研究;山西省农业遥感信息在农业区划与管理中应用研究;陆地卫星影像目视解释山西省农业自然条件系列图。获得山西省科技成果一等奖(1982年)。这是国内首次完成的以省为单位的航天遥感农业自然条件调查,为山西省农业发展和规划提供了科学资料。1982年,华东师范大学胡焕庸等编著的《欧洲自然地理》一书,从总体上和5个自然区对欧洲的地形、气候、水文、土壤、生物等进行全面的介绍。

1983—1988年,华东师范大学梅安新、刘树人、吴健平等完成的国家"六五"科技攻关项目——遥感在内蒙古草场资源调查中应用研究,获得国家科技进步奖三等奖(1988年)。完成了草场、土地利用、农牧业气候、地貌、地表水、土壤、植被等解译图,建立草场生物量估量模型。华东师范大学承担的国家"七五"重点科技攻关"东洞庭湖区浅滩成因及整治原则"项目,从地貌学、水文学、沉积学、河流动力学等多学科角度进行综合研究,取得了较大突破。

1984—1988年,中科院、国家计划委员会自然资源综合考察委员会组织南方山区综合考察,由华东师范大学组建第三分队,负责对皖南、浙江和福建山区进行考察。考察成果于1987—1989年汇集出版了《安徽省南部丘陵山区国土开发与整治研究》(1987年)、《福建省建溪流域国土开发与整治研究》(1989年)、《浙江省西部丘陵山区国土开发与整治研究》(1989年)等,对考察地区的自然条件、自然资源、经济状况、城镇和人口等进行论述,为这些地区的开发治理与经济发展提供科学依据。

1985年9月,华东师范大学严钦尚、曾昭璇主编出版《地貌学》,该书全面论述地貌学的研究对象与发展现状,以及构造地貌、风化作用与坡地重力地貌、流水地貌、岩溶地貌、风成地貌与黄土地貌、冰川与冰缘地貌、海岸地貌、区域地貌调查与地貌制图等有关内容。同年,华东师范大学王宝灿等完成上海石化总厂二期化工码头选址可行性研究,对码头选址海域海滩的稳定性、金山深槽的演变及其发展趋势,根据实测资料进行了计算和预测,提出改变设计方案的建议,被生产部门采用。1986年,华东师范大学陈吉余、王宝灿、刘苍字编著的《中国自然地理(地貌篇)》获得中科院科技进步奖一等奖。1988年,华东师范大学梅安新、刘树人、吴健平等开展的遥感在内蒙古草场资源调查中应用研究,获得国家科技进步奖三等奖。同年,华东师范大学程潞等编著的《中国经济地理》出版。该书比较全面地评价了中国的自然环境,并分别介绍了中国的人口、民族、生产力布局的历史基础和农业、工业、交通运输业三大产业部门;最后把全国分为八大经济地理区,并进行了介绍和论述。1990年,华东师范大学许世远等完成了长江下游及三角洲地区地貌沉积环境研究。该项研究开创了地貌学与沉积学相结合的方向,对长江三角洲沉积环境的演变、南翼复合沙咀的发育及现代潮坪沉积与滩地淤涨规律的研究达到国内外先进水平。同年,华东师范大学李春芬编著的《北美洲地理环境的结构》出版,获得国家教委科技进步奖一等奖。全书揭示了北美洲的总体特征及其时空变化,分析了北美洲地域分异规律。用生态的观念对美洲自然资源开发利用中的生态效益,以及所引起的生态系变化作了区域示例性的评价。1998年,复旦大学张修桂从岸线与海塘的关系分析上海浦东地区的成陆过程,得出1 700年前浦东岸线在下沙沙带一线,1000年前岸线推进至里护塘一线,北宋初期上海地区第一条统一海塘于此,绍熙《云间志》称其为旧瀚海塘,弘治《上海志》名之曰下沙捍海塘,后称为里护塘。里护塘以东为近千年来成陆的新浦东。

2008年,上海师范大学旅游学院地理系、浙江省地质调查院等开展雁荡山流纹岩地貌景观特征及其形成发育规律研究,结果表明:区域流纹岩地貌景观可分为2个大类、6个亚类、16个类型单元;在新构造运动和岩性差异的控制下,区内峰、嶂、瀑在垂向上的分布具有分带性;区域现代地貌的发育肇始于晚第三纪。区内地貌演化经历了四个不同发育阶段,每个阶段的地貌景观组合各具特色。2010年,上海师范大学旅游学院地理系胡小猛等开展汾河地堑湖盆第四纪地貌—沉积特征的构造控制研究,提出了盆地湖侵—湖退过程的构造控制模式。在上地幔强烈上拱→减弱或渐趋稳定→再次强烈上拱的构造循环中,地表湖盆会以大幅快速湖退→缓慢湖侵→再大幅快速湖退这样的表现与之对应。盆地地表的地貌—沉积发育与地下的上地幔活动应具有因果关系。

二、水文地理

【陆地水文地理】

1981年,华东师范大学黄锡荃等编著的《我国的河流》一书出版。该书从流域水系及区域综合的角度,对长江、黄河、珠江、淮河、海河五大水系和沿海、内陆及东北、西南地区河流的水文特征作了比较全面的分析和介绍。1982—1986年,地质矿产部上海经济区遥感综合协作组完成上海经济区长江下游(南京—上海)河道演变遥感调查、上海经济区海岸遥感调查、太湖围垦遥感调查3项课题,为长江下游河段的演变、三角洲发展趋势的预测及退田还湖等提供了科学依据。1985年,华东师范大学王中远等完成国家"六五"重点科技攻关项目子课题——淀山湖水量测定与水量平衡计算,通过实际观测取得2万个数据,为淀山湖的环境容量评价和规划开发,以及黄浦江上游的水源保护提供科学依据。同年,华东师范大学朱慧芳等开展长江河口风浪特征和风浪经验关系研究,根据佘山、引水船、外高桥和石洞口等测站的大量实测风浪资料,论述了长江河口风浪的基本特征,提出潮汐河口风浪要素计算的经验公式,为长江河口治理、港口建设、滩涂围垦等工程建设提供重要依据。

1987年,华东师范大学严钦尚、许世远编著的《长江三角洲现代沉积研究》,论述了长江三角洲发育特征、沉积模式;长江三角洲全新世海侵及海侵以来的沉积环境演化、岸线变迁;长江三角洲地区的潮坪、海滩、砾滩、贝壳沙堤的沉积特征;长江三角洲地区的风暴沉积等。同年,华东师范大学沈焕庭、陈吉余等开展的长江河口过程动力机理研究,获得国家教委科技进步奖二等奖。该项目对长江口的潮汐、环流、混合、风浪、增减水和口外流系进行了系统研究,并将动力因素与河槽演变、泥沙运动、沉积结构结合起来,阐明了长江口演变的动力机理,为预测长江口演变提供了理论依据。同年,华东师范大学黄胜、陈吉余等完成的长江口三沙治理和通海航道研究,获得交通部科技进步奖二等奖。该项目对长江口南支的三沙河段及北港、南港、北槽的水文、泥沙、沉积和河槽演变进行了全面系统的分析研究,并在此基础上提出了三沙河段的治理方案和长江口深水航道的选槽方案。

1988年，华东师范大学陈吉余等编著《长江河口动力过程和地貌演变》，该书包括河口发育、河口水文、河口泥沙运动、河口沉积、河口河槽演变、河口治理等内容。全面系统地阐述和总结了长江河口动力过程与地貌演变，并提出治理原则和方案。同年，上海市气象科学研究所完成上海港可能最大台风暴潮的估算研究。课题组查阅了30次导致增水显著的台风，分析得出影响增水多寡的气象条件主要是台风路径、强度、行速及登陆风的入射角度等。提出台风与天文潮最恶劣组合的"模式台风"，计算出上海港可能出现的最高潮位，以此作为黄浦江防汛墙设计标准。1989年，上海自来水公司、华东师范大学岳琳、徐彭会等完成三峡工程对上海供水水质的影响专题研究，根据实测流量和氯化物资料，分析三峡工程的不同蓄水对丰、平水年份影响甚微，对枯水年份影响较为严重，建议长江大通流量拟控制在1.1万立方米/秒以上。

1990年，华东师范大学陈吉余、沈焕庭、朱慧芳等承担的三峡工程对生态与环境的影响及其对策研究，获得中科院科技进步奖一等奖。该项目研究三峡工程对长江水域、沿岸陆域、中下游、河口区生态环境的影响，对库区环境地质、水体污染、物层、环境容量、库周气候与水文的影响及对生态与环境的综合评价和对策研究。同年，华东师范大学余奕昌的上海市水量平衡研究和周乃晟的城市洪水及防治研究，分别对上海市水量平衡的各种要素，以及人类活动对水量平衡的影响和城市防洪中工程设施和非工程设施相互关系进行了论述，对上海市水资源的合理开发利用和城市防洪规划及设施有一定意义。

1999年，华东师范大学陈吉余、徐海根、朱慧芳等开展的浦东国际机场东移和九段沙生态工程研究，获得上海市科技进步奖一等奖。该课题在对长江口数十年研究的基础上，进行了大量外业和内业工作，提出了浦东国际机场东移的建议和论证，并为市政府采纳，东移700米，围垦滩涂18余平方公里。提出了在机场外11千米的九段沙上种青引鸟可行性研究报告及生态工程实施方案，并对地质地貌、水文气象、湿地植物、底栖动物，鸟类种类、数量和活动规律，淤积强度等进行系统调查。九段沙生态工程既可作为机场建设使部分湿地消失后鸟类的去处，保持了河口的生态平衡，又可使鸟类远离机场有利于机场安全运行。该项研究开创了大型工程建设和生态环境建设协调发展的先例，研究成果具有创新意义。

2000年，华东师范大学、上海市自来水公司等开展的长江河口咸潮入侵规律及淡水资源利用研究，得出长江河口系多级分汊潮汐河口，盐水入侵有外海入侵、倒灌、浅滩通道水体交换及漫滩归槽等4种形式，时间上有周日、朔望、洪枯季、年际等变化特点。研究成果为宝钢水源从长江引水方案的形成、陈行水库的选址和库容设计提供了基础数据。2002年，上海市原水股份有限公司、华东师范大学吴守培、顾玉亮、马兴发等开展的北支盐水入侵对长江口水源地影响的研究，获得上海市科技进步奖一等奖。该项目首次明确提出北支盐水入侵是影响长江口南支水源地的主要原因；首次提出北支潮波强烈变形产生的涌潮是北支盐水入侵的主要原因，其影响波及洪季，揭示了长江口水域氯度的时空分布规律；根据长江口北支演变趋势及其原因，揭示了北支水、沙、盐倒灌的机理；制定了陈行水库适时取水调度方案，首次提出了在南支建立边滩水库链、在北支引淡挡盐等系统工程对策。2003年，华东师范大学陈中原、王张华、宋保平等开展的长江与尼罗河三角洲沉积环境演变及其成因机理研究，获得上海市科技进步奖二等奖。

2005年，上海市水务局、上海勘测设计研究院等开展的长江口北支咸潮倒灌控制工程和南支水源地建设专题研究，获得上海市科技进步奖一等奖。长江口的整治直接影响到上海淡水水源、土地的供给和深水港的发展，该项目对长江口北支咸潮倒灌控制工程方案和南支水源地建设工程方案进行了系统的论证研究。发现了长江口和杭州湾间的水沙交换规律，长江口的水沙主要是通过南汇嘴浅水地区在杭州湾北部沿岸进入杭州湾。全面揭示了长江口咸潮入侵的规律,提出了北支咸潮倒灌是南支水源地氯化物超标的关键因素,控制北支咸潮倒灌是南支水源地建设的关键举措;首次提出了"北支中束窄＋北支上口疏浚方案"为北支咸潮倒灌控制工程方案。

2005年,华东师范大学陈振楼、许世远等对长江口滨岸潮滩7个典型断面三态氮的界面交换通量进行了季节性连续观测,无机氮的界面交换行为存在复杂的空间分异和季节变化。盐度是控制长江口滨岸潮滩无机氮界面交换行为的主要因素。2006年,华东师范大学王军、许世远等基于长江口滨岸湿地沉积物的连续实测数据,建立了无机氮界面交换通量空间插值模型与量算模型。同年,华东师范大学李明、杨世伦等在长江来沙锐减与海岸滩涂资源的危机研究中,利用小波分析方法对大通站系列水、沙和流域降水资料进行周期性和趋势性分析,在长江三角洲前缘的南汇岸段进行逐日潮滩高程测量,进行三峡水库蓄水前后滩面冲淤的对比,得出流域水库的修建是导致这一下降趋势的根本原因。2007年,华东师范大学刘红等在长江口表层沉积物分布特征及动力响应研究中,基于长江口2003年2月采集的58个表层沉积物样品及以同步水动力资料的分析表明,表层沉积物中值粒径自江阴—长江口外逐渐变细,浑浊带海域表层沉积物中值粒径北港最大、南槽最小,长江口外海域则北槽最大、北港其次,横沙以上区域表层沉积物类型以砂为主,长江口外海域沉积物类型以黏土质粉砂为主。

2010年,市水务局、市统计局等7家单位共同完成上海市水资源统计和核算体系研究。该项目在国内率先建立了地区水资源统计和核算体系,并从水资源社会循环的全过程,运用水资源物质流和价值流的分析方法,整合水资源统计和核算成果,揭示和反映了上海市水资源社会循环中的"取—供—用—排"特征和价值驱动特征,成为中国和太湖流域水资源统计和核算的示范。同年,上海师范大学尹占娥、华东师范大学许世远等,提出了一套基于小尺度的城市暴雨内涝灾害风险评估的思路与方法。建立了一个基于GIS栅格的城市内涝模型,并基于多种重现期灾害情景,模拟内涝积水深度和淹没面积;拟合出居民房屋和室内财产的灾损曲线;建立了基于GIS栅格城市暴雨内涝灾害的风险评估模型与范式。同年,华东师范大学、国家海洋局东海标准计量中心张珍、杨世伦、李鹏在《三峡水库一、二期蓄水对下游悬沙通量影响的计算》中,利用长江干流上寸滩、宜昌、汉口、大通四站及其间的支流控制站的水沙监测数据,结合对干流两侧不在支流控制站监测范围的"未测区"水沙贡献的估算,建立了悬沙收支平衡和悬沙输运经验关系,从而定量分析了三峡水库一、二期蓄水对大坝下游(至河口)悬沙通量的影响。

【海洋水文地理】

1978年,华东师范大学陈吉余、王宝灿、沈焕庭等开展的河口海岸研究,获得上海市重大科技成果奖。1980年代初,华东师范大学陈吉余等完成全国海岸带和海涂资源温州试点调查,此项工作是新中国成立以来全国首次海岸带综合调查。通过对温州海岸带自然条件的分析,提出了海涂资源综合评价和利用方案。1981年,华东师范大学许世远等发表中国第一批系统研究现代风暴沉积的论文——《杭州湾北部滨岸的风暴沉积》和《长江三角洲风暴沉积系列研究》等,补充、修正了国外某些风暴沉积的流行观念(模式)。1987年,华东师范大学严钦尚、许世远、项立嵩等开展的现代海岸及河流沉积研究,获得国家科技进步奖三等奖。1987年,华东师范大学河口海岸研究所、中国水产科学院渔业机械仪器研究所等完成了国家"六五"科技攻关项目"遥感技术在海洋环境与资源调查中的开发研究"。通过对悬浮泥沙遥感的定量研究,开拓了中国海洋遥感新的研究领域,为港口选址、河口三角洲规划、海岸带滩涂资源调查与围垦促淤工程、航道选择等提供技术依据。

1988 年,华东师范大学、上海气象局、上海水利局陈吉余、胡方西、徐海根等完成的上海市海岸和海涂资源综合调查,获得上海市科技进步奖一等奖。此项调查包括海岸带气候、海洋水文、陆地水文、地质、沉积、地貌、海洋生物、海水化学、环境污染、土壤、植被、林业、土地利用等多项内容,为上海海岸带和海涂资源的开发利用提供了基础资料。同年,华东师范大学虞志英、陈德昌、唐寅德等完成的连云港新港区深水港池航道的回淤预估和泥土处理研究,获得国家教委优秀科技成果奖。该项目提出了连云港地区岸滩泥沙来源日益减少,冲淤基本平衡,略有冲刷的结论;对水深 7.10 米港池外航道回淤强度进行预估,与试挖槽和实际相符;从自然条件和经济上对港池航道疏浚泥土处理提出合理建议。同年,华东师范大学金缪、陈德昌、唐寅德等完成的江苏北部淤泥质海岸海滩演变和海港工程有关的动力地貌研究,获得国家教委科技进步奖二等奖。从淤泥浅滩波浪潮流作用的分布和泥沙运动特征、自然和人工条件下的冲淤演变,计算了浅滩横断面上各点经受破波作用的频度、波浪潮流底切力和含沙量的分布,建立了淤泥质海岸带水动力作用强度的冲淤计算模式和定量预测。1989 年,华东师范大学陈吉余等编著的《中国海岸发育过程和演变规律》一书出版。该书是对 30 多年来该项研究成果的总结,对中国海岸类型、岸滩的发育演变过程和动力机制,以及港口治理、滩涂利用等进行了全面的论述。

1990 年,华东师范大学沈焕庭等在《中国入海口分类刍议》中,从流域状况、河流情势、海洋情势和人为作用几方面,分析了影响河口形态和冲淤变化的主因子,得到 3 个形态分类指标和 6 个水沙分类指标,运用模糊聚类分析方法进行了综合定量分类,将中国河口分为:Ⅰ 钱塘江口型(CM 喇叭型),$QF/QR \geqslant 35$,$SF/SR \geqslant 300$;Ⅱ 过渡型 $5 \leqslant QF/QR < 50$;Ⅱ1 射阳河口型(BMd 弯曲型)$50 \leqslant SF/SR < 300$;Ⅱ2 长江河口型(BM－R 分汊型)$5 \leqslant SF/SR < 50$;Ⅲ 珠江河口型(BRd 型河口型)$1 < QF/QR \leqslant 5$,$SF/SR \leqslant 1$;Ⅳ 黄河口型(AR 游兴型)$QF/QR \leqslant 1$,$SF/SR \leqslant 1$。1998 年,华东师范大学陈西庆、陈吉余对 Bruun 法则应用的前提——海岸均衡剖面的基本问题进行了探讨,提出长江三角洲海岸不发育经典理论中砂质海岸那种较为严格的均衡剖面,但海岸剖面也有其较为稳定的特性,具有确定的闭合深度,为在这种海岸上应用 Bruun 法则提供了一定依据与可能。

2001 年,上海市水务局完成上海风浪实测资料统计分析及风浪谱分析研究,建立了杭州湾北岸和长江口外两个测波点深水区的设计波高和波周期的经验计算公式,对《堤防工程规范》中波周期计算公式作出符合上海市自然条件的重要修正,提出适用于上海海域台风型和寒潮型的风浪谱。2002 年,同济大学翦知湣、成鑫荣承担的西太平洋边缘海三维空间古海洋学研究,获得上海市科技进步奖一等奖。该项目通过建立晚第四纪冰期旋回中西北太平洋古水团的垂向分布模式,为"冰期北太平洋深层水"的形成提供了可靠的实证;第一次定量估算了中国海第四纪古温跃层的深度变化;首次发现了太平洋海区全新世千年尺度的古气候事件;第一次从海洋角度指出东亚冬季风和夏季风驱动机制的不同;首次取得中国海百余万年以来古气候长序列记录,揭示了南沙海区约 90 万年前的"中更新世革命"事件和约 15 万年前的海洋古环流改组。该项目将西太平洋边缘海古海洋学研究向三维空间高分辨率和长时间序列发展。

2003 年,同济大学汪品先院士主持完成东亚古季风的海洋记录。该项目通过深海钻孔剖面研究,实现了中国古气候、古环境研究中深海与陆地相结合,从而进入探索全球问题的前沿领域,提高了中国在国际大洋科学钻探和深海研究中的学术地位。成功建立了一套针对深海沉积基础研究的方法。同年,同济大学海洋与地球科学学院和胜利油田物探研究院完成复杂地质体波动方程深度成像软件系统开发与应用。2004 年,利用开发的软件在国内首次用波动方程深度偏移技术完成了CB30、BS6、CX 等探区 400 多平方公里以上的三维地震资料处理,取得了明显的效果,使得波动方程深度偏移技术由理论走向了实用。联合研发的 STseis 地震成像软件系统工程与应用，为提高复杂构造地区的油气勘探成功率提供有效的工具。2005 年，同济大学汪品先任首席的国家"973"计划项目——地球圈层相互作用中的深海过程和深海记录，揭示了西太平洋暖池和东亚季风发育的阶段性，发现了暖池海区冰消期表层水升温超前于北半球冰盖的融化。在南沙海区发现了碳同位素有 40 万～50 万年长周期，经过全球对比和对意大利上新世地层的实测与分析，证明是世界大洋碳储库对于地球运行轨道偏心率长周期的响应，并推测是通过浮游植物群改变有机碳在海洋碳沉积中的比例所致。

2007 年，上海东海海洋工程勘察设计研究院完成上海市大陆海岸线修测，该项目修测范围从上海—江苏浏河口界碑向江苏方向 1 公里处开始，至上海—浙江金丝娘桥界碑处为止，修测上海市大陆海岸线 211 公里。掌握了其自然属性及其现状、变化，为上海市海岸线开发利用总体规划和海域使用综合管理、海洋生态环境保护及海洋减灾防灾等提供基础数据和科学依据。2008 年，华东师范大学陈沈良、丁平兴、周云轩等开展的上海市滩涂资源可持续利用策略，获得上海市科技进步奖二等奖。2009 年，华东师范大学承担的国家"973"课题——三角洲海岸侵蚀与岸坡失稳灾害的防护对策，揭示了强侵蚀岸段的侵蚀过程和机制。研究发现：孤东堤前水域 8 米水深以内由于得不到黄河来沙的补给，岸滩表现为侵蚀，飞雁滩区域泥沙来源断绝，向海凸出的地形受到了强烈的侵蚀；揭示了"波浪掀沙、潮流输沙"的作用机制。通过沿岸潮滩钻孔资料分析测试，揭示了黄河三角洲岸滩沉积层的垂直分布特点和抗冲特性。黄河三角洲海岸侵蚀的治理应从保沙和调沙两方面进行。

2010 年，上海市"908"专项——上海市沿海地区社会经济基本情况调查和海岸带调查，通过上海市"908"专项办公室验收。上海市海洋湖沼学会、国家海洋局东海预报中心承担的子项目，以区县为单位，对沿海的社会经济、城镇与人口发展及海洋经济发展状况等调查资料进行综合分析研究，取得了第一手资料。华东师范大学、上海市海洋环境预报台等承担的子项目，系统地说明上海市海岸带的自然属性与资源环境及开发利用的现状、变化及原因，为上海市海岸带保护与开发利用奠定了基础。上海河口海岸科学研究中心和上海市海洋环境预报台承担的子项目，结合长江口海域最新的地形、潮位、潮流、波浪、泥沙、风速等实测资料，建立海洋工程建筑物的抗自然灾害能力的评估系统，提出海洋工程抗自然灾害应对措施。建立反映长江口水动力、泥沙和盐度变化规律数学模型，对长江口海域流场变化及其影响因子、流场变化对上海重大海洋工程的影响进行系统性分析研究和预测评价。复旦大学、上海市海环境预报台等承担的子项目，分别对横沙岛、长兴岛、崇明岛、无居民岛的岸线、岸滩地貌与冲淤、潮间带底质、潮间带沉积化学、潮间带底栖生物、湿地、植被、土地利用等要素进行综合性调查和数据资料的收集，进一步掌握调查岛屿的环境、资源的时空分布及变化规律，全面更新环境与资源等基础资料和图件，系统地掌握上海市岛屿自然属性与资源环境的现状、变化及原因。国家海洋局东海环境监测中心、上海海洋大学等承担的子项目，全面更新上海近海海洋环境、海洋资源等基础资料和图件，为海洋环境综合评价、海洋资源开发利用、海洋防灾减灾、海洋综合管理和环境保护及国防建设等提供基本依据。国家海洋局东海信息中心承担的子项目，分别把宝山区、崇明县、浦东新区，以及南汇、奉贤、金山三区，含大小洋山海域及东海大桥列为重点调查区，对海域使用情况综合调查。

三、地理信息

1979 年起，华东师范大学许世远等在中国平原地貌制图中率先注重沉积相分析，建立统一的地貌分类和图例系统,编制的上海地区地貌图,克服传统平原地貌内容简单、类型单调的弱点,提高了平原地貌图的科学性和实用意义。1984年,上海测绘处开始研究机助制图系统,研究航空相片数字化、野外采集数据自动化、图数转换自动化的方法,经计算机处理,可形成数字化的地形图,使上海的测绘技术提高到一个新的水平。1989年,上海市绿化办公室与华东师范大学地理系合作进行上海市区绿化遥感综合调查,编绘出市区绿化分类、绿化覆盖率图,经抽样和量化后输入计算机,建立上海市绿化数据库,为上海市的绿化工作提供可靠的基础资料。

1990年,华东师范大学地理系、上海市城市规划设计院完成上海市浦东新区遥感综合研究,编绘出浦东新区土地利用现状和变迁图,通过计算机处理,建立了浦东新区地理信息库(图像和数据)。并根据新区土地利用的现状、变迁及社会经济发展特点,提出浦东新区规划模式。1993年,中科院地理研究所、华东师范大学王铮、许世远等在《地理信息系统的地学信息需求分析模式》中,提出一个IRA(信息需求分析)分析方法。在这个分析模式中,功能需求是分析的中心,功能需求由GIS的应用目标和信息的可能的组织特征、区域特征等决定,由功能需求决定信息需求。

2000年,华东师范大学许世远、孙以义在地貌形态模拟中运用地理信息系统方法,把数字模型和数学模型有机地结合起来,将时间和空间缩小、定量化,可以形象地再现地貌形态的空间特征和地貌演化过程。这一技术的实现关键在于创建四维地貌数据库,建立分形地貌模拟模型,用分形内插技术实现地貌形态的模拟。分形地貌模拟模型第一次把地貌的分形特征用计算机模拟实现。2001年,上海市气象科学研究所、中科院地理科学与资源研究所周红妹、周成虎等开展基于遥感和GIS的城市热场分布规律研究,以气象卫星资料为主要信息源,以陆地卫星TM资料、土地利用专题图件、气象观测资料为辅助信息源,利用GIS空间分析技术,对城市热力分布特征和变化规律进行动态监测和综合分析。2002年,上海城市发展信息研究中心江绵康、孙建中、吴健平等开展的上海市航空遥感综合调查信息化技术研究,获得上海市科技进步奖二等奖。2003年,复旦大学金亚秋主持的国家自然科学基金重点项目——地球环境中极化电磁散射信息的定量遥感,将全极化散射Mueller矩阵、相干矩阵与熵和极化回波强度测量相联系,为SAR观测复杂地表分类提供了新的理论基础。该项目提出了宽带脉冲波的Mueller矩阵解;提出了非均匀散射介质、多次散射的高阶Mueller矩阵解,应用于数值模拟与地面参数反演研究;发明了单次SAR飞行获取数字地形高程(DEM)的方法。2004年,中科院上海技术物理研究所、上海城市发展信息研究中心王建宇、孙建中、尹球等开展的数字城市空间信息系统关键技术研究,获得上海市科技进步奖二等奖。上海市测绘院孙红春、郭容寰、毕俊等完成的上海基础地理数据库,获得上海市科技进步奖二等奖。

2005年,华东师范大学李茂田、陈中原等,利用地理信息系统(GIS)与数字高程模型(DEM)技术,定量模拟了1994—2002年宝钢码头前的沙体冲淤演变过程。河床淤积区域主要分布在上段沙体的上部及上段沙与新浏河沙体之间的区域。宝钢码头河床的演变是河床的边界条件、来水来沙及人类活动的耦合结果。上段沙体的下移南偏对宝钢码头存在潜在的不利影响。

2009年,华东师范大学朱良峰、庄智一在城市地下空间信息三维数据模型研究中,系统分析了已有的三维空间数据模型的形式和特点,为城市地下空间信息基础平台空间数据模型的选择提供了甄别依据。针对城市地下空间信息三维建模和可视化分析的特点和要求,设计了面向空间结构信息和空间属性信息建模与可视化的三维空间数据模型。同年,中国极地研究中心承担的南、北极生物和地质标本标准化整理与共享试点,作为国家科技基础条件平台建设计划的组成部分,建成了由5个标本库和1个极地标本资源共享信息网组成的极地标本资源共享平台。5个标本库分别是:由中科院地质与地球物理研究所、中国地质科学院地质力学研究所和中国地质科学院地质研究所共同建设的"极地岩矿标本库";由中科院海洋研究所和中国极地研究中心共同建设的"极地生物标本库";由中国极地研究中心和中国科技大学共同建设的"极地沉积样品库";由中国极地研究中心建设的"南极陨石样品库"和"极地雪冰样品库"。该平台实现了极地标本/样品信息的多语言展示、检索、共享,以及标本实体库存管理等功能;实现了实物库物理上分布、信息服务集中的极地标本资源共享服务网络模式,形成权威的极地科学标本/样品编目、信息发布、检索、申请与审批的样品管理与共享网络技术平台。

第二节　地　质　学

一、构造地质、矿产普查与勘探

1981年,华东师范大学苏文才编著的《地壳和矿床》一书出版。该书比较系统地论述了地壳的物质组成、地壳形态的演化、地壳中元素的分布和迁移、矿床的成因类型,并着重讨论了煤、石油、铁等矿床的形成、开采。华东师范大学胡焕庸等编著的《世界海陆演化》,是以板块构造学说新观点论述世界各大洲及大洋演化的论著。1984年,同济大学海洋地质系金性春著《板块构造学基础》,是国内较早全面介绍板块构造和依此理论论述海陆演化的著作。1986年,华东师范大学朱积安对上海及邻近地区地震活动的特点、地震地质背景、新构造运动、活动性断裂对地震的控制作用进行了分析,并初步划分了地震带,探讨了发震的构造部位及震源机制的现代构造应力场;指出上海及邻近地区的地震主要受北东向、北西向和近东西向3组断裂活动的控制,上海地区的断裂在近代显示了一定的活动性。同年,华东师范大学何越教等著的《我国的矿产资源》一书出版。该书对中国各种矿产资源的工业用途、开采历史和地理分布及资源远景进行系统论述,同时对矿产资源的保护和合理开发利用问题也进行了分析。

1986—1990年,同济大学、江苏石油局、华东地质勘探公司万明浩、穆日孔、王家林完成江苏南部重磁力等地球物理资料综合研究,获得1988年上海市科技进步奖一等奖。该项工作采用重力、电法、磁法资料,结合钻井和地质资料,划分了印支面、前志留面、结晶基底面、莫霍面、第三系底面,并对残留盆地进行了油气预测,为在江苏南部地区寻找油气提供科学依据。同期,同济大学海洋地质系、江苏石油勘探局、新疆石油管理局勘探开发研究院共同完成了东海、江苏、新疆、广西等地区综合地球物理研究。该课题运用了国际上先进的重磁资料处理技术和方法,充分发挥了各种物探方法的长处,对东海、江苏南部、新疆准噶尔盆地、广西南宁盆地等地区的重磁力、地震资料进行综合地球物理解释。1988年,华东师范大学朱履喜等完成上海及邻近地区的构造活动及断裂性活动研究,得出上海及邻近地区存在着晚新生代活动性断裂38条,新构造运动的特征表现为西升东降的结论。1989年,同济大学马在田编著的《三维地震勘探法》一书,系统地论述了地震偏移成像问题,提出了地震勘探中的高阶方程分裂法理论,称之为"马氏方法",在国内外被广泛应用。

1990年,同济大学、中国海洋石油总公司渤海石油公司马在田、王振华、曹景忠等开展的波动方程地震成像理论与三维P-R分裂偏移技术及其在油气勘探开发中的应用,获得上海市科技进步奖一等奖,1991年获得国家科技进步奖二等奖。该成果发展了美国斯坦福大学Claerbout教授的波动方程法地震偏移成像理论和方法。提出了从全波动方程出发,解高阶方程的"阶段分裂法"和解全声波方程的"函数替代法",从而实现准确波动方程的有限差分偏移方法。该成像技术用于解决复杂地质条件下油气田和煤田的勘探和开发问题；解决了国内外都在研究的大倾角偏移问题；提高了地震资料偏移处理的精度，在开发油气田上，有利于复杂地质构造的研究。同年，华东师范大学朱新轩的《地质规律初论》一文，科学地界定了地质规律的概念，并初步概括出层次结构、周期转换、序次递进、内能衰减为最基本的地质规律。华东师范大学严钦尚等完成苏北盆地晚中生代以来构造与沉积环境研究，揭示了中国东部大型含油气盆地之一的苏北盆地的构造演化、沉积环境变迁的规律和基本特点。同年，上海市地质矿产局根据地面沉降精密水准测量数据，发现上海基岩地层呈区域性倾斜上升，覆盖层呈异向运动——地面沉降，提出了上海现代地壳垂向运动呈上升趋势的认识。完成了上海地区1∶5万高精度重力测量，测量面积6 529平方公里，提取了地壳内部地质构造的地球物理信息，提高了地质推断解释的可靠性。1991年，刘光鼎主编的《中国海区及邻域地质——地球物理图集》和《中国海区及邻域地质地球物理特征》（专著）出版。图集和专著以朱夏的"活动论构造历史观"为指导，为中国海地质地球物理现象和规律作进一步的分析、归纳和总结。

1991—1996年，地质矿产部上海海洋地质调查局在东海的地球物理勘探，由地震、重力、磁力综合调查进入以地震为主、重点区地震详查的阶段，对平湖油气田放鹤亭构造进行三维地震调查。"平湖油气田高频旋回性分析与成图"成果，将地球运行轨道—气候—沉积条件的相互关系应用于沉积岩性的高频旋回性分析，是世界上用于油气勘探的一种新的小层对比方法。开展东海陆架盆地地热流计算的初步研究，选用东海21口钻井的测井数据、地温资料及岩芯样品热导率的实验测定，获取有价值的热流数据和计算地热流方法。开展东海西湖凹陷第三纪地层、古环境与气候研究，详细划分早第三纪平湖组与花港组，建立6个门类生物地层序列，是东海盆地第一份生态地层学研究。研究人机联作三维一步法地震偏移技术，提出自然延伸边界和快速近似矩阵法，提高偏移运算速度，基本解决二步法偏移对复杂地震反射层的正确归位问题，在国内首次实现在人机联作工作站上进行三维一步法时间和深度偏移。

1993年，上海市地质矿产局为配合拟建重大市政工程项目前期论证，开展了基础地质和工程地质研究、长江口基岩地质概况研究，对与越江通道工程有关的8条断裂构造进行了分析，认为在上海邻近地区所有潜在震源中，长江口潜在震源区对上海市的影响最大。同年，上海市地矿局完成上海市地面沉降监测与规律分析研究。1993年市区地面年平均沉降量为10.7毫米，市东区为3.4毫米，西区为14.8毫米，而属地下水非集中开采区的南市区达41.6毫米。大规模基建和市政工程建设逐渐成为引起市区地面沉降的一个重要因素。1998年，上海市地矿局开展上海市外环线一期工程路面厚度地质雷达检测，以高频地质雷达为手段，对路面以下的沥青层和三渣层的敷设厚度进行无损检测，检测厚度与实际厚度的误差在3%以内，这种技术方法的应用前景得到上海市政工程管理局的肯定。

2000—2005年，同济大学开发的多波地震资料处理系统能够适用于海上，也能适用于陆地的多波地震资料处理。该系统具备了一些国外尚不具备或尚未公开的处理功能，如转换波DMO等。多波地震勘探方法能够解决许多用单一纵波勘探无法解决的问题。同济大学和胜利油田联合研发的STseis地震成像软件系统工程与应用，为国内的地震深度成像软件提供了开发平台，拥有自主知识产权。在国内首次用波动方程深度偏移技术完成了CB30、BS6、CX等探区400多平方公里的三维地震资料处理。该软件系统缩小了中国与世界先进成像技术的差距，打破了国外公司的技术垄断。

2003年，上海市地质调查研究院沈新国、魏子新、间联安等开展的上海市城市地质环境综合研究与应用,获得上海市科技进步奖一等奖。该项目获多项成果:重新修订了上海地区岩石地层层序、厘定了断裂构造格架、确定了上海地质构造稳定;按多种地层划分方法修订了上海地区第四纪地层年代和层序,建立了区域第四纪地层对比格架;提出了含水层变形的"临界水位"和弹性—弹塑性—塑性变形的演化规律;对地下水流场及地面沉降的时空变化进行了同步模拟与预报,并以控制地面沉降为约束条件进行了地下水资源计算和地区分配;提出了与城市地下空间开发、防汛(涝)相应的针对性对策建议。2005年,上海市地质调查研究院开展的长江三角洲地区地下水资源与地质灾害调查评价,获得国土资源科学技术奖二等奖。2006年,上海市地质调查研究院开展的上海市地质环境变化对城市安全影响调查及对策研究,获得国土资源科学技术奖二等奖。2008年,华东师范大学周立旻、郑祥民等通过多参数磁性测量分析,探讨长江中下游干、支流河流沉积物的磁性特征。研究结果表明,在长江中下游干、支流河流沉积物中,磁性矿物类别均以磁铁矿为主,晶粒均以假单畴—多畴为主。与干流相比,支流沉积物中不完整反铁磁性物质含量较多,晶粒较细,X值仅是干流的1/10。

二、水文地质

1986年底,上海市地矿局完成上海地下含水层储能技术与应用研究,对上海地下含水层储能的经验、回灌技术、利用效果等进行全面分析研究和总结。研究表明,地下含水层储能是一项投资少、能源利用效益高的节能措施。上海积极推广应用地下水"冬灌夏用"的储冷技术与"夏灌冬用"的储热技术,对控制地面沉降有积极作用,而且具有节电、节水、省煤、调整用电负荷及管理方便等效果。

1990年,地矿部中国水文地质勘查院、江西省环境水文地质队、上海市环境地质站等10个单位,共同完成国家科委"七五"重大攻关项目——长江中下游重点地区地下水环境背景值调查研究,查明了江汉平原东部和长江三角洲南部地区地下水天然背景值的状况及其影响因素。同年,上海市环境地质站与地矿部水文工程地质研究所合作,完成了对上海市区及近郊区585平方公里范围内的第二、三、四水压含水层的地下水位预报。预报精度除市区西部第三含水层略低外,其余绝对误差＜0.5米的点数占总预测点数的82％以上。同年,根据地矿部与比利时王国科学政策规划署1986年签署的科学技术合作协议,上海经济区地质中心与比利时列日大学和地质调查所开展课题研究,取得了阶段性成果,建立长江三角洲(上海地区)第四纪地质、水文地质、工程地质及地面沉降数学模型,具有科学价值和实用意义。同年11月19—22日,中国地质学会水文专业委员会、上海地质学会和同济大学联合召开的全国城市地质灾害及对策讨论会,来自全国各地的专家、教授和工程技术人员百余人参加,提交论文91篇,主题包括同济大学的中国淡水资源存在问题讨论、在抽(排)水影响下喀斯特塌陷和预防问题、地下水中铬的异常和污染及其处理利用研究,以及上海地矿局的控制上海地面沉降勘察研究、抽汲地下水引起地面沉降问题、灾害地面沉降分析等。

2001年,上海市地质调查研究院方正、李勤奋等开展的上海市区域水文地质调查报告,获得上海市科技进步奖二等奖。2010年底,全市各承压含水层地下水位总体上继续保持逐步抬升的趋势。其中深部承压含水层抬升较为明显;郊区除南部地区基本持平或略有下降外,大部分地区地下水位抬升明显,尤其是地下水开采大幅压缩的深部承压含水层,水位抬升幅度较大。

三、工程地质

1980 年代,上海市地矿局开展的长江口、黄浦江、苏州河综合治理的工程地质勘察、杭州湾北岸上海新港选址前期工程地质勘察,以及星火—漕河泾—金山卫新工业城市的水文地质、工程地质勘察等地质工作,为经济区的河流治理工程、港口的论证,以及经济区的合理规划布局提供可靠的地质依据和基础成果。1985 年,华东师范大学王宝灿、劳治声、金庆祥等开展的上海石化总厂二期化工码头选址可行性研究,获国家教委优秀科技成果奖。该项目对拟建码头分治海域的海滩稳定性及其淤积趋势、金山深槽的演变及其发展趋势进行了计算和预测,使原定的挖入式港池码头方案改为岛式码头,为工程建设投资节约了 1 000 万元。

1990 年,上海勘察院、同济大学合作完成上海市桩基工程地质图集,该图集符合工程地质图编图技术标准,采用了国际上先进的"背景图→专题图→综合图"的模式。编制过程中提出了适用于编图的随机场参数估计方法,在国内首次实现了用计算机辅助编制城市工程地质图。1992 年,地质部上海海洋地质调查局完成的上海市延安东路隧道江底地球物理调查等获地矿部优秀勘察工程奖二等奖。1993 年,上海市地矿局开展了市城区 1:20 000 工程地质详查工作,查明了区内 40 米以浅各土层的分布规律及其工程地质特征;评价了 15 米以浅沙性土及沙质粉土层的液化势;确定了各土层的物理学参数指标;划分了土地结构类型,进行了工程地质分区与评价。同年开展的浦东国际航空港选址区工程地质条件分析,是上海市计划委员会委托项目,查明了区内各地基土层的分布范围、水平连续变化特征、埋深、厚度及其物理力学参数指标。1998 年,上海市地矿局承担的洋山新港址地震安全性评价地质勘查,采用人工地震、P-S 波测井与工程钻探相结合的方法,在长江河口与杭州湾汇合处的海域开展了地质勘查工作,首次查明了该海域水下地形、第四系分层与分布及基岩面埋深及其形态,发现了区内大断裂构造存在的依据。勘查成果为工程的规划和地震安全性评价提供重要依据。

2000 年,上海防灾救灾研究所完成地震作用下单桩垂直承载力研究。该课题建立了建筑桩基竖向抗震的计算模型和可以全面考虑应力、应变、振动孔隙水压力和震陷规律的土动力有效应力计算模型。提出在地震荷载下桩端与桩侧阻力分析同桩基震陷分析相结合来控制竖向地震承载力的分析方法。首次探索影响桩竖向地震承载力调整系数的因素,给出了调整系数随上列因素的变化总趋势。2004 年,上海市地质调查研究院严学新、张阿根、龚士良等开展的上海地面沉降监测标技术与重大典型建筑密集区地面沉降防治研究,获得国家科技进步奖二等奖。该成果在基岩标、分层标的标体结构设计等方面较之国内外同类技术有诸多创新,并取得国家技术专利。该成果围绕工程建设成为上海近年新的地面沉降制约因素、密集建筑的地面沉降效应较为明显的现状,对高层建筑与多层建筑密集区进行了沉降监测,分析了建筑密度与地面沉降的关系,提出了防治对策措施,为城市规划与管理提供了具有决策参考价值的技术指标。

2005—2006 年,上海市地质调查研究院完成对影响上海城市建设与管理的若干典型地质问题的研究。该项目提出在护岸结构设计时有必要考虑防汛墙建成后使用寿命期间江河冲刷的影响;码头结构的稳定性随临近岸滩冲刷而降低;码头岸带的回淤会影响泊位能力。同期开展的上海市地质环境变化对城市安全影响调查及对策研究,认为上海轨道交通一、二号线隧道变形规律与区域地面沉降具有很好的对应关系,在逐渐收敛过程中表现出与区域地面沉降相似的季节性变化规律;指出地面沉降是导致城市防汛防御能力下降的主要影响因素之一。

第三节　大　气　科　学

　　1980年代，上海台风研究所研制出"五层原始方程模式"，其中"五层原始方程模式移动型双向套网格热带气旋路径预报方案""移动型双向套网格分类差分解法及其在台风路径预报中的应用"和"用于热带气旋中期路径趋势预报的业务数值模式"等成果于1990年移植到泰国气象厅。上海市气象局研制了灾害性天气监测和短时预报系统。该系统由自动气象观测站、卫星、雷达监测处理系统、VAX－3500短时预报工作站及各种上海地区短时灾害性天气预报方法组成。

　　1981年，华东师范大学胡焕庸、康松万、蔡吉编著的《世界气候的地带性和非地带性》由科学出版社出版。该书根据世界最新资料，论证南北半球不同纬度的大陆东、中、西三区的气候差异。认为纬度地带性产生气温的地带性；而大陆东中西三区的非地带性，更多地表现在降水量方面的差异；水热条件组合不同，产生不同气候。同年，上海市气象局开始每年编写《上海气候评价》，除记述同年度气候特征、气候灾害、气候异常事件外，还就气候对粮食、油料、棉花、蔬菜、瓜果等作物，以及城市供水、供煤、交通等的影响作如实记载。1981—1990年，华东师范大学周淑贞等与上海市气象局协作，系统分析了上海城市发展对气候要素的影响，首先发现上海城市气候的"五岛"（热岛、干岛、湿岛、雨岛、混浊岛）效应，并探明其形成过程、变化规律及相互制约的关系，预测了上海城市气候演变趋势等。编写出版中国第一部城市气候学专著《城市气候学导论》及《城市气候与区域气候》等专著。1988年，上海市气象科学研究所完成上海港可能最大台风暴潮的估算，提出台风与天文潮最恶劣组合的"模式台风"，计算出上海港可能出现的最高潮位。上海市气象局完成上海海岸带和海洋气候资源调查，比较全面地反映了上海海岸带的气候环境基本状况。

　　1990年，上海台风研究所和上海水文总站合作，建立了上海地区台风暴潮联合水位（天文潮加风暴潮）预扫模式，作了考虑长江径流情况下的上海地区风暴潮模式试验；对台风涌浪传播计算作了理论探讨，得出了包括台风登陆情况在内的台风涌浪计算普遍公式。建立了上海责任海区热带气旋频数趋势预报回归方程。同年，上海市气象局编写了《中国气候丛书》之一——《长江中下游气候》。该书比较详细地论述了长江中下游季风气候的特点和丰富的气候资源，以及各种灾害性气候等，是国内有关区域气候的重要著作。同年，上海市气象局从温度方程出发，导出了考虑热带气旋粘对称结构、基流和地转效应相互作用的热带气旋移动方程。揭示了双涡中心间距变化的微差温度系统机制，提出了临界距离效应概念。从赤道β单面近似下水平运动方程出发研究低纬带大尺度大气水平运动的稳定性及其分岔和突变特征，应用非线性突变模型对季风活跃期和中断期的转换给出了理论解释。同年，上海市气象局首次对城市雾的物理特性进行研究，得出上海城市雾的微观特征、雾水酸度及化学成分。用数字化卫星云图、雷达资料和探空记录，得出多种预报概念模型和配套的预报方法。首次用等标污染负荷及潜在污染指数，得出大气污染现状及其与工业布局、工业结构的关系。1991年，华东师范大学周淑贞等开展上海城市太阳辐射与热岛强度研究，发现城市热岛强度与太阳直接辐射日总量正相关，与风速和云量负相关。太阳直接辐射日总量对城市热岛的影响与城乡下垫面的反射、吸收和增温、冷却的差异有关。

　　2000年，上海防灾救灾研究所开展上海市中心城区的地貌划分及附属性建筑物的抗风分析及防灾对策研究，以能量耗散原理为基础，首创风能耗散理论，并成为国际上首先应用于抗风地貌的理论。制成上海市中心城区的抗风地貌划分地图，成为世界上第一张全城市抗风地貌划分地图。2001年，上海市气象局组织完成长江三角洲及上海地区主要气象灾害短期气候预测系统。该课题从海、陆、气及其相互作用等多方面揭示研究区内旱、涝成因及主要影响因子,提供有气候理论意义的降水预测信号;揭示影响研究区热带气旋年频数异常的气候特征和具有动力气候理论意义的预测信号及概念模型;揭示上海高温时空分布规律,给出上海人口密度等都市化因素与城市热岛效应强度的定量关系,实施对高温的诊断和预测。同年,中国极地研究所刘瑞源、杨惠根、钱崇林等开展的南极中山站高空大气物理观测研究,获得国家海洋局海洋创新成果一等奖。2003年,复旦大学完成大气中破坏臭氧层的痕量气体的浓度分布和动态研究。该项目实现了大气中痕量的 HCFC-141b、HCFC-22、氯甲烷和溴甲烷等的浓度分析,用于大气臭氧层损耗物质的监测和分析。与中国极地考察队合作,采集南、北极不同纬度上的大气样品,得出。分析结果:南半球赤道无风带的 CFCs 浓度最高;盛行西风带和极地东风带的浓度最低;南极大陆冰川地带的浓度显著升高;发现中国 CFCs 的排放相对较低;北半球 CFC-11 和 CFC-13 的浓度随纬度的变化趋势相一致;北半球 HCFC-22 的平均浓度高于南半球的平均浓度。

2005年,上海台风研究所端义宏、梁旭东等开展的台风数值预报模式系统的关键技术研究,获得中国气象局科学研究与技术开发奖二等奖。2007年,上海台风研究所端义宏等开展的合作项目——我国新一代多尺度气象数值预报系统,获得国家科学技术进步奖二等奖。2008年,华东师范大学徐建华等在探讨热环境的空间格局基础上,运用空间主成分分析方法替代传统的多准则判断(MCE)方法,分析了人类活动对城市热环境的影响特征。发现对于上海主城区而言,城市建筑与人口密度、工业区布局、下垫面类型及城市景观多样性四个因子,是影响城市热环境空间格局的主导因子;四个因子的线性模型较好地模拟了热环境的空间变化,定量揭示了上海城市人类活动对热环境的影响机制。

2009年,上海交通大学王文华研究组与德国于利希环境研究中心合作,参与污染环境中大气氧化性的研究,报道了在污染区域大气中大气氧化性问题上取得的重要发现,对已知的大气光化学机制提出了新的挑战,对预测全球气候变化和控制区域污染有着重要影响。同年,上海市卫星遥感与测量应用中心崔林丽等分析了中国东部植被 NDVI 在全年、春季、夏季和秋季对气温和降水变化的旬时空响应特征。得出秋季植被 NDVI 对气温和降水变化响应最大,夏季 NDVI 对气温和降水响应的滞后期较长。在空间上,植被对气温变化的最大响应总体表现为北部和中部大于南部,对降水变化的最大响应表现为北部大于中部和南部。

2010年,中国极地研究中心胡红桥研究组开展极区大气环境遥感监测技术项目,进行了低层大气 CO_2 浓度研究。取得基于紫外探测资料的臭氧总量和臭氧垂直廓线反演算法和软件,基于红外探测资料的臭氧总量反演算法和软件;建立了从极光紫外极光强度反演极光特征能量和能通量分布方法。同年,上海市气候中心、上海市卫星遥感与测量应用中心史军、崔林丽等开展华东雾和霾日数的变化特征及成因分析,分析了华东雾、霾日数的气候变化特征及成因。气象条件的变化、区域城市化和土地利用变化及大气污染物排放量增加所导致的气温升高,以及城市热岛效应增强、空气湿度和风速降低、气溶胶光学厚度增加等,是华东雾和霾出现频率变化的主要原因。同年,上海师范大学、华东师范大学尹占娥、许世远等在"基于小尺度的城市暴雨内涝灾害情景模拟与风险评估"中,选择城市频发的暴雨内涝灾害为研究对象,结合上海市静安区实证研究,提出了一套基于小尺度的城市暴雨内涝灾害风险评估的思路与方法。同年,同济大学郑洪波等开展的亚洲风尘起源、沉积与风化的地球化学研究及古气候意义合作项目,获得国家自然科学奖二等奖。同年,上海中心气象台、中国气象局上海台风研究所袁招洪、戴建华、杨引明等开展的世博会强对流天气动态预警关键技术,获得上海市科技进步奖二等奖。

第四节 海 洋 学

一、海洋地质

1978年,地质矿产部上海海洋地质调查局提交东海综合海洋地质调查报告,该项工作初步揭示了东海的地质构造轮廓,发现一批大型构造带,并论证了东海的油气远景,填补了中国东海地质调查的空白。1982年,华东师范大学严钦尚编著的《海洋地质学》出版。该书综合了国内外海洋地质研究成果,系统地论述了海洋地质学的基本理论,并介绍了海洋地质学领域里的新观点,是中国学者编著的第一本海洋地质学著作。

1986年,同济大学汪品先等应联邦德国斯普林格出版社要求编纂的《中国海洋微体古生物》一书出版。该书是同济大学海洋地质系与国家海洋局第一、二研究所、石油部南海石油西部分公司、地质矿产部第一、三海洋地质调查大队等单位,对中国东海、黄海、南海、渤海4个海区的微体古生物进行合作调查和研究的成果。指出了中国这4个海区现代沉积中有孔虫、介形虫和钙质超微化石的分布格局及其控制因素;根据海底及沿海103个钻孔中第四纪地层和南海陆架等大量钻孔中第三纪地层的微体古生物分析结果,阐述了中国海区新生代特别是第四纪的古地理变迁。揭示了海陆过渡相化石群的重要性及其与找矿的关系,指明了河口有孔虫的搬运作用及其潮汐作用强度的意义,阐明了海区超微化石埋葬群与生物群的重大差别。同年,同济大学汪品先、闵秋宝、卞云华等开展的我国近海沉积中钙质微体化石的分布及其古环境意义研究,获得国家教委科技进步奖一等奖,国家自然科学奖四等奖(1987年)。该项目对中国近海表层沉积中有孔虫、介形虫钙质超微化石等三类微体化石的分布进行调查研究,首次提出中国海区现代沉积中有孔虫、介形虫的分布格局及其受水团、海流等环境因素控制的规律。按照所得现代生态分布的资料进行古环境解释和地层对比,求得中国东部海侵与海区古地理变迁的结论。

1993年,地质矿产部上海海洋地质调查局编制出版了《中国海区及邻域地质地球物理系列图(1∶200万)》,标志中国海洋地质工作进入一个新的阶段。经国家批准,该图的某些内容为亚洲近海矿产资源联合勘察协调委员会(CCCP)和东亚大地构造编图中引用。1995年,上海海洋地质调查局完成的东海西湖凹陷第三纪地层、古环境与气候研究,详细划分早第三纪平湖组与花港组,建立6个门类生物地层序列,是东海盆地第一份生态地层学研究,成果达到国内领先水平。1999年,同济大学汪品先出任南海大洋钻探184次钻探航次的首席科学家,在水深二三千米的海底取得5 500米高质量的深海沉积岩芯。首次在中国海底取得三千多万年以来的深海沉积连续记录,与陆地地质资料相结合,可揭示南海海底张裂、青藏高原隆升、季风气候变迁和沉积矿产形成的历史。

2001年,同济大学海洋地质系经过30多年的大洋取样、筛选工作,建立国内首个中国海微体化石数据库,其中包括中国及世界各海域的有孔虫、介形虫、放射虫化石和钙质超微化石等,标本数量达百万个。通过分析证实:90万年前,地球气候确实存在突然变冷的"中更新世革命"。

二、海洋资源勘探

1985年,地质矿产部上海海洋地质调查局、地质矿产部南海地质调查指挥部袁文光、金庆炔、王善书等承担的东海及南海北部大陆架含油气盆地的发现及油气资源评价,获得国家科技进步奖一等奖。1980年以来,地质矿产部上海海洋地质调查局对东海73万平方公里的海域开展了油气勘探工作,综合研究,对盆地的油气资源作出了进一步评价,于1983年通过海上钻探发现了平湖油气田,证实了东海大陆架盆地的含油气性。海洋石油总公司勘探开发研究中心对东海的油气资源也作出了评价。该项目对促进东海的油气勘探开发具有重要意义。1987年,华东师范大学恽才兴、胡嘉敏、冯辉等开展的合作项目——遥感技术在海洋环境与资源调查中的开发研究,获得国家科技进步奖二等奖。1988年,上海海洋地质调查局开展的东海陆架盆地油气富集条件及资源评价,获得地矿部科技进步奖一等奖。

1990年起,上海海洋地质调查局承担的东海陆架盆地油气富集条件及资源评价,重塑了瓯江凹陷和西湖凹陷的古地理环境。查明了陆架盆地的基底和盖层结构、盆地性质及其演化,以及东西分带、南北分块的特点在各个凹陷中的表现形式及其控油作用。提出了煤是东海的重要油气源岩和低成熟生油的新观点。首次完成了八角亭构造的三维地震勘探,提交了一套用于构造评价和油气储量计算的精确构造图件。该项研究成果的油气井发现率达50%,提交了平湖油气田储量报告,1992年获地矿部科技进步奖一等奖。1990年代初,上海海洋地质调查局开展对东海西部及长江口沉积物主要化学成分和微量元素的调查,以及对东海油气勘查地球化学中的无机化探指标——Fe^{3+}/Fe^{2+}比值的研究,发现以陆源碎屑特征元素 Si、Al 进行沉积物化学分区,能反映长江口及陆架水动力状况、沉积阶段及其分布轮廓。

1994—1996年,上海海洋地质调查局提交东海西湖凹陷平湖地区迎翠轩地区油气地球化学勘探报告、东海西湖凹陷及海礁凸起油气化探研究报告。首次提出平南地区发育有与火成岩体伴生的古气新储的天然气气柱、气囊。用偏提取法结果表明迎翠轩地区为油气非远景区,预测东海开放招标区落在油气化探远景区的为南块中的4个小区块。同期开展的东海西湖凹陷第三系地质构造研究,对东海西湖凹陷的地质结构、构造演化、断裂火成岩成因及油气远景区带提出了新的认识。西湖凹陷形成和发展主要是其东侧太平洋板块对中国大陆不断俯冲的结果;其演化经历了弧后扩张到弧后挤压的转变,盆地基底为过渡壳;凹陷内有4套生油岩系。

1996年,华东师范大学、国家海洋局东海分局陈德昌、虞志英等开展的上海市海岛资源综合调查与开发试点研究,获得上海市科技进步奖二等奖。同年,上海海洋地质调查局的东海西湖凹陷海洋油气化探方法研究是"八五"国家重点科技攻关项目的专项研究成果,初步建立适合东海特点的海洋油气化探方法系列,从而丰富和完善了地球化学找油理论,推动中国海洋油气化探事业的发展。1999年,上海海洋石油局开展的东海西湖凹陷油气田群的发现与评价,获得国家科技进步奖三等奖。该项目在开展东海西湖凹陷大中型油气田形成地质条件及其油气富集规律研究的基础上,指出了找油气有利区带和发现大中型油气田的勘探目标,为高水平的探井成功率和完成储量任务奠定了基础;在进行物探、钻井、测试、资料处理与解释等方法技术攻关的基础上,形成了一套适合东海陆架盆地先进而经济的油气勘探评价方法技术系列。

2006年,中国水产科学研究院(东海水产研究所)等开展的我国海域地质与资源调查评价,获得国家科技进步奖二等奖。该项目对中国300万平方公里管辖海域地质调查和资源勘探进行了系统研究,填补了120万平方公里与周边国家有争议海域的地质与资源调查空白。编制全海域各种图件4 500幅,重点研究了黄海、东海区的地质特征与资源分布。依托基础地质、矿产及渔业资源、划界法规数据库,研制开发了中国海域划界咨询系统。证实中国争议海区拥有油气资源远景170亿~200亿吨油当量、天然气水合物远景100亿吨油当量、生物资源5 000万吨。同年,水产研究所等开展的我国专属经济区和大陆架海洋生物资源及其栖息环境调查与评估,获得国家科技进步奖二等奖。该项目发展了全水层生物资源评估技术和渔业环境质量综合评价技术,为中韩、中日和中越渔业谈判、中越北部湾划界及东海、黄海划界方案研究提供了基础数据和技术图件,为中国海洋生物资源养护、渔业发展新模式探索和实现生态系统水平的渔业管理提供了可靠、系统的基础数据和重要的科学依据,也从整体上推动了中国海洋生物与环境调查研究技术方法的进步。

2008 年,水产研究所、上海水产大学陈雪忠、陈新军、程家骅等开展的北太平洋鱿鱼资源开发利用及其渔情信息应用服务系统,获得国家科技进步奖二等奖。该项目自 1992 年开始对西北太平洋鱿鱼资源开展了多次综合科学调查,研究掌握了鱿鱼的渔汛特性、渔场形成机制和资源分布状况,首次开发了北太平洋海域的鱿钓渔场,使之成为中国远洋鱿钓商业性捕捞的重要作业海域。2010 年,水产研究所、上海海洋大学陈雪忠、许柳雄、蒋兴伟等开展的大洋金枪鱼资源开发关键技术及应用,获得国家科技进步奖二等奖。该项目针对全球金枪鱼资源和海洋权益的争夺,自 1993 年起研究突破了大洋金枪鱼渔场预报、高效捕捞等关键技术,成功开发了三大洋 7 个金枪鱼作业渔场,使中国成为世界金枪鱼主要捕捞国家之一,对中国维护公海权益具有重大的战略意义。

三、极地考察

中国极地研究所建于 1989 年 10 月,2003 年更名为中国极地研究中心。主要开展极地雪冰—海洋与全球变化、极区电离层—磁层耦合与空间天气、极地生态环境及其生命过程,以及极地科学基础平台技术等领域的研究。

1991—1993 年,中国第八次南极考察队在南极洲进行了电离层探测,地磁、地震常规观测,日地关系研究,菲尔德斯海峡形变监测,长城站地区沼泽湿地的研究,东南极洲与长城站地区苔藓对比研究,长城站污水监测分析、地质地貌、测绘、地理环境、固体潮和淡水生物生态的研究。考察队在海上完成了 30 个站点的以磷虾资源为主的海洋综合调查,在南极水域首次取得了 1 800 米水深的海洋化学和物理海洋学资料。第九次南极考察队在长城站进行气象、电离层、地磁、地震常规观测,开展湖相地层和古环境与事件的研究,南极现代自然环境背景与自然过程的研究,南极陆地生态系淡水生态系研究,南极潮间带和浅海生态系研究;进行天文射电太阳活动、臭氧探空观测、普里兹湾海相沉积取样,开展南极洲潮间带和浅海生态系、南极冰雪圈特征及其与全球天气气候关系等研究。第 10 次南极考察队在长城站开展包括现代环境背景与自然过程、潮间带生态学、大型海洋哺乳动物、环境生态、人体医学等 14 个课题的科学考察,并进行气象、电离层、地震、地磁等方面的常规观测。

2002 年,中国极地研究所、中科院寒区旱区环境与工程研究所陈立奇、秦大河、董兆乾等开展的南极地区对全球变化的响应与反馈作用研究,获得国家海洋局海洋创新成果一等奖。2003 年,国家海洋局极地考察办公室、中国极地研究中心陈立奇、卞林根、赵进平等开展的中国首次北极科学考察,获得国家海洋局海洋创新成果一等奖。2005 年,国家海洋局极地考察办公室、中国极地研究中心张占海、赵进平、卞林根等开展的中国第二次北极科学考察,获得国家海洋局海洋创新成果一等奖。2005 年,中国极地研究中心刘瑞源、杨惠根、张北辰等开展的极区空间环境的南北极对比研究,获得上海市科技进步奖二等奖。

2006 年,中国第二十二次南极考察完成了考察站及其邻近区域的综合考察、南大洋综合考察和格罗夫山综合考察等 30 多项南极科考。考察队在格罗夫山考察中共收集陨石 5 354 块,创造国内陨石收集数量的新纪录,缩小了中国南极陨石拥有量与日本、美国之间的差距。同年,来自四大洲 7 个国家的 16 位科学家组成的研究小组,开展了南极洲现代降水量变异研究,分析了南极洲的 16 个区域,将野外观察、冰芯的数据与模型计算相结合,得出过去 50 年中的降雪在统计意义上没有变化,结果表明地球上最南端的大陆最近半个世纪降水量没有增加。同年,中国极地研究中心承担的中国首次南极冰穹 A 综合科学考察,获得 2006 年国家海洋局海洋创新成果一等奖;北极海洋与气候变化关键过程考察与研究,获上海市科技进步奖二等奖。2009 年,中国极地研究中心首次采用冰雷达探测技术绘制出高清晰度的南极冰层下甘布尔采夫山脉核心区域高山纵谷的原貌地形。研究揭示距今 3 400 万年前开始出现冰川,南极冰穹 A 下方的甘布尔采夫山脉成为南极冰盖的一个关键起源地。

2010 年,中国极地研究中心张占海、李群等研究组发现,近 30 年来北极海冰总量不断减少。自 1980 年代后期开始,北半球海冰面积迅速减少,至 1990 年代中期,海冰面积仅约为 1 160 万平方公里,而且海冰的周期变化不明显。进入 21 世纪以来,海冰缩减速率从过去的平均每年减少 0.3% 上升到 1.1%,2007 年更是一年间陡减了 8%。同年,中国极地研究中心承担东南极冰盖、冰架变化监测与预测技术研究,开展了冰盖物质平衡、运动特征、冰芯记录和冰盖演化研究,获得了考察断面上在此期间内的雪积累率数据。开展的东南极 Dome A 冰雷达探测项目,分析了冰穹 A 地区冰雷达探测数据,揭示出冰下三维高分辨率地形地貌特征,获得了 Dome A 区域以昆仑站为中心的 30 公里×30 公里范围内的冰厚分布和冰下地形特征。开展的东南极冰盖 Dome A 的内部等时层结构研究,得到 Dome A 附近的等时层分布。开展的南极埃默里冰架附着冰特征和兰伯特冰川底部水系存在证据研究,对 Amery 冰架中心地带钻取的冰芯中同位素的分析发现,冰架附着冰的氧同位素组成为正值,表明其既不是海洋冰,也不是内陆来源的冰川冰。开展的南极冰芯中硫同位素组成及其非质量同位素分馏效应研究,建立了冰芯中硫酸根在线富集和分离方法;建立了冰芯中硫酸根的氧同位素的分析方法,完成 Ag2SO4 裂解法制样系统的设计。同年,中国极地研究中心闫明研究组承担北极斯瓦尔巴群岛多热型冰川研究,对位于北极 Svalbard 群岛新奥尔松(Ny－lesund)的 Austre Lovénbreen 和 Pedersenbreen 冰川首个物质平衡年(2005/2006 年度)的冰川表面物质平衡及其运动特征进行研究,阐述了 Austre Lovénbreen 冰川末端位置的变化状况,取得以下结论和进展:Austre Lovénbreen 和 Pedersenbreen 冰川净物质平衡分别为－0.44 m w. e. 和－0.20 m w. e.;两条冰川符合 Svalbard 地区跃动冰川运动的特征模式;Austre Lovénbreen 冰川末端 2005/2006 年度处于退缩状态。同年,中国极地研究中心承担的冰海数值南极冬季表层气温的季节内震荡研究,得出 60°S 以南区域主要存在着两种季节内震荡的周期,分别是 26～30 天震荡和 14 天左右的震荡。表层气温 EOF 分解的第一模态是一个与南极涛动有关,在 60°S 以南区域表现为空间一致的变化。表层气温 EOF 分解第一模态的季节内变化比 300 毫巴位势高度的变化提前一天。表层气温的这种变化与表层净向上长波辐射和总云量的变化有着紧密的联系。南极表层气温的影响主要是通过影响南极表层经向风的方向和强度来实现的。同年,中国极地研究中心开展行星际激波引起的极光响应研究,首次发现激波的地面极光响应可以表现为极光亮度的突然变弱,确认这种极光减弱是由行星际激波与磁层作用过程中产生的向下的场向电流所致。该中心开展的极光对亚暴 onset 的响应,首次发现行星际磁场北向时有两个 onset 的亚暴事件,发生了两次极光点亮。分析了该事件的能量来源,认为在行星际磁场北向之前存储在磁纬的能量是该事件的主要能量来源,该部分能量在行星际磁场北向时脉冲式的释放形成了该亚暴事件。该中心对 0.1 Hz～10 Hz 频率范围内的 ULF 波从磁层到地面的传播进行了研究,得到了解析解,分析了电离层 Alfven 谐振器、磁倾角、电离层电导率及波频率对地面观测到的地磁信号的影响,给出了电离层 Alfven 谐振器对地面观测的影响。

第六章 生命科学

第一节 植物学

一、植物结构与分类

1982年,科学出版社出版《中国植物志》,其中第二十卷第一分册为华东师范大学吴国芳所著。该书对国产金粟兰科植物作了全面研究,记载了3属、16种和5变种。对科、属、种均有详细的描述和文献引证,并有分属分种检索表。同时发现了3个新种、4个新变种和1个新组合,此外对一些混淆不清和误定种作了更正。1985年,科学出版社出版了华东师范大学生物系胡人亮、王幼芳参加编写的《西藏苔藓植物志》,1986年获得中科院科技进步奖特等奖。该书系中科院综合科学考察队于1952—1979年多次在西藏高原考察中所搜集的有关资料,以及7 000余号苔藓植物标本,由有关单位协作编写而成。记载了西藏高原的苔藓植物计62科、254属、754种。对各科、属、种的名称、形态特征、产地、生境及分布等进行了说明,附图238幅。

1994—2004年,上海师范大学曹同主编出版了《中国苔藓志》第1、2、3、6、9、7卷(1994年,1996年,2000年,2002年,2003年,2004年)。对中国苔藓植物多样性及其分布格局、世界缩叶藓属和中国紫萼藓科等植物的系统和演化、苔藓植物在不同生态系统中的结构和功能及对环境的生物指示意义等开展了深入研究。

2007年,华东师范大学生命科学学院朱瑞良完成的苔类植物的分类和地理分布研究,分别获得教育部高等学校自然科学奖一等奖及上海市自然科学奖二等奖。该研究以中国和世界苔类植物中种类最多、分类最困难、系统了解最贫乏的叶附生苔、细鳞苔科、羽苔科等类群为重点,在摸清中国叶附生苔类植物的物种多样性、形态结构、繁殖方式和生态适应的基础上,提出叶附生苔新的分类体系,发现和发表了苔类植物的43个新种,界定了细鳞苔科相关类群的分类界线,澄清了粗鳞苔属、齿鳞苔属和脉鳞苔属在中国和亚洲的分布问题。揭示了中国羽苔科的种类和分布,完善了羽苔属的分类系统。揭示了亚洲、大洋洲、非洲等几大洲的剪叶苔属、岐舌苔属、光萼苔属、叉苔属等类群的物种多样性。2008年,上海师范大学曹同等合作开展的中国苔藓植物研究,获得国家自然科学奖二等奖。

二、植物生理学

1978—1985年,中科院上海植物生理研究所(植生所)余叔文、李振国等对植物逆境乙烯的产生、调控、生物合成途径进行系统的研究。发现大气污染物 SO_2 能引起逆境乙烯的产生,首次报道 SO_2 使乙烯增生的生物合成途径,提出植物内乙烯除了 $Mct \rightarrow SAM \rightarrow Acc \rightarrow C_2H_4$ 途径外尚有其他途径,刺激强度到一定阈值时,才能诱导逆境乙烯的产生。逆境乙烯在一定条件下,有提高抗性的作用,在多种逆境条件下产生伤害时,还有乙烯产生,而乙烯和乙烷往往产生相互消长现象。同期,植生所余叔文、谭常等人利用最先在国内建立的动态植物人工熏气装置,测定了130多种植物对

SO_2 的抗性,编写了中国第一本《大气污染伤害植物症状图谱》,提出了 SO_2 伤害植物是通过自由基引起膜脂过氧化作用的观点。

1980—1982 年,植生所徐春和、沈允钢对叶绿体毫秒级延迟发光的快相变化与水氧化质子释放的关系进行了研究。研究结果证明毫秒级延迟发光的快相也受膜两侧的质子浓度差的影响,并肯定影响快相的质子浓度差的形成为光合电子传递中的水氧化所引起,而与还原质醌的氧化关系不大。

1982 年,植生所殷宏章、沈允钢、沈巩懋等开展的光合磷酸化高能态的发现及其有关机理的研究,获得国家自然科学奖二等奖。该成果首先测定了光合磷酸化的量子需要量,发现并研究了光合磷酸化高能态。在测定光合磷酸化量子需要量过程中,发现光合磷酸化有一特殊"光强效应",即光强变弱时光合磷酸化效率反而降低。在研究磷酸化中间步骤与这个"光强效应"的关系时,发现了磷酸化高能态的存在,提出了高能态可能有不同形式,以及高能态通过偶联因子时可用于形成腺三磷,也可以通过其他途径散失。同年,植生所张伟成等开展的合作项目——植物的细胞间连络与细胞内含物的再分配,获得国家自然科学奖二等奖。该项课题对胞间连丝结构与功能方面的系统研究证明,它是电波与离子传递的有效通道,又是有机溶质、蛋白质、核酸等高分子及囊泡,甚至是原生质结构成分在细胞间运转的重要途径。核穿壁与原生质胞间运动是这方面的一个很好例证,通过胞间连丝的物质并不像通常所认为的那样只是小分子的溶质。

1986—1990 年,中科院遗传所、植生所李向群、夏镇澳等开展的主要农作物原生质体再生植株的研究,1990 年获得中科院自然科学奖一等奖。他们利用再生能力强的幼胚、幼穗及嫩子叶等作为起始材料,并用上述材料建立了胚性愈伤组织及胚性细胞悬浮系,提高了原生质体的再生频率;发现培养基中各种生长激素的配比及培养基成分对再生愈伤组织的分化有重大影响;在猕猴桃原生质体再生愈伤诱导分化过程中,采用了分步诱导的方法,即先后经 3 种不同的分化培养基,克服了一般果树不易分化的障碍。1989 年,华东化工学院李丽田等完成国家"863"计划中的"细胞培养专用介质"大孔微载体的研制。他们以变性胶原为原料,采用相转换工艺,合成了具有大孔结构的微载体。这种新颖微载体改善了细胞培养过程中营养物质的输送和抗剪切的功能,进一步提高比表面,达到高密度细胞培养的目的。

1990 年,植生所卫志明、许智宏开展的大豆原生质体的培养,获得中科院自然科学奖一等奖。该项目通过把栽培大豆 6 个品种和野生大豆的 1 个品系的未成熟子叶分离出的原生质体,培养在 K8P 液体培养基中,在 6 周内就可形成大量的细胞团和小愈伤组织,经增殖培养和调节激素配比,得到结构紧密的瘤状愈伤组织,再转至分化培养基,可诱导形成芽,进而再生植株。1993 年,中科院上海生理研究所(生理所)在植物生长物质方面,利用国产原料研制成功新型甾体植物生长调节物质——表油菜素内酯和胆甾内酯。证明两者在小麦初花期使用千万分之一以下的浓度即能增加结实和粒重,使小麦增产 5%～10% 以上。在西瓜前期施用千万分之一浓度的表油菜素内酯,能使西瓜提前坐果,产量提高 20%。其他如油菜、葡萄、棉花等作物上也有明显的增产效果。生理所在营养和盐胁迫生理方面,对大麦根细胞质膜上 Ca^{2+} 转运机制进行较深入的研究,发现需 Mg^{2+} 和 Ca^{2+} 运转过程依赖于跨膜 H^+ 梯度,随着 H^+ 梯度的消减,不需 Mg^{2+} 的转运则与跨膜 H^+ 梯度无关,指明大麦根细胞膜上除了 Ca^{2+}—ATP 酶这一初级 Ca^{2+} 转运系统外,还存在一个以跨膜 $H+$ 梯度为能源的次级 Ca^{2+} 转运系统,即 H^+/Ca^{2+} 反向传递系统,并进一步证明短时间盐胁迫下质膜上两个 Ca^{2+} 转运系统的不同变化是植物的一种调节反应,较长时间盐胁迫下两系统 Ca^{2+} 转运能力的降低则是一种伤害反应。1995 年,复旦大学承担的直播土壤的人工种子应用基础研究,对人工种皮材料及胚乳成分的选择、人工种皮的研制及人工种皮的性能和发芽率及转株率影响等方面进行了系统研究,在制作直播土壤的水稻人工种子上取得重要突破,该研究处于国内领先地位。1999年,植生所与中科院上海昆虫研究所整合而成中科院上海生命科学研究院植物生理生态研究所(植生生态所)。研究所瞄准植物、微生物和昆虫的重要生理过程及其相互作用的科学前沿,面向中国可持续农业、生态环境、生物能源及生物制造的重大战略需求,开展原创性、系统性的基础和应用基础研究。

2002年,植生生态所何玉科报道了具有汞解毒功能的转基因烟草。来源于细菌的 MerA 基因可以将有毒的汞离子转化为无毒或低毒的气态汞,该基因经序列改造后转入烟草,其转基因植株在含有 $50\,\mu m$ 的 $HgCl_2$ 的培养基上正常生长,有些转基因系甚至抗 $350\,\mu m$ 的 $HgCl_2$。转基因植株的汞汽化水平比正常植株提高 $5\sim8$ 倍,而且汞的汽化主要通过根部组织进行。2004年,植生生态所开展的棉花 FIF1 基因对植物表皮毛发育的调控研究获得重要发现,揭示 FIF1 基因在棉纤维细胞发育的早期高表达。研究发现控制表皮毛发育都需要第一内含子,内含子具有双重作用,既促进基因在表皮毛中表达,又抑制基因在非毛细胞中表达。

2005年,中科院上海生物化学与细胞生物学研究所刘望夷等开展的核糖体失活蛋白与核糖体RNA 结构与功能的研究,获得国家自然科学奖二等奖。该项目从各种植物组织中筛选出 6 种不同的新 RIP。对香樟树种子的双链 RIP—辛纳毒蛋白进行研究,发现专一作用于核糖体大亚基 RNA上保守的 S/R 结构域,脱去一个腺嘌呤,使核糖体失活,可杀伤癌细胞和某些昆虫幼虫,在种子中的生理功能是一种储藏蛋白;测定了它的氨基酸序列和基因序列及糖肽结构,证明它可以水解超螺旋 DNA 上的腺苷酸,导致 DNA 解旋。同年,植生生态所与美国加州大学伯克利分校合作,在国际上首次克隆了与水稻耐盐相关的数量性状基因 SKC1。发现 SKC1 编码的蛋白是钠离子的特异性转运蛋白而不直接运输钾离子,在耐盐水稻品种中其功能活性明显强于感盐品种。SKC1 能够把地上部分过量的钠离子回流到根部,从而减轻钠离子毒害,增强水稻耐盐性。同年,植生生态所薛红卫课题组首次分离了一个拟南芥膜定位的甾类激素分子结合蛋白 MSBP1,发现 MSBP1 通过抑制细胞伸长基因的表达负调控下胚轴细胞的伸长。在植物激素相互作用方面,证明油菜素内酯通过调控生长素极性运输能力导致生长素分布的改变。同年,植生生态所杨洪全课题组研究发现,CRY1 与光敏色素(PHY)相似(红光、远红光诱导产生 pfr 和 pr 两种构象的 PHY),蓝光和黑暗导致两种不同构象的 CNT1 二聚体,从而分别导致两种具有活性和非活性的 CRY1。

2006年,植生生态所何祖华课题组精细定位克隆了水稻 EUI 基因,发现 EUI 突变体的最上节间累积了大量的生物活性 GA 分子,证明在水稻的节间生长过程中,EUI 蛋白通过降解活性 GA 分子控制一条新的 GA 合成代谢的通路。表明了植物中存在一条新的由 EUI 控制的活性 GA 降解、失活途径,作物中 GA 代谢的操作可以改良作物的主要农艺性状。同年,植生生态所罗达研究小组发现在蝶型花亚科的百脉根中确实存在与金鱼草类似的分子机制参与花瓣和花形的发育,说明在漫长的进化过程中,TCP 基因被独立招募到不同的物种中参与了两侧对称性花的发育,提示了对TCP 基因进行遗传操作,可以定向改造花瓣的形态。

2007年,复旦大学完成水稻功能基因安全利用与技术平台研究。该项目建立了水稻花粉漂移预测和研究的实验模型、水稻基因漂移模型、抗虫外源转基因在水稻野生近缘种中表达评价体系、转基因逃逸到水稻野生近缘种后导致入侵能力变化的检测体系多个技术平台。同年,上海交通大学完成钾离子通道基因与甜瓜果实发育的分子机理研究。该研究用 RACE-PCR 方法在甜瓜叶片中克隆了一个钾离子通道基因 MIRK,验证了 MIRK 编码的蛋白具有运输钾离子的功能。MIRK

的转运钾离子能力随着钾离子浓度的升高而增强。MIRK对钾离子具有高度选择性,在甜瓜耐盐性方面具有生理作用。同年,植生生态所何玉科课题组在HYL1蛋白N-端dsRBD结构域对miRNA前体加工作用方面的研究取得进展,发现HYL1蛋白在miRNA生物合成过程中的调控机制,初步阐明了HYL1蛋白参与miRNA合成的分子机理,提出了HYL1 N-端dsRBD蛋白可以代替全长的HYL1行使双链RNA结合功能,能够将miRNA前体加工为成熟的miRNA,介导靶基因的转录后沉默。2009年,复旦大学、中科院植物研究所卢宝荣、戎俊、宋志平等完成的转基因水稻外源基因逃逸及其环境生物安全机理研究,获得上海市自然科学奖一等奖。该项目确定了水稻品种间的非对称、低水平(<1%)基因漂移,发现受体异交率和供体的花粉密度对基因漂移的关键作用,以及转基因向非转基因水稻逃逸频率随距离增加而迅速衰减的规律。研究发现抗除草剂转基因以低频率(<0.5%)逃逸到杂草稻群体,基因漂移影响天然杂草稻群体的遗传多样性、控制的复杂性和竞争关系;发现抗虫转基因在有虫压环境带来适合度利益,而在无虫压环境产生适合度成本,栽培稻基因可以通过种间杂种在野生稻群体中传递。确定了转基因逃逸的野生稻受体物种及逃逸到野生稻的时、空和生物学基础,以及基因从栽培稻漂移到普通野生稻的精确频率。

2010年,植生生态所龚继明研究组从拟南芥基因组中克隆到一个受逆境因子(Cd2+)和营养信号(NO-3)强烈诱导的基因NRT1.8,该基因编码一个pH依赖的内向型NO-3低亲和转运蛋白。表明NRT1.8介导的NO-3再分配在植物逆境胁迫耐受机理中起着重要的调节作用。同年,上海交通大学张大兵研究组开展的花药发育、花粉形成关键基因及其网络调控机制研究,揭示了控制水稻花药外表面结构(角质)和花粉外壁形成的关键基因,提出植物花药表面角质层和花粉外壁的孢粉素成分的合成可能存在共同的生化途径。分离鉴定到一个控制水稻叶片中糖到花器官(包括花药)分配的关键转录因子,该转录因子可以直接控制花药中单糖转移酶的表达,从而实现对糖分子从源到库分配的调节。同年,华东师范大学夏涛研究组通过基因改组技术创造了一种新的"钠氢逆向转运蛋白",转入并表达这种新基因的植物,能够在高盐环境下正常生长。将该基因植入了拟南芥中,结果发现拟南芥在盐碱环境中的生存能力大大提高。

第二节 动 物 学

一、动物分类学

1979年,科学出版社出版蒋燮治、堵南山编著的《中国动物志——中国淡水枝角类志》。该书根据作者有关枝角类的科研成果并参考国内外最新的资料编写而成,对中国136种枝角类作了详细描述。

1982年,华东师范大学生物系堵南山及日本大阪大学水野寿彦合著的《中国/日本淡水枝角类总说》由日本太太厅书店发行。该书就形态、分类、地理分布及生物学习性等,对中国和日本的常见淡水枝角类作了详细介绍,成为日本生物学家常用的一本参考书。1985年,中科院上海昆虫研究所(昆虫所)范滋德同合作单位的陈之梓、孙彩虹等完成《中国经济昆虫志:花蝇科》。该志记述了中国花蝇科43属353种,包括多数农林医学害虫及少数天敌昆虫,提出了4亚科14族分类体系和原始蕨蝇为祖型的创见。同年,上海科学技术出版社出版《中国珍稀动物》,由国家林业部林政保护司主编,分哺乳类、鸟类、爬行类和两栖类4大部分。鸟类由华东师范大学周本湘编写,记述中国所产、受国家保护的全部珍稀鸟类。1986年,昆虫所尹文英等开展的原尾目分类体系研究,获得中科院科技进步奖一等奖,1987年获得国家自然科学奖二等奖。尹文英从传统分类进入到运用精子超微结构和性信息素进行分类,从而提出了原尾虫系统分类的新概念,并澄清了悬而未决的日本松干蚧种名问题。将当时世界上已知属、种重新分群,建立了与 Tuxen 完全不同的分类体系,包括2亚目、8科和17亚科的新系统,被各国同行专家学者所采用,成为原尾虫分类学研究新的里程碑。

1990年,东海水产研究所和上海水产研究所合编的《上海鱼类志》出版。全书描述分析了250种上海水域鱼类形态、生态特征。1991—1995年,昆虫所完成《中国亚热带土壤动物》《中国常见蝇类检索表》《土壤动物和土壤形态分析手册》《中国土壤动物检索图篇》和《中国典型地带土壤动物手册》等专著。1996年,昆虫所开展的国家重点基金项目《中国土壤动物检索图鉴》和《中国土壤动物调查研究手册》,获中国科学出版基金和国家自然科学基金委员会优秀成果专著出版基金联合资助。

二、动物生理学

1980—1982年,上海水产学院严增富、钱安邦等人对低盐度对虾养殖技术进行研究。上海地区由于地理关系,海水盐度较低,为人工养殖带来一定困难。该课题实现了低盐度对虾养殖技术,1982年获得上海市科技进步奖一等奖。1985年,上海水产学院王武设计和完成精养鱼池水质管理的原理与技术。该课题系统地阐明了精养鱼池溶氧的数量变化规律,以氧盈和氧债概念用于国内精养鱼池水质管理和指导水质改良机械的研制与使用,取得了明显的效果。同年,中科院上海细胞生物学所、中科院上海药物研究所王蕡文、王达、唐佩娴等开展的橡胶防老剂 D 致癌性的动物实验研究,获得国家科技进步奖三等奖。

1986年,昆虫所与中科院动物研究所等合作开展棉虫种群动态及其综合防治研究,获得中科院科技进步奖一等奖,国家科技进步奖三等奖(1987年)。通过十年定点系统调查和室内研究,摸清了当地棉田节肢动物(昆虫、蜘蛛)的种类组成,主要害虫、益虫间的相互关系及其数量变化规律,研究了杀虫剂对各类昆虫的不同影响,从理论上建立了棉花生长发育过程中棉蚜和棉红铃虫变化的数学模型;根据棉花生长规律,对害虫的反应及灭敌对害虫的控制作用等因素,提出了适合当地实际情况的害虫防治改进方案。同年,复旦大学忻介六、梁来荣等承担拟长毛纯绥螨的生物学特性及应用课题研究。通过田间采集、分类鉴定,确定为新种,又进行了室内生物学特征、室内饲养和贮藏技术、田间应用试验研究释放、分散速度、防治效果等研究,在国内第一个为利用捕食性螨进行害螨生物防治作了开创性的工作。1987年,上海水产学院孟庆闻开展的探索软骨鱼类系统演化,获得国家自然科学奖三等奖。

1987—1988年,上海水产学院与崇明县水产技术推广站的黄琪琰、郑德崇、范丽萍等对鲤鱼棘头虫病进行研究。在显微和亚显微水平上,对鲤鱼棘头虫病病原的形态、分类开展研究,定名为崇明长棘吻虫(新种),并观察到其吻部有细毛生长,在国内属首次报道。1988年,上海市水产局、上海水产大学杨中、谭玉钧、徐尚达等开展的上海市郊区池塘养鱼高产技术大面积综合试验,获得上海市科技进步奖一等奖,1989年获得国家科技进步奖一等奖。该项目选择了上海3个县89个养殖场 1.38 万亩连片鱼池开展规范化、系列化的综合养鱼试验,摸索出一条行政、科研、推广与生产相结合的技术路线,建立了一套科学的经营和管理体系。淡水鱼每亩净产从1983年322公斤提高到1986年的585.3公斤,3年累计总增产淡水鱼 8 424.2 吨。

1995年,昆虫所在城市蔬菜设施栽培害虫的生物防治和应用研究方面,取得了新进展,对示范区大棚开展了应用生物防治技术前的"天敌"应用、病毒、BT和生物农药等基础数据的调查和试验,建立"天敌"饲养技术和基地,对"天敌"保存的最佳条件和释放"天敌"的实用数据进行初步试验,取得了很好的结果。1996年,昆虫所承担上海科技兴农重点攻关项目——设施栽培蔬菜害虫防治技术的应用及美洲斑潜蝇发生规律及测报防治技术研究,完成了设施栽培中蚜虫"天敌"的利用和"天敌"繁殖基地的建立、昆虫信息化合物在设施栽培害虫防治中的产物、生物农药及有限选择杀虫剂的应用、设施栽培害虫预测预报技术的建立,以及美洲斑潜蝇发生规律的研究等内容。

2004年,中国水产科学研究院东海水产研究所庄平、章龙珍、张涛等开展的鲟鱼人工驯养与繁育关键技术研究,获得上海市科技进步奖一等奖。鲟鱼类为古老珍稀物种,素有"活化石"和"水中熊猫"之称。该项目首次对15种分布于亚洲、欧洲、美洲的鲟鱼进行了个体发育行为学比较研究,系统全面开展了鲟鱼环境生物学、生殖生物学、营养生理学研究。攻克了鲟鱼无损伤雌雄鉴别、雌性个体连续两年催产等世界性难题。首次从个体发育行为的角度研究鲟鱼的系统进化,阐明垂体-肝脏轴和垂体—甲状腺轴对鲟鱼生长调节的机制,对史氏鲟和西伯利亚鲟等的精液实施超低温长期冷冻保存;首次在国内完成了匙吻鲟和西伯利亚鲟的全人工繁殖;首次在长江口实施了中华鲟的人工增殖放流。同年,植生生态所主持完成寄生蜂与寄主昆虫的协同进化研究。该项目以玉米螟、小菜蛾等世界性重要害虫为代表,在实验室建立了8个不同类型的寄生体系,包括各具特色的容性和抑性体系,从行为、生态、发育、生理生化和分子生物学等角度,对寄主免疫反应和寄生蜂逃避免疫机制、激素调节功能、寄生行为和生物学特征、寄生蜂和寄主发育的相互关系等方面,进行了比较系统的研究。

2007年,植生生态所在植物抗虫与生物技术领域的研究工作取得突破性进展。该所陈晓亚和毛颖波发明了一种植物介导的昆虫RNA干扰技术,可以有效、特异地抑制昆虫基因的表达,从而抑制害虫的生长。该技术利用植物表达与昆虫特定基因匹配的双链RNA分子,当昆虫取食这类植物后,其靶基因的表达被明显降低。这一技术为昆虫的功能基因组研究提供了便捷的方法。同年,中科院上海生物化学与细胞生物学研究所丁小燕研究组通过对下游转录因子Mespo的研究,揭示了转录因子Mespo在爪蟾体节发生中的作用,以及Mespo表达的转录调控机制。Wnt信号途径在爪蟾体节发生中的作用,Wnt信号途径通过调控Mespo这个关键转录调控因子的表达控制了体节发生。PI3-K/AKT信号途径也通过调控Mespo的表达参与体节发生。因此,Wnt和PI3-K/AKT信号途径通过协同调节Mespo的表达,使体节发生过程受到严格的时间和空间调控。2008年,上海海洋大学李家乐、张根芳、汪桂玲等开展的淡水珍珠蚌新品种选育和养殖关键技术,获得上海市科技进步奖一等奖。该项目通过培育和推广新品种,在种苗规模化繁育、珍珠插片、病害防治和水质调控等关键技术上取得了重要突破。获得了中国珍珠贝类第一个具有自主知识产权的新品种——康乐蚌。建立了三角帆蚌、池蝶蚌和康乐蚌的分子鉴别技术。

2010年,上海海洋大学、华东师范大学陈立侨、成永旭、王武等开展的中华绒螯蟹育苗和养殖关键技术开发与应用,获得国家科技进步奖二等奖。该项目历时20余年,针对中华绒螯蟹养殖3个发展阶段中存在的主要问题进行研究,解决了河蟹养殖产业中"亲体、苗种、饲料、病害和养殖模式"等各个环节的难题,取得了成套技术的突破。研发出亲体强化和育肥专用饲料,建立了亲体营养强化培育技术;确立了低盐度"仿生态土池育苗"的技术体系,建立了综合强化培育一龄蟹种新技术,有效地控制蟹种的性早熟比例;制定了适用不同生长阶段或体重河蟹的营养需求标准;结合生态修复技术、免疫增强剂和微生态制剂的应用,有效控制了河蟹抖抖病等病害的大规模爆发和流行;构建了河蟹多个不同组织的cDNA文库和血淋巴攻毒文库,奠定了河蟹分子免疫学研究和功能基因开发的基础。

第三节 微 生 物 学

1976—1985 年,中科院上海植物生理研究所(植生所)焦瑞身、金志坤、倪榴英等承担氮化合物在力复霉素和井冈霉素生物合成中的调控的课题研究。他们利用硝酸盐的多效性作用,使力复霉素合成提高 170%。同时还发现无机磷对力复霉素合成有抑制作用和谷氨酰胺合成酶对两种抗生素合成起着关键作用。1976—1986 年,华东师范大学杨颐康、吴自荣、朱文杰等对中国东海、黄海、南海等水域发光细菌资源进行了全面调查,发现了中国特有的新种,建立了一套分离、纯化、鉴定发光细菌的方法,并对发光细菌的理化特性进行了系统研究。在此基础上,成功地把发光细菌用于环境监测,用于测定水体和气体环境有毒物质的生物毒性,评价地面水质,测定抗生素效价,测定人体血清的杀菌活性。1978 年,中科院上海生物化学研究所(生化所)建立了分子遗传研究实验室,制备十几种工具酶进行真核基因的克隆、Southern 杂交、DNA 顺序分析等研究。1980 年,选定乙肝基因工程疫苗作为研究项目,除了 ayw 和 adw 亚型之外,adr 和 ayr 亚型的基因组也得到克隆并进行了全顺序分析;表面抗原基因的表达在大肠杆菌、酵母、哺乳动物细胞、疫苗病毒载体、腺病毒载体、NPV 昆虫病毒载体都得到表达。

1979—1982 年,中科院上海细胞生物学研究所匡达人、居其达、何俊坤等对酵母质粒的结构、功能及其基因表达进行了研究。匡达人等在 1981 年发现的 PCBY1 是国际上 2 mu 家族的第四株新成员。经纯化、鉴定、克隆、物理图谱及序列等方面分析,PCBY1 比以前三株更有利于构建各种运载体,因为它具有更多的单切点内切酶,从而为真核生物基因工程提供了一个新的更好的运载工具。1981—1984 年,复旦大学张纪忠、盛宗斗、黄静娟等与上海市第二粮食采购供应站合作,承担了大米气调储藏防霉保鲜技术研究课题。他们通过对高水分大米(16.5%)在气调储藏过程中霉菌菌相演变规律、霉菌毒素和品质变化,以及塑料包装新材料的筛选应用和充气方法等研究,找出了大米防霉保鲜的安全储藏技术,并得到推广应用。1982—1984 年,植生所洪益民、张景六、蔡瑞珠承担 K88、K99 双联抗原工程菌的研制及其免疫的课题研究,1985 年获得中科院科技进步奖一等奖。他们通过遗传工程方法,得到质粒 PTK8899 - 8,它带有 K88 与 K99 两种抗原基因,而不带毒素基因。工程菌苗经仔猪攻毒试验,乳汁中 K88 与 K99 抗体的测定等证明它有良好的免疫原性,能有效地预防 K88 与 K99 两种类型的致病菌造成的仔猪急性腹泻。

1983 年,中科院上海有机化学研究所(有机所)汪猷、王大琛、宋荣吉等开展的石油酵母,获得中科院重大科技成果一等奖。1984 年,复旦大学等开展的大麦条纹花叶病等粮食及蔬菜病毒病的鉴定和长叶车前花叶病毒新毒株的发现,获得上海市重大科技成果二等奖。该项研究在病毒的生物学研究方面,首先确定了一批发生在中国的病毒病,如种子传播的大麦条纹花叶病、土壤传播的小麦梭条花叶病、小麦花叶病、小麦黄花叶病等。同时还发现了几种国内外都未报道过的西藏小麦黄条花叶病毒及种子传播的另一种花叶病,并初步解决了国内争论达数十年之久的西北地区小麦"红矮"和"蓝矮"的发生原因问题,对南方杂交水稻黄矮病大流行的原因提出了新的观点,确定了侵染青菜的烟草花叶病毒(群)是长叶车前花叶病毒,结合传播途径,提出了相应的防治措施。1985 年,有机所王大琛、李祥鹏、胡立侃等开展的生产饲料蛋白和核酸的高产核酸酵母,获得中科院重大科技成果一等奖。1985—1990 年,中科院上海昆虫研究所(昆虫所)胡有健与山东省卫生防疫站、天津南开大学合作进行球型芽孢杆菌开发研究。采用组织培养技术,设计发酵工艺,利用昆虫组织培养基液而进行的营养需求分析,排除了外界干扰,并对 B.S 菌的诱变可行性、突变效应,以及一些性状变异与毒效关系进行了研究。

1990 年,昆虫所开展的乙型肝炎病毒基因的克隆与表达,获得国家自然科学奖二等奖。该项研究将乙型肝炎病毒(HBV)adr 亚型的基因组 DNA 克隆到质粒 pBR322 中,得到了 HBV 基因组的克隆株 pADR-1 等,发现了 HBV 基因组具有多态性。分析了 HBVadr 亚型 pADV-1 株的 DNA 全顺序共 3215bp。实现了表面抗原(HBsAg)基因在重组痘苗病毒系统中的表达,将 HBsAg 基因放在酵母系统中进行表达取得成功。1991 年,上海农科院承担的抗鸡传染性法氏囊病毒单克隆抗体的研究,获得上海市科技进步奖一等奖。该项目得到一条均一的纯化病毒带及最佳发酵条件,使细胞浓度达 400 万/ml 到 960 万/ml,达到国内外先进水平。研究了骨髓瘤细胞与脾细胞的最适合融合条件,使融合率达 80%,领先于国内外水平。该项目率先把单抗成果应用于生产实际——治疗鸡法氏囊炎,属国内外首创。1992 年,生化所开展的乙型肝炎基因工程疫苗(痘苗表达系统)研制和中试,获得中科院科技进步奖一等奖,其中汪垣获世界知识产权组织女发明家金奖。

1995 年,生化所等开展植物病毒分子生物学研究,合成水稻丛矮病毒(WRSV)的五种结构蛋白之一的 G 蛋白的双链 cDNA,克隆于 M10mP19 的 EcoRI 位点。设计并合成了一个能切割烟草花叶病毒(TMV)装配起始位点的核酶。构建了一个带花椰菜花叶病毒(CaMV)35S 启动子和 3′末端的 CAT 的嵌合基因(PWRM-CAT)。合成了香石竹脉斑驳病毒(CarVMV)部分基因片段的双链 cDNA。1996 年,生化所龚祖埙、周国英、沈菊英等开展的上海河口地区对虾病毒病原鉴定及 PCR 鉴定方法的建立,获上海市科技进步奖二等奖。1997 年,上海医科大学、上海市肿瘤研究所闻玉梅、何丽芳、顾健人等开展的中国乙型肝炎病毒持续性感染的机理及对策,获得国家自然科学奖三等奖。该项目确证在中国 90% 乙肝患者中,病毒以复制型持续存在于肝细胞,为导向入肝治疗原则提供了理论依据。发现中国患者肝内有不表达 HBeAg 变异株,发现前 C 区中病毒包装信号(ε)需保持二级结构的稳定性,该变异株多见于中国。发现病毒 S 基因变异株很少。在机体免疫应答多样化现象中发现抗-HBc 亲和力与病程相关,抗原表位肽在体外可激活、增强细胞免疫。新的治疗策略获国家发明专利。

2002 年,复旦大学预防医学研究所俞顺章、宋立荣等开展的主要淡水藻类(蓝藻)毒素危害健康机理及预防对策研究,获得上海市科技进步奖一等奖。该研究从调查中国湖泊、水库和沟塘水着手,发现严重富营养化后藻类疯长,水道堵塞,水质变臭,尤其是危害健康的微囊藻及其毒素(MC)大量产生。通过对 MC 肝肾等器官损伤的深入研究,探讨了 MC 对健康影响的机理,提出了预防 MC 的措施和策略。2004 年,上海交通大学、南方基因组中心等开展的抗生素基因工程平台建设的基础研究,获得上海市科技进步奖一等奖。该项目以多株不同类别抗生素产生菌基因克隆体系为基础所发展的载—受体系统适应面广、通用性强;首次发现了聚醚类抗生素——南昌霉素生物合成基因簇的结构组成、聚酮合酶上聚醚链形成和释放的机制,以及整个抗生素生物合成组装的分子模型等;首次阐明烯类抗生素生物合成基因簇的克隆及多烯大环内酯抗生素是由模块式聚酮合酶来组装合成的分子机理。获得了 7 项新基因簇或新抗衍生物专利。同年,复旦大学医学院承担的表皮葡萄球菌基因组结构与功能的研究,在国际上首先完成表皮葡萄球菌(ATCC 12 228 株)全基因组测序和注释。采用生物信息学技术,将其与公布的金黄色葡萄球菌基因组,以及 TIGR 尚未公布的表皮葡萄球菌 RP62A 株基因组序列和结构,进行比较分析及生物学功能性研究。该项目从基因组水平阐述了表皮葡萄球菌和金黄色葡萄球菌致病机制和能力的差异,表皮葡萄球菌致病特性(形成生物膜)和相关功能基因。

2007年,上海长海医院李兆申、上海中山医院王吉耀等承担完成的幽门螺杆菌关键致病因子CagA、VacA的生物学特性及其临床应用,获得国家科技进步奖二等奖。该研究在国际上首次证明CagA是导致消化性溃疡发生的关键因子,并且提出一种全新的、被国内外广泛应用的Hp分类学说;在国内首先证实Hp-CagA是胃癌发生的重要危险因素;采用重组抗原建立检测Hp的方法,研制出具有自主知识产权的Hp血清免疫印迹诊断试剂盒,敏感性和特异性均达95%以上,并打破该项技术的国际垄断。2009年,中科院上海药物研究所沈旭研究组与蒋华良研究组合作,发现虽然Ser139和Phe140是SARS蛋白水解酶(SARS 3CLpro)二聚界面的相邻氨基酸,但其突变可引起不同的酶的聚集状态和活性:即Ser139突变使酶以单聚形式存在,但却保持一定的酶学活性,而Phen140突变使酶以二聚形式存在,却丧失活性,通过晶体结构分析,系统研究了3CL水解酶酶活与聚集状态的关系。该研究不仅为阐明SARS 3CLpro活性和催化机理提供了重要素材,而且为基于3CLpro为靶点的抗SARS及相关病毒的药物设计提供了新的研究策略。同年,上海交通大学、中科院上海营养科学研究所和南方基因组中心合作开展肠道菌群结构变化与肥胖症关系研究。该研究从微生物群落生态学的角度,进一步丰富和发展了肠道菌群引起代谢性疾病的新理论,找到了与肥胖发生关系密切的具体的细菌种类。由于饮食是决定肠道菌群组成的最重要的因素,而非动物的自身的基因,这就为使用饮食重建合理的菌群结构来预防、缓解、甚至逆转代谢性疾病奠定了理论基础。

2010年,中科院上海巴斯德研究所孙兵研究组发现流感病毒具有调控细胞周期的作用,流感病毒A/WSN/33(H1N1)的复制可以使细胞周期阻滞在G0/G1期,这种抑制作用是由于感染后的细胞G0/G1期向S期的转换过程被抑制了。一些调控细胞周期由G0/G1期向S期转换的蛋白,高度磷酸化的Rb、p21、cyclinE、cyclinD1等在感染后明显下调。

第四节　遗　传　学

一、植物遗传学

1977—1979年,中科院上海植物生理研究所(植生所)沈善炯、朱家璧、薛中天等承担固氮基因的结构与调节课题研究。他们以肺炎克氏杆菌为材料,研究nif基因的精细结构,证明nif基因在染色体上不存在分割区,矫正了英国凯尼迪等的观察。关于NH+4、氧和温度对生物固氮的阻遏效应的分子机理方面,确定了以nifA为中心的固氮基因表达的调节模式。在这个模式上与日本国立遗传研究所合作,对水稻根际固氮细菌进行遗传操作试验,获得成效。应用定位突变证明nifH启动子区DNA序列的变化影响nifA蛋白或ntrC蛋白的激活性,同时指出启动子区保守性顺序的碱基对置换足以使nifA依赖型改变为ntrC依赖型。这是一项在理论上和应用上均有重要意义的贡献,1987年获得国家自然科学奖二等奖。1978—1986年,复旦大学遗传研究所邹高治、叶鸣明进行水稻单细胞培养和植株再生的研究。对不同器官及不同育龄幼穗进行培养,筛选出最合适的外植体,并通过75种培养基从中选出最佳继代培养基、细胞悬浮培养基、单细胞培养基,建立了95%以上具有分裂能力的胚性细胞系,经收集得到99%的单细胞进行培养,并获得大量愈伤组织和一些绿苗及大批白苗。1979年4月,谈家桢编著的《基因工程》一书,由农业出版社出版。

1982—1986年,植生所薛中天、徐美琳、庄乃亮等承担大豆种子贮藏蛋白基因的克隆和结构分析课题研究。在技术上他们除了应用国内外有关基因分离鉴定和结构分析较全面的先进技术外,还进行了两个方面的改进。1984—1987年，复旦大学葛扣麟、王蕴珠等开展的赤豆叶肉细胞原生质体的游离培养与植株再生的研究，获得国家教委科技进步奖一等奖。他们通过对赤豆外植株体培养，发现赤豆具有在无激素培养基上成苗的特点，改进原生质体的培养基成分和调整了生长激素及培养条件，以及在原生质体分化培养基的制备上采用了通常人们不常用的"减法"新战略(逐步简化激素配比及种类)。植生所宛新杉等利用烟草与龙葵原生质体进行属间的体细胞杂交，通过融合和选择，可为改良烟草的抗病性等提供有用的株系，成功地获得了杂种植株。1987—1989年，复旦大学在国际上首次研究成功"水稻人工种子"，即将一粒稻谷种子的胚状体经过培养可获得成千上万颗人工种子。这种人工种子具有遗传稳定性，可以克服某些难以形成种子的不育性植物传种接代的困难，能大量迅速地繁殖各种植物。

1994年，上海农科院黄培忠、马俊虎等承担的大麦抗黄花叶病遗传及利用研究，获得上海市科技进步奖一等奖。该项目对国内外10 512份大麦资源经病圃筛选，获得高抗品种159份，发现高抗品种只存在于多棱亚种中。检出高抗品种中有一半带毒，首次发现大麦黄花叶病的抗性有基因互作遗传方式和抗病性能稳定遗传。丰富了抗黄花叶病的遗传内容，选用高抗多棱、耐病二棱、感病二棱作亲本培育二棱抗病品种获得成功。1997年，植生所承担的水稻蜡质基因的克隆、结构分析与表达调控规律的研究，获得中科院自然科学奖一等奖。该项目从基因的文库构建、克隆筛选、对水稻蜡质基因的结构分析和表达调控进行了研究，在植物基因结构与调控，特别对转录后调控研究取得了突破性的结果。1999年，复旦大学与云南省合作开展的云南野生稻遗传资源的保存与研究取得成果：从云南野生稻中成功分离到高分子量的DNA，建立了覆盖率在99%以上的基因库，得到了一种抗病基因类似物片段，为分离野生稻特异性表达基因提供了新的途径；从云南普通野生稻中克隆出一个抗性基因——凝聚素基因，这是国际上首次克隆与表达的云南野生稻基因。

2006年，上海交通大学张大兵在水稻功能基因组研究，特别是水稻花粉发育方面，通过γ射线诱变，分离到一雄性不育突变体(tapetum degeneration retardation, TDR)，发现TDR基因在水稻花药绒毡层降解和发育调控过程中发挥重要的作用。2007年，植生生态所林鸿宣、高继平、任仲海等承担的水稻耐盐复杂数量性状的遗传机理及其应用研究，获得上海市自然科学奖一等奖。该项目在国际上首次成功克隆耐盐数量性状基因(QTL)SKC1；发现水稻耐盐SKC1基因为HKT转运基因家族新成员；发现水稻耐盐SKC1参与木质部导管的K^+/Na^+离子运输，而拟南芥的AtHKT1是参与韧皮部筛管的离子运输，揭示了植物HKT家族的新机理；发现4个氨基酸的自然变异是引起SKC1基因功能差异的分子基础；创制了直接检测耐盐SKC1基因的分子标记，可应用于作物耐盐分子育种；定位了11个水稻耐盐QTL。

2008年，植生生态所林鸿宣研究组从海南普通野生稻中成功克隆了控制水稻株型驯化的关键基因PROG1。该基因编码中的一个功能未知的锌指蛋白，其作为转录因子新基因对水稻株型的发育起重要调控作用；在海南野生稻与栽培稻之间该基因的编码区有一个碱基的变异引起氨基酸的替换，推测该氨基酸的替换在人工驯化过程中被选择，这是导致野生稻的匍匐生长和分蘖过多的不利株型转变为栽培稻的理想株型(直立生长和分蘖适当)的主要原因，该推测也得到了转基因水稻的验证。该研究成果首次阐明了水稻株型驯化的分子遗传机理。同年，植生生态所何祖华研究组与国内外科学家合作在筛选水稻遗传资源的基础上，通过构建遗传定位群体，成功分离了控制水稻籽粒发育中蔗糖运输、卸载和灌浆的关键功能基因GIF1。该研究成果在遗传学上证明籽粒灌浆与产量这类农艺性状是人类选择的结果，人工选择使现代栽培稻的GIF1基因有严格的组织表达特异性，有利于籽粒灌浆，使水稻产量提高。

2009 年,植生生态所林鸿宣研究组在水稻重要性状遗传与功能基因研究上取得重要进展。对水稻中 HAL3 同源基因 OsHAL3 开展了功能和作用机理研究,发现这一基因介导了一个与普通光受体模式不同的光控发育机制。证明该基因编码的蛋白以三聚体的形式行使功能,而阳光,特别是蓝光可以促使三聚体解体,从而导致该蛋白功能失活。同时,光线还能抑制该基因的表达。光的这种双重抑制,使得细胞分裂减慢,最终导致水稻的生长变缓。同年,植生生态所林鸿宣研究组获得了一份较强抗旱、耐盐,而且稳定遗传的水稻突变体,命名为 dst(drought and salt tolerance, dst)。通过图位克隆方法分离克隆了控制该抗逆性状的基因 DST。揭示了一种调节水稻抗旱耐盐的分子调控新机制,为作物抗逆分子育种提供了具有自主知识产权的重要新基因。

2010 年,上海市农业生物基因中心罗利军等完成的节水抗旱稻不育系、杂交组合选育和抗旱基因发掘,获得上海市技术发明奖一等奖。该项目首次育成旱稻不育系"沪旱 1A",获植物新品种保护权;成功实现杂交节水抗旱稻"三系"配套,育成世界首例杂交节水抗旱稻"旱优 2 号"和"旱优 3号"。克隆 SNAC1、OsSKIP1 等重要抗旱基因;发明 QTL 信息电子克隆基因分析方法,分离克隆了 OsRINGzf1 等 11 个基因;建立了研究抗旱性等复杂代谢网络协同作用的系统生物学分析方法。建立了基于水旱稻配组结合大田强胁迫鉴定和选择的育种体系,发明了水旱稻三交种育种新方法与制繁种新技术。

二、动物遗传学

1980 年,复旦大学谈家桢和胡楷合著《异色瓢虫(Harmonia axyridis)鞘翅色斑两个新等位基因和嵌镶显性遗传学说的再证实》,发表在《动物学研究》杂志上。1983 年,中科院上海细胞生物学研究所(细胞所)庄孝僡等开展的有尾类胚胎表皮传导电活动及其分化的关系,获得中科院重大科技成果一等奖。1986—1989 年,细胞所等承担家兔个体表达系统的建立课题研究。在细胞所施履吉主持下,构建了含乙肝表面抗原的两种载体,并通过显微注射导入兔受精卵雄性原核,获得了转基因当代兔子一代和子二代,实验结果经分子杂交证明,在转基因兔的基因组中确实有乙肝表面抗原基因整合,而且整合基因是可遗传的。1990 年获得中科院科技进步奖一等奖。1987—1989 年,上海水产学院等承担长江、珠江、黑龙江鲢、鳙、草鱼考察课题,发现长江种群生长性能最优,天然种群比人工繁殖种群快 5%～10%,遗传因子在这一生长差异上起着相当作用,揭示了三水系鱼种的生化遗传结构和变异特点。

1994 年,细胞所 ES 细胞生物学实验室在人抗药基因(mdr gene)和 TGF - β1 基因的转基因鼠的研究中也取得重要进展,发现用外源 TGF - β1 基因注射的受精卵发育成的转基因鼠中,雄性占明显优势,高达 88.9%(16/18),而雌性仅为 11.1%(2/18)。表明 TGF - β1 基因在胚胎发育期间过度表达可能对胚胎雌性生殖器官缪勒氏管的发育起着抑制作用,这一发现使中国转基因动物研究跃上新的台阶。1998 年,上海医学遗传研究所曾溢滔与复旦大学遗传学研究所合作进行转基因山羊的研究与培育,建立转基因山羊研制的技术路线,掌握羊胚胎的发育规律及受精卵显微注射的最佳时机,受精卵成活率达 95%以上。改进胚胎移植技术,使受孕率达到 70%。

2001 年,上海市转基因研究中心采用体细胞克隆技术,将 1 个生长了 32 天的雄性羊胚胎成纤维细胞进行培养,获得相应的成纤维细胞,再将该细胞核移入去除遗传物质的奶山羊卵母细胞中,7头山羊成功妊娠怀胎,其中 3 头生长正常。该项目成果达到国际先进水平。2003 年,国家人类基因组南方研究中心(南方基因组中心)韩泽广研究小组等在血吸虫功能基因组研究方面的成果,在国际顶尖学术杂志《自然遗传学》(*Nature Genetics*)网站上提前发表,这是中国科学家第一次在这个享有盛名的杂志上以全文形式发表论文,标志着中国在功能基因组学和血吸虫研究方面取得了重大突破。2004年,上海水产大学、上海市南汇水产养殖场李思发、蔡完其、沈继诚等开展的团头鲂"浦江一号"选育和推广应用,获得国家科技进步奖二等奖。团头鲂"浦江一号"是世界草食性鱼类中选育的首例良种。该项目在野外鱼池中,以万分之三至四的高选择强度,坚持长期的群体选择和培育。重视与时渐增,逐代跟踪养殖性能、形态、生化遗传、分子遗传等方面的变化;在生长速度提高30%,体长/体高比2.1~2.2时,通过雌核发育予以稳定和纯化,采用分子遗传技术确定良种标记;发展了控制近交衰退的理论和实践;建立了生产性状显著改良、遗传性能稳定的规模化生产群体,个体间平均遗传相似度达96.5%。

2005年,植生生态所、南方基因组中心和中国农业科学院蚕业研究所等合作,以鳞翅目昆虫的代表、重要经济昆虫——家蚕的518个简单重复序列(SSR或微卫星),构建了一张家蚕第二代分子标记遗传连锁图谱,作为国际鳞翅目昆虫基因组协作组中一部分内容。该课题组新构建的家蚕微卫星遗传连锁图,其28个连锁群上的标记数目从7到40个不等,全部的遗传图距约为3 431.9厘米。2007年,复旦大学许田、吴晓晖、丁昇开展的哺乳动物PB转基因和基因诱变方法,获得上海市自然科学奖一等奖。该项目将piggyBac(PB)转座子用于小鼠和人细胞的基因功能研究,在世界上首创了一个高效实用的哺乳动物转座子系统,为大规模研究哺乳动物基因功能提供了新方法。通过改造PB因子,使它可在人和小鼠细胞中高效导入基因并稳定表达;发现可用PB培育转基因小鼠,PB转基因整合效率高,能长期稳定传代表达;发现PB可在小鼠体内高效广谱插入小鼠基因组并使基因失活,并可使用简单繁殖方法大量产生不同基因突变个体的方法。同年,华东师范大学张树义研究组与英国伦敦大学博士 Stephen Rossiter 及布里斯托大学教授 Gareth Jones 合作完成Foxp2基因在家族中加速进化的研究。研究团队研究了43种不同蝙蝠和近40种其他哺乳动物代表物种的Foxp2基因,在非回声定位哺乳动物中,Foxp2基因高度保守;在具有回声定位能力的蝙蝠家族中,Foxp2基因具有显著高的多态性。特定的自然选择促使了Foxp2基因在翼手目中分化,而该基因的调控功能对蝙蝠回声定位能力的发展、进化起到至关重要的作用。

2009年,华东师范大学王喆等人与其英国合作者,通过对鲸类和其他哺乳动物类群的Hoxd12和Hoxd13基因测序,发现这两个基因在鲸类鳍状肢的起源与分化中起到了重要作用。其在鲸类的平均进化速率均显著高于在其他哺乳动物类群的平均进化速率。研究表明,Hox基因的适应性进化时间(也称"达尔文选择")与鲸类鳍状肢的宏观进化时代完全相符,是自然选择的结果,而非偶然形成的。2010年,复旦大学承担的"973"项目——哺乳动物PB转座因子转座机理及分析方法研究,用PB转座子成功建立了大鼠高效转基因和基因诱变方法,带来了大鼠遗传学的突破。该项目利用PB发展高容量基因治疗载体,在世界上首次将超过200 kb的大片段DNA导入人类细胞,突破了将大多数疾病基因完整导入基因组的技术瓶颈。

三、微生物遗传学

1984—1989年,复旦大学郑善良、严建孙、荆建华等与常州味精厂合作,承担谷氨酸产生菌FM84-415的选育及其发酵生产课题。通过辐射和NTG化学诱变处理,选育出适应一次性中高糖发酵的优良菌株FM84-415,其产酸水平及糖酸转化率在国内领先,并达到了以淀粉水解糖为主要原料的谷氨酸一次性高糖发酵的国际先进水平。1985—1986年,复旦大学与杭州华东制药厂陈孝康、沈仁权、盛祖嘉等承担了庆大霉素组份比例合适菌株的选育课题研究。通过诱变后筛选抗乙硫氨酸突变型，得到和美国的庆大霉素组份比例相似的庆大霉素产品。1985—1988年，细胞所郭礼和、何全品、王白杨等承担人生长激素基因工程微生物表达系统实验室研究的课题。所制备的人生长激素基因工程菌K802/PSS-M属分泌型，产物分泌到周质时准确地切除了信号肽，形成二硫键，结构与天然产物一致。1986—1990年，复旦大学遗传学研究所与浙江浙北制药厂任大明、熊坤、郑升喜等进行肌苷产生菌FD8601菌株的选育及发酵生产的研究。他们以肌苷产生菌枯草芽孢杆菌FD950为出发菌株，通过诱变处理筛选出高产突变株FD8601，并得到稳定高产的优良菌种和高效工艺。1987—1989年，植生所研制出一种以植物油为原料提取高级香料的中间体，该所用新技术获得的酵母呼吸突变体新菌种，产率明显提高，成本大幅降低。同期，植生所研制出高产核黄素菌株，可使这种维生素的产量明显提高而且可优化质量。

2000年，复旦大学医学院、生化与细胞所和第二军医大学共同完成持续性感染肝炎病毒（乙、丙、庚型）基因的复制与表达。该项目用毒株间对比及基因片段置换在来源于肝癌及肝炎患者标本研究中发现与HBV复制增强相关的位点，可作为抑制病毒复制的靶；用酵母单杂交系统克隆并发现了新的细胞调控因子(hB1F)；构建上海地区丙型肝炎病毒近全长cDNA模板；与国外合作发现结合蛋白为hVAP，与发病机理有关。2006年，南方基因组中心、上海交通大学赵国屏、宋怀东、王升跃等开展的SARS冠状病毒分子进化及其相关流行病学规律的研究，获得上海市自然科学奖一等奖。该项目发现SARS病毒从果子狸传到人类的来源证据，发现果子狸是SARS病毒的中间宿主；发现SARS大爆发时早、中、晚期SARS病毒的基因组特征性分子标志，及其在人体内的变异规律；发现病毒通过基因组上一些微小精细的变化促进其在人群中的传播；发现SARS病毒S蛋白上N479K和T487S这两个氨基酸的变化；建立用微量原始样本进行SARS全基因组测序的技术体系。同年，植生生态所王成树团队开展了虫生真菌致病机制及遗传改造研究。发现真菌通过一个渗透压感受蛋白MOS1调节对血淋巴高渗透环境的适应，通过分子"拟态"来逃避宿主细胞的识别及免疫杀菌作用。在遗传改造提高真菌毒力的研究方面，将来源于蝎子的一种昆虫特异性神经毒素多肽AaIT按绿僵菌基因编码偏好进行基因合成，采用了MCL1启动子控制AaIT基因进行真菌转化，获得了具有显著提高毒力的转化菌株，但不影响出发菌株的寄主专化性及环境安全性。

2008年，上海交通大学邓子新、白林泉、周秀芬等承担的抗生素代谢工程的基础研究，获得国家自然科学奖二等奖。该项目以多株中国资源特色的、化学结构和生物活性多样的抗生素产生菌遗传操作体系为基础，建立了抗生素代谢工程平台。首次分离到井冈霉素生物合成基因簇、通过基因异源重组装浓缩必需合成基因、合成基因的功能分析并获得的重要工程菌。克隆了首例聚醚类南昌霉素生物合成基因簇，通过基因簇缺失显著提高了南昌霉素产量，阐明了聚醚类释放机制，获得了脱糖基的南昌霉素新结构衍生物。克隆了首例多烯类杀念菌素的生物合成基因簇，阐明了杀念菌素的模块式聚酮合酶组装合成机理，提出了4个同系物的转换模型，获得8个新结构衍生物。2009年，上海巴斯德研究所与巴黎巴斯德研究所合作开展上海地区儿童支气管炎和肺炎鼻病毒研究。首次在一种新病毒——鼻病毒C中发现大量多重重组，该重组使得鼻病毒具有高遗传变异性。在从儿童支气管炎和肺炎患者鼻咽喉样本分离到的病毒中发现鼻病毒重组的数量非常大，该病毒正在进化以适应宿主和环境趋势。发现HRV-C在所有鼻病毒感染病例中占50％以上，表明HRV-C可以分为两个新亚种。证明了儿童人群存在鼻病毒高遗传多样性。

四、人类遗传学

1990年,上海第二医科大学、上海免疫学研究所周光炎、陆佩华、郑泽铣等开展的中国人HLA-Dw的研究,获得上海市科技进步奖一等奖。该项目在国内开创HLA细胞学分型,建立有关技术;引进国外标准分型细胞,检测中国人HLA-Dw特异性,提供中国人基因频率数据;研究中国人用血清学和细胞学方法检出HLAⅡ类抗原DR-Dw关系;从近亲婚配家庭中筛选HLA纯合细胞;向全国推广细胞学分型技术。首次发现一些中国人特有HLA单倍型结构,首次筛选14个中国人HLA纯合子,首次在国际上报道中国人HLA-D抗抗原。1997年,复旦大学余龙主持的人类基因克隆研究室分离并克隆了7个与肿瘤发生或转移机制相关的人类新基因、两个人类新型细胞因子基因、细胞因子传导信号抑制基因SOCS2、新的细胞色素C亚基VIa基因和新的G蛋白激酶受体基因、与细胞分化与发育相关的转录调控因子基因。其中ZNF191基因在肝脏和胰腺这两种组织中特异性的高丰度的表达量,是其他组织中表达量的30～50倍。

2002年,上海交通大学、中科院上海生科院贺林、高波、郭敬芝等承担的A-1型短指(趾)症的基因研究,获得教育部自然科学奖一等奖,2003年获得国家自然科学奖二等奖。该项目把A-1型短指(趾)症致病基因定位到了2号染色体长臂的35～36区域,发现处在骨骼发育"轴心"位置的IHH基因的3个突变是导致A-1型短指(趾)症的直接原因,发现该基因与人体身高形成直接相关。A-1型短指(趾)症是孟德尔常染色体显性遗传病,此项研究结果可有效遏止患者后代再出现患儿的现象。同年,中科院上海生物工程研究中心孔祥银、赵国屏、肖尚喜等开展的遗传性乳光牙本质致病基因的研究,获得国家自然科学奖二等奖。该项目成功克隆了遗传性乳光牙本质Ⅱ型基因(牙本质唾液酸磷酸蛋白基因DSPP),首次发现该基因两个位点的突变还引起进行性高频耳聋。在4个家系中发现了DSPP基因的4种不同类型的突变都导致该疾病的发生。用RT-PCR方法首次证明该基因在小鼠内耳中表达,证明DSPP参与听觉系统的发育。同年,中科院上海生科院、上海交通大学贺林、刘万清、赵双民等开展的贺—赵缺陷症及其致病基因的精细定位,获得上海市科技进步奖一等奖。该项目对乳牙脱落后恒齿缺失症状进行遗传分析与研究,取得重要发现:贺—赵缺陷症是一种新发现的孟德尔常染色体显性遗传病,是国际上第一例以中国人姓氏命名的遗传病;率先把缺陷症的致病基因定位在10号染色体长臂11.2区域D10S604与D10S568之间的5.5厘米范围内;为人类重要生命现象"乳—恒齿交替"的发生与恒齿形成的机理提供了全新的认识;创立了DNA样品混合法(pooling)在人类常染色体显性遗传病基因定位中的应用。该研究的内容属国内外首创,被收录于人类孟德尔遗传病目录[OMIM]中。

2004年,上海瑞金医院王鸿利、王学锋、王振义等开展的遗传性凝血因子缺陷症和抗凝血因子缺陷症的基础与临床研究,获得上海市科技进步奖一等奖。该项目共收集13个病种、135个家系、400多名家系成员和145例患者,首先报道30种相关基因突变;首次联合应用6个位点(STR)进行血友病B携带者和产前诊断,准确率达100%。在国内首次作单细胞植入前基因诊断和缺陷基因的体外表达分子机制研究;首次建立遗传性凝血因子缺陷症和抗凝血因子缺陷症的临床诊断、基因诊断和缺陷基因功能障碍研究的技术平台。同年,复旦大学罗泽伟、张荣梅、王久存开展的复杂性状多基因遗传结构解析与同源多倍体遗传图构建理论及实验策略,获得上海市科技进步奖一等奖。该项目在国际上率先论证了利用自然群体中连锁不平衡衰减速率与遗传重组之间的关系,建立了检验与预测主效基因与遗传多态性标记位点或位点群间遗传连锁不平衡的理论与方法;解决了同源四倍体物种遗传图构建所涉及的连锁检测、重组率估计这一理论遗传学研究中存在逾 70 年的历史性难题;揭示了雄性激素受体突变基因的分子生物学机制;发现中国人群中的趋化因子受体突变基因,并澄清该突变体功能缺损的细胞学特征;揭示了重要肿瘤抑制基因 TBRII 与非小细胞肺癌发生的相关性及其功能变异的分子机制。同年,上海第二医科大学完成红斑狼疮免疫异常表型的分子遗传学研究。在国际上率先通过高密度的微卫星遗传标志在中国人群中进行连锁不平衡基因定位。发现中国人群特有的单倍型分布特点。通过基因的交互作用证实同时携带 Bcl-2 和 IL-10 易感等位基因的个体 SLE 发病的危险性增加。在国际上率先发现了 16q12 区域中存在 SLE 易感基因位点。

2005 年,复旦大学、南方基因组中心金力、卢大儒、宿兵等开展的东亚人群的起源、迁徙和遗传结构的研究,获得上海市科技进步奖一等奖,2007 年获得国家自然科学奖二等奖。针对人类起源尚无定论的现状,该项目首次系统地用 Y 染色体单核苷酸多态位点分析东亚人群的进化规律;首次从父系遗传角度大规模地证实东亚人群的非洲起源假说。提出东亚人群的共同祖先由南往北的史前迁徙路线及年代。首次利用遗传学方法证实汉文化的人口扩张模式。从遗传学角度证实了"汉藏同源"的论断,并提出汉族和藏缅语系民族分化的遗传学基础。发现南方藏缅人群普遍融合了北方民族和南方民族的基因成分。同年,同济大学陈义汉等开展的心房颤动分子遗传学和细胞电生理学研究,获得国家自然科学奖二等奖。该项目通过对心房颤动家系的遗传连锁分析,把心房颤动致病基因定位在第 11 号染色体末端,在心脏钾离子通道基因 KCNQ1 中发现了一个改变氨基酸编码的点突变;运用分子生物学技术和细胞电生理学手段,证明该变异体可以引起心房颤动的基础电生理学改变,KCNQ1 为心房颤动致病基因,第一次揭开了心房颤动的一个遗传起源。发现 KCNQ1 与其辅助亚单位的一个突变体共同作用也导致心房颤动。该成果是分子心脏病学领域的重大突破。同年,上海仁济医院陈顺乐、沈南、顾越英等开展的系统性红斑狼疮的遗传学发病机制和诊疗策略的研究,获得上海市科技进步奖一等奖。该项目采用克隆表达核抗原建立检测核抗体方法,制定 SLE 早期诊断标准,并优于美国标准,用基因转染细胞建立新检测方法,提高了诊断水平。建立了亚太地区最大的 SLE 遗传资源库,发现 1q23、16q12 区域存在系统性红斑狼疮(SLE)易感基因 PBX1 和 OAZ。在国际上首次提出 Pmc 治疗方案用于治疗无内脏累计的轻中度 SLE,疗效好,副作用小;首次提出了重症 SLE 各受累脏器的评估和分类治疗方案,特别是攻克了狼疮孕妇易出现流产、早产或死胎甚至孕妇死亡的难题。

2006 年,上海交通大学与中科院上海营养科学研究所首次在中国汉族人群中证实基因 Episn4 是精神分裂症易感基因。该课题发现了两种单倍型与精神分裂症有着极强的关联(P 值小于 0.01),阐释了在 Epsin4 的 5′端及其附近存在着一个位点能够增加患病的风险。发现在中国人中 rs778293 与精神分裂症存在关联,为 G72 基因是精神分裂症的易感基因提供了证据。2007 年,上海瑞金医院王鸿利、王学锋、丁秋兰等开展的遗传性出血病的基础研究和临床应用,获得国家科技进步奖二等奖。该项目对 15 种遗传性出血病进行了全面、系统的基础和临床应用研究。国际首次报道基因突变 58 种、国内 44 种。国际首次阐明 16 个新突变基因的分子发病机制;首先开发适合国人的 F8(8 个)、F9(6 个)基因的高信息量多态性位点,用于 218 例血友病 A 和 37 例血友病 B 的携带者及产前诊断,诊断率和准确率均为 100%。改变国外血友病出血和围手术期治疗公式化的常规方案,创用"凝血因子活性监测下的个体化治疗方案",使血浆制品的用量仅为国外的 1/3~1/2,减少了抗体产生和血源传播病的发生概率。2009 年,南方基因组中心与安徽医科大学合作,对银屑病、系统性红斑狼疮开展了全基因组关联分析研究。发现人类重要 MHC 区域和报道的银屑病相关基因 IL12B 呈强关联。首次发现染色体 1q21 上的 LCE 基因 4 个 SNPs(rs4112788、rs4085613、rs4845454、rs1886734)也呈强关联。新发现的 LCE 基因则与银屑病的发病有重要的功能关联。

五、基因组学

1992 年 3 月开始筹建中科院国家基因研究中心(基因中心),挂靠中科院上海分院,洪国藩研究员任中心实验室主任。主要研究方向是水稻基因图谱,包括水稻染色作图和 DNA 顺序测定。1993年,基因中心实验室开始启用,由生化所、细胞所、有机所、植生所和复旦大学生命科学学院等单位的 8 位高级科学家组成研究核心,为加强国际合作,聘请国际权威科学家作顾问。1994 年,基因中心率先在国际上建成第一个完整的大基因组人造细菌染色体(BAC)库,拥有重组子 2 万多个,插入细菌染色体的基因组大片段平均长度为 12 万个核苷酸,覆盖了长度为 4.2 亿个核苷酸的水稻基因组。1995 年,基因中心集中力量构建水稻基因组物理图,取得重大突破:在 1994 年制定的"BAC-指纹"战略和改进"指纹法"的基础上,成立了水稻基因组物理图突击组,于 10 月完成水稻基因组全部指纹图的胶片制作;在英国"桑格中心"科学家们的帮助下,在上海市科委资助的 SGI、Sun 等计算机图形工作站上,建立世界上最先进的指纹图谱数据计算机处理系统软件;11 月底完成了水稻基因组全部克隆的分析处理,建成由 4.3 亿个核苷酸组成的水稻全部 12 条染色体的骨架元件(contigs),覆盖水稻全部基因组的 98%,有助于一张高密度的水稻基因组的物理诞生。1996 年,基因中心洪国藩领衔的科研小组开展构建新一代水稻基因物理图谱的研究,采用独创的研究战略,即用稳定的"BAC 库"和快速灵敏的"指纹法"相结合,在世界上率先完成包含 12 条染色体的水稻基因组物理全图,分辨率和覆盖面均超过日本。

1997 年,由中科院院士陈竺和中国医学科学院院士强伯勤领衔研究的中国民族基因组中若干位点基因结构的研究项目,完成了南、北方两个汉族人群和西南、东北地区 12 个少数民族共 733 个永生细胞系的建立,为中华民族基因组的研究保存了宝贵资源,开展了中国多民族基因组多样性的比较研究。1998 年,陈竺主持的人类基因组研究中心与上海市内分泌研究所、南方基因组中心等合作,描绘出人类下丘脑、垂体和肾上腺皮质的基因表达谱,获得了在垂体表达的 50 余个新基因的全长 cDNA,在"南方研究中心"的 DNA 测序仪上开始大规模 EST 测序。1999 年,细胞所在南方基因组中心的协助下,率先建立了含有 8 000 多个基因的 cDNAarray,研究开发成功并投入使用的一项新型技术——生物芯片技术,极大地改进了传统低效的实验方式。同年,上海博容、博道基因技术有限公司开发的用于大规模、高通量研究新基因功能的表达谱基因芯片也获得成功,为研究基因功能和研制临床诊断芯片奠定了技术基础。

2000 年,南方基因组中心与上海瑞金医院内分泌研究所、上海血液学研究所合作,首次绘制了人类下丘脑—垂体—肾上腺神经内分泌轴基因表达谱,并克隆了 200 条新基因。200 条新基因全长cDNA 的克隆,推动了识别和克隆 1% 人类功能基因这一目标的实现。2001 年,南方基因组中心会同北方中心、中国预防医学科学院流行病微生物研究所、上海生科院、复旦大学、广西大学及中科院微生物研究所等机构,在国际上率先独立完成钩端螺旋体、表皮葡萄球菌和黄单胞菌三种病原微生物的全基因组测序,绘就全基因组"精细图",在国际上首次识别维护它们生命活动相关的整套基因,发现一批与致病性相关的功能基因,鉴定一批可望用于发展新一代疫苗的靶标基因。2001 年10 月,这三种病原微生物的全基因组序列信息向国际公共数据库开放,让全球科学家共享。

2002年,南方基因组中心傅刚等承担的国际人类基因组计划1‰(3号染色体短臂末端)基因组测序,获得国家自然科学奖二等奖。该项目获得精确度达99.99%的完成图序列,所有BAC序列都经过指纹图谱的验证。完成了包括3号染色体其他区域,共完成31.6Mb的序列测定。在3号染色体短臂端粒至D3S3397区域,共识别122个基因,其中86个是已知基因(55个为功能明确的基因,8个为疾病相关基因);在31个基因中找到75种不同的剪切方式;发现1 760个新的SNP(SNP数据库中未见报道);进行了完成图中重复序列、CpG岛、GC含量的分析。同年,上海瑞金医院、南方基因组中心陈竺、张庆华、韩泽广等开展的造血相关基因表达谱、新基因克隆和染色体定位图谱的建立和研究,获得上海市科技进步奖一等奖。该项目在国际上首次描绘了正常CD34$^+$造血干/祖细胞的基因表达谱;克隆了324条造血系统表达的新基因全长cDNA;绘制了国际上第一张造血系统新基因的染色体定位图,比较了急性髓细胞性白血病与正常HSPC的基因表达谱,识别了58个发生显著性差异表达的基因;获得了6个新的锌指蛋白基因,发现了一个新的具有转录激活作用的功能域KRNB。2003年,国家基因中心、南方基因组中心韩斌、冯旗、张玉军等开展的水稻基因组第四号染色体测序及分析,获得上海市科技进步奖一等奖。该项目首次完成的粳稻四号染色体序列测定,发现共有3 500万碱基对,覆盖了第四号染色体的97.3%;首次进行了预测分析,鉴定出水稻4号染色体所含的基因共4 658个;首次完整地测定了水稻4号染色体的着丝粒的序列。该项目是中国首次完成的大基因组单条染色体的精确测序,获得2002年世界十大科技突破、2002年中国十大科技进展、2007年国家自然科学奖二等奖。

2004年,上海瑞金医院陈竺、宋怀东、陈家伦等开展的人类造血和内分泌相关细胞/组织基因表达谱和新基因识别研究,获得国家自然科学奖二等奖。该项目在国际上首次识别、克隆了547条人类新基因的全长cDNA,并应用cDNA阵列技术研究了造血干细胞内克隆的300个全长新基因在不同造血细胞系中的表达状态。对识别的6个在白血病和骨髓细胞中表达的新的锌指蛋白基因运用酵母杂交系统研究蛋白质与DNA之间的相互作用,发现的一个新的功能域KRNB为国际上首次报道。应用EST测序方法,在国际上首次描述了人造血干细胞和HPA轴组织的基因表达谱,拓展了人们对这些组织生理功能的认识。发现了一些在不同病理生理状态下差异表达的基因,为理解这些组织的生理功能和疾病发生的分子机理提供了线索。获得了近5万条EST,其中包含5 000余条新的EST和547条新基因的全长cDNA,并建立了可供国内外研究者查询的数据库,这是中国研究工作者对人类基因组数据库的重要贡献之一。2005年,南方基因组中心作为国际HapMap计划的参与单位之一,负责完成了整条21号染色体和部分3号、8p染色体区域的SNP单倍型图谱构建工作。由HapMap国际协作组统计数据反映,该课题组对21号染色体所构建的SNP单倍型图谱在染色体覆盖率和SNP密度上均领先其他中心,名列第一名。

2006年,南方基因组中心与国内外有关科研单位通力合作,在血吸虫功能基因组和蛋白质组研究方面获得重大进展。该研究首次采用了系统生物学研究策略和分析方法,在分离8 400多个编码蛋白的血吸虫基因基础上,利用高通量蛋白质组鉴定技术和策略在世界上第一次针对日本血吸虫不同发育阶段、性别、表皮和卵壳等进行大规模蛋白质鉴定,鉴定血吸虫蛋白质3 200多个,是中国科学家第一次对多细胞病原体作全面和系统的蛋白质组学分析。同年,南方基因组中心开展中国人群21号染色体单倍型图谱构建及其在疾病研究中的应用,利用人类21号染色体上约4万个SNPs,研究了不同人群的基因组连锁不平衡(LD),阐述了群体间连锁不平衡共享(LD sharing)的强度、产生机制,以及对未来进行全基因组关联分析的重要应用价值。

2008年,南方基因组中心完成结核分枝杆菌无毒株H37Ra ATCC25177的基因组测序工作,这是世界上首次完成 H37Ra 的全基因组测序。通过 RT－PCR 对重要基因启动子区域的变异造成的表达量改变进行了检测,发现影响转录因子和全局代谢调控的变异。鉴定了与结核分枝杆菌的侵入、毒力及体内生长等相关的 57 个基因,揭示了 57 个基因的突变及协同作用,可能是造成 H37Ra 丢失毒力的主要原因。2009 年,南方基因组中心、上海市疾病与健康基因组学重点实验室主持,并协同中国疾病预防控制中心寄生虫病预防控制所等单位,与国外合作者完成了日本血吸虫基因组测序和基因功能分析,该项工作是国际生物医学界首次对扁形动物进行全基因组测序和功能解析。研究显示,血吸虫基因组由近 4 亿个碱基组成,含有 40.1％的重复序列,具有转录活性的反转座子 25 个。血吸虫共有编码基因 13 469 个,包括首次发现的与血吸虫感染宿主密切相关的弹力蛋白酶(Elastase)。血吸虫具有像高级哺乳动物那样的下丘脑、垂体、甲状腺、性腺等神经内分泌器官的类似功能细胞。血吸虫能编码并分泌弹力蛋白酶消化宿主,如人、牛等的皮肤组织而进入其体内形成危害。

六、表观遗传学

2002 年,中科院上海生命科学研究院(生科院)等承担的“九五”国家自然科学基金重大项目——真核基因表达的调节与控制研究,被评为特优。该项目获得两项省部级成果二等奖、国内发明专利 1 项。生化与细胞所开展的核糖体失活蛋白与核糖体 RNA 结构功能的研究,获得 2003 年上海市科技进步奖二等奖。该项目发现了一个 A－链内部残缺的双链 RIP(cinphorin),证明了核糖体上出现的一个活泼醛基是使核糖体丧失合成蛋白质活性的重要原因。该研究结果属首次发现。

2005 年,植生生态所黄海研究员领导的研究组通过大量的遗传学研究,发现拟南芥 RNA—依赖的 RNA 聚合酶(RdRPs)与转录因子 AS1 和 AS2 共同调控叶的发育,植物 RDR6 相关的表观遗传途径和 AS1－AS2 途径协同调控植物的正常发育。陈晓亚研究员领导的研究组通过在拟南芥根冠发育调控因子的分离与鉴定方面的研究,发现生长素反应因子 ARF10 和 ARF16 是控制根冠发育的关键因子,miRNA160 通过调控这两个基因的表达水平影响根冠和侧根的发育。同年,生科院、上海交通大学在新建人胚胎干细胞系及其印迹基因表达的研究上取得突破,建立了一株人胚胎干细胞系(SHhES1)。该株人胚胎干细胞系在体外连续传代 70 次,表达胚胎干细胞特异的分子标记能在体内、体外分化为三胚层的细胞,是一株具有分化多能性的人胚胎干细胞。通过比较母亲外周血、干细胞、干细胞形成的类胚体的单核苷酸多态性研究,证明四个印迹基因 H19、PEG10、NDNL1、KCNQ1 的单等位表达在分化和未分化的人胚胎干细胞中都能维持稳定。该项发现证明了在体外培养的人类早期胚胎及其产生的干细胞在表观遗传方面具有一定的稳定性。同年,上海仁济医院、第九人民医院房静远、萧树东、朱舜时等开展的表观遗传修饰及其在胃癌发生和预防中的应用,获得上海市科技进步奖一等奖。该项目发现人胃癌癌灶和癌旁总基因组 DNA 甲基化水平降低,癌基因甲基化越低,叶酸含量下降,肿瘤的恶性程度越高。发现表观遗传干预可影响胃癌肿瘤细胞系生物学行为;发现叶酸可预防犬胃癌的发生;在临床上发现胃癌患者血清叶酸值显著低于正常人,在国际上首次用叶酸干预慢性萎缩性胃炎治疗,使降低的 DNA 甲基化得以恢复,叶酸治疗组中未发生胃癌。

2006 年,上海市农业科学院、上海交通大学等共同承担完成基因沉默的分子基础研究。该项目证明同一 miRNA 基因家族成员在单子叶水稻和双子叶植物拟南芥中的表达水平存在很大差异,而且证明了同一 miRNA 基因家族的不同成员在同一基因组中的表达模式存在差异。证明了水稻和拟南芥的 miRNA 基因也是由 RNA 聚合酶 II 转录的,表达模式的差异是转录水平调控机制的不同造成的。在动物基因沉默领域,针对一个在神经干细胞分化中差异表达的基因 DCF1,建立了一套有效的 siRNA 系统,来研究此基因在神经干细胞分化中的作用。同年,生科院、上海交通大学和哈佛大学医学院等合作,阐明了一种新的白血病肿瘤抑制基因失活的分子遗传学机制,即一个等位基因通过基因组片段缺失而失活,另外一个等位基因被表观遗传学机制抑制;丰富了肿瘤抑制基因失活的"两次打击"模型,提示正常造血干细胞不对称分裂破坏和表观遗传学机制紊乱可能在白血病肿瘤干细胞的恶性转化中起重要作用。2007 年,植生生态所林鸿宣研究组在水稻产量相关功能基因研究上取得突破性进展,成功克隆控制水稻粒重的数量性状基因 GW2。实验结果表明,GW2 作为一个新的 E3 泛素连接酶,可能参与降解促进细胞分裂的蛋白,从而调控水稻颖壳大小,控制粒重及产量;通过分子标记选择方法。将大粒品种的 GW2 基因导入小粒品种中培育成新株系,与小粒品种相比,该新株系虽然每穗粒数有所减少,但由于粒重明显增加,单株产量依然显著增加。该研究为作物高产育种提供了具有自主知识产权和应用前景的新基因,为阐明作物产量和种子发育的分子遗传调控机理提出了新见解。

2008 年,植生生态所植物分子遗传国家重点实验室罗达研究员及其领导的研究小组发现,豆科花形发育与花的背腹不对称性(DV)和花器官的内部不对称性(IN)的发育有关。在百脉根的工作基础上,研究人员在豌豆中克隆了两个调控 DV 发育的 TCP 转录因子 LST1 和 K;同时,还分离到一个控制 IN 新的调控因子 SYP1。首次证明,豌豆花形发育中的 DV 和 IN 两种不对称性是由上述两类基因分别独立控制。这些结果提示:在豆科中鉴别的两个分子机制可能广泛存在于自然界之中;它们在功能上的分化及相互作用,可以奠定自然界中花型多样性的分子基础。同年,植生生态所与国内外科学家合作,成功分离了控制水稻籽粒发育中蔗糖运输、卸载和灌浆的关键功能基因 GIF1。在遗传学上证明籽粒灌浆与产量这类农艺性状是人类选择的结果,有利于籽粒灌浆。证明一个驯化的作物基因通过适当的基因表达调控,仍然可以改良作物的经济性状,为水稻高产分子设计育种提供了一种新的选择。同年,生科院郭爱克研究组利用遗传学和药理学方法,调控果蝇多巴胺细胞中多巴胺水平对果蝇雄性之间求偶行为的影响,发现高水平多巴胺可以大幅度提高雄性果蝇同性间求偶的倾向,但并没有显著性地影响到对果蝇异性求偶行为、雄蝇自身的吸引性、短期自发运动活性及普遍的嗅觉和味觉感知。同年,生科院徐国良研究组发现,甲基转移酶的调控因子 DNMT3L 基因的启动子受到了甲基转移酶 DNMT3B 及 DNMT3L 自身的甲基化调控,在 ICF 综合征患者和小鼠模型中处于异常的低甲基化状态。该研究发现,在早期胚胎发育过程中,Dnmt3L 的启动子受到了 DNA 甲基化调控。体外和体内的实验结果表明,Dnmt3a、Dnmt3b、Dnmt3L 都参与了这一过程。研究表明,在携带 Dnmt3b 点突变的 ICF 模型小鼠中,Dnmt3L 的启动子发生了严重的低甲基化。在人类 ICF 患者中也发现了 DNMT3L 的低甲基化现象。

2010 年,生科院陈德桂研究组等发现了一个新的含有 JmjC 结构域的蛋白质 KIAA1718 (KDM7A),在所有已知的组蛋白去甲基化酶中,KDM7A 的表达在胚胎干细胞向神经干细胞分化过程中有最明显的上调。发现 KDM7A 是胚胎干细胞神经分化中不可缺少的一个组蛋白去甲基化酶,对胚胎干细胞向神经干细胞的转化起到了促进作用。提示组蛋白的去甲基化与细胞信号通路的相互作用是调控胚胎干细胞神经分化的一种重要分子机制。研究成果为胚胎干细胞分化过程表观遗传调控机制的研究提供了重要线索。同年,上海交通大学基础医学院通过对 SENP2 基因敲除小鼠的表型分析,发现了 SENP2 在调节 PRC 功能中的重要作用。PRC1 的亚基 Pc2 被 SUMO 修饰后会与甲基化的组蛋白 H3K27 结合,在基因启动子上产生占位效应而使基因沉默。而 SENP2

可以使 Pc2 去 SUMO 化而降低此种亲和力，抑制 polycomb 介导的基因沉默。揭示了 SUMO 修饰在 PcG 抑制靶基因表达中有至关重要的作用，并进一步阐明了染色质修饰在调节基因表达中有不可忽视的作用。同年，同济大学张勇研究组参与的一项国际合作研究，首次绘制了斑马鱼胚胎发育早期的表观遗传图谱。研究发现在缺少转录激活因子和 RNA 聚合酶 Ⅱ 的情况下，仍然可以建立组蛋白 3 第 4 位赖氨酸三甲基化（H3K4me3）的修饰。该研究在斑马鱼中初步探明了与胚胎全能型相关的表观遗传图谱的建立机制。同年，上海生物信息技术研究中心和德国罗斯托克大学免疫学研究院合作完成基于计算生物学的表观遗传学研究，构建了针对转录调控领域最大锌指基因家族的 SysZNF 数据库和分析平台，包含全面的组蛋白修饰数据和功能信息的 SysPTM 数据库和分析平台，开发了基于工作流技术的包含有表观遗传学数据分析、相关功能预测的软件系统，平台和分析系统均达到国际先进水平。

第五节　分子与细胞生物学

一、分子生物学

1994 年，上海瑞金医院陈赛娟、陈竺等开展的 Ph1 染色体相关白血病细胞和分子生物学研究，通过染色体步移、基因文库建立和筛选等一系列分子生物学方法，克隆了 BCR 基因 51 端约 80 Kb，明确了 BCR 基因的结构，第一次阐明了伴 Ph1 染色体急性白血病在 22 号染色体的断裂点丛集区域，命名其为 bcr2(m-BCR1) 和 hcr3(m-BCR2)。在国内首先建立了一整套逆转录酶/多聚酶链反应方法，为 Ph1 染色体相关白血病的诊断、预后监护提供了敏感、特异、快速的指标。1995 年，第二军医大学、上海血液学研究所陈竺、陈赛娟、黄薇等开展的人类白血病分子机制研究及其临床应用，获得国家科技进步奖二等奖。该项目采用细胞遗传学和分子生物学的最新研究手段，对各型白血病的分子病理学基础进行了较系统、深入的研究，探讨白血病发病原理的普遍规律，发现了白血病特有染色体易位或其他机制所致的病理性重排，以及在 ALL 中抗原受体基因的生理性重排。对这些基因重排的分子机制研究，不仅阐明了白血病分子病理学的基本特点，而且还建立了各型白血病特异的分子标志，从而为疾病的临床诊断及鉴别诊断、预后观察、缓解期及骨髓移植后残余白血病的监护，提供了具有指导意义的指标。

1997 年，上海瑞金医院、上海市血液学研究所陈赛娟、陈竺、陈国强等开展的人类白血病诱导分化和凋亡的细胞及分子机制研究，获得上海市科技进步奖一等奖。该研究从分子水平阐明白血病诱导分化和凋亡治疗的分子机制，分离出一大批受维甲酸和三氧化二砷调控的新基因，其中 4 个新基因得到全长 cDNA，并进行结构和功能的研究，先后在美国科学院学报（PNAS）发表。在造血干细胞 cDNA 的研究中，完成 1 万余条 cDNA 的测序，成为国际人类基因组研究的重要组成部分。同年，复旦大学在人类重要功能基因的分离与克隆方面取得进展：分离并克隆了 7 个与肿瘤发生或转移机制相关的人类新基因、两个人类新型细胞因子基因、细胞因子传导信号抑制基因 SOCSZ、新的细胞色素 C 亚基 Vla 基因和新的 G 蛋白激酶受体基因、与细胞分化和发育相关的转录调控因子基因。其中 ZNF191 基因在肝脏和胰腺这两种组织中特异性的高丰度的表达量，是其他组织中表达量的 30～50 倍。该基因的基因组结构完全阐明，其基因组序列全长 9 700 bp。1998 年，上海市肿瘤研究所在国际上首创了受体介导的具有靶向性的高效的系列基因转移系统，将基因导入肝癌等各种肿瘤，对肝癌细胞生长的抑制率达 77％，这种新型的非病毒载体具有中国独立自主的知识产权。同年,中科院院士陈竺在白血病的发病原理方面,证明急性早幼粒细胞白血病中第十一号与第十七号染色体发生易位所致的 PLZF－RARα 和第五号与第十七号染色体发生易位所致的 NPM－PARα,均可在转基因小鼠中诱导白血病。

1999 年,上海市肿瘤研究所在人肝癌相关基因的研究方面取得进展:进一步确定了肝癌在 17 号染色体中共同缺失的最小范围为 0.5 Mb,完成了该区域的大规模 DNA 测序(400Kb);在 0.5 Mb 区域内发现 HC56、HC71、HC90 和 HC64 新基因与肝癌密切相关;Southern 杂交证明它们在肝癌组织中存在杂合性缺失(LOH)或 DNA 重排,在某些肝癌组织中的表达水平明显低于癌旁组织,体外细胞转化实验证明上述基因对肝癌细胞生长有明显的抑制作用。同年,上海第二医科大学(二医大)附属上海血液学研究所开展的白血病分化、凋亡基础理论和临床治疗研究,首次在国际上发现 100 多条受维甲酸调控的关键基因和这些基因在细胞诱导分化中的信号传导途径,建立了维甲酸诱导癌细胞分化的分子调控网络。在国际上首次报告了培育成功早幼粒白血病变异性染色体易位的转基因小鼠,为深入研究白血病的发病机制及药物筛选提供了完整的动物模型。发现用 As2O3 药物治疗早幼粒白血病(APL),能取得比维甲酸(ATPA)药物更长的缓解期。同年,第二军医大学(二军大)附属东方肝胆外科医院,在国内外首次克隆鉴定 PCP－1、BDP－1、SIRP 家族、FL6 基因等 4 种新基因,阐明了部分基因的特性、信号转导途径及基本的生物学功能,确定了上述基因与肿瘤特别是肝癌的相关性。首次提出了 MAM 型受体酪氨酸磷酸酶家族的分类方法。发现了 SIRP 抑制性受体对肿瘤的抑制作用和对肿瘤信号转导途径的影响,并对诱导信号终止理论提出了新的见解。新发现的基因序列被国际 EMBL 基因库收录,并有两项获专利。获得 1999 年军队科技进步奖一等奖。

2000 年,上海瑞金医院陈赛娟等开展的全反式维甲酸与三氧化二砷治疗恶性血液疾病的分子机制研究,获得国家自然科学奖二等奖。该研究应用转基因技术成功地建成了 APL 特异融合基因 PML－RARa、PLZF－RARa 和 NPM－RARa 的转基因小鼠,为研究 APL 发病原理的分子机制提供了理想的整体动物模型。首先发现了 APL 中变异型染色体易位 t(11;17),进一步研究易位产生的 PLZF－RARa 融合基因的结构和功能,获得了 PLZF 基因全长序列 201 kb,并依据融合基因断裂点部位的序列分析提出异常基因重排与 DNA 损伤修复机制有关的观点。提出应用诱导分化治疗人类癌肿的独特思路,证明全反式维甲酸(ATRA)能够调变和降解在 APL 发病中起关键作用的 PML－RARa 融合蛋白,为 ATRA"靶向治疗"的理论奠定了基础。2002 年,中科院上海生物工程研究中心孔祥银、胡兰靛、步磊等开展的热休克蛋白转录因子 HSF4 突变导致白内障,获得上海市科技进步奖一等奖。该项目发现了儿童白内障的致病基因,为白内障机理研究、正确诊断和有效治疗提示了全新的思路。该项目利用国内丰富的遗传资源,搜集到遗传绕核型儿童白内障家系 5 代共 54 个样本进行遗传分析,发现位于 16 号染色体上的热休克蛋白转录因子－4(HSF4)基因突变,从而在国际上首次证实热休克蛋白的突变引起白内障。

2005 年,上海交通大学 Bio－X 生命科学研究中心联合英国和美国的科学家,在作为生命中枢的 DNA 大分子上,首先发现了某些微生物基因组中硫的存在,分离出与硫修饰有关的完整基因簇。拥有的硫化修饰基因(簇)和一系列突变株,奠定了进行体外基因表达、研究酶学功能的条件。2007 年,中科院上海生命科学研究院(生科院)张永莲、陈小章、刘强等开展的精子在附睾中成熟的分子基础研究,获得上海市自然科学奖一等奖。该项目从人口数量与质量调控需求、后基因组时代的生殖生物学学科前沿出发,设立了一个崭新的器官(附睾)功能基因组研究课题。该项目旨在揭示附睾在精子成熟、储存和防御等过程中作用的分子机制,为雄性生殖调控理论的发展和突破作出贡献,并为男性避孕药的研制、男性不育症的诊治和日趋严重的性疾病传播防治等方面提供理论指导。

2008年,二军大曹雪涛、安华章、郭振红等开展的免疫识别的分子机制研究,获得上海市自然科学奖一等奖。该项目发现了免疫识别过程中存在的新的分子机制,包括磷酸酶SHP2和小GTP结合蛋白Ras参与重要的免疫识别受体——Toll样受体(Tolllike receptor,TLR)介导的免疫识别及随后免疫活化调控的新机制;树突状细胞(DC)在免疫识别过程中表达的Fas并不向胞内传递通常认为的凋亡信号,而是促进DC的活化,进而有助于T细胞对DC所提呈抗原的识别。发现了一种新型热休克蛋白(HSP70L1),该分子具有与Hsp70类似的分子伴侣作用,能有效协助DC加工处理抗原并更为有效地为T细胞所识别。2009年,上海瑞金医院钦伦秀、叶青海、汤钊猷等开展的肝癌转移的分子基础与分子预测,获得上海市自然科学奖一等奖。该项目采用基因组和转录组技术,研究肝癌临床标本和转移性人肝癌模型,取得了多项重要发现:人多个染色体异常与肝癌转移有关,染色体8p缺失是重点;克隆和鉴定位于8p的肝癌转移抑制基因HTPAP,经体内、外研究证实可抑制肝癌转移;首次发现肝癌转移基因改变在原发瘤阶段即存在,并建立一个含153基因的转移预测模型,可较准确预测肝癌转移;发现癌旁正常肝组织中炎症免疫反应状态也是影响肝癌转移的重要因素,其中17个与免疫相关基因也可预测肝癌转移。

2010年,上海中山医院钦伦秀、叶青海、汤钊猷等开展的肝癌转移机理的新发现及其意义,获得国家自然科学奖二等奖。同年,上海巴斯德研究所与日本国立感染症研究室合作开展丙型肝炎病毒体外复制机制研究。该研究找到了能激活HCR6和J6CF聚合酶活性的JFH1特异性的氨基酸位点,在含有JFH1 N3H和3'UTR区域时,在J6CF的RNA聚合酶中引入A450S,R517K和Y561F 3个突变就可以使J6CF基因组在培养的细胞中复制并产生子代病毒粒子。发现JFH1的NSH具有较高的聚合酶活性,HCV病毒在体外的高效复制需要较高的RNA聚合酶活性和特异性的RNA结构。

二、细胞生物学

1984年,华东师范大学开展的细胞质流对原生动物细胞"核质关系"的影响,获得上海市重大科技成果一等奖。该成果是在研究原生动物细胞"核质关系",并以人工的方法获得了能遗传的骈体棘尾虫和背联体棘尾虫的基础上,进一步发现了细胞质流对原生动物细胞的"核质关系"有着明显的影响,表现在:骈体棘尾虫左侧反向口围带的形成,具两条同样是正向口围带的左、右联体棘尾虫的产生,各种不同程度和角度的联体纤毛虫的形成,摘除和移位后的大核的位置调整和分裂补充,不同的三个"属"能遗传的背联体的获得,背联体棘尾虫和背联体伪实毛虫大核的调节现象等,这些都是与细胞质流对一定的"核质关系"影响有关。1989年,中科院上海细胞生物学研究所(细胞所)开展的绒毛膜促腺激素(HCG)在家鱼催产中的应用,获得中科院科技进步奖一等奖。

1990年代,细胞所建立了ES细胞系和有关转基因研究技术。发现外源转化生长因子β1(TGF-β1)基因转染ES细胞经悬滴培养可被维生素A酸诱导分化为内皮细胞和微血管结构,证明TGF-β1在促进内皮细胞分化和血管形成中起着重要作用,对研究ES细胞定向分化找到了一个新的突破口。1993年,二医大王振义、孙关林、黄萌珥等开展的急性早幼粒细胞白血病全反式维甲酸诱导分化治疗的机制研究,获得国家自然科学奖三等奖。主要成果有:寻找有效的诱导分化剂,以全反式维甲酸(ATRA)的诱导分化作用最为突出;用ATRA治疗急性早幼粒细胞白血病取得显著疗效,完全缓解率在80%以上;从细胞生物学、细胞遗传学与分子生物学三个方面对ATRA

诱导分化的作用机制作了研究。该研究成果是白血病治疗学上一个重要进展。1994年起,细胞所开始对低分子量 G-蛋白、Rasp21 在信号转导中的作用进行研究。在 Ras 蛋白所介导的信号转导系统与其他信号转导系统的相互作用的研究方面也取得进展,并着手剖析 Ras 蛋白所介导的信号转导系统在细胞的生长、分化及编程性死亡中所起的调控作用。从分子和细胞水平,研究鸦片受体媒介的信息传递和减敏作用。1996年,中科院上海脑研究所开展在细胞水平的颈动脉低氧传感机制的研究,发现低氧引起细胞某些生理特征的变化,随低氧时间的延长有个积累的过程,使其变得持久和不易恢复,观察到习服于长时间低氧的动物的颈动脉体细胞的性质也产生了平行的持久性变化。这些结果成为在细胞水平上理解动物对低氧适应的关键,对于阐明人体对高原低氧适应机制具有意义。1997年,中科院上海药物研究所承担的抗肿瘤药物筛选模型的研究,获得中科院自然科学奖三等奖。该项目建立了30多种肿瘤细胞株的模型,其中大部分为人癌细胞株,这些细胞株可用于抗癌药的体外筛选研究。建立的肿瘤细胞株及动物模型在国内获得推广。1998年,中科院院士陈竺在 As2O3 诱导急性早幼粒细胞白血病及其他肿瘤细胞分化、凋亡的研究中,发现该药在细胞内的靶点主要是含相邻巯基的蛋白质,后者介导 As2O3 的主要生物学效应,而其诱导凋亡的机制与改变线粒体跨膜电位有关。

2000年,二军大完成 T 细胞介导的特异性免疫应答及其抗肿瘤作用研究。该项目研究了 T 细胞的活化、CTL 的产生条件及对肿瘤的免疫治疗作用。建立了人 DCcDNA 大规模测序体系和基因差异筛选技术体系,从人 DC 中发现和克隆全长新基因。同年,生科院承担脂肪细胞的分化和诱导分化的早期信号传递因子和机理研究,在脂肪细胞分化过程中发现一个酪氨酸磷酸化蛋白,并确定为原癌基因。利用 DNA 芯片技术对脂肪细胞分化前后的基因表达谱进行比较研究,发现一系列新的分化特异表达的基因。2001年,二军大曹雪涛、于益芝、万涛等开展的树突状细胞的抗原提呈、功能调控及其来源的新基因的功能研究,获得上海市科技进步奖一等奖,2003年获得国家自然科学奖二等奖。该项目首次证明了 DC 摄取的外源性蛋白抗原绝大多数进入胞内富含 MHC II 类分子的器室(MIIC);发现了 DC 精密调控免疫应答的新机制;提出并证实了增强 DC 抗原提呈功能的新方式;提出并证实 DC 具有杀伤靶细胞和支持造血这两种新的生物学功能;独立发现新型趋化因子 MIP-2γ 具有趋化中性粒细胞和 DC 的功能特点;发现了唾液酸结合性免疫球蛋白样凝集素(Siglec)家族的第10个成员 Siglec-10;发现 Septin-10 并被国际人类遗传组织正式命名。同年,二医大承担的"973"项目"组织工程的基本科学问题",在种子细胞研究方面,建立了人胚胎干细胞系,并在骨髓间质干细胞诱导分化成骨干细胞、成软骨干细胞方面取得重大进展。

2002年,上海中山医院汤钊猷、孙舫宪、田健等开展的高转移人肝癌裸鼠模型和细胞系的建立、研究与应用,获得上海市科技进步奖一等奖。该研究建立了高和低转移人肝癌裸鼠模型及高转移人肝癌细胞系。首次筛选出了13种预防癌转移的新途径,发现干扰素有预防肝癌切除后转移复发的作用,肝癌术后3年无瘤生存率提高一成半。首创肺克隆体内纯化筛选法,使肝内、淋巴结和肺转移率提高到百分之百。首创体外和体内交替培养的方法,解决了高转移潜能细胞系的建立。2003年10月,国际学术刊物《自然·医学》杂志发表了复旦大学附属眼耳鼻喉科医院科研人员在哈佛大学研究发现的重大成果——哺乳动物内耳前庭器官中存在着具有多潜能和自我增殖能力的干细胞。该课题组从正常成年鼠内耳前庭感觉上皮中分离出具有高度增殖活性并且能够分化为听毛细胞的成年干细胞,证实了听毛细胞再生源于内耳感觉上皮中的成年干细胞这一猜想。2004年,二医大主持的"973"项目"干细胞的基础研究与临床应用",首次证明人体细胞核是可以被重编程的。建立了从受精卵起源的普通人 ES 细胞株(hES 细胞),建立了具有自主知识产权的中国人的

hES 细胞株。从流产胎儿分离出了人亚全能干细胞、EG 细胞起源的干细胞和胎肝起源的内胚层干细胞。从脑外伤组织中分离神经干细胞,体外扩增后移植回患者脑受损部位。2005 年,上海交通大学、生科院陈国强、赵倩、赵克温等开展的白血病细胞分化和凋亡新机制,获得上海市科技进步奖一等奖。该项目在国际上首先报道低氧和低氧模拟物在体外也在小鼠体内诱导 AML 细胞分化,低氧模拟物明显加强 As2O3 对 APL 细胞的诱导分化。在国际上首先报道纳摩尔水平喜树碱衍生物 NSC606985 诱导白血病细胞凋亡,提出了 NSC606985 诱导 AML 细胞凋亡的分子机制。研究体内砷甲基化物对 AML 细胞的效应,提出三价砷甲基化物具有很强的凋亡诱导效应。

2006 年,生科院、复旦大学裴钢、马兰、高华等开展的 G 蛋白偶联受体信号与其他细胞信号通路间的对话机制,获得上海市自然科学奖一等奖,2007 年获得国家自然科学奖二等奖。该项目揭示了 GPCR 和 p53 信号通路、NF-κB 信号通路间的对话作用及机制;发现天花粉蛋白抑制 HIV 病毒感染细胞是通过作用于人体细胞表面的趋化因子受体 CXCR4 和 CCR5 来实现的;发现有功能的 CCR5 和 CXCR4(典型的 7 次跨膜受体)5 次跨膜突变体;揭示 GPCR 信号与 p38MAPK 信号通路间的对话是 CXCR4 和 CCR5 介导趋化作用的重要机制;揭示抑制型 G 蛋白激活和 p38MAPK 通路间的对话是氧化型低密度脂蛋白(oxLDL)等引起 THP-1 单核细胞趋化及动脉粥样硬化形成的重要机制之一;揭示 GPCR 信号与 PKA 信号通路间对话是阿片类药物滥用引起突触可塑性及大脑神经功能长时程改变、造成认知障碍、药物耐受和依赖等行为异常的重要机制;证明 GPCR 和 PKC 信号通路间的对话是阿片药物滥用引起 GPCR 信号与中枢谷氨酸能神经系统对话,并调节神经系统功能的重要机制。同年,二军大曹雪涛、张明徽、王全兴等完成的免疫应答负相调控的细胞机制研究,获得上海市自然科学奖一等奖。该项目发现一种具有重要免疫调节功能的 DC 亚群,在机体的免疫调控过程中发挥重要的负相调节作用,发现并证明了成熟树突状细胞能够进一步增殖和分化。从抗原提呈细胞的角度发现了 3 种免疫抑制性药物发挥作用的新机制。提出了对抗原提呈细胞通过某些阻断性抗体和具有负相调节作用的细胞因子诱导特异性免疫耐受,延长同种移植的存活时间的新思路。

2007 年,二军大郭亚军承担的恶性肿瘤细胞抗原提呈和生物调变机理研究,获得国家自然科学奖二等奖。该项目提出调变肿瘤细胞抗原提呈功能和激活宿主抗肿瘤特异免疫反应的新理论和新技术。在国际上开创性地应用抗原提呈细胞与肿瘤细胞融合,成功地使隐蔽的抗原得到了有效的提呈。发现了局部细胞因子能够增加肿瘤细胞自身抗原的提呈并调节肿瘤细胞免疫刺激和协同分子表达增强。发现了肿瘤细胞共刺激分子直接参与肿瘤细胞的生长和转移。发现了通过多基因联合修饰的肿瘤细胞,不仅抗原提呈功能能够恢复,而且能够促使肿瘤细胞凋亡,其凋亡途径是通过激活促凋亡基因而发挥作用。同年,生科院宋保亮研究组鉴定出新的 gp78 结合蛋白——Ufd1 蛋白,并发现 Ufd1 蛋白与 gp78 蛋白结合,增强 gp78 的泛素连接酶活性,加速胆固醇合成代谢的关键酶——β-羟甲基戊二酰辅酶 A 还原酶(HMGCR)降解,进而增强细胞对低密度脂蛋白的吸收,可降低血液胆固醇水平。该发现揭示 Ufd1 参与胆固醇合成调控的新机制,为寻找更加有效的新型降胆固醇药物提供靶点和研究基础。同年,生科院翟琦巍研究组研究发现,SIRT1 蛋白水平在胰岛素抵抗的细胞或组织中被下调,下调或抑制 SIRT1 可以导致胰岛素抵抗;上调 SIRT1 的蛋白水平,在发生胰岛素抵抗情况下,可以改善胰岛素敏感性,相似地,SIRT1 的激动剂白藜芦醇也可以改善胰岛素敏感性。同年,生科院、上海交通大学医学院陈国强研究组发现,低氧诱导因子-1α(HIF-1α)蛋白累积可直接引起急性粒细胞白血病细胞向中性粒细胞分化成熟。采用小分子核糖核酸干扰(RNAi)技术特异性抑制 HIF-1α 的表达后,低氧及其模拟化合物诱导的分化受到显著抑制。通过干扰 HIF-1β、C/EBPα 等相关基因的表达,发现 HIF-1α 引起的白血病细胞分化并不依赖其自身的转录因子活性,而是通过与粒系分化相关的转录因子 C/EBPα 相互作用,并以此增强后者转录活性,从而实现细胞的粒系成熟。

2008 年,上海瑞金医院、上海交通大学陈国强、吴英理、卢莹等开展的白血病细胞生命活动规律的新发现,获得上海市自然科学奖一等奖。该项目在急性粒细胞白血病(AML)细胞分化和凋亡的分子机制方面获得系列重要发现,为此类疾病防治提供理论基础。在国际上首先提出以"HIF-1α-C/EBPα 和 AML1/Runx1"为主轴的白血病细胞分化信号途径。发现干扰素 α 通过 PKC-δ 依次活化 JNK 和 STAT1 信号通路上调 PLSCR1 的表达,并提出 PLSCR1 通过抑制细胞增殖、诱导细胞分化和增加细胞凋亡的敏感性,发挥抗白血病功能。在国际上首先报道了三氧化二砷和 velcade 对白血病的联合效应。在国际上首先报道喜树碱衍生物 NSC606985 在体内也有抗白血病效应,并运用亚细胞蛋白质组学发现了以 ANP32B 为代表的多个凋亡相关分子。该项目 2010 年获得国家自然科学奖二等奖。同年,华东师范大学刘明耀研究组与美国德克萨斯农工大学合作共同探索、发现中草药单体抑制肿瘤的新机制。研究人员发现中草药单体藤黄酸能通过抑制血管新生来抑制小鼠肿瘤,通过直接作用于血管内皮细胞受体 2(VEGFR2),引起细胞内 FAK、c-Src、AKT 等多条信号途径变化,最终抑制血管新生,从而"饿死"肿瘤。

2009 年,上海瑞金医院童建华、陈赛娟、朱琦等开展的白血病细胞分化相关信号转导途径及关键基因生物学功能的研究,获得上海市自然科学奖一等奖。该项目在国际上率先报道 cAMP/PKA 信号通路具有介导氧化砷诱导 APL 细胞分化的能力,并发现维甲酸能快速激活 APL 细胞内的 cAMP/PKA 途径,提出维甲类药物诱导白血病细胞分化时除了需要通过经典的核受体来传递信号,还必须激活 cAMP/PKA 等膜浆信号途径;发现 RIG-G 可以通过提高细胞内 p27 和 p21 的水平来抑制细胞生长,对于揭示干扰素抑制肿瘤细胞生长的分子机制具有重要意义;采用差异显示 PCR 技术和减数文库等分子生物学手段,对维甲酸作用前后 APL 细胞中的基因表达谱进行比较,筛选并克隆受维甲酸调控的基因,为进一步阐明维甲酸诱导 APL 细胞分化过程中的信号转导网络奠定基础。同年,生科院王纲研究组通过一系列分子与细胞生物学实验,证明了 Mediator 复合物的 Med23 亚基和它的相互作用蛋白 Elk1 都是影响脂肪细胞分化的重要调节因子。同年,生科院耿建国研究组经多年研究发现:机体发生炎症反应时,P 选择素糖蛋白配体-1(PSGL-1)可以通过 Naf1 蛋白传递活化信号,造成白细胞活化。研究发现阻断 PSGL-1 蛋白与 Naf1 蛋白结合,可以显著抑制活化白细胞在内皮细胞上的黏附,进而减弱白细胞向炎症部位渗出,抑制炎症反应。上述研究结果揭示生物体内调节白细胞活性的新机制,并且提示 PSGL-1 蛋白与 Naf1 蛋白结合可能成为研发抗炎药物的新靶点。2010 年,以复旦大学汤其群为首席承担完成"973"项目——干细胞定向分化的基础与临床应用研究。该项目阐明了调控内耳细胞增殖和毛细胞再生的机制;研究发现成年脑内非神经发生区神经元新生能与损伤脑区原局部神经元形成功能性神经网络;该研究推翻了 ES 细胞是形成畸胎瘤原因的假说;建立了多潜能干细胞向前脂肪细胞定向的模型。

第六节　生物物理与生物化学

一、生物物理

1990 年,中科院上海原子核研究所、中科院上海细胞生物学研究所(细胞所)李民乾、朱景德、朱节清等开展的国产化扫描隧道显微镜(STM)及其在 DNA 结构研究中的应用,获得上海市科技进步奖一等奖。中科院上海原子核研究所于 1989 年 3 月研制成功国内第一台国产化的高速度大范围的扫描隧道显微镜,其横向和纵向分辨率分别达 0.1 nm 和 0.01 nm,达到国际先进水平。中科院上海原子核研究所与上海细胞生物学研究所合作,应用该台 STM 开展了前沿的 DNA 结构的STM 研究,采用单分子层浓度的创新方法,拍摄到清晰的天然鱼精子 DNA 的 STM 图像,不亚于较之早三个月发表的世界上第一张同类型 DNA 照片。1993 年,中科院上海生物化学研究所(生化所)洪国藩、叶盛钰、吕幼仪完成的高温 DNA 顺序测定系统的创立,获得国家科技进步奖二等奖。该成果在国际上首创高温 DNA 顺序测定系统,主要内容有:能在 65℃～70℃测序,解开二级结构,消除堆积效应;能消除非专一性结合产生的杂带;消除"C"不清现象;具有高稳定性(如室温放置二周仍保留活力);高灵敏度(比国际上其他现有的测序方法高约 10 倍);具有广适性(适用国际上所有酶法测序体系,包括一步法、二步法;单链或双链模板;32P 或 35P 标记);两种去压缩剂 7-deazo-dGTP和 diTP 取代;荧光标记自动化(放射标记自动化等都适用);测序反应耗时少(只有一般测序反应时间的约 1/10)。1997 年,上海原子核研究所、细胞所、生化所李民乾、钱若兰、陆长德等开展的 DNA和 DNA-蛋白质复合物结构的扫描探针显微学研究,获得国家自然科学奖三等奖,有 5 项成果:应用自制的具有国际先进水平的 STM 和创新的单分子层制样方法,获得了 B-DNA 和 Z-DNA 的高分辨 STM 直观图像;实现了对平行双链 DNA 的直接观察并测得其精细结构参量。在国际上首次用 STM 在分子结构上证实了一种与正常反平行双链 DNA 不同的新构型——平行双链 DNA 的存在;在国际上首次获得了 DNA 合成过程的分子图像;在国际上首次用 STM 揭示了真核基因调控过程中 DNA 调控区形成环结构的现象,增进了对真核基因调控机制的理解;获得了稳定、高分辨率的质粒 DNA 的 AFM 图像。

2004 年,中科院上海生命科学研究院(生科院)朱学良研究组利用致死性突变体,分别研究Nudel-Lis1 及 Nudel-dynein 相互作用的重要性。通过免疫共沉淀、免疫荧光、分泌实验、荧光显微镜活细胞观察等技术,发现 Nudel-Lis1 作为胞质驱动蛋白 dynein 的调节因子,两者若缺失其一,将严重破坏 dynein 的驱动蛋白功能,导致内膜系统弥散分布、内吞过程受阻、蛋白质的分泌过程延滞等病理现象。通过 RNA 干扰技术降低 Nudel 在细胞内的表达,同样会引起高尔基体的弥散分布。2006 年,中科院上海植物生理生态研究所承担的空间密闭生态系统中高等植物生长发育研究,在"实践八号"卫星上的实验获得成功。这是中国首次在太空进行高等植物生长发育过程的实时图像观察实验,了解空间微重力对高等植物从营养生长到生殖生长的过渡规律,以及对开花、授粉等重要生理过程的影响,揭示空间微重力对高等植物的营养生长、花芽分化、生殖器官形成的作用。同年,中科院上海应用物理研究所研制成功新型电化学脱氧核糖核酸"DNA 纳米生物传感器"。该生物传感器具有高灵敏度和高特异性,可在 1～2 小时内快速检测到 2 万多个 DNA 分子,检测灵敏度达到 10 飞摩尔/升(10 fM),比常规荧光 DNA 检测方法灵敏约 3 个数量级。同年,中科院上海应用物理研究所与上海交通大学 Bio-X 中心合作,应用 DNA 核酶研制成功一类完全基于 DNA 的"新型分子逻辑门"。该逻辑门系统的新特色在于排除以往 DNA 逻辑门设计中核糖核酸(RNA)核苷的参与,仅单纯应用 DNA 分子,从而避免 RNA 核苷带来的系统不稳定性。同年,生科院计算生物学研究所和德国马格德堡大学等研究机构合作,开展应用多维自动荧光显微技术分析蛋白质的拓扑结构和功能研究,发明的一种荧光新技术"多抗原配体图谱(MELK)",可同时在单细胞内检测跟踪上百个蛋白质,以研究细胞内蛋白质在时间—空间上的排列及其与细胞功能的相关性,使细胞生物学研究步入了拓扑研究的时代。2010 年,生科院陈正军研究组通过细胞生物学和原子粒显微镜等方法,发现 Occludin 调控上皮细胞的定向迁移的机制。该发现提高了人们对迁移细胞极性的形成和稳定及细胞生命活动—细胞极性和细胞迁移—内在生物学相关性的认识。

二、生物化学

1980 年,中科院上海有机化学研究所(有机所)、中科院上海昆虫研究所周维善、仲同生、符文俊等开展的棉红铃虫性诱剂的合成及其用于测报的剂型,获得国家发明奖三等奖。棉红铃虫性诱剂的合成路线合理、各步产率均佳、产品纯度高,便于国内扩大生产和应用。研究出的测报棉红铃虫性诱剂——聚乙烯管剂型活性高,有效期长,制备及使用方便。1980—1981 年,生化所、细胞所、有机所等组成的课题组在进行人工合成酵母丙氨酸转移核糖核酸的研究中,先后合成 5′-半分子中 3 个大片段和 5′-半分子,1981 年 11 月 20 日,全分子合成成功。这是世界上第一个人工合成的核糖核酸,获得 1987 年国家自然科学奖一等奖。该成果对于揭示核酸在生物体内的作用,进一步了解遗传和其他生命现象具有重要的理论意义,并带动了多种核酸类药物包括抗肿瘤药物、抗病毒药物的研制和应用。1982 年,中科院上海药物研究所(药物所)开展的中草药活性成分的研究——十二种新有效成分的发现,获得国家自然科学奖二等奖。该项研究运用近代物理、化学与生物学的技术,对一些中草药进行了较为系统的研究,发现了南瓜子中杀虫活性成分“南氨酸”;使君子中驱虫有效成分“使氨酸”;莲子心中降压活性成分“莲心碱”;芫花中引产成分“芫花酯甲”“芫花酯乙”;丹参中丹参酮ⅡA 经磺化成“丹参酮ⅡA 磺酸钠”,是一种新类型治疗冠心病药物;五味子中的五味子酯甲、乙、丙、丁 4 个化合物均有降低肝炎患者谷丙转氨酶作用;甘草中的“甘草查尔酮”是解毒有效成分;獐菜中“獐菜素”为新类型治疗老年慢性支气管炎药物成分。

1983 年,有机所、细胞所金善炜、熊用周等开展的结晶天花粉蛋白及其抗早孕,获得国家发明奖二等奖。该项目利用中国丰富的中草药天花粉,经精制获得天花粉蛋白,最后配制成注射液。结晶天花粉蛋白对绒毛滋养层全体细胞有专一性的损伤作用。该药具有安全、可靠、出血少、副反应轻、剂量小、价格便宜等优点。经临床应用抗早孕(妊娠 3 个月以下)成功率达 92％以上,中期引产(妊娠 3～6 个月)成功率达 98％以上,是比较理想的一种流产药物。同年,中科院上海植物生理研究所沈永强等研发的正烷烃发酵生产十五碳二元酸及其他单—长链二元酸新工艺,获得国家发明奖三等奖。同年,细胞所、有机所金善炜、田庚元、孙孝先等研发的流产新药——结晶天花粉蛋白,获得国家发明奖二等奖。1986 年,生化所李载平、汪垣、冯宗铬等承担的乙型肝炎的重组痘苗病毒疫苗研究,获得中科院科技进步奖一等奖。该项研究是用基因工程新兴技术生产乙肝疫苗的新方法,以痘苗病毒作为基因载体,可以得到质量很好的乙肝表面抗原颗粒,在动物上证明效价良好。该新方法的特点是疫苗抗原的质量好、安全有效,纯化生产工艺十分简便、经济易行。

1987 年,生化所、细胞所、有机所、北京大学化学系等开展的结晶牛胰岛素的人工合成,获得国家自然科学奖一等奖。该项研究在 1958 年 12 月—1965 年 9 月期间,以生化所为主要负责单位,与北京大学化学系、中科院有机化学研究所协作,完成结晶牛胰岛素的人工合成,所获产物与天然胰岛素分子完全相同,是举世公认的第一个具有全部生物活性的人工合成蛋白质。同年,中科院上海植物生理研究所焦瑞身、金志坤、倪榴英等开展的氮化合物在力复霉素和井冈霉素生物合成中的调控,获得国家自然科学奖二等奖。该研究分离纯化了力复霉素的中间体;发现了力复霉素合成中的关键酶,阐明了氮原子参入途径;成功地实现了庆丰链霉菌和吸水链霉菌的井岗变种原生质体的种间融合,得到一个新的重组子,这在国际上是第二例;通过对溶原性转换现象的研究,建立了检测细菌溶原性的新方法,发现了转换型噬菌体双溶原可以提高目的基因产物的产量;论证了光合细菌分子氢再循环机理及通向固氮的电子传递,并分离鉴别了两个天然电子载体蛋白和膜结合态氢酶。同年,有机所周维普、林国强等开展的若干昆虫信息素结构、合成及应用,获得国家科技进步奖二等奖。

1991年,中国纺织大学奚旦立、陈季华、吴文晶等完成的甲醇精馏残液生物处理新工艺,获得上海市科技进步奖一等奖。该发明主要用于甲醇精馏残液及高浓度有机废水处理。利用各菌代谢产物转化及连锁反应,将甲醇精馏残液降至0.5ppm以下。在好氧、兼氧、厌氧微生物三者协同作用下,降解各菌属参与了甲醇代谢、污泥消化、反硝化及代谢产物的转化与甲醇分解的连锁反应生物化学反应,使系统具有极高的去除率。1992年,生化所承担的乙型肝炎基因工程疫苗研制和中试攻关项目,获得中科院科技进步奖一等奖。完成带有乙肝表面抗原基因的重组疫苗病毒的构建,制备的乙肝基因工程疫苗质量优于血源疫苗,达到国际先进水平。

1993年,生化所王德宝、刘望夷、祁国荣等开展的tRNA和5SrRNA结构、功能与进化的研究,获得国家自然科学奖三等奖。该项目建立并改进了分离寡核糖核苷酸的双向指纹图谱法;用柱层析方法分离并鉴定了tRNA中碱稳定寡核糖核苷酸;发现了金属离子特别是镁离子对tRNA二级结构具有稳定作用;设计了一个测定tRNA分子量的简便方法;测定了蓖麻蚕后丝腺体tRNA(Gly)的全序列;测定了10种5SrRNA的全序列;提出5SrRNA序列中进化位点的方法研究生物进化;按Osawa和Hori方法构建了叶绿体5SrRNA进化树;建立了一种固相测定RNA序列的方法。同年,上海医科大学、生化所闻玉梅、熊思东、张维、徐永耀等开展的乙型肝炎免疫耐受动物模型的确立及消除免疫耐受状态的应用研究,获得上海市科技进步奖一等奖,1995年获得国家科技进步奖三等奖。该研究在国际上首次建立及确证了乙型肝炎免疫耐受动物模型的基础,针对中国乙肝病毒感染者的特点,利用生物技术提出有针对性的两条消除免疫耐受状态的新途径,为国际首创。1994年,生化所等单位设计并合成了一个能切割烟草花叶病毒(TMV)装配起始位点的核酶,构建了一个带花椰菜花叶病毒(CaMV)35S启动子和3′末端的CAT的嵌合基因(PWRM-CAT),在烟草原生质体中检测到CAT基因的表达。同年,合成了香石竹脉斑驳病毒(CarVMV)部分基因片段的双链CDNA。筛选出的阳性克隆中,带有1.0kb~1.2kb的插入片段,测定了其中一个片段的核苷酸碱基序列。

1996年,生化所、中国预防医学科学院病毒学研究所侯云德、刘新垣等完成的基因工程人γ干扰素的研制、中试生产、临床试验,获得国家科技进步奖二等奖。该项目合成了含全部143个氨基酸的人γ-干扰素(IFN-γ)基因,得到PLY-γ表达质粒,表达的PLY-γ达到了菌体总蛋白的60%~80%。基因产生的mRNA与PLY-4载体匹配很好,可获得97%以上纯度的IFN-γ,整个分离方法极为简单。1997年,生化所张永莲、周忠勋、商权等开展的雄激素对大鼠PSBP基因转录的调控研究,获得国家自然科学奖三等奖。该项目建立的利用一个激素调控一个作用靶基因表达的系统来研究这两个生物学中的重要问题,是被国际上广泛采用的一种有效手段。对大鼠前列腺中的PSBP基因表达的时空秩序和雄激素影响特性方面作了详尽的研究,澄清了文献中的混乱,证明了它是做这方面研究的一个理想的模式系统。1999年,生化所戚正武、凌敏华、王丽秀等开展的蛋白酶抑制剂结构与功能的研究,获得国家自然科学奖三等奖。该项目阐明绿豆胰蛋白酶抑制剂由72个残基组成的一级结构(国内第一个被阐明氨基酸序列的蛋白质),绿豆胰蛋白酶经胃蛋白酶限制性降解后成功地获得Lys及Arg两活性碎片,人工合成Lys碎片中的一个22肽,仍具有该碎片的相同活性,说明双头抑制剂在长期进化过程中是由单头功能域通过基因重组融合而成。发现一新抑制剂家族,即慈菇蛋白酶抑制剂,它是双头多功能抑制剂,能抑制多种蛋白酶,阐明它的氨基酸序列及 cDNA 与 DNA 结构工程。阐明了天花粉与丝瓜蛋白酶抑制剂的氨基酸及 cDNA 序列。

2000 年,生化所王恩多、王应睐、李彤等开展的氨基酰- tRNA 合成酶及其与相关 tRNA 的相互作用,获得上海市科技进步奖一等奖,国家自然科学奖二等奖(2001 年)。该项目以大肠杆菌亮氨酰——RNA 合成酶和相关 tRNA 系统为代表,从酶的纯化、基因克隆和高表达、基因定点突变、tRNA 体外转录、变种酶性质、不同来源的酶与 tRNA 的交叉识别、酶的结晶学、重要肽健、变种酶对等受体 tRNA 的识别等方面,系统、全面地研究了氨基酰- tRNA 合成酶及其与相关 tRNA 的相互作用。在纯化研究对象方法的简单化和多样化等研究手段上也有多项创新。2004 年,药物所完成国家"973"计划项目——重要疾病创新药物先导结构的发现和优化。该项目发现抗新生血管生成 CD146 和抗动脉粥样硬化 EPA 两项药物作用新靶标;建立了基质金属蛋白酶高通量筛选模型、钾通道亚型模型等数十种基于新的作用机制的药物筛选模型和筛选体系;发现了一批活性化合物和先导化合物。2006 年,有机所马大为主持完成国家自然科学基金委重点项目——生命体系中信息传递的小分子调控研究。该项目发现了一类具有创新结构的趋化因子受体 CCR5 的拮抗剂;发现了一类拟肽化合物具有很强的抑制多种冠状病毒蛋白酶的活性;发现了一类对金属基质蛋白酶有很好的抑制活性的新型拟肽类结构;合成了一系列对糖环进行结构改造的、具有透膜能力的 cADPR 模拟物;首次合成了具有强抗炎作用的 Halipeptin A 和有强抗肿瘤活性的 Apratoxin A。通过多维核磁共振技术解析了从中国马氏钳蝎的毒液中分离出来的 5 个新颖毒素多肽的溶液三维结构。

2007 年,上海中医药大学中药研究所胡之璧领衔完成黄芪活性产物代谢调控的基因工程关键技术研究,获得国家科技进步奖二等奖。该项目首次将现代生物工程技术成功应用于传统中药,以常用中药黄芪为模式药材,应用基因工程手段,创建黄芪代谢相关内源基因的扩增技术,使黄芪中有效成分黄芪甲苷与黄芪多糖含量分别提高 6~7 倍和 2 倍,生长速度大大提高;首次成功克隆膜荚黄芪中 2 个与有效成分生物合成相关的糖苷转移酶基因,获得活性产物的高表达;创建黄芪毛状根 30 升大规模培养体系,为工业化规模生产提供技术指导和示范;首次发现黄芪甲苷具有抗心肌纤维化作用,以及毛蕊异黄酮及其糖苷具有抗心肌缺血作用;发现 5 个新的黄酮类化合物和两种新的杂多糖,并分别确定其化学结构。同年,中科院上海生物化学与细胞生物学研究所(生化与细胞所)丁建平研究组与美国杜邦公司 Stine Haskell 研究中心合作开展 N -豆蔻酰转移酶 N 末端区域的生物学功能研究,运用结构生物学和生物化学的手段阐明了酵母 NMT(ScNMT)的 N 端区域的生物学功能和酶催化反应的分子机制。构建了一系列含有重要氨基酸点突变和截短形式的 ScNMT 突变体,测定了它们的酶催化反应的各项动力学参数。揭示了 NMT 的 N 端区域参与底物和辅酶 A 的识别与结合,不影响最终的酶促反应活性。解析了全长 ScNMT 与豆蔻酰辅酶 A 和两种高活性抑制剂形成的三元复合物的晶体结构。

2008 年,上海市农业科学院熊爱生、姚泉洪、彭日荷开展的植物和微生物分子育种新技术及应用,获得上海市技术发明奖一等奖。该项目针对基因化学合成、突变或分子进化缺乏新技术等难题进行了攻关,开发了新技术及方法。获得了带植物内含子的卡那霉素抗性基因,可提高转化效率和安全性;分离了苹果 EPSPS 基因,并改组获得了草甘膦抗性提高的新基因。获得了耐高温 β 葡萄糖苷酸酶、耐高温高比活 β 半乳糖苷酶,从分子机制上探讨了 β 葡萄糖苷酸酶结构与功能的关系,完成了从微生物到高等植物的功能研究。2009 年,生化与细胞所丁建平研究组与第二军医大学郭亚军研究组合作开展单克隆抗体药物 Efalizumab 治疗银屑病的分子基础研究,揭示了单克隆抗体药物 Efalizumab 治疗银屑病(牛皮癣)的分子基础。在分子水平上揭示了 Efalizumab 对 LFA－1

的活性产生抑制作用的分子机制,解释了已有的生物化学和免疫学数据。提出了通过对Efalizumab进行定点突变,研发具有更高特异性和更强亲和力的抗体药物的策略。提出了将Efalizumab与其他小分子药物联合应用以达到更佳治疗效果的方案。

2010年,有机所俞飚、惠永正、王来曦等开展的具有重要生理活性的复杂糖缀合物的化学合成,获得国家自然科学奖二等奖,获得专利9项。该项目取得重要成果:首次全合成了一系列具有重要生理活性的复杂天然糖缀合物;开拓性地研究了对植物(特别是中草药)中的皂甙和黄酮苷类化合物的合成,发展了对其中重要结构类型的合成路线,完成了上百个皂甙和黄酮苷类化合物的合成;发展了对糖缀合物的合成方法学。同年,药物所岳建民、杨升平、丁健等开展的若干药用植物中结构新颖、多样化天然活性物质的研究,获得上海市自然科学奖一等奖。该项目对105种药用植物进行了系统的化学研究和生物活性测试,分离鉴定了2800多个结构多样化的化合物。在国际上首次发现新化合物602个,特别是发现新骨架化合物63个、具有重要生物活性的各类化合物76个,对11个活性化合物进行了结构优化和构效关系研究,获得新衍生物405个,有58个活性显著增强。阐明了多个类型化合物的构效关系,确定了3个候选新药,阐明了多个中草药的药效物质基础。同年,生科院赵慕钧研究组发现并克隆的一个潜在的肿瘤抑制基因(LPTS),获得专利授权。研制了一种重组的LPTS蛋白,由HIV-Tat介导可跨细胞膜进入细胞,专一性抑制端粒酶活性。证明LPTS重组蛋白可以发展为一个新的靶向端粒酶的抗癌药物。

第七节　脑　科　学

一、神经细胞

1991年,中科院上海脑研究所(脑研究所)罗莽苏开展的家兔外膝体神经元回路的研究,获得国家自然科学奖二等奖。该项研究把神经元回路研究方法应用于视觉生理和动眼生理学研究,选用了国外视觉研究中被忽视的草食动物家兔为对象,与猫作比较性研究,获得较系统的成果。通过研究外膝体视觉信息调制加工的机制,了解脑内细胞之间联系的型式,揭示脑活动的基本规律,可为控制论、人工智能等学科提供生物学原型。该项研究跨越学科界线,具有"边缘科学"的特征。1995年,中科院上海生理研究所(生理所)承担的攀登计划——视皮层和皮层下神经元感受野和感受野外区域的研究,观察到视皮层神经元的幅度饱和(非线性)特性和在不同比度下视皮层神经元的方位选择性恒定不变。确定了在视网膜神经节细胞和外膝体神经元感受野外都有一个大范围的去抑制区,解决了关于视觉系统如何传递大视域亮度梯度信息的疑难。1997年,第二军医大学陈宜张、华少莹、郭佐等开展的糖皮质激素对神经元作用的非基因组机制:膜受体假说,获得国家自然科学奖四等奖。该研究首次提出了非基因组机制的看法:甾体激素之一的糖皮质激素(GC)的快速作用可以影响神经元的膜电位,是由神经元质膜上的膜受体(GCMR)介导的。获得的电生理学及生物化学方面的证据,表明神经元的突触质膜上存在着可与GC作特异结合的位点(受体)。提出GC可以通过非基因组机制,快速地影响神经元功能的各个方面,降低兴奋性(膜电位超级化)、抑制分泌和促重摄取。

2003年,国际学术期刊《神经元》和《美国科学院院报》刊登了中科院上海生命科学研究院(生科院)段树民、杨云雷、张景明等关于胶质细胞的两项研究成果:星形胶质细胞可以通过释放D-丝氨酸,帮助神经元产生长时程增强反应,提示星形胶质细胞可能对脑的高级功能活动具有重要作用；发现兴奋性神经元活动增加时，其突触释放的谷氨酸可以刺激邻近的星形胶质细胞，使后者释放三磷酸腺苷（ATP），可以抑制周围神经元的活动，防止神经元的过度兴奋，对神经环路的活动产生重要调制作用。2004年，上海长征医院承担完成人脑胶质瘤分子病理分类、基因表达谱及关键新基因功能研究。该项目成果：高覆盖率芯片筛选出与人脑胶质瘤密切相关基因1 200条（8.61%）；发现6条与胶质瘤密切相关新基因，均获得了 Gene Bank 登录号；其中两条为脑胶质瘤中新发现基因，其特异性上调和下调提示有可能成为脑胶质瘤诊治靶标；初步建立脑星形细胞瘤Ⅰ级、Ⅱ级、Ⅲ级、Ⅳ级的基因表达谱轮廓；Hierarchical 聚类法分析胶质瘤芯片结果为判断肿瘤恶性程度、侵袭性和临床预后提供了依据。

2006年，生科院裴钢研究组研究发现，细胞膜上的 β2 -肾上腺素受体被激活后能够促进 γ -分泌酶从细胞膜表面向细胞内部的内吞体和溶酶体转运，增强 γ -分泌酶的活性，进而增加 β 淀粉样蛋白产生。神经细胞异常产生的大量 β 淀粉样蛋白，会在大脑中沉淀形成老年斑，引起大脑神经纤维丝缠结和神经细胞死亡等病理变化，从而导致阿尔茨海默病。解释了长期的应激反应有可能增加人们罹患阿尔茨海默病的风险。2007年，生科院罗振革等研究发现影响早期胚胎发育的 Wnt 信号，通过调节进化上保守的极性蛋白复合体 PAR3 - PAR6 - aPKC 促进神经元轴突发育。发现Wnt 信号途径下游的蓬乱蛋白（Dishevelled protein）对轴突的形成是必需的，阐明了蓬乱蛋白的作用机制，发现 Wnt5a 促进神经元极性建立和轴突生长，其作用依赖于蓬乱蛋白和 aPKC。2008年，生科院袁小兵研究组首次证明了一种梯度表达的分泌性导向分子 Semaphorin - 3A 指引了皮层神经元的放射状迁移。发现体内通过阻断 Semaphorin - 3A 的信号可以导致迁移的停滞，并伴随神经元伸展方向的错乱。首次证明了神经元的放射状迁移受胞外导向分子的指引。

2009年，生科院段树民、戈鹉平、张景明等开展的胶质细胞新功能的研究，获得上海市自然科学奖一等奖，2010年获得国家自然科学奖二等奖。该项目发现突触旁星形胶质细胞释放的 ATP 及其分解产物腺苷，对该突触及其邻近突触（异突触）活动产生反馈抑制作用。提出经胶质细胞的介导神经元之间即使没有直接突触联系也可发生相互作用、神经元环路的概念和意义更为广泛和复杂的学术观点；发现神经元产生长时程可塑性（LTP）依赖于胶质细胞释放 D -丝氨酸，对理解胶质细胞如何参与脑高级功能活动具重要意义；发现神经元与 NG2 胶质细胞之间突触也可产生 LTP，但和神经元突触产生 LTP 的机制不同。这是首次在神经元突触之外找到 LTP 样可塑性证据。2010年，生科院王以政研究组发现人胶质瘤组织中 TRPC6 的表达明显高于正常脑组织，特异地阻断 TRPC6 通道，能将胶质瘤细胞周期阻断在 G2 期，抑制其增殖。赵慕钧研究组发现并克隆的一个潜在的肿瘤抑制基因。证明 LPTS 的同源基因可以与端粒酶催化亚基直接结合，并具有抑制端粒的活性。

二、神经生理学

1982年，中科院上海药物研究所（药物所）开展的吗啡镇痛作用部位及镇痛机制的研究，获得国家自然科学奖二等奖。该项研究发现家兔脑内注射微量吗啡能产生强烈镇痛效应，因而设想其作用部位必定在脑室周围结构，通过实验，证明第三脑室周围及导水管周围是吗啡发挥镇痛作用的部位，进一步实验又发现吗啡的作用并非简单阻断传入系统的活动，而是通过对脑室周围结构的选择性作用，间接地影响中枢神经系统其他部分。1989年，生理所杨雄里等开展的关于 S 电位的分析，获得中科院自然科学奖一等奖。

1991年，药物所池志强、徐珩、金文桥等完成的羟甲芬太尼——一种新的高选择性 μ 阿片受体激动剂,获得国家自然科学奖二等奖。该项研究找到一个自行设计合成的强效镇痛剂——羟甲芬太尼(OMF),经4种动物模型测定其ED50为吗啡的6 000倍以上,作用时间与吗啡相当。其呼吸抑制作用比芬太尼及吗啡弱。成瘾时也较差。经放射受体结合试验,证明羟甲芬太尼是一个高选择性、强亲和力的阿片受体μ亚型的激动剂。OMF有脂溶性高、易透入血脑屏障、3H-OMF放化纯度高、比活性强等优点,可用于PET研究μ受体的活体分布特征。同年,脑研究所罗弗苏开展的家兔外膝体神经元回路的研究,获得国家自然科学奖二等奖。该项研究在国内唯一的研究家兔外膝体神经元回路的实验室开展,发挥了中国经典神经生理的优势,把神经元回路研究方法应用于视觉生理和动眼生理学研究,并选用了国外视觉研究中被忽视的草食动物家兔为对象,与猫作比较性研究,颇具中国特色。该项研究着眼于机制原理(如扫视抑制的机制)寻找规律,其理论意义在于通过研究外膝体视觉信息调制加工的机制,了解脑内细胞之间联系的型式,从而揭示脑活动的基本规律。同年,药物所金国章、陈燕、许守玺等开展的脑内多巴胺神经系统与四氢原小檗碱同类物的药理作用关系,获得国家自然科学奖三等奖。该研究用现代药理学指标,研究中草药成分延胡素乙素、左旋千金藤啶碱(Ⅰ-SPD)等对多巴胺神经的作用,阐明左旋四氢原小檗碱(Ⅰ-THPBs)同类物为多巴胺受体新型阻滞剂,右旋四氢巴马汀有排空神经元内多巴胺的作用,左旋千金藤啶碱是兼有激动作用的DA受体新型阻滞剂,对偏头痛、多动症及原发性震颤有治疗作用。1995年,第二军医大学王成海、孙刚、洪新加等开展的内源性阿片肽与加压素在大鼠烫伤休克中的作用及其机制的研究,获得国家科技进步奖三等奖。该项目针对国际上神经肽应用研究的空白点,自1978年起应用多种先进的实验技术,较为深入系统地研究了内源性阿片肽与精氨酸加压素(AVP)在大鼠烫伤休克中的作用及其机理。该研究探讨了烫伤休克的发病机理,为烫伤休克的救治提供了新的思路,丰富了EOP与AVP受体的研究成果,填补了神经肽与烫伤休克研究的空白。

1997年,生理所李朝义、何子江、裴星等开展的视觉复杂图像信息的传递和图像特征整合,获得国家自然科学奖二等奖。该研究确定了在视觉系统各级神经元(视网膜外膝体和视皮层)的感受野外面,都存在着一个面积比传感受野大数10倍的感受野外区。对这个大区域的结构和功能进行了系统研究,提出感受野具有"三重结构"。在此基础上建立了感受野数学模型,它具有其他模型所不具备的图像自适应功能。这些研究结果被国外科学家用来解释人脑对图形的反应,被国外应用于神经网络和人工智能研究。该研究首次揭示视觉神经元能根据图像局部的空间特征(图像内涵)和时间特征(运动速度),自动地调节其感受野的时—空滤波参数。这种自适应特性对于复杂图像信息的传递和处理具有重要意义。首次报道视皮层简单细胞的非线性特性,它有别于认为简单细胞是线性运算器的传统观点。同年,中国人民解放军第二军医大学陈宜张、华少莹、郭佐等开展的糖皮质激素对神经元作用的非基因组机制:膜受体假说,获得国家自然科学奖四等奖。1999年,脑研究所完成的脊髓伤害性信息传递和调制的突触机制的研究,获得中科院自然科学奖二等奖。该研究涉及脊髓和外周痛觉机制的多个方面:说明了SP和Glu是介导痛觉信息的递质;证明感受器细胞存在SP自身受体;提出不同性质痛觉信息可能由不同的递质和受体亚型介导。

2001年,复旦大学、中科院上海生物化学与细胞生物学研究所马兰、裴钢、向斌等完成的阿片类物质介导的神经信号转导的调控和耐受成瘾机制研究,获得上海市科技进步奖一等奖,2002年获得国家自然科学奖二等奖。该项目确定了G蛋白偶联受体激酶(GRK)和在激动剂阿片药物诱导的同源磷酸化和在阿片受体信号转导的同源调控中的主要作用。证明信号休止蛋白能与磷酸化的阿片受体直接结合,导致阿片受体的脱敏,对阿片受体信号的调控具有受体亚型的特异性。发现阿片受体信号转导调控的异源生理途径。确定了δ阿片受体GRK和PKC磷酸化位点。阐述了

GRK 介导的阿片受体同源磷酸化机制和 PKC 介导的阿片受体异源磷酸化机制，以及两条调控阿片信号途径间的相互关系。证明环境线索和行为敏感化影响成瘾动物戒断后的复吸行为，吗啡和海洛因、可卡因等毒品之间存在交叉敏感化。

2002 年，药物所金国章、周启霆、陈丽娟等开展的左旋千金藤啶碱对 VTA－NAc－mPFC 神经系统的 D1 激动－D2 阻滞双重作用，获得上海市科技进步奖一等奖。精神分裂症的病因相关脑区，主要是中脑腹侧被盖区(VTA)-伏隔核(NAc)-大脑皮层前额叶(mPFC)多巴胺神经系统。该项目从中药"千金藤"中分离得到的天然产物——左旋千金藤啶碱(L－SPD)，在国际上首次直接激动 mPFC 的 D1 受体，抑制 VTA、NAc D2 受体功能，具有 D1 激动－D2 阻滞双重作用，平衡纠正 DA 功能异常。开发的双羟基－THPB－18 获国家发明专利。同年，生科院李朝义等研究发现在初级视觉皮层中存在着一种与处理大范围复杂图形特征有关的功能结构，这种新的脑功能结构不是柱状的，而是形成许多直径约 300 微米的小球，分散地镶嵌在已知的垂直功能柱中，这是在简单特征功能柱基础上所形成的第二级功能筑构，视觉系统可能正是通过这种神经机制，以有限的信息量把目标物从各式各样的复杂背景图像中分离出来的。2004 年，复旦大学杨雄里任首席的国家"973"计划项目——脑功能和脑重大疾病的基础研究，对神经科学的若干基本问题，包括神经元离子通道及其调控、突触传递及其调控、神经元的受体及信号转导、神经元回路信息编码与加工、神经元生长、发育及其调控、脑高级功能的机制等，以及老年痴呆(AD)、帕金森病(PD)的发病机制和防治基础进行研究，取得了一批重要成果。

2005 年，生科院戚正武、许琛琦、王春光承担的活性多肽毒素结构与功能的研究，获得上海市科技进步奖一等奖。该项目阐明了钠通道毒素 BmK M1 的蛋白与基因结构。发现新的钾通道毒素，具有高度选择性。发现具有双功能的 BmTx3，既可阻断 A 型钾电流，也可抑制 HERG 钾通道。提出毒素阻断离子通道的新机理。2006 年，复旦大学、生科院杨雄里、杜久林、韩明虎等开展的抑制性递质(γ-氨基丁酸和甘氨酸)在视网膜信息处理中的作用，获得上海市自然科学奖一等奖。该项目首次报道在双极细胞上存在显著失敏的 GABAc 受体，在视锥终末、Müller 胶质细胞上表达 GABAb 受体；在 Müller 细胞上表达 GABA 转运体；发现锌离子作为神经调质对 GABAc 和 GABAc 受体的动力学特性的不同调制作用；首次报道功能性甘氨酸受体和转运体在 Müller 胶质细胞上表达；显示双极细胞树突和轴突终末表达不同性质的甘氨酸受体；首次报道锌离子对无长突细胞的 GABAa 受体和甘氨酸受体显示不同的调制作用；在 GABAa 受体和甘氨酸受体间存在强烈的协同作用，锌离子的双重调制作用。

2009，复旦大学、生科院马兰、康九红、李浩洪等开展的阿片类药物信号转导新机制及其在成瘾中的作用，获得上海市自然科学奖一等奖。该项目对阿片类药物和阿片受体信号转导的机制及其在耐受成瘾中的作用进行了深入研究，发现阿片类药物给药和戒断调控 GRK、β－arrestin(β－arr)及 JNK 等基因在脑内的表达，并系统地阐述了阿片类药物对重要信号分子基因表达的长期影响。发现阿片类药物可诱导阿片受体与 G 蛋白偶联受体激酶 GRK 和 G 蛋白形成复合体，该复合体的形成是 GRK 激活并催化阿片受体发生磷酸化，进而导致阿片受体脱敏的关键环节。同年，生科院章晓辉研究组与蒲慕明研究组合作开展维持神经网络电活动稳态新机制的研究，发现皮层内微小兴奋性突触活动的数小时缺失可以显著地减弱抑制性突触的功能，从而相应地减弱皮层环路中的抑制性。该研究揭示了一种新的异突触机制调节皮层环路中兴奋性和抑制性之间的平衡(稳态)，发现了内源大麻信号参与稳态调节的新功能。

第八节 生 物 信 息 学

1987—1989年,中科院上海生理研究所(生理所)开展视网膜第一突触层中的信息处理研究,提出新的视觉信息处理调控理论,对阐明视觉机制和视网膜疾病机制有一定的指导作用,具有独创性。1995年,第二军医大学(二军大)戚中田、潘卫、殷善林等开展的中国人丙型肝炎病毒(HCV)基因库的构建与应用,获得国家科技进步奖二等奖。该课题组从1989年开始对丙肝病毒开展研究,采集了上海、江苏、河北、山东、湖南等地的各类丙肝高危人群血清或血浆样品,进行噬菌体外包装、空斑免疫筛选及亚克隆等一系列实验,首次构建成功中国人丙型肝炎病毒 γgtll cDNA 基因库,发现了 Q534、Q653 和 Q379 三个新的中国人丙型肝炎病毒基因序列。设计、合成、筛选并鉴定出两个(称为 C 肽和 NS 肽)新的、具有抗原性的丙肝活性多肽。在国际上率先研制出全部使用合成肽的丙肝抗体特异检测试剂盒,打破了国外必须采用重组蛋白或重组蛋白加合成肽的框框。1999年,中科院上海细胞生物学研究所(细胞所)在国家人类基因组南方中心的协助下率先建立了 cDNA 阵列。上海博容、博道基因技术有限公司开发的用于大规模、高通量研究新基因功能的表达谱基因芯片获得成功,DNA 芯片运用生物信号平行分析的原理,利用微点阵技术将成千上万的生物信息密码集中到一小片固相基质上,使一些传统的生物学分析手段在尽量小的空间范围内快速完成,并可以同时处理大量的基因信息。

2000年7月3日,中科院上海生命科学研究院(生科院)和国家人类基因组南方研究中心(南方基因组中心)共同开发的核酸(DNA)序列公共数据库,在上海正式上网试运行。数据库的主要功能是提供核酸序列注册号;提供核酸序列相关信息的登录;提供基于本数据库的同源性搜索;提供序列信息的保护功能。2003年,中科院上海药物研究所(药物所)蒋华良、沈建华、沈旭等开展的基于超级计算机的生物大分子模拟、高通量虚拟筛选及相应的化学和生物学研究,获得上海市科技进步奖一等奖。该项目在国产超级计算机上建立和发展了大规模生物大分子动力学模拟和高通量虚拟筛选并行算法及相应的软件,在国内率先将超级计算机和并行算法应用于生物大分子结构模拟和药物设计研究。针对20余个重要靶标分子的三维结构,进行了高通量虚拟筛选、化学合成和生物测试研究,发现了近200个活性化合物。在国际上首次获得小分子(非肽或类肽)β分泌酶抑制剂。在国际上首次利用表面等离子共振生物传感技术(SPR)和圆二色谱(CD)技术,研究配体与过氧物酶体增殖因子活化受体(PPAR)结合的动力学过程。首次发现 SARS 病毒 N 蛋白与人亲环素的作用途径,由此筛选出了具有显著活性的抗 SARS 病毒化合物。在国际上率先获得具有抗 SARS 病毒活性的 3CL 蛋白酶抑制剂。同年,上海市高血压研究所朱鼎良、高平进、王谷亮等开展的高血压遗传资源库的建立与应用,获得上海市科技进步奖二等奖。

2005年,复旦大学金力等开展的中国不同民族永生细胞库的建立和中华民族遗传多样性研究,获得国家自然科学奖二等奖。该项目建立了中国42个民族58个群体的永生细胞库,是规模最大的较为完整的中国各民族永生细胞库;通过不同民族常染色体微卫星位点(STRs)、Y 染色体 DNA 多态位点、线粒体 DNA 和 HLA 遗传多样性等的研究,阐明了中国不同民族的起源及民族间的相互关系、各民族基因组结构差别及其遗传学意义。同年,复旦大学杨芃原,张祥民,刘宝红等开展的生物色谱/质谱新技术新方法及其在生物分析中的应用,获得教育部自然科学奖一等奖。同年,二军大开展中药指纹图谱研究,从指纹图谱和定量分析两个方面对信息挖掘和分析,在重叠色谱解析和峰位校正与匹配的基础上,开展了指纹图谱法、可视化、药材勾兑技术及样品的多组分含量测定的研究,建立了信息获取、信息挖掘和分析、信息管理与共享三个层次的指纹图谱技术平台,以及黄芪、知母等5味药材质控标准,并初步建立了指纹图谱数据库软件的构架。该成果得到国家药典委员会的采纳,并参与了国家药典委员会指纹图谱软件核心算法的编写。

2006年,上海交通大学医学院和中科院上海生科院共同完成整合高通量技术平台及计算生物学方法研究重大疾病发生及治疗的分子网络。该项目率先利用人工智能算法SOM与多维展示CPP相结合的方法对生物学数据进行处理。在国际上首创性地揭示了APL细胞内错综复杂的分子网络在诱导分化治疗过程中的时空变化。在国际上首创性地揭示了药物联用过程中有序且复杂的多层次的时空变化过程。首创性地发现了毒性极低的维甲酸类似物Fenretinide(芬维A胺)主要通过诱导肿瘤细胞内多种亚细胞器发生分子网络的相互作用,诱导其凋亡。2008年,上海交通大学医学院陈国强和药物所蒋华良承担完成基于生物信息学的药物新靶标的发现和功能研究。该项目以中国独立完成基因组测序并获得重要功能基因的表皮葡萄球菌为模型,综合应用生物信息学、分子模拟、功能基因组学、蛋白质组学和化学等方法,建立发现和验证药物靶标的技术体系。与此同时,选择严重威胁人类健康并且已有良好研究基础的结核杆菌感染和白血病等,开展基于生物信息学的药物新靶标的发现和验证工作。同年,药物所蒋华良与大连理工大学力学系王希诚合作,发展了潜在药物靶标库(PDTD),包含近1 000个重要靶标的信息和三维结构,为用反向对接方法寻找化合物的药物作用靶标提供了技术支撑。2009年,中科院上海生物化学与细胞生物学研究所季红斌研究组与华东师范大学石铁流研究组合作,建立了一个整合肺癌相关基因、蛋白(主要是转录因子)及小分子RNA的信息平台。该平台包括在肺癌发生发展不同阶段起作用的2 585个基因和212个小分子RNA,整合其启动子区域分析、表观遗传学改变和SNP位点分析;该平台还包括在肺癌发病过程中一些重要的信号通路。用户可以直接通过该平台链接浏览与肺癌相关的基因、小分子RNA、SNP位点、甲基化及信号通路等。

2010年,二军大贺佳、高青斌、郑兴东等开展的复杂数据分析方法的建立及其在生物医学中的应用,获得上海市科技进步奖一等奖。该项目针对生物医学复杂数据分析中普遍存在的问题,建立了系列数据挖掘方法,为从宏观到微观的生物医学研究提供数量化的证据和技术支持。建立了药物不良反应信号检测方法及自动监测系统。建立了新的蛋白质序列编码方法,为注解蛋白质功能提供了新的有效手段。首次建立了GPCRs四水平分层分类模型,可用于挖掘蛋白组中新的蛋白受体,揭示其生理功能及病理意义。建立了一种新的预测细胞遗传学异常区域的方法。同年,上海应用物理研究所与上海交通大学Bio-X研究院合作,发展了基于DNA纳米技术的液态DNA芯片,可以在纳米级"中国地图"表面实现DNA杂交反应,实现可寻址的高灵敏基因检测;利用地图的不对称性和可寻址的特点,实现了无需编码索引而空间可寻址的液相DNA纳米芯片。同年,东华大学完成基于协同智能的膜蛋白结构、相互作用及其网络的预测与分析研究。该项目提出了多种膜蛋白结构的协同智能预测与分析模型,可用于复杂膜蛋白结构的高通量预测和设计;提出了膜蛋白相互作用的协同识别与分析方法,为可能的膜蛋白相互作用提供参考;提出了基于协同智能和网络生物学的膜蛋白网络预测与分析方法,为研究膜蛋白相互作用网络提供了一种新颖的理论方法和计算工具;构建了基于生物实体网络的膜蛋白相互作用网络仿真平台,开发了膜蛋白相互作用的预测与分析系统。同年,生科院计算生物学研究所金力研究组与徐书华研究组,利用全基因组基因分型数据,基于群体基因组学研究策略和计算生物学手段,发现与西藏藏族人群高原适应相关的一系列基因,其中全基因组扫描信号最强的2个关键基因——EGLN1(HIFPH2,MIM 606425)和EPAS1(HIF2A,MIM 603349)都与细胞的缺氧反应有关。同年,上海生物信息技术研究中心承担完成基于基因组信息的分子进化分析方法与应用研究。该项目根据拟南芥和水稻基因组数据,建立了 C3 植物光合作用代谢网络动态流量平衡模型,开发了计算机模拟系统,模拟了多个代谢通路在不同环境条件下的协同作用,发现 C3 植物不同通路间在环境变化条件下呈现高度的协同效应。该项目建立了病毒分型与进化分析,以及植物光合作用代谢网络动态流平衡模型与计算机模拟系统,并且在基于基因组信息的分子进化分析和系统生物学方法及应用领域,取得了突破性进展。

第七篇 高新技术研究

1978—1990 年,上海开展 10 项科研项目会战,优先发展微电子、生物工程、激光、机器人、新型材料等 7 个领域,取得多项科技成果。研制成 TTL、PMOS、CMOS 等大类共 300 多种成系列的集成电路、大、中、小、微型计算机及单板机 30 余种、计算机外部设备 10 余种,大型机的运算速度达到 500 万次/秒,在国内首次研制成功新闻系统光纤计算机局域网;研制成大屏幕显示器、铷原子钟、激光焊接装置、多用途便携式红外热像仪;研制成长波长四次群多模光纤、单模光纤,建成国内第一条 1.8 公里长的光纤通信实验线路;用基因工程使乙型肝炎病毒抗原在大肠杆菌和酵母菌中得到成功表达,试制出高活性青霉素酰基因工程菌;制成海绵钛、有机氟、有机硅、人工晶体、功能陶瓷、砷化镓等Ⅲ—Ⅴ族半导体材料、稀土发光材料、纤维补强复合材料;参与研制长征 3、4 号运载火箭,成功发射"亚洲 1 号""风云 1 号"卫星;甲种分离膜的制造技术和用坩埚下降法工业生产锗酸铋(BGO)大单晶方法,获国家技术发明奖一等奖;中、大规模集成电路计算机辅助解剖分析系统和高速、超高速双极型数字集成电路,获 1985 年度国家科技进步奖一等奖。

1991—2000 年,围绕信息、生物和医药、新材料等领域组织科技攻关,高新技术研究形成新特色。信息传输网络、金卡工程等项目的实施,加快了上海信息化建设步伐;开发成功面向 DP/MIS 的软件开发环境 EASYCODE(软件辅助设计生成系统),研制成功东海 P5/C90 超级微型计算机;上海制定的中国第三代移动通信标准被国际电联确认为国际标准。γ-干扰素中试研究取得重要突破,人 α1 型基因工程干扰素被列为中国一类新药,属国际首创。"长征二号丁"运载火箭首次发射成功,并成功发射"亚太一号"通信卫星,参与中国第一艘"神舟"号试验飞船研制;千瓦级大功率 CO_2 激光器达到国外同类器件的先进水平;高性能低烧 MLC 微粉的制备与性能研究被选为重大成果转化项目;制备出致密氧化锆纳米陶瓷材料;研制出直径为 2 毫米、具有较高机电转换效率的电磁型微马达,属国内外首创;国际标准 IEC1202:纤维光学隔离器总规范填补国际标准空白;小型化脉宽可调的超短脉冲高功率激光系统达到国际先进水平。

2001—2010 年,在信息技术、生物技术、纳米技术、新材料技术、光电技术等领域取得一系列重大成果。2001 年,上海获得集成电路设计登记号 30 个,占全国总量的 63%;克隆羊、组织工程、超强超短激光等研究取得重大进展;实现高清晰度数字电视在有线电视网试验播出;上海"全光网"演示成功。2002 年,"神舟四号"飞船、"长征四号乙"运载火箭及其运载的气象卫星"风云一号 D"和海洋探测卫星"海洋一号"发射成功。2003 年,成功研制"神舟五号"飞船的推进舱、推进系统、电源系统、测控通信分系统,突破载人飞船返回控制、特大型降落伞、太阳能电池帆板、着陆缓冲等一批关键核心技术;"非典"病毒诊断试剂盒研制成功,检测性能列全国第一。2004 年,小型化 OPCPA 超短超强激光功率成功突破 100TW 大关,获国家科技进步奖一等奖;生物可降解材料、掺镱和四价铬离子激光晶体、红外光电子材料、高性能碳纳米管等在国际上处于先进行列;参与研制的曙光 4 000 A 获得成功。2005 年,研制出 3G 手机核心芯片导电纳米气凝胶、多壁碳纳米管-镍铁氧体、Ti 基金属有机化合物的合成等成果。2006 年,完成 3Tnet(三网融合技术)重大项目;TD－SCDMA/GSM 双模射频芯片、多媒体系统芯片"阳光系列"、B3G(超 3G)移动通信、高性能宽带信息网应用示范实现重大突破;取得新型电化学 DNA 纳米生物传感器、有机枝杈高分子复合的氧化硅介孔材料等重要成果。2007年,崇明兆瓦级太阳能光伏发电站并网发电,喷气支线客机"翔凤"总装下线,开发高对比度动态LED背光源47英寸液晶屏、移动多媒体处理器X900、IPv6协议的网络设备操作系统平台等。2008年,电纺丝制备纳米纤维材料的技术突破、多层介孔薄膜孔道多向全程控制的首次实现、改进型多坩埚下降炉的研制成功等重要成果涌现。2009年,构建RFID药品监控实施平台,全息立体成像技术及空间显示装置取得突破,纳米巨磁阻抗效应(GMI)速度传感器等面世,新一代天然纤维素纤维——莱赛尔竹纤维研制成功。2010年,工业无线网络监控系统、TD-LTE系统设备研制与示范实验网、广域网安全智能监测与态势分析处理系统等获得应用;高效、高稳定性染料敏化太阳能电池、碳包覆钛酸锂电极材料、含有全氟环丁基结构的耐热有机玻璃和可再生植物油合成水溶性绝缘树脂研制成功。

第一章 信 息 技 术

第一节 微电子与集成电路技术

20世纪80年代,上海市从事集成电路技术研究的高等院校有上海交通大学等5所,研究所有中国科学院上海冶金研究所(冶金所)等2个。上海研制的集成电路年产量达到1 000万块左右。在微电子与集成电路研究成果方面,上海市共取得主要研究成果4项,其中获1985年国家科技进步奖一等奖1项。

20世纪90年代,上海在芯片设计、芯片制造和封装、装备等研究方面共取得主要成果16项,其中获国家科技进步奖三等奖1项、国家技术发明奖四等奖1项、上海市科技进步奖一等奖1项、二等奖3项和三等奖2项。

2000年以后,上海微电子与集成电路共取得主要研究成果84项,其中获国家科技进步奖一等奖1项、国家技术发明奖二等奖1项、上海市科技进步奖一等奖5项。这些成果在主要技术方面的分布是:应用集成电路16项、高清电视芯片10项、移动通信芯片10项、应用芯片4项、CPU芯片3项、微电子与集成电路2项、通用集成电路2项、安全芯片2项、存储芯片1项,以及芯片制造与测试10项和装备9项。

一、集成电路设计技术

1985年,上海交通大学完成的中、大规模集成电路计算机辅助解剖分析系统,全面引入了模式识别和CAD技术,是一个从集成电路芯片采样输入、版图识别、拼幅、分层、版图到电路逻辑的自动识别、逻辑分析、门级逻辑模拟、寄存器板逻辑模拟、测试生成、故障模拟,以及计算机自动绘图的完整的计算机辅助解剖分析系统,是中国第一个比较完整的、具有实用性的集成电路分析系统,达到国际先进水平,获国家科技进步奖一等奖。同年,电子工业部871厂、中国科学院上海冶金研究所(冶金所)等研制的高速、超高速双极型数字集成电路,获国家科技进步奖一等奖。冶金所研制成功256×1和1024×1的ELL、TTL高速随机存储器多种,电子工业部871厂开发了ELL、STTL、LSTTL、PLL存储器、接口电路、线性电路等11个系列217种电路,上无十九厂采用此工艺开发了TTL系列中规模电路21种。1987—1989年,上海交通大学研制超大规模集成电路设计、验证、测试系统。这一系统可在3毫米见方的硅晶片上设计12 800个硅晶体管,首次把过去分别进行的设计、验证、测试3个独立系统融为一体,是中国大规模集成电路发展史上的一项重大突破性科技成果。冶金所研制成两种超高速中规模集成电路,一是砷化镓高速分频器,一是砷化镓120门阵列,主要技术指标达到国际20世纪80年代初期的水平。

1990年,贝岭电子公司掌握2.4~3 μm的CMOS工艺、NMOS工艺和BIMOS工艺,生产出为S1240程控电话交换机配套的专用集成电路,以及彩电遥控电路、钟表电路、微机电路等多种专用集成电路,其集成度最高为5万个元器件。1992年,冶金所研制的3 μm CMOS集成电路工艺优化技术,获上海市科技进步奖一等奖。该项研究采用双层金属布线工艺,优化门阵列设计环境,研制成 25 种专用大规模集成电路,并实现工业化生产。1999 年,上海复旦微电子股份有限公司研究成功 8K 容量存储芯片,其各项性能指标均达到国外同类产品水平。同年,上海华虹集团开发具有自主知识产权的非接触式集成电路(IC)芯片和接触式中央处理单元(CPU)芯片,前者用于上海城市一卡通工程,后者主要用于上海社会保障卡系统。

2000 年,复旦大学完成国家"九五"重点科技攻关项目——100 兆位存贮芯片的研究。制备了相互垂直的平行金属直线组,全有机络合物电双稳薄膜和单有机电双稳薄膜均为国际上首先发现。同年,上海交通大学奇普科技有限公司研发出中国第一块 HDTV 信源解码 ASIC 芯片。2001 年,上海交通大学完成深亚微米集成电路设计技术和亚微米集成电路器件分析技术,项目的延时网络、数据库及管理、电路模拟、版图设计等设计技术总体水平达到国际先进。其中在 0.25 微米级芯片设计技术中的逻辑综合与物理设计一体化理论,属国际首创。同年,华东计算技术研究所完成 32 位 CPU 芯片设计技术,该项目微码字段的定义和逻辑模拟、ALU 设计、兼容性设计等关键技术均获突破。同年,上海华龙信息技术开发中心承担的国家重点项目——宽带(3G)CDMA 移动通信系统芯片开发,完成系统软件解决方案结构、浮点和定点仿真等多项重要内容。2002 年,上海交通大学等联合研制成功视频格式转换芯片设计及其 FPGA 验证系统,从算法研究、功能仿真到电路设计和 FPGA 验证的各项技术均具独创性。同年,华东计算技术研究所成功开发 32 位微处理器和协处理器芯片,是国内率先开发的与国际主流通用处理器全兼容的 32 位国产处理器芯片,既可以用于台式计算机,也可以用于嵌入式计算机或专用计算机;可运行通用的操作系统、编译程序和现有的应用程序。同年,同济大学研制出 3G 多媒体手机中的 SoC 核心芯片及其设计平台,两款芯片分别被命名为"神芯一号"和"神芯二号"。"神芯一号"积累了 17 项美国发明专利和 13 项中国发明专利,"神芯二号"使中国的音频集成电路取得了从 16 位进入 24 位的重大突破。"神芯一号"和"神芯二号"项目中分别有 6 项和 4 项核心技术属国际首创。

2004 年,上海交通大学等研制的三颗高清系列芯片,拥有完全自主知识产权和一次性流片成功等。高清 T 系列——ADTB-T 数字电视地面广播接收解调芯片 HD2802A,在国际上首次实现了单载波移动接收功能。高清 D 系列——VDP-ⅡTM 高清视频解码芯片 HD2201A,是国内首颗符合 MPEG-2MP@HL 的高清级别的视频解码器专用芯片。高清 V 系列——VTP-ⅠTM 高清视频格式转换处理器 HD1801A,是将标准清晰度电视信号转换为高清晰度电视信号的专用芯片。同年,复旦大学承担完成的中国"十五""863"计划和自然科学基金 SOC 重大研究计划——GHz 微处理器的高速时钟网络设计,达到国际先进水平。同年,复旦大学等自主设计的"中视一号"芯片的仿真、设计、验证、布局布线、测试、封装等整体水平属国际领先。该芯片是国内第一块具有完全知识产权的高清数字电视地面传输的产业化芯片。同年,华东计算技术研究所完成的 386DX 和 387DX 兼容 CPU 芯片项目,解决了 CPU 芯片设计、仿真、加工、封装、测试和验证等一系列关键技术,填补了国内空白。同年,展讯通信(上海)有限公司研制的 SC9800(TD-SCDMA)双模多频无线通信专用芯片,是第一块具有中国自主知识产权的 TD-SCDMA 无线通信专用基带芯片。同年,中国科学院上海微系统与信息技术研究所(微系统所)在国内首次研制成功集成毫米波雷达前端关键 MMIC 混频器和 MMIC VCO 芯片。

2005 年,上海微科集成电路有限公司开发的用于数字电视有线接收的 DVB-C 解调芯片,具有完全自主知识产权,面积与性能超过国际同类产品水平。同年,上海富瀚微电子有限公司开发的 H.264 国际标准的高清视频解码芯片,攻克了复杂的专用视频流 Fast RISC 处理器设计、高带宽 Memory 访问控制、多时钟域交错问题处理等技术难点及创新点。同年,上海微科集成电路有限公司研发的用于数字电视/机顶盒的 DVB-C 有线信道解调芯片,性能超过国际同类产品水平。同年,上海交通大学开展的数字高清晰度电视接收机系列芯片关键技术项目,发明了 ADTB-T 单载波大容量高速度数字电视地面广播接收信道解调芯片关键技术,在国内首次突破 110 nm 工艺的 ASIC 芯片设计和制造技术,获发明专利 12 项、软件著作权 1 项,获上海市科技进步奖一等奖。同年,上海安创信息科技有限公司研制的市科委重大科技攻关项目"高性能信息安全 SoC 芯片",在密码算法的高速硬件实现及芯片的安全防护技术上具独创性,开发了高性能可信服务器芯片及基于该芯片的数字内容保护平台,填补了国内空白。同年,上海华虹集成电路有限公司的第二代身份证读写器芯片及 ID 卡芯片的大生产关键技术开发,采用防伪功能和防数据窃取技术、非接触式产品设计、芯片模块设计、芯片模块设计加工的产品链结构,获上海市科技进步奖一等奖。同年,上海华虹集成电路有限公司完成市科委重大科技攻关项目"数字证书 SoC 芯片",项目构成 32 位嵌入式 CPU 平台,实现各种数字签名与认证、数据的加密与解密等协议。同年,上海复旦微电子股份有限公司研制的长三角地区交通联网收费机具专用芯片,可分别支持 MIFARE 和上海城市轨道交通单程票非接触 IC 卡通用技术规范(DJG08-1102-2005)的加密算法。同年,上海集通数码科技公司研制成功从点阵到曲线全系列汉字库芯片成套产品,是配合高分辨率 IT 产品(如高清数字电视、打印机等)研发的智能曲线系列字库芯片。

2006 年,展讯通信(上海)有限公司的展芯 GSM/GPRS 手机核心芯片关键技术的研制和开发,突破 6 项重大关键技术:首创基于 GSM/GPRS 多模结构的四合一芯片功能整合架构的 SoC 及软硬件协同设计、并行开发技术;发明 8 项 GSM/GPRS 无线通信系统算法;发明 3 项独特的低功耗低噪声电路设计技术;发明 5 项基于单芯片系统架构的新功能植入技术;首次提出多媒体智能终端及单芯片整合技术;自主开发完整成套的嵌入式软件系统。研发完成的 2G/2.5G GSM/GPRS 手机核心芯片 SC6000、相应无线模块 SM5000 及手机平台 SP7000 等系列,获中国发明专利 2 项、美国发明专利 3 项,制定上海市企业标准并通过国际认证,获国家科技进步奖一等奖。同年,智多微电子(上海)有限公司推出"阳光系列"中的第二款多媒体协处理器——C626 手机应用芯片。该芯片是超高集成度、数模混合的多媒体系统芯片,还实现了独创的视频卡拉 OK(MINI-MTVTM)功能。

2007 年,展讯通信(上海)有限公司研制出支持 HSDPA 功能的新一代 TD-SCDMA 手机核心芯片——SC8800H,可实现手机电视、流媒体、500 万像素拍照、不限时连续摄像、POC 等 3G 业务。同年,上海安创信息科技有限公司研制的高性能防伪安全 SoC 芯片,具备高处理能力、高安全性、多种接口、低功耗、低成本等优点。同年,上海捷顶微电子有限公司研发的具有自主知识产权的 AS3002 芯片,是整合 2.4 千兆赫兹收发器、GFSK 调制解调器、基带处理和协议栈软件的蓝牙单芯片。同年,上海捷顶微电子有限公司研发出中国第一颗具有自主知识产权的完整实现蓝牙功能的 SoC 单芯片——AS3002 OceanBlueTM。

2008 年,上海爱信诺航芯电子科技有限公司自主研发的新一代智能终端安全控制芯片,是将国产 32 位 CPU、USB2.0 高速通信接口及国密 SM1 和 SF33 算法硬件实现高集成度的 SoC 单芯片。同年,视翔科技(上海)有限公司等研制的超低功耗低噪音三百万像素图像传感器芯片,其功耗低于国外同类产品 50% 以上,达到世界领先水平。同年,博通集成电路(上海)有限公司研制的 5.8 GHz CMOS 射频收发器 BK5893,在单芯片上集成了完整的无线语音通信所需的相关功能模块。

2009 年,上海复旦微电子股份有限公司的高端双界面智能卡关键技术研究与产品实现项目,研发了具有自主知识产权、支持 ISO7816 和 ISO14443-A/B 通信协议的高端双界面 CPU 卡芯片。同年,上海博为光电科技有限公司等研发出光传输物理层系列新型集成芯片。同年,展讯通信有限公司在移动通信世界大会上发布并展示了世界首款 TD-SCDMA/HSDPA/EDGE/GPRS/GSM 单芯片射频收发器 QS3200。该芯片可极大提高手机的接收、发送及功率放大能力。

2010 年,华亚微电子(上海)有限公司自行研发并通过数字电视家庭多媒体中心的高清主芯片和整体解决方案,为先进的 H.264 及 MPEG-2/VC1 等网络内容带来突破性的处理效果。同年,上海大学研发了符合 IEEE802.3av Ethernet 接入网标准的 10G-EPON 系统光网络终端 ONU MAC 控制器芯片。同年,微系统所发布国内首款 WSNS1-SCBR 全集成传感网节点 SoC 芯片。该芯片集传感探测模块、无线通信模块、主控处理器及其外围模块等于单芯片上,具有传感探测、通信和信息处理等功能。

二、芯片制造和装备技术

1987—1989 年,复旦大学研制成集成电路塑封材料,性能基本达到国际上最好的日本的 HC-10 水平。1991 年,上海微电子中心的"七五"攻关项目"3 μm CMOS 工艺优化",获国家优秀项目奖。1996 年,上海先进半导体制造公司形成年产 20 多万片 12.5 厘米～15 厘米大圆片的能力。1996 年,冶金所建成一条自主开发、技术一流的 1 微米集成电路生产线,能生产 34 种专用集成电路。

1999 年,上海加快发展集成电路产业(简称"909 工程")。上海华虹微电子有限公司承担总投资为 12 亿美元的"909 工程"核心项目,拥有 200 mm 硅片 0.35μ 技术水平集成电路生产线,标志着中国集成电路技术水平跟上世界的主流水平。上海华虹集团拥有主导产品 64MSDRAM 芯片,在 0.57c 平方米面积上集成 1.34 亿只晶体管的技术性能和实物质量均达到国际主流水平。

2001 年 11 月,中芯国际集成电路制造(上海)有限公司一期一厂在国内首次生产 8 英寸 0.25 微米以下的芯片,有"中华第一芯"之称,标志着中国芯片生产进入国际先进水平。同年,上海福安自动化有限公司研制出集成电路(IC)装备芯片划片机。创新研发了高频内置电机空气轴承主轴,总体水平达到国际先进。2003 年底,微系统所建成的微系统工艺平台,拥有国内一流的 MEMS 前道和后道的加工设备、技术和人才。2005 年,中微半导体设备(上海)有限公司自主研发的用于 90 纳米及 65 纳米 12 英寸芯片生产线的化学薄膜和等离子体刻蚀样机,其芯片加工的质量和输出速度远胜于国外同类产品,为上海微电子装备业填补了空白。同年,上海交通大学等承担完成国家"863"计划 MEMS(微电子机械系统)重大专项——非硅 MEMS 加工技术及其应用研究。项目开发了多层复杂三维微结构加工工艺和可动微结构一体化加工工艺;开发出批量低成本的微型双齿轮复合成形工艺;实现了多通道微流控检测芯片的批量制造。

2006 年,锐迪科微电子(上海)有限公司自主开发的达到国际先进水平的高性能、高集成、低成本的 TD-SCDMA/GSM 双模射频芯片,标志着自主研发的世界上首颗单芯片 TD-SCDMA/GSM 双模射频芯片进入了实质性产业化阶段。2007 年,光机所研制成光刻机定位双频激光干涉仪,共取得 6 项专利。同年,中国科学院上海光学精密机械研究所完成的极紫外光刻机光源技术研究项目,标志着中国在下一代芯片工艺核心技术——极紫外光刻(EUVL)光源转换效率上达国际先进水平。

2009 年,中微半导体设备(上海)公司研发的计算机控制 65/45 纳米去耦合反应离子刻蚀机,获上海科技进步奖一等奖。该项目各项刻蚀性能指标先进,产出效率比国外同类产品高出 35%~50%。同年,中芯国际集成电路制造(上海)有限公司等推出中芯国际 0.18 微米嵌入式闪存工艺技术和 IP 组合包。该工艺技术具有高耐性和数据保存长久的优势,并达成高良率目标。同年,复旦大学完成的有机玻璃微流控芯片及其批量低成本加工技术,解决了有机玻璃微流控芯片加工中模具加工、芯片快速成型和封装等技术难点,建立了有机玻璃微流控芯片的本体、表面和整体修饰方法,研制了一系列多功能有机玻璃微流控芯片。同年,上海华岭集成电路技术有限责任公司的高性能数字音视频 SoC 芯片测试技术研究项目,使复杂算法变得简洁易行,测试结果更精准。

2010 年,上海微电子装备有限公司研制出国内首台具有自主知识产权的先进封装分步投影光刻机(SS B500/10A 型步进投影光刻机)。该设备在投影物镜、高精密工件台、对准调焦测量、软件系统等关键技术领域取得一系列创新成果,具有大视场、大焦深、高套刻精度、边缘曝光等技术特点,实现了国产高端光刻机整机市场销售额零的突破。同年,上海宏力半导体制造有限公司开发出 0.12 微米自对准分栅标准闪存工艺技术。初步建立了 0.13 微米嵌入式闪存技术工艺及设计平台,基于该技术平台开发的高密度高端 SIM 卡的主要技术指标达到世界领先水平。同年,上海新傲科技股份有限公司开发了 200 毫米 SOI 晶圆片生产技术,建成国内第一条 200 毫米 SOI 晶圆片规模化生产线。同年,复旦大学牵头的国产自主知识产权 FPGA 的产业化应用和深入研发项目,完成了 30 万门 FPGA 芯片的改进设计、设计自动化软件系统的改进和完善,以及百万门级 FPGA 芯片的研制工作,达到了产业化要求。

第二节　计算机硬件技术

1980 年,上海长江计算机厂研制成功 DJS-051 型微型计算机,是上海地区第一部自行设计的国产化微型机。1986 年,华东计算技术研究所研制出 8030 中型计算机系统(相当于 IBM4361 计算机系统)。1987—1989 年,上海无线电十四厂研制出单片 4 位微机,集成度为 8 000 元件/芯片。华东计算机技术研究所研制的东海 0530 多用户微机,可与 IBM4300 系列完全兼容,其性能相当于 IBM4361-5 计算机系统。上海计算机厂开发的东海 0530B16 位微机、东海 0540B32 位微机,具有国际 20 世纪 80 年代后期的先进水平。

1991 年,长江计算机(集团)联合公司(长江集团)研制出东海 488S×/20C、486A/C33-2 两种全 32 位微机。1993 年,华东计算技术研究所研制出中国首个通用性特殊用途加固总线 II 的微机系统,达到国外 20 世纪 80 年代末水平。1994 年,长江计算机公司采用第五代微处理器 Pentium 芯片,研制出东海 P5/C60、东海 P5/C90 超级微型计算机。1997 年,华东计算技术研究所研制生产的宇航计算机,完成"长征三号"运载火箭的第 12 次发射任务,并在宇航计算机微型化研制上取得较大进展。同年,长江计算机(集团)联合公司开发了东海 AP2/M、东海 EK6、东海 GK6/M、东海 GP55C/M、东海 AP55C/T——带有 MMX 技术的微机新产品,以及高速三维图形显示、Fax/Modem 通信和多媒体声音 3 种板卡新产品。同年,上海计算技术研究所研发出海德微型计算机(HD-586)。该机选用微星 512P 主机板、ACERLABS/NC 显示卡、SEAGATE 硬盘和一系列先进设备和软件。

1998 年,长江集团开发出主频为 350/400 MHz 的东海 P-II 高档微机;开发了采用英特尔公司新推出的 ECEL 新微处理器的东海伊赛尔微机,以及相应的东海 AP II 350、东海伊赛尔奔腾电脑、东海 EALO 微机等项新产品,使东海微机的发展始终与世界最新技术最新产品同步。同年,长江集团开发的东海 APT 微机,具有良好的图形显示效果;兼有 AT 结构的高可扩性及 LPX (ALLINONE)结构的高集成性;集成了多媒体技术。处于国内领先行列。1999 年,长江集团研制出东海海燕 4000 携带式桌面电脑。同年,长江计算机(集团)联合公司开发的东海海鲸 4000/450/500 微机,在语音识别、多媒体教学、国际互联网、三维图形方面有超强的性能,首次推出全新界面的东海导航器。同年,华东计算技术研究所研制的抗恶劣环境加固计算机,可在高温、低温、高湿及强烈的振动冲击下正常工作,并具有低辐射性能与防止信息泄漏,有便携式、台式和嵌入式等。研制成的可缩放嵌入式计算机实现不同种微模块之间、主模块与微模块之间的栈接。

2000 年,长江集团上海东海电脑股份有限公司研制的东海海燕 4100 微机,具有小巧、美观、新颖的特点,产品技术属国内领先;研制的东海海韵 SVDH 双机热备援容错服务器系统,主要技术及创新点包括:高可靠性、高性能、高可用性设计的关键技术和双机热备容错服务器系统;开发磁盘阵列控制柜及对应的程序固化技术;开发具有自主版权的 CLUSTER 集群软件。同年,上海大学研制出集群式高性能计算机系统"自强 2000 - SUHPCS",其峰值速度每秒可达 3 000 亿次以上,系统采用了 74 个 SMP 结点和内部宽带 Myrinet 开关网络(1.28 Gbps)和高速 Ethernet 开关网络级联,系统由 132 个 CPU 构成的高性能主机系统和 16 个 CPU 构成的前置并行处理系统等组成,为当时国内集群式高性能计算机系统之首。

2001 年,长江集团所属上海康泰克电子技术有限公司开发出 RT - M400 型液晶显示一体化工控机,项目整体水平处于国内领先地位。同年,上海大学完成上海市重大科技攻关项目——自强 2000 集群式高性能计算机系统。系统共有 220 个奔腾Ⅲ CPU 并行工作,使计算峰值速度达每秒 4 500 亿次;首创采用 Web 技术与数据库结合构成框架,支持高性能计算;采用网络环境交互式并行计算查询与管理系统;设置完善的管理和安全服务系统;提供性能评价工具;可随时调整系统的构成和拓扑,性能价格比高等。获上海市科技进步奖一等奖。2002 年,长江计算机(集团)公司所属上海东海新世纪数码有限公司开发了东海海豚 5 300 台式微型机(东海静音电脑)。同年,华东计算技术研究所研制的手持式计算机,采用 Intel 高速的 Strong ARM 206 MHz CPU,并配上微软的 Windows CE 3.0 操作系统,使其在网络和多媒体方面功能更加强大。2004 年,上海交通大学等在试管中完成了 DNA 计算机的雏形研制工作,标志着中国第一台 DNA 计算机在上海问世。

2006 年,上海超级计算中心完成的曙光 4000 系列高性能计算机(简称曙光 4000),由曙光 4000A、曙光 4000L、曙光 4000H、曙光 4000I 四套系统组成。曙光 4000 在海量数据处理、支持网格环境下的多种商业应用、追求性能价格比和性能功耗比、高性能计算机专用硬件加速部件方面进行了成功探索,总体上处于国际先进水平;在高组装密度商用服务器主板设计、大规模机群管理技术、网格路由器技术等方面达到国际领先水平。曙光 4000 多项核心技术成为国家网络与信息安全处理平台最主要的组成部分。曙光 4000 的高密度主板服务器推向市场。获国家科技进步奖二等奖。

第三节　计算机软件技术

1991 年,华东化工学院开发的面向 DP/MIS 的软件开发环境 EASYCODE,提供了 20 余个协同配套的软件工具,支持从定义、生成、测试、运行、确认到维护的整个应用开发周期,数倍地提高软件生产率。该项目应用、提出和开发了一系列新技术,如基于自动化的软件开发新范式,基于概念模型的环境集成技术,基于规则和复用的程序生成技术,图形化、可执行规格说明语言,自动文档组织和工具管理等。获 1991 年上海市科技进步奖一等奖、1992 年国家科技进步奖二等奖。1997 年,华东计算技术研究所开发的 Ada 交叉编译优化及开发环境,达到国际 20 世纪 90 年代初期先进水平。1998 年,复旦大学完成的 0.35 μm～1 μm CMOS 基本单元库项目,自行开发了电路参数自动生成软件和模拟结果分析软件,可自动提取电路单元的输入电容、输入、输出时间延迟、触发器建立时间、保持时间等许多参数,并自动转入 Synopsys 及 Cadence 等逻辑模拟库和版图生成库。该项目为美国一个著名设计公司设计成功 0.5 μm 的电路。成果达到国际先进水平,获国家科技进步奖二等奖。

2000 年,强生公司开发的双界面非接触式 IC 卡 COS 操作系统,为全国 IC 卡应用提供了重点技术开发支撑,达到国际先进、国内领先水平。2001 年,上海交通大学研发的国内首个具有自主知识产权的网络安全操作系统,通过国家公安部的测评,取得国内第一张销售许可证。同年,上海交通大学研制的智能中文系统软件,是在中文自然语言的人机界面方面的重大突破。2002 年,上海第二工业大学研究的单片机项目面向对象的可视化原型开发方法,构建了使用可重用硬件对象的一般硬件环境,实现了在这个基本环境中运行的系统软件、通信程序和硬件对象驱动程序,属国内首创,达到国际先进水平。同年,华东计算技术研究所等开发了 Ton Office(唐舟 Office)for Windows 办公系统简体中文软件。同年,复旦大学的数据挖掘应用平台及相关技术研究,全面解决了 CRM 领域所面临的复杂数据分析问题,其数据挖掘应用系统体系构建方法处于国际领先地位。同年,万达信息股份有限公司等完成了上海市重大科技攻关项目——领域构件技术应用示范库。

2003 年,上海银晨智能识别科技有限公司承担的上海市科委重大科技攻关项目——大规模人脸识别算法研究及应用,重点突破了 3 个关键技术:针对大型的人脸图像数据库(百万量级)进行快速的特征提取及特征表示、快速准确的比对识别;对光照、姿态、表情、饰物及化妆、背景等干扰因素进行量化,确定此类干扰因素对人脸识别算法的影响程度,并在此基础上对算法进行优化以提高人脸识别算法的鲁棒性;建立人脸的老化模型,提高人脸识别算法对年龄变化的鲁棒性。该项目创建了一个世界上最大、最完备的人脸识别基础数据库,研制的嵌入式人脸识别器被评为 2004 年上海市重点新产品,银晨人脸识别智能监控系统被评为 2005 年上海市重点新产品。项目获 2003 年上海市科学技术进步奖一等奖,2005 年国家科学技术进步奖二等奖。同年,上海复旦德门软件有限公司完成的上海市科委重点科技攻关课题——可视化数据分析平台 VAP,研制出数据分析流程语言 DMAPML,并形成了丰富的 API 函数库。2004 年,复旦大学完成的语义视频信息检索的关键技术及其应用系统,提出自动门限的镜头分割算法、双重分层迭代镜头拼接算法、新的视频文字检测算法、中文文档图像版面分割算法、基于 GFST 的人脸识别算法和通用语义对象提取算法等,提出代数格、多重倒排文件、角度树、VA-File 等多种高维数据索引结构,研制多种数字水印技术、基于内容的数字电视节目索引、浏览与检索系统,填补国内空白,获上海市科技进步奖一等奖。同年,上海交通大学等参与的上海网格研究形成了聚合计算能力 6 000 亿次/秒、聚合存储能力 4TB 的试验床,包括上海交通大学的 IBM P690、IBM E1350、同济大学的曙光 3000、上海大学的自强 2000、上海超级计算中心的神威 I 号、神威 6P 及曙光 4000A。同年,同济大学等完成上海市科委科技攻关重点项目——网格计算中的异构处理关键技术研究,得到应用。

2005 年,复旦大学承担上海市科委科技攻关项目——可变粒度的软件构件配置管理工具,实现了和版本管理的无缝集成,可与上海构件库无缝集成,达到国际先进水平。同年,华东计算技术研究所承担上海市科委科技攻关项目——面向移动信息终端的嵌入式中间件平台,达到国内领先水平。同年,上海大学等共同完成上海高校网格——e-网格计算应用平台,主要特点包括:形成了具有巨大计算能力的系统,产生规模效应;优先保证具有比较高优先级的任务运行,达到国际先进水平。同年,上海交通大学完成的基于超级计算机的结构动力学并行算法设计、软件开发与工程应用项目,获上海科技进步奖一等奖。该项目发展了工程应用建模理论和方法,提高数值模拟精确度,形成解决结构动力学问题的系统技术。2006 年,复旦大学等开发的基于 INTERNET 以构件库为核心的软件开发平台,集成了构件库管理系统、软件建模工具等 16 个可独立应用的软件系统(工具),可有效支持 INTERNET 环境下构件化软件的开发。开发平台中包括 11 项软件著作权登记、8 项软件产品登记和 10 项信息产业部等颁布、立项研究的行业技术标准。该平台达到国际先进水平,成为中国软件产业的重要基础设施,其应用规模进入国际领先行列。获国家科技进步奖二等奖。

2007 年,智多微电子(上海)有限公司自主研发了国内首创的新一代智能手机平台 NX200 及操作系统 SmartNX Mobile。7 月,全球首款基于 NX200 平台及 SmartNX Mobile 操作系统的智能手机 TC102 开始量产上市。2008 年,华东计算技术研究所等承担面向多核处理芯片的嵌入式操作系统研发与应用推广项目,研发了面向多核处理芯片的嵌入式基础软件平台,实现了面向 PowerPC 双处理器并行处理环境的 ReWorks‐653/ReDe‐653 功能示范系统,以及与自主芯片的配套。基于这一技术开发的国标地面数字电视接收机产品、税控机具、税控收款终端产品、电子证件阅读机具等产品实现量产销售。2009 年,上海中标软件有限公司承担自主高可信操作系统关键技术研究与产品研发项目,开发了与安全主板、TPM 安全硬件平台对接的自主高可信操作系统——中标普华 Linux 桌面操作系统 V4.X 产品,通过了公安部信息安全产品检测中心等机构的产品检测,符合 GB/T20272 第三级安全要求。

第四节　网络通信技术

1996 年,邮电部第一研究所研发的卫星通信 DAMA 系统,采用全可变按需分配方式,具有最好的卫星信道利用率;采用分散的控制方式,使用灵活、方便,提高了系统工作的可靠性;信道采用了 TDMA 方式,避免了碰撞问题;具有多种信令方式和相互转接功能,实现全程自动拨号;采用了硬中断方式,提高了信息处理速度。获国家科技进步奖三等奖。1998 年,邮电部第一研究所研发的 GSM900/1800 数字移动通信系统与上海移动通信网成功连接,实现了国产数字移动通信设备在通信网上零的突破。上海邮电一所等开发出具有自主知识产权的 GSM1800 数字移动通信基站系统。1999 年,上海大唐移动通信设备有限公司研制出大容量 BSC、微型 BTS 等国际先进产品。上海贝尔阿尔卡特移动通信系统有限公司研制成 GSM900/1800 双频移动通信系统。上海邮电一所等研制成具有自主知识产权的 DCS1800 数字移动通信基站系统,使中国数字移动通信设备和网络自主化实现了零的突破。

2000—2003 年,中国网络通信有限公司在上海建成兼有海底光缆和卫星通信手段的"国际出入口局",其带宽占上海国际出口带宽总容量的 20%。华东计算技术研究所研制的电话机 WAP 浏览器技术使电话机可进行短消息、网上信息浏览和电子邮件等应用。复旦大学的 IPv6 技术研究可增强宽带网络的能力。中国科学院上海微系统与信息技术研究所(微系统所)研制的微系统信息网,形成了具有自主知识产权的技术体系。2002 年,上海大学完成蓝牙技术应用研究,基于蓝牙规范的无线家庭网络、蓝牙网关开发、蓝牙信息家电、蓝牙设备点对点无线接入以太网技术,处于国内领先水平。2003 年,上海交通大学等协作攻关的数字高清晰度电视单载波移动接收项目,在世界上首次实现了在典型城市环境中用 8 MHz 广播频道传送 12 Mbits/s 的数字高清晰度电视节目,移动接收能力达到国际领先水平。

2005—2008 年,上海宽带技术及应用工程研究中心承担完成国家"十五""863"计划重大专项"高性能宽带信息网(3TNet)",创新成果有:提出了以核心网基于 ASON 电路交换、边缘网基于 IP 分组交换的混合交换体制为基础的新型网络架构;实现 4×300 公里无 FEC 情况下 BER 为 3×10^{-4} 的远距离传输;首次提出将标准化的 ASON 扩展到支持组播和支持业务驱动的突发调度的 ASON,其中 Mesh 网恢复时间达到了世界领先水平;实现全分布式无阻塞交换结构——第 5 代路由平台,总交换容量达到 640G;在国际上首次实现了 EPON 系统芯片级互通,制定中国通信标准化协会行业标准;研制实现可控可管、支持多格式的标清和高清等视频业务的运营级的业务运营支撑系统,使中国首次在 IP 网上实现高清晰度电视业务。制定 17 项国际/国家标准。在长三角地区形成全球规模最大、能提供高清晰度视频服务的试验示范网络环境。获 2007 年上海市科技进步奖一等奖,2008 年国家科技进步奖二等奖。

2006 年,上海大学完成的市科委重点项目——基于 Ad hoc 技术的微功率无线通信系统,实现了 2.4 GHz 频段的 Ad hoc 自组织网络功能。同年,上海市政府支持、中国科学院完成的国家"863"计划移动通信重大专项 FuTURE 计划——B3G 系统集成试验平台及外场试验环境,是国内首个具有 B3G 技术现场测试评估能力、达到国际先进水平的 B3G 试验平台。共获专利 10 项。同年,微系统所承担的市科委的科技攻关计划项目——第四代移动通信关键技术研究,开发了基于 OFDM 技术的 FPGA 基带原形验证系统,构建了中国第一个 4G 集成测试和业务示范外场。同年,上海航天电子通讯设备研究所完成的微波/毫米波芯片及多芯片组件关键技术研究与应用,研制了系列化微波/毫米波芯片、器件、组件和系统,并建成一条集设计、仿真、焊接、测试和验证技术于一体的微波/毫米波软硬件齐全的研发和生产线。获得国家发明专利授权 2 项,获国家科技进步奖二等奖。

2007 年,上海市电信有限公司完成的大型 IP 城域网络关键技术与应用,主要创新点有:实现了用户和业务两个维度的差异化服务;实现 50 毫秒的快速收敛保护,规模实现了电信级 IP 业务承载网;在国际上首次实现路由矩阵设备的规模部署,实现网络结构的扁平化;在国内率先实现大规模 IPTV 组播、点播和交互式增值业务;实现了业务和用户维度的隔离。项目整体水平达国际先进,获上海市科技进步奖一等奖。2007—2008 年,上海大学等共同承担完成基于 IPv6 的宽带接入汇聚与服务系统的研究,主要创新点有:开发了在一个业务接入平台中集成 xDSL、VDSL 铜线接入及 EPON、GEPON 光纤接入等多种接入技术,系统容量国际领先;在同一系统中高度集成 IPv4/IPv6 数据、TDM 电话、IP 电话、IP 视频、组播业务、VPN 业务、RF-TV 等多种业务,支持流媒体播放方式;在 IPv4、IPv6 环境下具有 QoS 功能保障和控制能力,并兼容 IPv6 的网络安全策略;解决了内部组播数据流过度复制和用户频道切换缓慢等问题;设计、开发出国内第一块 EPON ONU MAC 控制芯片;解决了 VDSL 铜线接入中高密度和低串扰的关键技术、EPON 网络动态带宽分配问题及 EPON 网络承载 TDM 业务的端到端 QoS 保证的难题,以及 TDMA 突发方式中高速突发发送、突发接收,时钟快速同步建立等关键难题;解决了 EPON 数据通道对 RFTV 通道的拉曼串扰问题。共有授权及申请的国家发明专利、软件著作权 50 余项,参与起草了 20 余项国际或国家标准。获 2008 年上海市科技进步奖一等奖。

2008 年,上海交通大学完成的高效、抗干扰无线宽带图像传送关键技术研究及其应用项目,提出了一阶循环数据结构,兼顾了频谱效率和系统性能;发明了多项信道均衡技术,在跟踪速度、接收灵敏度上取得突破。获得国家发明专利授权 13 项,获得集成电路布图设计登记证书 2 项,获国家科技进步奖二等奖。同年,微系统所完成了城市公共安全 Mesh 传感网关键技术攻关及应用示范项目。研制的无线高速传输系统,具有支持多用户、双向组网、高速移动和绕射能力强的特点。同年,上海交通大学研发小型化高性能微波无源元件与天线,发明了高温超导电磁带隙结构高功率滤波器、电磁带隙结构带通滤波器;发明了硅基多层堆积差分螺旋电感;发明了新的频率可调高温超导微波谐振器;发明了移动终端水平极化超高频缝隙天线和超高频高增益平面印刷全向天线;发明了符合 IEEE 标准的基于电磁带隙结构的双频全向—定向天线。获得发明专利授权 12 项,获国家技术发明奖二等奖。

2010 年,中国移动通信集团上海有限公司完成的面向 3G 的服务应用支撑技术研究与系统实现项目,开通了电信级 3G 流媒体现场直播和点播系统。同年,上海交通大学承担的工业无线网络监控系统关键技术研究与应用项目,以宝山钢铁股份有限公司冷轧厂污水处理系统为背景,构建了具有频谱认知功能的工业无线传感器网络监控系统,满足了污水处理监控的实际应用需求,能显著减少系统的安装、调试、维护成本。同年,上海无线通信研究中心承担的认知泛在路由通信网络关键技术研究与系统仿真验证项目,在通信网络中分布式频谱感知算法、动态频谱分配、MIMO 传输方案、自适应 MAC 机制等关键技术方面,取得系列创新性成果。

第五节　信息处理技术

1992 年,上海市计算技术研究所研发的 CDM－5 型色谱数据处理机,获上海科学技术进步奖一等奖。该装置以 16 位微机作中央处理器,可与各类色谱仪配套,填补国内空白,可替代进口。1998 年,上海通用卫星导航有限公司等承担的市科委立项项目——差分 GPS 发射系统研制,使 GPS 的定位精度从 100 米提高到 5 米,达到国际先进水平。

2001 年,上海市计算机病毒防范服务中心、同济大学等攻克计算机 2000 年问题关键技术,获上海科技进步奖一等奖。该课题形成有地区特色的计算机信息安全保障体系,属国内首创。2002 年,复旦大学等完成的新型数据库技术及其应用,主要研究内容和创新点有:一致的面向对象数据模式、对象存储及管理、灵活的事务调度、支持多数据库访问特征、关联规则兴趣度的运用、含负项关联规则的生成、PHC 聚类算法、数据挖掘语言、挖掘平台的可移植性、数据库技术对极地科学领域的应用、元数据的查询和管理,为中国极地科学数据库系统填补国内空白,获上海市科技进步奖一等奖。同年,上海通用卫星导航有限公司研制的 WEB/GIS 综合信息数据服务平台,为客户提供车辆位置信息、路况信息等 GIS 地理信息服务及其他增值服务。同年,中国科学院上海有机化学研究所研究出创制新化学实体的计算机方法学,获上海科技进步奖一等奖。该研究首次实现通过分子设计、分子动力学模拟、查新检索、合成路线设计发现新化合物。同年,上海通用卫星导航有限公司研发的 GSN－3000 通用型 GPS 信息终端,可解决基于 UHF、集群、GSM、CDPD 等不同通信网络平台的车辆定位要求。同年,复旦大学完成国家“973”项目——复杂自然环境时空定量信息获取与融合处理的理论与应用,通过从数据到信息的定量转化过程,为中国环境提供多参数综合的、定量的科学信息、演示、数据库与技术示范。

2004 年,中国电子科技集团公司第五十研究所研制成超宽带探地雷达,在国内首次实现了 3 GHz 频谱范围内的地下目标探测和目标特征信息获取,达到同类产品的国际先进水平。同年,上海交通大学完成国家“863”计划和上海市重点科技攻关项目——基于空间影像信息的智能引擎技术,在遥感光谱特征相似性量度模型及其检索的理论与关键技术方面,达到国际先进水平。同年,中国科学院上海技术物理研究所完成了数字城市空间信息系统关键技术研究，在高空间分辨率、高光谱分辨率传感器的组合、稳定平台和POS的集成方面，以及在江河水质指标的高光谱分辨率定量遥感监测评价方面，处于国际领先。2005年，华东师范大学完成中国海岸带环境遥感监测与信息系统技术集成及其应用项目，发展了多源遥感数据融合、影像增强与信息智能处理新方法；首次构建了中国海域风场和巨浪数据库；首次建成中国海岸带遥感数据库系统；首次构建了天基—船基—岸基一体化的珠江口海洋环境立体监测与信息服务系统。获得国家科技进步奖二等奖。同年，上海宽讯时代科技有限公司等共同承担的市科委重大项目——无线局域网高精度定位技术的多媒体业务推送技术，实现了对室内环境下的高精度定位，同时结合位置信息，可为用户提供个性化和层次化的信息推送服务。同年，上海大唐天易通信导航技术有限公司承担的市科委重点科技攻关项目——新一代LORAN C导航技术，在定位精度方面达到国内领先水平。

2006年，同济大学完成的GML空间数据模型理论与GML、WEBGIS研究及应用，研究了空间数据的各种模型的理论和技术问题，研制并推广了具有完全自主知识产权的GML网络地理信息系统（WEBGIS）。同年，中国科学院上海微系统与信息技术研究所承担的市科委重点项目"多雷达传感器车流量信息获取及其应用示范"，研制出智能交通用的车流量检测雷达，并实现成果转化。同年，中国科学院上海硅酸盐研究所研制的新型超高灵敏度无源磁敏传感器，实现了磁信号与电信号的直接高效转换，具有探测精度和灵敏度高、探测范围广的特点。同年，上海大学研发的由超小型无人飞行器和地面移动车等构成的监控系统，实现了对非固定目标的移动监控。2008年，上海格尔软件股份有限公司成功研发SSL安全认证网关系统，填补国内空白，对消除国外安全产品对国内信息安全构成的隐患具推动作用。同年，上海华申智能卡应用系统有限公司等完成基于我国自主密码算法的射频识别系统密码安全标准制定，研发了电子票务安全防伪管理系统。上海信息安全工程技术研究中心研制出数字加密电话机。

2010年，上海安达通信息安全技术股份有限公司研发的点对点的VPN软件系统，实现联网的计算机节点之间的安全互联。上海信息安全工程技术研究中心研制出GSM加密手机。上海华申智能卡应用系统有限公司牵头承担的基于国家密码算法的电子标签安全应用技术研究与应用项目，率先采用具有中国自主知识产权的SM1、S平方米和SM7密码算法来满足RFID应用安全的需求；设计开发了基于国家密码算法的电子标签芯片、读写模块、读写器、密钥管理系统等，实现了电子标签相关安全应用系统。上海启明星辰信息技术有限公司承担的广域网络安全智能监测与态势分析处理系统，创新开发了多维度网络测量引擎、基于主被动结合的安全测量技术、面向宏观网络的关联分析模型等。

第二章 生 物 技 术

第一节 农业生物技术

1987—1989年,中国科学院上海细胞生物学研究所等单位开展的转基因兔项目,将乙肝病毒表面抗原基因及人生长激素基因导入家兔受精卵内,移植后获得具有这些外源的转基因兔及其后代兔。1991年,农科院的猪O型口蹄疫病毒基因工程疫苗进入猪体免疫试验,免疫率达100%。同年,上海农科院的仔猪黄痢K88-K99-987P三价基因工程疫苗研究见成效。1996年,农科院开展的猪流行性腹泻单克隆抗体的建立及初步应用项目,属国内领先,达到国际同类研究水平。1997年,上海儿童医院医学遗传研究所院士曾溢滔承担转基因羊的研制,获得了乳腺表达人凝血因子Ⅸ的转基因羊。1998年,上海儿童医院医学遗传研究所培育出中国第一头乳汁中含有药物蛋白的"转基因羊",技术路线取得三大突破:用体外受精和受精卵的体外培养(试管羊)技术;通过移植前的胚胎分子鉴定;改进胚胎移植技术。1998年,上海农学院研制出ND-EDS76-IB多价三联苗。1999年,上海儿童医院上海医学遗传研究所曾溢滔院士主持的国家"863"重大项目——转基因动物——乳腺生物反应器的研究,构建了人血清白蛋白基因表达载体,培育出中国第一头体重达38公斤携带人血清蛋白基因的转基因试管公牛。总体水平达到国际先进,在构建人血清白蛋白的基因乳腺特异表达的载体属国际首创,被中国科学院、工程院评选为1999年中国十大科技进展之一。同年,植生所等承担的转基因兔角蛋白棉花的研究,扩增出兔角蛋白相关蛋白基因,将该基因与棉纤维特异表达的GAE6-3A启动子相连,通过花粉管通道法转化了棉花,筛选出22株转基因棉花。

2000年,上海市转基因研究中心等承担的动物乳腺反应器——人乳铁蛋白转基因羊项目,完成人乳铁蛋白(hLF)表达载体、YAC乳铁蛋白表达载体、乳清白蛋白表达载体3个基因构件的转基因山羊的制备,有6头携带有LF基因,其整合率为8.7%。同年,上海市转基因研究中心开展优良肉用波尔山羊的批量胚胎移植技术体系研究,利用胚胎工程技术扩繁经济动物与优秀畜种。同年,中国科学院上海植物生理研究所(植生所)开展蔬菜等园艺作物的转基因研究,在甘蓝、大白菜、油菜和青菜等蔬菜作物上,除转移了人工改造的Bt杀虫晶体蛋白基因和生长素合成基因外,还转移了抑制乙烯合成及其作用的相关基因、激动素合成基因、血红蛋白合成基因等多种基因。同年,植生所利用TMV载体在烟草内表达口蹄疫重组疫苗,从烟草中提取到大量携带11肽、14肽的重组TMV病毒颗粒,用它们制成的疫苗具有良好的免疫原性,能在动物体内激发产生较高水平的中和抗体。2001年,上海市农业科学院(农科院)的粳稻DNA指纹预测选育强优势杂交组合项目,利用DNA指纹辅助育种技术,建立了上海地区15个常用杂交粳稻亲本的DNA指纹图谱,育成了4个强优势杂交组合,建立了5个杂交粳稻组合的DNA指纹图谱。同年,上海交通大学农学院培育出温室专用黄瓜品种"申绿"系列。该新品种结合杂交育种技术和子房、花药培养及分子标记等现代生物技术,对国内外种质资源进行杂交和自交,重组优良基因。同年,上海农科院开展主要转基因农作物标准检测技术研究,率先在国内利用定量PCR方法检测抗草甘膦油菜的gox、epsps、fmv35s等基因,研制出10余种转基因农产品定性检测试剂盒达到国内领先水平。

2002年，上海转基因研究中心承担市科委重大科技攻关项目——乳腺生物反应器的研究，测得转基因奶山羊乳汁中促红细胞生成素的表达量不低于5 000单位/毫升。2004年，农科院开展基因表达调控技术与雄性不育应用技术相结合的育种新方法研究，该育种新方法处于国内领先水平。同年，农科院承担实验用猪克隆技术育种平台的构建及其应用，研究达到国内领先水平。2005年，上海市畜牧兽医站开展H5亚型禽流感灭活疫苗的研制及应用研究，分离鉴定538株H5N1禽流感病毒，建立了中国内地H5亚型禽流感病毒毒株库，基本阐明了中国H5亚型高致病性禽流感流行病学规律。H5N2疫苗2003年获农业部新兽药证书，是中国第一个研制成功并应用于H5亚型高致病性禽流感防治的疫苗，该疫苗种子株为实验室驯化培育的H5N2亚型低致病力禽流感病毒。H5N1疫苗获农业部新兽药证书，是国际上首次研制成功并大规模应用的流感病毒反向基因操作疫苗，该疫苗种子株系人工构建的H5N1亚型低致病力禽流感病毒，疫苗被农业部指定为全国水禽强制免疫疫苗。获国家科技进步奖一等奖。

2006年，农科院生物技术研究所开展铁皮石斛芽簇及其制备方法和用途研究，通过铁皮石斛的芽尖细胞克隆出再生芽，并证明再生芽完全可以替代原植物进行药用。获国家发明专利。同年，上海南方模式生物研究中心研发了家蚕的转基因技术和转基因筛选技术，同时研发了家蚕的RNAi转基因技术。2007年，上海交通大学承担用植物生物反应器生产胸腺素α1（Tα1）技术平台建立及其产品安全性研究，获得表达胸腺素α1的转基因烟草、生菜、番茄和油菜；建立了一个转基因植物生物反应器实验基地。同年，农科院开展猪体细胞克隆技术的建立和优化项目，利用体细胞克隆技术，成功克隆出一头小型巴马猪。同年，上海新华医院开展转基因克隆兔研究，先后攻克兔体细胞基因转染、转基因细胞系建立和转基因体细胞克隆等难题，获得世界首例转基因克隆兔。该兔携有绿色荧光蛋白基因。2008年，华东师范大学开展猴生殖生理和转基因猴构建的研究，构建了试管食蟹猴。2009年，上海新华医院开展表达绿色荧光蛋白基因的克隆兔研究，以GFP为标志基因，对家兔成体成纤维细胞进行转染，获得GFP转基因成纤维细胞系，最终获得4只GFP转基因克隆兔，其中一只存活并繁殖后代多只。这些转基因克隆兔的后代是世界上首次获得表达绿色荧光蛋白基因的克隆兔。

第二节　工业生物技术

1987—1989年，中国科学院上海植物生理研究所获得的酵母呼吸突变体新菌种，产率提高，成本降低。还选育出一种酵母新菌株，用作儿童食品添加剂。1995年，中国科学院上海有机化学研究所开展生产饲料蛋白和核酸的高产核酸酵母技术成果的推广应用项目，通过发酵培养高核酸酵母，再深加工制造脱肪核酸酵母和核糖核酸。获国家科技进步奖三等奖。1997年，华东理工大学等承担的青霉素发酵过程优化技术研究，提出了青霉素发酵过程的参数相关与非稳态平衡控制的优化理论，并通过人工神经元网络的应用，使发酵单位达到最高6.5万u/ml的水平，又进一步提出以O_2、CO_2和剪切等参数为依据的放大技术，实现了在120立方米规模生产发酵罐连续5批，平均发酵单位6 076 u/ml，平均发酵指数2.90亿u/立方米.h，菌种生产能力为12.2 u/mg.h。获国家科技进步奖二等奖。同年，中国医药工业研究总院开展头孢菌素C高产菌株选育及发酵工艺的研究，采用物理、化学诱变剂进行抗性等选育和筛选，应用原生质体的制备、再生及融合等技术，获得稳定的高产菌株，使中国头孢菌素C的发酵水平达到国际先进水平。获国家科技进步奖三等奖。

1997—1998年，化工部上海生物化工研究中心开展微生物催化法生产丙烯酰胺研究，在中国土壤中首先发现了具有高性能的丙烯腈水合酶菌株;创造了定向选育高酶活性微生物菌种技术;发现了价廉高效的诱导剂及细胞生产促进剂;采用常温进行水合反应;建成年产 1 500 t~2 000 t 级的生产装置。项目整体达到国际先进水平,1996 年被评为 A 级优秀重大"八五"科技攻关成果,获 1997 年上海科技进步奖一等奖,1998 年国家科技进步奖二等奖。1999 年,华东师范大学采用基因工程方法,克隆到能产生强烈分解人纤维蛋白的新型溶栓酶。

2001—2002 年,华东理工大学等承担基于参数相关的发酵过程生物反应器优化与放大技术项目,提出以细胞代谢流的分析与控制为核心的生物反应器工程学的观点;设计了一种以物料流检测为目标、配置 14 个以上在线参数检测或控制的新概念生物反应器;研制的计算机控制系统与数据处理软件包,可得到发酵过程优化与放大所必需的间接参数,并实现远程在线数据通信;以工艺、工程、装备一体化研究各种发酵产品取得重大进展。研制的生物反应器具有国际先进水平,项目获得多项发明专利,获 2001 年上海市科技进步奖一等奖、2002 年度国家科技进步奖二等奖。

2003 年,上海永业农科生物工程有限公司承担高比活植酸酶基因的获得及耐高温植酸酶的生产项目,创新点有:建立了适合于植酸酶体外定向分子进化的高通量筛选技术体系;建立了适合于低成本、大规模工业化生产植酸酶的发酵分离技术体系;首次化学合成,构建了高比活、耐高温的植酸酶基因及产品;首次开发出葡萄糖替代甘油的发酵工艺;解决了工程菌低溶氧技术难题;实现了基因工程植酸酶的大规模、低成本、高效益生产。成果达国际领先水平,获上海科技进步奖一等奖。同年,上海纳贝生物技术有限公司的植物细胞大规模培养生产白藜芦醇技术产业化项目,建成年产提取白藜芦醇 2 000 公斤的生产线。2003—2004 年,华东理工大学承担新型食品添加剂鸟苷生产优化与发酵过程多尺度研究,创新与发明点有:提出发酵过程研究的多尺度理论与方法;实现跨尺度控制的发酵过程优化;发现代谢流的迁移;发现菌体细胞主流代谢流迁移问题是该项目过程优化的关键;发现高产菌株对应 SAMP 合成酶的基因移码突变,并发现高产鸟苷菌株的突变;形成全新的鸟苷发酵生产工艺。成果达到国际先进水平,获 2003 年上海科技进步奖一等奖、2004 年国家科技进步奖二等奖。

2004—2005 年,上海医药工业研究院开展环孢菌素 A 生产新工艺关键技术及其应用项目,主要技术有:突破了发酵过程中菌体提前自溶和产生大量泡沫的关键技术;创新了发酵中间补料工艺,形成完整的发酵新工艺;获得一株高产突变菌株;改进了原有的分离纯化工艺。获两项发明专利授权,达到国际先进水平,获 2004 年上海科技进步奖一等奖、2005 年国家科技进步奖二等奖。2005 年,上海高科生物工程有限公司的溶葡萄球菌酶的复配技术开发、应用及产业化项目,研发了以溶葡萄球菌酶为核心成分的生物消毒剂,创新点有:在国际上首先实现溶葡萄球菌酶大肠杆菌胞外分泌表达,属国际首创,达国际领先水平;采用酶的复配技术,研制出特定的稳定剂和增效剂;开发出溶葡萄球菌酶复配制剂,填补了生物消毒剂的国内空白。首次提出"生物消毒"概念。发明专利授权 6 项,获上海市科技进步奖一等奖。同年,中国科学院上海植物生理生态研究所开展重组酶法生产 D-对羟基苯甘氨酸,总体技术达到国内领先和国际先进水平。

2006—2007 年,上海医药工业研究院承担万古霉素关键技术研究及产业化项目,主要创新点有:获得一株比出发菌株提高 20 倍的具有产业化水平的高产突变菌株;创新了发酵培养基和工艺;解决了糖肽类抗生素难以分离纯化的问题;解决了制剂易氧化、产生凝胶化和变色等不稳定问题。技术指标达到国际先进水平,获 1 项发明专利授权,获 2006 年上海科技进步奖一等奖、2007 年国家科技进步奖二等奖。2007 年,东华大学承担市科委重点科技攻关项目——新生物医用材料的制备和应用研究,解决了未来生物医用材料所涉及的部分技术难点;研制的纳米抗菌织物具有高效抗菌、价格低廉和绿色环保的特点。

2008年,上海交通大学医学院附属第九人民医院曹谊林等承担组织工程化组织构建关键技术研发与应用,在种子细胞的体外扩增与诱导分化、新种子细胞来源的拓展、生物支架材料在组织工程中的应用及支架材料制备新技术、生物反应器的研发与组织体外构建等方面,形成了独创的技术特点与技术体系。在大动物体内成功修复了多种组织缺损类型,并在初步的皮肤、颅面骨修复的外科临床实验中获得成功。获国家技术发明奖二等奖。同年,上海天伟生物制药有限公司承担普伐他汀钠新工艺项目,主要发明点有:独创了高耐受筛选模型,选育出高产菌株;发明了适合产业化的培养基配方和优化的发酵工艺,处于国际领先水平;发明了大孔吸附柱层析的普伐他汀钠纯化工艺,处于国际领先地位;发明了节能环保的生产工艺路线;获得5个结构类似物;突破了制剂不稳定、易降解的关键技术。获2项发明专利授权,获上海技术发明奖一等奖。同年,华东理工大学的红霉素生产新工艺项目,实现红霉素工业生产菌株代谢工程改造;建立基于多尺度参数相关分析的红霉素发酵过程动态优化与放大方法;实现372立方米发酵罐工程放大;实现节能、降耗、减排生产新工艺,获4项发明专利授权,获上海科技进步奖一等奖。

第三节　医药生物技术

1981—1985年,上海市肿瘤研究所研究成功N-ras肝癌基因产物的单克隆抗体。细胞所的人肝癌单克隆抗体项目,将获得的单克隆抗体与毒素抗癌药物偶联,体外试验疗效满意。1987—1989年,细胞所等合作开展的无血清培养技术和细胞大量繁殖技术项目,建立了高密度大量繁殖杂交瘤细胞的中试规模生产单抗技术,研制成功用于鉴定人血型的抗人A,抗人B型红细胞定型试剂。1987—1989年,上海生物制品研究所研制的人α1型基因工程干扰素完成中试。1991年,完成中试与大规模生产技术研究。人α1型基因工程干扰素是中国第一个被批准进行开发的基因工程产品,被列为中国一类新药,属国际首创。

1990年,第二军医大学承担的市科委项目——基因工程人γ-干扰素中试研究,攻克了人基因工程γ-干扰素的发酵与纯化两大难关,发酵产量达到国际先进水平。1991年,生化所完成了乙型肝炎基因工程疫苗研制和中试,达到国际先进水平。1992年,上海医科大学的组织型纤溶酶原激活剂(t-PA)基因工程项目,通过基因工程方法筛选得到t-PA基因高效表达的细胞株,通过生物反应器培养细胞,得到高纯度的t-PA产品,组装成临床诊断试剂盒和科研单位用的检测试剂盒。达到国际先进水平,获国家科技进步奖三等奖。1996年,生化所开展基因工程人γ干扰素的研制、中试生产和临床试验项目,人工合成了含全部143个氨基酸的人γ-干扰素(IFN-γ)基因。将此基因装入PLY-γ表达载体中,得到PLY-γ表达质粒,表达的PLY-γ达到了菌体总蛋白的60%～80%。获国家科技进步奖二等奖。同年,中国科学院上海生物工程研究中心对腹泻疫苗等进行产品开发。1997年,细胞所开展放射性鼠源肝癌单克隆抗体项目,完成了临床前研究,并取得6国(地区)专利。1998年,上海海济医药生物工程有限公司研发的重组人血清白蛋白,用人工合成基因的方法,设计和构建了具有自主特色的、有价值的菌种,生产出具有与天然人血清白蛋白同一生物功能的产品。1999年,生化所的注射用重组人粒细胞——巨噬细胞集落刺激因子,获国家药品监督局新药证书。同年,细胞所承担的国家"七五""八五"攻关项目——注射用重组人生长激素(rhGH),获卫生部新药证书。同年,上海医科大学等完成重组链激酶(r-SK)研制、开发与临床应用项目,在基因克隆、超高效表达工程菌构建、产物复性、分离纯化等方面均有创新:实现r-SK基因超高效表达;创建十分简便的复性和纯化技术;其纯品得率比国外高10倍以上,达到国际领先水平。该链激酶成为中国第一个拥有自主知识产权的基因工程、国家一类新药,获1999年上海市科技进步奖一等奖、2000年国家科技进步奖二等奖。

1999—2002年,中国科学院上海生物化学与细胞生物学研究所承担的国家"七五""八五""九五"重大攻关项目——重组人表皮生长因子(rhEGF)研制及临床应用,构建了大肠杆菌高效分泌表达系统,分泌表达rhEGF;建立了中试规模的发酵和高效、简便、低成本、稳定的分离纯化工艺,达到国际先进水平。rhEGF是国家一类创新药物,还研制了多种药物剂型,获2002年国家科技进步奖二等奖。2000年,上海百泰生物技术有限公司采用细胞融合技术研制的基因工程肿瘤疫苗实现产业化。2001年,第二军医大学承担的国家"八五""九五"科技攻关计划和上海科技发展基金项目——新型重组人肿瘤坏死因子衍生物及其制法,在国际上首创了二轮基因扩增巨引物法,获得注射用新型重组人肿瘤坏死因子(rh‑TNFαD3a),属国家一类新药。被评为"九五"国家科技攻关优秀成果奖,获上海市优秀职务发明一等奖、香港国际新产品新技术博览会21世纪重大科技成果奖,在2001年第七届中国专利奖评选中获"中国专利金奖"。同年,上海第二医科大学在国际上率先制备出治疗肝癌和胃癌的基因工程"癌苗",建立了一种能应用于临床恶性肿瘤的基因方法,其中白细胞介素基因工程化胃癌细胞瘤苗被批准为可用于临床试验的生物制品一类新药。

2002年,上海市肿瘤研究所在国内率先研制出靶向生物导弹——2F7,是一种专门对小细胞肺癌产生特定靶向性的特异性单克隆抗体,并研制出小细胞肺癌诊断试剂。2003年,药物所开展抗SARS药物研发,获得SARS病毒3CL蛋白酶抑制剂,发现40多个具有一定抗SARS病毒活性的药物和化合物。同年,上海华谊(集团)公司运用基因工程技术研制成功rhGLP‑1胰高血糖素类多肽——"谊生泰"。该研制项目建立了基因工程技术系统;破解了以基因工程技术规模化生产中等长度多肽这一世界性难题。2003年,中国科学院上海生命科学研究院植物生理生态研究所等研制的基因重组生物制品类创新药物——注射用重组葡激酶(r‑Sak),获得国家一类新药证书。该项目从噬菌体或溶原菌中分离得到基因,构建了高表达载体,转化大肠杆菌得到产生葡激酶的工程菌株。同年,复旦大学承担的国家"863"计划项目——治疗性乙肝疫苗的研究,达国际先进水平。

2005年,上海联合赛尔生物工程有限公司承担的国家"863"计划项目——新型基因工程霍乱疫苗,率先采用基因工程技术构建了高效分泌表达毒素B亚单位(rBS)的工程大肠杆菌,将它与杀死的霍乱弧菌抗原的O抗原及其他菌体抗原组构成rBS‑WC疫苗,具有很好的安全性和免疫原性,被评为国家重点新产品。获国家科技进步奖二等奖。2006年,上海中医药大学胡之璧院士领衔主持的黄芪活性产物代谢调控的基因工程关键技术研究,首次将现代生物工程技术成功应用于传统中药,主要创新点有:首次从膜荚黄芪中分得5个新的黄酮类化合物和2种杂多糖,并确定了化学结构;首次建立了30升培养规模的膜荚黄芪毛状根培养体系;验证了黄芪毛状根的主要有效成分、药理和急性毒性与药用优质膜荚黄芪无显著差异;独立克隆了膜荚黄芪中的两个糖苷转移酶基因——gbss(ADP葡萄糖苷转移酶)和ugp(UGPase,尿苷二磷酸葡萄糖焦磷酸化酶),并在GenBank登录;首次利用基因工程技术对膜荚黄芪进行定向改良。获2006年上海市科技进步奖一等奖、2007年国家科技进步奖二等奖。同年,第二军医大学研制的大肠癌树突状细胞治疗性疫苗,获得中国首个国家食品药品监督管理局(SFDA)Ⅱ期临床批文。同年,第二军医大学郭亚军等研发、中信国健生产的注射用重组人Ⅱ型肿瘤坏死因子受体—抗体融合蛋白("益赛普"),是中国第一个实现产业化的人源化单克隆抗体药物,主要发明点有:发明一种抗体融合蛋白新药,在可溶性TNF受体与抗体Fc段之间加入特定的连接序列;发明一种高效表达上述融合蛋白的CHO工程细胞;发明新的生产工艺;发明适用于本产品生产的两种关键原料。获 2 项国家发明专利授权,获 2006 年上海市技术发明奖一等奖、2007 年国家技术发明奖二等奖。

2007 年,上海泽生科技开发有限公司开发的治疗性肿瘤疫苗——重组人纽表位肽 12 注射液,进入临床研究阶段。同年,上海泽生科技开发有限公司开发的生物技术新药——注射用重组人纽兰格林,开始国内 III 期多中心临床试验,启动美国的 II 期临床试验。同年,上海亚联抗体医药有限公司研制的抗人血小板膜糖蛋白 II b/ III a 嵌合单抗 F(ab')2 注射液(普莱单抗),获 SFDA 临床批文,并具美国专利,实现了中国血栓性疾病治疗性抗体药物零的突破。2010 年,上海荣盛生物药业有限公司研制的 Vero 细胞乙型脑炎灭活疫苗,完成临床实验及国家 SFDA 的生产批文申报。同年,华东理工大学等研制的基因工程抗生素可利霉素,为国内外首创的基因工程抗生素。

第三章 新材料技术

第一节 金属材料技术

20世纪80年代,上海科技人员掌握半导体分立器件组装,研发半导体器件的表面钝化、局部镀金、共晶焊接、金丝球焊、成品镀锡等5项工艺。其中,高温氮化硅表面钝化工艺,抗湿性能好;共晶焊接新工艺,使器件质量稳定可靠。1989年,上海钢铁研究所开发的非晶态铁芯产品,具有高磁导、低损耗、高饱和磁感和热稳性好等特点,其主要性能达到国外同类产品水平获上海科技进步奖一等奖。

1997年,中国科学院上海冶金研究所开展的锑化镓、砷化镓和磷化铟基高质量MBE半导体微结构材料项目,研制出高质量的GaSb,AlGaAsSb,InGaAsSb,GaAs,AlGaAs,InP,InGaP,InGaAs,InAlAs单层至多层的器件结构材料。研制的GaSb基、GaAs基、InP基MBE半导体微结构材料的整体水平达国际上20世纪90年代初的先进水平,若干材料的参数处于国际领先水平。获国家科技进步奖三等奖。1999年,中国科学院上海硅酸盐研究所开展的碳化硅单晶与薄膜半导体材料项目,在优化生长工艺的基础上生长出Φ40×10毫米的6H-SiC单晶。同年,上海交通大学发明的含有双铁磁性相、高饱和磁通密度及低剩磁的"软磁合金",含有铁磁性的铁素体和铁磁性奥氏体两种相。

2000年,宝山钢铁股份有限公司(宝钢股份)研制成微合金非调质塑料模具钢,性能达到国际先进水平。同年,上海大学与上海第五钢铁厂合作开展汽车用特殊钢国产化及开发研究,开发的桑塔纳轿车横梁铜和齿轮铜质量达到德国标准,并实现了国产化。后桥横梁钢属国内首创,达到国际先进水平。2001年,复旦大学开展硅基低维结构材料的研制、物性研究及新型器件制备项目,取得新发现和创新成果:在国际上首先制备出尺寸均匀、大小可控的锗硅量子点;首次发现量子点形成时在衬底引入畸变所对应的衍射峰;发现锗量子点的基态到激发态填充1至7位空穴的库仑荷电效应,开创用电学方法研究锗硅低维结构材料的量子限制效应的方法和途径;首次研制和设计出光纤通信用的多种锗硅波导光电子器件和单片集成。获上海科技进步奖一等奖。同年,上海材料研究所(材料所)开展新一代耐候钢的研究与发展项目,研制出以Cr2(S04)3为主填料的表面改性涂层,达到国际先进水平。

2002年,上海大学等承担非树枝晶铝合金材料及其成形技术项目,连续制备出多种规格的非树枝晶铝合金坯料,实现了铝合金固液相百分比的调节,成果达到国内领先水平。2003年,上海交通大学承担的科技部"九五"重点科技攻关课题、上海市科研发展基金项目——阻燃镁合金及其应用关键技术研究,攻克了镁合金薄壁产品的压铸、涂层转移法精密模具制造、镁合金汽车轮毂铸造生产、镁合金表面微弧氧化技术和镁合金表面化学镀等关键技术,解决了镁合金熔炼过程中的氧化燃烧这一世界难题,并将阻燃镁合金应用到汽车零件的生产。获4项国家专利授权,获得国家科技进步奖二等奖。同年,上海钢铁工艺技术研究所实施了"863"计划项目——高强度高抗震高耐火耐候超大规格方矩形管及连接件研究,研制的大型关键钢结构材料,耐火、耐候和抗震性能达到国际先进水平,完成了国家行业标准制定。同年,宝钢股份等承担的市科委重点科技攻关项目——轿车覆盖件新材料的研制与应用,首次实现国内帕萨特轿车车身122个自制件全镀锌钢板的批量供货。取得4项专利和9项企业技术秘密,以及多项具有自主知识产权的成套技术,达到国际先进水平。

2004年,中国科学院上海技术物理研究所开展红外光电子材料的优化设计研究,实现了材料芯片技术与红外物理基本机理的有机结合,并在国际上首次成功应用到典型红外光电子材料——碲镉汞的功能结构制备工艺优化中,为中国的碲镉汞材料获得第一个关于p-n结掺杂浓度和结深对结特性影响的数据库。2005年,微系统所完成高端硅基SOI材料研发和产业化,项目取得重大创新:突破了离子注入、高温退火等SOI材料制备成套的关键技术,自主开发了低成本、高质量的超低剂量离子注入SOI技术;发明了将键合和注氧隔离技术相结合的注氧键合(Simbond)SOI新技术;对常规SOI材料进行创造性的改性等。制备的SOI材料性能指标达到或超过国际SEMI标准。获2005年上海科技进步奖一等奖、2006年国家科技进步奖一等奖。同年,上海大学众鑫科技发展有限公司承担的国家级火炬计划项目——高纯无氧铜超导热管新材料及其应用,获9项专利,达到国际先进、国内领先水平。

2006年,材料所研制成盾构掘进机特种刀具用高性能硬质合金材料。微系统所承担的市科委攻关计划重点项目——高耐蚀新型铸造镁合金及其工业应用技术开发,获得高耐蚀新型铸造镁合金AR091,达到国际先进水平。2008年,宝钢集团有限公司(宝钢)开展镀锌板形控制与全硬钢生产技术项目,形成5项专利、12项技术秘密。宝钢的特种合金和高合金钢的径锻工艺技术研究开发项目,在国内率先实现了径锻机全自动程序锻造,实现了高合金难变形材料由锭到材的一火次锻造成形。2009年,上海材料研究所(材料所)开展特种舰船船体材料的研究开发项目,开发出新型高强度低磁奥氏体不锈钢船体材料。同年,宝钢首次研制成20Cr3MoCuTi、26Cr3MoCuNb和26Cr3MoCuNb等抗CO_2、$CO_2 + H_2S$腐蚀用新钢种。2010年,上海交通大学开展控形—控性一体化高强韧镁稀土合金及其应用技术开发,主要创新点有:发现了微量元素促进镁基体室温非基面滑移和变形合金织构随机化的韧化机制,研制出世界先进水平的高强韧镁合金JDM1;发明了镁稀土合金专用多级多介质连续净化方法及装置,实现了镁合金熔体中夹渣夹杂的深度纯净化和稀土元素烧损率的有效控制;发明了镁合金水平连铸及晶粒细化技术,获得了亚微米级超细晶组织,实现了优质镁合金挤压坯料的批量生产;发明了镁合金超声阳极氧化、着色方法及装置,解决了镁合金部件耐蚀性差和表面防护的难题。获12项发明专利授权,获上海技术发明奖一等奖。

第二节 无机非金属材料技术

1988年,硅酸盐所的坩埚下降法工业生产锗酸铋(BGO)大单晶方法,解决了铂坩埚防漏及纯化的关键技术,创立了一套独特的大尺寸晶体生长工艺,解决了晶体的批量生产技术。生产的晶体多次获得尺寸和质量两个世界第一,获国家技术发明奖一等奖。1989年,硅酸盐所开展人工水晶结晶习性与生长机理课题研究,设计出YZ片籽晶新切型,解决新技术所急需的大面积换能片和检波片所用的材料。研制出茶色水晶并得到应用。成果属国际领先水平,获国际第十五届发明与新技术展览会银质奖。

1992年,中国科学院上海硅酸盐研究所(硅酸盐所)在高温结构陶瓷方面,研制成YL-Si3N4材料和两种梯度功能材料:Si3N4/SiC材料、Si3N4-TiN/SiC-TiC材料。1993年,硅酸盐所在功能陶瓷材料方面,发现原料纯度、有害杂质及BaCO3原料颗粒尺寸与形貌对PTC元件的性能有明显影响。完成的蜂窝结构及翅式结构PTC元件课题,达到国际20世纪90年代水平。1994年,硅酸盐所的高性能低烧 MLC 微粉的制备与性能研究,被选为向国家"863"计划 10 周年献礼的重大成果转化项目。同年,硅酸盐所承担的"八五"攻关项目——陶瓷发动机活塞顶的研制,获得 β-Si3N4 棒晶补强 Si3N4 材料,并用重烧结工艺制作出 Si3N4 活塞顶。1996 年,硅酸盐所开展粒子弥散强化高性能氮化硅陶瓷材料研制项目,研制成具有优良室温强度、高温强度、高温持久强度和抗氧化的氮化硅基粒子弥散高性能结构陶瓷,解决了异型制品成型工艺及批量生产中的技术难点。成果综合力学性能属国际领先,获 1996 年上海市科技进步奖一等奖。同年,硅酸盐所开展 PTC 陶瓷材料及器件的研制与应用开发研究,解决了材料组分、制备工艺和器件组装等关键技术,性能达国际先进、国内领先水平。该所开展的复相陶瓷材料研制与应用项目,达到国际先进水平。1998 年,硅酸盐所与西欧核子研究中心合作研制出大型强子对撞机用钨酸铅闪烁晶体。该所承担的非真空下降法生长大尺寸高质量 CSI(TI)晶体项目,开辟了可靠、重复性好、低成本大批量生长 CSI(TI)晶体的新途径,是国际上独创的新方法。生产的晶体的闪烁性能达到国际水平,抗辐照性能居国际领先水平,获 1998 年国家技术发明奖三等奖。同年,硅酸盐所研制出 P-5 型大功率压电陶瓷材料,性能指标达到国际先进水平。

2000 年,硅酸盐所开展的高性能大功率压电陶瓷和驱动陶瓷及其应用项目,研制出功率型压电陶瓷,性能达到国际先进水平。开发出高控位精度圆环状压电陶瓷驱动器。获 1 项发明专利授权。2001 年,上海大学研制的表面贴装元件用 PTC 热敏陶瓷材料,达到国际先进水平。该校承担的国家"863"项目——通信用微波介质谐振器陶瓷系列化研究与开发,研制出高介电常数、中介电常数和高 Q 值三大类型的四个系列的温度稳定的微波介质谐振材料,其性能达到国际先进水平。

2003 年,中国科学院上海光学精密机械研究所等承担的大尺寸优质蓝宝石晶体研制项目,首次采用导向温度梯度技术直接生长光轴方向即双折射方向的高质量晶体;首次提出蓝宝石晶体的着色机理;首次采用两步法脱碳去色新工艺;首次提出采用双加热温梯法新工艺。生长的晶体尺寸大、双晶曲线、位错密度、光学均匀性和光学弱吸收指标都达到国际先进水平,部分指标处于国际领先水平。获 4 项发明专利,获 2003 年国家科技进步奖二等奖。同年,复旦大学开展的特殊孔结构的催化和分离材料的分子工程学研究,获 6 项专利授权,获上海科技进步奖一等奖。主要创新点有:发明了多种适合于纳米沸石的组装技术和基于沸石晶化特性的再生长技术。合成了具有大孔—介孔—微孔三级孔的球状、纤维状、网状和薄膜的沸石新材料;制备了具有微管阵列和多级孔结构的沸石仿生材料;发明了以介孔氧化硅和粉煤灰微球为模板制备沸石微囊的新方法;发明了液相化学沉积精细调变沸石孔径的方法;合成了多种功能化的介观或层柱结构的新催化材料。

2006 年,硅酸盐所开展的 Nd:YAG 激光透明陶瓷研究,在国内首次实现了 Nd:YAG 透明陶瓷的激光输出,热熔激光输出达到 10.1 W。同年,上海大学具备了批量制备高温超导磁性轴承所必须的熔融织构高温超导陶瓷材料的能力,材料的各项性能指标都达到或超过国际商用标准。2007 年,硅酸盐所的大尺寸掺杂钨酸铅闪烁晶体及其制备技术,获中国发明专利授权 2 项,获国家技术发明奖二等奖。该技术发明了坩埚下降生长钨酸铅闪烁大单晶的制备方法,实现了大尺寸掺杂钨酸铅闪烁晶体的规模生产及其质量控制;发明了阴阳离子同时双掺杂的高光产额钨酸铅晶体及其生长方法。在国际上首次测定了在高温钨酸铅熔体中氧化铅和氧化钨的挥发速率。2009 年,硅酸盐所与日本物质材料研究机构合作研究超高温陶瓷的制备与微结构调控,首次提出并采用强磁场下的注浆成型,实现了超高温陶瓷(ZrB2,HfB2)的织构化。

第三节　有机材料技术

1987年,华东化工学院的新型二甲苯不饱和聚酯树脂902－A3,获上海科技进步奖一等奖。产品该具有优良的电绝缘性能,制造工艺简单,三废易于处理,并完善了施工应用方法,其性能与国内外同类材料相比,成本低。同年,上海市合成纤维研究所的芳纶Ⅱ型纤维研制及应用项目,采用低温溶液缩聚法和液晶干湿法纺丝技术合成制备芳纶Ⅱ型纤维。产品工艺先进,技术水平接近国外20世纪80年代初的生产水平,为国内首创。获上海科技进步奖一等奖。同年,上海市合成纤维研究所开展聚对苯二甲酸丁二酯纤维项目,树脂及纤维质量在国内领先,达到国外同类产品水平。纤维研制及染整、定型工艺得到推广,还创造性地开发了一系列产品。获上海科技进步奖一等奖。1988年,中国纺织大学的仿毛和起绒织物用高收缩涤纶技术,采用低温倍拉伸,不需要附加设备;纤维具有收缩率稳定、织造性能良好、收缩后织物结构稳定的特点,技术属国内首创。获上海科技进步奖一等奖。

1996年,上海市纺织科学研究院等开展核级活性碳纤维制品的研究,研制的核级活性碳纤维可完全替代颗粒活性碳,且吸附层可降低,仅需1/10颗粒活性碳重量即可达到净化需要,大大改进了工艺,提高了可靠性。获国家技术发明奖三等奖。

2001年,东华大学承担航天级高纯黏胶基碳纤维的研制及应用项目,自主开发出稀纬带织造、混合型体系催化、连续松弛超纯净化、零强度点逾越、空气介质低温热处理和两段排焦等一整套软硬件技术,解决了僵丝、分丝、张力、排焦、高温炉、低温解热等六大关键技术难题。用国产原丝研制出集美国、俄罗斯两国同类产品综合指标之所长的性能稳定、质量合格的航天级高纯黏胶基碳纤维,达到国际先进水平。获2001年教育部中国高校十大科技进步奖,2003年国家科技进步奖二等奖、教育部科技进步奖一等奖、桑麻纺织科技奖一等奖。2002年,东华大学开展功能化系列共聚酯和纤维的研究及开发,获2002年上海科技进步奖一等奖、2004年度国家科技进步奖二等奖。主要创新有:创立了高含量第三单体阳离子染料易染和分散性染料易染两类共聚酯的酯化缩聚工艺,解决三单在共聚酯中均匀分布及控制分子量的关键技术,开发了可纺性优良的共聚酯切片;发现了共聚酯结晶熔融规律,建立了两类共聚酯干燥和纺丝技术,开发了阳离子染料易染短纤维、长丝、高收缩长丝及分散性染料易染短纤维、高收缩短纤维、加弹丝;建立两种共聚酯共混纺制成异形、中空纤维的新技术;建立纳米ATO均匀分散技术,解决三元共混纺丝的关键技术。达到国际先进水平,填补了国内空白。

2004年,复旦大学承担的上海市教育委员会曙光计划、国家“十五”和“863”计划项目——高固体分丙烯酸树脂的制备新技术及其应用研究,达到国际先进、部分国际领先水平。获国家发明专利授权2项。2007年,东华大学开展高导湿涤纶纤维及制品关键技术集成开发,申请和授权专利17项,获国家科技进步奖二等奖。该项目开发了高精度异形喷丝孔专有加工技术;开发了高压纺丝、缓冷与强冷相结合的高导湿纤维成形工艺;开发了细旦异形、组合异形、高异形及PTT、抗紫外线等多种新型系列高导湿纤维;建立了针织物差动毛细效应模型;建立了高导湿面料专用测试评价体系;形成了一整套集成技术。总体达到国际先进水平。

2008年,东华大学的功能杂化材料设计、组装及其应用关键技术,获6项国家发明专利授权,获上海科技进步奖一等奖。该项目主要创新点有:开发了用于极性可溶性高聚物抗静电改性mATO;开发了抗静电聚丙烯腈浅色纤维;开发了具有优异紫外线屏蔽和良好抗静电功能的聚酯纤维;制备了 Hy-PS(Y$_2$O$_3$)/聚丙烯复合纤维;开发了高剪切纺丝成形技术,实现了杂化功能纤维的低成本绿色加工与工程化连续生产。同年,复旦大学承担的国家"863"计划、上海市重大科技攻关计划项目——高固体分丙烯酸树脂及涂层的制备及产业化,获授权专利 11 项,获 2008 年上海科技进步奖一等奖、2009 年国家技术发明奖二等奖。该项目取得系列成果:发明了高固体分丙烯酸树脂的"分离聚合"技术;发明了高固低黏纳米复合丙烯酸树脂的制备新技术;发明了不含任何传统乳化剂的丙烯酸树脂无皂乳液的制备新技术;衍生发明了高固低黏纳米复合聚酯及涂层的制备技术,以及以纳米二氧化硅粒子为乳化剂的硅烷化聚合物后乳液制备技术。涂层性能部分超过了国外同类产品技术指标。同年,东华大学的间位芳纶及绝缘材料产业化关键技术,获 2 项发明专利授权,获上海科技进步奖一等奖。该项目主要创新点有:自主开发了间位芳纶绝缘材料的整套生产工艺;改进间位芳纶浆粕制作工艺,设计了与新工艺配套的新设备;自主开发了非圆形截面间位芳纶绝缘材料专用短切纤维的纺丝新工艺,首次采用高效纤维水洗技术有效降低成品纤维的金属离子含量;实现了高含量 CaCl$_2$ 的脱除和溶剂含水率控制。

2009 年,东华大学的凝胶纺高强高模聚乙烯纤维及其连续无纬布的制备技术、产业化及应用开发,获国家发明专利授权 22 项,获国家科技进步奖二等奖。该项目建立了双重解缠新方法和立足国产原料的凝胶纺丝新体系,研制了双螺杆挤出机、多级萃取机和百束拉伸机等关键设备,创建了以"釜式预溶胀、双螺杆连续溶解纺丝、连续萃取干燥及超倍拉伸"为特征的新工艺,开发了工程化技术;实现了宽幅无纬布的连续生产。创建了中国高性能纤维的主导技术。同年,东华大学的苎麻高支面料关键技术开发及产业化,获专利授权 12 项,获上海科技进步奖一等奖。该项目率先实现苎麻生物脱胶技术的产业化;发明了苎麻牵切纺纱新技术;生产出 300×500 公支的苎麻爽丽纱织物;解决了高支苎麻纱断头和织物布面破洞问题;发明了新型喷嘴,减少了苎麻纱线毛羽;开发了退浆、维纶伴纺减量和漂白一步完成的新技术、新工艺;发现了混纺比与面料的舒适性和织物风格的关系;制定了苎麻织物刺痒感测试方法与主观评价方法行业标准。

2010 年,东华大学的黄麻纤维精细化与纺织染整关键技术及产业化,获发明专利授权 10 项,获国家技术发明奖二等奖。该项目主要发明点有:研发了复合酶生物脱胶、高效化学脱胶、梳理和牵伸细化等关键技术;研发了纤维纺前处理专用助剂及处理工艺、梳理关键技术及专用元件、专用浆料及上浆和织造工艺;研发了协同漂白关键技术、阳离子改性染色技术、生物酶—柔软剂联合整理技术。同年,东华大学的聚间苯二甲酰间苯二胺纤维与耐高温绝缘纸制备关键技术及产业化,获国家发明专利授权 3 项,获国家科技进步奖二等奖。该项目主要创新点有:解决了反应后期黏度急剧上升带来聚合反应不均匀、中和反应不完全和过滤性能差的难题;开发了高效超声水洗装备和工艺;首创了间位芳纶异形纤维纺丝技术;创新了间位芳纶沉析纤维产业化制备技术,研制了与新工艺配套的新装备;开发了流浆箱纸浆分配和在线测控技术,开发了专用热压设备和热压工艺。同年,上海特安纶纤维有限公司的芳砜纶耐高温纤维关键技术及产业化,获国家发明专利授权 2 项,获得欧洲专利 1 项,获上海技术发明奖一等奖。该项目主要发明点有:形成全间位、间对位或全对位的含砜基的苯酰胺大分子结构;自主开发了分段式大流量的低温轴流聚合系统、高剪切混合中和系统、高效过滤系统、高真空连续喷膜脱气泡系统、高黏度纺丝体的转向湿法纺丝技术和喷丝组件、高温结晶和取向的纤维强化工艺、高旦数和高湿热的卷曲工艺、低浓度废液提取有机溶剂的回收工程技术和工业化自控装置及相关工艺软件;创新集成了芳砜纶产业化生产线的产业化工程关键技术。

第四节　复合材料技术

1987—1989 年,中国科学院上海硅酸盐研究所研制的镍包铝—氧化锆涂层,填补了国内空白,达到国际先进水平。1998 年,上海市能源研究所研制阻燃型防潮隔热膜,产品主要技术指标都接近或超过了国外同类产品。1999 年,上海材料研究所研制出特种纤维增强复合密封材料——非石棉纤维增强橡胶密封材料。

2000 年,华东理工大学承担完成国家“863”项目“轿车新材料”的子课题——玻纤增强热塑性复合材料的关键技术及成型工艺。该新型复合材料突破 3 大关键技术,即树脂基体与增强纤维的界面处理、高黏熔体浸渍玻纤毡、主要生产设备设计和制造国产化。片材性能达到国外同类产品水平。2002 年,上海交通大学的非连续增强铝基复合材料的研究与应用,获上海科技进步奖一等奖。该项目解决的技术关键有:开发出非真空搅拌熔铸复合技术,解决了微米级颗粒在金属基体中分布均匀性及界面结合强度两大难题;发明了非连续增强铝基复合新材料;研究了颗粒分布均匀性、界面结构及材料力学性能、断裂特征及物理性能等问题;用新的材料表征方法研究了材料的微区力学行为;研制出各种形状复杂的构件及各种截面的型材;首次将 SiCp/Al 复合材料应用于航天空间站大面积太阳能电池阵的展开机构;将 SiCp/Al 复合材料首次应用于固体发动机的延伸喷管,达到国际先进水平。

2006 年,华东理工大学的有机化无机颗粒改性聚合物复合材料制备关键技术,获中国发明专利授权 18 项,获 2006 年度上海科技进步奖一等奖,获 2009 年度国家科技进步奖二等奖。取得原创性成果:揭示了有机化无机颗粒改性聚合物复合材料的界面结构与增韧机理;提出原位接枝表面修饰、二次研磨湿法分散和固相吸附组装等表面修饰新技术,实现了单颗粒修饰和良好分散;提出直接酯化—缩聚原位聚合技术和原位聚合—共混挤出加工一体化技术,提出层间交换和强化原位增强新技术;开发了自控温等特性优异的导电复合材料、机械和热性能优良的高性能工程塑料等新体系。同年,上海交通大学开展非连续增强金属基复合材料制备科学研究,主要发现点有:实现了界面反应的控制、界面结构设计与增强体的均匀分布;实现了原位自生有效增强相形成与控制;发现铝基和钛基复合材料超塑性变形机理;阐明了组分设计、复合工艺、微结构、性能及其加工成形机制,形成系统研究和开发高性能金属基复合材料平台,填补了理论研究空白;设计制备出多种非连续增强金属基复合材料并获实用化和验证。同年,上海交通大学开展全氟离子膜材料关键技术的研究,制成的复合全氟离子膜性能达到国外同类产品水平。硅酸盐所研制出超高性能 PMNT 单晶/Terfenol‐D 复合磁电材料。中国科学院上海微系统与信息技术研究所开展高耐蚀铸造镁合金材料及其工业应用技术项目,增强了镁合金表面的保护性和再钝化能力,使耐蚀性达到国际先进水平。上海大学制备的自限温加/伴热带,技术性能达到国际先进水平。同济大学开展聚丙烯复合纤维水泥基材料防裂技术开发研究,制备出聚丙烯复合纤维材料,干缩开裂大幅度降低。

2008 年,上海大学的无机粉体精细化及材料复合关键技术开发和产业化应用,获发明专利授权 5 项,3 个产品分别获得国家和上海市重点新产品称号,获上海科技进步奖一等奖。项目主要创新点有:开发高精度研磨创新技术,实现多种超细或纳米化无机粉体低成本优质化制造;在纳米重晶石等低活性表面构建活性基团丰富的过渡层,吸附或与改性化合物反应,实现表面亲油化;开发醇水体系一步法合成疏水性能优异的精细化无机粉体技术;开发高品质涂层材料、高性能塑料、橡胶及耐火材料等一系列高性能复合材料。2009 年,华东理工大学的无机刚性颗粒和弹性体协同改性耐热塑料及其制备技术,获发明专利授权9项,获上海科技进步奖一等奖。取得原创性成果:开发了纳米颗粒表面接枝功能弹性体的新方法;提出弹性体和无机颗粒协同改性聚合物复合材料的思想,提出多元复合材料的增韧机理及结构控制方法;开发了高耐热性和高刚性的无机纳米颗粒改性PBT/PET合金及制品;制备了高刚性和高耐热性的尼龙复合材料。开发的复合塑料及制品的主要性能指标优于国外公司同类产品。

第五节　生物医用材料技术

1990年,东华大学开展人工肾透析器新材料及制造技术项目,由干燥纤维组装的人工肾透析器,对肌酐和尿素氮的去除率达国外同类产品水平。1998年,硅酸盐所等主持的上海市科学技术发展基金项目"生物梯度结构材料——形成、结构和性能研究",成功进行了水基羟基磷灰石流延膜研制及水基Al_2O_3流延膜的制备。同年,中国科学院上海冶金研究所制备成功新一代人工心脏瓣膜材料,是中国独创性的研究成果。1999年,上海材料研究所(材料所)等承担聚醚醚酮生物相容性、生物力学性能及应用初探项目,研发出新型骨科植入材料——PEEK生物材料,达到国际先进水平。

2000年,上海九凌冶炼有限公司等合作研制的全热解碳双叶人工心脏瓣膜,制造技术达到国际先进水平。2002年,硅酸盐所承担的上海市科技发展基金项目——等离子喷涂羟基磷灰石(HA)生物涂层材料制备中的关键技术研究,其人工髋关节涂层的制备工艺技术、涂层质量达到欧洲同类产品水平。2003年,材料所承担的聚醚醚酮颈椎融合器结构优化设计与应用研究项目,达到国际先进水平。2004年,同济大学等研制完成生物可降解材料中间体DL-丙交酯、L-丙交酯、乙交酯中试,项目构成了整套中试生产线的集成技术,主要技术指标达到或部分超过国外同类产品水平。东华大学等承担周围神经再生导管用PGLA生物材料的研制,整体技术处于国内领先、国际先进水平。同年,东华大学等承担聚乳酸熔喷超细纤维非织造材料研制,工艺技术及产品研究属国内首创,达到国际先进水平。材料所承担新型高分子形状记忆性医用固定材料的研究及应用,研制的聚乙内酯材料具有轻便干净、固化时间快、透气性好、生物相容性好、可重复使用。

2005年,东华大学开展共混聚醚砜膜人工脏器项目,研制成功高通量人工肾透析器、血液滤过器、腹水超滤浓缩回输器三种人工脏器用的中空纤维膜,获2项国家发明专利,研制的共混聚醚砜原材料用于生产人工脏器属国际首创。中国科学院上海有机化学研究所(有机所)承担的国家"863"计划项目——用于组织工程学的新型天然高分子材料研究,制备了分别包容脂溶性和水溶性火星物质的直径100纳米~2 000纳米的微球,并制成微球薄膜;载药微球薄膜具有显著的抗凝血效果。2007年,华东理工大学开展的分子组装抗微生物技术的创建及其应用,获国家发明专利授权3项,国际专利授权1项,获上海技术发明奖一等奖。项目主要发明点有:合成了一类具有高效广谱抗菌性且对人体安全的抗菌剂;制备了具有广谱、速效、持久抗菌防霉功能且使用安全的抗微生物材料,建立了国内外第一条分子组装抗菌母粒生产线;键合在大宗树脂分子链上的抗菌功能团化合物在材料表面富集,提高了抗菌剂的使用效率;开发了各类母粒与同类基体制造纤维薄膜和塑料制品的关键技术。2009年,上海长征医院开展的水溶性医用几丁糖制备技术与应用,获国家科技进步奖二等奖。项目发明了水溶性医用几丁糖制备技术(获国家发明专利),在国际上首先解决了几丁糖的水溶性和生物安全性难题,首次将几丁糖研制成可在体内使用的新型医用生物材料,开发出系列几丁糖医用制品。2010年,硅酸盐所开展介孔碳材料的应用与合成研究,首次发现介孔碳材料对人体内毒素"胆红素",具有很好的吸附性能和良好的血液相容性。

第四章 纳 米 技 术

第一节 纳米材料技术

　　1994 年,硅酸盐所制备出平均尺寸为 100 纳米、密度达到 98% 以上的致密氧化锆"纳米陶瓷材料"。1998—2001 年,上海大学完成了市科委科技攻关项目——新型开关电源铁芯的研制,获得的纳米铁芯材料具有优异的软磁性能,达到国际先进水平。1999 年,同济大学开展纳米多孔材料及其复合材料的基础研究,首次在纳米多孔材料的纳米结构中掺入 Ge、Si 等纳米团簇,观察到与量子尺寸效应相关的可见光发射;首次提出"广义二步法"制备二元超低密度纳米多孔材料、研制出密度低达 5 公斤/立方米的 SiO/GeO_2 气凝胶,在硅气凝胶材料中加入 TiO_2 及多种添加剂。

　　2001 年,上海交通大学制备了国际上第一枚磁光材料芯片,获得由纳米尺寸的磁性铁粉和非磁性的二氧化硅组成的功能复合材料。同年,同济大学完成纳米复合玻璃研制,对可见光平均反向率由 8% 降至 1% 左右,能有效隔离紫外光,防材料褪色老化。2002 年,复旦大学开展有序排列的纳米多孔材料的组装合成和功能化研究,获发明专利授权 10 件,获 2002 年上海科技进步奖一等奖、2004 年国家自然科学奖二等奖。项目建立了多级有序分子筛的构筑方法,实现了材料的定向合成和宏观控制,创立了电荷匹配理论和有机—无机作用调控理论;提出了"酸碱对"匹配理论、共溶剂和盐效应等控制纳米孔材料形貌的方法,创造了介孔模板微波消解结合硬模板技术等制备介孔材料的新技术,合成了新型三维立方和非硅基介孔材料;发展了层叠层等一系列纳米沸石组装技术,合成了微囊和仿树木多级孔等结构多种沸石催化和功能材料;发明了微孔和介孔材料的孔工程方法,实现了孔材料活性位的理性组装。同年,硅酸盐所完成国家攀登计划项目、国家"973"计划——纳米氧化物粉体和介孔材料的制备科学与性能研究,制备出小于 10 纳米无硬团聚的 $ZrO2$ 粉体;发明得到晶粒尺寸 20 纳米的无团聚、无其他杂相的钇铝石榴石($Y3Al5O12$,YAG)粉体;发明获得粒径为 7 纳米的金红石相纳米 $TiO2$ 粉体;得到世界上第一块晶粒尺寸小于 100 纳米的 ZnO 纳米陶瓷;实现了以功能团修饰介孔孔道表面的技术。同年,上海交通大学在国际上首创纳米材料的大面积操控排布新技术,能将一定长度范围的纳米材料拉直和排布,且操控排布纳米材料的面积可随基底的大小和形状而变;可调控间距,均匀排布多层的大面积纳米材料,形成复杂的三维网状结构。

　　2003 年,硅酸盐所的晶内型氧化物基纳米复相陶瓷的制备科学与性能研究项目,获上海科技进步奖一等奖。主要创新点有:发现了湿化学法制备纳米复合粉体的科学规律,制备出各种组分分布均匀的包裹型纳米复合粉体;首创用放电等离子烧结(SPS)技术实现了陶瓷的超快速烧结;制备出各种高性能的晶内型氧化物复相陶瓷;发明了兼有高力学性能和高导电性能的纳米复相导电陶瓷;发明了将碳纳米管高度均匀分散在纳米粉体中的新技术,制备出添加极少量碳纳米管就使力学性能或电学性能大幅度提高的纳米复相陶瓷。居国际领先水平。

　　2003—2004 年,上海交通大学等承担的国家"十五"科技攻关计划项目和上海市纳米专项——纳米氧化钛($TiO2$)抗紫外纤维研制与工业化制备技术,制备了纳米 $TiO2$/聚酯复合材料,实现了纳米颗粒在高聚物中的纳米级分散,织物的紫外线屏蔽指数大于 50。同年,上海理工大学用振动方法制备出纳米片状锌粉,该方法还适用于其他金属及金属氧化物纳米片的制备。获国家发明专利。

2004 年,上海大学的功能纳米粉体规模化制备及应用技术开发项目,获上海科技进步奖一等奖。取得创新成果:获得金红石相结构的水合二氧化钛,制备纳米二氧化钛;获得纳米氧化锌粉体,实现纳米氧化锌形态结构的有效控制;有效封闭纳米二氧化钛光活性,形成纳米二氧化钛和纳米氧化锌水/油分散系列产品;制备均匀分散的纳米粒子;实现纳米粉体高效洗涤和过滤;制备纳米材料改性耐变频绝缘漆;制备均匀分散纳米氧化锌水分散液,制备纳米氧化锌/羟基磷酸锆复合抗菌剂。同年,同济大学开展基于聚丙烯的纳米复合材料的研制及应用研究,制备出聚丙烯/蒙脱土有机无机纳米复合材料,其拉伸强度提高 7.3%,抗冲强度提高 115.7%,维卡耐热温度提高 18℃。达到国际先进水平。承担的上海市科学技术发展基金项目——溶胶—凝胶法制备高质量折射率可调光学薄膜,形成了彩色纳米环保薄膜及其制备方法和高激光损伤阈值 ZrO2 薄膜的制备方法两种新技术。同年,东华大学开展热塑性高聚物基纳米复合功能纤维成形技术及制品开发,获国家发明专利 4 项、2004 年上海科技进步奖一等奖、2006 年国家科技进步奖二等奖。主要成果有:首次制备具有核壳、星形等可控形态结构和反应性基团的高分散性、高稳定性成纤用纳米 TiO_2 等无机功能纳米材料,以及具有不同极性的热塑性高聚物基纳米复合树脂;首次建立热塑性高聚物基纳米复合材料纺丝动力学模型,解决了功能纤维细旦化难、可加工性差和纳米材料的"二次团聚"等系列关键问题;开发了非极性高聚物成纤过程中有机纳米分散相原位生成技术;研制出紫外线屏蔽率99.7%、UPF＞50 的系列抗紫外细旦聚酯纤维和远红外发射率＞87%、抑菌率＞93% 的多功能异形聚酰胺。

2005 年,复旦大学开展的纳米结构功能涂层的制备和规模化生产关键技术开发项目,获上海科技进步奖一等奖。设计并制备了具有纳米结构的疏水剂;获得高固低黏的丙烯酸树脂,使涂料在干燥成膜过程中能在涂层表面形成微观的凹凸形貌和疏水层。同年,同济大学完成的上海市纳米技术专项——纳米石墨相变储能材料,具有储能密度高、导热换热效果优异、安全稳定、阻燃和环境友好等优点,获首届青年科技创新创业成果展最具技术交易潜力奖。同年,上海大学等承担宝山纳米基地纳米功能材料中试技术公共平台项目,开发了面向应用的纳米粉体表面处理技术,以及纳米粉体在应用体系中的微观分散技术;建立了年产 30 吨纳米材料分散液生产装置;制备了一系列高性能、功能性终端产品。同年,硅酸盐所承担上海市纳米专项——高导电性纳米复相陶瓷研究,制备了高度均匀混合的 Al_2O_3 - TiN 纳米复合粉体;提出了利用基体晶粒选择性生长制备高导电性晶界层型纳米复相陶瓷的概念,制备了晶界层型 Al_2O_3 - TiN 纳米复相陶瓷。

2006 年,上海大学等承担世博科技专项——多功能纳米材料及涂层技术开发,获得高性能阻燃涂层材料、具有净化空气和抗菌防霉功能的室内外涂层材料,以及具有净化空气和耐磨防滑功能的地面材料等一系列终端产品。2007 年,上海理工大学完成的锌量子点干法室温大规模低成本制备设备研制项目,在国际上率先研制用于纳米结构和纳米材料干法室温大规模低成本制备的滚压振动磨,制得的锌量子点为透明单晶,粒径 3 纳米～5 纳米。同年,上海大学完成上海市科委纳米专项——Mg 基- AB2 新型纳米复合储氢材料的制备和研究,制备出系列复合储氢材料;合成了 Mg - Ni、Mg - Fe 和 Mg - La - Ni 二元及三元系储氢合金;推导出表征材料吸放氢反应不同控速环节的动力学新模型;研制出传热、传质、抗压性能好的镁基纳米储氢材料轻型储氢罐。

2008 年,上海第二工业大学承担的上海市浦江人才计划项目——高性能纳米流体强化传热介质材料的研究与开发,研发出均匀稳定且不含分散剂的含碳纳米管纳米流体介质材料;制备出含铜纳米颗粒的纳米流体。同年,硅酸盐所制备出具有可控宏观结构和微观形貌的三维管状纤维材料。2009 年,中微半导体设备(上海)有限公司开发的 65/45 纳米去耦合反应离子刻蚀机,采用独创的甚高频去耦合反应离子刻蚀技术,获上海科技进步奖一等奖。首创并率先采用去耦合的 60 兆赫和 2 兆赫频率组合。产品采用双台多反应腔的系统设计,同一反应腔可以同时处理 2 片硅片,最多可以加载 3 个反应腔,同时处理 6 片硅片。各项刻蚀性能指标达到或超过了国外同类产品的水平,产出效率比国外同类产品高出 35%~50%。获 3 项国外专利及 6 项国内专利。2010 年,上海三瑞化学有限公司完成的世博科技专项——纳米材料及涂层技术研究,使纳米涂层产品内含独特的金属键交联的水性高分子聚合物,具有优异的流平性能、光泽度、光泽持久性和耐磨性能。

第二节　纳米生物学与药学研究

2000 年以后,上海在纳米生物学与药学研究方面开始起步,共取得主要研究成果 10 项,2010 年启动 2 项国家重大科学研究计划项目,其中纳米药物制备技术有 7 项。主要研究单位有:华东理工大学、复旦大学、中国科学院上海应用物理研究所(应用物理所)、中国科学院上海药物研究所(药物所)、中国科学院上海硅酸盐研究所(硅酸盐所)、上海中医药大学、上海中山医院和同济大学等。

2004 年,上海中山医院承担的国家"863"计划项目——磁性药物载体在肿瘤靶向化疗中的应用通过鉴定。制备了三种磁性药物载体,达到国际先进水平,获专利 2 项。2005 年,硅酸盐所开展介孔氧化硅材料在生物医药领域的应用研究,实现对介孔孔道的封堵与开放。合成了一种以磁性氧化铁颗粒为核、以介孔氧化硅为壳、粒度可调的单分散介孔氧化硅核壳结构磁性纳米复合颗粒,实现了药物载体与磁性粒子的有效结合。同年,上海中医药大学等合作完成的上海市纳米专项——中药纳米球制备,合成了具有良好生物降解性能的 PCL - PEO - PCL 三嵌段共聚物;制备了 PCL - PEO - PCL 共聚物纳米球;制备得到的抗癌中药冬凌草甲素载药纳米球载药量达到 14.9%,药物的包封率超过 68%。同年,华东理工大学等协同攻关的上海市科委纳米专项——超细生物材料丝蛋白,获得了纳米尺度的丝素蛋白的溶液,开发了可用于生物培养的新材料——丝素薄膜。复旦大学承担的市科委纳米专项——隐形纳米粒的肿瘤、脑、脾靶向研究,合成了三大类多种隐形化高分子材料,制备并优化了隐形纳米粒。应用物理所等单位发展出一种新型 PCR 方法——纳米粒子 PCR。

2006 年,华东理工大学承担的"十五"国家重大攻关项目和上海市纳米科技专项——新型生物酶固定化载体的生产技术,开发了纳米结构高分子聚合物载体合成的反相悬浮聚合新技术,以及一条低成本的生物酶固定化载体的合成路线,获授权专利 1 项。2007 年,上海中山医院等承担消化道肿瘤及慢性肝病靶向纳米药物载体研制,合成了用于纳米药物载体的高分子材料、具有临床潜在应用价值的多种纳米载体材料;制备了多种可生物降解的磁性纳米聚物药物载体;制备了一种磁靶向温度敏感的双重响应聚合物纳米粒。同年,同济大学承担的上海市科委纳米专项——智能温热治癌用纳米锰锌铁氧体微粒研制项目,制备出一种智能治癌用纳米微粒,具有自动控温、恒温、比产热功率 SAR 高的特点。2009 年,应用物理所开展的新型高保真热启动聚合酶项目,发现了纳米金粒子可以动态调节聚合酶链式反应体系(PCR)中聚合酶活性,从而实现类似"热启动"的高效 DNA 体外复制过程。

第三节　纳米器件制备技术

1999 年,复旦大学华中一主持纳米电子器件用高分子薄膜和有机导线项目,先制备出结构有序的准单晶高分子薄膜作为绝缘基板,再使电双稳材料从绝缘体变为导体,获上海市优秀发明特等奖。2001年,华东师范大学承担纳米碳基膜场发射显示器的研制,研制出真空封装的2英寸、多色显示器。同年,华东师范大学独立发现铁基纳米微晶材料具有巨磁阻抗效应,并利用该发现研制成新型传感器,其灵敏度高、温度稳定性好、使用寿命长、集成化。2002年,试制成用于汽车电喷发动机的速度传感器,具有耐高、低温特性。利用纳米磁敏材料研制成的汽车防抱死装置的传感器也取得重大突破,具有很好的抗干扰性能,检测距离达到2毫米以上。同年,上海交通大学承担市科委纳米专项——纳米技术在液晶显示中的应用,发现了聚合物激光诱导微结构中存在分子链取向现象,提出了聚合物表面对液晶取向的新机制。

2004年,复旦大学承担市科委纳米科技专项——超高密度超大容量电存贮器研究,研制的使用极坐标扫描的特大容量电盘存储器,获国家发明专利授权。华东师范大学承担市科委纳米专项——纳米碳基膜及场发射显示(FED)技术研究,在场发射性能优异的纳米碳基膜冷阴极的制备关键技术上,探索出实用化的纳米碳基膜场发射显示器的制备技术路线,达到国际先进水平。微系统所的纳米SOI材料关键制备工艺及产业化项目,研制出智能剥离SOI材料,在国内首次制备出SOI结构。首次采用SiGe材料制备了SiGeOI材料。达到国际先进水平。2005年,上海交通大学开展氧化物辅助合成一维半导体纳米材料及应用,取得3项美国专利,获国家自然科学奖二等奖。该项目创立了一维半导体纳米材料的生长新机制和合成方法。开创了氧化物辅助制备纳米线的方法,解释了形核及生长机制。控制生长线状、链状及带状硅纳米结构并阐明了其形成机理。制备了半导体纳米线等纳米材料。实现了硅纳米线的分离和表面氧化层的剥离及表面氢化。实现了硅纳米线表面结构观察;首次直接证明了硅纳米线量子限制效应的存在;论证了硅纳米线远优于硅晶体的超常表面稳定性。用硅纳米线制造出传感器。发现氢饱和硅纳米线表面有很强的化学反应性;发展了纳米单体的测量方法并观测了单根纳米线和带的横截面及光学性质。证明纳米带可发激光。同年,硅酸盐所开展的纳米微粒和碳纳米管的分散及表面改性,获2项发明专利,获上海科技进步奖一等奖。项目主要创新点有:发展了多种表征纳米微粒分散性的方法;将俄歇电子能谱用于表征分散剂在纳米微粒表面的吸附;定量揭示了沉积物形貌分维值与浆料分散状态的内在关系。首次将PBTCA成功应用于陶瓷超细粉体的分散。发明了表征碳纳米管在水、乙醇介质中形成悬浮液的稳定性的半定量方法。首次提出反微乳非共价键合法。研制了十余种无机纳米微粒包覆或填充的碳纳米管复合粉体。解决了碳纳米管的分散及与基体材料的界面结合问题。同年,华东师范大学研制成功4英寸纳米碳基薄膜场发射单色显示器。

2006年,中国科学院上海微系统与信息技术研究所承担完成国家“863”计划纳米专项——纳电子器件C-RAM关键技术研究。主要成果有:建立了纳米半导体薄膜材料加工和测试平台;研制出国内第一台C-RAM电学测试系统;建立国内第一套C-RAM器件单元的演示系统;制备出相变薄膜、W电极薄膜和SiO_2、Si_3N_4绝热薄膜;制备出GST的纳米点和纳米棒;首次在国内采用FIB法制备出纳米量级的C-RAM器件单元,实现了器件单元的可逆相变过程。2007年,上海交通大学开展碳纳米管超级功能织构体技术研究,织构出重量轻、强度和韧性高、光电性能优异的超级功能织构体。取得专利5项。2008年,华东师范大学研制成功4英寸纳米碳基薄膜场发射显示器——RGB彩色显示器,并研制出世界上最大的40英寸纳米碳基薄膜场发射显示器样机,首次采用了模块无缝拼接技术。2009年,光机所承担的上海市浦江人才计划项目——新型透红外纳米微晶玻璃研究,解决了红外玻璃的高光学均匀性、低OH含量制备的关键技术。研制出新型锗酸盐红外微晶玻璃,并制备出尺度大于150微晶玻璃样品。同年,上海大学研制出国际上首个基于染料敏化纳米薄膜光晶体管。2010年,硅酸盐所开展染料敏化太阳能电池(DSSC)关键材料开发、电池设计、制备及光电转换性能评价,制备了氧化钛纳米管阵列基 DSSC;首创将石墨烯添加入氧化钛光阳极中,解决了石墨烯的分散及其与基体界面结合的问题;试制出高效 DSSC 用纳米二氧化钛(TiO_2)溶胶。同年,上海交通大学提出结构微扰法碳纳米管金属/半导体转化新概念,首创用单原子掺杂法制备纯半导体性单壁碳纳米管方法。

第五章 空天技术

第一节 航空技术

1978—1989年,上海在航空方面的研究成果共获国家科技进步奖二等奖1项,上海市科技进步奖一等奖1项。在民用飞机总体设计与总装研究方面,主要成果集中于运十飞机和MD-82飞机;在机载设备研究方面,主要成果有30项,技术分布为:航空电器26项,航空无线电电子设备3项,航空测试、控制设备1项。20世纪90年代,上海在民用飞机总体设计与总装研究方面,主要成果集中于MD-82飞机、MD-82/83飞机和MD90-30干线飞机。2000年以后,上海取得的研究成果共获国家科技进步奖二等奖1项。在民用飞机总体设计与总装研究方面,主要成果集中于超小型飞行器和ARJ21飞机上,飞机器件亦有4项;在机载设备研究方面,主要成果有7项,其中成像系统有5项。

一、民用飞机总体设计与总装技术

1972年,通过研制运十飞机总体设计方案,1975年完成工作图设计,1976年9月制造出首架用于静力试验的飞机,1978年11月,全机破坏试验一次成功。1980年9月,第二架运十飞机Y10-02在上海制成并试飞成功,开创了中国自行设计制造大型喷气式客机的历史。运十飞机在设计技术上首次采用美、英民机设计规范;首次采用尖峰式高亚音速翼型;首次采用"破损安全"和"安全寿命"概念设计飞机结构;首次设计了全翼展整体油箱和大尺寸的气密客舱;首次采用机翼下吊装发动机的布局;首次采用独特的由调整片带动舵面的操纵形式;首次进行了规模最大的全机全尺寸操纵、液压、燃油、电网路四大系统地面模拟试验;首次大量采用新材料、新产品和新标准;首次进行总体、气动、强度、结构和系统的计算,编制了较大的程序138项。运十大型客机获1985年上海科技进步奖一等奖;1987年国家科技进步奖二等奖。1985年4月,上航公司等与美国麦道飞机公司签订了合作生产MD-82及其派生型飞机,联合研制先进技术支线飞机和补偿贸易总协议。协议规定,由麦道公司提供25架MD-82飞机机头、机尾、机翼大部件和机身零部件,由上航公司进行铆装、全机系统安装、总装、功能试验和试飞交付。合作生产的首架飞机于1987年7月首次试飞并交付使用,第二架飞机于同年12月交付使用。在合作生产MD-82飞机过程中,逐步发展到MD-82飞机的主、前起落架舱门、后服务舱门、安定面、后服务舱门框等10项部件的制造。通过合作生产,上航公司获得MD-82机型的一套较完整的图纸资料;新建20个计算机信息管理系统和12条冷热加工生产线;掌握了机载设备地面安装测试、大型复杂零件编程加工、镜面蒙皮拉伸成形和燃油导管机内焊接等先进工艺和操作技术。

1999年10月,中美合作生产、上海航空工业(集团)有限公司所属上海飞机制造厂承担总装的首架MD90-30干线飞机试飞成功。上海航空工业(集团)有限公司作为MD90-30飞机的主制造商,负责部分零部件制造和飞机总体装配及试飞,攻克了100多项技术、工艺难关,建立了与国际水平接轨的项目管理、供应商管理、质量管理、适航管理等系统。两架MD90-30干线飞机于2000年

9月交付用户,其国产化率达到70%。

2002年,上海飞机设计研究所研制成ARJ21电子虚拟样机。该项目是由国家计委立项的ARJ21新型涡扇支线客机项目的重要研制工作之一。2004年,上海大学研制了一系列翼展在0.8米～2米的超小型无人定翼飞行器、旋翼飞行器的本体结构、飞行控制系统、地面控制站及弹射系统。生产了定翼机和旋翼机样机十余架。2007年12月,中国第一架具有完全自主知识产权的喷气支线客机——"翔凤"ARJ21-700,在上海飞机制造厂总装下线。上海飞机设计研究所承担ARJ21-700的工程发展、实验、产品支援及生产、飞机试验、客户服务等任务。2008年11月,ARJ21-700新型涡扇支线飞机在上海首飞成功。ARJ21-700飞机是中国第一架外销欧美的民用涡扇支线飞机。2008—2009年,上海飞机制造厂等承担的市科委制造业信息化项目——新型涡扇支线飞机面向生产现场的三维装配仿真及制造执行系统,实现了三维数字化装配工艺仿真和数字化制造执行系统,建立了新型涡扇支线飞机工艺、制造全过程集成的一体化数字平台。2010年12月,C919大型客机铝锂合金机身等直段部段样件在中航工业洪都公司下线。该项目突破了铝锂合金钻孔、铆接、蒙皮加工等多项技术难关。2010年7月,上海工程技术大学等研制成国内最大的运输机仿真产品——运八飞机的六自由度工程/飞行模拟器。

二、机载设备开发技术

1979年研制了航空测试、控制设备转速自动跟踪振动分析仪,1980年开始研制LHS-3领航轰炸机计算机,1983年开始研制改进型产品LHS-3A,1985年设计定型。同期,进行航向/下滑场试验监测器研制,1982年通过技术鉴定。1980—1985年,航空无线电电子设备研制。1982—1985年,航空电器研制。上海航空电器厂先后研制了歼8Ⅱ、歼7Ⅲ、直8等新机配套的新品26项,其中应用微机的起动箱自动检测装置,在1985年航空工业微机应用成果展览会上获二等奖。

2002年,中国科学院上海技术物理研究所(技物所)通过系列化实用型机载成像光谱系统,向国内外遥感用户提供航空成像光谱数据服务。2004年,东航飞机维修基地职工技术协会研究出一套结构油箱查漏方法——正负压查漏法。2004—2005年,技物所的轻型机载高光谱分辨率成像遥感系统,获2004年国家科技进步奖二等奖。该项目攻克了飞机姿态不稳不能用于遥感飞行的技术难关,突破了面阵和线阵探测器焦平面成像、高光谱分辨率细分光谱、大口径光机扫描、高速海量信息的实时采集和处理、遥感信息定量化和空间定位、数据预处理及成套专用软件等关键技术,实现了遥感系统的实用化和图像数据的产品化。总体技术水平国内领先,达到国际同类仪器的先进水平,在仪器的成套性和对轻型飞机遥感平台的适用性方面居国际领先。

2005年,技物所完成国家"863"计划项目——机载高空间分辨力、高光谱分辨力多维集成遥感系统。研制了由宽视场高光谱成像仪、线阵推帚式高空间分辨力全色立体和多光谱数字相机、激光测高装置、稳定平台和POS等组成的机载一体化综合集成系统;开发了多维信息处理软件,实现了高光谱、高空间、激光测高、POS数据的融合处理;建立了系统性能综合检测系统。同年,技物所完成上海市启明星计划项目——高光谱与高空间集成关键技术研究,研制的高分辨率光谱成像系统达到国际水平。同年,技物所完成市科委重点科技攻关项目——轻小新型平台(无人机)大面阵CCD相机系统,研制出一套完整的CCD数字相机与自动数据采集存储系统、自检系统和地面图像处理系统,填补了国内空白。该系统配合无人机平台研制,搭载飞行试验效果满意。在技术创新方面,研制了三维角位移减振器。

第二节　航　天　技　术

1977—1989 年，上海在航天研究成果上主要集中在两大技术方面，一是火箭技术：风暴一号火箭（Ⅱ状态）、风暴一号火箭（Ⅲ状态）、长征三号火箭和长征四号火箭；二是卫星技术：风云一号气象卫星（第一颗）。20 世纪 90 年代，上海共取得主要研究成果 22 项，其中获上海科技进步奖一等奖 2 项、二等奖 3 项。在主要成果中，火箭技术有：长征三号运载火箭（第六发、第七发和第九发）、首发长征四号乙（CZ-4B）火箭、长征二号丁（第一发、第二发）等；卫星技术有 10 项；航天技术有 4 项。2000 年以后，上海共取得主要研究成果 62 项，其中获国家科技进步奖特等奖 1 项，国家科技进步奖二等奖 1 项，上海科技进步奖一等奖 8 项。在主要成果中，火箭技术有：长征四号丙运载火箭、长征二号丁（第十三发）等；卫星技术有 28 项；航天技术有 29 项。

一、火箭技术

1977 年 9 月和 1978 年 4 月，上海研制的风暴一号火箭（Ⅱ状态）两次试验成功。1978 年，上海机电二局对火箭进行了修改设计。1981 年 9 月，上海研制的风暴一号火箭（Ⅲ状态）把一组 3 颗空间物理探测卫星（实践二号、实践二号甲、实践二号乙）准确送入预定轨道，这在中国航天史上是第一次。1977—1990 年，上海机电二局与中国运载火箭研究院共同研制长征三号火箭。上海机电二局负责研制一、二级火箭、三级姿态控制发动机系统、全箭控制系统大部分仪器，以及地面计算机自动测试发控设备。上海机电二局利用"风暴一号"已有的技术成果攻克了全箭低频减振关键技术，与中国运载火箭研究院联合攻克了纵向耦合振动关键技术。研制了新的减振器，解决了"长征三号"三大攻关项目之一的陀螺平台的低频减振问题。1984 年 1 月 29 日，火箭发射试验卫星，首飞任务失败。1984 年 4 月 8 日，火箭成功地发射试验通信卫星。1986 年 2 月 1 日，成功发射第一颗实用通信卫星。1977—1990 年，上海机电二局研制成功长征四号火箭，1982 年之前称为新长征三号。长征四号火箭采用了不少新技术。其中，双向摇摆伺服机构、高强度铝大型薄壁单层共底贮箱、数字式姿态控制系统、双向摇摆发动机及其短舱、无水肼表面张力贮箱、第三级火箭的全程氮气定压力值增压输送系统等，在大型运载火箭中均属首次使用。同时研制小型化控制、遥测、外测电子设备等。总体性能达到国际同类产品的水平。1988 年 9 月 7 日和 1990 年 9 月 3 日，"长征四号"两次成功地发射两颗风云一号气象卫星，填补了国内发射太阳同步轨道卫星的空白。

1990 年 2 月 4 日，上海航天局和航空航天工业部第一研究院联合研制的第六发长征三号运载火箭，成功发射东方红二号甲通信卫星。1990 年 4 月 7 日，第七发长征三号运载火箭成功发射亚洲一号通信卫星，此为中国首次承担对外发射任务。1994 年 7 月 21 日，第九发长征三号运载火箭成功发射亚太卫星公司的亚太一号通信卫星。至 2000 年 6 月共发射 13 次，除 3 次发射因三子级发动机在第二次启动后未能正常工作而失利，其余 10 次发射分别将 7 颗国内通信卫星和气象卫星、3 颗美国休斯公司自造的通信卫星送入地球同步轨道。2000 年 7 月，长征三号火箭在实施了第 13 次发射任务后退役。1992 年 8 月 9 日，以上海航天局为主研制的国内新型二级运载火箭——长征二号丁首次发射成功。1994 年，第二发长征二号丁运载火箭于 7 月 3 日成功发射。1995 年，上海航天自动控制设备设计研究所独立研制了第二代 KPZ-5 动力调谐陀螺平台系统，完成对火箭速度、位置、姿态的精确测量。该成果以体积小、重量轻、高精度、高稳定度、高可靠度为特点，达到国内外同类产品的先进水平,获上海市科技进步奖一等奖。1999年,以中国航天科技集团公司第八研究院(上海航天局)为主研制的首发长征四号乙(CZ－4B)火箭,首次采用诸如推进剂利用系统、小型化箭上计算机、电子式程序配电器、旋转分离整流罩等新技术,具有性能优良、可靠性高、适应性广和发射费用合理等优点。该火箭于5月10日成功发射了风云一号C气象卫星和实践五号科学实验卫星,10月14日又成功地发射中国和巴西联合研制的资源一号地球资源遥感卫星,一颗巴西小型科学应用卫星也搭载升空。同年,华东计算技术研究所为长征四号乙火箭配套的CZ－4B、KS－5型数字计算机,在风云一号C气象卫星一箭二星和中巴合作研制地球资源卫星一箭二星的发射中获得成功。

2000年9月1日,长征四号乙运载火箭成功发射中国资源二号卫星。该箭荣获2000年国防科工委国防科技一等奖。2002年5月15日,长征四号乙运载火箭将气象卫星风云一号D和中国第一颗海洋探测卫星海洋一号一同成功发射。2009年1月,在取得连续15次发射成功后,长征四号系列运载火箭获得中国航天科技集团公司颁发的"金牌火箭"荣誉称号。2010年8月24日,第13发长征二号丁运载火箭成功发射天绘一号卫星,其总体设计的主要关键技术和创新是:火箭加长一级贮箱,增加一级推进剂,提高一级发动机推力;解决了箭体刚体、晃动、弹性交耦和静不稳定度增加的难关,采用数字化姿控技术;在结构设计上采用先进的CAD技术,大幅度提高运载能力;制导系统设计采用浮动导引、关机延时补偿和工具误差分离补偿等国内首创的新技术。该火箭运载能力属国内领先,总体性能达到国际先进水平,获得原中国航天工业总公司颁发的"优质运载火箭"荣誉称号。2010年11月5日,中国用长征四号丙运载火箭成功发射第二颗风云三号气象卫星。长征四号丙运载火箭和风云三号气象卫星均由上海航天局抓总研制。长征四号丙运载火箭是上海航天局研制的运载火箭的第50次成功发射。

二、卫星技术

1977—1990年,上海卫星工程研究所等共同研制了风云一号气象卫星,研制中采用了一些新技术:星载气象遥感仪器——五通道扫描辐射计红外成像获得成功,仪器在谱段组合及设置上有所突破;卫星大面积折叠式太阳能电池阵的解锁、伸展及锁定技术为国内研制的卫星上首次使用。此外,还有反作用飞轮的卫星三轴姿态控制技术;延时云图记录存储、回放传送技术;大功率固态微波放大器的高分辨率数字云图传输技术等。1988年9月7日,中国第一颗极地轨道气象卫星——风云一号发射成功。卫星发回了云图照片。填补了中国应用气象卫星的空白。1985—1990年,上海卫星工程研究所研制静止轨道气象卫星——风云二号,取得成果。

1990年9月3日,第二颗风云一号气象卫星发射成功。卫星发回高清晰度气象云图,标志中国卫星成像技术达到国际水平。1997年6月10日,中国成功发射风云二号卫星。上海航天局攻克了首颗风云二号气象卫星引起爆炸的无水肼泄漏等关键技术难点。上海航天局上海卫星工程研究所负责风云二号气象卫星的总体设计,并顺利开通各个探测通道。这标志着中国地球同步轨道气象卫星技术迈入世界先进行列。中国科学院上海技术物理研究所(技物所)研制的风云二号卫星多通道扫描辐射计,主要性能指标达到国外20世纪90年代初同类自旋静止气象卫星的先进水平。1998年,上海航天八〇三所解决了卫星云图数据摄取和传输与卫星自旋的同步问题,达到国外同类技术水平。上海航天八〇一所的双组元液体推进剂490N远地点发动机,两次成功应用于东方红三号广播通讯卫星,达到国际先进水平。1999年5月10日,中国航天科技集团公司第八研究院总体设计和主要研制的中国第三颗极轨气象卫星风云一号 C 发射成功。它使中国首次直接获取准实时全球云图资料。风云一号 C 的图像质量、星上探测仪器和数据资料达到国际先进水平。同年，技物所研制的十通道可见、红外扫描辐射计是风云一号 C 星上装载的唯一对地观察有效载荷仪器，其综合性能居世界先进水平。

2000 年 6 月 25 日，由上海航天局负责总体设计、中国空间技术研究院等共同研制的风云二号静止气象卫星发射成功。2001 年 1 月 1 日投入使用的风云二号 B 星，其所携带的技物所研制的星载多通道扫描辐射计提供的云图，填补了中国西部、西亚、印度洋上的大范围资料空白。2002 年，技物所研制风云一号（02 批）可见、红外扫描辐射计，创新点为：探测通道提高到 10 个；研制了紫光增强硅探测器；研制了室温工作的短波红外光伏碲镉汞探测器和中波红外光导碲镉汞探测器，首次实现了三元中、长波红外探测器表面上直接粘贴低温微型薄膜滤光片形成探测器组件的工艺技术；输出在国际气象卫星上首创实时发送 10 个通道的 HRPT 高分辨率数字图像传输资料，同时输出 4 个通道地面分辨率 3.1 千米均匀化的数字量资料；在同一颗卫星上兼有海洋水色、水温和气象观察通道。综合性能居国际先进水平。同年 5 月 15 日，技物所研制的十波段水色扫描仪随海洋水色卫星成功发射，其创新点为：首创可见、近红外波段硅探测器/微型滤光片的组合工艺；在国内首先解决了低温（85K）下使用红外滤光片的稳定性；将小型斯特林制冷机应用于空间遥感器，解决了配套的小型杜瓦与红外光学、红外探测器的耦合，在国内属首次成功；开发 45°扫描镜＋K 镜的像消旋技术。同年，微系统所开展低轨双向数据通信小卫星星座通信系统关键技术研究，通过实验模拟测试。

2003 年，技物所的四波段红外焦平面集成组件项目，解决了短波红外晶体材料和探测器、短波红外列阵读出电路、中波和长波红外晶体材料和探测器、微型低温红外滤光片、多通道列阵金属陶瓷封装结构、红外焦平面集成组件性能参数测试和试验等 6 项关键技术。主要创新点为：在 85K 温度下，用一个焦平面组件同时实现短波和大于 11 μm 波的探测；在国内首次开发出 4 波段红外焦平面组件；采用四种不同组分的探测材料制备而成；在组件内实现分光功能，填补了国内空白。项目总体处于国际先进水平。获发明专利和实用新型专利 4 项，获上海科技进步奖一等奖。同年 10 月 21 日，中国科学院上海微系统与信息技术研究所（微系统所）等单位组建的中国科学院上海小卫星工程部完成的中国科学院知识创新工程重大项目——创新一号低轨通信小卫星发射成功。项目在低轨道通信技术、大多普勒频移的扩频数据通信技术、测控与通信业务信道共用设计、星上轨道预报和卫星自主管理运行、微小型化卫星通信终端等方面有新的突破和发展；首次实现了利用磁控完成入轨姿态捕获及稳态控制；首次实现了卫星的自主运行；在中国首次获得全球范围内 UHF 频段内相关区域的电磁噪声干扰分布图。卫星便携式地面用户终端为国内最小型化的卫星用户终端机，是小卫星研制、地面应用、天地一体集中设计研制的首次创新实践，是中国首颗成功发射重量在 100 公斤以下的自主研制的低轨通信卫星，各项性能达到国际先进水平。获 2004 年上海科技进步奖一等奖、2005 年国家科技进步奖二等奖、中国科学院杰出科技成就奖。

2004 年 10 月 19 日，上海航天局负责总研制的中国第一颗业务型风云二号 C 地球静止气象卫星发射成功，填补了从西太平洋到印度洋广大地区卫星气象资料缺乏的空白，整体性能达到国际同类气象卫星水平。技物所研制的五通道扫描辐射计、卫星有效载荷-精太阳敏感器，随风云二号 C 星发射升空。2005—2008 年，技物所研制了风云三号上的十通道扫描辐射仪、中分辨率成像光谱仪、红外分光计、地球辐射探测仪 4 个光学有效载荷及红外地平仪单机。在有效载荷研制中，突破了超窄带滤光片技术、高灵敏度红外探测器、面阵探测器技术、甚长波红外探测技术、大制冷量辐射制冷技术、低温光校等关键技术,性能指标与国际同类仪器相当,中分辨率成像光谱仪的部分通道性能达到国际先进水平。

2006年4月27日,技物所研制的红外地球敏感器和数字太阳敏感器,随遥感卫星一号发射升空。2006年,由中国航天科技集团公司上海航天局研制的风云二号D星成功发射。同年,技物所完成风云二号静止气象卫星02批五通道扫描辐射计研制,主要技术创新为:开发空间大口径光学主镜支撑装置,实现5扫描辐射计同时对地观测;研制4波段高灵敏度红外探测器和低温微型滤光片的集成组件,中波红外探测性能获重大突破;显著减少了杂散辐射的影响;提高辐冷器的制冷性能;提高了定标精度;开发了低噪声信息获取电路,红外通道图像量化等级和分辨率等。获多项专利,主要技术性能指标达到国际先进水平,获上海市科技进步奖一等奖。同年9月9日,技物所研制的实践八号育种卫星留轨舱微重力试验平台随星发射成功,其搭载了细胞培养箱和植物培养箱两套空间生命科学试验装置,获得两台设备下传的高清晰显微图像,构成了动态生长发育的过程图集。

2007年,中国电子科技集团公司第二十一研究所(二十一所)研制3种型号步进电机,主要用于嫦娥一号的太阳能帆板驱动和定向天线展开与驱动。2007年4月11日,由技物所研制的十波段水色仪随中国海洋一号B卫星发射入轨。该扫描仪得到的水色、水温图像与国外卫星的相关性很好,得出定量化图像的处理方法。同年10月24日,由上海航天局研制的490牛发动机随中国第一颗绕月探测卫星嫦娥一号发射成功。2008年5月27日,上海航天技术研究院抓总研制的中国第二代极轨气象卫星——风云三号A星成功发射。同年11月5日,上海微小卫星工程中心研制的创新一号02星成功发射。创新一号系列卫星是中国科学院和上海市政府"院市合作"的创新成果。同年9月6日,技物所研制的环境一号B卫星搭载的红外相机随星发射成功。攻克了高精度与高稳定度的双面镜扫描技术、中长波线列组件与机械制冷机耦合技术、四波段多元信息获取、均匀性校正与配准处理技术及星上的中长波定标等关键技术。

2009年9月27日,中国科学院上海微小卫星工程中心研制的神舟七号微小伴随卫星,在太空成功释放并完成跟踪观测及伴飞任务,是中国第一颗伴随卫星。主要创新成果有:解决了对同轨非合作目标伴飞的技术难题,实现对轨道舱的远距离接近和持续70轨的稳定伴随飞行;突破卫星在轨安全稳定释放、对空间目标的指向跟踪和大纵深清晰观测等关键技术,首次获取神舟飞船在轨多角度全景图片和清晰视频;实现中国高效空间电源应用零的突破,液氨推进、轻小型化等技术填补了多项国内空白。授权专利2项,获上海科技进步奖一等奖。

同年,技物所研制成功环境与灾害监测预报小卫星星座(环境减灾卫星)红外相机,创新成果有:解决了双面镜一致性、扫描周期稳定性、双面镜轴系可靠性等关键技术问题;提出双面镜扫描实现中长波红外星上辐射基准和定标的方法,属国际首创,实现了双面镜扫描成像定量化遥感;研制出热电制冷的空间用短波红外碲镉汞光伏探测器;解决了弱信号高增益放大及信号饱和快速恢复处理关键技术。红外相机实现了4个红外通道,宽幅中高分辨率对地观测成像。获上海科技进步奖一等奖。

2010年,以上海航天技术研究院为主研制的实践十二号卫星成功发射。2010年11月5日,上海航天局抓总研制的我国第二颗风云三号气象卫星成功发射,实现中期数值预报。它与第一颗风云三号气象卫星组网运行,实现上下午双星同时在轨运行的格局,填补中国下午卫星观测的空白。同年,技物所为实践六号04组空间环境探测卫星A星研制了单圆锥扫描式卫星红外地平仪,4次成功用于该型号卫星的空间飞行任务。同年,二十一所研制生产的3个型号的感应子式永磁步进电动机,为嫦娥二号定向天线、通信畅通、太阳能帆板展开和定向驱动提供保障。

三、航天支撑技术

1999 年 11 月 20 日,神舟一号无人试验飞船发射升空;飞船返回舱在内蒙古中部地区安全着陆,中国载人航天工程神舟飞船的首次飞行任务取得圆满成功。上海航天技术研究院承担了飞船推进舱结构与总装、电源分系统、推进分系统、测控通信子系统及总体电路单机等任务。上海工业自动化仪表研究所研制的酒泉卫星发射基地载人宇宙飞船发射场的控制系统,以及中国科学院上海硅酸盐研究所牵头完成的多工位空间晶体生长炉,在飞船发射中获得成功。2001 年 1 月 10 日,神舟二号无人飞船发射升空,飞船返回舱在预定地区着陆。

2002 年 3 月 25 日,神舟三号无人飞船发射升空,飞船返回舱在预定地区成功着陆,圆满完成预定任务。技物所研制的神舟三号成像光谱仪随飞船成功发射。其创新点为:光学遥感器从多光谱扫描仪到成像光谱仪,探测器件从单元、线列阵到面列阵探测器;研制国产碲镉汞面阵探测器红外焦平面集成组件;焦平面光谱图像数据的信号处理电路;国产大冷量长寿命对置式斯特林制冷机的研制及其与红外焦平面器件的耦合设计;高次曲面反射镜配场致平器的组光学系统结构。该光谱仪图像的清晰度和层次达到世界先进水平。同年 12 月 30 日,神舟四号无人飞船发射升空,飞船返回舱在预定地区成功着陆。上海航天局承担了飞船推进舱、电源系统、动力推进系统、测控通信系统大部分的研制工作,还参与了飞船的回收返回技术相关系统的研制。

2003 年 10 月 15 日,神舟五号飞船载着航天员杨利伟发射升空,在轨正常运行 14 圈,16 日 6 时 25 分,飞船返回舱准确返回至主着陆场预定区域,航天员杨利伟身体状况良好并自主出舱,神舟五号飞行试验取得圆满成功,标志着中国成为继苏、美之后第三个独立掌握载人航天技术的国家。上海理工大学研制“小型风洞”(风机可靠性及气动性能自动测试台),该测试台结构符合国际和国家标准,在小型风机性能试验台研制方面为神舟五号成功运行提供了保证。

2004 年,技物所研制神舟三号地球辐射收支仪,其腔体探测器解决了腔体制作工艺,并经受了飞船发射、飞行力学试验;首次研制出星上短波定标源,采用卤钨灯作光源,卤钨灯寿命达 1 000 小时以上;首次采用同心圆槽黑体,性能得到很大提高;全波和短波腔体温控精度高达 $6.8 \times 10^{-4} \, \text{℃}$;采用 1553B 总线和可编程 BU65170 通信芯片,功能完善、通用性强、可靠性高。主要性能达到国际同类仪器先进水平,获上海市科技进步奖一等奖。2005 年 10 月 12 日 9 时整,神舟六号飞船载着航天员费俊龙、聂海胜发射升空,在轨运行 76 圈后,飞船返回舱于 17 日 4 时 32 分着陆,2 名航天员健康出舱。此次飞行试验完成了规定的任务,为工程后续任务奠定了坚实的基础。上海航天技术研究院承担了神舟六号飞船上的推进舱、电源分系统、推进分系统和测控通信大部分设备等设计研制任务。上海航天八一三研究所负责研制测控通信系统;上海航天八一二研究所负责研制推进分系统控制驱动装置,还在推进舱子系统增设了手控驱动器作为保险。上海航天八〇一研究所承担研制推进舱、返回舱、轨道舱三个舱段的推进分系统;上海航天八〇五研究所负责研制电源分系统,是国内飞行器中最大的空间电源系统。上海航天八一一研究所研制神舟六号飞船电源系统,采用的高比能量电池制造技术,是国内外空间充放电运行条件最苛刻、可靠性要求最高、安时容量最大的航天飞行器镉镍电池组。

2005—2008 年,技物所等共同研制嫦娥一号卫星激光高度计,主要创新点有:解决了探测距离远、环境温度变化大、目标辐照变化范围大等难点,实现了中国空间激光主动遥感的零突破;实现中国第一次大功率、长寿命半导体泵浦固体激光器在空间的应用;实现250公里激光测距,并解决了空间环境下200公里高精度激光收发同轴保证、地面最大测程模拟测试和高精度同轴测试等技术难题;解决了整机的轻量化问题,全部核心器件均为国内自主研制,并解决了激光二极管、雪崩二极管、液钽电容组件、6000伏高压电路等关键器件的空间应用难题。获发明专利7项,实用新型专利1项。该激光高度计系统在国际上第一次实现月球南北两极高程数据的获取,并绘制了中国首幅全月面高程模型图DEM。获2008年上海科技进步奖一等奖。2006年,上海交通大学研制的国内第一套神舟六号返回舱着陆场搜救用地空高速机载宽带无线图传系统,突破了以下关键技术:首创预滤波式均衡技术;独创与均衡联合反馈的快速虚拟同步技术;块码软判决反馈技术,实现跟踪多径群信号特性的快速变化;发明了可靠数字AGC调整技术;独创半球面分级塑型技术的天线;特殊的灵敏度增强技术;流式群路加密技术。获上海科技进步奖一等奖。

2008年9月25日,神舟七号飞船载着航天员翟志刚、刘伯明、景海鹏发射升空,并完成了航天员出舱活动。飞船在轨正常运行45圈后,于9月28日安全着陆至主着陆场预定落区,圆满完成神舟七号载人航天飞行任务。上海航天技术研究院完成了神舟七号飞船的推进舱、电源分系统、推进动力分系统和遥控遥测图像话音子系统等关键技术和部件的设计研制任务。飞船在轨期间,上海航天技术研究院产品性能稳定,工作正常,圆满完成预定任务。同年9月27日,上海航天技术研究院航天电子所研制的图像话音支持设备——太空天眼,记录了神舟七号飞船在运行中航天员出舱活动的全过程,其技术代表了当今世界MPEG4图像编码技术最高水平。同年,技物所等共同研制神舟七号载人飞船出舱活动LED照明灯,实现了LED照明技术在中国航天领域的首次应用。中国电子科技集团公司第二十三研究所(二十三所)研制的SZ-7心电电极帽及引线、通信头戴电缆和航天服生理信号电缆等特种电缆,应用在神舟七号飞船上。二十一所为神舟七号飞船提供了3个品种的配套电机,包括两种用于飞船太阳能帆板驱动、定位及轨道舱环境控制的步进电机,一种用于通信天线位置检测的高精度旋转变压器。中国科学院与上海市政府共建的上海微小卫星工程中心在上海研制的神舟七号飞船伴飞小卫星完成前期空间观测任务,下传的飞船多角度图像清晰完整。上海海洋大学研制了神舟七号飞船返回舱海上应急打捞网。上海航天局研制的月面巡视探测器样车,在六轮摇臂、热控、电源、导航、数传等八大系统的关键技术方面取得突破。二十三所为神舟七号飞船远望系列的卫星测控船研发了单模和多模改进型船用光缆及其组件。东华大学改进的"太空方便"尿收集器,让其本身具有抗菌除臭、吸毒性能好等优点。东华大学研制的"高可靠钝化玻璃"在神舟七号飞船多处应用。

2009年,二十三所研制了航天器的关键元器件之一的8芯射频密封穿墙连接器,解决了电气性能及气密封性能要求高、指标一致性要求高等技术难点,性能指标达到国际先进水平。二十三所为航天工程配套研制的螺旋电缆,解决了小空间内不同规格芯线高密度排列等技术难点,技术性能达到国际先进水平。2010年,上海材料研究所开展贮运发射筒盖新技术的研究,制造出强度与韧性匹配良好、断裂伸长率高、气体阻隔性好的新型盖体材料。二十三所完成的LVDS专用宇航级通信电缆,攻克了宇航级LVDS高速数据传输线高频衰减低、重量轻、传输速率及传输稳定性要求高和耐空间环境性能好等技术难点。中国科学院上海光学精密机械研究所参与研制的嫦娥二号卫星有效载荷"激光高度计",搭载火箭飞向月球。

第六章 光 电 技 术

第一节 光电节能技术

20 世纪 80 年代,上海共取得主要研究成果 1 项,获国家技术发明奖一等奖 1 项。主要研究单位有上海灯泡厂等。20 世纪 90 年代,上海共取得主要研究成果 4 项,其中获上海市科技进步奖二等奖 2 项。2000 年以后,上海获得的主要奖项有:国家科技进步奖二等奖 1 项、国家技术发明奖二等奖 1 项、上海科技进步奖一等奖 1 项。

1997 年,上海计算技术研究所承担的市科委科技攻关项目——LED 全彩色大屏幕显示系统,达到国际先进水平。1998 年,上海海运学院的交通工程 LED 显示系统关键技术项目,达到国际先进水平。

2002 年,长江计算机(集团)公司所属上海长达信息科技有限公司研制成功全彩色 LED 视频显示屏。2003 年,华东师范大学等研制出高亮度蓝光 LED 芯片,采用了表面纳米结构等技术,使得芯片发光效率大幅提升。2005 年,华东师范大学等研制出高效率白光 LED 集成光源,实现了白光 LED 替代传统白炽灯和荧光灯照明,总节能效率在 70％以上,并在上海崇明科普示范基地应用,实现了中国第一个半导体照明示范工程实际应用。中国科学院上海光学精密机械研究所(光机所)等承担的国家“863”计划项目——基于 MOEMS(微型光机电系统)无阻塞 16×16 阵列光开关研究,开关性能达到国际同类产品先进指标。

2007 年,上海半导体照明工程技术研究中心(半导体照明中心)开展大屏幕显示与平板照明关键共性技术、半导体照明示范工程应用关键技术与半导体照明产业化关键技术等一系列研究,实现 LED 器件与驱动电路的一体化,开发出 ITO 电极工艺和倒装芯片制造技术,研制出 LED 光源新型矿灯等。上海广电集团自主研发了高对比度动态 LED 背光源 47 英寸液晶屏,技术水平居世界前列。上海广电电子股份有限公司研发的 3.5 寸有源选址有机电致发光显示器(TFT - OLED),实现了 SOG(System on Glass)技术,采用全数字驱动方式,对电脑图像进行实时动态显示。

2008 年,半导体照明中心等牵头开展超高亮度 LED 汽车灯具在清洁能源汽车上应用项目,实现了对 Rover75 前照灯和组合后灯的 LED 改制,提出了车用 LED 灯具的全新设计思路,解决了许多困扰 LED 在汽车上使用的技术问题和产品测试问题。上海广电(集团)有限公司等承担用于大屏幕高清晰度 TFT - LCD 电视的 LED 背光源开发项目,开发了 RGB 动态背光技术、直下式白光技术、测光技术等。

2009 年,半导体照明中心、华东师范大学等单位采用各种 LED 照明光源和显示,在上海世博会场馆中大规模示范应用,近 80％的照明采用了 LED,使得上海世博会成为全世界最大的半导体照明示范应用。光机所承担的上海市国际合作项目——利用集成电路工艺改进固体照明外效率的研究,采用高密度等离子体刻蚀设备、半导体光刻工艺和激光全息技术,完成一系列高效率亚波长光栅器件的开发。上海大学完成的市科委重点实验室专项——基于硅基的 TFT - OLED 微显示器核心技术研究,初步形成了硅基 OLED 微显示器核心技术的价值链。华东师范大学负责的 LED 阵列扫描技术,实现了真实体三维立体显示,并在上海世博会上进行了展示。

2010年,中国科学院上海技术物理研究所开展的高可靠性氮化镓基半导体发光二极管材料技术,获国家发明专利14项,获上海技术发明奖一等奖。项目主要发明点有:发明了基于量子点效应的氮化镓基半导体照明材料量子结构优化设计方法,基于离子注入热退火的氮化镓基量子结构材料改性新方法;发明了基于图形衬底外延生长的特定生长工艺,实现材料生长工艺优化技术;发明了用非接触式发光波长移动手段实现的高精度结温测量方法。同年,半导体照明中心承担上海半导体照明工程与共性技术研究,形成了行业标准,建立了与国际接轨的LED照明器件光学性能测试系统。同济大学开展基于节能优化模型的半导体照明系统集成与应用示范研究,建立了半导体照明节能优化模型,形成了一套智能照明控制系统平台及仿真系统软件,建成了面向公共区域照明的节能示范平台。同年,光机所承担新型GaN基LED荧光衬底—掺质铝酸盐晶体生长与性能研究,制备出稀土离子或过渡金属离子掺杂的$MgAl_6O_{10}$、$ScAlMgO_4$单晶,在新型荧光衬底发光结构的白光LED制备上形成一条新的技术路线。

第二节　光通信技术

20世纪80年代,上海共取得主要研究成果14项,其中获国家科技进步奖二等奖2项、上海科技进步奖一等奖2项。这些主要成果的技术分布是:光纤材料与器件11项,光纤网络技术1项。20世纪90年代,上海共取得主要研究成果13项,其中获国家科技进步奖二等奖1项、国家发明奖四等奖1项、上海科技进步奖三等奖1项。这些成果的主要技术分布是:光纤材料与器件8项,光纤网络技术4项。2000年以后,上海共取得主要研究成果45项,其主要技术分布为:光纤材料与器件39项,光纤网络技术5项。

一、光纤材料与器件技术

1987年,上海科技大学开展单模光纤技术项目,制作的单模光纤损耗低、色散小,建立了无中继传输试验线,彩电图像和伴音传输质量达到四级。单模光纤全部传输参数的测试系统填补了国内在光纤通信领域的空白,达到国际先进水平。获上海科技进步奖一等奖。上海科技大学研制的单模光纤四次通信实验系统,是中国第一套用于单膜光纤的、满足CCITT指标而功能齐全的1.3微米波长四次群光端机。1987—1989年,上海一条年产9 000公里的光纤生产线投产,使上海形成年产2万公里光纤的规模能力。上海23公里市话光纤通信实用化试验工程初步开通,系统的三分之一并入市话网络使用。电子部上海二十三研究所(二十三所)、上海石英玻璃厂研制出单膜光纤。二十三所的光纤连接器、耦合器,中国科学院上海原子核研究所的光纤隔离多路高压遥控装置,相继问世。上海电缆厂试制成功中国自行设计的第一根过江水底光缆,该电缆布放在合肥至芜湖间长江水域。上海科技大学研制出光纤陀螺、GP-2多路彩电光纤传输系统和PFM广播级光端机。

1990—1991年,二十三研究所与新沪玻璃厂研制高强度光纤,1%应变高强度光纤成品率＞80％。二十三研究所研设计、制造、安装西昌卫星发射中心发射站台中央控制室光缆图像和PCM数字电话光缆传输系统,服务于"澳星"发射。上海科技大学研制的保偏光纤,在光纤陀螺、高亮度短脉冲激光等研究中得到应用。1992年,机械部上海电缆研究所研制的48芯管道用单模光缆,解决了密集型大芯数光缆的光纤套塑和成缆技术,性能在国内外处于领先。1993年,上海交通大学发明高性能铟镓砷MSM光电探测器,形成新的器件结构,制造了长波长、低暗电流In-GaAsMSM-PD,为长波长、高速、大容量光纤通信单片集成光电接收放大器的开发,解决了关键技术难题。获国家发明奖四等奖。同年,二十三研究所研制出超低温光缆、野外光缆、光纤水声传感器。1994 年,上海三中通信技术设备有限公司研制的国内首套 DLM - IZO 用户环路数字复用设备,能在一对光纤上开通 1920 路电话或 8 对电缆上开通 120 门电话,属国内首创。获上海科技进步奖一等奖。1995 年,二十三所、电子标准化研究所共同主办制定了国际标准 IEC1202:纤维光学隔离器总规范,填补了国际标准空白,获国家科技进步奖二等奖。1996 年,上海常华光纤通信设备有限公司研制二次套塑生产线、松套充油光纤绞合光缆生产线、光纤着色机等成套光缆设备,获上海市星火奖一等奖。1998 年,上海信息通信技术开发中心研制的新一代全国产化 STM1155M/SSDH 光同步传输设备,具有国际先进水平。1999 年,中国科学院上海光学精密机械研究所(光机所)的大气传输激光通信项目,误码率符合 ITU 的 G821 国际标准。中国科学院上海冶金研究所与瑞典爱立信公司合作的光通信用高性能无致冷 1.3 μm 量子阱激光器项目,取得重要进展。

2000 年,中国科学院上海硅酸盐研究所承担的国家“863”高技术项目——卤化银激光传能光纤及实用化研究,解决了光纤端面的抛光技术,填补了国内没有柔性的传输 CO_2 激光介质的空白,达到国际先进水平。光机所研制的无线激光通信系统,是国内首台能够同实际公用通信网络相连接、完整的大气光通信端机,达到国内领先水平。2001 年,上海传输线研究所研制成功带防热电缆的高频电连接器,填补了国内空白。该所研制的光纤旋转连接器,属国内首创。该所研制的高强度光电混合缆,是国内第一根非金属加强、断裂强度 16 吨以上、具有极好的耐侧压性能的光电复合缆,制造技术和产品性能均达到国际先进水平。该所研制的单模保偏光纤放大器模块和光纤放大器控制模块,建成特定波长光脉冲下功率放大测试系统,攻克了不同光纤低损耗连接和计算机光控、温控等关键技术,达国外同类技术先进水平。

2002 年,上海传输线研究所研制海底光缆遥前置放大器模块,主要技术性能达到国外同类产品水平。该所研制的低损耗柔性稳相微波电缆,解决了绕包工艺难题,产品的相位稳定性指标达到国外同类产品的先进水平。该所研制的小弯曲半径无尾部超柔 RF 电缆组件,达到国外同类产品的先进水平,属国内首创。2003 年,上海传输线研究所研制的光纤振荡器通过技术鉴定,在国内首次实现了特定波长下的单频、单纵模、高稳定性,产品性能达到国际先进水平。上海阿尔斯通电力自动化有限公司研制 MiCOM P540 系列数字式光纤电流差动保护装置,通过动模试验,被评选为 2003 年上海市创业精品,获第五届上海国际工业博览会银奖。

2004 年,光机所等研制的双包层掺镱光纤,达到 444 瓦的高功率输出。该所开展的宽带光纤放大器用于玻璃有源光纤的研制项目,率先在国内拉制出芯径为单模尺寸掺铒碲酸盐光纤,实现了实用化。上海传输线研究所的特种光纤放大器系列型谱研究,攻克了光纤放大器噪声系数抑制技术、光纤放大器增益和噪声平衡技术、大饱和功率光纤放大器制造技术等核心技术,产品填补了国内空白。二十三所的特种光纤放大器,填补了中国军用特种放大器领域的空白。2005 年,华东师范大学开展的光场时—频域精密控制与超灵敏激光光谱研究,获 2005 年上海科技进步奖一等奖、2006 年国家自然科学奖二等奖。该项目研制出飞秒激光光梳,对光场在时域和频域同时实现精密控制;发现 2 个超短光脉冲可相干合成为一个新的超短脉冲;提出两种超灵敏光谱方法,探测吸收灵敏度达到国际领先水平;提出调制转移光谱激光稳频和稳频激光在光纤中精密传输的方法。同年,光机所研制的高功率掺镱双包层光纤激光器,实现了最高功率达 444 瓦的连续波光纤激光器和 133.8 瓦平均功率的脉冲光纤激光器。

2007 年,二十三所研制的多模、单模扩束型连接器,解决了高精度基准加工难题和单模扩束型连接器的互换性、准直器制作等关键性难题;研制的多模光缆旋转接头,实现了在水密环境转动时光电信号的连续传输。同年,光机所开展 2 微米波段的连续激光输出技术研究,利用掺铥石英双包层光纤获得 2 微米波段的连续激光输出,与国际报道的输出功率最高纪录处于同一水平。2008 年,光机所的千瓦级高功率光纤激光核心技术研究,解决了高功率泵浦耦合、外腔反馈、光纤端冷却温控等核心技术,研制出千瓦级光纤激光器样机。同年,二十三所研制的射频连接器射频高电位电压标准装置,解决了 N 型、L 型、L29 型等大、中型连接器的射频高电位电压试验的难题,填补了中国军用射频连接器的耐射频高电位电压试验设备上的空白;研制的多模、单模扩束型光缆连接器,具有防尘、水密、耐潮湿、耐盐雾、防霉等特点;研制的低损耗稳相柔软射频电缆和高强度低损耗物理发泡漂浮大同轴电缆,达到国际先进水平。

2009 年,上海博为光电科技有限公司和上海光电子技术研究开发中心成功研制光传输物理层系列新型集成芯片。光集成芯片科技有限公司研制成功"中国光芯"粗波分复用器等系列光芯片。该两款芯片产品有望加速推动中国"三网合一"、光纤到户(FTTH)发展。同年,二十三所研制出光纤隔离器,其研制的高强度碳涂覆密封光纤技术指标达到同类产品的国际先进水平。光机所完成单频线偏振 MOPFA 光纤级联放大系统及其在高占空比相干组束的应用研究。光机所的脉冲光纤激光器,实现了平均功率 150 瓦的高重频、窄脉宽激光输出。二十三所为世博会配套研发的系留浮空平台用光电传输系统,是世博会系留浮空平台系统项目的重要组成部分,研制出的光电复合缆绳和旋转连接器都表现出优异的性能。

二、光纤网络技术

1985—1986 年,上海市话局开通 120 话路市话局间光纤传输系统,并正式并入市话通信网络使用,成为国内第一条实用性的光纤通信系统。1987—1989 年,上海交通大学首次研制成功综合业务光纤总线网。1990 年建成的文汇报新闻大楼光纤计算机局域网,填补了中国光纤计算机局域网应用技术的一项空白。1991 年,上海市话网光纤通信系统研究与实用化试验全面完成。1992 年,市科委立项的嘉定光纤 CATV 科研示范工程正式开通,成为全国第一个县级城市投入使用的光电混合 CATV 网。

1996 年,中国科学院上海分院计算机网络首期工程建成,是中国科学院百所联网工程中首先连通的城域网和主节点,是以光纤连接组成的异种机、异构网互连的开放式网络。1997 年,上海科技网升级改造为全光网,是国内第一个商用化、具有自愈保护功能的三结点城域全光自愈环网,结构采用冗余路径,分层结构,星形和环形相结合,使整个网络具有高速、宽带、高可靠性、高稳定性、高可扩充性和方便接入的特性。主干采用全光纤异步传输协议,具有固定的低延迟传输性能,提供高速的数据通道和最好的稳定性和保密性,适宜传输保证服务质量的声音和影像。1998 年,上海信息通信技术开发中心研制的 STM-1 155M/S SDH 光同步传输设备,具有国际先进水平。1999 年,上海交通大学承担的国家"863"重大科研项目——上海医贸网,是国内第一个全光域通信试验平台,采用愈环结构,具有完整的网络分层、多种创新性光网节点设备和光层网管系统。

2001 年,中国第一个集应用与研究于一体的密集波分复用宽带网在复旦大学开通。该技术实现了在一条光纤中同时传输多路、多波长的大容量光信号,因此具有信息传输速度快和容量大的优点,并具有很好的系统可扩展性。复旦大学在研究应用型密集波分复用宽带网系统上,应用了一系列创新和开发项目,包括实时远程超声波图像传送和无线接入、分布式广播电视节目制作与播出系统、远程教育,以及以曙光 2000 超级并行计算机为技术核心和特点的大容量 DVD 视频点播系统。2003 年,上海市激光技术研究所承担的上海市光科技专项——高速光开关交换器及 Pigtail(尾纤)基础器件开发应用研究,实现多路对多路的光信号全透明无阻塞的交叉连接。同年,上海传输线研究所研制的控制器局域网(CAN)用光接收、发送器,解决了网上突发性脉冲信号传输和光接收动态范围大的难题。

2008 年,上海未来宽带技术及应用工程研究中心有限公司等开展高性能宽带信息网(3TNet)项目,是中国“十五”期间实施的最重要的网络示范和试验工程。该项目在光传输技术方面:研制并建立了 80×40 G DWDM 试验平台,实现 4×300 公里无 FEC 情况下 BER 为 $3×10^{-4}$ 的远距离传输;在光交换技术方面:在业界首次提出将标准化的 ASON 扩展到支持组播和支持业务驱动的突发调度的 ASON,实现支持业务驱动的突发传送 ASON 节点设备,交叉能力达到 1.28 T,其中 Mesh 网恢复时间达到了世界领先水平。获国家科技进步奖二等奖。2010 年,上海交通大学主导制定了光网络测试领域 RFC(Request For Comments)标准,是在该领域发布的首个 RFC 国际标准。

第三节　激　光　技　术

20 世纪 80 年代,上海共取得主要研究成果 4 项,其中获国家科技进步奖二等奖 3 项、上海市科技进步奖一等奖 3 项。这些主要成果的技术分布是:激光器 1 项、激光晶体 1 项、激光仪器 1 项和其他技术 1 项。20 世纪 90 年代,上海共取得主要研究成果 27 项,其中获国家科技进步奖一等奖 1 项、二等奖 1 项和三等奖 4 项,国家技术发明奖二等奖 2 项、三等奖 2 项和四等奖 1 项,上海科技进步奖一等奖 4 项、二等奖 6 项和三等奖 2 项。这些主要成果的技术分布是:激光器 4 项、激光仪器 4 项、激光晶体 3 项、激光治疗仪 2 项和其他技术 3 项。2000 年以后,上海共取得主要研究成果 44 项,其中获国家自然科学奖二等奖 1 项、国家科技进步奖二等奖 1 项、上海科技进步奖一等奖 3 项。这些主要成果的技术分布为:激光加工 14 项、激光器 7 项、激光仪器 3 项、激光晶体 2 项、激光治疗仪 1 项和其他技术 17 项。

一、激光器研发技术

1993 年,光机所和上海雷欧激光设备厂承担的市科委攻关项目——千瓦级大功率 CO_2 激光器,研制成功 ZS - 1 型快速轴流 CO_2 激光器,其在输出模式及光束发散角等方面达到国外同类器件的先进水平。1995 年,光机所研制开展小型化脉宽可调的超短脉冲高功率激光系统研究,主要关键创新技术有:激光脉宽大范围可调、高效率多级同轴双程激光放大、圆偏振激光束传输、高精度同步的多级电光开关、激光系统小型化立体排布、实时光路对准、高精度恒流充电技术等。其中三项创新关键技术获国家发明专利权,获国家级科技进步奖三等奖。1996 年,光机所研发的具有脉冲预电离管一条电极的工业用横流 CO_2 激光器,其特点有:脉冲预电离管一条电极结构易于制作,密封性能好,对环境无污染。与自持放电相比,输出激光功率有成倍提高;采用的两镜选模腔技术,具有结构简单、光电转换效率高、调整容限大、选模特性好等优点;项目形成千瓦、五千瓦、万瓦高功率 CO_2 激光器系列产品。获授权专利 4 项,获国家技术发明奖二等奖。1993—1996 年,光机所研制的双波长高功率锁模激光系统,具有双波长、高峰功率、高稳定性与高重复率等特点,应用于高精度第三代激光人卫测距仪,实现白天对卫星测距的重要突破。总体技术水平达到国际同类系统的先进水平,获 1993 年上海科技进步奖一等奖、1996 年国家科技进步奖三等奖。

2005 年,光机所研制成功 236 瓦高功率激光输出的掺钕陶瓷激光器。同年,中国科学院上海微系统与信息技术研究所与加拿大国家研究院微结构研究所合作研制了激射频率为 2.9 THz 的量子级联激光器。2007 年,激光所开展半导体泵浦高功率矩片型全固体激光器研究,研制成百瓦级矩形板条激光器和角反射泵浦腔激光器。2010 年 1 月,光机所开展径向偏振光纤激光器研究,从掺镱光纤激光器中获得 2.42 瓦高效率、高偏振纯度和高轴对称性的径向偏振激光输出。

二、激光晶体研发技术

1987 年,光机所开展的激光晶体缺陷的研究,清晰地观察到缺陷形态,从理论上分析和解释并运用于优质晶体的生长。获 1987 年上海科技进步奖一等奖、1988 年国家科技进步奖二等奖。

1993 年,光机所研制的优质掺钛蓝宝石(Ti：Al_2O_3)可调谐激光晶体,主要性能指标处于国内领先水平,并达到国际先进水平。其部分指标：高掺钛浓度($Ti^{3+} = 0.38$ Wt%,$\alpha490 = 6$ cm^{-1})、高激光破坏阈值(15 j/c 平方米)、高增益系数(63 dB 双程增益),处于国际领先水平。获上海科技进步奖一等奖。1996 年,光机所研制出大尺寸(Φ120 毫米×80 毫米)、高完整性及高品质因素优质晶体,首先在国内实现钛宝石激光器件的连续、锁模及飞秒超短脉冲激光运转。晶体各项性能指标均处国内领先并达到国际先进水平,3 项关键指标(高掺浓度、高峰值吸收及高增益)处国际领先水平。获国家科技进步奖二等奖。

2004 年,光机所承担的国家“863”计划项目——掺镱和四价铬离子激光晶体的研究及应用,解决了 10 多项关键技术。获上海市科技进步奖一等奖。2010 年,光机所研制出新型能源所用激光材料——Yb：YAG 晶体。

三、激光仪器研发技术

1989 年,上海市激光技术研究所(激光所)研发的激光高精度准直仪,具有精确度高、稳定性好、使用方便等特点,在补偿大气飘移方面具有创造性,其性能指标达到国际先进水平。获上海科技进步奖一等奖。

1992 年,光机所开展光刻机研发,推出Ⅱ型 1∶1 扫描投影光刻机,达到同类光刻机的国际先进水平。同年,激光所等研制成国内第一台激光游标卡尺精密刻线机。1993 年,上海科技大学发明的激光录磁接长技术,实现二次录磁信号的精确衔接,按原定的录磁规律和精度要求不断连续记录。开发了长度大于 3 米的带型长磁栅新产品,获国家发明奖四等奖。同年,光机所研制的二极管激光器自动综合测试仪,在国内处于领先地位。1994—1995 年,上海科技大学研制的三米激光丝杠动态测量仪,采用多项国内外首创的新颖原理和技术,解决了高精度梯形丝杠、滚珠丝杠和滚珠丝杠副的测量问题。获 1995 年国家科技进步奖三等奖。1996 年,复旦大学等发明染料激光眼科治疗机,控制激光输出能量,产生有效的激光生物效应。获国家技术发明奖三等奖。同年,光机所发明的铜蒸汽激光振荡放大链同步自动控制装置,具有全自动控制、精度高的特点,有极强的抗电子干扰能力。获国家技术发明奖三等奖。

2002—2005 年,光机所等研制的神光Ⅱ高功率激光实验装置,解决了一系列高难度的关键技术问题,包括前端分系统独创的损耗调制型激光振荡器技术,以及冷阴极闸流管控制的时空变换脉冲整形技术;首创主激光放大器分系统中的无开关双程组合式放大技术,以及降低 B 积分增量的小圆屏技术;终端光学分系统中创新集成的高转换效率三倍频技术,以及突破高精度调试关键的三倍频模拟光技术;完成了全光路图像传递及全系统光路自动准直两项关键性的总体创新集成。神光Ⅱ装置指标全面达到及部分优于国外运行装置的先进水平。获专利授权 36 项(发明专利 11 项),获 2002 年上海科技进步奖一等奖、2005 年度国家科技进步奖二等奖。2004 年,激光所承担的上海市光科技专项行动计划项目——新颖光纤激光 ID 卡亚表面刻蚀技术及应用研究,综合技术属国内领先并达到国际先进水平。2005 年,激光所开展激光柔性材料加工系统及关键技术研究。同年,中国科学院上海硅酸盐研究所研制成功卤化银光纤 CO_2 激光手术刀头,获得 2 项国家发明专利。2006 年,激光所研制的新颖动态像素真彩全息光刻制版系统,实现 1 000 点/秒快速像素记录和大幅面、高分辨率动态光刻,以及干涉条纹间距和方位角快速可控。2007 年,光机所等承担高端光刻机成像质量原位检测技术研究,创新性地提出一系列 193 纳米高端光刻机成像质量原位检测的新方法,检测速度提高 50％。研制的光刻机定位双频激光干涉仪,获 6 项专利。同年,激光所完成 IC 探针卡激光微孔成型技术及关键工艺研究,实现了光束固定和光束偏转不同组合的控制加工方式,解决了扫描物镜在二维扫描系统中使用时光瞳位置随光束偏转而变化造成的光学设计难题。

　　2008 年 10 月,光机所承担的神光Ⅱ多功能高能激光系统研制项目通过中国科学院、中国工程物理研究院、国家高科技"863"计划专题组的联合验收。9 月,由中、日、韩三方组成的联合实验小组在神光Ⅱ装置上进行无碰撞冲击波实验,认为神光Ⅱ装置输出的激光质量达到国际先进水平,而在靶场服务、神光第九路探针光模式多样性方面,达到国际领先水平。2009 年,激光所完成基于视觉识别的激光精细标刻系统开发及应用研究、激光小线段高速加工衔接研究及应用、激光微孔列阵精细加工关键技术与工艺研究。同年,光机所提出基于非线性材料的微纳结构的光学制造新原理,研发蓝光激光高速直写技术,实现特征尺寸为 300 纳米到 90 纳米的微纳结构高速大面积激光直写制造。2010 年,上海团结普瑞玛激光设备有限公司研制成国内最大幅面 3 000 毫米×24 000 毫米的大功率激光切割机和新型出口型 OLPC 飞行光路激光切割机。同年,激光所开展的 DMD 数字微镜投影光刻系统研究,实现了无掩膜缩微加密、低空频光栅、灰阶图像、衍射元件和动感全息的光刻;实现了逐面光刻,建立了缩微、低空频衍射、光学衍射、灰阶和动感全息的图像库。

第八篇　制造业科技

1978—1990 年,上海制造业科技的发展方向和目标是:大力采用新兴技术,加快对传统工业技术的改造。上海制造业系统取得了包括新材料、新工艺、新技术、新产品和新装备在内的一大批成果:如海绵钛、蠕墨铸铁、记忆合金、蓝色氧化钨等金属材料,高温结构陶瓷、埋入式红外辐射陶瓷等,有机硅、有机氟、医用高分子材料等,异型纤维、低弹纤维、高收缩纤维、芳纶化纤材料等。突破了一批新工艺、新技术:如转炉顶底复合吹炼工艺、不锈钢水平连铸工艺、真空热处理工艺、喷射冶金工艺、直伞齿轮精密模锻工艺、轧后余热处理新工艺、聚丙烯连续本体聚合新工艺、井冈霉素高产菌种及发酵工艺等。开发了一批技术比较密集和新型的产品:如海鸥牌 DF‑1ETM 电子照相机、SZJ86‑1 直线式袜子盲头缝纫机、DS‑2000 程控数字电话交换机、计时钟表、节能灯具、大型电机、光纤、药品、医疗器械等。试制和制造了一批精密仪器设备和大型成套装备:如离心机、主轴回转精密测量仪、CDMC‑1 色谱数据处理机、高频高压电子加速器、Φ4.35 米加泥式土压平衡盾构掘进机等。

　　1991—2000 年,上海市制造业科技以六大支柱产业(汽车、电子信息设备、电站成套设备、石油精细化工、钢铁和家用电器)为重点,进行多项技术攻关。研制成三苯氧胺抗乳腺癌药的生产新工艺;联合攻关含氯氟利昂的取代与应用技术、稀土萃取分离过程计算机初级自动控制等;完成 300 千牛数控冲模回转头压力机;开发成功人造板表面木纹膜技术;开发了大型数控镗铣床、直位封闭机、新一代 ATM/IP 宽带交换系统、新型平板显示技术、新一代炼钢过程模型原开发及其工业应用等。宝钢生产系统优化技术获国家科技进步奖特等奖,52 000 吨浮式生产储油船、SH‑Ⅰ型裂解炉、千吨级四氟乙烯生产技术、MB‑86 丙烯腈催化剂研究及工业应用等,获国家科技进步奖一等奖。

　　2001—2010 年,上海制造业积极承接和实施国家战略任务,以提高自主创新能力为主线,取得许多重大成果。在电子和信息制造技术方面的成果包括,APEC 会议身份自动识别系统、PDA 用液晶显示模块系列、网络集成通用系统、42 英寸逐行扫描等离子屏、红光高清光盘、基于 AVS 编解码标准的国标地面数字电视一体机、130 纳米工艺 DDR2 高级内存缓冲芯片、基于硅基的 TFT‑OLED 微显示器核心技术、两款光传输集成芯片、先进封装用分步投影光刻机、12 英寸 65 纳米介质刻蚀机等。在制药技术方面的成果包括,甘氨双唑钠原料药和冻干粉针剂等放化疗新药,去羟肌苷、司他夫定等国产抗艾滋病新药,杏灵颗粒、西红花多甙片、扶正化瘀胶囊等中药,溶菌酶蛋白、灵异胶囊、注射用重组双功能水蛭素、盐酸多柔比星脂质体注射液、芩部丹片、肠安颗粒、香雪胶囊等新药。在冶金技术方面的成果包括,宝钢高炉喷煤技术、宝钢高等级汽车板品种、生产及使用技术、冷轧/电镀锌各向同性钢板、宝钢集团薄带连铸试验线、大直径直缝焊管技术等。在汽车制造技术方面的成果包括,燃料电池轿车、荣威(Roewe)750、二甲醚城市公交客车、双离合器自动变速器、无人驾驶智能电动汽车等。在造船技术方面的成果包括,船用低速大功率柴油机、30 万吨超大型浮式储油轮、30 万吨载重超大型油轮、3500TEU 巴拿马型集装箱、8530 标准箱超大型集装箱船、7500 吨海上起重机、世界最大 8000 车汽车滚装船等。在化工技术方面的成果包括,碳—化工与羰基合成重大工程技术、新型结构可控性烯烃聚合催化剂、10 万吨乙酸乙酯成套国产化技术、煤基合成气制羰基化专用 CO 新工艺、大型石化装置节能降耗优化控制技术等。在成套设备和装备制造技术方面的成果包括,F 级重型燃气轮机、百万千瓦级超超临界火电机组、A 型地铁列车、450 吨三相三摇臂双极串联电渣重熔炉、万吨自由锻造油压机、"进越号"泥水平衡盾构、百万千瓦级核电蒸汽发生器、核电堆内构件大锻件、3.6 MW 海上风力发电机组等。

第一章 电子与信息制造技术

第一节 仪器仪表技术

20 世纪 70 年代末,上海新跃仪表厂研制的国内第一台 80 万倍电子显微镜,获国家重大科技成果奖。1979 年以后,科技人员相继开发成功Ⅲ型电动仪表、气动单元组合仪表、TF 组装仪表、智能化单回路数字调节器、可编程序控制器和新型执行器等;同时对温度、压力、流量、物位、机械量、显示、调节、气动、电动、执行器、集中控制装置和仪表盘等 12 个大类仪器仪表,提高技术能力;生产出 30 万千瓦发电机组、30 万吨合成氨、年处理 250 万吨原油等国家重大工程的成套自控系统仪表及装置。

20 世纪 80 年代,上海仪器仪表研究所研制 CAMAC 数据采集系统装置,使电工仪器仪表跨入自动测试系统。上海电度表厂试制的 DS21 型 0.5 级三相三线有功电度表、PZ49 型高精度直流数字电压表,同时获得上海市重大科技成果二等奖。上海光学仪器研究所研制精密坐标测量仪,成为发射地球人造卫星的配套仪器;研发成功固态全景频谱分析仪、微波网络分析仪、3 毫米波导元件及其测量装置、数字化小功率计、程控功率计等一批测量仪器产品。1984 年,上海仪表电讯工业局研发出单坐标、两坐标、三坐标数显器和 1 000 毫米以下各种尺寸光栅尺。1985 年,上海钢球厂等研发钢球涡轮自动检测仪,获国家科技进步奖三等奖。1987 年,上海钢铁研究所(钢研所)研发的适用于深冲钢板冲压性能现场检测的 IF - 1 高精度声频内耗仪,1988 年获国家发明奖三等奖。1989 年,上海光华仪表厂研发的 CEC 系列电容式差压(压力等)变送器,获国家科技进步奖三等奖。

1990 年,上海市测试技术研究所等研发自动脉冲测量系统,获上海科技进步奖二等奖。同年,上海机床研究所研发的 WCB - 35 等多功能磁栅数显系统,获中国机床工具博览会春燕奖银奖。1991 年,交通部上海船舶运输科学研究所等研发的低温多路恒电位监控仪,获上海科技进步奖一等奖,次年获国家科技进步奖二等奖。该仪器适用于各种地下、水下船舶、油田、码头、机场等金属结构管网系统的区域性阴极保护。同年,上海航空设备厂开发出 SCS - 10 型汽车车速表检验台。1992 年,上海隆昌仪表厂、中国标准技术开发公司研制的 DJYC - 1 型电机经济运行测试仪,获上海科技进步奖二等奖。同年,上海汽车研究所、中国科学院技术物理研究所研发的 NCS - 1 非接触式车速仪,获国家科技进步奖三等奖。该产品是 20 世纪 80 年代汽车道路性能测试仪器的更新换代产品,采用空间滤波、自动测量和计算机技术,填补国内空白。1993 年,华东师范大学等研发水泥五元素(铁、硅、钙、铝、镁)自动分析仪,获上海科技进步奖二等奖。同年,上海科技大学研发的基于机器视觉原理的能见度测试技术,获国家发明奖四等奖。该发明可用于高速公路监控系统中的气象参数测试,把所测能见度映射为车辆行驶的相应最高速度。

1994 年,上海分析仪器厂研发的 7542 紫外—可见分光光度计,获上海科技进步奖二等奖。1995 年,中国科学院上海技术物理研究所研制的航空成像光谱仪,获国家科技进步奖三等奖。该光谱仪有 64 个光谱通道,具有高光谱分辨率、高信噪比、宽视场等特点。总体设计在小型化和模块化结构、智能化数据采集系统和实时监视机上数据预处理等方面,具有独创性;成果填补国内成像光谱技术空白。1996 年,上海市计量技术研究所、钢研所研制的高精度带钢表面质量检测仪,获上

416

海科技进步奖二等奖。1997年,同济大学声学研究所、上海印染化工厂研制的超声波液体浓度检测仪,获上海市科技进步奖二等奖。1998年,中国科学院上海光学精密机械研究所研发的偏振小孔球面干涉仪,获国家技术发明奖四等奖。该仪器具有抗干扰能力强、条纹对比度可调等特色,具有一系列数字处理软件及对非球面镜的检测功能,能为光盘的盘基和盘片及超大规模集成电路的检验,提供有力工具;成果获国家发明专利3项,美国发明专利1项。同年,上海微波技术研究所研发的 TZD95 电子装置探测器,获上海科技进步奖二等奖。

2002年,上海神开科技工程公司(神开公司)研发的 SK-2000 综合录井仪,获上海科技进步奖二等奖。该仪器是在地质录井基础上发展起来的新一代石油勘探、开发的重要仪器设备,集石油钻井、传感技术、微电子技术、精密机械、色谱分析等多种技术于一体。同年,复旦大学研发出便携式电子鼻分析仪器,该系统由传感器阵列、信号预处理电路、电脑嗅泡和结果显示电路等四部分组成,特别适合于解决定性与定量问题。抗干扰能力极强;前置阵列传感器电路灵活,可与不同类型的传感器连接;技术达国际先进水平。同年,上海自动化仪表股份公司承担大型核电站核电仪表和控制系统,其核心包括 ALSPA P320 DCS 分散控制系统、核电站安全保护逻辑控制系统、核电站主控制系统、核电站仿真系统、核电站辅助系统等。同时,研制出核级温度仪表、核级液位仪表系列、核级转速仪表、核级压力仪表和核级报警装置等十几大类成套核电仪表,成功用于秦山二期核电站、岭澳核电站、田湾核电站等国家重点工程。同年,复旦大学研发出新型微分光学大气分析仪。该分析仪是集光、机、电一体化的新一代大气环境质量自动监测仪,可对大气中几十种污染物进行实时、在线监测,可应用于大气科学研究和空气质量常规监测。

2003年,上海大华仪表厂研发出 EX 系列无纸记录仪。该项目在测量过程自动化、测量数据处理和查询、功能多样化方面,具有突出的优势,是传统纸记录仪的更新换代产品。同年,上海交通大学研发出 K-Ⅱ型高速紫外可见分光光度仪,填补国内空白。该仪器在硬件结构、分光技术和软件设计等方面有创新,特别是在消除多级光谱重叠技术、仪器的网络功能、光谱分析软件的自动扫描和自动分析功能等方面具有独创性。2005年,上海交通大学等研发出高精度电感位移传感器及其测量仪,具有和差运算、超差报警和信号输出等功能,适合工业生产现场自动检测设备使用。同年,中国电子科技集团公司第50研究所研制出高精度、高分辨率、可快速跟踪的无线电高度表,可广泛应用于军用和民用领域,大幅度提高飞行器的控高水平。

2006年,中国船舶重工集团公司第七〇四所研发的 50 kNm 扭矩标准装置,获国家科技进步奖二等奖。该装置用于计量检定、校准扭矩传感器和扭矩测量仪,能为掌握舰船主动力系统工作状况,提高动力系统可靠性,提供重要的数据。2009年,上海电机系统节能工程技术研究中心研发终端断路器选择性保护关键技术,试制10台产品,用于北京天安门照明系统工程,保障60周年国庆阅兵式活动及焰火晚会。同年,上海市计算技术研究所完成中档通用型气相色谱仪 GC-3010 研制。该系统主要由载气、辅助气体压力和流量显示、6道温度控制、4种检测器系统、模拟信号处理系统和气体流路系统等组成,构建了具备自动化、网络化、数字化的 CAN 总线网络。

第二节　广播电视设备技术

1978年,上海无线电二厂开始研制接收日本 BS-1KU 波段卫星电视接收站,开发适用于中国电视制式的地面接收站;后又研制成接收 L 波段苏联卫星信号的 714 MHz 卫星地面站,并在上海和北京地区进行实收试验。1980年,上海广播电视技术研究所(广电所)等单位开发出卫星直播电视地面收转站控制系统。1985年,邮电部第一研究所(邮电部一所)研发的六米天线卫星电视接收站,获国家科技进步奖三等奖。1987年,由广电所担任总体设计,与上海无线电三厂等联合攻关的KV波段卫星接收站,获电子工业部科技进步奖二等奖。同年,广电所开发PAL-D县级卫星电视地面转发系统,获上海市重大新产品一等奖。1988年,邮电部一所研发的WD-6六米天线卫星通信地球站,获国家科技进步奖三等奖。1989年,广电所开发用微机控制的极轴型天线和接收机的全新设备,实现收看多星多频道节目。

1995年,上海市广播科学研究院研制的ZX10千瓦～30千瓦波导型分米波电视双工器,获国家科技进步奖三等奖,产品具扩展功能,填补国内空白。1998年,上海市广播科学研究所研制成10千瓦数字调幅中波发射机,第1台机器于11月1日投入上海人民广播电台972千赫运行。1998年,上海交通大学、浙江大学等研制的数字高清晰度电视系统关键技术与设备,被两院院士列为当年国内十大科技进展;1999年10月参加北京国庆50周年HDTV现场转播实验;2001年被评为"九五"国家重点科技攻关计划重大科技成果;2002年获上海科技进步奖一等奖;2003年获国家科技进步奖二等奖。该项目是采用单载波VSB技术和多载波COFDM技术两种传输方案的广播传输系统,解决7项重大关键技术,研制13种国产核心设备,攻克数字电视传输固定/移动接收核心技术难题,使中国成为世界上第四个拥有该系统的国家。

2000年,上海广电集团开发有线数字视频广播和非对称数字用户环路终端,以及多媒体信息彩电和相关视频服务器。同年,上海广电信息产业股份有限公司和上海华显数字影像技术有限公司开发出有线接收HDTV(高清晰度电视)广播的多种形式终端。同年,上海市经委组织研发准高清晰电视终端样机,在上海"工博会"和上海HDTV技术演示周上展示。2003年,上海成为中国首座、全球第二座开通移动电视商用的城市,市区覆盖率达95%以上;安装移动数字电视的公交车达2000辆,并开拓医院、轮渡和快艇等多种载体的接收平台。

第三节　通信设备技术

1985年,上海电报局研发ST-1型程控用户电报交换机,获国家科技进步奖三等奖。1986年,邮电部一所等研发国产第一台2000门程控数字电话交换机,采用数字交换网络的理论模型与交换机的测试诊断算法,1988年获国家科技进步奖一等奖。1989年,上海市长途电信局研发的ST-2型用户电报和低速数据交换系统,获上海科技进步奖一等奖。该交换机采用国际上先进的分布控制技术,整个系统由系统处理级和线路终端级进行两级控制,可以为用户提供单流/双流和音频等多种接口。

1991年,上海市邮电管理局(邮电管理局)对HJ921V长、市、农纵横制交换机实现微机控制及安装。同年,邮电管理局采用STRA-TUS容错计算机,研制出集中式10万门无线寻呼中心系统。同年,微波研究所开发出短波数传通信系统,功能较为齐全。1992年,微波研究所研制出微波直升机载应答器,提高了整机集成度。同年,上海市仪表电讯工业局研制出大型程控交换机2.4微米～3微米MOS大规模集成电路生产技术。同年,微波研究所研制双六端口网络分析仪,属国内领先。1993年,上海贝岭微电子制造公司(贝岭公司)承担的1240数字程控交换机专用大规模集成电路国产化工业生产开发项目,获上海科技进步奖一等奖;同年,微波研究所开发出微波"三遥"技术,在电力、通信等部门得到应用。同年,微波研究所研制超小型同轴连接器——K型接头系列,填补国内空白,1994年获国家科技进步奖三等奖;项目开发出9种配套的2.4微米～3微米大规模集成电路,并取得国际权威机构质量体系认证证书。1997年,贝岭公司研制出1.2微米专用大规模集成电路,年供货100万只,获上海市新产品一等奖。1999年,上海贝尔电话设备制造有限公司(贝尔公司)开发的S12交换机定时供给系统(S12BILS),获国家科技进步奖三等奖,产品集融交换机和BITS功能于一体,有定时输出功能、S12交换机时钟状态与告警监视功能等,属国内首创。

2000年,贝尔公司开发ATM/IP宽带交换系统,支持包括IP、话音、实时数据在内的各种业务。2001年起,上海围绕第三代移动通信技术开展LAS-CDMA数据、话音移动通信技术试验网。上海贝尔阿尔卡特移动通信系统公司研制的移动交换机集中维护系统,2001年获上海科技进步奖二等奖。同年,上海康泰克电子有限公司研制TFT液晶多媒体网络数码终端,填补国内空白。2005年,展讯通信(上海)有限公司研制出2G/2.5G(GSM/GPRS)手机核心芯片(SC6600),为亚洲首例,打破国外垄断。2006年,上海广电通讯网络有限公司成功开发便携式卫星应急通信系统,具备与卫星通信网络固定地球站间的实时双向通信功能,能提供突发公共事件的宽带多媒体通信服务。

2007年,上海梁江通信系统有限公司研发的信令引擎SigEngine技术,获上海技术发明奖三等奖;研发移动通信垃圾短信拦截和骚扰电话控制系统、网间号码携带系统、智能用户数据库、信令业务处理平台等,实现全分散处理、集中管理,广泛在中国移动、联通核心网上应用。同年,上海格尔软件股份有限公司研制的交换网关,为国内首款。同年,上海大学、上海兆富通信技术公司等开发基于Adhoc技术的微功率无线通信系统,是能够临时快速自动组网的移动网络,与其他移动网络相比,网络中所有结点地位平等,无需设置任何中心控制结点,而且具有报文转发能力,在特殊环境如野战中能发挥作用。2008年,上海信息安全工程技术研究中心研制出SHS08 PSTN数字加密电话机,其密钥管理和数字语音加密,分别采用非对称和对称的密码混合体制。同年,上海交通大学研制的小型化高性能微波无源元件与天线,获国家技术发明奖二等奖;该项目发明了高温超导电磁带隙结构高功率滤波器、电磁带隙结构带通滤波器、频率可调高温超导微波谐振器,以及符合IEEE标准的双频全向—定向天线等。同年,上海交通大学、上海奇普科技有限公司等完成的高效、抗干扰无线宽带图传关键技术研究及其应用,获国家科技进步奖二等奖;成果应用于载人航天工程神舟六号、神舟七号返回舱陆地搜救任务,以及中央电视台奥运高清转播。2009年,上海锐合通信技术有限公司与新疆强国科技有限责任公司开发出维文TD-SCDMA/GSM双模无线通信模块,属国内首款。同年,上海信息安全工程技术研究中心研制出GSM加密手机,获得国家密码局颁发的商用密码产品型号证书。该产品采用密码和数字信号处理技术,集明话通话、通话记录、保密通话、用户鉴别及密钥更新等功能于一体,既保证通信安全保密,又实现可信用户鉴别、电话终端设备可控、用户安全管理等。

第二章　汽车制造技术

第一节　传统汽车制造技术

20 世纪 80 年代,汽车制造工业得到发展,共有 16 项技术获得国家级和市级奖项,其中获国家科技进步奖二等奖 2 项、三等奖 1 项,获上海科技进步奖一等奖 1 项、二等奖 4 项、三等奖 8 项。20世纪 90 年代,轿车生产技术发展很快,共有 39 项技术获得国家级和市级奖项,其中获国家科技进步奖二等奖 2 项、三等奖 2 项,获上海科技进步奖一等奖 2 项、二等奖 15 项、三等奖 18 项。2000 年以来,轿车型号开发迅速,并带动汽车工业发展,共有 98 项技术获国家级和市级奖项,其中获国家科技进步奖一等奖 2 项、二等奖 5 项,获上海技术发明奖一等奖 1 项、二等奖 1 项、三等奖 2 项,获上海科技进步奖一等奖 4 项、二等奖 31 项、三等奖 52 项。

一、整车制造技术

【上海大众轿车】

1985 年 3 月,经中国和联邦德国政府批准,决定在上海建立中德合资的上海大众汽车有限公司(上海大众)。1989 年底,上海大众加快实施国产化,累计生产桑塔纳轿车 51 401 辆,零部件国产率达 53.77%。1990 年,上海大众建立年产 6 万辆轿车、10 万台发动机生产能力的生产线,国产化率达 72.69%。1995 年,上海大众桑塔纳轿车产量突破 16 万辆,国产化率 87.79%。1998 年,上海大众二期技术改造工程暨上海桑塔纳 2000 轿车项目,获国家科技进步奖二等奖;该项目通过国家验收委员会验收,形成单班年产 6 万辆轿车和三班年产 15 万台发动机的能力。2000 年 5 月,上海大众改进普桑,开发出 1.6 L 发动机新产品。2002 年,上海大众开发的紧凑型轿车 POLO 投放市场。2004 年,上海大众开发 12 种新车型,其中 Santana 3000 及出租专用车型、Golf 二门运动型、Polo 出口三厢 1.6 L 手动挡右驾驶车型、Touran 2.0 L 5 座及 7 座车型投产。2005 年,上海大众帕萨特 1.9 L 柴油车开发成功,投入出租车行业示范运行。2010 年 3 月,上海大众首款都市 SUV 车型 Tiguan 途观上市,分别搭载 1.8 TSI 和 2.0 TSI 引擎,配 6 挡手动变速箱及手自一体变速箱。

【上海通用轿车】

1999 年 4 月,上海通用汽车有限公司(上海通用)正式投入生产上海别克轿车,性能、油耗、排放等综合指标优良,使中国轿车工业水平达世界一流。2000 年,上海通用别克系列变型车,开发改装邮政车、警备车、宣传车、电视车等共计 62 种专用车。2001 年,上海通用向 APEC 会议提供 348 辆别克系列轿车,作为礼宾及工作用车。2004 年,上汽通用五菱汽车股份有限公司、泛亚汽车技术中心有限公司(泛亚技术中心)开展汽车碰撞安全性设计与改进理论、方法及关键技术研究,获国家科技进步奖二等奖。2010 年 1 月 11 日,上海通用雪佛兰新赛欧全球首发,实现国际品牌的本土研发突破,形成整车开发能力。

【自主品牌轿车】

1999年，泛亚技术中心开发成功国内最新概念车型——"麒麟"概念车。该车是第一辆由中国设计、制造，面向中国市场的整车；采用前轮驱动、4缸16气门发动机、五速手动变速器，车身造型符合空气动力学原理，具良好的燃油经济性。2006年，上海汽车集团股份有限公司（上汽集团）推出首款自主品牌轿车荣威（Roewe）750，是第一款在中国量产的中高档轿车产品，标志着中国国际品牌开始走向市场。2008年7月，上汽集团自主品牌荣威550正式上市，是荣威家族中级车新产品，具有低油耗、高功效特点。

【客车】

1991年，上海飞机制造厂开发SF6125高级旅游客车。1998年，上海汽车工业技术中心完成SH6606/T3轻型客车优化设计。2000年，上汽集团技术中心制造出七座小客车概念样车。2000年，上汽集团研发的6730A-2等8种宽体客车新产品通过技术鉴定。2001年4月，上海申沃客车有限公司交付160辆"申豪"客车，供APEC会议使用；该车设计人性化，尾气排放达欧洲Ⅱ标准。2003年8月，上海汇众汽车公司新大通HL100客车正式投产。2004年，上海市机电设计研究院研制成功轻型客车总装生产线，通过鉴定；该生产线由机械化输送线、线旁装配专用设备及辅助设备、检测线组成，年生产能力为3万辆。

【特种车辆】

1980年12月，上海重型汽车厂研制出交通牌16吨～20吨系列汽车起重吊车，投入批量生产。1981年，上海汽拖公司生产出载重汽车、集装箱车、自卸载重汽车等近20种中型、重型、矿用3个系列的整车和底盘产品。1990年，上海市环境卫生管理局自主研发5吨集装拉臂式垃圾车，填补国内该型车空白。1991年，中国船舶科学研究中心上海分部研制出南浦大桥养护车，爬坡能力为标准行车的28.5倍，能起吊1.5吨重物至50米高度。2004年，上海理工大学研发机场地勤用车，用于对飞机进行通风、冷却、采暖等维护保养，投入机场应用。2008年，上海理工大学研制出VDK-1型飞机电源空调综合保障车，在飞机停机状态下，为飞机提供地面空调保障和交直流电源保障的航空综合地勤保障。

二、汽车零部件制造技术

1985年，上海大中华橡胶厂完成的全钢子午线载重轮胎新技术的开发及其在8.25R20子午胎中的应用研究，分别获上海科技进步奖一等奖、国家科技进步奖三等奖，并研制出丁基胶汽车内胎。1988年，上海有色金属研究所、上海沪江铜厂研发的汽车散热器用新型铜合金，获上海科技进步奖二等奖。

1990年，上海交通装卸机械厂试制出桑塔纳轿车前、后座椅骨架，投入批量生产，实现国产化。1991年，宝钢试制出桑塔纳轿车车轮用钢板。1991年，上海第二工业大学机械系研发的汽车发动机曲轴淬火技术，为国内首创。1992年，上海轮胎橡胶（集团）公司正泰橡胶厂（正泰橡胶厂）成功开发P195/75SR14轿车子午线无内胎轮胎，达国际先进水平。1993年，上海大众桑塔纳轿车后桥总成，获上海市优秀新产品二等奖；前照灯及前桥总成，获上海市优秀新产品三等奖。1995年，上海第五钢铁厂、上海汽车锻造总厂研制的桑塔纳轿车非调质曲轴用钢及模锻件性能试验，获国家科技进步奖三等奖;该产品可达到 35 Mn2VS 的强韧性水平。1998 年,上海交通大学完成轿车活塞关键制造专用设备开发,1999 年获国家科技进步奖二等奖,所研制的 6 种 10 台套设备全部在线运行。1999 年,上海轮胎橡胶(集团)公司轮胎研究所承担的轮胎整体结构优化设计理论及其推广应用研究,获上海科技进步奖一等奖,应用该理论开发 130 多种轮胎新产品。

2000 年,上海离合器总厂、上海交通大学研发液力变矩器焊接技术与焊接装备的关键技术,2001 年获上海科技进步奖一等奖,2002 年获国家科技进步奖二等奖,该技术成为解决别克轿车动力部分的制造关键。2002 年,上海交通大学、上海大众完成的轿车车身制造质量控制技术及其应用研究,获国家科技进步奖二等奖。该项目创建轿车冲压件成形质量控制体系,打破国外技术垄断。同年,上海超级计算中心谢企华等完成的薄板冲压工艺与模具设计理论、计算方法和关键技术在车身制造中的应用研究,获国家科技进步奖一等奖,填补国内空白。

2004 年,上海轮胎橡胶(集团)公司轮胎研究所研发 10.00 R20、11.00 R20 系列集装箱卡车无内胎子午线轮胎,属国内首创。2005 年,宝钢开展的高等级汽车板品种、生产及使用技术的研究,获国家科技进步奖一等奖;开发 183 个汽车板品种,替代 50% 的进口。同年,上海交通大学等承担的轿车覆盖件精益成形技术及其应用,获国家科技进步奖二等奖;开发出镀层抗粉化性能的计算机视觉评估系统、工艺敏度分析方法及软件。同年,同济大学新能源汽车工程中心、上海汇众汽车制造有限公司成功研制汽车电动助力转向系统,填补国内空白;开发的小齿轮助力式电动助力转向系统,可安装在国产中高档轿车上。

2006 年,中国电子科技集团公司第 21 研究所成功开发电动助力转向系统驱动电动机,机械结构简单、可靠性高,可以节省 3%～5% 的油料。同年,上海大学开展表面处理工艺的研究与开发,获上海科技进步奖二等奖;该研究能有效提高产品质量。2007 年,上海交通大学完成的新型高性能耐热镁合金研制及其在汽车上的应用项目,获上海技术发明奖一等奖;该技术在国际上首次将镁合金材料应用于汽车缸头、变速箱等零部件。同年,正泰橡胶厂的全钢丝子午线工程机械轮胎,获上海技术发明奖一等奖;该轮胎负荷能力强、抗撕裂、耐刺穿,节油 8%～10%,使用寿命提高 50% 以上。同年,上海新明源汽车配件有限公司等开发钢制汽车车轮平衡块,通过日本本田检测及 OTS 认证。2008 年,上海交通大学、上海通用完成的复杂薄板产品设计过程偏差控制的新技术与新方法研究,获上海技术发明奖一等奖;该项目在 20 多个国产车型上应用。

第二节　新能源汽车制造技术

2000 年以来,新能源汽车研究蓬勃兴起,共有 6 项技术获得国家级和市级奖项,其中获国家科技进步奖二等奖 1 项,获上海技术发明奖一等奖 1 项,获上海科技进步奖一等奖 1 项、三等奖 3 项。

一、燃料电池汽车技术

2002 年 12 月,上海市发展燃料电池汽车领导小组协调并研制成功国内第一辆四轮驱动线传控制的燃料电池概念车——春晖一号。2003—2008 年,上汽集团、同济大学等组成的国家“863”电动汽车重大专项项目组(电动汽车项目组),于 2003 年 8 月研发成第一代燃料电池轿车——超越一号。2004 年 6 月,电动汽车项目组研制成第二代动力系统“超越二号”样车,该车关键零部件均为自主开发,总输出功率超过 40 千瓦。2005 年 8 月,电动汽车项目组研制成第三代洁净能源轿车“超越三号"样车。2006 年 6 月,两辆"超越三号"氢燃料电池汽车,赴法国参加历时 3 天的巴黎米其林必比登清洁能源汽车挑战赛,获得氢能燃料组比赛优胜奖。2006 年,上海华谊(集团)公司(华谊集团)建成以煤为原料的 120 N 立方米/h 燃料电池氢工业化示范生产线,实现燃料电池用氢净化装置长周期低成本运行。2007 年,电动汽车项目组研发的燃料电池轿车动力系统集成与控制技术项目,获上海科技进步奖一等奖。2008 年,电动汽车项目组研发的燃料电池轿车动力平台关键技术,获国家科技进步奖二等奖。该技术最大输出功率达 88 千瓦,最高时速 150 公里,从静止到 100 公里/时的加速时间减至 16 秒,可实现轿车的百公里氢燃料消耗最低。

2006—2008 年,上海燃料电池汽车动力系统有限公司(燃料电池汽车公司)等于 2006 年研制成功燃料电池公交客车样车。2007 年,上海神力科技有限公司研发出新一代"神力一号"燃料电池城市客车,用"燃料电池＋氢气罐"替换传统汽车的"内燃机＋油箱",最高时速达到 95 公里,车厢内噪声在 65 分贝以下。同年,上汽集团成功研发"上海牌"新能源汽车,其搭载的第四代燃料电池组最大输出功率达到 60 千瓦,样车时速可达 150 公里以上。2007—2008 年,上海大众等成功开发大众帕萨特"领驭"燃料电池轿车,采用高压储氢系统、串联式混合动力驱动结构,氢能安全性高。2008 年,上海大众以帕萨特领驭车型为基础的 20 辆燃料电池轿车,参与北京奥运会服务,历时 66 天,出勤 970 余次,行驶总里程 7.3 万公里,经受住考验。同年 3 月,燃料电池汽车公司、同济大学新能源汽车工程中心等创造性地提出将两台燃料电池轿车动力系统进行耦合,用于燃料电池客车,保证客车的动力性和经济性达最优。

二、压缩天然气汽车技术

2003 年,上海申沃客车公司完成康明斯 CNG(压缩天然气)发动机在 SWB6115Q1-3 型单燃料压缩天然气城市客车上的定型试验,其动力性、经济性和排放性通过国家规定的各项检测,以及"汽车产品公告"、环保目录和 CCC 认证的审查。

三、混合动力汽车技术

2000 年,上海大众、同济大学研发成功可燃汽油和 CNG(压缩天然气)的桑塔纳 LX 系列及电子喷射 Gli 系列的电控双燃料汽车。2003 年,上海大众研制桑塔纳 3000LPG 双燃料轿车,攻克 LPG 喷燃中的技术难题,动力系统能保证在 −25℃ 的环境下正常启动,达到 E3 排放标准。2004 年 2 月,上汽集团启动低端混合动力城市大客车概念样车开发项目;2005 年 3 月底,完成整车性能优化调试,测试试验表明,比原型车节油近 20％。2005 年,上海大众桑塔纳 3000 汽油/LPG 两用燃料轿车批量生产;同年,通过国家型式认证。2006 年,上汽集团、上海交通大学完成"上海牌"混合动力展示样车开发项目,最高时速超过 210 公里,城市综合工况下节油 25％,达到欧Ⅳ排放标准。2006 年 3 月,泛亚技术中心完成 SGM18 别克君越的混合动力样车开发,经性能试验,燃油耗值低 20％以上。2008 年,上海通用别克君越 EcoHybrid 油电混合动力车面世。

四、电动汽车技术

2002 年 6 月,上海交通大学成功研制全国高校首辆"思源号"太阳能电动车,只要在阳光下晒三

4个小时,便能轻松跑上10余公里,乘坐2人最高的时速达50公里。2005年,上海奥威科技开发有限公司攻克的超级电容器,填补国内空白,获上海国际工博会银奖,2007年获上海技术发明奖一等奖。同年,上汽集团研发超级电容公交电车样车,每公里耗能仅为1.4度电;充电速度快,一次充电可运行3～8公里。2006年,上海瑞华(集团)有限公司(瑞华集团)选用超级电容器组和锂电池为动力的高压道路冲洗车研制成功;该车可无级变速,功率大、无污染、无噪声,单位公里耗电费用仅为同类车的1/4。同年,瑞华集团与国家电网公司研制出环保型混合电能超级电容车系统,安装在电动公交大巴上,充一次电可以持续行驶300公里。

2007年,复旦大学课题组发明新型混合型水系锂离子电池/电容器,因其充放电过程只涉及一种离子在两电极间转移,也称为"摇椅式电容器";模拟实验表明,循环2万次基本上没有容量衰减,是可应用于公交车等的超级电容器。2008年,上汽集团研制25辆升级版超级电容公交车,电池容量从原来的8万法拉增加到12万法拉,车辆行驶噪声在60分贝以下。2009年,上汽集团南京依维柯汽车有限公司研制首批10辆依维柯全电驱动车,百公里耗电量约为40度左右;充满一次电后,续驶里程可达220公里。2010年,上汽集团研发的"叶子"概念车全球首发。该车顶像一片巨型叶子,是高效光电转换器,4个车轮为风力发电机,车体为有机金属结构(MOFs),能模拟绿色植物吸附二氧化碳在微生物作用下释放出电流。同时,还能将高浓度二氧化碳通过激光发生器转化为电能,实现"负排放"。

五、有机燃料汽车技术

1997年,上海交通大学燃烧与环境技术研究中心承担新型低排污二甲醚燃料喷雾特性和燃烧机理的研究,成功开发出二甲醚燃料专用发动机。2003年底,上汽集团、华谊集团等承担的M15甲醇汽油轿车项目,完成发动机匹配试验和定型设计,成功开发出汽油/甲醇汽油燃料切换控制器。2005年4月,交大环境中心、上汽集团成功试制中国第一辆二甲醚公交车,通过科技部成果验收。2006年,上海内燃机研究所成功开发发动机醇类燃料灵活混合多点顺序分时喷射系统,可实现汽油、醇类燃料或两者任意混合比例的工作模式,并解决醇类燃料的甲醛/乙醛高排放,以及降低气门腐蚀磨损问题。同年8月底,上海申沃客车有限公司完成10辆二甲醚城市客车样车的试制工作。2007年8月,上海交通大学、上海柴油机股份有限公司开发二甲醚发动机产业技术项目,有10辆二甲醚城市客车投入试验运行。

第三章　船舶制造技术

第一节　船舶设计与开发技术

20 世纪 70 年代末到 80 年代,船舶设计与开发技术研发取得实效,共有 30 项技术获国家级和市级奖项,其中获国家科技进步奖三等奖 4 项,获国家技术发明奖三等 2 项,获上海市重大科技成果二等奖 6 项,获上海科技进步奖一等奖 1 项、二等奖 3 项、三等奖 14 项。20 世纪 90 年代,船舶设计建造技术有较大发展,共有 27 项技术获得国家级和市级奖项,其中获国家科技进步奖二等奖 1 项、三等奖 7 项,获国家技术发明三等奖 1 项、四等奖 2 项,获上海科技进步奖二等奖 11 项、三等奖 5 项。2000 年以来,远洋货船研发向大型、超大型船型发展,现代船舶建造有较大发展,共有 37 项技术获得国家级和市级奖项,其中获国家科技进步奖一等奖 1 项、二等奖 2 项,获上海科技进步奖一等奖 6 项、二等奖 7 项、三等奖 20 项,获上海技术发明奖三等奖 1 项。

一、船舶设计技术

20 世纪 70 年代末,上海交通大学、中国船舶工业集团公司第七〇八研究所(七〇八所)研制数控不规则造波系统及其他数控仪器,用于船舶设计试验与测试。1983 年,上海交通大学、上海船舶工艺研究所等研制出船舶设计程序(SDS)系统,通过技术鉴定,主要用于干货船的经济分析、技术论证、主尺度决定、船型变换及性能计算。

1994 年,江南造船(集团)有限责任公司(江南造船集团)等承担的计算机辅助造船集成系统第二期工程(CASIS-Ⅱ)通过验收;1996 年该项目获国家科技进步奖三等奖。1998 年,江南造船集团开展计算机辅助造船集成系统第三期工程(CASIS-Ⅲ),完成 KCS 的硬件联网和软件安装,通过国家经贸委、船舶总公司技术验收。

2001 年,上海外高桥造船有限公司(外高桥造船公司)完成现代造船模式及系统仿真研究,研发出产品及作业过程数字化等软件。2010 年,七〇八所、江南造船集团等开展的基于计算流体力学(CFD)的船舶快速性能优化技术和设计准则研究项目,通过工业和信息化部验收。2010 年,沪东中华造船(集团)有限公司(沪东造船集团)完成造船设计、制造、管理一体化数字平台技术研究项目的全部任务,形成初步设计、造船工程管理、船舶制造数据管理等 11 个软件系统。

二、船型开发与优化技术

1978 年,七〇八所设计钢质艇体、玻璃钢上层建筑的沿海侧壁式气垫 719 型试验艇。20 世纪 80 年代初,七〇八所设计出"津翔"号港湾侧壁式气垫旅游艇。1979 年 10 月,七〇八所、江南造船厂建造出远洋调查船"向阳红 10 号"。

1990 年,江南造船集团完成 2.4 万吨汽车滚装船设计和建造;该船为技术密集型船舶,为中国首次建造,入西德劳氏船级社。1991 年,七〇八所设计、上海飞机制造厂建造国内第一艘 7212 型

33座全垫升式气垫旅游船。同年,船舶设计院设计建成首批8艘3.5万吨级浅吃水经济型散货船(单桨),获国务院重大技术装备特等奖;该船适应中国海域特点及北煤南运需要,设计的船舶线型和新结构型式,具有良好技术性能。1991年,上海沪东造船厂承建的"极地号"南极科学调查船,获国家科技进步奖三等奖;该船为双层底,双层壳,有首侧推装置及直升机平台,具抗12级台风能力,属国内首创。1992年,江南造船集团建造4 200立方米半冷半压式液化气船液罐大型封头瓣片,采用激光划线一次切割法代替原样箱划线的二次切割法,节约材料和工时。1992年,上海船厂建造的28.3万立方英尺冷藏/集装箱船,获国家科技进步奖三等奖;该船系多用途货船,可作全球航行。1993年,沪东造船集团汤瑞良等完成的2 700箱多用途集装箱船研制,获国家科技进步奖一等奖;该船使用计算机进行船舶操作、控制和管理。1993年,上海船舶工业公司研发的3.4万吨大湖型散货船,获国家科技进步奖三等奖;该船适合航行于大湖区,满足圣劳伦斯航道要求,具优异的快速性、操纵性和耐波性。1993年,七〇八所等设计建造的3 000立方米液化气体运输船,获国家科技进步奖三等奖;该船有两个1 500立方米的卧式圆筒形液化气贮罐,采用70公斤级钢材制造。

1995年,七〇八所、黄埔造船厂建造的双体气垫船,获国家科技进步奖三等奖;该船是中国第一艘按中国船级社规范建造的全铝合金海上高速客船,填补国内空白。1995年,交通部上海船舶运输科学研究所研制的非对称双尾鳍船型,获国家科技进步奖三等奖;该船解决了外旋桨的推进效率问题,实现节能与减振的统一,成果在数十艘客、货船上应用。1996年,七〇八所、船舶总公司渤海造船厂等研发的3.5万吨级油船,获国家科技进步奖三等奖,作为北油南运主力船型更新换代产品。1997年,江南造船集团建造的"中国江南"型7.3万吨巴拿马级散货船,获国家科技进步奖二等奖;该项目通过优化船体结构,扩大低合金钢使用范围,选用新节能型主机,单位马力油耗明显降低。1998年,江南造船集团、中国船舶及海洋工程设计研究院(中船设计院)设计的大舱口多用途散货船,获上海科技进步奖一等奖;该船采用回转货物吊、大型液压背载式舱口盖等技术,装卸效率提高近1倍。1998年,中船设计院、上海求新造船厂研制出气垫地效翼船新船型——天鹅号动力气垫地效翼船,具有快速、耐波及两栖3种特性,连续航程达300公里。

2000年,江南造船集团、中船设计院开发建造的1.65万立方米半冷半压式液化气船,获国家科技进步奖二等奖;该船能同时装载三种不同密度的19种液化气和部分化学品。2002年,江南造船集团承建的7.08万吨自卸船,获国家科技进步奖二等奖;该船开发全自动化自卸系统、"A"支架装置和船体大型钢结构,满足IMO新的破舱稳性要求,获挪威DNV船级社认证。同年,江南造船集团、中船设计院完成的2.2万立方米半冷半压式液化气船,获上海科技进步奖一等奖;该船破解完整稳性和破舱稳性衡准难题,是中国首次设计、建造的世界上最大的半冷半压式液化气船。同年,上海外高桥造船有限公司承建17.5万吨好望角级散货轮,为国内最大吨位散货船,也是世界上能进入法国敦刻尔克港口的最大散货船。同年12月,七〇八所研究设计、江南造船集团建造的中国第一艘跨琼州海峡火车渡船——粤海铁1号投入营运;该船具有抗风等级高、横倾调整能力强、自动化程度高、安全性强等特点。

2004年11月,中船设计院、广州广船国际股份有限公司建造的南海海区千吨级巡视船——海巡31,列入中国海事船艇序列;该船适合无限航区,排水量为3 000吨,最大航速在22节以上,船上装备全国海事系统第一艘直升机、导航雷达与电子海图、海事卫星C站系统等。同年,七〇八所、江南造船集团承造"海监83",该船配备多种实验室和一台Z9直升机,可航行于地球南北纬60度以内的世界各大海域。同年10月,中国船舶科学研究中心上海分部完成国内第一艘采用小水线面船技术的新型综合科学考察船设计,是当时载重量最大的全天候大型小水线面双体船。2005年,船舶设计院、上船澄西船舶有限公司开发的超灵便型多用途船系列,获上海科技进步奖一等奖;该船可装载 1 900 个标准箱,集散货船、集装箱船和重吊船等功能于一体,被英国皇家造船师学会选为 2001 年杰出船型之一。同年,江南造船厂建造的"普陀岛"号和"葫芦岛"号 1.6 万总吨客滚船,是国内设备最先进、性能最优良的大型豪华客/车滚装船,具军民两用特点;2006 年获上海科技进步奖一等奖。同年 5 月,沪东造船集团建造的 11 万吨阿芙拉型油船"海富"号顺利下水。该船为单机单桨,货舱区及燃油舱为双壳,能装载闪点低于 60℃的原油。2006 年,沪东造船集团开发出超巴拿马型 8.7 万吨双壳及单壳干散货船两种新船型,采用单机单螺旋桨,远洋无限航区。同年,澄西船舶公司、船舶设计院自主开发的 3500TEU 巴拿马型集装箱船,获国防科技奖一等奖、中国船舶公司科技进步奖一等奖;该船主机选用国内首制的最大功率低速船用柴油机 7K90MC‐C,续航力可达 1.5 万海里。

2008 年,沪东造船集团建造出中国第一艘液化天然气(LNG)船"大鹏昊"号,这艘海上"巨无霸"能运载 6.5 万吨液化天然气。同年 10 月,由七〇八所设计、长兴重工建造的 29.7 万吨超大型油船"长江之珠"号,完工交付船东,属世界上最经济的超大型油船之一。2009 年 10 月,上海江南长兴重工有限责任公司(长兴重工)、船舶设计院建成 5100TEU 巴拿马极限型集装箱船,是第五代集装箱船的拓展改进型,具航速高、设备先进、航线适应性强等特点。2009 年 10 月,七〇八所、武昌造船厂完成中国第一艘天然气水合物综合调查船建造,命名为"海洋六号",该船集成度和自动化程度高,采用国际先进技术及设备,配置有 4 000 米级深海水下机器人"海狮号"及大容量高分辨率地震采集系统等。2010 年,上海船舶研究设计院(船舶设计院)完成 8000 车汽车滚装船设计,该船航速约 20 节,续航力 2.5 万海里。2010 年,沪东造船集团攻克 14.7 万立方米大型薄膜型液化天然气(LNG)船蒸气动力推进、超低温液货驳运、超低温货物围护系统的建造难关,填补国内空白。2010 年,长兴重工等单位通过 VLCC(Very Large Crude Carrier)关键技术研究,掌握 VLCC 制船工艺、工艺技术固化优化及批量建造关键技术,研制出上海第一艘 29.7 万吨 VLCC 船,打破国外船厂垄断。2010 年,七〇八所研发万吨级医院船"和平方舟"号,首航亚非五国执行"和谐使命 2010"任务;该医院船硬件设施相当于三级甲等医院水平,具平战医疗服务能力。

第二节　海洋工程装备制造技术

1984 年 6 月,中国船舶工业集团公司第七〇八研究所(七〇八所)、上海船厂等设计、建造的中国第一艘半潜式钻井平台"勘探 3"号顺利完成。该平台最大工作水深 250 米,半潜时甲板可变载荷 2 000 吨,海上试验作业期间,能经受 9 级大风、5 米浪高的考验。

1991 年,七〇八所、沪东造船厂设计建造的 5.2 万吨浮式生产储油船,获国家科技进步奖一等奖;该船是世界上第三艘、中国第一艘研制建造的大型海洋工程船,集采油、储罐、生产动力三位一体,填补国内空白。1993 年,上海船舶工业公司系统 7.55 万吨浮式生产储油船等 5 个产品,获上海市优秀新产品奖。1994 年,江南造船厂、中船设计院等设计建造的 7.55 万吨浮式生产储油船,获上海科技进步奖二等奖。1995 年,中国船舶重工集团公司第七〇二研究所上海分部研发的"探索者"无缆水下机器人载体系统,获上海科技进步奖一等奖;该系统主要用于海洋防险救生作业和海底资源考察。

2004 年 10 月,中船设计院与德国 LMG 公司联合设计,由沪东造船集团建造的 5 000 立方米自航耙吸挖泥船,首制船一次试验成功并交付黄骅港使用;该船内设 10 个圆锥形泥门卸泥,配有高压冲水系统,可适用多种土质的挖掘。2005 年,七〇八所研制与开发的百万吨级海上油田浮式生产储运系统,获国家科技进步奖二等奖;该项目开发技术创新,形成中国海上油气田主流技术;研究成果在海上曹妃甸等 10 个高难度大中型油气田的 7.3 亿吨储量得以应用。

2006 年 2 月,七〇八所、山海关船厂完成"中油海 3"坐底式钻井平台设计建造;该平台作业水深 2.5 米～10 米,最大钻井深度 7 000 米,是中国规模最大,装备最齐全的坐底式钻井平台。同年,上海交通大学研制的浅海海底管线电缆检测与维修装置,获国家技术发明奖二等奖;该装置既能水面航行又能潜入深水和坐落于海底,便于管线检修;具有通风换气、信号传输、逃生等功能的高通道及可伸缩水下干式维修舱;能自动追踪和高精度"对线控位"动力定位。同年 10 月,由七〇八所设计、南通港闸船舶制造有限公司建造的 3 500 立方米/h 绞吸挖泥船"新海鳄"号交付使用;该船为国内产量最高的绞吸挖泥船,采用世界先进的水下泥泵电轴驱动控制方法和可实现浅水倒桩的主副定位桩装置。

2007 年 4 月,中船设计院、上海外高桥造船有限公司设计建造的 30 万吨海上浮式生产储油船,命名为"海洋石油 117"号;该船是配合渤海大型海上油田"蓬莱 PL19－3"而研制的,需长期系泊固定海域,25 年不脱卸,可抵御百年一遇海况;日加工 19 万桶原油,储油量约为 190 万桶。同年 5 月,由七〇八所设计、广州文冲造船厂建造的 1.35 万立方米自航耙吸式挖泥船"新海虎"号交付使用;该船集双耙挖泥、高压吹泥、艏喷和艏吹、起吊等功能于一体,能在无限航区内航行,填补国内空白。2008 年,上海振华港口机械(集团)股份有限公司(振华港机集团)研制的海上浮吊"华天龙"号 4 000 吨全回转浮吊,获上海科技进步奖一等奖,首次用于整体打捞一条宋代沉船;该浮吊长 165 米、宽 48 米,起升高度可达 95 米,起重臂可以放倒或旋转,起重量居亚洲第一。

2009 年 3 月,上海船厂船舶有限公司完成深海油气勘探和开发装备关键技术研究。该项目设计和建造的深海半潜式钻井平台,具深海钻井、修井能力,并配有强大动力设备,能抵御恶劣海况。同年,振华港机集团承担的 7 500 吨全回转自航浮吊交付使用;该浮吊在满滚子全回转大轴承、回转面加工、起重臂高强钢焊接等领域创新,起重量世界第一。同年,中交第三航务工程局有限公司建造风力发电机安装专用起重船"三航风范"号,用于东海大桥近海风电场施工,是国内第一艘双臂架变幅式专用起重船。同年 7 月,七〇八所、振华重工集团建造的国内第一艘 1 200 吨浅水铺管船"海洋石油 202"交付使用;该船采用安装 12 台变频重型锚绞车,可铺设外径为 60 英寸的海底管道,最大铺管水深达到 300 米,适合全球海域作业,填补国内空白。

2010 年,七〇八所、上海外高桥造船有限公司完成 3 000 米深水半潜式钻井平台建造任务。该平台属国际第 6 代钻井平台,最大工作水深 3 000 米,钻井深度为 1.1 万米,适应世界上大部分海域,具有钻井、修井、采油等多重功能,堪称海洋工程领域的"航空母舰",填补国内空白。同年 4 月,上海交通大学完成大型绞吸挖泥船设计与关键技术研究,通过鉴定;该项目开发大型绞吸挖泥船的设计和集成优化技术,研制出与系列船型配套的专用疏浚设备,打破国外技术垄断。同年,中船七〇二研究所和七〇一研究所上海分部等 100 家科研机构和企业联合攻关,研制出中国第一台自主制造的"蛟龙号"载人潜水器;该潜水器在 3 000 米级海上试验取得成功,最大下潜深度达到 3 759 米,超过全球海洋平均深度的 3 682 米,标志中国继美、法、俄、日之后,第 5 个掌握 3 500 米以上大深度载人深潜技术的国家。同年,上海振华重工(集团)股份有限公司设计制造出"SAMSUNG 5 号"8 000 吨浮式起重船;该船为当时世界最大吨位量海上浮式起重船,属非自航非旋转双臂架浮吊,船上配有 11 台 60 吨绞车,水面最大起升高度 131 米。

第三节 船舶关键系统和配套设备技术

1982年,沪东造船厂、上海船用柴油机研究所试制成18E390V首台中速柴油机。1987年,沪东造船厂和上海船用柴油机研究所研制成6E34/82SDZC型船用低速柴油机,适用于3 000吨~10 000吨沿海、浅海、江海联营各型船舶。1988年,上海交通大学与九江仪表厂生产出新型电控罗径,具微机处理各种信息补偿、显示等功能,通过海军军工产品定型。

1992年,交通部船舶运输科学研究所研发的CZP型最佳纵倾配载仪,获国家科技进步奖三等奖;该配载仪具有配载和节能双重功能,可节约船舶燃油4%~10%左右,属国内首创。1993年,沪东造船厂制造的6S60MC船用低速柴油机,运用在7万吨巴拿马型散货船上。同年,船用柴油机所研制出25吨/小时大型船用辅锅炉,通过部级鉴定,用于3.46万吨油轮。1995年,中国船舶重工集团公司第七一一研究所(七一一所)、中国船舶总公司新中动力机厂等研发的L250Z系列中速柴油机,获国家科技进步奖三等奖;该机包括6缸机和8缸机两种机型,油耗每马力小时150克,获机电部全国首届中速柴油机系列评选第一名。同年,上海船舶工业公司研发的5L50MC(Markv)型船用低速柴油机等共4个产品,获上海市优秀新产品奖。1996年,上海海运(集团)公司等研发的LSK25-1.6船用辅锅炉,获国家科技进步奖三等奖;该锅炉采用针形管传热元件、全自动蒸汽雾化燃烧器,热效率高、使用寿命长。1999年,上海电器科学研究所研制的2500、4000A舰船用框架式低压断路器,获国家机械局一等奖。

2001年,上海船舶电子设备研究所研制成功H/HCS004A型回声测深仪,用微机作控制核心,可兼作舰船导航和海道公里量程测量用,稳定可靠。2003年,上海沪东重机股份有限公司完成的船用大型柴油机关键制造技术开发应用,获上海科技进步奖一等奖。该项目制造出世界首台HD-MAN B&W5S50MC-C船用柴油机,获国际12家船级社型式认可。

2007年,上海埃威航空电子有限公司(埃威电子公司)研发的AWAIS-1型船舶自动识别系统,能增加信息传输和管理,获中国船级社型式认可证书。2008年,七一一所和广州柴油机厂研制成G32系列大功率中速柴油机。该机采用等压燃烧模式,运用三段式连杆、无水机体等结构,可为国内万吨级船舶提供替代进口船舶动力。2009年,沪东重机公司完成6S80MC-C大功率柴油机关键制造技术研究。该设备属环保型新型船用柴油机,可作为国内建造30万吨级的超级油轮动力装置。

2009年,埃威电子公司研制的AWENA-1船舶智能导航仪,分别获中国航空工业集团公司、中国航海学会科技进步奖二等奖及上海市高新技术成果转化证书;该导航仪能实现航行信息综合显示和智能的辅助避碰。同年,上海远洋运输有限公司开发的远洋船舶全球动态主动监控技术研发及应用,获上海科技进步奖一等奖。该项目首创在船岸两个独立网络之间,建立以岸端主控的控制指令链路,通过海事卫星远程调用AIS信息,填补国际航运界船岸信息技术空白。2010年,七一一所牵头船用低速柴油机智能化系统国产化关键技术研究,突破低速机智能化系统供油单元和共轨单元关键制造技术。同年,中国船舶重工集团公司第七〇一研究所上海分部完成综合电力推进系统集成技术研究,为研制航速不小于30节的4 000吨级舰船工程型号解决主要关键技术。

第四章　成套设备与装备制造技术

第一节　基础装备制造技术

20世纪80年代,上海锻造行业拥有1 000吨以上锻压机、630吨以上摩擦压力机、1.2万吨自由锻造水压机和2 000吨快速锻造水压机,具有成套提供30万千瓦电站设备的转子、护环,以及汽车、拖拉机等类型曲轴、舵轴、推力轴、连杆等锻造能力。1987年,上海重型机床厂研制成功具凹凸磨削功能的大型精密龙门导轨磨床,为国内首台。

1990年,上海第二锻压机床厂研制的300千牛顿数控多模压力机,获全国第二届机床工具博览会锻压机床金牌;该机床配有三轴联动汉化数控系统,比传统钣金加工提高效率10倍以上,填补国内空白。同年,上海机械专科学校研制成功的数控三轴金属模板钻床,用于生产印刷线路板冲模具,可替代进口。1991年,煤炭科学研究总院上海分院(煤炭总院上海分院)、鸡西煤矿机械厂等研发的MG200-W型滚筒式采煤机,获国家科技进步奖三等奖;该机适用于中硬煤质的综采工作面,具有过断层和自开缺口能力。1992年,上海申江机械厂研制出ZF2-3D55型三坐标自动仿形铣床,集机、电、液技术于一体,是加工各种凹凸型腔模具和形状复杂零件的高效设备。1993年,上海市工具工业研究所、上海工业大学等研制的锉刀齿纹加工设备,采用以滚代剁新工艺,整机由微机控制,操作方便。同年,煤炭总院上海分院成功研制的短壁工作面综采机组——MGD150-NW采煤机,获国科技进步奖三等奖;该采煤机机身长3米,摇臂回转轴能回转270°,可实现滚筒伸入巷道直接进刀作业,填补国内空白。1996年,煤炭总院上海分院、大同矿务局研发的MG344PWD型薄煤层强力爬底板无链电牵引采煤机,获国家科技进步奖三等奖;该采煤机功率大、机身矮、机面低,适合高小、起伏较大的薄煤层开采。

2001年,上海锻压机床厂承担Y27-5000型5万千牛大型液压机项目,开发避震系统的设计、自动上下料装置、伺服比例控制系统,填补国内空白。2002年,上海理工大学应用技术研究所、上海重型机床厂设计制造的SHZ1044双主轴立式车削,获中国机械工业科技二等奖;该设备属国际机床制造业新颖数控设备,适用于盘类、短轴(套)类两个端面均有精度要求的零件机械加工。同年,上海理工技研所设计、上重机床厂研制的HM-015倒立车削中心,能实现车、钻、铣、攻等工序集中一次加工,整机达国际先进水平。同年,煤炭总院上海分院成功开发EBJ-132SH型悬臂式半煤岩掘进机,该机能切割单轴抗压强度60 MPa～70 MPa半煤岩巷道,可替代进口。

2003年,上海交通大学、上海大学等主持的数字化制造关键技术研究及其在上海的工程应用项目,获国家科技进步奖二等奖;成果在全市八大行业的20余家制造企业中推广应用,支持10多个行业、150余家企业的100多种产品创新开发。同年,上海汇盛电子机械设备有限公司完成多维数控定位技术结构柔性化研究,该项目研制成功的P757-1型全自动双端压接机,属超静音产品,为国内首创。2004年,上海机床厂有限公司、上海理工大学研制成MKA8612/H数控曲面成型磨床,该磨床解决国内复杂的花键零件加工难题,填补国内空白。同年,上海理工大学、上海重型机床厂成功研制的XK2420型五轴联动数控龙门铣床,能进行空间曲面和五面体加工,应用于航天、造船、汽车、军工等行业。上海第三机床厂、上海交通大学研发的基于图像检测的数字化精密曲线磨床,具有图像识别技术,适用于各种精密复杂轮廓加工。核工业第八研究所研制成高精度金刚石排刀,研制的砂轮片具有精度高、寿命长等特点。

2005年,上海宝钢集团公司完成的张力减径机新型非传统孔型的开发,获上海科技进步奖一等奖。该机是无缝钢管制造的成型机组,创造性地提出并形成系统的新型孔型设计理论与具体方法,使无缝钢管尤其是高压锅炉管质量明显提高。同年,同济大学、上海通江技术发展有限公司完成的基于CAD/RE/RP/RT技术集成的新产品快速开发应用系统及反求测量设备开发,获上海科技进步奖一等奖。该项目开发数控铣床高柔性附件的反求测量系统,精度整体可达0.02毫米;建立STL模型切层轮廓的拓扑结构理论;开发基于断层图像的RE/CAD快速复合建模软件。同年,煤炭总院上海分院研发的MGSY180/460-WD采煤机,是世界上第一种能量回馈型四象限运行交流变频电牵引采煤机,属国际首创。

2007年,上海理工大学研制的MK-1000型钢轨焊缝数控精磨机,能对高速铁路钢轨修除焊瘤和修复钢轨表面,提高钢轨焊缝处平顺度。2008年,上海理工大学研制的ZTK2110Ⅲ型数控三轴深孔机床,专用于核电站锅炉配件加工,能保证位移精度及重复定位精度,并设有故障快速响应监控及自诊断报警系统。2009年,上海机床厂有限公司研制的MK84200系列数控轧辊磨床,主要承担热连轧机组、宽厚板机组支承辊、工作辊等大型轧辊制造的粗磨、精磨工序加工。同年,上海材料研究所攻克高性能硬质合金钢轨铣刀材料的研制及应用研究,研制D16合金材料,制造出抗热疲劳、抗冲击的高性能硬质合金钢轨铣刀。同年8月15日,上海重型机器厂有限公司、中国重型机械研究院历时4年设计制造的1.65万吨自由锻造油压机,举行开锤仪式;同年获上海科技进步奖一等奖。该油压机是世界最大跨距的自由锻造油压机,锻造精度达2.5毫米,能满足百万级核电及其他筒体类产品锻造需要;该油压机的配套设备——夹持锻件的250吨/630吨·米有轨锻造操作机、供锻件加热用的450吨三相三摇臂双极串联电渣重熔炉,也一并研发投入运行。这三大锻造装备研制配套成功,标志着中国大型锻件极端制造能力跻身世界一流水平。

第二节　电站装备技术

20世纪70年代末到80、90年代,电站装备技术研究取得成果,共有项39技术获国家级和市级奖项,其中获国家科技进步奖三等奖2项,获国家技术发明奖四等奖1项,获上海科技进步奖一等奖5项、二等奖15项、三等奖16项。2000年以来,火电装备的亚临界机组、超临界机组、超超临界机组全面发展,成绩显著;核电发展成绩突出;风电、水电研发取得实效。共有项55技术获国家级和市级奖项,其中获国家科技进步奖一等奖3项、二等奖4项,获上海技术发明奖一等奖1项,获上海科技进步奖一等奖7项、二等奖19项、三等奖21项。

一、火电装备制造技术

1992年,上海电气联合公司研发亚临界30万千瓦机组。1993年,电气公司为广东台山电厂制造两套亚临界600兆瓦机组主机及主要辅机,实现上海地区承制600兆瓦机组零的突破。1995年,上海电气联合公司制造的亚临界600兆瓦火电机组主设备,在上海吴泾热电厂八期工程中选用,其热耗比美国同类机组降低1.8%,全年可节约标准煤2.04万吨。1995年,上海汽轮机厂、航空航天部六二四研究所等完成的汽轮机905毫米长叶片设计与研制,获上海科技进步奖一等奖,1996年获国家科技进步奖三等奖;该成果可用于 300 兆瓦、600 兆瓦、900 兆瓦汽轮机,属国内首创。1996 年,上海锅炉厂的 1 025 t/h 亚临界压力控制循环锅炉,获上海科技进步奖一等奖,1997 年获国家科技进步奖三等奖;该锅炉适应国内煤质燃烧,具有效率高、氮化合物排放量小、自控水平高等优点。1999 年,宝钢集团研发世界首台采用高炉煤气作燃料的 150 兆瓦燃气轮发电机组。

2001 年,上海汽轮机有限公司分包上海外高桥电厂二期两套 900 兆瓦超临界机组锅炉、汽轮机、发电机等部分主要部件及主要辅机制造。2002 年,上海电气联合公司设计制造的两套亚临界 600 兆瓦机组,获上海科技进步奖一等奖。2005 年,上海发电设备成套设计研究所、上海汽轮机厂研制的大功率空冷汽轮机,获上海科技进步奖一等奖;该机组冷却耗水量仅为同功率湿冷机组的四分之一。2006 年,上海汽轮机有限公司完成的超临界 600 兆瓦中间再热、单轴、三缸四排凝汽式汽轮机项目,获上海科技进步奖一等奖;该项目热耗比同类机组降低 3.2%,性能优于国外机组。

2008 年,上海发电设备成套设计研究院、东方锅炉(集团)股份有限公司承担的超临界 600 兆瓦火电机组成套设备研制与工程应用项目,获国家科技进步奖一等奖和上海技术发明奖一等奖;该项目实现自主设计制造与产业化,与亚临界同类机组相比,年节约标准煤 680 万吨,减排 CO_2 1 906.9 万吨,减排 SO_2 11.19 万吨,减排 NO_x 2.54 万吨。同年,上海电气完成的超超临界 1 000 兆瓦等级汽轮发电机组研制,获上海科技进步奖一等奖;此项目采取最新气动和热力设计技术,降低热耗达 20% 以上,并实现产业化。同年,华东理工大学承担的超临界空冷汽轮机关键技术及其应用,获上海技术发明奖一等奖。发明了超临界空冷汽轮机、超超临界空冷汽轮机、超临界空冷汽轮机部件关键技术,研制出超临界空冷汽轮机相关部件和系统。获授权发明专利 8 项,申请发明专利 8 项,获实用新型专利 11 项、软件著作权 1 项。

2010 年,上海电气电站集团完成 1 000 兆瓦大型超超临界火电机组创新设计、敏捷制造和协同管理数字化集成平台建设,企业生产效率提升 50%。2010 年,华东理工大学、上海汽轮机厂研发的全寿命预测关键技术及其在大型汽轮机上的应用,获上海科技进步奖一等奖;该研究为解决超超临界等大型汽轮机可靠性保障问题取得技术创新成果,并实现微尺度下汽轮机寿命演化过程的原位观察和定量分析的一体化集成。

二、核电制造技术

1991 年,秦山核电有限公司(秦山核电)300 兆瓦核电机组首次并网发电成功。1997 年,秦山核电机组压水堆堆内构件设计与制造项目,以及机组控制、保护和仪表系统设计与研究,分别获国家科技进步奖三等奖;成果经国家核安全局审评和近 6 年运行检验,认定安全可靠、运行稳定,填补国内空白。同年,上海核工程研究设计院、美国西屋公司等联合完成中国百万千瓦级 CPWR-1000 大型核电站项目概念设计。

2001 年,秦山核电二期核岛的蒸发器、稳压器、压力容器、堆内构件、驱动机构和常规岛主要设备,完成国产化制备。2002 年,上海核工程研究设计院完成的 CPWR-1000 大型核电站项目核岛关键技术研究与设备,获上海科技进步奖一等奖。2002 年,上海第一机床厂有限公司与法国马通公司合作生产秦山二期 2 号机的 600 兆瓦反应堆内构件,攻克五大技术难题,国产化率达 95% 以上。2003 年,上海自动化仪表股份有限公司完成大型核电站控制系统及成套核仪表项目,研制出核心仪表,包括 ALSPA P320DCS 分散控制系统、核电站安全保护逻辑控制系统及核电站主控制系统、核电站仿真系统、核电站辅助系统等装备。

2004年，秦山核电二期2×600兆瓦核电站设计与建造，获国家科技进步奖一等奖；该工程是中国自主设计和建设的第一座商用核电工程，两台核电机组通过核电规范100小时、火电规范168小时连续满功率试运行的双考核，投入商业运营。2006年，上海鼓风机有限公司建成的10兆瓦高温气冷实验反应堆，获国家科技进步奖一等奖；该项目建成世界上首座模块式球床高温气冷堆；制备出包覆颗粒燃料元件、全数字化保护系统及主氦风机等。2007年3月，上海交通大学和上海锅炉厂完成CPWR-1000大型核电站项目核岛主承压设备研制专题。2008年4月，上海市核电办公室组织完成CPWR-1000大型核电站项目主要设备及材料研制。2008年，中国核动力研究设计院、上海第一机床厂有限公司制造的秦山二期工程3号机组堆内构件，通过验收出厂。

2009年8月，中广核集团核电技术研究院、上海起重运输机械厂有限公司研发成大型压水堆核电站换料机，该样机是国内研制的首台核电换料机，实现全自动、大偏置、高速运行模式，性能达到或超过国外产品。2009年，宝钢等研制出中国首个核电蒸汽发生器用690U型管，成功替代国外产品。2010年，上海重型机器厂有限公司对CPWR-1000大型核电站项目堆内构件大锻件制造进行技术研发，成功解决了超低碳控氮奥氏体不锈钢的成分控制、奥氏体不锈钢锻件的锻造技术、马氏体不锈钢的性能热处理等技术难题。2010年8月，中国核动力研究设计院、上海电气核电设备有限公司制造出中国首台百万千瓦级核电蒸汽发生器，是核电站最关键的设备之一，标志上海电气具备二代加百万千瓦级蒸汽发生器的制造能力，实现制造能级从600兆瓦到1000兆瓦的重大突破，获中国国际工业博览会金奖。

第三节　交通运输装备技术

20世纪70年代末到80年代、90年代，交通装备研究围绕港口装卸作业、轨道交通技术设备进行，共有29项技术获国家级和市级奖项，其中获国家科技进步奖一等奖1项、二等奖4项、三等奖2项，获国家技术发明奖三等奖2项、四等奖5项，获上海科技进步奖一等奖2项、二等奖7项、三等奖6项。2000年以来，港口作业装备及轨道交通特别是磁悬浮技术，得到迅速发展，共有18项技术获国家级和市级奖项，其中获国家科技进步奖一等奖1项、二等奖1项，获上海科技进步奖一等奖3项、二等奖2项、三等奖9项，获上海技术发明奖三等奖2项。

一、轨道交通装备技术

1990年，上海地铁公司、机电部21研究所完成地铁自动售票检票系统样机，集机、电、磁记录和自动控制、计算机技术于一体，填补国内空白。1999年，上海阿尔斯通交通运输电气公司和上海阿尔斯通交通设备公司生产的自动化控制电气和地铁车辆，用于地铁2号线和明珠线，填补国内空白。

2003年，上海电气自动化设计研究所等研发轨道交通屏蔽门控制系统，通过上海市科委鉴定；该系统经110万次寿命测试，性能完好，国产化率达70%。2007年，上海磁悬浮交通工程技术研究中心完成高速磁悬浮交通技术研究，该项目研制出磁悬浮交通试验车一辆，完成一条试验线路和配套系统及国产化研究。同年，上海轨道交通设备发展有限公司、同济大学等成功研发A型地铁列车，打破跨国公司技术垄断；该列车为"四动、两拖"的配置，最高时速80公里。

2009年，上海材料研究所承担城市轨道车辆车钩缓冲器研制，试制出国内首台地铁密接式自动车钩,打破外国产品垄断。同年,该所完成磁悬浮轨道梁支座扩大生产工艺研究,创新研制出一批磁悬浮支座专用设备和生产线。2010年,上海申通地铁集团有限公司、上海自动化仪表股份有限公司等完成城市轨道交通CBTC系统车载设备和ATS技术研究。该项目攻克高安全性的3取2冗余结构技术,以及车载测速定位、车载设备仿真检测平台、车地无线通信技术等。同年,上海电气(集团)总公司、上海磁悬浮交通工程技术研究中心完成低速(城轨)磁悬浮交通系统集成技术研发及试验线工程。该项目研发线路轨道、道岔设计与制造、车辆制造与车辆悬浮控制及牵引系统、信号系统集成等关键技术,具备系统总体集成能力。

二、隧道掘进机制造技术

1988年,上海隧道工程股份有限公司(隧道股份)、上海船厂研制的Φ4.35米加泥式土压平衡盾构掘进机,完成穿越长534米的黄浦江电缆隧道,填补国内空白。1991年,上海市隧道工程公司隧道施工技术研究所研发的盾构穿越重要构筑物和双液跟踪注浆控制沉降技术,获上海科技进步奖一等奖,属国内领先。

2006年,隧道股份研制的国内首台Φ6.34米地铁土压平衡盾构,获上海科技进步奖一等奖。2008年,同济大学、申通地铁等进行的软土盾构隧道设计理论与施工控制技术及其应用研究,获国家科技进步奖二等奖;成果在上海长江隧道、南京第四长江通道等工程得到应用。2009年,隧道股份开展的地下工程施工技术与重大施工装备的创新研发项目,获上海科技进步奖一等奖;该公司成为全球唯一具备地下工程施工和盾构制造能力的企业。2010年,上海建工机械施工有限公司成功研制具有模块组合、适应不同截面和多种土质的矩形隧道掘进机,在地铁11号线地下通道工程应用。同年,隧道股份等完成泥水平衡盾构关键技术与样机研制;该项目掌握了泥水压力控制、平衡控制模式、全自动流程和盾构智能化等关键技术,研制成自动控制系统和管片拼装机,填补大直径泥水平衡盾构机设计制造的空白。

三、港口装备制造技术

1991年,上海港木材装卸公司创制的异步启闭废钢块料抓斗,获国家技术发明奖四等奖;该发明采用滑移支承机构,使得抓斗各个颚板能根据物料分别闭合,解决撒漏问题,提高生产效率。1992年,上海市船舶运输科学研究所等研发的DCC型集装箱式自动称重灌包机,获国家科技进步奖二等奖;该机属颗粒状、粉状货物"计量—装卸一体化"包装机械,填补国内空白。同年,上海港高阳装卸公司研发的无动力自动转锁集装箱吊具,获国家技术发明奖四等奖;该发明采用重锤式换向机构,构思巧妙,属国内外首创,能提高工作效率55%。1994—1998年,上海港务局研制开发的港口新型抓斗吊具系列,先后获国家发明奖5项、交通部和上海市科技进步奖9项,获日内瓦、巴黎、匹兹堡、布鲁塞尔等国际发明展览会金奖8项;采用新型抓斗和吊具,提高装卸效率30%~100%,缩短船期20%~55%,万吨货物事故发生率下降99.5%~100%。1996年,上海港口机械制造厂研制的M16-33型门座起重机,获国家科技进步奖二等奖;该机为吊钩、抓斗两用起重机械,适用于港口码头、堆场作业。1997年,上海港口机械制造厂、交通部水运科学研究所完成的码头散货斗轮式卸船机研制,获国家科技进步奖二等奖,该机机头呈"L"型,可深入船舱作业,是世界上唯一能用于海轮矿石卸船的设备。1999年,上海振华港口机械(集团)股份有限公司(振华港机)研制成功的差动小车式岸边集装箱起重机,获上海科技进步奖一等奖;该机创造性地解决起重机械与吊具联动的技术难关,是对传统集装箱起重机技术的一次革命,属国际首创。

2000年,上海港口机械制造厂承制的600 t-185 m造船用大型门式起重机,起重质量600吨,跨度185米,起升高度89米,列入国家重大技术装备国产化创新研制项目。2002年,振华港机开发的全自动化双小车岸边集装箱起重机,获上海科技进步奖一等奖;该项目在起重机上配置两部在不同轨道上运行的小车,通过转接平台,进行"接力"式转运,生产效率达每小时60标准箱。2003年,上海国际港务(集团)有限公司、上海海运学院研发的集装箱智能化管理成套技术,获上海科技进步奖一等奖、2004年获国家科技进步奖二等奖;该项目将模糊智能控制理论应用于港口集装箱作业,为上海港集装箱吞吐量排行由1998年的世界第十位上升至2003年的第三位提供技术支撑。

2004年,振华港机研发的双向防摇型集装箱起重机,获上海科技进步奖一等奖;该项目采用8绳缠绕设计,实现抑制吊具及集装箱摇摆,提高效率20％～30％。2005年,振华港机田洪等承担的新一代港口集装箱起重机关键技术研发与应用,获国家科技进步奖一等奖;该项目攻克双小车、双箱、双向防摇、双定位技术、节能环保型动力系统等关键性技术,成果实现产业化,创建了国际品牌"ZPMC"。2008年,振华港机开展的ZPMC新一代港口集装箱起重机关键技术研制平台建设,获国家科技进步奖二等奖;该项目开展系统创新、世界名牌、中国创造三大战略,实现产品在世界市场的占有率达78％以上,并出口到世界73个国家和地区的120个港口。

第四节　机　器　人　技　术

1987年5月,上海交通大学、上海工业大学等研制的焊接机器人"上海1号"、搬运机器人"上海2号",参加北京中国第一届机器人国际博览会。1990年,上海科技大学、彭浦机器厂研制出桥架式工业搬运机器人"上海4号",能在电脑网络控制下,完成纵横向行走、升降、手腕旋转、手爪开合等动作,抓重握力大于80公斤,重复立位精度高,填补国内空白。1991年,上海交通大学和上海机床厂研制出"上海3号"喷涂机器人,适用于10多个产业部门的喷涂作业,可改善环境污染,提高产品表面喷涂质量、降低成本。1993年,上海交通大学和上海煤气公司开发管内爬行机器人,投入应用。1996年,同济大学研制的顶升机器人——超大型构件液压同步提升技术与设备,获国家科技进步奖二等奖。该机器人采用液压提升器集群,实现超大型构件的大吨位、大跨度、大面积、超高空整体提升,先后应用于上海石洞口电厂、外高桥电厂六座240米钢烟囱的顶升、上海东方明珠广播电视塔钢天线桅杆的整体提升、北京西客站主站房钢结构门楼整体提升、首都机场四机位机库大型屋架提升、上海大剧院钢屋盖整体提升,以及长江三峡高达100米门机提升等重大建设工程,均获成功。1997年1月,上海机器人技术研究中心研制系列化地下穿孔机器人,进入工程使用,完成大口径穿孔工程11个、小口径穿孔300多个。

2001年,上海电动工具研究所开发智能化水池清洗机器人,采用三维视觉系统、压电式传感器触觉系统、污物识别专家系统等技术。2002年,上海大学、上海机电一体工程有限公司成功开发GMU-VAN后桥机器人弧焊生产线,填补国内空白。该机器人采用PLC远程伺服控制,实现机器人6轴与外接轴的联动控制,触摸屏操作,具有故障自检和纠错功能。2004年,上海交通大学完成的机器人焊接空间焊缝质量智能控制技术及其系统研究,获国家科技进步奖二等奖。该研究实现对具有复杂空间焊缝构件的智能焊接,成功地用于火箭贮箱箱底、航天超高强钢薄壁壳体、导弹发射箱等自动焊接。同年,煤炭科学研究总院上海分院完成智能型混合式顶管机器人研发。该机器人具备顶进过程中及施工地质条件等各种数据的积累、分析和处理,提高施工质量、掘进速度和施工安全性,可替代进口产品。同年,上海交通大学研制的 3 500 米水下取样机器人"海龙",具有独特的水下动力定位和虚拟监控系统,30 分钟以内可下潜到 3 500 米水深,可在水中"行走";2009 年,成功进行东太平洋海隆区域 2 770 米下方火山口考察,获取火山热液样品。

2006 年,上海交通大学完成的工业机器人作业系统的关键技术研究、开发与应用,获上海科技进步奖一等奖,2007 年获国家科技进步奖二等奖。该项目突破智能化工装夹具、多自由度夹持器、多轴变位机等装备的设计,以及作业规划与控制等技术。同年,上海电气集团中央研究院研制的机器人乐手,在中国国际工博会成功展示。该项目外形仿真人化,在全方位移动和乐手协同演奏等方面有突破。2007 年,上海电气集团中央研究院、上海交通大学完成助老助残服务机器人智能轮椅移动平台研究。该轮椅集机器人控制、自主导航、人机交互、图像识别等技术于一体,具有实用性。2008 年,上海海事大学航运技术与控制工程交通行业重点实验室研发的水上观察机器人,属自航式海洋环境无人监测装备,能将采集的瞬间数据与遥感卫星的遥感数据准确同步。2010 年,上海交通大学自动化系机器人与智能信息处理研究所研制的智能陪护机器人,采用传感器和自动控制技术,能为老年人提供智能陪护。

第五章　冶　金　技　术

第一节　冶　炼　技　术

20世纪70年代末到80年代,中国现代冶炼技术得到发展,共有23项技术获国家级和市级奖项,其中获国家科技进步奖三等奖3项,获国家技术发明奖四等奖1项,获上海重大科技成果二等奖2项,获上海科技进步奖一等奖1项、二等奖4项、三等奖12项。20世纪90年代,冶炼技术改革和技术进步取得实效,共有25项技术获国家级和市级奖项,其中获国家科技进步奖特等奖1项,获国家科技进步奖二等奖1项、三等奖3项,获上海科技进步奖一等奖2项、二等奖12项、三等奖6项。2000年以来,冶炼技术在提高效率和节能降耗方面收获成果,共有17项技术获国家级和市级奖项,其中获国家技术发明奖二等奖1项,获国家科技进步奖二等奖3项,获上海技术发明奖二等奖1项,获上海科技进步奖一等奖5项、二等奖2项、三等奖5项。

一、炼铁技术

1985年9月15日,上海宝山钢铁总厂一期工程1号高炉点火投产,采用多种炼铁新技术。1986年1月,国务院批准上海宝钢二期工程设计任务书,高炉、烧结设备基本立足国内设计和制造。1987年5月,上海第一钢铁厂两座255立方米高炉移体大修,建造1座750立方米高炉。

1991年,上海梅山冶金公司和马鞍山钢铁设计研究院研制的ML－1型幕帘式烧结点火器,获冶金部科技进步奖三等奖。1993年,宝山钢铁(集团)公司(宝钢)等承担的高炉炉衬测厚技术,获国家科技进步奖三等奖。该技术在高炉炉衬内埋设测厚元件,与高炉炉衬同步侵蚀,测厚误差在30毫米以内。同年,宝钢开展高炉喷煤试验,2号高炉喷煤粉量突破每吨生铁100公斤。1996年11月,宝钢高炉喷煤技术攻克18个喷煤技术难点,形成自主工艺,喷煤比稳定在每吨生铁200公斤以上。1999年,宝钢研制成高炉关键性部件长寿风口,采用偏心设计,改进内部结构,提高抗冲刷力,使用寿命由原来的6个月提高到12个月。同年10月,宝钢集团第一钢铁公司(一钢公司)2 500立方米大高炉点火投产。该高炉投产后,加上改造上马的750立方米高炉,所产铁水可满足公司全年炼钢需求。

2001年,宝钢高炉喷煤最高达每吨生铁263公斤,获上海科技进步奖一等奖,2002年获国家科技进步奖二等奖。同年,宝钢承担高炉铜冷却壁研制及其使用技术研究,开发适合中国高炉的铜冷却壁设计、制造、安装和使用等技术,高炉炉龄可以由6～8年增长到15年。2006年,宝钢开发2号高炉长寿技术,建立了完整的高炉长寿标准体系,并形成具有宝钢特色的大高炉长寿生产操作与维护系统工程技术。该高炉稳定运行15年,是世界上寿命最长的大型高炉之一。2008年,宝钢、东北大学等完成的钢铁企业副产煤气利用与减排综合技术,获国家科技进步奖二等奖。该项目攻克高炉煤气综合利用难关,建成纯高炉煤气循环热电机组,使煤气综合利用居国内领先。

二、炼钢技术

1979 年,上海第三钢铁厂结合平炉大修,将单枪顶吹改为双枪顶吹,发挥吹氧冶炼新工艺效能。1984 年,上海第五钢铁厂研制成功 HB-40 钢包炉,首创国内电炉炼钢工艺,生产的轴承钢的纯洁度达瑞典 SKFD33 标准。1985 年,上海重型机器厂等完成的 200 吨级三相双极串联大型电渣重熔炉设备和工艺研究,获得上海科技进步奖一等奖。研究一整套防止漏渣和漏钢的措施,控制长时间冶炼时渣和钢中成分的变化,开发新的脱氧机制,可以获得高韧性的锻件。1985 年,上钢一厂完成的转炉顶底复合吹炼工艺试验研究,获得上海科技进步奖一等奖。在国内首次采用吸收转炉煤气中的 CO_2 作复合吹炼的底吹气源,解决供气管路与炉体同步旋转和阻缓耐火材料的侵蚀、延长炉底寿命等技术,建立了完善的供气计测系统。1988 年,上海钢铁工艺技术研究所研究成功电炉泡沫渣埋弧冶炼新工艺,电耗降低 56 度/吨钢、缩短冶炼时间 31 分/炉,提高生产率约 152%。同年,上海第三钢铁厂的转炉煤气净化回收成套(6 项)新技术研究,获上海科技进步奖一等奖。研制成功线性矩形可调喉文氏管、文氏管液压伺服装置、气动三通切换阀、文丘里型转炉煤气流量计、炉口微差压调节仪表装置及转炉煤气回收系统自动控制装置等 6 项技术。

1990 年,上海宝山钢铁总厂对一期工程引进的三座 300 吨氧气顶吹转炉和顶喷法铁水脱硫装置,进行技术改造;将顶吹氧气转炉改成顶底复吹转炉,脱硫装置增加脱硅和脱磷功能。1991 年,上海第二耐火材料厂、上海宝山钢铁总厂开发出宝钢 300 吨钢包用铝碳锆滑板砖,获上海科技进步奖一等奖;该项目研制的滑板砖,平均使用寿命达到 2 次以上,属国内首创。1992 年,上海材料研究所等研发的炉用耐热钢,获国家科技进步奖三等奖。该项目在国内首次提出炉用耐热钢用钢体系,开发出 65 种精铸炉用耐热构件。1993 年,宝钢 300 吨转炉炉龄攻关达新水平,年平均炉龄为 2 246炉,最高炉龄达到 3 033 炉。1995 年,宝钢、冶金部钢铁研究总院研制的转炉复吹用供气耐火材料,获国家发明奖三等奖。该项目开发的 300 吨转炉用供气元件,平均寿命为 2 523 炉,最高寿命为3 247 炉,均超过进口供气元件。1998 年,上海第一钢铁集团有限公司溅渣护炉技术在小型转炉上获得成功,使炉龄大幅度提高。

2001 年,宝钢建成 300 吨多功能真空脱气和 300 吨 LF 炉钢包精炼炉装置,开发出相应精炼技术,能规模生产一系列高难度钢种。2002 年,宝钢研发的宝钢 2 号 RH(多功能钢水真空处理装置)工艺与设备技术的开发和应用,获上海科技进步奖一等奖,2004 年获国家科技进步奖二等奖。该装置具备脱碳、脱氢、脱氧、脱硫、合金化、温控、冷钢控制、钙处理等八大功能。2003 年,宝钢研发电炉工艺优化项目,适用于超高功率直流电弧炉炼钢、LF/VD 二次精炼及圆方坯连铸工艺。2004 年,宝钢研发新一代电渣重熔工艺及应用,研究出设计合理的重熔电极退火工艺,实现对易氧化元素有效控制,获得低硫、低氧含量、微镁合金化,以及高纯洁度和良好的锭表面质量。

2005 年,宝钢研发转炉脱磷—转炉脱碳新工艺,能满足低磷钢种冶炼要求,提高产品纯净度。2006 年,宝钢开发的液态钢渣滚筒法处理工艺,于 2007 年获国家技术发明奖二等奖。该工艺实现钢渣的固化和破碎一次完成,减少污染物排放。2010 年,宝钢完成 AOD 炉型改进及精炼工艺综合研究,通过炉壳型式、耐火材料砌筑结构、吹炼模式、造渣制度及侧吹风枪选型等改造,使 AOD 平均炉龄由以前的 92 炉提高至 165 炉,最高炉龄实现 209 炉。

三、特种冶炼技术

1979 年 9 月，上海第二冶炼厂开展高硅钒渣组合焙烧提钒试验，探索出处理马钢钒渣新工艺，提高金属回收率。1982 年，上海冶炼厂改卧式蒸馏炉为工频电阻炉，铟冶炼回收率达 99.7％以上。1980 年，上海钢铁研究所建成用于高温合金飞机叶片定向凝固的定向结晶装置，小批量生产 185 毫米带冠柱状晶叶片及供航空部门研究用的单晶叶片。1983 年，上钢五厂完成电炉冶炼不锈钢炉内工艺改革，采用"喷粉——倒包""一步还原法——倒包"等工艺，比老工艺降低成本。1986 年 3 月，上海钢铁工艺技术研究所研制成功国内第一台等轴细晶锭真空双电极自耗设备，试验生产 GH－22、GH－901、K9 等高温合金、HF 等精密合金、9341 高速钢和钛合金等 11 种材料，获得成功。

1992 年，上海冶炼厂、北京钢铁设计研究总院等研制的铜连铸连轧生产线，获国家科技进步奖二等奖。该生产线生产的产品的延伸率、导电率及化学成分，与美国 SCR 生产的光亮铜杆相同。

2000 年，上海申佳铁合金有限公司成功研发优质不锈钢主要添加剂——低磷高碳铬铁，开发出含磷小于 0.025％的低磷高碳铬铁。2006 年，宝钢不锈钢分公司摸索出以脱磷铁水和废钢为原料冶炼不锈钢新工艺，属独创技术。该工艺对高炉铁水进行脱硅、脱磷处理，满足不锈钢电炉生产要求，并具有降低电炉电耗及环境噪声等优点。2010 年，上海海事大学研发的铝及铝合金在线精炼技术，通过旋转喷吹净化气体，配精炼剂，实现有条件地去除氢和非金属杂质元素。

第二节　金属加工技术

20 世纪 70 年代末到 80 年代，铸造、轧制及锻造等冶金加工技术取得研究成果，共有 43 项技术获国家级和市级奖项，其中获国家科技进步三等奖 2 项，获国家技术发明奖二等奖 1 项、三等奖 3 项、四等奖 1 项，获上海市重大科技成果二等奖 3 项，获上海科技进步奖一等奖 1 项、二等奖 5 项、三等奖 27 项。20 世纪 90 年代，先进的冶金加工工艺得到应用，共有 20 项技术获国家级和市级奖项，其中获国家科技进步奖二等奖 1 项、三等奖 3 项，获上海科技进步奖一等奖 1 项、二等奖 9 项、三等奖 7 项。2000 年以来，冶金加工工艺在提升质量、赶超先进水平方面有众多收获，共有 17 项技术获国家级和市级奖项，其中获国家科技进步奖二等奖 1 项，获国家技术发明奖二等奖 1 项，获上海技术发明奖一等奖 1 项，获上海科技进步奖一等奖 1 项、二等奖 9 项、三等奖 4 项。

一、铸造技术

1985 年，上海第一钢铁厂炼钢分厂建成弧形半径 5.25 米的弧形连铸机，可浇 Φ100 毫米～130 毫米的连铸坯。1985 年 7 月，上海宝山钢铁总厂建成 1 900 毫米立弯式大型板坯连铸机，采用计算机控制技术和快速更换台、整体更换扇形段等工艺装备。1987 年，上海有色金属焊接材料厂研制成功镍合金、不锈钢水平连铸机，为国内首台。

1992 年，上海合金材料总厂研发的无级恒量调节双向压制粉末成型压机，获国家发明奖四等奖。该发明能压缩金属、非金属粉末成型，制造少、无切削机械零件。1995 年，上钢三厂开发出转炉方坯全连铸生产技术，获国家科技进步奖二等奖。该项目是短流程炼钢厂结合国情开发的小转炉配方坯连铸机，属国内首创。1997 年，宝钢等完成宝钢连铸坯热送热装技术研究，获国家科技进步奖三等奖。该项目开发出高温无缺陷铸坯生产技术、连铸坯数学模型及轧制工艺,达到稳产、高产。1999年,宝钢研制出连铸机CrZrCu三元铜合金结晶器铜板,其化学成分和机械性能均优于进口产品,使用寿命由2 500炉提高到3 000炉。

2000年,宝钢集团有限公司(宝钢)研制出新的高拉速用保护渣CWCC-2及超低碳钢用渣XLC-1,实现拉速提升、铸坯质量提高。2002年,宝钢集团一钢公司完成连铸辊使用寿命关键技术研究,开发出新型连铸辊成套技术,建立连铸辊的下线标准和使用规范,弧形段连铸辊使用寿命达9 838炉、水平段超过12 000炉。2005年,宝钢研发连铸轴承钢工艺流程及其工艺,进行轴承钢钢液连铸前纯净化等研究,出开发小方坯连铸轴承钢技术等。2006年,宝钢开发的连铸试验平台成功浇铸出薄板坯,铸坯表面质量良好。2010年,宝钢成功攻克连铸二冷轻压下关键工艺及模型技术,以及适应高端钢种工艺要求的动态轻压下模型控制技术、动态二冷模型控制技术、二冷及轻压下工艺等。

二、轧制技术

1978年7月,上钢一厂新建的半连续热轧钢板车间全线投产。20世纪80年代后期,宝钢一期工程无缝钢管连轧管机组投产,年产Φ140毫米、50万吨连轧管。1981年,一机部重型机械研究所、上海第三冷轧带钢厂设计制造的双8辊冷连轧机安装投产。1988年9月,宝钢、上海重型机器厂有限公司等25个厂家,合作制造宝钢二期冷轧工程2030冷连轧机,为世界上第四套最先进冷轧机组。

1990年,中国科学院上海技术物理研究所、上海新沪钢铁厂开发CCD热轧圆钢在线测径系统,将敏感器和图像处理技术应用于实时监测。1992年,上海钢铁研究所等设计制造的热敏双金属冷轧复合轧机,获国家科技进步奖三等奖。该轧机投产以来,生产12个牌号双金属,填补国内空白。1993年,上海第二钢铁厂开发高精度控冷优质钢盘条,获上海市优秀新产品一等奖。同年,宝钢研制完成的连轧管机用长芯棒坯,获国家科技进步奖三等奖;长芯棒是连轧无缝钢管的消耗工具,成果填补国内空白。1996年,上钢五厂研制的新一代高功率烟汽轮机GH738合金涡轮盘和叶片用热轧棒,可替代进口。1999年7月,宝钢2050毫米热连轧机组开发出薄规格带钢的后冷功能,卷取温度控制精度达设计要求。同年,宝钢等开发出新型外耦滚筒机构协衡飞剪机,最大剪切厚度由2.0毫米增加到4.5毫米,实现2030机组全连续轧制。

2000年,宝钢摸索出适合1420轧机生产冰箱面板的技术参数,当年生产家电板3 800多吨,其中冰箱面板1 600多吨。2001年,宝钢研发2050热轧不锈钢热轧工艺,生产最薄规格2.5毫米×1 035毫米和3.0毫米×1 250毫米产品,并试轧出0Cr21Ni5Ti双相不锈钢,填补国内空白。2004年,宝钢对1580热轧层流冷却模型进行改进,显著提高卷取温度控制精度,成果在2050热轧推广。同年,宝钢完成2030冷轧机全线技术改造与优化,有效地提高单产和成材率。2006年,同济大学等开展的热轧H型钢产品开发与应用研究,获国家科技进步奖二等奖。该项目开发出30个系列265个新品,以及高附加值专用H型钢,结束国外垄断。2007年,宝钢研制的高强度全密封热轧矫直机支承辊,获工人创新奖、国家科技进步奖二等奖。该项目突破国内外传统技术,通过改变支承辊材料、结构提高额定动载荷及精度、寿命。2009年,宝钢完成1 880毫米热轧关键工艺及模型技术自主开发与集成项目,在产品低温降温技术、低温卷取工艺、自由轧制技术、轧制稳定性控制等领域实现重大突破。2010年,宝钢完成高速极薄板酸洗冷轧机组自主集成技术,在集成深度和广度、产品厚度和板形精度、设备技术水平等方面,均达到国内一流水平。

三、金属热处理技术

1991年,东海船舶修造厂发明油马达胶粘型连杆滑履,获国家技术发明奖四等奖。该连杆滑履由高疲劳强度双金属瓦片、胶粘剂、连杆本体经加热加压硫化而成,并特制密封。1995年,上海申佳金属制品有限公司开发斜拉索高强度低松弛预应力镀锌钢丝,攻克镀锌、熔锌、刮锌难点,用于国内斜拉索大桥。1998年,宝钢研发的石油天然气输送X42～X65高韧性热轧板卷和焊管生产技术,获国家科技进步奖二等奖。该项目研发出管线钢强度、韧性、屈强比、抗氢诱裂纹、"分离"断口等质量控制技术。

2001年,宝钢开发的油井管水淬热处理和装备,获上海科技进步奖一等奖。该项目首创独特的钢管淬火方法,产品满足N80、P110、Q125不同级别油井管需要。2004年,宝钢研制针状铁素体型厚规格X70管线钢板卷,获国家科技进步奖二等奖。该项目针对西气东输管线特殊要求进行工艺设计,保证管线钢板卷高强度、韧性、止裂性能和焊接性。2006年,上海宝钢建筑工程设计研究院完成的高强度、高耐候、超大规格方矩形管研制,获上海科技进步奖一等奖。该项目首创定轧辊弧度变化弯点位置的"直接成方"冷弯成型工艺,替代国外"先圆后方"工艺,产品应用于北京奥运场馆建设。2007年,宝钢研发的热镀铝锌机组生产工艺新技术,获上海技术发明奖一等奖。该项目突破热镀铝锌加工工艺难点,技术与产品填补国内空白。同年,上海交通大学攻克关键机械零部件耐磨减摩复合镀层制备技术及其应用,获上海技术发明奖一等奖。该项目研发化学镀镍—磷、复合化学镀和复合电镀等不同的表面改性技术,实现零部件表面优异的耐磨或减摩性能。2008年,宝钢完成的抗CO_2、H_2S腐蚀用3Cr系列油套管研制,获上海技术发明奖一等奖,2009年获国家技术发明奖二等奖;该项目发明抗腐蚀新钢种及成分配方,开发出关键工艺,产品抗CO_2腐蚀性能提高3倍。2009年,上海交通大学等研发的化学镀镍动态控制技术与应用,获国家科技进步奖二等奖。该项目解决镀液和镀层精确控制,发明直接化学镀镍的配方与工艺,防止镀层热处理氧化变色技术,以及废液中金属镍回收率达99%的工艺等。

第三节 特种金属冶炼技术

20世纪70年代末到80年代,特种金属材料技术在精密合金、高温合金、有色金属合金,以及稀土材料、特殊功能材料等方面均获成果,共有56项技术获国家级和市级奖项,其中获国家科技进步奖二等奖1项、三等奖5项,获国家技术发明奖三等奖1项、四等奖5项,获上海市重大科技成果一等奖1项、二等奖9项,获上海科技进步奖一等奖2项、二等奖8项、三等奖24项。20世纪90年代,特种金属材料技术有了重大发展,共有31项技术获国家级和市级奖项,其中获国家科技进步奖二等奖2项、三等奖4项,获国家技术发明奖四等奖2项,获上海科技进步奖一等奖2项、二等奖16项、三等奖5项。2000年以来,高科技特种金属材料研发取得显著成效,共有13项技术获国家级和市级奖项,其中获国家技术发明奖二等奖2项,获上海技术发明奖二等奖1项,获上海科技进步奖一等奖3项、二等奖4项、三等奖3项。

一、有色金属合金技术

1979年,上海有色金属研究所(有色所)研制成功温度自补偿应变康铜箔,可消除环境温度变化引起的影响,用于中国战略武器和通讯卫星。1981年,上海钢铁研究所(钢研所)建成钛合金等温锻造工艺装备,摸索出TC4钛合金延伸率1500%～2000%的超塑性能工艺。1982年,钢研所研制成功的钴基非晶合金,用于摄像管编转聚焦线圈导磁筒。1986年,有色所开发成功铝复合吹胀式电冰箱蒸发器,填补国内空白。1987年,上海灯泡厂高级工程师王菊珍研发的钨铈电极,获国家技术发明奖一等奖;该电极消除钨钍电极放射性污染,对金属箔材及大长度焊接有新的突破。1990年,有色所研制改进型高比重镁合金,用于航海惯性导航仪及陀螺仪。

1991年,上海电缆研究所、上海交通大学等完成稀土优化综合处理在电工铝导体中的应用研究,获国家科技进步奖二等奖。该项目对非电工级普铝进行稀土优化,属世界首创。同年,上海铁合金厂采用电炭热法,通过硼原料预处理,制取非晶合金专用低铝硼铁,硼回收率达60%,单位电耗降为700度/吨,产品质量改善。1992年,上海电缆研究所、上海电磁线一厂等开发的大型发电机绕组用无氧铜绝缘空心导线,获国家科技进步奖三等奖。该项目采用上引发连铸新工艺,以及包丝与熔粘同步的绝缘结构,产品替代进口。1995年,上海铜带公司生产的HDI黄铜带,获上海市优秀新产品二等奖。1999年,上海金泰铜业有限公司研发新型节接插件专用锡青铜带,属弹性铜合金,质量国内领先。

2001年,有色所研发的高档自行车Ti－3Al－2.5V钛合金无缝管,当年出口7500公斤。2003年,上海交通大学承担的阻燃镁合金及其应用关键技术研究,获国家科技进步奖二等奖;该项目攻克镁合金熔炼中氧化燃烧世界难题,以及镁合金薄壁产品的压铸等关键技术。2005年,上海交通大学研制的铝液电磁连续净化系统,获上海科技进步奖一等奖;该系统在铝液大流量通过分离器时,有效地捕捉其中微小夹杂,提高材料性能和产品合格率。2010年,宝钢集团有限公司(宝钢)研制出大型钛及钛合金铸锭,并批量生产出国内最大单重12.5吨GR2铸锭,以及重5.5吨的TC4、TC11等合金钛铸锭。

二、特殊功能材料开发技术

1977年,上钢三厂试制出GH131板材,用于701－331型火箭发动机及"长征三号"火箭。1978年,钢研所研究镍基无磁瓷封合金——镍钼合金,试验成功。1980年8月,上钢五厂研发涡喷十五发动机GH698合金盘材,性能达到苏联实物水平。1979年,上钢五厂攻关完成TC6合金研制任务,制成的涡喷十三发动机零件,通过500小时地面试车和试飞。1982年,中国科学院上海冶金研究所研究储氢金属材料及氢净化工艺技术,取得突破,开发的储氢合金瓶达国外技术水平。1989年6月,钢研所完成复合高阻尼材料及其037艇声隐身应用研究,用于改装后的舰艇,航测证明减振降噪效果良好。

1990年,宝钢攻克600MPa级焊接高强度钢,获国务院重大项目办公室奖、上海科技进步奖一等奖。该项目用于制造重型机械关键部件,替代进口。同年,上海合金厂研制成200℃高温导电弹性材料,用于宇航自动控制系统的电连接器。1991年,上海材料研究所等完成的材料动态断裂性能研究及其在典型机械零件上的应用,获国家科技进步奖三等奖。该研究用于模具安全设计、石油防喷器关键设备、硬质合金锯片参数选择等。1992年,上钢五厂、冶金部钢铁研究总院研制高纯洁度轴承钢,获国家科技进步奖三等奖。1994年,钢研所开发的GH600管是火箭发动机喷管的理想材料,用于长三甲火箭两次成功飞行,填补国内空白。1996年,上海材料研究所承担耐硫酸露点腐蚀用钢开发研究及推广应用,获国家科技进步奖三等奖。该钢种耐腐蚀能力达碳钢的5倍,填补国内空白。

2000年,宝钢研制出航天工程整体薄型变截面钛合金锻件,选用TC4钛合金代替TA7钛合金,采用超塑等温锻造新技术锻成翼芯,技术质量国内领先。2001年,宝钢研制生产出氧气球罐用钢BP460,通过国家压力容器标准化委员会技术评审,填补国内空白。同年,宝钢集团上海五钢有限公司研制燃汽轮机耐热不锈钢棒材GTD-450和403Nb,经成都航空公司制成叶片,安装在GE公司的燃汽轮机上,质量国内领先。2002年,上海交通大学完成非连续增强铝基复合材料的研究与应用,获上海科技进步奖一等奖;该复合材料应用于航天空间站部件,并首次应用于固体发动机的延伸喷管。2003年,宝钢研制出医用不锈钢00Cr18Ni15Mo3N,通过上海市新产品鉴定;该产品加工成医用器件,技术指标达到供货要求。同年,宝钢试制出TC11钛合金棒材,产品采用新工艺,使棒材满足GJB494-88技术标准,用于航空发动机重要零件。同年,宝钢研制的航空发动机涡轮叶片用GH4049合金热轧棒材,产品质量满足WP航空发动机设计和使用要求。2006年,宝钢进行无铬耐指纹产品的生产工艺研究,生产的环保型产品具有耐腐蚀、耐碱、耐溶剂等综合表面性能。2009年,上海材料研究所承担特种舰船船体材料的研究开发,通过成分设计和热处理工艺优化,成功开发出新型高强度低磁奥氏体不锈钢船体材料。2010年,宝钢通过对大型原油储罐用高强度钢板及焊接技术研究,制定大型原油储罐用B610E高强度钢板企业标准,产品实物达到和超过国外水平。

第四节　冶金信息技术

1978年,上海冶炼厂研发锗单晶炉微机集中控制及多晶生产自动化检测和控制。1980年,冶金所等研究成功大规模集成电路计算机辅助制版系统,缩短LSI的设计和研制周期,提高设计质量。1983年,上钢三厂运用工业控制机对中板车间加热炉在线控制,节约燃油3%～5%,钢材损耗降低3%。1985年,工艺所和第三冷轧带钢厂研制成功冷轧带钢厚度微机在线检测、统计、报警系统。1986年,上钢五厂建成具有超声探伤、涡流探伤、钢种分选、长度测量等多种功能的不锈钢管检测自动线,能发现核反应堆蒸发器不锈钢长管的深为壁厚5%、长10毫米的人工伤。同年,上钢一厂建立氧气转炉炼钢参数微机采集系统,各种参数可自动实时采集、显示和打印;仅控制原材料加入,30吨转炉每炉可节约1吨左右,15吨转炉每炉可节约500公斤。1988年,有色所的钢管涡流探伤检测线圈研制取得突破,国产化MK系列LMD涡流检测线圈共有38种,能替代进口产品。同年,上钢五厂电炉厂运用微机优化配料取得成功,具有操作方便、运算速度比人工配料快10倍等优点。

1990年,上海技术物理研究所、上海宝钢总厂开发的高炉热像仪,在宝钢1号高炉中央控制室使用,可从彩色监视屏上显示12种温差的热图像,其分辨精度、图像处理及数据自动记录,均优于日本产品,运转一年无故障。1995年,上海市计量技术研究所等研发的定点辐射系统(金属凝固点黑体系列),获上海市科技进步奖一等奖。该黑体系列为国内首创,整体水平达国际先进,适用于对标准光电高温计进行校验,以及进行光辐射量值的传递和对黑体发射率进行测定等。1998年4月,宝钢等研制成钢管穿孔机组故障监测及诊断系统。该项目通过3年研究,采用计算机局域网对穿孔机组机械、电机和液压系统108个信号源进行实时监测,在试运行半年内,成功预报10多次设备故障。

2000年,上海交通大学等完成热处理数学模型和计算机模型的研究与应用,获国家科技进步奖二等奖。该成果适用于形状复杂零件和复杂的热处理操作,覆盖加热、淬火、渗碳、渗氮、特种膜层表面改性等热处理工艺,属国内领先,达国际先进水平。2002年,宝钢公司研制成功在线智能锥度测量的传感器。该传感器适应在冶金、化工和机械领域的高温、腐蚀和强干扰环境中运行。同年,宝钢集团有限公司(宝钢)研制成功配煤专家系统,利用计算机科学与配煤研究成果,建立焦炭质量预测、生产管理和智能控制模型,将炼焦煤从煤源、炼焦、高炉集成一个系统,使生产运行效益最大化。2003年,宝钢二炼钢完成大型转炉过程控制模型研发与应用,获上海市科技进步奖一等奖。该项目在国际上首次应用智能复合转炉动态模型,解决神经元网络逆模型疑难问题,成果应用于宝钢一炼钢3座300吨转炉、二炼钢2座250吨转炉,达到国际先进水平,打破国外垄断。

2009年,上海大学等研发冶金过程中的带电粒子控制技术,获上海市技术发明奖一等奖。该项目以可控带电粒子流新原理,发明用"可控氧流"方法制备高纯 Ti、Ta、Cr、Ni、Nb 及各类稀土金属和合金,实现无污染脱氧;研发出"脱氧体"专利的脱氧电流密度,比美国同类专利高数十倍;研究渣金间带电粒子流运动规律,为带电粒子控制技术提供理论基础。部分成果用于生产搪瓷钢,大幅度降低成本。同年,宝钢开发的高速冷轧带钢多功能在线检测技术,获国家科技进步奖二等奖。该项目研制了基于机器视觉技术的多功能检测装置,解决了冷轧机组中缺陷在线检测的问题,具有识别技术、不等分辨率技术、系统防护技术。实现直径不小于1毫米孔洞、深度不小1毫米边裂的检出率达100%;对中线和宽度的测量误差小于0.5毫米。该项目形成国家发明专利3项、实用新型专利7项、企业技术秘密12项;研究成果在宝钢冷轧厂1420、1550酸轧机上应用。

第六章 化工技术

第一节 无机化工技术

1978 年,上海天原化工厂研发离子膜法制碱技术,制碱杂质少,纯度高,浓度为 33%,比金属阳极法高出百分之二十以上。同年,上海吴泾化工厂筹建年产 30 万吨合成氨的大型装置,造气采用直径 2.26 米自动出灰煤气发生炉,配有自动控制仪。1980 年起,上海化肥行业分别对南汇、川沙、崇明化肥厂,以及吴淞化肥厂四车间进行工艺改造,以加压变换、加压碳化的"双加压"流程代替原落后工艺流程。1984 年,浙江大学、吴淞化工厂四氯亚铜铝甲苯溶液回收提纯 CO 中试装置建成,经过运转达到规定指标,确定了工艺流程、工艺条件、三废处理技术。

1992 年,华东化工学院开发的化肥生产计算机控制系统,获国家科技进步奖三等奖;该项目实现年产 30 万吨大型合成氨装置,实时优化控制、采集数据,属国内首创。1996 年,上海氯碱化工股份有限公司(氯碱化工)改造年产 10 万吨 23 型隔膜烧碱装置,采用先进电解槽及高效氯干燥系统。1998 年,上海华谊(集团)公司(华谊集团)、上海硫酸厂采用复旦大学研发的硫酸生产工艺,经生产确认为最佳工艺,可取代进口。1998 年,化工部上海化工研究所、南京化工集团氮肥厂开发的氮肥厂含碳氨水回收集成分离,获国家科技进步奖二等奖。该项目将解吸、精馏、防结晶措施结合起来,形成多单元集成分离技术,解决氮肥厂氨氮废水排放问题。

2000 年,氯碱化工开发出 F1 型离子膜电解槽的新型阴极单元槽,使用寿命延长一倍。同年,氯碱化工开发出漂粉精干燥工艺,生产过程采用可视化仿真系统,可对各种工艺流程方案进行定量比较。2001 年,华东理工大学、青海盐湖科技开发公司完成恶嗪类氯化钠浮选药剂合成新工艺及其在反浮选氯化钾生产中的应用,获上海科学技术进步奖一等奖。新工艺避免废气排放,每吨产品药剂耗量从 1 100 g 降为 500 g,打破国外技术垄断。同年 7 月,氯碱化工建成中国氯碱行业最大的聚合中试基地,打通全流程。2002 年,氯碱化工、华东理工大学完成二氧化硅新工艺开发,成功开发 100 t/a 预混合辅助燃烧合成气相白炭黑中试装置及技术,产品工艺和质量处于国内领先。同年,华东理工大学开发成功氟盐氟化制备技术,是将催化剂制备、定量控制、设备选用、三废处理集为一体的新技术,用于开发系列精细芳香族氟化物新品种。

2005 年 11 月,华东理工大学、青海盐湖镁业公司研发水氯镁石先进脱水技术,开发出反应结晶耦合脱水核心技术,建成年产 1 500 吨无水氯化镁示范线,产品含量大于 98.5%,水和氧化镁含量均低于 0.5%。2006 年 8 月,华东理工大学研发反浮选—冷结晶法生产氯化钾除钙技术,完成年产 10 万吨氯化钾生产装置硫酸钙分离工程化研究,生产氯化钾品位达 97%～98%,在国内首次提出筛分—浮选串联工艺。2010 年,上海交通大学与山东东岳集团研发氯碱工业用全氟离子膜,首期生产规模为每年 20 万平方米,使中国成为继美国和日本后,世界上第 3 个掌握此技术的国家。

第二节 石油、天然气化工技术

1991 年,中石化上海高桥石油化工公司(高桥石化)生产的 15 W/40QE 级汽油机油,获国家金质奖。1992年,上海医药工业设计院、高桥石化研制的SH-I型裂解炉技术,获国家科技进步奖一等奖。该技术三烯总效率高出6～7个百分点,热效率比高出1个百分点以上。1995年,上海交通大学自动化研究所、中国石化总公司石家庄炼油厂开发的炼油厂气体分离装置计算机优化控制,获国家科技进步奖三等奖。该项目实现丙烯质量达到规定指标、流失最少的优化目标,丙烯年平均收率提高12%以上。1997年,高桥石化承担实现汽油无铅化关键技术研究,该项目对催化裂化装置技术改造,采用新型催化剂,使汽油的辛烷值达到要求。1999年,华东理工大学等完成的轻烃分离技术的开发和应用研究,获国家技术发明奖三等奖;该技术应用于上海石油化工公司40万吨乙烯扩建工程,使相同原料投料量多产乙烯和丙烯约1 000吨。

2000年,上海石油化工股份有限公司(上海石化)、中国石油化工集团公司(中石化)等承担的2.5万吨/年碳五分离工业性试验,获国家科技进步奖二等奖。2003年,华东理工大学机械工程学院、中石化镇海炼油化工股份有限公司炼油厂开发的焦化冷焦水密闭循环利用成套技术与示范,获中石化科技进步奖二等奖,2006年获上海科技进步奖一等奖,2007年获国家科技进步奖二等奖。该项目提出含油污水梯级分离方法,研制耦合治理与回收装置及清洁生产工艺,属国内外首创。2003年7月,中国科学院东海研究站研发石油化工生产过程的优化控制系统,获中石油技术创新奖二等奖、上海科技进步奖三等奖。该系统将模式识别、神经网络和专家系统有机结合,形成智能化的优化控制系统,具有创新性,各项指标效果明显。

2004年,高桥石化完成的多产异构烷烃的催化裂化工艺(MIP)工业应用,获国家科技进步奖二等奖。该技术可直接生产满足欧Ⅲ排放标准汽油,并增加液体收率。同年,华谊集团、上海汽车工业总公司开发甲醇汽油新型燃料项目,完成助溶剂、催化剂筛选优化,甲醇汽油燃料稳定性试验。2005年12月,上海石化完成热电总厂煤代油(二期扩建)工程,该工程在生产运行期间,主要指标均达到或优于设计值,采用的环保型CFB锅炉每年可产生副产品高硫石油焦28万吨。2006年,上海电气总公司煤制油成套设备项目办公室攻克煤制油成套设备国产化,静设备研制取得重大突破,动设备分别在依托工程和煤化工等领域成功应用,部分产品进入国内首条百万吨级煤制油生产线。同年,华东理工大学等开发的多喷嘴对置式水煤浆气化技术,获中石化协会科技进步奖特等奖。该技术建立日处理煤1 150吨的煤气化工业装置,技术指标与采用国外技术的鲁南化肥厂相比,合成气有效气成分提高2～3个百分点,碳转化率提高2～3个百分点,氧耗降低7.9%,煤耗降低2.2%。

2008年,上海焦化有限公司主持煤基合成气制羰基化专用CO技术,取得突破。用该技术改造现有低温甲醇洗工艺装置吸收塔,原料气处理量扩大1.4倍,塔压差平均值下降到6000帕,综合能耗显著降低。2009年3月,华东理工大学化学工程国家重点实验室承担加氢裂化非均相分离工艺及设备项目,将微型旋流器技术嫁接到加氢裂化循环氢、液态烃、柴油、含硫污水和低分气非均相系统,保证设备长周期运转。同年9月,华东理工大学承担的大规模高效气流床煤气化技术的基础研究,在气流床煤气化领域形成了创新的理论体系、技术概念设计软件包,为装置建立技术基础。2010年,中石化开发第2代催化裂化汽油选择性加氢脱硫技术,经过上海石化年产50万吨汽油加氢脱硫装置连续一年运转,以及对RSDSⅡ技术进行3次标定表明,RSDSⅡ技术具有较好的脱硫活性和较高的选择性,可作为生产国Ⅳ或欧Ⅳ汽油的主要技术。同年,华东理工大学洁净煤技术研究所、中国石化宁波技术研究院开发气态烃非催化部分氧化制合成气关键技术,可用天然气、焦炉气、煤层气、炼厂气、油田气等气态烃制合成气,应用于合成氨、甲醇等大宗化学品制备。同年,上海石化炼油部天然气综合利用项目建成投产,该项目包括干气回收、吸收稳定和液化气脱硫醇等装置,能将液化气中的硫醇含量从每立方米 5 000 毫克降至 343 毫克以下,每年可为市场提供高品质民用液化气 6 万吨。

第三节　精细化工技术

20 世纪 70 年代末到 80 年代,精细化工得到较快发展,共有 113 项技术获国家级和市级奖项,其中获国家技术发明奖三等奖 10 项、四等奖 8 项,获国家科技进步奖二等奖 6 项、三等奖 11 项,获上海市重大科技成果一等奖 3 项、二等奖 15 项,获上海科技进步奖一等奖 2 项、二等奖 13 项、三等奖 45 项。20 世纪 90 年代,染涂料及油漆、试助剂类、塑料、日用化工、橡胶、催化剂、化纤等精细化工研究均获得成果,共有 61 项技术获国家级和市级奖项,其中获国家技术发明奖三等奖 3 项、四等奖 2 项,获国家科技进步奖一等奖 2 项、二等奖 2 项、三等奖 6 项,获上海科技进步奖二等奖 19 项、三等奖 27 项。2000 年以来,精细化工在新技术应用及新产品开发上成果丰硕,共有 76 项技术获国家级和市级奖项,其中获国家技术发明奖二等奖 2 项,获国家科技进步奖二等奖 5 项,获上海技术发明奖二等奖 4 项、三等奖 13 项,获上海科技进步奖一等奖 12 项、二等奖 16 项、三等奖 24 项。

一、染料、涂料和油漆开发技术

20 世纪 80 年代,上海染料农药公司在国内首先开发成功达到国际先进水平的 D 型直接染料。上海染料化工二厂生产出交链型直接染料。针对航天部"JL－1"型号的要求,研发新三防涂料"963""969",解决防潮湿空气、盐雾、霉菌等问题,在室温干燥、低毒、耐三防性能优异的防护涂料方面填补了空白。针对行业发展需要,开展老厂的技术改造,锌黄、铬英、铁红、铁黄相继实现气流干燥新工艺。复配技术在染料工业中推广应用。

1990 年,上海染料化工九厂研制出直接混纺黄 D－3RNL、蓝 D－3GL 和藏青 D－R 等染料,适用于涤/棉、涤/粘混纺纤维一步一浴法染色。1991 年,华东化工学院完成快干节能型 HF,B 级绝缘浸渍漆研究,其中节能型 HF 级苯醚绝缘漆在"风云一号"气象卫星特种电机和 HF 电焊机中使用。1993 年,上海染料化工三厂、上海染料研究所等完成 E 型阳离子染料等 8 个攻关项目。1999 年,上海金田除锈防锈有限公司研发 JTL－7 多用途抗锈剂系列应用技术,无污染,节能节水,减少钢铁腐蚀。

2001 年,上海染料化工八厂生产的颗粒状活性黑系列染料,获上海科技进步奖一等奖;该产品不含致癌芳香胺,其乌黑度高、相容性好,技术属国内首创。2002 年,上海染料有限公司、上海染料研究所有限公司等完成的禁用染料和环保型染料研究与新型环保型染料,获上海科技进步奖一等奖;该研究开发出去除重金属、清洁工艺、纳滤膜分离、组合增效技术等绿色制造技术,生产工艺满足环保型染料要求。同年,上海石油化工研究院、上海市涂料研究所推出 SP506 硅丙外墙乳胶漆,属环境友好型产品。2003 年,机械工业技术发展基金委员会研发的 DF 型环氧无溶剂绝缘漆,获中国机械工业科技二等奖;该绝缘漆用于电动工具,使耐热等级、电钻寿命均有较大提高。2005 年,上海市涂料研究所研制的 6532 涉水设备内壁涂料,产品被应用在"神舟"飞船饮水箱中。2006 年,上海华谊集团涂料有限公司研制出水性工业卷钢涂料,可在涂装过程中降低挥发性有机溶剂(VOC)的排放量。2008 年,上海开林造漆厂开发出大型市政工程长效防腐涂装材料,能对钢结构工程提供长期有效的防腐蚀保护及装饰性能。

二、塑料开发技术

1991 年，中国科学院上海有机化学研究所（有机所）发明的超高分子量聚全氟乙丙烯合金制造及应用，获国家发明奖三等奖；该发明采用聚全氟乙丙烯与聚四氟乙烯加填料，某些性能优于"塑料王"聚四氟乙烯。1993 年，上海市有机氟材料研究所等开发的千吨级四氟乙烯生产技术，获国家科技进步奖一等奖。该工艺可有效减少高沸物生成，提高回收 F22 纯度，提高四氟乙烯质量，降低单耗。同年，上海石化院完成的丙烯腈复合萃取解吸分离新工艺 5 000 吨级工业试验，获国家科技进步奖二等奖；该工艺能耗降低 40％，乙腈中的氢氰酸含量降低 80％。同年，有机所、中国科学院上海原子核研究所等开展光解塑料、生物可降解塑料、双降塑料的开发和规模生产。1996 年，上海医药工业研究院主持的丙烯酸树脂的试制和应用，获国家科技进步奖三等奖。1997 年，华谊集团、氯碱化工公司完成阻燃 PVC 通信电缆料和包覆材料的开发，填补国内空白。1999 年，氯碱化工公司开发研制成 M－1000 医用级聚氯乙烯树脂。

2001 年，上海石油化工研究院、高桥化工厂承担 3 000 t/a R－SMA 树脂工业试验获得成功，填补国内高分子量 SMA 工业生产技术的空白。同年，华东理工大学、扬子石油化工公司研发的乙烯生产过程——基于神经网络的软测量和智能控制，获中国高校科技进步奖一等奖，2004 年获上海科技进步奖一等奖。该项目将化学工程技术与自动控制、人工智能等结合，各项指标达到最佳工艺要求。同年，上海赛璐珞厂成功开发的高性能长碳链工程尼龙 PDDA－180，获上海科技进步奖一等奖。该产品具低密度、低吸水率和高强度，可替代进口。2002 年，上海三爱富新材料股份有限公司研制的悬浮法聚四氟乙烯粉末的连续制备工艺及设备，获上海科技进步奖一等奖；该工艺能有效控制反应速率，提高产品一级品率，实现连续化输送和分离。同年，上海石油化工研究院完成的齐鲁年产 2.5 万吨丙烯腈装置扩能改造至年产 4 万吨，获国家科技进步奖二等奖；改造后急冷塔丙烯腈、装置丙烯腈精制回收率均比改造前提高 4 个百分点。

2003 年，上海华谊丙烯酸有限公司、中国石油兰州石化公司化工研究院等完成的万吨级丙烯酸及酯新技术开发，获上海科技进步奖一等奖，2004 年获国家科技进步奖二等奖。该项目研制新型氧化催化体、发明气体混合装置，以及卤代烃—芳香烃精馏体系。同年，华东理工大学开展的基于模拟仿真的聚合物加工及模具设计优化设计与应用，获国家科技进步奖二等奖。该项目发展了如注塑、挤出、发泡成型的物理和数学模型等理论与应用科学。2004 年，上海石油化工股份有限公司、复旦大学等研发的高速双轴拉伸聚丙烯专用料生产技术及工业应用，获国家科技进步奖二等奖。该项目设计出 BOPP 薄膜专用料链结构，适应大于每分钟 350 米高速拉伸要求。2006 年，华东理工大学、浙江华之杰塑料建材有限公司等开发的高性能无机/聚合物复合材料制备关键技术，获上海科技进步奖一等奖，2009 年获国家科技进步奖二等奖。该项目改进无机颗粒表面修饰、材料结构及界面设计，产品性能优于 GE 公司。

2008 年，复旦大学、江苏柏鹤涂料有限公司等完成的高性能丙烯酸树脂的制备新技术及其在涂层中的应用，获上海科技进步奖一等奖，2009 年获国家技术发明奖二等奖。该项目发明"分离聚合"技术，树脂固体分高达 90％以上，涂层性能达到并部分超过国外指标。2009 年，复旦大学研制的高性能丙烯酸树脂的制备新技术及其在涂层中的应用，获国家技术发明奖二等奖。该项目发明高固体分丙烯酸树脂"分离聚合"、丙烯酸树脂无皂乳液制备等技术。2009 年，华东理工大学、聚威工程塑料（上海）有限公司等开发的无机刚性颗粒和弹性体协同改性耐热塑料及其制备技术，获上海科技进步奖一等奖；该项目制备出高刚性和高耐热性的尼龙复合材料。

三、日用化工开发技术

1991 年，公安部上海消防科学研究所开展的采用生羊皮、麂皮边角料制取蛋白泡沫灭火剂，获国家发明奖三等奖。1998 年，有机所研发的过氧化氢关键原料——高纯 2 - 乙基蒽醌，获国家科技进步奖二等奖。该研究解决关键的纯化工艺，实现国内成果转让。

2002 年，上海白猫（集团）有限公司开发出白猫超级浓缩洗衣片，用量少、去污强、使用方便，属国内首创。2004 年，华东理工大学化工学院完成芳香类植物精油微胶囊及其制备方法研究，为植物精油穿上"皮外套"，延长留香时间，拓宽运用领域。2007 年，华东理工大学、上海塑杰科技有限公司完成的分子组装抗微生物技术的创建及其应用，获上海技术发明奖一等奖。该发明合成一类具有广谱抗菌性且对人体安全的抗菌剂，开发出各类母粒与同类基体制造纤维薄膜和塑料制品关键技术。2008 年，华东理工大学、有机所完成的含氟芳香精细化学品及氟化试剂的关键技术、理论与应用及产业化，获国家科技进步奖二等奖。该项目研制组合型氟盐氟化相转移催化剂，建立微水相调控技术及"水分—反应响应"精确定量控制标准，开发结构多样的功能性含氟精细化学品。

四、橡胶开发技术

20 世纪 80 年代，上海橡胶行业通过技术改造，能生产丁基胶内胎、旅游鞋和高级运动鞋。1991 年，上海市松江橡胶制品厂生产的新型橡胶接头系列产品，获上海市"星火"科技一等奖。1998 年，上海轮胎橡胶（集团）公司开发出 LYS 60 高性能轿车子午线轮胎，填补国内空白。

2000 年，上海大学研制成功橡胶微波硫化生产线，性能和技术指标均超过国家标准。2004 年，华谊集团、上海汽车工业（集团）总公司开发出甲醇汽油新型橡胶制品材料，并进行氟橡胶、丁腈橡胶的改性试验。2009 年，上海三爱富新材料股份有限公司合成出一系列可应用于含氟聚合物的新型表面活性剂，并建立不含 APFO 的氟橡胶的企业标准。

五、催化剂开发技术

1990 年，上海石油化工研究院、石化总公司天津石化公司完成 ZA - 3 甲苯歧化与烷基转移催化剂开发与应用研究。1996 年，复旦大学研制的顺酐加氢合成 γ - 丁内酯生产工艺技术及高效 XYF - 5 催化剂，获国家科技进步奖三等奖。该技术为国内外首创。1997 年，华东理工大学完成的甲醇合成铜基催化剂动力学研究与年产 20 万吨甲醇反应器模拟设计放大，获上海科技进步奖一等奖。该项目得到合成甲醇的双速率动力学方程，完成中国最大甲醇装置——上海焦化年产 20 万吨甲醇合成塔的设计和工艺。1998 年，上海生物化学工程研究中心等研发的微生物催化法生产丙烯酰胺，获国家科技进步奖二等奖。该工艺选择性、活性、转化率高，可在常温常压下发生水合反应。同年，上海石化院等承担的 ZA - 94 甲苯歧化与烷基转移催化剂研制与工业应用，获国家科技进步奖二等奖；该催化剂能使生产能力比原设计提高 30％。

2001 年，上海石油化工研究院研制 HAT - 095 甲苯歧化与烷基转移催化剂及工艺开发，获中石化发明奖一等奖、上海技术发明奖一等奖。成果在国内市场占有率达 90％。2002 年，上海高桥石化丙烯酸厂研发的丙烯酸丁酯生产新工艺,获上海科技进步奖一等奖。该项目开发成功复合磺酸型催化剂,优化各分离塔操作参数,年生产能力由原来的1.5万吨提高到7万吨。2003年,上海化工研究院、上海立得催化剂公司研制的气相法高效聚乙烯催化剂,获国家科技进步奖二等奖。该催化剂工艺路线先进可靠,产品打破国外公司垄断。2004年,上海石化院研制出SHP系列裂解汽油加氢催化剂,具低温双烯加氢活性、选择性、加氢油双烯值和耐水性能等特点。

2006年,上海石油化工研究院研发的气相法乙苯清洁生产成套技术及高效催化剂,获上海科技进步奖一等奖。该项目创新分子筛催化材料改性方法,比进口催化剂相对活性提高8%以上,寿命提高50%,成为国际上第二个拥有该技术的国家。2007年,上海石油化工研究院、上海石化开发的对苯二甲酸加氢精制钯炭催化剂及工艺技术,获上海技术发明奖一等奖。经过工业试验,表明该催化剂具有耐热稳定性、耐硫稳定性。2008年,上海石油化工研究院开发的高效择形催化技术及其在对二甲苯生产中的应用,获国家技术发明奖二等奖。该发明使单位PX产品能耗下降30%以上、甲苯转化率30%、PX选择性93%~95%、苯与二甲苯摩尔比低于1.4。同年,上海石化院研发的乙烯气相法制醋酸乙烯催化剂及工艺技术,获上海科技进步奖一等奖。

2009年,上海石油化工研究院、华东理工大学等完成的乙苯脱氢制苯乙烯关键技术轴径向流反应器和新型催化剂的研发及应用,获国家科技进步奖二等奖;该项目发明新型径向流反应器技术、催化剂自封式结构等,打破国外垄断。2010年,中石化成功研发第二代催化裂化汽油选择性加氢脱硫技术(RSDS-Ⅱ);该技术具有较好的脱硫活性和较高的选择性,可作为生产国Ⅳ或欧Ⅵ汽油的主要技术。

六、化纤制品工艺和技术

1995年,上海太平洋化工公司焦化总厂利用甲醇和装置中副产氢气、二氧化碳,成功开发对苯二甲酸(涤纶原料之一)等产品。2001年,上海联吉合纤有限公司承担的聚酯生产能力工艺研究,获上海科技进步奖一等奖。该项目优化聚酯生产工艺,使原设备日产能力由240吨提高到300吨,产品质量保持高水平。2002年,华东理工大学开发的年产10万吨聚酯成套技术,获国家科技进步奖二等奖。该项目开发大容量成套国产化聚酯生产装置,扭转国外聚酯垄断局面。2005年,有机所承担低成本高效率纯化碳纤维的聚合原料研究,成功运用吸附交换原理,短时间纯化碳纤维的聚合单体丙烯腈和溶剂二甲基亚砜,促进碳纤维的国产化。2009年,上海联吉合纤有限公司开发出超柔软深染共聚酯切片与纤维,主要用于纺制各类高速纺长丝及细旦长丝,是现有CDP(阳离子可染)系列的升级换代产品。

七、有机酸及有机醇开发技术

1991年,上海市吴泾化工总厂开发的甲醇精馏残液生物处理新工艺,获国家技术发明奖三等奖、上海科技进步奖一等奖;该工艺每年削减排污量巨大,其中甲醇438吨、COD876吨、BOD5455.5吨。1993年,上海化工研究院完成的低温甲醇净化相平衡研究,获国家科技进步奖三等奖。该成果用于以煤和重油部分氧化法制气在不同压力下的低温甲醇洗工艺,解决生产中的水平衡问题。

2003年,上海华谊丙烯酸有限公司成功开发国产化丙烯酸、丙烯酸丁酯、丙烯酸羟基酯生产技术及新产品戊二醛。同年,上海焦化公司对原有工艺设备技术进行创新,制得新产品 50[#] 甲醇,通过上海市经委验收,填补国内空白。2004 年,上海吴泾化工有限公司(吴泾化工公司)研发的年产 20 万吨醋酸低压羰基合成工艺技术,获上海科技进步奖一等奖。该项目提高效率 1 倍以上,产品符合美国 ASTM 标准,打破国外垄断。2005 年,华东理工大学等建立的大型精对苯二甲酸生产过程智能建模、控制与优化技术,获国家科技进步奖二等奖。该成果解决 PTA 生产过程中建模、控制和优化的若干瓶颈问题。同年,吴泾化工公司研发的年产 10 万吨乙酸乙酯新型成套技术,获上海科技进步奖一等奖。该项目解决国内酯化法技术大规模装置化难题,产品质量达到美国标准,打破国外垄断。2006 年,华东理工大学信息学院开发出年产 80 万吨 PTA(对二苯甲酸)生产过程优化及控制技术,其中 PX 氧化反应过程、溶剂脱水系统、PTA 精制结晶过程等技术,取得成果。2007 年,上海石化产出合格的乙二醇产品,年产 38 万吨,可灵活调节乙二醇和环氧乙烷两种主要产品产量;并在国内率先使用生物环保技术,使装置的硫化氢、氨等的处理率达到 90% 以上。

第四节　化工机械制造技术

1985 年,华东化工学院主持的甲醇合成塔设计获国家科技进步奖二等奖。1988 年,上海高桥石油化工公司化工厂(高桥化工厂)、医药设计院等研发的万吨乙烯管式炉裂解试验装置,获上海科技进步奖一等奖。1989 年,高桥化工厂、中石化上海高桥石油化工公司设计院完成的年产 2.1 万吨苯乙烯装置技术改造,获国家科技进步奖二等奖。1990 年 10 月,高桥石化建成万吨级乙烯 SH-1 型裂解炉。

1991 年,中国科学院上海冶金研究所等完成的硫酸生产中余热利用设备的腐蚀与保护研究,获国家科技进步奖三等奖。该项目试制出阳极保护酸冷却器,填补国内空白。1992 年,化工部上海化工研究所完成的 SW 型网孔波纹填料开发及应用,获国家科技进步奖二等奖。该填料适用于填料塔和部分板式塔技术改造,列入国家科技成果重点推广计划。1996 年,上海化工机械三厂研制的 QON75、QON100 型内分级循环管式气流粉碎机,获国家科技进步奖三等奖;该粉碎机利用高速气流获得微米级和亚微米级的粉末产品,出口泰国。

2001 年,上海自动化仪表公司开发 UTD-3010 系列电动浮筒液位(界面)变送器,有智能功能和国际 HART 协议现场总线通信功能,属首创。2002 年,华东理工大学、上海国强生化工程装备有限公司研制的基于参数相关的发酵过程生物反应器优化与放大技术,获国家科技进步奖二等奖;该项目设计以物料流检测为目标,配置 14 个以上在线参数检测或控制的新概念生物反应器。同年,华谊集团、复旦大学建成万吨级用于纺织工业处理剂的乙二醛生产装置,规模为亚洲第一、世界第二。

2004 年,华东理工大学完成的化工设备预测性维修规划关键技术研究,获国家科技进步奖二等奖。该项目着眼于设备维修工程基本科学问题突破,探索高温高压设备维修规划的技术方法,部分技术为国内外首创。2006 年 9 月,华谊集团、上海三爱富新材料公司研制的千吨级聚偏氟乙烯树脂生产装置,试生产成功。该产品单耗、能源利用、环境保护等达国内领先水平,打破国外垄断。2007 年,华东理工大学、巴陵石化公司环己酮事业部开发的年产 8 万吨环己酮装置清洁生产成套技术与应用,获上海技术发明奖一等奖。该项目实现生产装置无废水排放和固体碳酸钠 100% 回收。2008 年,华东理工大学、中石化上海工程公司等完成大型径向流动反应装置的开发与应用,自主开发醋酸乙烯催化剂及工艺成套技术、反应装置关键技术,打破国外行业垄断。

2009年,华东理工大学、中石化资产经管公司巴陵石化分公司等承担的含硫含碱废液过程减排新技术研究及在化工行业中应用,获国家科技进步奖二等奖。该项目在18个省市应用44套化工生产装置,近3年减少原料碱消耗7.44万吨,减少COD排放12.5万吨、二氧化硫排放1.15万吨,减少蒸汽消耗262.5万吨、废热排放2.14×10^9兆焦,回收污油1.3万吨、废碱3万吨。2009年,华东理工大学、中石化扬子石化公司等研制的系列高通量换热器及其产业化成套装备技术,获上海科技进步奖一等奖;该项目提出成分设计与粉末烧结相,发明强化复合镀及多孔管喷涂成形技术,建成世界第二、国内唯一产业化基地,完成56台高通量换热器设计制造。

第七章　制药与医疗器械技术

第一节　中药制药技术

20世纪80年代,卫生部中医研究院中药研究所等研发的抗疟新药——青蒿素,获国家发明奖二等奖。1985年,华东化工学院等完成的转盘塔提取麻黄素的研究,获国家科技进步奖三等奖。1987—1989年,上海徐汇中药饮片厂、中国科学院上海原子核所选择20余种中药,开展辐照防蛀防霉中试规模研究,新工艺可保证饮片色香味及药性不受破坏。上海中药一厂试验成功将首乌片糖衣改为薄膜包衣,各项质量指标均优于糖衣片。

1996年,中国科学院上海药物研究所(药物所)创制的抗疟新药——蒿甲醚,获国家技术发明奖三等奖。该发明从二氢青蒿素醚类化合物中发现,蒿甲醚抗疟效价比青蒿素高6倍,油溶性好,疗效达100%,复燃率仅为7%。1998年,上海医药(集团)总公司开发出新药——银杏颗粒,获卫生部二类新药证书,并成为中国首批通过美国FDA的IND审查的中药。

2001年,上海雷允上药业有限公司等成功开发基因工程鉴定野山参新技术。2002年,上海中医药大学、上海现代中医药技术发展有限公司研发的扶正化瘀胶囊,获国家科技进步奖二等奖及国家新药证书和生产批文。该药为治疗肝纤维化的复方中药,进入美国Ⅱ期临床。2004年,药物所开发的香菇多糖静脉注射液,获上海市科技进步奖二等奖。该研究发明独特的提取分离方法,可直接制备成水针剂,疗效与粉针剂一致,获得国家二类新药证书。同年,药物所研发新的雷公藤内酯醇衍生物,获上海科技进步奖三等奖。该研究是对先导化合物雷公藤内酯醇进行结构修饰优化获得的新化合物,其(5R)-5-羟基雷公藤内酯醇有望成为治疗类风湿性关节炎的一类新药。

2005年,中国药科大学、药物所研制的盐酸关附甲素注射液,获国家食品药品监管局新药证书。该药是从中药关白、附子中提取二萜类生物碱制成的抗心律失常的一类新药。同年,上海百棵药业有限公司开发出治疗性抗肿瘤中药——枫苓合剂,获国家食品药品监管局批准上市。该药在民间验方的基础上,通过大样本临床试验,总有效率达93.2%,填补国内空白。2006年,第二军医大学等完成的中药材三维定量鉴定及生产适宜性的系统研究,获国家科技进步奖二等奖及获军队和省部级科技成果奖7项。该研究创建计算机中药材三维定量鉴定方法、中药材生产合理布局体系、珍稀濒危中药材产业化模式及中药材栽培方法。2007年,药物所研发的丹参多酚酸盐粉针剂获上海技术发明奖一等奖。该项目发现以丹参乙酸镁为主要成分的多酚酸盐,是丹参治疗心血管疾病最重要的有效成分,据此制出丹参多酚酸盐及注射用丹参多酚酸盐中药制剂。2008年,上海中医药大学进行的中药质量标准综合评价关键技术平台的构建与应用研究,获上海科技进步奖一等奖,2010年获国家科技进步奖二等奖。该研究制订、修订6种药材及1种饮片的标准,完成《中国药典(2005版)中药材薄层色谱彩色图集》33种中药材的图谱研究,修订其中14种薄层色谱分析方法。同年,上海中药创新研究中心开发抗抑郁新药——优欣定胶囊,兼有中西药特点和优势,其主要成分原人参二醇纯度大于93%,达到中药一类新药要求。同年,上海中医药大学完成灵异胶囊防治糖尿病性周围神经早期病变课题。该课题运用熄风通络古方制成胶囊剂型,总有效率为82.24%。

2009 年,国家医药管理局上海医药工业研究院等研发的盐酸麻黄碱生产新工艺,获上海技术发明奖一等奖。该研究发明立体选择性还原工艺,创新连续萃取工艺和设备,通过欧盟 COS 认证。2010 年,第二军医大学研发成黄芪甲苷注射液,该药是传统古方补阳还五汤,应用现代分离纯化技术及基因芯片技术,提取纯度超过 90％的黄芪甲苷研制成的,具有明显的缓解心绞痛及改善心肌缺血功能。同年,上海龙华医院研制成功用于治疗神经根型颈椎病的中药制剂——复方芪麝丸,具有益气化瘀、消炎止痛功效,能有效解除症状体征。同年,上海华山医院、上海和黄药业有限公司等开展麝香保心丸系列研究,获阶段性成果。该研究从药丸中分离、鉴定 95 个化合物,基本阐明其物质基础与作用机理,建立成分含量测定方法及指纹图谱,揭示药物配伍减毒的科学内涵。该药成为中国芳香温通类治疗胸痹的传统中药大品种。同年,第二军医大学创立的基于中医药特点的中药样品库的建立与新药研究,获国家科技进步奖二等奖。该项目建立国内较大的中药样品库,采用化学与生物方法,对药效物质基础进行研究,并建立基于传统功效的中药新药研究新模式。同年,上海中医药大学开展中药制剂物理改性技术研究,取得祛膜颗粒、复方芪灵片两个新药临床研究受理号。

第二节　化学制药技术

1977—1984 年,上海华山医院、医药研究院等研发的华山-200、医工-78 型硫酸钡干燥混悬剂,获上海市重大科技成果二等奖。1985 年,上海第九制药厂研发的第二春药用化妆品(霜剂系列),获上海科技进步奖二等奖。同年,第二军医大学研发的疟疾和矽肺治疗新药——羟基哌喹及磷酸盐,获国家技术发明奖二等奖。1986 年,国家医药管理局上海医药工业研究院(上海医工院)开发的头孢菌素 C 高产菌株选育及发酵工艺,获国家技术发明奖三等奖。该工艺优化菌种选育,确定发酵过程关键控制点,把头孢菌素 C 的发酵水平提高 45％。同年,上海第六制药厂完成的左旋氨基丁醇消旋工艺研究,获上海科技进步奖二等奖。1987 年,中国科学院上海有机化学研究所(有机所)等完成的麝香 T 合成的研究,获上海科技进步奖二等奖。1989 年,复旦大学等研发的庆大霉素组分比例合适菌株的选育,获上海科技进步奖二等奖。同年,上海医工院、上海五洲药厂完成的左旋氨基丁醇消旋工艺研究,获国家科技进步奖三等奖。

1990 年,上海医科大学、上海第十二制药厂创新三苯氧胺抗乳腺癌药生产新工艺,由两步法变为一步法,收得率从 50％提高到 90％以上;原"废弃物"E 型异构体,全部转为 Z 构型成品,产能提高四倍。1991 年,成功研出 14 -氨基酸注射液-300G,属胃肠外支持疗法的药品,填补国内空白。1992 年,上海医工院完成的抗肿瘤新药——米托蒽醌研究,获国家科技进步奖三等奖;该项目制定新合成工艺路线,原料立足国内,三废得到解决,成品实现批量生产,填补国内空白,使中国成为世界上第 2 个能生产此药的国家。1993 年,上海医工院等完成的阿霉素生产工艺和劳动保护研究,获国家科技进步奖三等奖。该研究在柔红霉素半合成阿霉素工艺中,由五步反应改为一罐反应,并研究成功精制方法,使产品含量达 97％以上。同年,上海三维制药公司、中国科学院上海药物研究所(药物所)等研制的盐酸环丙沙星原料及片剂,获上海科技进步奖一等奖。该成果采用新反应工艺路线、消除易爆易燃因素。1995 年,上海制药公司主持的氧氟沙星原料及胶囊的研制,获上海科技进步奖二等奖。同年,有机所研制的氟尿嘧啶脱氧核苷获国家科技进步奖三等奖。该抗癌新药疗效高、副作用小,载入美国药典。1996 年,上海医工院完成丙烯酸树脂的试制和应用,获国家科技进步奖三等奖;该材料适用于片、丸、颗粒、胶囊等中西药物制剂的包衣,其成膜性、膜吸湿性、透气性、抗拉强度等性能均比纤维素衍生物类包衣材料优越。1997年,华东理工大学等承担的青霉素发酵过程优化技术研究,获国家科技进步奖二等奖。该研究提出青霉素发酵过程的优化理论,应用人工神经元网络,使发酵单位最高达6.5万u/ml。1998年,上海中西药业股份有限公司研制的盐酸氟西汀原料及制剂,获上海科技进步奖二等奖。1999年,上海医工院研发的抗肿瘤药物——依托泊苷,获国家技术发明奖三等奖。该项目建立药品合成工艺路线最短,总产率最高。

2002年,药物所、国家新药筛选中心研发的国家新药筛选体系和高通量筛选技术,获上海科技进步奖一等奖,2003年获国家科技进步奖二等奖。该项目建成筛选模型65种,其中16种模型为国际首创,其余为国内首建,包括国际先进的已知功能的全部19种核受体高通量活力检测方法,另建有细胞、组织和器官筛选模型200多种;该项目在国内达到日筛选2万药次。2003年,复旦大学等开展的d-生物素不对称工业全合成研究,获上海科技进步奖一等奖,2005年获国家技术发明奖二等奖。该发明建立的合成路线,产品总收率达50%,质量符合USP26、EPIV等标准,打破瑞士罗氏公司垄断。2004年,上海医工院等完成的环孢菌素A发酵新工艺,获上海科技进步奖一等奖,2005年获国家科技进步奖二等奖。该项目独创发酵培养基及关键成分加工方法,提高分离纯化收率一倍以上,打破国外产品垄断。同年,上海交通大学等开展的抗生素基因工程平台建设基础研究,获上海科技进步奖一等奖。该项目通过人工设计抗生素生物合成途径,在国际上首次阐明烯类抗生素生物合成的分子机理。

2005年,上海医工院等研发的新头孢菌素——头孢硫脒,获上海科技进步奖一等奖,2006年获国家技术发明奖二等奖。该项目发明有机溶剂重结晶新工艺,头孢硫脒纯度由92%提高到98%,有效期从一年半延长到二年。2006年,上海医工院、浙江医药股份有限公司新昌制药厂攻克万古霉素产业化关键技术。该项目实现培育高产突变菌株,创新发酵培养基和工艺,提高糖肽类抗生素分离纯化及产品稳定,药品指标符合美欧药典要求。同年,上海靶点药物有限公司研发抗艾滋病一类创新药——尼非韦罗,可阻断HIV-1进入宿主细胞,具有良好的选择性、广谱性和抗耐药性。2007年,上海医工院等完成的一线降压药普利类药物关键技术开发及产业化项目,获上海科技进步奖一等奖,2008年获国家科技进步奖二等奖。该项目打破国外技术垄断,攻克关键工艺技术,产品达到和超过美欧药典标准。

2008年,上海天伟生物制药有限公司等研制的第二代他汀类降血脂药——普伐他汀钠,获上海技术发明奖一等奖。该项目突破菌种、发酵、纯化、制剂等方面的关键技术和技术壁垒,产品纯度高达99.9%以上。2009年,药物所完成的苗酮并吲哚类化合物、制备方法及医学用途研究,该化合物与雌激素受体亲和力高,是亚型选择性雌激素受体调节剂。同年,华东理工大学等研发的红霉素生产新工艺,获上海科技进步奖一等奖。该工艺在优化发酵液组分,实现发酵过程及提取技术优化上取得突破,获得欧美认证。同年4月,药物所等研制的国家一类新药——盐酸安妥沙星及其片剂,获国家食药品监管局新药证书及批准文号,该药是国内第一个喹诺酮类创新药物。2010年2月,药物所等研发抗禽流感药物——扎那米韦,获国家食药品监管局新药证书和药品批准文号,成为继达菲之后研发的第2个抗流感新药。该药品原料药获得葛兰素史克制药公司授权,并开发出吸入用扎那米韦胶囊新剂型。

第三节　生物制药技术

1977—1984年,上海医药工业研究院研发高纯度尿激酶的制造方法和人尿中尿激酶抽提吸附,获国家发明奖二等奖。1986年,上海第二医科大学研发超微结构酶细胞化学技术的建立和应用,获上海科技进步奖一等奖。1988年,上海生物制品研究所采用眼镜蛇毒,经减毒处理制备成抗原,免疫马匹,再将马血浆制成抗蛇毒球蛋白制剂,其效价达世界卫生组织标准品水准。

1993年,上海市卫生防疫站研制出甲肝减毒活疫苗,获国家科技进步奖二等奖。疫苗接种者所激发的甲肝抗体,可持续三年以上,保护效果达100%。同年,上海医药工业研究院完成注射用胶原酶研究,1999年获国家科技进步奖三等奖。该药是国内外首创代替手术治疗腰椎间盘突出症的新药,总有效率达89.6%,获国家一类新药证书。同年,上海药物所、中国科学院上海生物化学研究所(生化所)开展阿片肽及其他一些神经肽的研究,其中记忆增强肽制备及应用,获国家发明专利。1995年,上海信谊药业有限公司研发的培菲康(益生菌),获上海市优秀新产品一等奖、上海科技进步奖一等奖。1996年,生化所、第二军医大学等研发基因工程人γ-干扰素,获国家科技进步奖二等奖,并完成中试及Ⅲ期临床验证;该药品对风湿性关节炎疗效达60%～70%,填补国内空白。1999年,复旦大学医学院开展重组链激酶(γ-sk)研制与应用研究,获上海科技进步奖一等奖,2000年获国家科技进步奖二等奖。该药是重要的溶血栓药物,在复性方法和纯化工艺方面有创新,其纯品得率比国外高10倍以上。

2000年,生化所完成的氨基酰-tRNA合成酶及其与相关tRNA的相互作用研究,获上海科技进步奖一等奖。该研究可应用于疾病防治和改善生存环境。同年,上海百泰生物技术有限公司研发的基因工程肿瘤疫苗,采用细胞融合技术,能有效杀伤肿瘤细胞,消退晚期肿瘤。2005年,上海联合赛尔生物工程有限公司等研制出新型基因工程霍乱疫苗,获国家科技进步奖二等奖;该研究通过组构、工艺、动物免疫试验,获一类新药证书,进入三期临床。同年,上海高科生物工程有限公司完成溶葡萄球菌酶的复配技术开发应用研究,获上海科技进步奖一等奖。该研究实现工程菌表达稳定,属国际首创,开发酶的复配制剂、9个生物消毒剂,填补国内空白。同年,中国科学院生物化学与细胞生物学研究所开发抗艾滋病创新药物——重组天花粉蛋白突变体,获得国家食品药品监管局Ⅰ期临床批文。该突变体是中药天花粉蛋白通过基因改造后的产品。上海三维生物制药有限公司重组人5型腺病毒注射液(H101),获国家食品药品监管局一类新药证书。上海市计划生育科学研究所采用基因工程方法,制备出人绒毛膜促性腺激素(hCG)抗癌疫苗。

2006年,第二军医大学、上海中信国健药业有限公司开发出注射用重组人2型肿瘤坏死因子受体-抗体融合蛋白(益赛普),获国家食品药品监管局新药证书、上海技术发明奖一等奖。同年,第二军医大学免疫学研究所、上海海欣生物技术有限公司首创晚期大肠癌个体化树突状细胞(DC)肿瘤的治疗性疫苗,开展二期临床研究,APDC治疗组有效率达到46.2%,高于随机对照化疗组的有效率22.5%。2008年,上海长征医院、东华大学等完成的水溶性医用几丁糖的制备技术与应用项目,获上海技术发明奖一等奖,2009年获国家科技进步奖二等奖。该项目发明水溶性医用几丁糖制备技术及多项医用制品,属国内外首创。同年,上海华谊生物技术有限公司研发的基因治疗2型糖尿病的国家一类新药"谊生泰",开始向产业化转化。建成后的生产基地年产冻干粉针250万支、笔试水针250万支和冻干粉分装150万支。复旦大学研发的溶菌酶蛋白生产工艺及其应用专利,实现工业化生产。该产品——人溶菌酶是人体同源蛋白,具有高纯度、高活性的特点,以及抗菌、消炎、抗病毒等作用。

2009年3月,上海美烨生物科技有限公司、旭华(上海)生物研发中心有限公司开发注射用重组人促红细胞生成素-Fc融合蛋白,获国家食品药品监管局三期临床批文。该药创造性地引入Fc片段,使EPO-Fc更稳定,半衰期长,生物学活性强,为纯化目的蛋白提供标签。同年9月,上海生物制品研究所研发的甲型 H1N1 流感病毒裂解疫苗,获正式生产批文;该疫苗保护率达到 90% 以上,达到并超过国家食品药品监管局规定。2010 年,复旦大学开展新型乙型病毒性肝炎治疗性疫苗研究,完成三期临床试验与新药申报,以及 74% 的病例治疗和随访。同年,上海泽生科技开发有限公司开展的重组人纽兰格林的国内/美国临床研究,获国家 SFDA 三期临床批件,开始国内三期多中心临床试验,启动美国二期临床试验;该药对心肌细胞的存活、分化、结构重组及收缩等具有多方面的作用,可以明显改善心衰动物的心脏功能。

第四节　医用设备开发技术

20 世纪 70 年代末到 80 年代,医药器械在研制常规手术和治疗器械的同时,开始研发现代医学诊疗器械,共有 74 项技术获得国家级和市级奖,其中获国家技术发明奖二等奖 1 项、三等奖 2 项、四等奖 2 项,获国家科技进步奖二等奖 5 项、三等奖 6 项,获上海市重大科技成果二等奖 7 项,获上海科技进步奖一等奖 1 项、二等奖 7 项、三等奖 43 项。20 世纪 90 年代,现代医药器械研究进展较快,共有 56 项技术获得国家级和市级奖项,其中获国家技术发明奖三等奖 2 项、四等奖 9 项,获国家科技进步奖二等奖 1 项、三等奖 3 项,获上海科技进步奖一等奖 1 项、二等奖 19 项、三等奖 21 项。2000 年以来,医疗器械数字化和介入医疗器械发展成为亮点,共有 50 项技术获得国家级和市级奖项,其中获国家技术发明奖二等奖 1 项,获国家科技进步奖二等奖 5 项,获上海科技进步奖一等奖 4 项、二等奖 19 项、三等奖 21 项。

一、医疗设备开发技术

【诊断设备】

1983 年,上海医疗器械研究所(医疗器械所)研制出国内第一台 XON-1 型颅脑 CT。1985 年,上海医疗器械厂(医疗器械厂)研制成 X51 型医用 X 射线电视系统遥控摇篮装置,可明室透视摄影。1985 年,上海医用电子仪器厂(医用电子仪器厂)、医疗器械所研制成 B 型超声诊断仪 CX-851 线阵超声实时显像仪。1986 年,上海医用分析仪器厂研制成功 XF503 血细胞计数仪,测定血液中白细胞、红细胞及血红蛋白 3 项指标,时间约 11 秒。1987 年,上海医用光学仪器厂研制 XZ-2 纤维支气管镜,填补国内空白。1988 年,医用电子仪器厂试制成 XD-6511 型单道心电图机,采用线性光耦合器件、专用多功能组件、位置反馈传感器等技术,其指标与日本产品相同。

1990 年,上海医药管理局研究多功能超声诊断仪,能同时用于心腹部疾病诊断,可替代进口。同年,上海激光技术研究所研制成功智能中医舌诊辨色仪,采用光电积分法,经数字量化处理,按国际照明标准获人舌 3 个基本色彩参数。同年,上海医药管理局研发 9″ 影像增强管,国产化率近 80%,能提高 X 线机性能水平,减少辐射副作用。1991 年,上海科技大学、上海医用仪表厂研发的心电集中监护系统,获上海科技进步奖一等奖。同年,复旦大学研发的 S-1 医用超声多普勒实时频谱分析仪,获上海科技进步奖二等奖。同年,医用电子仪器厂开发出 SCH64XK-3：5 型线陈�探头,晶体的密度为以前搂头的 1.6 倍,使 B 超图像清晰度提高,中远场分辨率高。同年,上海第九制药厂研制的 CT-54 全身 CTX 线管,配套用于第三代全身 CT 装置,解决了高真空、射线密度和焦点控制等关键技术。

2003 年 10 月,上海交通大学生命科学院研制成 SJTU-1 型医用超声设备声输出测量系统。

2004年,医疗器械厂研制的AXGPSM80型上球管医用诊断X射线机,获上海科技进步奖二等奖。2004年,上海复旦张江生物医药公司研发先天愚型(唐氏综合征)产前筛查系统,获国家食品药品监督管理局新药证书;该系统通过产前筛查、确诊,检出率高达85%,成果填补黄种人筛查空白。2005年,上海数创医疗科技有限公司研制数字心电图设备,可进行计算机辅助心电图诊断,提高诊断精确性,并具有数据库管理和远程会诊功能。

2008年,上海交通大学完成艾滋病快速检测试剂盒与配套纳米器件研制,制备具有生物活性的Env蛋白,建立鉴定标准流程和方法,以及免疫层析芯片阅读仪。2009年,美时医疗公司研发PICA型全身磁共振成像系统,属低场型磁共振,通过美国FDA认证;研发高温超导射频线圈,打破国外设备垄断格局。2009年,上海大学完成用于监护生命体征的无线系统及其应用项目,开发的便携装置能获取血压、心率等生命体征参数,由智能软件自动报警,实现长期连续无创监测。2010年,医疗器械厂研制成功DSM80型数字胃肠X射线机系统,具备优越的图像处理特性,适用于传统和数字化影像系统,填补国内空白。2010年,上海汇中细胞生物科技有限公司独创SemiBio Assay特异性细胞检测平台技术,研发T细胞免疫玻片和可视化自动细胞分析系统,应用于肿瘤、艾滋病等疾病诊断、监测及预后判断,属世界首创。同年,上海奥普生物医药有限公司成功开发U8/Qpad体外即时诊断技术平台,利用光机电原理,整合现代科学技术,能即时诊断临床各类疾病。

【治疗设备】

1979年,医疗器械所、中国科学院上海光学精密机械研究所等研制出二氧化碳激光气化肿瘤装置,属国内首创。1982年,医疗器械厂研制T×04人工心肺机、T×25人工肾。1985年,上海手术器械厂研制成功SSX-2泌尿外科手术器械,填补国内空白。1991年,复旦大学研发FD-20型生理性心脏起搏器,获上海科技进步奖二等奖。

1991年,上海医疗器械五厂研发的ZF900-1型手术无影灯,获上海科技进步奖二等奖。1993年,上海长海医院研发一种新型加温治疗用2450MH2微波天线,获国家技术发明奖四等奖。1995年,上海医用核子仪器厂、上海市机床研究所研制的MD-500型放射治疗模拟定位机,获上海科技进步奖二等奖。1996年,复旦大学、上海瑞金医院研发的染料激光眼科治疗机,获国家技术发明奖三等奖。1997年,第二军医大学等发明的皮肤外扩张器,获国家技术发明奖四等奖。

2000年,上海齿科医械厂研发的CS1000型连体式牙科治疗设备,获上海科技进步奖二等奖。2000年,上海九菱冶炼有限公司、浙江大学附属第二医院研制出全热解碳双叶人工心脏瓣膜(第二代人工瓣膜),完成临床试验,换瓣患者100%存活。2001年,上海天清生物材料有限公司研发天合牌PGLA医用可吸收缝线,克服传统羊肠线吸收周期短、常规合成纤维不能分解吸收等缺点,达到美欧药典标准。2002年,上海市激光技术研究所研制长脉冲Nd:YAG激光脱毛美容仪,利用红外激光热效应,将干细胞破坏,达到永久脱毛目的。2004年,微创医疗器械(上海)有限公司(上海微创)研制的第一代含药缓释血管支架,获上海科技进步奖一等奖,2006年获国家科技进步奖二等奖;该支架能有效避免血管再度变窄,与普通金属冠脉支架相比,其再狭窄发生率由20%~35%下降为不到10%,打破国外技术垄断,填补国内空白。2005年,复旦大学附属眼耳鼻喉科医院等研发准分子激光视觉光学矫正关键技术及其装备,获国家科学技术进步奖二等奖;实现人眼屈光矫正、人眼像差测量及矫正。2006年,上海拓能医疗科技发展有限公司开展的逆向动态适形调强放疗系统的研发与应用,获国家科技进步奖二等奖;该项目能提高肿瘤局控率,减少放疗损伤。

2008年,上海交通大学研发多元阵列相控聚焦超声肿瘤多模式治疗系统软硬件平台,利用超声的机械、生物热等效应,配以热敏感的脂质体包和化疗药物,诱导肿瘤细胞凋亡。同年,上海伽玛星科技发展有限公司、上海理工大学研发陀螺旋转式聚焦放疗技术及应用,获上海科技进步奖二等奖。同年,上海复旦数字医疗科技有限公司(复旦数字医疗)研发神经外科手术导航系统,获得欧洲CE认证。2009年,复旦大学等研发的图像引导手术关键技术的研究与产品开发,获上海科技进步奖二等奖。同年,中国科学院上海硅酸盐研究所研发的骨植入体生物活性涂层材料研究及应用,获上海科技进步奖二等奖。同年,加奇生物科技(上海)有限公司研制出治疗颅内动脉瘤的Jasper弹簧圈,获国家食品药品监管局注册证书;该产品拥有122种型号,可颅内动脉永久性植入,并实现30秒稳定解脱时间。

2010年,上海爱申科技发展股份有限公司在研制的磁共振导引的超声聚焦肿瘤消融系统上,用0.35T低场永磁磁共振系统增加病灶部位图像与温度实时监测。2010年,复旦数字医疗攻克新一代神经导航系统,实现弥散张量成像(DTI)技术与增强现实技术的应用,能准确反映出脑肿瘤、脑功能区间的位置关系,实现虚拟场景与真实场景信息的融合。同年,上海交通大学研发的高精度手术导航仪与全膝关节置换辅助手术机器人,获上海科技进步奖二等奖;该项目提出一种新的基于螺旋运动的机器人手眼标定算法,保障手术实施过程中的安全可靠,提出简单实用的视觉伺服方案,保证手术中对病体的微小晃动做出相应的位置补偿。同年,上海微创研制成功分叉型大动脉覆膜支架及输送系统(Hercules-B),获得国家食品药品监督管理局医疗器械产品注册证;产品主体覆膜支架采用导入段的结构设计,具有更佳的防止近端内漏的性能,且增加了支架的柔顺性。

二、制药设备开发技术

1977—1984年,上海中华制药厂研制的QLY-2型清凉油自动灌盖机,获上海市重大科技成果二等奖。上海中药二厂药酒车间采用带湿冷浸连续循环萃取及DE多孔管过滤新工艺设备,使生产周期缩短,质量更有保证,药酒产量比陶缸冷浸翻了一番。上海延安制药厂试制胶囊自动填充机,采用转盘输送,计量精度达±5%,生产能力达1 500粒/分钟,质量符合GMP要求。上海通用制药厂研制出制造铝管用的冲挤机、滚丝修整机、内喷涂机、印刷机,使中国药用软膏实现由铝管代替铝锡管。1985年,上海中药三厂提取车间采用国内先进的提取、过滤、浓缩设备,使中药生产提取浓缩工段全部在密闭系统内自动化控制操作,技术全国领先。上海制药机械三厂试制FL120型沸腾制粒器,采用电子程序控制,将物料混合、制粒、干燥3道工序合而为一,所出的产品优于老工艺产品。1986年,上海制药机械厂研发的ACSD-2毫升安瓿洗烘灌封联动机,获上海科技进步奖二等奖。上海新亚制药厂引进全自动铝管生产线,包括冷冲挤成型机、滚丝修整机、盖帽机、尾涂机等,开创软管生产联动化。1987年,上海医药设计院设计、重庆制药机械厂试制出大输液联动生产线,包括送瓶台、灌液机、充氮机、轧盖机、贴签机等12台单机,生产500毫升玻瓶输液。1988年,上海制药机械厂创制直线式及旋转式两种口服液流装机,采用柱塞泵计量、自动止灌装置,以及三刀轧盖方式。1989年,上海天祥机械厂试制成37冲高速旋转药物压片机,由计算机控制,能预先设定9种生产工艺数据,具故障自动停车并显示部位及原因的功能。

1990年,中药一厂安装中药口服液生产线,可进行超声波洗瓶、350℃灭菌、灌封轧盖和贴标;整条线在封闭状态下进行,达到GMP要求。上海制药机械三厂设计试制成功中药的挤压造粒机及整粒机,采用双螺杆挤压法,出口处装有刀片,将物料从网板小孔挤出成粒,形状规则,质地紧密,含细粉少。1991年,上海延安制药厂研制成功1500型硬胶囊充填机,可替代进口。

2001年,华东理工大学完成的基于过程参数相关的发酵过程优化与放大技术及其生物反应器装置研究,获上海科技进步奖一等奖;该项目设计以物料流检测为目标,配置有14个以上在线参数检测或控制的生物反应器;研制出计算机控制系统与数据处理软件包。2009年,上海医药工业研究院完成重大疾病治疗药物产业化关键技术创新平台建设,获上海科技进步奖一等奖,可对重大疾病的预防、治疗产生重大影响。

第八章　轻工与纺织制造技术

第一节　轻工制造技术

20世纪70年代末到80年代,轻工产品研究在自行车、缝纫机、手表"三大件"及文化生活用品、家用电器、食品上,获得众多成果。共有355项技术获国家级和市级奖项,其中获国家技术发明奖二等奖2项、三等奖15项、四等奖12项,获国家科技进步奖二等奖14项、三等奖22项,获上海市重大科技成果一等奖1项、二等奖25项,获上海科技进步奖一等奖6项、二等奖52项、三等奖206项。20世纪90年代,轻工产品新"三大件"——冰箱、洗衣机、彩电等家用电器及文化与生活用品、服饰、食品等方面,均取得科研成果。共有232项技术获国家级和市级奖项,其中获国家技术发明奖二等奖1项、三等奖1项,获国家科技进步奖二等奖4项、三等奖13项,获上海科技进步奖一等奖3项、二等奖106项、三等奖104项。2000年以来,轻工产品研发数字化、环保型及新型产品,成果丰硕。共有137项技术获国家级和市级奖项,其中获国家发明奖二等奖1项,获国家科技进步奖二等奖3项,获上海科技进步奖一等奖6项、二等奖39项、三等奖81项,获上海技术发明奖三等奖6项。

一、体育、文化用品开发技术

1977—1984年,上海乒乓球拍厂、天津市橡胶工业研究所研发的乒乓球拍长胶粒胶皮,获国家发明奖四等奖。上海贴花印刷厂研发的热黏结丝网印刷贴花新工艺,获上海市重大科技成果二等奖。20世纪80年代,上海永生金笔厂采用塑料件注塑工艺,研制成螺纹脱模,创造200克注塑机一模出24只的新纪录。1983年,上海永生金笔厂和中国科学院上海光学精密机械研究所试制的激光焊缝机,1985年获国家科技进步奖三等奖。该成果提高大包头笔尖焊缝质量,提高劳动生产率3倍以上。1985年,上海照相机总厂生产出DF-IETM内测光和多镀膜单镜头反光照相机。1987年,上海八一电影机械厂生产的井冈山811型彩色照片冲扩设备,获上海科技进步奖二等奖,1988年获国家科技进步奖三等奖。

1990年,上海制笔行业从自来水笔、圆珠笔、铅笔老3类,新发展到脉动式活动铅笔、水性彩色水笔、油性彩色笔、化妆笔、工业用笔、变色彩色水笔等10个种类。1991年,上海交通大学研制的JPS-1型阳图印刷感光剂,获国家技术发明奖二等奖。该感光剂用于PS版,耐印率大于10万张/块。1992年,上海电影机械厂研制的XDD-35彩色片洗片机,获上海科技进步奖一等奖,1993年获国家科技进步奖二等奖。该机输片可靠性好、洗片效率高、加工影片声画质量好。1993年,上海市印刷机械一厂研制的HSK660全自动糊书壳机,获国家科技进步奖三等奖,填补国内空白。1996年,上海大学、上海万国车辆配件有限公司研发的自行车多级飞轮爬链性能分析及齿形优化设计,获上海科技进步奖二等奖。1998年,上海海鸥照相机厂(海鸥照相机厂)、复旦大学等开发成功"海鸥"33万像素的数码照相机。1999年,海鸥照相机厂生产的海鸥DF-300A单反照相机,获上海科技进步奖二等奖。2001年8月,海鸥照相机厂研制的第一架海鸥3D-120Ⅲ立体相机,有6个镜头,被誉为"6 只眼睛的东方巨人"。

2002 年,上海红双喜冠都体育用品有限公司研制的 Φ40 毫米乒乓球,获上海科技进步奖二等奖。该球首次在扬州第 21 届男子世乒赛上正式使用,取代沿用百年的 Φ38 毫米小球。同年 1 月,上海达海照相机公司生产的柯达 DX3500 Easyshare 数码相机面市,在西方国家走红。2003 年,上海光华印刷机械有限公司研发的 PZ4650B - AL 四开四色酒精润版胶印机,获上海科技进步奖二等奖。2006 年,上海高斯印刷设备有限公司研制 Magnum40 型卷筒纸胶印机,采用无轴传动技术、遥控墨斗及墨色预设置装置等技术。2009 年,同济大学、上海华太数控技术公司开展的基于 CC - Link 的印刷机系列控制系统开发、应用及产业化,获上海科技进步奖一等奖;该项目研制出高性能墨量控制器,以及印前、印后数据接口。

二、生活用品开发技术

1978 年,上海钟表元件厂研制的 WDY - 1K 快速激光加工机,获国家技术发明奖四等奖,用于手术表、宝石元件打孔,效率提高 10 倍。1985 年,光明器材厂、5108 厂等研发的光致变色玻璃,获国家科技进步奖二等奖。1985 年复旦大学、上海特种灯泡二厂等开展的 H 型荧光灯的研究,获国家科技进步奖三等奖。1986 年,上海缝纫机四厂研发的 GK20 - 100、GK20 - 200 型全封闭高效缝包机,获上海科技进步奖二等奖。1988 年,中国科学院上海技术物理研究所研发的照相机专用蓝硅光电池,获上海科技进步奖二等奖。1990 年,上海手表二厂研发的 DSE4 型指针式石英手表,获上海科技进步奖二等奖。

1992 年,轻工部玻璃搪瓷工业科学研究所开发的透远紫外玻璃,获国家科技进步奖三等奖;该玻璃能很好透过 1 800 A～20 000 A 波长光线,热膨胀系数 $\alpha = 40 - 50 \times 10^{-7}/℃$。同年,上海保温瓶胆总厂研发的腰接矮胖瓶胆设备,获上海科技进步奖一等奖,实现保温瓶升级换代。1993 年,上海缝纫机四厂研发的 GN7 型高速包缝机系列,获上海科技进步奖二等奖。同年,上海手表厂研发的 SBIHZS 型自动双历机械手表,获上海科技进步奖二等奖。1995 年,复旦大学、上海复旦光源照明公司研发的紧凑型高效节能荧光灯,获上海科技进步奖二等奖,1998 年获国家科技进步奖三等奖。该项目年节电达 46 亿度。

2003 年,复旦大学、南海市华星光电实业有限公司等完成的高品质紧凑型荧光灯的研究和开发,获国家科技进步奖二等奖。该项目发明新稀土荧光粉、透明氧化物保护膜等新技术。2004 年,上海耀华皮尔金顿玻璃股份有限公司等研发的可热加工阳光控制膜玻璃,获上海科技进步奖二等奖。2007 年,中国电子科技集团公司第 50 研究所研制出 WJ6005 型智能照明节电器,将补偿变压器技术和现代电力电子技术结合,节电 30％以上。2010 年,东华大学研发的无铅低钠电光源玻璃制备关键技术及其产业化,获上海科技进步奖二等奖。

三、家用电器开发技术

1982 年,上海无线电四厂、上海广播器材厂等研制多种规格彩色应用电视机,以及低照度全天候遥控、集成化超小型的应用电视。1987 年,上海市工业设备安装公司研发的 F2 系列风机盘管空调器,获上海科技进步奖二等奖。1990 年,上海交通大学、上海模具技术研究所完成的全自动洗衣机大型塑料注塑模具——脱水桶、盛水桶研制与应用,获国家科技进步奖三等奖。

1991年，上海电器科学研究所等完成的洗衣机电机机械化嵌线工艺及设备研究，获国家科技进步奖三等奖。该项目完成 XDQ-1 型洗衣机机嵌成套样机共 6 种机型 8 台专机。同年，机械电子工业部微电子研究所研发的家用录像机磁鼓组件和电动机，获上海科技进步奖二等奖。同年，上海冰箱压缩机厂生产的旋牌冰箱压缩机，获国家优质产品金奖。同年，同济大学研制用于空调排风能量回收的静止式空气－空气全热交换器，夏季节电 20%～25%，冬季省热 40%～50%。1994年，轻工业部玻璃搪瓷工业科学研究所研发的电视机显像管电子枪用微晶玻璃，获上海科技进步奖二等奖。1996年，华东理工大学开发的高档钴改性 γ-Fe_2O_3 磁粉制备技术与反应器，获上海市科技进步奖一等奖。该项目开发出四种规格超微粒磁粉，涂带后的电声性能达到或超过录音带、音乐带标准。同年，上海双鹿电器股份有限公司生产的双鹿"双绿色"BCD-185D 冷藏冷冻箱，获上海科技进步奖二等奖。同年，中美合资上海合众—开利空调设备有限公司研发的 30GQ 系列空气—水活塞式热泵机组，获上海科技进步奖二等奖。

2000年，中国科学院上海光学精密机械研究所等完成的 5 英寸可录 CD 光盘生产工艺材料和母盘开发研究，获国家科技进步奖二等奖。该项目攻克亚微米级摆动预刻槽母盘和压模制作等技术和材料关键。2001年，上海永新彩色显像管股份有限公司开发的 73 厘米多媒体彩色显像管，获上海科技进步奖一等奖，属国内首创。2004年，华东理工大学等开发的彩色显像管用片状石墨黑底导电涂料工业制备技术，获上海科技进步奖一等奖。该项目实现石墨粒子纳米级粉，以及分散与絮凝可逆变换。同年，上海大金空调有限公司研发的 RHXY16MY1 型高效、智能化多联式变频空调机，获上海科技进步奖二等奖。2005年，上海交通大学、上海奇普科技有限公司等开展的数字高清晰度电视接收机系列芯片关键技术，获上海科技进步奖一等奖。该项目研制出卫星数字电视接收机解调芯片 GX1101 及一体化调谐器等核心部件。

四、服饰及皮革用品开发技术

1986年，上海市皮革制品公司、上海红光制革厂等开发的高档猪正面革生产工艺技术和设备，获上海科技进步奖一等奖。

1990年，上海红光制革厂、上海皮革研究所完成的南方低次猪皮制革新技术的研究，获上海科技进步奖一等奖。1992年，上海市第二轻工业局推出系列新款猪移膜革、正面磨砂革、牛多色革、辊涂双色革和腊光、凝絮、摔纹套色效应革。1993年，中国纺织大学等研发的吊挂传输式服装生产系统，获国家科技进步奖三等奖。该系统提高生产效率 20%～30%。1997年，上海七印丝绸公司开发的真丝绸印花地图印制工艺技术，获上海科技进步奖一等奖。该产品有逼真的立体效果。

2001年，上海三枪集团研制出使织物表面形成微小气囊的织造工艺，用以生产新型保暖内衣。2003年，上海针织研究所研发采用涤纶、变性处理的苎麻和竹浆纤维交织制成的休闲类春夏季针织服装，具有保健功能。2005年，东华大学建成服装信息系统及设计系统，包括服装款式、面辅料、体型、市场信息系统数据库及服装款式设计系统。

五、食品开发技术

1985年，上海工业微生物研究所（微生物所）研制的柠檬酸发酵新菌种——黑曲霉 C0827 工艺，获上海市科技进步奖一等奖。1993年，上海市轻工业局、微生物所完成的耐热性 α-淀粉酶研究,获上海科技进步奖一等奖。1995 年,上海闵行面粉厂生产的专用粉由初级型向现代化成品系列发展,可生产饼干、面条等 10 余个品种的专用粉,在上海市场占有率达 70%。

2001 年,上海喔喔(集团)有限公司研发的砂质奶糖及其生产方法,获上海科技进步奖二等奖。2003 年,华东理工大学等开发的新型食品添加剂——呈味核苷酸二钠重要原料鸟苷的关键工艺技术,获上海科技进步奖一等奖,2004 年获国家科技进步奖二等奖。2007 年,上海冠生园食品有限公司研制出的新型果仁类糖果自动生产装备,采用机电一体化设计,实现全封闭环境下熬煮时间、温度、水分等关键参数的自动控制,属国内首创。

第二节　纺织制造技术

20 世纪 70 年代末到 80 年代,纺织研究在纺织技术、纺织品生产及纺织机械等方面得到发展,共有 140 项技术获国家级和市级奖项,其中获国家技术发明奖三等奖 6 项、四等奖 5 项,获国家科技进步奖一等奖 1 项、二等奖 10 项、三等奖 18 项,获上海市重大科技成果一等奖 1 项、二等奖 17 项,获上海科技进步奖一等奖 13 项、二等奖 11 项、三等奖 58 项。20 世纪 90 年代,纺织技术及新产品、高新技术在纺织机械上应用,取得实效,共有 111 项技术获国家级和市级奖项,其中获国家技术发明奖三等奖 2 项、四等奖 1 项,获国家科技进步奖二等奖 1 项、三等奖 10 项,获上海科技进步奖一等奖 12 项、二等奖 44 项、三等奖 41 项。2000 年以来,纺织技术、纺织产品向新颖、精致、功能、环保发展,纺织机械向高精尖发展,共有 68 项技术获国家级和市级奖项,其中获国家技术发明奖二等奖 1 项,获国家科技进步奖二等奖 8 项,获上海技术发明奖二等奖 4 项、三等奖 4 项,获上海科技进步奖一等奖 4 项、二等奖 17 项、三等奖 30 项。

一、纺织品开发技术

1983 年,上海市纺织科学研究院(上海纺科院)、上海羽绒服装厂试制成功南极科考防寒服,能抵挡每秒 60 米狂风和零下 60 度严寒。1985 年,上海市丝绸科学技术研究所、上海纺科院等研发的涤纶长丝仿真丝绸,获国家科技进步奖二等奖。1986 年,上海第八化学纤维厂、上海纺科院完成的芳砜纶纤维中试及织物应用研究,获上海科技进步奖一等奖。

1990 年,上海第十三化学纤维厂、上海化学纤维公司研发的螺旋型立体卷曲中空涤纶纤维,获上海科技进步奖一等奖,1991 年获国家科技进步奖三等奖。该产品采用"超临界"冷却等新工艺,属国内首创,产品可替代进口。1991 年,上海纺科院、上海永新雨衣染织厂完成的干法直接涂层技术和产品开发,获上海科技进步奖一等奖。该项目研制成功 PP-3 水系乳液型聚丙烯酸酯防水透湿涂层剂,可取代进口原材料。1992 年,上海纺织大学研发的高吸水涤纶,获国家科技进步奖三等奖。1993 年,上海毛毯厂研发的高级全毛防霉防蛀系列毛毯,获上海科技进步奖二等奖。1994 年,上海纺科院、复旦大学等完成的核级活性碳纤维制品研究,获上海科技进步奖二等奖,1996 年获国家技术发明奖三等奖。该产品在核工业应用,可替代颗粒活性碳进行净化。1996 年,上海第八棉纺织厂、上海汉森进出口有限公司等研制的 250 s 超高支纯棉精梳纱研制及精品开发应用,获上海科技进步奖一等奖。该产品突破传统纺纱细度理论极限,属纺织高精极品。1998 年,中国纺织大学研制的四孔三维卷曲涤纶短纤维,获上海科技进步奖一等奖。该纤维具有中空度高、蓬松性好、永久卷曲等特性。1999 年,上海汽车地毯总厂研发的复合平地毯(新工艺),采用新型聚烯烃作胶粘剂,获上海科技进步奖二等奖。

2001年,东华大学开发的可染细旦聚丙烯长丝,获上海科技进步奖二等奖。2002年,东华大学、上海第十化学纤维厂等完成的功能化系列共聚酯和纤维的研究开发,获上海科技进步奖一等奖,2004年获国家科技进步奖二等奖。该项目研发异形多孔高保水率和抗静电共聚酯纤维,填补国内空白。2003年,东华大学、航天材料及工艺研究所研制的航天级高纯黏胶基碳纤维,获国家科技进步奖二等奖。该项目开发出稀纬带织造、混合型体系催化等整套软硬件技术,产品性能稳定。2003年,上海市服装研究所制成防辐射织物,重量轻、无毒、无铅,可防 α、β、γ 射线,用于航空、航天、核电站等。

2004年,上海日舒棉纺织厂研制的具有不规则零星彩般幻彩效果段彩纱,获上海科技进步奖二等奖。该项目采用四罗拉牵伸工艺纺纱,以及多种纤维混、并、合纺,在差别化纤维、多色混纺仿真纱线上属国内首创。2005年,东华大学攻克的高强高模聚乙烯纤维产业化,获上海科技进步奖一等奖。该产品具抗冲击韧性特殊性能,国际上原仅荷兰和美国能够生产。同年,东华大学等完成的新型化纤应用及其毛混纤产品开发,获上海科技进步奖二等奖。2006年,东华大学承担的热塑性高聚物基纳米复合功能纤维成型技术及制品开发,获国家科技进步奖二等奖。该项目研制出紫外线屏蔽率99.7%、UPF>50 系列抗紫外细旦聚酯纤维和远红外发射率>87%、抑菌率>93%的多功能异形聚酰胺。同年,上海纺科院、上海裕丰毛纺织服饰公司研发的低温等离子体改性精纺呢,以及低温等离子体处理羊毛改性技术,获中国纺织工业协会科技进步奖二等奖。该产品利用高频放电离子体对羊毛纤维刻蚀,提高可纺支数,属国内首创。

2007年,东华大学等完成的高导湿涤纶纤维及制品关键技术集成开发,获国家科技进步奖二等奖。该项目开发出细旦异形、组合异形、高异形及 PTT、抗紫外等多种高导湿纤维。2008年,东华大学研发的间位芳纶及绝缘材料产业化关键技术,获上海科技进步奖一等奖。该产品具耐热性、耐焰性和可纺性,用于国防和民用领域。2009年,东华大学、解放军总后军需装备研究所等开发的凝胶纺高强高模聚乙烯纤维及其连续无纬布的制备技术,获国家科技进步奖二等奖。该产品成功制成军警用防弹衣、防弹头盔和防弹板,打破欧美封锁。同年,东华大学等完成的苎麻高支面料关键技术开发及产业化,获上海科技进步奖一等奖。该项目攻克苎麻生物脱胶技术瓶颈,发明苎麻牵切纺纱新技术。2010年,东华大学开发的高感纳米抗菌衣,在纳米抗菌功能材料和功能树脂的制备、功能纤维成型、针织产品结构设计及后整理等方面,具集成创新性。

二、纺织机械开发技术

1877—1984年,上海织袜五厂研发的选针式提花毛巾袜机,获国家技术发明奖三等奖。上海纺科院完成的织物风格试验方法和仪器研究,获上海市重大科技成果二等奖,1985年获国家科技进步奖二等奖,仪器采用微处理机控制。1985年,经纬纺织机械厂、上海第二纺织机械厂(二纺机)研发新型环锭细纱机,获国家科技进步奖三等奖。1988年,二纺机研发的 LHV432 和 431 型涤纶短纤维联合机,获国家科技进步奖二等奖。1989年,上海第十七漂染厂、黄石纺织机械厂研发的织物印染及整理技术——高速布铗丝光机,获国家科技进步奖二等奖。

1990年,上海市纺织器材研究所研发挠性剑杆织机,剑杆带使用寿命达2000万次,成本只有进口价一半。1993年,上海纺科院研制的聚丙烯腈预氧化纤维针刺整体毡及针刺机,获国家技术发明奖三等奖。该发明是将 PANOF 长丝制成厚薄均匀的纤维网,针刺加工成整体毡后,用作固体火箭发动机喷管喉衬。1994年,二纺机研发的KV731型纺丝牵伸机,获上海科技进步奖一等奖,1995年获国家科技进步奖三等奖。1995年,纺织大学、上海市纺织纤维检验所等开发的纤维强伸度细度测试仪,获国家科技进步奖三等奖;该仪器自动计算纤维的比强度,可替代进口。同年,二纺机研制的KV731型纺丝牵伸机,获国家科技进步奖三等奖。该机将合成纤维生产中的纺丝与拉伸工序集于一机完成。1998年,上海印染机械厂完成的LSR798系列热风拉幅定型机研制,获上海科技进步奖一等奖,1999年获国家科技进步奖三等奖。该机结构较优,机电一体化水平较高,处于国内领先地位。同年,上海第二纺织机械股份有限公司(二纺机公司)研发的EJM128型细纱机,获上海科技进步奖二等奖。

2001年,上海第十七棉纺织总厂喷气纺机车间竣工,生产的纱线具有均匀度好、股线强力高等优点。2002年5月,上海船舶设备研究所研制的QLS型电子式半自动络筒机,获上海市科技成果鉴定证书,属国内首创。2003年,上海服装集团服装机械厂开发出GE1900系列电子套结机,用于服装花样套结、花样缝纫和钉扣加工。2004年,上海七纺机针织机械公司研制出QJZ新型多功能圆纬机,并通过鉴定;该机专为弹性布面设计,生产的坯布布面清晰、手感舒适。2005年,东华大学等完成的提高织针性能和寿命关键技术研究,获国家科技进步奖二等奖;该技术生产的新型织针,表面硬度从HV485提高到HV676～713,扳弯角度超过33.6度,针舌静拉力达2.9公斤。

2006年12月,上海工程技术大学研发自动切换化纤长丝高速卷绕机计算机控制系统,通过专家验收;该系统集化纤工艺及卷绕设备、工业计算机、网络通信、自动检测等技术于一体,填补国内技术空白。同年,中大科技有限公司研制的高分子制版感光材料,获国家技术发明奖二等奖。该项目网版膜显影快、水冲洗牢度好、耐化学性、耐摩擦性强。2010年,东华大学等完成簇绒地毯织机系列成套装备技术及其产业化,获国家科技进步奖二等奖。同年,东华大学、新余华源地毯产业园公司研发数字化簇绒地毯织机系列成套装备,机械效率由国际水平的93%提高到97%,花形可织范围替代进口装备,填补国内空白。同年,东华大学完成全自动喷丝板微孔检测仪项目,将机器视觉、数字图像处理与机电一体化技术集成应用,开发短纤维、长丝、非织造布3个系列微孔检测仪。

第九篇 现代农业科技

1978 年,上海农业科技进入新阶段,取得新进展。1978—1990 年,上海农业科技获国家和上海市科技奖励 111 项,其中国家发明奖三等奖 5 项、国家科技进步奖二等奖 4 项、国家科技进步奖三等奖 5 项、上海科技进步奖一等奖 7 项、上海科技进步奖二等奖 28 项。香菇良种选育与木屑栽培、"矮抗青"青菜、新浦东鸡、瘦肉鸭、拟沙丁鱼资源开发、粉锈宁、克瘟灵、杀灭菊酯、麦类病毒病防治、保幼激素等成果推广,覆盖全国各有关产区。

1991—2000 年,上海提出"科技兴农"四大工程,即种子(苗)工程、温室工程、生物工程和绿色农业工程,围绕六大产业(种子种苗产业、温室产业、农机产业、农副产品加工产业、生物技术产业、先进农艺和先进农用生产资料产业)开展农业技术研究,农业科技工作有了较大发展。共有 169 项农业技术获得国家和上海市奖项,其中国家发明奖二等奖 1 项、国家技术发明奖三等奖 5 项、国家科技进步奖一等奖 1 项、国家科技进步奖二等奖 8 项、国家科技进步奖三等奖 21 项、上海科技进步奖一等奖 15 项、上海科技进步奖二等奖 50 项。

2001 年 10 月 10 日,上海市农业科学技术大会召开,提出 4 项科技行动:农业高新技术研究、应用技术开发、现代农业装备、农产品精深加工等;建立农业科技五大体系:农业研究开发体系、农业技术推广服务体系、农业科技管理体系、农业科技投入体系、农业科技人才体系。2005 年,开展科技入户试点工作。2006 年,建立都市现代农业创新中心。2007 年,颁布《上海市促进农业科技进步若干规定》。2008 年 5 月,成立上海现代农业技术转移中心。2010 年,启动上海现代农业产业技术体系建设。2001—2010 年,共有 182 项技术获国家和上海市科技奖项,其中国家科技进步奖一等奖 1 项、国家科技进步奖二等奖 13 项、上海技术发明奖一等奖 2 项、上海技术发明奖二等奖 5 项、上海科技进步奖一等奖 23 项、二等奖 58 项。

第一章　种源农业科技

第一节　作物新品种培育技术

20世纪70年代末到80年代,粮棉油育种技术主要是培育杂交良种,共有20项技术获得国家级和市级奖项,其中获国家发明奖三等奖2项,获国家科技进步奖二等奖1项,获上海科技进步奖一等奖1项、二等奖7项。20世纪90年代,粮棉油育种新技术有了较大发展,共有24项技术获得国家级和市级奖项,其中获国家技术发明奖三等奖2项,获国家科技进步奖三等奖2项,获上海科技进步奖一等奖5项、二等奖9项。2000年以来,相继培育出粮棉油优质、高产新品种,共有23项技术获得国家级和市级奖项,其中获国家科技进步奖二等奖1项,获上海技术发明奖一等奖1项,获上海科技进步奖一等奖6项、二等奖7项。

一、粮食育种技术

1978年,上海农学院(农学院)将青浦香粳糯选育成"上农香糯""上农黑糯",作特种米开发。1981年,上海市农业科学院(农科院)作物育种栽培研究所(作物所)重点研究选育单季晚稻的粳型杂交稻组合,育出"寒优1027"。1985年,宝山县罗店乡农业公司育成的"罗麦一号"小麦新品种,获上海科技进步奖二等奖。同年,作物所育成大麦新品种"沪麦四号"和1988年育成"沪麦8号"(81-66),获上海科技进步奖二等奖。1986年,作物所育成后季矮秆粳稻杂交育种,定名"寒丰",为矮秆、早熟、高产、耐寒品种。1987年,作物所完成水稻花培育种及其操作程序和技术系列研究,获上海科技进步奖一等奖。1988年,农学院主持的上农香糯选育及栽培技术研究,获上海科技进步奖二等奖。1989年,作物所选育出中国第一代爆裂型玉米杂交种"沪爆一号"。

1990年,作物所培育的中国大麦品种抗黄化叶病鉴定与耐抗病新品种——沪麦8号、沪麦10号,获国家科技进步奖三等奖。同年,农科院植物保护研究所(植保所)等育成晚熟粳稻抗褐飞虱品种"沪粳抗",1991年获国家科技进步奖三等奖。1991年,作物所通过软X射线诱变育成两个特种稻新品种,获国家发明奖三等奖;育成"香粳832""紫香糯861"。同年,农科院开展小麦赤霉病细胞工程的病理生理基础研究,筛选1个抗赤性和丰产性兼优的无性系和优异材料,1993年获上海科技进步奖一等奖。同年,作物所、崇明县种子公司研发的自交系150育成高产优质玉米新品种——沪单5号、沪单6号、沪单7号,获上海科技进步奖一等奖;新品种具早熟、抗病、高产等特点。同年,作物所育成甜玉米自交系984,具配合率高、抗逆性强、自身产量较高等特点,是供出口的甜玉米罐头的优质原料。

1992年,农科院生物技术研究中心(生技中心)完成水稻RFLP图谱在基因定位和育种上的应用研究及水稻基因受体细胞高效成株体系研究。1993年,作物所完成大麦育种的花药培养技术研究。1994年,作物所育成大麦抗黄花叶病、白粉病的二棱大麦新品种"沪麦12号",并完成大麦抗黄花叶病遗传及利用研究,获上海科技进步奖一等奖。1995年,农科院研发大麦三系快速转育技术,获4个耐黄花叶病和开颖授粉的早熟矮秆不育系及相应的保持系;筛选出4个结实率达95%以上的恢复系。同年,作物所完成"984"自交系育成和高产优质普甜玉米杂交种的选育。1996年,作物所育成的特种稻优异特变体新品种——申香粳 4 号、申香糯 3 号,获上海科技进步奖二等奖。同年,农科院植物保护研究所(植保所)应用双库制轮回育种,选育优质小麦新品种"申麦 2 号",具抗赤霉病及优质、高产等特性。1998 年,作物所研发的中熟晚粳新品种"秋丰",获上海科技进步奖一等奖。同年,上海市农工商(集团)公司以早、中熟品种玉米——沪青 96 - 8 与中、晚熟品种玉米——白顶杂交,形成高产、抗倒伏、富营养、加工性能好的玉米新组合。1999 年,作物所主持研发的优质、高产杂交晚粳组合"8 优 161"及其三系选育,比对照品种增产 8.6%~12.9%,获上海科技进步奖一等奖。

2000 年,作物所选育出爆裂玉米新品种"沪爆二号",平均亩产达 300 公斤~400 公斤,比"沪爆一号"增产 40%。2003 年,农科院研究出水果甜玉米杂交新品种"申甜一号""申甜二号",含糖量均达 14%以上。2003 年,生技中心等完成的大麦细胞工程育种技术体系的建立与"花30"选育,获上海科技进步奖一等奖。该品种制啤质量达优级国标,比当地主栽品种增产 9%~25%。2004 年,农科院完成优质超高产晚粳新品种"金丰""申优一号"的选育与应用,获上海科技进步奖一等奖。

2005 年,农科院选育出"沪玉糯二号",亩产 642.7 公斤,比"苏玉糯一号"增产 16.3%左右。同年,上海市农业生物基因中心、中国水稻研究所完成栽培稻节水抗旱种质评价、创新与新品种选育研究,项目育选出国家审定品种"中旱 3 号"和沪旱 3 号、上海市审定品种"沪旱 7 号",在节水50%情况下,均取得较高产量,获上海科技进步奖一等奖。2006 年,农科院完成长江流域杂交晚粳稻恢复系"申恢 254""申恢 1 号"的选育与利用,通过多个恢复基因累加、集聚,提高恢复系的恢复力,提高杂交粳稻结穗、结实率,获上海技术发明奖一等奖。2007,农科院研发的早熟优质高产鲜食糯玉米"沪玉糯 2 号、3 号"选育技术,获上海科技进步奖二等奖。2008 年,上海市海丰农场成功选黑色大麦新品系 1003,具矮秆、大粒、早熟等特点,亩产潜力 500 公斤以上,比对照品种增产 10%以上。2009 年,农科院、上海市农业技术推广服务中心(农技服务中心)选育的杂交粳稻"申优"系列组合,获上海科技进步奖二等奖。2010 年,复旦大学等主持的人工合成小麦优异基因发掘与"川麦 42"系列品种选育推广,获国家科技进步奖二等奖。宝山区生物技术中心完成小麦早熟抗病品种选育,选育的"罗麦 10 号"籽粒容重 791 克/升、湿面筋含量 34%以上,亩产 440 公斤左右。

二、棉花育种技术

1977—1980 年,作物所牵头开展陆地棉品种间杂种优势利用研究,选育出一批强优势杂交组合,包括"岱字棉 15 号""沪棉 204"等品种。1988 年,作物所开展长江下游棉区试引无腺体棉及综合利用研究。1991 年,上海市农业局开展长绒棉生物工程育种,取得成果。1993 年,作物所、上海市南汇县农技推广中心(南汇农技中心)育成的棉花新品种"沪农早棉",获上海科技进步奖二等奖。1999 年,中国科学院上海生命科学研究院植物生理生态研究所开展转基因兔角蛋白棉花研究,筛选出 22 株转基因棉花,检验表明转基因棉花纤维品质有所提高。

三、油菜育种技术

1986 年,南汇农技中心培育出中熟偏早杂交油菜品种"汇油 50""上油 2 号",比晚熟的"胜利青梗"等增产 20%～30%。1987 年,作物所研发甘蓝型核不育杂交油菜,获国家发明奖三等奖。1988年,作物所完成的显性核不育油菜的遗传研究,获上海科技进步奖二等奖。1990 年,作物所培育出低芥酸油菜品种"申优青",比常规品种增产 5%～10%。1992 年,作物所完成的甘蓝型油菜花药和花粉培养技术研究,获上海科技进步奖二等奖。1995 年,作物所研发的油菜显性核不育系三系法制种,获上海科技进步奖一等奖,1996 年获国家技术发明奖三等奖。

2000 年,农科院采用双交法完成早中熟甘蓝型双低油菜新品种"沪油 15"选育,2002 年获上海科技进步奖一等奖。2004 年,农科院、农技服务中心研发的高产、抗病双低油菜新品种"沪油 16",获上海科技进步奖二等奖。2008 年,农科院完成核不育油菜恢复基因分子标记研究,选育显性核不育纯合两型系"HY15AB"。同年,农科院等完成显性核不育双低油菜杂交种"核杂 7 号"的选育,获上海科技进步奖二等奖。2010 年,农科院等主持高产、高抗病隐性核不育双低油菜杂交种"沪油杂 1 号"选育,获上海科技进步奖一等奖。同年,作物所完成双低油菜新品种"沪油 19""沪油杂 4号""核杂 9 号"选育。

第二节　蔬菜新品种培育技术

1981 年,嘉定县蔬菜技术推广站研究辣椒杂种优势的利用,育成"加配 3 号""加配 5 号"和"加配 7 号"等一系列杂种辣椒。1985 年,上海市农业科学院(农科院)设施园艺研究所(园艺所)利用白菜杂种优势,选育出"7043""K77-04-4"雄性不育两用系材料,其中优质抗病青菜品种"矮抗青"获上海科技进步奖一等奖。同年,园艺所培育的甘蓝"北杨""郊赛"自交不亲和系及杂种一代"寒光",获上海科技进步奖二等奖。1987 年,园艺所培育出"争春"甘蓝新品种,在上海及 10 个省推广。

1991 年,园艺所育成青花菜"上海一号",质量等同国外优良品种。1992 年,浦东新区洋泾科技站与蔬菜推广站组配育成具丰产、抗病特点的"洋杂 2 号"番茄,增产 15%以上。同年,园艺所配制成一代杂种"沪 58 号"黄瓜。1994 年,园艺所获得粉红番茄"浦红 8 号"新品种选育,具丰产优质、畸形果率较低、综合性状优等特点。1995 年,园艺所完成的青花菜、甘蓝下坯轴原生质体的高频再生研究,获上海科技进步奖二等奖。1996 年,园艺所选育的早熟春甘蓝新品种"延春",获上海科技进步奖二等奖。1998 年,农科院获得番茄乙烯受体基因及 PG 与 ACC 氧化酶反义基因的转基因番茄,果实贮藏期延长 40 天左右。1999 年,农科院采用分子生物学技术培育甘蓝育性可调控植株,研究水平达国际先进。

2000 年,农科院筛选出 5 个产量水平、抗性及果实性状等有较强优势的甜椒新组合。2001 年,农科院首次采用青菜 TPS 细胞质雄性不育系开展青菜杂交育种,育成具显著增产优势的新组合"8008"和"7207"。同年,上海交通大学培育出温室专用黄瓜品种"申绿"系列,适合春秋吊式栽培,商品瓜率 85%以上。2002 年,农科院育成 2 个综合园艺性状优良的杂交羽衣甘蓝新组合"白簪""红簪",填补国内空白。2003 年,农科院培育的温室栽培专用番茄新组合"9962",平均单果重 150克以上。2005 年 12 月,上海交通大学开展黄瓜单倍体育种体系研究,筛选出 6 个双单倍体纯系,配制 15 个组合。

2006 年,农科院完成红青菜新品系"18-3"优良基因的改良与利用。同年,通过分子生物技术和基因改良等选育手段,获得耐寒、抗病毒病小八叶塌菜新品系"12-8"、新株系"95-5",具有较好的园艺性状和抗病性。同年,上海交通大学农业与生物学院主持番茄耐盐种质创新体系的建立和新品种选育,获上海科技进步奖二等奖。同年,园艺所在国内首次育成高含量南瓜肌醇、低含量葡萄糖、适合春秋栽培的南瓜新品种"金香玉"。2007年,园艺所开展优良长茄杂种一代选育,育出果皮紫黑色茄子新品种"特旺达",耐寒性及连续坐果能力强。

2008年,上海市设施园艺技术重点实验室(园艺实验室)承担空间诱变项目,育出青菜自交不亲和系的有益变异材料"DZ0201"。同年,园艺实验室开展空间诱变,育出番茄变异材料"沪番2662",果实商品性较好。同年,上海交通大学完成的黄瓜分子标记与新品种选育,获上海科技进步奖二等奖。同年,园艺实验室通过空间诱变,培育特小型黄瓜自交系"CHA03-10-2-2"。2009年,农科院完成青菜种质创新与分子育种,培育出优势明显的青菜杂交一代"新夏青2号""新绿"等新品种。同年,园艺所完成夏秋露地栽培抗病番茄新品种培育,选育出"申粉10号",抗果实坏死病毒,单果重180克,平均产量6.5万公斤/公顷;同年7月,园艺所进行迷你南瓜性型分化及调控研究,探索出与化学调控相配套的栽培管理技术规程。2010年,农科院完成的主要特色叶菜优良基因的改良、利用及新品种选育,获上海科技进步奖二等奖。同年,园艺所选育的夏秋露地栽培抗病番茄新品种"申粉8号""浦红10号",比较对照品种增产10%。

第三节 菌类新品种培育技术

1984年,上海市菌种站选育出香菇菌株"8450"和"8065",其中"8450"菌株易出菇、菇形好,"8065"菌株菇体大、抗霉。1985年,农科院食用菌研究所(食用菌所)等开展的蘑菇罐藏优良菌种筛选和提高单产研究,获国家科技进步奖三等奖。1986年,食用菌所、上海市食用菌菌种站开展罐藏蘑菇菌种选育,得到三个蘑菇生产品种101、11、176。1987年,上海师范大学研发的蘑菇菌种快速制作法,获上海科技进步奖二等奖。1989年,食用菌所开展原生质体融合和无性繁殖技术在香菇育种上的应用及配套香菇新菌种选育,育成香菇新菌株"82-2"和"沪农1号",其中"82-2"适宜木屑栽培,早熟;"沪农1号"出菇率达80%以上,花菇率近20%。成果属国内首创,1992年获国家科技进步奖三等奖。

1995年,农科院筛选出药用菌种"毛头鬼伞",适用于工业规模化生产,其菌丝体制备的多糖,具有提高人体免疫功能的作用。1997年,食用菌所育成"申香6号、8号、10号",其中交配型基因遗传育种的"申香8号",比常规品种增产10%~55%,出菇率达20%;非对称杂交育种的"申香10号",菇形好、产量高,出菇率达60%。两种香菇成为中国香菇主栽品种之一。同年,农科院分离出草菇低温应答基因。1998年,食用菌所完成同核原生质体杂交技术培育双孢蘑菇新品种,育成"9501"系列新菌株。同年,农科院选育34个北冬虫夏草优质高产菌株,提供工厂化生产的培养基配方3个,建立年产虫草干子实体60公斤~100公斤的实验室规模生产系统,并在防治北冬虫夏草菌株遗传性状变异的理论及技术上获得进展。1999年,植保所开展的应用同核原生质体杂交技术培养双孢蘑菇新品种,获上海科技进步奖二等奖。1999年,农科院通过柳松菇杂交育种,选育出1个优质高产菌株、1个白色菌株,在国际上首次发现核试AG9菌株存在双孢4核现象。

2003年,农科院开展草菇低温诱导基因鉴定及新菌株选育,筛选出代号SV14草菇菌株,经低温驯化实现设施栽培草菇。2004年,农科院育出草菇诱变菌株VH3,该项目以单核原生质体为材料,经紫外线、60Co-γ射线、DES等对出发菌株草菇V23原生质体复合诱变,选育出低温栽培的诱变菌株VH3。同年,农科院从全国各地收集6个白阿魏蘑菌株,通过菌株间遗传差异研究,选育出白阿魏蘑4号株。2005年,农科院搜集23个中国主要灵芝栽培菌种,通过生物学性状测试和发酵产量比较,以胞内多糖和胞外多糖为筛选的双重指标,筛选出胞内多糖和胞外多糖产量均较高的

G2 菌株。2006 年,农科院承担姬松茸的生物评价和种质创新研究,对国内 19 个姬松茸菌株的亲缘状况和遗传关系开展试验研究,系统选育获得 2 号、3 号姬松茸菌株,产量分别达 6.74 公斤/平方米、7.80 公斤/平方米。同年,农科院从国内外搜集了 6 个真姬菇菌株和 7 个杏鲍菇菌株,筛选出适合工厂化栽培的真姬菇(蟹味菇)菌株 FX-1、FX-3 和杏鲍菇菌株 PE1、PE7;该项目确立两个品种成熟期判断方法,分析 8 种农药和 3 种重金属对菌丝生长影响及允许的最高本底值。

2007 年,农科院对国内 31 个香菇菌种的生物学特性、出菇性状和分子标记等进行测试、分析,建立香菇生产用菌种信息库;研发的香菇菌种鉴定系统的构建技术及应用,获上海技术发明奖二等奖。2008 年,上海市设施园艺技术重点实验室开展空间诱变食用菌育种,获得蜜环菌变异材料菌丝和菌索,其中翘鳞香菇变异材料,表现出子实体增大。同年,农科院等完成香菇育种新技术建立与新品种的选育,项目培育出 10 个不同类型香菇新品种,覆盖率超过全国香菇用种的 70%,获国家科技进步奖二等奖。2009 年,农科院开展羊肚菌资源鉴定及仿生栽培研究,从云南和浙江地区收集 14 个羊肚菌样本,经 ITS 水平鉴定,可分为 4 个羊肚菌种。研究表明,羊肚菌土壤中的真菌、酵母、放线菌、细菌等代谢产物,有利于促进和刺激羊肚菌菌丝生长与子实体产生。2010 年,食用菌所主持美味牛肝菌与不同宿主植物幼苗菌根合成技术研究,获得美味牛肝菌与马尾松及栎属植物的菌根苗,在无菌条件和半开放式条件下,实现外生菌根食用菌的菌根合成技术新突破。同年,农科院等完成灵芝的种质资源信息库建立及其加工关键技术的研究与利用。

第四节　水果新品种培育技术

1978 年,上海市农业科学院(农科院)承担黄桃新品种选育、鲜食和罐用桃品种选育项目,培育特早熟黄桃新品种,试管成苗率达 50%以上。1979 年,园艺所开展种间杂交,培育出极早熟梨新品种"沪 4 号"和"新酥"梨,"沪 4 号"定名为"珍珠"梨。1981 年,农科院用"新水"梨实生播种,选育出"早生新水"梨,亩产达 1 250 公斤～1 500 公斤。1985 年,前卫农场引进日本特早熟品系柑橘品种,培育出早中熟"温州蜜柑",适宜在上海栽培,有利于安全越冬。同年,园艺所对 47 个草莓品种进行露地比较试验,结果"宝交早生"最好,果实平均重 11 克,亩产 1 000 公斤左右,且早 10 天成熟。1986 年,农科院利用异质白桃育出大果型晚熟"锦绣"黄桃,并在基因重组基础上再用胚培养技术选育水蜜桃品新种,育成软核、特早熟白桃"春蕾"及特早熟水蜜桃"春花",获上海市科技进步奖一等奖。1987 年,农科院、中国酿酒厂联合为上海高档白葡萄酒培育适栽品种,选出制汁葡萄"康拜尔早生""紫玫康"。1989 年,育出"喜乐""国宝""龙宝""京超""先锋"五个适栽葡萄品种,其中 1 个为天然无核小果粒葡萄,4 个品种为不同成熟期的大粒品种。

1990 年,上海农学院完成大棚草莓栽培品种比较试验,筛选出"丰香"和"女峰",为成熟早、产量高的优良品种;筛选出"丽红",为成熟迟的理想配套品种。同年,园艺所育成西瓜新品种"沪密 3 号",成为上海市首次育成的西瓜 F1 代杂交新品种,获全市西瓜评比推荐品种第一名,1992 年获全市优质瓜称号。1993 年,农科院选育出网纹甜瓜 6～7 个优良杂交一代组合,大多数性状均达到或超过同类进口品种,且种子价格仅为进口的 1/4～1/5。1995 年,园艺所育成早熟大粒葡萄新品种"申秀",肉质较硬、抗病、丰产。1997 年,园艺所育成无核葡萄新品系 86-179 等。1997 年,农科院育成甜瓜杂交组合"93H6"和"93H8"。1998 年,园艺所研究无核葡萄胚珠的液体培养技术,以二倍体无核葡萄与四倍体葡萄杂交,获得三倍体植株技术,试管苗移栽成活率 80%～90%。同年,园艺所主持甘蔗胞质雄性不育系的选育及其利用研究。同年,上海市农林局成功引种"早春红玉""特小凤"和"红小玉"等优质小型西瓜。1999年,农科院成功引入脐橙新品种,筛选出适合上海海岛气候的抗寒性、产量、品质等综合性状优良的脐橙新品种,其中首选为"吉田",并首次应用遮阳网进行防冻试验,取得成功。同年,上海市南汇区大团镇果园村育出大团蜜露桃,品质优良,平均果重200克~250克,可溶性固形物含量达13.5%。

2000年,农科院培育出优质网纹甜瓜"989",适合上海大棚常规栽培。2001年,农科院设施园艺研究所(园艺所)完成的脐橙新品种(系)在上海地区的适应性研究及其示范推广研究,获上海科技进步奖二等奖。同年,上海交通大学开展人参果健壮种苗技术研究,从收集原始种群着手,筛选出三种适合上海地区栽培的性状稳定的优良类型,用茎尖培养脱病毒和组培钝化病毒的生物技术使种苗复壮,并在上海市郊种植达2.67公顷。2002年,农技服务中心等承担优质、高产、抗病、中小型西瓜新品种选育与示范,筛选、育成中型西瓜新品系"早佳(8424)三号""早佳(8424)五号"。同年,农科院选育出中小果型黄瓤杂交西瓜新品种"双色冰淇淋""金莲"。

2003年,农科院选育的水蜜桃新品种"清水白桃",获上海市优质水蜜桃新品奖。同年,农科院培育出西瓜新品系"抗病948"。同年,农科院育成优质特种专用网纹甜瓜新品种"春丽"。2004年,农科院选育出优质白色光皮型厚皮哈密瓜型甜瓜新品种"明珠一号",综合抗性可与日本品种"西薄洛托"媲美。同年,园艺所、上海仓桥水晶梨发展公司研发早熟、优质梨新品种"早生新水",以此品种作为主栽品种的仓桥水晶梨,通过国家绿色食品产品认证。2005年,农科院杂交育成两个优质大粒四倍体葡萄新品系"97-34""99-147"。2006年,农科院培育出早熟甜油桃新品种"沪油桃002",丰产性能优秀。同年,农科院主持完成鲜食、加工兼用型早熟黄桃新品种"锦香"的选育与应用。同年,上海市农业技术推广服务中心利用自交方法,完成"十条筋黄金瓜""青皮绿肉""亭林雪瓜"和"三林浜瓜"四大名特优甜瓜地方品种6代选优复壮,并收集散落民间的其他类型甜瓜地方品种4个。同年,农科院、南汇区农技推广中心完成设施哈密瓜新品种选育及无公害栽培技术研究。

2007年,上海市林业站、上海市葡萄研究所开展设施葡萄优质早熟品种选育与先锋大粒无核化技术研究,其中"先锋"无核化率95%以上。同年,上海市农业技术推广服务中心主持草莓优质种苗繁育体系技术开发,对草莓优质组培种苗繁育体系进一步规范,推广优质草莓"新屯一号""章姬"和"益香"等新品种原种苗200多万株、生产苗6000万株。2008年,上海市葡萄研究所筛选出中熟葡萄新品种"香悦""翠峰"(无核)和晚熟葡萄新品种"魏可"。同年,农科院林木果树研究所(林果所)研发葡萄离体胚挽救技术,培育无核葡萄新品种"沪培1号""9773"。2009年,农科院完成优质哈密瓜新品种"东方蜜"制种技术与配套栽培技术研究,其鉴定"东方蜜1号"和"东方蜜2号"的杂交种纯度,与田间鉴定相比,符合率达98%以上,杂交种纯度98%以上。2010年6月,农科院选育出中晚熟鲜食黄桃新品种"锦园",成熟期较"锦绣"黄桃提早8~12天,成龄树亩产1300公斤以上。同年,农科院选育优质中熟梨新品种,筛选出一级优系12个,自育梨新品种"秋水""沪1号梨",亩产分别达2200公斤和2000公斤。同年,林果所通过杂交和实生选种,育成优质大粒无核葡萄新品种"申宝"。

第五节 花草、树木新品种培育技术

1983年,上海市园林科学研究所(园科所)开展早菊杂交育种和出口切花菊栽培试验。同年,园科所通过组织培养法快速大量繁殖本地切花主要品种"康乃馨"脱毒苗。1986年,园科所收集国内百合野生资源及国际最新品种,采用切割花柱及幼胚离体培养法,育成百合花 17 个远缘杂交种,获得 10 个优良品种的百合大花多倍体。

1992 年,上海市农业科学院(农科院)育出 5 个小苍兰新品种,进行组培及测定各项酶、叶绿素、生态因子,建立两个良种基地。1994 年,园科所研发利用中国种质资源培育香石竹新品种技术系列,获上海市科技进步奖三等奖。1996 年,上海市农林局、上海市花卉良种试验场(花卉良种场)开展的唐菖蒲提纯复壮与异地繁育研究,种球质量接近进口水平,获全国农牧渔业"丰收奖"二等奖。同年,园科所完成玉簪组培苗的技术研究,成功地用植物培养来增植玉簪试管苗。同年,园科所研究利用体细胞变异育成非洲菊新品种,育出深粉红色重瓣非洲菊新栽培变种 901 - A,属国内首创。1999 年,上海市园林管理局主持花坛花卉新品种选育及代制种技术研究,获得三色堇、矮牵牛、矮鸡冠花等杂交一代种子,填补国内空白。

2001 年,花卉良种场承担的名优花卉良种引种栽培技术研究,获上海科技进步奖一等奖。引进十大类 215 个世界著名切花品种,建立提纯复壮、生物脱毒、快繁和高山种球繁育的良种繁育技术体系,筛选出新品种 83 个。2002 年,花卉良种场运用 DNA 遗传标记技术,对香石竹野生种进行组织培养、驯化栽培,将野生的优良性状转移到栽培种中,培育出观赏价值高的新品种。同年,上海市林业总站开展的速生优质绿化树种"东方杉(培忠杉)"(亦称杂交墨杉)种质特征与生态价值研究,获上海科技进步奖二等奖。2003 年,上海市林木花卉育种中心(花木育种中心)通过重复授粉及幼胚组织培养,育成 4 个盆栽香石竹品种,具抗逆性好及周年开花的特性。

2004 年,上海交通大学、上海博露草坪公司筛选出"狗牙根 C299""野生结缕草""矮生百慕大"和"上海结缕草"等耐践踏暖季型草坪草品种。同年,农科院利用生物工程对蝴蝶兰原球茎的诱导率达 80%,经花色相关基因克隆,获得转基因阳性植株,移栽成功。2005 年,上海交通大学育出矮生高羊茅草坪草新品系"沪青矮",质地细腻、周年常绿。同年,复旦大学开发出转基因草坪型黑麦新品种,具抗病、耐盐碱,可在不同气候条件下建植高档常绿草坪或复播草坪。同年,花木育种中心等完成香石竹遗传研究和种质创新及新品种开发。同年,农科院开展观赏林木——火焰南天竹等新品种的引选研究,筛选出抗逆性强、耐寒的彩叶灌木——火焰南天竹,获得无性繁殖系,移栽成活率在 70% 左右。

2006 年,农科院为提纯复壮崇明水仙,对其鳞茎进行核辐射处理和秋水仙素处理,筛选出 3 份具有明显变异性状的多倍体材料。同年,农科院主持耐湿树种筛选,收集国内外树种 38 个,筛选出高地下水位区域造林树种 21 个,其中 13 个为耐季节性水淹的耐湿树种。2007 年,上海鲜花港企业发展有限公司等将生物育种、传统育种相结合,繁育出 8 个光周期不敏感型盆栽菊花新品种,盛花期在炎热夏季,填补国内空白。2007 年,农科院繁育出适合上海及周边城市栽培的云山白兰、乐昌含笑等木兰科花卉良种 23 个,育苗 250 万株,建成示范林 1949 亩。同年,园科所选育刺玫月季新品系 8 个、抗寒三角梅 5 个、大叶常绿杜鹃 4 个。

2008 年,上海四季生态科技公司完成上海乡土树种的收集、研究和利用课题,编制上海主要乡土树种名录共 50 科 180 种,建立种数据库。收集个 83 乡土树种,累计繁殖各种苗木 23 万余株,部分在绿化中应用。2009 年,上海市林业总站完成植物新品种——东方杉的研究与开发应用,攻克属间杂交种后代无性繁殖率难题,获上海科技进步奖一等奖。同年,园科所开展山楂、石榴等花果观赏植物的收集、引种和驯化,总结出树干整形修剪技术,以及增加开花、挂果,实现快速成型技术。同年,园科所完成耐热抗病红刺玫杂交 F1 代优良品种选育。2010 年,园科所完成红刺玫与月季杂交子代的选育及推广应用。同年,园科所收集冬青属植物 52 种,建立组织培育体系及 ISSR 分子标记的最佳反应体系,获得 57 粒杂交育种种子。

第六节 畜禽新品种培育技术

1977—1984 年,上海市奶牛研究所开展的奶牛非手术取卵和胚胎冷冻保存研究,获上海市重大科技成果二等奖。1981 年,上海牛奶(集团)有限公司完成鉴定良种公牛。1981 年,复旦大学以浦东鸡为基础,引用外品种鸡杂交育成国内第一个肉用鸡种,命名为新浦东鸡。1982 年,食品公司筛选出鸭肥肝优良杂交组合。同年,上海市农业科学院畜牧兽医研究所(畜牧所)与上海市食品进出口公司(食品公司)等以上海白猪为基础,筛选出杜×长上和杜汉×长上多元杂交瘦肉猪,胴体瘦肉率分别达 63.53% 和 65.51%。1989 年,畜牧所等筛选出约×汉小梅、约×杜小梅和汉×杜小梅等小型梅山猪杂交组合。1987 年,农科院等杂交育出"芙蓉鸭"瘦肉型肉鸭,瘦肉率达 27%,肉质鲜嫩,无腥膻味,1990 年获国家科技进步奖二等奖。1988 年,上海市畜牧兽医站、上海市农业局完成罗斯蛋鸡技术开发,获上海科技进步奖二等奖。

1993 年,牛奶公司引进加拿大良种牛冷冻胚胎 114 枚,移植到本市受体母牛,结果 100 天妊娠率为 64.9%,母牛头胎产奶量 7 576 公斤,含脂率 3.38%,均高于本市同类奶牛。同年,畜牧所以法国皮特兰、比利时长白猪为基础,筛选出杂优组合,瘦肉率 65% 左右。1994 年,牛奶公司、上海市奶牛研究所等应用胚胎移植技术引入奶牛优良种质。1995 年,农科院选育出 5 个黄羽肉鸡新品系,推广其父母代 46 万套;次年,培育出 2 个含纯合 dw 基因的矮小型黄羽肉鸡品系和 3 个生产配套。1997 年,上海新杨家禽育种中心(新杨家禽中心)运用 DNA 标记辅助选择及远缘杂交,育出伊利莎曾祖代蛋鸡,填补国内空白。同年,畜牧所主持完成的矮小型黄羽肉鸡品系培育及配套杂交的研究,获上海科技进步奖二等奖。同年,农科院在原上海白猪(农系)的基础上,导入长白猪(丹系)血液,育成上海白猪(农系)瘦肉系新品系。同年,上海市儿童医院研发的奶牛和山羊的胚胎性别鉴定及其应用,获上海科技进步奖一等奖。同年,崇明县引进国内外优良肉用山羊品种,与崇明白山羊杂交改良,二元、三元周岁杂交羊体重分别比崇明本地山羊增加45.4%、54.19%。

1998 年,上海市畜牧兽医站、南汇县浦东鸡原种场采用亲本选育、杂交制种、种蛋孵化等技术措施,提纯复壮黄羽肉鸡——浦东三黄鸡,64 周龄母鸡产蛋数比选育前提高 22%,90 日龄公、母鸡平均体重提高 55.3%。1999 年,畜牧所与青浦畜牧兽医站培育出瘦肉型种鸭,24~66 周龄产蛋从原 180 枚提高到 205 枚;肉鸭饲料比从 3.0:1 下降到 2.8:1;胸腿肌率达 25.6%;肉鸭成活率从90% 提高到 96%。同年,上海中路生物公司利用同步发情、超数排卵、B 超早期诊断等手段,将波尔山羊胚胎移植到本土山羊体内,通过"借腹怀胎"繁育,比其自然受精增产 7~10 倍。上海市转基因研究中心开发波尔山羊批量胚胎移植快速繁育体系。

2000 年,上海市畜牧兽医办公室(畜牧办)用提纯复壮的土种猪和洋种母猪杂交,繁育出新一代"二洋一土""三洋杂交"型肉猪。同年,新杨家禽中心运用 DNA 标记辅助选择及远缘杂交,完成伊莉莎粉壳蛋鸡高产配套系的选育。2001 年,农科院引进隐性白羽 K 系品种,合成新的父系亲本大 C 系和黄鸡配套系两个肉鸡新品系,整体水平和配套组合的生产性能居国内先进水平。2002 年,上海交通大学利用广西巴马白香猪群体,完成生物医学实验用清洁级猪的培育。同年,上海奶牛胚胎生物工程中心的奶牛移植胚胎和冷冻胚胎受胎率,分别比国内平均水平高 17% 和 5%。同年,新杨家禽中心、国家家禽工程技术研究中心完成新杨褐壳蛋鸡配套系选育,国内覆盖率 35% 以上,获上海科技进步奖二等奖。同年,上海小绍兴集团公司、交大农生院等完成小绍兴优质鸡的选育,以及配套关键技术的研究与推广应用。

2005年,农科院应用分子标记技术辅助选育肉鹅品系,建立了三系配套良种繁育体系,属国内首创。2006年,农科院运用分子标记方法培育出矮脚黄鸡新品系,保持传统"三黄"特征,性成熟早、肉质鲜美,适合散养。2007年9月,农科院、市农业生物基因中心完成猪种种质资源长期保存技术研究,成功保存3个地方品种(系)的冷冻精子和冷冻胚胎;其中猪胚胎玻璃化冷冻技术,属国内首创。同年,畜牧所开展莱茵鹅引种观察及利用研究,选育出两个专门化配套品系,父系和母系的年产蛋量分别为每羽51.58枚和57.93枚;建立莱茵鹅两系配套,以及以莱茵鹅父系作为终端父系,以国内优良品种为母本品系,进行第一次杂交产生的二元杂交母鹅的三元杂交配套两种繁育体系类型,年产蛋量和商品代9周龄体重均有优势。

2008年,畜牧所开展无氟烷隐性基因的皮特兰猪种选育,利用分子检测方法结合群体继代选育,瘦肉率70%以上,平均日增重700克以上。2009年,市农业生物基因中心、杰隆生物公司主持转基因羊扩繁应用研究,获得转基因羊克隆羊8头、再克隆羊1头;建立转基因羊的超数排卵和胚胎移植技术,回收20枚胚胎,移植后受体妊娠率为91.7%,存活胚胎移植羊8头。同年,上海交通大学完成浦东白猪种质提纯复壮研究,猪种体型外貌相对一致,遗传性能稳定。同年,杰隆生物公司开展优秀种牛的体细胞克隆研究。2010年,农科院完成新疆阿克苏地区肉牛的改良与提高,改良后的肉牛初生、6月龄、12月龄的体重和体尺比原黄牛有较明显提高。同年,上海交通大学主持奶牛胚胎性别控制技术研究,分选后的精子冷冻复苏活力超过50%,奶牛人工授精的受孕率为65.2%。

第七节　水产新品种培育技术

1982—1989年,上海水产大学(水产大学)开展长江、黑龙江、珠江的鲢、鳙、草鱼考种研究,制订出鱼类种群形态分析鉴别程序和鲢、鳙、草鱼种质标准参数。1988年,水产大学等开展的青、草、鲢、鳙、鲂鱼受精生物学的光学显微镜与电子显微镜研究,获国家科技进步奖三等奖。

1994年,水产大学选育出第4代团头鲂。1995年,上海建立长江四大淡水鱼——鲢、鳙、草、青鱼种质库,攻克精液低温保存与中试生产研究;同时完成四大淡水鱼亲鱼原种标准和检测,人工繁殖群体生长差异与生化遗传变化规律探索。1996年,上海市水产研究所采用淀山湖野鲫为母本,与天然雄核发育异育银鲫杂交,父本回交,获得鲫鱼新品种"沪鲫",生长速度较对照品种快50%以上。1998年,上海市水产研究所开展罗氏沼虾提纯复壮研究,两次引进马来西亚原产地野生种与本地虾交配,改变本地虾生长速度减缓、个体变小、性早熟等退化现象。

2000年,水产大学育成的遗传性状稳定的团头鲂品系,生长速度比原种快30%,体形好、肉质肥厚,定名为"浦江一号",2002年获上海科技进步奖一等奖,2004年获国家科技进步奖二等奖。2004年,水产大学开展的中华绒螯蟹种质研究和鉴定技术,获上海科技进步奖二等奖。同年,水产大学等开展中国五大湖三角帆蚌优异种质评价与筛选。2006年,水产大学、青岛罗非鱼良种场等完成罗非鱼良种场从"吉富"到"新吉富"——尼罗罗非鱼种质创新与应用,命名为"新吉富罗非鱼",2007年获上海科技进步奖一等奖、上海市技术发明奖一等奖。2007年,水产大学选育出不育团头鲂"浦江2号",产生四倍体可繁育群体3种,建成四倍体种质库。

2008年,上海海洋大学等研发淡水珍珠蚌新品种选育和养殖关键技术,育成中国珍珠贝类新品种——康乐蚌,结束中国无珍珠蚌良种历史。新品种康乐蚌插珠 3 年后产珠量比对照品种增加 31.96%,平均粒径增大 23.32%,产出大于 8 毫米的优质珍珠比例提高 3.72 倍。获上海科技进步奖一等奖。2010 年,中国水产科研院东海水产所等研究西伯利亚鲟引种与规模化多季节苗种繁育技术。

第二章 生态农业科技

第一节 农产品安全技术

2001年,上海市农业科学院(农科院)开展农作物外源基因定性PCR检测研究,建立农产品基因组DNA提取及基因定性检测方法,开发10余种基因试剂盒。同年,中国科学院上海昆虫研究所、上海电子光学研究所研制出检测有机磷和氨基甲酸酯类农药的CL-1型残留农药测定仪。2003年,上海市畜牧兽医站、上海市赛群生物科技公司研制瘦肉精检测试剂盒,灵敏度超过农业部规定,回收率≥70%,可替代进口产品。2004年,农科院协同上海出入境检验检疫局动植物与食品检验检疫技术中心(检验检疫中心)完成的主要转基因农产品定性定量检测技术研究,获上海科技进步奖一等奖。该项目建立主要转基因农产品定性、定量PCR检测方法,并提供试剂盒。同年,上海交通大学开发出农药污染诊断速测卡、剧毒农药克百威金标免疫速测卡。

2006年,农科院研发转基因检测的棉花、油菜、番茄和水稻的内标准基因,开发定量检测试剂盒5种。同年,上海理工大学发明一种用于果蔬农药残留现场快速检测的新技术,能提高准确性和自动化程度。2007年,农科院、上海上实现代农业开发公司研发的出口蔬菜安全生产过程控制技术,获上海科技进步奖二等奖。同年,上海市徐汇区博纳新技术研究所研制CL-BⅢ八通道型残留农药测定仪,平均每20分钟检测8个样品。同年,上海交通大学建立克隆抗体技术平台,制备出饲料中含瘦肉精、雌性激素及抗生素等违禁药物的检测抗体,研制出电化学传感器、免疫传感器、纳米金免疫试纸条和反应板等4种高技术检测设备及检测方法。2008年,华东理工大学、上海出入境检验检疫局研发出基于微阵列技术的检测方法及试剂盒。同年1月,农科院完成出口蔬菜阿维菌素残留检测及降解研究。同年,上海大学研发畜禽产品中食源性微生物毒素残留检测技术及便携式荧光检测仪。

2009年,上海交通大学建立大肠杆菌O157快速检测的样本预增菌、免疫磁株富集联合PCR快速有效检测方法,研制出试剂盒。同年,农科院农业质量标准与检测技术研究所建立农产品中赭曲霉毒素A、T-2毒素和脱氧雪腐镰刀菌烯醇等3种真菌毒素的单克隆抗体亲和柱快速净化HPLC高灵敏检测方法。同年,农科院建立包括发光细菌法在内的对新鲜牛奶、猪肉、牛肉和蔬菜食用安全性进行快速评价方法,对农产品潜在危险因素进行生物毒性分析,具定性、半定量的现场快速检测功能。同年,上海市动物疫病预防控制中心开展动物源性食品、饲料和饮水中精神类药品的检测技术研究,研制出安定和氯丙嗪两种ELISA检测试剂盒,以及利血平分子印迹固相萃取小柱快速前处理方法。2010年,上海交通大学研发食源性致病李斯特菌检测的内控标准物质,并开发出内标荧光定量PCR检测试剂盒。同年,农科院完成玉米基因漂移监测新技术研究,应用第二代和第三代分子标记手段,获得糯玉米种质的特异分子指纹,可用于身份验证和基因漂移监测。同年,中国农科院上海兽医研究所等完成动物源性食品、饲料和饮水中喹噁啉类兽药的检测技术研究,建立该类兽药残留定量测定方法,合成制备出残留标示物及检测试剂盒;建立5种药物仪器分析方法和高效液相色谱检测方法。

第二节　病虫害防治技术

20 世纪 70 年代末到 80 年代,农作物及畜禽等病虫害防治技术取得成果,共有 39 项技术获得国家级和市级奖项,其中获国家发明奖三等奖 2 项,获国家科技进步奖二等奖 1 项、三等奖 1 项,获上海重大科技成果一等奖 1 项、二等奖 3 项,获上海科技进步奖一等奖 1 项、二等奖 6 项。20 世纪 90 年代,农作物及畜禽病虫害的防治研究得到有效开展,共有 46 项技术获得国家级和市级奖项,其中获国家发明奖二等奖 1 项,获国家科技进步奖一等奖 1 项、二等奖 1 项、三等奖 4 项,获上海科技进步奖一等奖 8 项、二等奖 15 项。2000 年以来,利用现代生物技术防治农作物及畜禽病虫害得到广泛应用,共有 36 项技术获得国家级和市级奖项,其中获国家科技进步奖一等奖 1 项、二等奖 1 项,获上海技术发明奖二等奖 1 项,获上海科技进步奖二等奖 10 项。

一、农作物病虫害防治技术

1977—1984 年,上海市农药研究所(农药所)研发的用于防治粮棉病虫害的井冈霉素生产菌种及其发酵工艺,获上海市重大科技成果一等奖及国家发明奖三等奖。20 世纪 80 年代初,复旦大学等主持棉花害虫拟长毛纯绥螨的生物学特性及应用技术研究。1988 年,上海师范大学研发棉花枯萎病抗性的快速筛选方法,获国家发明奖三等奖。1994 年,上海中西药业公司研发的溴氟菊酯可防治棉铃虫等害虫,获上海科技进步奖一等奖,次年获国家技术发明奖二等奖。1985 年,复旦大学等研发的种子、真菌及昆虫传播的集中麦类病毒病鉴定及综合防治,获国家科技进步奖二等奖。同年,上海市农业科学院(农科院)等完成的全国小麦品种资源抗赤霉病性鉴定研究,获国家科技进步奖三等奖。1987 年,上海中西药厂研发中西气雾除虫菊酯,获上海科技进步奖二等奖。1989 年,上海吴淞化工厂、农科院开展用于蔬菜的 80% 及 40% 超微多菌灵可湿性粉剂大试验和应用,获上海科技进步奖二等奖。

1991 年,上海东风农药厂等研发的防治水稻等作物虫害农药噻嗪酮,获上海科技进步奖二等奖。同年,中国科学院上海昆虫研究所(昆虫所)、农科院植物保护研究所(植保所)开展的上海地区主要蔬菜害虫抗药性及其对策研究,获上海科技进步奖二等奖。1993 年,农药所完成的防治蔬菜真菌农药粉锈宁新技术开发,获国家科技进步奖一等奖。同年,植保所研发的赤霉菌毒素应用于小麦抗赤霉素病细胞工程的病理生理基础与方法程序,获上海科技进步奖一等奖。1995 年,农药所等研发的高效内吸选择性旱田除草剂,具有杀草谱广、人畜低毒等优点,获国家科技进步奖三等奖。1997 年,浦东新区植保植被检疫站等研发的褐飞虱种群管理系统,获上海科技进步奖二等奖。

2000 年,上海农乐生物制品公司研发的水稻生物农药真灵悬浮剂,获上海科技进步奖二等奖。2002 年,农药所研发新型农用抗生素金核霉素,用于水稻白叶枯病、细菌性条斑病等,填补国内空白。2003 年,中国科学院上海有机化学研究所(有机所)开发油菜田除草剂丙酯草醚和异丙酯草醚原药及 10% 的乳油制剂。同年,上海市林业病虫防治检疫站、植保所采用园艺和药剂防治综合防治,初步控制桃潜叶蛾危害。

2005 年,上海市农业技术推广服务中心(农技服务中心)完成上海主要粮食作物重大病虫害发生程度预测和防治决策系统研究,预报准确率达到中长期 80%、短期 90%。同年,农科院研发西瓜连作障碍因子诊断与防治技术,通过嫁接、生物有机肥等综合处理,使发病率降低 80%。2006 年,农科院开发防治黄菇病的菇安消毒剂及综合防治措施,防治率达99％以上。2007年,上海工程技术大学完成的玉米、果树农药新工艺草甘膦及其相关产品的研究开发与应用,获上海科技进步奖二等奖。同年,上海交通大学完成环境友好型农药纳米功能化制剂研制。同年,农技服务中心研制出西瓜枯萎病、甜瓜蔓枯病和西瓜炭疽病试剂盒;筛选出防治西瓜多种病害药剂,推广仿生物药剂阿米西达,有效地控制甜瓜蔓枯病。2008年,农技服务中心开展土壤线虫和桃树、梨树根癌病调查,提出生态调控和药剂防治相结合的综合技术措施。2009年,上海交通大学研制出微生物制剂GP72,防治甜椒疫霉。

二、畜禽病虫害防治技术

1979年,上海市农业科学院畜牧兽医研究所(畜牧所)分离到一株猪痢疾密螺旋体纯培养"SH株"。1984年,中国农业科学院上海家畜寄生虫病研究所(上海家畜所)在应用抗原放射免疫试验和固相放射免疫分析试验中,成功诊断早期猪弓形虫病。1987年,上海家畜所、比利时杨森公司等研制出抗肝片吸虫病新药"肝蛭净"和"伏基华",经室内与田间试验,两种新药对受不同虫龄实验感染后的黄牛灭虫效果显著。

1991年,上海农学院完成的抗鸡传染性法式囊病毒单克隆抗体研究,获上海科技进步奖一等奖。1994年,农科院在国内率先制成的大肠杆菌仔猪黄痢K88-K99-987P三价疫苗,达到死亡保护率100％,将发病率控制在1％～5％,获上海科技进步奖二等奖。1995年,农药所、上海溶剂厂开发的杀虫抗生素灭虫丁,可防治家畜寄生虫病,填补国内空白,获上海科技进步奖一等奖。1996年,农科院开展鸡球虫混合苗免疫研究,获得混合苗中不同虫株比的最佳方案。1997年,上海家畜所等主持完成鸡球虫病综合免疫预防研究。1998年,上海市畜牧办公室(畜牧办)研制出鸡传染性法氏囊病的PCR诊断试剂盒,与传统的血清方法相比,特异性强、灵敏、阳性检出率高。1999年,化工部上海生物化学工程研究中心等研发的农用或兽用7051杀虫素,获国家科技进步奖二等奖。同年,中国农科院上海家畜寄生虫病研究所完成地克珠利的研制和开发,获国家科技进步奖三等奖。

2000年,农科院优化改进猪细小病毒病油乳剂灭活疫苗,获国家新兽药证书。2001年,复旦大学等研制饲用新抗生素品种——那西肽,获国家农业部三类新兽药证书。2002年,上海交通大学完成抗鸡传染性法氏囊病毒研究,成果属国内首创。2002年,畜牧所完成猪繁殖呼吸综合征病原分离及免疫制剂研究。2003年,农科院研制成功PED、TGE、RV的三联细胞灭活疫苗。同年,农科院与上海家畜所研发的鸡球虫混合苗在集约化鸡场的应用,获上海科技进步奖二等奖。2004年,农科院等完成的猪流行性腹泻、传染性胃肠炎和轮状病毒的诊断及三联疫苗研制,获上海科技进步奖二等奖。

2005年,上海市畜牧兽医站等开展H5型禽流感灭活疫苗的研制及应用,获国家科技进步奖一等奖。2006年,上海交通大学农生院研制成微、纳米中草药抗应激添加剂产品1个,防治奶牛热应激综合征,有效率100％。2007年,兽医站等研制的猪链球菌病灭活疫苗,疫苗安全性100％,免疫保护率为85％以上。2010年,农科院研发的猪流感、口蹄疫检测技术获上海科技进步奖二等奖。

三、花草、林木病虫害防治技术

1986年,上海市园林科学研究所(园科所)等编成《上海市园林植物病虫害及天敌名录》,发现害虫新属 1 个、新种 8 个,以及 632 种原在上海未记载的病害。1989 年,农学院查明小苍兰退化的主要原因是种球染病,造成缺株、枯株,并采取对应防治办法。

1990 年,上海市农业科学院植物保护研究所等开展中国农田杂草分布危害及防治策略研究,获上海科技进步奖一等奖。1995 年,有机所、北京林业大学开展杨干透翅蛾性信息素结构鉴定、合成及应用,引诱半径达 1 000 米,诱杀率为 84%,获国家科技进步奖三等奖。1997 年,园科所制备出检测香石竹病毒的抗血清,建成拥有 19 种病毒的抗血清库。

2000 年,上海市林业病虫防治检疫站(林业防治站)采用耕翻灭蛹、人工捕捉,配以 BT 等生物类农药的防治,有效控制水杉害虫茶尺蠖虫情。2006 年,上海市林业总站筛选 4 种低毒环保药剂,防范害虫椰心叶甲。2007 年,林业防治站等研发上海市林业重大病虫害监测预警和无公害综合防治技术。同年,农科院、上海市农业技术推广服务中心等研发重要外来杂草监测及其综合防治技术。2010 年,园科所调查辰山植物园及周边重要农林植物病虫害,形成农林植物有害生物名录,对 67 种土著病虫和 13 种外来病虫提出综合治理技术建议。

第三节　栽培与养殖技术

20 世纪 70 年代末到 80 年代,农作物栽培及水产品养殖技术获得成果,共有 37 项技术获得国家级和市级奖项,其中获国家发明奖三等奖 1 项,获国家科技进步奖二等奖 2 项、三等奖 3 项,获上海重大科技成果二等奖 3 项,获上海科技进步奖一等奖 2 项、二等奖 10 项。20 世纪 90 年代,农作物栽培、畜禽及水产品养殖技术得到发展,共有 32 项技术获得国家级和市级奖项,其中获国家科技进步奖二等奖 3 项、三等奖 4 项,获上海科技进步奖二等奖 10 项。2000 年以来,农作物栽培及畜禽、水产养殖方面新技术得到开发应用,共有 52 项技术获得国家级和市级奖项,其中获国家科技进步奖二等奖 3 项,获上海科技进步奖一等奖 10 项、二等奖 20 项。

一、农作物栽培技术

1977—1984 年,上海市农业科学院(农科院)完成的叶面保温剂抑蒸原理及其在水稻防御秋季低温应用技术的研究与大麦吸肥特点、三麦分层施肥技术研究,获上海市重大科技成果二等奖。1982 年,上海师范学院食用菌室制备的香菇液体菌种及其液体深层培养菌丝体栽培食用菌新工艺研究,获上海市重大科技成果二等奖。同年,农科院试验用抗菌剂"301"浸种早稻,试验田平均亩产比清水浸种增产 25 公斤以上。同年,中国科学院上海植物生理生态研究所提出棉花前期少施化肥,控制营养生长,后期重施花铃肥,多结中下部棉桃。1985 年,农科院研发香菇木屑栽培及良种选育,获国家科技进步奖三等奖。1987 年,农科院研发的上海地区巨峰葡萄早期丰产技术,获上海科技进步奖二等奖。

1990 年,农科院研究棉花的生长和组织解剖,把棉花"三黄三黑"等栽培技术上升到理论高度,获国家科技进步奖二等奖。1991 年,农科院试验浅旋耕灭茬直播、化学除草、肥水管理及农机配套城郊农业稻麦轻型栽培技术,劳动生产率提高 30%。1993 年,农科院提出棉花栽培采用麦后直播、化学除草、化控技术和相应的机械作业配套技术的轻型栽培模式,劳动生产率提高 232%。1996 年,农科院等完成的上海郊区稻麦油瓜平衡施肥中试示范,获上海市星火二等奖。同年,农工商总公司前卫农场研发柑橘矮化密植栽培早丰产技术。1997 年,上海市青浦赵屯草莓研究所研发优质高产草莓的无毒苗,发展促成栽培、半促成栽培和浮面覆盖栽培3种模式。同年,农科院、马陆园艺场等推广大棚葡萄促成栽培技术,平均亩产量800公斤,糖度14度以上。1998年,上海农工商集团海丰总公司应用植保技术处理种子,采用水稻水直播,"一封二杀三补"化除方法,以及机械施肥、秸秆还田等技术,形成水旱轮作稳产高产田。1999年,中国科学院植物所、闵行区马桥园艺场开展立柱式无土栽培系统研制和在蔬菜生产上的应用,获上海科技进步奖二等奖。同年,农科院开展香菇栽培研究,研发用复合营养物全面替代麸皮等为原料制作菌棒,属国内首创。

2000年,上海市农业技术推广服务中心(农技服务中心)等完成的上海郊区稻麦现代农艺吨粮技术研究与开发,获上海科技进步奖二等奖。同年,农技服务中心等主持脆肉型哈密瓜新品种东移上海试验,获得成功。2001年,农技服务中心开展的土壤供硅特性与水稻施硅效应研究,获上海科技进步奖二等奖。2002年,农科院研发的绿色植物生长调节剂,对环境无污染;用于植物扦插、播种,提高成活率20%~50%,获国家科技进步奖二等奖。同年,农科院、上海葡萄研究所开展的葡萄设施栽培技术研究开发,获上海科技进步奖二等奖。同年,上海交通大学、上海东海农垦园艺公司完成的大棚蔬菜反季节栽培技术的研究与应用,获上海科技进步奖二等奖。同年,农林局推广"大棚玉米+夏玉米+秋玉米、小环棚玉米+秋玉米"等形式的一年多熟糯玉米栽培模式。

2003年,农科院等开展的名特优蔬菜新品种和设施有机型栽培技术的示范和推广,获上海科技进步奖二等奖。同年,孙桥农科公司主持开发的运用一种新型无土栽培装置进行蔬菜长季栽培的示范推广,获上海科技进步奖二等奖。同年,农科院推广双低油菜栽培,面积突破1 000万亩,全市覆盖率95%以上,效益较上年增长20%左右。2004年,农科院、上海都市绿色工程公司等开展的现代大型温室标准化栽培技术体系研究与产业化示范,获上海科技进步奖一等奖。同年,农科院研究有机稻米生产关键技术,以杂交粳稻多品种搭配,通过培养天敌、稻田养鸭、使用有机肥和农药等措施,有效控制病虫草害。2005年,草莓研究所、农技服务中心研发6套"大棚草莓+后茬经济作物"的搭配组合。

2007年,上海交通大学、农科院等研发的水蜜桃和葡萄有机型栽培技术,获上海科技进步奖二等奖。同年,农技服务中心等开展的水稻高产、高新技术集成创新示范工程,2010年获上海科技进步奖二等奖。2008年,农科院、上海浦东天厨菇业公司研发的食用菌工业化生产关键技术与应用,获上海科技进步奖二等奖。2009年,农科院研究羊肚菌资源鉴定及仿生栽培,实现在非羊肚菌发生区栽培成功。2010年,上海市农业生物基因中心建立百合和石蒜种质资源的玻璃化超低温保存技术,获得百合、石蒜种质冷冻保存后遗传稳定的再生植株。同时还建成灌溉田节水种植和望天田抗旱稳产,集化学除草、节水、病虫害防治、高产栽培为一体的节水抗旱稻高产栽培技术集成。同年,农技服务中心完成优质绿叶蔬菜周年设施栽培研究,筛选出18个品种,形成28种茬口模式,建成"六虫四病"的病虫监测预警和绿色防控技术体系。同年,林业总站攻克桃、梨、柑橘、葡萄优质特供果品标准化生产关键技术生产技术规程。

二、花草林木栽培技术

1985年,上海市园林科学研究所(园科所)采用现代栽培技术改进菊花的传统栽培方法,所产盆栽菊花在第二届全国菊花展览会评比中,获得25个一等奖中的17个。1987年,农学院进行GA3促进仙客来开花效果试验,实现仙客来在春节期间开花。

1991年,上海市花木公司、上海农学院开展切花菊系列品种选育及栽培技术研究,选育和驯化

40余个品种,分别适合不同季节栽培。1992年,上海农学院育出5个小苍兰新品种,进行组培并测定各项酶、叶绿素、生态因子。1995年,农工商公司、博露公司研究高羊茅草播种出苗技术,按照国际标准试验方法,建立品种引种、观察试验区。1996年,上海农林局主持的唐菖蒲种球异地繁育及其高产栽培技术推广,获全国农牧渔业"丰收奖"二等奖。

2001年,上海市林业总站、上海市花卉良种试验场对唐菖蒲、百合等优质切花种球,以变温技术处理,达到促控花期目的。2007年,上海市绿化局承担古树名木及古树后续资源养护技术规程、上海银杏、香樟古树复壮关键技术研究等项目,建立综合复壮银杏和香樟古树方法,判别生长状况等级标准体系。同年,博露公司用耐寒黑麦草"完美"补播暖季型矮生百慕大草坪,摸索出补播的最佳播种量、播种期,使原百慕大草坪冬季4个月枯黄期呈现出绿色。2010年,园科所引种水生植物46科91属213种,建立种质资源圃1 100平方米,营建4种不同类型水体水生植物群落示范工程。同年,园科所系统考察辰山典型森林群落的结构、特征,提出在林窗人工引进地带性群落优势种,加速落叶常绿阔叶林演替。

三、畜禽养殖技术

1990年,农科院、南汇县畜牧水产局开发的瘦肉型肉鸭,获国家科技进步奖二等奖。同年,上海市牛奶公司开展的大群奶牛高产技术,获农业部一等奖。1991年,上海市饲料质量督检站研制出新型肉鸡稀土饲料添加剂,能促进生长,无不良影响。1994年,上海市华申曾祖代蛋鸡场等通过对羽速基因的纯化,使罗曼鸡父母代母系种鸡可通过羽速鉴别雌雄,提高生产效率。1996年,上海市饲料公司、上海市饲料科研所等完成的禽预混合饲料系列配方及产品检测技术研究,获上海科技进步奖二等奖。1999年,农科院、中国科学院上海生物化学研究所(上海生化所)完成人工全合成基因表达牛生长激素工程菌研究,能提高奶牛产奶量20%。同年,上海市农委推广生猪科技入户规范饲养,当年母猪平均每胎比上年多产1.0头,猪仔存活率提高。

2000年,上海新杨种禽场开发蛋鸡规模化养殖及产业化技术,建立系列蛋鸡生产高效模式,选育出新杨褐、新杨粉蛋鸡品系、罗曼蛋鸡新组合。同年,农科院研发基因工程猪生长激素发酵工艺和实验室制备工艺,提取的生长激素有明显促生长作用。2003年,上海永业农科生物工程公司等开发基因工程植酸酶技术,获上海科技进步奖一等奖。此技术获得新型绿色饲料添加剂,用于猪饲料酶活保留达85%。2003年,农科院研制饲料防霉解毒剂,解毒率达90%以上,对黄曲霉毒素B1解毒率达95.47%。2004年,上海光明乳业股份有限公司(光明乳业公司)开发都市型大群奶牛高产技术,获农业部农林牧副渔丰收奖。同年,农科院研制出产蛋鸡用中草药饲料添加剂。2007年,光明乳业公司研发的南方大城市郊区优质、高效、生态奶牛养殖技术,获上海科技进步奖二等奖。同年,上海亘卓生物公司研制出替代金霉素促生长作用的微生物饲料添加剂,可提高生猪生产性能、胴体品质和机体免疫力,降低对环境的污染。2010年,上海市肉牛育种中心研发南德温杂交牛规模化养殖日粮配方综合配套技术,牛胴体产量等级均属优级。同年,上海真元乳业公司研究奶牛胚胎体外生产实用化技术,实现鲜胚移植受胎率45%、冻胚移植受胎率35%。

四、水产养殖技术

1981年,上海市水产研究所(水产所)等在海水盐度3%~8%的池塘内,开展养殖对虾苗试验,获得成功。低盐度海水对虾养殖技术,获1985年上海科技进步奖一等奖。同年,水产所等完成的配合饲料养鱼研究,获国家科技进步奖三等奖。1988年,上海市水产局等完成的上海市郊区池塘养鱼高产技术大面积综合试验,获上海科技进步奖一等奖,1989年获国家科技进步奖二等奖。

1990年,上海市水产技术推广站等研发的池塘大面积高产养鱼的生产模式和技术方案,获农业部丰收奖一等奖。同年,东海水产所试验养殖海产品新品种黑鲷,获亩产368.8公斤。1992年,水产所人工繁育暗色东方鲀,当年培育出夏花鱼种。1993年,水产所等养殖罗氏沼虾,育苗成活率达81%,亲虾越冬成活率85%～90%。1999年,水产所开发成功陆基养殖新技术,引进淡水石斑鱼成鱼,成活率达70%。

2001年,水产所开发的陆基水产养殖技术比传统工厂化养殖节电、节水,产量是自然水域的数十倍,获上海科技进步奖一等奖。同年,中国水产科研院东海水产所(东海水产所)等开展的东海区主要捕捞品种渔业资源动态研究,获上海科技进步奖二等奖。2004年,东海水产所开展的鲟鱼人工驯养与繁育关键技术研究,获上海科技进步奖一等奖。同年,上海长江口河蟹发展公司等开展人工繁殖松江鲈鱼苗种,实现自然和人工授精两种途径的采卵、采精和受精,以及静水和流水两种方式孵化繁育。2005年,上海永农饲料科技公司等主持的中华绒螯蟹(河蟹)的营养学及其环保型全价饲料的研制开发,获上海科技进步奖一等奖。

2007年,东海水产所等研发盐碱地水产规模化养殖关键技术,获上海科技进步奖二等奖。2008年,上海交通大学、上海种业(集团)公司开展的工厂化育苗关键技术创新集成及产业化示范与推广,获上海科技进步奖一等奖。2009年,上海海洋大学、水产所等主持中华绒螯蟹育苗和养殖关键技术的研究和推广,解决中华绒螯蟹育养殖关键问题,获上海科技进步奖一等奖。同年,上海海洋大学研究海水虾类温室集约化健康养殖,研制出循环水净化处理设备,开发3种水环境调控工艺、模式及技术。

第三章　装备农业科技

第一节　农产品加工技术

20世纪70年代末到90年代,农产品加工技术得到开发应用,共有25项技术获得国家级和市级奖项,其中获国家科技进步奖二等奖1项、三等奖6项,获上海重大科技成果二等奖2项,获上海科技进步奖一等奖1项、二等奖3项。2000年以来,现代技术在农产品加工中得到应用,共有13项技术获得国家级和市级奖项,其中获国家科技进步奖二等奖3项,获上海技术发明奖二等奖2项,获上海科技进步奖二等奖1项。

一、作物类产品加工技术

1977—1984年,上海市粮食科学研究所开展的新型米蛋白发泡粉的研究,获上海市重大科技成果二等奖。1985年,上海第二粮食采购供应站研发的大米气调贮藏防霉保鲜技术,获国家科技进步奖三等奖。1987年,粮食所等开发50吨/日植物油连续碱炼脱色脱臭成套设备,次年获上海科技进步奖二等奖,1989年获国家科学技术进步奖二等奖。

1990年,上海市粮食科学研究所完成的小麦分离技术研究中间实验,获国家科技进步奖三等奖。项目开发小麦活性谷朊干燥技术,淀粉得率为自然含量70%,活性谷朊粉得率为自然含量60%。其旋液分离方法,为国内首创。同年,上海农学院完成特种米黑稻乌贡一号深加工研究,开发黑米深加工食品10个。同年,中国科学院上海植物生理生态研究所研发保鲜技术,使葡萄保鲜达5个月、草莓保鲜一个星期以上。1998年,上海市农业科学院(农科院)选用青花菜、胡萝卜、麦草加工成极细微绿色颗粒的纯天然复合蔬菜晶,保留各种原料精华及香气、滋味和纤维,可冲服。2002年,农科院与上海市医药工业研究院完成灵芝康泰保健品的研制与开发。

2003年,上海交通大学完成苜蓿叶蛋白的提取方法研究,配制出具降血脂作用的苜蓿植物提取浓缩液。同年,上海海丰米业有限公司生产"海丰"优质大米,获首批国家级"放心米"称号。同年,农科院分离纯化灵芝子实体中多糖类组分,获得4个具有抗肿瘤作用及免疫促进作用的多糖。2004年,上海交通大学摸索出6种芳香植物的精油提取方法和部分初加工技术。同年,农工商公司研发"瀛丰五斗"有机珍珠米,成为上海首个进入香港市场的有机大米品牌。2005年,上海莱仕生物保健品公司开展稻米及副产品深加工,研发低过敏性蛋白和抗性淀粉生产技术,制备多孔淀粉技术及全新蛋白饮料生产技术等,获国家科技进步奖二等奖。

2006年,农科院研发猪苓多糖固体发酵和提取方法,采用水提取结合超滤分子量截流提取猪苓多糖,多糖得率明显提高。2007年,农科院研究锦绣黄桃采后生理及保鲜技术,采用"锦绣黄桃在2℃下+自发气调包装+保鲜剂"方案,可保鲜24天,商品率达到99%以上。2009年,上海市食品研究所(食品研究所)完成非发酵豆制品生产环节微生物危害消长规律及控制研究,提出生产过程中微生物危害解决方法,延长了产品保质期。同年,上海星辉蔬菜公司研究蔬果脆片加工工艺,完成真空低温油炸和调味设备的调试,优化技术工艺。同年,上海科立特农科(集团)有限公司研发制备灰树花蛋白聚糖中试工艺,可日提取 200 公斤灰树花子实体。同年,上海永神生物科技公司等研发灰树花和猴头菌功能性成分挖掘和制备技术。2010 年,上海良友(集团)公司等研发大豆磷脂生产关键技术及产业化开发,获国家科技进步奖二等奖。同年,上海市农科院筛选十字花科芸苔属 5 种蔬菜作为原料品种,试制出 2 种萝卜硫素胶囊和片剂产品。

二、畜禽产品加工技术

1977—1984 年,上海市农业机械研究所(农机所)、上海市青浦县农具研究所研制的 9NL5 型直接冷却式奶罐,获上海市重大科技成果二等奖。

1990 年,上海激光研究所研制鲜蛋照验流水线,集真空吸蛋机、整理机和光电验蛋机于一体。1991 年,上海市第二商业局开发西式肉制品无菌化包装生产线,可在低温下贮藏流通,填补国内空白。1992 年,农机所研制出 GL-2A 整体直冷式奶罐设备,采用贮奶罐和制冷机组一体化设计方案,属国内首创。同年,上海龙华肉类联合加工厂(龙华肉联厂)与食品研究所研制猪分割肉包装、计量工艺与设备,满足猪分割肉小包装多品种规模生产需要。1993 年,上海市酿造科学研究所、上海醋厂研究醋蛋商品化,形成年产 50 吨醋蛋(圣蛋口服液)生产线。1994 年,上海家禽联合公司研制家禽宰杀不脱钩加工设备,由 10 个单机组成宰杀生产线,实现系列化、国产化。1996 年,上海金山浦江大型蛋鸡场等研制出 PJ-保鲜液及盒式、托盘式鸡蛋包装盒。经保鲜液处理后的鸡蛋在 30℃温度下可保存一个月,品质二等以上,运输途中破损率仅为 0.58%。1997 年,食品研究所承担中式熟食工业化生产加工包装技术研究,采用预处理工艺、高阻隔性复合塑罐包装技术和含气容器定差压杀菌技术,保持传统风味特色,能在常温条件下延长保质期。1999 年,上海大盛食品有限公司引进肉鹅宰杀及加工设备,形成年单班屠宰 400 万羽肉鹅的生产能力。

2001 年,上海光明乳业公司(光明乳业)开发出子母杯酸奶、益生菌酸奶等 20 多个乳品新产品。同年,上海市农工商(集团)公司(农工商公司)建成现代化屠宰加工中心,加工生产爱森牌带皮冷却片猪肉,每年可上市优质商品肉猪 40 万头。2005 年,光明乳业完成的第三代婴儿配方奶粉研究,获上海科技进步奖二等奖。2006 年,光明乳业研发具独特抗高血压机理的干酪乳杆菌 LC2W,是首先发现的具降血压作用的细菌性多糖。2007 年,上海梅林正广和股份有限公司等研发罐头杀菌内循环冷却技术、联机自动控制技术,实现每吨罐头食品杀菌冷却用水节水率及减排率均超过 60%,属国内首创。同年,上海电气同济燃气科技公司研制出禽类自动烘烤设备"KL-320 型自动烤炉",一次可烘烤 35~42 只鸡,烤鸡水分损失≤19%,烘烤时间 90 分钟。2009 年,光明乳业研发的功能性益生乳酸菌选育及应用关键技术,获上海技术发明奖二等奖、国家科技进步奖二等奖。2010 年,食品研究所开展动物皮生物活性胶原多肽开发及在食品中的应用研究,采用生物酶法开发出胶原多肽制备技术、胶原多肽螯合钙工艺技术。

三、水产品加工技术

2003 年,水产大学开发利用淡水鱼糜产业化研究,完成淡水鱼的凝胶特性、淡水鱼鱼糜冷冻变性机理,以及废弃物有效利用等方面的研究;以淡水鱼鱼糜原料试做菜肴,利用淡水鱼及加工废弃物生产鱼酱油调味品,均获成功。2005 年 12 月,上海水产大学(水产大学)研发超低温均温金枪鱼解冻技术,在国内首次获得能保证质量和鲜度的整尾黄鳍金枪鱼在深度冻结状态下解冻鱼体温度场的实测基础数据,建立均温解冻图表,填补国内空白。2008 年,上海海洋大学与上海宝丰机械制造公司完成的水产品冷藏链中关键技术研究与设备创新,获上海技术发明奖二等奖。2009 年,上海海洋大学完成优化虾仁冷冻工艺,获得新的冰衣成分及抗冻剂、保水剂,并提出冷冻虾仁加工技术规范。2009 年,中国水产科学研究院上海渔业机械所等主持研制出冷冻鱼糜加工技术及装备。

第二节　农田、园林机械技术

20 世纪 70 年代,自行研制铧式犁、旋耕机、开沟机、拔秧机、插秧机、收割机、脱粒机等作物机具。粮棉油初加工机械普及,谷物脱粒基本实现机械化,多种型号的收割机械在大田里操作。20 世纪 80 年代,本市农作物机械科研,在耕整地机械、种植机械、田间管理机械、收获机械、加工机械等方面取得多项成果,为逐步实现以机械操作为主的现代化农业提供保证。20 世纪 90 年代,研制出水稻直播机、精量播种器、联合收割机、树枝粉碎机等。2000 年以来,研制出智能型施肥机械、微灌系统技术、种子色选机、复式作业机、智能割草机器人、自走式多功能林木作业机具等。

一、耕作机械技术

1979 年,奉贤县农机所等研制成功棉花营养钵移栽开沟机。1984 年,上海市农业机械研究所(农机所)制造出 1LS525C 五铧犁、1LS620C 六铧犁,分别于 1986 年、1987 年通过新产品鉴定。

2001 年,农机所研发 1LS－725 七铧犁,采用降阻犁体曲面,降低犁耕阻力 15%,与 65 马力轮式拖拉机配套,实现 1.75 米耕幅。同年,农机所研制出 1GS－200 旋耕机,实现旋耕刀轴转速的改变;研制的 1GZN－180 正逆铣旋耕机,实现旋耕刀轴的正逆旋转。2003 年,上海市农业机械化管理办公室完成设施内小型作业机械研制和开发。该项目与小型四轮拖拉机厂合作,根据设施作业特点,采取增加爬行挡、液压输出、改变排气位置等措施,研制出性能和外形均适用于棚室内作业的配套动力和农具,实现蔬菜生产耕、耙、作畦、移栽、开沟、铺膜、施肥和植保等机械化作业。2010 年,上海市农机技术推广站(农机站)研发 FST－3000 型碎土筛土机,实现碎土、输送、筛土作业一次完成,配合水稻机械化插秧技术。

二、种植机械技术

1980 年,农机所设计出适合南方水稻密植 7 寸行距要求的 2ZT－7 带土苗插秧机。1983 年,市农机所研制成能与上海-5 型拖拉机配套的地膜覆盖机。1983—1985 年,农机所研制成功平均 5 寸行距的 2ZT－5 带土苗插秧机。1985 年,上海农机部门研发出水稻工厂化育秧衬套托盘技术。

1997 年,上海市农业机械化管理办公室(农机办)推广 2BGK－230 型水稻旱直播机配套技术,以一次浅耕、开沟、播种等作业满足旱直播的农艺栽培要求。经试验,比常规移栽稻产量增长 10.2%。1998 年,农机站等研制出 SQ2BD－2R 水稻乳苗直播机,具有省工、节种、增产高效之优点。同年,上海信谊包装材料有限公司等研制成功的水稻育秧盘精量播种器,解决抛秧盘播种不匀等问题。

2001 年,中国科学院技术物理研究所、上海奥达光电子科技有限公司研制的农作物种子色选机,采用直流照明光源及色泽校正板,提高稳定性和清除率。2002 年,上海市农机所开发设施内小型作业机械,于 2008 年初研制成功。2003 年,农机站主持水稻直播高产机械化项目取得成效。2006 年,上海交通大学等研制的国内首套智能化蔬菜种子加工处理流水线,可对蔬菜、花卉等种子进行除杂物、脱毛、自动称重、自动分类、均匀包衣和烘干处理。2008 年,上海海丰米业有限公司海丰农场基本实现水稻生产全程机械化,有效解决选种、育秧、插秧、水田平整、水田植保、水田撒肥、收获等生产环节机械作业中农机与农艺配套问题,水稻生产综合机械化率达 97.2%。该项目改进 25 马力乘坐式小四轮拖拉机,增加爬行挡、液压输出等装置,满足铺膜、移栽作业和驾驶员的操作要求,对可调偏置式四铧犁、开沟作畦机等配套机具进行优化设计,解决设施农艺对农机的配套要求。2009 年,农科院建立蔬菜种子加工车间,日包衣蔬菜种子 500 公斤以上,应用于黄瓜、辣椒、番茄、甘蓝、青菜、甜玉米及花椰菜种子。

三、田管机械技术

2001 年,农机所研制 4JM-160 秸秆粉碎灭茬机,一次作业可完成秸秆的粉碎、掩埋,适应秸秆"禁烧还田"要求。2002 年,农机所等攻克微喷系统关键装置,组成微喷系统,解决微喷与滴灌通用问题。2004 年,农机所与上海市农业技术推广服务中心研发 FJ-150 发酵搅拌机,通过机械作业将稻秸秆作为栽培基质的原料,经微生物发酵、理化性质调配后制成有机栽培基质。2005 年,上海交通大学、农机所研制成功智能型施肥机械,采用电子信息技术对农田土壤状况进行分析,科学地进行精准变量施肥。同年,农机所及合作单位完成微灌系统技术设备研究与应用,确定上海地区蔬菜、花卉微灌系统的三种典型应用模式。2006 年,农机所等研发 2BGKF-6 油菜施肥播种机,可将施肥等多道工序联合作业。2008 年,农机办、农机所等研发油菜生产,基本实现机械化成套设备。项目优化油菜施肥直播机动力匹配和镶嵌组合式排种器等装置,改进多功能油菜联合收获机行走和操作系统,组装集成为成套装备。2010 年,农机所、农机站等研制出多功能变易(量)喷雾机,集喷洒叶面肥、农药、除草剂等功能于一体,实现水稻作物不同生育期施肥、田间病、虫、草害防治的机械化作业。同年,农机所研制出 1LGF-140(175)秸秆还田复式作业机,可实现机械翻耕、灭茬、覆盖、平整、施肥等联合复式作业。

四、收割机械技术

1981 年,农机所等研制成上海Ⅱ型和ⅡB 型康拜因。1988 年,农机所研制上海Ⅲ型康拜因,清洁度高。

1995 年,上海农工商集团向明总公司(向明公司)研制的 4L2.5(上海ⅡB-A)型联合收割机,获上海市和国家级新产品认定,1998 年,获上海市科技兴农二等奖。1999 年,农机站、奉贤县农业机械管理站对背负式稻麦联合收割机进行结构改进,使其适用于油菜的收割。同年,上海市电气(集团)总公司研制出 QYK-7050 滚筒式园草捆扎机、BM-7050 园草捆包膜机。

2000 年,农机站设计的 4LZ1.5 履带全喂入稻麦联合收割机,进入水稻收割试验。同年,农机所、上海拖拉机内燃机公司研发水稻收割烘干机械,列入农业部丰收计划。2001 年,农机站研发 4LZ2(世纪风)自走式联合收割机,具有动力大、清粮效果好和整机工作可靠性佳等特点。2002 年,农机所、向明公司等研制出 4LZ(Y)-1.5 型履带式油菜联合收割机样机,机具割幅宽度 1.9 米,割茬高度 30~35 厘米,损失率低于 5%,含杂率低于 3%,填补国内空白。同年,农机站研发 4LB1.2

型水稻半喂入自走式联合收割机,具有操作方便、损失率低、潮湿田块通过性好等优点。2003年,农机站主持的水稻直播高产机械化项目,完成水稻收割烘干机械化技术项目,获全国农牧渔业丰收二等奖。2005年,农机所、农机站完成油菜机械化生产技术与机具中试。同年,上海交通大学完成上海市农业机械中、小型收割机智能测产系统研究,研制出便携式低成本测产系统,采用嵌入式操作和GPRS无线网络数据传输等设备。同年,上海精准信息技术有限公司等完成联合收割机智能测产系统,能伴随收割机作业,实现农作物产量的定点、实时采集。

五、园林作业机械技术

1979年,上海园林工具厂研制成G-Ⅲ型机动铡草机。1982年,上海花木公司与长宁区物资回收利用公司试制出全套植生带机械设备,可对再生纤维经过一系列加工,制成草坪植生带。产品属国内首创。1984年,农机所庄庆彬等开展食用菌培植机械课题,1986年研制成食用菌培植ZPD-103型装瓶装袋机。1987年,又研制出食用菌培植WT-65型原料搅拌机、LS-96型螺旋提升输送机。

1991年,中国船舶科学研究中心上海分部与上海园林局研发树枝粉碎机,采用新颖设计,工效高、动耗小,能将直径小于5厘米的树枝粉碎为最大长度小于3厘米的片状粉碎物。

2001年,上海市"科技兴农"重点攻关项目子课题——草坪联合播种机的研制完成,该机采用草籽和基质相混合再播种的方式,适于温室内外作业。2005年,上海市农机技术推广站、上海市农业机械研究所等试制成功用于高效移栽的成套林木作业机械,并开发出挖穴、开沟、推土整地、苗木挖掘、装载和植保等作业功能的配套机具,适应苗木带土挖掘作业,叉铲最大负荷500公斤,植保作业水平射程20米,推土铲宽度13.5米。2007年,上海博露草坪有限公司研制成功BV180型吸草机,能基本做到将修剪下来的草屑吸净无遗漏,作业草坪无压痕。作业幅宽达1.8米,作业量每天可达50亩,相当于25个人一天的清扫量。2010年,上海创绘机器人科技公司等研制成智能割草机器人。

第三节 畜禽、水产养殖机械技术

20世纪70年代末到90年代,畜禽饲养、水产养殖机械技术得到发展,共有13项技术获得国家级和市级奖项,其中获国家技术发明奖三等奖2项,获国家科技进步奖二等奖1项、三等奖3项。2000年以来,畜禽饲养、水产养殖机械技术获得成果,共有3项技术获得市级奖项,其中获上海技术发明奖二等奖1项,获上海科技进步奖二等奖1项。

一、畜禽饲养机械技术

1979年,上海市农业机械研究所(农机所)研制9WL-580型链式喂料机。1979年,上海市饲料科学研究所(饲料所)研制出立式平模饲料颗粒压制机。1981年,饲料所研制成固定压模的KYL-G-46型立式平模颗粒饲料压制机。1982年,农机所研制9LTR-5160型5层肉鸡笼养设备,以及9LZ-2型2层全阶梯式单鸡笼设备。1984年,上海市粮食局饲料公司研制出CP500型多管饲料配料秤,动态称量精度±1/200。1985年,农机所完成1.5万只蛋鸡笼养成套设备与标准鸡舍设计推广,获国家科技进步奖三等奖。同年,农机所研制成 9FP04 型孵化机及配套设备,以及采用电脑程序控制的 9FP168 型孵化机及配套设备。1987 年,饲料所研制出结构合理的 TFPX.16-8 饲料旋转分配器。1988 年,农机所研制成 94WD6-96 型禽类定量自动喂料机。1989 年农机所建成现代化、工厂化养猪场。

1990 年,农机所研制出 9FP160A 型孵化机,采用装配式箱体和微电脑控制。1992 年,上海市闵行高速分析研究所研发全方位乳头式鸡用饮水器,具高灵敏、高密封、全方位供水性能,获国家技术发明奖三等奖。1993 年,上海市农机局研制的 94WD-96 型地轨式喂料机,采用料车式螺旋管送料及龙门架式(地轨)机架,可保证喂料均匀性。1996 年,上海市华申曾祖代蛋鸡场等完成计算机育种鸡场自动化记录研究,保证育种原始数据科学准确。

2000 年,上海东武科技环保设备厂研制两种型号的有机垃圾环保处理机,将畜禽粪便经过 24～48 小时发酵处理后生产有机肥料,一台机日处理量达百吨。2007 年 8 月,上海电气集团现代农业装备成套公司研制出动物及其产品运载工具自动消毒防疫装置,具有自动喷洒消毒装置。

二、水产养捕机械技术

20 世纪 80 年代中期,上海海洋渔业公司(渔业公司)研制出 Tele-201 型彩色双频率垂直探鱼仪。1989 年,上海市渔业机械研究所(渔机所)研发的 JYCFD4/70 型中高压液压起网设备,获国家科技进步奖三等奖。同年,同济大学研发的气浮净水新工艺,用于淡水养鱼,获国家科技进步奖二等奖。

1990 年,渔机所研制出 SQY7 型潜走式清淤机,可应用于养鱼池塘、河道水下清淤。1991 年,中国水产科研院东海水产所(东海水产所)等完成的渔具模型试验水池的研究与设计,获国家科技进步奖三等奖。1992 年,水产大学研发的自行往返远控潜吸式清淤机,获国家技术发明奖三等奖。1996 年,渔业所研制成功带航迹显示的渔用 GPS-951 型卫星导航仪。

2000 年,渔机所开发的 LuC-1200A 卤虫卵加工成套设备,采用比重法清洗人工养殖卤虫卵,去除杂质和分级。2002 年,上海水产大学研发新型滩涂紫菜收割机,适用多种滩涂及不同网具工况。2004 年,上海水产大学研发超高密度闭合循环水产养殖系统,降低能耗成本,单位水体鱼年产量达 58 公斤/立方米。2005 年,上海水产大学、江苏省海洋水产研究所等完成的紫菜养殖加工出口产业链开发,获上海科技进步奖二等奖。2007 年,东海水产所、浙江省海洋水产研究所主持的渔用自增强聚乙烯及其功能材料新工艺研究与应用,获上海技术发明奖二等奖。

第四节 温室工程与工厂化技术

20 世纪 80 年代、90 年代,大棚和温室种植、养殖技术得到发展。2000 年以来,温室工程和工厂化生产技术获得成果,共有 12 项技术获得国家级和市级奖项,其中获国家科技进步奖二等奖 2 项,获上海技术发明奖二等奖 1 项,获上海科技进步奖一等奖 3 项、二等奖 3 项。

一、温室工程技术

1982 年,上海市农业机械研究所(农机所)研制装配式钢管塑料大棚(俗称"管棚"),跨度一般为 6 米,作为本市标准型大棚。1989 年 5 月,园艺所试制双层薄膜充气大棚,冬季、春季应用于草莓、番茄、黄瓜等栽培,具保温、早熟等效果。

1997 年,上海市农业科学院(农科院)、上海农学院等采用多种降温设施和复式保温技术,建成具有工况监视系统和光、水、肥、温智能控制的单拱连栋组合温室。1999 年,上海三花薄膜厂、上海师范大学等采用三层共挤吹塑技术制备含铕有机配合物——农膜光转换剂,复合生产出具有耐候、光转换和无滴功能的农膜,可促进植物光合作用,具有较好的保温性、防雾滴性,2000 年获上海科技进步奖一等奖,2001 年获国家科技进步奖二等奖。

2000 年,上海交通大学完成 JDW 温室计算机控制管理通用软件,采用以太网技术实现温室远程控制,具有图形化的手动控制界面,能自动记录环境参数和自动生成报警信息。同年,农科院、上海都市绿色工程有限公司(都市绿色公司)等开发国产自控玻璃温室,并完成孙桥 3 公顷自控玻璃温室设计、制造和安装调试。同年,上海市农机研究所、中国科学院上海植物生理研究所(植生所)完成的上海型智能化温室工程,获上海科技进步奖二等奖。2001 年,农科院、上海市农技推广中心等主持的现代化温室肥料国内配套及其肥水运筹管理研究,获上海科技进步奖二等奖。2005 年,都市绿色公司研发的 WSORZ 型屋顶全开温室,具有天沟型屋脊的全开型温室顶部结构和屋面转动铰链结构,窗屋面角度最大可达 83°。2007 年,同济大学完成国产化智能温室及其环境控制系统等配套设施的研制,开发出以有机废弃物生产沼气作为温室生产能源,以及温室远程控制技术,获国家科技进步奖二等奖。

二、工厂化生产技术

1998 年,上海康登园艺有限公司建成南汇县新场、宣桥镇花卉工厂化种苗生产基地,拥有玻璃温室 5 000 平方米、塑料温室 3 万平方米。同年,上海市花卉良种试验场、上海农学院等开发出草坪工厂化生产技术,采用非土壤基质及配套灌溉技术生产草皮卷。同年,农机所、植生所等承担的全国首座产种苗工厂在上海马桥园艺场建成。该工厂由播种车间、催芽室和炼苗温室三部分组成;播种车间内设高精度针式播种生产线,设有催芽加热、增湿和空气交换等自动控制设备;室内配置微喷和控制监视系统。同年,上海市水产研究所在水产养殖温室的基础上,建设以计算机为控制中心的新型水产养殖温室。

2000 年,上海交通大学经过近两年攻关,研制出蔬菜工厂化育苗播种流水线,采用全自动流程控制、真空种子吸附播种等技术,将基质搅拌、打穴、播种、喷淋一条龙完成,为国内首创。同年,上海水产大学研制成功封闭循环水珍品工厂化养殖技术,建成示范与生产装置,其 1 立方米的水体养殖能力为普通水体养殖能力的 100 倍。2001 年,上海交通大学研制出工厂化育苗基质和花卉栽培复合人造土,筛选出 3 种适合甜瓜、番茄、生菜等育苗的有机生态型育苗基质配方,以及花卉栽培复合基质土。同年,农科院通过筛选适合的菌品种,确立设施栽培管理和保鲜技术,实现杏鲍菇工厂化栽培,相比传统栽培方法,人均年产值可提高近 20 倍。

2005 年,农科院、上海丰科生物科技股份有限公司进行食用菌工厂化生产中 HACCP 智能控制系统的开发应用,完成蟹味菇、白灵菇、灰树花保鲜工艺研究,确立工厂化周年生产的设施栽培管理技术、栽培工艺及产品标准。2006 年,上海水产大学、南京中国科学院夸克科技公司完成循环水工厂化淡水鱼类养殖系统关键技术研究与开发,获上海科技进步奖一等奖。同年,农科院研发工厂化育苗蔬菜厚膜包衣技术,适合甘蓝类、番茄等蔬菜种子的包衣,形成一套厚膜包衣加工工艺流程。

2007年,上海交通大学完成蔬菜瓜果工厂化育苗环境的自动化控制与信息化管理研究,建立工厂化育苗标准化生产管理体系,开发出育苗环境自动化控制与信息化生产管理软件。

　　2008年,上海交通大学与上海种业(集团)有限公司等完成工厂化育苗关键技术创新集成及产业化示范与推广,获上海市科技进步奖一等奖。该项目集精量播种、基质合成、精准灌溉、机械嫁接等核心设备和关键技术为一体,建立种苗高效生产体系。同年,农科院、上海浦东天厨菇业公司研发的食用菌工业化生产关键技术与应用,获上海科技进步奖二等奖。2009年,上海市农机具产品质量检测站主持农业工厂化生产设施标准体系的建立项目,形成温室系统及配套设施的标准体系;绘制的GSW8430系列温室产品标准图纸和产品技术标准,成为上海市温室制造行业推荐的验收图样和技术标准。

第四章　数字农业科技

第一节　农业信息技术

1985 年,农科院测试中心、农科院作物所研发汉字输出农业气象资料查询系统,获上海科技进步奖二等奖。1988 年,农科院、上海市社科院部门经济所编制的崇明岛经济、科技、社会发展战略规划研究报告,获上海科技进步奖二等奖。

1996 年,上海市农业科学院(农科院)申请开展"上海科技网——上海农业科学院大用户开发"课题。加入上海科技网以后,可通过计算机网络及时地向市郊用户发送最新农业生产技术,成为农民致富的"科技包"。1997 年,上海市气象局研制的农业气象服务系统,通过对上海地区洪涝灾害遥感监测及蔬菜面积遥感调查,进行灾情评估集成和发布。

2000 年,上海市农业委员会信息中心正式开通上海农业网,并与国内外 60 多家农业网站链接,次年获优秀农业政府网站奖。2001 年,上海市农林局(农林局)创办上海农林实用技术信息网,开设实用技术、病虫预警、科技动态、专家咨询、法律服务、花卉热线六大板块信息服务。同年,上海市粮食局、气象局研发的上海粮食供需平衡预测和辅助决策系统,获上海科技进步奖二等奖。2002 年,上海农业信息有限公司(农业信息公司)开通全国性农业服务热线——上海农科热线,成为全国首家集电话咨询、网上直播、专家坐堂、现场指导等多种服务方式于一体的服务网络,24 小时提供农业科技信息咨询服务。同年,农业信息公司开办上海"科教兴农"网,开通技术壁垒、项目管理、成果展示、政务公开、农业转基因、新闻快递、农事气象和农科热线等十几个专栏。同年,上海星辉蔬菜公司建立蔬菜网站及信息管理系统,制定出 17 个蔬菜产品的企业标准和生产操作规程,有 11 个蔬菜产品装配"食用农副产品安全信息条形码",获出口蔬菜"国际身份证"。

2005 年,农科院、上海精准信息技术有限公司等开展设施农业数字化技术应用,建立设施农业数字化生产生物及环境信息体系、控制系统和技术平台,并建立 4 个核心示范基地,次年获上海科技进步奖二等奖。2006 年,上海市农业委员会(农委)、农业信息公司等推进农业综合信息服务"千村通工程",建立市、区、镇、村四级信息服务支撑体系,以实现面向农民的公共信息服务终端——触摸屏电脑(农民一点通)全覆盖。截至 2008 年 6 月底,在上海郊区 600 多个村安装使用了农民一点通。2007 年,上海市星火农场特种水产养殖场、上海水产大学研发精准数字渔业管理软件,为上市水产品建立电子身份证,对养殖全过程实施有效监控和质量追溯。同年,上海爱森肉食品公司建立肉食品生产监控管理及追溯系统,实现从饲养场、屠宰加工厂、销售配送到零售终端的全程信息监控。

2008 年,上海市农技中心、上海交通大学等研究主要农作物重大病虫预测预报可视化技术,建立全市 1950—2006 年期间农作物主要病虫害发生状况数据库、病虫症状图像库;通过播放病虫预报,实施地区平均防治效果达 92.99%;组建 WebGIS 与 Internet 相结合的在线预警系统平台,实现远程教育、病虫诊断、预测预报、情报发布等功能。2009 年,上海市农村综合信息服务平台工程研发及应用项目,获上海科技进步奖二等奖。同年,农科院、国家农业信息化工程技研中心完成上海农产品标准网络平台,构建国内外农产品相关标准库、HACCP 标准库和系统管理等子系统。同年,农业信息公司开发上海农业综合数据库,有可视浏览、数据收集与分析、安全时间处理等功能。同年,上海市动物卫生监督所完成奶牛场信息管理系统,并在两个规模化奶牛场示范应用,牛奶乳脂率和乳蛋白率得到提高,每年每头奶牛产量增加 154.81 公斤～182.9 公斤。2010 年,农业信息公司建成区县信息平台及村网站群,在全市 1 000 多个涉农行政村应用,覆盖率超过 70%。同年,上海市计算技术研究所开发农业环境信息监测系统,采用创新的无线传感器网络体系结构及传输协议,具有超强抗干扰技术,对花卉大棚农业环境实现图像采集、传输、处理,监测植物生长及灾害状态。同年,上海市农村经营管理站研发上海市农村土地承包与流转信息化管理系统,建立土地承包与流转信息数据库,实现土地承包合同、经营权流转合同、土地承包经营权证登记簿、土地承包经营权证书的自动编码。

第二节　农业标准化技术

1997 年,上海市园林管理局(园林局)实施园林标准化管理,将 8 项园林上海市标准汇编成册;主编完成《花坛、花境技术规程》《草坪建植和草坪养护管理的技术规程》,被上海市建设委员会批准为上海市标准。1998 年,园林局编制《园林栽植土质量标准》(DBJ08‒231‒98)和《垂直绿化技术规程》(DBJ08‒75‒98)。

2000 年,园林局编制《园林工程质量检验评定标准》《上海市外环线环城绿带养护技术规程》。2001 年,园林局完成《园林植物养护技术规程》《园林植物栽植技术规程》和《绿地设计规范》的编修工作,以及《上海市环城绿带养护标准》的编制。同年,上海市蔬菜工作领导小组办公室和上海市蔬菜科学技术推广站制定《上海市蔬菜标准化生产基地操作规程(试行)》。同年,上海农工商(集团)总公司(农工商公司)启动农业标准化工作,制定罗氏沼虾、猪等农产品的标准 13 项、操作规程 12 项、管理规范 26 项。2002 年,上海水产大学主持研制的青、草、鲢、鳙"四大家鱼"国家标准,由农业部颁布执行,获国际质检总局标准化评审项目二等奖。同年,上海市种子标准化技术委员会、上海市农艺标准化技术委员会等专业标准化委员会,组织制定《寒优湘晴制种技术规范》《农作物品种(一)》《草莓安全生产栽培技术规范》《优质厚皮甜瓜、小型西瓜大棚栽培技术规范》《鲜食优质糯玉米栽培技术规范》《双低油菜"沪油 15"保优高产栽培技术规范》6 项农业标准。同年,上海市农林局制定《鲜切花种苗(球)质量标准》,将香石竹、香雪兰等十种鲜切花按形态分成种苗、种球两大类,提出鲜切花种苗(球)的质量标准,填补国空白。

2003 年,农工商公司又修订产品标准 91 项,累计制定并上报备案的食品和农产品类企业产品标准近 300 项。2004 年,上海市农机具产品质量检测站完成蔬菜塑料薄膜温室技术条件上海市地方标准的制定。2005 年,上海海丰米业有限公司形成稻米生产标准化体系、种子生产标准化、原粮种植标准化、大米加工 ISO 9001 和 ISO 22000 整合版认证。2007 年,上海市农业科学院建立优质食用菌生产过程质量控制技术及标准体系,制定蟹味菇、杏鲍菇和金针菇 3 种食用菌菌种的质量标准和工厂化生产技术规范,健全企业质量标准体系。同年,上海市农工商现代农业园区、农科院等从树种与品种选择、栽植模式与树体管理、合理施肥与灌水、病虫害综合防治等方面,制定果树有机栽培技术规范。

第十篇 现代服务业科技

1990 年代开始,上海现代服务业取得长足进步,服务业科技不断发展,服务业信息化水平居于全国领先地位。1995 年,上海银行电子化初具规模,各大银行上海市分行的 ATM 等联网成功。1996 年,上海科技网作为上海信息港的先导网,在国内首次开通跨越全市范围的 ATM155 兆宽带网络。1997 年,ATM/POS 系统在国内首家通过国家"金卡工程办"组织的验收,并由上海市科委组织专家鉴定确认达到国际先进水平。1998 年,上海完成与全国银行卡网络中心的联网,并于 12 月上旬开始试运行。1999 年,上海成立解决计算机 2000 年问题工作组,2000 年 1 月 1 日零点实现平稳跨越,各重要系统运行情况良好。

2001 年,上海信息港主体工程建成开通,中国第一个数字蜂窝移动电话码分多址技术(CDMA)商用试验网开通。2002 年,固定通信的传输、交换网络全部实现数字化,移动通信全部完成"模转数",国家信息安全应用示范工程二期工程开始启动。2003 年,"中国上海"门户网站办事功能不断完善,"大通关"电子平台基本建成,社会诚信体系建设全面展开,电子商务取得进展。2004 年,"市民信箱"正式开通,"付费通"业务平台建成并投入运行,实施集装箱货运无线电射频(RF)卡管理。2005 年,800M 数字集群应急救援政务共网前期工作有序开展,市民(青少年)信息服务平台正式开通。2006 年,电子口岸平台进一步完善,上海市技术性贸易壁垒预警信息系统建成。

2007 年,广电服务业的数字付费电视频道业务和视频点播频道业务发展迅速,东方明珠移动电视频道业务从车载向楼宇电视发展,DAB 数字音频广播、东方明珠 CMMB 手机电视开展试验试点,以互联网为传播途径的数字电视业务全面展开,高清电视、网络宽频电视扩大了播放范围。2008 年,国家电子政务综合试点进展明显,全市行政审批服务平台总体规划基本完成,长三角大型科学仪器设备协作共用网系统初步建成。2009 年,积极发展电视购物、手机电视、IPTV、宽频网络电视、NGB 等新业务,下一代广播电视网(NGB)示范网在上海开始实施。

2010 年,在信息服务方面,馆外智能图书馆、即时电子商务服务平台系统、数字电视 VOD 前端点播平台、移动多媒体内容监测与管理系统、上海东方社区信息苑、上海市云计算产业基地和云计算创新基地,搭起了信息服务的软、硬件支撑环境。在现代物流服务方面,新一代信函分拣机、集装箱 RFID 货运标签、上海长途客运联网售票平台、钢材网上交易及服务系统、物流车辆引导调度系统、海铁多式联运系统等新产品和新技术获得应用。在金融经贸服务方面,银企直联系统、新一代手机银行系统、东亚中国数据中心、银企转账直通车系统、长三角中小企业融资服务平台、基于下一代广电网的数字家庭金融服务等,提升了上海金融服务业的服务水平。

第一章　信息服务科技

第一节　信息系统集成技术

信息系统集成技术是信息系统工程的重要基础技术。上海的系统集成业发展相对较早,服务水平相对较高。1990年代,研发出科研过程数据处理系统、辅助设计生成系统、化肥生产过程等数据集成系统;开发出证书认证、办公自动化、工商行政管理、医疗监护等应用集成系统。2000年后,随着社会的进一步信息化,人们试图整合各类信息系统并综合加以利用的需求也越来越迫切,上海的系统集成技术和服务规模得到快速发展。在网络信息集成方面,实现了分布式、异构信息源的集成与一致性服务;研发市民信息管理和服务系统;建立了联网系统的信息监控和实时安全服务。在数据集成方面,开展了城市信息一体化集成平台与应用技术研究,建立了三维城市数字平台和城市空间基础数据平台;信息集成监管与灾难备份达到了可实际商用级,增强了网络安全防范能力。在应用集成方面,研制多种抢险业务系统;建立了联合征信业务体系;工商行政管理和行政督查网络管理系统实现了覆盖所有业务条线协同办公的电子政务系统;医院信息管理系统实现了无纸化操作,解决了各科室、设备、信息孤立运行的状况。

一、信息分析与处理技术

1990年代,中国科学院上海有机化学研究所研制的CISOC-IR红外光谱综合信息处理系统,获得1991年度国家科技进步奖二等奖。该系统解决了红外光谱图的简化储存技术,具有匹配检索和图形恢复功能,实现了谱图数据与化学结构的拓扑连接表信息的相互关联,实现了从子结构和全结构查索相应外谱图的功能,建立了一套谱图数据评价方法和自校验软件。华东化工学院、四川化工总厂等研制的化肥生产过程计算机控制系统,获得1991年国家科技进步奖三等奖。该项目实现了对200多个工艺参数的数据采集、记录、存贮、画面显示、处理加工和输出报表等功能。上海科技大学、上海医用仪表厂研制的心电集中监护系统,是国内首次研制成功,获得1991年上海市科技进步奖一等奖。该系统能分类检出12种心律失常,显示3种趋势曲线(心率、房早、室早),具有实时延时、冻结和报警自动记录心电图波形和记录趋势曲线等功能。华东化工学院开发的计算机辅助软件工程环境EASYCODE,获得1991年上海市科技进步奖一等奖、1992年国家科技进步奖二等奖。该成果适合事务数据处理和管理信息系统的开发,成功用于第十一届亚运会成绩处理系统RISCB的开发与生成。复旦大学开发的通用快速图像处理与分析软件系统,获得1992年国家科技进步奖三等奖。该系统在图像分析方面分为图像处理、图像边缘提取、纹理分析、形状分析和工具库(包括线性分类器等)6大部分。

2002年,上海第二工业大学研制成功基本三视图重构成三维模型软件,提出了以独立环路的组合为出发点,按预定义模式引导的三维重构完整算法。该软件具有将完整的基本三视图(包括直线、圆和圆弧实体)转换成三维实心体模型重构的功能。复旦大学研发的语义视频信息检索的关键技术及其应用系统,获得2004年上海市科技进步奖一等奖。该项目对无结构的海量视频的浏览和检索进行了长期研究,集成了多项自主创新的视频分析技术,实现了数字电视节目的收集、存储、分析、索引、浏览、检索和过滤。2004年,长江计算机(集团)公司开发成功网络多媒体信息处理平台。该系统是集成了多种核心技术并由11个子系统构成的软件产品,具有对分布式的异构多媒体资源进行二次制作、采集、存储与发布等功能。同年,上海复旦德门软件有限公司开发的可视化数据分析平台VAP,在可视化数据分析流程、数据分析方法集成、基于XML的流程分析语言等方面具有创新性,建立了数据可视化分析的规范DM-VAS,形成了一套数据可视化分析方法。2006年,上海华东电脑股份有限公司承担RFID签到系统,成功研发出基于RFID技术的智能会议签到系统,在中共上海市委八届九次会议上获得应用。该系统降低了会务保障人员的工作量,避免了代表到指定地点排队签到,能通过屏幕即时看到代表的签到信息。

二、信息服务与管理技术

1990年,上海市卫生防疫站开发成功劳动卫生职业病档案管理系统。该系统提供全市工厂企业作业场所各类有毒有害因素环境浓度的监测结果、全市职业病和恶性肿瘤发病情况、劳动卫生防护设施执行情况等。1992年,上海计算技术研究所完成上海市二号重点工程——外滩防汛墙"厢廊"停车库计算机监控管理系统,是中国第一座计算机控制的自动化停车库。1995年7月1日,上海市政府办公自动化系统投入运行。系统采用国际上先进的布线技术、高速计算机及网络技术、多媒体技术、光盘技术和有、无线通信技术等。1996年,上海市档案局、上海科技信息中心、上海市政府办公厅完成文档一体化管理系统。该系统分公文管理、档案管理、信息服务及系统维护四大系统,适用于机关及事业单位的公文管理、文书档案管理。1998年5月,上海市工商行政管理局、上海万达信息股份有限公司开发的上海市工商行政管理计算机信息系统(简称"金管工程")开通运行。该系统通过全市各种网络及国际互联网,为全市公众和全球提供信息服务,实现了工商业务计算机化、管理计算机化、辅助决策计算机化和信息网络化的建设目标,获得2000年度上海市科技进步奖一等奖。

2000年,上海亚太计算机信息系统有限公司开发成功医院综合信息管理系统。该系统包括计算机辅助诊疗、病历病案的菜单式输入和统计分析、处方和医技检查单据的无纸化操作、门急诊诊疗的预付金制度等。同年,上海长达信息科技有限公司研制成功外来流动人口信息管理系统。该系统实现了外来流动人口基本信息数据计算机管理;实现数据信息与CCIC(网上追逃)数据信息自动对比、自动预警,提高了外来流动人口违法犯罪案件的破案率。上海交通大学、上海机械电脑有限公司等开展制造业信息化中的协同与集成技术研究与应用,获得2002年上海市科技进步奖一等奖。该项目采用现代信息技术、现代管理技术和现代制造技术,解决企业信息技术单元应用所带来的"信息孤岛",实现制造企业、行业和地区间的信息协同与共享。2002年,万达信息股份有限公司负责承建的上海市劳动和社会保障管理信息系统投入使用。该系统提供职业介绍、失业保险、非正规劳动组织、就业培训、外劳力管理、丧劳鉴定、外国人和港澳台人员就业、劳动力资源管理、劳动监察管理、参保户管理、个人账户管理、申报结算、基金财务管理、统计分析等社会化管理服务。同年,上海易诺科技有限公司开发成功电子信证系统,实现网络上的电子文件加盖电子印章、数字水印等安全技术和手段,使电子文件具有全过程、多环节的安全保密和真实可靠,成为电子信证文件。

2006年,维豪信息技术有限公司、国家信息安全基础设施研究中心联合开发的电子政务应用支撑平台,获得上海市科技进步奖一等奖。该项目提高了行政办公效率,是以安全支撑平台为基础,对综合信息安全、下一代网络、下一代互联网和计算机应用等多项技术进行原始和集成创新而形成的多功能服务平台。上海市公安局、大唐电信科技产业集团等完成的上海市应急联动中心综合信息通信系统,获得2006年上海市科技进步奖一等奖。该项目提高了政府对各类突发事件的应急能力和处置效率,构建了跨行、跨地区、跨部门的综合信息通信平台,率先实行统一接警、分类处警、社会联动的各类突发事件的统一受理与快捷处置,保证报警呼叫接入"零间断"。2007年,上海信息安全工程技术研究中心研制的基层分队武器装备信息管理系统,成功将电子标签封装到装备上,有效提高军械的管理效率、管理规范,增强军械管理的安全性。上海市医疗保险信息中心、万达信息股份有限公司承建的特大城市医疗保险系统集成技术,获得2007年上海市科技进步奖一等奖。该项目形成了医疗保险系统的三重保障平台,建立了一个多层次结构化的容灾系统。上海科识通信息科技有限公司、上海复旦微电子股份有限公司等完成2007年世界夏季特殊奥运会电子标签项目。该项目实现运动员信息查询、运动员医疗保障服务、健康运动员计划保障与服务、会议保障和服务等功能。电子标签系统的应用协助特奥组委会实现了比赛期间无一人走失的目标。

三、信息安全与监管技术

1999年,上海格尔软件有限公司推出"网盾安全专家"信息安全软件,提供了从信息加密、身份认证、文档签名、安全邮件到防攻击、防黑客、防病毒的全套安全工具,实现了对敏感数据和信息的最高级保护。

2001年12月,上海市信息化委员会、上海市科学技术委员会等组织开展的国家信息安全应用示范关键技术研究与应用(S219)全部完成,并通过国家验收。该项目涉及10个应用示范重大课题、11个信息安全领域核心关键技术。首次采用信息安全强审计与集中监控技术,解决政府内外网络信息安全监控、金融网络信息流量的审计追踪、金融犯罪的电子举证、媒体网站黑客攻击防范等实际应用安全需求。采用大规模网络安全综合管理技术实现网络系统各类设备和资源的集中管理、网络运行的实时监管、网络安全预警及应急反应。突破数字认证与授权管理技术,实现证书的跨应用、跨业务域的用户认证和鉴别机制。该项目获得2004年上海市科技进步奖一等奖、2005年国家科技进步奖二等奖。

2002年,上海长凯信息技术有限公司与上海交通大学图像研究所研制成功数码影像身份认证系统。该成果提出了一种全新的信息安全技术,即数字水印技术与指纹比对识别相结合的数字认证系统,是国内外首次将指纹、人脸集成的生物特征信息应用于公众智能卡,解决了重要证件被假冒的问题。上海交通大学、上海东方网股份有限公司等开发的网络媒体监管信息系统,获得2003年上海市科技进步奖一等奖。该项目在系统设计和实施方面,重点开发了针对BBS/聊天室信息内容监管系统、电子邮件安全监管系统、安全信息发布系统、媒体分级管理系统、内容安全辅助支撑系统,以及媒体安全监管中心的设计与实现。

2003年1月,上海财税局的上海财税计算机信息安全及保障体系(一期)工程投入运行。该项目组织实施后,19个区县财政局和全部税务分局实现了异地集中备份,市局内部财政预算管理信息系统、OA系统、金税工程和财税网站等核心实现了异地容灾,整体灾难恢复能力从"无异地可恢复数据"的第0级提升到"用电子链路实现数据备份"的第3级。同年,复旦大学承担完成国家"863"计划项目——分布式网络入侵监测、预警和安全监管系统,能实时对网络系统的行动动态进行监视,记录安全事件,发现安全隐患,对安全事故及时报警,增强网络安全防范能力。

2004 年,国家信息安全应用示范工程——S219 二期工程全面完成。S219 二期工程以其自主知识产权的信息安全关键核心技术为基础,研究和建设具有普适性和推广价值的信息安全基础设施,与银行、证券、工商、财税等经济领域重要信息系统进行无缝联接。S219 二期工程在银行、证券、财税、工商等领域形成一批信息系统安全解决方案,建立了跨行、跨业务域、异构的银行之间安全的互连互通环境,解决了不同数据的各自安全加密、部分数据的完整性验证及不可抵赖性验证等多方业务交互中涉及的安全问题。同年,上海长江科技发展有限公司承担完成香港招商局集团数据中心灾难备份。该系统是国内第一个将企业级灾难备份应用于 Windows 系统,保证灾难发生时业务数据不丢失,并迅速恢复业务系统的运行。

2006 年,上海三零卫士信息安全有限公司开发的面向涉密网络的多元非法外联与接入监控系统,可对非法外联与非法接入行为进行多元化、系统化检测与控制,满足了电子政务、金融等对信息机密性安全要求较高行业的信息安全要求。2009 年,上海大学、上海溟鹏软件等承担完成宽带高性能互联网网络行为实时分析技术研究及系统研制。该系统能够及时发现和制止具有危害性且流量巨大的网络行为,能够有效识别病毒、恶意代码、垃圾邮件等。

2010 年,上海信息安全工程技术研究中心建设和运行维护中国 2010 年上海世界博览会信息安全综合管理系统,设计开发了网络诱捕、网络攻击监测、恶意邮件监测、网页挂马检测、终端安全防护等信息安全系统。该系统采用图形化方式将世博信息安全态势实时展示在大型屏幕上,保障了世博会信息系统的安全。同年,公安部第三研究所等合作研发的跨安全域隔离与信息交换技术及应用,获得国家科技进步奖二等奖。

第二节　通信服务技术

1980 年代中期,上海通信业在科研方面取得的主要成果有:市内电话 SH‑1 型纵横制自动交换机及计算机查号系统;长途电话的国内、国际半自动对端设备,电报的自动转报和程控用户电报交换设备,以及海底电缆增音机、移动电话系统等,使上海的通信技术水平有了较大的提高。1986—1990 年,主要科研成果有:市话程控交换机及大容量查号设备,ST‑2 型用户电报及低速数据程控交换系统,大功率高频发射设备,6 米天线卫星通信地球站等。上海通信行业在"八五"快速发展的基础上,于"九五"期间实现了跨越式的实质性飞跃。通信网络完成了从模拟技术向数字技术的转变,服务业务种类由单一向多元发展,网络有光纤、微波、卫星、移动通信、程控交换、数据与多媒体等。至 2010 年,在固话与移动服务方面,推出了主叫号码信息查询系统、多媒体视频会议服务、电话缴费、电信级 3G 流媒体系统等;建成了宽带城域网,提供多媒体增值信息服务、直播电视、点播电视等业务、IPTV 业务等;建立了多业务交换平台、亚太互联网中心、数字集群政务共网等网络服务系统。

一、固定与移动通信服务技术

1978—1986 年,上海邮电通信科技先后取得了 30 多项科研成果,用于技术改造和设备更新,较大地改变了上海邮电通信的落后面貌。例如:32 路、64 路、256 路计算机公众电报自动转接系统和 1024 线程控用户电报交换机的研制和投产使用,使中国电报通信水平跨入了世界先进行列。国内长途电话半自动、全自动对端设备的研制和投产使用，为中国长途电话交换从人工过渡到全自动拨号提供了一种灵活的设备。国际去、来电话对端设备和国际电话直接拨号设备的研制和投产使用，使中国国际电话通信进入了国际电话自动拨号网，缩短了接通时间，提高了国际电话通信质量。万门纵横制电话交换机的研制和投产使用，为改善上海市内电话通信紧张状况发挥了作用。计算机电话查号系统的研制和投入使用，提高了电话查号的速度。30/32 路脉冲编码调制设备、时分电报复用设备的研制和投入使用，光纤通信传输的试验成功，标志着上海的数字通信技术进入一个新的阶段。卫星通信地面站、故障自动监测记录器、短波无线发射机故障自动记录器、电报电路质量自动监测记录器等设备的研制和投入使用，改变了原来人工测试记录的落后状态，确保了通信畅通，提高了通信的维护水平。微处理机控制的电报汉字译码接口设备和双机头自动发报机的研制成功，为通信设备终端智能化迈出了第一步。同期，上海市电报局等研制的 64 路计算机自动转报系统，获得 1984 年上海市重大科技成果一等奖。上海市长途电信局研制的 256 路自动转报系统，获得 1986 年上海市科技进步奖一等奖、1987 年国家科技进步奖二等奖。

1987—1989 年，上海邮电系统开展上海电话网七位号制技术与研究，解决了纵横制交换机电路修改、采用电子译码器等综合先进技术，为"七五"后期实现全市统一的全自动七位号码奠定了技术基础。电话网七位拨号工程联网试验和接割技术方案的完成，为 1989 年 11 月 12 日市话六位改七位拨号一次接割成功提供技术保证。大容量计算机市话查号系统具有 32 个座席，可查 100 万个电话号码，使查询效率提高 1 倍，上海 114、115 服务台的电话查号全部实现计算机化，改变了查号难的局面。上海市长途电信局、华东计算技术研究所承担的 512 路自动转报系统研制成功，使电报转报容量由每日 20 万份增加到 40 万份，缓和了电报转接业务的紧张状态。该项目获得 1992 年上海市科技进步奖一等奖。

1992 年，上海三中通信技术设备有限公司、上海电信设备三厂研制成功 DLM－120 用户环路数字复用设备。该机可通过 8 对电缆或光缆开通 120 路电话，相对于每对电缆扩容 15 倍，对解决长期阻碍电话发展的"拦路虎"——用户线敷设的困难具有重要意义。该项目获得 1994 年上海市科技进步奖一等奖。同年，邮电部第一研究所等研制的卫星通信 DAMA 系统，开通联网运行。该项目属卫星通信技术领域，系统的主要内容：地面接口设备、计算机与其相关设备的接口、同步器、BPSK 调制解调器、监视、告警和控制设备。该系统在相同的话务量情况下与 SCPC 预分配方式相比，提高了卫星信道的利用率，减少了地球站的话路设备。该项目获得 1996 年国家科技进步奖三等奖。1993 年，上海市邮电管理局组织完成市话营业计算机管理系统。该系统实现了把市话业务全部通过计算机处理，具有效率高、差错率低、周期短等特点。1995 年，上海市邮电管理局、上海市电话局等组织开展上海电话网编号升八位技术和联网试验割接方案。升位采用双局号平稳过渡等方法，实现了统一、一次性割接成功，在国内是首次，从根本上解决了上海电话号码资源不够的矛盾。该系统获得 1996 年上海市科技进步奖一等奖。

2000 年，上海长江新成计算机系统集成有限公司研制成功移动通信的 GSM 计费及客户服务管理系统，由计费、清算、HLR 管理、营业厅、营销及欠费跟踪等子系统组成。该系统能实现联机计费、实时业务更新和开停机等，通过与银行联网完成话费的收取。2002 年，上海市电信公司推出"景视通"ISDN 可视业务，满足了人们身居两地又能面对面进行交流的需求。同年推出"新视通"多媒体视频会议服务，可以同时传输远距离会议的视觉图像和声音，应用于政府行政会议、商业工作会议、紧急救援应急、银行系统例会、司法调查审判、远程教育、远程医疗、办公自动化系统等多个领域。2003年,上海市电信有限公司开通了上海市医疗急救中心主叫号码信息查询系统,免费提供了该系统所需的DDN和ISDN专线。固定电话用户拨打120电话,医疗急救中心即可通过主叫号码信息查询系统准确及时地查询到主叫用户的姓名和详细地址。2004年,上海市电信有限公司推出社会保障卡语音通话业务,通过注册的社会保障卡在电信专用终端上进行社保卡和201A类卡号转换后实现语音通话功能。

2005年,上海市电信有限公司开通市民缴付公用事业费的付费通、申付卡、电话缴费热线962233,申付卡能支付上海市所有水、电、煤、通信等公用事业费用,推出了电话号码和账单的绑定功能。同年,上海欣泰通信技术有限公司完成的电信网监测维护管理的关键技术与系统(TMAS),获得上海市科技进步奖一等奖。该系统功能强大,实现了电信运营支撑"快速响应,全网监测,一点受理,综合分析,并行处理,整体评估,优化提升"的目标要求,提高了维管效率,减低了运维成本,提高了电信运营服务质量。

2010年,中国移动通信集团上海有限公司牵头、上海交通大学与复旦大学共同承担完成移动多媒体内容监测与管理系统核心技术研究与应用项目,实现对移动通信领域中的业务系统进行多媒体内容监管,并在中国移动视频运营中心的业务试点中得到应用,实现对"企信通"业务中的内容进行有效监管。同年,中国移动通信集团上海有限公司开展面向3G的服务应用支撑技术研究与系统实现的技术攻关,研究出针对手机视频流媒体服务器在并发数上万情况下的多流直播负载均衡关键技术,以及海量3G流媒体内容的快速搜索及推荐技术,实现电信级3G流媒体现场直播和点播系统,为用户提供手机视频服务。

二、宽带服务技术

2000年,上海信息港主体工程组成项目之一的上海宽带信息交互中心建成。该系统为用户上网访问本地区所需信息提供高速宽带,缓解国际出口的压力,节省了国际出口的费用开支,降低了用户的通信费用,通过交换中心的信息量增加了100多倍。中国联通上海数据通信网建成200兆的国际出口、3个核心交换点和165互联网,成为中国联通七大骨干节点之一。该系统为居民提供快速的拨号上网服务,为企事业单位提供专线上网服务;以综合宽带接入网为支撑,向用户提供"一条进线,多项业务"的服务。中国网通上海宽带IP城域网一期工程建成,网络可承载包括语音、数据、图像和视频在内的各种电信业务。网络覆盖全市主要地区并向大型企业集团用户、大型商业用户、外资企业、合资企业、跨国公司驻上海办事机构、政府机关、金融机构、主要办公楼、高级商住楼、高级宾馆、教育科研机构、IP运营商及广大民众等,提供宽带接入和各种信息服务。上海电信宽带通信网形成了由8个核心节点、90个边缘节点组成的世界上最大的宽带ATM(异步传输模式)城域网。上海电信ATM宽带网络可向用户提供数据专线和基于IP的各类增值信息服务,多媒体增值信息服务有VOD视频点播、自选游戏、远程医疗、远程教育、多媒体信息通信、可视电话、视频会议、高速因特网服务和高清晰度数字广播电视等。2004年,上海电信开发出数字终端新产品——宽带数字机顶盒。上海电信提供直播和点播两种频道的业务,包括电影欣赏、电视剧场、少儿剧场、远程教育、游戏(视频)等5个点播频道和直播频道中的吉祥购物、游戏竞技、留学天地、靓妆世界等内容。该产品方便了用户的安装使用,用户可实现4处宽带同时上网,1～10处电话随意分配,满足绝大多数用户对电信业务的使用需求。

2005年,上海电信推出"商务领航"服务,让中小企业在享受宽带服务的同时优惠体验多种信息化服务。主要包括：面向企业用户推出客户关系管理系统在线租用服务；办公自动化系统（OA）为企业建立一个基于网络的集成办公平台；进销存管理系统可帮助贸易、制造型企业有效管理物料的进货、发货、库存、运输等过程；商务信息管理系统将客户信息、合同、项目、库存、财务、人事、办公、企业共享等集成一体化。2007年，上海市电信有限公司完成大型IP城域网络关键技术与应用项目，获得上海市科技进步奖一等奖。该项目构建面向综合业务承载的特大型IP城域网，实现了用户和业务两个维度的差异化服务；建立规模化的电信级IP业务承载网；实现业务和用户维度的隔离，保证网络和业务安全。2008年，上海大学、上海贝尔阿尔卡特股份有限公司研发兼容IPv6的宽带接入汇聚与服务系统，获得上海市科技进步奖一等奖。该项目能够提供60G以上的交换带宽和多种宽带接入手段，并实现IPv6数据包的汇聚与转发。2009年，中国电信股份有限公司上海分公司开展的电信级IPTV业务的技术研究及规模商用，获得上海市科技进步奖一等奖。该项目开发商用基本业务平台及增值业务平台，结合原有业务系统打通业务流程，实现多运营商的综合业务系统；实现多终端与多平台的互联互通；自行开发并建立端到端的基于用户感知的IPTV质量服务支撑体系；建立针对IPTV网络的视频质量监测系统，提高了IPTV业务质量，可以满足IPTV业务系统实现电信级大规模商用的要求。

第三节　网络服务技术

上海从1990年代开始建设门户网站并开展网络服务，1996年建立了全国第一家本地信息交互网。1998年1月8日，上海科技信息网正式开通，获得1999年上海市科技进步奖一等奖。上海科技信息网以环状与星形的拓扑结构，构成开放性好、扩展性强、较科学合理的宽带网络体系，形成一张覆盖上海市区和郊县的信息高速公路网，项目总体水平达到国内首创、国际先进。1998年1月，上海浦东气象中心业务系统建成，是国内首次利用Internet技术建成的气象专用网。该系统改变和突破了传统的气象业务系统形式，可进行远程可视天气会商和提供全新的网上气象服务。用户可通过客户端软件与席位上的服务人员进行直接的视音频交流，双方具有共享的电子白板功能。1999年，上海电子商务网上支付系统建立了Internet支付网关，与国际电子商务标准接轨，支持多种支付手段，实现网上支付需求。同年，上海商业增值网、联华超市和杭州商学院三方合作，在上海实施国家"九五"科技攻关项目——商业EDI应用和示范工程。该系统实现商户与其供应商之间贸易单证的电子化、自动化。

2004年，上海交通大学、西安交通大学开展的现代远程教育支撑平台研究及示范应用，获得上海市科技进步奖一等奖。该项目针对中国东西部教育质量差距，利用网络构建数字化学习社会，建立了一种新型的可持续发展远程教育模式。开发了7套具有自主知识产权的软件产品：天地网远程教育系统、交互式同步实时教学系统、双向卫星多媒体远程实时教学系统、基于天地网的个性化资源预约点播系统、PPT＋AUDIO多媒体课件制作系统、课件自动录制及生成工具、多媒体课件播放工具。

2006—2008年，上海交通大学等开展的天地网远程教育关键技术系列产品及其应用，获得2006年国家科技进步奖二等奖。该项目针对中国人口多、优质教育资源短缺、东西部及城乡之间日趋严重的数字鸿沟和教育公平问题，提出利用卫星和计算机网络结合的天地网远程教育技术解决上述矛盾，建立了天地网远程教育系统模型。上海交通大学、上海电信等单位共同参加建成CNGI示范工程应用试验类项目——CNGI远程教学公用通信平台系统。该系统以智能网络教室为源点,配合新型网络教育模式,实现了教学资源的共享。上海交通大学承担的面向宽带网络的跨平台数字学习关键技术研究,实现智能、真实的自然授课技术;实现跨终端数字学习中的实时交互技术;解决了多终端之间进行漫游学习中的数据一致性问题。上海交通大学等合作开展的中国下一代互联网示范工程——CNGI 示范网络核心网 CNGI‐CERNET2/6IX,获得 2007 年国家科技进步奖二等奖。2008 年,同济大学承担完成国家科技部国际合作重点项目——基于下一代无线宽带互联网技术的城市交通信息网络研究。研发的信息网格技术实现了海量交通动态数据的采集、整合及处理,为交通状况的实时监控与管理提供良好的服务。

2010 年,上海体育学院、上海中科网络信息技术有限公司等完成上海市民体质网络系统的研发与应用,获得上海市科技进步奖一等奖。该项目推动了体育学学科发展,客观、准确、快速地了解市民体质状况,为制定相关政策法规提供宝贵依据。市民利用该系统可了解自身体质档案,得到更加科学、有效、个性化的运动处方;与营养心理测评建议相结合,使运动健身更加科学化。

至 2010 年,上海市政府各个委办局、区县政府、重要机构、管委会(开发区)的网站全部建成,并链接了中央各部委和外省市政府的网站。提供的服务有:政务事项、政府信息、政府工作、教育与生活服务、医疗保健、科技服务、电子商务、投资招商、上海风情、网络互联等。

第四节　文化广播服务技术

一、文化信息服务技术

1992 年,上海交通大学开发的西、汉文兼容图书馆联机管理集成系统,获得国家科技进步奖三等奖。该系统覆盖了图书馆的主要管理业务,实现了西、汉文数据的快速转录和标准化。1993年,上海科学技术情报研究所与中国科学院上海有机化学研究所合作,开发了上海地区第一张光盘数据库产品《中国化学文献数据库》,该库实用数据量大,检索方便。1995 年,上海图书馆文达信息公司研制的中文社科报刊篇名数据库,以电子出版物的形式,对全国报刊索引进行更新换代,在社会科学领域大型文献数据库方面达到国内领先水平,获文化部科技进步奖二等奖。1998 年,长江计算机(集团)公司开发的上海图书馆计算机管理系统,获得上海市科技进步奖一等奖。该系统包含了大型公共图书馆的全部服务功能,涉及流通、采访、编目、期刊、查询、二次文献和全文检索、古籍光盘全文制作及查询、电子阅览室、多媒体导读、广域网服务和办公自动化等各个方面。

2000 年,上海图书馆成为国内率先通过因特网向全世界读者提供整体数字化资源服务的公共图书馆,开发的数字图书馆系统平台填补了国内在该领域的技术空白。2001 年,上海市广播科学研究所承担研发的电视节目资料的数字化抢救项目,是国内第一家电视节目数字化存储管理系统。2008 年,上海博物馆、华东理工大学等开展馆藏文物保存环境应用技术研究,对博物馆馆藏文物保存环境中的主要危害因素及其调控技术进行综合研究。该项目研发出 19 种新产品、新工艺和新装置;研制成一种特殊密封调控展柜,用于陕西法门寺和南京报恩寺出土舍利的保护和展示。2009年,文汇新民联合报业集团承担完成传媒印刷业图片数据协同和标准化应用平台研究。该项目解决了传媒印刷业多种图片数据协同问题,实现了影像信息标准化。同年,上海音乐学院、上海协言科技服务有限公司等单位共同承担完成历史音频修复与数字化保存技术研究。该项目研发的上音历史唱片可干预智能化修复与数据库管理系统,将心理声学、艺术审美与声学测试相结合的动态频谱修复技术与音乐艺术相结合,达到最佳音频修复效果。

2010年,复旦大学等合作研发的百万册数字图书馆的多媒体技术和智能服务系统,获得国家科技进步奖二等奖。上海理工大学和上海阿法迪智能标签有限公司联合研发的馆外智能图书馆系统设备,采用机械装置对图书进行传送、上架、下架、借阅、清点、整理等操作,实现书库的自动化管理。通过图书标签信息与图书馆的数据库连接,实现人机委托借还书服务。解放日报报业集团承担完成报业新闻搜索与分析平台的关键技术研究及应用示范。该项目实现了网站、电子报、新华社、电视视频等多源新闻的实时汇聚与分析,向用户提供新闻浏览、相关新闻、媒体监控、综合搜索、热点分析、报纸/版面对比、自定追踪等实用功能。

二、广播电视服务技术

1993年,上海证券交易所、上海高智科技开发公司等合作研制的上海证券交易所卫星数字广播系统,通过通信卫星实现"一点发送,多址接受"。该系统采用自行研制的高速通信卡实现同步128 kbps通信;实现远距离智能广播通信,安全可靠;实现全广播、组广播及特定用户的点传输。获得1994年上海市科技进步奖一等奖。

2000年,有线电视网用户累计达到100万,成为全球最大的城域双向有线网络,为居民用户提供高速上网、实时点播的应用服务。2002年9月27日,上海数字电视运营性试播正式启动,成为全国第一个数字电视运营性试播城市。上海广播科学研究所承担了DVB前端发射平台的设计和实施任务,开发出从节目内容管理到播出控制的全套解决方案。2003年,上海航天计算机系统工程公司组织研发的全国临床医学卫星教育系统,使上海第二医科大学的教育资源,通过该开放式全数字卫星通信系统向全国40多个校外学习中心进行实时播出。该项目提供数据、音频、视频和综合业务远程广播传输,满足临床医学终身教育、继续教育和学历教育的要求。2004年11月3日,国家MODIS数据广播接收服务上海示范站,在上海市海洋环境预报台建成并投入试运行,进行MODIS数据的业务化接收工作,为海洋灾害监测、海洋环境监测、城市热岛效应和城市亮光分析等方面的研究提供信息数据支持。

2008年,上海文广科技发展有限公司承担集中控制式分组播出技术研究,研制出基于广播方式的集中控制分组显示数据广播系统,实现了对接收终端的集中控制和内容的个性化显示。该系统在上海移动电视广播、公交电子站牌、公共交通信息服务等领域得到了应用。上海文广新闻传媒集团在"5·12"汶川地震发生后,在灾区电力、通信及基本生活保障等状况极其恶劣的情况下,通过Flyaway移动卫星飞行站、海事卫星、IPStar等技术手段,第一时间将灾区现场画面传送回上海。上海文广互动电视有限公司承担的面向宽带网络的互动电视信息发布技术及应用示范项目,将信息发布及交互功能引入到电视直播频道的播出中,为用户提供全新的信息门户形式,使用户在收看电视直播频道的同时获得丰富的信息资讯和享受各类增值应用服务。2009年,上海文广新闻传媒集团实现东方卫视高清播出。该项目实现了系统内高、标清格式视频信号的混合使用。同年,长江计算机(集团)公司、上海未来宽带技术及应用工程研究中心有限公司等完成面向宽带网络的高端IP机顶盒关键技术研究与示范应用。系统具有一路高清、两路标清视频播放,快速启动,适应不同方言和不同语种的语音操作,人机交互适应性强等特点。

2010年5月1日,上海广播电视台、上海东方传媒集团有限公司(SMG)技术运营中心承建的

2010年上海世博会国际广播电视中心正式运营。该项目包括总控系统,ENG新闻采访系统,广播电视后期编辑配音制作系统,电视转播系统,电视演播室、网络演播室系统,广播系统,光缆、微波、卫星传输系统,公共信号共享存储、查询、下载系统,动力保障系统等九大技术系统,能满足世界各国和地区广播电视媒体对上海世博会报道、转播等各种业务需求。

第二章　物流服务科技

第一节　港口物流技术

　　1983年,上海港集装箱计算机配载管理系统投入生产运营,建立了远洋运输基本信息系统。1994年3月,上海港船舶交通管理系统VTS(一期)开通。1995年,交通部上海计算中心承担的上海口岸国际集装箱运输系统(多式联运)工业性试验获得成功,获得国家科技进步奖二等奖。该系统使口岸国际集装箱运输走上正规化轨道,集装箱的周转率大为提高,涉及交通、铁路、外贸三大系统,跨越7省12市。1998年,上海港集装箱股份有限公司开展无线数据传输技术在集装箱计算机管理中的应用项目,解决了中国集装箱计算机管理系统的实时化问题,消除了数据积压、滞后带来的差错,加快了货主提箱时间,方便了司机操作。

　　2002年,上海海运学院承担的港口物流信息与决策技术,提出了合理选择与评价港口信息系统的原则与方法。上海港务局开发的集装箱卡车全场自动调配系统,使港口码头的装卸效率有较大的提高。2003年,上海国际港务(集团)有限公司、上海海运学院承担的上海港集装箱智能化管理成套技术,获得2003年上海市科技进步奖一等奖、2004年国家科技进步奖二等奖。该项目创新了同倍位装卸工艺、集卡全场自动调度、智能预翻箱等工艺;开发出面向作业层人员的集装箱智能化生产系统,实现了码头的智能化管理,提高了码头装卸率;采用集装箱多级优化决策理论、短消息预警、NET等技术,创新了集装箱生产管理模式;开发出面向管理层人员的集装箱生产多级优化管理系统,实现了港口管理者不受时空局限、实时动态管理码头;开发出面向技术层人员的集装箱装卸设备远程监控和故障报警系统,缩短了设备的维修响应时间;建立多级排队网络模型,开发面向决策管理人员的集装箱装卸工艺仿真决策系统,创新了寻找集装箱码头工艺效率最大化和投资最小化的决策管理。该项目为上海港在世界集装箱吞吐量排行榜由1998年的第十位(306万标准箱)上升至2003年的第三位(1128万标准箱)提供了技术支撑。2004年,上海海事大学承担多级排队网络系统与港口物流网络设计研究,将多级排队网络理论方法应用于港口物流网络的设计与重构,建立了港口物流网络设计模型,使装卸效率提高约10%以上、船舶在港时间减少10%左右。

　　2005年,上海市政府和海关总署建成了覆盖各海港、空港、主要产业园区、口岸管理部门和相关企事业单位的城域专用网络,实现与国家海关总署、质检总局等中央部委,以及重庆、宁波等长江流域和长江三角洲主要港口、重点城市、货物集散地信息网络的互联互通。建成了上海电子口岸的门户网站和统一的呼叫中心。同年,上海国际港务集团实施的外高桥集装箱码头建设集成与创新技术研究,获得中国航海学会科学技术奖一等奖。该项目建立了集装箱码头虚拟仿真模型,实现了虚拟环境下码头总体布局的参数化仿真和建造过程中的三维动态显示;提出了集装箱船舶柔性靠泊通过能力评价方法;在码头管理与装备上把全新的集装箱智能化、数字化技术融合于生产系统,第一次成功地采用了双40英尺集装箱岸桥并创新了与之配套的工艺系统和码头设计。同年,上海出入境检验检疫局开展的提货单电子化,是上海口岸"大通关"综合服务信息平台建设的一项重要措施。企业改用电子签章,实现了提单电子化管理。同年,上海市计算技术研究所承担的洋山深水港卡口工程与监管信息系统,将以箱号识别为关键的卡口监管、查验作业调度及其物流信息管理等功能融于一体,满足海关的并行作业与流水线操作的工作模式需求。

2006年,上海振华港机(集团)公司和上海交通大学共同承担完成现代集装箱物流与装备集成技术研究与应用示范,建成国内首个集装箱自动化堆场,年通过能力达54万标准箱。该项目开发的高低龙门吊接力装卸工艺属世界首创,堆场的堆高能力可达堆8过9,最大限度地利用空间;采用双40英尺双小车高架龙门吊、集卡全自动定位落箱等创新技术;应用港口数字化智能化管理体系,实时监控港口大型机械设备,实现无线实时理货。同年,上海同盛物流园区投资开发公司承担园区物流综合技术研究及其在临港地区的应用,将专家系统技术引入并应用于危险品物流仓储行业,利用人工智能为安全生产提供决策支持、作业指导。该项目开发的深水港物流园区口岸查验区泊位自动检测分析系统,为交通引导和作业调度提供依据。同年,上海市计算技术研究所开发成功泊位监测与优化分配系统,采用微波和超声波技术监测泊位、工位、库位的实时操作系统,实现无人值守、快速分配调度的目标。具有行车路径最短、进出场区方便、查验调度快捷、物品存放合理等特点。实时管理700个泊位,7种分配队列并行作业。

2007年,上海振华港机集团开发的立体分配式高效集装箱自动化码头装卸系统,取消了传统码头用内燃机驱动的水平运输,将码头装卸置于轨道上用电驱动来实现,使装卸效率得到提高。2008年,上海国际港务(集团)股份有限公司承担完成现代港口散货装备集成技术开发与研制。该项目实现了装船作业的无人自动化操作;全自动抓斗卸船机采用自动控制及检测技术,通过对物料流量及船舱内物料高度的实时检测,实现装船作业的自动均匀配载;新型散货装卸工艺系统,实现了散货堆场的无人自动化操作。同年,上海市计算技术研究所开发的港区远程调度指挥系统,提供了一种高效、便捷、直观的"无人值守"现场作业管理模式。该成果在洋山深水港一期等处得到应用,实现了远程调度管理、疏导、监控和双向通话,对于突发事件的处理也更加有效。同年,上海海事大学研发的冷藏集装箱综合检测和监控系统,可进行冷藏集装箱的漏热、气密、制冷性能等热工性能综合测试,保证船舶冷藏集装箱的安全运行和海上运输安全。

2009年,中远集装箱运输有限公司、上海远洋运输有限公司开展的远洋船舶全球动态主动监控技术研发及应用,获得上海市科技进步奖一等奖。该项目解决了全球航行船舶的有效监控难题;解决了船岸信息交换无法以岸端为主控方的国际航运界难题;开创了通过海事卫星远程调用AIS信息(LRF),为国际海事组织的首个应用范例;开发并集成了各种船舶管理信息系统,成功整合了多态异构数据。该项目获得软件著作权1项和实用新型专利1项。2010年,上海申腾信息技术有限公司承担物流车辆引导调度系统关键技术研究与应用系统开发,为港区提供了一个具有GPS导航、语音提示、LCD液晶显示的车载导航终端和一套专门为港区定制的监控平台软件。实现了导航终端与监控中心的无线通信,提高了终端在查验区的定位精度,有助于车辆快速、准确到达泊位点。实现了对进入港区的物流车辆必要的引导、车辆调度与管理的无纸化和自动化。

第二节　商贸服务技术

上海商贸系统在1980年代开始应用电子计算机信息技术。1986年,上粮六库仓库业务计算机管理系统实现仓储、调运、保管、人事、财务的计算机辅助管理;第一商业局系统的文化、交电、储运、石油等公司和时装公司、钟表批发部等单位分别开展商品待运期信息管理、计划管理、经营管理、储运管理、财务统计、人事档案、商业经营活动分析等,促进了商业流通领域内的科学管理,提高了经济效益;百货公司计算机销售结算系统对深化企业管理、内部资金调度等充分发挥了计算机的信息快速、准确、完整等优越性。1989年,粮食调运业务管理系统通过微机在调运业务管理中的应用,达到优化计划,提供生产信息,提高经济和社会效益。

1990年代起,上海开始完善信息网络,普及商业自动化。上海商业网建成和开通,POS系统电脑管理开始在零售商店普及,信用卡在主要商业街推广。上海商贸系统开始进入电子数据交换时代,信息技术的发展推动着传统商业向现代商业发展。1990年,上海市果品公司完成国家"七五"攻关项目——水果流通保鲜综合技术研究。该项目在国内首次进行大批量苹果和梨的冷链流通综合试验,以及香蕉采后处理机械化流水作业。1994年,上海蔬菜总公司第二分公司开发的上海北市副食品交易市场业务信息管理系统(前台),填补了计算机技术在大型蔬菜批发交易市场应用的空白。上海商业物流中心开发的铁路储运部计算机管理系统,加快单据在各环节中的流通速度,实现了计算机对货运业务的现代化管理。上海时运物业(集团)公司研制的通用仓储业务管理信息系统,是一个面向仓储行业的多用户、多层次的管理系统。

1998—2000年,上海市粮食储运技术研究所、上海振达仓储实业公司和上粮七库等单位完成电子计算机工业自动化控制在立筒库中的应用。上海商业高新技术发展有限公司、上海亚太计算机信息系统有限公司、上海开开百货股份有限公司、上海八仙超市集团公司等承担完成"九五"国家重点科技(攻关)项目——商业自动化技术集成及综合示范工程课题中的4项专题。其中,大中型鲜活商品商场电子信息系统,为商业自动化的推开提供了成熟的示范;大中型百货商场系统集成及示范工程,实现了大中型百货集中式一级核算、二级或多级管理机制的计算机管理,能适应国内同类型商业企业的管理机制;专卖连锁商场电子信息系统集成及示范工程,结合服装行业的管理要求形成了一套适合专卖连锁经营模式的业务流程,开发了一套通用性强、可移植的信息管理系统,实现了专卖连锁运作机制计算机远程管理;大中型鲜活商品商场电子信息系统集成及示范工程,开展了电子商务服务,提供网上支付手段,为商业自动化的全面推开提供了示范。1999年,上海水产(集团)总公司承担的冻水产品流通冷链综合技术研究及示范工程,在冻水产品流通冷链的领域达到国内领先水平。该项目应用了国际先进的水产冷链流通技术,采用了较低的冷藏温度;研制了新型的船用低温冻结装置;开发了新型的解冻设备;使用了新型加工机械;制定了行业、地方和企业等一系列标准,建立了能体现冷藏链系统技术经济性能的评价指标。

2000年起,商业EDI应用、商场电子信息系统集成、商务计算机管理系统、商品配送管理系统等逐步推广。2000年,上海市食品(集团)公司和上海市食品研究所完成国家"九五"科技攻关项目——生鲜肉物流冷链系统产业化关键技术研究、国家储备冷冻肉解冻还鲜进入冷链流通的技术研究、上海生鲜自宰肉物流冷链示范工程研究。建成了生鲜肉生产加工线、生鲜肉冷藏链配送设施;编制了生鲜肉质量标准、技术管理标准。建立起一个生鲜肉流通冷链的示范工程。上海商业增值网、联华超市等承担的国家"九五"科技攻关项目——商业EDI应用和示范工程,实现商户与其供应商之间贸易单证的电子化、自动化。2001年,上海市食品研究所承担的国家"九五"科技攻关项目——生鲜肉物流冷链系统产业化关键技术研究课题,被国家科技部、国家财政部、国家计委和国家经贸委评为"九五"国家重点科技攻关计划优秀科技成果。上海市食品(集团)公司和上海市食品研究所参与、承担的国家"九五"科技攻关项目——生鲜食品物流冷链系统关键技术及综合示范工程,被中国食品工业协会评为1981—2001年中国食品工业20大科技进步成果,上海市食品研究所被授予1981—2001年中国食品工业20大科研和教育机构荣誉称号。2002年,上海市商委与上海市统计局联合承担的消费市场信息快速反应系统建成开通。该系统通过对全市零售行业、餐饮服务行业、商品交易市场经营网点每日(月)销售信息的采集和统计分析,及时反映上海消费市场最新动态和市场走势,建立起上海市场"零售指数""消费综合指数"等信息发布体系。

2010年,上海国家现代服务业钢铁物流产业化基地获得科技部授牌,成为国家现代服务业九大基地之一。该基地包括钢铁现代服务业电子商务平台(群)、钢铁现代服务业规范标准与指数体系的研发与应用、钢铁金融服务模式创新及其电子化应用、上海钢铁交易所、上海钢铁服务产业联盟等3个平台建设。东方钢铁电子商务有限公司通过钢铁供应链多方业务协同平台的实施,使电子商务应用扩展到网络营销、电子销售、电子采购、电子交易、大客户协同、物资处置、无纸化贸易、供应链融资、服务类采购等领域。宝钢集团通过钢材网上交易及服务系统,建立了一套融合商务智能的钢材电子商务业务流程与服务模式。上海第一食品连锁发展有限公司的非集中式收银管理系统,获得上海市信息技术优秀应用成果奖。该系统能够完成补货、退货、销售、调价、盘点、商品信息下发、销售数据回收等内容,实现减少库存盘点时间、报表当天生成。

第三节　邮政服务技术

1978年,上海邮政研制出国内第一台64格口自动识别手写体邮政编码的"OCR信函自动分拣机",获得1979年邮电部科技进步奖一等奖。1984年研制成功光学条码自动识别(OBR)信函分拣机。上海邮政科学技术研究所研制的新型托盘式包裹分拣机,获得1990年上海市科技进步奖一等奖,1991年国家科技进步奖三等奖。该机能自动上色包、同步入格,具有自动跟踪、纠错告警等系列功能。1993年,邮电部第三研究所开发的红框理信机,是自动分拣信件的流水线设备,机器能把信封上六个红框及框内邮政编码数字按有框有码、有框无码、无框无码等分类整理。1996年,研制的OVCS自动信函分拣系统,获得国家科技进步奖二等奖,能完成信函的自动分拣,处理速度平均每小时3.6万封信,有效处理率95%,达到国际同类产品的先进水平。

2000年起,邮件分拣的自动化、功能的集成度明显提高,应用在邮政特快专递服务的射频识别技术,使信息流和实物流实现了信息共享。2001年,上海邮政通用技术设备公司研制的带式小车邮件分拣机,采用全息扫描技术、高速自动条码识别装置、精密视频模数照相系统,使分拣效率达到每小时1.2万件。2002年,上海邮政系统完成的上海速递邮件(EMS)处理中心技术改造工程,是国家邮政局下达的技术改造重点项目。该工程建成国内第一台用于速递邮件的交叉带式分拣机,具有自动称重和资费稽查功能,形成了人机结合的生产流水线,对信息流和实物流进行综合处理,实现了信息共享、邮件网络化自动分拣。同年,上海虹桥航空邮件转运站总包分拣系统竣工。该系统的交叉带式分拣机实施自动化分拣,形成了总包自动分拣生产流程,加快了邮件处理时限。2003年,上海浦东邮件处理中心工程竣工投产,是全国7个一级邮区中心局邮件处理中心之一。该中心实现了邮件分拣自动化、装卸搬运机械化、生产管理标准化、内部处理容器化、邮件识别条码化、数据传输信息化。2004年,上海邮政通用技术设备公司制造出国内邮政首台"一车双带分拣机",同一台分拣设备上既能分拣普通包件和扁平件,又能分拣大邮件或邮袋。同年,上海邮政监控中心项目一期工程建成。该工程构建了综合网数据中心核心平台,开发了速递国际局速递处理系统及浦东邮件处理中心信息集成系统,实现了系统间的信息互连互通。

2005年,上海市邮政局承担完成国家"863"计划项目——射频识别技术。该项目将射频识别系统与速递生产系统、电子化支局系统、邮区中心局生产作业系统进行网络连接,达到实物流与信息流的统一、速递总包交接勾核等流程的自动化处理,以及速递总包自动化分拣等目的。同年,上海市邮政局实业总公司研制成功的翻板式分拣机,是结合国际邮件分拣的特点和要求重新研发的物件分拣设备,解决了国际包裹的分拣机械化作业问题,实现大、小包裹同机混合分拣。2006 年,上海邮政通用技术设备公司研制的国内首台包裹邮件自助收寄机投入使用。该设备能收寄重在 5 公斤以下、寄往市内各处的邮件;能自动进行称重、计算资费、收款、打印收据,比传统的人工收寄更快捷。2008 年,上海邮政通用技术设备公司研发的夹叉式扁平邮件分拣机,是新一代邮件自动分拣设备。该设备为直线型布局,应用于速递物流行业中扁平邮件自动化分拣处理,具有分拣效率高等特点。同年开发的新一代交叉带式分拣机,采用了国内外广泛应用的工业级控制信息网络、全自动 CCD 扫描、国外先进竖式直线电机、控制柜模块化等先进设计理念。

2010 年,中国邮政集团公司上海研究院研发成功具有中文地址识别功能的新一代信函分拣机(MPS)。该系统采用地址库驱动的汉字地址识别新方法,实现了信封上汉字地址的高效识别,解决了长期困扰中国邮政信函自动分拣的技术难题,实现了"道段分拣"功能,依据汉字地址将信函分拣到投递"道段",节约了投递员二次分拣的时间。

第四节　物流电子标签技术

2004 年,上海通用卫星导航有限公司承担完成现代物流移动数据管理关键技术研究。该射频标签识别距离远、可多次读写、可同时识别多个物体、可动态读写,在货主—货代公司—"一关三检"—货运公司—浦东机场—航空公司—目的地机场之间建立航空物流信息综合管理系统,对货物、车辆实行全程监控和管理,实现货物车辆的最优化配置与合理调度。同年,上海市消防局率先采用电子标签对烟花、爆竹进行管理,推进电子标签在危险品管理领域的应用。进入上海市场销售的爆竹必须贴上电子标签,监察人员可通过手持的电子标签读卡机具对市场销售的产品进行检查,杜绝不合格的产品进入市场。

2005 年,上海市标准化研究院承接的上海氯碱化工股份有限公司基于智能标签的液氯钢瓶物流安全管理系统,将液氯钢瓶的整瓶、充装、入库、配送和检验纳入信息化管理系统。采用智能标签对液氯钢瓶进行物流安全管理,使每个钢瓶有一个电子身份证,确保液氯钢瓶流转的安全。该系统具有钢瓶客户查询、流出超时报警、定期检验报警等功能。同年,上海国际港务集团组织实施内贸集装箱电子标签系统。该项目对集装箱运输的信息流和物流进行实时跟踪、自动识别,消除集装箱在运输过程中的错箱、漏箱,提高通关速度,提升了集装箱运输的服务水平。该项目开发的 RFID 技术具有国内完全自主的知识产权,第一次正式开启了带有电子标签的上海至烟台集装箱航线,填补了在集装箱物流运输中应用电子标签技术的空白。"集装箱电子标签装置""一种用于集装箱的电子标签和电子封条的连接方法",这两项发明在巴黎国际发明展获金奖。

2008 年,国家公安部第三研究所开发的基于 RFID 技术的车辆/驾驶员管理服务系统,采用无源 RFID 技术将电子标签研制成汽车的终身电子身份证。它与传统汽车号牌共生并用,为汽车创设二元化的身份标准信源,建立用于车辆/驾驶员管理服务的现代管理服务系统,可为社会安全、防恐反恐、重大政治活动及涉车涉驾等提供多达几十种的专业信息服务。同年 3 月 10 日,世界首条集装箱电子标签国际航线——中国上海—美国萨瓦纳集装箱电子标签中美航线正式开航。中国集装箱电子标签系统网站也正式运行,该网站是一个基于电子标签的集装箱信息查询公共平台,能够实时反映安全信息、集装箱信息等,具备基于电子标签的集装箱运输信息的实时交换和网上查询服务等功能。

2009 年,上海邮政科学研究院承担完成基于 RFID 技术的邮件传递跟踪与溯源关键技术研究及其应用。该项目实现对国内邮件传递质量的第三方中立的测试和统一信息管理;开发了 RF-3000 半有源 RFID 设备,系统性能更适合中国邮政业务的需求。同年,上海临港经济发展(集团)有限公司承担完成基于 RFID 技术的临港物流智能仓储管理系统应用技术研究。该项目实现了基于 RFID 技术的收货、上架、出货、托盘和叉车等实时定位功能,以及仓库内货物的有效控制和监管。同年,上海海事大学完成面向目标跟踪的主动式 RFID 技术应用研究项目,开发了适用于内河船舶监控应用、危险品监控、渔船进出港监管等物流领域系统的主动式 RFID 读写器及电子标签,实现了船舶动态信息的可靠采集、船舶运行轨迹的分析、船舶身份的有效管理。

2010 年,中国电子科技集团公司第五十研究所承担的公交企业精细管理信息系统,通过射频识别技术自动、快速、准确采集公交车辆运行信息,实现各类信息共享、交换、集成和再利用。系统统计分析内容涵盖了考勤、路单、行车公里、油耗、营收、维修、违章投诉、事故等诸多项目,可实现车辆监控、能耗监控、科学调度、合理排班、班次线路稽查、规范行驶、分级监控等功能。同年,上海市计算技术研究所承担的基于 RFID 技术的大型停车场管理软件项目,采用 RFID 技术,运用分布信息化车位管理和 GIS 实时监控技术,可在 GIS 地图显示车位实时信息,解决了大型停车场寻车位难、寻车辆难的现实问题。同年,上海国际港务(集团)股份有限公司代表中国组织起草并由国际标准化组织(ISO)正式发布的《集装箱 RFID 货运标签标准》,是由中国提出并主导制定的物流和物联网领域的国际标准。该标准源于集装箱物流全程实时在线监控系统。该系统通过计算机互联网实现集装箱的自动识别和信息的互联与共享,实时记录集装箱运输中的箱、货、流信息,帮助货主掌控运输动向,使集装箱物流各环节的安全更可控,防止货物失窃。

第三章　金融服务科技

第一节　金融服务系统技术

上海金融服务系统信息化建设始于 1980 年代中期,上海商业银行信息化的发展经历了计算机辅助业务处理、联机业务处理、综合业务处理三个阶段之后,进入扩展阶段,开始进行数据集中与业务集中,进行信息资源的深度开发与综合利用,全面开拓包括网上、手机、电话、自助等多渠道的金融服务。上海证券交易基本形成股票、债券、基金和其他衍生金融商品四大类的格局。完善了上海期货交易、黄金交易、外汇交易中心等交易市场的交易。社会保障卡服务将各类社会保障事务和获取社会服务的功能集于一卡。上海保险业的服务领域和范围也不断扩大,保险深度和密度均居于全国前列,不断推出适应当地经济社会发展需要的保险品种,专业性农业保险、外来劳动力综合保险、动拆迁综合保险等一批新型险种相继问世。上海金融业经过近 30 年的发展,基本形成比较完善的 IT 金融服务体系。

一、银行服务系统

中国工商银行上海市分行在业务中应用计算机较早。1984 年率先在南京路一条街实现储蓄存款"通存通兑"。1987 年成功开发对公业务应用软件——CASE 系统并投入运营。1989 年开发 ATM 工资转存系统,同年实现活期储蓄的全市通存通兑,首次开通牡丹信用卡在 ATM 上的取款服务。1992 年,推出"电话银行"服务项目,客户可随时利用电话机处理其与银行之间的账务往来,查询人民币、外币账户余额,查询当天利率、外汇汇率等金融信息。上海浦东发展银行于 1993 年安装在宁波路 50 号营业大厅的电脑信息咨询系统,采用了感应式多媒体新技术,1994 年外币储蓄业务电脑系统开通。

1995 年,工商银行上海市分行率先推出了以上海和深圳为结点的华东、华南 8 个城市计算机联网和活期储蓄、ATM 通存通兑,在跨省市范围内提供丰富的金融电子化服务。同年,建立了中国农业银行上海市分行浦东网络中心,在 TPE 平台上开发了人民币活期储蓄、信用卡、ATM/POS 等系统,实现通存通兑全市联网。1997 年 4 月 1 日,交通银行上海市分行开通了同城分布式通存通兑系统,实现了人民币同城对公业务(支票转账、代付现金、商业承兑汇票、代理签发汇票、本票和代理汇兑、贷记作证和代收现金)快速汇划、当场受理、实时到账,加速了企业资金的周转。1997 年 8 月,工商银行上海市分行开发的大型计算机储蓄应用系统推出了 7 天 24 小时金融服务,凡在中国工商银行上海市分行开立活期账户的客户均可享用 ATM、POS、电话银行等全天候服务。

2008 年 9 月,上海银行推出新一代核心业务系统,提供多渠道、全方位、全天候服务,适应业务分析和管理决策需求,实现集成的、业务模块间交叉的风险管理和监控。2009 年,中国工商银行上海市分行研发了第三方存管直通车系统。该系统将其总行第三方存管原有开户确认的功能从柜面拓展至 POS 终端,补充了网点预开户功能,实现了第三方存管客户开户业务的一站式服务。

2010 年,中国工商银行上海市分行开发的个人理财终端项目,是集客户管理、产品管理、自助交易、销售过程管理、交易管理于一体的金融服务系统。上海农村商业银行的银企直联系统,实现了用友"T系列"财务软件与上海农商银行网上银行的无缝连接,满足了中小企业对业务处理灵活性、业务形态多样性、操作简便易用性的要求。交通银行开发的新一代手机银行系统,是国内第一家支持移动、电信、联通三大运营商的系统,实现了手机银行预约无卡取现、预约无卡消费等技术。花旗银行(中国)有限公司上海地铁人民广场站支行,是首家 Ubiquity 智能型支行,集成了 LCD 多媒体墙、数字多媒体客户互动体验、视频会议系统、自助银行操作平台、Site Remote 中央集成媒体控制系统。

二、证券、期货交易系统

1990年12月19日,上海证券交易所正式开业,首批上市交易的证券仅30种。1992年5月21日起实行全部放开的自由竞价交易,形成股票、债券、基金和其他衍生金融商品四大类的格局。1993年,上海证券交易所牵头,联合上海高智科技开发公司、上海新华电脑电子信息公司,共同合作研制成功上海证券交易所卫星数字广播系统,获得1994年上海市科技进步奖一等奖。该系统实现了证券行情实时传送、即时成交回报、买卖盘告示、成交清算和过户资料传送。1997年,上海证券交易所的智能化信息集成系统,具有办公自动化系统、中央数据库和业务管理信息系统和辅助决策支持系统等功能。同年,招商银行推出的一卡通,以及交通银行上海分行推出的太平洋借记卡,分别在上海开通证券转账和自助转账功能。1998年,中国工商银行上海市分行证券资金结算服务实现了与证券公司主机的联网。

2002年10月30日,上海亚太计算机信息系统有限公司开发的国家黄金交易系统开通。该系统具有黄金交易、交易控制管理、清算、仓储管理和统计分析等功能。2005年,中国工商银行上海市分行与上海黄金交易所合作开发成功实物黄金买卖系统,实现了黄金会员对其自身代理的黄金客户(对公、对私)的管理和监控。通过电子化的交易方式来实现传统实物黄金的买卖,可通过电话银行、网上银行及手机银行自助完成。2007年,上海复旦金仕达计算机有限公司承担上海(国际)期货 IT 服务平台关键技术研究,完善了上海期货交易所、上海黄金交易所、中国外汇交易中心等交易市场的交易。发展与国内外其他市场的联系,支持包括东京、伦敦、纽约等地的期货交易市场的电子交易活动。

三、社保及保险服务系统

1992年,中国人民保险公司上海市公司组织开发的大病住院保险信息数据库处理系统,把住院就诊的病卡录入形成信息数据库,对住院信息进行加工、综合分析,为医疗保险业务及医疗制度的改革提供依据。万达信息股份有限公司、上海市医疗保险局开发的上海市医疗保险费用结算审核计算机管理系统,获得2001年上海科技进步奖一等奖。该项目首次在大规模社会保障体系中采用了客户机/事务处理/数据库服务器3层结构及中间件技术;解决了异构平台互联问题;首创集中式与分布式相结合的高性能实时处理模式;在安全性方面,实现异地灾难备份方案。

2002年,上海市社会保障卡服务中心开展的上海市社会保障卡工程,获得上海市科技进步奖一等奖。该项目在国内首次对社会保障的社会化管理建立了政府规章和地方法规,形成了25项相关的发明专利。实现政府部门间的数据共享,堵塞管理漏洞,减少重复投资,提高管理水平;将信息服务基础设施建设到全市街道(乡、镇),为社会化服务和管理创造条件;将市民办理各类社会保障事务和获取社会服务的功能集于一卡,节约了市民的办事成本。2005年,上海亚太计算机系统集成有限公司开发成功社保卡银行卡绑定支付系统。该项目是上海市信息委、上海市卫生局和中国银联联合推出的便民实事工程,建立社会保障卡与银行卡的对应关系。医院就医个人自付的部分可以直接从与社保卡绑定的银行卡账户中扣除,改变了个人用现金支付的现状,使社保卡的身份认证功能为金融支付安全性服务,减少了现金支付的风险。2009年,中国工商银行上海市分行研发的对公社保缴费卡系统投入运行。该系统设计了灵活定制多险种管理体系,满足了对公社保缴纳客户和社保中心的业务需求;引入智富通卡产品,下挂社保缴费专户,优化该行与客户的交互。

2010年,上海市机动车辆保险理赔信息服务系统上线运行,实现理赔数据实时对接,确保车险理赔流程中数据真实、定损准确、格式完整、交换及时,为经营车险业务的各保险公司提供全方位的理赔信息服务,实现对车险理赔的全流程监控。同年,上海保险客户需求分析系统上线运行。该系统从家庭经济责任重心期、紧急预备金、子女教育规划、养老规划4个角度,量化测算家庭财务中存在的风险缺口;根据个人偏好排序确定风险的"轻重缓急",帮助客户找准寿险需求和保障额度,根据自身经济条件选择合适的寿险产品。该系统在全国属首次推出。

第二节　金融卡服务技术

1987年,中国银行上海分行在上海市率先发行人民币长城信用卡。1993年1月,上海市政府和中国人民银行总行决定在上海实施以ATM/POS联网信息系统为核心的"金卡工程"试点,最终实现"一卡在手,走遍上海"的目标。金卡工程的实施,推动了金融业的电子化进程,为电子商务的开展打下了基础。1994年,中国工商银行上海市分行在全国工商银行系统和上海金融系统中第一个推出智能卡。1995年9月19日,上海金卡工程ATM联网系统正式开通运行,标志着上海金卡工程迈出突破性一步。同年12月12日,上海POS联网成功。1997年开发完成上海ATM/POS联网信息系统,成为全国第一家通过国家级验收的试点城市。同年6月,上海ATM/POS系统成功地与VISA国际组织联网,实现VISA/PLUS国际卡在上海市联网ATM机上提取人民币。1999年,上海电子商务的统一支付网关投入运行,上海电子商务基本框架建成。同年底,"三卡工程"开通运行,为市民生活带来了便利、快捷。2000年后,金卡工程进入全面推广应用阶段。

一、金卡工程

上海信用卡网络有限公司实施的上海市"金卡工程"的主体——银行卡联网信息系统,专门处理成员行之间跨行使用各自发行的银行卡,进行查询、提款或在各特约商户使用,进行购物、消费而产生的跨行交易信息,使各成员行的跨行资金清算一步到位。1995年9月19日,上海金卡工程ATM联网在全国率先开通,中国工商银行的牡丹卡、浦江卡,中国农业银行的金穗卡、白玉兰卡,中国银行的长城卡,中国建设银行的龙卡,交通银行的太平洋卡,这5家银行的7种卡都可以在任何一家银行入网的ATM上使用。同年12月12日,12家试点特约商户的POS(销售点终端)联网取得成功。1997年,中国人民银行上海分行、上海信用卡网络有限公司、上海华腾软件系统有限公司开发完成的上海ATM/POS联网信息系统,是上海金卡工程核心项目之一,应用于银行卡处理中心对各种银行卡在ATM(自动取款机)机和POS(销售点终端)机上实现跨行取款、查询和消费等实时处理和清算处理。该系统由上海ATM联网信息分系统和上海POS联网信息分系统组成,实现了全市 10 家银行的 1 642 台 ATM 机和 3 726 台 POS 机联网运行。同年,与 VISA 国际组织联网,实现 VISA/PLUS 国际卡在上海市 ATM 机上提取人民币。该系统是中国第一个自行开发的系统,属国内首创,获得 1998 年上海市科技进步奖一等奖。

1999 年,市政府实事项目的"三卡工程",即与市民生活密切相关的金融 IC 卡、社会保障卡、城市交通卡,年底开通运行。金融 IC 卡以上海金卡工程银行跨行交易网络框架为基础,以面向全社会各行各业支付使用为目标,完成了银行 IC 卡密钥管理系统、跨行资金清算系统、交易清算加密系统和发卡银行自身系统建设。社会保障卡为上海市政府的公益性项目,为政府强化社会管理和实现信息共享提供一种重要的技术手段,与市劳动局、社会保障、公安、医疗保险、民政、公积金等 5 大系统实现联网,开始试运行。社会保障卡可以作为个人社会保障事务的身份证明和办理各类社会保障事务的有效凭证,享受医疗保险的凭证和缴费工具,在持卡人需要急救时,还可以提供其血型和重大禁忌药等信息。城市交通卡是以改善上海市交通管理、方便市民乘车支付为目的而发行的一张具有读写支付功能的城市公共交通非接触式的 IC 卡,可用于地铁、公共汽车、轮渡、轻轨和出租车自动计费。同年,中国人民银行上海分行牵头组织上海各家银行、上海银行卡网络服务中心和上海华腾软件有限公司在上海金卡工程网络建设的基础上,共同建设上海电子商务的统一支付网关,避免各家商业银行重复投资、重复建设。开发出一套与上海金卡网络相关联的、能支持国际流行电子商务 SET 协议的统一支付网关,与中国工商银行牡丹卡、中国农业银行金穗卡、交通银行太平洋卡联调成功,投入运行。上海市客户持有不同银行的信用卡上网购物,均能得到高效的跨行支付清算,标志着上海电子商务基本框架建成。

2000 年,上海市重点支持了金融、公交和社会保障"一卡通"工程、电子商务框架创新建设等项目。上海华腾软件系统有限公司的电子商务支付网关确保了"一卡通"工程的顺利进行;上海格尔软件有限公司开发成功的银行 IC 卡密钥管理系统在中国工商银行、中国农业银行、中国银行等三大银行的总行,以及上海、北京、长沙等地的金融机构广泛应用;上海良标公司研究开发的银行 IC 卡 POS 机,改变了依靠进口的被动局面;强生公司与握奇公司合作攻关的双界面非接触式 IC 卡 COS 操作系统,达到国际先进水平,对包括上海、大连在内的全国 IC 卡应用提供了重点技术开发支撑;上海石油(集团)有限公司研制和应用的 IC 卡加油网络结算系统,在全国率先取得成功。上海金卡工程经过 6 年建设,于 2000 年形成了银行卡同城跨行、国内异地及跨国的三级网络系统。全市有 16 家成员单位联网,入网 ATM 机 2 347 台,入网商户 4 000 多家,联网 POS 机 1.13 万台。同时走出国门,与 VISA、万事达信息卡组织和美国花旗银行联网。IC 卡应用范围不断扩大,在商贸、电信、城市交通、医疗卫生、社会保障、工商管理、组织机构代码、公共事业等领域推广使用。全市出租车全部装上了 IC 卡计价器,司机持 IC 卡就能加油。

2009 年,中国银联股份有限公司研制的中国银联银行卡信息交换系统,获得上海市科技进步奖一等奖。该项目采用开放式集群系统实现银行卡信息交换,实现了"两地三点"容灾体系结构,形成了联网联合技术规范 2.0 标准,兼容国际信用卡组织的交换规范,系统安全措施达到了 BS7799 国际标准的要求。该系统为持卡人提供银行卡各种支付方式,为入网机构提供代授权、差错处理、资金清算、风险管理、信息服务等业务,处理能力和规模达世界先进水平。

二、金卡应用

1991 年 10 月 12 日,中国工商银行上海市分行向社会推出的国内第一个电子付款服务系统,在上海市第一百货商店投入使用，向持有"浦江卡""牡丹"信用卡的消费者提供实时电子付款服务，改变了消费领域传统的"一手交钱，一手交货"的交易方式和手工转账的票据流转方式。同年，中国人民保险公司上海分公司采用磁卡技术进行保费收纳记账，自动累计保户所交纳保费的余额；中国农业银行上海市分行金穗万事达信用卡投入运行；中国农业银行上海市分行自动柜员机（ATM）开通。1994年，浦江智能卡率先在上海市第一百货商店、华联商厦和东方商厦投入使用，为社会提供具有国际先进水平的全新金融服务项目，在全国工商银行系统和上海金融系统中第一个推出智能卡。1995年4月，上海浦东发展银行在全国成功地推出第一张具有信用功能的IC智能卡——东方卡，兼备电脑芯片与磁条，具有数据处理功能，信息容量大，安全保密性强，一卡多能，方便了市民储蓄和消费。

2002年，上海公共交通卡股份有限公司开展的上海公共交通"一卡通"系统及其应用，获得上海市科技进步奖一等奖。该项目在国内率先设计应用了开放式5层架构的清算网络体系；采用多层次应用密钥安全体系，从卡、交易、信息传输各层面保证数据操作的安全性；实现对实际运行的地铁、出租车系统的兼容性改造；在自主知识产权的非接触式IC卡芯片基础上，完成了带各行业特性信息元的卡结构设计，在有限空间范围实现"一卡多用"的目标；首次制定了国内第一个公交IC卡技术规范标准；建立国内第一个异地清算系统，满足统一清算、安全认证、信息共享等功能要求。2007年，上海复旦微电子股份有限公司开发的国内第一款非接触CPU智能卡，将非接触逻辑加密智能卡和符合银行标准的接触式CPU卡的功能合二为一，适合安全性要求高、交易量大、交易速度快的非接触金融支付应用，能兼容在公交、校园及城市一卡通等领域广泛应用的非接触逻辑加密卡。

2009年，上海市旅游局、上海市金融办、中国人民银行上海分行同中国银联，携26家境内外发卡机构在上海正式发行了银联标准上海旅游卡，主要面向前来上海旅游的境内外游客及上海当地居民发行。其中，境内仅发行信用卡，境外发行预付费卡、借记卡和信用卡。持卡人可以在境内外银联卡受理网络刷卡消费和取款，在上海之旅中可享受涵盖"食、住、行、游、购、娱"的海派特色特惠专享服务、安全支付承诺及放心旅游保障。交通银行上海市分行成功研发POS间直联混用，实现了该行POS机既能受理普通银行卡、VISA非接触PAYWAVE芯片卡、银联标准PBOC2.0非接触芯片卡收单业务，也能受理移动手机支付电子钱包等射频卡收单业务。交通银行上海市分行协同中国银联上海分公司，在上海首创"家易通"即时入账系统，在电话POS上实现银联借记卡交易消费资金的实时入账。该系统采用POS机序列号、电话号码、签约银行卡号绑定的方式保障交易安全，在银联端采用识别交易卡bin的技术屏蔽信用卡交易，避免信用卡套现风险。2010年，中国工商银行上海市分行优化银期转账开户流程，开发集中式银期转账开户POS，允许客户在期货公司开户后，当场在开户POS上刷工行银行卡建立集中式银期转账关系，在不需要银行派出柜的情况下实现一站式服务。

第三节　金融信息技术

上海金融信息化建设是在计算机技术、通信手段、网络技术等现代化技术手段的基础上逐步形成和发展起来的。1980年代始，上海市金融业进入电子化建设的起步阶段，主要实现金融业务的计算机辅助处理，模拟手工支票计算、会计结算等。1990年代，进入联机业务处理阶段，利用计算机网络技术，实现金融机构内部的联机业务处理，并逐步覆盖整个业务流程。上海各银行业相继建立了计算机局域网、OA系统、电子邮件系统、综合业务管理系统、会计核算系统、货币发行管理信息系统、金融机构监管信息系统、信贷登记咨询系统、人事管理信息系统等重要业务系统。2000年起,上海金融电子化建设飞速发展并取得突破性进展。至2010年,金融综合业务信息处理进入扩展阶段,开始进行数据集中与业务集中,建立金融信息综合分析与决策支持系统;建立了较为完整的信息安全保障体系,形成了注重可操作性的完整的安全制度体系;实现金融机构与客户间的联网和信息共享。

一、金融信息处理系统

1991年,中国工商银行对公软件发展中心、中国工商银行上海市分行电子计算中心等开发的中国工商银行4381对公业务计算机网络系统,获得国家科技进步奖三等奖。该系统适用于中国工商银行的对公业务处理,包括现金、转账、交换、联行、贷款、表外等各种账务核算的实时处理和日终批处理。该系统通过远程通信实时并行处理各业务网点发生的柜台交易,对柜员操作有严格的密码和权限控制,具有完整的动态恢复和系统恢复性能。同年,中国建设银行上海市分行、上海计算机厂金融室开发的房改金融业务计算机处理系统,融合了银行储蓄业务和会计业务处理方法,完成了一整套房改金融业务计算机处理的信息流程和处理方法。1993年,中国人民银行上海市分行开始启动上海票据清分系统建设,1995年投入试运行。该系统改变了原来手工进行的票据交换方式,扩大了同城票据交换处理能力,并由单一币种处理向多币种处理发展。中国工商银行上海市分行开发的中国工商银行上海市分行VSE/SP下的储蓄应用系统向MVS/ESA升级工程项目,获得1995年上海市科技进步奖二等奖。中国农业银行上海市分行开发的ES9000平台银行业务处理系统,获得1997年中国农业银行总行优秀开发项目一等奖。上海华腾软件公司承担完成华腾电子转账与零售银行业务应用系统,被评为2001年上海市高新技术成果转化项目百佳。该系统应用于多个全国范围的信息化建设工程,如金卡工程、绿卡(邮政储蓄)工程、合作银行及其他新兴银行的计算机网络工程,还应用于上海市社保卡交换中心、上海交通卡清算中心、上海金融IC卡清算中心等领域。

2005年,上海万申信息产业股份有限公司承担完成环球多市场金融信息分析平台。该平台开展多方面的应用服务:对数据挖掘技术在金融投资领域中的应用集成了最新研究成果;在CMM管理规范实例中,采用CMM3级的标准,制定详细管理规程,使项目开发达到了版本统一、成本低、风险降低的基本要求;采用构件的方法,实现了金融模型的构造;采用数据挖掘技术对金融信息进行二次开发,对基金经理人员的决策起到了辅助作用。2008年6月,浦发银行数据中心服务器虚拟化整合研发完成。该项目在国内成功建立了虚拟化的企业级数据中心和先进的IT基础架构;建立了统一的、可适应的、灵活高效的、集约化的IT基础架构和平台,可减少70%～80%的能耗和设施费用。同年,浦发银行成功将境外新加坡花旗银行国际卡中心的浦发银行信用卡业务数据回迁到国内,创造了国内信用卡同业三项第一,即第一次从大型主机系统环境迁移到开放系统平台、第一次跨国远程数据迁移系统、第一次迁移百万级持卡人数据级的投产信用卡系统,荣获2008年国家金卡工程金蚂蚁奖——最佳金融应用奖。

二、金融信息安全系统

1994年,中国工商银行上海市分行引进了美国TANDEM公司的容错机,进一步扩大计算机系统的网络功能,为POS业务进一步发展和外行系统的联网创造了条件。1997年起,上海各家银行着手开展解决计算机2000年问题的各项准备工作,中国人民银行上海分行成功地组织了全市银行业三次停业测试,达到预期目标,上海市各家银行顺利实现计算机2000年零点及各敏感日期的平稳过渡。1999年,采用CISCO路由网络互联技术和DLSW+技术组建的中国农业银行上海市分行企业网,具有高度安全性、可靠性、容错性,改变了以银行业务为主的业务专用型网络和以管理信息为主的管理型网络系统各自独立运行的局面,使辖内所有机构全部接入企业网运行。

2006年,兴业银行与中国联通公司开展了CDMA无线接入技术,解决了银行在离行式ATM机上采用数字专线(DDN)进行通信所存在的不足,CDMA无线通信技术具有安全性高、开通周期短、布设灵活、线路故障率低等优点,可应用于ATM机通信。银行数据中心采用3A认证技术对远程用户的身份进行唯一性确认,构建防火墙对数据包过滤,应用基于IPSEC和3DES加密算法的VPDN来构建中心和远程路由器的加密隧道。同年,上海格尔软件股份有限公司承担完成中国金融IC卡(基于PBOC 2.0规范)密钥管理体系研究。中国人民银行完成EMV迁移"根CA"系统建设,与银联实现互联。该"根CA"系统采用安全完善的密钥及证书生命周期管理策略、完整可靠的日志强审计技术、基于分层概念的权限管理,形成了符合EMV标准的PBOC2.0证书,与国际通行标准兼容。2008年,上海银行采用指纹登录系统作为柜员身份认证的方式,成为总部在上海地区同业中应用最早、全国商业银行中使用规模最大的银行。上海银行指纹登录系统加强了银行的内控风险防范能力。2009年,交通银行上海市分行开发了财务智能预警系统,提高了信贷风险管理水平。该系统实现对企业财务报表的分析、真假财务报表的识别、财务风险的提示、关联企业信息的收集,提高了该行信贷资产的安全性。2010年1月11日,东亚银行(中国)有限公司数据中心成立,成为内地首家自主建造先进数据中心的外资银行。该数据中心实现了对所有国内网点和ATM的监测,提高了风险防范和处理能力。

三、金融管理系统

1991年11月,中国人民银行上海市分行建成卫星小站并加入全国电子联行系统,该系统加快了银行间异地资金汇划速度,强化了中央银行对资金流量的监控,并于1998年底开通连接总行的会议电视系统。1993年,中国工商银行上海市分行建成全国金融系统(城市行)中规模最大、技术最先进的大型计算机系统,上海金融电子化建设进入国际先进行列。该计算机系统容量和运转效率名列全国城市级银行第一,采用高速光缆作为各计算机系统分中心之间的通道,在国内属首例。1995年,交通银行上海市分行在中国金融界率先建立了以资产负债管理为核心,以信贷管理起步的综合信息管理系统,由各支行信贷管理信息库和分行信贷管理汇总库、资产负债分析系统组成。建设银行的行长查询系统、资产负债分析报告、及时的资金头寸表等,为领导决策提供依据。1998年,中国工商银行上海市分行建成事后监督应用系统,加强和完善事后监督机制,保证了事后监督全行大集中的方案顺利实施。

2003年,上海第二工业大学开发成功跨国公司财务管理决策支持系统。建立了跨国公司财务管理三个基本专题,以及整个跨国公司财务管理系统整体模型。开发出以中国企业为投资主体的跨国公司投资预算子系统、以资金多边冲销技术和线性规划理论为基础的跨国公司资金调度子系统和以跨国公司财务业绩评价指标的无量纲化为特征的跨国公司财务业绩评价子系统。2005年,中国农业银行上海市分行开发成功综合分析系统。该系统构建了面向客户的统一的客户关系资料库,建立了客户与客户交易行为、客户经理、客户所用产品的有效关联,实现了对客户的贡献度、风险度的量化分析。2008年,浦发银行上海分行作为承担主体,会同上海市财政局建成上海市非税收入资金和管理信息系统。该项目实现了全市非税收入资金专户管理,实现了上海市财政局对包括执收单位、征收点在内各环节的全过程、规范化、科学化管理;实现了上海市内包括中国工商银行、中国农业银行、中国银行、中国建设银行等所有中资银行柜面代理非税收费收缴。2009年,上海银行研发的统一监控展示平台暨电子渠道统一监控系统上线。该系统实现对上海银行整个IT系统中的关键主机、关键应用服务及各种网络设备等资源、性能、故障的集中监管,实现全网资源运行状态信息的可视化、动态化、直观化。同年,中国工商银行上海市分行开发特别关注客户信息系统,具备四大功能:对再次上门融资的不良信用客户作出拒贷提示并发起催收流程;对有不良贷款客户的金融资产进行搜索扫描,便于及时执行抵销权;针对不同业务和产品进行不同类型的客户信用评分;以图表等直观方式展示集团和关联客户关系并自动形成分析报告。

2010年,上海农村商业银行研发的客户关系管理系统(CRM)是一套完整的企业级客户关系管理解决方案。该方案将企业级客户信息管理系统、操作型客户关系管理系统、分析型客户关系管理系统有机整合在一起,帮助客户经理为高端客户提供精准营销服务。同年,浦发银行上海分行推出的营业网点现场管理系统,有效破解排队时间长、现场管理环节多、客户满意度低等诸多难题,改善了营业网点的窗口服务质量,网点服务能力明显提升。同年,市财政局、浦发银行上海分行、广州瑞联公司联合开发的非税罚没收入系统上线运行。该项目建立涵盖罚没收入收缴过程的统一管理平台,将全市3000多家罚没单位纳入统一的监管体系中,切实推动上海市罚没收入管理步入科学化、规范化和制度化的运行轨道。

第十一篇 卫生与体育科技

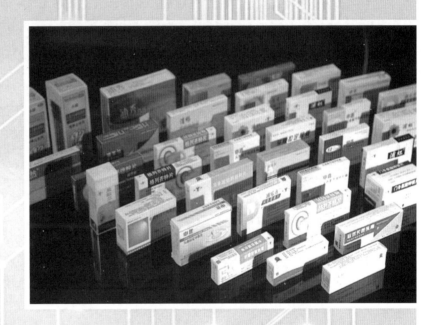

1977—1990年，上海医学科研工作蓬勃发展。小胃癌和微小胃癌的发现率大为提高，大肝癌的5年生存率从过去的16％上升到63％。用全反式维甲酸对急性早幼粒性白血病进行治疗，总有效率达80％。重症肝炎病死率从"六五"期间的54.45％下降到43.27％。手或全手指缺失的再造、阴茎再造、高难度面部整复、舌再造、新喉再造等手术都获得成功。1985年，全市消灭血吸虫病。1986年，上海基本消灭疟疾。1987年，上海消灭丝虫病。1990年，上海在全国率先实现基本消灭麻风病的目标。1978—1990年，共有161项技术获得国家和上海市奖项，其中获国家技术发明奖一等奖1项、二等奖1项、三等奖6项、四等奖3项，获国家科技进步奖一等奖4项、二等奖6项、三等奖13项，获上海科技进步奖一等奖4项、二等奖28项、三等奖89项。

1991年，上海拟定"八五"医学科技发展计划。1993年，进行全国中风高发区、低发区对比性研究。1994年，提出上海医学领先专业建设计划，实施医学学科和人才梯队建设工程。1995年，构建成人胚胎、人脑、人胎脑、人胎肝及人胎盘CDNA文库。1997年，实施百名跨世纪优秀学科带头人培养计划、组织3～5项(脑卒中防治关键技术研究、常见恶性实体瘤共性关键技术研究和肝纤维化非创伤检测指标及有效干预措施研究等)重大疾病防治协作攻关。1998年，市疾病预防控制中心和市预防医学研究院成立。1991—2000年，共有436项技术获得国家和上海市奖项，其中国家技术发明奖二等奖2项、三等奖7项、四等奖9项，国家科技进步奖二等奖22项、三等奖56项，上海科技进步奖一等奖14项、二等奖175项、三等奖161项。

2001年，召开上海市卫生科技大会，制定《上海卫生科技发展"十五"规划纲要》，脑卒中的规范化抢救治疗新技术方法研究成为国家"十五"攻关项目。组织糖尿病防治关键技术研究全市协作大攻关。2002年，大器官移植基础与临床研究列入上海市重大攻关项目。2004年9月，提出《上海市优秀青年医学人才培养计划》，颁布《上海市医学重点学科建设实施办法》。2005年9月，启动上海市医学领军人才培养计划。2007年，完成《上海市公共卫生重点学科建设招标指南》，确立2007年度重大攻关项目——严重出生缺陷和遗传病的防治研究。2009年，在学科人才建设、住院医师规范化培训、世博卫生保障、防控甲型H1N1流感、都江堰对口支援等各项重点工作中，取得了突破性进展。2010年，完成上海世博会医疗卫生保障任务，上海市疾病预防控制中心建立"五位一体"新社区伤害综合防治模式。2001—2010年，围绕常见病、多发病和严重危害市民健康的疑难高危冠心病、脑卒中、恶性肿瘤、糖尿病、肝纤维化、高血压、肾功能衰竭等疾病，整合优势，协作攻关，取得显著成效。共有644项技术获得国家和上海市奖项，其中国家技术发明奖二等奖3项，国家科技进步奖一等奖2项、二等奖52项，上海技术发明奖一等奖1项、二等奖3项、三等奖1项，上海科技进步奖一等奖77项、二等奖219项、三等奖278项。

第一章　预防医学与疾病防控

第一节　预防医学

20 世纪 70 年代末到 80 年代,预防医学研究获得成果,共有 8 项技术获得市级奖项,其中获上海科技进步奖二等奖 2 项。20 世纪 90 年代,社区卫生服务、职业病防治研究获得实效,共有 14 项技术获得国家级和市级奖项,其中获国家科技进步奖三等奖 2 项,获上海科技进步奖二等奖 8 项。2000 年以来,公共卫生研究取得实效,共有 47 项技术获得国家级和市级奖项,其中获国家科技进步奖二等奖 3 项,获上海科技进步奖一等奖 6 项、二等奖 25 项,获上海技术发明奖二等奖 3 项。

一、环境公共卫生

1986—1988 年,上海医科大学(上医大)研究上海市黄浦江上游引水第一期工程临江取水口水质突变性,表明水样中致突变/致癌物是沿着基因—DNA—染色体—癌组织这一生物效应流向发生。上医大公共卫生系研发用于监测水体致突变性的蚕豆根尖细胞原位监测技术。1989 年,上医大等完成大气 IP 卫生标准研究——大气 SP 卫生标准修订研究,获上海科技进步奖二等奖。

1995 年,上海市环境卫生废弃物处置管理处研发高密度大面积灭蝇方法,获国家发明奖四等奖;该发明配制的灭蝇药物具有滞效和速效两大作用,不产生二次污染,对人畜低毒。同年,上医大完成的中国饮用水中有机致突变物污染现状及其对人体健康影响的研究,获上海科技进步奖二等奖。1998 年,上医大完成饮水中蓝绿藻毒素与肝癌研究,获国家科技进步奖三等奖。该研究证明,蓝绿藻中微囊藻毒素是一种强烈的促肝癌剂。

2003 年 3 月,上海市计划生育科学研究所和华东理工大学资源与环境学院进行环境类激素污染物对健康影响调查,结果表明,环境类激素污染是客观存在的。2007 年,复旦大学上海医学院培育成功一种监测环境雌激素污染的"转基因斑马鱼",能显示水环境中雌激素类物质污染。2008 年,上海市疾病预防控制中心主持上海市重要病媒生物防治技术规范研究,提出和构建重要病媒生物控制标准体系。2009 年,复旦大学、上海市环境监测中心等开展的城市复合型大气污染对居民健康影响,获上海科技进步奖二等奖。同年,上海食品安全工程技术研究中心研发快速检测饮用水有害物质综合毒性传感仪,符合现有国家标准,检测灵敏度高,具有毒性检测报警功能。

二、社区公共卫生

1979 年至 1982 年 6 月,上海市儿童医院开展 131 家系异常血红蛋白化学结构分析研究,其中 2 种为世界范围内首次发现的新型异常血红蛋白,12 种异常血红蛋白为国内首次报道。1981 年,上海市内分泌研究所、上海瑞金医院等研究胰岛 β 细胞激素测定,建立中国馒头餐试验的正常人值。1989 年,上海市第六人民医院研究中国人 DNA 指纹图,制成人 ph296DNA 指纹探针及个体高度特异 DNA 指纹图。

1997 年,上海卫生防病水平有新的提高,市民平均寿命由新中国成立初期的 42.0 岁提高到 76.11 岁。1999 年,上海市卫生局、上海医科大学提出宏观调整上海卫生服务策略,完善社区卫生服务的服务项目,建立社区卫生服务综合评价体系。

2000 年,卢湾区卫生局、上海市卫生局妇幼处完成社区妇幼保健服务研究,获上海科技进步奖二等奖。2005 年,卢湾区人口计生委、闸北区人口计生委开展老年人与养老调查,提出引导社会化养老方式,适度发展中等档次养老机构。2006 年,同济大学附属同济医院、上海市精神卫生中心完成老龄化机制的多维纵向研究,获上海科技进步奖二等奖。2007 年,复旦大学开展疾病预防控制工作的全流程规范、配置标准和绩效等系列研究,获上海科技进步奖二等奖。2010 年,上海市疾病预防控制中心建立由 CDC(疾控中心)设计开发技术、街道政府牵头的网络体系、社区管理中心、居委会和社区居民参与的"五位一体"新社区伤害综合防治模式。

三、职业病防治技术

1975—1980 年,上海市闸北区卫生防疫站、上海市卫生防疫站对蚂蚁浜地区含镉电镀废水污染源开展调查,查明该区污染程度不亚于以镉污染著称的日本。1981—1983 年,上海第一医学院公共卫生系建立铅中毒诊断指标,用光辐射消化处理及阳极溶出伏安法测定血铅,在世界卫生组织所定的允许误差范围之内。

1994 年,上海市杨浦区中心医院职业病科开展的减压性骨坏死研究,获上海科技进步奖二等奖。该研究在国内首先诊断出减压性骨坏死,总结病灶分布特点及阅读 X 线片的技术及定位,提出加压及高压氧综合治疗可改善病情。

2000 年,上海新华医院、上海市儿科医学研究所开展的铅对儿童生长发育影响及其预防的系列研究,获国家科技进步奖二等奖。2001 年,上海市第六人民医院、中国预防医学科学院劳动卫生与职业病研究所完成职业性急性化学物中毒诊断的应用研究,于 2003 年获国家科技进步奖二等奖。2004 年,复旦大学完成镉人体健康效应危险度评价,发现镉主要是经口摄入,能引起肾损害,污染区居民镉的负荷女性高于男性。2006 年,上海交通大学、青海省交通医院研究高原(山)地区筑养路职工安全与健康保障,通过鉴定;该研究历时 5 年,动态观察筑养路工 7 个与氧代谢有关的血清酶变化,以及职工高原适应、慢性高原病康复技术,在国内首次建立高原筑养路职工疾病谱。

2007 年,复旦大学开展苯的职业危害及其预防策略研究,所得结果首次报道基因特定多态位点可影响慢性苯中毒的发病风险,并与生活方式、职业接触水平等共同发挥作用。2010 年,上海市普陀区人民医院、复旦大学承担棉尘接触与肺功能下降关系的基础研究及应用,获上海科技进步奖二等奖。研究发现棉尘接触会导致棉纺工人急性、慢性肺功能下降,棉尘中细菌释出的内毒素是引起气道损害的重要因素。

四、有害物质及食品卫生检测技术

1993 年,上医大研制出葡萄球菌肠毒素诊断试剂盒,用于中国出口蘑菇罐头葡萄球菌肠毒素检验,可替代进口试剂盒。

2005 年,上海市质量技术监督局编制完成《关于构建上海质量技术监督系统食品安全检验机构(实验室)设想及初步方案》《上海市质量技术监督系统食品安全检测实验室建设规范》和《上海市质量技术监督系统食品安全检测实验室管理规范》等文件。

2006 年，上海出入境检验检疫局动植物与食品检验检疫技术中心承担完成国家"863"专项——生物芯片在动物源性食品安全监测中的应用。该项目取得国家发明专利 4 项，研制成功用于检测磺胺、链霉素、恩诺沙星、克伦特罗的蛋白芯片；开发了配套试剂盒、EcoScan - 100CCD 荧光扫描仪，及其对应的专用数据分析软件和样品制备仪。同年，上海交通大学农业与生物学院、上海市标准化研究院建立食品重要致病菌 PCR(聚合酶链式反应)检测方法。同年，上海市食品研究所(食品研究所)承担完成上海市主副食品流通安全检测预警系统构建研究。该项目首次建立上海市流通的 41 类主副食品有关质量安全检测数据库；首次将食品质量安全不合格率图形分析技术应用在食品流通安全检测预警上；检测平台完成了 16 种经计量认证扩项考核的鉴别检测技术方法。

2007 年，上海新成食品有限公司完成食品生产过程安全与品质控制关键技术研究。该项目探索中式快餐反式脂肪酸含量的控制与检测技术，开发出反式脂肪酸含量低、安全、营养、符合国际食品安全卫生标准的中式快餐产品。开发安全优质的食品添加剂，探讨中央厨房运行模式，以安全、优质的产品保障 2010 年世博会饮食需求，建立中央厨房示范性企业，为全国中式快餐业发展模式提供参考。同年，上海市食品药品检验所研发食品中硝基呋喃类药物残留检测技术，通过同位素内标进行定量的检测，达到有效监控。

2008 年，上海市质量监督检验技术研究院承担了国家质量监督检验检疫总局和上海市质量技术监督局，组织的在全市范围内的乳及乳制品中"三聚氰胺"专项突击抽查和监管抽查任务。向国家标准化管理委员会食品安全应急办公室提出制定国家标准——《原料乳与乳制品中三聚氰胺检测方法》，被批准为该国家标准所列检测方法的第三法(气相色谱—质谱联用法)的第一起草单位。同年，上海市食品研究所主持传统节令食品安全生产关键技术集成研究及示范应用，对糕点、蛋品、禽肉类三大传统节令食品，确定关键控制点及其部分临界限值，建立监测技术与控制技术及安全生产操作技术规范，有效降低产品污染。同年，食品研究所开展新模式散装熟食生产流通技术的研究及示范应用，制定了熟制产品密封包装、巴氏杀菌、冷藏流通，熟制产品热填充封口、快速冷却、冷藏流通和熟制产品密封包装、冷冻、冷藏流通、复热销售等 3 种技术方案及产品标准。同年，上海市质量监督检验技术研究院研发的原料乳与乳制品中三聚氰胺检测方法，被国家质量监督检验检疫总局、国家标准化管理委员会正式批准为国家标准。

2009 年，上海海洋大学承担完成世博会特供食品质量与安全保障体系。项目提出构建 2010 年上海世博会食品安全保障体系建议，为 2010 年世博会食品安全保障体系的建设提供科学、可行方案；依据《2010 年世博会食品安全行动纲要》，编制了世博会食品备案基地和供应企业遴选相关文件；完成我国现有蔬菜技术法规和标准的研究，制定《世博会蔬菜冷链流通技术规程》《世博会特供水产品保活流通的操作规程》。同年，上海出入境检验检疫局与上海水产大学共同承担完成奶制品饮料包装材料污染问题及其迁移规律的研究。项目建立了由食品接触性包装材料迁移到奶制品及相关液体饮料中光引发剂——异丙级硫杂蒽酮(ITX)及其协同助剂——对- N,N-二甲氨基苯甲酸异辛酯(EHDAB)残留量的气相色谱、质谱检测方法；编制了《光引发剂 ITX 和 EHDAB 污染残留控制技术指南》，对食品包装材料生产企业具有较强的指导作用。该项目的研究成果填补了国内食品接触性包装材料光引发剂迁移残留检测技术和迁移行为研究的空白。同年，上海出入境检验检疫局对入境动植物检验检疫上报疫情 52 641 次，其中从集装箱中截获有害生物 15 731 次；在入境动物及其产品中，发现疫情和有毒有害物质 24 批；在入境植物及其产品检疫中，发现疫情 5 443 次，均按照要求进行 100％检疫处理。同年，上海市食品药品监管局、上海市气象局建立细菌性食物中毒分级预警系统,每日在专门网站发布细菌性食物中毒的高、中、低三级风险。食品研究所完成食品中有害工业色素金黄粉和王金黄检测技术研究,建立这两种色素在食品中的检测方法及测定参数;提高对这两种色素在烧腊、腐竹、黄鱼等食品中染色的检出可靠性。

2010年,上海出入境检验检疫局承担完成进出口食品中微量甲醛测定与风险评估研究。该项目建立了多种食品中甲醛含量的检测技术,包括矿泉水、啤酒、奶糖、牛奶、奶粉、面粉、新鲜猪肉、水产品等。完成了一项行业标准——乳及乳制品中甲醛含量的测定方法。同年,上海出入境检验检疫局首次在从荷兰入境的风信子种球样品中检出细菌类有害生物——菊基腐病菌,为中国花卉、蔬菜及香蕉、水稻、玉米、大豆等物种消除潜在风险。上海交通大学研发进出口食用农产品双草醚、溴螨酯测定方法,通过市科委验收,双草醚残留最低检出限值达0.01毫克/千克;溴螨酯最低检出限值达0.005毫克/千克。食品研究所完成中式熟肉制品的微生物危害分析及控制技术研究,确定热死环丝菌、假单胞菌属、乳酸菌,结合菌落总数,作为主要腐败菌和污染指标。同年,上海市食品研究所承担完成塑料包装西式火腿中PAEs类增塑剂检测方法研究,建立了一套用GC-MS同时测定多种邻苯二甲酸酯类的仪器条件方法。

第二节　疾病防控

20世纪70年代末到80年代,疾病预防开展了多项研究,共有19项技术获得国家级和市级奖项,其中获国家科技进步奖三等奖2项,获上海重大技术成果二等奖1项,获上海科技进步奖一等奖1项、二等奖6项、三等奖9项。20世纪90年代,疾病防控取得多项成果,共有37项技术获得国家级和市级奖项,其中获国家科技进步奖二等奖1项、三等奖9项,获上海科技进步奖一等奖4项、二等奖23项、三等奖3项。2000年以来,在预防医学中应用新技术取得成效,共有61项技术获得国家级和市级奖项,其中获国家科技进步奖一等奖1项、二等奖7项,获上海科技进步奖一等奖5项、二等奖29项、三等奖19项。

一、慢性病预防

1978年起,上海市精神卫生中心应用脑诱发电位研究精神分裂症和各类精神病,认为诱发电位的某些特征可能和遗传因素有关。

1992年,上海市精神卫生中心研制的痴呆简易筛查量表(BSSD)和研究用诊断标准(RDCD),获国家科技进步奖三等奖;成果具灵敏度及特异度高的优点。同年,上海市卫生精神中心卫生研究所探索对精神分裂症患者家属进行社会心理教育的可行性和有效性,发现与未受教育对照组比较,教育组患者加上药物维持治疗,患者年复发率由35.0%下降到20.4%。1993年,上海市第六人民医院完成的中国Ⅱ型糖尿病发病机制及其合并症的分子生物学研究,获国家科技进步奖三等奖。1995年,上海第二医科大学、上海市精神卫生中心首次提出适合中国使用的按年龄和教育程度分组定分界值的轻度痴呆和早期痴呆的诊断工具,敏感性82.8%、特异性89.2%。1997年,上海市精神卫生中心主持的认知电位和脑电地形图与低能和白痴患者研究,获卫生部科技进步奖三等奖。该研究建立能反映人脑认知功能的系统及6项检测技术。1998年,上海瑞金医院、中国科学院上海生理研究所开展的帕金森病发病机制与治疗,获国家科技进步奖三等奖。该项目从基础与临床进行发病机制、药物治疗、脑细胞移植及基因治疗等开展研究。

2001 年,上海瑞金医院、中国科学院上海生理研究所等完成的帕金森病发病机制神经功能显像及基因治疗实验研究,获上海科技进步奖二等奖。2005 年,上海市疾病预防控制中心等通过糖尿病流行病学调查,从中整合出社区人群防治方案。2007 年,中国科学院上海神经科学研究所研究 NMDA 受体与癫痫病,发现阻断 NR2A 或 NR2B 亚单位的其中之一,能明显减少癫痫引起神经元细胞死亡。2008 年,上海市第六人民医院等研究糖尿病及其慢性并发症的预测及检查方法的优化与应用,获上海科技进步奖一等奖。首次在国际上阐明中国人空腹血糖受损与糖尿病发病的关系。2009 年,上海华山医院发现癫痫终身患病率的"双峰"现象,认为加强患者及家属的病情知识普及和心理疏导,有利于该病治疗。

二、传染病预防

1974—1984 年,第二军医大学在海南岛进行氯喹"7 天测定法"治疗恶性疟疾,结果表明氯喹治疗无效者改服羟基哌后均获满意效果。上海第一医学院提出盐碱是霍乱的地方性主要成因。上海第一医学院研究甲型流感病毒特异的 T 杀伤细胞克隆,建立一株甲型流感病毒特异的 T 杀伤细胞克隆(L4);采用双桥 PAP 法检测乙肝炎核心抗原,敏感性高;对血吸虫病严重感染地区——安徽省贵池县纪家坝湖沼,采取有效防治措施,居民感染率由 13.41% 下降为 2.29%,牛感染率下降 91.2%,连续 3 年查不到钉螺。

1992 年,上海市卫生防疫站等完成甲肝减毒活疫苗的研制,获上海科技进步奖一等奖,1993 年获国家科技进步奖二等奖。该项目选育出甲肝减毒活疫苗株。同年,上海第二医科大学、中国预防医学科学院寄生虫病研究所主持的血吸虫病新型诊断技术探讨,获国家科技进步奖三等奖。成果获得单克隆抗体的杂交瘤细胞株(ⅢD10),建立的竞争性 ELISA 和斑点 ELISA 分别可检测宿主血清中特异性抗体和循环抗原。同年,上海医科大学、中国科学院上海生物化学研究所完成的乙型肝炎病毒免疫耐受动物模型的确立及消除免疫耐受状态的应用研究,获上海科技进步奖一等奖,1995 年获国家科技进步奖三等奖。该研究提出两条消除免疫耐受状态的新思路。1994 年,上海市肿瘤研究所实施的黄曲霉毒素暴露与乙型肝炎病毒感染对肝癌发生协同作用的前瞻性研究,获上海科技进步奖一等奖,1995 年获国家科技进步奖三等奖。在国际上首次提供黄曲霉毒素暴露与肝癌发生的直接流行病学证据。1995 年,第二军医大学构建的丙型肝炎病毒(HCV)基因库,获国家科技进步奖二等奖。课题发现三个新的中国人丙型肝炎病毒基因序列,研制出丙肝抗体特异检测试剂盒。1996 年,上海市卫生防疫站、同济医科大学同济医院等完成的中国丙型肝炎与戊型肝炎流行病学及流行因素的研究,获上海科技进步奖一等奖,1997 年获国家科技进步奖三等奖。研究证明中国系丙型与戊型肝炎高发区,丙型肝炎主要是经血传播,戊型肝炎传播途径类似甲肝。

2000 年,中国预防医学科学院上海寄生虫病研究所等完成的中国阻断淋巴丝虫病传播的策略和技术措施的研究,获国家科技进步奖一等奖。该项目确立消灭传染源为主导的防治策略,制定 0.3% 乙胺嗪药盐的普服防治方案。同年,复旦大学医学院探讨乙型肝炎病毒致病机理及免疫应答机制,重点解决在乙型肝炎免疫原性复合物型治疗性疫苗的作用下发生变异的特点。2001 年,中国预防医学科学院寄生虫病研究所等研制的血吸虫病口服预防药蒿甲醚,获国家科技进步奖二等奖。该研究首次将抗疟药蒿甲醚,发展成为口服预防血吸虫病药物。同年,复旦大学医学院等主持的甲型肝炎减毒活疫苗保护效果及免疫策略研究,获国家科技进步奖二等奖;项目规范了甲肝减毒活疫苗的免疫原性;提出适合中国的甲型肝炎免疫策略。2003 年,第二军医大学、上海万兴生物制药有限公司研发重组疟疾疫苗,获国家药品监督局及世界卫生组织批准,成为国内第一个进入临床试验的疟疾疫苗。同年,上海市卫生局成立上海市非典型肺炎病原检测课题协作组,首建 PT－PCR 检测方法学、免疫荧光抗体检测和细胞培养病毒分离及免疫电镜方法学。2004 年,华东师范大学等完成的 SARS 疫情暴发的季节性风险、疫区分布的气候条件与减灾对策研究,获上海科技进步奖二等奖。2007 年,上海华山医院、上海市肺科医院等筛选出中国耐药结核病相关类型,建立可快速检测结核多重耐药的技术。

2008 年,上海市疾病预防控制中心完成的上海市结核病综合防治模式及其推广研究,获上海科技进步奖二等奖。项目阐明复发和耐药产生原因,突破"内源性复燃"的传统理论。同年,上海市疾病预防控制中心开展上海市甲型流感病毒抗原变异及基因分析,提示自 2000 年以来,全市 H1N1 甲型流感样病毒流行增强,HA1 基因的变异不大。2009 年,中国生物技术集团公司上海生物制品研究所获得甲型 H1N1 流感裂解疫苗生产批号和新药证书,疫苗达到并超过国家 SFDA《甲型 H1N1 流感疫苗研发技术考虑要点》评估标准。同年,上海交通大学研制艾滋病快速检测试剂盒与配套纳米器件,灵敏度为 1 纳克/毫升、特异性为 100％。

三、高风险疾病预防

1990 年,上海第二医科大学、上海市肿瘤研究所应用计算机进行初筛、胃缩片复筛和胃镜精查的"三步法",开展卫生部提出的胃癌二级预防。1992 年,上海市肿瘤研究所主持的找出非吸烟者肺癌的重要病因素研究,获上海科技进步奖二等奖。1996 年,第二军医大学等承担的中国中风高发区、低发区中风相关因素特征和中风防治研究,获国家科技进步奖三等奖。该研究发现中国人群的血压、血糖、胰岛素、C－肽、载脂蛋白等水平从东北向西南呈梯度改变的规律;研制出预防中风的复方中药"脑安"胶囊,经对高危人群综合性干预,发病率下降 49.16％。

2003 年,上海中山医院研究人群血脂指标变化及影响因素,印证了上海冠心病发病的加速与人群中血脂水平增长相吻合。2005 年,上海中山医院完成乳房自我检查对降低女性乳腺癌死亡率的评估。研究显示,乳腺癌的生物学特征决定良、恶性肿块的临床特点具多样性,对开展乳腺癌的早发现具指导意义。2006 年,中国科学院上海营养科学研究所研究吸烟导致失明的机理,发现吸烟的烟雾主要成分丙烯醛能造成视网膜色素上皮细胞的氧化损伤。

第二章 疾病诊断与治疗科技

第一节 基 础 医 学

20 世纪 70 年代末到 80 年代,临床及理论研究开展了多项工作,共有 23 项技术获国家级和市级奖项,其中获国家科技进步奖二等奖 1 项、三等奖 3 项,获上海科技进步奖一等奖 1 项、二等奖 4 项、三等奖 14 项。20 世纪 90 年代,临床及理论在细胞及基因研究方面获得进展,共有 70 项技术获得国家级和市级奖项,其中获国家科技进步奖二等奖 5 项、三等奖 6 项,获上海科技进步奖一等奖 3 项、二等奖 38 项、三等奖 18 项。2000 以来,临床及理论在免疫学、分子动力学、遗传学方面研究成果丰富,共有 50 项技术获得国家级和市级奖项,其中获国家科技进步奖二等奖 1 项,获上海科技进步奖一等奖 8 项、二等 15 项、三等奖 26 项。

一、医学病理学

1980—1982 年,上海中山医院研究证明血小板的聚集性随年龄而增高,可能是老年人发生缺血性心脏病、缺血性中风的一个病理因素。1981—1987 年,上海第一医学院基础部建立以铜代谢紊乱为特征的疾病细胞模型,研究 HLD(肝豆病)发病机制,认为溶酶体的改变是一种功能反应。1985—1987 年,上海医科大学基础部进行人体断面解剖学研究,所著《肝脏断面解剖学》和《肝脏断面解剖在肝超声图像上分叶分段的应用》《超声图像上肝内正常各叶段肝管的观察》,指出国外资料的错误。

1990 年,上海仁济医院妇产科对妊娠高血压综合征、宫内缺血缺氧病及胎盘病理变化进行系统研究,得出胎盘组织病理改变的病因与胎儿缺氧有关的论据。1995 年,第二军医大学完成的早期肝细胞癌生物病理学特性的系列研究,获国家科技进步奖三等奖。该研究首次发现大鼠肝脏癌变的方式转变;提出肝癌恶性演变多在瘤体约 3 厘米大小时。1998 年,上海医科大学生物物理教研室开展血小板分泌颗粒的钙库机能研究,结合酶细胞化学和电镜免疫细胞化学技术,证实颗粒膜上有 Ca^{2+} – ATP 酶和 AnnexinⅪ钙结合蛋白存在。1999 年,上海瑞金医院在国际上首先发现并克隆与肿瘤相关的"锌指蛋白基因",最后克隆到 11 号染色体上的新基因,命名为早幼粒细胞白血病锌指蛋白基因。

2007 年,上海长海医院、上海中山医院等承担的幽门螺旋杆菌关键致病因子 CagA、VacA 的生物学特性及其临床应用,获国家科技进步奖二等奖。该研究在国际上首次证明 CagA 是导致消化性溃疡发生的关键因子,是中国胃癌发生的重要危险因素。同年,上海市第一人民医院主持的糖尿病视网膜病变发病机理和临床防治,获上海技术发明奖一等奖,2008 年获国家科技进步奖二等奖。项目完成视网膜病变(DR)流行病学研究,建立国人黄斑区视网膜厚度正常参数。2010 年,复旦大学通过对 5 个人类重要传染病病原体的耐药性及耐药机制研究,发现获得性耐药与原发性耐药并存,是中国多重耐药和泛耐药结核病发生的特点;研究提出适合国情的最佳抗 HIV 病毒治疗方案。同年,上海长海医院、生物芯片上海国家工程研究中心开展的乙型肝炎病毒感染相关性肝细胞癌发生机制的分子病理学研究,获上海科技进步奖二等奖。

二、医学遗传学

1991年,上海第二医科大学、上海市免疫学研究所主持的中国人 HLA－DW(人体白细胞抗原)的研究,获国家科技进步奖二等奖。该项目首次发现中国人特有 HLA 单倍型结构及 HLA 单倍型结构。同年,上海市儿童医院医学遗传研究室、中国医学科学院基础医学研究所生化研究室等完成的应用 DNA 扩增技术进行遗传病的基因诊断,获国家科技进步奖二等奖。项目首创干血 DNA 扩增技术,进行地中海贫血症基因诊断,以及对其他异常血红蛋白基因病症鉴定。同年,上海市第六人民医院开展Ⅱ型糖尿病分子遗传学研究,发现中国人群 6 个基因中,有 3 个基因与Ⅱ型糖尿病有关联;同一种族的不同地区人群,基因频率存在差异;基因型频率也存在种族间差异;肥胖者与正常体重Ⅱ型糖尿患者在遗传学上有差异。1993年,上海市血液学研究所、中国医学科学院基础医学研究所完成中华民族基因组中若干位点基因结构的研究。该课题建立中华民族基因组;建立和改进研究的新技术及与疾病相关的基因结构、功能研究。1995年,上海市儿童医院等完成的中国人亨廷顿舞蹈病的分子诊断研究,获上海科技进步奖二等奖,1996年获国家科技进步奖二等奖。该研究建立正常中国人 DNA 多态性的群体遗传学资料,阐明(CAG)n 拷贝数与发病年龄的关联性。

2002年,中国科学院上海生命科学研究中心等承担的贺－赵缺陷症及其致病基因的精细定位,获上海科技进步奖一等奖,研究的全部内容均属国内外首创。该项目对陕西省一个 6 代 382 个样本的大家系乳牙脱落后恒齿缺失症状进行遗传分析与研究,发现一种新的孟德尔常染色体显性遗传病。2004年,上海瑞金医院实施的遗传性凝血因子缺陷症和抗凝血因子缺陷症的基础与临床研究,获上海科技进步奖一等奖。该项目首先报道 30 种相关基因突变,诊断准确性达 100％。2005年,上海仁济医院完成的系统性红斑狼疮的发病机理及诊治策略,获上海科技进步奖一等奖,2009年获国家科技进步奖二等奖。项目发现系统性红斑狼疮的遗传学发病机制和诊疗策略,建成东南亚系统性红斑狼疮诊疗中心。

2006年,上海瑞金医院主持的遗传性内分泌代谢性疾病基因和临床研究,获上海技术进步奖一等奖。项目在基因水平上对 21 种遗传性内分泌代谢病进行诊断,共发现 19 种基因突变,其中 14 种突变在国际上尚未见报道。2007年,上海新华医院完成遗传性代谢病质谱检测平台的建立及疾病综合防治项目。开发成功可检测多种遗传性代谢病的串联质谱和气相色谱质谱分析技术,完成 6 万多例新生儿疾病筛查,并开展遗传性代谢病产前诊断。同年,中国科学院上海营养科学研究所课题组研究汉族人群 FTO 基因上遗传多态性,发现汉族人群内 FTO 基因上的遗传多态性位点,不是增加肥胖和Ⅱ型糖尿病发病的主要危险因素。2008年,上海交通大学发现 DNA 中碳、氢、氧、氮、磷 5 种组成元素之外的第六种元素——硫,认为通过基因药物干扰病菌 DNA 的"硫修饰",能改变遗传特性,有望对抗癌症和艾滋病等。同年,上海瑞金医院实施的单基因遗传性内分泌疾病的基础研究和临床应用,获国家科技进步奖二等奖。项目提出并完善单基因遗传性内分泌病 3 类 10 种分类体系,建立程式化基因诊断平台,提出并鉴别良、恶性嗜铬细胞瘤的生物标志物,提出肿瘤激素异位分泌的新机制。2009年,上海南方模式生物研究中心对中国一个由五代人组成的多发性骨性连接综合征大家系,进行家族性多发性骨性连接综合征长期研究,在国际上首次发现成纤维细胞生长因子 9 基因的突变,是导致该家族 SYNS 的元凶。

三、人体免疫学

1981—1985 年,上海瑞金医院研究癌胚抗原放免分析临床应用,解决 CEA(癌胚抗原)的提取及纯化,建立血清及其他体液的 CEA 放免分析法。1989 年,中国科学院上海细胞生物学研究所、中国科学院上海生物化学研究所用天花粉蛋白和单抗交联制备出免疫毒素,对抑制实体肝肿瘤生长有明显效果。

1990 年,上海长征医院诊断部开展的免疫球蛋白增殖病的研究和临床应用,获国家科技进步奖二等奖。1992 年,上海市第六人民医院完成的非胰岛素依赖性糖尿病及其合并症的发病机制的分子生物学研究,获上海科技进步奖二等奖。同年,上海华东医院研究老年人药物不良反应易发因素及用药规律,发现抗生素及心血管药物发生药物不良反应概率最高,认为老年人脏器功能减退,用药品种过多等是药物不良反应易发因素。1999 年,第二军医大学完成的肿瘤的细胞因子免疫治疗与基因治疗新途径及其相关机理的实验研究,获国家科技进步奖三等奖。该研究首次提出 GM-CSF 等细胞因子基因修饰抗原提呈细胞,制成瘤苗治疗肿瘤。

2001 年,第二军医大学主持的树突状细胞的免疫学功能及其来源的全长新基因的克隆与分析,获上海科技进步奖一等奖。该项目为深入研究免疫应答的调控机制及免疫相关疾病的发病机制提供理论基础。2005 年,上海中山医院等承担脐血干细胞免疫机制研究,对脐血造血干细胞表面组织相容性抗原进行分析,对自然杀伤细胞受体的配体的表达情况进行比较,还与骨髓和外周血造血干细胞的表达情况进行比较。该研究在抑制移植免疫中具临床价值。同年,中国科学院上海营养科学研究所开展中国中老年人群 C 反应蛋白分布以及与代谢综合征关系研究,发现高 CRP 水平在中国人群中是代谢综合征、心血管疾病预示与危险因子。同年,第二军医大学肿瘤研究所研究肿瘤免疫逃逸和生物调变分子机制,在理论上阐明肿瘤免疫逃逸和免疫识别的机制,开发出肿瘤免疫治疗新技术。

2008 年,上海市第一人民医院研究与年龄相关性的视网膜黄斑变性,认为随着年龄增加,视网膜组织退化、变薄,引起黄斑功能下降,成为老年人最主要的致盲性眼病之一。2009 年,上海市第六人民医院承担的 2 型糖尿病的发病机理和临床诊治技术,获国家科技进步奖二等奖。在国际上首次阐明中国人空腹血糖受损与糖尿病发病的关系,在国内首次建立测定胰岛 β 细胞功能精确方法高葡萄糖钳夹技术,并优化出 2 型糖尿病患者急性相胰岛素分泌功能的检测方法。

第二节　临　床　医　学

20 世纪 70 年代末到 80 年代,临床医学在重大疾病的内科治疗、手术外科及烧伤、整形、器官移植等方面都开展全面研究。共有 95 项技术获国家级和市级奖项,其中获国家技术发明奖一等奖 1 项、二等奖 1 项、三等奖 6 项、四等奖 3 项,获国家科技进步奖一等奖 4 项、二等奖 4 项、三等奖 8 项,获上海市重大科技成果二等奖 2 项,获上海科技进步奖一等奖 2 项、二等奖 15 项、三等奖 49 项。20 世纪 90 年代,疾病医治的生物学研究成为亮点;脑部、心脏、癌症等手术外科获得新成果;骨外科、器官移植及修复再造有了新进展;介入疗法在器械治疗和支架介入治疗获得成果。共有 220 项技术获得国家级和市级奖项,其中获国家技术发明奖二等奖 1 项、三等奖 6 项、四等奖 9 项,获国家科技进步奖二等奖 12 项、三等奖 30 项,获上海科技进步奖一等奖 6 项、二等奖 60 项、三等奖

96 项。

2000 年以来,癌症及心、脑血管病诊治水平有较大提高;现代技术在外科治疗中均取得成果;介入疗法在心脏及血管病变、消化系统及泌尿系统病变的治疗上取得实效。共有 371 项技术获得国家级和市级奖项,其中获国家技术发明奖二等奖 3 项,获国家科技进步奖一等奖 1 项、二等奖 33 项,获上海技术发明奖一等奖 1 项,获上海科技进步奖一等奖 52 项、二等奖 111 项、三等奖 170 项。

一、内科学

【肿瘤内科】

1982—1985 年,上海中山医院研究典型的胸膜凹陷征,证实肿瘤内的小灶性坏死和碳末颗粒堆集空泡征,有利于对早期肺癌的诊断。1985 年,上海中山医院汤钊猷开展的小肝癌的诊断与治疗,获国家科技进步奖一等奖。1986 年,上海瑞金医院、上海血液研究所等应用全反式维甲酸诱导分化,治疗急性早幼粒细胞性白血病,实现白血病治疗开创性突破。1988 年,上海市消化疾病研究所、上海瑞金医院制备胃癌单克隆抗体、诊断胃癌前病变获成功。

1990 年,上海第二医科大学、上海市肿瘤研究所开展胃癌早期诊断与普查,提出电子计算机方法初筛、胃缩片复筛、胃镜精查的"三步法",检出率为 1.51％,其中早期胃癌占 28.8％。1991 年,上海市肿瘤研究所癌基因及相关基因国家重点实验室承担人肝癌癌基因谱及癌基因靶向治疗的研究,发现人原发性肝癌的转化基因之一及癌基因谱,提出发展新治疗手段以提高肝癌治愈率。1994 年,上海市肿瘤研究所、上海第一肺科医院研究放免显像,用抗 SCLC 和 NSCLC 单抗混合,对 31 例常规检查不能确诊的肺部块影进行显像,优于 X 线和其他检查。1995 年,上海瑞金医院、上海血液学研究所完成人类白血病分子机制研究及其临床应用,获国家科技进步奖二等奖。项目建立各型白血病特异分子标志,为临床诊断及鉴别诊断、预后观察、缓解期及骨髓移植后残余白血病的监护,提供指标。1996 年,上海医科大学肝癌研究所教授汤钊猷、中国科学院上海细胞生物学研究所等完成的亲肝癌抗体的临床规律和双功能与基因工程抗体的研究,获上海科技进步奖一等奖。该项研究制备抗人肝癌/抗丝裂霉素和抗 HBX 抗 CD3 两种双特异抗体及构建,并在人肝癌裸鼠模型中取得成功。1997 年,上海瑞金医院、上海市血液学研究所完成的人类白血病诱导分化和凋亡的细胞及分子机制研究,获上海科技进步奖一等奖。课题成功进行三氧化二砷诱导肿瘤细胞凋亡和部分分化的细胞和分子机制的研究。1999 年,上海市胸科医院、上海市第一肺科医院完成的非小细胞肺癌生物学特性、术后治疗及药敏试验的临床研究,获上海市科技进步奖二等奖。该研究认为此癌术后用 α 干扰素肌注,持续半年以上的 5 年生存率优于化疗组和不用化疗组。同年,上海市第九人民医院开展口腔鳞癌诱导分化治疗,提出维甲酸联合干扰素 λ,有望成为治疗口腔鳞癌的新方法。同年,上海市肿瘤研究所癌基因及相关基因国家重点实验室、上海长征医院研制出用于人脑恶性胶质瘤基因治疗的胸苷激酶基因工程化细胞制剂,临床使 8 例患者全部延长了生命。

2000 年,上海市肿瘤医院研究用豆制品中物质抑制乳腺癌,发现:Genistein 可明显抑制雌、雄激素阳性或阴性的乳腺癌细胞生长,同时证实 Genistein 可促使乳腺癌细胞趋向凋亡。2001 年,上海市胸科医院承担的非小细胞肺癌围手术期研究,初步建立肺癌分子病理学诊断及肺癌多学科治疗模式,经此模式治疗患者 5 年生存率提高 15～20 倍。同年,上海市第六人民医院血液科研究以 Hempapun 865 塑料包埋切片法的骨髓增生度、白血病细胞浸润程度及基质内纤维增生度等三项指标,作为急性髓细胞白血病切片内组织学分型的依据,对临床治疗有参考价值。2002 年,复旦大学承担膀胱癌早期诊断和治疗课题,研究提示可用荧光进行诊断,光动力学治疗膀胱癌具有较好疗效。2003 年 5 月,复旦大学完成胰腺癌 Web - CAS 应用基础研究,采用直接体绘制方法,对胰腺癌的准确诊断等发挥作用。2004 年,复旦大学承担的乳腺癌的临床和基础研究,获国家科技进步奖二等奖。该项目阐明维甲酸及 Genistein、茶多酚、姜黄素等天然植物活性成分抑制乳腺癌生长、转移的分子机制。

2005 年,上海瑞金医院完成大肠癌优化综合治疗研究,系统性探讨硒、ATRA、5 - FU/CD 系统和 131I -抗 CEA 单抗在大肠癌生物治疗中的应用价值。同年,上海瑞金医院等开展的白血病细胞分化和凋亡新机制的提出与发展研究,获上海科技进步奖一等奖。项目在国际上首先研究体内砷甲基化物对 AML 细胞的效应,提出三价砷甲基化物具有很强的凋亡诱导效应。同年,上海仁济医院在恶性脑肿瘤诱导治疗中,研究榄香烯抗肿瘤的作用机制,提出该药治疗胶质瘤和多发脑转移癌的适应症和使用剂量、方法、时程等。2006 年,上海中山医院汤钊猷等开展的转移性人肝癌模型系统的建立及其在肝癌转移研究中的应用,获国家科技进步奖一等奖。项目建立转移性人肝癌模型系统,筛选出干扰素证实有预防患者术后转移作用。同年,上海瑞金医院完成的氧化砷单用或联合维甲酸治疗急性早幼粒细胞白血病研究,获上海科技进步奖一等奖。项目提出全反式维甲酸联合氧化砷的治疗急性早幼粒细胞白血病方案,获得很高的缓解率和无病生存率。同年,上海市第三人民医院、上海长海医院完成非小细胞肺癌相关基因表达和改变研究,揭示吉非替尼等靶向治疗更适合中国肺癌患者;证实 P27 蛋白表达在 NSCLC 中具有预后价值。

2007 年,中国科学院上海营养科学研究所研究干扰素调节因子与食管癌诊治,提示干扰素调节因子 IRF - 1 和 IRF - 2,可以通过调控一系列与生长和凋亡相关的分子,有可能成为食管癌临床诊断及治疗预后的指标和潜在治疗靶点。2008 年,上海新华医院完成以基于化疗增敏的辅助治疗新方案提高胆囊癌疗效的基础与临床研究,提出"叠加靶点,双重打击"新理论,采用生长抑素改善胆囊癌预后不良的现状。同年,上海中山医院研究基于 RNA 干扰技术的抗肿瘤新药,认为与传统放疗和基因治疗相比,RNAi 具高效、低毒等特点。2009 年,上海长海医院开展的进展期胃癌诊治的关键技术及其应用,获上海科技进步奖一等奖。项目构建杀死肿瘤细胞的基因—病毒治疗系统,以及抑制新血管生成和肿瘤生长的治疗基因,形成胃癌综合治疗方案。同年,上海市肿瘤医院主持的乳腺癌肺转移机制研究,揭示肺转移过程中的微环境作用,构建由 24 个特异基因组成的针对亚洲人群的预后表达谱,能准确预测患者转移复发。同年,上海市肺科医院承担非小细胞肺癌个体化药物治疗研究,发现 EGFR 突变患者可从靶向治疗获得生存收益。2010 年,上海市计划生育科学研究所建立和完善前列腺疾病动物模型及其效果评价体系,包括 1 种前列腺癌转移模型、2 个前列腺炎模型、3 个前列腺增生模型和 4 种人前列腺癌细胞的裸鼠原位模型。

【心内科】

1979 年,上海第一医学院从心肌组织分离出柯萨奇 B5 型病毒,经连续传代产生稳定的典型细胞病变。1981—1984 年,上海长征医院应用免疫抑制法,测定磷酸肌酸激酶——MB 同工酶诊断急性心肌梗死。

1990 年,上海市心血管病研究所应用微电极技术,建立大鼠搏动心肌细胞感染柯萨奇 B37 病毒后的电生理改变模型,初步揭示病毒性心肌炎发病病程规律。1992 年,上海中山医院、上海瑞金医院承担的无创性核素时相分析及心脏断层显像在早期诊断冠心病中的研究,获国家科技进步奖三等奖。课题发现时相分析可反映冠心病发展过程中心肌功能变化,有早期诊断价值。1999 年,第二军医大学主持的冠状动脉的形态学和生物力学特性研究,获国家科技进步奖三等奖。项目研究急性心肌梗死后心壁内血管的演变和侧支循环建立过程,把心血管解剖学研究从定性提高到定量水平。

2000年,上海瑞金医院研发的急性心肌梗死再灌注治疗和二级预防,获上海科技进步奖二等奖。2001年,上海中山医院主持的病毒性心肌炎与扩张型心肌病的临床与实验研究,获上海科技进步奖二等奖,2004年获国家科技进步奖二等奖。项目发现DCM发病与病毒持续感染有关,证实cTnI可作为急性VMC的心肌损伤的特异性指标。2004年,上海长海医院承担超声对冠心病时左室功能和心肌存活性研究,提出患者胸超声心动图左冠状动脉管壁的回声和血流动力学变化特点;应用多种技术验证梗死区局部心内膜运动、心功能、心肌存活性的意义。2008年,上海长征医院等开展的易损斑块及心肌缺血损伤的发病机制和临床研究,获上海科技进步奖一等奖。项目证实经外膜途径给予CD40LsiRNA阻断CD40/CD40L受体配体轴,可显著抑制易损斑块形成,倡导以强化他汀类药物应用为基础的综合治疗策略;提出急慢性心肌缺血综合治疗的新主张。

【脑血管及神经内科】

1990年,海军医学研究所完成局部大脑血流量测定方法与系统研制,获国家科技进步奖三等奖。项目研制的Hys-1局部大脑血流量测定系统,可同时测量大脑半球30个不同区域的灰白血流量,属国内首创。

1997年,第二军医大学完成的血小板活化因子和白三烯对脑血管的损伤及药物保护作用研究,获国家科技进步奖三等奖。项目为PAF和LTs参与脑血管病提供理论依据,对蝙蝠葛碱、山莨菪碱、DMPP等药物的保护机制有了新认识。

2002年,复旦大学承担放射性核素脑灌注显像负荷研究,首次提出应用潘生丁取代乙酰唑胺进行脑血流负荷显像,提出乙酰唑胺不会诱发心肌"窃血",而会改善局部心肌血流灌注。同年,复旦大学研究缺血损伤神经元死亡和自身保护分子机制,证明褪黑素有抑制脑内羟自由基生成,行使脑保护作用,首次提出VEGF具有抑制钾电流作用,与VEGF的脑保护有关。2003年,上海华山医院完成脑卒中规范化救治方案,并在上海18家医院两年间收治的脑梗塞、脑出血病者身上实施该方案,总病死率从10.2%下降到7.55%。2008年,上海中山医院开展非嗜酒性韦尼克脑病(WE)临床与实验研究,在国际上首次提出并论证转酮醇酶活性下降—磷酸戊糖旁路代谢障碍—神经发生与中线结构脑区选择性损害的病理损害机制,提高对该疾病的临床治愈率。

二、外科学

【脑外科】

1978—1986年,上海第一医学院周良辅等施行难治性颅内动脉瘤外科手术,优良率达95.8%,无手术死亡。

1995年,上海华山医院主持的前颅底肿瘤显微外科手术入路研究,获国家科技进步奖三等奖。该研究提出新的前颅底手术的扩大前颅底硬膜外入路,以及前颅底中央骨质缺损不必重建。

2005年,复旦大学数字医学研究中心研发高精度神经外科手术导航系统,以CT、MRI等图像为基础,重建人体虚拟三维模型,术中能跟踪患者和手术器械位置,指导和监控手术过程。2006年,上海仁济医院研究急性重型颅脑伤临床应用,证明标准外伤大骨瓣开颅术患者恢复良好率优于常规骨瓣开颅手术。

2009年，上海华山医院完成的建立外科新技术治疗颅内难治部位的病变研究，获国家科技进步奖二等奖。项目首创多影像融合定位及术中微导管定位新技术；首次建立"新手术安全区＋棉片原位牵拉"和"新手术分型＋水下电凝＋二次剪断"为核心的两个新手术方案，死亡率为零。同年，上海华山医院周良辅等承担完成的神经导航外科的创新与应用研究，获中华医学科技奖一等奖。主要创新点有：提出功能神经导航技术新理念；开展基于低场强 iMRI 实时影像神经导航技术；自主研发动态脑移位校正计算模型——薄板样条算法数学模型，并实现基于低场强 iMRI 的实时功能神经导航手术；自主研发动态脑移位校正计算模型——线弹性物理模型，并编写脑变形校正软件；创立"微导管定位法"用于术中监测脑移位。该研究获得 1 项国家发明专利，主编国内第一部《神经导航外科学》专著。

【心胸外科】

1980年，上海市胸科医院开展冠心病"搭桥"手术，截至1986年8月共实施40例，成活率达90％。

1995年，上海新华医院完成的深低温体外循环停循环技术应用于婴幼儿心内直视手术的系列研究，获国家科技进步奖二等奖。手术中心脏内外无血，时间仅为常规体外循环手术的一半，并降低术后肺部并发症。1998年，第二军医大学开展的以持续热血停跳液灌注方法（37℃）进行体外循环心内直视手术，属国内外首创，获国家科技进步奖三等奖。项目证明该手术能避免常温体外循环弊病，使危重患者手术成功率提高。1999年，上海新华医院等主持的新生儿及婴幼儿危重先心病诊治研究，获国家科技进步奖三等奖。项目在重型肺动脉瓣狭窄 PBPVP 治疗、危重先心病手术治疗方面的成功率领先国内。

2000年，上海市第一人民医院成功地运用机器人"伊索"施行心脏微创瓣膜外科手术和心脏搭桥手术，手术时只需将指令声卡插入控制盒内，就能实现"医生动口机器人动手"。2001年，上海新华医院主持的危重婴幼儿先天性心脏病的急诊外科技术研究，获上海科技进步奖一等奖，2005年获国家技进步奖二等奖。项目提出婴幼儿危重复杂先心病急诊手术新概念；建立专业诊治班子；使≤3岁和≤6个月患儿急诊手术生存率分别提高到90.6％和90.9％。2004年，上海长征医院承担胸部创伤救治实验和临床研究，设计出便携式创伤性血气胸救治包，采用甲壳素纤维增强 PCL 复合材料制备人工胸壁，以降低死亡率和致残率。

2006年，上海长海医院研究心脏瓣膜病二尖瓣病变外科治疗，开创一系列新技术和新方法，成功实施国内首例二尖瓣置换手术，成功率达96.8％，累计生存率达86.4％。2008年，上海市第三人民医院心胸外科完成中国首例胸壁3孔全胸腔镜下二尖瓣置换＋三尖瓣成形术，应用全胸腔镜微创心脏手术，减少手术创伤。2009年，上海市胸科医院借助"机器人"图像放大、三维视野、精确定位、振动过滤，以及对人手高度仿真等优势技术，成功为一名肺癌患者切除病变的右上叶肺，完成中国大陆首例达芬奇机器人辅助下的肺叶切除术。2010年，上海新华医院优化国际上微创漏斗胸矫正术，设计出采用两头可分别与术中使用的引导器及固定片相套接的新型弧形漏斗胸矫治钢板，成功为一名17岁男孩实施漏斗胸矫正手术。

【血管外科】

1999年，上海仁济医院研究 P53 病毒脂质复合物预防血管桥再狭窄，为研究基因治疗及预防血管再狭窄提供新思路。

2000年,上海长海医院血管外科研发的腹主动脉瘤患者手术治疗,获军队科技进步奖一等奖。该项目对136例腹主动脉瘤患者施行外科手术,成功率95％以上。2007年,上海华山医院主持的中枢神经系统血管母细胞瘤的基础与临床诊治项目,获上海技术发明奖一等奖。该项目采取术前肿瘤栓塞＋术中亚低温和(或)控制性降血压＋熟练的显微外科手术操作＋严密的围手术期处理综合治疗策略,使总体手术疗效显著提高。2008年,上海中山医院主持的主动脉扩张性疾病的腔内治疗,经临床实践及研发改进器材,使手术死亡率和并发症率明显低于开放性手术。

【普通外科】

1988年,上海长海医院首创半离体肝无血切除实验研究,突破临床上肝癌手术禁区,实现难度很大的第二、三肝门的肝癌切除。

1991年,上海医科大学肝癌研究所开展的手术证实不能切除肝癌的缩小后切除研究,获国家科技进步奖三等奖。研究探索有效缩小肿瘤的新老疗法,使不能切除肝癌变为可切除,5年生存率由原先的0％提高到16.9％。1995年,第二军医大学完成的中晚期肝癌的外科综合治疗研究,获国家科技进步奖二等奖。该项目施行肝动脉结扎＋术中肝动脉栓塞＋全植入式药物输注装置植入术后化疗栓塞＋术后放疗的"四联"疗法,5年生存率达40％,肝癌二期切除率达25％。1996年,上海市肿瘤医院开展乳腺癌临床和基础研究,统计手术治疗4 500余例病例,无手术死亡,治疗后5年、10年生存率均为国内领先。1998年,上海第二医科大学附属瑞金医院主持的直肠癌手术方法系列研究,获国家科技进步奖三等奖。项目通过不断改进手术方法,实施保留肛门的直肠癌根治术。

2002年,上海华山医院首次在国内应用喷水分离器——"水刀"施行手术,成功地为患者切除巨大肝血管瘤。2006年,上海长海医院主持的微创治疗泌尿系结石新技术的应用研究,获上海科技进步奖一等奖,2007年获国家科技进步奖二等奖。项目首创采用输尿管镜下钬激光碎石,开展经尿道输尿管口切开治疗输尿管壁段结石,以及腹腔镜下输尿管或肾盂切开取石治疗肾盂输尿管结石,均获满意疗效。同年,上海市肿瘤医院研究早期诊断乳腺癌模式及早期乳腺癌外科治疗,总结出安全可行的保乳手术指征,对不适宜保乳手术患者选择性开展乳腺癌改良根治术加同期同侧背阔肌瓣乳腺再造。

2008年,上海中山医院研究肝癌门静脉栓形成机制及多模式综合治疗技术,首创肝癌切除、门静脉取栓、化疗泵植入＋术后门静脉肝素冲洗、持续灌注化疗＋经肝动脉化疗栓塞等外科综合治疗技术,1、3、5年生存率分别达76.8％、39.3％、26.8％。同年,上海瑞金医院主持的结直肠肿瘤微创手术的技术规范与临床应用,填补国内空白,获上海科技进步奖一等奖。项目率先在国内开展腹腔镜结直肠癌根治术,研发CO_2气腹模型和CO_2加热加湿机等手术器械。2009年,上海新华医院为患者实施国内首例经腹前会阴超低位直肠癌极限保肛手术,在直视下完整切除直肠肿瘤,并保留患者肛门功能。

【骨外科】

1984—1987年,上海长征医院进行椎管扩大椎板成形术,治疗颈髓压迫症,手术疗效优良率达90％。1985年,上海市第六人民医院于仲嘉研究完成的世界第一例手和全手指缺失再造,获国家技术发明奖一等奖,填补世界医学史空白。

1991年，上海长征医院主持的上颈椎损伤、畸形及其不稳的临床研究，获国家科技进步奖三等奖。研究设计枕骨骨瓣翻转＋自体骨移植枕颈融合术，骨性愈合率达96.7%。同年，上海长海医院、上海钢铁研究所完成的髌骨简易整复器研究，获上海技术发明奖二等奖，整复器能把粉碎的髌骨固定并维持原来位置，直至骨愈合。1997年，第二军医大学完成的颈椎损伤的基础与临床研究，获国家科技进步奖二等奖。项目临床研究确定枕颈各部位损伤及稳定程度诊断的标准和程序，枕大孔扩大寰椎后弓切除＋枕颈植骨融合术优良率为78%～85%。同年，上海市第九人民医院实施的经关节镜滑膜下硬化疗法治疗习惯性颞颌关节脱位研究，获国家技术发明奖四等奖。手术使用关节镜，结合关节盘缝合牵引术，手术总疗效达到97%。

2001年，上海交通大学、上海市第九人民医院完成的个性化骨关节假体CAD/CAM技术与临床工程系统，获上海科技进步奖一等奖。项目利用三维造型和快速成型技术，实现个性化假体设计。2003年，华东理工大学、上海中山医院等完成的自固化磷酸钙人工骨的研制及应用，获国家科技进步奖二等奖。成果通过试验，植入骨缺损后能与宿主骨形成牢固的骨性愈合。

2006年，上海长征医院主持的退变性颈脊髓压迫症的基础与临床研究，获上海科技进步奖一等奖，2008年获国家科技进步奖二等奖。该项目提出CSM早期诊断概念，提出外科实施减压术后，恢复并重建颈椎生物力学的功能。2007年，上海复旦数字医疗科技有限公司、复旦大学完成经皮微创计算机辅助脊柱手术系统的研发，实现由神经功能定位、实时影像导航、动态计算模型校正，从而最大限度地减少患者术中创伤。2008年，上海市第六人民医院实施膝关节周围骨折治疗与软组织损伤修复研究，在临床上设计并应用内侧双切口双钢板固定技术，并应用显微外科技术最大限度地保留膝关节和残肢功能。2009年，上海长海医院承担的脊柱侧凸外科治疗基础与临床研究，获上海科技进步奖一等奖。项目形成脊柱侧凸外科治疗技术，通过三维矫形手术治疗脊柱侧凸，矫正率由原来的64.7%上升至72.8%。2010年，上海交通大学研发的高精度手术导航仪与全膝关节置换辅助手术机器人，获上海科技进步奖二等奖，打破国外红外医用导航仪产品在我国的垄断地位。

【五官外科】

1978—1987年，上海医学院眼耳鼻喉科医院研究新喉再造术，利用自体的骨、软骨、肌膜、神经、肌瓣等重建新喉，妥善解决新喉再造术的发音、呼吸、吞咽3种功能的协调问题。新喉再造50例，全部恢复呼吸和发音功能，成果属国际首创。

1994年，上海市第九人民医院、上海市口腔研究所完成的根尖周病诊治系列研究，获上海科技进步奖二等奖。1995年，海军四一一医院研制的高磁性牙根管固体充填材料及其制作方法，获国家技术发明奖四等奖。该方法能在根尖区产生磁场，主要用于牙髓病、根尖周病的根管治疗。1996年，上海瑞金医院、复旦大学研制的染料激光眼科治疗机，获国家技术发明奖三等奖。治疗机用于虹膜切除治疗闭角性青光眼、瞳孔闭锁继发性青光眼等，成功率达98.6%。同年，上海医科大学附属眼耳鼻喉科医院研究针麻新喉再造术，获上海科技进步奖二等奖。1997年，上海市肿瘤医院开展的舌骨下肌皮瓣的创立与应用，获国家科技进步奖三等奖。该项目在世界上首先报道用此瓣再造舌，经创新完善，总的皮瓣成活率为92%，再造舌成活率可达97%。

2001年，上海长征医院创建的喉癌功能保全性喉手术外科治疗及预后的临床和基础研究，获上海科技进步奖一等奖。项目对中晚期喉癌肿瘤根治后，开展一种国内外创新的喉重建方法，使患者恢复和重建喉功能。2005年，上海眼耳鼻喉科医院等研发的准分子激光视觉光学矫正关键技术及装备,打破国外垄断,获国家科技进步奖二等奖。该仪器进行眼科矫正手术,可使裸眼视力达20/20以上。2006年,上海眼耳鼻喉科医院主持的近视眼手术微型角膜刀系统的关键技术及应用,获国家技术发明奖二等奖。项目在国际上首创旋转型 Epi - LASIK 手术刀系统及手术疗法,使不良瓣发生率由10%降为1%。

【烧伤与修复外科】

1978年7月,上海长海医院收治一例烧伤总面积96%、三度90%的重度伤员,痊愈出院。1979—1980年,上海长征医院首次提出用前臂游离皮瓣作舌、颊黏膜和面颊洞穿性缺损整复,达到整复外形和恢复功能要求。1988年,上海市第九人民医院整复外科应用显微外科技术,吻合神经血管游离胸小肌移植,治疗晚期面瘫,获得成功。

1991年,上海眼耳鼻喉科医院发明的前颅底复合瓣悬吊术修复颅鼻交通性缺失,获上海科技进步奖一等奖。手术能有效地阻止脑脊液外漏,实施的侵颅肿瘤摘除术和脑脊液鼻漏手术全获成功。1992年,上海长海医院烧伤科、第二军医大学训练部病生理教研室等完成的烧伤休克研究,获国家科技进步奖二等奖。项目研究烧伤休克的损伤机理及高张盐溶液复苏效应,填补国内空白。1993年,上海市第九人民医院研发头皮撕脱伤新疗法,项目用动静脉受区互补移修复,成功进行8例头皮撕脱伤头皮再植,经随访所有修复头皮都正常长出头发。1994年,上海市第九人民医院主持的严重颅颌面畸形的外科治疗研究,获上海科技进步奖一等奖,1995年获国家科技进步奖三等奖。项目通过神经外科、五官科、口腔正畸科等互补、交叉、协同治疗,截至1993年成功率达96.7%。1997年,第二军医大学等开展的皮肤组织外扩张方法和皮肤外扩张器的研制及临床应用,获国家技术发明奖四等奖。项目发明皮肤外扩张器,使皮肤逐渐延伸,提供"额外"皮肤组织供修复之用。1998年,第二军医大学等承担的延迟复苏引起烧伤休克期重要脏器损伤的细胞分子生物学机理研究,获国家科技进步奖三等奖。该研究在国际上首先将"再灌注损伤"概念引入烧伤休克救治。

2000年,上海瑞金医院主持的烧伤创面愈合机理的研究,获国家科技进步奖二等奖。研究提出异—自体皮混合移植中自体皮诱导免疫耐受修饰异体皮排异过程的机理。2002年,上海瑞金医院研究早期削痂防治深二度烧伤创面加深课题,明确伤后24小时内进行削痂手术,对防治创面进行性加深的有效性和安全性,2008年获上海科技进步奖一等奖。项目提出合理使用抗生素,降低多脏器功能衰竭发生率;形成针对严重烧伤、多发伤、肺部合并伤或并发症的防治方案。同年,中国科学院上海生物化学与细胞生物学研究所等完成的重组人表皮生长因子研制及临床应用,获国家科技进步奖二等奖。该生长因子可促使外胚层和中胚层细胞生长、皮肤和神经干细胞生长。

2003年,上海市第九人民医院研究伤口瘢痕增生修复治疗,在国际上首次证实针对 TGF-β 信号转导的基因治疗,可有效抑制伤口瘢痕形成。2004年,上海组织工程研究与开发中心等承担的组织工程化肌腱的应用基础研究,获上海科技进步奖一等奖。项目率先应用肌腱滑膜细胞构建组织工程化滑膜组织并修复缺损。2006年,上海市第九人民医院主持的口腔颌面部肿瘤根治术后缺损的功能性修复,获上海技术进步奖一等奖。项目在国内最早将显微外科用于口腔颌面部缺损重建,成功率达98.7%,能恢复患者外形和咀嚼、吞咽、语音等功能。2008年,上海中山医院研究将干细胞、基因转移技术与组织工程技术结合,以 TGF-1 目的基因修饰骨髓间充质干细胞构筑基因修饰组织工程软骨,用于修复关节软骨缺损。2009年,上海市第九人民医院等完成的口腔颌面部血管瘤与脉管畸形的基础与临床研究,获上海科技进步奖一等奖。项目创建口腔颌面部巨大静脉畸形修复手术,率先开展用氪激光光动力治疗各类微静脉畸形手术。

【再造外科】

1978—1984 年,上海市第六人民医院于仲嘉应用自体复合组织游离移植,为前臂截肢者再造具有 2 或 3 个手指的手,为全手指缺失患者同时再造拇指和食指(或中指)。1984—1986 年,上海长征医院研究碱性腐蚀伤致咽腔狭窄及食管闭锁喉咽腔再造术,采用游离空肠代食管,能保存吞咽、呼吸和语言等重要功能。

1993 年,上海长征医院完成的手残指延长器的研制与应用,获国家技术发明奖四等奖。1996年,上海第二医科大学附属第九人民医院完成的游离前臂皮瓣软腭再造术,获国家技术发明奖三等奖。该发明率先在国际上选用设计游离前臂皮瓣修补软腭肿瘤患者手术后的软腭缺损。1999 年,上海市第九人民医院整形外科承担完成的性感觉和性功能重建术在阴茎再造术中的研究和应用,获上海科技进步奖一等奖。项目研发利用小阴茎龟头或阴茎残部与前臂皮瓣串位移植再造具有感觉功能和性功能的阴茎再造术,手术成功率 93.5%。成果属国际首创,被美国整形外科学会《整形再造外科》杂志命名为"程氏阴茎再造术"。

2000 年,上海交通大学康复工程研究所开展神经运动控制及四肢控制信息源研究,用显微外科技术在残肢者残臂端上再造一个"指",用作传递人脑运动信息的信息源,实现对电子假手的准确控制,属国际首创。2001 年,上海市第九人民医院、上海市口腔医学研究所采用微创手术修复颞下颌关节内缺损,减少手术创伤,减少对关节的破坏,属国内首创。2003 年,上海市第九人民医院整形外科应用显微外科技术,在世界上成功完成第一例幼儿全耳全撕脱再造术。

2005 年,上海市第九人民医院实施上颌骨大型缺损个体化功能性重建,有效地恢复患者原有口腔生理功能。2006 年,第九人民医院承担鼻眶筛骨折分类和功能重建研究,在恢复和改善视功能、重建眶鼻和泪道、矫正内眦等面部畸形等方面,效果显著。2009 年,上海市第六人民医院泌尿外科、上海交通大学尿道疾病诊治中心研究自体组织重建尿道治疗复杂性尿道狭窄症,提出选择不同自体组织重建尿道,证实结肠黏膜可作尿道替代物。

【移植外科】

1977—1980 年,上海瑞金医院在国内首次施行人体同种原位肝移植,效果满意。1977—1982年,上海心血管病研究所、上海中山医院等应用硬脑膜生物瓣,移植替换心脏二尖瓣、主动脉瓣。在 32 例手术中,术后超过 11 年的有 2 例患者,经超声心动图检查,生物瓣膜功能良好。

1994 年,上海市胸科医院进行单肺移植、双侧肺移植、心脏原位移植和心肺联合移植动物实验,重点研究气管代用品临床使用,使长段气管切除重建成为可能。同年,上海市第一人民医院研究肾移植并发症防治及免疫抑制,使肾移植存活率处于国内先进水平。1997 年,上海市胸科医院完成上海市首例同种异体心脏移植。一名 18 岁患有严重扩张性心肌病的浙江青年,施行同种异体心脏移植手术后,顺利度过早期排异和感染关,出院后可正常活动。同年,第二军医大学附属东方肝胆外科医院为患有肝豆状核变性疾病的 9 岁男孩,采取背驮式原位肝移植法,术后患儿康复出院。1998 年,第二军医大学完成的肾移植基础与临床研究,获国家科技进步奖二等奖。项目成功研制出 HC－A 肾保存液,首创快速整块取肾术和腔静脉行右肾静脉延长术,使供肾利用率达 99%。

2000 年,上海市第一人民医院和上海中山医院分别为一位 17 岁的男青年及 12 岁的女孩,施行同种原位心脏移植,获得成功。后者是当时国内接受该手术年龄最小的一位。同年,上海华山医院采用异基因脐带血造血干细胞移植术,治疗慢性粒细胞性白血病患儿。2001 年,上海中山医院连续为 7 名终末期肝病患者成功施行原位同种异体肝脏移植手术,术后 6 名患者恢复健康,创造上海市肝移植数量和成功率两项纪录。同年,上海市第一人民医院研究针刺与小剂量硬膜外麻醉肾移植,表明针刺能减少硬膜外阻滞局麻药用量,复合针刺可维持术中循环功能稳定,有助于改善术中和术后早期移植肾的功能。2002 年,上海中山医院心脏移植取得连续 22 例无手术死亡的佳绩,在国内确立领先地位,达到世界先进水平。

2003 年,上海市肺科医院胸外科成功为一名 63 岁的终末期双肺慢性阻塞性肺病患者,进行同种异体左全肺移植手术。经文献检索,该手术属亚洲首例获成功的老年肺移植术。同年,上海长征医院研究移植器官保存和临床应用,研制出系列高渗枸橼酸盐嘌呤的肾脏保存液,建立低温保护剂灌注、降温与复温、离体肾脏机器灌注(IMPK)3 个器官深低温保存实验模型;提示亚低温再灌注可降低移植肾的免疫源性。2004 年 1 月,上海仁济医院完成急性心肌梗死自体骨髓间质干细胞移植,在国内首次发现经干细胞移植后,缺血区域心肌的细胞活性和血流灌注得到明显改善。2005 年,上海中山医院等完成的心肺联合移植填补国内空白,手术成功率和术后一年生存率均高于国际先进水平。

2006 年,上海市第一人民医院完成的肝脏移植和门静脉—肠道引流式胰肾联合移植的临床研究,获上海技术进步奖一等奖。该项目在国际上首先攻克血型不相容主动二次肝移植治疗技术,在国内首先成功实施门静脉—肠道引流式胰肾联合移植术。2007 年,上海儿童医学中心通过非亲缘供体异基因外周血造血干细胞移植,使国内首例原发性免疫缺陷症患者完全康复。2008 年,上海中山医院承担的原位心脏移植治疗终末期心脏病研究,获上海市科技进步奖二等奖。该项目 7 年来,共完成原位心脏移植 227 例,手术成功率达 98.2%,1 年存活率 90%,3 年存活率 83%。该项目突破传统心脏安全缺血 4 小时观念,延长至 8 小时;心脏吻合时间缩短为平均 45 分钟;术后急性排斥反应治愈/缓解率达 95%,顽固性急性排斥反应治愈率超 80%。成果领先于国内报道,优于国际水平。同年,上海仁济医院完成上海首例成人间辅助性原位肝移植手术,用供者的右半肝代替患者的右半肝,保留患者的左半肝,认为可避免终身服用抗排异药物。

2009 年,上海瑞金医院完成的部分肝移植的基础研究和临床应用,获上海科技进步奖一等奖。项目开展劈离式肝移植治疗终末期肝病患者,开展非相同血型两供一受活体肝移植获成功,研究小体积移植物损伤的影响因素等。同年,上海市肺科医院完成一例小儿活体肺叶移植手术,接受该手术的患者仅 11 岁,属国内首例。同年,上海仁济医院研究自体骨髓干细胞移植治疗晚期肝硬化,证明能直接修复损伤肝脏且患者痛苦少、无严重并发症,以及避免胚胎干细胞应用的伦理争议。

三、介入医学

1981 年,上海中山医院应用国产人工肾和 HFS 透析剂,进行腹水浓缩静脉回输,对肝硬化腹水合并症、功能性肾功能衰竭和心源性腹水有疗效。同年,上海第二医学院试制成功内窥镜氩离子激光光凝固治疗系统,临床对急性上消化道出血患者止血有效率达 90% 以上,无明显副作用。1985 年,上海医疗器械研究所、上海长海医院等研制的新一代各向同性碳侧倾碟型人工心脏瓣膜,获国家科技进步奖二等奖。1987 年,上海瑞金医院应用激光——纤维支气管镜,成功诊断和治疗肺癌。

1988 年，上海市胸科医院心外科、心血管研究室开发术中冠状动脉腔内球囊扩张成形术，为中国冠心病外科治疗填补空白。

1991 年，上海长海医院消化内科内镜诊疗中心承担的上消化道纤维内镜临床应用研究，获国家科技进步奖三等奖。同年，中国纺织大学完成 DOSO/PE 纤维人工肾的研究，制成纤维素组装成人工肾透样器，临床使用具无毒性。1993 年，上海仁济医院进行的心脏射频消融术实验和应用，获上海科技进步奖二等奖。项目在国内率先开展经皮电极导管射频消融术治疗阵发性室上性心动过速，成功率 100％。1994 年，上海中山医院研究冠脉腔内超声监测下选择性脉冲染料激光消栓的介入性诊治，使冠脉再通率提高 20％。1995 年，上海市第一肺科医院胸外科研制出钛镍记忆合金气管扩张支架，用于治疗严重气管狭窄症，取得良好临床效果。1998 年，上海市同仁医院介入诊疗科开展消化道内支架治疗生理管道狭窄、阻塞性病变，成功治疗十二指肠狭窄、阻塞的患者，填补国内空白。1999 年，上海长海医院胸心外科为一名严重心内膜炎患者一次手术同时置换四个病变心脏瓣膜，获得成功，术后患者心功能正常，属国内首次。

2000 年，上海市第六人民医院神经介入科承担的经血管电解脱弹簧圈栓塞颅内动脉瘤的应用研究，获上海科技进步奖二等奖。课题依据不同类型动脉瘤，采用"蚕食""蚕茧"、球囊或支架帮助的 GDC 填塞技术，使各类动脉瘤腔 GDC 完全、致密填塞率达 74.7％。同年，上海长海医院血管外科实施腹主动脉瘤介入治疗，应用腹膜后径路腹主动脉瘤手术和腹主动脉瘤内隔离术，成功率达 95％以上。2001 年，上海长海医院研究泌尿系疾病的腔内治疗，首创尿道镜下尿道会师术治疗尿道球部损伤，首创超酸水膀胱灌注治疗难治性腺性膀胱炎，研制螺旋形双 J 管，应用于复杂性泌尿系结石的 ESWL。上海长海医院利用支气管镜技术，开展气道狭窄介入治疗，有效率 100％。上海新华医院、上海市儿科医学研究所研发生物反馈式人工泵式肛门括约肌装置，犹如正常人体内括约肌，不会造成"漏粪"现象。

2002 年，上海中山医院等承担的肝癌综合性介入治疗技术的应用研究，获上海科技进步奖一等奖。研究首次揭示介入治疗导致肝癌细胞缺血性坏死、细胞凋亡两个机制。同年，上海瑞金医院主持晚期结直肠癌患者腹腔镜手术综合研究，初期结果显示手术无切口种植一年生存率无明显差异。同年，东方医院中德心脏中心专家联手为一名终末期扩张性心肌患者安装亚洲首例永久性完全植入式柏林人工心脏，替代"原配"心脏。同年，复旦大学研究先天性心脏病巨大动脉导管未闭非开胸堵闭术，通过对应用钛合金或镍钛形状记忆合金支架治疗 PDA 的临床研究，改进 PDA 堵闭装置，将非开胸堵闭术提高到新水平。

2003 年，上海长征医院泌尿外科实施腹腔镜技术摘除巨大肾上腺肿瘤，成功为一名 75 岁高龄老人摘除成人拳头大小的肾上腺肿瘤。同年，上海中山医院承担核素血管腔内照射预防冠状动脉再狭窄研究，认为用适当浓度的 ^{188}Re 液体充盈球囊和 ^{90}Sr 后装技术防治 PTCA 术后冠状动脉再狭窄，具临床应用前景。2004 年，上海长海医院开展的上消化道内镜临床应用研究，采用常规内镜、超声内镜和腹腔镜相结合的微创治疗诊治上消化道隆起性病变，率先在国内采用超声内镜对消化道肿瘤进行分级诊断，获上海科技进步奖一等奖，2005 年获国家科技进步奖二等奖。同年，上海大学医疗机器人与计算机辅助外科研究小组承担研究介入式内窥诊疗机器人关键技术，建立结肠镜自动介入系统，可自动调节镜头偏转机构，获取肠道内图像信号。

2005 年，上海长海医院完成的血管内支架在脑血管病的应用研究，获上海科技进步奖二等奖。项目对缺血性脑血管病的支架选择、定位和成形技术进行探索，对肌纤维发育不良性动脉狭窄和 DAVF 等疑难病的治疗进行支架植入探索，总结出肝素化支架在缺血性脑血管病治疗中的应用、颅内支架侧孔成形术等技术。同年,上海长海医院开展的胃、十二指肠镜微创技术的研究与应用,获国家技术进步奖二等奖。临床采用常规、超声内镜和腹腔镜相结合,微创诊治上消化道隆起性病变及胆道、胰腺疾病。2006 年,上海长海医院研究黏膜下肿瘤的微创治疗与基础,率先提出并采用腹腔镜代替传统剖腹手术,治疗胃黏膜下肿瘤,并设计出腹腔镜胃镜外胃底楔形切除术。同年,上海新华医院研发小儿复杂先心病影像和介入新技术,制定先心病内外科介入镶嵌治疗新理念及治疗指征,提高治疗成功率。

2009 年,上海长海医院、上海形状记忆合金材料有限公司开展的缺损性先天性心脏病介入治疗系列封堵器及相关器械研制与应用研究,获上海科技进步奖一等奖。项目研制 4 种室间隔缺损封堵器及治疗方法,成功率 96％以上。同年,上海中山医院承担的冠状动脉介入治疗后再狭窄的机理及干预研究,获上海科技进步奖一等奖。项目在国内率先开展基因多态性相关性研究,首创大黄素洗脱支架和三氧化二砷洗脱支架,显著抑制内膜增生。同年,上海市第六人民医院等研究诊治颅内动脉瘤的介入腔内重建术及其覆膜支架应用,研制出专用于颅内血管的覆膜支架,柔顺性、贴壁性好;优化了个性化栓塞技术和双微导管技术。同年,上海仁济医院研制的螺旋管式小肠镜,是一种全新的具有螺旋形外套管辅助的小肠诊治内镜装置,操作简便、易用,能够在短时间内到达小肠较深部位。

2010 年,上海市胸科医院实施高龄主动脉瓣置换术后瓣周漏介入治疗,为一名 81 岁高龄患者在导管室局部麻醉下,仅穿刺一侧股动脉堵闭瓣周漏,术后一周后痊愈出院。同年,上海市肿瘤医院在国内率先运用气管镜超声引导针吸活检术,诊断纵隔肿大淋巴结,为患者制定个体化治疗方案。同年,上海市第六人民医院应用射频消融术治疗肾肿瘤技术,治疗 3 厘米以下的肾肿瘤,疗效显著,能最大限度保留患者的肾单位。

第三节　中医学与中西医结合

20 世纪 70 年代末到 80 年代,中医理论及疾病治疗方面开展多项研究,共有 24 项技术获得国家级和市级奖项,其中获国家科技进步奖二等奖 1 项,获上海市重大科技成果二等奖 3 项,获上海科技进步奖二等奖 3 项、三等奖 17 项。20 世纪 90 年代,中医经络、治疗、针刺镇痛等研究得到加强,共有 55 项技术获得国家级和市级奖项,其中获国家科技进步奖二等奖 1 项、三等奖 1 项,获上海科技进步奖一等奖 1 项、二等奖 22 项、三等奖 30 项。2000 年以来,在中医基础研究、心血管病及针灸应用方面有了新进展,并重视退行性疾病医治,共有 89 项技术获得国家级和市级奖项,其中获国家科技进步奖二等奖 5 项,获上海科技进步奖一等奖 5 项、二等奖 27 项、三等奖 51 项,获上海技术发明奖三等奖 1 项。

一、中医学基础

1978 年,上海第一医学院(第一医学院)观察血液变性黏度的改变,这种改变可用“浓”“黏”“凝”“聚”予以概括,指出各种血瘀症的原因、病理不同,因而相应出现差异。1978—1980 年,上海中山医院对“舌象”进行 5 项研究,即正常人舌象的调查分析,白塞氏病舌质及舌尖罩状乳头的研究,青紫、淡舌、红绛 3 类舌质的血液流变性研究,淡红、淡白、红绛、青紫 4 类音质的舌尖微循环研究及癌症舌象的研究,为舌象的诊断学价值作了开创性的工作。1979 年,第一医学院研究用温补肾阳法纠正肾阴虚患者垂体与肾上腺皮质功能处于低水平平衡状态,由此提出垂体—肾上腺"阴阳常阀调节论"。1981年,上海中医学院(中医学院)通过对患者脉图和脉象的昼夜观察,发现白天多浮滑有力,晚多强缓,符合昼夜阴阳盛衰的变化规律。1983年,中医学院观察健康男青年1年24个节气的脉象变化,通过自身对照和时间生物节律的分析方法处理,说明24个节气脉象图近似年节律的倍数,节律变化和外界气候、人体内儿茶酚胺排量呈正相关。1986年,中医学院对住院患者太阴月体温变化的全月分析,发现体温波动曲线与同一时期的天文潮呈某种显著的正相关,支持《内经》人与月相应的理论。

1990年,中医学院选择更年期综合征患者,以血浆过氧化脂质(LPD)等为指标,探索表明阴虚火旺症候群的病理生理学基础可能包括自由基反应的增强。同年,针灸所发现人体各部穴位与八卦的关系,并提出上治热、下治寒、阳主表、阴主里、本主虚、末主实的观点。同年,中医学院全面研究人体14经、361个经穴及78个奇穴,创立"经穴断面解剖学""经穴层次解剖学""经穴CT扫描图像解剖学""中医伤外科实用解剖学""针刺穴位中枢神经解剖学"五门新型解剖学科。同年,中医学院、上海市精神卫生中心按一年二十四节气,测得桡动脉脉图与心血管功能,表明正常人各参数年节律均显示单峰式节律(12个月),而慢性精神分裂症的脉图主波h1出现了异常节律——二峰波(6个月)、三峰波(4个月)。同年,上海中医药研究院通过模拟自然风湿环境,建立外感痹证——风湿寒性关节痛实验模型,并与临床风湿寒性关节痛患者取材检测,实验证实自然界的风寒湿是痹证的原因。

1991年,中医学院承担的药用植物和中药中农药残留的研究,获上海科技进步奖一等奖。该项目完成四类七种农药残留的模式研究,建立中药栽培和贮藏中农药等残留的检测方法。同年,上海第二医科大学进行肾虚症和β肾上腺素受体、M胆碱受体、环核苷酸系统的关系及某些滋阴、助阳药的调整作用研究,在国内外首次提出在肾虚症的发病机制中,B受体—cAMP系统和M受体—cGMP系统对细胞调控机制的平衡失调具有重要意义,阴虚症和阳虚症时的变化相反。1996年,上海中医药大学(中医药大学)开展的药用植物洋地黄细胞培养与强心苷的生物转化研究,获国家科技进步奖二等奖。课题选择毛花洋地黄,运用植物细胞培养技术,实现生物转化率达100%,且能释放在胞外。

2001年,中医药大学基础医学院承担中国三维穴位人研制,项目采用层次和断面解剖方法,解剖中国人体157个常用穴位,经电脑处理后建立起穴位解剖结构图片数据库和人体断面图片数据库;完成中国三维穴位人图像的外形重建、断面重建、组织提取重建和旋转重建等多项软件编制工作。2005年,上海华山医院、复旦大学附属妇产科医院等研究中医肾本质理论及临床应用,对中医肾的内涵及补肾调节阴阳的作用机理进行深入和系统研究,发现其功能涵盖下丘脑—垂体—肾上腺、甲状腺、性腺及免疫为主轴的神经内分泌免疫网络。

2007年,中医药大学完成的黄芪活性产物代谢调控的基因工程关键技术研究,获国家科技进步奖二等奖。项目首次从膜荚黄芪中分得5个黄酮类化合物和2个杂多糖,并确定化学结构。2008年,中医药大学、上海中药标准化研究中心开展的中药质量标准综合评价关键技术平台的构建与应用,获上海科技进步奖一等奖。项目在化学对照品制备技术与中药标准提升方面取得创新成果。同年,中医药大学开展从中医肾本质基础和代谢组学角度研究肾阳虚症的特征模式,从神经内分泌功能变化和尿液代谢组学角度研究肾阳虚症的本质特征,明确肾阳虚症存在着特异代谢组分的变化。2009年,中医药大学、上海交通大学研发中医四诊智能化诊断系统,研制出舌诊、面色诊、三部脉诊、穴位探测样机各2台,中医问诊软件1套,实现中医四诊信息的客观化、标准化;构建中医八纲等症候的研究平台,诊断识别率达80％。

二、中医临床

1978年,上海中山医院分析原发性肝癌舌质与临床的联系,发现肝癌之红、瘀舌主要反映肝硬化之有无或轻重,以及肝癌的轻重。同年,中医学院进行高血压分型治疗,把此病分为2类4型,即阴虚阳亢型(又可分为阴虚偏重型和阳亢偏重型)、阴阳两虚型(又分为阴虚偏重型和阳虚偏重型),辨证论治。1979年,上海龙华医院等研制温肾解毒汤,临床用于改善肾功能衰竭患者症状,缓解危象。1980年,上海中山医院运用中医温病理论治疗恶性网状细胞瘤,认为该病治疗应补肾填精、凉血清热散瘀,立方用药宜辛凉泄热,结合并阴填精或回阴摄阴,作为固本之图。1982—1985年,上海中山医院应用以活血化瘀法为主的"二子化瘀排石汤"治疗泌尿系统结石病,总有效率为88.4％。1984年,上海市中医医院采用中西医结合分阶段治疗肝硬化腹水,以中药扶正活血治本、西药利尿祛邪治标,有效率为92％。同年,上海瑞金医院对急性心肌梗死临床辨证以阳虚为主,随着病情的好转,阳虚减轻,cAMP/cGMP的降低也随之改善。同年,上海瑞金医院采用益气补肾中药治疗Ⅱ型糖尿病,兼调节阴阳,3个月后空腹血糖及E2/T的比值均显著下降。1985年,上海龙华医院、上海中药制药三厂(中药三厂)研制出由18种中药组成的蟾酥膏,具有活血化瘀功能,以外贴治多种癌症引起的疼痛。同年,上海市传染病医院采用参三七注射液,先后治疗慢性血瘀型肝炎和重症肝炎,具有明显降酶和消退黄疸作用,以及抗肝损害药理效果。1986年,上海华山医院治疗输尿管结石嵌顿性肾积水症,采用中医温肾利水法,治愈率为71％,总有效率达88％。1987年,上海龙华医院按照中医辨证学术,把原发性肺癌归纳为阴虚内热型、气阴两虚型、脾虚痰湿型、阴阳两虚型、气滞血瘀型,进行以扶正法为主治疗晚期原发性非小细胞肺癌。1989年,上海华山医院发现Ⅲ型糖尿病中52％的患者呈现瘀血症,认为用益气活血药对于血糖基本控制后依然伴有脂质代谢紊乱的糖尿病尤为适宜。1978—1985年,上海龙华医院将挂线疗法用于治疗乳晕瘘管,痊愈率达96.55％。

1991年,上海龙华医院研究中药新药胆宁片,认为有通下清热、疏肝利胆功效,总有效率为95.83％。1992年,上海龙华医院完成的用滋阴生津、益气温阳法治疗晚期原发性肺腺癌的临床和实验研究,获上海科技进步奖二等奖。1997年,上海市南汇县南华医院完成肾综合征出血热检测与中西医治疗研究,提出中国肾综合征出血热主要由汉坦病毒所致,应尽快输注平衡盐液,早期应用进行中西药结合治疗。同年,上海脑血管病研究所研制出防治脑中风的中成药"脑安"及脑血流检测仪,为脑血管病防治产生积极作用。1998年,上海中山医院雷公藤课题组研究中药雷公藤治疗红斑狼疮药用机制,综合研究雷公藤单体对黏附分子表达和功能的影响,阐明其药用机制。1999年,上海市肿瘤医院、上海医科大学药学院等研究肝癌的健脾理气方治疗,获上海科技进步奖二等奖,疗效良好。同年,上海市中西医结合脉管病研究所、上海市中西医结合医院完成的奚氏糖尿病足筋疽——肌腱变性坏死新病症的研究,获上海科技进步奖二等奖。项目应用新的清除术,提高了该病治疗的有效率。

2001年,上海曙光医院采用中医治疗慢性肾功能衰竭,以扶正降浊为主,着重活血化瘀,能明显改善肾组织结构及抑制肾小球细胞过度凋亡、肾间质纤维化。同年,上海中医药研究院骨伤科研究所、上海曙光医院研究补肾益精方防治原发性骨质疏松症,通过对药物直接添加和含药血清方法的比较,以筛选治疗骨质疏松症的复方中药新药。2002年,上海曙光医院承担的鹿角方治疗慢性心力衰竭疗效及机制研究,获上海科技进步奖二等奖;成果通过国家中医药管理局鉴定。同年,上海曙光医院开展中成药复方葶苈注射液治疗肺动脉高压的临床和实验研究,采用该药治疗的患者,有效表达 88.00%。

2003 年,中医药大学承担夏枯草注射液治疗原发性肺癌胸水研究,采用胸腔内注射夏枯草注射液并应用导丝导管穿刺和细管闭塞引流,提示具有一定疗效。同年,上海瑞金医院通过对胃癌多药耐药细胞及相应的裸鼠动物模型研究,为临床应用中药鸦胆子油乳剂逆转胃癌多药耐药提供理论和实验依据。同年,中医药大学应用中药双龙丸干预动脉粥样硬化,研究认为双龙丸具缓解心绞痛症状,减少胸痛持续时间及中医症候,能降低颈动脉内中膜厚度和斑块面积。同年,中医药大学完成的扶正化瘀法在抗肝纤维化治疗中的应用及相关基础研究,获国家科技进步奖二等奖。项目发明中药复方——扶正化瘀胶囊,对肝纤维化总有效率为 74%,对肝功能改善总有效率为 74.1%。

2004 年,上海市中医老年医学研究所、上海乐胜科技有限公司等开展的阿尔茨海默病的中医辨证治疗及调心方研究,获上海科技进步奖二等奖。2005 年,上海中山医院研究分期辨证治疗急性缺血性脑卒中,进行中西医结合辨证施治,通过对醒脑开窍、祛风活血通络及养肝熄风方药的基础研究,为临床序贯综合治疗提供理论依据。2006 年,中医药大学完成原发性肝癌中医药辨证论治机理研究,总结肝癌中医药辨证论治的现状和规律,提出肝癌常见基本症候的辨证标准,发现中医药在延长带瘤生存期、改善生存质量方面的疗效明显。同年,复旦大学完成儿童性早熟中医药临床干预及中西医结合诊疗研究,提出儿童性早熟发病机理为"肾阴虚相火旺"的观点,制定以中药为主、中西医结合的治疗方案。

2007 年,中医药大学完成的益气化瘀中药防治椎间盘退变的细胞生物学机制研究,获中华医学科技奖一等奖。课题提出致炎性因素诱导椎间盘退变的观点,证明益气化瘀方及拆方可降低退变软骨细胞的凋亡率。同年 7 月,上海龙华医院采用活血潜阳法治疗高血压病,动物实验发现该法能改善自发性高血压大鼠内皮细胞功能,有效阻止靶器官损害。2008 年,上海龙华医院研究蝉花有效组分对慢性肾功能衰竭进程的影响,研究明确蝉花抗肾纤维化、延缓慢性肾衰竭的作用及机制,成果为国内首创。同年,岳阳中西医结合医院(岳阳医院)开展中西医结合提高脑卒中患者生活质量研究,将中药治疗与传统的针灸、推拿疗法和现代的运动疗法融合在一起,制定综合治疗方案。同年,岳阳医院、上海市杨浦区妇幼保健院等研究揉散法治疗急性乳腺炎初期的技术规范化;项目根据中医学理论,结合乳房解剖学、生理学,形成技术操作规范文本和临床效应再评价报告。同年,上海瑞金医院等用生物化学的方法,从分子水平阐明中医复方黄黛片治疗白血病的多成分多靶点作用机理。

2009 年,岳阳医院主持的推拿治疗颈椎病经筋机制与临床应用,获上海科技进步奖一等奖。项目从生物力学角度对推拿治疗颈椎病经筋机制进行研究,创立安全有效的颈椎微调手法新技术,建立颈伸肌群对颈椎间盘及小关节影响模拟活体状态新技术。同年,上海市肿瘤医院研究华蟾素注射液治疗恶性肿瘤,完成华蟾素注射液不同组分的分离,进行体外、体内对胰腺癌的抑瘤实验,发现非极性组分是华蟾素抗肿瘤的有效组分。同年,上海华山医院研究冠心病中药治疗性血管新生系列,阐明中药治疗冠心病心肌缺血的机制,为中药治疗性血管新生的研究提供重要思路。同年,上海龙华医院承担从 G 蛋白介导信号转导途径探讨疏肝利胆法防治胆囊结石机制项目,研究疏肝利胆中药对胆固醇结石豚鼠胆囊平滑肌细胞动力信号传导系统相关信使分子及其基因表达。同年,上海龙华医院研究益气化瘀方调控神经营养因子和细胞外基质表达促进神经再生修复,证明该方和川芎嗪均可明显改善压迫神经根的病理改变,加速神经再生修复进程。同年,上海龙华医院等采用健肌宁治疗脾肾虚型重症肌无力,经患者及实验大鼠的有关组织蛋白表达的差异研究,发现其差异表达的蛋白可能参与该病的发病,为中医药提供实验依据。

2010年,上海龙华医院承担益气养精分阶段法治肺癌研究,发现此法可提高晚期非小细胞肺癌患者生存期,其作用机制与调控肿瘤生长转移相关基因有关。同年,上海龙华医院主持黄芪牛蒡子系列方分期治疗糖尿病肾病的临床与实验研究,证实能够减轻早中期糖尿病肾病肾损害;探讨黄芪牛蒡子系列方治疗糖尿病肾病的作用机理;证实早期糖尿病肾病阴虚内热明显,而晚期糖尿病肾病则转为脾肾阳虚;揭示对糖尿病肾病IV期患者能取得较好疗效。同年,老年医学所、中医医院开展中医老年病转化医学研究和中医老年病临床学科建设,提高中医药防治老年重大疾病、老年慢性病和延缓衰老的技术能力。同年,上海龙华医院开展筛选密骨灵促进成骨作用有效组分,发现密骨灵中蛇床子素等补肾类中药可增加骨形态发生蛋白的表达。

第三章 生殖健康科技

第一节 科学生殖技术

20 世纪 70 年代末到 80 年代、90 年代,科学生殖研究开展了多项工作,共有 16 项技术获国家级和市级奖项,其中获国家科技进步奖三等奖 3 项,获上海科技进步奖二等奖 6 项、三等奖 7 项。2000 年以来,在胚胎与发育和男性生育基础方面研究获得成果,共有 11 项技术获得国家级和市级奖项,其中获国家科技进步奖二等奖 1 项,获上海科技进步奖二等奖 3 项、三等奖 7 项。

一、人口增长与管理

1991 年,上海市人口与计划生育委员会(计生委)、上海市虹口区计划生育委员会研发上海市育龄妇女生育信息管理系统(ISWRAS),供城市区、街道及县、乡、镇政府计划生育管理部门使用,成果属国内领先。1993 年,计生委完成上海人口负增长与人口管理对策课题,从社会经济发展和计划生育研究人口负增长产生的历史背景,提出人口发展的观点、对策,被国家计划生育委员会和上海市计划生育系统采用。1999 年 11 月,计生委、上海市人口与计划生育工作领导小组办公室制定上海市育龄群众享有基本生殖保健服务工作规划,获上海市政府同意,在全市建立以社区为基础的生殖保健服务机制。

2006 年,计生委研究上海人口发展战略与调控,提出建立以市场力量为主导的人口调控机制;把以行政力量管理人口的方式转化为"时间门槛"管理的模式;要致力提高本市人口的环境承载力,重视人口高容量和高活力下的城市风险防范。

二、妇科生殖健康技术

1988 年,上海长海医院研究心脏瓣膜置换术后妊娠分娩及妇科手术,实验证明若患者心功能良好,可使妊娠分娩及手术顺利进行。1991 年,上海新华医院、上海市儿科医学研究所开展的胎儿新生儿缺氧缺血与颅内出血的诊断与防治,获上海科技进步奖二等奖。1992 年,上海市计划生育研究所(计生所)研究脑神经肽与神经递质对下丘脑生殖活动的调控,为脑肽及神经递质参与生殖活动调节提供直接依据。1995 年,计生所研究 B 超导引经阴道穿刺吸取绒毛活检,表明此法取样的最适孕龄为 6~8 周;85.7% 的绒毛有足量的染色体分裂相,基本符合临床产前诊断要求。1998 年,上海医科大学妇产科医院开展立早基因在胚泡着床的动态研究,发现正常分泌期子宫内膜有一定的 c-jun、c-fos 基因表达;提示立早基因 c-jun、c-fos 在胚泡的着床及胚胎的早期分化过程中具有一定意义。1999 年,上海医科大学妇产科医院进行卵透明带抗独特型抗体制备及免疫抗生育研究,制备成独特型表位与抗原表位同源的 ZP 抗独特型抗体 17D3Ab2,动物试验证实该抗体有抗生育作用。

2002 年,复旦大学医学院附属妇产科医院完成子宫内膜容受性及人类生育调节研究,成果对胚胎着床机制的认识和干扰子宫内膜容受性抗生育,以及对实现人类生育调节,具有重大理论意义和潜在应用前景。2003年,上海市第一妇婴保健院研究剖宫产后子宫瘢痕处妊娠规范化诊治,认为在甲氨蝶呤治疗的基础上应用孕囊穿刺技术可提高疗效,成果填补国内空白。同年,复旦大学医学院附属妇产科医院(妇产科医院)承担卵巢上皮性癌抗血管生成研究,采用抗血管生成药物治疗卵巢癌,疗效显著。2004年,妇产科医院研究孕早期干预协同刺激信号诱导母胎免疫耐受课题,成果通过制备胚胎抗原或父系抗原耐受性T细胞,可用于治疗母—胎免疫调节紊乱性疾患。同年,妇幼保健院开展"试管婴儿"试验,其人卵泡体外成熟在试管婴儿中的应用,显示IVM是PCOS不孕治疗的新选择;卵母细胞体外成熟可以常规体外受精。同年,计生所等开展育龄妇女生殖道感染干预性研究,通过对目标人群进行宣教,咨询导医等干预,降低目标人群RTI患病率。

2005年,妇产科医院完成母—胎免疫调节机理研究,发现孕早期干预协同刺激分子可诱导母—胎免疫耐受,防止胎儿流产;发现环孢素能促进滋养细胞侵袭生长能力,改善妊娠预后。同年,上海市肿瘤医院采用术前介入化疗联合根治术治疗巨块型Ⅰb～Ⅱa期宫颈癌,肿瘤退缩率达95%。同年,妇产科医院、上海市肿瘤研究所等利用非病毒载体与自杀基因治疗相结合的方法治疗卵巢癌;采用介入治疗与靶向非病毒载体及高效的目的基因相结合的方法治疗卵巢癌;应用自杀基因治疗与周期特异性化疗药5-Fu序贯治疗卵巢癌。2007年,上海市妇幼保健院开展无创伤性产前诊断,证实胎盘滋养细胞凋亡与胎儿游离DNA含量所具有的相关性,以及胎盘滋养细胞凋亡是孕妇外周血胎儿游离DNA的主要组织来源。同年,妇产科医院成功为一名先天性颈部囊肿足月男婴新生儿实施国内首例分娩期子宫外产时处理。2008年,上海仁济医院开展的习惯性流产的免疫发病机理及免疫治疗,获国家科技进步奖二等奖。首次在国内提出自身免疫型和同种免疫型RSA的全新概念,治疗成功率均达90%以上。2010年,计生所研究胚胎着床相关因子功能的研究及其在生育调节中的应用,发现一些在胚胎着床过程中发挥重要作用的蛋白分子,为新抗着床药物靶分子和外用避孕药提供了先导分子,并为内异症防治技术研究提供了新的理论依据。

三、男科生殖健康技术

1980—1987年,上海第二医学院男性计划生育第一研究室研究男性生育自动定量组织学,提出精子膜WGA受体被掩盖可能是男性不育症原因之一。1992年,妇产科医院完成的国产黄体生成激素释放激素及其类似物的妇产科诊断与治疗研究,获国家科技进步奖三等奖。该项研究成果可用来判断垂体功能,促进卵泡发育与成熟,治疗男性少精症。1994年,上海第二医科大学(二医大)基础医学院组织胚胎学教研室研发不育症检测新技术,其中精子核蛋白转型与习惯性流产的关系研究属国内外首创,用以诊断不育症,确诊率为90%以上。1995年,二医大进行精子在附睾中成熟研究,发现精子能量系统和信使系统与精子运动发生发展密切相关,且两个系统之间也有密切关系。

2000年,二医大组胚教研室研究精子附睾自由基作用及影响,结果证实活性氧对精子膜损伤导致受精能力丧失是男性不育的主要原因之一。2001年,中国科学院生物化学与细胞生物学研究所首次在附睾中发现与自身防御系统相关的天然抗菌肽,在动物试验中发现其表达的多肽产物具有杀菌功能和只在附睾头部上皮细胞中特异表达,并且在生育旺盛期表达最高,提示可能与精子成熟有关,在国际上首次证实附睾具有免疫防卫系统。同年,上海市计划生育技术指导所研究男性不育症精子相关基因缺陷筛查,认为 Y 染色体微缺失是引起无精子症的一个重要原因。2003 年,计生所研究男性精液质量评估和环境因素影响,显示精液质量指标在不同省市间存在差别;年龄、睾丸体积和生活习惯等对精液质量有影响;血清锌、铜、锰、镉,对精子均有或正或负影响。2004 年,计生所完成的抗前列腺增生药理毒理学研究及其应用,获上海科技进步奖二等奖。

2007 年,上海交通大学医学院组胚教研室研究加德纳氏菌在男性尿道感染和不育中的作用机制,经动物实验表明该菌可通过性接触传播,寄生于人类泌尿系统,并与男性尿道感染和不育有关。2008 年,上海仁济医院泌尿外科研究男子不育症患者 Leptin 活性与精子活率关系,提出精子活动力下降可能与精浆 Leptin 升高有关,精浆 Leptin 的升高很可能存在局部组织器官的调控机制。2009 年,计生所完成人精源性新基因 hssp411 在辅助生殖技术中的应用研究。课题发现 hssp411可能是配子特异表达的基因,间接验证其可能参与体内氧化还原反应并发挥作用,认为可用精子氧化应激检测方法监测男性不育患者,采用中西医结合方法,具较好疗效。2010 年,上海仁济医院开展不育症患者体内钛酸酯类化合物分布及意义探讨,发现酞酸酯类化合物暴露是男性不育疾病的影响因素之一。

第二节　优生优育技术

20 世纪 70 年代末到 80 年代、90 年代,少生优生和胎婴幼儿养育研究获得成果,共有 37 项技术获国家级和市级奖项,其中获国家科技进步奖二等奖 3 项、三等奖 5 项,获国家技术发明奖二等奖 1 项、三等奖 1 项,获上海重大技术成果二等奖 2 项,获上海科技进步奖二等奖 18 项、三等奖 7项。2000 年以来,在小剂量、安全有效的避孕药物研制上获得成果,共有 9 项技术获得国家级和市级奖项,其中获国家科技进步奖二等奖 1 项,获上海科技进步奖二等奖 5 项、三等奖 3 项。

一、计划生育技术

1991 年 12 月,上海市计划生育研究所(计生所)、上海第十二制药厂完成半合成路线米菲司酮合成,证明 Ru486 总剂量 100 毫克一日两次口服两天,完全流产率达 95%。1992 年,计生所研究的"Ru486"黏膜贴剂变口服为内放置,获国家科技进步奖二等奖。药改为内放置后,用药的剂量及副作用均降低。同年,上海市计划生育技术指导所(计生指导所)研制药铜 γ 型宫内节育器,脱落率低,带器妊娠率低。1993 年,上海市临床检验中心完成早早孕诊断药物与国产化的研制,成果集单克隆抗体、金熔胶斑点法等技术于一体,试用未发现假阳性及假阴性。1994 年,上海市第一妇婴保健院(第一妇婴院)、计生指导所研究"息隐"合并米索前列醇房事后避孕,突破房事后即刻或 72 小时内服药的局限,成功率达 99.6%。1995 年,计生指导所研究未产妇宫内节育器安全性,认为性伴侣单一的未产妇使用 IUD 是安全的。

1996 年,上海市第一人民医院开展的女用避孕器具——百合避孕囊,获上海技术发明奖一等奖。同年,上海新华医院采用输卵管注射复方苯酚糊剂绝育,经临床观察,注药后副反应发生率显著减少,绝育率达 99.77%。1997 年,上海橡胶制品研究所、计生所等完成的长效避孕埋植剂研究,获国家科技进步奖三等奖。项目研究出甲基炔诺酮长效避孕埋植剂,经一次埋植避孕可达 5 年。1998 年,上海市计划生育委员会、上海乳胶厂等进行阴道避孕套试制和临床试验,认为国产阴道套的临床避孕效果与阴茎套一样安全可靠,成果填补国内空白。同年,计生所研究人工流产妇女感染及其并发症防治,发现淋球菌、衣原体和支原体的感染率分别为11%、7.0%和31.8%,建议要预防人流术后并发症。同年,计生所实施中年妇女比林斯自然避孕法研究,结果显示内分泌检测、B超测定和阴道上皮细胞KPI等客观指标,证实BOM是科学的、有效的。1999年,第一妇婴院承担米非司酮治疗子宫肌瘤和避孕研究,经观察,患者均无意外妊娠,认为可作为子宫肌瘤患者避孕兼治疗的一种方法。

2000年,中国科学院上海药物研究所主持抗孕唑的溶黄体作用研究,发现具有诱导黄体细胞凋亡的溶黄体作用,可终止早孕。2001年,上海新华医院妇产科等开展自然避孕法临床及实验,临床证实Billings自然避孕法经培训指导,效果可达98%。2002年,复旦大学附属妇产科研究所开展分子佐剂C3d引入基因避孕疫苗研究,证实能使抗hCGβ免疫效应向着有利于Th2型体液免疫效应偏移。同年,计生所研制出孕二烯酮新型阴道避孕药环,点滴出血副反应的发生率与严重程度会有所降低。2003年,计生指导所研究Implanon皮埋剂配伍十一酸睾酮抑制精子发生,研究显示男性激素避孕受试者无不良反应。同年,黄浦区人口计生委应用比林斯自然避孕法达15年,经实施认为,因需自我识别宫颈黏液分泌性状,在禁欲期需夫妻双方配合,适宜知识分子或白领阶层;但在有培训和指导的前提下,可以提供给所有育龄夫妇选择使用。2004年,计生指导所进行的以米非司酮为短效口服避孕药的临床探索,获国家科技进步奖二等奖。该研究得出小剂量米非司酮有可能发展成安全、有效的短效避孕药,同时对部分妇科病有治疗作用。同年,上海华东医院妇产科完成人工流产术前使用米非司酮或米索前列醇研究,表明米索前列醇0.2毫克负压吸引人工流产术前12小时阴道给药,是有效、低剂量的扩张宫颈方法。同年,上海市第九人民医院妇产科开展紫草辅助药物流产机理和临床应用研究,认为紫草可提高流产效果和缩短出血时间。

2005年,计生所研制含天然孕酮哺乳期用阴道避孕药环,能缓慢释放低剂量天然孕激素。2006年,计生所获得具有杀微生物作用的天然杀精剂——猪胆提取物,显示该物有良好的杀精和灭活STDs病原体作用。2007年,第一妇婴院计划生育科研究发现术前和术后口服适量的米非司酮,对人流手术和术后康复具有积极作用。2008年,第二军医大学药学院完成吲唑类男性避孕药设计合成及药效学研究,经试验显示,化合物26号最大耐受量大于5.0克/千克,且具有一定的抗HIV-1活性。同年,计生所研究酸性生物黏附热敏凝胶剂及其制法和用途,其效用与N-9胶冻剂避孕效果相似,但副作用较小。同年,中福会国际和平妇幼保健院(妇幼保健院)、计生指导所研制出第二代活性γ宫内节育器,符合1995年国家人口计生委IUD专家组提出IUD优选标准,属于临床效果较好、副反应发生率较低的新型IUD。2009年,计生所探讨丝氨酸蛋白酶抑制剂AEBSF在动物体内的抗生育作用,揭示AEBSF的注射制剂或口服制剂可能具有比阴道内给药制剂更好的抗生育效果。2010年,妇幼保健院承担早孕负压吸宫术促宫颈软化研究,发现米非司酮术前36小时口服的宫颈软化效果,是较合适的早孕负压吸宫术促宫颈软化的时间。

二、胎婴幼儿养育技术

1978—1979年,上海第一医学院附属妇产科医院开展测定胎儿宫内生长研究,建立宫内生长的标准曲线,有利于降低围产儿死亡率。1985—1987年,上海市闸北眼科医院等进行先天性聋哑遗传规律及防治措施研究,提出优生与防治措施。1992年,上海新华医院、上海市儿科医学研究所(儿科所)等完成的胎儿新生儿缺血缺氧与颅内出血的诊断与防治研究,获国家科技进步奖三等奖。该项目认为第二产程越长,胎儿酸中毒机会也增加。1993年,上海市第六人民医院妇产病理研究室主持围产期胎盘形态学系列研究,证实妊娠肝内胆汁淤积症胎盘绒毛间隙狭窄,是围产儿死亡重要原因。1996年,儿科所研究环境铅污染对儿童生长发育影响,发现约有40%新生婴儿血铅水平达到或超过国际儿童铅中毒标准,对婴儿发育产生不利影响。1999年,上海新华医院、儿科所围产医学研究室研究新生儿颅内病变影像诊断和防治,使该病变正确诊断率由29%提高到95%,颅内出血后脑积水的治疗成功率达90%以上。

2002年,上海新华医院、儿科所承担先天愚型的诊断与干预研究,提出开展以超声测量胎儿颈项皮肤、多标记酶联免疫等DS产前筛查,以及遗传学诊断与产前诊断。2003年,计生所完成荧光定量PCR在唐氏综合征产前诊断应用研究,认为以染色体作为遗传标记,对唐氏综合征进行QF－PCR产前诊断,具有简便、准确等优点。同年,计生所完成妊娠期补锌对幼儿生长发育影响第二阶段研究,认为对摄取以植物性食物为主的非平衡性膳食的农村孕妇每日补锌,可增加其所生幼儿的头围,提高幼儿的智商,促进其智力发育。2005年,上海瑞金医院研究儿童生长障碍与SHOX基因突变,结果显示,在中国儿童特发性矮小、Turner综合征和软骨骨生成障碍患者中存在SHOX基因缺陷;SHOX基因突变常伴骨骼发育不良。

2008年,上海新华医院、儿科所开展的危重新生儿营养支持基础研究与临床应用,获上海科技进步奖一等奖。项目逐步建立完善适合中国危重新生儿的营养支持规范,并制定中国首部《中国新生儿营养支持临床应用指南》。同年,上海瑞金医院研究SHOX基因转录调节功能与儿童生长障碍,发现在部分ISS患者中存在参与SHOX基因表达调控的5′UTR区发生－372bp G→A碱基突变,可能加速诱导软骨细胞的凋亡,最终阻碍ISS患者长骨的生长。2009年,复旦大学、同济大学附属第一妇婴保健院研究超声图像处理新方法及其产前诊断,研究表明,与手动测量参数相比,系统测量得到的胎儿参数与胎儿实际体重的相关性有明显提高。

第四章 体育科技

第一节 群众体育

1996年，上海体育科学研究所研究设立上海市民体质监测系统，提出通过该系统收集储存市民体质现状、趋势、特点信息；对市民体质进行纵向观察、横向与国内外市民体质比较分析；掌握市民健身活动和效果的动态信息；为政府决策部门提供有价值的参考意见。

2000以来，推进全民健身的科技研究得到深入开展，在全民健身普及、市民体质监测、业余体校建设等方面取得实效。有2项技术分别获得上海科技进步奖一等奖1项、二等奖1项。2001年元旦，上海市体育局(体育局)首创的市民体质监测车正式上街运行，车内装有身体成分测试仪、力量测试设备、DMS超声成像骨密度仪、Jaeger心肺功能测试仪等，以车载形式对市民体质进行监测并提供运动处方。2003年，体育局研究推进全民健身，构建以学校体育为中心、社区为依托、家庭为基础的一体化体育发展模式，为实施全民健身计划创建可行性和可操作性的途径。通过采集市民体质各项数据，掌握市民体质的基本现状，建立相应的测试、评价方法和标准，建立计算机健身锻炼指导模型，对市民健身提供科学指导。2004年，体育局和上海体育学院创立上海市民体质研究中心，对市民体质数据进行科学分析与跟踪，建立市民体质数据库；开展市民及团体的体质测试，并提供测试评价及运动处方等，进行个体化、人性化、科学化的健身指导。2005年，体育局创建市民体质网，市民足不出户就可对自身身体状况进行评价。2010年，体育局、上海市青少年训练管理中心等研究业余体校规范化建设，对评估指标、评估实施等环节进行专题探讨研究，形成上海区(县)业余体校规范化建设评估方案等成果。

第二节 竞技体育

1991年，上海市体育运动委员会为备战第二十五届奥林匹克运动会和第七届全国运动会，成立田径、游泳、划船、射击等重点项目科技攻关组，加强训练科学化。1993年，上海市体育运动委员会完成7项体育科技局课题，内容涉及科学选材、训练理论、训练手段、体能恢复、技术战术、素质体能等。1998年，上海体育科技工作者为备战第九届全国运动会，开展田径、游泳、自行车、射击、划船等11项课题研究，其中73%的研究开发都是直接为了运动员提高运动水平。

2002年，体科所研制的"枪神2000"射击训练系统，经上海射击队试用，性能达到预期指标。同年，有1人4次获世界杯赛冠军和奥运会参赛资格；5人获5项世锦赛个人冠军，6人获8项世锦赛团体冠军，全年共破(平)6项世界纪录、5项世界青少年纪录、1项亚洲纪录。2004年，上海体育运动健康研究中心、上海体育科学研究所(体科所)主持刘翔雅典奥运会夺金综合攻关服务研究，获国家体育总局第二十八届奥运会科研攻关和科技服务一等奖；研究项目为刘翔的训练提供多方面科技支持，运用图像分析系统对其跨栏技术进行全程跟踪、定点捕抓、图像处理和数据解析，找出其本人的技术特征，帮助其终于在雅典奥运会上以12秒88的成绩打破保持13年的110米栏世界纪录。同年，上海体育学院(上体院)承担高水平运动员大赛前训练行为控制规律探索——以中国男子体操队备战 2000 年悉尼奥运会为例、中国竞技体育后备人才培养模式的研究和体育发展新论——学校、家庭、社区一体化体育发展研究,获中国体育科学学会科学技术奖三等奖。

2005 年,体科所利用现代科学技术,对研发的射击综合训练测试系统进一步完善,为射击技术诊断提供有效的训练辅助。同年,上海市体育局(体育局)低氧训练实验室为游泳、赛艇、水球、自行车等四个运动项目约 150 余人次的运动员,提供低氧训练的科学研究和服务,研究不同低氧训练模式对运动能力、血液学指标及机体免疫能力方面的影响。同年,体育局主持自行车运动员专项体能测试评定系统,为国内首创。课题通过对运动员生化指标和免疫、内分泌指标进行长期系统跟踪分析,建立起可兼顾其他运动的项目测试。同年,体科所研究出优秀赛艇运动员疲劳诊断与体能恢复综合指导系统,填补国内空白。同年,体科所研发出智能化多参数帆船训练及监控评价系统,通过GPS、风速、风向、倾角 4 种传感器,可对帆船的操纵同步采集、实时监控。

2007 年,上海中医药大学(中医药大学)研究运动性疲劳的脉图无创伤评价,发现运动疲劳前后血压、心肺功能、血乳酸、血清皮质醇等生化指标发生明显改变。同年,体育局开展竞技体育关键技术研究,通过对游泳水槽平台的建设、开发与应用研究,为刘子歌在 2008 年北京奥运女子 200 米蝶泳决赛中以 2 分 04 秒 18 的成绩获得冠军,并打破世界纪录,提供了科技保障。同年,中医药大学运用中医药调节上海女子体操运动员营养,针对不同运动员特征,采用益气补血养阴、活血助阳为主的中药,改善血色素偏低的现象。

2008 年,体科所完成骨骼肌的损伤及治疗研究,对骨骼肌损伤后的早期处理标准化程序、力量训练安排和康复评定标准等做了深入研究,为预防骨骼肌损伤打下基础。同年,体科所完成射箭技术稳定性监测与反馈研究,通过影像解析、运动细节分析,结合运动员个体动作的肌电特征,能较准确反映运动员的技术问题。同年,体科所研究青少年武术运动员反应力量提高方法,项目结合武术运动训练和青少年生长发育特点,采用以发展反应力量为主的训练方法和手段,进行阶段性训练,促使神经支配和肌肉内部协调发展。同年,体科所探索等速技术在举重运动员肌力与伤病评价中的应用,建立多个运动环节的等速肌力参数资料,协助教练员探讨运动员的薄弱环节,制定预防性体能训练计划及伤病康复训练计划。

2009 年,同济大学承担上海体操队女子团体、男女个人夺金战略体操项目重点运动员运动训练的监测与诊断研究,建立优秀体操运动员数据库管理系统,为运动员发展难、新动作提供科技指导,合理安排训练。同年,体科所通过对花样游泳训练负荷的生理生化监控,研究体能训练和专项训练的负荷安排,建立营养补充应用方案和机能状态数据库,有效减少运动员疲劳和伤病发生,保障运动训练科学性和连续性。同年,体科所通过对跳水队女运动员调整训练负荷,促进发育期营养与能量平衡,达到减控体重、保持匀称体型的目的;对男运动员制定个体化对策,提高专项力量素质,特别是下肢爆发力起跳能力。同年,体科所开发出优秀游泳运动员全程技能分析评价与水槽游泳技术信息快速反馈系统,通过对运动员的全程技术诊断分析,运用水槽设备进行专项能力训练,提高比赛竞争力。同年,上海师范大学对女子曲棍球队运动训练开展研究,历经夏训、冬训、赛前及部分比赛的跟踪测试,建立女子曲棍球队员的运动素质档案,提出改进爆发力等训练方法,以达最佳训练效果。

2010 年,市体育局建立健全以体科所和体育医院为基础的科医服务保障平台工作网络,提高运动训练的科(研)医(疗)支撑和保障水平。在东方绿舟和汇丰训练基地设立膳食营养干预点和营养宣传教育试点,指导和督促训练单位制定营养品使用方案,进一步规范营养品采购、使用和管理。注重科学选材,提高体育后备人才质量。全年为市体育运动学校、静安区少体校、徐汇区少体校、宝山区少体校和黄浦区体育科研站 5 个单位 1 900 人次,作区县优秀体育苗子测试与评价选材测试,对上海市优秀体育后备苗子库 352 名项目运动员进行年度追踪测试与评价,对上海田径、击剑、球类、现代五项等项目运动队 116 名招生运动员进行两次选材测试与书面评价。同年,同济大学运动健康研究中心、体科所等研制自行车运动训练信息管理系统,利用电子信息、网络通信和数据库技术,实现运动训练数据信息远程管理与自动输入,以及实时分析与反馈,其中无线智能计时秒表和配套软件属国内首创。

第十二篇　城市建设、交通与安全科技

1978 年以来,上海市建设科技出现大发展,重大科技成果有:冶金废渣水淬工艺和综合利用、升板建筑设计与施工技术、带墙体滑模新工艺、高层建筑用自升式 25、80、120 吨米塔式起重机等。交通技术有所发展,研制成功电磁计程仪、船用导航雷达、液压舵机等,干线机车普遍采用机车自动信号机等新技术。在城市安全方面:研制出国内最早的台风路径数值预报正压模式。

1980 年代,在建筑设计和施工技术方面,掌握了高层建筑结构弹性动态分析、高层建筑筒体结构的风载、风振规律、多层厂房楼盖抗微振设计处理、大跨度构件整体后张预应力混凝土施工等一系列重大关键技术;在混凝土技术方面,发展预拌混凝土技术、混凝土泵使用技术、大流动度混凝土的收缩、配合比、外掺剂等技术;在高层建筑施工中,开发接力泵送混凝土技术、高层、超高层建筑的成套施工工艺。在水下、地下工程技术方面,开发水下长距离顶管技术与长桩、短桩、钢管桩、预应力空心桩、钻孔灌注桩和地下连续墙等 10 多种地基基础处理技术。在交通管理技术方面,研制成驼峰溜放实时控制系统,全减速器计算机过程控制系统等,建立船舶调度系统、集装箱跟踪管理系统、船舶无人值班机舱、船舶振动预报等信息系统。在安全技术方面,制定《上海市高层建筑设计防火技术规定》《上海市内装修防火技术规定》《上海市高层建筑验收规定》等技术规范,颁布了《上海市烟花爆竹安全管理规定》。

1990 年代,在桥梁施工技术方面,上海市科委(市科委)为南浦大桥建设组织攻关,试制成功承受主桥梁负重用斜拉钢索和锚具,研制成功斜爬模施工技术;上海杨浦大桥解决了超厚大体积砼施工技术、主塔模板施工技术、208 米高塔高性砼泵送技术、主塔环向预应力施工等技术;在双塔双索斜拉的徐浦大桥施工中,使用了先进的大型桁架支撑体系,使桥面平整度的误差控制在 2 毫米以内。在高层建筑技术方面,结合浦东超高的 450 米电视塔,解决了 10 大技术难关;上海市超高层钢结构安装、3 200 吨大型空间网架整体提升、悬挑屋面特殊结构安装等一系列建筑施工高难度科研项目的实施,使一大批重大实事工程的多项技术达到国际和国内领先水平。在地下工程方面,开展了杨浦大桥和地铁逆作法施工工艺和设备等研究;地下连续墙防水技术研究,解决了地铁车站渗漏难题;国内首创的小口径混凝土管长距离顶管研究,一次顶进 1 511 米;上海地区盾构施工技术专家系统成果在隧道和地铁 1 号线得到验证。在安全技术方面,开展上海市防汛自动测报系统、东海台风和暴雨重大灾害性天气监测预报技术研究、抗灾气袋千斤顶、多功能救助车及专用工具研制等项目。在交通技术方面,开展了与 CATS 交通自适应用控制系统国产化研究;研制成上海市交通指挥地图显示系统等。

2000 年起,上海建桥技术迈上新台阶:世界第一拱桥——卢浦大桥融合了斜拉桥、拱桥、悬索桥等三种不同类型的桥梁施工工艺;东海大桥的施工汇集了梁桥的所有的施工方法,攻克 7 大关键技术;上海长江隧桥建立了公轨合建桥梁技术和标准,解决了新型分体式钢箱梁的结构构造和可施工性等技术难题。在建筑施工技术方面,形成了大吨位钢结构整体吊装技术、超高层建筑双向同步施工控制技术、超深、超大基坑的四维预警监控与分析系统等创新成果。在地下工程技术方面,实施双圆盾构综合技术、超大口径、超长距离盾构施工技术、箱涵顶进应用技术、大口径薄壁管道浅海敷设施工技术等新技术。生态建筑技术取得突破,把建筑节能、建筑环境、建筑智能和绿色建材等技术综合集成,在上海世博会获得广泛应用。在交通技术方面,开展上海磁悬浮关键技术、上海智能交通系统等研究。在安全技术方面,开展世博园区气象预报与服务、海洋灾害综合监测平台、城市电网故障预警、食品安全保障技术等研究,取得众多成果。

第一章 城市建设科技

第一节 道路设计与施工技术

1978—1984年,上海在道路科技中开发采用石灰粉煤灰材料的半刚性道路基层,研究以燃料油为原料的多腊渣油铺浆道路技术,基本克服了路面冬天松散成坑和夏天发软泛油、打滑等问题。1984年动工的上海第一条高速公路——沪嘉高速公路,公路软基处理应用了排水固结法技术方案,并采用袋装砂井施工工艺,高路堤中采用了粉煤灰间隔土填筑技术。1985年动工的莘松高速公路,采用了塑料排水板工艺,高路堤采用了全粉煤灰填筑技术,减少了路堤沉降,在高路堤代引桥、缩短桥梁长度等方面进行了尝试。1985年,交通部公路科研所、上海市政工程局等完成的大交通量黑色路面结构的研究,获得国家科技进步奖三等奖。同济大学道路与交通工程研究所等开展的半刚性基层沥青路面的研究,获得1990年度国家科技进步奖二等奖。项目包括半刚性基层材料的抗裂性能和材料最佳组成;沥青面层低温缩裂性能和国产重交通道路沥青评价;路面车辙量预估方法和有关参数的确定;满足抗裂和抗车辙要求的沥青面层,防滑耐磨层的材料最佳组成;反射裂缝的形成机理和防轴载行车的检验观测结果。

1991年起,上海开展了高等级道路技术关键研究、高路堤软基粉喷桩加固技术研究、超载预压技术与真空预压技术等。1992年,上海沪嘉高速公路东延伸段工程推广应用了粉煤灰高路堤填筑技术、加筋粉煤灰挡墙技术;在软基处理方面尝试了粉喷桩复合地基处理技术;在消除汽孔、拖孔及人孔("三孔")桥头跳车方面,成功应用了加筋体桥台技术。1996年,上海市公路管理处开展的沪宁高速公路(上海段)高路堤软基粉喷桩加固技术研究,得出上海地区采用粉喷桩加固软基的合理填土高度、复合地基总沉降量和工后沉降量的计算方法,粉喷桩在道路纵横断面上的合理布置及采用高钙粉煤灰水泥作专用加固材料的结论。

2000年起,上海开展了高速公路早发性损坏机理分析和设计理论研究、外海高速公路海堤关键技术研究、道路非开挖技术研究,建立了一套适用于重交通的沥青路面结构设计理论。公路养护关键技术及系列装备的研究,在国内首次实现了公路的快速自动检测等。在高架道路方面,开展了预制节段拼装预应力混凝土连续弧形宽箱梁试验研究,解决了复杂断面结构的设计难题;高架一体化高架结构综合研究,解决了高架道路与高架地铁两个系统设计规范及设计检算方法不统一的问题。2002年12月建成的沪青平高速公路中段工程,采用塑料排水板结合超载预压措施进行桥头软基处理,应用了真空预压工艺、真空降水工艺及强夯处理工艺。上海国际赛车场有限公司、上海建工(集团)总公司等8家单位开展的上海国际赛车场工程关键技术研究,突破了在建设中的软土地基上大面积不规则高填方复杂造型的设计与施工难题;解决了赛道建设中路基不均匀沉降、沥青面层设计和施工等关键技术难题;首次运用分层磨耗技术进行分层混合料设计及其成套施工工艺与技术。该项目获得2004年度上海市科技进步奖一等奖。

2005年,同济大学等合作开展的公路养护关键技术及系列装备研究,获得国家科技进步奖二等奖。该项目开发了系列的自动化检测装备,在国内首次实现了公路的快速自动检测,创立了具有自主知识产权的装备体系;形成了适用于各等级公路的养护评价体系和标准;建立了近160种典型结构的使用性能预测模型和 50 多类损坏修复技术及方案;建立了包括速度预测等 10 余种预测模型的知识库;首次研究开发了具有自主知识产权的公路养护分析软件平台(CPMS)。2006 年,同济大学等完成的水网重交通高速公路低路堤关键技术研究,提出了路基最小相对高度的确定方法,提出了基于地下水位变化的路基顶面回弹模量预估方法,建立低路堤路基残余变形的计算模型,提出了残余变形的控制指标和标准。2007 年,上海同盛大桥建设有限公司、上海市市政工程研究院等开展的外海高速公路海堤关键技术,获得上海市科技进步奖一等奖。该项目突破了外海极差环境中软基处理技术及海堤施工过程控制技术难题,形成了外海高速公路海堤软基处理设计施工与海堤填筑施工过程控制成套技术。同济大学、中国石油化工股份有限公司等开展的重交通沥青路面设计的理论体系、关键技术与工程应用,获得 2008 年度上海市科技进步奖一等奖、2009 年度国家科技进步奖二等奖。该项目建立了一套适用于重交通的沥青路面结构设计理论,攻克了结构—材料—性能一体化的设计技术;形成了"按性能设计,按力学验算"的设计理论;揭示了路面损坏的新机理,首次实测了重载下轮路接触的非均匀分布并分析了路面力学响应,揭示了自上而下开裂的必然性,提出了车辙的新成因;研制了多种改性沥青技术,改性沥青的塑性间隔超过 100℃。

第二节　桥梁设计与施工技术

上海桥梁设计与施工技术的进步,是从普通钢筋混凝土桥向预应力混凝土桥发展,现浇混凝土桥向装配式混凝土桥发展,简支结构向超静定结构发展,桥梁设计从繁杂的手算向应用电算发展。特别是改革开放以来,桥梁工程由大跨径向特大跨径发展,结构设计及张拉锚固安装架桥工艺,达到国际先进水平。建成的大跨径桥梁结构有:钢与混凝土叠合梁斜拉桥、独塔单扇面混凝土斜拉桥、"A"型双塔、双索面叠合梁斜拉桥、钢—混凝土箱形结合梁斜拉桥、大跨度双层钢桁架组合梁结构公路斜拉桥、黄浦江上第一座一跨过江的中承式全钢结构拱桥、公轨合建桥梁等。

1980 年起,上海开始修建新型的现代斜拉桥。1982 年建成的泖港大桥,跨越黄浦江上游支流泖港。泖港桥的建设为黄浦江上建造一跨过江的斜拉桥作了试验,是当时国内最大跨度的混凝土斜拉桥。同济大学李国豪研究的桁梁桥空间挠曲扭转理论,为桁梁桥的优化设计提供了良好的分析手段,1982 年获得国家自然科学奖三等奖。1980 年代后期,上海的桥梁设计与施工技术向世界先进水平攀登。上海市政工程设计研究院等设计完成的重庆嘉陵江石门大桥,是独塔单扇面混凝土斜拉桥,50 米无支架顶推法施工的连续梁,属国内高水平。该项目还在 160 米独柱设计中首次推导出斜拉桥梁柱压弯的稳定公式,使整个桥型新颖、结构轻巧、大小跨比例得当、造型美观。该项目获得 1990 年度上海市科技进步奖一等奖,1991 年度国家科技进步奖一等奖。

1991 年建成的南浦大桥,促进了全国范围内自主建设大跨度桥梁的高潮。南浦大桥主桥上部构造为双塔双索面全漂浮的钢—混凝土叠合梁斜拉索结构。该工程的科研、设计、制造、施工各项研究成果和经验,不仅在杨浦大桥工程建设中得以进一步推广和发展,创造了斜拉桥跨度和建设速度的世界纪录,而且抗风理论分析和实验、抗震分析方法,被用于多座大跨度悬吊体系桥梁的稳定性评价,抗风研究的大部分成果编入中国第一部《公路桥梁抗风设计指南》。叠合梁斜拉桥作为斜拉桥的设计结构方案形式被广泛应用。成套的施工技术,如斜向爬模、高空塔吊的装拆技术等,被多座大跨度桥梁所应用。成品拉索不仅在多座大跨度桥梁中应用,并扩展到悬索桥中应用。上海市政工程设计研究院开展的上海市黄浦江南浦大桥主桥结构设计技术,获得 1993 年度上海市科技进步奖一等奖。上海市建筑工程管理局完成的南浦大桥施工工艺与设备成套技术研究,获得 1993

年度上海市科技进步奖一等奖。上海市黄浦江大桥工程建设处、同济大学开展的黄浦江南浦、杨浦大桥抗风性能研究,获得1994年度上海市科技进步奖一等奖。上海市建设委员会、上海市政工程设计研究院等领衔的上海南浦大桥工程建设,获得1995年度国家科技进步奖一等奖。

1993年10月建成杨浦大桥。该工程在设计创新方面:提出了钢箱梁简化加劲的合理建议和加劲肋的设计方法;改进了拉索锚箱的设计;整理了中国桥梁抗风稳定性的理论分析、试验内容和方法,为中国大跨度悬吊体系的抗风设计准则和实验方法奠定了科学和实践基础;先张法板梁用高强度低松弛预应力钢绞线作预应力筋,OVM锚作工具锚得到成功,其成果推广到上海内环线等其他工程上。在施工技术方面:对主塔高性能泵送砼进行研究,发展了中国泵送技术37 600立方米大体积承台施工一次浇注,采用"内散外蓄"法有效防止了因水化热而引起的温差裂缝;标准段安装采用桥面吊机前置法,省掉了临时索与永久索的置换工序;成功地采用了三点合龙。同济大学开展的大跨桥梁风致振动及控制理论研究,获得1995年度国家自然科学奖四等奖。上海建工(集团)总公司开展的杨浦大桥施工工艺与设备研究,获得1995年度上海市科技进步奖一等奖。

1997年6月24日徐浦大桥建成通车。在大桥建设中,除推广应用南浦、杨浦大桥各类研究成果外,重点解决工程材料国产化,加大新材料开发力度,促进材料工业发展,走可持续发展道路。主桥近9 000吨的主体钢结构全部采用由宝钢集团研制的按德国DIN标准生产的可焊性细晶粒结构钢,最大板厚60毫米,代替进口STE355钢板。3 000余吨斜拉索钢丝全部采用国产高强度低松弛镀锌钢丝。为使大桥拉索绚丽夺目,采用建设单位与外单位合作研制成功的能可靠黏附于拉索聚乙烯外套的PE-J特种涂料,同时自行开发研制QSZ-1水性无机硅酸锌结构防腐涂料,含锌量达90%,成功地应用在近万平方米的钢梁主体结构上。

2000年起,上海建桥技术又迈上一个新台阶。2003年6月建成的"世界第一拱桥"卢浦大桥,主桥建造中融合了斜拉桥、拱桥、悬索桥等三种不同类型的桥梁施工工艺于一身,是当时世界上在单座桥梁建造中采用的施工工艺最多、工艺最复杂的一座桥。在设计和施工方面:首次推导了闭口薄壁结构有轴向力作用的几何非线性分析的微分方程精确解和相应的空间杆件单元刚度矩阵,为国际首创;自主开发分析软件运用到大桥设计中,保证了大桥的总体稳定。在国内外钢拱桥中首次采用中跨、边跨钢拱与钢梁连接节点构造,钢拱与拱座连接节点等构造。针对大桥施工过程结构体系转换多,施工控制采取对多目标监控关键技术。确保拱肋的安全合龙,实现超大跨度结构由斜拉体系转换成拱桥体系,并高精度地实现了理论设计的主拱线型,成桥状态受力合理,线型流畅。在大桥抗风抗震性能方面,在国际上首次提出并建立了考虑结构与气流相互作用的涡振等效风荷载方法;不仅提出了涡振控制的有效方法,而且在国际上首次提出并建立了定量采用首次涡振概率和期望涡振时间来描述的涡振概率性评价方法;在抗震性能分析方面采用了国内外先进的二水平设防和二阶段设计思想,进行了空间结构非线性地震反应计算分析,确定了地震响应中的行波效应、结构延性和变形能力;开发的黏滞阻尼装置属国际首创。上海建工(集团)总公司、上海市基础工程公司等完成的卢浦大桥主桥主跨施工技术研究和应用,获得2003年度上海市科技进步奖一等奖。上海市政工程设计研究院、上海卢浦大桥投资发展有限公司等开展的上海卢浦大桥设计与施工关键技术研究,获得2003年度上海市科技进步奖一等奖,2005年度国家科技进步奖二等奖。

2005年建成的东海大桥是国内第一座外海超长桥梁,是连接洋山深水港区和大陆的唯一通道,全长32.5公里,标准桥宽31.5米,是当年世界第一长桥梁,同时也是国内第一座按照100年设计基准期设计建造的外海桥梁,工程建设条件复杂,规模巨大,一体化施工,结构耐久。其主要成果有:突破外海超长桥梁精确测量定位技术、蜂窝式自浮钢套箱施工技术、外海超大型整体箱梁预制安装技术、外海桥墩承台混凝土套箱施工技术、海上大跨度钢—混凝土箱形结合梁斜拉桥建造技术、外海浑水环境下大规模水下湿法焊接技术和适用于外海超大型桥梁的防灾防损技术等七大关键技术,形成了快速安全的一体化设计施工理念和完整的技术体系,开创了国内外海超长桥梁建设理论与实践的先河。上海建工(集团)总公司、上海市基础工程公司等完成的东海大桥主通航孔索塔基础工程综合施工技术研究和应用,获得2004年度上海市科技进步奖一等奖。中国船舶工业集团公司上海船舶研究设计院等开展的海上长桥整孔箱梁运架技术及装备,获得2005年度国家科技进步奖二等奖。上海市政工程设计研究院、中铁大桥勘测设计研究院等开展的上海东海大桥超大型跨海桥梁设计综合关键技术研究,获得2005年度上海市科技进步奖一等奖。上海同盛大桥建设有限公司、上海建工(集团)总公司、上海城建(集团)公司等开展的东海大桥(外海超长桥梁)工程关键技术与应用,获得2006年度上海市科技进步奖一等奖,2007年度国家科技进步奖一等奖。

2009年建成的上海长江隧桥通车,建立了公轨合建桥梁、公轨车辆过桥动力仿真技术和安全评估方法,提出了公轨合建桥梁设计技术标准与设计方法;解决了新型分体式钢箱梁的结构构造和可施工性等技术难题。2010年,上海市政工程设计研究总院、同济大学等完成的江海长大桥梁设计关键技术,获得上海市科技进步奖一等奖。该项目主要创新点有:提出了公轨合建桥梁设计技术标准与设计方法;为超大跨度斜拉桥提供了成套设计技术;突破强风强震、公轨合建条件下超大跨度斜拉桥结构体系面临的技术瓶颈;开创大跨度整孔预制吊装组合箱梁构造技术与工艺方法;提出了基于结构受力合理性、长期变形稳定性及耐久性的设计优化方法与技术对策;首次研究了人字形塔、分体钢箱梁新型斜拉桥的抗震性能及易损部位,并首次提出了大跨度高墩连续组合箱梁桥减隔震技术。同年,同济大学等开展的合作项目——千米级斜拉桥结构体系、设计及施工控制关键技术,获得国家科技进步奖一等奖。同年,同济大学完成大体积混凝土桥墩抗开裂技术开发,研发了保湿保温抗开裂混凝土模板材料、大体积混凝土相变控温模板和混凝土裂缝现场测试装置及测试方法,有效控制大体积混凝土由于水化温差产生的裂缝,并便利地进行现场检测。

第三节　建筑工程技术

一、基础工程设计与施工技术

【逆作法施工技术】

上海市第二建筑工程公司在恒积大厦的施工中,在软土地质条件下,首创了一整套高层建筑多层地下室逆作法施工技术。成功开发逆作法土方开挖方法和施工机械设备,以及地下室降水、通风、照明、防火等专项技术,在工程实施中建立了一整套较为完善的信息监控和反馈体系。该项目获得1997年度上海市科技进步奖一等奖。2004年,上海建工(集团)总公司研发成功特殊环境下超大型逆作法综合施工技术,应用于长峰商城逆作法深基坑工程,解决了运营中的地铁和轻轨给施工带来的难题。2009年,上海市第一建筑有限公司、同济大学完成超大型基坑工程踏步式逆作施工技术,针对莘庄龙之梦等超大型基坑工程,创新性地提出了踏步式逆作法的施工工艺,具有出土速度快、经济性高及施工作业环境好的优点。该工程采用逆作区楼板与临时圆环梁相结合的组合支撑体系,有利于控制立柱差异变形。采用立体作业面施工技术,提高了出土速度。探索出自承重式后浇带施工技术,可以有效、可靠地传递水平荷载。

2010年,上海建工第二建筑有限公司、同济大学等完成双向同步逆作法建造施工技术。该项目系统研究并总结出高层建筑双向同步逆作施工成套施工工艺及相应流程,主要有:采用了新颖的剪力墙托换技术,解决了主楼核心筒部分的荷载转换问题;在基坑工程施工中采用了跃层施工技术,提高了施工效率和进度;建立了动态监测体系。研究成果成功应用于外滩 191 地块的新联谊大厦二期工程。

【基坑设计与围护体系】

上海市基础工程公司等开展的软土层中的无支撑、无锚碇、大型地下连续墙工程,将格形地下墙结构应用于陆上大面积深坑开挖护壁,是一种创造性发展。获得 1987 年度上海科技进步奖一等奖、1988 年度国家科技进步奖三等奖。上海市市政工程管理局结合上海软土深基坑围护工程的特点,1997 年在国内首次进行 H 型钢水泥复合梁结构试验、型钢减摩剂研制、型钢起拔模拟试验、专用桩机及拔型钢设备研制。上海市地铁总公司、同济大学完成的基坑工程时空效应理论与实践,获得 1999 年度上海市科技进步奖一等奖。该成果为优化上海地铁系统中软土基坑的设计和施工方案,为选择和执行安全合理的施工工艺和监控方法,以控制基坑变形、保护邻近建筑和地铁隧道,提供了技术保证。

2002 年,同济大学承担 50 米超深基坑支护开挖设计和施工理论研究。研究人员根据国内仅有 1.2 米厚地下连续墙施工机械的情况,采用 50 米嵌岩地下连续墙钢筋混凝土内支撑方案,成功地在设计施工中选用了矩形锚碇围护结构设计方案,嵌岩地下连续墙、注浆封水、内支撑与锚碇结构相结合的施工工艺,研究完成了锚碇施工的一系列新颖可靠、经济合理的整套锚碇基础设计与施工技术,为润扬大桥悬索桥北锚碇基础工程提供了可靠保证。2004 年,同济大学完成阳逻长江公路大桥南锚碇基础工程嵌岩大直径圆形支护结构超深开挖的受力机理和施工工艺技术控制,首次采用嵌岩大直径圆形支护结构,开挖深度达 45 米。该项目完成整个施工过程的支护结构力学分析和施工过程变形控制的理论研究,取得新突破,得到开挖实测数据的检验。2007 年,上海市第七建筑有限公司开展的超大规模地下空间开发施工技术在综合交通枢纽工程中的应用,获得上海市科技进步奖一等奖。该项目在上海铁路南站建设过程中,研发了一批创新性施工工艺和施工技术,主要有:主站房与铁路零距离条件下超大基坑施工工艺、多个相邻基坑同时施工技术、基坑不平衡卸载条件下内支撑和拉锚相结合的围护设计技术;南广场施工过程中的大直径扩底桩施工工艺、超大面积基坑逆作法与中心岛施工相结合施工工艺;工具式格构柱施工工艺;全逆作法开挖技术、一柱一桩施工工艺等。2008 年,上海市第二建筑有限公司完成世博主题馆超大深基坑无支撑新型围护体系建造技术,使工程建设周期大为缩短、工程造价得到显著降低,同时结合重力坝和钻孔灌注桩两者优点,形成一种新型的围护体系,解决了超大面积超深基坑围护体系对主体结构施工的影响问题。

2009 年,上海市第七建筑有限公司承担完成世博轴及地下综合体工程关键施工技术研究。项目针对面积近 10 万平方米的超大基坑,根据环境和地下结构特点,采用分区进行围护体系设计和施工部署,综合运用全逆作和卸载、周边中板逆作、中心岛底板顺作等围护结构施工工艺,研究解决了不同围护体系协调工作和衔接位置的技术措施,实现了超大基坑支护施工技术创新。通过对地下大空间钢筋混凝土结构施工过程的数值模拟和现场试验数据分析研究,成功实现了重荷地下大空间结构施工。采用先张拉预应力梁后施工清水混凝土挂板方法,减少清水混凝土挂板对预应力大梁的约束。同年,上海建工(集团)总公司,上海市第七、第二、第四建筑有限公司等完成上海虹桥交通枢纽地下工程关键技术研究——基坑围护工程关键施工技术研究,在基坑、围护设计施工中通过理论研究、实验分析、新技术应用及全方位和全过程监测,对基坑、围护施工中关键技术问题进行了系统研究,形成了综合性研究成果。同年,同济大学和上海交通大学共同完成复杂条件下软土基础工程设计理论与关键技术,项目构建了刚性和柔性基础下地基承载力计算方法;建立了层状单相地基及饱和地基中非等长群桩基础积分方程分析方法,提出了采用长短桩组合变刚度调节基础沉降的设计理论,研发了具有自主知识产权的设计分析软件。2010 年,上海建工、上海申通地铁集团有限公司等完成自适应支撑系统及超深基坑施工对地铁安全影响控制研究,研发了自适应支撑系统基坑变形施工工艺及技术,形成自适应支撑系统有效控制基坑变形的理论成果。

二、模板体系与爬模施工技术

1990 年,上海市第五建筑工程公司开展的超高建筑模具外挂脚手整体升降施工成套技术,获得国家发明奖二等奖。该技术依靠建筑结构的自身稳定,由升板机提升墙、梁、柱模板,逐层完成结构施工,然后再由升板机自上降下外脚手,逐层完成外墙装饰施工,创造了一种独特的超高层建筑整体升降施工成套技术。1992 年,上海市建筑施工研究所、上海市第三建筑工程公司研发的架体式斜爬模系统施工技术,获得国家发明奖三等奖。该技术可在各种高耸垂直或斜向塔式独立构筑物及各种体系高层建筑施工中应用,亦能满足水电站大坝、挡土墙等重型混凝土结构爬升施工。1997 年,上海市第八建筑工程公司研发的 DMCL 整体电动升降脚手架,可分段式监视和控制荷载,解决了一般整体爬架在升降过程中的同步控制、防坠落和防倾覆三大难题。1998 年,上海市第一建筑工程公司开展的金茂大厦主体结构模板体系的研究和应用,获得上海市科技进步奖一等奖。该项目针对结构体形变化,设计了模板体系超高改制方案,保持了适用性,达到一种工艺解决两种结构施工的效果。创新设计跳提式爬模工艺,通过可伸缩吊臂、底部滑槽、可分开合拢的门式附墙构件设计,成功解决了复杂结构爬模施工。

2006 年,上海建工(集团)总公司、上海建工第一建筑工程有限公司、同济大学共同完成超高层建筑复杂体形模板体系的研究与应用,对各种类型超高层建筑结构体系分别研究和设计出内筒外架支撑式整体自升钢平台脚手模板体系和钢柱支撑式整体自升钢平台脚手模板体系,取得多项研究成果:解决了整体钢平台脚手模板系统可靠支承和整体提升,能实现地面组装、整体提升;能实现平台与脚手架同步提升、空中分体组合、空中转换,以及与脚手架空中整体移动;采用线性滤波法模拟风载时程曲线,对整体自升钢平台模板体系风载响应在时域内进行了分析。

2007 年,上海建工(集团)总公司、上海市第一建筑有限公司等完成的超高建筑的整体自升钢平台脚手模板体系成套建造技术,获得上海市科技进步奖一等奖。该项目形成两套新的脚手模板体系,为国内外首创。集内筒系统、外架系统、钢平台系统、脚手架系统、模板系统、提升机系统为一体,为通过内筒外架进行相互交替支撑、自动爬升的系统装置与施工方法。

2008 年,上海市第一建筑有限公司承担完成超高异型结构施工技术研究及应用。项目主要针对超高异型结构开展施工技术研究,在广州新电视塔工程和南京新百大厦工程中得到成功应用,加强了结构的整体性,提高了超高异型结构的施工质量。项目形成完整的适合超高层异型钢筋混凝土结构施工的组合式整体自升钢平台模板系统成套施工技术;首次采用以结构劲性柱作为钢平台体系的支撑系统;首次提出利用钢平台体系同步竖向和水平结构的施工工艺;提出采用拟合的曲线进行模板设计,符合结构截面并适应截面变化需要。

三、钢结构设计与安装技术

1970 年代,上海在闵行地区陆续建造一些行车吨位为 400 吨级的重型钢结构厂房,对重型钢结构吊装施工技术重点围绕安装精度控制和节点连接工艺进行攻关,形成比较成熟的施工工艺。大型网架整体提升空中移位安装工艺,首先在修复文化广场重 270 吨的扇形网架屋盖吊装中应用。上海体育馆重 600 吨的圆形网架屋盖吊装和 1982 年在上海游泳馆重 440 吨的不等边六边形网架屋盖吊装中得到推广应用。

1995 年,虹桥机场双机维修机库超大型网架整体提升施工工艺研究和应用,解决了大跨度非对称网架施工阶段荷载与使用阶段荷载转换等技术难题。1996 年,同济大学开展的超大型构件液压同步提升技术与设备,获得国家科技进步奖二等奖。该技术一反传统的提升方法,采用柔性钢绞线或刚性立柱承重、液压提升器集群、计算机控制、液压同步提升新原理,实现超大型构件大吨位、大跨度、大面积、超高空整体提升。该项技术先后应用于上海东方明珠广播电视塔钢天线桅杆整体提升、北京西客站主站房钢结构门楼整体提升、首都机场四机位机库大型屋架提升等一系列重大建设工程中。1997 年建成的上海体育场的屋盖主体结构是全焊接、马鞍形、不规则三维空间钢管结构,江南造船(集团)公司在制作中采用和创新多项先进技术。1998 年,华东建筑设计研究院、上海建工(集团)总公司完成浦东国际机场航站楼钢结构安装工艺及设备的研究和应用。项目实现了带斜柱预应力钢结构长距离整体平移的高难度安装施工。

2000 年,同济大学组织开展的高耸钢结构设计理论研究与工程应用,获得国家科技进步奖二等奖。该项目提出了高耸钢结构振动控制一系列实用设计方法;在国内首次提出钢结构电视塔整体空间非线性分析方法并用于工程实际;在国内首创网球状塔楼等一大批钢结构电视塔新颖结构形式。研究了大跨越输电塔线耦合体系静动力特性及风振响应及控制。2001 年 11 月 2 日,上海新国际博览中心正式运行,是一座具有现代设计创意的建筑工程。上海建工(集团)总公司确立超大面积耐磨地坪和柔性钢结构体系施工技术——上海新国际博览中心(一期)工程科研项目。超大面积耐磨地坪一次成形,质量全优。大跨度柔性钢结构安装工艺,应用计算机控制技术成功地克服了结构施工形成过程中的不稳定结构和大变形体系,开创了柔性钢结构成功安装的先例。

2005 年,上海市机械施工有限公司组织开展的国家大剧院壳体钢结构安装工艺研究,获得上海市科技进步奖一等奖。该工程解决了壳体变形控制;用局部结构(中心环梁)整体空间预拼装和主要构件(梁架)平面预拼装的方法,保证壳体结构一次安装成功;解决了梁架这一超薄超长构件起板、回直、吊装的施工难题;采用切面法,将空间问题转化为平面问题,解决壳体施工的空间测量、定位、校正;解决了大体量空间结构集群支承点的结构荷载转换难题。同年,建成的上海旗忠森林体育城网球中心,是国内第一个具有屋顶 8 片"叶瓣"旋转开闭式结构的体育馆。屋顶钢结构是由钢环梁、机械传动设备和叶瓣等组合而成的空间大跨度钢结构。上海建工(集团)总公司提出定点吊装,无固定物理轴心的累计旋转顶推的总体施工技术路线。采用环梁地面分段分批拼装、分阶段定区域安装、累积旋转滑移合拢,以及叶瓣整榀拼装、分阶段定区域逐个安装整体旋转滑移到位的吊装工艺,缩短了施工工期。

2007 年,同济大学等承担世博场馆大空间结构安全保障关键技术研究,研制了大型结构整体施工新型动力系统,编制了计算机同步控制、集群液压油缸整体顶推移位工法,开发了大空间结构施工过程模拟仿真软件,提出了利用弹簧支撑的新型枕式膜结构,开发了新型索—玻璃组合结构的体系,提出了基于性能化的现代钢结构抗火设计方法。2010年,上海宝冶建设有限公司等合作开展大跨空间钢结构预应力施工技术研究与应用,提出了拉索制作、安装和张拉的基本技术要求及相关施工工艺,以及张拉装备的创新,获得国家科技进步奖二等奖。

四、重大土建设计与施工技术

【超高建筑综合技术】

1995年5月1日,总高468米的东方明珠广播电视塔正式启用。上海市科委组织大专院校、研究院所、施工等单位攻克了塔体结构静力特性、抗风和防震、大面积软土地基深基础施工技术、350米高强砼一次泵送技术、球体钢结构吊装技术、钢天线超高整体提升及筒体施工等10大技术难关。上海建工(集团)总公司、上海市第一建筑工程公司等完成的上海广播电视塔施工工艺及设备的研究与应用,获得1995年度上海市科技进步奖一等奖,1996年度国家科技进步奖二等奖。1998年完工的金茂大厦,针对"高、大、深"的工程特点和施工难度开展研究工作,在深基础施工中,创新采用了"突出主楼,兼顾裙房,分而论之,各个击破"的技术,解决了超大超深基坑施工难题。在塔楼主体混凝土结构施工中,采取六大创新技术,达到优质、高速和低耗目标。研制成的分体组合调平整体提升式钢平台模板体系和跳跃式爬模工艺,解决了空中解体和重组的重大技术关键,解决了大型钢结构安装的成套技术难题。首创高层施工一次泵送混凝土至383米高空的世界新纪录。高精度交汇测量技术,创造了塔楼垂直度达1/20 000精度的新纪录。形成了一整套超高层建筑施工工艺。上海建工(集团)总公司、上海市第一建筑工程公司开展的超高层建筑施工技术研究——金茂大厦,获得1999年度国家科技进步奖一等奖。

2001年7月1日,上海信息大楼落成,该大楼是上海信息港重点项目,是集通信、信息和高智能化于一体的标志性建筑。大楼在国内超高层建筑中首次采用国际上先进的劲性砼简体和巨型钢结构桁架技术。施工中首创仅设三道支撑深基坑围护与地下室外防水"倒作法"新技术;在55.6米大跨度预应力桁架梁上弦杆施工中,创造了新的施工工艺;首创滑轨式模板平移机构,解决了超高层劲性砼简体施工模板脚手的难题。大楼钢结构工程获得上海市金属结构协会颁发的2000年度钢结构工程"金刚杯"奖。

2008年5月31日,上海环球金融中心工程竣工。上海建工(集团)总公司、上海市第一建筑有限公司等完成的上海环球金融中心工程关键技术项目,获得上海市科技进步奖一等奖。该工程运用三维巨型钢结构、钢筋混凝土核心筒结构和伸臂钢桁架组成的三重结构体系,整体提升钢平台。研制出采用聚羧酸系外加剂配制的高强度等级(C60)、低收缩(180天收缩量低于$350×10^{-6}$)高性能、自密实混凝土配制技术,成功实现了大体量密集配筋钢筋混凝土结构施工的免振捣,解决C40~C60混凝土一次泵送到492米高度,创造了C80高强度混凝土一次泵送的新纪录。首次在城市安全敏感区域探索"坑外减压降水"的方案。首次研究建立了超深、超大基坑的四维预警监控与分析系统,形成了高效、快速、准确的信息反馈系统,实现了信息化施工。应用精确的工程测量控制方法,使大楼垂直度偏差控制在小于1/24 000,在现行规范允许值以内。上海环球金融中心在90层安装了2台用来抑制建筑物由于强风引起摇晃的风阻尼器,这是中国大陆首座使用风阻尼器装置的超高层建筑。国内首次采用预制组合立管技术,均在外加工成型后分段整体吊装,在楼板钢结构安装完成后安装预制组合立管,随结构同步攀升。

2010年,上海建工第一建筑有限公司完成超高层建筑测控技术研发平台建设,建立了一套超高层建筑高精度测量新方法;建立了适用于超高层建筑高强、高性能混凝土施工期时变特性演化的时变模型;提出了超高层建筑施工期时变控制的计算分析方法;建立了高效、高精度超高层建筑竖向变形监测系统;完成了示范工程——上海中心大厦的测控方案编制。

【铁路、机场建筑综合技术】

华东建筑设计院设计的上海铁路新客站主站屋,设计构思新颖、布局合理、集散迅速。采用的南北开口、高架候车的线上式布局,是中国铁路大型客站建设史上的一次突破和创新,获得1989年度上海科技进步奖一等奖、1990年度国家科技进步奖三等奖。上海市民用建筑设计院设计的埃及开罗国际会议中心,设计构思新颖,功能、技术与艺术完美结合,成功进行了湿陷性砂土沉降处理,建筑物沉降控制技术达到国际先进水平。实现了干热性气候下建筑物裂缝控制,技术达到国际先进水平。大挑台悬挑长度12米,开拓了新的计算理论,属国内首创。采用55米直径钢屋架结构新方案,开创一种适用于中型圆形钢屋架的新结构体系,获得1992年度上海科技进步奖一等奖。

1999年9月16日,浦东国际机场一期工程建成通航。在整个机场工程建设中,先后攻克八大施工难题。在适用技术创新方面取得大量开创性成果:在机场选址方面,为避免机场沿海滩涂的鸟类活动对飞行产生影响而开展的围海促淤造地"驱"鸟与长江口九段沙种青促淤"引"鸟可行性研究获得成功,该"驱引结合"的生态环境研究成果具有创新意义。结合围海造地将机场东移700米,可节省征地费20亿元,为后阶段机场建设和航空城的开发创造极好条件。在机场地基处理和防汛技术措施方面,针对典型的软土地基,进行各种不同方案的大规模实地试验而采用的强夯方案,可降低工程造价约1.2亿元。在航站楼抗震抗风研究方面,组织有关研究单位开展航楼的钢屋盖大跨度张弦梁足尺试验、结构模型三向地震振动台试验、整体模型的风洞试验、1∶1钢屋架模型结构制造和荷载试验,为工程设计和加工工艺提供了科学依据,优化和改进结构构造,节省钢材10%。在信息集成管理系统方面,采用中央数据库结构的计算机网络,以高速宽带主干网连接机场内的综合信息系统、营运管理系统等。上海浦东国际机场建设指挥部、上海建工(集团)总公司等承担的上海浦东国际机场工程建设与研究(重大工程类),获得2000年度上海市科技进步奖一等奖。上海建工(集团)总公司、上海市机械施工公司完成的上海浦东国际机场航站楼工程成套施工技术与设备研究,获得2000年度国家科技进步奖二等奖。

2010年,上海机场(集团)有限公司、同济大学等8家单位开展的浦东国际机场扩建工程建设关键技术研究,获得上海市科技进步奖一等奖。该项目主要创新点有:利用计算机仿真与模拟技术,对机场功能和设施布局进行模拟仿真,优化了机位、跑道等设计;提出一体化交通中心、机场运行中心等创新规划理念;首次建立多机场信息系统整体业务流程;创造性地提出钢结构多跨连续张弦梁结构体系和机场跑道接缝病害控制新技术,解决了超大钢构件的设计安装和金属屋面所需特种材料的加工和安装,以及道面类型与结构设计等关键技术问题。

【文化体育场馆建筑综合技术】

1996年底,上海大剧院工程结构封顶,是国内现代化高标准的剧院,其内部按使用功能分为南北两区。该大剧院工程采用PHC桩和方桩基地,采用1米厚的地下连续墙、两道钢筋砼支撑,基坑完成后地下连续墙兼作地下室外墙,且满足声学要求。拱形钢屋架施工采用现场分段制作、就地拼装、整体提升的施工方案,主要杆件均为箱梁形式,钢板厚度40毫米～70毫米,全部采用焊接。

1997年,上海体育场竣工。建筑物的外形呈马鞍形,是一环状封闭的钢筋混凝土结构。千米周长环状混凝土结构不设变形缝的裂缝控制成果,达到了"变大缝为小缝,变有害裂缝为无害裂缝"的设计要求。采用了劲性构架支模体系,解决了定位难、施工支撑难、费用多、安全性差的问题。应用 GPS 控制网进行空间三维测量,使体育场的定位、测量值达到了设计要求。1998 年,上海体育场被评为上海市最佳体育建筑;1999 年,被评为新中国成立 50 周年上海十大经典建筑之一。

1999 年 8 月,上海国际会议中心落成,作为上海标志性新景观,被评为新中国成立 50 年十大经典建筑之一。该建筑采用不对称异型设计,创新亮点集中体现在直径分别为 50 米和 38 米的东西两球。主要技术创新包括:结合实体缩尺模型的实验对球体结构进行验算,填补了国内超大直径单层网壳设计的空白;研制成钢板热冲压拼焊式异型四通节点,实现了经纬线杆件布置的节点连接,使球体达到最佳视觉效果;采用散件与组件相结合,经杆与纬杆交替式上升的"结网法"施工工艺。该项目获得 1999 年上海市创造发明奖。

2000 年初,上海城市规划展示馆建成。该建筑整体设计采用中国传统的"城门"型和中心对称手法构图。制定了钢筒结合的一柱一桩逆作法和整体吊装等全新的施工方案。在地下结构逆作法施工过程中,采用对称抽条挖土的新方法和利用土体的时空效应。展示馆上部结构采用钢管砼柱、型钢和钢桁架,以及组合楼板,减少了上部结构的自重。在屋顶施工控制技术上,采用分榀整体吊装,以及预应力钢绞线分别调整各屋盖的标高与应力等施工技术。该工程获得 2000 年上海市"白玉兰奖"和国家建筑最高荣誉"鲁班奖"。

2001 年 12 月 18 日,上海科技馆对外开放。上海科技馆是一座重大标志性建筑,充分体现了人、科技、自然三者相结合的主题。在总体布局与构思上,将建筑的基本格局定为整体性、动感性和不对称均衡性,采用螺旋上升体为建筑基本体。主体建筑为螺旋型屋面、卵形大厅及南北立面。建筑的结构体系主要有现浇钢筋混凝土预应力梁板框架结构、大跨度不规则柱网结构,工程设计与施工难度极高。在施工技术上,解决了基坑开挖面积大、深度较深、原水管渠保护要求高与围护结构净距 5 米、南北贯穿 150 米的难题;采用预应力技术,解决了 300 米超长弧形混凝土外墙的抗裂防渗难题;采用风洞试验、模拟计算和计算机辅助控制等手段,解决了螺旋空间曲面的定位、吊装和焊接等施工难题。上海科技馆建设指挥部、上海交通大学、上海现代建筑设计(集团)有限公司等开展的上海科技馆工程建设与研究项目,获得 2001 年上海科技进步奖一等奖、2002 年国家科技进步奖一等奖。

2002 年 2 月上海海洋水族馆对外开放。上海海洋水族馆造型新颖别致,突破了一般建筑平面布局的传统。工程结构复杂,施工难度大,质量要求高,比如水池不得出现渗漏水现象、池壁压克力板的槽口安装误差不超过 3 毫米。针对以上难题,上海建工(集团)总公司开发应用计算机辅助系统、精密测距仪导线法布点、极坐标法放样等先进施工方法,实现了在 120 米长不规则曲线的自行步道中安装压克力板的池壁槽口定位。解决了复杂形状水池模板支设问题。解决了特殊结构砼的防水防腐和细长砼结构的防裂抗渗问题。

2005 年 7 月 1 日,东方艺术中心正式运营。上海建工(集团)总公司针对环境保护要求高、独特的上部混凝土结构体系、特殊功能要求的屋面体系、特殊体系的空间曲面幕墙、独特的装饰和严格的剧场效果要求,开展科研攻关。创新地采用一道支撑解决了 13.5 米深坑的支护问题;采用特殊工艺解决了舞台升降钢套管沉放,设计了"套模法"定位和"铰链模"组合模板体系,解决了异形筒体定位和模板问题,采用由特殊立杆组成的排架系统,解决了大断面斜向混凝土环梁的定位和受力问题。大面积空间曲面钢屋盖采取"高空拼装法"。解决了 1.5 万平方米中间内凹的屋面排水、防水等问题。开发了复杂的玻璃幕墙主支撑刚度小、易变形的特殊幕墙安装技术。

2009 年,上海世博会有限公司、上海市第四建筑有限公司共同承担完成世博中国馆综合建造技术研究。该项目提出了大空间展览建筑的建筑、结构、生态三位一体整合设计理念;以抗震与防火相结合的设计构思,应用于中国馆并取得成效;形成了面向多环境保护基准的基坑分区施工依据和方法;创新采用了大悬挑钢屋盖无支撑施工工艺,解决了国家馆和地区馆上下同步施工的技术难题;在异型内倾斜幕墙体系施工中,创新采用了空间安装技术。同年,上海市第四建筑有限公司、上海市机械施工有限公司共同承担完成世博演艺中心施工关键技术研究。取得了以下成果:首次采用底板环梁换撑技术,大大提高了基础的施工速度;优化倾斜钢管混凝土柱的构造设计和施工措施,并形成了标准化的施工工艺;采用基础钢结构机械入坑吊装、上部钢结构大型塔吊和履带吊配合吊装的方式,完成了大跨度、大悬臂钢结构吊装;采用空间测量定位和误差调整系统,完成了多功能蝶形曲面幕墙的精确安装。

【生产与科研设施建筑技术】

宝钢一期工程从 1978 年 12 月破土动工,至 1985 年 9 月一次投产成功。该工程主要在软土地基处理、混凝土工程技术、钢结构及围护结构、焊接新技术、地下及水下工程、工业炉砌筑工程、特殊工程施工、新颖材料、工程管理技术等 115 项施工科技成果方面,有所创新和突破。上海宝山钢铁总厂工程指挥部、冶金部建筑研究总院等 6 家单位开展的宝钢一期工程施工新技术,获得 1988 年国家科技进步奖特等奖。

1991 年,秦山核电站一期工程建成投入运行。秦山核电站采用世界上技术成熟的压水堆,核岛内采用燃料包壳、压力壳和安全壳 3 道屏障,能承受极限事故引起的内压、高温和各种自然灾害。秦山核电站是完全依靠自己的技术力量,自行设计建造的第一座核电站,是集核物理学、计算学、热工流体力学、材料科学、机械、电子、自动控制、剂量防护、土建工程和环保等多学科的、综合性大型复杂的国家高科技系统工程技术项目。参加科研、试验和设计工作的 100 多个研究所、工厂和院校,分别完成了 30 多个专业的 400 多个重要科研和设计,完成 200 多个主要系统。上海核工程研究设计院等组织开展的秦山核电站工程预应力混凝土安全壳的结构研究和设计,获得 1995 年国家科技进步奖二等奖。上海核工程研究设计院、华东电力设计院等承担的秦山 30 万千瓦核电厂设计与建造项目,获得 1997 年国家科技进步奖特等奖。

2006—2008 年,上海建工集团完成总承建的上海光源(SSRF)国家重大科学工程主体建筑的土建部分。该工程针对主体建筑似"鹦鹉螺"的复杂造型,对屋面钢结构和屋面幕墙在建筑效果、屋面构造、防水系统等方面进行技术攻关。在建筑防微振动方面,对结构减振、浅层土体地基加固减振、排桩隔振三种防微振动方案进行理论计算和现场实际测量,确定了工程建筑安全的结构减振措施。上海市第七建筑有限公司、中国科学院上海应用物理研究所等共同承担完成同步辐射装置结构防护关键技术。该项目创新设计了符合辐射防护要求的隧道墙、顶板结构施工缝、后浇带、整体墙诱导缝、变形缝等构造的设置方法和施工技术措施。创新设计与施工了辐射屏蔽墙孔、洞、口的局部防护封堵,包括封堵材料的选择与封堵技术措施,并达到局部防护设计效果。

五、绿色生态建筑设计与施工技术

21 世纪人类共同的主题是可持续发展,对于城市建筑来说亦必须由传统高消耗型发展模式转向高效生态型发展模式。2003 年,上海市科委启动的"世博专项"重大课题——生态建筑关键技术研究与系统集成,把建筑节能、建筑环境、建筑智能和绿色建材等技术,根据上海特点进行集成,开发成套技术,并通过示范工程整体提高上海生态建筑技术水平,用5～10年时间,使生态建筑成为城市建筑的主导建筑。同年,上海市房屋土地资源管理局制定了《上海生态住宅小区技术实施细则》。该实施细则分为环境规划设计、建筑节能、室内环境质量、小区水环境、材料与资源、废弃物管理与收集系统六大部分,提出了明确的技术要求和技术措施,首次提出了上海市住宅生命周期的建设管理办法。

2004年9月21日建成全国首座生态办公示范楼和生态住宅示范楼,研发13项生态建筑关键技术,取得22项核心专利(其中发明专利11项)和2项软件著作权,编制生态建筑5项标准草案,主编国标《绿色建筑评价标准》(GB/T50378－2006),出版专著2本,发表论文112篇。生态办公示范楼获首届全国绿色建筑唯一的创新一等奖和2005年全国十大建设科技成就奖。2006年,上海市建筑科学研究院(集团)有限公司、上海交通大学等单位完成的生态建筑关键技术研究与系统集成,获上海科技进步奖一等奖。项目开发了再生能源综合应用、资源回收利用、智能高效舒适环境控制等技术体系。崇明陈家镇生态办公示范建筑是上海市科委2006年重大科技攻关项目——现代生态办公楼综合技术研究与应用示范的重要载体。该项目体现可持续建筑发展理念,结合崇明生态岛的整体定位和建设要求,以低能耗、低排放、高品质为目标,综合示范应用国内外先进的生态建筑技术成果和适宜推广的技术体系,将示范建筑打造成为一个生态与人文并重的超低能耗生态办公示范楼,节能技术目标为综合节能75%～80%,可再生能源利用率大于50%,再生资源利用率大于60%。

2006年,上海市科委世博科技专项和上海市城乡建设和交通委重大科研示范项目——智能化生态建筑技术集成研究,由上海市建筑科学研究院(集团)有限公司作为负责单位,联合上海现代建筑设计(集团)有限公司、同济大学等多家单位共同开展攻关研发。课题形成生态住宅设计策略,制备了相变储能材料、装置和3R建材等,集成了智能家居系统、建筑节能技术、建筑环境技术、资源利用技术等;获授权专利7项。作为核心研究成果之一的2010年世博会城市最佳实践区——上海案例"沪上·生态家",通过30%前瞻技术研发集成和70%成熟技术应用,形成"节能减排、资源回用、环境宜居、智能高效"四大技术体系共30个技术专项,达到建筑综合节能60%、可再生能源利用率占建筑设计能耗值的50%、非传统水源利用率60%、固废再生的墙体材料使用率100%、室内环境达标率100%等技术指标。2008年,上海世博(集团)有限公司承担完成世博会公共活动中心智能化生态建筑技术集成研究,世博中心是第一个申请美国USGBC LEEDNC2.2金奖标准的世博会建筑,也是新建建筑中体量最大的公共建筑,总建筑面积达14.2万平方米。根据建筑条件,世博中心采用兆瓦级太阳能发电设备、冰蓄冷系统、江水源空调系统、LED照明和雨水收集等节能环保技术。于2008年8月4日获得中国绿色建筑最高级认证。

2009年,上海市建筑业管理办公室与上海交通大学等15家单位研究完成世博科技专项——太阳能与建筑一体化应用研究。该项目结合上海地区的气候条件、城市风貌、生活习惯等特点,以及太阳能与建筑一体化现有的适用技术,制定了上海市工程技术规范《民用建筑太阳能应用技术规程》,是国内首次发布的工程技术规范。该项目针对上海市高层建筑多、地理环境各异等情况,完成了近20万平方米建筑面积的高层居住小区的分体式太阳能热水系统示范项目和太阳能并网发电系统示范项目。同年,上海市科委支持开展大型公共建筑物光伏建筑一体化并网发电项目技术研究,以京沪高铁上海虹桥铁路客站太阳能并网发电工程为依托,实施"光伏建筑一体化系统的适用条件和发电系统优化""光伏组件与屋面结合安装形式研究""光伏组件反射光污染问题研究""大面积光伏组件表面清洗方案研究""大型光伏发电场电气设备选型及布置的研究"等项目,开发出适用于光伏建筑一体化系统的光伏电站。2010年7月18日,京沪高铁上海虹桥站太阳能发电站正式并网发电,装机容量达6.688兆瓦,是国内首个兆瓦级大型光伏电站与铁路客站建设相结合的工程,年减排二氧化碳6 600多吨。

2010年,上海世博会有限公司、上海市第四建筑有限公司共同承担完成世博中国馆综合建造技术研究。项目提出了大空间展览建筑的建筑、结构、生态三位一体整合设计理念,实现了中国馆的节能环保示范效果。同年,上海市绿色建筑促进会和上海市建筑建材业市场管理总站共同提出了既有大型公共建筑单层玻璃幕墙节能改造技术、热工性能评价方法,为上海市既有大型公共建筑单层玻璃幕墙节能改造的应用和管理提供了技术支撑,编制《既有大型公共建筑单层玻璃幕墙节能改造技术导则》《既有大型公共建筑单层玻璃幕墙热工性能评价技术导则》《既有大型公共建筑单层玻璃幕墙节能改造管理办法》等草案。

第四节　地下、水下工程技术

一、盾构施工技术

1980年代中期,上海市隧道工程公司、上海隧道施工技术研究所等开展的软土地基注浆加固技术,在软弱地层中进行工程实践,保护地面建筑的地下管网,盾构进出洞等效果显著,填补了国内空白。获得1987年上海科技进步奖一等奖、1988年国家科技进步奖三等奖。1987年,上海市隧道工程公司结合市南站电缆隧道工程和需长距离穿越灰色亚砂土层的要求,研制成直径为4.35米的加泥式土压平衡盾构。该台盾构采用大刀盘掘削土层,螺旋输送机出土,可向密封隔舱内加注高浓度泥浆以改善土体的塑流性,能控制密封隔舱内的土压力与盾构开挖面上的土压力平衡,并装有先进的工业电视监控系统和盾构施工参数采集系统。盾构的推进、刀盘的切土、螺旋输送机的出土、泥浆灌注系统的加泥等,均实行自动化控制。1988年1月下旬,首次应用于市南站电缆隧道施工,推进长度为534米,在整个工程中由盾构施工而引起的沉降量不大于5厘米。直径4.35米加泥式土压平衡盾构掘进机获1990年国家科技进步奖一等奖。

1990年代初,上海市隧道工程公司隧道施工技术研究所开展的盾构穿越重要构筑物——以双液跟踪注浆控制沉降技术,获得1991年上海市科技进步奖一等奖。该项目在有超载的地面下采用跟踪注浆的关键技术,研制了扩散性强硬结块的双液注浆的材料和配比,以及适时跟踪注浆的工艺和控制措施,形成了一套在超载地面下控制盾构施工引起地面沉降的新方法。上海市隧道工程公司组织开展的延安东路隧道施工技术,是一项软土隧道及地下工程施工的综合性技术成果。其中有超大型盾构穿越江底浅覆土施工技术和穿越密集建筑群施工技术、高精度混凝土管片制作技术、隧道防水材料及工艺技术、软土地基注浆加固保护构筑物技术、隧道施工监测技术、地下连续墙围护深基坑施工技术等。该项目获得1992年上海市科技进步奖一等奖,1993年获得国家科技进步奖二等奖。上海隧道工程股份有限公司、上海中信隧道发展有限公司开展的大型泥水平衡盾构监控系统施工参数及地面沉降控制研究,确保了盾构顺利穿越高层建筑裙房地下室、10余幢多层建筑和直径1.65米下水道等地下管道。该项目获得1997年上海市科技进步奖一等奖。

2005年,上海隧道工程股份有限公司承担完成国家"863"计划——全断面隧道掘进机(盾构)重大专项课题,研制成国内首个具有自主知识产权的盾构姿态在线连续自动测量导向系统,形成了

6项拥有自主知识产权的发明专利。同年,上海隧道工程股份有限公司、上海市隧道工程轨道交通设计研究院等5家单位共同完成DOT(双圆)盾构综合技术研究,形成了5项发明专利和1项实用新型专利。DOT盾构技术使双区间隧道总宽度从原来的18米以上减小为约11米,可实现曲率半径300米和坡度3.5%的施工;开挖总面积比两个单圆隧道小、车站盾构端头井的宽度减小、隧道衬砌的钢筋混凝土工程量及同步注浆量减少。上海轨道交通杨浦线(M8线)首次采用DOT盾构技术进行施工。2008年,同济大学、上海申通地铁集团有限公司、上海城建(集团)公司开展的软土盾构隧道设计理论与施工控制技术及其应用,获得国家科技进步奖二等奖。该项目在软土盾构隧道衬砌结构设计新理论与新方法、新型管片、试验技术、施工微扰动控制技术及施工探测与监控技术方面取得了创新性的成果。项目成果成功应用于上海地铁、复兴东路越江隧道、黄浦江行人观光隧道、广州地铁、南京地铁及日本大阪地铁等几十项重大工程,并在上海长江隧道、南京第四长江通道等工程方案论证中得到应用。同年,上海隧道工程股份有限公司、上海长江隧桥建设发展有限公司等研究的超大直径、超长距离盾构推进技术,获得上海市科技进步奖一等奖。该项目首次采用泥水盾构相似模型试验、数值模拟分析和施工三维可视化仿真技术相结合的方法;创新了控制隧道稳定的同步浆材料和同步单液注浆施工方法;首创的预制和现浇相结合的"即时同步施工"工艺,解决了隧道结构在脱出盾尾之后整体上浮的难题;富水软土地层的泥水处理方式解决了黏土颗粒回收利用的技术难题,泥水循环利用率达到了80%;常压下刀具更换技术和隧道盾尾环冻结盾尾刷更换等施工应急新技术,确保了重大工程的质量和工期。该技术填补了国内空白,形成国家级工法2项。2009年,上海隧道工程股份有限公司开展的地下工程施工技术与重大施工装备的创新研发,获得上海市科技进步奖一等奖。主要创新成果有:结合地下重大工程建设项目开展自主创新,形成了以"超大直径盾构法隧道综合施工技术"和"隧道盾构掘进机设计制造技术"为代表的六大核心技术,总体技术均达到国际先进水平,并拥有自主知识产权;管理创新确保科技创新有序高效,形成了一套完善的技术创新体系。

2010年,上海市第二市政工程有限公司、同济大学等开展的盾构穿越成套控制技术及其应用,系统地揭示了建筑物下方重力场经扰动后的重分布规律及深层扰动位移发展规律;集成了泥水与土压平衡盾构的正面稳定控制、姿态控制、微扰动注浆控制,以及连续高精度监测等一整套穿越施工技术与可操作性的指南、工法。该项目获得上海市科技进步奖一等奖。同年,上海隧道工程股份有限公司、同济大学等完成的盾构法隧道施工测控关键技术,研发出盾构控制系统、盾构姿态导航系统、盾构施工信息管理系统,提高了国产盾构总体技术性能、提高了盾构信息化施工水平。获得上海市科技进步奖一等奖。

二、管道顶进技术

1980年代,上海市基础工程公司先后承担了由建设部和上海市分阶段下达的开展长距离钢管顶进新技术开发任务,满足大口径工业管道穿越江河通向水域的需要。1978年,研制成功的三段双铰型工具管解决了百米顶管技术,开发的挤压法顶管,特别适用于软黏土和淤泥质黏土,效率比手掘式顶管提高一倍。1981年,管道穿越甬江,第一次应用中继环获得成功。1986年,上海市基础工程公司在黄浦江上游引水工程中,成功地将计算机控制、激光导向、陀螺定向等先进技术与三段双铰型局部气压水力挖土式工具管有机结合,一次顶进1120米长的南市水厂输水管道,轴线精度小于±15厘米,高低小于±5厘米,有效地控制了地面沉降。1987年,通过由上海市科委和建委组织的专家鉴定,确认这一钢管顶进施工技术处于世界领先水平。三段双铰式局部气压顶管工具管,获得1981年国家发明奖三等奖,软土地区钢管长距离顶进施工技术,获得1989年国家科技进步奖一等奖。

1980年代后期,上海市隧道工程公司、上海市隧道工程设计院等组织开发的用垂直顶升法建造水底取(排)水口工艺,获得1990年上海市科技进步奖一等奖,1991年获得国家科技进步奖二等奖。该工艺在伸向水底的隧道端部建造取(排)水口,是一种新颖施工工艺。以隧道端部作为施工场地,在隧道内向上顶出不同数量的钢筋混凝土立管,从而形成取(排)水口,可获得良好的水质。该工艺解决了结构设计、抗震抗海浪和受力计算、顶升防水密封构造和技术、顶升工艺等一系列关键技术,属国内首创,达到国际先进水平。上海隧道工程股份有限公司、上海市隧道工程设计院等共同完成的混凝土管长距离顶进施工技术及工程应用,获得1995年上海市科技进步奖一等奖,1996年获得国家科技进步奖三等奖。该项目结合工程开发的中口径砼管长距离顶进施工技术,在复杂地层和复杂市政环境条件下,采用泥浆减阻措施,结合10个中继间联动操作的先进技术,成功地应用于深圳市排水工程,一次顶进长达1 053米,穿越淤泥、粉砂、砾石混层的复杂地层,保护了施工沿线的市政环境,有效控制了地面沉降。在减阻泥浆的配方优化和注浆工艺、顶管纠偏和测量技术、顶管穿越建筑物和沉降控制技术等方面均达到国际先进水平。1997年,上海黄浦江引水工程单向一次顶进DN3500钢管1 743米,创钢管顶管世界纪录。

1998年,上海市市政工程管理局结合攻克上海地铁隧道联络通道工程技术难题,开发了联络通道、泵站、集水管成套顶进施工法的设计与施工技术。首创的刀排式土压平衡矩形顶管机构思新颖,采用切削土体的刀排、土压平衡装置和螺旋输送机等操作方便。1999年,上海市市政工程管理局组织开展矩形顶管隧道技术研究,研制出3.8米×3.8米组合刀盘土压平衡矩形顶管机、预制管节钢模和矩形混凝土管节结构生产工艺和矩形隧道顶进施工技术,成功建造了地铁出入口人行地道工程。矩形顶管施工法解决了矩形顶管机进出洞、管节顶进和纠偏、管节减摩和地下管线保护等工程技术难题。

2001年,上海市第二市政工程有限公司结合复兴东路220千瓦电缆过江顶管工程实际,开创了越江顶管口径最大、自动化程度最高、沉降控制最小、轴线控制最好、管道防渗等级最高的越江混凝土管顶管的5项国内最新纪录。2003年,上海建工(集团)总公司研发的地下顶管二工序施工方法、前置式刀盘切削泥水排土扩孔装置和非开挖塑料顶管装置等新技术,先后完成了直径200毫米、400毫米、600毫米3种管径,钢管、混凝土管和硬聚氯乙烯管3种材质管道的顶进施工任务。2005年,上海市第二市政工程有限公司、上海中环建设发展有限公司等共同完成的中环线大断面管幕——箱涵顶进应用技术,是国内首次采用管幕法施工的大型地道工程。该项目开发了高精度姿态控制成套技术;提出了管幕内箱涵推进阻力计算的经验公式;建立了软土地层中管幕内箱涵推进的工作面稳定方法;建立了箱涵推进工法的地表变形控制理论及方法。该项目2006年获得上海市科技进步奖一等奖。

三、沉管与沉井技术

1998年,上海市基础公司承担完成的江阴长江大桥北锚墩沉井,平面尺寸为69米×51米,下沉深度58米,为世界第一大沉井。施工中开展的空气幕助沉技术具有独创性,构成的空气幕墙起到了井壁与土体隔离,使沉井顺利下沉,可纠正偏差。2002年,外环线隧道工程是上海首次采用沉管法工艺建造的越江隧道。该工程采用沉管管段局部高出河床设计方案；大型管段混凝土裂缝控制技术；岸壁围护和超深基坑设计施工技术；沉管隧道抗震及管段柔性接头设计。项目获得专利授权 4 项（其中发明专利 1 项），成果总体达到国际先进水平，部分达到国际领先。上海城建（集团）公司、上海市隧道工程轨道交通设计研究院等 7 家单位共同承担的大型沉管隧道工程技术研究，获得 2003 年上海市科技进步奖一等奖、2004 年国家科技进步奖二等奖。2008 年，上海市基础工程公司、上海交通大学等开展的远程遥控气压沉箱设计施工与设备的关键技术，获得上海市科技进步奖一等奖。该项目研制了遥控气压沉箱成套设备，螺旋机无排气连续出土系统为国际首创；自主开发了遥控气压沉箱工艺，实现了作业环境的无人化、可遥控化；研制了高气压环境的生命保障系统，有效保障了人员安全；形成了完整工法。其中，气压自动调节、支承及压沉一体化纠偏系统、沉箱内三维地貌实时显示监控系统、气压下混凝土自密实沉箱封底技术等均为国内首创。

四、水系工程施工技术

1990 年代，上海市水利工程设计研究院、水利部上海勘测设计研究院等组织开展苏州河挡潮闸设计新技术新工艺，将防汛、陆上交通和景观等统一在一个工程中。闸桥设计采用新颖的桥下悬挂门结构，简化了闸门结构和启闭设备；首创了单球铰、双限位悬挂门结构，解决了桥、门和水流三者相互影响的振动问题；闸墩采用钢沉井套和桩基的组合结构；闸底板为国内跨度最大的预制空箱式钢筋混凝土结构。研究成果总体上达到国际先进水平，获得 1995 年国家科技进步奖二等奖。

2003 年，上海市基础工程公司承担的大口径薄壁管道浅海敷设施工技术研究，获得国家科技进步奖二等奖。该项目是镇海—舟山岛引水工程，是国内海洋敷管工程中施工难度最大的工程。该项目自行设计建成了中国第一艘功能齐全、智能化的大型浅海敷管船；独特的敷管船锚泊系统，确保敷管船在受最大水流（约 5 节）时保证敷管船不发生超出管段允许应力的横向漂移；巨型托管架的创新设计，能有效地减少水流对托管架和被敷管段的作用力；创造性使用了有利于电焊的气体保护焊工艺，确保管段在海上大气湿度大、盐分高、风浪大、船舶不稳定等恶劣条件下焊接的质量；研制了水力喷射埋设机，将敷入海床面的管段埋深至海床泥面以下 2.2 米。该研究成果首创了大口径薄壁管道浅海敷设施工技术，填补了国内这一技术领域的空白，达到国际先进水平。2006 年，中交三航局第二工程有限公司建立了一套控制沉桩对环境影响的新方法，解决了在重要历史建筑物密集的苏州河口外滩侧、距外国领事馆仅 16 米的位置进行桩基施工的难题。解决了总重量达 5 174 吨的空箱薄壁混凝土不对称结构的闸底板一次性精确沉放的技术难题。2008 年，该局承担完成的新型浮箱式闸首施工关键技术，采用大型浮箱结构兼作施工临时围堰和闸首永久性结构，是当时国内最大规模的浮箱式闸首结构工程。该工程通过基床形成控制、浮箱沉放定位控制、GPS 跟踪测量定位系统开发、浮箱拖运的技术研究、基床注浆与止水帷幕施工工艺革新，解决了外闸首浮箱沉放、结构与基床施工期稳定、闸首结构永久性止水等外闸首施工技术难题。

2010 年，上海建工第七建筑有限公司完成的大型港务工程中的新型自立式复合地墙关键技术，形成了大型港务工程新型自立式复合墙结构的理论、设计、施工新技术。该研究成果实现了船坞接长改造过程中既有船坞的不间断生产。同年，中交第三航务工程局有限公司完成的近海水中大直径嵌岩（斜）桩施工技术，研发了人造基床稳桩技术，解决了深水、浅覆盖层、大波浪、高流速条件下嵌岩桩钢套筒的稳定问题。项目提出了采用泥浆分离净化器的清孔方法，解决了大直径直桩嵌岩成孔时清孔难度大、工效低的问题；研制出了适应大直径斜桩嵌岩施工的专用钻机和技术，满足了斜桩嵌岩成孔的需求;采用检测管法解决了嵌岩斜桩混凝土浇筑过程中的混凝土面测量的问题,提出了预埋定向导管的斜嵌岩桩混凝土钻芯取样检测方法,保障成桩质量;形成了深水浅覆盖层嵌岩(斜)桩成套技术和施工工法,提高了水上嵌岩桩的整体施工水平。

第五节　建筑材料开发技术

1970 年代,建材技术向多品种、重实用方面发展,研制出特种水泥、水泥速凝剂、混凝土减水剂、新型墙体材料、专用玻璃、玻璃纤维贴墙布等材料。1980 年代,重点进行基本材料工业生产工艺技术更新研究,先后研制成功双掺水泥、粉煤灰—微集料水泥,以及钢渣粉煤灰少熟料水泥、钢渣矿渣水泥、水泥外加剂;研究玻璃弯钢化、夹层、中空、镀膜等深加工技术;建成粉煤灰硅酸盐制品中间试验线;试制高质量的聚氯乙烯塑料上水管、塑料墙纸、塑料地板、塑钢门窗、玻璃钢盒子卫生间等;研究高分子卷材、改性油毡、丙烯酸密封材料、改性沥青防水嵌缝膏、屋面防水涂料;发展地下洞库堵漏、防潮材料施工技术;解决了以氟石膏为缓凝剂、水泥掺木钙减水剂引起速凝的难题;完成了新型轻质墙体材料开发与应用、纤维水泥流浆法工艺应用技术研究。粉煤灰资源由湿灰发展到干灰,并开辟了筑路、填筑等粉煤灰大宗直接利用的新途径。通过科研、设计、排灰、用灰等单位通力协作,以及联合国开发计划署、工业发展组织的帮助,粉煤灰在道路修筑、结构回填、混凝土和灌浆工程中的利用,取得新的突破和发展。1990 年代,开发成 SH－R 道路水泥、高炉矿渣微粉;研制成 U 型混凝土膨胀剂、矿渣复合掺合料;开发成玻璃幕墙成套技术、低辐射镀膜玻璃、高分子防水材料。

2000 年以来,上海的建材领域围绕城市重大建筑、高等级公路、大跨度桥梁及 2010 年上海世博会,取得一批高质量的科技成果。研制出抗盐冻性、自密实等混凝土。开展了路面材料的降噪性与再生利用应用研究。开发出多种建筑物防水防火及保温材料。2001 年,上海市建筑科学研究院和上海宝田公司研发了高性能复合胶凝材料——海工混凝土掺合料,用于东海大桥和洋山深水港的高性能混凝土工程,以保障工程结构在恶劣的海洋环境下达到 100 年的使用寿命。2003 年,同济大学开发成功水下抗分散混凝土,具有在水下直接浇注施工而不分散、不离析,以及在水下自填充模板和自密实的性能。同年,上海市市政工程研究院、同济大学等研制出降噪沥青混合料,具有降低噪声功能,路用性能均优于一般沥青路面。2004 年,同济大学等完成的混凝土耐久性关键技术研究及工程应用,获得国家科技进步奖二等奖。该项目探明了混凝土盐冻剥蚀的机理和主要影响因素,提出了防治混凝土盐冻剥蚀破坏的技术条件,高抗盐冻剥蚀性混凝土材料设计与施工的关键技术。首次研制成功三萜皂甙新型引气剂和混凝土抗冻性(抗盐冻性)专家系统,成果形成 2 个地方标准。2006 年,同济大学开发成功国家“863”高技术计划项目——超薄膨胀型钢结构防腐防火双功能涂料,是用于建筑物钢结构防腐防火保护的功能性涂料,具有良好的装饰性,耐火极限时间可达 100 分钟以上。上海市第一建筑有限公司、上海建工材料工程有限公司、同济大学共同开展的超大体积低水化热混凝土及高性能自密实混凝土在超高层建筑中的研究与应用,获得 2006 年上海市科技进步奖一等奖。该项目创新研制出采用优质复合掺合料、聚羧酸系外加剂、低水胶比、低水泥用量混凝土配制技术与搅拌工艺,以及低水化热低收缩大体积混凝土集成技术,提高了混凝结构耐久性。

2007 年,上海大学、上海三瑞化学有限公司等完成国家科技攻关计划世博科技专项——多功能纳米材料及涂层技术。该材料具有像陶瓷一样的稳定、防火、不燃、隔热、耐酸碱、耐沾污、极易清洁等优异性能,是一种纳米易洁环保阻燃涂层材料,可开发具有去除空气中各种有害气体并具有抗菌功能的室内外建筑涂层材料,具有净化空气、耐磨、防滑等多种功能的地面材料,具有涂层超薄、用于钢结构的防火阻燃涂层材料等。同年,上海市建筑构件制品有限公司、同济大学共同研究完成高致密双向调凝喷射混凝土多曲面壳板结构成套施工技术,应用于当时世界上面积最大、综合难度最高的滑板公园。研制开发了特殊的喷射混凝土及其成套施工应用技术,形成上海市级工法——多曲面壳形板结构喷射施工工法。它适应造型复杂、结构几何尺寸精确、表面光洁度和平整度要求很高、耐磨抗冲击性、高致密性的工程。为混凝土从工程结构材料向工程美学材料过渡奠定了基础。2010年,上海哈瑞克斯金属制品有限公司等开展的钢纤维混凝土特定结构计算理论和关键技术的研究与应用,获得国家科技进步奖二等奖。

第六节　建筑设计与施工信息技术

1990年代初,同济大学研制成高等级公路桥梁计算机辅助设计系统,分四大子系统:大桥初步设计子系统;桥梁有限元分析子系统;中小桥技术设计子系统;经济概预算子系统。该系统可以胜任桥梁设计工作量的50%,桥梁施工图设计周期缩短3倍以上,大桥的初步设计周期缩短2倍以上。该项目1991年获交通部“七五”科技攻关成果一等奖和国家“七五”科技攻关重大科技成果奖,1993年获得国家科技进步奖三等奖。同期,宝钢工程指挥部组织开展的宝钢工程建设项目系统管理技术研究与应用项目,获得国家科技进步奖一等奖。该项目提出了国际首创的三元复合结构理论;建立和运用了“六全”管理方式,为大型建设项目树立了系统管理模式;探索和运用了以双矩阵、三维结构的以业主为核心的三位一体管理组织形式;完善了质量保证体系(TQM),把质量和工期有机结合起来;以网络计划技术为基础,以界面管理和目标控制为重点,对工程进度进行全方位控制方法;解决了“以我为主制造和安装高新设备”的难题;对大力协同原则实现了国内首创的“四结合”工作体制。1998年,上海市市政工程管理局完成的基坑工程时空效应理论,在基坑工程施工中利用土体自身的控制地层位移的潜力,解决了软土深基坑稳定和变形问题的一整套设计、计算方法和施工工艺。该项目提出了基坑支护结构内力和变形计算的新方法、土压力的取值方法、基坑周围位移,以及对邻近建筑物和地下管线等影响的计算方法。

2000年,同济大学开展“同济启明星”专业软件在岩土工程中的应用,将设计理论、设计方法及工程设计经验融合于软件中,与国内外其他岩土工程软件相比,具有理论、技术和工程经验优势。上海市隧道工程轨道交通设计研究院研制成大型有限元程序AlgorFEAS后处理系统,适合于地下工程(如地铁车站、端头井等)与隧道(如沉管隧道干船坞、隧道暗埋段和隧道引道段等)的设计,能生成结构工程师所熟悉的内力图(如弯矩图和剪力图),根据混凝土结构设计规范GBJ10-89进行配筋。2001年,上海市市政工程管理处与同济大学联合研制上海城市基础设施管理系统,将市政工程、计算机应用和管理工程有机结合,形成了一个完整的、集行业管理(一级系统)、主体业务管理(二级系统)和主体业务实施(三级系统)为一体的基础设施管理计算机网络系统。2002年,同济大学承担完成地下工程施工机械网络多媒体与计算机技术管理系统。研制的隧道盾构施工工程数据库和盾构施工变形智能预测与控制的理论、方法与技术手段,以及施工变形多媒体视频监控和三维动态可视化仿真技术,组成盾构施工计算机技术管理系统。同年,同济大学开发同济曙光岩土及地下工程设计与施工分析软件,建立了适合于岩土及地下结构设计与分析的图形开发平台。研制出集有限元前后处理、计算于一体的软件,根据岩土工程的特点,可模拟逐步开挖和应力释放等整个施工过程。

2006年,上海宝冶建设有限公司等合作开展的现代化体育场施工技术研究,获得国家科技进步奖二等奖。该课题以武汉体育中心体育场、南京奥体中心主体育场为研究载体,将体育场工程从土建、安装、智能工程施工乃至项目管理等内容进行全面集成,从施工的创新技术、特殊技术和通用技术等3个层面形成现代化体育场施工成套技术,指导中国大型体育场的总承包、主承建和专业等施工。同年,上海城市发展信息中心承担完成基于地理信息系统的规划与建设数字化技术在临港新城中应用。该项目建立的跨部门、动态、可扩展的临港新城空间基础数据平台,综合能力、应用功能强大,能为政府规划、建设部门的决策提供支持。

2009年,同济大学完成世博科技专项——大型群体复杂项目系统性控制关键技术研究,提出了以五大技术为核心的大型复杂项目群系统性控制思想,形成了以项目对象分解技术为基础的结构化项目管理创新体系,建立了工程建设进度控制的优化系统,为大型复杂群体工程多目标的实现提供了技术支撑。2010年,中交上海港湾工程设计研究院有限公司开发出具有独立知识产权的SHEDRI港口工程三维交互设计——高桩码头结构方案设计软件V1.0。该软件进行了高桩码头结构方案三维快速设计系统的开发,完成了码头模型库、参数化建模、功能分析处理等三大功能模块。

第二章 交 通 科 技

第一节 交通设施技术

一、轨道设施技术

1977—1983年,铁路在技术改造方面取得发展,沪宁线铺设混凝土轨枕板线路113公里;干线无缝线路达1000多公里。1980年代,沪宁线改铺60公斤/米的重型钢轨,提高了线路质量。此外,线路大修中使用了高效优质的大型起轨机和捣固机。1987年,上海开始沪杭线复线建设。上海铁路局研制的铁路高架门式浮桥,是一种新型的铁路浮桥,插入铁路正桥可以替代损毁的大跨深水桥梁,建成带引桥的整座浮桥维持铁路运输,是理想的桥梁抢修手段。该成果获得1993年国家科技进步奖三等奖。

1995年,上海铁路局在全国铁路率先开展既有繁忙干线提高客货列车速度的研究和试验。1996年4月1日首先在既有繁忙干线上成功地开行沪宁线"先行号"快速列车,客车速度提高至140公里/小时以上,货车速度提高至80～85公里/小时。沪宁线客货列车提速研究成果,获得1997年上海市科技进步奖一等奖,1999年获得国家科技进步奖三等奖。1998年,上海铁路局在沪宁下行线铺设了长达104公里的跨区间超长无缝线路,是中国铁路史上最长的实现区间、站内正线和进出站道岔无缝连接的线路。1999年,上海铁路局研制的繁忙干线大型养路机械夜间无缝线路维修作业,属国内首创,提供了确保繁忙干线大型养路机械作业安全、质量、效率、效益所必需的整套施工技术。上海铁路局与戚墅堰机车车辆厂、南京浦镇车辆厂等单位联合研制开发的全国首列准高速内燃动车组"新曙光"号双层客车,于1999年10月正式运行于沪宁杭区,运营速度达180公里/小时。

2001年,同济大学承担完成"九五"国家重点科技攻关项目两个专题——200公里/小时电动车组牵引变压器的研制和200公里/小时电动车组制动系统的研制。项目采用微机控制直通电控制动系统,是国际上最先进的制动控制系统。2002年,上海铁路局完成的中国铁路提速工程成套技术与设备,获得国家科技进步奖一等奖。该项目开发了具有自主知识产权的最高运行速度达160～200公里/小时的机车和动车组;开发出提速显示信号系统及列车运行控制系统,确保提速后不降低运输密度且还能适度增长;建立提速安全管理和控制体系,研制具有自主知识产权的提速列车运行安全监测系统及轨道弹性检查车。该项成果的实施使中国铁路繁忙干线在开行5000吨以上重载列车的同时,旅客列车最高速度达160公里/小时;全路客车平均旅行速度提高25%,密度、重量共同提高,每营业公里平均密度达3045万吨/公里,居世界首位。2003年12月30日,上海铁路局在沪宁线上海西—南京站间铺设成功跨越40个封锁区间、全长294.5公里的无缝线路,创国内无缝线路新纪录,荣获2001年上海市优秀发明选拔赛一等奖。

2003年,上海市磁悬浮快速列车工程指挥部等9家单位开展的上海磁悬浮示范线轨道关键技术研究,获得上海市科技进步奖一等奖。该项目采用多级拟合技术解决磁悬浮轨道结构空间线型问题;开发了适于高速磁悬浮的轨道结构—双跨简支—连续梁;解决温差变形对轨道结构系统公差的影响;首次开发新型叠合式轨道梁作为高速磁悬浮跨越大江大河的轨道结构型式;解决了软土地区建设高速磁悬浮的不均匀沉降难题。上海磁悬浮交通发展有限公司等 7 家单位完成的常导高速磁悬浮长定子轨道系统设计、制造和施工成套技术研究,获得 2006 年国家科技进步奖二等奖。该项目采用定子铁芯、功能件、轨道梁分段"以直拟曲"多级拟合,解决了长定子空间曲线实现问题;采用简支与连续轨道结构实现"静载简支、动载连续""水平简支、垂直连续"功能;研制出高精度可调节模板系统和双五坐标数控机床组成的自动化机械加工线;制造成功定子段长 1 200 米、总长 30 公里的直线电机长定子;实现世界上首次用预应力钢筋混凝土技术制作完成高速磁悬浮直线电机长定子轨道系统。

二、航道治理技术

1993 年,上海航道局和南京水利科学研究院完成国家"八五"重点科技攻关项目——长江口拦门沙航道演变规律与深水航道整治方案研究。该项目运用束水攻沙的原理,让水流冲深北槽航道,同时辅以疏浚作业,形成全长 79.5 公里、深 12.5 米的入海深水航道。2001 年,上海航道局完成长江口深水航道治理工程 GPS B 级控制网的设计方案。该网覆盖的范围达 1 900 平方公里,包含高程异常网,相对定位精度达到 $10^{-7}\sim10^{-8}$。

2001 年,中港第三航务工程局、上海航道局开展的长江口深水航道治理工程护体软体排铺设工艺及设备研究,获得上海市科技进步奖一等奖。该项目解决了防止河床冲刷和提高整治建筑物自身稳定的关键问题,实现了高效、精确、高度机械化和自动定位与监控的施工目标。2002 年,上海航道局等单位开发的耙吸挖泥船吃水装载监测系统,是一套自动化程度较高的新型船用计算机监测系统;抓斗挖泥船定位定深监控系统实现了对抓斗挖泥船施工作业的三维测量和直观显示、定深自动控制;绞吸挖泥船工况监测系统采用 GPS 信号进行绞吸挖泥船施工定位,具有进桩指导功能,避免主桩偏离挖槽中心线的现象。2004 年,上海航道勘察设计研究院承担完成长江口深水航道治理二期工程总平面方案优化研究。该项目建立了容纳二维和三维潮流数模、全沙数模、定床物模、动床物模、水槽试验、试验性工程、现场系列实测资料分析等科研手段评价体系,以及复杂分汊河口治理工程总平面优化的评价标准。

2007 年,交通部长江口航道管理局、上海航道勘察设计研究院等 10 家单位共同完成的长江口深水航道治理工程成套技术,获得国家科技进步奖一等奖。该项目创新性地提出了在长江口总体河势基本稳定的条件下,可以选择北槽先期进行工程治理的科学论断;针对长江口的特点,提出了稳定分流口、充分利用落潮流输沙,采用中水位整治及宽间距双导堤加长丁坝群结合疏浚工程的总体治理方案。该项目在创新解决护底结构的基础上,采用了新型结构来整治建筑物;水上施工全部采用首创的大型专用作业船,开发了成套施工新工艺;开发的航道回淤预测数学模型在一、二期工程回淤量分析、预报中发挥了关键作用。长江口深水航道治理工程形成了中国独创的,包括科研、设计、施工和管理的一整套先进技术。2008 年,中交上海航道局有限公司、上海交通大学等合作开展的先进疏浚技术与关键装备研发及产业化,获得国家科技进步奖二等奖。

三、港区工程技术

上海国际航运中心洋山深水港区 2005 年 12 月 10 日正式开港,标志着上海国际航运中心建设取得了重大突破。洋山深水港建设指挥部汇集了近百名两院院士和国内外知名科学家对项目进行方案论证,组织关键技术攻关。港区工程建设主要创新点有:创建了四边开敞可模拟柯氏力影响的潮流泥沙数模、物模复合模型,建立了类似海域的海床冲淤演变预测和顺岸式港池淤积计算公式,揭示了高含沙强潮流外海多岛礁水域建港潮流泥沙运动规律,确立了归顺水流、减少港池和航道泥沙回淤强度的单通道水域总体布局方案;首创斜顶桩板桩墙承台接岸结构新型式;深水强潮流裸露基岩实施袋装砂人造基床稳桩和深厚软土地基上大直径砂桩加固粉细砂地基技术,克服了高填土、深海软基建造码头的难题,为码头施工和陆域快速回填同步实施创造了条件;首次将散粒体介质的颗粒流分析方法应用于粉细砂无填料振冲加固的力学机理研究,开辟了无填料振冲加固深厚砂土地基的研究新途径;陆域碱性吹填砂深层基质改良和柔性防冲蚀复合技术,解决了岛礁建港水陆域生态立体修复技术难题。共形成专利21项、软件著作权4项、规范2项。上海同盛投资(集团)有限公司、中交第三航务工程勘察设计院有限公司、中交第三航务工程局有限公司等10家单位共同开展的上海国际航运中心洋山深水港区(外海岛礁超大型集装箱港口)工程关键技术,获得2008年上海市科技进步奖一等奖、2010年国家科技进步奖二等奖。

2006年,上海国际港务(集团)股份有限公司、中交水运规划设计院等完成的外高桥集装箱码头建设集成创新技术研究,获得国家科技进步奖二等奖。该项目创新了现代集装箱港区功能模块断面布置模式;建立了集装箱码头虚拟仿真模型;提出集装箱船舶柔性靠泊通过能力评价方法;创新了振动碾压、无填料振冲和低能量强夯联合降水法等大面积粉细砂吹填成陆快速地基加固技术,实施了半刚性基层沥青铺面港区道路等施工新技术;在世界上第一次成功采用了双40英尺(12.2米)集装箱岸桥,并创新了与之配套的工艺系统和码头设计;开发了全新的信息管理系统和"量清价定""银行保函"等一系列工程管理新方法。

第二节 交通管理技术

一、地面交通管理技术

1979年起,上海着手研究电子计算机在汽车运输企业管理中的应用,大众出租公司1980年代末从澳大利亚引进专网GPS调度管理系统。1987年起,道路交通进行了交通监控系统模拟试验研究,开展了上海交通自适应控制系统的路口信号控制器研究。1993年,上海交通工程科学研究所与上海大学工学院和中国高科集团公司联合研制成上海市交通指挥地图显示系统,适用于道路交通指挥和管理。

2000年起,上海结合国际上发展起来的智能交通系统新概念和技术,开发研究相应的交通控制与管理技术和理论,形成适用于中国城市、具有知识产权的交通控制与管理系统。上海亚太计算机信息系统有限公司、上海通用卫星导航有限公司完成汽车车内自主导行系统,具有卫星定位(GPS)功能。2002年,上海亚太计算机信息系统有限公司承担的上海市高速公路结算中心软件研制和收费清算、通信、监控及应急指挥三中心系统集成开通运行,实现了集收费、监控和通信系统为一体的现代化的管理模式。2004年,上海市市政工程管理处、同济大学完成的上海市高架道路交通监控系统研究及工程示范,获得上海市科技进步奖一等奖。该项目提出了"区域控制、广域诱导"的二阶协调控制策略;提出了交通监控的四栈闭式监管模式;建立了不同道路环境下的交通状态智能判别函数;解决了复杂交通状况下交通状态的自动识别问题。同济大学承担完成国家"十五"科技攻关项目——智能交通系统项目评价方法的研究。该项目建立了智能交通系统(ITS)评价的三维框架,提出了从经济、交通、环境和社会综合效益方面对ITS项目进行综合评价的方法,编制了评价指南,开发了评价系统软件。上海市公安局交巡警总队完成上海市机动车辆联合信息平台(保险部分)。建立了集车辆数据、违章数据、驾驶员数据、理赔数据为一体的车辆风险数学模型,动态分析车辆的违法概率和保险公司风险,计算科学合理的第三者责任险保费。2005年,上海申磐产业有限公司等完成的基于本体的交通系统驾驶员个性化培训技术开发及标准化项目,获得国家科技进步奖二等奖。该项目建立了机动车驾驶员和机车乘务员驾驶培训指标体系;建立了驾驶员个性化培训的模糊评判模型;构筑了基于本体的驾驶员个性化培训的通用技术平台;研制了驾驶员个性化培训专用设备;开发了驾驶员个性化培训成套系统软件;研制了交通行业标准《汽车驾驶培训模拟器》,编写了配套教材《汽车模拟驾驶指导教程》。

2006年,上海宝信软件股份有限公司等完成的城市道路智能交通系统理论体系、关键技术及工程应用,获得国家科技进步奖二等奖。该项目率先提出并创建城市交通智能协同理论体系;在国际上首次建立车辆诱导、交通控制和公共交通的协调机制;提出一系列交通信息融合和交通状态自动判别技术,解决交通共用信息平台建设的关键技术问题;研发成具有国际先进水平的车辆诱导系统;开发出具有自主知识产权的混合交通自适应控制系统;研制的智能公交系统调度方案自动生成方法,结束了长期以来凭经验进行车辆调度的历史。该成果总体技术、经济指标处于国际先进水平。同年,上海铁路南站公共交通枢纽智能化系统试运行。该系统满足了运营企业和场站管理部门的使用需求,实现了公交线路远程调度和集中调度;实现了站区公交车集中调度、出租车与停车管理、乘客交通资讯综合服务等功能。同年,上海申通地铁集团有限公司、上海华虹计通智能卡系统有限公司等研发的城市轨道交通自动售检票系统"一票换乘"应用研究,获得上海市科技进步奖一等奖。该项目在世界上首创建立了大型轨道交通网络在线票务信息系统和数据集中、实时的精细清算体系,性能指标优于国外同类项目。实现了非接触IC票卡的多系统兼容应用。研制出具有自主知识产权的特有三重认证的薄型非接触IC卡。制定了国内首套自动售检票系统技术标准。该项目于2006年底投入运营。

2007年,上海电器科学研究所(集团)有限公司、同济大学等4家单位共同承担完成城市交通智能诱导系统与关键技术,获得国家科技进步奖二等奖。该项目提出了复杂网络交通管理的规划设计理论、交通监管策略和网络路由控制方法;创建了适合中国不稳定交通条件下的连续流和间断流分析模型,包括交通状态智能识别模型、行程时间预测模型、交通事件自动识别模型;建成了中国第一个城市级交通信息综合集成平台和智能诱导系统;解决了中国城市智能交通建设中普遍面临的信息资源分散、集成度低、系统可靠性差的问题,达到了事件反应时间小于2分钟、交通状态自动判别正确率达95%、行程时间预报精度达96%、事件检测正确率达87%的效果。该系统使通过路网的总体流量增加了15%~20%,相当于新建18公里的快速道路。同济大学负责完成国家发展改革委的中国下一代互联网示范工程(CNGI)专项——基于下一代互联网的智能交通监控管理系统。该项目构造了基于CNGI的城市智能交通监控管理系统,包括交通出行信息服务、交通监控管理、交通仿真与决策、数据分析与评估、系统管理等五个子系统。2009年,同济大学开展的网格资源管理与优化的虚拟超市技术及其应用,获得上海市技术发明奖一等奖。该项目提高了路网资源的利用率和网格的工作效率;建立面向任务的资源优化配置的自适应调整机制;发明了基于QoS的网格资源服务的多队列优选通道技术,构建网格资源服务流程的优化选择机制;发明了基于通用类型系统的交互式调试和可视化分析技术;发明了全局路网动态交通流负载均衡模型及诱导方法,实现了全局性、实时性、动态性和优化性的交通导航。

2010年,上海申虹投资发展有限公司等完成虹桥枢纽综合交通系统建设关键技术研究和示范——枢纽交通信息化系统,该项目规划了"一总五子"的信息管理系统架构,构建实时监控和非实时信息服务应用体系,奠定了虹桥综合交通枢纽信息化系统的框架;提出了基于枢纽内外交通信息互通与协调的交通联动诱导策略和基于网络计划的应急事件处理预案库方案。虹桥综合交通枢纽是城市交通建设上的一大创新,它将航空、高速铁路、磁悬浮、地铁等多种交通方式结合在一起。

二、轨道交通管理技术

1983年,上海铁路分局在南翔站建成国内第一个较大规模的驼峰全减速器计算机过程控制系统。该系统获得1985年国家科技进步奖二等奖,获1985年上海市优秀软件一等奖。1986年,京沪圈电子计算机联机网络完成路局与分局两级中心计算机的联网。开发出铁路客运站智能化集成平台系统;智能列车监控系统;城市轨道交通无人驾驶系统。上海铁路分局研制的上海铁路分局计算机信息网络系统,获1996年上海市科技进步奖二等奖。该分局运输业务信息网络覆盖率达99.8%,实现了运输生产作业和组织管理的电算化。

2003年8月20日,上海铁路局京沪线管内全线贯通调度指挥管理信息系统(DMIS)。该系统综合了通信、信号、计算机网络、运输组织等多门学科,实现了信息自动采集、传输、存储、处理和实时行车调度指挥。2003年9月,上海铁路局集装箱电子数据交换系统(EDI)投入运行。该系统实现了铁路集装箱进出口运输EDI信息传输,以EDI方式传输集装箱箱单输入和集装箱箱单输入回复信息。提出了多式联运报文标准,制定了多式联运的相关规则及EDI单证格式。同年,上海市隧道工程轨道交通设计研究院和同济大学共同完成城市轨道交通网络的共线运营与系统规划管理。该项目开发了城市轨道交通网络运输组织仿真系统,实现了轨道交通网络基础信息的管理和维护、列车开行方案的编制、列车运行图的铺画、网络通过能力的计算。

2005年,同济大学与上海地铁运营有限公司合作完成城轨交通列车运行图计算机编制系统研究。率先在国内城市轨道交通领域实现了列车运行图的计算机智能化编制和调整。2007年,上海铁路局信息技术所主持开发的铁路客运站智能化集成平台系统,获得上海铁路局科技进步奖一等奖。该系统建立了铁路客运站智能化系统集成管理和信息资源充分共享的开放式平台。实现列车到发、旅客引导、旅客广播、信息查询、安全防范、GPS时钟子系统的集成。上海铁路局电务管理信息系统完成研发,系统包括铁路电务生产管理、安全调度、设备维护与监测、通信管理、信息发布、地理信息等内容;实现铁路局、电务段、车间、工区各级电务部门相关信息数据的综合应用;实现了安全、调度、生产、设备、维修、技术、质量等业务的计算机网络化管理。2009年,卡斯柯信号有限公司组织开展的智能列车监控系统在城市轨道交通中的推广和应用,获得上海市科技进步奖一等奖。该项目开发出具有自主知识产权的城市轨道交通运输信号系统自动化管理和全自动行车调度指挥系统;首创了CBTC信号系统下的ATS整套技术;首创了CBTC信号系统下的无人驾驶模式的ATS技术;首次提出了路网—OCC—车站的三层ATS系统的架构模型和分散自律的体系结构,提高了系统对中心ATS瘫痪和网络瘫痪的抗干扰能力;创建了基于用户标识的冗余网络通信技术,研发了提高系统安全性的冗余编码技术和可重用的冗余网络通信中间件NetNode,建立了列车运行计划的自动调整和即时冲突检测算法,解决了传统的单纯以列车到发站时刻为统计模型的片面性的弊端。

2010年,上海申通轨道交通研究咨询有限公司完成城市轨道交通无人驾驶系统应用研究。该项目提出系统集成管理方式,为上海轨道交通10号线的实施提供了支撑和保障;提出综合监控系统技术;三开道岔和存车线长度标准的应用技术;车库停车线长度的安全控制技术;车辆故障信息传输技术,以及基于分离码理论的安全编码处理器理论和方法等成果,具有创新性。项目提出的EM驾驶模式、列车停站精度自动调整策略、车门/屏闭门故障应对方案、维修辅助系统,以及车—地大容量信息传输系统构架等,具有先进性。

三、航务管理技术

1991年,民航华东管理局研制的起飞线遥控塔台指挥系统,获得国家民航局科技进步奖二等奖。该系统在国内航务管理系统首次应用,填补了国内在机场飞机调度指挥领域的一个空白。该局研制的航行信息自动化处理系统,获得1993年民航总局科技进步奖二等奖。该系统属国内首次应用,减少了差错、事故的概率。1995年,上海航空公司研发成飞机维护管理系统。该系统以飞机的飞行状态为基本时钟,跟踪发动机和部件的运行,以指令文件为工作依据,监控飞机故障处理,并结合部件状态和指令文件建立了以部件为单元的时限控制体系,使飞机维护处于严格的控制之中。该软件在中国民航界首先建立了飞机维护一体化计算机管理的概念和方法。同年,东方航空公司率先开发了航班运营信息系统和旅客登机牌自动识别及清点系统,实现了航班信息的共享、飞机动态的准实时跟踪及飞机状态的跟踪;采用激光扫描技术自动识别、清点旅客登机人数。获得民航总局科技进步奖二等奖,上海市第三届科技博览会获得金奖和优秀奖。

1996年,东方航空公司研制的计算机本地离港系统,在上海始发的国际航班上开始使用,为旅客离港出境提供方便、快捷的自动化手段。1997年,东方航空公司建成实时网上订票和航班动态广域网发布系统,旅客可以通过东方航空站点(www. cea. online. sh. cn)在上海实时网上订票和对进出虹桥机场空港所有航班进行实时动态、信息查询等,填补了国内民航的一项空白。1998年,东方航空公司在全国民航系统中首次开发了旅客离港计算机控制系统,具有旅客值机、航班控制、电报发送、系统维护和登机检查等功能,并可与世界上任何一家航空公司的订票系统通信,解决了长期困扰客运部门因通信线路不稳定而造成的值机柜台不够用、值机速度慢、旅客登机人数清点难等问题。1999年,上海航空公司开发实施了航班运行系统项目(FOC),主要功能有:航班计划、飞机调度、机组安排、乘务排班、签派调度、气象信息、航线情报、特殊服务信息、订座信息、营运分析等。该系统在航班生产管理、科学调度、减少延误、提高航班运行效率、提供安全飞行保障、提高服务质量等方面发挥积极作用。

2001年,东方航空公司率先在国内民航业内建成先进的网站管理平台,包含东航门户网站、中货航门户网站,以及航班信息查询、网上订票、旅客服务和网上采购等网站。

第三节　交通辅助设施研制技术

1978年,内河航运和船舶研究所等单位协作,研制成功黄浦江渡轮雾天导航装置,改变了以往雾天航行听钟声、看罗经、凭经验的落后状况,确保航运安全。该项目获得1978年上海市科学大会奖。1985年,上海铁路局科学技术研究所等开展的无缝线路新技术的研究和推广应用,获得国家科技进步奖一等奖。上海铁路局负责钢轨内应力调整设备——拉轨器的研制和推广使用。长钢轨内应力控制不当，在冬季可能会造成钢轨或夹钣拉断，在夏季胀轨跑道，危及行车安全。拉轨器研制成功后，夏季铺的轨，到秋季用它进行一次应力调整。冬季铺轨时，只要用它将钢轨强制拉伸到设计锁定轨温时的长度锁定，即可控制其内应力，避免上述现象发生。同年，上海铁路局等研发的50U71Mm、250 米焊接长轨可控硅中频淬火技术，获得国家科技进步奖二等奖。上海铁路局科学技术研究所、上海铁路局上海工务段等研发的修复钢轨伤损的阔幅式喷焊炬、轨铁粉及工艺，获得国家发明奖二等奖。交通部上海海上安全监督局开发的太阳电池航标灯技术推广使用，获得 1990 年国家科技进步奖三等奖。该项目提供了大型灯、雷达应答的通信、灯船、灯塔照明的能源，编制了系统通用的航标灯的匹配太阳能容量、蓄电池的计算公式和照明角度。

1990 年代，在航务方面，进行了云高探测仪、飞机维修"专家系统"、飞机空地通信、国产航空座椅垫等研制开发。在港务方面，研制成功多种大起重量、大伸距起重机、新型异步启闭废钢块料抓斗、无动力自动转锁集装箱吊具。DCC 型集装箱式自动称重灌包机，获得 1992 年国家科技进步奖二等奖。CZP 型最佳倾配载仪，获得 1992 年国家科技进步奖三等奖。同期，在地面交通方面，研制成功新型液体贮运设备、机动车排气火花熄灭器、铰接式公共汽车、铁路车辆减速顶、车轮轮辋裂纹检测装置等。同期，雾天导航技术得到了完善，应用狭窄水道雷达回波特点及其相应的处理、高密度岸线遮掩、CLD－4 型高分辨率导航雷达等，达到世界先进水平。民航华东管理局研制的跑道视程、斜视视程和云高激光探测仪，获得 1993 年国家科技进步奖三等奖。虹桥机场激光下滑道助航系统研制成功，提高了飞机在复杂气象条件下着陆的安全性，减少飞机复飞、迫降和备降。中国东方航空公司研制的"专家系统"在飞机维修中应用人工智能技术模拟专家解决问题的过程。华东民航管理局完成的黄山 VHF 转播台，实现了无人值守条件下的全自动化控制，达到国内同类地—空甚高频转播系统的先进水平。上海无线电电子研究所与美国航空电子产品制造商 Honeywell 公司联合研制的机载 MODEA/C 应答机，在技术上填补了国内空白，能与地面二次雷达配合飞机的空地通信，实现空中交通分层管理的目的。上海港务局组织开展的港口新型抓斗吊具系列推广，获得 1998 年国家科技进步奖二等奖。上海港研制开发的新型抓斗吊具系列投产后，不仅解决了港口长期存在的木材、废钢、卷钢、新闻纸等装卸过程中缺少合适工具的难题，而且进一步改变了这些货物的落后装卸工艺，提高装卸效率 30％～100％，缩短船期 20％～55％。上海铁路局开发的车轮轮辋裂纹检测装置，将超声波检测技术和计算机应用技术相结合，提高了列车安全运行的检测水平。

2000 年起，在港务方面，发明了集装箱吊具防误操作装置，打桩船实现了吊龙口打桩，研制成功多功能深水挖沙船、水下整平机等。在轨道交通方面，取得焊接钢轨、长钢轨移位吊运、减速顶等多项专利，研制成车辆在线检测技术、养路机械成套装备技术、数控钢轨校直机等。上海集装箱码头有限公司和上海港口设计研究院承担的 40 英尺集装箱吊具防误操作装置，获得 2001 年上海市发明奖三等奖。该成果能判别不同尺寸的集装箱，预控由于误操作所造成的摔箱事故。2003 年，上海铁路局、中铁第十一工程局等研制成功工地钢轨接触焊作业车，按预定的工艺要求自动焊接钢轨、记录焊接数据、判别焊接质量。同年，中港第三航务工程局上海分公司为主研制成步履式水下整平机，填补了国内空白。该系统实现了远距离对水下整平机作业姿态和功能的实时监测与控制，可用于 35 米最大作业水深。

2004 年，上海船舶柴油机研究所完成浮置板隔振系统。该项目斜置式轨道减振器较同类产品增加了橡胶的剪切面积，提高了减振效果；具有自主知识产权的分体式 CM 橡胶减振器纵横向刚度大、不需设限位装置。同年，上海航道局研制、改建的大型多功能深水挖沙船——"新海狮"轮试航成功。"新海狮"舱容 13 000 立方米、最大吸沙水深达 70 米，是国内挖深最深的吸沙船。上海港务工程公司和上海海事大学完成超大型高性能打桩船关键技术研究,获得 2004 年中国航海学会科学技术奖三等奖。该成果使"港工洋山号"成为国内技术最领先的超大型打桩船,实现了吊龙口打桩,特别是吊龙口打斜桩的功能,属国内首创。2005 年,上海铁路局站场调速中心研制的 TDW908 新型全液压高效减速顶,使减速顶的整个工作行程都能进行制动。采用滑套结构解决了车轮压过减速顶时油缸工作腔容积变化的问题。该项目获得国家专利,获得上海铁路局科技进步奖一等奖。同年,上海地铁运营有限公司等完成城市轨道交通关键技术,在运营线路上以地对车的模式研究车辆走行部状态的在线检测技术,分析、判断故障点及故障的严重程度。

2006 年,上海铁路局等研制的铁路线路大型养路机械成套装备技术与应用,获得国家科技进步奖二等奖。该项目实现了电气控制系统、激光准直系统和制动系统等关键技术的再创新,完成了连续式捣固车、道岔捣固车、全断面道碴清筛机研制;研制了动力稳定车、配碴整形车,实现了大型养路机械装备的配套;创造了跨局施工、夜间作业、综合天窗等多项施工新方法。该项目制定了大型养路机械相关的铁道行业标准和技术规范 30 余项,形成了适用于中国国情的大型养路机械技术体系。2008 年,上海理工大学研制成 GTD500 焊接长钢轨数控同步群吊。该群吊车可对焊接后500 米长钢轨进行整体装卸横向移位吊运,能消除由于吊运不同步发生的长钢轨弯曲扭伤变形现象,拥有铁路钢轨自动多层堆放吊装的钢轨机械手吊钩和具有 90 度自动转角功能的钢轨机械手吊钩等多项专利。同年,中交上海航道局有限公司研制成功新型高效耙头。该项目提出沿齿面高压冲水的创新方法,对增加耙齿的贯入深度和提高泥浆浓度方面发挥了显著作用,可大幅提高耙头挖掘沿海疏浚工程中遇到的硬质黏土和密实粉土细沙时的效率。

第三章 公共安全科技

第一节 自然灾害预防技术

上海在拥有良好自然条件的同时,特殊的濒江临海地理位置也常使上海受到来自海洋、陆地两大自然地理单元的多种自然灾害侵袭,是热带气旋、暴雨、风暴潮、赤潮、雷击、龙卷风等自然灾害易发和频发区域。至 2010 年,上海市建立了较完善的监测、预警、防御和救援的全过程管理体系,能够有效应对各类自然灾害。在监测方面:上海市建起包括地面、高空、大气成分、应急气象观测及卫星遥感在内的超大城市气象综合监测体系,建立了完善的地震监测系统。上海天气预报 24 小时预报正确率稳定在 90％以上。在预警方面:上海市建立了全覆盖、无缝隙、全跟踪的气象灾害预警预报体系,将信息通过报纸、电台、电视、网络、手机短信、电子显示屏等方式传递给公众。在防御方面:上海防汛抢险物资实行市级储备、专业储备和区县级储备三种储备方式,主要储备有草包、编织袋、木材、钢材、石块等 30 多个品种。在救灾方面:上海市应急管理委员会下设上海市自然灾害应急救助指挥部,总指挥由市政府分管民政工作的副市长担任,负责对重大自然灾害救助的统一领导指挥,应急办、民政局、公安局、水务局、防汛指挥部、气象局、电力公司等 20 多个部门和单位负责人担任应急救助指挥部成员。

一、气象灾害预测预报技术

1980 年代,上海市气象局、上海市台风研究所等开展长江流域暴雨及其预报研究、台风路径预报的诊断研究、大气环境地面自动监测系统等研究。1986 年起,上海市气象局开展灾害性天气监测和短时预报系统研究,该系统由自动气象观测站、卫星、雷达监测处理系统、VAX－3500 短时预报工作站及各种上海地区短时灾害性天气预报方法组成,在 5～15 分钟内能将各种灾害性天气预报、警报传到决策部门和用户手中。该系统获得 1990 年上海市科技进步奖一等奖。上海市气象局作为主要参加单位的国家"七五"科技攻关项目"9.2"课题——灾害性天气监测和短时预报系统研究,1992 年获得国家科技进步奖一等奖。

1996—1999 年,上海市科委和欧洲共同体第十三总司合作开发示范项目——上海市防汛自动测报系统,该系统覆盖全市的汛期采集网、骨干数据传输通信网、汇集和分析全市水情和工情,能作汛期快速预报,以支持防汛管理的水情测报管理中心。上海市气象局负责建成的上海市农业气象服务系统,首次将地理水文实验研究方法和理论引入到上海雨涝和蔬菜灾情损失的综合评估上,成功地进行了城市蔬菜地面积遥感调查,对上海蔬菜生产资源进行了分析评估及合理布局,对上海地区洪涝灾害遥感监测及灾情进行分析评估。同期开展的上海市雾的自动监测、预报、服务系统,可以自动检测包括雾在内的 11 种不同类型的天气现象,实现气象能见度、温度、湿度、风向、风速、雨量等多种气象数据的自动测量,能对垂直空间 3 000 米以内不同高度的风和温度进行连续观测,对雾特别是大雾的形成作出监测和预报。同期,上海市政工程设计研究院开展了上海外滩防汛工程设计技术研究。

2000年起,上海市防汛信息中心建立了上海市防汛风险图。该系统以地图形式直观反映某一地区发生洪水后可能被淹没的范围、水深及损失,建立对洪涝灾害进行预测预报、分析模拟、风险评估的决策支持系统。建立的基于WebGIS的台风信息服务系统,将模式识别技术中的Hausdorff算法应用到相似路径查找方面,具有创新性。上海市政府投资建设的上海地区GPS综合应用网于2002年6月开始运转,以上海为中心,覆盖整个长江三角洲地区,能全天候地提供长江三角洲地区的可降水汽量的变化信息,分辨率从12小时采样一次提高到30分钟一次,站点分布由300公里以上降到100公里左右。2006年,上海市气象局开展的基于WSR-88D资料和GIS信息的城市灾害天气精细预报技术,提高了气象部门对城市灾害天气的预警能力,在国内率先建立了灾害天气精细预报业务系统。2007年,投入运行的移动式双偏振多普勒天气雷达,贴近天气现象的发生现场、重大活动的保障现场和应急响应的工作现场,实现对天气过程的精细探测。

2008—2010年,上海市气象局开展的国家科技支撑计划世博科技专项——世博园区小尺度环境气象观测与综合服务技术研究,在国内首次构建以城市边界层模式为核心的精细化数值预报系统,提供空间分辨率500米的上海地区不同高度的温度、风场、相对湿度的逐小时预报和体感温度、人体舒适度、紫外线预报等环境健康产品。世博科技专项——世博园区雷电监测预警与风险评估关键技术研究,建立了针对世博园区的三级雷电监测预警系统,开发了TSS928和ALARM系统,进行世博园区单站雷电临近预报;构建了世博园区区域雷击风险评估模型,开发了世博园区雷击风险评估系统。上海中心气象台与上海台风研究所完成世博会强对流天气动态预警关键技术。上海市气象局承担的上海城市和沿海大雾遥感监测预警系统,实现了雾区与下垫面、高云、冷云区的初步自动分离,研制了雾动态、快速、自动识别实用方法,设立了卫星遥感大雾短时临近预报模型,对大雾0~3小时的发展、消散趋势进行估算和预测,构造了卫星遥感和地面观测相结合的大雾遥感监测预警智能化业务系统。同期,复旦大学、上海市环境监测中心等开展了城市复合型大气污染对居民健康影响的研究。中国气象局上海台风研究所等开展了中国台风数值预报模式系统的关键技术研究。

二、海洋灾害预测预报技术

1970年代,上海中心气象台与南京大学协作,研制出国内最早的台风路径数值预报正压模式。上海台风科研协作技术组完成的预报西太平洋台风路径的正压原始方程模式,成功地解决了内含台风环流的计算稳定性问题,为台风路径数值预报奠定基础。1980年代,上海台风研究所研制出五层原始方程模式。至1990年,上海中心气象台根据时滞相关,建立了应用北太平洋海温变化,进行上海责任海区热带气旋频数趋势预报回归方程。上海台风研究所和上海水文总站合作,建立了上海地区台风暴潮联合水位(天文潮加风暴潮)预扫模式。对台风涌浪传播计算作了理论探讨,得出了包括台风登陆情况在内的台风涌浪计算普遍公式。1994年,上海市气象局开展的中国东海短期海温数值预报研究,直接将10层大气模式与4层海洋模式进行耦合,建立了一套合理的海温短期数值预报模式,在渔业情报服务中得到应用。1997年,上海市气象局建立了东海台风监测、预报、警报服务系统。

2008年,国家海洋局东海预报中心承担完成海洋灾害应急信息系统研究。该项目建立了上海沿海风暴潮、海浪灾害多层次评估模型,能提前12~24小时,快速评估出在即将出现的海洋环境条件下可能发生的风暴潮、海浪灾害及所造成的直接经济损失,预报时效达到48~72小时,预报相对误差小于20％。同年,国家海洋局东海信息中心、上海海洋大学等单位承担完成城市风暴潮灾害辅助决策系统。该系统建立了非结构网格有限体积法的风暴潮洪水三维渐进溃堤模型;采用时态GIS、场景建模和虚拟现实技术,实现了风暴潮灾情动态仿真;采用模糊分析理论进行城市风暴潮灾害空间分布评估;形成了受灾人员撤离应急等预案。2009年,国家海洋局东海预报中心(上海市海洋环境预报台)承担完成上海市长江口海水入侵业务化监测和预测方法研究,构成完整的长江口海水入侵监测网络,覆盖长江口北支、南支、北港、南港及长江口外等区域,确保预报台及上海市相关管理部门及时掌握长江口海水入侵状况,预报准确率达到85％以上。同年,上海市海洋环境预报台承担完成长江口杭州湾开敞水域岸段设计波浪要素推算研究,获得沿海各点多年一遇的波浪要素,获取近岸浅水海域波浪场,为上海市滩涂圈围工程提供波浪设计参数。同年,上海市海洋环境预报台、国家海洋局东海标准计量中心等承担完成海洋综合观测平台关键技术研究。建成近海综合要素监测一体化的固定式综合性小型海洋科学试验平台;首次建成中国海底综合观测网,可对海底水文、地质等多要素开展监测;首次形成中国集海洋地震观测井、海底、水中、洋面、岸基、空中为一体的多参数综合监测系统。

2010年,上海市水利工程设计研究院、河海大学等共同承担完成上海市海堤防御能力评估研究。该项目开展对上海可能遭遇的风暴潮特性及代表型台风、强台风和超强台风的分析、潮位与风浪叠加的风潮组合频率估算、海塘经济最优防御标准探讨等方面的研究,对上海市海塘的防御能力进行了复核评估,提出了以频率潮加定级风形式表达的上海市适宜的海塘分区段设防标准。

三、地质地震灾害监测与防灾救灾技术

1990年代初,上海市地震局研制成中国第一套应用于核电站的强震监测系统。该系统能在一定地震烈度下给出报警,使反应堆及时停闭,整套设备在秦山核电站运行正常,填补了中国核电站强震监测的空白。同期,上海地震局等开展了上海地区地震危险性分析与基本烈度复核研究。同济大学上海防灾救灾研究所、上海市地震局等开展了上海市震害预测研究。1999年,上海市地震局、上海防灾救灾研究所完成上海市防震救灾应急决策信息系统(GIS应用)研究,核心部分是地震灾害损失快速预估子系统、地震应急决策信息子系统。该系统采用了红外航片遥感技术与航片扫描图电子矢量化技术,建立了相应的矢量化图层。同年,上海市地震局、同济大学等承担完成上海邻近地区地震对上海重要建筑物和设施影响及综合防御技术研究。项目研制成功上海地震台网快速定位系统,实现3.5级以上地震在5分钟内快速确定出地震三要素的目标;建立了震后趋势决策系统和上海市临震震害预估与防灾决策支持系统;建立了上海地区的地震动衰减规律。

2001年,上海市房屋土地资源管理局承担完成上海市GPS地面沉降监测网络规划与基准网建设,在上海首次建立大面积的高精度GPS沉降监测网,以及GPS沉降监测数据处理模型,实时、快速获取整个上海市地面沉降量。2002年,该局承担完成地面沉降数据自动采集系统,建立了地面沉降及水位动态变化实现远程控制;自动生成监测站管理数据库和地下水位绝对标高数据库。2004年,上海市地质调查研究院组织开展的上海地面沉降监测标技术与重大典型建筑密集区地面沉降防治研究,获得国家科技进步奖二等奖。该成果在基岩标、分层标的标体结构设计等方面较之国内外同类技术有诸多创新,并取得国家技术专利。地面沉降监测标技术除应用于城市地面沉降监测以外,也作为地区高程水准测量的控制网节点,以及重大工程建设施工的控制测量水准基点。该技术在众多国家重大工程建设项目中发挥了重要作用。针对密集建筑的地面沉降效应较为明显

的现状、建筑密度与地面沉降的关系与时空变化特征,提出了防治对策措施。

2005年,同济大学组织开展的结构抗震防灾新理论新技术研究,获得上海市科技进步奖一等奖,2006年获得国家科技进步奖二等奖。该项目开发了橡胶耗能和油阻尼器组合消能减震支撑新体系,获得国家专利;建立了阻尼器连接主楼和裙房进行消能减震的体系及分析方法;开发了滑动支座和橡胶支座组成的组合基础隔震系统及分析方法;提出了结构抗震变形验算的各种指标,并被国家标准采纳。编制了全国第1本由政府批准的《超限高层建筑工程抗震设计指南》。

2008年,同济大学开展的特殊桥梁抗震理论与减震技术,获得上海市科技进步奖一等奖。该项目首次提出包括寿命期与性能的大跨度桥梁抗震设计理论;首次建立了地震作用下大型桥梁高桩承台的桩—土—承台—结构共同作用的动力模型,揭示了冲刷深度、承台质量、自由桩长等因素对结构地震反应规律的影响和高桩承台的地震易损性;开发了黏滞阻尼器在大跨度桥梁减震中的技术和应用;开发了弹塑性抗震挡块,防止地震中落梁,具有合理分配横向地震力、耗散地震能量的特性;研制的大吨位全钢减隔震支座填补了国内空白。该成果被《公路桥梁抗震设计细则》采用,形成的特殊桥梁抗震理论与减震技术,为中国大型桥梁结构的自主设计提供了技术支撑,为确立中国的桥梁建设大国奠定了桥梁抗震理论基础。2009年,同济大学组织开展的大跨、高墩桥梁抗震设计关键技术,获得国家科技进步奖一等奖。项目围绕大跨度斜拉桥、悬索桥、拱桥和山区高墩等桥梁工程,提炼一系列桥梁抗震研究的前沿热点和难点技术问题。在基于寿命期与性能的大跨桥梁抗震设计方法、大跨桥梁高桩承台抗震设计技术、大跨度桥梁的合理抗震体系和减震技术、高墩和非规则桥梁抗震设计方法、大吨位全钢双曲面球型减隔震支座开发等方面展开研究。形成了特殊桥梁抗震与减震技术,为中国大型桥梁结构的自主设计奠定了桥梁抗震基础。

2010年,同济大学组织开展的多高层建筑钢结构抗震关键技术研制与应用,获得上海市科技进步奖一等奖。项目建立了考虑损伤累积效应影响的梁滞回模型和考虑空间受力互相影响的柱滞回模型,解决了多高层钢结构非线性地震反应分析的关键基础问题,以及多高层钢结构非线性地震反应分析的高精度高效率计算问题;研制出多高层钢结构抗震计算与设计软件,解决了抗震理论技术的工程应用难题;研制的屈曲约束支撑耗能减震技术产品,攻克了套筒与支撑间既无黏结又足以约束支撑整体与局部屈曲的技术难关,具有结构构件与减震器双功能。

第二节　公共设施安全技术

一、桥梁安全技术

1994年,上海黄浦江大桥工程建设处、同济大学开展的黄浦江南浦、杨浦大桥抗风性能研究,获得上海市科技进步奖一等奖。项目在斜拉桥动力分析方法、桥梁风致振动理论、桥梁风洞试验技术、桥梁抗风设计方法等方面,取得了具有世界先进水平的成果。解决了国内外尚无法正确分析的主梁约束扭转刚度的作用问题;建立了斜拉桥三维颤振分析的状态空间法;发展了桥梁风洞试验技术。

2003年,同济大学承担完成上海市崇明越江通道工程风险分析研究,对越江通道工程的设计方案、施工方法的技术可行性等进行全面的风险分析;对桥梁、隧道方案的建造期、长江口河势演变、越江工程对长江口生态环境的影响、恐怖袭击风险等专题进行风险分析,并提出了风险防范的对策和措施。2005年,同济大学等完成采用光纤光栅及无线智能传感技术的桥梁结构健康检测系统研究。该项目开发了利用 GSM 公共无线通信网络与 Internet 网络来实现振动测量的无线传感系统。2006 年,上海同盛大桥建设有限公司、同济大学等单位承担完成外海跨海大桥健康监测系统开发研究与应用。该成果直接为东海大桥健康监测系统的设计和实施提供了技术支持,提出了监测与检测相结合、在线预警和离线评估相结合的理念;提出了数据处理和评估方法,设置了系统预警阈值。

2007 年,同济大学开展的现代桥梁抗风理论与方法,获得上海市自然科学奖一等奖。该项研究从桥梁风环境及其模拟、桥梁抗风研究方法、桥梁风振机理及控制和桥梁抗风设计与评价 4 个方面展开研究,取得了一系列创新成果,共发表论文 184 篇,出版专著《现代桥梁抗风理论与实践》,为中国大型桥梁结构的设计提供理论基础和技术支撑。同年,上海铁路局技术中心桥梁检定所研制开发了 HFBV-Ⅱ型无线数传桥梁振动检测分析系统,在铁路系统首次采用无线检测方式完成对桥梁性能的实时检测。该系统适应了铁路运输高速、重载发展方向下桥梁性能检测工作日益繁重的需求,提高了桥梁现场检测的准确性与效率。2009 年,同济大学开展的大跨度拱桥抗风设计理论及其工程应用,获得 2009 年上海市科技进步奖一等奖。该项目取得的技术创新成果有:建立了拱桥准定常气动力模型、三分力系数识别中的高雷诺数效应修正、台风灾害气候模式大跨度拱桥风致响应特点、三维弹塑性静风稳定性计算方法及其失稳机理、大跨度拱桥潜在风振形式发现和拱桥涡振机理及其控制原理。拱桥涡振等效静力荷载计算方法、拱桥涡振概率性评价方法等经查新和鉴定,研究成果属国际首创。

二、建筑设施安全技术

1999 年,上海防灾救灾研究所开展的上海市中心城区的地貌划分及附属性建筑物的抗风分析及防灾对策研究,提出风能耗散理论求出地面粗糙度指数;绘制了抗风地貌分布图;采用随机振动理论对玻璃幕墙、标牌进行动力分析,提出抗风防灾分析方法;提出风压分布公式和 6 条设防标准及决策建议。

2006 年,同济大学承担完成既有建筑结构检测评定理论与工程应用技术。课题在混凝土部分炭化区概念、浸油混凝土和锈蚀钢筋本构关系、混凝土裂缝分布式光纤传感器监测技术、锈蚀钢筋混凝土梁受力性能、基于目标使用期的结构安全评定、结构体系可靠性实用评价方法等方面有理论创新。2008 年,同济大学等单位完成世博场馆大空间结构安全保障关键技术,开发了大空间结构施工过程辅助分析模拟软件和正常使用条件下大空间结构健康监测与评估软件系统;提出了耐火钢构件的抗火设计方法、大空间火灾下空气升温和钢构件升温的实用计算方法。获 4 项中国实用新型专利授权。同年,上海市特种设备监督检验技术研究院研制成公共安全设施(电梯)监控超高频电子标签技术规范,对电梯安全监控管理用的电子标签和记录在电子标签内的电梯基本信息、动态安全管理信息数据等进行了规范,为电梯安全的监督管理采用电子标签等新技术提供了技术保障。

2009 年,同济大学等开展的建筑结构全寿命维护中的检测评定理论与技术,获得上海市科技进步奖一等奖。该项目开发和完善了砖、混凝土及钢筋强度的无损检测技术和结构构件的现场加载试验装置;发展了基于目标使用期的既有结构构件安全性评定方法;建立了一般大气环境下混凝土中钢筋锈蚀的发生与发展的预测模型,提出了锈蚀构件性能退化规律和剩余使用寿命的预测方法;实现了地震作用下建筑结构倒塌反应的数值仿真。该项目出版专著 2 部,开发软件 1 部,授权实用新型专利2项,主编或参编标准6部。2010年,上海材料研究所等完成的大型复杂结构隔震减震关键技术及工程应用,获得国家科技进步奖二等奖。

三、轨道交通安全技术

2003年,上海铁路局、铁道部科学研究院等完成沪宁线行车安全综合监测系统。该系统由行车安全监测、行车安全信息网络、行车安全信息管理和事故救援应急处理四个子系统组成,是国内铁路行车安全监测技术的重要突破。2004年,上海铁路局研制成铁路行车事故快速救援处置预案应用系统。该系统实现事故救援预案查询,快速选择切合实际的救援方案,有效缩短事故救援的准备时间和线路恢复开通时间。上海铁路局杭州机务段研制的机车运行安全音视频记录分析系统,是利用计算机、网络、通信及音视频编码等多项高新技术开发的专用监视系统。同年,上海铁路局和铁道部科学研究院共同研制的机车车载轨道安全监测系统,可对线路状态进行高密度动态监测,实现线路重大灾害的实时报警及一般监测信息的自动下载、传输和处理。同年,上海铁路局承担完成160公里/小时以上红外线轴温探测车及动态检测装置,利用GPS实现自动运行预报及精确测速。开发的监控装置IC卡施工限速控制信息处理系统,实现了行车调度、机车运用、现场施工部门的安全互控和施工期间行车安全的闭环管理,使施工限速地段的列车运行速度由"人控"转变为"机控",防止了因超速可能引发的重大行车事故。

2005年,上海交通大学、同济大学等全国近十家高校、科研单位与上海地铁运营有限公司等,承担完成上海城市轨道交通科技攻关八大课题13个科研项目。其中,牵引变电站直流1500伏馈出电缆在线监测系统研究、明珠线列车车下走行部状态在线检测技术研究和DC01型电动列车辅助逆变器启动失效的分析研究及控制器优化研究3项科研成果,总体达到了国际先进水平。其他9项研究成果达到国内领先水平,1项达到国内先进水平,13个研究成果中有2项填补了国内空白。研究成果提高了上海轨道交通运营的可靠性和安全性。2006年,上海铁路局管内的京沪、浙赣线200公里提速区段列车超速防护系统(ATP)全面建成。该系统安全防护等级为CTCS(中国列车运行控制系统)2级,与ETCS(欧洲列车运行控制系统)防护等级1级相当;通过地面应答器收集线路数据、轨道电路显示等信息,与牵引机车的地面信号组合后发送至车载ATP设备,形成指令指挥司机高速驾驶机车。

2008年,公安部上海消防研究所、天津消防研究所等承担完成地铁消防安全技术研究。项目包含了地铁火灾场景特性研究、地铁防排烟设计参数及烟气控制系统研究、地铁火灾安全逃生技术研究和地铁火灾灭火救援现场排烟技术研究等4个方面的内容。该项目给出了地铁火灾荷载条件下发生轰燃的机制、热释放速率,揭示了地铁火灾烟气流动特性及其规律,选出了最佳的通风方式;给出了地铁初期火灾人员逃生评估方法,确定了火灾烟气的控制方法与防止烟气蔓延的临界风速、烟气倒灌等防排烟系统的主要设计参数;首次提出了"在火灾事故现场快速建立没有烟气的临时救护场所,开辟相对安全通道,实施火场救援"的技术途径,研制出单一型和混搭型两种地铁火灾应急救生装置;得出了移动式排烟装备在隧道内和站厅到站台的楼梯环境下的实用排烟性能参数,以及不同风速时的最大送风面积。同年,上海铁路局电务处与上海铁大电信设备有限公司研究开发了DJK-TI型无线调车机车信号和监控系统。该系统实现调车信号的无线发送及对机车作业的实时监控,达到预防"挤、脱、撞"等事故的发生。

2009年,上海铁路局电务处等联合开展的工频交流轨道电路分路不良技术研究,开发出适用于工频交流轨道电路 50 赫兹相敏轨道电路（UI 型）系统，解决了 480 轨道电路分路不良问题，避免列车挤岔、脱线，以及侧面冲突等重大事故的发生。同年，上海铁路局合肥车辆段与南京电子仪器厂联合开发铁道货车脱轨制动停车装置，采用三维加速度传感器采集车体振动频率、位移、加速度等特征信息，当检测到车辆发生脱轨时，装置在 0.1～1 秒内即可发出指令，实现整列货车的紧急制动。

四、生产与危险品运营安全技术

2004 年，华东理工大学完成的压力管道安全保障评估体系的平台建设及应用，获得上海市科技进步奖一等奖。该项目建立了压力管道检验方法，国家质量监督检验检疫总局在此基础上，编制《在用工业管道定期检验规程》。建立了涉及缺陷表征、载荷及应力分析等内容的在用含缺陷工业管道安全评定方法。建立了比国际上通用的 FAC 更加合理的两种考虑缺陷几何因素的 FAC，以及仅通过查表就可以同时完成起裂评定和塑性失效评定的 U 因子工程评定方法。同年，公安部上海消防研究所承担完成石油化工高效环保型灭火技术与设备的研究，成功研制出包含高效环保的成膜氟蛋白泡沫灭火剂（FFFP）和 BPPH 泵入平衡压力式泡沫比例混合装置等新技术和新产品。华东理工大学材料学院与上海石棉制品厂等单位开发完成功能性涂覆膜消防被，该产品具有阻燃、防霉、防油气外溢等功能，适应油气储运及消防设施的现代化需要。上海市城市交通管理局组织开发的上海危险品车辆电子技术档案管理系统投入使用。该课题实现了危险品运输车辆的技术等级、维护、修理等方面全过程有效监控，实现车况信息在各检测及维修网点的资源共享。

2005 年，上海市地质调查院承担完成"西气东输"上海输气管网沉降监测与应用研究。该项目提出了管道沉降的预警值；根据对管道沉降现状和预测沉降趋势分析，对管道沉降变形的安全性做了分析评估，指出了管道沉降危险性较大区段；并对管道沉降的防治措施提出了对策建议。复旦大学完成全光纤输油（气）管道安全监测系统。该课题利用白光干涉原理和光纤定位技术，根据光的相位调制/解调原理，研发出了一套利用单根光纤和全光干涉组件实现管道安全监测的系统。公安部上海消防研究所研发了化学灾害事故现场堵漏材料及其应用技术。该堵漏材料属于无机耐老化无毒无污染无腐蚀材料，具有高效快速带水堵漏的优点。2006 年，在上海市科委、上海市质监局共同推动下，上海华申智能卡应用系统有限公司承担完成上海市重大科技攻关项目——基于电子标签的液氯危险化学品物流安全管理解决方案、基于电子标签的危险化学品气瓶安全管理系统。全市 100 万个危险化学品气瓶拥有了电子"身份证"，气瓶安全管理信息平台也正式投入运行，初步实现了用信息化手段对危险化学品气瓶安全状态的动态管理。

2007 年，上海市电力公司、华东电力试验研究院有限公司等开展的上海城市电网电灾防治体系研究与建设，获得上海市自然科学奖一等奖。该项目编制了覆盖发、输、配各个环节的应急预案；开发了电力应急抢修系统，建成了电力应急抢修监控中心和现场指挥中心；成功地进行了国际领先的大规模现场黑启动的全景再现，首次在国内以燃机为黑启动电源进行了纯火电机组电网的恢复试验，解决了黑启动过程中空充大容量变压器和长距离电缆、多机轻负荷并网、负荷合理拾取等技术难题。上海交通大学承担完成上海市科委重点科技攻关项目——电力系统安全保障技术。该项目建立了同电力系统规划相结合的电力系统安全保障技术的理论框架，结合并改进了电源规划、电网规划、静态电压稳定分析、静态安全预警和多馈入直流输电等多方面的技术，并在理论研究的基础上开发了相应的软件系统。

2009 年,上海电力学院承担完成电力虚拟运行仿真技术研发,该项目对提高核电机组的安全运行,节约资源、成本等诸多方面起到较大的推动作用。上海电力学院承担完成大型火电机组嵌入式状态监测与远程诊断系统的研究,该研究成果能为相关人员充分掌握发电机组的运行状态,掌握发生故障的原因,并能及时进行正确处理,把发生故障后对发电机组的影响限制在最小范围内。中国科学院上海微系统与信息技术研究所完成基于传感器网络的爆炸点检测定位技术与示范系统研究,该项目针对上海石化安全生产实践的迫切需求,研究面向石化工业园区环境的爆炸点快速检测定位,为石化安全生产提供技术保障。上海市特种设备监督检验技术研究院牵头负责,华东理工大学化工机械研究所共同参加完成压力容器火烧后的安全性评价技术。该研究解决了化工企业大型化装置局部火烧、超温损伤评定的技术难题,建立了设备损伤剩余寿命预估方法,使中国在用压力容器安全诊断与爆炸监控技术得到进一步的提高。

2010 年,上海市电力公司、上海交通大学等完成的城市电网电灾防治关键技术与应用,获得国家科技进步奖二等奖。该项目提高了输电能力,降低网损,增强了安全性和抵御大风险的能力;实现了应急抢修资源的实时机动调控,电力抢修效率提高 1 倍以上;城市电灾后黑启动机组并网时间从 6 小时缩短至半小时,系统恢复时间从 10 天缩短至 3 天,取得了显著社会效益,曾被上海世博局指定为保电工作平台,为中国城市电网电灾防治体系的建设提供了范例。

第三节 消 防 技 术

1980 年代,上海消防事业迅速得到恢复和发展,上海市消防总队根据"谁主管、谁负责"的原则,加强了消防工作的宏观控制。上海市制定了《上海市高层建筑设计防火技术规定》《上海市内装修防火技术规定》《上海市高层建筑验收规定》等技术规范,颁布了《上海市烟花爆竹安全管理规定》。1990 年代,开展了地下建筑空间火灾模拟和灭火装备的研制;研制成抢险救援、灭火救援消防车及消防防化服;开展了火灾监控和报警系统的研制。2000 年后,建筑物火灾逃生设施、应急疏散得到重视。研制成消防救援、侦察、排烟、反恐排爆等机器人,消防炮、消防服的功能得到增强。火灾报警系统进入了智能化、网络化、无线化等形式。上海市消防局担负着本市防火灭火、抢险救灾和反恐排爆三项任务,是一支全天候、全时制为上海经济建设和市民提供消防安全服务的队伍。上海市消防局配有主战消防车、举高消防车、专勤消防车、火场后援车等各类执勤战备车辆。

一、建筑物防火灭火技术

1994 年,公安部上海消防科学研究所(消防所)等完成地下民用建筑火灾烟气流动过程模拟技术研究。创建的模拟地下建筑火灾烟气流动的新型混合模型和网络模型,应用于地下民用建筑火灾烟气流动规律研究,属国际首创,提出的计算机模化技术达国际先进水平,1997 年获国家科技进步奖三等奖。1999 年,消防所完成地下与大空间建筑火灾进行灭火救援特种装备。该项目包括适用于大空间、区域性火灾扑救的远程遥控高效消防炮及其供液、运载设备,适用于高温、封闭空间的移动式排烟、消烟设备等。2000 年,同济大学组织研制钢结构水性薄型膨胀型防火涂料,可有效地隔断火源对基材的直接加热,可抑制火势的发展,耐火极限达到 54 分钟。

2006 年,消防所完成低烟无卤防火封堵新技术,提出了新的防火封堵技术和施工方法,获得实用新型专利 2 项。同年,上海市激光技术研究所完成激光烟雾指示装置,适用于发生火灾烟雾环境中的逃生指示,弥补了消防应急灯的缺陷。2007 年,同济大学完成地下空间防灾安全关键技术及其应用,提出了一种新型的抗爆裂复合耐火管片,研制出国内第一套支持多传感器数据融合的隧道火灾预警系统、无线传感安全监测系统和基于 GPRS 和 GPS 的无线传感安全监测系统、可移动充气式应急救生装置。2009 年,消防所完成高层宾馆火灾情况下电梯应急疏散可行性研究,确定了高层宾馆电梯疏散中的防烟部位及可采用的防排烟措施,得出在每层待疏散人数变化情况下的最佳疏散模式,编制了《高层宾馆电梯疏散风险评价指南》。同年,消防所完成消防应急激光导向器技术研究,指出便携型导向器可在船舱、地下空间、隧道等灾害事故现场进行快速设置,为消防部队火场抢险救援和遇险被困人员提供疏散逃生指示。采用激光全息衍射技术,可在烟雾环境中形成有指向作用的、醒目的各种消防应急标志的图示。

二、消防抢险救援装备技术

1991 年,消防所、上海市六里化工厂采用生羊、麂皮边角料制取蛋白泡沫灭火剂,获得国家发明奖三等奖。该发明对生皮原料采用脱脂和水解同步的新工艺,免除了废水处理工序,无原产品所特有的臭味。同年,上海市消防局与上海消防器材总厂联合研制成 SHX5100TXFQJ73 型抢险救援消防车,该车配置了移动式发电机及照明设备、重物排除器具、钢材制品切割器具、火场探测仪器、救护救助器具、车用电台、送排风设备、火场清理器材等手动、电动、液压工具计 73 种、150 余件消防器材。1995 年,消防所、上海浦东特种消防装备厂等研制成自卸厢式灭火救援消防车,根据火场不同要求向 140 米以上高层和 1 000 米以上远距离供水灭火。研制的液压(手动组合)破拆器具、机动切割器、消防排烟机、救生缓降器等,主要技术指标达到国外同类产品水平。同年,上海市消防局、消防所等研制成消防防化服,具有阻燃、防毒、抗水、抗酸碱、耐寒、耐老化、高强度等性能,空气呼吸器、消防头盔配套佩戴,合成一体。1998 年,消防所研制成全密封消防防化服,能满足特勤消防站扑救化学危险品火灾、有毒有害物质事故灾害的自身防护的需要。

2000 年,消防所、上海交通大学等研制成 ZXPJ01 型消防机器人,可进行远距离控制、图像传输,具有良好的喷射、越野、耐高温和抗辐射热、防爆、防水淋、表面耐腐蚀等性能。2001 年,上海华夏震旦消防设备有限公司研制成消防炮。该炮突破了常规电动消防炮的结构模式,对炮的俯仰、回转及喷射等进行电动模拟遥控操作。消防所承担的消防炮远程柔性控制系统项目,获得 2002 年公安部科技进步奖二等奖。该系统是国内率先采用现场总线分布式控制技术在远控消防炮灭火系统中的应用,以及在石油化工、机库、油码头、大型场馆等不同火场环境中的工程应用技术。2004 年,消防所完成石油化工高效环保型灭火技术与设备研究,研制出包含高效环保的成膜氟蛋白泡沫灭火剂(FFFP),以及 BPPH 泵入平衡压力式泡沫比例混合装置等新技术和新产品。2005 年,消防所研制成消防救援机器人,解决了消防救援机器人救援拖斗在机架中空间定位和运动的平稳性,以及各类信息的采集、集成融合、传输、处理问题。同年,消防所完成国家“863”计划项目——消防侦察机器人,其爬坡和跨越垂直障碍物能力强,具有多通道通信系统、多传感器信息集成、辅助决策等技术,能满足深入易燃易爆和有毒气体泄漏现场进行灾情侦察的特殊需求。

2007 年,消防所和上海强师消防装备有限公司共同完成多功能水枪及应用技术研究。消防水枪具有射流转换、流量无级可调、防流道阻塞和水带扭转等功能。同年,消防所完成穿透式破拆喷雾水枪,具有穿刺功能强和雾化性能好等特点,可广泛地应用于吊顶夹层、棉垛、草垛、木垛、粮垛、纸垛,以及汽车内部等场所的火灾扑救工作。2008 年,消防所研制成功高聚化合物吸热式消防员降温背心,能够吸收消防员人体产生的热量和外部环境的辐射热量,降低长时间作业时造成的生理热应激。2009年,上海强师消防装备有限公司等完成反恐排爆机器人系统研究,研制了国内首台集大型多自由度机械手、爆炸物探测、金属物探测、爆炸物摧毁器等可疑物快速处置平台,解决了机械手半自主避障的技术难题。同年,东华大学、加拿大阿尔伯特大学共同完成上海世博会等反恐防灾应急救援用防护服研发,实现了防火隔热、防水透气、防毒抗菌,具有良好的工效性能和作业活动适应性能。2010年,消防所完成新型消防员隔热防护服,具有抗辐射热渗透、耐高温、整体热防护性能好、强度高,满足GA 634 – 2006《消防员隔热防护服》标准的要求。

三、消防信息化技术

1991年,上海市消防局研制成多用途紧急信号系统,是集火警、匪盗警、急救三位一体的报警设备,能在使用现场及时向控制中心传递紧急信号。1996年,消防所开展的火灾自动监控系统应用技术,为能源、交通等重点工程中大面积、区域性火灾提供自动监控。1999年,上海中申报警设备厂研制成智能火灾报警控制系统ZY9000,属第三代智能模拟量火灾报警控制系统,对外界非火灾因素影响实施自动补偿,提高了系统报警的准确性、可靠性、及时性,减少火灾误报和漏报。

2003年,消防所等承担完成火灾报警设备网络监控系统,在火灾自动报警监控网络通信协议的规范化和标准化方面属国内首创。该项目建立了火灾远程监控和数据采集系统。2004年,消防所研制成消防侦察机器人信息集成及处理技术,解决了多通道下的各类数据的传输、处理问题,以及灾害现场的信息集成和快速处置决策问题。2006年,上海市公安局研制成车辆调度管理系统,将消防车辆日常管理、火场情况车辆实时定位显示跟踪、车辆信息、火场信息、指挥调度辅助决策与GPS系统融为一体,形成消防车辆管理的实时调度和监控。同年,消防所开展的上海市区域火灾风险评估方法与技术研究,确立了上海市区域火灾个体风险准则和区域火灾社会风险准则;建立了区域居民火灾、人员、财产、密集建筑火灾风险评估方法;确定了消防队营救人数,以及消防响应时间与潜在重大火灾损失风险之间的关系;提出了公共建筑及工业建筑的每平方米价值和人的生命价值估算。

2009年,上海市消防局等承担完成基于测控技术的世博场馆消防救援人员定位技术研究。项目开发出了一套基于三维实景技术的世博场馆建筑实景人员定位平台软件,建立了消防预案管理平台、灾害现场的消防救援人员定位指挥系统和指挥平台,实现在突发复杂环境中消防救援人员的快速定位。同年,消防所完成无线火灾报警系统研究。该项目实现了火灾报警控制器、基站、探测器和输入输出模块等设备之间的无线数据传输,能自主独立完成火灾探测、无线传输及多种形式的报警和联动功能。

第四节　社会公共安全技术

1980年代起,上海公安系统陆续引进一批国外警用先进技术,添置大量现代化科技设备、车辆和枪械,建成现代化的指挥通信大楼和公安科技研究部门。上海的公安指挥通信、刑事侦查,消防和交通管理等技术,以及公安装备,逐步适应公安业务大发展的需要。2000年起,先后引进或开发了指纹自动识别系统、DNA检测系统、电子警察监测系统、SCATS交通自适应协调系统、爆炸物捕获遥控处理车、大型消防车及脉冲水枪等一批重大科技项目,在侦查破案、交通管理、消防安全中发挥了重要作用。2005年9月启用上海市应急联动中心,可统一接处110、119、交通及其他紧急事件报警,实现了"统一接警、分类处警、综合指挥、社会联动"功能。有序地推进"金盾工程"建设,实现了上海公安图像监控系统的数字化联网,以及建立了江、浙、沪刑侦协作网系统。

一、交通安全管理技术

1997年,上海市公安局交警总队(交警总队)等研制成道路交通事故现场图计算机绘制系统,具有绘图方便、快捷,绘图工具实用、有效等特点。2000年,交警总队等开发成功道路运行车辆违章监测记录系统,由室外违章监测取证系统、中心处罚管理系统、ISDN通信网络三部分组成,加强了道路交通执法的科学性、严肃性。2002年,交警总队与国家司法部司法鉴定中心承担完成人体内血醇清除率研究,明确了抽血时与肇事时血中酒精浓度的时间推算关系,建立了中国人自己的血醇清除率试验库。

2005年,上海市公安局承担完成"金盾工程"实时图像监控系统分项目,在出入上海市境道口、边防卡口建设图像监控点,用于公安追逃和为快速查堵各种违法犯罪车辆、船只提供现场实时图像。2006年,交警总队完成人体唾液中酒精含量与血液中酒精含量相关性研究,得到中国人群唾液与血液中酒精浓度比值,实现了无创伤性检测和唾液检材代替血液检材的目标,填补了国内空白。2008年,上海市公安局科技处承担完成长三角地区道口公安查控技术的应用研究,在信息查询比对的动态配置和负载均衡技术、人像自动识别的神经网络识别算法技术、无线移动图像传输的COFDM调制技术、图像还原的时域空间和频域空间的代数及几何运算技术等多项关键技术中取得突破。同济大学承担完成面向世博的紧急交通事件动态处理关键技术研究,研发了面向世博的紧急交通事件动态处理决策支持系统。交警总队、上海交通大学等承担完成数字技术运用于交通事故现场取证及事故再现的研究,将数字化技术运用于交通事故现场取证和事故再现,实现了对事故场景进行二次检验和三维测量。

2010年,上海市公安局建设完成交通指挥调度、事故应急处理信息系统,提供了一个"一站式"信息服务窗口,方便、全面地掌握全市交通管理方面的静态、动态、文字、图形、图像等各类实时和非实时信息,查询各类交通信息和业务统计报表,办理各种交警业务,快速发现和处置交通突发事件。

二、社会安全保障与应急处置技术

1987年,上海市精神卫生中心开展的上海市社区精神病防治模式,获得上海市科技进步奖一等奖。建成了防治组织和适合于不同对象的防治管理网络和渠道,基本覆盖全市市区。该模式在国内外均属前列,保障了社会安定,减少了患者家属和社会的后顾之忧。

2001年,APEC会议、上海六国合作组织会议在上海举办期间,上海公安建设和完善了一批科技项目,比如"实时图像监控系统"是APEC会议安保通信保障项目之一,该项目对数十个重点场所的图像监控系统进行联网,实现了图像信息和资源的共享,为决策和指挥调度提供了辅助手段。2004年,上海市应急联动中心正式启用,由接处警信息处理系统、计算机辅助决策指挥系统、有线和无线通信调度系统、实时图像监控系统、电子记录存储系统、大屏幕显示系统、视频音响保障系统和信息网络传输系统8个子系统组成,可统一接处110、119、交通及其他紧急事件报警。2005年,上海银晨智能识别科技有限公司等完成的人脸识别理论、技术、系统及其应用,获得国家科技进步奖二等奖。该项目在预处理、人脸检测、人脸识别与确认等方面,提出了新算法和改进算法。收集整理了万人以上、超过百万幅图像的人脸图像数据库 CAS - PEAL,公布了包含 3 万多幅人脸图像的大规模中国人脸图像数据库 CAS - PEAL - R1。开发了会议代表身份认证、识别系统,银行智能视频监控系统,嫌疑人面像比对系统,面像识别考勤、门禁系统,出入口黑名单监控系统等。

2006 年,上海市公安局组织开展市图像监控系统建设,完成重要场所、道路、水域和出入市境道口的监控点及其图像存储设备建设,建立了无线图像传输系统。该系统为反恐、突发事件处置、社会治安面控制、道路交通监控、刑事案件侦破等提供了技术平台。同年,上海交通大学等完成面向世博的多源信息组网监测应急系统技术及应用,开发出面向世博的危险源监测和减灾救援应急系统和多源信息组网监视与预警系统。2008 年,公安部第三研究所承担完成世博专项课题——便携式爆炸物现场快速探测设备研究,研制出性能稳定的爆炸物探测设备,提高了对常见火炸药微粒的采集和富集效率。2010 年,上海交通大学承担完成市科委军民两用专项——核、生、化应急防护医疗救援系统,开发了具有隐形能力的快速战地核、生、化防护洁净无菌层流帐篷系统、安全转运仓,以及多功能应急小型水处理系统。

三、刑事检测技术

1998 年,上海市公安局刑侦总队(刑侦总队)完成海洛因代谢产物分离分析方法研究及在法医毒理学中的应用,建立了以柱切换 HPLC 测定尿中吗啡和 O - 单乙酰吗啡的分析方法。

2001 年,刑侦总队完成刑事案件信息特征分析对比系统,提高了对同类型案件串并的准确率,实现了从案到人、从人到案、从案到案的串并功能。2002 年,上海市公安局刑事科学技术研究所(刑科所)完成胶体金标记杜冷丁单抗免疫检测板研究,成为全国杜冷丁毒品犯罪案件检验鉴定的首选方法,获得上海市科技进步奖二等奖。2003 年,上海市公安局刑侦总队完成毒品及易制毒化学品的系统分析研究。该项研究加快了毒品筛选定性的速度和准确性,能及时完成大批量送检毒品尿样检测工作,为打击毒品犯罪、打击非法生产和制造易制毒化学品的行为、维护社会稳定提供了技术保障。

2005 年,刑科所承担完成毒品快速检测技术——胶体金标记苯丙胺单克隆抗体免疫快速检测板,在国内首次采用小分子半抗原物质脾脏直接免疫技术,研发出胶体金标记单克隆抗体免疫快速检测板。同年,刑科所承担完成氟乙酰胺完全抗原研究。该项目成功完成包括氟乙酰胺的化学结构改造和完全抗原的制备及毒性排除试验研究,为下一步制备氟乙酰胺单克隆抗体和胶体金标记检测板的研制奠定了基础。2006 年,刑科所承担完成新毒品氯胺酮金标单克隆抗体免疫快速检测法,解决了现场查获的大量可疑物品和大量嫌疑人尿样、水样、血样中是否含有氯胺酮成分快速检测的国际研究难题,研发出胶体金标记氯胺酮单抗快速检测板。同年,刑科所完成唾液中乙醇含量现场快速检测试剂研究。该成果解决了国内乙醇检测试剂条产品长期依赖进口的情况和使用仪器检测存在的检测成本高、速度慢、现场使用不便等问题。同年,刑科所承担完成毛细管电泳在毒物与毒品检测中的应用,建立了固相萃取小柱处理体内样品的方法、区带毛细管电泳分析方法,提供了一种可有效检测出血液或尿液中多种毒物含量的高效毛细管电泳分析方法,能够分析出吗啡、甲基苯丙胺等 64 种毒物与毒品成分。

2007 年,刑科所完成刑侦快速检验技术——胶体金标记大麻单克隆抗体免疫快速检测板的研究,创立规范的胶体金标记制备和抗大麻单抗包被方法,制成了胶体金标记大麻单克隆抗体免疫快速检测板。研制的便携式炸药(毒品)探测仪,可以检测出的物质包括 TNT、RDX 等炸药和海洛因、冰毒等毒品,检测灵敏度达到 1 纳克 TNT 或 50 纳克海洛因。研制成极微量 DNA 分析技术,利用全基因组扩增技术、MiniSTR 技术,使极微量 DNA(10 皮克)得以检测成功。2008 年,上海市公安局刑事科学技术研究管理中心完成多功能潜在印痕显现、提取系统,制成全光谱特种照相取证仪,对 2 000 多种光谱进行快速任意组合,提高了现场潜在印痕的提取率。

2009 年,刑侦总队、上海唯卓生物科技有限公司研发的唾液中乙醇含量现场快速检测试剂及制备,获得上海市科技进步奖二等奖。同年,刑侦总队完成高通量毒品、毒物快速检测系统——生物芯片的研究,建立了吗啡、苯丙胺、甲基苯丙胺等 13 类毒品、毒物完全抗原和单克隆抗体杂交瘤细胞株,可一次性高通量检测大量样品中毒品、毒物的成分含量。获得国内发明专利 1 项。同年,刑侦总队开展投毒案件中食品和人体内毒物的系统分析研究,建立了 242 种药(毒)物的液相色谱—质谱分析数据库和筛选定性指标;建立了人全血和尿中 28 种毒品、有毒生物碱的定性定量分析方法和混合食物中 28 种毒品、有毒生物碱的定性分析方法;建立了 7 种常见饮料中的 13 种农药的定性定量分析方法和胃内容物中的 13 种农药的定性分析方法。2010 年,刑侦总队完成重特大案事件中疑难检材 DNA 检验的研究,建立了针对大面积载体上生物物质 DNA 提取方法和法医微量物证 DNASTR 检验优化方案,解决了隐性浸润性微量检材检验难题。在国内率先建立了双色荧光原位杂交和激光捕获显微切割相结合分离混合细胞的方法,解决了男性与女性体细胞混合检材的个体识别难题。

四、公安信息集成技术

1997 年,上海市公安局和上海市地理信息系统开发公司等开发成功上海公安车辆自动定位(GPS/AVL)系统,集全球卫星定位系统、无线集群通信系统和城市地理信息系统为一体,提高了公安机关快速反应和指挥作战能力。1998 年,上海市公安局人口信息系统完成市局建库工作,全市 1 300 多万人口的文字信息及 1 000 多万人口的身份证照片信息入库。

2001 年,上海市公安局 NEC 指纹自动识别系统(AFIS)于年底全面建成。该系统可以存储 100 万犯罪嫌疑人十指指纹和 5 万枚现场指纹,并进行高速查询比对。该系统的建成,大大提高了案件的侦破能力。上海公安 DNA 检验系统,通过建立犯罪嫌疑人基因型数据库,对罪犯遗留在现场的血痕、精斑等进行比对,认定罪犯,成为全国一流的 DNA 专门实验室,并成功比对破获了一批刑事案件。两大系统的建成和应用,提高了上海公安刑侦工作的科技含量,直接为侦查破案、打击犯罪提供有力的技术支撑。同年,上海市公安局刑侦总队完成刑事案件信息特征分析对比系统。该项目是在刑事案件信息资料积累的基础上,将以往专业检索人员长期积累的实际工作经验通过分析整理,并根据刑事案件的特征等资料,利用计算机自动检索、分析比对、逐层筛选,从而提高对同类型案件串并的准确率,以便从多角度刻画出犯罪分子的特征和活动轨迹。2002 年,上海市公安局科技处研制成公安特种车辆实时定位系统,集 GPS 定位、无线数据传输、计算机网络、数据库查询、电子地图等系统于一体,对车辆的指挥调度系统提供详细、实时的警力分配及部署情况。同年,上海市公安局治安管理信息系统一期建成,是一个能够与公安内部其他信息系统、社会相关部门信息系统互联的跨部门、跨地区的信息系统,基本涵盖治安管理工作和派出所(警察署)工作所涉及的主要内容。同年,上海市公安局案(事)件信息管理系统(一期)全面推广使用,从报警、接警到受理、立案、审理和破案的业务流程,全部实现信息流与工作流相结合,实现全市案(事)件信息的统一存储、管理和信息资源共享。同年,上海市公安局违法犯罪人员信息系统开发完成并投入试运行,该系统是基于全市各级刑侦部门及治安、交巡警、看守所等部门的日常工作,通过分布式操作、数据集中管理的模式,对违法犯罪人员信息进行日常管理。同年,上海市公安局刑事现场勘查信息系统投入使用,实现了勘查信息录入、查询、串并和自动统计等功能。2003年,上海市公安局开发完成上海公安信息比对系统,实现中国公民出入境信息、驾驶员信息、看守所在押人员信息与CCIC在逃人员信息的比对,以及机动车信息与被盗抢机动车辆信息的比对。同年,刑侦总队承担的江、浙、沪刑侦协作网系统,实现江苏、浙江、上海公安刑侦部门通缉、协查、通报等信息电子化和协同管理。2004年,上海市公安局完成上海公安800兆无线移动数据系统关键技术研究,实现数据库查询、短消息传输、文件传输等数据传输功能和系统管理功能,解决了公安民警在巡逻、侦察办案、设卡盘查工作中的信息查询、数据传输问题。至2005年底,由上海市公安局承担的公安部"金盾工程"一期建设任务基本完成。

2010年,上海市公安局承担完成上海公安警用地理信息应用平台,包含警用基础地理信息、警用公共地理信息、警用专业地理信息共计386个图层,开发了全球定位系统(GPS)、图像监控应用。同年,建成上海公安移动警务系统,解决了公安移动终端用户使用公共通信网络的安全接入问题。

第十三篇 环境、能源与生态科技

1978年，国家颁布了环境保护法，上海的环境保护科研工作开始得到了加强。1984年底，上海基本形成了一个纵横交叉，各有侧重的环保科研网络。环保科研的主要任务和目标从单项治理技术逐步转向规划、立法、管理及综合防治技术研究。在大气污染控制技术方面，开发了锅炉抽板顶升煤燃烧技术、一次加煤明火反烧等，研制成XZZ型旋风除尘器等。在固体废弃物综合利用方面，开展可燃性废弃物的焚烧技术、微波干燥技术、有关设备的研制和固化包装技术及贮存设施的研究。对转炉钢渣和粉煤灰等，开展重金属回收、能源利用和污泥脱水技术研究。在水处理技术方面，开展过压缩用水、回收资源和有针对性的水处理技术，以及饮用源水深度净化技术研究。在环境监测技术方面，试制成功了测汞仪、水质五参数监测仪、β射线飘尘仪、噪声仪等10余种环境常用测试仪器。在环保设备方面，研制成国内第一艘水面清扫船，开发SW130HL1型后装式压缩垃圾车、垃圾集装箱收集运输车、SW330型轻型自卸垃圾车、QXO.6自卸垃圾车和垃圾中转压缩装置等。

从1990年起，继续开展工业废水处理、生活污水治理、饮用水深度处理、水环境保护等方面的科技研究，市科委、市环保局等设立了许多研究课题，取得了众多科研成果。在废水处理方面，研究开发了生物处理技术、精密过滤技术、高密度生物膜过滤技术、"生物＋化学"等处理技术。在水环境保护方面，主要开展了黄浦江和苏州河综合整治研究，同时带动中小河道整治研究。在生活垃圾处理方面，主要开展了垃圾填埋、气化、发电等方面的研究，如生活垃圾卫生填埋工艺研究、上海老港填埋场垃圾稳定化工程研究等；建设老港废弃物处置场、国内首座千吨级生活垃圾焚烧发电厂、上海港外轮生活垃圾焚烧系统等。在工业废弃物方面，主要开展了危险废弃物的处置研究等，实施《上海市危险废物转移单管理办法》和《上海市危险废物经营许可证管理办法》等。在大气环境治理方面，主要开展了工业废气回收利用、汽车尾气排放、大气粉尘控制等方面的研究。在环保设备方面，主要开展了路面清扫设备、水面清理设备、垃圾处理设备等研制工作，如SHZ22型扫路机、自流提升式清扫船、高压清洗车、SHW－1小型压缩式垃圾收集站设备等。

2000年以后，在废水处理方面，主要开展难降解工业废水处理技术研究，研究了物理方法、化学方法、生物方法、生态方法等，开发了微生物技术、生态混凝土技术、催化还原电解法、物理场水处理技术等方法和技术。在生活污水处理方面，开展了水力模型实验、污泥处理、污水厂、排水系统等方面的研究。在给水处理方面，开展了水源地研究、饮用水处理技术、给水处理信息技术等方面的研究。在水环境保护方面，继续开展黄浦江综合治理、苏州河综合整治二期、三期工程、其他河道综合整治等研究。开展了水处理的综合研究项目，如水环境污染调查、水环境改善、水环境保护规划等；承担了国家科技重大专项——水体污染控制与治理的研究等。在生活废弃物方面，主要开展了生活垃圾燃烧、智能分类等技术的研究。在工业废弃物处置方面，主要开展了工业污染物控制、报废物品综合利用等方面的研究。在大气环境方面，主要开展了微小颗粒、气体排放、汽车尾气净化和气溶胶等方面的研究。在噪声控制技术方面，主要开展了交通噪声控制的研究。在环保设备方面，主要开展了污染监测、废弃物处理、污染物拦截等装备的研究。在环保信息技术方面，主要开展了污染监控系统和管理信息平台的研究。

能源科技主要包括传统能源综合利用技术、可再生能源与新能源利用技术、节能技术、输配电与电网技术等。

在传统能源综合利用技术方面,20世纪80年代,主要进行了油气资源和30万千瓦汽轮机等相关技术的研究。20世纪90年代,主要进行了油气田开发、煤气、水煤浆气化、燃气轮机等技术的研发。2000年以后,主要进行了超超临界机组、天然气利用与输送、采矿技术、采油技术等相关技术研究。

在可再生能源与新能源利用技术方面,20世纪80年代,主要开展了太阳能利用技术方面的研究。2000年以后,在太阳能利用方面,先后开展了太阳能电池、光伏发电、建筑太阳能利用等技术的研发;在风电技术方面,研制了2兆瓦级风力发电机组,建立了奉贤、临港、东海大桥等陆上、海上风电场;在生物质能方面,开展了生物质裂解、乙醇、生物柴油等技术的研究;在氢能和燃料电池方面,开展了制氢、储氢、燃料电池动力系统等技术的研发。

在节能技术方面,20世纪80年代,主要开展了高炉节能、节能灯等技术的研发。20世纪90年代,主要开展了工业锅炉节能、电机节能、节能灯具、建筑隔热与保温等技术的研发。2000年以后,主要开展了电站节能减排、工业余热利用、建筑节能降耗等相关技术的研发等。

在输配电与电网技术方面,20世纪80年代,主要开展了高压输变电技术、电网调度技术等研发。20世纪90年代,主要开展了高压电缆、变压器故障诊断、电网安全与自动化等技术的研发。2000年以后,主要开展了电力监测与安全保障、大型变电站、特高压输配电等技术的研发。

在城市生态技术方面,20世纪80年代,主要开展了园林植物引种驯化研究、植物组织培养研究、城市绿地研究、植物保护研究、生态园林和工程研究等。20世纪90年代,主要开展了生态工程与环境研究、绿化技术研究、植物品种选育研究等。2000年以后,主要开展了城市生态环境与规划、绿化系统、规划与指标、植物品种选育与栽培、有害植物与病虫害等方面的研究。

在生态保护与修复技术方面,20世纪90年代,主要开展湖泊水质保护技术等方面的研究。2000年以后,主要开展了崇明岛水环境、苏州河水体生态及水体景观等方面的技术研究,开展了土壤生态恢复技术等研究。

在海岸生态与修复技术方面,20世纪80年代,主要开展了海岸资源、长江口生态等方面的研究。20世纪90年代,主要开展了崇明岛东滩、九段沙生态工程、上海海岛资源等方面的研究。2000年以后,主要开展了崇明岛东滩湿地、崇西湿地、河口滩涂湿地等方面的研究。

第一章 环 境 科 技

第一节 水处理与水环境保护技术

20世纪80年代,在水处理技术方面,有关单位结合生产流程,着重研究过压缩用水、回收资源和有针对性的水处理技术。各种电镀废水基本上都有一套较成熟的水处理技术和方法。此外,还进行了饮用源水深度净化技术的研究,分析饮用水中有害物质,找出主要污染物,用臭氧、臭氧与氯、臭氧与活性炭联用等来净化自来水。在水环境污染控制方面,为了解决黄浦江水系的污染,在"六五"期间(1981—1985),上海市环保局就牵头组织进行黄浦江水系污染综合防治规划研究,并作为国家"六五"科技攻关课题,取得重大成果,对黄浦江污染的综合防治,提出了一系列重大的工程措施。1986年起,综合整治了奉贤县竹港、嘉定县北横沥河和南汇县大团—灶港等河段。

从1991年起,继续开展工业废水处理、生活污水治理、饮用水深度处理、水环境保护等方面的科技研究,市科委、市环保局等设立了许多研究课题,取得了众多科研成果。在废水处理方面,研究开发了生物处理技术、精密过滤技术、高密度生物膜过滤技术、"生物+化学"等处理技术。开展吴泾、闵行污水外排工程,在污水处理技术上采用不带真空装置虹吸出水断流新工艺,属国内污水泵站中首次应用;在水环境保护方面,主要开展了黄浦江和苏州河综合整治的研究,同时带动中小河道整治的研究。在黄浦江整治方面设立了黄浦江污染综合防治研究、黄浦江水系综合整治研究等课题;在苏州河整治方面,开展了三批重大科技攻关项目,如苏州河环境综合整治规划、苏州河水质管理规划研究、苏州河环境综合整治关键技术研究等。此外,还开展了上海工业废水、废气排放标准配套分析方法、上海水污染物总量控制软件支持系统的开发与研究、上海市水环境污染源地理信息系统(SHPSGIS)等研究课题。有不少研究项目获奖,如参与外单位协作的长江二水源开发项目,获上海市科技进步奖一等奖;水体污染指标微生物快速检测方法研究,获上海市科技进步奖二等奖。

2000年以后,在废水处理方面主要开展难降解工业废水处理技术的研究,研究了物理方法、化学方法、生物方法、生态方法等,开发了微生物技术、生态混凝土技术、催化还原电解法、物理场水处理技术等方法和技术,获得主要研究成果20项。在生活污水处理方面,开展了水力模型实验、污泥处理、污水厂、排水系统等方面的研究,主要研究成果52项。在给水处理方面开展了水源地研究、饮用水处理技术、给水处理信息技术等方面的研究,主要研究成果22项。在水环境保护方面,继续开展黄浦江综合治理、苏州河综合整治二期、三期工程、其他河道综合整治等研究,如"苏州河整治实用技术研究"为科委重大研究项目,主要研究成果23项。此外,开展了水处理的综合研究项目,如水环境污染调查、水环境改善、水环境保护规划等;承担了国家科技重大专项"水体污染控制与治理"的研究等。

一、污水处理技术

1990年,华东化工学院研制的 HW-钨系水处理剂获国家发明奖三等奖。这是一种具有优良缓蚀、阻垢多种功能的复合水处理剂,应用于化工、石油、冶金、医药等工厂和宾馆的冷却水和空调水系统,解决设备和管道的腐蚀和结垢问题。1991年,上海石油化工总厂承担的无剩余污泥生物膜法A/O系统处理涤纶废水新技术,获国家科技进步奖二等奖,开发了生物膜法A/O系统,污泥源活性菌液,强化调节池功能,微孔软管爆气等废水处理新技术,属国内外首创。1998年,化工部上海化工研究院的含碳氨水回收集成分离技术,获国家科技进步奖三等奖。研究形成多单元的集成分离技术,采用高效的SMA规整填料塔,解决了困扰大、中、小氮肥厂的氨氮废水排放问题。同年,中国船舶科学研究中心上海分部的大型污水泵站出水断流形式和出水水力条件研究,获国家科技进步奖三等奖。设计建造了泵站虹吸出水管水力模型,完成了虹吸出水管和出水水力条件的水力模型试验研究任务;调研和论证了大型电动闸阀的可行性。

2001年,东华大学承担的高效亚滤技术及设备通过由上海市科委组织的专家组鉴定,2003年获上海科技进步奖二等奖。该研究是上海市科委重大项目,它采用陶瓷膜和轻质陶粒等多项技术相结合,达到分离污染物、净化水质、净化气体、回收资源的目的,成果属国内首创。2003年,同济大学承担的有毒有害有机废水高新生物处理技术,获国家科技进步奖二等奖。项目利用高新生物技术选育高效菌种,并结合先进的反应器,研究并开发出几套适合于难降解有机工业废水的高新生物处理技术及设备。项目整体研究水平达到国际先进水平,发表科技论文上百篇,其中SCI论文20余篇。共建成示范工程7项,中试装置两座。

2007年,华东理工大学承担的石油焦化冷焦污水封闭分离成套技术与应用,获得国家科技进步奖二等奖。开发了低能耗旋流脱焦技术、亚微米油滴多场协同旋流脱油技术、快速旋流油脱水(脱盐、脱碱)技术、废水和废气耦合处理技术,发明了冷焦污水封闭分离利用工艺,设计了流场结构可控的微小型旋流芯管及大型旋流器。2008年,东华大学承担的印染废水大通量膜处理及回用技术与产业化,获国家科技进步奖二等奖。该项目共申请国家发明专利14项,其中获授权10项;出版专著《清洁生产与循环经济》;部分成果被环境保护标准《纺织染整工业水污染物排放标准》等采纳;研究技术在江苏、浙江、广东、福建等地区的21家企业应用。同年,同济大学赵建夫等承担的耦合式城市污水处理新技术及应用,获国家技术发明奖二等奖。发明了基于射流曝气器的新型AmOn一体化生物反应器、独特分体式射流曝气器曝气技术,解决了传统曝气氧转化率不高的问题;发明了基于加药和曝气自动控制系统的化学—生物絮凝—悬浮填料床污水处理工艺,实现了化学混凝和生化反应的深度耦合处理作用,解决了传统化学混凝工艺加药量大、污泥产量高的问题。授权国内外专利4项,其中美国发明专利1项,中国发明专利3项。在国内外核心刊物发表论文120篇,其中SCI 19篇,EI 23篇。研究成果在国内外17个污水处理工程中得到了推广应用。同年,同济大学吴志超项目组的平板膜—生物反应器关键技术与产业化应用研究,获得国家教育部科技进步奖一等奖、2009年国家科技进步奖二等奖、2010年中国膜工业协会科学技术奖二等奖、2010年上海国际工业博览会铜奖等。项目组获得高通量稳定运行的新型膜配方,提出了主动诱导型控制技术,在平板膜组件研制及质量控制技术、以平板膜—生物反应器为核心的组合处理工艺优化设计及配置、新型膜污染控制措施开发等方面,取得了关键技术突破。发表SCI文章13篇,中文核心期刊6篇;申请国家发明专利5项,其中1项获得授权。

2009年,同济大学承担的功能化系列水处理剂研制与产业化生产及应用,获上海技术发明奖一等奖。项目突破了水处理化学制剂的性能和无二次污染的新型生物可降解水处理制剂核心技术,发明了系列混凝剂和水处理缓蚀阻垢剂,形成了新型水处理药剂体系。该项目的成果申请了17项发明专利,其中7项获得授权。形成了5项国家标准和2项化工行业标准。发表论文45篇,被引用 837 次。2010 年,同济大学承担的催化还原技术强化废水生物处理工艺开发,获上海技术发明奖一等奖。该项目揭示了毒害有机物分子结构共性规律,发明了催化还原技术及成套处理工艺,发明了催化还原内电解系列方法,发明了催化铁催化还原方法强化难降解工业废水生物耦合处理工艺,发明耦合生物脱氮除磷工艺,解决了生物法的两大局限。该项目得到国家"863"计划、国家自然科学基金等计划的支持,申请发明专利 12 项,获专利授权 5 项,发表学术论文 70 多篇。

二、给水处理技术

1985 年,上海市科协完成的宝钢长江(筑库)引水工程可行性咨询报告,获得上海科技进步奖一等奖。它以科学的论据和技术经济论证,推荐长江(筑库)引水方案代替从远离宝钢 72 公里的淀山湖引水的工程方案,既为宝钢引水开辟水源,又保证上海人民的饮水之源。投资节约 5 700 万元,筑成后每半年运行费就可节约 300 多万元。论证后的宝钢长江(筑库)引水方案为国务院采纳。同年,上海公用局与外单位合作的自来水上游引水工程可行性研究,获上海市科技进步奖三等奖。

1991 年,上海公用局的长江选址区水质现状评价及 2000 年上游干流来水水质预测,获上海科技进步奖二等奖。1992 年,上海自来水公司的长江——上海城市供水第二水源规划方案研究,获上海市科技进步奖一等奖,1993 年获国家科技进步奖三等奖。该项目是一项大型综合性的软硬结合的软课题研究,在长江口盐水入侵规律研究方面取得了突破性成果,长江口选址区生态环境研究填补了历史空白,研制的城市供水网络计算机软件具有中国特色。在大型城市供水规划研究方面具有国际先进水平。1998 年,上海市轻工业工程设计院和上海航海仪器总厂研制的 XGS 系列大瓶饮用水洗瓶、灌装、封盖生产线,获国家科技进步奖三等奖,填补国内空白,获得 4 项国家专利。

2001 年,同济大学开展了大型源水生物处理工程工艺研究及应用,取得具有国际先进水平的成果,2002 年获上海科技进步奖一等奖,2004 年获国家科技进步奖二等奖。项目将生物接触氧化工艺应用于微污染源水的预处理,研制成功新型环状曝气网格,开发出填料方阵间隔整流技术和新型导流装置,研究源水处理中的苔藓虫和椎实螺,创造出工程控制方法;开发出新型悬浮填料和悬浮填料源水生物处理工艺,研究出多段式悬浮填料生物转化耦合快速混凝新技术,探明了最佳生物相沿程分布规律。2002 年,上海市原水股份有限公司等承担的北支盐水入侵对长江口水源地影响的研究,获上海科技进步奖一等奖。项目开发和建立了长江口自动化氯度遥测系统,首次明确提出北支盐水入侵是影响长江口南支水源地的主要来源;首次提出北支潮波强烈变形产生的涌潮是北支盐水入侵的主要原因,揭示了长江口水域氯度的时空分布规律;揭示了北支水、沙、盐倒灌的机理;制定了陈行水库适时取水调度方案,首次提出了在南支建立边滩水库链,在北支引淡挡盐等系统工程对策。

2003 年,上海市水务局等完成长江口北支咸潮倒灌控制工程及南支水源地建设专题研究。该项目由国家水利部和上海市科委立项研究。长江口北支盐水倒灌南支是影响淡水资源开发利用的关键因素,南水北调等工程实施后还将进一步加剧盐水入侵的影响。通过该项研究,进一步掌握了长江口咸潮入侵的规律和长江口水源地受咸潮入侵影响的程度,以及对自然和生态环境的影响,为开发建设大型河口水源地提供技术支撑并积累经验。2005 年获上海科技进步奖一等奖。对长江口北支咸潮倒灌控制工程方案和南支水源地建设工程方案进行了论证研究,发现了长江口和杭州湾间的水沙交换规律,揭示了长江口咸潮入侵的规律。

2010 年,国家科技重大专项——水体污染控制与治理,取得突破性进展。其中,微污染江河原水高效净化关键技术与示范项目,初步建立了利用黄浦江原水中的锰离子提高臭氧化效能的技术体系,建成 60 万吨/天的临江水厂臭氧生物活性炭与紫外组合消毒技术示范工程,向世博园供水;高截污率城市雨污水管网建设、改造和运行调控关键技术研究与工程示范项目,研发出排水管道多功能检测机器人,建立了示范区域雨水管网运行监控系统;饮用水区域安全输配技术与示范项目,基本建成市中心城区管网 GIS 系统,初步形成城乡联调联控的供水系统优化调度支持系统;城市供水系统风险评估与安全管理研究项目,在城市供水系统风险源调查与识别、风险评估方法与数据库建立等关键技术上取得突破;城市排水管网系统优化模式和管理技术研究项目,制定了南方多雨水城市的初期雨水治理标准,开发了城市污水集中与分散处理综合效能评价系统,廓清了典型行业废水的水质、水量波动的叠加效应对生活污水厂的冲击负荷。

三、水环境保护技术

【黄浦江综合整治技术】

1981 年,为了治理黄浦江水质污染,科技人员运用系统工程开展黄浦江水质污染综合防治规划方案的课题研究(属国家 1981—1985 年的重点科研项目)。该项目以上海高校为主,有清华大学、华东水利学院、上海自来水公司、上海环保研究所等几十个单位参加,开展了适合黄浦江特点的水质模式研究、自来水上游引水的可行性研究、上游江段的水质保护研究、中下游江段的污染控制研究、向长江排放污水工程的可行性研究和环境生态影响评价等,为全面治理黄浦江提供可行性方案。1985 年,以上海自来水公司为组长单位,上海第一医学院和市卫生防疫站等 9 个单位参加研究的饮水与健康研究课题,是国家“六五”重点科技攻关项目,也是黄浦江污染综合防治规划研究的子课题。该项目在国内首次比较全面系统地将分析检测、生物检测和处理工艺进行系统的研究;采用各种现代化仪器,从采样、有机物富集、浓缩、分级检测一系列研究中摸索并建立了一整套有机污染物检测方法;通过检测,第一次初步探明黄浦江水、自来水中有机污染物的概况。该课题的工艺研究为有机污染较严重的水源提供有效的生活用水处理途径。1995 年,研制成功的黄浦江浮油回收技术,是由自胀移动式围油栏和浮油清扫装置组成,它可以有效防止油污染的扩散,回收流失油品,消除火灾隐患,对保护上海水源和港上安全有重要意义。

2006 年,同济大学等单位共同参与承担的黄浦江、苏州河受污染水体生态修复关键技术研究通过验收。项目在水生生态系统状况、动态变化与复育技术、污染水体生态修复及评价指标体系、技术与规范、土壤生物工程在坡岸侵蚀控制和生态修复中的工程性研究、生态浮床技术修复水生态系统的作用及其工程模式、高效人工湿地修复受污染河水技术等方面,取得了多项重要研究成果和技术创新。同年,上海环境科学院等承担的黄浦江突发性水污染事故预警预报与河网水环境决策支持系统研究通过验收。该项目是上海市科委重大项目,提出基于特征时间指数法的风险应急评估方法,开发了黄浦江二维水动力和溢油模型,建立了黄浦江二维化学品迁移扩散模型,编制了黄浦江溢油应急速查手册,分析了黄浦江事故易发地段化学品泄漏事故的可能影响,建立了突发性水污染事故模拟系统。2009 年 4 月,上海市水文总站承担的黄浦江沿岸温排水对水环境的影响项目,通过上海市水务局组织的专家验收。项目建立了黄浦江温排水三维数值模型,首次系统开展黄浦江热负荷承载力研究。

【苏州河环境综合整治技术】

1995 年,苏州河环境综合整治试验性启动,编制完成《苏州河环境综合整治规划》。1997 年,亚洲开发银行资助的苏州河水质管理规划研究项目，由荷兰 Delft 和国内专家共同开展研究，上海市建委、科委、环保局等组织有关部门进行技术攻关，对苏州河底泥、河道曝气复氧、生态系统恢复等开展研究，研究成果直接为苏州河综合整治提供技术支持。1999 年 8 月，市水利局、市环境科学研究院、华东师范大学等单位共同承担的苏州河环境综合整治关键技术研究攻关项目，通过市科委组织的鉴定。其中，苏州河底泥综合处理及利用技术研究，对苏州河底泥的特性、储量分布、疏浚范围与水质的关系及底泥水力特性进行研究，提出了疏浚机具和多种疏浚工艺、流程和方法。苏州河河道曝气复氧工程方案研究成果表明，曝气复氧对消除水体黑臭具有良好的效果。建立的苏州河环境综合整治信息系统，可用于辅助苏州河环境综合整治的管理、规划、设计和决策工作。

2000 年，同济大学承担的苏州河水系水环境改善措施研究，分析了水环境中污染物迁移转化规律、底泥的释放和耗氧状态下的氧平衡方程，获得相应的水质、底质参数可靠数值。研究成果应用于苏州河综合整治和上海市水环境河道综合整治。2001 年，上海市苏州河环境综合整治领导小组办公室组织完成了上海市苏州河水系水环境综合整治研究的子课题——优化泵站运行管理，减少苏州河沿岸泵站雨天溢流研究和利用苏州河底泥生产水泥熟料和特种胶凝材料技术研究，并通过鉴定。2002 年 9 月，上海市苏州河环境综合整治领导小组办公室牵头的苏州河水系水环境改善措施研究课题通过鉴定。课题建立了与 GIS 整合的苏州河水系和上海市河网水环境数学模型，研究了苏州河水质模型主要过程系数，为制定和优化苏州河水系水环境综合整治措施和管理提供了科学分析工具。2003 年，上海市环境科学研究院、同济大学等单位承担的苏州河水环境治理关键技术研究与应用，荣获国家科技进步奖二等奖。开发了一系列污染治理关键技术，包括苏州河水环境治理决策支持系统、截污治污技术、河道水质修复技术和污染底泥资源化实用技术等。

2007 年 1 月 17 日，上海市水务局等单位承担的苏州河中下游排水系统截污治污现状评估与完善关键技术研究，通过了上海市科委的验收。课题研究内容包括苏州河中下游排水系统调查和梳理、排涝泵站截污治污技术调研、典型排水系统水力模型模拟、评价与优化和排水系统优化计算程序开发四个部分。2009 年 1 月，上海市环境科学研究院承担的苏州河底泥污染评价、疏浚与综合利用研究项目，通过了上海市科委组织的专家验收。项目提出苏州河底泥耗氧机理和底泥主要耗氧物质；确定苏州河底泥耗氧物质在不同深度的分布，确定苏州河底泥现状 SOD 及其在不同深度的变化，确定苏州河底泥重金属 AVS 在不同深度的分布，预测底泥疏浚后的重金属毒性变化；建立苏州河底泥通量和上覆水水质耦合的数学模型，确定苏州河底泥综合利用的最佳方案和工艺。

【水环境治理与保护综合技术】

2001 年，上海市环境保护局承担的上海市水环境污染源调查研究获得上海市科学技术进步奖一等奖。该项目首次采用国际上最新的 GIS 组件技术进行应用系统的集成，自主开发上海市水环境污染地理信息系统（SHPSGIS），首次采用基于地图全要素的污染源定位技术，对全市 6 万个污染点源在大比例尺的电子地图上进行准确定位，建立一套上海市 1：10 000 全要素 GIS 空间数据库，实现全要素数字地图的无缝拼接，并对地面主要河流、建筑物等实行矢量化处理。同年，上海市环境保护局研究编制《上海市水环境治理与保护规划暨"十五"计划》。项目运用系统工程的理论和方法开展水污染控制系统规划，建立全市河网水动力模型、水质数学模型和河网水环境容量数学模型，指导上海市水环境综合整治工作。同年，上海市水务局组织完成的水资源普查通过鉴定。该报告是国内第一份水资源普查的综合分析报告，调查和分析了上海市境内的所有地表水体和地下水体，以及所有向地表水体排放的污染源，改变水资源调查重数量分析的模式，建立水资源数量、质量及影响因子与涉水工程相统一的水资源普查和评价新框架。

2003年3月，上海市环境科学研究院承担的上海城市水环境质量改善技术与综合示范研究全面启动，2005年底结束。该课题是国家"863"计划项目，总经费1950万元。建立以污水处理、河水就地净化和水生态系统改善技术为核心的中心城区河道、郊区水环境和景观水域水质改善技术体系，建立适合于各类污水处理工艺研究试验的中试基地，建成崇明森林旅游园区人工湿地污水处理示范工程，建立应用土壤生物工程方法的生态河道现场试验基地，建成苏州河梦清园景观水体生物净化系统示范工程。2007年，上海市水污染控制与水环境综合整治技术研究和示范，以及上海市饮用水安全保障技术集成与示范，列入国家"水专项"。饮用水部分：构建特大型城市饮用水安全保障技术和管理示范体系，建立饮用水安全保障监管体系，建立上海市饮用水安全保障关键技术集成体系；建立饮用水安全保障综合示范工程。水环境治理部分：解决上海水环境污染控制和综合治理所面临的关键问题，通过系统技术集成及水环境综合整治示范形成水环境污染控制技术与管理体系。

第二节　固体废弃物处理及资源化技术

上海市市区工业街坊环境污染状况和初步对策研究，由华东师范大学、复旦大学、华东化工学院等校牵头，组织24所高等学校、700多名科研人员进行研究，历时近两年。研究成果提供了综合研究总报告、8份专题报告、70个工业街坊的调研报告、40多万个研究数据及一套彩色附图，表明了市区工业污染的行业，指出了市区污染的主要水、气、声等污染源，提出了治理的措施，以及加强环保管理的目标、要求等。荣获1991年上海市科技进步奖二等奖。

一、生活废弃物处理技术

20世纪80年代，在城市垃圾的处理和利用方面，上海环卫局自行设计的日处理生活垃圾300吨的处理场建成。它是通过密闭发酵仓好氧堆肥法，使垃圾中含有的有机质通过微生物作用转化为稳定的有一定肥效的腐殖质，将其用于农田，可改善土壤的肥力，增加作物的产量。环卫科研所和老港处置场合作，在1989年制定了废弃物老港处置场环境监测规范。1990年，该场按照规范的要求，开展了日常环境监测工作，获得了大量的监测数据资料，为老港环境治理提供了依据，在全国城市卫生检查评比中得到了较高评价。

1992年，开展老港废弃物处置场苍蝇治理技术研究，这是一项包括灭蝇药剂的配方、喷洒工具、药物灭蝇作业规程的研究项目，达到国际生活垃圾填埋场每天每笼不超过10只蝇的要求，药物灭蝇效果显著。1995年，上海市环境卫生废弃物处置管理处研制适用于高密度、大面积的灭蝇方法，获国家发明奖四等奖。该项目发明了一种杀灭高密度、大面积集聚的苍蝇（最高可达1.5万只/日·笼）的方法，配制的灭蝇药物有滞效和速效两大作用，滞效药物滞留时间长，抗雨性强，速效药物杀伤力强，两者都不易产生抗药性，不产生二次污染，对人畜低毒。适用于城市生活垃圾倾倒点、中转收集站、生活垃圾堆肥场、生活垃圾填埋场及其他苍蝇孳生活动区域。同年，华东理工大学、上海市环卫局、上海市政工程设计院联合承担的垃圾填埋场喷塑覆盖技术研究，被列为上海市"八五"攻关课题，合成了适合喷塑的树脂，筛选了合适的发泡剂、固化剂，确定了混合液合理的配方和喷塑工艺，研制了一套喷塑样机，属国内首创，国际先进。1999年，开展上海老港填埋场垃圾稳定化工程研究,为填埋场的循环使用、综合开发和利用提供了科学依据。

2000年,建成的老港废弃物处置场三期扩建工程,通过技术改造,采用新设备,完善填埋和垃圾渗沥处理工艺,使老港废弃物处置场的生活垃圾消纳提高约30%。上海市固体废物处置中心为上海市2001年度重大工程项目,使用年限47年。废物安全处置采用五重保护措施:钢筋混凝土地下箱式结构,高密度聚乙烯防渗膜柔性结构,轻质遮雨棚防水措施,废物预处理固化稳定化技术和渗沥水监控系统。2002年12月20日,国内最大的生活垃圾焚烧厂——上海江桥生活垃圾焚烧厂一期工程点火成功。该厂垃圾焚烧主要由垃圾称重及卸料、垃圾焚烧、助燃空气、余热锅炉、出渣、烟气净化、汽轮发电机、自动控制和辅助工艺等系统构成,焚烧采用STEINMULER的顺推往复式炉排焚烧炉。2003年,浦东新区垃圾生化处理厂建成,设计日处理能力1 000吨,90%以上的垃圾都能回收利用。由20多台机械组成的大型垃圾分拣系统,是国际上最先进的分拣设备。该垃圾生化处理的核心技术采用了生物菌种对有机垃圾的催化发酵,使用的菌种是耗时9年培育成功的高效品种,垃圾只需发酵15天就可以变成酒糟状有机肥,并确保恶臭异味不会泄漏和废水循环利用,解决了垃圾处理过程中的环保问题。2005年,中国船舶重工集团公司第711研究所承接的上海老港垃圾填埋场热气机沼气发电项目,将填埋气燃烧后产生的热能转换为电能提供给场区使用,余热用来加热污水,提高污水处理效率。4台ST平方米60机组发电功率200千瓦,热功率320千瓦,总的能源利用效率大于80%,年处理填埋气148万立方米,二氧化碳减排1万吨/年。该项目是中国第一个利用垃圾填埋气的热电联产项目。

2008年,老港生活垃圾填埋气体发电项目正式投入运行。运行工艺和设备生产全过程采用计算机控制,达到国际先进水平,是亚洲最大的生活垃圾填埋场之一。该项目建成后,每年可节约发电用煤3 700万吨,输送电力约1.1亿度,解决约10万户居民的日常用电,约占全市绿能发电的50%。同年,同济大学承担生活垃圾智能分选技术的计算机仿真优化研究,开发了适合国内生活垃圾分选的滚筒筛和风力分选机,以及生活垃圾的破碎设备等,设计出一套参数可调节的、处理量50公斤/日的生活垃圾分选系统。同年,同济大学承担的可持续生活垃圾填埋处置及资源化研究与应用,获上海科技进步奖一等奖。项目开发了水平防渗与垂直防渗系统,研发了内向水力梯度控制的原位排水固结技术,发明了矿化垃圾生物反应床处理渗滤液和矿化垃圾改性污泥技术,优化筛选了适合堆场生长的各种植物。该项目发表论文106篇,编著学术著作8部,申请发明专利14项;编制了《生活垃圾卫生填埋场防渗系统工程技术规范》等6项行业规范和标准;编写国家"十一五"规划教材《固体废物处理与资源化》及相关辅助教材。

2010年,超大型固废处置基地污染减排和资源利用关键技术集成与示范项目,成为上海市"科技创新行动计划"社会发展领域重大科技项目,将围绕基地环境污染、资源综合利用效率不高等民生关注的焦点问题,以臭气全过程削减与生态净化、高浓度混合型渗沥液深度处理为重点,开展面向"零排放"的污染减排和共处置技术集成与示范;以多元化可再生清洁能源综合利用、填埋场土地修复及安全开发利用为核心,开展资源能源循环利用技术集成与示范;以环境质量监测监管、环境风险预控及应急响应为途径,开展预控应急与管理保障技术集成与应用。项目结束后,预期实现新增填埋场区恶臭污染强度比传统填埋场消减70%,规模为100吨/日的渗沥液处理示范工程CODCr浓度从30 000毫克/升消减至100毫克/升,建成总装机容量100兆瓦的多元化清洁可再生能源系统,建立适应超大型固废处置基地安全运行的在线和离线相结合的环境监测、预警应急网络体系。

二、工业废弃物处理技术

1978 年起,上海市建筑科学研究所首先探索对粉煤灰资源作益化处理的途径,用简易球磨机碾散粉煤灰中的多孔和黏聚的颗粒,使粉煤灰需水量降低,比重增加,活性提高,质量均匀,达到了国家标准规定的要求,为粉煤灰在混凝土中的应用创造了必要的物质条件。1985 年,上海市建筑科学研究所等单位承担的电厂粉煤灰在上海市的综合利用,获国家科技进步奖二等奖。1986 年,上海市环境保护科学研究所承担工业固体废弃物现状、预测及初步对策研究项目,提出上海市固体废弃物处理和处置的总体规划。1988 年,上海市市政工程研究所等单位承担的废旧沥青混合料再生利用技术及其应用,获国家科技进步奖三等奖。

1991 年,上海市建筑科学研究所等单位承担的粉煤灰资源再循环系统理论及其应用研究,获上海市科技进步奖二等奖。1997 年,上海矽钢有限公司承担的硅钢片废料再生方法,获上海市科技进步奖二等奖。1998 年,上海第一钢铁(集团)有限公司、上海新腾冶金炉料厂承担的钢铁厂固体废物混合制粒返回烧结利用,获上海市科技进步奖二等奖。

2001 年,上海电力学院承担的大型燃煤电站锅炉污染物处理,通过上海市科委组织的鉴定。该项目通过对大型燃煤电站锅炉有毒重金属的迁移过程、转化规律和控制技术的研究,使煤中有毒重金属组分在锅炉燃烧过程中毒性降低,并生成稳定化合物随灰渣排出,减轻烟气中重金属污染物的危害。该项目提出的质量平衡方法,对大型燃煤电站锅炉排放的汞、铬污染物浓度和排放量预测,以及污染物迁移过程、富集特性和转化规律的研究,达到国内先进水平。尤其在燃煤锅炉中,用添加环糊精等固体吸附剂来控制汞和铬污染物的排放为国内首创。同年,同济大学承担的工业废弃物焚烧炉技术和设备通过鉴定,总体达到国内先进水平,是符合国情的实用技术;在炉膛和炉排设计、第二燃烧室出口温度及尾气组合处理工艺方面,达到国际先进水平。建立的工业废弃物焚烧炉技术和设备,对焚烧对象的适应性较广,无需添加辅助燃料,废料及烟气通过高温彻底分解,烟气排放达到国家标准。该成果具有良好的经济、社会、环保效益。

2004 年,华东理工大学环境咨询研究中心承担的上海市重点行业——生物制药行业污染物排放标准项目,通过上海市环保局主持的技术鉴定,达到国内先进水平。提出了上海市生物制药行业污染物排放标准送审稿、编制说明和研究报告,填补了国内空白。2005 年 8 月,上海交通大学承担的上海报废汽车处置关键技术与示范研究,通过上海市科委组织的验收,就上海市报废汽车处置相关政策和地方性规范提出建议,建立了覆盖全市的报废汽车处置与管理网络系统和报废汽车管理信息平台。2007 年,同济大学、上海市建筑科学研究院(集团)有限公司承担的废弃混凝土再生及高效利用关键技术,获上海科技进步奖二等奖。同年,上海绿人生态经济科技有限公司承担的废旧轮胎热解资源利用的集成技术,获上海科技进步奖二等奖。2008 年,华东理工大学承担的氯碱工业废弃全氟离子膜回收及其应用技术,获上海技术发明奖二等奖。同年,上海新兆塑业有限公司承担的利用再生聚苯乙烯生产 XPS 保温板的技术,获上海科技进步奖二等奖。

2009 年 3 月,上海电力学院承担的燃煤电站锅炉多种污染物控制技术研究项目,通过上海市科委组织的专家验收。该项目开发了多种污染物控制试验系统和催化/吸附剂评价系统及其装置;通过自主研发,所研制吸附剂对燃煤电站锅炉烟气汞的脱除效率比现有吸附剂有显著提高,并具有脱硫、脱硝功能,在相关燃煤电站进行了试验验证,具有混凝土友好特性,能够在较好经济性的情况下降低污染物排放的同时,不影响电站飞灰的综合利用。项目还对上海典型燃煤电站锅炉进行汞排放测试，为上海燃煤锅炉汞排放水平提供基础数据，为汞排放法规的制定、采取合适的汞减排措施提供了参考依据，并开发了在脱硫装置上实现同时脱硝、脱汞的技术。同年，上海橡胶制品研究所开发完成废旧轮胎生产灌溉用微渗管。该项目利用废旧轮胎资源，经粉碎、筛选、混合、发泡、挤出成型等工艺，生产节水灌溉用微渗管。该产品在充分利用废旧轮胎资源的同时，所生产的节水灌溉用微渗管可广泛应用于城市绿化、球场绿化、农业灌溉、沙漠治理等领域，与传统喷灌方式相比，能够节约用水60％以上，同时对水质和环境不造成二次污染。

2010年，同济大学承担的大宗碱溶性金属废物碱介质提取技术与产业化应用，获上海技术发明奖二等奖。同年，上海第二工业大学等单位开展废弃电路板及含重金属污泥（渣）微生物法金属回收技术研究，建立废弃PCB、含重金属污泥（渣）的微生物浸出—浸出液金属提取—溶剂法回收非金属的一体化集成产业化清洁技术与装备，具有能耗低、资源利用广、污染小等诸多优点。同年，同济大学等单位主持绿色生物质燃料应用技术与河道淤泥自保温烧结多孔砖开发研究，提出了用秸秆、木屑类生物质燃料替代煤在砖厂直燃应用关键技术，以及河道淤泥100％替代黏土的自保温烧结多孔砖等核心技术。同年3月，同济大学主持的"十一五"国家科技支撑计划项目——废旧机电产品综合利用工业园区产业链关键技术开发及集成示范，通过科技部验收。该项目主要以废旧机电产品资源高效利用和污染物减排为核心，发展废旧机电产品逆向物流技术与循环经济产业链链接技术，研究区域特征污染物集中处理技术，建立相应资源化产品技术规范与标准，形成一个具有高效资源共生网络的典型废旧机电产品循环利用生态工业园区发展模式，实现园区内废旧物资的资源利用最大化与固体废弃物排放和能源消耗最小化。

第三节　大气环境和噪声控制技术

一、大气环境保护技术

1984年，在大气污染控制技术方面，锅炉抽板顶升煤燃烧技术作为国家节能技术成果被广泛应用，一次加煤明火反烧，能使小型锅炉消烟除尘。这一技术在各行各业1吨/时以下的各种锅炉上普遍应用。同年，研制XZZ型（直锥）旋风除尘器，使除尘效率达到89％～91.7％，为治理机燃层燃锅炉烟尘提供良好的除尘设备。1986年，上海市环境保护局与日本大阪市环境保健局合作制定上海市大气污染综合防治规划，被列入两国科技合作计划，为期两年。该规划以上海市2000年大气环境质量为目标，通过对全市300多平方公里市区范围内污染源的系统调查，摸清其分布、数量、特征，通过模式计算，预测发展趋势，最后通过经济分析、优化处理确定污染物的削减量，最终制定适合上海市实际状况的具体控制方案。

1997年1月，上海大众汽车有限公司奋力拼搏300天，成功开发出"环保型"产品——三元催化装置。经国家环保部门鉴定，"桑塔纳"轿车三元催化装置的尾气排放达到北京、上海地方法规的要求，超过欧洲1号尾气排放标准。1998年12月28日，华东理工大学承担的上海市科委重大科技攻关项目——三效汽车尾气催化净化器，通过技术鉴定。经两年攻关，研制成功LH型催化净化器，综合性能超过国内同类产品。

2001年12月，上海市环境保护局组织开展的扬尘污染来源与控制管理研究，通过上海市科委组织的鉴定。该项目探明了上海地区扬尘污染的主要来源，建立了上海市扬尘发生源判别的地理信息系统，提出了总体管理思路和方案，为城市扬尘污染的控制规划提供了科学依据。2002年，上海市环境保护局组织完成上海市大气中微小颗粒物污染特征及控制对策研究,基本掌握了上海市 $PM_{2.5}$、PM_{10} 污染状况及其时空分布情况;研究了 PM 的粒径分布及 $PM_{2.5}$ 污染与气象条件、气态污染物污染状况的关系;探究了上海市 $PM_{2.5}$ 的污染来源;提出了上海市大气中微小颗粒物污染控制对策。

2005 年,国家"863"项目——燃煤锅炉采用气体燃料分级的低 NO_X 燃烧技术开发,由上海理工大学、宝钢发电厂等共同承担,研究了各种因素对气体再燃降低 NO_X 的影响,在 350 兆瓦机组锅炉上改造实施,对 NO_X 进行深度还原使之达到 160 mg/N 立方米,比最发达国家 NO_X 排放标准还低(美国为 190 mg/N 立方米)。2006 年,华东理工大学研制的汽车尾气三效净化催化剂,获上海技术发明奖一等奖。该项目发明了稀土基储氧材料、氧化铝基复合材料、"稀土—非贵金属—微量贵金属"的催化剂和工艺、整体式催化剂的制备方法和工艺,形成了整体式催化剂的专有技术;解决了催化剂制备的工程化问题,实现工业化生产。申请发明专利 4 项(获授权 2 项)。使用该技术生产的汽车尾气三效催化净化器,使汽车尾气的排放达到欧Ⅲ排放标准;针对 LPG 汽车尾气净化开发的稀土型 LPG 汽车尾气催化净化器,其净化性能显著优于国外进口产品。同年,复旦大学承担中国气溶胶的特性、来源、转化、传输及其对全球环境变化的影响,研究了中国气溶胶(包括沙尘暴)及其中污染物的理化特性、来源、时空分布、组分转化机理、长距离传输及其对全球环境变化的可能影响,研究了沙尘暴的成因和远距离传输过程中所发生的化学变化机制,揭示了沙尘暴传输的四个阶段,论证了沙尘和污染物气溶胶的相互作用及对污染物的积聚作用,共发表 SCI 论文 40 多篇。

2010 年,华东理工大学等单位承担的封闭循环微细颗粒的快速分级回收技术及其应用,获上海科技进步奖一等奖。该项目历时 20 年,发明了封闭循环微细颗粒快速分级回收大型工业新装置和新工艺。揭示了旋转流分离过程中能耗与效率的基本规律,提出了能耗降减的原理和方法,发明了微细颗粒高效低耗旋转流分离新技术,开发了封闭循环微细颗粒快速分级回收新工艺,研制了封闭循环微细颗粒快速分级回收的大型工业装置。该项目获专利授权 18 项,发表论文 100 余篇,出版专著 3 部,形成行业标准和国家标准各 1 件。

二、噪声控制技术

1990 年,中国船舶工业总公司第九设计研究院刘立民发明的 MJ3210A 木工带锯机噪声控制技术,获国家发明奖三等奖。设计采取辐板式且带独特排气槽的约束阻尼锯轮,安装"三点式"锯条弹性高阻尼控振装置,以及进、出气口微孔共振器等,拥有 14 项综合技术,降噪控制技术和单机噪声指标处于国际领先水平。1998 年,中美合资上海福华玻璃有限公司委托中国船舶科学研究中心上海分部实施了一项噪声治理项目——新深弯炉噪声控制技术。采用消声、吸声、隔声综合治理方案,并在流水线出口处设计了自动控制的隔声闸门,治理后车间规定的各测试点的噪声均低于国家标准。1999 年,上海英雄股份公司北蔡分厂冲制噪声治理项目,由上海环境节能工程公司委托中国船舶科学研究中心上海分中心实施。应用吸声、隔声等噪声综合治理技术,设计了 1 500 平方米大面积吸声吊顶和 58 平方米的吸声墙面,采用了铝合金采光通风隔声窗和隔声门,历时 3 个多月,于 1999 年 9 月完工并通过验收。

2005 年,中国船舶重工集团公司第七一一研究所自主研发的降低轨道交通结构噪声浮置板隔振系统,可显著降低地铁、轻轨、高架等轨道交通的结构振动传递,隔振效果大于 40 dB,并通过了 300 万次疲劳试验,其技术达到国际领先水平。2006 年,同济大学开展新型高效声屏障和新型高效通风隔声窗的研究与示范,确立了声屏障工程设计中选用吸声材料的基本原则,建立了车体的1∶4轨道交通声屏障模型。其中,声屏障采用Y形吸声顶端和铝纤维吸声板与铝穿孔板的新型复合吸声结构,不含传统多孔纤维材料,吸声性能好,吸声频带宽,与等高的直板形声屏障相比,吸声顶端的优化结构可显著提高近轨区域的低频降噪量。2007年,上海申通轨道交通研究咨询有限公司等承担的城市轨道交通减振降噪关键技术,获得上海科技进步奖二等奖。

第四节 环保设备和信息化技术

一、环保设备开发技术

1980—1984年,上海市环卫局与上海船舶设计研究院联合研制成国内第一艘水面清扫船,在实用中收到了较好的效果,该项成果还填补了国内空白,获得1986年上海市科技进步奖三等奖。环卫科研所与环卫船厂合作研制了一艘小型水面垃圾收集船,1990年完成了设计、生产,并投入废弃物老港处置场使用,收到了较好的效果。

1990年,上海市环卫局组织设计、三明重型机器厂负责试制的生活垃圾压实机,通过国家建设部的鉴定。该压实机具有静载和振动压实、推铺、破碎功能;该机属国内首创,填补了国内生活垃圾压实机的空白,达到了20世纪80年代国外同类产品的水平,获得了国家级新产品称号。1991年,上海市环卫局和江麓机械厂联合开发的SHZ22型扫路机,通过部级鉴定,达到20世纪80年代初国际先进水平。同年,上海市环卫局和江麓机械厂研制成功的JZZ-1型集装式垃圾装船机,提高船只的装载系数,减轻工人的劳动强度,控制住垃圾散落污染水域,改善了环卫作业的整体形象,是对垃圾码头传统装船作业方式的重大变革,属国内首创。1992年,上海水产大学研制的远控自行潜吸式清淤机,获第六届全国发明展览会金奖、国家发明奖三等奖,是国内外首创最先进的清淤设备。该机只需一人操纵电器开关,即可控制机身自行下水吸泥清淤和转移场地,自动化程度高,使用轻便,彻底解决了原有清淤设备搬运笨重、使用费力等问题。1994年,上海市环境卫生车辆设备厂研制的上环牌SHZ-20型扫路机,经过各项性能测试,通过市级鉴定,达到国内同类产品的领先水平。具有喷、吸、扫、自动卸料等功能,全部采用国产元件,制造成本低。

1997年,上海市环境工程设计科学研究院、上海市环境卫生水上管理处、浙江省平湖市华海船厂联合研制的自流提升式清扫船,成功解决了船型研究、双体单推、舷外冷却等技术难题。适合于苏州河使用的水面清扫船,将收集清扫水面漂浮垃圾工作由被动转变为主动,由人工打捞转变为机械作业,填补了适合苏州河等狭窄航道的机械化清扫船空白,达到国内领先水平,为苏州河治理和实现苏州河水面无漂浮垃圾创造了条件。同年,上海市环境卫生车辆设备厂研制的高压清洗车通过市级鉴定。高压清洗车的喷水系统可调整宽度、高度和角度,冲洗水流压力高,能冲洗掉扫路机和人工清扫不能清除的细小尘土,提高道路保洁效果和城市空气质量,属国内首创。1998年,上海环境卫生车辆设备厂研制成功并生产的SHW-1小型压缩式垃圾收集站设备通过市级鉴定,设备具有装箱、压缩、密封功能,适用于城市商业和住宅小区的废物收集,减少垃圾收集污染,对提高上海市环境卫生整体水平具有重大意义。同年,上海建设路桥机械设备有限公司和阿妮优有限公司联合研制成功的国内首台有机废弃物处理机,仅需12～24个小时即可使垃圾减量95%。

2002年7月,上海船舶设备研究所研制的YJ-D型油烟净化器,取得上海市科学技术成果鉴定证书。该产品运行电流小、功耗低、性能稳定,且油烟去除效率高,整体技术水平处于国内先进水平。2003年，上海环境科技装备有限公司承担的中型生活垃圾中转站集装设备，通过上海市建设和管理委员会组织的科技成果鉴定，达到了国内领先水平。该项目通过引进荷兰DWS技术，对压实系统的液压、容器的密封、容器的制作工艺、电子监控系统等进行了改进，达到了荷兰DWS技术标准。2005年，上海光学精密机械研究所承担的新型城市空气污染激光监测仪，可安装在车上移动测量城市空气中的三种污染气体：臭氧、二氧化硫和二氧化氮。

2009年4月8日，上海市排水管理处、上海天予实业公司共同承担完成的雨水口防臭及垃圾拦截装置研究项目，通过上海市水务局组织的专家验收。该课题通过对雨水口井身特点、臭气来源、散发方式的分析，开展相关材料、工艺的研究，开发了雨水口拦截装置和防臭装置。同年，上海市市容环境卫生水上管理处承担完成的苏州河航行无障碍漂浮垃圾拦截装置应用研究项目，通过上海市绿化和市容管理局组织的鉴定。项目所研制完成的拦截装置对水面漂浮垃圾具有很好的拦截效果和明显的导流效应，对漂散在河面的漂浮垃圾拦截率达到97％以上，同时不影响船舶航行。2010年，上海水域环境发展有限公司与张家港飞驰机械制造有限公司共同研制的水葫芦、绿萍水面打捞装置，采用了单机、双明轮、全液压的打捞输送设备，大幅提升打捞效率，对黄浦江、苏州河暴发水葫芦、绿萍季节的水域打捞保洁工作起到了重要作用。

二、环保信息处理技术

1994年，环卫专用车辆数据库管理软件在环卫系统内推广使用，使全系统的环卫车辆实现计算机动态管理，提高了环卫管理水平。同年，上海市环境卫生信息中心开始探索把GIS技术应用到上海环卫管理上的。1996年建成上海环卫GIS系统的雏形，通过市建委组织的技术鉴定。1998年底完成全市数据的采集工作，建成包含13个区环卫数据的上海环卫GIS系统，并于1999年通过市科委组织的技术鉴定，评价为国内领先、国际先进。

2001年，重点污染源在线监测监控系统是为提高环境实时监控能力而开发的应用系统。该系统在监测和监控方面，针对污水流量、PH、COD等主要污染物、环保设施运行情况等，进行实时监测和GIS定位报警，具有排污总量审核、污染大户筛选等分析管理功能。2003年，上海市环境保护局开发了上海市污染源在线监控网络系统。该系统针对不同用户开发了监控版、管理版和企业版软件，实现了对污染源废水排放实时和历史数据采集、远程反控、超标报警、综合分析及GIS空间分析等功能，通过在上海市监察总队和上海市环境保护局之间构筑VPN虚网，实现污染源监控信息共享。该系统开发采用统一的规范、开放的通信协议和主流的系统软件平台，适用范围广，可作为通用的污染源废水排放监控系统，于2003年通过验收。

2007年，长江计算机（集团）公司所属上海广域信息网络有限公司研制开发区域性环保综合监控系统，在同一平台上实施监控与处理，实施与其有关的管理，例如统计、分析、上报、征管、信息发布、信息公告等，支持对区域环境质量的评估。2008年，上海市自来水市南有限公司承担信息化远程监控城市供水泵站构建、运行及管理模式研究，应用自动化、网络和在线检测等设备和技术，对城市供水泵站实施自动化、网络运行与管理，突破城市供水泵站传统生产和管理模式，实现了泵站生产集约化控制，提高了生产运行的安全性与可靠性。

2009年4月10日，上海市水务信息中心、南京尚洋号科技有限公司和上海网跃信息技术有限公司共同完成的水务公共信息平台关键技术及其应用研究，通过国家水利部国际合作与科技司组织的专家鉴定。首次提出了水务公共信息平台的理念、总体架构、网络架构、数据架构和应用架构，研究了信息分类与编码等标准,构建了标准规范体系,开发了数据交换系统。项目成果获得2009年国家水利部大禹水利科学技术奖二等奖。2010年,上海市绿化和市容管理信息中心承担的上海城市生活垃圾物流信息系统项目完成框架建设,并实现了部分管理功能。该项目建立上海市生活垃圾收集、转运、处置全程物流管理系统,将生活垃圾源头产量、收集和运输与处置有机整合起来,可实现生活垃圾物流的全程监控,为科学调度提供了技术支撑,提高了监管质量和效率,提升了行业应对突发事件的能力。

第二章 能源科技

第一节 传统能源综合利用技术

一、煤炭利用技术

1985年,上海发电设备成套设计研究所的130T/H沸腾炉试验研究,获得上海科技进步奖一等奖。解决大面积沸腾床的分床点启动技术;掌握运行操作特性,使负荷参数调节满足汽轮发电机组要求;解决尾部受热面严重磨损问题;掌握大面积沸腾床的燃烧、传热特性、得出较佳的沸腾床和埋管受热面结构;采用播煤风和二次风,提高燃烧效率;掌握炉内除尘技术。1998年,华东理工大学的新型水煤浆气化喷嘴研究与开发,填补了国内空白,形成了中国水煤浆气化技术特色,达到了国际先进水平,有较大的经济效益。获上海科技进步奖一等奖。该项目研究开发了一种新型的水煤浆气化喷嘴,提出了流场和气化反应区域模型、气化过程层次机理模型,建立一系列数学模型,开发了新型水煤浆气化炉开发。

2001年7月,上海外高桥发电有限责任公司开发的汽轮发电机故障诊断专家系统通过验收。实现对汽轮发电机可能发生故障的综合诊断,诊断的范围包括发电机本体及氢油水系统九大部分可能发生的106种故障,具有技术先进、实用、经济的特点。2002年12月,上海焦化有限公司和华东理工大学承担的煤浆气化的生产工艺和设备通过了上海市经委组织的鉴定。该项目包括高浓度水煤浆的制备研究,水煤浆气化工艺水系统的研究,新型实用型激冷环、耐火砖应用技术研究,新型气动耐磨硬密封O型球阀研究,以及工程技术研究等子课题;开发了适用高温煤气洗涤水系统的阻垢分散剂CHQ-1,提出了"混凝软化一步法"新工艺,提出了新型喷淋头结构及喷淋方法、新型结构的激冷环、气化炉新型锥口高铬砖技术密封O型球阀技术等,获得2003年上海市科技进步奖三等奖。2003年,上海焦化有限公司建成碳—化工与羰基合成工程技术开发平台,并通过上海市经委组织的验收,被列为上海市经委十大科技平台建设,以此为依托的碳—化工与羰基合成重大工程技术与关键产品开发项目被上海市经委列为上海市64项重大科技创新项目之一。

2009年,上海电力学院承担的多级分段再燃控制电站锅炉NOx生成技术的研究项目,从理论上研究分析了多级分段再燃机理,针对实际运行的燃煤锅炉建立了氮氧化物控制数学模型,提出多级分段再燃理论的实际应用方案。该项目通过优化组合,调整原有制粉系统磨煤机的工作方式,细化煤粉,采用交叉分段再燃和空气分级等多种技术的组合,实现了多级分段微细煤粉再燃控制氮氧化物生成技术,有效控制了氮氧化物排放量。同年,上海焦化有限公司承担的大型煤化工综合节能技术研究与示范项目,针对原有30万吨煤制甲醇生产装置中的节能降耗工作进行系统研究和开发,实施系统热能综合利用优化、净化闪蒸汽回收利用等研究。系统应用于新建的45万吨甲醇装置,预计实现节煤3万吨以上。

2010年,华东理工大学开展了大型气化炉完善关键技术研究,投入运行多喷嘴对置式水煤浆气化炉15台和单炉日处理2000吨煤以上的气化炉5台。通过跟踪有工业装置的运行情况,初步掌握了气化炉长周期运行的规律。同年,华东理工大学等单位承担的气态烃非催化部分氧化制合成气关键技术及工业应用,获上海科技进步奖一等奖。该项目开发出气态烃非催化转化技术,形成了成套工艺技术,提出了新型气态烃非催化部分氧化烧嘴、新的转化炉拱顶隔热衬里设置结构型式,以及气态烃非催化部分氧化新的流程组织模式、自动控制及安全联锁保护系统的理念。该项目获授权发明专利4项、实用新型专利4项。同年,上海石洞口第二电厂的超超临界燃煤电站CO_2捕集装置投入运行,这是世界上最大的燃煤电站CO_2捕集装置,最高年产液态CO_2可达到12万吨,捕集系统出口CO_2纯度可达到99.997%,可为CO_2捕集封存和再利用形成示范。同年,上海外高桥第三发电有限责任公司承担的1 000兆瓦超超临界机组综合优化和节能降耗关键技术研究与应用,获上海科技进步奖一等奖。该项目自主研发了超超临界机组蒸汽氧化及固体颗粒侵蚀预防系列技术,独创了回转式空预器接触式簇状全向柔性密封技术,采用直流锅炉蒸汽加热启动和稳燃技术,独创大型超超临界机组FCB(孤岛运行)技术,开发了汽轮机侧、锅炉侧的综合节能技术,研发了8项重大世界首创技术和5项重大国内首创技术等,获授权专利6项,发表论文22篇。同年,华东理工大学等单位承担的全寿命预测关键技术及其在大型汽轮机上的应用,获上海科技进步奖一等奖。该项目建立了汽轮机及部件的蠕变—疲劳全寿命预测方法,提出了高温结构安全性评价技术体系,解决了蠕变寿命数据获取试验周期长和高温紧固件松弛设计数据匮乏的难题,实现微米/亚微米尺度下的蠕变、疲劳寿命演化过程的原位观察和定量分析的一体化集成,提供了寿命实验的新手段。该项目获专利9项,软件著作权3件,发表论文80篇。同年,华东理工大学承担的二氧化碳减排与资源化绿色利用的关键技术开发及应用,获上海技术发明奖一等奖。该项目发明了国际领先的近临界催化反应、热循环节能和反应吸收耦合过程强化新技术,提出了原子有效利用率和社会资源有效利用率的环境友好的评价理论体系,建立了反应耦合过程特性多尺度模拟与优化技术及工程技术放大模型,发明了生产碳酸甲乙酯、碳酸二乙酯新的合成方法,开发了产品耦合、过程耦合能量系统集成等多项过程强化关键技术和塔设备单元强化技术。该项目发表论文50篇,申请专利8项,获得授权6项,节能减排和生产效率各项技术指标达国际先进水平。

二、天然气利用技术

2003年,上海市燃气管理处和上海蓝焰科技有限公司承担的上海市燃气优化调度及SCADA研究通过鉴定。编制了完整的《燃气应急预案》和《优化调度方案》,提出了建立新的燃气调度结构体系、建立现代化燃气输配调度SCADA系统设想、通讯方式的比选和建议、在综合调度管理系统(DMS)的框架下建立SCADA等建议。2004年,上海科技重点攻关项目——天然气"能源岛",在闵行紫竹园区3 000平方米的软件大楼运行示范,该"能源岛"利用天然气独立发电,余热夏天制冷、冬天制热,实现热冷电三联供,能源利用率高达80%以上。2005年,立项的长三角地区天然气发展趋势及战略保障是上海市科委重点项目,由上海燃气工程设计研究有限公司承担。该项目的研究有利于分析和解决现有长三角地区天然气供应体系中的不足,明确远期天然气的发展趋势,为今后长三角地区天然气供应体系的规划、建设、合作协议等相关工作提供重要依据,并有利于提高长三角地区天然气供应的战略保障能力,对长三角地区乃至全国的天然气发展都具有一定的探索和指导作用。同年,中国船舶重工集团公司第七一一研究所(上海齐耀动力技术有限公司)承接完成热电联产技术,以天然气为燃料,向宾馆内部提供热、电、冷的分布式供能系统,于11月竣工进入试运行,被列为上海市2005年度分布式供能示范项目。

2006年,上海燃气工程设计研究有限公司和同济大学共同完成的上海21世纪初期天然气发展应对策略研究通过验收。分析了天然气发展趋势、天然气市场、天然气气源、天然气主干管网等情况,提出了上海天然气调峰措施、天然气安全供应战略体系等。2009 年,中国船舶重工集团公司第七一一研究所承担的燃气热气机热电联供机组批量生产及应用,通过国防科技工业局组织的验收。项目突破了民用燃气热气机批量生产工艺,解决了一批关键技术,研发的燃气热气机具有完全自主知识产权,填补了国内空白。2010 年,上海市燃气管理处和同济大学共同完成的多气源天然气互换性研究通过验收。项目组进行了在各种液化天然气的全性能响应测试,提出建立"上海基准气"的概念,对上海天然气质量控制、气源采购、燃气器具管理等问题提出技术解决方案。

三、石油及油品利用技术

2005 年,上海交通大学承担的燃油溶气雾化与燃烧新技术,获上海科技进步奖一等奖。该项目首次发现了喷孔孔内流态和压力分布的两种模式及其对溶气燃油雾化的控制机理,揭示了 CO_2 组分比例、温度、压力对溶有 CO_2 燃油的相变过程、闪急沸腾现象和雾化过程的影响规律和控制机理,提出了发动机溶气燃油喷射与燃烧的雾化作用、稀释作用、热作用和化学作用理论,提出了一种高效、快速制备溶气燃油的新方法——气体射流溶气法,解决了国际上溶气燃油快速制备的技术难题。提出了燃油溶气雾化与燃烧新概念和理论,在国内外学术刊物和国际会议上发表论文 42 篇,其中 SCI、EI 收录 19 篇,申报国家发明专利 2 项。成果水平为国际首创和国际领先。2007 年 3 月,上海电力学院承担完成的高效节能和环保的重油燃油回油冷却技术研究通过验收。该技术具有设备简单、运行方便、安全可靠等特点,利用了高温燃油回油的余热,减少了燃油系统在热备用状态下所需的能量,降低了能源品质或能级的损失。

2010 年,华东理工大学承担的油藏保护性可持续开发的微生物采油调控技术及工业化应用,获国家科技进步奖二等奖。该项目在国家科技攻关计划等支持下,在油藏环境微生物群落结构分子检测技术、采油功能微生物分子识别与评价技术、高效采油菌种及营养体系,以及微生物油藏井间示踪技术等方面取得重大突破,解决了油藏极端环境微生物群落结构解析和采油过程中油藏微生物活动动态检测的难题,实现了油藏保护性开采和微生物体系的循环利用,并拥有自主知识产权。该项目申请专利技术 13 项,其中授权发明专利 5 项,PCT 专利 3 项;发表 SCI 和 EI 收录论文 40 余篇。同年,上海石油天然气有限公司承担的东海平湖油气田薄油层开发技术研究及应用,获上海科技进步奖一等奖。该项目建立了适合于海上薄油层开发的一体化技术体系:建立了适合东海薄油层的识别与描述技术,首次提出自流注水采油新方法,形成了先进的海上薄油层开发设计方法,提出多分支井开发方案,首次采用修井机钻成多底、多分支水平支井,解决了三维复杂结构井高摩阻、井眼轨迹控制、长井段泥岩井壁稳定等技术难题。该项目发表论文 26 篇,SCI、EI 收录 5 篇,拥有软件著作权。

第二节　可再生能源与新能源利用技术

2008 年 12 月,上海海事大学承担完成的临港新城可再生能源发展应用研究项目,通过上海市科委组织的验收。该项目针对交流并网出现的难题,提出了一种基于直流并网的可再生能源综合发电系统,可以实现多种可再生能源的互补发电,直流并网使系统控制更方便、可靠,储能装置在 PMS 的作用下对微网调峰填谷,提高了电网的电能质量和可靠性。2010 年 1 月 20 日,上海电力学院主持完成的市科委重点攻关项目——大规模太阳能与风力发电系统监控及优化技术研究通过市科委验收。该项目研究了大型风电场在线监测系统的技术方案,研究大型风力发电机组运行状况和故障的机理,设计一个并网型太阳能光伏发电系统,建立一套光伏发电和风力发电系统数学优化模型,编制一个风、光互补优化设计软件,总体水平国内领先,并应用于东海大桥海上风电场及多家风、光互补型设备单位。

一、太阳能利用技术

1991年,上海市能源研究所和德国弗朗霍夫太阳能系统研究所的合作项目——低纬度地区太阳能在建筑上的应用,建立 TIM 房和参照房各一幢,经过两年连续测试,全天室内平均温度冬季升高3℃～6℃,夏季降低3℃左右,净增价格为14.2%。该项目属国内首创,达到国际先进水平。其节能效果显著,具有较大的推广价值。

2005年,上海电力学院承担的户用并网光伏系统通过专家验收。该项目优化了光伏方阵的结构和倾角,建造了容量为5千瓦的屋顶并网光伏试验电站,研制了逆变控制器,开发了并网光伏系统优化设计软件。同年,上海交通大学承担的太阳能建筑一体化项目,通过市科委组织的结题验收。该项目建立了世界上第一个集太阳能空调、地板辐射采暖、强化自然通风及全年热水供应功能于一体的太阳能复合能量系统。同年,上海太阳能科技有限公司研制成功大功率双面玻璃封装太阳能电池组件,在同样面积上可以提供更多的能源。该公司研制出的 CYY－A3200P 型大面积太阳电池组件封装层压设备,拥有自主知识产权,一次封装层压太阳电池组件最大功率可达到500瓦以上,实现了封装层压设备的国产化及生产的规模化,技术达到了国际先进水平。

2007年,上海前威新能源发展有限公司投资建设的崇明县前卫村兆瓦级太阳能光伏发电站,投入并网发电商业试运行。该项目工程为上海太阳能光伏发电工程示范项目之一,采用晶体硅太阳能电池作为光电转换装置,由逆变控制器将直流电逆变成400伏三相交流电,然后升压至10千伏接入当地公共电网。崇明兆瓦级太阳能光伏发电示范工程装机总容量达1.046兆瓦,为当时国内最大,年平均上网电量约102.73万千瓦时,可节省同样容量火电机组用煤约337吨,减少燃煤所排放的二氧化硫6吨、氮氧化合物3.4吨、烟尘0.9吨,减轻温室效应气体二氧化碳排放614吨。同年,上海太阳能科技有限公司承担的崇明生态风、光互补应用示范研究项目通过了上海市科委专家验收。该项目的主要内容为公路太阳能示范系统、屋顶并网发电及建筑一体化系统、太阳能景观及小型太阳能实用化系统、太阳能车站。2008年,上海太阳能工程技术研究中心建成的首个兆瓦级太阳能并网建筑示范工程,充分利用多种太阳能发电技术与建筑结合的可能性,采用以建筑结构为组成单元、多组并联的方案。建筑园区的施工中加入了太阳能光电保温发电墙体技术等太阳能建筑一体化的先进技术,充分发挥太阳能在日常生活、生产中的作用。同年,华东师范大学孙卓课题组研制出一种与叶绿体结构相似的新型电池——染料敏化太阳能电池。该仿生太阳能电池的光电转化效率超过10%,接近11%的世界最高水平,成本仅相当于硅电池板的1/10。

2009年,上海市建筑业管理办公室与上海交通大学等15家单位研究完成的世博科技专项——太阳能与建筑一体化应用研究,通过上海市科委组织的专家验收。该项目制定了上海市工程技术规范《民用建筑太阳能应用技术规程》,这是国内首次发布的工程技术规范;项目完成了上海市标准设计图集《民用建筑太阳能系统应用图集》,完成了近20万平方米建筑面积的分体式太阳能热水系统示范项目和太阳能并网发电系统示范项目。2010年,上海耀华皮尔金顿玻璃股份有限公司成功开发出太阳能电池盖板用减反膜玻璃。该项目研制了减反膜的溶液配方,攻克了在大片玻璃上稳定均匀镀膜的工艺难题。项目的核心技术申请了发明专利。同年11月5日,复旦大学承担的高效率多光谱太阳能电池研究项目通过了市科委主持的验收。项目组解决了太阳能分光谱和光电池组合等关键工艺和技术问题,解决了从系统设计、元器件加工、系统调试到数据分析的一系列技术难题,掌握了核心技术。发表了10篇SCI研究论文,获得和申请了4项专利,若干关键技术指标达到了国际同类技术水平。

二、风能利用技术

2004年,上海重点开展兆瓦级风力发电技术研究。奉贤滨海地区4台共计3 400千瓦的风力发电机组和一座10千瓦的太阳能光伏发电系统投入试运行后并网发电。总装机容量达2万千瓦的崇明、南汇风力发电场也投入运行。2007年,上海电气集团承担的2兆瓦级风力发电机组自主开发项目,通过与国外高质量的设计公司合作,根据中国风资源情况,采用联合设计的方式,完成了2兆瓦级风电机组的整机设计,拥有自主知识产权。

2009年,亚洲首座海上风力发电场——东海大桥风电场首批3台机组正式并网发电,标志着中国海上风电产业走出了第一步。东海大桥风电场作为国家发展改革委核准的国内第一个大型海上风电项目,是上海市最大容量的新能源项目。整个风电场34台机组全部采用了国内自主研发、亚洲单机功率最大的离岸型风电机组;采用了世界首创的风机高桩承台基础设计和国内首创的海上风机整体吊装方法,首次建立基于网络计划方法的海上风电场运行维护理论体系,提出了海上风电场运行维护成本影响因素的分析方法。2010年,国内单机容量最大、型号最多的风电场——上海临港新城风力发电项目6台机组正式并网发电。项目采用了上海电气风电设备有限公司的1.25兆瓦机组2台、2兆瓦机组2台、3.6兆瓦1台、西门子公司3.6兆瓦1台,总共6台风机的风场却采用4种不同的风机,风电场安装的3.6兆瓦风机也是国内容量最大的风力发电机组。临港新城风力发电项目装机容量总计13.7兆瓦,年上网电量约2 600万千瓦时,同比可为电厂节约标准煤9 000吨,可相应减排二氧化碳2.5吨、二氧化硫225吨、一氧化碳2吨、氮氧化合物180吨、烟尘90吨,对上海电力结构调整及节能环保有重要意义。

三、生物质能技术

2004年,华东理工大学资源与环境工程学院承担的生物质快速裂解制燃料油技术及应用研究,通过了上海市科委主持的专家鉴定。该项目在小型流化床快速裂解装置上得到了生物质裂解液体产品,产率达70%;进行了尾气净化,实现了尾气循环;对燃料油燃烧特性进行了分析,建立了50公斤/小时的冷模裂解装置。2006年,华东理工大学承担的生物质制乙醇技术研究课题,利用秸秆、木屑及稻壳等工农业废弃物制取乙醇,探索出了一系列生物质能的高效清洁利用技术。这些通过生物质能技术提炼出的燃料乙醇,可在现有汽车发动机不做任何改动的情况下,最高替代85%的汽油用量。此外,一条以纤维素废弃物为原料、年产600吨乙醇的中试示范生产线在奉贤投入运行。

2007年12月,由华东理工大学承担的关于生物质制生物柴油技术研究项目完成。生物柴油与石化柴油以一定比例调和使用,不但可提高燃烧效率,还可降低排放污染率。该项目设计制作了小型连续双管式反应器,设计和建成处理量为 5 公斤/小时的生物柴油连续转化装置及配套的产品分离装置;研究了以脂肪酸、转基因大豆油和地沟油 3 种有代表性的非食用油为原料生产生物柴油的工艺;开发了以甲醇镁为非均相催化剂生产生物柴油工艺,整个工艺流程实现闭路循环,原料全部综合利用,实现清洁生产。同年,华东理工大学的纤维素废弃物制取乙醇关键技术研究及世博会应用展示项目,在国内首次设计制造了处理能力每小时 2 公斤、设计压力 3.0 兆帕、设计温度 230℃的连续稀酸水解反应器,开发了纤维素废弃物双稀酸水解制备乙醇的工艺、纤维素的稀酸—酶联合水解工艺,以及副产品的生产工艺,并在国内首先进行了双极性膜电渗析法糖酸分离和固定酶纤维素水解等方面的研究。

2009 年,上海华谊集团焦化有限公司在 M15 甲醇燃料的基础上,开发出 M100 甲醇燃料,并联手上海华普汽车公司成功开发了运用该燃料的新型汽车,使上海在车用甲醇燃料技术和甲醇代用燃料汽车技术产业化方面,处于国内领先地位。同年,上海四方锅炉厂等承担中型秸秆发电锅炉的研究及应用项目通过专家验收。项目通过科技攻关,采用独特的"层燃+悬浮燃"专利燃烧技术,开发出燃烧效率高、燃料适应性广、具有自主知识产权的 75 吨/小时秸秆发电锅炉新产品。申报了 6 项专利,其中授权 3 项实用新型专利。同年,上海交通大学承担的崇明岛生物质能循环型应用技术的研究与示范项目,通过上海市科委组织的专家验收。项目开发出两段式气化炉,完成 60 千瓦级生物质气内燃发电机组研究,设计生物质气前处理系统,研究以生物质气为燃料的分布式供能系统技术,开发生物质成形压制成套设备,进行系统的能源规划研究。2010 年,同济大学等单位共同完成绿色生物质燃料应用技术与河道淤泥自保温烧结多孔砖开发研究,通过验收。项目提出了秸秆、木屑类生物质燃料替代煤在砖厂直燃应用关键技术,河道淤泥 100%替代黏土的自保温烧结多孔砖的核心技术与生产工艺。

四、核能技术

2007 年,上海核工程研究设计院承担的恰希玛核电工程技术研究设计,获国家科技进步奖二等奖。设计中实施了足够的安全裕度、充分的设计分析、提高电厂固有安全性、改进人机接口等 12 条安全原则,以及严重事故预防和缓解等 14 项安全设计措施;采用了一体化核岛建筑群布置、PSA 技术、LBB 技术、分析法设计技术等先进技术;与国际规范接轨,形成完整的标准体系;推行安全文化、质量文化,实施 12 条设计管理准则,提高了中国核电设计水平。

五、氢能与燃料电池技术

2003 年,上海氯碱化工股份有限公司和上海神力科技有限公司联合攻关的利用离子膜电解氢气开发的氢气燃料电池研究通过技术评审。填补了氢气燃料电池寿命研究方面的部分空白,为电解氢气的科学开发利用和降低烧碱电耗开辟了新的途径。2006 年,上海华谊集团焦化公司开发氢气生产、净化技术和储氢供氢技术。通过开发先进的纯化技术和系统集成与控制技术,建成 120 立方米/小时燃料电池用氢工业化示范生产装置,实现了高纯度燃料电池用氢生产装置的长周期运行,大大降低了高纯度氢气的生产成本,为氢能时代的到来做好了技术和产业化准备。

2007 年,同济大学和上海燃料电池汽车动力系统有限公司承担的燃料电池轿车动力系统集成与控制技术,获上海科技进步奖一等奖。研制了国内第一个电电混合燃料电池轿车动力平台,开发了燃料电池轿车动力系统设计方法,首次制定了燃料电池轿车动力系统集成测试方法和规范,解决了电电混合燃料电池轿车动力系统控制的技术难题,开发出基于总线的燃料电池轿车分布式控制系统,解决了动力平台与轿车的适配技术。项目申请国家专利17项,获授权10项,其中发明专利2项、软件著作权10项。同年,上海奥威科技开发有限公司研制的超级电容器获上海技术发明奖一等奖。发明了非对称型电极结构、独有的活性炭成型技术、毛刺集流体技术;申请相关专利34项,其中发明专利16项,申请美国专利1项,发表学术论文14篇。同年10月26日,由同济大学汽车学院教授马建新负责的国家"863"电动汽车重大专项——燃料电池汽车高压氢气加气站及供氢技术研发项目,通过专家验收。该项目研发出膜分离和变压吸附相结合的氢气提纯新工艺,以及建成标准体积为120立方米/小时的示范装置,在国际上首次开发出非电驱动增压移动加氢车,建成上海第一座加氢站,研制出钢内胆的加氢站用复合材料缠绕瓶。同年11月15日,上海首座加氢站——安亭加氢站建成并投入使用。该站主要由同济大学负责发展和运营,壳牌公司提供技术咨询和部分资金,为上海使用燃料电池的轿车和公交车提供压缩氢气。氢燃料电池车每加注1公斤氢气可以行驶100公里,并且尾气碳排放几乎为零。

2010年,上海市电力公司科技项目——纯电动汽车充电站建设与应用示范研究,通过了上海市电力公司组织的专家验收。该项目由上海市电力公司技术与发展中心等单位共同参加,完成单相交流5千瓦充电机三套、三相交流30千瓦充电机一套、直流400伏/30千瓦、625伏/30千瓦、625伏/60千瓦充电机各一套,完成专利7项、软件著作权1项,获上海市电力公司科技进步奖二等奖。

第三节　节　能　技　术

一、工业节能技术

1990年,上海发电设备成套设计研究所和上海锅炉厂承担的开封火电厂3号炉400 t/h锅炉汽温攻关试验研究,获上海科技进步奖一等奖。该项目找出了锅炉汽温偏低的内在原因,提供了该类型锅炉的正确热力计算方法,以确保在再热蒸热温度达到额定值下,提高主蒸汽出口温度并达到额定值。同年,上海港科学技术研究所研制的模拟反电势控制异步电机节能控制器,获国家发明奖三等奖。这是一种交流电气传动技术,是异步电机的高性能控制器,适用于电机空载、轻载运行和频繁起动时的节能,效果显著,突加负载响应快。同年,中国船舶重工集团公司第七一一研究所等承担的RH2215型热管空气预热器的研制和应用,获国家科技进步奖三等奖。本设备是国内研制应用的规模最大的一台整体式热管空气预热器,在碳钢—水相容技术、碳钢—异热姆热管组合应用、结构设计及清灰方法等方面均有创新。1991年,上海港科学技术研究所承担的交流电机固态节能启动器,获上海科技进步奖一等奖,填补国内空白。该成果的多种恒流软启动功能显著,属国内领先。它应用交流电机模拟反电势控制技术,极大提高了电动机动、静态性能,解决了大功率电机易振荡的缺点,进一步提高电机空载、轻载时的节电性能,在实加负载快速响应和空载轻载下的最低运行电压达领先水平;节能效果和快速响应等性能均明显优于国外同类产品。同年,上海新联印染整理厂和上海新联节能技术开发公司承担的动燃煤的热油载体加热供热系统工程,获上海科技进步奖一等奖,填补国内空白。自动燃煤的热油载体加热供热系统工程,是用自动燃煤热油炉将煤燃烧所放出的热量由热载体(导热油)吸收,通过循环泵把热能输送到热设备的强制液相循环的加热、放热系统。技术性能指标达到了国际20世纪80年代先进水平,节能效果显著。同年,上海县劳动局顾志龙研制的链条炉排工业锅炉多级拼插式活动炉拱技术,获国家发明奖四等奖。该发明采用了在锅炉的前拱、中拱、后拱分别设置多级拼插,可升降活动炉拱的控制技术。属国际首创,获国家发明专利。

1993年,中国科学院和吴泾热电联合承担的三功能燃烧器工业性试验通过鉴定,属国内外首创,达国际先进水平,年节省燃料费360万元,对中国电站锅炉点火和调峰时节约燃油具有重大意义。1997年,吴泾热电厂与上海市电力试验研究所承担的吴泾热电厂12号机组优化运行管理系统,采用"基准偏差法"原理,进行耗差定量分析,找出煤耗高的原因。针对存在问题进行设备消除缺陷和不同负荷的优化运行调整,找出运行的基准耗差曲线,实施对机组性能在线监测及耗差分析、显示。使机组始终处于最安全、经济状态。投运后,供电煤耗比1996年同期下降3 g/kWh,单台机组年节约标准煤4 935吨。1998年,上海交通大学承担的高效节能低噪声专特风机及冷却塔,获上海科技进步奖一等奖。开发了27个系列的专特风机和两大系列的冷却塔(含隐蔽型)。该项目中的"风机"和"冷却塔"分别列入"九五"国家科技成果重点推广计划项目和国家环境保护最佳实用技术推广计划项目。同年,上海广安工程应用技术有限公司和上海广安电热锅炉厂研制的30多种蓄热电锅炉,是理想的节能型锅炉和绿色环保产品;可充分利用夜间低谷电把水加热、保温储存,供白天生活和生产所需,使用户和电力部门都得到实惠。蓄热电锅炉获得国家专利,并获劳动部颁发的首张制造许可证。

2006年,上海电力学院承担的电站锅炉煤粉浓度的在线监测与燃烧优化技术完成验收。该项目设计和开发了电站锅炉一次风粉流动参数在线监测与运行指导系统。该系统以锅炉效率与污染物NOx排放为优化目标,根据多工况试验分析得出数学模型,采用多参数测控技术实时对运行参数进行调整,可使锅炉保持在较佳的工况下运行。同年,上海理工大学自主研发的高温高压自然循环干熄焦余热锅炉,采用全程封闭流程工艺,大大降低了环境污染,能回收利用红焦显热的83%左右,使炼焦过程的热效率提高10%以上,焦炭的质量得到改善,焦炭产率得到提高,优化了高炉生产。相比国内其他热锅炉,其在低热负荷下后烟道的水冷壁水循环、高压自然循环水平蒸发管中水动力特性等方面,均具有一定的优势,在张家港海陆锅炉厂成功使用。2008年,上海交通大学、上海工业锅炉研究所等单位研究人员,联合开发出高效的工业锅炉和蒸汽系统节能集成技术,对节能减排具有积极意义。同年,宝钢承担的钢铁企业副产煤气利用与减排综合技术,获国家科技进步奖二等奖。首次在国内建成了能源中心,借助信息化平台指导燃气系统经济运行;创立转炉煤气柜双柜并网运行系统,建成世界上第一台燃用低热值纯高炉煤气的燃气—蒸汽联合循环热电机组,形成了煤气设施安全保障运行的系列技术。获国家发明专利授权1项、实用新型专利授权20项、企业技术秘密65项。2009年,上海外高桥第三发电有限责任公司承担的脱硫岛零能耗系统设计通过专家验收。该项目针对外高桥第三发电厂超(超)临界机组的脱硫系统,开展脱硫烟气余热回收利用和风机综合优化运行技术攻关,实现了脱硫岛低能耗甚至是"零能耗"运行。

2010年,上海外高桥第三发电有限责任公司开展1 000兆瓦超超临界机组综合优化和节能降耗关键技术与应用研究,自主研发出超(超)临界机组蒸汽氧化及固体颗粒侵蚀预防系列技术等8项重大世界首创技术和大型超(超)临界机组FCB(孤岛运行)技术等5项重大国内首创技术,其中该公司两台机组成为世界最高效的火力发电机组。该技术推广后,全国每年可节约标准煤约2 981.4万吨,减排二氧化碳约7 423.7万吨。同年,上海电力学院承担完成的大型火电厂厂用动力系统节能技术研究与应用通过了市科委验收。项目建立了三大厂用动力系统能耗模型,形成了节能改造和优化运行的技术方案,集成了火电厂节能减排技术,申请国家发明专利7项,获授权2项。

同年,上海电力学院建立的数字化信息协同控制的电动机组节能系统通过市科委验收。该系统由电动机节能子系统、无线通信子系统、电动机组节能优化与协同控制子系统三部分构成。该项目采用新的电力电子技术及新的拓扑结构和控制方法,进行全厂电动机组优化节能决策,填补了国内空白。同年,上海交通大学王如竹等研制的太阳能空调与高效供热装置与应用,获国家发明奖二等奖。该项目发明了太阳能硅胶—水吸附制冷机和太阳能两级转轮除湿空调,解决了利用集热器产生 60℃~90℃ 热源实现稳定制冷空调过程的难题;发明了太阳能/空气源热泵装置,实现供热系统高效稳定工作;集成创新了太阳能采暖、空调、自然通风与热水供应复合能量利用技术,并获得规模应用。首次实现太阳能全年高效利用,使建筑太阳能系统保证率达到 60% 以上。该项目成果获得发明专利授权 17 项,入选 Wisions 国际可再生能源推广应用范例。

二、建筑节能技术

1979 年,上海市建筑科学研究所开始了膨胀珍珠岩等轻质保温材料的性能及上海地区住宅建筑屋面隔热研究,并结合墙体材料改革,研究新型墙体材料的热工性能。1988 年,建立了上海市第一个人工气候建筑热工实验室。

1991 年,上海市建筑科学研究所研发了高强珍珠岩墙体保温板,有效提升了墙体的热工性能。1992 年,建设部“八五”科研项目——温暖地区建筑热环境质量研究,收集了保证温暖地区居住建筑热环境质量和热舒适度的建筑热工措施,开立数据库,通过试验研究,提出了一项新的屋面隔热技术——封闭式有铝箔层的架空屋面。1996 年,上海市能源研究所承担了上海地区建筑节能现状与对策研究,并在国家科委和欧盟能源总司的支持下,在上海—欧盟能源管理培训研讨班中增加了建筑节能专题,邀请欧盟有关专家就建筑节能专题来沪讲授指导,取得良好效果。1999 年,上海市建筑科学研究院开展了上海市住宅墙体外保温节能新技术研究与开发,首次在吴中路古北新城进行了混凝土空心砌块建筑保温试点工程,并开展了多层住宅墙体外保温节能新技术研究与开发。

2003 年,上海市建筑科学研究院开展了上海住宅建筑节能技术集成及应用研究,针对四种外墙外保温体系、三种内保温体系及两种屋面保温构造体系的热工性能、物理性能及施工技术进行系统研究分析,确定了上海市住宅建筑节能技术集成体系。为上海全面实行 50% 建筑节能设计标准奠定了技术基础。2005 年,上海市建筑科学研究院开展了既有综合性商办楼节能成套技术研究,通过调研、测试和模拟分析等方法,研究确定了一套较为完整的既有综合性商办楼节能技术体系,并开展了上海市建筑能耗统计分析研究,明确了上海市建筑能耗水平。2006 年,上海市房地产科学研究院等单位共同研究完成既有住宅围护结构节能技术研究,提出适用于既有住宅围护结构节能改造的多种技术方案,编制《上海市既有住宅围护结构节能改造技术规范》和《既有住宅节能技术施工规范及操作工法》。同年,上海市房地产科学研究院与上海克络蒂涂料有限公司共同开发出 GM 矿棉墙体内保温系统,其耐久性能与抗灾性能较高,防火性能好,可广泛应用于各类建筑墙体内保温,节能效果显著。同年,上海理工大学开发的建筑环境和设备系统多功能实验装置,可进行室内热舒适性环境、室内低温环境、空气处理、制冷、除温、供热、净化、自动测量和控制等综合试验,是国内外最完整和测试控制手段最完备的实验装置之一。

2007 年,上海市建筑科学研究院等单位开展了高效节能建筑围护结构技术与体系研究,主要就实现 65% 节能目标展开针对性研究与开发,提出了相应的技术路线和解决方案。同年,资源节约型住宅建设关键技术与综合示范项目,围绕“节能、节地、节水、节材和环保”五方面研究开发出外墙保温、屋面保温、节能门窗、外遮阳、太阳能利用、照明节能、雨水和河道水利用等28项适用技术体系,为资源节约型住宅发展指出方向。2008年,崇明陈家镇生态办公示范建筑是科技攻关项目——现代生态办公楼综合技术研究与应用示范的重要载体,10多项生态技术的综合使用使其综合能耗节约高达80%、可再生能源利用率达60%,是国内节能比例最高的生态建筑之一。同年,上海市建筑科学研究院开展大型公共建筑运行能耗实时监测管理的关键技术研究,开发出用电分项计量对象选取方法,确立大型公共建筑典型的能耗计量对象,建立了大型公共建筑运行能耗实时监测平台,并在上海地区建成两幢建筑面积在2万平方米以上的大型公建用电实时监测平台的应用示范。同年,复旦大学承担的建筑玻璃用隔热保温涂膜的规模化生产技术与应用项目,通过上海市科委组织的验收。项目从具有温度效应的红外相变材料研究着手,制备了新型高效智能隔热保温涂料,获得建筑玻璃用隔热保温涂膜的制备和规模化生产关键技术。相关产品具有优异的智能隔热保温功能、紫外阻隔性、环保性能及施工便利性,可直接喷涂、淋涂于各种建筑、车辆、舰船等的玻璃幕墙、玻璃窗的表面快速干燥成膜,起隔热保温、阻隔紫外线、防止玻璃破碎伤人的作用,并且建立每年2000吨规模的产业化示范生产线。

2009年,上海建工(集团)总公司等承担的复合保温围护墙板工业化成套技术研究与应用项目通过验收。研究表明:建筑物通过外墙体损失的热量占建筑总热耗的35%~49%。项目研制的预制外墙板形式具有高强、保温、隔热、隔音、抗渗、观感优美,以及工业化装配等诸多优点。2010年,复旦大学主持的市科委节能减排项目——建筑玻璃用隔热保温涂膜的规模化生产技术与应用,通过了市科委组织的专家验收。该项目通过有机—无机杂化技术,在国际上率先研究开发出可用于建筑和汽车玻璃节能保温的高分子基隔热涂膜。申请发明专利3项,累计在50万平方米以上的建筑玻璃上成功应用。同年,上海耀华皮尔金顿玻璃股份有限公司承担的低反射高效遮阳低辐射镀膜玻璃项目通过了市经济信息化委验收。该项目创新了镀膜玻璃的多膜层组合结构,完成了镀膜层的结构优化和总厚度控制,在大面积玻璃镀膜设备上实现了新产品批量生产。该项目获得2项发明专利和1项实用新型专利授权,申请1项发明专利。

第四节　输配电与电网技术

一、输电技术

1978年,华东电力所制成移动式600千伏直流电压发生装置,对220千伏电缆在现场进行直流耐压试验。1981年,上海供电局设计室设计出国内第一条110千伏市内钢管双回架空线路。该线全长4.85公里,选用24米长、直径250毫米~350毫米的拔稍钢管,用放松导地张力的措施,使转角杆不带拉线,采用7.5米长,直径610毫米~900毫米的空心等径钢管桩作为基础,施工时不需挖土,不影响其他邻近管线,解决了高压输电线路进入市区的技术难题。1981—1982年,上海供电局、华东电力所和上海橡胶制品研究所研制水平横担式合成绝缘子。用高强度环氧玻璃丝棒作为中间芯棒,外面套上电气性能良好、用硅橡胶或乙丙橡胶制成绝缘子伞裙,两端配上金具构成。1985年,建设淮沪500千伏输电线路,瓶窑—南桥线的东段,是上海第一条500千伏线路,全长41.32公里,共有109基铁塔,由华东电力设计院设计,1988年5月7日投运。在1989年1月6日及12月5日发生绝缘子串雾闪事故后,更换为防尘绝缘子,提高绝缘水平。1986年,上海供电局、华东电力所合作,测量500千伏线路和变电站在各种条件下的地面工频和直流电场,以及静电感应的强度及影响,特别对跨越民房或邻近民房的线段作重点研究。结果表明,线下电场强度横向分布呈双驼峰形,最大场强值不在导线正下方而位于两侧。场强值与导线对地高度有关,邻近及被跨越民房点分别为 2.15～2.8 千伏/米,最大值在距线路中 0～14 米处。在正常运行条件下,对电视、无线电接收及人体和农业生产没有妨碍。

1991 年,上海市电力工业局开展的上海市杨浦大桥敷设 220 千伏高压电力电缆可行性研究,为实现大桥过高压电缆提供了充分的依据,与过江隧道相比可节省投资 90％左右。1994 年,上海市电力工业局承担了 110 千伏充油电缆与铁塔合成新设计。该设计在铁塔上部增加电缆头及压力油箱平台,成功地减少了专用 110 千伏电缆引出站的土地征用,减少城市供电输出难度,在国内属首创。

2001 年,上海电缆输配电公司与三原电缆附件公司研制了 127/220 千伏油纸绝缘自容式充油电缆死密封 GIS 终端。该产采用金属电极嵌入环氧套管、电容锥作内绝缘、计算机有限元分析电场分布、优化极板设计,实现充油电缆 GIS 终端长期可靠运行。该产品经过国家电线电缆质量监督检验测试中心检测,通过全部型式试验,并于 2001 年 9 月 6 日,在上海电缆研究所通过由上海电力公司主持的样机鉴定。2004 年,华东电网有限公司研究成功输电线路故障定位系统。该定位系统通过检测流经杆塔故障电流来进行输电线路故障定位,解决了故障电流从其他杆塔分流造成故障点误判的问题。

2005 年,华东电网有限公司开展同塔多回输电技术和 500 千伏同塔四回输电线路建设的关键技术研究,内容包括 500 千伏同塔四回线路设备机械、电气特性、导线舞动、操作过电压、防雷、电磁环境、带电作业、继电保护等涉及工程设计、施工、运行等多方面的关键技术,研究成果直接为 500 千伏同塔四回输电线路工程的设计、建设、运行服务。同年,上海电缆研究所承担的三峡输变电工程用 500 千伏大容量输电线路技术,获国家科技进步奖二等奖。该项目包括 7 个子项目:大截面导线的研制;大截面导线配套金具的研制;大截面导线防振技术的研究;大截面导线张力放线设备的研究;同塔双回路铁塔结构的优化设计;防覆冰措施及其设计方法的研究;大截面导线配套技术研究。成果达到国际先进水平。

2006 年,华东电网有限公司承担的 500 千伏同塔四回输电线路关键技术,通过国家电网公司科技部组织的专家验收。在同塔四回线路应用原则、500 千伏同塔四回线路全方位综合相序优化、综合场强分布范围的塔型及相序优化方法、系统运行技术研究模型、导线电气舞动研究模型,以及带电作业技术等方面,取得重要成果。2010 年,上海送变电工程公司等参加的特高压线路基础施工架线施工技术研究,通过了国家电网交流工程建设有限公司专家的验收。该项目开发了先进的岩石锚杆成套施工技术,提出对大体积混凝土施工裂缝控制措施和方法。

二、变电技术

1975 年,上海第一座高层布置变电站——220 千伏万荣变电站开始建设。该站 220 千伏部分采用高层钢结构布置,有 7 个间隔,安装 1 台 220 千伏 12 万千伏安主变压器,4 路 220 千伏进出线。1977 年 6 月 26 日建成投运,1980 年增加 12 万千伏安主变压器一台。1987 年,配合石洞口发电厂220 千伏出线工程,又扩建 220 千伏高层 7 个间隔,共有 12 万千伏安主变压器 2 台,220 千伏进出线 12 路,成为华东电网枢纽变电站。20 世纪 80 年代,上海的变电站布置出现两种改进形式,一种是华东电力设计院设计的中型布置,首先用在南桥变电站的 220 千伏断路器场,双列布置,正副旁母平铺,一半隔离开关采用剪刀式,直接放置在母线下,同样达到节约用地的目标,而检修运行则方便许多,推广使用在 500 千伏杨高站、220 千伏高东站。另一种是上海电力设计院设计的半高型布置,首先采用在 220 千伏武威站,双列布置,正副母平铺,但旁母与旁母隔离置于出线架的高压线上,母线均用管型母线,隔离开关的一半采用剪刀式。这种布置用地更省,但主变压器侧无旁母,推广使用在 220 千伏源深、唐镇、古北等变电站。1983 年,在陆家嘴路建造 35 千伏变电站,首次采用瑞士 BBC 公司的六氟化硫断路器及管型绝缘母线等小型化设备。该站最终安装 2 台 35 千伏 2 万千伏安主变压器,35 千伏为单元制接线,2 路进线;10 千伏为单母线分段接线,16 路出线,1.5 兆伏安电容器 2 组。1984 年,上海供电局建设 35 千伏锦江地下变电站,是上海第一座地下变电站,1987年 12 月 28 日建成投运。该站有 2 台 2 万千伏安 35/6.6 千伏变压器。1988 年底动工的人民广场地下变电站是全国第一座超高压大容量地下变电站,其设计最终容量为 3 台 24 万千伏安 220/110/35 千伏主变压器,220 千伏侧采用电缆变压器组接线,不设 220 千伏断路器。该站由上海水利电力勘测设计院设计、上海隧道公司土建施工、上海送变电公司电气安装。1989 年 9 月建成的南桥交直流变电站,由 500 千伏交流和 ±500 千伏换流站两部分组成,全站设计总容量为 363 万千伏安。换流站为双极阀组共 120 万千瓦换流变压器 2 组,共 138 万千伏安。交流部分 2 组主变压器共 150万千伏安,无功率补偿容量为 78.3 万千伏。是淮沪、徐沪、葛沪 3 项 500 千伏输变电工程的汇集点,为当时全国规模和容量最大的变电站。

1995 年,上海电力学院承担的大型电力变压器故障诊断技术研究,填补了国内空白,达到国际先进水平,获电力工业部科技进步奖三等奖。

2000 年,上海市电力公司组织上海电力试验研究所、上海电力变压器修造厂对变压器故障进行专题分析研究,认为雷电过电压是引起接地变压器故障的主要原因,为此采取了反事故技术措施,避免了系统中接地变压器再次发生故障。上海超高压输变电公司采用全国先进的 SD-6000T自动化监控操作装置,通过以太网连接 32 个节点来执行受控站遥信、遥测、遥控和遥视功能。该集控站是上海 220 千伏电网中首次采用集控—受控运行方式,使用计算机网络技术,使信息和资源共享。该项目获上海市电力公司 2001 年科技进步奖一等奖。2003 年,500 千伏电压等级变压器全过程管理技术获华东电网有限公司科技进步奖二等奖。该项目提出了对大型变压器采取全过程技术管理的理念和相应的技术规范。

2010 年,上海市电力公司电网建设公司牵头负责、上海送变电工程公司协作完成的地下变电站大型设备的运输和吊装方案研究项目,通过了中国电力建设企业协会等组织的专家验收。该项目为国内外首次全方位研究了单件最重(268 吨)大设备垂直向下吊装方案,研究了主变设备的盘路技术和上基础就位技术,获得发明专利 1 项。同年,上海市电力公司基建部、上海电力设计院有限公司共同完成的上海电网输变电通用设计系列,通过上海市电力公司组织的专家评审验收。该项目对地下、半地下、地上(户内)变电站、同杆双(多)回路线路、电缆线路建设情况开展专题研究,采用模块化设计手段,补充编制相应的工程通用设计实施方案。

三、电网技术

随着计算工具更新和计算方法的发展,电网调度计算的软件性能也在不断提高。20 世纪 80 年代后期,采用 VAX 计算机,原开发的软件均不适用,从电力科学院购入电网计算软件。

1990 年,华东电力设计院等承担的高压线路继电保护"四统一"装置科研、设计、制造及推广应用,获国家科技进步奖二等奖。高压线路继电保护统一设计,包括在电网中得到广泛采用的高频相差动保护装置、高压闭锁保护装置、相间距离保护装置、零序电流保护装置、综合重合闸装置、三相重合闸装置、操作继电器箱、断路器失灵保护启动装置,分为晶体管型和整流型两类。统一设计的装置样机经 1 000 次以上内部故障和 2 000 次以上外部故障的动模试验,证明具有高度的安全、可靠性。1992 年,复旦大学与市东供电所共同开发浦东供电所区调分布式调度自动化系统,其主要功能及技术指标达到了部颁地调规范要求,技术属国内领先水平,系统间数据通信功能接近国际水平。1994 年,上海市电力工业局与上海公安局等单位在全国率先完成了 450 MHz 集群通信扩频技术攻关,在国内第一个建成了频宽 12.5 kHz 的 450 MHz 无线集群通信系统,建成了上海电业800 MHz 无线集群电话一期工程。1996 年,市东供电局与北方兵器公司共同研制的 380 伏电力线载波自动抄表系统,可实现对每户居民家庭电度表的自动记载,应用计算机、传感器技术和电力载波通信技术,对各种范围不同用户的用电量进行自动、及时、准确的数据传送与管理,还可与供电部门配电自动化管理系统并网运行,与"金卡工程"银行自动收费计账系统联网运行,达到国内领先水平。同年,复旦大学研制出分布式电力调度自动化监控系统,是国内第一个采用现场总线、局域网和远程网互联结构的分布式电力调度自动化监控系统。

1998 年,上海市电力公司组织开发并建成了上海电网电量采集与结算系统,这一系统兼顾了网损计算和电厂内部的电量统计,较好地解决了自动采集、采集精度、分时段电量储存,以及通信质量与可靠性等主要技术问题。同年,上海电器科学研究所研制的智能型框架式断路器是中国首次完成的具有国际先进水平的智能化保护功能的断路器。该成果创造了田川模块式分隔结构,使绝缘水平达到最佳效果。脱扣器采用微机控制,具有过载、短路、接地保护功能,以及记忆、测量、显示、报警等功能,利用接口可与计算机联网,实现遥控、遥信、遥调。智能脱扣器可以移植到塑壳断路器和其他断路器上应用。1999 年,上海市电力公司利用先进的电能量计量装置、计算机、网络通信等技术,建立了一套适合上海电力市场运作的市场支持系统,整个系统包括发电报价子系统、交易子系统、信息发布子系统、结算和出账子系统等,并结合 EMS 系统、电能量计量系统、数据交换网系统等,实现对电力市场的技术支持,同时又有利于整个电网的安全稳定运行。

2001 年,上海交通大学电力学院承担的绝缘油色谱在线监测系统,通过教育部主持的成果鉴定。该项目在油气分离技术、混合气体分离技术,以及新型的气敏传感技术等方面具有独特创新;在国内外油色谱在线监测技术中,具有故障气体平衡速度快、灵敏度高、结构简单和监测气体种类多等特点。同年,上海交通大学在参数法消弧线圈组自动调谐与智能接地成套技术研究方面,达到国际先进水平。解决了自动调谐技术在电力系统应用的关键问题,研制出消弧线圈全自动调谐与接地选线成套装置。2003 年,华东电力调度通信中心承担的华东电网功角监测技术及应用研究,获上海科技进步奖二等奖和华东电网有限公司科技进步奖一等奖。建成了国内第一个多点电网功角实时监测系统,在国内首次运用 GPS 相量测量技术实现发电机内电势的实时监测。

2005 年,华东电网有限公司开发的动态监视测量分析系统(以下简称 WAMAP)将监控信息从静态扩展到动态,并引入分析、决策、保护、控制功能,进一步提高了电网安全稳定控制水平,如将其与传统的 EMS、电力市场技术支持系统,以及实时的电网地理信息系统进行功能上的系统集成,则成为新一代调度自动化系统。2006 年,上海电力学院承担的城镇配电网柔性规划技术,通过上海市教委组织的验收。该项目率先提出配电网的柔性规划理论,形成配电网柔性规划技术体系。同年,上海海事大学承担的新能源并网发电及电力管理技术通过验收。该项目实现了新能源发电由分散电源成为并网电源,以及实现远程控制、电力管理试验的研究。2007 年,上海交通大学承担的电力系统安全保障技术,通过市科委组织的验收。项目建立了电力系统安全保障技术的理论框架,改进了电源规划、电网规划、静态电压稳定分析、静态安全预警和多馈入直流输电等技术,开发了相应的软件系统。发表文章89篇,申请专利1项。同年,中国科学院上海硅酸盐研究所与上海市电力公司依托上海市科委重大科技项目——大容量钠硫电池关键技术研究与MW级示范应用,在大容量钠硫储能电池研制方面获得重要突破,成功研制了具有自主知识产权的容量为650 Ah的钠硫储能单体电池,使中国成为继日本之后世界上第二个掌握大容量钠硫单体电池核心技术的国家。项目建成2兆瓦大容量钠硫单体电池中试生产示范线,成功完成100千瓦级钠硫电池储能系统,以及相配套的150千伏安电网接入系统的样机研制,建立了钠硫研制基地质量体系。100千瓦级钠硫电池储能系统在2010年上海世博会展示应用。

2008年,中国电子科技集团公司第五十研究所下属上海协同科技股份有限公司研制的表计型智能管理终端,是电力负荷管理系统终端的新一代升级产品,拥有授权专利5项。2010年,上海市电力公司重大攻关项目——市南地区110千瓦电压等级发展研究,通过了上海市电力公司专家验收。该项目分析110千瓦现状电网的基本情况、发展历程及存在问题,建立了变电站面状分布、条状分布、点状分布模型,研究了110千瓦电压等级发展的土地费用边界条件和主变容量边界条件,研究了110千瓦电网建设发展的多种模式。同年,上海市电力公司科技项目——上海电网电能质量监测管理系统研究与建设,通过了上海市电力公司组织的专家验收。该项目由上海市电力公司技术与发展中心等单位共同参加,制定了电能质量监测终端技术规范、监测管理系统功能规范、监测管理系统监测屏设计、检验、安装、调试规范等。项目申请了8项专利,获得国家电网公司科技进步奖三等奖、上海市电力公司科技进步奖一等奖。

第三章 生态科技

第一节 城市生态技术

1999年,华东师范大学承担的浦东国际机场东移和九段沙生态工程获上海科技进步奖一等奖。项目提出了浦东国际机场东移的建议和论证,以及九段沙上种青引鸟可行性研究报告,通过了九段沙种青引鸟生态工程实施方案,开创了大型工程建设和生态环境建设协调发展的先例,达到了国际先进水平。

2000年,上海自然博物馆承担的上海地域自然生态环境建设与维护研究通过评审,达到国内外同类研究的领先水平。提出上海的自然生态环境建设包括三个方面:城市生物多样性、生态规划及设计、生态伦理和知识;提出上海地域生物多样性保护的步骤与措施。2001年,针对城市绿化建设和管理的需要,开展现代化国际大都市绿化模式的探索研究,作为政府决策的依据。2002年,上海市环境保护局会同上海市政府17个相关部门,首次开展上海市生态环境现状调查,内容主要有:生态数据普查、遥感信息调查、典型案例调查、开发建立上海市生态环境状况地理信息系统,掌握了上海市生态环境现状及其发展趋势,揭示出生态环境现状中存在的主要问题及其成因,提出了相应的对策措施。2003年,上海市绿化局承担的构建上海现代化国际大都市城市绿化系统的技术研究,通过上海市科委和上海市建委科技委的联合鉴定。项目首次提出"环、楔、廊、园、林"城乡一体的城市绿地系统的形态格局,建立人工示范植物群落和城市绿地植物群落评价模式,制定了《城市绿地设计通则》(国标),编制了《大规模苗木移植规程》和《新优行道树栽植养护技术规程》。

2004年5月,同济大学编制的《苏州生态市建设规划纲要》和《苏州市循环经济发展规划》提出了苏州市生态环境承载力,并对生态格局进行科学评价;从不同层次和空间尺度对苏州循环经济的总体目标、主要内容、实施保障措施等方面进行了科学的规划。2004年,园科所等承担的城区新建绿地有害生物疫情监测及生态治理示范体系,通过上海市科委组织的专家鉴定。新发现害虫11种,害虫新寄主65种,发现新病害或寄主51种;建立了气候因子与樟个木虱适生性风险值评估的系统框架;对金叶女贞叶斑病和高羊茅褐斑病提出防治对策,开发的软件——城区新建绿地有害生物信息查询系统,是上海首个绿化有害生物的数据库和信息查询系统。

2005年,由上海世博局承担的世博园控温降温综合技术研究立项。该项目研究了包括遮阳降温、空间绿化降温、喷雾降温、水幕降温、自然通风降温、多点迫接式空调降温、喷水降温、流水水体与水池降温、地冷风降温等多种降温技术的集成应用,提出了室外空间控温降温的设计技术指南和降温冷源的选择与优化设计技术。同年,华东师范大学承担的世博区域生态规划和生态要素配置关键技术研究立项。该项目提出了生态功能区景观构建,关键物种筛选,群落结构配置及模式优化;建立了生态要素的评估指标体系并进行生态要素评估;形成了世博会生态建设关键技术体系。同年,上海市气象研究所承担的城市绿地规划与改善城市生态环境研究通过成果验收。构建了上海城区人体舒适度指数公式,研制了多要素GIS综合评估模型,设立绿地外围500米服务半径缓冲区的实用计算分析方法,提出了城市绿地改善"热岛、浊岛"效应的合理面积。同年,上海植物园承担的生态建筑绿化配置技术的研究通过上海市科委组织的专家验收。研究了单株植物和植物群落的生态功能,量化了植物生态功能的指标,测定了人群在不同绿化环境下的不同生理指标,获得了具有特定生态功能的植物 171 种及功能植物群落 8 种,建立了适用于上海生态建筑的植物资料信息库。

2006 年,华东师范大学承担的上海中心城区绿地植物群落现状及综合评价研究,通过上海市绿化管理局组织的验收。构建了上海绿地评价指标体系和城市绿地人工植物群落的分类体系,阐明了上海绿地植物群落的主要特征。同年,上海市园林科学研究所承担的城市绿地枯枝落叶特征及生态利用研究通过验收。率先在国内开展城市绿地枯枝落叶数量与分解动态的系统研究,以及枯枝落叶生态功能的系统研究,揭示了枯枝落叶在养分归还、持水性、界面微气候、杂草和幼苗生长、土壤改良等方面的生态功能,提出了城市枯枝落叶综合生态利用途径和技术。2007 年 2 月,中国科学院上海技术物理研究所、上海市环境科学研究院和上海市航空遥感综合调查办公室联合承担的上海市科委科技攻关计划项目——城市生态环境基础状况的遥感评价技术研究通过验收。项目建立了基于遥感的定量评价方法,开发了城市生态环境基础质量遥感评价 GIS 系统,首次对上海市内环以内区域、内外环间区域、外环以内各行政区,以及陆家嘴和世博园区等区域 1988—2006 年的生态环境基础质量进行综合评价、因子评价和空间配置评价。同年,上海市园林科学研究所(园科所)承担的红刺玫园艺品种的选育项目通过了上海市绿化局组织的专家验收。建立了种质资源圃;从形态学、细胞水平初步推断红刺玫三倍体的杂种起源,填补了国内空白;在国内首次建立了蔷薇属植物 SSR - PCR 反应体系和反应程序。同年,园科所承担的抗寒三角梅选育研究通过了上海市绿化管理局组织的专家验收。筛选出 5 种较抗寒三角梅品种,建立了艳紫三角梅组织培养再生体系。同年,上海植物园承担的萱草属植物品种分类、筛选及应用研究项目通过了上海市绿化管理局组织的专家验收。该项目建立了上海地区露地栽培萱草品种资源圃,制定了萱草园艺品种的 8 级分类方案,筛选出适合上海露地应用的优良萱草品种 20 个。

2008 年,同济大学和上海市绿化管理局共同承担的上海城乡一体化绿化系统规划研究项目通过了上海市建交委组织的验收。研究探讨城乡一体化生态绿地分类标准和城市绿地应急避难功能规划,提出上海市新一轮绿化系统的结构模式和措施。同年,上海市水务局、上海市绿化局、华东师范大学共同承担的上海市河道绿化建设导则研究通过了专家验收。分析了上海河道绿化的类型、特点及其影响因素,找出了上海河道绿化存在的主要问题并提出改进方案,于 2009 年 1 月 1 日正式颁布施行,这是中国第一部关于河道绿化建设的导则。同年,园科所等单位承担的上海城市绿化重要有害生物预警技术研究项目通过上海市科委组织的验收。创建了外来有害生物对城市绿化生态安全风险分析体系,建立了评价指标及计算方法,提出了褐边绿刺蛾预警的警源、警兆和警情指标体系和计算方法,构建了城市绿地害虫灾害预警指标体系和评价方法。

2009 年,园科所承担完成的上海生态型城市绿化指标与评价研究通过专家组验收。完成国内外生态型城市绿化发展特征及其评价方法分析,确定上海生态型城市绿化指标的建立原则和指标框架体系,形成了一套生态型城市绿化指标与评价的技术和方法体系。同年,上海市园林绿化工程管理站承担的园林绿化工程施工质量验收规范通过专家组验收。规范主要适用于新建、扩建、改建的园林绿化工程的施工质量控制和验收。同年,园科所承担的上海城市绿地生态系统定位研究项目通过专家组验收。开展上海绿地生态定位和城市绿地群落 UVB 辐射屏蔽功能研究,开展绿地植物群落固定样地的连续监测研究,揭示绿地植物群落动态过程特征,初步探讨绿地自维持机制。2009 年,园科所承担的耐热抗病红刺玫杂交 F1 代优良品种选育项目通过专家组验收。项目培育耐热抗病刺玫月季新品种,在国内外首次建立红刺玫 SSR - PCR 反应体系和反应程序,选出耐性杂交品系,攻克红刺玫及其杂交品系的组织培养技术,创新集成耐热抗病刺玫月季选育和繁殖技术体系。同年,园科所和中国科学院上海植物生理生态研究所共同承担的大叶常绿杜鹃花与菌根菌组合效应研究——以云锦杜鹃为例项目通过专家组验收。项目成功对杜鹃花类根系内生真菌分离技术进行优化,分离 280 个真菌菌株,建立了 ERM 真菌接种技术方法,初步筛选出优良菌株 24 个。同年,上海市林业总站承担的植物新品种"培忠杉"的研究与开发利用,获上海科技进步奖一等奖。该项目建立了东方杉扦插繁育技术体系,攻克了属间杂交种后代成年树无性繁殖率低的难题。同年,园科所等单位承担的城市绿化有害生物治理标准、入侵物种预警控制技术及生态健康关键指标研究项目通过专家组验收。项目创建外来有害生物对城市绿化生态安全风险分析体系,提出褐边绿刺蛾预警指标体系和计算方法,构建城市绿地害虫灾害早期预警指标体系和评价方法,提出城市绿地生态系统健康评价指标。同年,园科所和上海植物园共同承担的色叶植物主要有害生物疫情监测及其治理项目通过专家组验收。该项目提出主要色叶乔木的主要病虫害治理策略及其防治月历;培训、指导 100 余名有害生物治理及养护栽培管理人员。

2010 年,上海市绿化和市容管理信息中心建设上海绿化专业网格化管理系统,通过搭建绿化专业网格化管理信息平台,实现了绿化专业管理的信息化、标准化、精细化和动态化的管理目标。该项目建立了城区网格化绿化市容共享管理系统、林业网格化巡查系统、病虫害监测管理系统等 6 个子系统,实现了绿化专业的业务信息整合。同年,上海辰山植物科学研究中心等单位开展华东区系重要资源植物迁地保护与可持续利用研究,确定华东地区天目木姜子、小叶买麻藤等 14 种珍稀濒危植物的分布式样与集中分布区,提出了相应的保护策略和保育建议,同时初步提出了华东地区珍稀濒危植物迁地保护的技术流程。

第二节　生态保护与修复技术

上海水产大学经过近 10 年连续研究,驯化了一种咸淡水浮游动物摄食蓝绿藻,成为蓝绿藻的天敌——食藻虫,利用食藻虫进行生物控藻,发明了应用食藻虫控藻恢复湖泊生态的新方法,并申请了发明专利。"食藻虫"项目被列入 2002 年上海市高新技术成果转化项目。2003 年 1 月,引入到城市景观水体生态修复、湖泊蓝绿藻污染治理及其生态恢复等环保科技领域,解决世界难题——蓝绿藻污染、水体功能退化问题。

2004 年,上海市环境监测中心承担的苏州河生态恢复阶段目标及其监测体系研究通过上海市科委组织的技术鉴定,总体达到国内领先水平。建立了苏州河生态恢复监测评价指标模型,提出了苏州河生态恢复的各个阶段及其目标。2006 年,同济大学环境学院环境保护产品检测中心承担的中国植物秸秆对藻类抑制作用的研究通过验收。首次提出了中国 3 种植物的"半抑制浓度方程",筛选了大麦、水稻、小麦三种植物秸秆,把三种植物秸秆混合使用,收到了抑制各种毒藻的综合效果。2007 年,同济大学承担崇明生态岛建设科技专项——崇明岛水资源保障与水体生态修复技术与示范,构建了基于崇明水环境特征的富营养化水体的风能驱动复合人工湿地——高效泳动床组合处理工艺、村镇沟渠生态改造与生态复育技术体系,并在示范工程中得到成功应用,为未来崇明生态岛水环境质量的改善提供强大的技术支撑。

2008 年,同济大学承担的崇明岛域水环境演变规律与水质改善技术研究项目,揭示了崇明北湖水体浮游藻类和溶解有机质的季节性演变规律及其发生机理,长江河口持久性有毒物质,以及内分泌干扰物的赋存特征及来源。同时建立崇明岛地区面源污染产汇流—面源污染入河分配—面源污染在河网中时空迁移转化过程的可视化演示系统。研究探索农药面源污染形成过程,以及利用河岸带植物降解的机理。研制适合崇明岛苦咸水淡化的超滤—活性炭—纳滤组合新工艺。同年,上海市环境科学研究院等单位承担的苏州河生态系统恢复目标及综合管理机制研究项目完成。项目选择适合生态恢复管理目标需要的监控指标选择和分析方法,提出与生态恢复目标配套的技术手段,提出符合苏州河生态系统修复目标和长效管理的机制措施。同年,上海市水务局牵头开展淀山湖富营养化水华控制关键技术及集成示范研究,查明淀山湖水域富营养化和蓝藻水华的主要影响因素及成因,恢复湖中高等植物类群、湖泊生物多样性、群落结构和水域生态功能,建立防治水体富营养化、控制蓝藻水华的试验性工程。同年,上海市环境科学研究院承担的城市景观水体生物净化关键技术研究与苏州河梦清园示范,获上海科技进步奖一等奖。项目建立了城市景观水体水质改善综合技术体系,提出了生物栅净化技术,研制成碳源生物栅净化装置和新型复合生物制剂,开发了就地处理水体沉积物底泥的技术,在国内首次研制成新型泡腾式混凝剂,开发了重建健康水生态系统组织结构的净化技术;申请专利12项,发表论文50余篇,出版著作3部。同年,华东理工大学等单位承担受污染土壤电动强化快速原位修复技术研究项目,针对受污染土壤的电动修复组合工艺及装备、环境友好的修复助剂、受污染土壤典型有机物和重金属的生物修复与生态风险评价、难降解有机污染土壤的原位氧化和多相反应器等内容,进行了理论和工程放大应用研究。课题针对上海世博园区可能出现的受污染场址土壤特点,选址上海焦化有限公司的废弃场址,建立受污染土壤原位修复试验基地,进行了电动修复集成技术的工程示范。结果表明,研究形成的电动强化原位修复组合工艺,可为污染场址的修复和突发性土壤污染事故的应急处理提供可靠的技术支持。研究成果申请并获授权中国发明专利3项。

2009年,上海市水利管理处、华东师范大学等单位承担的已整治河道良性自循环生态系统的构建和维持研究项目,通过上海市水务局组织的专家验收。项目查明了生物群落结构特征和多样性指数,建立了整治河道的生物评价方法,提出河道生态修复建议和整治对策。同年,开展上海城市有机废弃物土地循环利用技术的示范研究,将土壤改良和有机废弃物土地利用相结合,探索既解决城市废弃物出路又提高绿地土壤品质的模式。首次制定有机废弃物土地利用的5项技术标准,对国内城市有机废弃物利用有重要指导意义。

第三节　海岸生态保护技术

2001年,国家海洋局东海分局与华东师范大学河口海岸国家重点实验室共同承担的三峡工程对长江口及其邻近海域的环境和生态系统的影响研究通过验收和评审。掌握了20世纪末项目水域环境和生态的主要特征及其规律,建立了符合长江口及其邻近海域实际情况的数学模拟及资料信息库,总体上达到了国内同类研究领域的先进水平,部分达到国内领先水平,获2002年国家海洋局海洋创新成果二等奖和国家海洋局东海分局海洋创新成果一等奖。2003年,上海市房屋土地资源管理局与华东师范大学收集了大量翔实的资料,得出近期长江入海泥沙呈明显下降趋势;研究了岸滩淤涨速率同大通站输沙率的关系,分析了海平面上升对岸滩资源的影响,2003年通过上海市建委组织的鉴定,成果达世界先进水平。

2005年,复旦大学生命科学院承担的崇明东滩国际重要湿地的监测、维持和修复技术项目,是上海市科委重大科研项目。该项目研究崇明东滩湿地生态系统的动态与生态过程的关系,揭示主要功能群、食物网结构、物质循环和能量流动规律;研究人类活动下湿地生态系统的受损机制,提出保护与修复的关键技术;研究河口湿地生态系统时间与空间的健康特征,提出相应的评价标准;实施"电子生态警察"建设,力争培育新型产业。2006 年,上海市 24 家科研单位和院校联合完成的长江河口滩涂湿地可持续发展的战略研究项目通过验收。项目从滩涂湿地发育与自然演化规律、生物多样性格局与过程、生态效应变化趋势和现有法律依据四方面入手,得出以下结论:可利用泥沙资源是滩涂湿地淤涨的物质基础,其区划应随滩涂湿地与生物类群演替过程适时进行相应调整,亟需对国家级自然保护区生态恶化区域与新增优质湿地进行功能区调整与置换,应重视优化滩涂湿地的时空分布与潮间带生境的重要性,加强污染源控制与湿地过程管理。同年,复旦大学承担的上海九段沙湿地自然保护区科学考察与总体规划通过验收。项目揭示了长江的河口新生湿地的特征,主要包括湿地形成与演变、群落结构与植被分布、生物多样性等方面,大大提升了中国河口研究的水平,推动了河口生态学的发展。

2007 年,华东师范大学等单位承担并实施崇西湿地生态建设研究项目,使崇明岛迁徙鸟类大大增加,湿地公园的生态食物链基本形成,江南桤木、落羽杉和沼生栎等乔木第一次在潮滩湿地上存活生长。同年,华东师范大学承担上海市滩涂资源可持续利用研究,对全市五大滩涂湿地、13 块主要区域开展了现场调查和室内分析,运用遥感技术研究滩涂湿地资源的数量、分布、变化和演化趋势,系统调查了上海市滩涂生物的种类和分布。同年,上海实业东滩投资开发集团有限公司承担的东滩园区生态化建设研究项目通过市科委组织的专家验收。项目研究东滩园区生态化建设开发运营模式,开展东滩园区生态化建设应用技术研究,将东滩建成国际化生态示范区,研究东滩滩涂盐渍土改良实用技术,总结出盐碱土改良的主要措施和辅助措施。同年 1 月,东海环境监测中心承担了生态长江口评价体系研究及生态建设对策课题。该项目开展长江口海洋产业与绿色 GDP 指标体系及滨海宜居环境、海洋生态保护、污染控制、生态修复目标和评价指标体系研究,构建生态长江口评价模拟模型。同年,东海环境监测中心承担的典型河口、海湾生态系统健康评价模型技术研究及应用示范,是"863"计划课题。建立河口、海湾生态系统健康评价指标体系、生态系统健康评价模型、开发系统软件,选择长江口和辽东湾为示范区,开展应用示范。

2008 年,同济大学完成的上海九段沙湿地生态系统主要营养元素循环与退化过程研究项目通过上海市科委组织的验收。项目建立了定量的、动态的九段沙湿地生态系统退化诊断与评价指标体系,提出湿地退化动态诊断与评价指标阈值的新概念,确定了湿地退化的生态特征参数,探明了湿地退化过程与湿地退化的机制。同年,上海实业(集团)有限公司承担的东滩生态社区发展模式设计与指标体系研究项目通过上海市科委组织的验收。提出东滩生态社区发展模式和动态量化的评价指标体系,探讨现代农业园区市场运行模式,指出新型生态社区文化发展方向和路径,提出符合东滩生态社区特点的绩效监控和评估指标体系。同年,上海海洋大学承担的海藻生态修复与生物能源产业链研究项目通过上海市科委组织的验收。项目研究了数种大型海藻生态因子及营养盐吸收动力学模型,建立了大型海藻生态修复模型、条斑紫菜多糖分离纯化技术、海藻颗粒制备技术、紫菜多糖制备工艺等,获得了紫菜多糖产品。

2009 年,上海市水利工程设计研究院等单位承担的南汇东滩水土资源综合开发利用与保护关键技术研究与应用项目通过上海市水务局组织的专家验收。项目集成工程河势影响分析技术,提出河口(海湾)大区域多敏感点联动分析技术、水土资源开发利用与保护时空置换技术、滩涂开发利用与保护方案,滩涂开发外围控制线和围区总体布局。成果在上海市水务局编制的《南汇东滩及浦东机场外侧滩涂资源综合开发利用与保护专项规划》中得到应用。同年,华东师范大学河口海岸学国家重点实验室承担的国家"973"项目——中国典型河口近海陆海相互作用及其环境效应子课题项目,揭示了流域和河口自然及人类活动对长江三角洲冲淤演变的影响,取得突破性进展。

2010年,崇明县旅游局、华东师范大学开展崇西湿地生态保护与区域发展双赢模式的示范研究,建立具有科研和科普功能的野外研究样区,开展珍稀鱼种(胭脂鱼)的野外放养研究,建立和完善了湿地珍稀物种保育示范工程。同年,上海市水务规划设计研究院等单位开展的"十一五"后上海市滩涂资源开发利用与保护方案研究,为促淤圈围工程提供了有益的经验借鉴,对维护滩涂资源动态平衡、保障海塘安全、控制河势和航道稳定具有指导作用。同年,复旦大学等单位开展崇明东滩互花米草控制与鸟类栖息地优化工程的关键技术研究,对刈割淹水法控制互花米草的关键参数进行了系统研究,并开展1 500亩互花米草控制示范工程;研究了水鸟栖息地修复的关键因子,为鸟类栖息地的科学布局与优化提供借鉴。

第十四篇 科技人物

改革开放以来,上海科技界获得了巨大成就,涌现出众多科技人物。本篇分三章,第一章为科技人物传略,主要为 1978—2010 年去世、上海出生和在上海工作的中国科学院院士和中国工程院院士,以卒年为序。第二章为人物简介,为 1978—2010 年在上海当选的中国科学院院士和中国工程院院士,以生年为序。第三章为人物表,介绍 1978—2010 年评选的上海科技功臣和科技精英。

第一章 科技人物传略

罗宗洛(1898.8.2—1978.10.26)

植物生理学家,中国现代植物生理学奠基人之一。浙江黄岩人。1925年日本北海道帝国大学毕业。1930年获北海道帝国大学农学博士学位。1930—1932年任中山大学生物系教授、主任。1932—1933年任暨南大学教授。1933—1940年任中央大学教授。1940—1944年任浙江大学教授。1944—1949年任中央研究院植物研究所所长。1945—1946年接收台湾大学、代理台湾大学校长。1949—1952年任中国科学院实验生物研究所研究员、植物生理研究室主任。1953—1978年任中国科学院植物生理研究所(后改名上海植物生理研究所)研究员、所长。1948年被选为中央研究院院士,1955年被选聘为中国科学院学部委员,1957年被苏联农业科学院特聘为通讯院士,1963年任中国植物生理学会理事长。研究工作涉及植

罗宗洛

物细胞质胶体、无机营养及离子吸收、组织培养、生长物质、微量元素、水分及抗性生理、辐射生理、细胞生物学等领域,并培养了不少上述诸方面的人才。在国内率先开展根尖组织培养研究,证明铵能作为植物氮源,为铵盐化肥的肥效评价及正确使用提供了科学依据。根据植物抗性研究提出的措施,为防止海南岛橡胶树寒害和苏北沿海营造防风林的育苗死苗,作出了贡献。曾创办《中国实验生物学》《植物学汇报》及《植物生理学报》。

施汝为(1901.11.19—1983.1.18)

物理学家,中国近代磁学的奠基者和开拓者之一。上海崇明县人。1920—1925年在东南大学(南京)数理化科学习。1925—1930年任清华大学物理系助教。1930—1934年在美国伊利诺伊州立大学和耶鲁大学学习,1934年获耶鲁大学哲学博士学位。1934—1949年任中央研究院物理研究所研究员。1940—1944年兼任广西大学物理系教授。1949—1983年任中国科学院应用物理研究所(1958年改名为物理研究所)研究员、代理所长(1954—1956年)、所长(1957—1981年)、名誉所长(1981—1983年),兼任中国科学技术大学物理系主任(1958年)。1955年6月被选聘为中国科学院学部委员。设计和制造一种新的仪器,用以测定铁合金单晶的磁各向异性;首次指出铁磁晶体的易磁化方向不仅依赖于晶体结构,而且与晶

施汝为

体所包含的原子种类有关。发表关于铁—钴、镍—钴合金和纯钴多晶体的磁性论文,对多种典型的铁磁材料的磁畴进行了较仔细的观测研究。对国产铝镍钴永磁合金热处理进行研究,使国内工厂生产的铝镍钴永磁合金的最大磁能积提高约1.5倍。翻译《现代磁学》一书。参加或主持历次物理学方面的科学远景规划制定。

龚祖同(1904.11.10—1986.6.26)

光学家,中国光学玻璃、纤维光学与高速摄影的创始人,中国应用光学的开拓者之一。上海川沙县人。1926—1934年在清华大学物理系学习工作。1934—1938年在德国柏林技术大学学习。

龚祖同

1938—1939年任昆明兵工署22厂(昆明光学仪器厂)设计专员、制造主任。1940—1941年任上海光学玻璃厂工程师。1941—1942年任昆明兵工署22厂(昆明光学仪器厂)制造主任、工程师。1943—1945年任贵阳兵工署53分厂主任。1945—1948年任秦皇岛耀华玻璃厂厂务主任、厂长兼总工程师。1948—1950年任上海耀华玻璃厂总工程师。1951—1956年任中国科学院长春仪器馆研究员、研究室主任。1956—1962年任中国科学院长春光学精密机械研究所副所长。1962—1984年任中国科学院光学精密机械研究所西安分所(后更名中国科学院西安光学精密机械研究所)所长。1984—1986年任中国科学院西安分院副院长,中国科学院西安光学精密机械研究所名誉所长。1980年当选为中国科学院学部委员。开展光学玻璃和红外夜视等研究,试制成第一台军用望远镜和机枪瞄准镜,协助完成了一台倒影测远机,研制的银氧铯变像管是国内第一代红外夜视望远镜所需的主要部件,负责组织大型60厘米天文望远镜的研制工作,研制成高速摄影变像管,使中国高速摄影技术开始跨进世界先进行列。获全国重大科技成果奖、国家科技进步奖特等奖等。出版《光学材料论文集》,主编《高速摄影概论》等著作。

邹元爔(1915.11.12—1987.3.20)

邹元爔

冶金学家,半导体材料专家。浙江平湖人。1933年考入浙江大学化学工程系。1937年毕业后在南京资源委员会工作。1943年起在美国匹兹堡卡内基理工学院读研究生。1947年2月获冶金学科科学博士学位,同年6月回国,先在南京资源委员会任工程师,10月受浙江大学竺可桢校长之邀到化工系任教授。1950年2月,应周仁邀请到中国科学院工学实验馆(中国科学院上海冶金研究所的前身)任研究员、室主任。1961年5月任上海冶金研究所副所长兼室主任,1978年6月任所长,1983年12月退居二线,任上海冶金研究所名誉所长等职。1980年当选为中国科学院学部委员。1952年研究合金元素和热处理对球墨铸铁金相结构和机械性能的影响,以及在铸件上的应用。此项成果获1956年国家自然科学奖三等奖。20世纪50年代初,和周仁合作对包钢含氟稀土铁矿高炉冶炼中氟的行为和冶炼过程进行了研究,解决了含氟铁矿高炉冶炼问题,使包钢得以投入全面开发。1957年承担了攀枝花铁矿冶炼试验任务,在国际上首先采用钒钛铁矿高炉冶炼新工艺,实现了风口喷吹新技术。20世纪60年代后致力于半导体材料和有关高纯金属研究,领导研制出高纯金属镓、磷、砷等,为高纯金属研究和生产奠定了良好的基础。致力于砷化镓材料质量的提高及缺陷的研究,用物理化学观点研究结构缺陷,提出砷化镓结构缺陷模型新理论。

周同庆(1907.12.21—1989.2.13)

周同庆

物理学家、教育家,中国光谱学研究的开拓者之一。江苏昆山人。1920年毕业于清华大学理学部物理系。同年秋留学美国,在普林斯顿大学研究院深造,1932年冬获物理学博士学位。回国后受聘于北京大学,任物理系教授。1936年—1943年任中央大学物理系主任。1943年起转入重庆交通大学,1946年迁校到上海,先后担任交通大学物理系主任、理学院院长等职。1952年调入复旦大学,担任物理系系务委员会主任、X光管研究室主任、光学教研室主任。1955年被选聘为中国科学院学部委员。专长光学、光谱学、气体放电等离子体和物质结构等方面的研究。1940年,应用声波技术测量长江航道的深度和距离,研制出磁伸缩式高频声波自动记录的回声测深仪。1950年,亲自主持和领导了国产X光管的研制工作,研制出中国第一只X光管。20世纪50年代后期,在气体放电等离子体光谱方面进行了深入、开创性的工作,为中国建立了"等离子体物理"这一新兴学科。1961年,与卢鹤绂教授等一起出版了《受控热核反应》一书。1956年,与王大珩教授一起,主持制定了中国光学学科的发展规划。

周志宏(1897.12.28—1991.2.13)

冶金、金属材料专家,中国金属学与金属热处理的带头人之一,中国合金钢与铁合金生产的奠基人之一。江苏丹徒人。1923年毕业于北洋大学。1924年赴美国学习,先后获卡内基工学院硕士学位和哈佛大学博士学位。历任上海炼钢厂厂长,大同大学教授、系主任,上海交通大学教授、副校长,中国机械工程学会热处理学会理事长、金属学会理事长。上海交通大学教授、顾问。1955年被选聘为中国科学院学部委员。长期从事物理冶金和钢铁冶炼研究。1930年,研制成功了中国最早的大型铸锻件,完成了钱塘江大桥的桥梁桥座的铸造和加工任务。研制坩埚炼钢,冶炼出中国第一批高质量的锋钢、冲模钢、磁钢、不锈钢,还自行设计电炉,试制出纯

周志宏

钨钨铁、矽铁等金属材料,是中国工具钢、高速钢和不锈钢的首创者。1960年,首先提出了氧气顶吹转炉炼钢法,并在工厂生产中得到应用。1978年又推出了顶底双吹氧转炉炼钢法。主要论著有《钨铁的冶炼》《马氏体相变》《纯氧顶吹转炉炼钢的热模拟试验设备及其工作特点》等30余部(篇)。

苏元复(1910.4.19—1991.6.17)

化学工程学家。浙江海宁人。1929年在东吴大学学习。1930年在浙江大学化工系学习,1933年获工学学士学位。1933年任南开大学应用化学研究所助理研究员。1935年赴英国曼彻斯特大学工学院留学,获硕士学位。1938年任四川泸州兵工厂研究员兼第五工场和氧气工场主任工程师。1941年任浙江大学教授兼研究所导师。1946年任上海江苏药水厂工程师。1948年任上海交通大学教授兼化学系和化工系主任兼大同大学教授。1952年起任华东化工学院教授、副教务长、副院长、化学工程研究所所长、顾问。从1956年起曾3次参与制定全国科学技术发展远景规划,先后被选为第三届全国人大代表,第五、第六届全国政协委员。从1979年起任中国化工学会副理事长、常务理事。1980年11月当选为中国科

苏元复

学院学部委员。1984年被选为国际溶剂萃取化学与技术委员会委员。主要研究领域为液萃取理论及应用。深入研究液滴传质理论,提出了水相中含少量杂质或添加表面活性剂时滴外传质系数的表达式,肯定了醚类-水等二元系统存在着激烈的界面湍动,提出了既考虑前混又考虑返混的萃取塔复合模型,首创了两种新型的高效萃取塔。研究从麻黄草提取麻黄素,从发酵液提取柠檬酸,其成果应用于生产;提出了从纤维硼镁矿制取硼酸、硼砂,以及从磷矿制取磷酸和磷钾复合肥料的新工艺。主编的著作有《无机工业化学》、《化工原理》(上、下册)及《化工算图集》(三集)等。

高怡生(1910.8.30—1992.5.30)

高怡生

药物化学家、天然产物化学家。江苏南京人。1934年毕业于中央大学(今南京大学)化学系,被推荐到中央研究院化学研究所任助理研究员。1940年进入北平研究院药物研究所,继续从事天然产物化学研究。1940—1945年在上海信谊药厂担任技师,在南京钟英中学和南京中央大学讲授化学课程。抗日战争胜利后,回到北平研究院药物研究所任副研究员,继续从事中草药化学成分研究。1948年入英国牛津大学深造。1950年获英国牛津大学博士学位。1950年参加组建中国科学院药物研究所工作并担任副所长,领导全所药物化学和天然有机化学两个领域的研究工作。1978—1984年任该所所长。曾兼任上海市计划生育研究所第一任所长。中国药学会理事及上海分会理事长、中国化学会理事、上海药物研究所名誉所长、中国药学会上海分会名誉理事长,曾担任《中国科学》《科学通报》《化学学报》《药学学报》等专业期刊的编委。1980年当选为中国科学院学部委员。曾开展氯霉素合成新法及其类似物的研究和从柠檬酸合成异烟肼的工作,开拓了设计与合成新药的药物化学领域。在肿瘤药物方面,设计、指导合成了数百种化合物,有7~8种被作为抗肿瘤新药应用于临床。完成了降压有效成分莲芯碱、驱虫有效成分使君子氨酸和甘草有效成分甘草查耳酮等几种化合物的分离结晶、推导结构及全合成的系统工作。1982年获国家自然科学奖二等奖。指导完成了平喘有效成分莱素、抗疟有效成分仙鹤草素、抗癌天然药物喜树碱、美登素等的全合成工作。1989年获国家自然科学奖三等奖。

谭其骧(1911.2.25—1992.8.28)

谭其骧

历史学家、历史地理学主要奠基人。浙江嘉兴人。1930年毕业于暨南大学历史系。1932年毕业于燕京大学研究生院。1950年起在复旦大学任教,建立了中国历史地理研究室,后升级为研究所,历任历史系主任、历史地理研究所主任,校务委员会委员。当选为第三、四、五届全国人大代表,上海市第八届政协委员。1980年当选为中国科学院学部委员。长期从事中国历史地理、中国史研究和中国历史地图的绘编。1934年与顾颉刚等发起成立中国第一个历史地理学术团体——禹贡学会,创办《禹贡》半月刊。早年研究地理沿革、疆域史地和民族问题,自成体系。1955年起主持编纂《中国历史地图集》,并致力于黄河水系的研究,对黄河史研究作出贡献。主编《中国自然地理》《历史自然地理》等。《中国历史地图集》1986年获上海(1979—1985年)哲学社会科学奖特等奖,被称为史学界的两大基础工程之一,从开始设计到完成历时30年之久,为历史地理学的发展打下了坚实基础。主持了《中华人民共和国国家历史地图集》的编绘,这是一部包括历史人文和自然两方面、10多个专题图组、上千幅地图的巨型地图集。

殷宏章(1908.10.1—1992.11.30)

殷宏章

植物生理学家。贵州贵阳人。1929年毕业于南开大学。1938年获美国加州理工学院博士学位。1948年被选聘为中央研究院院士。1955年被选聘为中国科学院学部委员。曾任西南联合大学、北京大学教授。新中国成立后,历任中国科学院上海植物生理研究所研究员、所长、名誉所长,中国科学院生物学部委员,中国植物生理学会理事长。是第三届全国人大代表,第五、六届全国政协委员。擅长植物生物化学、生长发育和光合作用研究,取得一系列具有国际先进水平的科研成果,发现了对植物突然改变光强、光质时,光合作用也发生瞬间变化,进一步验证光合作用有两个光化学反应系统;参加领导了抗菌素的生产和研究;1959年创建了中国第一个光合作用实验室,在光合作用磷酸化的机理,尤其是其中高能中间态的存在和性质方面,取得了重要进展;利用自己发明的组织化学方法,弄清了磷酸化酶在植物器官和组织中的分布,证明植物体内存在磷酸化酶,而光照下由糖变淀粉的过程与磷酸化有关。获得国家自然科学奖二等奖一项及中国科学院奖多项。

支秉彝(1911.9.19—1993.7.24)

支秉彝

电信工程和测量仪器专家。江苏泰州人。1929年在上海大同大学理科预科学习。1931年在浙江大学电机系学习。1934年在德国"道地兹"柴油厂实习。1936年在德国德城工业大学学习。1937年在德国莱比锡大学物理系学习。1944年获德国莱比锡大学博士学位。1947年任浙江大学、同济大学、上海航务学院教授。1951年任黄河理工仪器厂经理兼工程师。1954年任上海电表厂副总工程师。1964年任上海电工仪器研究所(上海仪器仪表研究所前身)副所长兼总工程师。1978年起,任上海仪器仪表研究所副所长、总工程师、所长、名誉所长,上海市第三届科协常务委员,上海市仪器仪表学会理事长、名誉理事长、中国中文信息研究会副理事长、中国汉字信息处理研究会副理事长、中国仪器仪表学会常务理事、中国计量测试学会常务理事,国务院学位委员会科学评议组(工学组)成员。参加了中国第一个十二年科学技术远景规划的制定工作,提出的建议对仪器仪表工业的发展起了推动作用。1957年从事锰铜电阻元件老化处理研究,解决了国产锰铜的质量问题。负责电表三大关键元件(宝石、轴承、游丝)的质量攻关,组织研究了游丝的制造工艺和性能测试设备,制定了质量标准,提高了电表的精度和稳定性,为建立中国的计量标准做出了贡献。在国内首先组织仪表数字化研究,为数字仪表在国内获得普遍的推广应用做出了贡献。自1976年起,进行"见字识码"汉字编辑方法的研究和试制,支秉彝汉字编码法的创造赢得了世界计算机界的首肯,对中国汉字码的发展具有倡导和推动作用,成为拥有国际知名度的汉字信息处理和仪器仪表专家。主要论著有《石英晶体音叉频率长期稳定性的研究》《电工仪表工业十年来的发展》《建立一种汉字编码新方法》《"见字识码"汉字编码方法及其在应用中实现》《"见字识码"汉字编码方法及其在计算机实现》《汉字"见字识码"及其工程装置》等。

曹天钦(1920.12.5—1995.1.8)

曹天钦

生物化学家。河北束鹿人。1944年毕业于燕京大学化学系,获理学学士学位。1951年获英国剑桥大学生物化学系博士学位,同年被选为该校维尔基斯学院院士。1980年当选为中国科学院学部委员。1983年当选为瑞典皇家工程科学院外籍院士。历任中国科学院生理生化研究所研究员,上海生物化学研究所副所长,中国科学院生物学部主任、上海分院院长,中国科学技术协会副主席。毕生从事蛋白质和植物病毒分子生物学的研究,在肌肉蛋白质、神经蛋白质、蛋白水解酶和抑制剂、马王堆古尸肌肉保存、植物病毒、植物类菌原体、中国古代科学技术史等方面,均获重要研究成果。20世纪50年代初,最早发现了在肌肉收缩中具有重要调控作用的肌球蛋白轻链,这一重要发现及其在原肌球蛋白方面所做的深入研究,使他在国际生物化学和分子生物学界崭露头角。作为有远见卓识的科研组织工作者,十分重视新技术在生物学发展中的作用,领导建立了蛋白质结构分析技术(包括氨基酸组成、末端分析、肽段分离和顺序分析等),以及蛋白质的物理化学分析技术(如电泳、扩散、圆二色性和电子显微镜等),为提高蛋白质化学研究的水平(包括人工合成牛胰岛素)提供了重要的技术基础。是中国人工合成牛胰岛素的重要组织者之一。对马王堆汉墓古尸肌肉结构的研究,也得到了国际学术界的高度评价。与人合作,在国内开始从分子水平上对植物病毒进行生化研究,发现若干国内新的病毒或病毒株。研究成果获 1956 年中国科学院科学一等奖和 1978 年全国科学大会奖。多次参加制定全国的科学规划。代表作有《肌球蛋白的分子裂解》(英文)等。

冯德培(1907. 2. 20—1995. 4. 10)

冯德培

神经生理学家、中国生理学研究开拓者。浙江临海人。1922 年考入复旦大学文学院,翌年转入心理学系,1926 年毕业于复旦大学生物学院。1929 年在美国芝加哥大学进行神经代谢研究,1930 年获硕士学位。1933 年在英国伦敦大学学院获博士学位。回国后,先后任协和医学院生理学系讲师、副教授、上海医学院生理系教授。1945 年底访问英国,1946 年赴美国在纽约洛克菲勒医学研究所进行合作研究。新中国成立以后,历任中国科学院生理生化研究所所长、生理研究所所长、中国科学院华东分院(今为中国科学院上海分院)副院长、中国科学院副院长兼生物学部主任、国务院学位委员会委员、中国科学院学位委员会主任、全国科协委员、中国生理学会理事长。1955 年被选聘为中国科学院学部委员。连任三届国际生理科学联合会理事。第一、二、三届全国人大代表,第五、六、七届全国政协常委,第五届上海市政协副主席。1986 年当选为美国科学院外籍院士和第三世界科学院院士。1988 年当选为印度国家科学院外籍院士。在肌肉和神经的能力学、神经肌肉接头生理学、神经与肌肉间营养性相互关系的研究方面都取得了开创性的重要成果;发现静息肌肉被拉长时产热增加,这一发现被称为"冯氏效应";在神经肌肉接头生理学方面,于 1936—1941 年间进行了大量的开创性研究,成为国际公认的这一领域的先驱者。在神经肌肉间营养性关系方面,带领合作者发现了鸡慢肌纤维去神经后肥大的现象,并对阐明神经如何决定肌纤维类型的机制做出重要贡献。晚年带领学生开展了中枢突触可塑性的研究。在创建和领导中国科学院上海生理研究所,培养中国生理学人才,发展中国与国际生理学界的学术交流,促进中国生理科学的发展方面,作出了不可磨灭的贡献。

江绍基(1919. 4. 12—1995. 5. 15)

江绍基

内科学及消化疾病专家。江苏无锡人。1945 年毕业于圣约翰大学医学院,获医学博士学位。毕业后任上海宏仁医院内科医师,1954 年升任该院副院长。1957 年调仁济医院任副院长、内科副主任。1978 年起历任仁济医院医学系二部副主任、名誉主任、上海市免疫研究所副所长、二医大校务委员会副主任。1994 年当选为中国工程院首批院士。历任卫生部医学委员会内科专题委员会委员、中华医学会理事、中华医学会消化学会副主任委员、中华医学会上海分会副会长、消化病学会主任委员、上海市科协副主席等职。参加血吸虫病防治工作,深入农村,证实血吸虫病侏儒症经治疗可以生长发育,率先在乙结肠镜下观察血吸虫病的结肠病理变化。对慢性肝病、胃炎、胃癌等作了深入研究。首先建立狼犬胃癌模型,研究维生素与胃癌的关系;应用叶酸、硒及维甲酸进行胃癌前病变诱导分化,为防治胃癌开辟了新途径。多次获国家科委、卫生部和上海市科技进步奖。主编《临床胃肠病学》《临床肝胆病学》,副主编《血吸虫和血吸虫病》《内科理论与实践》,参与编写全国高等医学院校统一教材《内科学》,创办和主编《中华消化》杂志、《国外医学(消化分册)》,并担任《斯堪的那维亚胃肠病》杂志中文版主编和4种国际医学杂志的编委,共发表论文200余篇。

庄孝僡(1913. 9. 23—1995. 8. 26)

庄孝僡

胚胎学家,中国实验胚胎学家和发育生物学研究的开拓者与创业者之一。山东莒南人。1935年毕业于山东大学生物学系,任该校助教。1936年赴德国慕尼黑大学学习。1939年获哲学博士,1942年到德国富莱堡大学工作,1945年升为讲师。第二次世界大战结束后,辞去德国科隆大学动物学系聘请,于1946年回国,任北平大学动物系教授。1948年任动物系主任兼医预科主任。新中国成立后,先后任中国科学院实验生物所(1978年改为中国科学院上海细胞生物学研究所)研究员、室主任、副所长、所长、名誉所长。1979—1983年兼任中国科学院发育生物研究所所长。1981年起兼任中国科技大学生物系主任。1980年当选为中国科学院学部委员。早在德国留学期间,就对胚胎诱导生理机制研究的发展做出了重要贡献。在外胚层对神经诱导刺激的反应能力、各胚层之间的相互作用对中胚层构造的决定和分化等研究方面,提出了独创见解。20世纪50年代初,抵制李森科等人在遗传学和细胞起源问题上的错误观点,保持中国生物科学发展的正确方向。自20世纪60年代起,在有尾类胚胎表皮传导电活动及其分化关系的研究方面,在国际上首次肯定了胚胎表皮的可兴奋性,为发育生物学的研究开拓了新的研究领域。主持了马王堆一号汉墓古尸细胞及核酸保存程度研究课题,并取得了优异成绩,获1979年全国科学大会奖。

钮经义(1920. 12. 26—1995. 12. 16)

钮经义

生物化学家。江苏兴化人。1942年西南联合大学化学系毕业后,在重庆国立药学专科学校(今中国药科大学)任助教。抗战胜利后,到清华大学化工系工作。1948年赴美国得克萨斯大学奥斯汀分校学习,并于1953年获博士学位。1954—1955年到加利福尼亚大学伯克莱分校病毒研究所做博士后研究。1956年回国后,历任中国科学院生理生物化学研究所副研究员,中国科学院上海生物化学研究所副研究员、研究员、室副主任、室主任,中国生物化学会理事、中国化学会理事,第六、七届上海市政协委员。1980年当选为中国科学院学部委员。主要研究领域为天然有机物化学。对烟草花叶病毒外壳蛋白质亚基的结构测定提出了新见解,并应用他首创的部分肼解和酶解方法测出病毒不同种属或菌株的羧基端排列次序。肯定了植物病毒颗粒中蛋白质亚基的存在,阐明了病毒外壳的结构规律,更正了几种重要蛋白质如核糖核酸酶和卵白蛋白的羧基端结构。在中国最早开创了蛋白质、多肽和氨基酸的分离、分析工作。经过七年的不懈努力,于1965年9月成功合成了具生物活性的结晶牛胰岛素。参与和领导了这一重大研究项目,负责生化所承担的B链合成的具体指导工作,设计多肽合成方案,选择合成路线并解决实验中遇到的问题,为中国在世界上首次人工合成具有生物活性的蛋白质做出了重要贡献。

这项成果于1978年和1982年分别获全国科学大会奖和国家自然科学奖一等奖。领导了人胰岛素原C肽的合成及放射免疫的检测工作,于1983年获国家发明奖二等奖。

张钟俊(1915.9.23—1995.12.29)

张钟俊

电力系统和自动化专家,中国自动控制、系统工程教育和研究的开拓者之一。浙江嘉善人。1934年交通大学电机工程学院毕业并获硕士学位,同年去美国麻省理工学院电机系深造,1937年获博士学位。1938年9月回国,在武汉大学电机系、中央大学电机系任教授。1940年9月起,在交通大学分校任电机系主任、教授,交通大学电信研究所主任。新中国成立后,先后任上海交通大学无线电系和自动控制系主任,电工和计算机科学系主任,计算机应用研究所所长,系统工程跨系委员会主任。是国家科委电力专业组成员和自动化专业组副组长,中国自动化学会副理事长,中国系统工程学会副理事长,中国微电脑应用学会名誉理事长。1980年当选为中国科学院学部委员。在电信网络综合、电力系统和自动控制理论3个领域从事教学和科研工作,做出重要贡献。研究凸极电机短路的暂态过程,第一次在理论上获得了这类电机一个模态常数。研究网络综合理论时,在网络数学理论方面解决了两个重要难题。运用运筹学方法,首次提出了在各发电厂燃料消耗增益相等时的负荷经济分布的标准,首次提出补偿位置的选择及其配置容量的计算方法。在研究远航仪时,采用了卡尔曼(Kalman)滤波技术,这是国内最早应用现代控制理论的范例之一。主持了潜艇惯性导航研究课题,获中国科学大会奖和上海市重大科技成果奖。主持系统辨识中实际问题的研究及应用、预测控制机理和大系统预测控制和广义系统反馈控制设计方法三项研究,分别于1986年、1988年和1989年获国家教委科技进步奖二等奖。出版了国内第一本《经济控制论》论文集。主要论著有《单相电机的短路分析》《矩阵方法与现代控制理论》(上册)和《系统工程学综述》(合著)等。

顾翼东(1903.3.4—1996.1.21)

顾翼东

化学家,国内无机化学的奠基人之一,国内稀有元素化学的开创者。江苏苏州人。1918年入东吴大学学习,1924年赴美国芝加哥大学留学。1926年回国任东吴大学化学系教授、系主任。1933年再度赴美留学,1935年获美国芝加哥大学化学哲学博士学位,获金钥匙奖,任美国自然科学促进会(AAAS)化学部委员。1942年回国任东吴大学理学院院长,并兼任上海交通大学等院校教授、国家资源委员会分析室主任。1952年任复旦大学教授。曾任中国化学会理事、上海市化学化工学会常务理事、中国化学会化学名词审查委员会专家委员、国务院科学规划委员会稀有元素组成员等职。1980年当选为中国科学院学部委员。主要从事中国丰产元素钨、钼、铌、钽和稀有元素化学的研究,开展有关液—固体系平衡相图及溶剂萃取的工作。首先提出了内在还原法制备蓝色氧化钨和倒滴加法制备活性粉状白钨酸及铌酸,又从后者制得一系列已知和未见诸文献的含钨化合物。在稀土分离和化合物性质研究方面,进行了稀土亚砜加合物的制备,将酰代吡唑酮、多碳亚砜、二苯羟乙酸作为萃取剂。从离子交换淋出液中回收EDTA、铜及轻稀土等研究均取得成果。"钨化学研究"获国家教委科技进步奖二等奖,"内在还原法制备蓝色氧化钨"获国家发明奖二等奖。著有《有机试剂在金属元素比色分析及沉淀分离中应用的发展》《化学词典》、"无机化学丛书"第八卷《铬分族元素》等。发表学术论文170余篇。

顾懋祥（1923.1.25—1996.5.21）

顾懋祥

船舶性能研究和设计技术专家。江苏太仓人。1945年上海雷士德工学院机械系毕业，1949年获美国密歇根大学研究生院造船工程系硕士学位。1950年10月回国。历任上海交通大学造船系讲师，中国人民解放军军事工程学院副教授、教授，第七研究院第七〇二研究所所长、名誉所长，中国船舶工业总公司科技委委员，国防科工委水动力学专业组组长，中国造船工程学会船舶力学学术委员会副主任委员，《水动力学研究与进展》杂志编委会主任委员，国际船模试验池会议（ITTC）顾问委员会成员，耐波性委员会委员和海洋工程委员会委员，美国《海洋工程》（*Ocean Engineering*）杂志的国际编委等职。1995年当选为中国工程院院士。在舰船耐波性理论、海洋工程浮式系统的水动力学、人工神经网络用于船舶动力定位等研究方面，取得开创性的研究成果，在国内外有较高声誉。在中国率先开展现代新船型的研究，主持研制成功世界上第一艘气垫船及中国第一艘单水翼艇；最早用实验保证了国际上无舱盖集装箱船的诞生。组织领导海洋平台管节点疲劳的研究，为海洋平台用Z向钢的开发与应用奠定了基础。在中国首次将人工神经网络用于船舶动力定位系统，开发人工网络自适应控制系统，提出舰艇在波浪中运动的二维计算程序。获中国船舶工业总公司科技进步奖二等奖两项。

侯光炯（1905.5.7—1996.11.4）

侯光炯

土壤学家，农业教育家。上海金山县人。1919年考入江苏南通甲种农业学校。1928年毕业于北平大学农学院农化系。1937年赴美学习，后归国。1942—1946年兼任重庆大学、中央大学（南京大学前身）、川北大学教授。1946年后历任四川大学、西南农科所土壤研究室、中国科学院重庆土壤研究室工作。1948年起任国立西北农学院教授。1952年12月至1996年11月逝世前，在西南农业大学任教授、博士导师，先后兼任西南农业大学土化系主任、西南农科所土化系主任、中国科学院重庆土壤研究室主任、四川土壤研究室主任、宜宾自然免耕研究所所长、名誉所长，1996年任西南农业大学名誉校长。1955年被选聘为中国科学院学部委员。从事土壤学教学与科研工作达60年之久，在土壤肥力和土壤地理研究方面发现"光肥平衡"日周期变化的事实，从而开辟了土壤胶体热力学新领域。1986年通过鉴定的水田自然免耕新技术，到1988年底在南方13省推广2 200多万亩，增产率在15％以上。为适应土壤肥力研究的需要，创建了土壤胶体物理-土壤黏韧率和黏韧曲线，以及土壤胶体热力学和联式PH两种测定方法，并拟定了土壤肥力分类体系，为制定中国土地利用规划提供了科学依据。编著《土壤学》《中国土壤概论》《水稻土生理分类》等专业著作。

卢鹤绂（1914.6.7—1997.2.13）

物理学家，中国核能之父。字合夫。山东莱州人。1936年毕业于燕京大学，旋赴美留学。1939年获美国明尼苏达大学科学硕士，1941年获哲学博士学位。1941年回国后，历任中山大学、广西大学、浙江大学、复旦大学、北京大学教授。1957年后，历任复旦大学教授、校务委员会副主任，中国科学院上海原子核研究所副所长，上海市物理学会第三、四届理事长、名誉理事长，中国科学院数学物理学部委员，九三学社第六、七届中央委员、中央参议委员，九三学社上海市委副主任委员、顾问,第三届全国人大代表,第五、六、七届全国政协委员。1980年当选为中国科学院学部委员。专于理论物理与核物理。20世纪30年代在美留学期间,首创时间积分法测定锂六、锂七的丰度比,发现热盐离子发射的同位素效应,直到1990年这一测量值还被美国出版的核数据表引为标准值。1939—1941年间,提出扇状磁场对入射带电粒子有聚焦作用的普适原理,并据此设计制造了新型60度聚焦高强度谱仪。在国际上首次公开发表估算铀235原子弹及费米型链式裂变反应堆的临界体积的简易方法及其全部原理。1950年修正粘滞流动理论,导出的弛豫压缩方程被称为"卢鹤绂不可逆性方程"。1952年在国内首次观测到铀核裂变,并在《中国科学》上发表论文《铀核的自裂》。20世纪60年代初,对受控热核反应进行研究,提出了快脉冲、慢脉冲和稳态的三大分类法,并对其能否成功进行了深入讨论。主编《受控热核反应》一书,总结了1960年以前国内外在此领域的理论研究及实践探索方面的成果,是中国第一本有关热核反应的专著。

卢鹤绂

汪猷(1910.6.7—1997.5.6)

有机化学家,中国生物有机化学的开拓者,中国抗生素化学和抗生素药物工业的先驱。字君谋。浙江杭州人。1931年毕业于南京金陵大学工业化学系,同年9月于北京协和医学院研究生毕业。1937年获德国慕尼黑大学化学研究所博士学位。回国后曾任协和医学院助教、上海丙康药厂厂长兼研究室主任、中央研究院医学研究所研究员兼上海医学院教授。1950年后,历任中国科学院生理生化研究所研究员,中国科学院上海有机化学研究所研究员、所长、名誉所长,中国科学院上海分院副院长,国家学位委员会第一届学科评议组成员及中国化学会《化学学报》主编等职。是第二、三、五、六届全国人大代表,第二届全国政协委员,上海市六、七、八届人大

汪 猷

代表。1955年被选聘为中国科学院学部委员。1980年被聘为巴黎生命研究所指导委员会和国际细胞研究组织成员,1984年当选为法兰西科学院外籍院士,1987年德国慕尼黑大学给他重发博士文凭,1988年当选为德国巴伐利亚科学院外籍院士和美国生物化学与分子生物学学会名誉会员。早期从事十四乙酰藏红素的全合成,以及性激素、抗生素和碳水化合物化学等研究。是中国抗生素研究的奠基人之一,系统研究了链霉素和金霉素的分离、提纯,以及结构和合成化学。参与领导并直接参加了人工全合成牛胰岛素的研究(获国家自然科学奖一等奖,合作研究)。在淀粉化学方面,创制了新型血浆代用品。建立石油发酵研究组,当时在国际上居于前列,作出多项成果。参加并参与领导酵母丙氨酸转移核糖核酸全合成工作(获国家自然科学奖一等奖,合作研究)。参加和领导了天花粉蛋白化学结构和应用研究(获国家自然科学奖二等奖)、模拟酶的研究和青蒿素的生物合成化学研究。

邓锡铭(1930.10.29—1997.12.20)

光学、激光专家。广东省东莞市桥头镇人。1952年7月参加中国共产党。1952年7月毕业于北京大学物理系,同年进入中国科学院长春光学精密机械研究所,先后担任研究所学术秘书、课题组长、研究室副主任、研究部副主任。1964年筹建上海光学精密机械研究所,并在该所成立时被任

邓锡铭

命为副所长。1977—1985 年任上海光学精密机械研究所副所长。1993 年当选为中国科学院院士。曾任中国科协委员,中国光学学会常务理事、激光专业委员会主任,中国电子学会量子电子学委员会副主任,中国核学会核聚变与等离子体物理学会副理事长,以及美国光学学会和物理学会会员等。20 世纪 60 年代在国内首先提出开拓激光科技新领域,组织并参与研制成功中国第一台红宝石激光器,主持研制成功中国第一台氦氖气体激光器,独立提出激光器 Q 开关原理,发明了"列阵透镜",提出了"光流体模型"。发展高功率激光驱动器,建成了中国最大的"神光"激光装置,利用"神光"装置在惯性约束聚变、X 光激光等高科技前沿领域取得了一系列重大研究成果。获得国家科技进步奖一等奖、中国科学院科技进步奖特等奖、首届陈嘉庚技术科学奖等。

朱物华(1902.1.3—1998.3.12)

电子学家、教育家,中国电子学科与水声学科奠基人之一。浙江绍兴人。1919 年考入交通大学电气机械科学习。1923 年进入麻省理工学院电机系学习,翌年获硕士学位。1924 年 9 月考入哈佛大学,一年后获硕士学位,1926 年获博士学位。1927 年 8 月回国任中山大学物理学教授。1930 年任唐山交通大学电工和物理学教授。1933 年任北京大学物理系教授。1937 年七七事变后,任西南联大教授。抗战胜利后,应聘到交通大学电机系任教。中华人民共和国成立后,任上海交通大学校务委员会委员、工学院院长、副教务长。1952 年加入九三学社。1955 年被选聘为中国科学院学部委员。同年 12 月任哈尔滨工业大学教务长,后任副校长。1956 年加入中国共产党。1961 年回上海交通大学任教授、副校长。1978 年 7 月,出

朱物华

任上海交通大学校长。是第三届全国人大代表,第三、四、五、六届全国政协委员,九三学社中央委员,中国电子学会副理事长,上海市电子学会会长。20 世纪 30 年代首先提出终端有损耗的 T 型低通与高通滤波器瞬流计算公式,编著《应用电子学》《无线电原理》和《电讯网络》等教材。20 世纪 40 年代指导研究生完成电子枪式磁控管分析和设计课题,解决了阴极烧毁问题,在国内首次开设"电视学"和"电传真"等课程。20 世纪 50 年代提出用相对功率谱密度和逐段积分的计算方法,得出相关系数与相差时间的关系曲线,参加制定《1956—1967 年科学技术发展远景规划》和水声学发展规划工作。20 世纪 60 年代组织水声教研组教授编写多种水声学专业课讲义,并率先讲授《信息论》。20 世纪 70 年代撰写了《电子战争》论文。

邹冈(1932.1.27—1999.2.24)

神经药理学家。上海人。1954 年于毕业上海第一医学院医疗系。1961 年中国科学院药物研究所研究生毕业。历任中国科学院上海药物研究所助理研究员、副研究员、研究员、药理三室副主任、主任、药物所顾问等职。曾任中国药理学会、中国生理学会、中国生化学会、国际脑研究组织(IBRO)、国际神经化学会、美国神经科学会、美国华人生物学家学会会员,《生理学报》编委,《中国药理学报》副主编,《中国生理科学学报》编委,国际神经化学学会杂志编委。1980 年当选为中国科学院学部委员。对吗啡、内源性阿片肽作用原理进行了深入研究。与张昌绍教授共同发表吗啡镇痛作用部位在第三脑室和大脑导水管周围中央灰质的论文,被国际上誉为

邹　冈

吗啡作用研究中的一个"里程碑"。证明了针刺镇痛过程中脑啡肽生物合成加速、释放增加、含量增高等结果,获 1978 年全国科学大会奖。1982 年,吗啡镇痛作用部位及镇痛机制的研究成果获国家

自然科学奖二等奖。首次用拮抗剂触发大麻耐受动物的戒断症状(1995 年),首次证明大多数中枢大麻受体存在于 GABA 能神经原(1998 年)。

苗永瑞(1930.12.3—1999.6.11)

苗永瑞

天体测量及时间频率专家。山东桓台人。1951 年齐鲁大学天算系毕业。曾任中国科学院上海天文台研究员、中国科学院陕西天文台名誉台长。1991 年当选为中国科学院学部委员。在提高天文测时精度的研究方面,编制了天顶星表,测定了天顶星专门用于测时,提高了测时精度,同时改进了观测星的星位置,得到精度较高测时星表。在天体测量选址的研究方面,根据微气象理论制定了一些天体测量选址方案,改进了观测室及观测位,提高了测定精度。在提高授时技术研究方面,制定和研究了守时、收时、授时方法,负责建立了中国专用的长、短波授时台。开展了日、地关系研究,建立了 D 电离层监测站,用 D 电离层扰动反演太阳 X 射线爆发。进行了中国大地电导率的测定,得到中国等效大地电导率分布图。曾获国家自然科学奖二等奖和国家科技进步奖一等奖。

谢希德(1921.3.19—2000.3.4)

谢希德

女,固体物理学家、教育家、社会活动家,中国半导体物理学科和表面物理学科开创者和奠基人。福建泉州人。1946 年毕业于厦门大学数理系。1947 年赴美留学,先后获史密斯学院硕士、麻省理工学院博士学位。新中国成立初期,放弃国外优越的生活待遇,与丈夫曹天钦一起于 1952 年10 月回到祖国,任教于复旦大学物理系。1956 年 5 月加入中国共产党。1962 年晋升为教授。1980 年当选为中国科学院学部委员,后任主席团成员。曾任国务院学位委员会委员、中国物理学会副理事长、中国科协委员,复旦大学副校长、校长、顾问,上海市第三届科协主席等职务。1977 年获上海市先进科技教育工作者称号,1979—1980 年两次获全国"三八"红旗手称号。1997 年获何梁何利科技进步奖,1988 年被选为第三世界科学院院士,1990 年被选为美国文理科学院外国院士。是中共第十二、十三届中央委员,第八、九届全国政协常委,上海市第七届政协主席、党组书记。主要从事半导体物理和表面物理的理论研究,是中国这两方面科学研究的主要倡导者和组织者之一。领导课题组在半导体表面界面结构、Si/Ge 超晶格的生长机制和红外探测器件、多孔硅发光、蓝色激光材料研制、锗量子点的生长和研究,以及磁性物质超晶格等方面取得出色成果。著有《半导体物理》《固体物理学》《群论及其在物理学中的应用》等书籍。先后获美国纽约市立大学、市立学院、史密斯学院,英国利兹大学及美国霍里约克山学院等十多所大学授予的名誉科学博士称号。

王应睐(1907.11.13—2001.5.5)

王应睐

生物化学家。福建金门人。1929 年毕业于南京金陵大学化学系,获"金钥匙"奖。1938 年考取庚款留英,1941 年获英国剑桥大学生物化学博士学位。1945 年回国任中央大学医学院生化研究所教授。1950 年任中国科学院生理生化研究所研究员兼副所长。1958 年筹备创建中国科学院上海生物化学研究所并担任所长。1978—1983 年兼任中国科学院上海分院院长,1984年至2000年4月任名誉所长。1955年被选聘为中国科学院学部委员;创建中国生物化学学会并担任第一、二、三届理事长、名誉理事长;创办生物化学与生物物理学报并担任第一、二、三届主编、名誉主编;美国生物化学与分子生物学学会名誉会员;比利时、匈牙利、捷克等国家科学院外籍院士。曾任全国第三、五、六届人大代表,上海市第二、三、四、七届人大代表,中国生化学会理事长、名誉理事长,上海生化学会理事长,中国对外友协上海分会副会长,上海欧美同学会副会长。主要研究酶化学与营养代谢,对维生素、血红蛋白、琥珀酸脱氢酶进行了深入的研究,并取得重大成绩。研究发现了服用过量维生素A的毒理作用和缺乏维生素E的组织变态,在国际上第一个证明豆科植物根瘤中含有血红蛋白,并详细阐明不同生化条件下血红蛋白性质与功能关系。成功纯化了第一个膜蛋白——琥珀酸脱氢酶,实现了国际上首次膜蛋白的重组合,首先发现了以共价键结合的异咯嗪蛋白质。组织和领导了世界上第一个人工合成蛋白质——牛胰岛素的研究,该项研究1982年获得国家自然科学奖一等奖。和王德宝等一起,于1981年11月成功完成了世界上第一个人工合成酵母——丙氨酸转移核糖核酸,该项研究1987年获得国家自然科学奖一等奖。在全国率先部署开拓基因工程这一国际前沿的新领域研究。1996年获香港何梁何利科技成就奖。

邓景发(1933.8.14—2001.5.12)

物理化学家,化学教育家。上海市人。1955年毕业于复旦大学化学系,1959年复旦大学研究生毕业留校任教。1984年任复旦大学化学系教授、博士生导师。1990—1991年任日本早稻田大学交换研究员。1995年当选为中国科学院院士。1989年获全国和上海市普通高校优秀教学成果奖;1999年获宝钢教学奖特别奖。他编写的《物理化学》教材,1995年同时获得国家教委(教育部)、上海市教委优秀教材一等奖。1986年获国家有突出贡献专家称号,1989年获评为全国教育系统劳动模范,获"人民教师"奖章;1990年获国家教委和国家科委授予的"先进科技工作者"称号和"金马"奖章。首先在国内研制成电解银催化剂用于甲醇制甲醛的工业生产,获化工部科技成果奖、上海市重大科技成果奖和国家发明奖。首次提出在

邓景发

电解银上甲醇转化为甲醛的分子反应机理,提出了IB族金属吸附氧的反馈键模型和在催化剂表面存在诱导酸性的概念,充实了金属催化剂的催化理论。在国际上首次把非晶态合金以高分散形式负载在大比表面的载体上,解决了比表面小的问题。提出了非晶态合金的高催化活性是由几何效应引起的观点,并研制成两种新的非晶态合金。开展了高温超导材料的催化性能研究,提出晶格中O1位的氧是反应的活性物种,此观点被国外文献引用10余次。研究出环戊烯催化合成戊二醛的新方法,属国际领先水平。1986、1990、1998年三次获国家教委科技进步奖。先后发表论文200余篇,出版专著4部。

王德宝(1918.5.7—2002.11.1)

生物化学家。江苏泰兴人。1940年毕业于中央大学农化系。1947年赴美国留学,1949年获华盛顿大学硕士学位,1951年获美国西部保留地大学博士学位。1951—1954年在美国约翰·霍普金斯大学从事博士后研究。1955年回国后历任中国科学院上海生理生化所、生化所副研究员、研究员,1980年当选为中国科学院学部委员。1956年4月加入九三学社,1980年12月19日加入中国共产党。1979、1981年两次被授予上海市劳动模范称号。曾先后获国家自然科学奖一等奖、中国科学院科技成果一等

王德宝

奖、陈嘉庚生命科学奖、香港何梁何利基金科学与技术进步奖。曾任中国科学院学部主席团成员。是全国第四、五届人大代表，全国第六、七届政协委员。发现胞苷和脱氧胞苷的脱氨酶，腺苷、胞苷和黄苷的核苷水解酶，尿嘧啶氧化酶及脱磷酸辅酶 A 磷酸激酶；解决了辅酶 A 中第三个磷酸的位置，首创从 NAD 直接合成 NADP 的大量制备方法，为世界各大药厂采用。在中国最早开展核酸生化的研究工作，是中国生产核苷酸类助鲜剂的创始人。参加并领导世界首次人工合成酵母丙氨酸(tRNA)转移核糖核酸的研究工作，人工合成具有生物活性的酵母丙氨酸 tRNA，使中国人工合成生物大分子的研究水平继续居于世界领先地位。1982 年起主要从事酵母丙氨酸 tRNA 结构与功能的关系和 tRNA 中修饰核苷酸的生物功能等方面的研究。

黄耀曾(1912.11.11—2002.12.17)

有机化学家，中国有机氟化学研究的先驱之一和金属有机化学的开拓者之一。江苏南通人。1930 年 7 月毕业于南通中学，同年考入中央大学化学系。1934 年 7 月毕业于中央大学化学系，获理学学士学位。1934 年 9 月去中央研究院化学所工作，任助理研究员。1939 年 3 月—1945 年先后任上海第一医学院生物化学系助教、讲师和上海造化工业化学厂技术厂长。抗战胜利后，回到中央研究院化学所任副研究员。1950 年 8 月，中央研究院化学所、北平研究院化学所、北平药物所整合组建中国科学院有机化学所，是该所创始人之一。曾任中国科学院上海有机所研究员、副所长、国家金属有机开放实验室名誉主任。1980 年当选为中国科学院学部委员。1988 年获国防科学技术委员会颁发的献身国防科技事业荣誉证章。

黄耀曾

是中国共产党党员、中国民主同盟会会员，上海市第二、三、四、五届人大代表，上海市第五、六届政协委员。早年从事甾体化学全合成研究，在中国开创了有机微量分析方法。从事金霉素提取、结构测定及全合成的研究。20 世纪 50 年代初，致力于金霉素的研究，改进了金霉素的提取工艺，弄清了金霉素的结构骨架，选择了脱水金霉素全合成的目标，半年内即在上海第三制药厂投入批量生产。此项工作获得中国科学院科学奖。20 世纪 60 年代，研制完成核武器制造中急需的高爆速塑料粘结炸药，并用在中国原子弹的引爆装置中；从理论上推断出肿叶立德应比相应的膦叶立德反应活性高，并从实验中得到证实。成功将固液相转移方法应用于肿试剂的维蒂希型反应，使肿盐在弱碱作用下，于室温即能与醛进行烯基化反应，实现了第一例催化的肿型维蒂希反应。开展对砷、锑、碲元素金属有机化合物的反应及其在有机合成中的应用研究，居国际领先水平。获国家自然科学奖二等奖 2 次、三等奖 1 次，获国家科学技术进步奖一等奖、第三世界科学院化学奖、何梁何利基金科学与技术进步奖。在国内外著名刊物上发表论文170 余篇。

苏步青(1902.9.23—2003.3.17)

数学家，教育家。浙江平阳人。1919 年 8 月以优异成绩考入日本东京高等工业学校，1927 年 3 月入日本东北帝国大学研究院，1931 年 3 月毕业并获理学博士学位。同年 4 月回国，先后任浙江大学数学系副教授、教授和数学系主任。1935 年参与发起成立中国数学会，被推为《中国数学学报》主编。1948 年 9 月任浙江大学训导长、中央研究院院士兼学术委员会常委。1949 年 5 月杭州解放后，任浙江大学数学系教授、浙江大学教务长，并主持筹建中国科学院数学研究所。1952 年全国高等院校院系调整后，

苏步青

任复旦大学数学系教授兼任复旦大学教务长。1956年任复旦大学副校长,开始筹建复旦大学数学研究所,后任所长。1960年3月任中国数学会副理事长。1978年4月任复旦大学校长,1983年2月任复旦大学名誉校长。是政协第五届上海市委员会副主席,第七届上海市人大常委会副主任;第二、三、七届全国人大代表,第五、六届全国人大常委委员;第二届全国政协委员,第七、八届全国政协副主席。1951年9月加入中国民主同盟,长期担任民盟的领导工作,历任民盟第四、五、六届上海市副主任委员,民盟第四、五届中央副主席,民盟第一、二、三届中央参议委员会主任,民盟第八、九届中央名誉主席。1955年被选聘为中国科学院学部委员。从事微分几何、计算几何的研究和教学70余载,坚持教育与科研相结合,学风严谨,硕果累累。从1927年起,在国内外发表数学论文160余篇,出版10多部专著。20世纪40年代,被国际数学界誉为"东方国度上升起的灿烂数学明星"。1980年创办并主编《数学年刊》。创立了国际公认的浙江大学微分几何学学派。对"K展空间"几何学和射影曲线的研究,获1956年国家自然科学奖二等奖。开展的计算几何在航空、造船、汽车制造等方面的应用研究成果,先后于1978年获全国科学大会奖,1985年、1986年获三机部和国家科技进步奖。1998年获何梁何利基金科学与技术成就奖。

陈中伟(1929. 10. 1—2004. 3. 23)

陈中伟

骨科专家,世界显微外科奠基人之一。浙江杭州人。1948年考入上海同德医学院(后合并于上海第二医学院)。1954年毕业于上海第二医学院。历任上海市第六人民医院骨科主任、副院长,中山医院骨科主任、外科学教研室主任、名誉主任,国际显微重建外科学会创始会员、执行委员、主席,国际外科学会中国委员会理事,美国哈佛大学、瑞士苏黎世大学、日本东京大学等12所大学的客座教授。曾任国务院学位委员会委员、国务院临床医学学科评议组成员、中国显微外科学会荣誉主任委员、中国神经伤残研究会理事长、卫生部医学科学委员会委员和中华医学会理事等职。是第四届全国政协委员,第四届、第五届全国人大代表。1980年当选为中国科学院学部委员。1986年当选为第三世界科学院院士。长期从事骨科、断肢再植和四肢显微外科的实验研究、临床和教学工作。1963年首次为全断右手施行再植手术成功,开创再植外科,被国际医学界誉为断肢再植奠基人。将显微外科技术用于再植和移植手术,使断手指再植成功率由50%提高到90%。1973年,为1例前臂屈肌严重缺血性挛缩患者施行带血神经游离胸大肌移位再植手术成功。1977年,成功进行吻合血管游离腓骨移植手术治疗先天性胫骨假关节及其他原因造成长段骨缺损。成功进行复合皮瓣移植和游离第二足趾再造拇指手术。1997年创用移植足拇再造手指控造的电子假手。1981年获国务院颁发的"国家科学大会奖";1994年8月被香港求是科技基金授予"杰出科学家奖";1999年7月获国际重建显微外科学会颁发的"世纪大奖"。2003年,获得年度国际权威杂志"医学植入物的远期功能"杰出科学家奖。2004年2月,获国家科学技术进步奖二等奖。

许文思(1925. 3. 5—2004. 8. 18)

许文思

微生物药物学家。台湾高雄人。1942年3月—1947年9月,先后在日本东京星药专门学校和北海道帝国大学求学,获学士学位。1948—1949年,在日本北海道札幌加森制药厂工作,任药剂师。1949年1月,加入日本共产党。同年10月,参加东京中国留日科学技术协会,任常任干事。1950

年5月回国后,转为中国共产党党员。1950年8月—1952年8月,任中央卫生部生物制品研究所技师。1952年8月—1975年5月,参加上海第三制药厂筹建工作,先后任该厂技术员、研究室副主任、生产技术科科长、总工程师、副厂长。其间,先后3次作为专家组组长赴印尼、越南援建抗生素厂。1975年5月起,任上海医药工业研究院院长。1995年当选中国工程院院士。毕生致力于抗生素研究开发和产业化工作。1954年、1955年,取得链霉素抗噬菌体高产菌种、金霉素中间实验的成功。1956年,青霉素发酵新工艺研究成功,获得国家发明奖。领导和亲自设计新霉素、四环素、赤霉素的工艺路线,带领研究人员开展红霉素、制霉菌素、灰黄霉素的研究,获得成功且批量投入生产,使中国进入抗生素生产全盛时期。在四环素的研究开发中,他采用改良提炼法生产出优质的四环素产品并打入国际市场,享有"中国黄"声誉。1962年,组织科研小组成功找到产生青霉素酰胺酶的大肠杆菌菌株,以此裂解青霉素得到6-氨基青霉烷酸(6-APA)母核并生产出中国第一个半合成青霉素——甲氧苯基青霉素。组织领导半合成头孢菌素的母核7-氨基头孢烷酸(7-ACA),生产出头孢噻酚,从而开辟中国半合成抗生素领域。1993年,阿霉素生产工艺和劳动保护研究取得成功,获得国家科技进步奖三等奖,开创中国生产抗肿瘤抗生素药物的新局面。

李国豪(1913.4.13—2005.2.23)

桥梁工程与力学专家、教育家、社会活动家。广东梅县人。1936年以优异成绩毕业于同济大学土木系。1938年赴德国达姆斯塔特工业大学学习,1940年和1942年先后获工学博士和特许任教博士学位。1946年回国后,历任同济大学教授、土木系主任、工学院院长、教务长、副校长、校长、名誉校长等职。1953年5月加入中国民主同盟。1956年2月加入中国共产党。1955年被选聘为中国科学院学部委员,1994年当选为中国工程院院士。历任国务院学位委员会委员兼土建水利学科评议组组长、中国土木工程学会理事长、中国力学学会副理事长、中国桥梁与结构工程学会理事长、中国工程学会联合会会长、上海市科协主席。是第三、五届全国人大代表,第七届全国政协常委。取得了悬索桥按二阶理论的实用计算方法、用几何

李国豪

方法求刚构影响线、桁架和类似体系的结构分析新方法、斜交各向异性板的弯曲理论及其对于斜桥的应用、桁梁扭转理论——桁梁桥墩的扭转、稳定和振动、公路桥梁荷载横向分布计算、关于桩的水平位移、内力和承载力的分析等一系列理论开创性和实际应用针对性兼具的重大成果,解决了武汉长江大桥的晃动和南京长江大桥的稳定问题,创立了桥梁抗风、抗震和抗爆动力学等新学科。在国内首次提出了大跨叠合梁斜拉桥的建桥方案,力主上海南浦大桥、广东虎门珠江大桥的自主设计建设并得以实现。主持制定了杭州湾交通通道预可行性研究、跨越长江口交通通道等课题方案,直接促成了杭州湾跨海大桥、苏通长江大桥的建设。1981年被推选为世界十大著名结构工程学家,1987年获国际桥梁和结构工程协会功绩奖,1995年获得何梁何利科技进步奖,1996年获得陈嘉庚技术科学奖。专著《桁梁扭转理论:桁梁桥的扭转、稳定和振动》,先后获1982年国家自然科学奖三等奖、1978年全国科学大会奖和1977年上海市重大科技成果奖;宝钢引水工程咨询,先后获1987年国家科技进步奖二等奖和1986年上海市科技进步奖一等奖;中国交通运输发展战略与政策研究,获1993年国家科技进步奖三等奖;公路桥梁荷载横向分布计算,获上海市重大科技成果奖;桥梁实用空间分析理论与应用,获1982年上海重大科技成果一等奖;宝钢工程调整综合论证,获1988年上海市科技进步奖一等奖;桥梁抗震理论,获1985年国家教委科技进步奖一等奖;各类型公路桥梁荷载横向分布的统一理论与实用计算,获1993年国家教委科技进步奖三等奖。

姚鑫（1915. 10. 18—2005. 11. 4）

姚　鑫

实验生物学、肿瘤生物学家。江苏常熟人。1933 年考入浙江大学，1937 年毕业留校，历任助教、讲师、副教授、教授。1946 年获英国文化委员会奖学金赴英国留学，1949 年获爱丁堡大学哲学博士学位，1950 年 8 月受聘于中国科学院实验生物学研究所，任研究员。历任中国科学院上海细胞生物学研究所研究员、副所长等，曾任中国细胞生物学会副理事长兼秘书长、理事长，亚太地区细胞生物学学会联合会主席、副主席。1980 年当选为中国科学院学部委员。在国际上首次观察到受精卵早期发育中所有体细胞在分化前分裂中发生染色质丢失现象，所丢失的染色质属异染色质。论证水螅组织中枢诱导新水螅的能力不存在梯度分布，以及自然出芽生殖中新组织中枢形成中的细胞决定。发现碱性磷酸酯酶的活性首先出现在属于成蝇胸部的胚胎胚收缩区域中央，认为这是果蝇胚胎发育的"组织分化中心"。摸索建立细胞化学和组织化学技术，探索正常细胞与肿瘤细胞间的差异性。培养获得世界上第一株人肝癌细胞系，为人体肝癌基础研究提供了实验材料。首次成功制备出抗人体甲胎蛋白抗血清并用于肝癌临床早期诊断，建立甲胎蛋白放射免疫测定方法。主持和建立单克隆抗体技术、人体肝癌单克隆抗体的研制及其应用项目。建立小鼠胚胎性干细胞实验体系，进而对胚胎癌细胞和胚胎干细胞的诱导分化和基因表达控制，以及生长因子对其生长和分化的调节等进行系统研究。重视肿瘤发生机理的探索研究。发现人体肝癌细胞表面有一种新的胚胎性膜相关抗原，为肝癌研究提供新的标志蛋白。曾获中国科学院科技进步奖二、三等奖，中国科学院自然科学奖二、三等奖，1978 年全国科学大会集体奖等。

王选（1937. 2. 5—2006. 2. 13）

王　选

中国计算机汉字激光照排技术创始人。上海人。少年时代就读于上海南洋模范学校。1954 年考入北京大学数学系，1958 年毕业留校在无线电系任教，历任北京大学计算机研究所讲师、副教授、教授、博士生导师，副所长、所长，文字信息处理国家重点实验室主任。1991 年当选中国科学院学部委员，1993 年当选第三世界科学院院士，1994 年当选中国工程院院士。1994 年后任电子出版新技术国家工程研究中心主任、北大方正技术研究院院长，方正控股有限公司董事局主席、首席科技顾问，中国科协副主席、国家中长期科学和技术发展规划总体战略顾问专家组成员、中国国际交流协会副会长、中国国际经济合作促进会理事长、中国印刷技术协会名誉会长、中国专利保护协会名誉会长、中国发明协会名誉理事长、中国青少年网络协会名誉会长。1995 年后担任九三学社中央副主席。2003 年当选为第十届全国政协副主席。是第八届全国政协委员，第九届全国人大常委会委员、全国人大教科文卫委员会副主任委员。1975 年以前，从事计算机逻辑设计、体系结构和高级语言编译系统等方面的研究。1975 年开始主持华光和方正型计算机激光汉字编排系统的研制，用于书刊、报纸等正式出版物的编排。针对汉字字数多、印刷用汉字字体多、精密照排要求分辨率很高所带来的技术困难，发明了高分辨率字型的高倍率信息压缩和高速复原方法，并在华光Ⅳ型和方正 91 型、93 型上设计了专用超大规模集成电路实现复原算法，显著改善系统的性能价格比。领导研制的华光和方正系统在中国报社和出版社、印刷厂逐渐普及，并出口港澳台地区和美国、马来西亚。为新闻出版全过程的计算机化奠定了基础。1985年获首届中国发明协会发明奖,1986年获日内瓦国际发明展览会金奖,1987年获首届毕昇奖,1987年和1995年两次获国家科技进步奖一等奖,1989年获中国专利金奖,1990年获陈嘉庚技术科学奖,1991年获国务院特殊津贴,1995年获联合国教科文组织科学奖、何梁何利科学与技术进步奖,获2001年度国家最高科学技术奖。

殷之文(1919.5.30—2006.7.18)

材料科学家。江苏吴县人。1939年肄业于上海大同大学土木系,1942年毕业于云南大学采矿冶金系。1948年获美国密苏里大学冶金系硕士学位。1950年获美国伊利诺大学陶瓷工程系硕士学位。历任中国科学院上海硅酸盐研究所研究员、学术委员会主任等职。曾任上海硅酸盐学会理事长、国际铁电体顾问委员会常任委员。长期从事功能陶瓷和闪烁晶体的研究工作,是中国功能陶瓷的首创者。1993年当选为中国科学院院士。长期从事无机功能材料的研究。20世纪50年代,研制成功高硅氧玻璃、电机绝缘硼质玻璃纤维,用国产原材料生产出高压电瓷的瓷坯和研制瓷釉配方及其相应的工艺条件。20世纪60年代,在中国开创了锆钛酸铅(PZT)压电陶瓷的研究和开发,成功发展

殷之文

了应用于水声声呐、超声电声技术等领域所需的压电陶瓷材料和元器件。20世纪70年代在对弛豫型铁电体相变的微结构研究中,以锆钛酸铅镧(PLZT)透明陶瓷为对象首先观察到纳米尺度的极性微区,对PLZT的晶界结构、晶界运动和晶界效应进行了广泛、详尽的研究。20世纪80年代,应西欧核子中心(CERN)L3组的委托,进行锗酸铋(BGO)闪烁晶体研究,研制成功具有高抗光伤能力的掺铈BGO晶体,并为L3组建造探测器提供了12 000支高质量、大尺寸晶体。获国家级和院级奖励10多项,发表论文130多篇。

徐秉汉(1933.8.21—2007.6.14)

船舶结构力学专家。浙江鄞县人。1955年毕业于上海交通大学,1961年毕业于苏联列宁格勒造船学院,获副博士学位。曾任中国船舶科学研究中心科技委主任、研究员、博士生导师,中国造船工程学会理事,江苏科技大学教授。1986年被评为国家级有突出贡献的中青年专家,1991年享受国务院政府特殊津贴。1997年被选为中国工程院院士。长期从事舰艇结构研究工作,成功地主持了核潜艇结构研究,并制定出中国第一部自行研制的潜艇结构设计计算规划。主持了中国最大的舰船结构试验室群体的建设工作,为舰船力学的发展做出了贡献。在中国潜艇几次重大试验中主持过许多开创性工作,包括1969年中国第一艘核潜艇强度考核试验、1977年中国潜艇首次深潜试验、1982年多艘出口潜艇的深潜试验,以

徐秉汉

及1988年中国核潜艇首次深潜试验时的艇体结构安全保证监测等。其成果曾获得国家科技进步奖二等奖1项、三等奖2项,部级科技进步奖二、三等奖7项。出版的理论专著《壳体开孔的理论与实践》一书在学术水平上处于国内外领先地位。

张香桐(1907.11.27—2007.11.4)

神经生理学家,中国神经科学奠基人之一。河北正定人。1933年毕业于北京大学心理系,1943年赴美国留学,1946年获美国耶鲁大学哲学博士学位。曾任美国耶鲁大学医学院助教、纽约洛克菲勒医学院联系研究员。1956年底回国。1957—1980年任中国科学院上海生理研究所研究

员。1980—1984年任上海脑研究所所长,1984—1999年任中国科学院上海脑研究所名誉所长。1999年起担任中国科学院神经科学研究所名誉所长。1957年被增聘为中国科学院学部委员。是第二、三、四、五、六届全国人大代表,罗马尼亚医学会名誉会员,比利时皇家医学科学院外籍名誉院士,国际脑研究组织中央理事会理事,世界卫生组织神经科学专家顾问委员会委员,巴拿马麻醉学会名誉会员。早年关于大脑皮层运动区肌肉局部代表性的研究被公认为是经典性的成果,至今被经常引用。1950年研究了脑电的产生机制,所发现的光强化现象曾被人称为"张氏效应"。20世纪50年代初期,致力于树突功能的研究,并探讨了大脑皮层神经原顶树突的兴奋及传导性,被称为"历史上第一个阐述了树突上突触联结的重要性的人",并被誉为当时美国最好的三个大脑皮层生理学家之一。1965年以

张香桐

后,在针刺镇痛及痛觉机制研究方面做出重要贡献,提出针刺镇痛是两种感觉传入中枢神经系统内互相作用而产生的理论,成为研究针刺镇痛的神经生理学基础。获1978年全国科学大会奖和1979年中国科学院一等奖、世界茨列休尔德基金会授予的1980年度奖、国际神经网络学会终身成就奖、中国陈嘉庚生命科学奖、何梁何利科学与技术成就奖。

许根俊(1935.11.23—2008.1.8)

生物化学家。安徽歙县人。1957年毕业于复旦大学化学系。毕业后一直在中国科学院上海生物化学研究所工作,历任实习研究员、助理研究员、副研究员,1985年3月晋升为研究员。全国第九、十届政协委员,九三学社第九、十届中央委员会委员,九三学社第十三届上海市委员会副主任委员,曾任中国科学院生物学部常委、副主任,中国生物化学与分子生物学会理事长等职。1991年当选为中国科学院学部委员。在人工全合成结晶牛胰岛素这项世界性成果中做出重要贡献,1983年作为"胰岛素人工合成"的参加者获国家自然科学奖一等奖。用钠—氨还原胰岛素硫键、除去苄基衍生物保护基和还原后重氧化恢复生物活力;提出并成功地实现用天

许根俊

然钛与蛋白质结构功能的研究;在蛇肌果糖二磷酸酯酶的研究中,发现反应中存在磷酰化的中间物、别构部位和催化部位间信息传递的分子基础,提出该酶催化过程的一个新机制,以及它在天然状态下活性部位是不完善的观点。把处理后的A-、B-链还原并重氧化生产具有生物活力的胰岛素;在对果糖-6-磷酸-2-激酶/果糖-2,6-二磷酸酯酶的研究中,确定该酶的催化作用是双底物双产物序列催化机制,镁离子有重要的调节作用,精氨酸残基是底物结合的必需基团,以及该酶有一个非必需的活化基团;确定兔肝果糖二磷酸酯酶的催化和别构部位。此外,还证明胸腺素β-4是由巨噬细胞而不是由胸腺细胞合成的。取得蛋白质的折叠与去折叠、结构域在折叠和去折叠中的作用等重要研究成果。

刘高联(1931.7.5—2008.3.8)

工程热物理和力学专家。江西奉新人。1950年8月考入同济大学机械系,1952年8月因院系调整入交通大学机械制造系;1953年8月提前一年毕业,到哈尔滨工业大学研究生班(涡轮机专业)学习;1957年2月毕业分配到中国科学院动力研究室(1960年起并入中国科学院力学研究所),师从吴仲华院士,从事叶轮机气动力学理论研究。历任中国科学院力学研究所副研究员,上海理工大学(原上海机械学院)动力工程系教授、博士生导师、研究室主任,上海大学及上海市应用数学和力

学研究所教授、博士生导师。1999年当选为中国科学院院士。长期从事流体力学、叶轮机械气体动力学、气动热弹性耦合理论、变分原理和新型有限元法、燃气轮机和气轮机气动热力学等领域的研究和教学工作。在吴仲华院士的叶轮机械三维流动流面理论的基础上,创立以变分原理为骨干的新理论体系,提出变分原理和广义变分原理的建立与变换的系统途径。在国内外首次建立旋转流体(非惯性)系统和流—固耦合系统,以及反杂交命题的变分原理族;在国际上首先与最优控制论结合,创立三维叶栅和流道的优化设计理论;发展可自动捕获各种未知(边)界面(如激波、自由涡面等)的变域变分原理和新型有限元法(可自动变形的有限元、可调间断有限元、广义有限元与网格优化法);创立缩项法,并导出流体力学变分的一系列新通用函数;提出三维流动反杂交命题的映象空间通用理论和解法。致

刘高联

力于并开创连续介质力学的反—杂交命题和最优命题的变分理论,成为该学科的奠基人。1978年获中国科学院重大科研成果奖,1982年、1985年获机械工业部科技成果一等奖,1987年获国家自然科学奖二等奖(第一完成人)。所著的《叶轮机械气体动力学基础》(与王甲升合作)获1988年全国高校优秀教材特等奖。

吴自良(1917.12.25—2008.5.24)

材料科学家,"两弹一星"元勋。浙江浦江人。1939年毕业于西北工学院,被推荐到云南垒允中央飞机制造厂设计科,任设计员。1943年在其大姐的资助下,自费赴美国匹兹堡卡内基理工大学留学。1944—1948年,在卡内基理工大学当研究生,并获得理学博士学位,在卡内基理工大学金属研究所从事博士后研究。翌年应聘到锡腊丘斯大学材料系任研究工程师,主持美国国防部资助的重要科研项目——软钢的阻尼和疲劳研究。1951年回国。历任唐山北方交通大学(现西南交通大学)冶金系教授,中国科学院上海工学实验馆(今中国科学院上海微系统与信息技术研究所)任研究员、物理冶金研究室主任、副所长和所学术委员会、学位评定委员会主任等职。1980年当选为中国科学院学部委员。20世纪50年代,从事苏

吴自良

联低合金钢40X代用品的研究,研制出含锰1.10%～1.50%、钼0.12%～0.18%的40锰钼钢,其生产成本比40X钢低,低温冲击韧性和回火脆化敏感性比40X优越,疲劳性能和抗氧化性能和40X钢相似,研究成果在抚顺钢厂、长春第一汽车厂和上海柴油机厂推广应用,并获得1956年中国首次颁发的国家自然科学奖三等奖。20世纪60年代初,开始研究钢中过渡族元素Mn、Cr、Mo、V、Ti和氮的s-i交互内耗峰,澄清了过去文献中许多争论和谬误,证明只有钛才有足够的固氮能力,净化位错,消除钢的应变时效。领导并完成了铀同位素分离用"甲种分离膜"的研制任务,该项研究成果在1984年被授予国家发明奖一等奖和1985年国家科技进步奖特等奖。1988年转向研究高温超导体YBCO中的氧扩散机制,求得了精确的氧扩散率和扩散激活能。1997年获得何梁何利基金科学与技术进步奖。1999年9月被中共中央、国务院、中央军委授予"两弹一星"功勋奖章。

谈家桢(1909.9.15—2008.11.1)

生物学家,中国现代遗传科学奠基人之一。浙江慈溪人。1926年7月高中毕业后被保送至苏州东吴大学,主修生物学。1930年8月被推荐至燕京大学攻读硕士学位,师从李汝祺教授。1934年9月—1937年7月赴美国加州理工学院攻读博士学位,师从现代遗传学奠基人摩尔根及其助手

杜步赞斯基。1937年8月放弃国外优厚待遇回国,被聘为浙江大学生物系教授。1961年4月起任复旦大学副校长。1979年2月起任第五届上海市政协副主席。1980年当选为中国科学院学部委员。1983年4月—1998年2月任上海市第八、九、十届人大常委会副主任。1951年加入民盟,历任民盟第五、六、七届中央副主席,民盟第八、九届中央名誉主席,民盟第七、八、九、十届上海市委主委。是第三、四届全国人大代表,第三届全国政协委员,第五、六、七、八届全国政协常委。2003年被评为首届"上海市教育功臣"。20世纪50年代,在复旦大学建立中国第一个遗传学专业、第一个遗传学研究所和第一个生命科学学院,并首先将"基因"一词带入中文。为中国遗传学的发展做出重要贡献,发现了瓢虫色斑遗传显性现象及其机理和规律,引起了国际遗传学界的巨大反响,被认为是对遗传学的一大贡献。

谈家桢

主持开展辐射遗传学的研究,以猕猴作为辐射遗传的材料,在国际上属首创,对解决人类辐射遗传学上的一系列理论问题和辐射损伤等实际应用,具有重大科学价值。发表具有国际先进水平的学术论文10余篇,填补了中国遗传学研究的空白。特别在果蝇种群间的遗传结构的演变和异色瓢虫色斑遗传变异研究领域有开拓性成就,为奠定现代进化综合理论提供重要论据。1983年起,先后当选为国际遗传学大会副主席、主席,美国国家科学院和第三世界科学院及意大利国家科学院外籍院士,纽约科学院名誉终身院士,日本和英国遗传学会名誉会员,曾在联合国多个科学机构担任职务。1995年获得求是科学基金会"杰出科学家奖",1999年国际编号3542号小行星被命名为"谈家桢星"。

嵇汝运(1918.4.24—2010.5.15)

药物化学家。上海松江人。1941年毕业于中央大学化学系,1947年获中英文教基金资助赴英国留学,1950年夏于英国伯明翰大学获理学博士学位,随后三年在伯明翰大学药理系从事博士后研究工作。1953年秋回国,一直在上海药物研究所从事药物研究工作,历任副研究员、研究员、研究室主任、副所长。1980年当选中国科学院学部委员。20世纪80年代起,任中国化学会理事,中国药学会理事、副理事长,中国药学会上海分会副理事长、理事长、名誉理事长,卫生部药典委员会委员,亚洲药物化学联合会执行委员。致力新药研制,领导研究成功多种有效的临床药物,在国外留学期间研究神经系统药物化学,发现了一

嵇汝运

种比普鲁卡因的局部麻醉作用强10余倍的新药。回国后研究试验成功新药疏锑钠,对血吸虫有一定的杀灭作用,并在疫区试用过。在金属解毒药研究中,参加创制了新药二疏基丁二酸钠,对锑、砷、汞等多种金属有解毒作用。合成的南瓜子中防治寄生虫病有效成分南氨酸的研究,引起了国外重视。与合作者共同创制了新药硫溴酚,对家畜肝片吸虫病有优良疗效。找到了一种更有效而低毒的衍生物,合成了多种抗心律失常新药常咯啉的类似物,用液相方法合成了脑啡肽,领导了东莨菪碱的结构改造,供受体研究使用。有目的地合成了一系列有活性的化合物,完成了价电子从头计算法通用程序MQMMP - 80和运用于大分子计算的全电子从头计算通用程序MQM - 81,为国内量子药物学研究提供了有效工具。发表论文近60篇,撰写了《神经系统药物化学》等专著。承担国家"863""973"计划项目、国家重大科技专项和国家自然科学基金项目、上海市自然科学基金等多项重要研究项目,先后获国家和中国科学院自然科学奖、国家技术发明奖

等多项奖励,1999年获中国药学发展奖特别贡献奖,2006年被授予何梁何利基金科学与技术进步奖。

吴浩青(1914.4.22—2010.7.18)

化学家、化学教育家,中国电化学开拓者之一。江苏宜兴人。1935年毕业于浙江大学化学系,1952年起任复旦大学化学系副教授,1961年任复旦大学化学系教授兼系主任。1957年,筹建研究双电层结构、电极表面性质的实验室,是中国高等院校第一个电化学实验室,成为中国电化学研究和培养人才的重要基地。1980年当选为中国科学院学部委员。对电池内阻测量方法做出重要改进。对中国丰产元素锑的电化学性质做过系统研究,利用微分电容—电势曲线确定了锑的零电荷电势为-0.19 ± 0.02 V,校正了文献数据。这一结果于1963年发表在《化学学报》上,得到世界公认,并载入国外电化学专著。在应用研究中取得不少成果,为储备电池的生产提供了有关氟硅酸的电导率与其浓度关系的数

吴浩青

据,研制了海军用海水激活电池、数字地倾斜仪中传感器用电解液和飞行平台用电导液等。在高能电源锂电池(Li/CuO电池)的研究中提出了颇有创见的嵌入反应机理,确认阴极反应是锂在氧化铜晶格中的嵌入反应,达到一定的嵌入度后可引起氧与铜间键的断裂而析出金属铜,修正了前人的观点并得到国际上的确证。获1980年国防科委科研成果奖。主要著作为《锑的零电荷电势》。

钱伟长(1912.10.9—2010.7.30)

科学家、教育家、社会活动家,中国近代力学奠基人之一。江苏无锡人。1931—1937年在清华大学物理系、物理系研究所学习,后留学加拿大多伦多大学应用数学系,并于1942年获理学博士学位。1942—1946年在美国加州理工学院喷射推进研究所任研究工程师。1946年回国,任清华大学教授兼北京大学、燕京大学教授,并任中国科学工作者协会北京市负责人。新中国成立后,历任清华大学教授、副教务长、教务长、副校长,中国科学院力学研究所副所长、研究员,中国科学院数学研究所研究员,中国科学院自动化研究所所长,中国科学院学术秘书,国务院科学规划委员会委员,中华全国青年联合会副秘书长,中国力学会副理事长等职务。1983年后历任上海工业大学校长、上海市应用数学和力学研究所所长、上海大学

钱伟长

校长、中华人民共和国香港特别行政区基本法起草委员会委员、澳门特别行政区基本法起草委员会副主任委员、中国和平统一促进会执行会长、中国海外交流协会会长等职务。是全国政协第六、七、八、九届副主席,中国民主同盟第五、六、七届中央委员会副主席和第七、八、九届名誉主席。1955年被选聘为中国科学院学部委员。1941年,发表了深受国际学术界重视的第一篇有关板壳的内禀理论论文。1946年,与导师冯·卡门合作发表《变扭的扭转》,成为国际弹性力学理论的经典之作。1947年,在正则摄动理论方面创建的以中心挠度wm为摄动参数作渐近展开的摄动解法,在国际力学界被称为"钱伟长方法"。1948年,在奇异摄动理论方面独创性地写出了有关固定圆板的大挠度问题的渐近解,被称为"钱伟长方程"。有关圆薄板大挠度问题的工作,在1955年获得国家自然科学奖二等奖。广义变分原理和有限元理论获1980年国家自然科学奖二等奖。主要著作和论文有《弹性圆板大挠度问题》等200余篇/部。

施履吉(1917.10.26—2010.12.14)

施履吉

细胞生物学家。江苏仪征人。1940年毕业于浙江大学,获园艺系学士学位。1944年毕业于浙江省大学理科研究院,1951年获美国哥伦比亚大学动物系理学博士学位。1955年回国后,历任和兼任中国科学院实验生物学研究所、生物物理所、动物所、微生物研究所、遗传所、北京生物学实验中心副研究员、研究员,浙江大学、杭州大学、复旦大学教授等。1978年起任中国科学院上海细胞生物学研究所研究员和复旦大学兼职教授。1980年当选为中国科学院学部委员。主要从事胚胎化学、分子生物学、染色体生物学方面的研究工作。早年曾用高精度、高灵敏度定量定位法测量了早期胚胎不同部位中几种重要生化物质和生理活动(呼吸)的变化,确定有头尾和背、腹两个梯度的存在,为胚胎发育双梯度理论提供了可靠的证据。肯定了细胞质DNA的存在,对DNA碱基组成等进行过研究,是国际上最早发现细胞质内有DNA存在的科学家之一。在国内首先建立了真核生物基因文库,其中黑斑蛙基因文库是国际新库。首先用受精卵作DNA受体细胞探讨DNA的作用,为高等动物遗传转化打下基础,并首先发现分离染色质可以形成细胞核。证实了核仁蛋白质参与中期染色体的组装;对染色体鞘蛋白的组分及着丝粒进行了系列分析研究,获得并克隆了着丝粒DNA。建立了小鼠着丝位DNA文库;1985年提出以动物个体尤其是哺乳类的乳腺作为生物工程发酵罐并与其合作者获得了转基因动物。先后在国内外发表论文40多篇。

第二章 科技人物简介

第一节 中国科学院院士

沈善炯(1917. 4. 13—)

微生物生化和分子遗传学家。江苏吴江人。1942年毕业于西南联合大学。曾在清华大学、北京大学和中央研究院植物研究所任职。1951年获美国加州理工学院博士学位。是中国科学院上海植物生理生态研究所研究员。1980年当选为中国科学院学部委员。早年从事抗生素和微生物生化研究。发现金霉素在分解己糖时戊糖循环的运转与金霉素的合成有关,从而提出提高金霉素产量的理论。在研究链霉素生物合成过程中,证明鸟氨酸循环的作用,精氨酸是链霉素分子链胍部分胍基的来源,发现这种精氨酸和链胍之间的转脒基反应受时态控制。在研究糖代谢时,在大肠杆菌中发现甲基乙二醛合成酶,指出己糖可由3-磷酸二羧基丙酮经甲基乙二醛而形成乳糖的支路进行代谢。在链霉菌中发现D-木糖异构酶,有助于国际工业微生物界对葡萄糖异构酶的研究和应用。20世纪70年代以来,研究细菌固氮基因的结构和调节。20世纪80年代起着重研究根瘤菌和宿主植物间相互作用的遗传学关系。

杨槱(1917. 10. 17—)

船舶设计专家。江苏句容人。曾在英国格拉斯哥大学造船系学习,1940年3月获一等荣誉学士学位。1940年5月回国后,历任同济大学讲师、重庆民生机器厂副工程师、重庆商船学校教员、交通大学造船系教授。1949年后,历任同济大学教授、造船系主任、上海交通大学副教务长、上海造船学院教务长、上海交通大学副教务长、教务长、造船系主任、船舶及海洋工程研究所所长、中国造船学会副理事长、中国海洋工程学会副理事长。1980年当选为中国科学院学部委员。主持"民裕"号川江货船、1.5万吨自卸运煤船的设计与研究工作;领导5 000吨近洋干货船与1.5万吨经济型远洋干货船的方案设计、3.5万吨远洋散装货船方案设计;对中国第一艘带有球鼻首的万吨轮"风光号"的稳定性作了系统研究,解决了该船稳性不足的问题。1960年主持制定了中国第一部《海船稳性规范》。20世纪70年代中期,首先从事船舶技术与经济论证方面的研究,促进了这门学科在中国的发展。首先发起研制海洋货船设计集成程序系统。

严东生(1918. 2. 10—)

材料科学家。浙江杭州人。1935年进入清华大学,1939年毕业于燕京大学。1949年获美国伊利诺伊大学博士学位。1980年当选为中国科学院学部委员。1994年当选为中国工程院院士。先后当选为美国纽约科学院院士、第三世界科学院院士、国际陶瓷科学院院士,亚洲各国科学院联合会主席,美国陶瓷学会"杰出终身会员"。历任中国科学院上海冶金陶瓷研究所研究员,中国科学院上海硅酸盐研究所副所长、所长,中国科学院上海分院副院长兼上海科学技术大学副校长。毕生致力于材料科学研究事业。在高温材料制备科学与机理、氮化物与氧化物等系统的热力学与动力学研究、高性能材料设计与微观结构控制,以及陶瓷基复合材料的研究诸方面做出了开创性的工作,在高性能无机材料的基础研究和应用研究方面成就卓著,是中国无机材料科学的奠基人。是精细陶瓷、纳米材料科学等国家重大研究项目的首席科学家,并与国外建立了广泛的研究合作关系。

领导研制生产的锗酸铋(BGO)大单晶被欧洲核子中心选用,其质量、数量与性能均居世界第一。曾获日本陶瓷学会百年奖及国家技术发明奖、自然科学奖、科技进步奖等多项奖励。

汤定元(1920.5.12—)

物理学家。江苏金坛人。1942年毕业于重庆中央大学物理系。1950年获美国芝加哥大学物理系硕士学位。中国科学院上海技术物理研究所研究员。1991年当选为中国科学院学部委员。留美期间发现金属Ce的高压相变起源于原子半径的突然收缩(可解释成4f电子被"挤入"5d电子态);首创金刚石高压容器,成为国际上高压物理研究的重要仪器。1957年对锗光电导光谱分布作了定量的解释,实验证实表面复合在光电过程中的重要作用,提出的理论被国内外著名学者引入专著。长期从事半导体物理和器件、红外物理和器件的研究,是中国半导体学科创始人之一,也是中国红外物理和技术的奠基者。在中国开创了窄禁带半导体分支学科,带领科研群体对碲镉汞晶体的材料器件和物理性能进行全面系统的研究。开创和参与多种器件的研制,包括太阳电池温差电致冷器、半导体高能粒子计数器,以及硫化铅、热敏电阻、锑化铟、锗掺汞和碲镉汞等红外探测器,其中许多器件成功地用于中国空间遥感和军事探测等先进装备中。发表论文100多篇,出版专著译著12种。

施教耐(1920.11.29—)

植物生理学家。福建晋江人。1944年毕业于浙江大学生物系,获学士学位。中国科学院上海植物生理生态研究所研究员。1991年当选为中国科学院学部委员。在光合碳代谢中关键酶的结构功能和调节特性的研究中取得重大进展;在植物酶的调节机理研究中做出了突出贡献;指出油料籽实中HMP途径的增强,三羧酸循环和乙醛酸循环间的消长在脂肪酸合成中有着重要意义,并首次报道油菜籽实中有一内源抑制剂对HM途径起关键调节作用;在C4植物PEP羧化酶结构与功能研究中,证明酶存在着多构象状态并对酶的二级结构特性、亚基的空间排布、亚基的解离聚合,以及酶的多调节位点等方面做了深入的研究;成功地筛选出两株纤维素酶高产菌株。纤维素酶应用研究工作曾获1988年全国科技大会奖,磷磷烯醇式丙酮酸羧化酶的研究获1987年中国科学院科技进步奖二等奖及2000年何梁何利基金科学和技术进步奖。国务院侨务办公室、中华全国归国华侨联合会于1989年授予"全国优秀归侨知识分子"称号。

徐祖耀(1921.3.21—)

材料科学家。浙江宁波人。1942年7月在云南大学矿冶系毕业,获工学士学位。上海交通大学材料科学与工程学院教授。1995年10月当选为中国科学院院士。在马氏体相变、贝氏体相变、形状记忆材料及材料热力学诸领域的研究获丰硕成果。揭示了无扩散的马氏体相变中存在间隙原子的扩散,由此重新定义了马氏体相变、修正了经典动力学方程;用热力学计算铁基、铜基合金和含ZrO_2陶瓷的马氏体相变开始温度(Ms);运用群论分析马氏体相变晶体学;创建了铜基合金贝氏体相变热力学,论证了贝氏体相变的扩散机制并发现ZrO_2—CeO_2中的贝氏体相变。建立形状记忆合金的物理—数学模型,发展了形状记忆材料,优化了一些实用材料的相图,推出Cu—Zn相图热力学,以及杂质元素在钢中分布热力学等。"马氏体相变"研究成果获1987年国家自然科学奖三等奖,"形状记忆合金研究"等3项成果分别获国家教委科技进步奖一、二等奖。2000年获何梁何利基金科学与技术进步奖。

尹文英(1922.10.18—)

女,昆虫学家。河北平乡人。1947年毕业于中央大学生物系。中国科学院上海植物生理生态研究所研究员。1991年当选为中国科学院学部委员。早年从事鱼类寄生虫和鱼病防治研究,提出较完整的淡水养鱼防病措施和主要鱼病的治疗方法。1960年后进行原尾虫的分类、形态、生态、胚后发育、生物地理、比较精子学和亚显微结构等研究,记述中国原尾虫164种,其中141新种,18新属和4新科,提出原尾虫系统发生新概念,建立了原尾纲新的分类体系,1999年出版了《中国动物志:原尾纲》。1985年后,主持和推动土壤动物学的系统研究,联合60多位学者在6个气候带完成土壤动物组成(3000多种)、变动规律及其在土壤物质循环中的作用,以及环境污染的影响等试验研究,其结果主编写成《中国亚热带土壤动物》《中国土壤动物检索图鉴》和《中国土壤动物》等专著。获国家自然科学奖二等奖1项、三等奖1项,国家科技进步奖二等奖1项,中国科学院科技进步奖特等奖1项、一等奖1项、二等奖2项,上海市"巾帼奖"一等奖1项。1998获何梁何利基金科学与技术进步奖。

吴孟超(1922.8.31—)

肝脏外科学家。福建闽清人。1949年毕业于同济大学医学院,获学士学位;中国人民解放军第二军医大学东方肝胆外科医院院长、东方肝胆外科研究所所长。1991年当选为中国科学院学部委员。2005年获国家最高科学技术奖。创立了肝脏外科的关键理论和技术体系,提出了"五叶四段"的解剖学理论;建立了"常温下间歇肝门阻断"的肝脏止血技术;发现了"正常和肝硬化肝脏术后生化代谢规律",提出了纠正肝癌术后常见的致命性生化代谢紊乱的新策略;施行了以中肝叶切除为代表的一系列标志性手术。提出"二期手术"的概念和"肝癌复发再手术"的观点,研制了细胞融合和双特异性单抗修饰两种肿瘤疫苗,发明了携带抗癌基因的增殖性病毒载体等。创建了世界上规模最大的肝脏疾病研究和诊疗中心,培养了大批高层次专业人才。推动了国内外肝脏外科的发展,多数肝癌外科治疗的理论和技术原创于中国,使中国在该领域的研究和诊治水平居国际领先地位。

沈天慧(1923.4.27—)

女,半导体化学家。浙江杭州人。1949年上海大同大学化工系毕业。上海交通大学教授。1980年当选为中国科学院学部委员。致力于分析化学、半导体化学方面的研究工作,曾参加过硫酸根的测定、包头含稀土铁矿的全分析、钼矿的全分析、地下水的全分析等项科学研究。20世纪70年代初开始从事大规模集成电路的研究工作。曾采用三氯氢硅法制备超纯硅,进行了磁叠片存储器、玻璃半导体记忆材料等研究,取得了成果。参与了等平面N沟硅栅工艺制备MOS大规模集成电路的研究,特别是薄氧化层的研究,为超大规模集成电路的制备做出了贡献。1987年到2009年1月,注重磁头磁盘及电磁型微马达的研制工作,能制出具有国际水平的直径为2毫米的微马达。曾获国家级奖励3项、部委级奖励4项。

周维善(1923.7.14—)

有机化学家。浙江绍兴人。1949年毕业于上海医学院药学系。中国科学院上海有机化学研究所研究员。1991年当选为中国科学院学部委员。长期从事甾体、萜类和不对称合成化学研究。为中国甾体化学发展和甾体药物工业的创建做出了重要贡献。不对称全合成了光学活性高效的口服避孕药18-甲基炔诺酮,发展了植物生长调节剂油菜甾醇内酯及类似物的合成方法,合成了抗癌海洋甾体角鲨多胺。首次测定抗疟疾新药青蒿素结构并完成其全合成。测定多种昆虫性信息素结构并进行了不对称合成。改良了Sharpless烯丙醇不对称环氧化反应试剂,并扩展到烯丙胺a-糠胺的动力学拆分,为合成含氮天然产物提供了有效的方法。编著《不对称合成》,并主编《甾体化学进展》等书。曾获中国科学院科技进步奖一等奖2项、国家计生委科技进步奖一等奖、国家自然科学奖二等奖2项、国家发明奖二等奖等。

谢毓元（1924.4.19—）

药物化学家。江苏苏州人。1949年清华大学化学系毕业。1961年获苏联科学院天然有机化合物化学研究所副博士学位。中国科学院上海药物研究所研究员。1991年当选为中国科学院学部委员。在血吸虫病药物、金属中毒解毒药物、放射性核素促排药物、震颤麻痹症药物等领域进行了长期研究，并发现了一些效果优良的新药。在天然产物领域，全合成了绝对构型与天然产物一致的降压生物碱莲芯碱及抗生素灰黄霉素。研究新螯合剂的合成，在多个系列的新型化合物中找出喹胺酸对钚、钍、锆等放射核素有促排作用，酰膦钙钠对放射性锶有促排作用，均超过国外报道的药物效用。对促排药物的设计、合成、药效筛选、作用机理、配位化学等方面有系统完整的研究。1982年"十二种中草药活性成分研究"项目获国家自然科学二等奖，1983年"解毒药 S-186"项目获卫生部科技进步奖一等奖，1991年"金属解毒药二硫基丁二酸"项目获国家科技进步奖二等奖。

许学彦（1924.5.11—）

船舶设计专家。江苏常州人。1948年毕业于上海交通大学。中国船舶工业总公司七院七〇八所研究员。1993年当选为中国科学院院士。从1951年开始船舶设计生涯，并一生致力于船舶事业。他主持设计了中国第一艘万吨级远洋货船"东风号"，海军重点、批量生产并出口的"62"型高速护卫艇，国家重点"718工程"中的主要三型船舶：即远洋跟踪综合测量船队的主测量船"远望号"、海洋调查船"向阳红10号"和远洋打捞救生船"J121号"。其中"0111"高速护卫艇获国家新产品一等奖、"远望号"远洋航天测量船及"向阳红号"远洋综合测量船，分别获国家科技进步奖特等奖。"南洋号"远洋打捞救生船，获国家科技进步奖一等奖。

黄宏嘉（1924.8.5—）

微波电子学家。湖南临澧人。1944年毕业于西南联合大学。1948年获美国密歇根大学硕士学位，1991年被授予名誉科学博士学位。1989年应聘为美国麻省理工学院电磁科学院院士。上海大学教授、名誉校长。1980年当选为中国科学院学部委员。在微波理论方面，系统发展了耦合波理论，提出了超模式的概念，建立了自己的理论体系。专著《微波原理》于1978年获全国科学大会奖。纽约理工学院（前布鲁克林理工学院）微波研究所出版其微波论文集《耦合模与非理想波导》。1982年应美国微波学会（IEEE MTT-S）邀请，在达拉斯召开的国际会议上作《中国微波三十年》报告，被认为是国际微波发展中1982年的大事之一。与斯奈德教授联合发起并组织了在中国召开的国际光波导科学讨论会，并为这次会议主编了《光波导科学》论文集（1983年荷兰海牙出版），还完成了新的专著《耦合模式理论》（1984年8月荷兰出版）。1990年以来，获美国发明专利3项及中国发明专利多项。专著《非常不规则纤维光学的微波方法》于1997年由 JohnWiley&Sons 出版。

袁承业（1924.8.14—）

有机化学家。浙江上虞人。1948年毕业于药学专科学校，1955年获苏联科学副博士学位。1955—1956年，任化学工业部医药工业管理总局副总工程师，1956进入中国科学院上海有机化学研究所，历任副研究员、研究员。1997年当选为中国科学院院士。长期从事萃取剂和有机磷化学等方面的研究。试制成功分离稀土及钴镍的多种萃取剂，解决了多类萃取剂工业化的关键问题，提高了中国萃取分离技术特别是单一稀土生产和镍钴分离技术水平，促进了中国湿法冶工业的发展。在具生物活性有机磷化合物的设计、合成及结构方面，开展基础性和应用基础性的研究，提出了氨基膦酸及磷肽的多种简便合成方法，对这类化合物的手性合成也获得了开创性成果。在国内外学术刊物上发表论文300余篇，并与徐光宪教授合著《稀土溶剂萃取》。曾获得国家自然科学奖二等奖，国家科技进步奖二等奖、三等奖，国家发明奖三等奖，并获2001年何梁何利基金科学与技术进步奖。

戴立信(1924.11.13—)

有机化学家。江苏句容人。1947 年毕业于浙江大学化学系。中国科学院上海有机化学研究所研究员。1993 年当选为中国科学院院士。早年从事金霉素的提炼和合成研究。20 世纪 60 年代进行有机硼化学和一些国防科研项目研究。20 世纪 80 年代以后研究有机合成、金属有机化学,特别侧重于通过金属有机化学的不对称合成等,研究成果有:环氧醇的开环反应研究及用于氯霉素的不对称合成,用于三脱氧氨基己糖全部家族成员的不对称合成等;铑催化的芳基乙烯的不对称硼氢化反应;具有 C2 对称性的氮配体,手性双齿配体的合成;钯催化的手性吗啉衍生物的合成;杂原子导向的、钯催化的、新选择性的温和羟氯化反应,以及高碘化合物的多相新合成方法学研究。此后的研究兴趣为立体选择性的合成官能团化的环氧化合物和氮杂环丙烷化合物等。

张友尚(1925.11.2—)

生物化学与分子生物学家。湖南长沙人。1948 年毕业于浙江大学化工系,之后在湘雅医学院、北京医学院、兰州医学院从教。1957 年考入中国科学院上海生物化学研究所,1961 年获硕士学位。中国科学院上海生物化学与细胞生物学研究所研究员。2001 年当选为中国科学院院士。长期从事蛋白质结构与功能研究。从粗产物中分离纯化结晶的重合成胰岛素,表明重合成分子具有天然胰岛素分子的三维结构。利用酶促方法合成结晶的胰岛素活力碎片。创立猪胰岛素制备的新工艺并研究胰岛素的分子进化。实现重组人胰岛素在酵母细胞中的高表达并研究胰岛素的蛋白质工程。用微量酶促方法合成表皮生长因子类似物。早期曾研究烟草花叶病毒蛋白亚基的晶体结构。

谷超豪(1926.5.15—)

数学家。浙江温州人。毕业于浙江大学,后到复旦大学任教。曾在莫斯科大学进修,为中国第一个获得莫斯科大学科学博士学位的科学家。1960 年起任复旦大学教授,并先后担任复旦大学数学研究所副所长、数学系主任、副校长、温州大学名誉校长、中国科学技术大学校长、中国数学会副理事长。1980 年当选为中国科学院学部委员,获得 2009 年度国家最高科学技术奖。主要从事偏微分方程、微分几何、数学物理等方面的研究和教学工作。在一般空间微分几何学、齐性黎曼空间、无限维变换拟群、双曲型和混合型偏微分方程、规范场理论、调和映照和孤立子理论等方面取得了系统、重要的研究成果。首次提出了高维、高阶混合型方程的系统理论,在超音速绕流的数学问题、规范场的数学结构、波映照和高维时空的孤立子的研究中取得了重要突破。"规范场数学结构""非线性双曲型方程组和混合型偏微分方程的研究""经典规范场"分获全国科学大会奖、国家自然科学奖二等奖、三等奖。发表论文 100 多篇,出版《齐性空间微分几何学》《经典规范场》等专著及《数学物理方程》教材 2 册。

蒋锡夔(1926.9.5—)

有机化学家。回族。江苏江宁人。1947 年毕业于上海圣约翰大学化学系,获特等荣誉学士学位,1952 年获美国华盛顿大学化学系有机化学博士学位。中国科学院上海有机化学研究所研究员。1991 年当选为中国科学院学部委员。1954 年在国外曾提出并证明了氟烯与 SO_3 反应生成 β-磺内酯,发明了一种有用的有机反应。回国后领导完成了多氟橡种胶和氟塑料的研究工作,为军工和民用做出了贡献。1982 年获国家自然科学奖三等奖;1989 年获国务院授予的全国优秀归侨、侨眷知识分子称号。1992 年(与惠永正等)获国家自然科学奖三等奖;1992 年获两项中国科学院科技进步奖二等奖。1999 年和 2001 年,两次获得中国科学院自然科学奖一等奖。获得 2002 年度国家自然科学奖一等奖。2005 年上海"科技功臣"。发表论文 120 篇,其中相当一部分发表在国际权威刊物上,被国内外引用 802 次。被邀请在国际会议和国外大学研究机构上做研究报告 105 次,并在国际同行瞩目的美国《化学研究评论》上两次撰文论述工作进展。

孙钧(1926.10.3—)

隧道与地下建筑工程专家。浙江绍兴人。1949 年毕业于交通大学土木工程系。同济大学地下建筑工程系教授。1991 年当选为中国科学院学部委员。在隧道与地下结构学科领域开拓并建立了新的学科分支——地下结构工程力学,对地下结构粘弹塑性理论、岩土材料流变学和地下防护结构抗爆动力学等学科前沿进行了系统深入的研究。在城市环境上,工学和软科学理论与方法(侧重于智能科学)在岩土工程中的应用方面也有相当的创新进取。自 20 世纪 80 年代以来,承担并完成了国家重点科技攻关、自然科学基金及各种重大工程研究项目约 40 余项,成果应用于生产实际,取得了巨大的技术经济效益。发表《地下结构》等专著 5 部、学术论文 140 余篇,获国家和部委级科技进步奖 9 次及其他奖励共 20 次。

金国章(1927.6.6—)

药理学家。浙江永康人。1952 年毕业于浙江大学理学院药学系。中国科学院上海药物研究所研究员。2001 年当选为中国科学院院士。早期从事科学整理中药延胡索的中枢神经药理作用,证实四氢巴马汀是其主要有效成分,具有镇痛、镇静安定和催眠作用。20 世纪 80—90 年代阐明 l-THP 的镇痛作用主要是阻滞脑内 DA 受体功能,抑制痛觉的传入和痛反应。开创中国天然产物四氢原小檗碱同类物(THPB)与脑内 DA 神经药理作用关系的科研领域,系统阐述 THPB 的构效关系,在国际上首次报道在天然产物中的 DA 受体阻滞剂,首次发现具有 D2 阻滞-D1 激动双重作用的药物左旋千金藤啶碱,获中国科学院自然科学奖二等奖和国家自然科学奖三等奖。阐明双羟基—THPB 系 D1 激动-D2 阻滞的不同 DA 受体亚型的双重作用机理,获得中国科学院自然科学奖二等奖。

叶叔华(1927.6.21—)

女,天文学家。广东顺德人。1949 年毕业于中山大学。中国科学院上海天文台研究员,1981—1993 年任台长。1980 年当选为中国科学院学部委员。曾任国际天文学联合会副主席、上海市科学技术协会主席等。负责建立和发展中国综合世界时系统,长期保持国际先进水平。从事地球自转研究并推进有关新技术在中国的建立。发展了上海天文台与美国宇航局和多国研究所的科研合作。负责国家攀登项目——现代地壳运动和地球动力学研究。倡导并主持亚太空间地球动力学(APSG)国际合作计划。1978 年获全国科学大会奖,1979 年获中国科学院科技成果一等奖,1982 年获国家自然科学奖二等奖。1981 年、1987 年先后获中国科学院科技进步奖一等奖,2002 年获上海市科技进步奖一等奖。1997 年获何梁何利基金科学与技术进步奖。

欧阳予(1927.7.26—)

核反应堆及核电工程专家。四川乐山人。1948 年毕业于武汉大学工学院电机系,1957 年在苏联获莫斯科动力学院技术科学博士学位。上海核工程研究设计院核电工程总工程师、副院长。1991 年当选为中国科学院学部委员。参与主持并组织完成了中国第一座生产堆研究设计,该堆顺利建成投产。担任中国第一座自行设计建造的秦山核电站的总设计师,全面负责技术指挥和决策。主持制定了核电站技术方案。审定并组织完成了核电站设计中的重大科研课题。主持完成了秦山核电站的可行性报告、初步设计和施工设计,解决了建造中一系列重大技术问题。担任最终安全分析报告编委会主任,主持完成了这份全面、系统、详细论述秦山核电站安全性的报告。秦山核电站并网发电成功,是中国在核电技术上的重大突破。

何祚庥(1927.8.24—)

理论物理学家。上海市人。1945 年考入交通大学化学系,后来转入清华大学,1951 年毕业。中国科学院理论物理研究所研究员,曾任该所副所长。1980 年当选为中国科学院学部委员。主要从事粒子物理及各种应用性问题研究并取得多项重要成果。对弱相互作用特别是捣(c)获问题作了深入研究,发现了一系列新的选择法则,首次提出 Chew-Mandelstam 推导的方程有严重错误,对层子模型进行了合作研究,并建立了一个复合粒子量子场论的新体系,探讨了中微子质量问题、粒子的可分性、场的可分性、真空的物质性、宇宙有无开端、宇宙大爆炸从何而来、量子力学的测量过程是否必须有主观介入等问题,澄清了对这些问题认识上的一些模糊观念。1982 年获国家自然科学奖二等奖。

陈宜张(1927.9.28—)

神经生理学家。浙江余姚人。1952 年毕业于浙江大学医学院。第二军医大学生理学教授。1995 年当选为中国科学院院士。主要从事中枢神经生理研究。发现单个电刺激可使幼兔大脑皮层树突电位长时间易化;提出下丘脑及边缘系统参与针刺镇痛的设想并阐明下丘脑—中脑连接的意义;阐明下丘脑室旁核在损伤性应激反应中的作用,以及脑内氨基酸和下丘脑神经肽与心理应激的关系;首先在国际上提出了糖皮质激素作用于神经元的非基因组机制或膜受体假说,提供了甾体激素以非基因组机制方式分别抑制、促进神经细胞的兴奋性、分泌和重摄取氨基酸的一系列实验资料;并阐明其部分细胞内信号转导过程。主编有《神经系统电生理学》《分子神经生物学》等 6 册专著。有两篇论文发表后被国际文献引用近百次,成为这一研究领域的重要文献之一。多次获得军队科技进步奖及国家自然科学奖等。

汪耕(1927.10.11—)

电机设计专家。安徽休宁人。1949 年毕业于上海交通大学电机工程系。上海汽轮发电机有限公司高级工程师、上海交通大学兼职教授。1991 年当选为中国科学院学部委员。组织并参加制定世界第一台 12 兆瓦双水内冷汽轮发电机的设计方案和关键部件研制。对双水内冷汽轮发电机在中国较顺利的诞生与成长,起了重要作用。"3 000 转/分双水内冷汽轮发电机"获得国家科技进步奖一等奖,"两套 80MVA 交流脉冲发电机组的设计、试制"获国家科技进步奖三等奖,"310 兆瓦双水冷汽轮发电机设计和研制"获上海市新产品成果一等奖。著有设计报告、总结、论文等 30 余篇。

刘新垣(1927.11.7—)

分子生物学家。湖南衡东人。1952 年南开大学化学系毕业后,在河北医学院任教数年。1957 年考入中国科学院上海生物化学研究所"副博士"研究生班,1963 年毕业后留所。中国科学院上海生化与细胞研究所研究员。1991 年当选为中国科学院学部委员。先后研究 RNA 结构功能、酵母丙氨酸 tRNA 的人工全合成、基因工程、细胞因子(特别是白细胞介素-2 和干扰素)及其胞内信号转导等。发现白细胞介素-2 的镇痛作用,并证实能与鸦片受体结合,第一次为免疫因子对神经系统的调节作用提供了确切的新证据。肿瘤的基因病毒治疗是其创建的一个肿瘤治疗新策略,有很重要的理论和实际意义。发表论文 270 多篇。1992 年被选为乌克兰科学院外籍院士,2001 年被评选为第三世界科学院院士。

沈允钢(1927.12.2—)

植物生理学家。浙江杭州人。1951 年浙江大学农业化学系毕业。中国科学院上海植物生理研究所研究员。1980 年当选为中国科学院学部委员。阐明了 β-淀粉酶与磷酸化酶的关系,纠正了国外文献的错误。发现了光合磷酸化中间高能态的存在,在国际上首次提出了质子区域化理论。发现非循环光合磷酸化中合成腺三磷和还原辅酶Ⅱ的比值并不像国外文献中所说的固定不变,发现了催化磷酸化的腺三磷合成酶在不合适的条件下常会发生无效漏能现象,找到了一些因素可改善其耦联效率,从而促进光合作用。光合磷酸化高能态的发现及有关机理的研究获1981年国家自然科学奖二等奖。

沈自尹(1928.3.22—)

中西医结合学家。浙江镇海人。1952年毕业于上海医科大学医疗系本科。上海医科大学华山医院教授。1997年当选为中国科学院院士。率先对中医称为命门之火的肾阳进行研究,发现肾阳虚证患者,其反映肾上腺皮质功能的尿17-羟皮质类固醇值明显低下,经补肾中药治疗可以恢复正常。这一结果得到国内7个省市及日本高雄医院等研究单位的重复与公认。通过对同病异证组进行下丘脑—垂体—靶腺轴功能的对比研究,推论肾阳虚证主要发病环节在下丘脑。通过采用分子生物学方法,证实唯有补肾药才能作用并提高下丘脑的双氢睾酮亲和力及CRF基因的表达,对肾阳虚证达到定性、定量以至将主要调节中枢定位在下丘脑提出多方面的有力证据。

龚岳亭(1928.4.5—)

生物化学家。上海市人。1949年冬毕业于上海圣约翰大学化学系。中国科学院上海生物化学研究所研究员。1993年当选为中国科学院院士。中国多肽激素合成与应用、结构与功能研究领域中的开拓者之一,1965年在全世界首次用人工方法合成结晶牛胰岛素的负责人之一。胰岛素全合成的实验证明一级结构主要决定蛋白质高级结构的理论,并开辟用合成途径对蛋白质结构和功能关系的研究。利用多肽合成技术开展多种肽类激素合成和结构功能研究,主持催产素和促性腺激素释放激素(GnRH)及其高效类似物的合成和工业生产,应用于临床医学、计划生育及畜牧业、渔业。

胡和生(1928.6.20—)

女,数学家。江苏南京人。1945—1948年考入交通大学数学系学习,1950年初毕业于大夏大学数理系。1952年浙江大学数学系研究生毕业。复旦大学教授。1991年当选为中国科学院学部委员。长期从事微分几何研究。对超曲面的变形理论、常曲率空间的特征问题,发展和改进了法国微分几何大师嘉当等人的工作。给出了确定黎曼空间运动空隙性的一般有效方法,解决了60年前意大利数学家福比尼所提出的问题。在关于规范场强场能否决定规范势的研究中取得深入成果,在对具质量规范场的解的研究中第一个得到经典场论中不连续的显式事例。在研究规范场团块现象和球对称规范势的决定等问题中,都取得难度大、水平高的重要成果。在线汇理论、Toda方程和调和映照的研究中,发展了孤立子的几何理论。

陈庆云(1929.1.25—)

有机化学家。湖南湘乡人。1952年北京大学化学系毕业。中国科学院上海有机化学研究所研究员。1993年当选为中国科学院院士。2004年获何梁何利基金科技进步奖。长期从事有机氟化学研究工作。发现一个制备六氟双酚的方法,获苏联专利;发现13个二氟卡宾前体,其中5个可作为三氟甲基化试剂。系统研究全氟碘代烷在多种金属、亲核试剂或紫外光引发下的单电子转移反应,成功将全氟烷基引入研究分子,为含氟材料和有机氟化学做出了贡献。领导并参加研制的新型烙雾抑制剂(F-53)获1982年国家发明奖三等奖;有机氟化学和自由基化学的研究获1982年国家自然科学奖二等奖。

姜中宏(1930.8.7—)

无机非金属材料专家。广东广州人。1953年毕业于华南工学院化工系。中国科学院上海光学精密机械研究所研究员。1999年当选为中国科学院院士。长期从事光学材料领域研究。研制成功三种强激光用钕玻璃材料,分别为:高能激光系统用的硅酸盐钕玻璃;高功率激光系统"神光Ⅱ"和"神光Ⅲ"预研装置用的Ⅱ型和Ⅲ型磷酸盐钕玻璃。首次提出用相图热力学计算法,实现了玻璃形成区的半定量预测。采用连续相变方法推导出非对称不溶区。研究玻璃结构的相图模型,提出玻璃是由最邻近的同成分熔融化合物的混合物构成理论,可计算玻璃中的基团及硼配位数比例。将热力学反应判据用于清除白金机理研究,通过预测的计算,找到了合适的工艺条件。曾获1985年国家科技进步奖二等奖、1987年国家科技进步奖二等奖、1990年国家科技进步奖一等奖、2000年上海市科技进步奖一等奖。

匡定波(1930.9.1—)

红外及遥感专家。江苏无锡人。1952年毕业于上海交通大学物理系。中国科学院上海技术物理研究所研究员。1991年当选为中国科学院学部委员。在红外应用及遥感技术领域进行了系统性的开拓,负责研制成航空红外扫描相机、卫星姿态测量红外地平仪、导弹弹道测量红外捕获跟踪系统等先进装备。主持了航空对地观测红外和多光谱技术的研究,发展成具有国际先进水平的环境资源遥感扫描仪系列,成为中国航空遥感体系的重要组成部分。带领科研群体创建了中国卫星红外遥感较完整的技术基础,负责设计多种卫星红外遥感仪器,其中扫描辐射计是"风云一号"气象卫星的核心仪器,其在轨性能达到国际公认的先进水平,仪器设置的海洋水色观测波段是具有中国特色的创新。1992年荣获中国科学院科技进步奖特等奖(排名第一),1993年荣获国家科技进步奖一等奖(排名第一)。

马在田(1930.10—)

地球物理学家。辽宁法库人。1957年毕业于苏联列宁格勒矿业学院地球物理系。同济大学海洋地质系教授。1991年当选为中国科学院学部委员。提出以突出地震反射标准层方法为代表的一系列地震方法,为华北盆地迅速找到油田发挥了重要作用。领导和参与了创建中国大型计算机地震勘探数据处理系统的工作。参与地震偏移成像和三维地震勘探方法的研究,在偏移成像原理和方法的研究方面取得重大成果,并受到国外地球物理界的重视。获得国家科学技术进步奖和陈嘉庚地球科学奖。承担国家自然科学基金重大项目——地震波传播与波场成像课题研究,在深度偏移方法和多分量地震数据处理新理论与新技术方面取得新进展。获陈嘉庚地球科学奖、国家科技进步奖二等奖、一等奖。1993年被评为首届"上海市科技功臣",1995年被评为全国先进工作者。

夏道行(1930.10.20—)

数学家。江苏泰州人。1950年毕业于山东大学数学系。1952年浙江大学数学研究所研究生毕业。复旦大学教授。1980年当选为中国科学院学部委员。在函数论方面证实了戈鲁辛的两个猜测,建立了拟共形映照的参数表示法,得到一些有用的不等式和被称为"夏道行函数"的一些性质。在单叶函数论的面积原理与偏差定理等方面做出系统的有较深影响的成果。在泛函分析方面建立了带对合的赋半范环论和局部有界拓扑代数理论;首先建立非正常算子的奇异积分算子模型;对条件正定广义函数和在无限维系统的实现理论研究中取得重要成果。在现代数学物理方面,对带不定尺度的散射问题等获创见性成果。"泛函积分与算子谱分析"和"单叶函数与拟似映照"等理论分别获得了1982年国家自然科学奖三等奖和四等奖。

王之江(1930.11.21—)

物理学家。江苏常州人。1952年毕业于大连大学工学院物理系。中国科学院上海光学精密机械研究所研究员。1991当选为中国科学院学部委员。在光学设计方面,发展了象差理论和象质评价理论,形成了新的理论体系,完成了大批光学系统设计,如照相物镜系统、平面光栅单色仪、长工作距反射显微镜、非球面特大视场目镜、105♯大型电影经纬仪物镜等。在激光科学技术方面,领导研制成中国第一台激光器,并在技术和原理上有所创新。完成了高能量、高亮度钕玻璃激光系统。在这项工作中解决了一系列理论、技术及工艺问题。领导国家重大项目激光同位素分离的研究任务,建成大型激光—光学链系统。

洪孟民(1931.1.1—)

分子遗传学家。浙江临海人。1953年上海第一医学院毕业。中国科学院上海植物生理研究所研究员。1991年当选为中国科学院学部委员。参加了金霉菌生理与生化的研究,为金霉素高产的提供了理论基础。从小猪产肠毒素的大肠杆菌中克隆了编码伞毛抗原 K88 与 K99 基因,并研究了它们的分子特性,制备的双价疫苗能有效阻止小猪黄痢病的发生。证明玉米的转座子 Ac 能被引入到水稻染色体上,并可从一个位点转到另一个位点。克隆了蜡制基因,测出其序列,分析了该基因在转录和转录后水平上表达的调节机制。发现蜡制基因第 1 内含子从其前体 mRNA 中剪接的效率在决定水稻胚乳中直链淀粉的含量上起着重要的作用,即在决定水稻品种、食用品质上起着重要作用。揭示了在低直链淀粉含量的水稻品种中,蜡制基因第 1 外显子与第 1 内含子之间联接位点上自然发生的单碱基突变(G 突变成 T),是这些品种的蜡制基因第 1 内含子剪接效率低的主要原因。

邹世昌(1931.7.27—)

材料科学家。江苏太仓人。1952年毕业于唐山交通大学冶金工程系。1958年获苏联莫斯科有色金属学院副博士学位。中国科学院上海微系统与信息技术研究所研究员。1991年当选为中国科学院学部委员。参加真空阀门甲种分离膜的研制,并担任工艺组负责人,该成果 1984 年获国家发明奖一等奖。独创用二氧化碳激光背面辐照获得了离子注入损伤的增强退火效应。用全离子注入技术研制成中国第一块 120 门砷化镓门阵列电路,用反应离子束加工成中国第一批闪光全息光栅。研究 SOI 材料并制成 CMOS/SOI 电路。发展了离子束增强沉积技术并合成了氮化硅、氮化钛薄膜。

王育竹(1932.2.29—)

量子光学专家。河北正定人。1955年毕业于清华大学无线电工程系。1960年苏联科学院电子学研究所研究生毕业,获博士学位。中国科学院上海光学精密机械研究所研究员。1997年当选为中国科学院院士。长期从事电磁场与原子相互作用研究,是中国原子频标开拓者之一。建立了中国第一个量子光学开放实验室,率先开展激光冷却气体原子的研究。首次提出将光频移效应用于激光冷却气体原子。利用激光偏转原子束验证了亚泊松光子统计规律。开展了一维驻波场激光冷却原子的研究,观察到低于多普勒极限温度的现象。首次将多普勒效应用于原子干涉仪,观察到原子干涉现象。利用固体微球腔量子电动力学效应,获得了新的激光谱线。

戚正武(1932.4.10—)

生物化学家。浙江宁波人。1952年毕业于上海同济大学化学系。1959年获苏联医学科学院莫斯科医学生物化学研究所副博士学位。中国科学院上海生物化学与细胞生物研究所研究员。1999年当选为中国科学院院士。长期从事蛋白质、活性多肽、尤其是蛋白酶及其抑制剂的研究。

系统研究了三种不同家族蛋白酶抑制剂的结构与功能,其中慈菇抑制剂为首先发现的新抑制剂家族,成为国际上研究蛋白酶抑制剂的重要研究中心之一。此外,协作克隆了凝血因子FVIII及vWF的全cDNA,并进行了表达。解析了中华马氏钳蝎毒素中多种Na+通道毒素的氨基酸序列及其基因结构,通过基因突变研究其结构与功能的关系,并开展了其他K+、Ca2+及Cl—通道神经毒素的研究。在国内外主要学术刊物上发表论文逾百篇,三次获中国科学院自然科学奖二等奖,1993年获国家自然科学奖三等奖。

王世绩(1932.9.28—)

物理学家。上海人。1956年北京大学技术物理系毕业。上海激光等离子体研究所研究员。1999年当选为中国科学院院士。长期从事核物理和激光等离子体物理实验研究。20世纪60年代初,在苏联杜布纳联合原子核研究所研制含镉大液体中子闪烁探测器,实现共振中子裂变参数较高精度测量。20世纪60年代中在核试验测试中,采用优化设计的气体契仑科夫探测器,实现高本低下高能g射线测量,并据此确定热核反应时间过程。20世纪80年代初,主持中国激光聚变研究实验工作,领导研制十余种诊断设备,组织多轮总体实验。20世纪80年代后期,对中国X光激光研究的开拓、发展及跻身国际先进行列做出了重要贡献。组织领导"神光Ⅱ"高功率激光聚变装置的研制。1990年获国家科技进步奖一等奖。获省部级科技进步奖一等奖7次。

方守贤(1932.10.28—)

加速器物理学家。上海人。1955年复旦大学物理系毕业。1957—1960年在苏联列别捷夫研究所及联合核子研究所实习和工作,1982—1983年在西欧中心工作。1984年起任北京正负电子对撞机工程经理,领导BEPC建造。1991年当选为中国科学院学部委员。长期从事加速器理论研究及设计工作。所做的等时性回旋加速器粒子动力学研究获1978年全国科学大会奖;等时性回旋加速器的中不等性现象获1982年国家自然科学奖四等奖。1986—1992年,领导北京正负电子对撞机的设计建设、调束运行,获1990年国家科技进步奖特等奖。在国内外重要学术刊物上发表论文30余篇。

干福熹(1933.1.3—)

光学材料、非晶态物理学家。浙江杭州人。1952年毕业于浙江大学。1959年获苏联科学院硅酸盐化学研究所副博士学位。中国科学院上海光学精密机械研究所研究员。1980年当选为中国科学院学部委员。1957年建立了中国第一个光学玻璃试制基地。建立了中国耐辐射光学玻璃系列,研究光学玻璃的成分和性质的关系,发展新品种。研究激光玻璃的激光及发光特性,研制掺钕激光玻璃,国内第一个获得激光输出建立激光钕玻璃系列,研究过渡元素及稀土离子在玻璃中的光谱及发光性质,研究玻璃的光学常数及外场作用下的非线性性质,研究玻璃的物理性质变化规律,在此基础上建立完整的无机玻璃性质的计算体系。研究光存储用各种先进薄膜,发展了可擦重写新型光盘。曾获国家自然科学奖三等奖、国家科学进步奖二等奖、中国科学院科技进步奖一等奖、国家优秀科技图书特等奖等。1997年获何梁何利科学和技术进步奖。2001年获国际玻璃界的大奖——国际玻璃协会主席奖。

郭景坤(1933.11.21—)

材料科学家。广东新会人。1958年复旦大学化学系毕业。中国科学院上海硅酸盐研究所研究员。1991年当选为中国科学院学部委员,1999年被选为第三世界科学院院士。系统研究了高铝氧瓷金属化工艺,解决了两种大型高铝氧瓷与金属的封接件的工艺,获得了国家发明奖和国家新产品二等奖。系统研究了各类纤维与陶瓷在化学上的相容性和物理上的匹配行为,成功研制出一种综合性能极为优异的碳纤维补强陶瓷基复合材料,填补了中国在这一领域上的空白;1978年获全国科学大会重大成果奖,1981年获国家发明奖一等奖。从事陶瓷的强化与增韧及陶瓷发动机材料的研究,使中国成为继美、日之后无水冷陶瓷发动机行车试验成功的国家之一,1992年获得了中国科学院科技进步奖一等奖。提出了陶瓷基复合材料的设计原则、陶瓷多相复合的概念和陶瓷材料的多种强化与增韧途径,1995年获得了中国科学院自然科学奖二等奖。

陈敏恒(1933—)

化学工程学家。浙江诸暨人。原华东理工大学校长。1991年当选为中国科学院学部委员。提出了普遍适用于多层流化床及其他多级反应器的"多级、级际有限混"模型,将矩理论用于研究液滴混和效应,推动了中国化学工程学科的模型化研究。提出了求取复杂催化反应着火温度的"拟零级假定",用实验研究发现逆流操作管式反应器多态现象。提出多组分反应网络的新处理方法。将增广 Kalman 滤波器理论用于生物反应过程。倡导了工业反应过程开发的方法论,取得重大经济效益。受胡黎明博士学位论文抄袭事件的牵连,中国科学院学部按照院士章程,由院士投票表决,决定撤销其院士称号,并在2000年6月的院士大会上公布。

吴建屏(1934.4.4—)

神经生理学家。江苏太仓人。1958年毕业于上海第一医学院医疗系。中国科学院上海神经科学研究所研究员。1991年当选为中国科学院学部委员。首次证明来自丘脑腹外侧核神经元的纤维末梢与大脑皮层快锥体束神经元有直接突触联系;证明刺激猫十字沟旁4区及6区皮层可在快传导的网脊神经元上引起单突触反应,证明猫肌肉Ⅰ类传入纤维的传入冲动可以兴奋运动皮层中大多数锥体束神经元;在灵长类动物上证明,用短方波刺激运动皮层所引起的锥体束的D和I反应是同一些传导快的锥体束神经元重复放电的结果,修正了传统的观点;证明针刺激外周神经可抑制伤害性刺激引起的脊颈束神经元或其他背角神经元的反应,抑制作用的强弱与针刺部位和痛源之间的神经节段性关系有关。

王迅(1934.4.23—)

物理学家。江苏无锡人。1956年毕业于复旦大学物理系,1960年1月研究生毕业。复旦大学教授。1999年当选为中国科学院院士。对半导体表面和界面的结构和电子态做了系统研究,其中对 InP 极性表面进行了开拓性研究。在多孔硅研究方面发现多孔硅的光学非线性现象,实现多孔硅的蓝光发射并被国际上引为1992年多孔硅研究的6项进展之一,发现多孔硅发光峰位钉扎现象,测量了多孔硅/硅界面的能带偏移。在高质量锗硅超晶格的研制、锗硅量子阱和量子点物理特性的研究、新型硅锗器件的合作研制等方面做出多项创新成果。领导建成应用表面物理国家重点实验室并领导研究取得多项重要成果。获国家教委科技进步奖二等奖4项、三等奖3项,获1996年度光华科技基金二等奖、中国物理学会第五届叶企孙物理奖、1998年度何梁何利基金科学与技术进步奖。

胡英(1934.6.19—)

化学工程学、物理化学家。湖北英山人。1953年毕业于华东化工学院。华东理工大学教授。1993年当选为中国科学院院士。长期从事物理化学教学和分子热力学研究。在气体溶解度的分子热力学、缔合溶液的热力学、电解质溶液的积分方程理论、高分子溶液和高聚电解质溶液的状态方程、多分散系统的连续热力学、常压和高压流体相平衡实验测定,以及流体混合物的计算机分子模拟等方面,取得一系列成果。著有《物理化学》教材及《流体的分子热力学》《应用统计力学》《近代化工热力学》等专著。在国内外发表论文170余篇。1985年被评为上海市劳动模范,1986年国家人事部授予有突出贡献中青年专家称号。多次获国家教委和教育部科技进步奖、国家优秀科技图书奖、国家优秀教材奖、国家优秀教学成果奖、宝钢教育奖等多项奖励。

李朝义(1934.7.28—)

神经生物学家。重庆人。1956年毕业于中国药科大学。中国科学院上海神经科学研究所研究员。1999年当选为中国科学院院士。对视网膜、外膝体和视皮层神经元的非传统感受野进行了系统性研究。通过实验确定,在视网膜和外膝体神经元的传统感受野以外,还存在着一个比感受野面积大几十倍的"去抑制区",并证明这个区的活动对于传递图形的区域亮度和亮度梯度信息起决定性作用。还确定在初级视皮层神经元的感受野周围,也存在一个能调制感受野反应的大区域,将它命名为"整合野"。在详细地研究了"整合野"的时空结构和调谐特性的基础上,提出了感受野"三重结构"的新理论模型,以说明视觉感受野的多种功能。获得中国科学院自然科学奖二等奖、国家自然科学奖二等奖、何梁何利科学与进步奖。

张永莲(1935.2.20—)

女,分子内分泌学家。上海人。1957年毕业于复旦大学化学系。中国科学院上海生物化学与细胞生物学研究所研究员。2001年当选为中国科学院院士。获得国家自然科学奖三等奖和二等奖、中国科学院自然科学奖一等奖、第二届科技十大女杰、上海市自然科学奖一等奖、上海科技功臣、何梁何利生命科学奖等。在雄激素诱导大鼠前列腺PSBP基因表达的机制研究中,证明了其作用发生在转录水平,鉴定到4个调控元件和与之作用的反式因子,提出启动子上的通用元件也与组织特异因子结合,为多元件多因子参与协同作用的论点提供了证据。揭示了孤儿核受体RTR表达的时空秩序,完成其82Kb基因组DNA克隆和结构分析,为通过调控睾丸中精子形态变化的转录因子总枢纽来设计避孕药提供了可能。在猴与大鼠中取得了13个新基因的全长cDNA,特别是发现其中的一个大鼠新基因Bin1b既与生育相关又是一个天然抗菌肽,是首次发现的与附睾特异内在防御系统相关的基因。

王正敏(1935.11.18—)

耳鼻咽喉专家。上海人。1955年毕业于上海医科大学。1982年获瑞士苏黎世大学医学博士学位。2005年当选为中国科学院院士。主要从事耳科、颅底外科和听觉等方面的临床研究和教学工作。在中耳外科、耳神经外科和颅底外科,以及国产人工耳蜗等方面取得系统的重要研究成果。特别是在中耳炎鼓室成形术、耳硬化镫骨外科、周围性面瘫面神经重建手术、侧颅底肿瘤外科和恢复聋残人听力人工耳蜗等临床和科研方面取得了重要突破。作为第一完成人,荣获国家科技进步奖三项(二等奖1项、三等奖2项),省部级奖16项,主编《王正敏耳显微外科学》《颅底外科学》等专著和著作12本,国内外发表论文200多篇。荣获全国先进工作者(全国劳模)、全国五一劳动奖章、中国医师奖、上海市劳模、上海市科技精英等奖项。

杨福家(1936.6.11—)

核物理学家。浙江镇海人。1958年毕业于复旦大学物理系,留校任教。复旦大学教授。1991年当选为中国科学院院士。1993年任复旦大学校长。2001年起至今担任英国诺丁汉大学校长,成为出任英国名校校长的第一位中国人。领导、组织并基本建成了基于加速器的原子、原子核物理实验室。给出复杂能级的衰变公式,概括了国内外已知的各种公式,用于放射性厂矿企业,推广至核能级寿命测量,给出图心法测量核寿命的普适公式;领导实验组用γ共振吸收法发现了国际上用此法找到的最窄的双重态。在国内开创离子束分析研究领域。在束箔相互作用方面,首次采用双箔(直箔加斜箔)研究斜箔引起的极化转移,提出了用单晶金箔研究沟道效应对极化的影响,确认极化机制。

汪品先(1936.11.14—)

海洋地质学家。江苏苏州人。苏联莫斯科大学地质系毕业。同济大学海洋与地球科学学院教授。1991年当选为中国科学院学部委员。系统分析中国近海沉积中钙质微体化石的分布及其控制因素,发现南海在冰期旋回中对环境信号的放大效应,以及西太平洋边缘海对我国陆地环境演变的重大影响;在中国率先开展了微体化石定量古生态学和微体化石埋藏学的研究,促进古海洋学和古湖泊学等新方向在我国的开展,开拓和发展了古海洋学研究。作为首席科学家,主持国际深海科学钻探船首次在中国南海进行ODP184航次深海科学钻探,取得西太平洋区最佳的晚新生代环境演变记录。2000年获国家自然科学奖二等奖。

薛永祺(1937.1.11—)

红外和遥感技术专家。江苏张家港人,1959年华东师范大学物理系毕业。中国科学院上海技术物理研究所研究员。1999年当选为中国科学院院士。从事多光谱和成像光谱技术研究,为中国建立机载实用遥感系统提供了多种先进的遥感手段,并推动了中国遥感技术的应用。先后研制成功多光谱扫描仪、成像光谱仪、超光谱成像仪。在航空遥感器应用于水文、地质、考古、环境污染监测等方面取得显著成果。开拓三维成像遥感新技术,提出将扫描光谱成像和激光扫描测距一体化,实现无地面控制点快速生成数字地面高程模型和地学编码图像,特别适用于滩涂、沙漠、草原、岛屿等交通困难地域。获得国家科技进步奖二等奖3项、三等奖2项,中国科学院自然科学奖一等奖1项、中国科学院科技奖特等奖1项、一等奖3项、二等奖4项,上海市科技进步奖一等奖2项,获得发明专利2项等。

颜德岳(1937.3—)

高分子化学家。浙江永康人。1961年毕业于南开大学化学系,1965年吉林大学化学系研究生毕业。上海交通大学教授。2005年当选为中国科学院院士。推导了聚合物分子量分布函数等分子参数的解析表达式,建立了聚合物分子参数与聚合反应参数的定量关系,比较系统地发展了聚合反应动力学的非稳态理论。报道了带侧基和主链含杂原子大分子的均方回转半径公式。在超支化聚合物可控合成方面提出不等活性双组分合成思想,设计了多种合成途径,发展了有效控制超支化聚合物多分散性及拓扑结构的方法,并实现了超支化聚合物的多维、多尺度自组装,尤其是在实验室观察到了分子宏观自组装现象,提出和证明了其分子堆积模型。在国际上率先报道了聚丙烯熔体相分离诱导结晶、碳纳米管表面改性、乙烯基和氧杂环的杂化聚合等工作。

陶瑞宝(1937.3.17—)

理论物理学家。上海人。1960年毕业于复旦大学物理系,1964年该校研究生毕业。复旦大学教授。2003年当选为中国科学院院士。从事统计物理和凝聚态理论方面的研究。首创了自旋算子玻色变换的投影算子理论,把变换后对玻色空间的限制表示成玻色粒子间的相互作用,受到国际上的重视和采用。与他人合作创立了计算周期性多孔和复合媒质中弹性波和电磁波传播的傅立叶方法,计算了微结构对弹性模量、介电常数等的影响,建立了能包括液晶分子位置短程关联的广义分子场理论,解释了在"无序相—向列相"液晶理论中的"deGennes迷"。此外,在非周期序列、低维磁性理论等方面都取得了一些重要成果。

李大潜(1937.11.10—)

数学家。江苏南通人。1957年毕业于复旦大学数学系并留校任教。复旦大学教授。1995年当选为中国科学院院士。1997年当选为第三世界科学院院士。2005年当选为法国科学院外籍院士。2005 年获何梁何利奖,2008 年获华罗庚数学奖。专于偏微分方程、最优控制理论及有限元素法理论。解决了法国科学院院士里翁斯的一个猜测。与谷超豪等合作研究的非线性双曲型方程组和多元混合型偏微分方程,1982 年获国家自然科学奖二等奖。主编有《有限元素法在电法测井中的应用》,合著有《拟线性双曲型方程组的边值问题》。在偏微分方程的理论及应用方面,取得了多项具有国际先进水平的成果。其中,对一般形式的二自变数拟线性双曲型方程组的自由边界问题和间断解的系统研究,以及对非线性波动方程经典解的整体存在性及生命跨度的完整结果,均处于国际领先地位。

林其谁(1937. 12. 15—)

生物化学家。福建莆田人。1959 年毕业于上海第一医学院。中国科学院上海生命科学研究院生物化学与细胞生物学研究所研究员。2003 年当选为中国科学院院士。在大鼠肝线粒体中发现了一种不同于 F1 的没有 ATP 酶活力的可溶性偶联因子。建立了从哺乳动物棕色脂肪组织线粒体提纯质子信道解偶联蛋白的方法,并深入研究了它的性质。开展了膜蛋白与脂质体和天然膜的重组合,分两步将提纯的胆碱脱氢酶掺入到线粒体内膜从而表现出与呼吸链联系的活力。以脂质体作为模型膜,设计不同序列的合成多肽,研究了它们与膜相互作用的机制。通过研究脂质体与细胞膜的相互作用,发展出将外源 DNA 有效导入哺乳细胞的新型含硬脂胺的阳离子脂质体。提出了表皮生长因子受体酪氨酸激酶活化的二步机制。

沈学础(1938. 2. 28—)

物理学家。江苏溧阳人。1958 年毕业于复旦大学物理系。复旦大学物理系教授。1995 年当选为中国科学院院士。从事凝聚态光谱及其实验方法研究。发展了光学补偿双光束傅里叶变换红外光谱方法,发现了一定条件下某些固体存在声学局域模。发展了傅里叶变换光热电离谱方法,使硅中浅杂质检测灵敏度有数量级的提高。提出和首次实现了带间跃迁、激子跃迁诱发并共振增强调制和回旋共振光谱方法。发展了高压下调制吸收光谱测量方法。对超晶格、量子阱及其他低维结构、半磁半导体和非晶半导体,以及固体中杂质等做了大量光谱研究,尤注重其中量子态跃迁、量子态杂化耦合等微观量子过程和量子互作用。撰有《半导体光学性质》《半导体光谱和光学性质》等。多次获国家自然科学奖和中国科学院自然科学奖一等奖等。

江明(1938. 8—)

高分子化学家。江苏扬州人。1960 年毕业于复旦大学化学系。复旦大学教授。2005 年当选为中国科学院院士。主要从事高分子间的相互作用与多尺度相结构研究。提出高分子相容性的链构造效应,得到高分子共混物的密度梯度模型;提出和证实了氢键相互作用导致的不相容—相容—络合转变。在大分子组装方面,建立了一系列的聚合物胶束化的新途径,获得了核—壳间由非共价键连接的聚合物胶束和空心纳米球,形成了胶束化的"非嵌段共聚物路线",得到国内外同行的认同和采用。应邀在国际知名和权威性的化学及高分子期刊上,就迄今从事的四个方面的主要研究撰写了评述。2003 年因在高分子在稀溶液中的折叠和组装研究中的成就,作为第二得奖人与香港中文大学吴奇院士同获国家自然科学二等奖(2003 年),获国家教委科技进步(甲类)奖一等奖(1996年)和二等奖(1989 年),以及中国化学会高分子基础研究王葆仁奖(1987 年)。发表论文 220 余篇。

雷啸霖(1938. 11. 27—)

材料物理学家。广西桂林人。1963 年毕业于北京大学物理系。上海交通大学教授。1997 年当选为中国科学院院士。长期从事凝聚物质的电子输运和超导电性研究。提出超导膜的尺寸非局域效应,建立超导薄膜临界磁场随膜厚度变化的—3/2 次方规律。与丁秦生教授合作创立平衡方程输运理论。经过多年的发展,该理论成为研究半导体热载流子输运问题的一个有名的方法,在国际学术界被称为雷—丁理论。发展了超晶格子带输运模型,建立了在电场和磁场中任意能谱材料的热载流子输运方程。提出了一个研究强太赫兹电磁辐照下半导体输运和光学性质的新方法。发展了光子辅助半导体磁输运的电流控制理论,成功地解释了高迁移率二维系统中微波辐照和电流激发引起的磁阻振荡。获得1989年中国科学院自然科学奖二等奖、1994年中国科学院自然科学奖一等奖和1995年国家自然科学奖二等奖。2006年获得何梁何利科学与技术进步奖。

徐至展(1938.12.16—)

物理学家。江苏常熟人。1962年毕业于复旦大学。1965年北京大学研究生毕业。中国科学院上海光学精密机械研究所研究员。1991年当选为中国科学院学部委员。长期主持上海光机所激光核聚变研究,是各阶段实验装置和物理方案的主要提出者;在实现激光打靶发射中子、微球靶压缩、建立总体计算机编码及建成六路激光打靶装置等项重大成果中均有重要贡献。实现粒子数反转并发现新反转区;首次在国际上用类锂离子和类钠离子方案获得八条新波长X射线激光,最短波长达46.8埃;发现新的跃迁能级并在泵浦功率很低的水平下实现上述激光。在强场激光物理领域,特别是在超短脉冲强激光与电子、原子、分子、团簇的相互作用,强激光驱动粒子加速物理,以及新型超短超强激光等研究方面都取得重要成果。作为第一获奖人,曾获国家科技进步奖一等奖1项、国家自然科学奖二等奖2项、国家发明奖二等奖1项等。

洪国藩(1939.12.24—)

分子生物学家。浙江宁波人。1964年毕业于复旦大学生物系。中国科学院上海生物化学与细胞生物学研究所研究员。1997年当选为中国科学院院士,1993年当选为第三世界科学院院士。在DNA研究和基因组科学中做出了贡献。1978年发现梯度电场抵抗核酸分子扩散的效应。这一发现,导致了凝胶中DNA顺序的可读量增加30%以上;提出并完成单链DNA双向测定的方法,从而能直接有效地检定所得的DNA顺序;建立了高温DNA测序体系,提出固氮菌中结瘤调控基因的调控模型;提出并发表构建水稻基因组物理图的快速、精确的BAC—指纹—锚标战略,并用此战略领导完成了重叠群覆盖率达92%、平均DNA片段分辨率高达120 kb的水稻基因组物理图。

郭爱克(1940.2.18—)

神经科学和生物物理学家。辽宁沈阳人。1965年毕业于莫斯科大学,1979年获慕尼黑大学自然科学博士学位。中国科学院上海生命科学研究院神经科学研究所研究员。2003年当选为中国科学院院士。从事视觉信息加工、神经编码和计算神经科学研究。从基因—脑—行为的角度,研究果蝇的学习、记忆、注意和抉择机制。开创了果蝇的两难抉择的研究,为理解抉择的神经机制提供了较为简单的模式生物和新范式,确立果蝇视觉记忆的短/中/长时程等多阶段记忆模型,再证实了学习/记忆的分子和细胞机制的进化保守性,揭示了果蝇的类注意状态并发现某些记忆基因突变导致注意状态缺陷。在视觉图形—背景分辨的神经计算仿真和复眼的颜色,以及偏振光视觉的生物物理机制方面也有重要研究成果。

杨雄里(1941.10.14—)

生理学家。浙江镇海人。1963年毕业于上海科技大学生物系。1982年获日本国立生理学研究所学术博士学位。复旦大学教授。1991年当选为中国科学院学部委员。应用微电极细胞内记录、染色技术,并与药理、计算机技术相结合,从不同侧面对视网膜中信息传递的调控在几个层次上进行了系统的研究,在水平细胞所接收的光感受器信号及其相互作用方面作出了新发现,修正了传统的观点,和合作者首先报道视杆—视锥间电耦合因背景光而增强,在国际上被列为20世纪80年代视网膜研究中的突出成果。率先发现了视锥信号在暗中受到压抑的新现象,并对网间细胞及几种神经调质的参与机制进行了系统的分析。1989年、1996年分获中国科学院自然科学奖一等奖、二等奖。1991年当选为上海市十大科技精英。2001年获何梁何利科技进步奖。2006年获教育部自然科学奖一等奖、上海市自然科学奖一等奖。

郑时龄(1941.11.12—)

建筑学专家。广东惠阳人。1965年本科毕业于同济大学建筑学专业,1993年同济大学建筑系研究生毕业,获博士学位。同济大学建筑与城市空间研究所教授。2001年当选为中国科学院院士。长期从事建筑设计理论研究工作。建立了建筑的价值体系与符号体系理论框架,奠定了建筑批评学的基本理论基础,填补了该领域的空白,并应用该理论,在上海建筑的批评与建设实践中起了重要作用。专著《上海近代建筑风格》获2000年上海市优秀图书一等奖。主持设计了上海南京路步行街城市设计、上海复兴高级中学、上海朱屺瞻艺术馆、上海格致中学教学楼、上海至北京高速火车沿线方案等。

徐冠华(1941.12.16—)

资源遥感学家。上海人。1963年毕业于北京林学院。1991年当选为中国科学院学部委员。第三世界科学院院士、瑞典皇家工程科学院外籍院士、国际宇航科学院院士。中国科学院遥感与数字地球研究所研究员。曾任中国科学院遥感应用研究所所长、中国科学院副院长、国家科学技术部部长、党组书记。在卫星数字图像处理研究方面,发展了边界决策、训练样地分析、图像分类、图斑综合、生物量估测等理论和技术,研制成功中国最早的遥感卫星数字图像处理系统,发展了遥感综合调查和系列制图的理论和方法,领导编制了第一部再生资源遥感综合调查与系列制图技术规程,在分类系统、制图比例尺、技术流程、专题图种类等方面具有开拓性和创造性,领导的"三北"防护林遥感综合调查课题在空间遥感应用规模、技术难度和时间要求上均取得突破。代表作有《三北防护林遥感综合调查与监测》等。

陈桂林(1941.12.17—)

空间红外遥感技术专家。福建南安人。1967年毕业于西安交通大学无线电工程系。中国科学院上海技术物理研究所研究员。2001年当选为中国科学院院士。长期从事光电技术研究,主持并研制成功"风云二号"气象卫星的核心探测仪器——多通道扫描辐射计(MCSR)。设计并实现了采用望远镜折镜步进扫描,通过R－C光学系统视场分离,实现可见光、红外和水汽三波段同时探测的总体技术方案。主持突破了大孔径(直径410毫米)轻量化的空间光学系统、高精度(角秒级)空间扫描机构、地球同步轨道辐射制冷器技术等难题。在热轧圆钢光电在线检测的问题上,提出并实现了用两个相互垂直探测器实时测定目标坐标的新方法。获得国家科技进步奖三等奖一项,中国科学院科技进步奖特等奖、一等奖、二等奖各一项,上海市科技进步奖一等奖二项。

林尊琪(1942.6.3—)

高功率激光技术专家。广东潮阳人。1964年毕业于中国科技大学无线电系,后在中国科学院研究生院读研究生。中国科学院上海光学精密机械研究所研究员。2003年当选为中国科学院院士。从事激光惯性约束核聚变、高功率激光驱动器和X光激光研究等。研究高功率激光空间传输的基本物理问题,在"神光Ⅱ"激光装置研制中创新解决了同轴双程主激光放大器的新型空间滤波技术、全激光系统像传递技术、新型三倍频模拟光技术、三倍频稳定高效转换系列技术、"神光Ⅱ"高效全光路系统自动准直技术等难题,推动了激光驱动器研究能力质的跨越。完成"神光Ⅱ"激光功率平衡、精密瞄准、远场焦斑旁瓣分布研究等多项装置精密化工作。研究激光在高密度等离子体冕区传播的多种非线性相互作用过程,发现若干重要新现象。

许智宏(1942.10.14—)

植物生理学家。江苏无锡人。1965年毕业于北京大学生物系。1969年中国科学院上海植物生理研究所研究生毕业。1995年当选为第三世界科学院院士。中国科学院副院长、上海植物生理研究所研究员、上海生命科学研究中心主任。1997年当选为中国科学院院士。长期从事植物组织培养和培养细胞的遗传操作研究。首次由大豆、花生、毛白杨等15种重要作物和林木的原生质体培养获得再生植株,在生长素作用的研究中,首次揭示了生长素的极性运输在胚胎发育和叶片两侧对称生长中的作用,利用花药培养证实花药中存在促进雄核发育的物质,利用转基因植物进而揭示了花药绒毡层中的IAA代谢在花粉胚中的重要作用。在植物发育、组织和细胞培养,以及生物工程领域,发表论文、综述、专著共200多篇(册)。获中国科学院自然科学奖一等奖、国家自然科学奖三等奖等。

洪家兴(1942.11.5—)

数学家。江苏吴县人。1965年毕业于复旦大学数学系,1982年取得博士学位。复旦大学教授。2003年当选为中国科学院院士。从事偏微分方程及其几何应用方面研究。关于二维黎曼流形在三维欧氏空间中实现的经典问题研究,有系统深入的成果;首次得到了单连通完备负曲率曲面在三维欧氏空间中实现的存在性定理,所得条件接近最佳;对丘成桐教授所提出的有关问题的研究作了重要的推进;关于蜕型面为特征的多元混合型方程(包括高阶)的研究,获得了相当一般的边值问题的正则性和适定性,建立了迄今为止最一般的理论。曾获第五届"陈省身数学奖",1991年获国家教委和国务院学位委员会授予的"有突出贡献的中国博士学位获得者"称号,1996年获得"求是杰出青年学者奖",1997年当选为上海市科技精英。受邀在2002年国际数学家大会上作45分钟报告。

林国强(1943.3.7—)

有机化学家。上海人。1964年毕业于上海科学技术大学化学系,1964—1968年在中国科学院上海有机化学研究所读研究生。中国科学院上海有机化学研究所研究员。2001年当选为中国科学院院士。建立了亚毫微克级测定昆虫性信息素结构的方法,合成了多种光学活性昆虫信息素,发现昆虫界也存在着手性识别的现象。参与发现Sharpless烯丙醇不对称环氧化试剂的改良,研究了手性环氧醇的原位氮、硫开环,以此合成手性多羟基胺、氮杂环和 a-取代丝氨酸和丙氨酸。进行了多个轴手性连芳烃物的首次合成和结构测定。改良了Ni(0)催化的芳基偶联反应。参与发现新氧化酶G38能将羰基按反-Prelog模式还原为羟基。发现了(R)-羟氰化新酶源,以及羟氰化粗酶在有机溶剂中的微水相体系,催化合成手性羟氰化物。获国家科技进步奖二等奖、中国科学院重大科技成果奖、中国科学院科技进步奖一等奖等,获授权专利14项。

何积丰(1943.8—)

计算机软件专家。上海人。1965年毕业于复旦大学数学系。华东师范大学教授。2005年当选为中国科学院院士。从事程序设计理论及其应用研究。提出了"程序分解算子",并将规范语言与程序语言看成是同一类数学对象。提出了采用"关系代数"作为程序和软件规范的统一数学模型,使得关系代数可用来描写程序的分解和组合过程,直接支持软件的开发。在数据精化方面,给出了处理非确定性程序语言数据精化的完备方法。在总结了多类程序语言语义理论和方法的基础上,提出了程序设计统一理论和连接各类程序理论的数学法则。还提出了用形式化的界面理论沟通几种程序语言,以及非确定性数据流的数学模型及代数定律。研究的软硬件协同设计系统,为减少系统芯片设计时间和降低成本提供了有益的方法。

王恩多(1944.11.18—)

女,生物化学与分子生物学家。重庆人。1969年中国科学院上海生物化学研究所研究生毕业,获得硕士学位。中国科学院上海生命科学研究院生物化学与细胞生物学研究所研究员。2005年当选为中国科学院院士。2006年当选第三世界科学院院士。主要以氨基酰-tRNA合成酶和相关tRNA为对象进行酶与核酸相互作用方面的研究。在亮氨酰-tRNA合成酶精确识别其底物亮氨酸tRNA和亮氨酸、进而质量控制从信使核糖核酸翻译为蛋白质的机理方面,做出了系统的重要研究成果,在亮氨酰-tRNA合成酶的编校功能和编校途径的研究中取得了重要突破。2001年获得国家自然科学奖二等奖,2006年获得何梁何利科学与技术进步奖,六次获得中国科学院优秀研究生导师奖。

褚君浩(1945.3.20—)

半导体物理和器件专家。江苏宜兴人。1966年毕业于上海师范学院物理系,1981年和1984年先后获中国科学院上海技术物理研究所硕士、博士学位。华东师范大学教授。2005年当选为中国科学院院士。长期从事红外光电子材料和器件的研究,开展了用于红外探测器的窄禁带半导体碲镉汞(HgCdTe)和铁电薄膜的材料物理和器件研究。提出了HgCdTe的禁带宽度等关系式,被国际上称为CXT公式,被广泛引用并认为与实验结果最符合。建立了研究窄禁带半导体MIS器件结构二维电子气子能带结构的理论模型,发现HgCdTe的基本光电跃迁特性,确定了材料器件的光电判别依据。研制成功PZT和BST铁电薄膜非制冷红外探测器并实现了热成像。发表论文200余篇。获1987年中国科学院科技进步奖一等奖、1992年中国科学院自然科学奖一等奖、1995年中国科学院自然科学奖二等奖、1999年中国科学院自然科学奖二等奖、1987年国家自然科学奖四等奖、1993年国家自然科学奖三等奖等。

沈文庆(1945.8.21—)

实验核物理学家。上海人。1967年毕业于清华大学工程物理系。中国科学院上海应用物理研究所研究员。1999年当选为中国科学院院士。在73 MeV以下的12C+209Bi发射粒子研究中,证实低能核反应中有大质量转移反应引起的a粒子发射,证实轻系统存在深部非弹性散射,并证实了有非完全深部非弹性散射的新反应机制。用软件修正方法获得当时国际上最佳的质量与电荷分布,测到4个新核素,测量了准裂变的物理特性和质量弛豫时间并分析了对合成超重核的影响。提出了适用于低能和中能的核反应截面参数化公式,在国际上被公认是目前拟合实验结果中最好的经验公式,被誉为"沈氏公式"。发展了用BUU方程计算反应截面的新方法,得出了轻反应系统核态方程和介质中核子—核子作用截面。获2001年国家自然科学奖二等奖、中国科学院自然科学奖一等奖。

陈凯先(1945.8.28—)

药物化学家。江苏南京人。1967年毕业于复旦大学。1982年和1985年先后在中国科学院上海药物研究所获硕士和博士学位。中国科学院上海药物研究所研究员。1999年当选为中国科学院院士。主要从事药物化学和创新药物研究,是我国该领域的学术带头人之一。进行药物构—效关系和生物活性小分子化合物结构预测的研究。与研究组同事一起提出和改进了多种计算机辅助药物设计的方法和技术,包括分子疏水作用力场和药物构象研究的方法、药效基团搜寻方法、利用计算机构建具有结构多样性的分子库和模拟筛选的方法等,并应用于多种药物与生物大分子相互作用的分子模拟和理论研究。开展了基于药物与受体三维结构的药物设计研究,其中一些受体三维结构模型和新药的分子设计得到了实验的验证。和同事一起针对 20 余个重要的药理作用的靶标分子,进行计算机模拟筛选和初步的药理试验验证,发现有苗头的酪氨酸激酶抑制剂、高活性的 PPARg 激动剂、小分子 b 分泌酶抑制剂等先导化合物。曾获法国尼纳舒可伦奖等。

赵国屏(1948.8—)

分子微生物学家。上海人。1982 年获复旦大学微生物学学士学位,1990 年获美国普度大学生物化学博士学位。中国科学院上海生命科学研究院植物生理生态研究所研究员。2005 年当选为中国科学院院士。研究微生物代谢调控及酶的结构功能关系与反应机理,开发相应的微生物和蛋白质工程生物技术。主持若干微生物基因组和功能基因组研究,完成对重要致病菌——问号钩端螺旋体的全基因组测序和注释,鉴定若干关键代谢途径和基因功能,为深入研究致病机理提供新的思路。主持 SARS 分子流行病学和 SARS 冠状病毒进化研究,为认识该病毒的动物源性及其从动物间传播到人间过程中基因组、特别是关键基因的变异规律奠定了基础。

杨玉良(1952.11.14—)

高分子科学家。浙江海盐人。1977 年毕业于复旦大学化学系,1984 年获该校博士学位。1986—1988 年在德国马普高分子研究所做博士后研究工作。复旦大学教授。2003 年当选为中国科学院院士。主要从事高分子凝聚态物理研究,将分子轨道图形理论中的唐-江定理推广到研究具有复杂拓扑结构和共聚物结构高分子链构象统计与粘弹性问题,建立了高分子链的静态和动态行为的图形理论。采用射频脉冲与转子同步技术相结合的方法,建立了研究高分子固体结构、取向和分子运动间相关性的三项新的实验研究方法。采用自洽场理论和时间依赖的 Ginzburg-Landau 方程方法解决了高分子共混体系、嵌段共聚高分子、液晶和囊泡等软物质的斑图生成、斑图选择及其临界动力学领域的众多问题。创立了模拟聚合反应产物的分子量分布及其动力学的 Monte Carlo 方法。发展了高分子薄膜拉伸流动的稳定性理论。

贺林(1953.7—)

遗传生物学家。北京人。1991 年获英国佩士来大学博士学位。上海交通大学教授。2005 年当选为中国科学院院士。2010 年当选第三世界科学院院士。率先完成了 A－1 型短指(趾)症致病基因精确定位、克隆与突变检测,发现了 IHH 基因的 3 个点突变是致病的直接原因,并与身高相关;发现了得到国际公认的世界上第一例以中国人姓氏“贺—赵缺陷症”命名的罕见的恒齿缺失的孟德尔常染色体显性遗传病,并成功地定位了该致病基因;建立了世界上最大的神经精神疾病样品库,并利用这一样品库研究和分析了中国人群精神分裂症的易感基因;在精神疾病的营养基因组学和药物基因组学研究方面取得了重要进展,证实了出生前的营养缺乏会显著增加成年后精神分裂症的发病风险;在基因计算与技术方面取得了数项有显示度的工作;结合国情特点提出“百家姓”与药物开发相关性的新思路。

陈竺(1953.8.17—)

分子生物学家。江苏镇江人。1977 年毕业于江西省上饶地区卫生学校,1981 年获上海第二医科大学硕士学位,1985 年获法国巴黎国立医院外籍住院医生称号,1989 年获法国巴黎第七大学科学博士学位。1990 年起任上海第二医科大学教授,1995 年起任上海血液学研究所所长,1995 年当选为中国科学院院士,1999 年当选为第三世界科学院院士,2003 年当选为美国科学院外籍院士,2004 年当选为欧洲艺术、科学和人文学院院士,2005 年当选为法国科学院外籍院士。参与和指导了白血病癌基因研究和全反式维甲酸/三氧化二砷诱导分化凋亡治疗急性早幼粒细胞白血病(APL)的基础与临床研究,阐明其作用的细胞和分子机制,提出肿瘤“靶向治疗”观点。认识了一批受维甲酸调控的基因及其组成的信号传递网络,首次描绘了造血干/祖细胞的基因表达谱,克隆了300多个在造血细胞表达的新基因的全长 cDNA。获卫生部科技进步奖一等奖、求是基金青年科学家奖、上海市科技进步奖一等奖、国家自然科学奖二等奖、法国全国抗癌联盟卢瓦兹奖、法兰西共和国总统骑士荣誉勋章等。

裴钢(1953.12.11—)

细胞生物学家。辽宁沈阳人。1981 年于沈阳药科大学获学士学位,1984 获硕士学位,1991 年获美国北卡大学生物化学和生物物理学博士学位,其后在美国杜克大学进行博士后研究至 1995 年。中国科学院上海生物化学与细胞生物学研究所研究员。1999 年当选为中国科学院院士。主要从事细胞信号转导及其调控机理的研究。利用 G 蛋白偶联受体变异验证了受体激活平衡态的假说。发现阿片受体(G 蛋白偶联)C 末端在激动剂作用下发生的磷酸化而导致阿片受体脱敏。揭示阿片受体信号脱敏和负反馈调节在阿片成瘾性形成中的重要作用。证明兴奋性氨基酸受体与阿片受体信号转导途径间存在 crosstalk。发现氧化低密度脂蛋白可经过 G 蛋白途径激活 p38MAPK 而抑制平滑肌细胞的生长。发现中药有效成分天花粉蛋白能与 HIV 共受体(趋化因子受体)结合、增强受体的激活从而发挥抗 HIV 作用。揭示五次跨膜的趋化因子受体具有正常七次跨膜 G 蛋白偶联受体的功能。

陈晓亚(1955.8.21—)

植物生理学家。江苏扬州人。1982 年毕业于南京大学。1985 年获英国里丁(Reading)大学博士学位。2005 年当选为中国科学院院士。中国科学院上海生命科学研究院植物生理生态研究所研究员。从事植物生理和分子生物学研究,早期曾从事植物分类学研究。在植物次生代谢(特别是倍半萜生物合成)、棉纤维发育和植物抗虫新技术等方面取得了重要成果。克隆鉴定了棉酚合成途径的一系列酶和调控因子,解析了青蒿素等倍半萜成分合成调控机制;鉴定了棉纤维发育过程中的关键转录调控因子和细胞壁伸展蛋白,为阐明棉纤维和表皮毛发育的分子机制做出了重要贡献;利用棉铃虫防御基因,发展了植物介导的 RNA 干扰抗虫新技术,推动了相关生物技术的发展。2008 年获何梁何利科学与技术进步奖,2010 年获全国优秀博士学位论文指导教师。

邓子新(1957.3.23—)

微生物学家。湖北房县人。1982 年毕业于华中农业大学,1988 年获英国东英格兰大学博士学位。2005 年当选为中国科学院院士,2006 年当选为第三世界科学院院士。上海交通大学教授,微生物代谢国家重点实验室主任。国家"973"项目首席科学家。2004 年被评为教育部"长江学者"特聘教授,2008 获全国五一劳动奖章,2010 年被评为全国先进工作者。主要从事放线菌遗传学及抗生素生物合成的生物化学和分子生物学研究。在链霉菌质粒和噬菌体的分子生物学,DNA 复制调控、限制和修饰系统,微生物代谢途径、代谢工程及生物农(医)药的创新等方面,取得了系统的重要研究成果。特别是首次在众多细菌的 DNA 上发现了硫修饰,这是在 DNA 骨架上发现的第一种生理性修饰,打开了 DNA 硫修饰这个全新的科学领域。

张经(1957.10.10—)

化学海洋学与海洋生物地球化学家。山东龙口人。1982 年在南京大学获学士学位,1985 年于山东海洋学院获硕士学位,1988 年于法国皮耶尔·玛丽居里大学获博士学位。华东师范大学教授。2007 年当选为中国科学院院士。主要教学和研究工作集中在对河口、陆架和边缘海的生物地球化学过程的探索方面。其中包括:在陆—海相互作用框架下痕量元素与生源要素的循环与再生,不同界面附近物质的迁移和转化机制;化学物质通过大气向边缘海的输送通量和时、空变化,气源物质与近海初级生产过程之间的内在联系；发展边缘海的生源要素与痕量元素的收支模式，深入地分析海洋生物地球化学过程的内在变化特点对外部驱动的响应。

段树民（1957.10.20—）

神经生物学家。安徽蒙城人。1982年毕业于蚌埠医学院。1991年于日本九洲大学获博士学位。2007年当选中国科学院院士。中国科学院上海神经科学研究所研究员。主要从事神经生物学研究，在神经元—胶质细胞相互作用、突触发育和功能等研究领域做出系统的创新工作，尤其在胶质细胞信号分子释放机制、胶质细胞对神经环路和突触可塑性的调控等方面取得重要研究成果，以通讯作者在《科学》（*Science*）等国际著名杂志发表系列研究论文，在神经科学领域产生了重要影响，改变了人们对胶质细胞功能的认识。2008年获何梁何利基金科学与技术进步奖，2010年获国家自然科学奖二等奖。指导的学生多次获全国百篇优秀博士论文。多次担任"973"首席科学家。任 *J Neurophysiol* 等六个国际杂志编委、中国神经科学学会会刊 *Neuroscience Bulletin* 主编。

林鸿宣（1960.11—）

作物遗传学家。海南海口人。1983年毕业于华南农业大学，1986年、1994年在中国农业科学院研究生院分别获硕士、博士学位。2009年当选为中国科学院院士。中国科学院上海生命科学研究院植物生理生态研究所研究员。长期从事水稻重要复杂性状的分子遗传机理研究。在水稻产量性状及抗逆性状的遗传机理与功能基因研究方面取得了一系列创新性成果。发现了多个控制水稻产量性状和抗逆性状的重要新基因，并深入阐明它们的功能与作用机理，加深了对作物性状分子遗传调控机理的认识，为该领域的发展做出了贡献，同时为作物分子育种提供多个有自主知识产权的重要基因。2007年获上海市自然科学奖一等奖，2010年获何梁何利科学与技术进步奖，2012年获国家自然科学奖二等奖。

赵东元（1963.6—）

物理化学家。河北卢龙人。1984年毕业于吉林大学化学系，1987年、1990年先后获该校硕士、博士学位。1993—1998年先后在加拿大里贾纳大学化学系做访问学者、以色列魏兹曼科学院化学物理系和美国休斯敦大学化学系、加州大学圣芭芭拉分校材料研究实验室进行博士后研究。复旦大学化学系教授。2007年当选为中国科学院院士。2010年当选为第三世界科学院院士。主要从事介孔材料合成和合成机理的物理化学及其催化的研究。发明了SBA-15等介孔材料。采用三嵌段共聚物表面活性剂，通过调节嵌段共聚物的疏水和亲水的比例，合成了17种三维孔穴结构的、大孔径的、立方相的介孔分子筛。提出了单元分步组装机理，将无机介孔材料的合成扩展到有机组成体系。提出了"酸碱对"理论，合成了一系列介孔材料。提出了热处理和提高孔壁的交联度的方法，改进了介孔分子筛的水热稳定性和表面酸性。曾获2004年国家自然科学奖二等奖、2005年杜邦青年教授奖等多项奖励。

麻生明（1965.5—）

有机化学家。浙江东阳人。1986年毕业于杭州大学化学系。1988年获中国科学院上海有机化学研究所硕士学位，1990年获该所博士学位。中国科学院上海有机化学研究所研究员。2005年当选为中国科学院院士。主要从事联烯及其类似物化学方面的研究。引入亲核性官能团，解决了联烯在金属催化剂存在下反应活性及选择性调控，为环状化合物的合成建立了高效合成方法学，发展了从2,3-联烯酸合成 γ-丁烯酸内酯类化合物的方法，建立了过渡金属参与手征性中心形成的一锅法双金属共催化的合成方法。同时，实现了同一底物中几种碳-碳键断裂间的选择性调控，提出了杂环化合物的多样性合成方法。

王曦(1966.8—)

材料科学家。江苏南通人。1987年毕业于清华大学工程物理系,1990年、1993年先后获中国科学院上海冶金研究所(现为上海微系统与信息技术研究所)硕士、博士学位。中国科学院上海微系统与信息技术研究所研究员。2009年当选为中国科学院院士。长期致力于载能离子束与固体相互作用物理现象研究,并将研究成果应用于电子材料SOI(Silicon-on-insulator)的开发。在对离子注入SOI合成过程中的物理和化学过程研究基础上,自主开发了一系列将SOI材料技术产业化的关键技术,建立了中国SOI材料研发和生产基地。在载能离子束与固体相互作用及离子束辅助薄膜沉积技术研究方面,揭示了载能离子作用下薄膜表面微结构、相组分、电子学、光学、生物学特性,实现了载能离子束薄膜生长的可控制性。曾获国家科技进步奖一等奖、何梁何利基金科学与技术进步奖等多项奖励。

第二节　中国工程院院士

张涤生(1916.6.12—)

整复外科、显微外科及颅面外科专家。江苏无锡人。1941年毕业于南京中央大学医学院。上海交通大学医学院教授。1996年当选为中国工程院院士。从医70年,在国内率先开展显微外科动物实验,并在20世纪70年代应用显微外科技术,在国内首创前臂皮瓣一期再造阴茎手术、跖趾关节移植重建颞颌关节等手术。在国内首先开展游离肠段移植再造食管、大网膜游离移植治疗颅骨暴露坏死,并开展颅面外科、胸骨裂心脏外露等首创性手术,首创微波烘疗法治疗肢体象皮肿。获国家级、部级及上海市科技成果一、二、三等奖30余项,发明奖1项。2000年获得何梁何利科技进步奖。美国整形外科学会终身荣誉会员、国际颅面外科学会终身荣誉会员。

陈吉余(1921.11—)

河口海岸学家。江苏灌云人。1947年浙江大学史地系研究生毕业。华东师范大学教授。1999年当选为中国工程院院士。创建了中国第一个河口海岸研究机构,组建了河口海岸动力沉积与动力地貌综合国家重点实验室。提出长江河口发育模式及自适应和人工控制理论,为长江口深水航道选槽和河口治理提供了科学依据;建议利用潮滩建设浦东国际机场并主持九段沙生态工程,取得了显著社会经济效益;根据涨潮冲刷槽理论提出陈山原油码头选址方案,开创了在杭州湾强潮海湾建港的先例。倡导并参加了全国海岸带和海涂资源综合调查,主持了河口研究国家重大基金项目等多项任务。在河口治理、海岸工程、水土资源开发利用等方面有突出贡献。发表论著200余篇、部,先后获国家科技进步奖一等奖1项,省部级科技进步奖一、二等奖17项,曾获全国五一劳动奖章和全国先进教育工作者。

陈灏珠(1924.11.6—)

内科心血管病专家。广东新会人。1949年毕业于中正医学院,获学士学位。复旦大学附属中山医院内科教授。1997年当选为中国工程院院士。在内科领域特别是心血管病的临床方面造诣很深。率先开展选择性冠状动脉造影和血管腔内超声检查诊断冠心病;率先用电起搏和电复律治疗快速性心律失常,达国际先进;对中国心血管病介入性诊断和治疗技术的发展起了推动作用。率先研究用活血化瘀法治疗冠心病,并阐明其原理。在国内外首先成功应用超大剂量异丙肾上腺素救治奎尼丁引起的致命性快速室性心律失常,并推广应用。获国家科技进步奖二等奖2项,全国科学大会重大贡献奖2项,部省级科技进步奖和教学成果一等奖8项。获2009年度上海市科技功臣奖。主编专著 12 部,发表论文 360 余篇。

池志强(1924.11.16—)

药理学家。浙江黄岩人。1949 年毕业于浙江大学,1959 年获苏联列宁格勒儿科医学院副博士学位。中国科学院上海药物研究所研究员。1997 年当选为中国工程院院士。在国内领先开展阿片受体及其亚型高选择性配体研究,取得显著成绩。独创设计的研究成果——阿片 μ 受体高选择性激动剂羟甲基芬太尼,是国际承认为最好的 μ 受体激动剂之一,此项成果获得国家自然科学奖二等奖。对羟甲基芬太尼的几个立体异构体合成并比较了它们的镇痛、μ 受体亲和力、选择性差异、对动物产生机体及精神依赖,发现其异构体 F9209、F9204 为当前 μ 受体选择性最高激动剂。获上海市科技进步奖二等奖。在阿片受体的分离纯化方面也取得较大进展,是国际上纯化成功的少数单位之一。

王振义(1924.11.30—)

内科血液学专家。江苏兴化人。1948 年毕业于上海震旦大学医学院,获博士学位。1992 年当选为法国科学院外籍院士,2000 年美国哥伦比亚大学授予荣誉科学博士学位。上海血液学研究所名誉所长,上海交通大学医学院及附属瑞金医院终身教授。1994 年当选中国工程院院士。自 1954 年起,从事研究血栓和止血,在国内首先建立血友病 A 与 B 及轻型血友病的诊断方法。1980 年起开始研究癌肿的分化疗法。1986 年在国际上首先创导应用全反式维甲酸诱导分化治疗急性早幼粒细胞白血病,获得很高的缓解率,为恶性肿瘤在不损伤正常细胞的情况下通过诱导分化疗法取得效果这一新的理论提供了成功范例。获得国际肿瘤研究奖六项、国家级奖七项(一项为第一作者)、2010 年度国家最高科技奖。发表论文 314 篇,主编专著 5 本。

李载平(1925.8.17—)

分子生物学家。福建福州人。1947 年毕业于北京大学化学系,1960 年上海生物化学研究所研究生毕业。中国科学院上海生物化学与细胞生物学研究所研究员。1996 年当选为中国工程院院士。发现了 DNA 分子受 X-射线的隐藏破坏,克隆了乙肝病毒 adr 亚型基因组 DNA,报道了全顺序分析,阐明了 adr 亚型内还有基因组的多态性,提出了可能有致病性不同的乙肝病毒存在,检出了免疫逃避型 HBV 变异株,发现了病毒基因表达调控的一个新元件——增强子 EN Ⅱ。乙肝疫苗的研制,通过临床验证,取得了试生产文号并获得美国专利。发现了蓖麻蚕染色质 rRNA 基因转录起始区的拓扑变异结构顺序和核骨架结合顺序(MAR)。检定了肝癌相关新功能基因 fup1。领导的研究组发展了 hEGF 和 hGM-CSF 的分泌型、高表达大肠杆菌系统。获得国家自然科学奖二等奖 1 项、国家科技进步奖一等奖 2 项、国际奖 1 项。

徐元森(1926.5.22—)

微电子及冶金专家。浙江江山人。1950 年毕业于浙江大学。中国科学院上海微系统与信息技术研究所研究员。1995 年当选为中国工程院院士。在球墨铸铁、包头和攀枝花等复杂铁矿石冶炼及超纯金属提纯等项目中,解决了炼铁史上含钛和含氟铁矿冶炼的两大难题,丰富了炼铁学和冶金过程物理化学,3 次获国家自然科学奖。在微电子领域,研制成功 3 种器件隔离方法,以及泡发射区、双层金属布线、全离子注入等工艺技术。开发成功 DTL、TTL、ECL、EPROM、NMOS、CMOS 等系列集成电路 100 余种。获 1985 年国家科技进步奖一等奖。

郁铭芳(1927.10.3—)

化纤专家。浙江鄞县人。1948 年毕业于上海私立东吴大学。东华大学教授。1995 年当选为中国工程院院士。参加筹建中国首家自行建设的合成纤维实验工厂,纺出了中国自己制造的第一根合成学纤维,成为中国化纤领域的奠基人和学科带头人之一。主持多种化学纤维的研制,并获得多项国家和省部级科学进步奖。在反复论证、多方准备的前提下,率先提出关于喷丝成布科技攻关重点项目的建议。1990年投身于上海市重大工程项目——年产7万吨聚酯切片的建设工作,该项目对于根本改变上海纺织化纤原料依靠外来供应的局面具有重要意义。

周勤之(1927.11.23—)

机械制造工艺与设备专家。浙江上虞人。1950年毕业于中华工商专科学校。东华大学教授、上海机床厂高级工程师、副总工程师。1995年当选为中国工程院院士。中国静压轴承开创人之一,新开发的动静压轴承在高精度外圆磨床用卡盘夹磨工作圆度<0.08微米,为当代国际最高水平。吸收国外技术试验开发镜面磨削外圆磨床,开创中国镜面磨削先河。直接参与并组织指导研究开发的精密分度技术、接长丝杆技术、双薄膜反馈双边随动阀、磁分度技术、电子全闭环磨齿机、平面智能研磨等技术,为精密机床的开发打下基础。

梁晋才(1927.12.17—)

航天自动控制专家。广东南海人。1950年毕业于北京大学工学院。1957年留学苏联莫斯科包曼工学院,攻读自动控制,1961年获副博士学位。中国航天科技集团公司第八研究院研究员。1997年当选为中国工程院院士。工作初期致力于自动驾驶仪研究。主持研制成功中国第一个半主动寻的飞航装置,填补中国在这个领域的空白。之后又主持研制新的飞航装置,三年研制成功并达到国外同类产品先进水平。又致力于开发某一飞航装置,开拓国际市场,取得了较好的社会效益和经济效益。获国家及部级奖5项。合编专著2本,发表7篇论文。

乔登江(1928.3.8—)

核技术应用专家。江苏南京人。1952年毕业于金陵大学。华东师范大学教授。1997年当选为中国工程院院士。从事核技术应用工作。获得了地下、大气层、中高空(20公里~40公里)、高空(80公里以上)核爆炸所生成的瞬态和持久的核环境系统结果,并反映在《核爆炸物理概论》等著作中;对目标的冲击波效应、电子元器件及系统的辐射效应等开展了系统研究,并将成果编成手册;完善了核试验安全保障和评估理论;在数值模拟并使之与实验模拟相结合方面做出了重要贡献。

戴复东(1928.4.25—)

建筑学与建筑设计专家。安徽无为人。1952年7月毕业于南京大学建筑系。同济大学教授。1999年当选为中国工程院院士。获设计竞赛奖5项,其中省部级一等奖4项、二等奖1项;设计工程56项,其中2项获奖;大型规划2项;专著7部,译书1部,教材3部,论文85篇;指导博士生16名,硕士生35名;开展轻钢砼轻板房屋体系及产业化研究开发,进行住宅商品化的制作组装销售全过程研究,设计出内外墙自封闭体系。在医院、航空港建筑、高层超高层建筑研究方面富有成果。参加、主持评审数十项重大项目,是大剧院专家组专家。

李瑞麟(1928.9.4—)

化学合成及药物合成专家。上海市人。1950年毕业于上海大夏大学。上海市计划生育科学研究所研究员。1996年当选为中国工程院院士。中国女用计划生育药物研究的创始人之一。1964年研制成功1号避孕药(炔诺酮)、2号避孕药(甲地孕酮),填补了国内空白。1969年又研制成功中国首创53号探亲避孕药(双炔失碳酯 Ancrdrin),1978年两者均获全国科技大会奖。1988年研制成功国际最新抗早孕药物米非司酮(RU-486),获得中国发明专利,并获1993年国家科技进步奖二等奖。同时又研究发现"AC-7619"抗癌新药,临床试用2 000多例,疗效显著,获得美国发明专利。1996年研制复方抗早孕药,并获中国发明专利。1998年研究发明抗前列腺坛生新,2002

年获中国发明专利。2001年研究发明每月仅需服药一次的简便口服避孕药,2003年获中国发明专利。

刘建航(1929.4.26—)

隧道与地下工程专家。河北深泽人。1951年毕业于上海交通大学。上海市建委高级工程师。1995年当选为中国工程院院士。研究和设计含水软弱地层中盾构法隧道的单层钢筋混凝土拼装式衬砌,率先攻克衬砌结构防水关键,用以建成第一条黄浦江越江隧道及地铁试验段,获全国科学大会奖。开拓盾构、沉管、连续沉井法,以建成困难地层的20条市政隧道。在江底高压沼气砂层建隧,解决喷发沼气流沙等世界罕见难题。首次在建筑密集区用自制11.3米盾构、地下墙深基坑法和环境保护技术建成第二条浦江隧道,该工程获国家金奖。在地铁工程中采用车站地下墙深基坑明挖法、逆筑法及盾构穿越建筑群等新技术,有效控制了流变性地层移动,保护了市政建筑设施。理论结合实践地写出了《盾构法隧道》《基坑工程手册》《地下墙深基坑周围地层移动的预测和治理》等著作。

潘镜芙(1930.1.20—)

船舶工程专家。浙江湖州人。1952年毕业于浙江大学。船舶重工集团公司第七〇一研究所研究员。1995年当选为中国工程院院士。主持设计了中国两代四种型号导弹驱逐舰,在驱逐舰的总体设计、全武器综合作战系统和电磁兼容等高新技术领域完成大量开拓性工作。在第一代导弹驱逐舰设计中,首次将舰对舰导弹武器系统装备水面舰艇,并为武器装备按系统研制做了开创性工作。在主持设计第二代新型导弹驱逐舰设计中,采用系统工程思想,做到舰船综合性能兼优,实现了作战指挥自动化,缩短了与世界先进水平的差距;在装备选型上,采用国内新技术成果与引进柴燃联合动力装置等先进技术相结合的方针,促进了中国造船、机电、电子等工业的发展。先后获得全国科学大会奖1项、国家级科技进步特等奖一项、二等奖2项。

孙敬良(1930.7.14—)

液体火箭发动机与运载火箭设计专家。山东掖县人。1958年毕业于苏联莫斯科茹可夫斯基军事航空工程学院。上海航天局研究员。1995年当选为中国工程院院士。早期从事液体火箭发动机的理论研究和研制工作,主持多种火箭发动机的研制和改进,创造性地解决了大型液体火箭发动机燃烧不稳定的技术关键。在任多种运载火箭技术负责人期间,为确保"一箭三星"发射成功,攻克运载火箭纵向耦合振动的关键技术;在主持运载火箭"长征4号"、"长征2号丁"的研制中,为火箭总体方案采用优化设计原则及数字化控制系统、挠性惯性平台等多项新技术,使运载火箭总体性能达到国外同类产品先进水平。

汤钊猷(1930.12.26—)

肿瘤外科学家。广东新会人。1954年上海第一医学院本科毕业,获学士学位。复旦大学医学院教授。1994年当选为中国工程院院士。从事肝癌研究,特别在肝癌临床诊治和相关基础方面成就显著。提出"亚临床肝癌"概念,实现了肝癌疾病的早发现、早诊断、早治疗,这一创新被国际肝病权威汉斯·珀波认为是"人类对肝癌认识与治疗的巨大进展"。革新肝癌治疗理论,提出"缩小切除"概念,使过去不能手术切除的较大肝癌变成可能切除的较小肝癌,进一步提高了肝癌患者的存活率。建立人肝转移模型体系,为防治肝癌复发转移、最终攻克癌症难关提供了研究基础。获国家科技进步奖一等奖2次、三等奖2次,获何梁何利科技进步奖、中国医学科学奖、中国工程科技奖和美国癌症研究所金牌奖等。

何友声(1931.7.28—)

水动力学家。浙江宁波人。1952年毕业于同济大学。上海交通大学教授。1995年当选为中国工程院院士。2002年被遴选为欧洲科学院院士。长期从事船舶流体力学和高速水动力学的教学和研究工作。奠定了中国水翼水动力学设计基础;开拓了螺旋桨激振力研究领域,使中国船舶的减振水平跃上新台阶。在空泡流和水中兵器出入水的研究中取得了重要成果,有力地支持了有关型号的开发。同时为适应长江口水资源利用、堤岸保护和航道建设,建立了河口水动力学的研究基地,积极服务地区经济建设。曾参与获国家科技进步奖二等奖1项,主获上海市科技进步一等奖1项和其他奖多项,发表论文百余篇,专著《螺旋桨激振力》,获国家教委专著奖。

顾健人(1932.1.13—)

肿瘤分子生物学家。江苏苏州人。1954年毕业于上海第一医学院,获学士学位。上海市肿瘤研究所教授、研究员。1994年当选中国工程院院士。从事肝癌发生的分子机理研究,在国际上首次发现了肝癌的活化癌基因谱,获国家科技进步奖二等奖、卫生部科技进步奖一等奖。创建了以细胞生长为基础的高通量功能基因筛选系统,发现了372个具有抑制或促进细胞生长的新基因全长cDNA,获上海市科技进步奖一等奖。发表学术论文530余篇。获中国发明专利74个、美国专利8个。

关兴亚(1932.2.7—)

石油化工专家。辽宁沈阳人。1955年毕业于复旦大学。中国石化集团公司上海石油化工研究院高级工程师。1995年当选为中国工程院院士。长期从事丙烯腈生产工艺及催化剂的研究开发。建成12套丙烯腈中小型生产装置,填补了中国在氨氧化领域的技术空白。组织研究、设计、高校和工厂等部门参加的丙烯腈成套技术国产化的攻关。开发出MB-82、MB-86、MB-98和SAC-2000催化剂、流化床反应器、丙烯腈产品分离和乙腈回收等新工艺。多次获得国家和省部级奖励;MB-82型催化剂1988年获国家科技进步奖二等奖,MB-86催化剂获国家科技进步奖一等奖,并取得国内外专利40多项。

翁史烈(1932.5.21—)

热力涡轮机专家。浙江宁波人。1952年毕业于上海交通大学。1962年于苏联列宁格勒造船学院研究生毕业,获科学技术副博士学位。上海交通大学教授。1995年当选为中国工程院院士。主持承担了中国航空涡轮风扇发动机的多用途改型研制。开拓中国新一代热力发动机,提高现代化水平。研制成国内第一台陶瓷绝热涡轮复合柴油机原理样机,完成了国内第一批增压器陶瓷涡轮转子的设计和试验台建设。从20世纪80年代初起,在上海交通大学先后主持和组织创建了振动、冲击、噪声国家重点实验室、教育部动力机械重点实验室。获国家科技进步奖和省部级奖多次。

邱蔚六(1932.10.13—)

口腔颌面外科学专家。四川成都人。1955年毕业于四川医学院,获学士学位。上海交通大学口腔医学院教授。2001年当选为中国工程院院士。长期从事口腔颌面外科医教研工作。主攻口腔颌面部肿瘤、口腔颌面部畸形与缺损的整复及颞下颌关节外科。在国内率先开展颅颌面联合切除术,治疗晚期口腔颌面部恶性肿瘤。首次提出全额隧道皮瓣一次转移立即修复口腔癌术后缺损,获得成功。率先将显微外科技术应用于口腔颌面外科整复畸形与缺损。倡导口腔癌的综合序列治疗,使生存率与生存质量都获得明显进步。提出经颞下颌关节镜滑膜下硬化疗法,治疗复发性颞下颌关节脱位、关节紊乱病及颞下颌关节强直伴睡眠呼吸暂停综合征的外科治疗。获国家发明奖2

项、部市级科技进步奖 23 项及何梁何利科技进步奖。在国内外发表论文 300 余篇。

周后元(1932.12.22—)

药物化学专家。湖南衡南人。1956 年毕业于沈阳药科大学。上海医药工业研究院研究员。1994 年当选为中国工程院院士。从事药物合成研究工作近 50 年。负责维生素 A 工业合成研究，在工业上得到结晶性维生素 A；负责维生素 B6 恶唑法合成新工艺研究，其合成法成为国内维生素 B6 生产的通用方法，取得了显著的经济和社会效益。维生素 A 于 1964 年获国家新产品二等奖，维生素 B6 于 1985 年获国家发明奖三等奖。完成麻黄碱和伪麻黄碱工业化合成研究工作，实现规模化生产，为国家减轻西部地区土地沙化提供技术措施。

唐希灿(1932.12.29—)

神经药理学家。广东潮阳人。1957 年毕业于北京大学生物系。中国科学院上海药物研究所研究员。2001 年当选为中国工程院院士。对中国石蒜科植物内分离得到的活性成分"加兰他敏"进行开发研究，获得中国首次颁发的工业新产品奖二等奖。从国内轮环藤植物中首次发现"氯甲左箭毒"，于 1982 年获国家科技发明奖三等奖。将高乌甲素、草乌甲素用于治疗肿瘤疼痛、关节炎及牙疼等，研究成果分别获国家科技发明奖三等奖(1985 年)及国家科技进步奖三等奖(1987 年)。发现石杉碱甲改善 AD 患者记忆障碍是通过作用于脑内胆碱能、单胺能、抗氧化应激及调控细胞凋亡相关基因表达等多靶点的参与，研究成果分别获国家科技发明奖二等奖(1987 年)及国家自然科学奖二等奖(2001 年)。

阮雪榆(1933.1.6—)

压力加工专家。广东中山人。1953 年毕业于上海交通大学。上海交通大学教授。1994 年当选为中国工程院院士。在中国首先研究成功黑色金属冷挤压技术，在国际上首先提出了冷挤压许用变形程度理论，为中国建立完整的冷挤压工艺理论体系做出了重要贡献，成为中国冷挤压技术的开拓者之一。冷挤压技术研究成果获 1978 年全国科学大会奖。从事了图形技术、数值模拟和人工智能等多方面的研究，完成模锻过程反向模拟、注塑内高分子的流变数值模拟、温度场模拟、三维造型模腔加工等国际前沿课题，在国际上首次研究成功集多域、动态、随机、集成和智能为一体的智能注塑模设计系统，获得上海市科技进步奖一等奖、轻工业部科技进步奖二等奖和两次国家科技进步奖三等奖。著有《冷挤压技术》等专著 4 本，发表论文 100 余篇。

魏敦山(1933.5.30—)

建筑设计专家。浙江慈溪人。1955 年上海同济大学本科毕业。上海建筑设计(集团)总建筑师。2001 年当选为中国工程院院士。长期从事民用建筑设计工作，主持和参加过 100 多项国内外大型建筑设计。20 世纪 70 年代设计的上海体育馆与 20 世纪 80 年代设计的上海游泳馆，先后获市级和国家级优秀设计奖、国家科学技术进步奖三等奖。1988 年这两项设计作为新中国成立以来 43 座优秀建筑之二，被载入英国出版的《世界建筑史》，其本人作为 16 位中国著名建筑师之一的最年轻建筑师同时载入该建筑史册。在国外主持设计埃及开罗国际会议中心，获国家优秀设计二等奖、市优秀设计一等奖、国家科技进步奖三等奖、上海市科技进步奖一等奖，并荣获埃及总统穆巴拉克亲自颁发的"埃及一级军事勋章"。1997 年完成的上海体育场工程，2000 年获全国第九届优秀工程设计金奖，2000 年 12 月获首届梁思成建筑奖。

范立础(1933.6.8—)

桥梁结构工程与桥梁抗震专家。浙江镇海人。1955 年毕业于同济大学。同济大学教授。2001 年当选为中国工程院院士。从事桥梁与结构工程领域的教学和科研工作。在国内首次编写了桥梁杆系非线性地震反应分析程序;率先建立了中国大跨度桥梁及城市复杂立交工程的抗震理论和计算方法;提出大跨度桥梁抗震设计方法,率先开展了桥梁减隔震和抗震加固技术研究,开发研制了一、二代橡胶抗震支座;提出基于寿命期和性能的大跨度桥梁抗震设计方法,解决了中国大跨、高墩桥梁抗震和减震关键技术,开发研制了大吨位全钢双曲面球型减隔震支座。主编了中国首部《城市桥梁抗震设计规范》,获国家科技进步奖一等奖 1 项、交通部科技进步奖特等奖 1 项、省部级科技进步奖一等奖 5 项,2010 年获何梁何利科学与技术进步奖。

闻玉梅(1934. 1. 16—)

女,医学微生物学家。上海市人。1956 年毕业于上海医学院,获学士学位。复旦大学教授。1999 年当选为中国工程院院士。主要研究乙肝病毒分子生物学与免疫学,发现用乙肝表面抗原-抗体复合物可打破动物对乙肝病毒免疫耐受性。通过合作开发,研制了可供慢性乙肝患者应用的治疗性乙肝疫苗(乙克)。对中国乙肝毒株的变异进行结构与功能基因组研究,发现乙肝病毒酶的新功能区,可作为新的药靶。在国内外发表论文 200 余篇,编写专著 6 本。

戴尅戎(1934. 6. 13—)

骨外科学和骨科生物力学专家。福建厦门人。1955 年毕业于上海第一医学院,1983 年于美国 Mayo Clinic 任客座研究员。上海交通大学教授。2003 年当选为中国工程院院士。2014 年当选法国国家医学科学院外籍通信院士。在国际上首先将形状记忆合金制品用于人体内部。在步态和人体平衡功能定量评定、内固定的应力遮挡效应、骨质疏松性骨折、人工关节的基础研究与定制型人工关节、干细胞移植与基因治疗促进骨再生、3D 打印技术在骨与关节系统中的应用等方面取得创新性成果,获国家发明奖二等奖、国家科技进步奖二、三等奖和部市级一、二、三等奖 45 项,获得授权专利 40 余项。发表论文 500 余篇,主编、参编专著 59 本。

周翔(1934. 9. 26—)

女,纺织化学与染整工程专家。上海人。1955 年毕业于华东纺织工学院。东华大学教授。1995 年当选为中国工程院院士。主要研究方向包括纺织品功能整理、新型纺织化学品、染整加工与环境(生态纺织)。主持研究开发的超低甲醛 DP 整理剂和整理工艺,使织物整理后甲醛释放量减少至国际先进水平,并且在提高织物弹性的同时,较好地保持了织物强力,有重大突破。主持研究开发的涤纶阻燃整理剂,能使工厂在不增加设备、工序、能耗和废水治理负担的条件下,得到出众阻燃效果并且效果耐久,达到国内先进水平。从事苎麻阳离子改性研究,经阳离子改性后,提高了苎麻纤维的得色量和色泽鲜艳度,成果属国内先进;研究聚酯纤维激光表面处理,使纤维的染色性、亲水性明显提高,成果达到国际先进水平。

张炳炎(1934. 10. 14—)

舰船工程专家。山东庆云人。1960 年毕业于苏联列宁格勒造船学院。中国船舶工业总公司七院第七〇八研究所研究员。1995 年当选为中国工程院院士。长期从事舰船研究设计,作为总设计师主持研究设计的"向阳红"号远洋调查船、"813"远洋电子技术侦察船、700 箱全集装箱船、综合海洋实习调查船、多用途直升机训练医疗船和南极综合科学考察破冰船的开拓性研究等,都是国内首次开发的大型系统工程。在长期研究设计中,创造性地解决了调查船的特殊抗风力、海洋调查工作与抗台风对船的稳性和耐波性要求的尖锐矛盾、大功率发信与收信的电磁兼容、大功率水声试验长期供电、大型直升机上船的机船结合等一系列重大技术难题,为国家做出重大贡献。

胡之璧(1934. 11. 3—)

女,中药学、中药生物工程学家。安徽潜山人。1984 年毕业于德国图平根大学,获理学博士学位。上海中医药大学教授。1994 年当选为中国工程院院士。主要从事中药生物技术研究。将近代分子生物学、植物基因工程与细胞工程等高新技术应用于中药研究。在国际上首先培育出转化率最高的洋地黄细胞株,即胡氏细胞株,首先将农杆菌 Ri 质粒成功引入几十种中草药基因组中,培育出多种转化器官培养系,有些品种有效成分含量达到了天然中药的几十倍,处于国际领先水平,为克服中药资源紧缺,开创中药生产与研究的新局面,做出了重要贡献。先后承担国家级和上海市重大研究课题,获得国家、省部级科技奖励多项。

黄崇祺(1934.11.7—)

金属导体专家。江苏常熟人。1957 年毕业于东北工学院。上海电缆研究所高级工程师。1997 年当选为中国工程院院士。主要从事电工用铜、铝及其合金、双金属和再生铜压力加工制品的研究、开发和应用,涉及架空导线及其试验、电气化铁路用接触导线、电工用铝导体及其稀土优化综合处理技术、电工用铜合金和铝合金导体、双金属导线、铝连续挤压、超导电缆和废杂铜直接再生制杆等。发表论文 90 余篇、出版著作 7 部。获省部级科技进步奖一等奖 3 项、国家级科技进步奖二等奖 2 项、全国科学大会奖两项和第四届上海科技博览会金奖 1 项。

孟执中(1934.12.16—)

气象卫星专家。浙江诸暨人。1956 年毕业于华南工学院电讯系。上海航天局研究员。2003 年当选为中国工程院院士。1979 年起主持中国第一颗"风云一号"气象卫星的研制。1988 年、1990 年"风云一号"A、B 星二次发射成功,使中国成为继美、苏后第三个研制成功太阳同步轨道气象卫星的国家。1999 年 5 月"风云一号"C 星发射成功,达到国际先进水平,该星至今还在正常运行。2002 年 5 月 15 日,"风云一号"D 星成功发射,运行良好。获国家科技进步奖一等奖、二等奖和多项省部级科技奖。2002 年获何梁何利基金科学与技术进步奖。

潘健生(1935.1.25—)

热处理工艺与设备专家。广东番禺人。1959 年毕业于上海交通大学。上海交通大学教授。2001 年当选为中国工程院院士。将传热学、数值分析、弹塑性力学、流体力学、软件工程等与材料学知识加以集成,建立反映热处理过程复杂现象的数学模型,在国内外率先实现复杂形状零件和复杂热处理工艺的计算机模拟,用热处理虚拟制造解决实际生产中的难题。主持完成热处理数学模型和计算机模拟的研究与应用,获 2000 年国家科技进步奖二等奖。主持开发分段可控渗氮与动态可控渗氮,获国家发明奖三等奖。获部委和上海市科技进步奖一等奖 2 项、二等奖 2 项。

沈祖炎(1935.6.5—)

钢结构专家。浙江杭州人。1955 年毕业于同济大学,获学士学位,1966 年同济大学结构理论专业研究生毕业。同济大学教授。2005 年当选为中国工程院院士。从事钢结构领域科研、实践和教学工作 60 年,为中国钢结构学科发展和工程建设做出了重大贡献。发表论文 400 余篇,出版《钢结构学》《钢结构基本原理》等著作 23 部,主、参编钢结构有关技术标准 16 本。主持 50 余项国家和省部级科研项目、30 余项重大工程项目的结构理论分析和试验研究,为国家大剧院、上海环球金融中心、浦东国际机场航站楼、广州新体育馆、南京奥体中心等提供了关键技术支撑,获国家级和省部级科技进步奖 33 项,其中高层建筑钢结构成套技术获 1993 年国家科技进步奖二等奖,多高层建筑钢结构抗震关键技术研制与应用获 2010 年上海市科技进步奖一等奖。

袁渭康(1935.7.1—)

化学工程专家。浙江宁波人。1962 年华东化工学院研究生毕业。华东理工大学教授。1995 年当选为中国工程院院士。长期从事工业反应器的研究与开发。发展了移动床煤气化器模型的近似解析解和通用的相平面分析法,以及反应器多态的全局分析法;在生物反应器的状态估计和控制、固定床电极反应器、超临界流体反应和CVD反应器的模型化方面获得了创新成果;进行反应器动态行为研究,发展了一种全新的动力学模型筛选及状态估计方法,以及过程在线辨识方法;主持了多个工业反应器的开发项目;创导了工业反应过程的开发方法论,应用反应工程理论,成功实现了反应器开发工作的高质量、短周期。多次获得国家及省部级奖励。获1999年何梁何利科技进步奖。发表学术论文200余篇、专著4部。

项海帆(1935.12.19—)

桥梁及结构工程专家。浙江杭州人。1955年毕业于同济大学桥梁与隧道专业本科,1958年毕业于同济大学桥梁专业研究生。同济大学教授。1995年当选为中国工程院院士。长期从事桥梁结构理论研究,近些年来主要侧重于大跨桥梁抗风研究。近十年来先后主持完成国家自然科学基金重大项目1项、重点项目2项;其他省部级科研项目及重大科研项目40多项。主持完成了国内绝大部分大跨桥梁的抗风研究。主持完成的大跨桥梁风致振动及控制理论研究获国家自然科学奖四等奖,上海南浦大桥工程获国家科技进步奖一等奖,其他获省部级科技进步奖一等奖5项、二等奖1项、三等奖4项。

林元培(1936.2.8—)

桥梁专家。上海人。1954年毕业于上海土木工程学校。上海市政工程设计研究总院总工程师,1989年被建设部首批命名为"中国工程设计大师"。2005年当选为中国工程院院士。设计或主持设计的大跨度桥梁涵盖了上海市杨浦大桥、南浦大桥、卢浦大桥、徐浦大桥、东海大桥等各种桥型。嘉陵江石门大桥获1991年国家科技进步奖一等奖,南浦大桥获1994年国家科技进步奖一等奖,杨浦大桥获詹天佑土木工程大奖,徐浦大桥获国家优秀设计金质奖,卢浦大桥2004年获美国国际桥梁协会颁发的Eugene C. Figg Jr.奖,重庆李家沱长江大桥获国家优秀设计金质奖。东海大桥的海上大桥长32公里,莆田木兰溪特大桥是国内首例独塔悬索桥,其钢箱系杆拱梁长度亚洲第一、世界第二。

丁传贤(1936.2.11—)

无机涂层材料专家。江苏海门人。1959年毕业于复旦大学。中国科学院上海硅酸盐研究所研究员。1995年当选为中国工程院院士。长期从事等离子喷涂涂层材料配方、工艺、性能、结构、应用和相关应用基础科学的研究。研制成功可供实用的电弧等离子喷涂设备和高温防热、耐磨、生物相容、红外辐射、电介催化等五个涂层系列,在中国国防和民用工业中得到较为广泛应用,社会、经济效益较为明显。10余项科研成果获得国家和省部级奖励,发表学术论文120余篇。

项坤三(1936.2.21—)

内分泌代谢学(糖尿病)专家。浙江杭州人。1958年毕业于上海第一医学院。上海市糖尿病研究所研究员。2003年当选为中国工程院院士。率先在中国开展糖尿病分子病因学系列研究,建立了中国首个大数量糖尿病样本信息库;首先发现中国人线粒体基因突变糖尿病患者,开创了将基因诊断用于糖尿病日常临床工作的先例,并通过全面筛查确认了中国人MODY型糖尿病的基因突变谱;对中国人2型糖尿病进行分子病因、病理生理和流行病学系列研究,并编著了中国首部第三种类型糖尿病——特殊类型糖尿病的专著。发表论文300余篇,以第一完成人获国家、省部及市科技进步奖11项,其中国家科技进步奖二等奖和市科技进步奖一等奖各1项。

陈亚珠(1936.7.23—)

女,高电压技术与生物医学工程专家。浙江宁波人。1962年毕业于上海交通大学电机系。上海交通大学教授。1996年当选为中国工程院院士。早期从事电力系统高电压及其绝缘技术研究。首次解决了多雷地区配电变压器的防雷问题、220千伏屋内配电装置的电气绝缘距离问题、高电压设备绝缘结构设计等,取得了多项研究成果,曾多次获国家级、省部级奖。研制成功的液电冲击波体外肾结石粉碎机,1987年获国家科技进步奖一等奖。提出组合模式治疗肿瘤的概念,率先提出相控阵列超声多模式聚焦的新概念、新技术。发表论文350余篇,获发明专利50余项。

叶可明(1937.3.28—)

建筑工程与土木工程施工技术专家。上海人。1962年毕业于同济大学。上海建工(集团)总公司高级工程师。1995年当选为中国工程院院士。长期研究施工技术,形成了针对"高、大、深、重、新"不同对象,因时、因地、因人制宜的施工技术体系。提出了广泛适用于高层建筑和高耸结构的升板机提模提脚手体系。实现350米高度自升式模板工艺;提出了上海软土地基中分地区、级别的支护原则,实现了20米深坑复合支护技术及10米深坑无支撑支护技术;完善了大体积混凝土施工技术与管理,实现24 000立方米混凝土一次浇灌;提出了商品泵送混凝土双掺技术与级配优化技术路线,实现350米高度混凝土一次泵送到顶;提出了大型构件组合吊装、整体提升及现场工业化技术路线,实现高空特重构件简化施工。取得了10余项国际与国内领先的科研成果。因上海南浦大桥工程,获1995年国家科技进步奖一等奖。1996年被评为上海市科技功臣。

江东亮(1937.9.1—)

无机材料科学家。上海人。1960年毕业于南京化工学院。中国科学院上海硅酸盐研究所研究员。2001年当选为中国工程院院士。长期从事先进陶瓷的组成、结构、工艺与性能关系的研究与发展工作。先后开展氧化铝陶瓷末期烧结气氛对材料致密化的影响,碳化物或含碳化物的复合材料的高温等静压氮化改性工艺等基础研究;在国内研制成功高致密微晶氧化铝陶瓷及机械密封件,磁流体发电电极材料,氧化铝轻质、重质耐热混凝土,碳化硅基工程陶瓷,复相陶瓷和陶瓷基复合材料等。发表论文300余篇,著作4部,获专利20项。获国家科技进步奖三等奖1项、国家技术发明奖二等奖2项,部级一等奖2项,二等奖6项,以及上海市和国家科学技术大会奖等12项。

顾玉东(1937.10.19—)

手外科、显微外科专家。山东章丘人。1961年毕业于上海第一医学院。复旦大学教授。1994年当选为中国工程院院士。长期从事手外科、显微外科临床研究和理论工作。1985年,静脉蒂动脉化腓肠神经移植获国家发明奖三等奖;1987年,足趾移植术中血管变异及处理获国家科技进步奖二等奖;1990年,臂丛神经损伤诊治获国家科技进步奖二等奖;1993年,腱侧颈7神经移位治疗臂丛根性撕脱获国家发明奖二等奖;1996年,肢体创面的皮瓣修复获国家科技进步奖二等奖;1998年,组织移植的基础研究获国家科技进步奖二等奖;2005年,长段膈神经及颈7神经移位治疗臂丛根性撕脱伤获国家科技进步奖二等奖。发表论文250余篇,出版《臂丛神经损伤与疾病的诊治》《手的修复与再造》《四肢创伤显微外科修复》等专著。

徐匡迪(1937.12.11—)

钢铁冶金专家。浙江崇德人。1959年毕业于北京科技大学。教授、博士生导师。1995年当选为中国工程院院士,2002年当选为中国工程院院长。先后被选为英国皇家工程院外籍院士、瑞典工程院、美国工程院、澳大利亚工程院院士等。长期从事电炉炼钢、喷射冶金、钢液二次精炼及熔融还原的研究。研制成SGDF型喷粉罐,获广泛应用;研究成功高纯度油、气管线钢的真空循环脱气、喷粉(RH-IJ)技术,被英钢联及新日铁公司采用;提出了铁液脱硫的拟一级不可逆反应处理法及锰熔融还原三步反应模式;主持制定上海钢铁工业"三优"规划。多次获得国家及省部级奖励,是国务院第一批享受国家津贴的有突出贡献科技工作者。发表学术论文 120 余篇,专著 7 部。

沈寅初(1938.7.7—)

生物化工专家。浙江嵊县人。1962 年毕业于复旦大学。上海市农药研究所高级工程师。1997 年当选为中国工程院院士。长期从事生物化工和生物农药研究。研究成功中国第一个用量最少、对环境最安全、对人畜无毒害的井冈霉素新农药,并得到应用推广,建厂 30 余家,为中国生物农药产业的建立奠定了基础;主持开发生物农药产业骨干品种杀螨杀虫抗生素,经济效益显著;研究成功微生物催化法生产丙烯酰胺,建立了中国第一套利用生物技术生产大宗化工原料的工业化装置,推广了生物催化在化工行业中的应用。多次获得国家及省部级奖励。发表学术论文 60余篇。

廖万清(1938.11.11—)

医学真菌病、皮肤性病学专家。广东梅县人。1961 年毕业于第四军医大学。第二军医大学教授。2009 年当选为中国工程院院士。长期致力于医学真菌病学的研究,首次发现了 9 种新的病原真菌及新的疾病类型,对隐球菌脑膜炎的诊治及军队真菌病的防治研究做出了重要贡献。真菌病的基础与临床系列研究等成果获国家科技进步奖二等奖、三等奖、军队医疗成果一等奖、全军专业技术重大贡献奖,以及上海市科技进步奖一等奖等各类奖项 24 项。

江欢成(1938.11.23—)

工程结构专家,全国工程勘察设计大师。广东梅州人。1963 年清华大学土木工程系毕业。华东建筑设计研究院高级工程师、总工程师。1995 年当选为中国工程院院士。上海东方明珠塔的设计总负责人,该塔以其完美的造型、独特的结构,赢得国内外高度赞誉,成为上海市公认的城市标志;印尼雅加达塔(558 米高)设计总负责人,在和世界一流建筑师的竞争中脱颖而出;上海金茂大厦业主的设计顾问组组长;作为主要设计者,第一次将 30 米直径天线卫星地面站成功地设计在软土地基上,获第一次全国科学大会奖。

范滇元(1939.2.18—)

光电子与激光技术专家。江苏常熟人。1962 年毕业于北京大学,1966 年中国科学院上海光机所研究生毕业。中国科学院上海光机所研究员。1995 年当选为中国工程院院士。从事"神光"系列高功率激光装置的研制及应用 30 多年,先后研制成功"星光一号""神光Ⅰ""神光Ⅱ"等大型激光装置。近年又投身巨型"神光Ⅲ"装置的设计与研制,任总体技术专家组总工程师。在激光系统总体设计光束传输理论与应用、强激光与物质相互作用等方面取得一系列先进成果。先后获得陈嘉庚奖、中国科学院科技进步奖特等奖,国家一等奖、上海市一等奖和光华工程科技奖等。

曾溢滔(1939.5.27—)

医学遗传学家。广东顺德人。1965 年复旦大学遗传学研究所研究生毕业。上海交通大学教授。1994 年当选为中国工程院院士。长期从事遗传病的防治及分子胚胎学的基础和应用研究,是中国遗传病基因诊断、血红蛋白病研究和胚胎工程技术的主要开拓者之一;发展了一整套基因诊断技术,发现了 8 种国际新型血红蛋白;将基因工程与胚胎工程相结合,在奶牛胚胎性别鉴定和性别控制,以及体细胞克隆牛和转基因动物乳腺生物反应器等研究项目中,取得了突破性进展。获国家科技进步奖二等奖 3 项。发表 500 余篇论文,主编 6 部专著。

王威琪(1939.5.30—)

生物医学工程学家。江苏海门人。1961 年毕业于复旦大学物理系。复旦大学教授。1999 年当选为中国工程院院士。在医学电子学的理论、方法、技术和应用方面取得多项首创或优秀成果。

基于超声、心电、计算机的无创伤评估肺循环阻力系统,在无创伤检测血流速度上有两项发明创造,将现代理论(分形、数学形态提取、数量化理论、极点轨迹)首先引入围产医学,找到新参数对医用多普勒原理提出新解释,研制成国内首套超声血流速度校刻系统。获世界医学生物超声联盟(WFUMB)的 Pioneer 奖,国家科技发明奖二等奖,光华科技基金二等奖,教育部科技进步奖二等奖,5 次上海市科技进步奖二等奖和 10 多项省部级奖项。发表论文 320 余篇、著作(合编)7 部,有 2 项发明专利。

方家熊(1939. 10. 22—)

光传感技术专家。安徽黄山人。1962 年毕业于南京大学物理系,1966 年中国科学院研究生毕业。中国科学院上海技术物理研究所研究员。2001 年当选为中国工程院院士。从事光传感器研究,为中国空间遥感系统提供了多种红外传感器。提出了变能隙半导体红外传感器的工程优值参数概念和测试方法;解决了空间用红外传感器的技术基础及工程问题,满足了中国首次从卫星对地球的长波红外遥感的要求;为新型空间遥感系统的需要实现了碲镉汞红外器件对 1~15 微米探测的全波段覆盖;提出了中国第一个多光谱红外焦平面组件方案并研制成功;为"风云一号"卫星、"风云二号"卫星及"神舟 3 号"飞船提供了各种多波段红外传感器组件,并推广应用于航空遥感系统和工业、交通、环境、医学等领域。著有卫星用长波 HgCdTe 探测器的研究等论文报告 100 多篇,参加撰写专著 2 部,获得六个国家科技奖。

朱能鸿(1939. 11. 10—)

天文光学望远镜专家。江苏苏州人。1960 年毕业于同济大学。中国科学院上海天文台研究员。1995 年当选为中国工程院院士。研制成功使月球及其定标星同时被拍摄在一张底片上的月球双速照相机、用于测定恒星赤经和赤纬的真空照相天顶筒,研制成中国第一架口径最大的 1.56 米天体测量望远镜,该项目获 1990 年度的中国科学院科技进步奖一等奖和 1991 年度的国家科技进步奖一等奖。设计了光干涉合成望远镜方案。1985 年被上海市政府评为有突出贡献的中青年科学技术专家;1990 年被评为中国科学院有突出贡献的中青年专家;1993 年被评为上海市十大科技精英。2002 年获何梁何利科技进步奖。

龚惠兴(1940. 7. 19—)

航天遥感、光电技术专家。上海市人。1963 年中国科技大学毕业,1967 年中国科学院自动化所研究生毕业。中国科学院上海技术物理所研究员。1995 年当选为中国工程院院士。研制红外地平仪,用于中国通信卫星飞行姿态测量;在国内首先进行航天红外遥感仪器——可见红外扫描辐射计的研制,为"风云一号"气象卫星的成功、卫星海洋遥感提前起步和使中国航天遥感从胶片摄影发展到光电传输探测做出了贡献。提出并完成了"风云一号"-03、-04 星的十通道扫描辐射计、中分辨率成像光谱仪的研制等。进行多次生物材料的空间微重力长晶试验。

庄松林(1940. 8. 14—)

光学专家。江苏溧阳人。1962 年毕业于复旦大学。1982 年在美国宾夕法尼亚州立大学电子工程系获得博士学位。上海理工大学教授。1995 年当选为中国工程院院士。长期从事应用光学、光学工程和光电子学的研究,多次获部级科技进步奖及多项荣誉奖。设计了百余种光学系统及仪器,是国内率先开展光学系统 CAD 的研究者。主持完成了国内最大的光学仪器设计软件系统,在统计试验总极值最优化方法极公差的非线性模型等方面取得独创性成果。在光学像心理物理实验研究方面开展了国内首创性的工作。对非相干光学信息处理及彩虹全息技术作了全面系统的研究。在复物体的位相恢复研究中提出多种光学方法,开创了该领域研究的新方向。发表论文 140

余篇,著有《光学传递函数》一书。

侯惠民(1940. 10. 13—)

药物制剂专家。上海市人。1963年毕业于上海第一医学院药学系,1990年获日本北海道医疗大学博士学位。上海医药工业研究院研究员。1996年当选为中国工程院院士。首先在国内开发出新剂型——膜剂,速效长效氨哮素膜剂、载药半透明接触镜救护眼膜、硝酸甘油贴膜等产品,均为中国首创。首先在国内研制成控释氯化钾和硫酸亚铁片剂,并投入生产。开发出治疗青光眼的药膜、硝酸甘油透皮给药、头孢氨苄缓释胶囊等20多种控制释放的药物制剂品种。获国家、省部、市级科技进步奖15项,发表论文115篇。

杨胜利(1941. 1. 5—)

生物技术专家。江苏太仓人。1962年毕业于上海华东化工学院。中国科学院上海生命科学研究院研究员。1997年当选为中国工程院院士。长期从事基因工程在酶、发酵和制药工业中的应用研究和开发;主持青酶素酰化酶基因工程研究,建立了基因克隆、定位表达系统,并采用DNA体内重组提高质粒的稳定性,优化了宿主和表达的条件,构建了高稳定性、高表达的基因工程菌,主要技术指标优于国际同类基因工程菌。在分子药理学、微生物血红蛋白和蛇毒基因工程、蛋白酶蛋白质工程、分子伴侣等方面进行了开拓性的创新研究,取得了一系列成果。青霉素酰化酶基因工程研究获1988年中国科学院科技进步奖一等奖和1989年中国科学院第二届亿利达科技奖。

周良辅(1941. 7. 27—)

神经外科学家。福建莆田人。1965年毕业于上海第一医学院。复旦大学神经外科研究所研究员。2009年当选为中国工程院院士。专长神经外科,包括脑和脊髓肿瘤、颅脑损伤、脑血管病、先天性病变等的研究。近来主要从事微侵袭神经外科,如显微外科、颅底外科、神经导航外科、内镜外科、立体定向放射外科和肿瘤干细胞等研究。发表论文200余篇,SCI收录50余篇,主编专著7部。获国家科学技术进步奖(1990、1995、2009、2014年),省部级一等奖五次,光华医学奖(1997年),上海市医学荣誉奖(1997年)等奖。

孙晋良(1946. 1. 2—)

纺织材料及复合材料专家。上海市人。1968年毕业于上海科学技术大学。上海大学教授。1997年当选为中国工程院院士。长期从事碳/碳复合材料、特种纤维及特种纺织材料等方面的研究工作。先后主持和承担了三十多项国家"六五""七五"科技攻关、国防科工委重点项目、国防科工委"十一五"项目及部、委下达的重大科研项目。研制的碳/碳复合材料喉衬及增强骨架材料为国防军工重点型号及航天工业用固体火箭发动机的发展做出重要贡献,并先后获得国家发明奖三等奖1项,国家科技进步奖二等奖4项,部、委及上海市科技进步奖7项。研制的导电性合成纤维、复合材料成型用辅料——吸胶透气材料等,在劳动防护、航空、航天等领域均得到应用。主持研究的碳/碳复合材料工艺技术装备及应用项目,2011年获中国纺织工业协会科学技术进步奖一等奖,2012年获国家科学技术进步奖二等奖。

陈赛娟(1951. 5. 21—)

女,细胞遗传学和分子遗传学专家。浙江鄞县人。1989年毕业于法国巴黎第七大学,获博士学位。上海交通大学医学院附属瑞金医院上海血液学研究所研究员。2003年当选为中国工程院院士。长期致力于白血病发病机理与治疗研究。率先提出并实施了白血病基因组解剖学计划,发现了一批新的白血病发病相关的突变基因与融合基因,揭示了白血病发病的新机制,为临床诊断、预后判断和靶向治疗提供了新的生物分子标志和靶标,并建立了急性髓性白血病(AML)预后相关的分子分型体系,进一步完善和丰富了白血病发病的分子机理,为制定分子靶向治疗策略提供了理论依据。获得国家自然科学奖二等奖、上海市自然科学奖特等奖等国家和省部级科技奖 10 余项。

王红阳（1952. 1. 31—）

女,肿瘤分子生物学与医学科学家。山东威海人。1992 年毕业于德国乌尔姆大学医学院,获博士学位。上海东方肝胆外科医院教授。2005 年当选为中国工程院院士。长期从事恶性肿瘤的基础与临床防治研究,对肿瘤的信号网络调控、肝癌诊断分子标志物与药靶鉴定及应用等有重要建树。在 Cancer Cell、J. E. M.、Gastroenterology、Hepatology 等发表论文 150 余篇;获国内外发明专利授权十余项。以第一完成人获国家科学技术进步奖创新团队奖、国家自然科学奖二等奖、何梁何利科技进步奖、上海市自然科学奖一等奖等。研发的肝癌诊断试剂获 CFDA 批准用于临床。

丁健（1953. 2. 20—）

肿瘤药理学家。江苏无锡人。1992 年毕业于日本国立九州大学,获博士学位。中国科学院上海药物研究所研究员。2009 年当选为中国工程院院士。领导建立了符合国际规范的抗肿瘤药物筛选和药效学评价体系,建立了系统的酪氨酸激酶及信号通路抑制剂、肿瘤新生血管生成抑制剂的研究平台;系统揭示了沙尔威辛、土槿皮乙酸等十余个自主研发的抗肿瘤候选新药的作用机制,在新型拓扑异构酶 II 抑制剂与新生血管生成抑制剂的作用机制研究方面,取得了一批原创性科研成果。以土槿皮乙酸为探针揭示了一条新的抑制新生血管生成通路,为靶向肿瘤新生血管生成的治疗策略提供了重要的理论依据。获国家自然科学奖二等奖、国家科技进步奖二等奖、上海市自然科学奖一等奖、上海市科技进步奖一等奖等各类奖项 10 余项。

金东寒（1961. 1. 11—）

动力机械工程专家。浙江新昌人。1989 年毕业于中国舰船研究院并获博士学位。中国船舶重工集团公司第七一一研究所研究员。2009 年当选为中国工程院院士。长期从事热气机及其动力系统研究与应用开发。发展了多缸热气机的基础理论,突破了热气机及其动力系统的关键技术,取得了一系列开创性成果,并在工程中得到应用,为发展中国新一代特种船舶技术做出了突出贡献。获国家科技进步奖特等奖 1 项、一等奖 1 项,国防科技奖一等奖 2 项,其他省部级科技进步奖 4 项。出版专著一部,发表论文 30 多篇,撰写研究报告 70 余篇。创建中国第一个热气机工程研究中心。先后获全国五一劳动奖章、何梁何利基金科学与技术进步奖、上海市科技功臣等荣誉。

曹雪涛（1964. 7. 19—）

免疫学专家。山东济南人。1990 年毕业于第二军医大学,获博士学位。第二军医大学教授。2005 年当选为中国工程院院士。从事天然免疫与免疫调节基础研究、肿瘤免疫治疗应用研究。揭示了天然免疫识别与炎症发生及其调控的新机制,发现了具有免疫调控功能的新型免疫细胞亚群,研究了自主发现的 20 余种新型免疫分子功能,提出了肿瘤免疫治疗新途径并开展了应用研究。以通讯作者发表 SCI 收录论文 220 余篇,包括《细胞》（Cell）、《自然》（Nature）、《科学》（Science）等。论文被 SCI 他引 6 000 余次。编写和共同主编专著 8 部。获国家自然科学奖二等奖 1 项（2003年）、上海市自然科学奖一等奖 3 项、军队科技进步奖一等奖 1 项。获得中国工程院光华奖。以第一完成人获得国家 II 类新药证书 2 个、授权国家发明专利 16 项。

第三章 科技人物表

第一节 上海市科技功臣

上海市政府决定自1992年开始,对有突出贡献的科技人员授予"上海市科技功臣"荣誉称号。这项工作由上海市科学技术委员会会同市人事局、市财政局负责进行。1992年度授予马在田等7人为上海市科技功臣,1994年授予黄培忠等7人为上海市科技功臣,1996年评选出6名上海市科技功臣,1998年评选出7名上海市科技功臣。从2001年起,上海市科技功臣奖纳入上海市科技进步奖,每两年评选一次,每年授予人数不超过2名。上海市科技功臣人选,由各有关委、办、局等单位推荐,上海市科学技术进步奖评审委员会评定,市政府批准。至2010年,上海共有37名杰出科技人员获此殊荣。

表14‐3‐1 1992—2010年上海市科技功臣一览表

姓 名	性别	单 位	职务、职称	授予年份	业 绩
马在田	男	同济大学	教授、中国科学院院士	1992	提出高阶分裂法和全倾角波动方程有限差分偏移成像的理论、方法和技术,解决了国际上同行们多年未能解决的问题,引起国际学术界和实业界的高度重视,被称为"马氏方法",并被美、德等国专家采用。该科研成果处于国际领先地位。
曾 乐	男	上海宝山钢铁总厂	副总工程师、高级工程师	1992	主持设计我国第一台焊接工字梁翼缘的反变形机及第一座全焊高炉的焊接工艺;《电渣冶炼与重熔》获国家创造发明一等奖;《超低碳不锈钢电焊条》获国家创造发明三等奖。宝钢一期工程获1988年国家科技进步特等奖,他是主要获奖者之一。研制并解决宝钢2号高炉及热风炉炉体用钢板的焊接新技术等。
顾建人	男	上海交通大学	教授、中国工程院院士	1992	首次在国际上证明了含N‐ras反意基因的假型逆转录病毒可阻断人肝癌细胞株的N‐ras表达并抑制癌细胞的生长,在国际上首次提出游离复制型乙肝病毒基因组的存在,在肝癌中占30%～40%。
姚文岳	男	上海市农业科学院	研究员	1992	1991年,承担了国家科委和上海市科委下达的白菜新品种选育技术、青菜复合抗源和新品种选育及早熟优质结球白菜品种选育3个"八五"攻关项目,取得突破性进展,提前一年完成"八五"原定研究目标。
包起帆	男	上海国际港务(集团)股份有限公司	副总裁、教授级高级工程师	1992	与同事一起完成了60多项技术革新和科研项目,其中3项获得国家发明奖,6项获得日内瓦、巴黎、匹兹堡、北京国际发明展览会金奖和银奖,6个项目获得国家专利。

（续表）

姓　名	性别	单　位	职务、职称	授予年份	业　绩
龚惠兴	男	中国科学院上海技术物理所	研究员、博士生导师、中国工程院院士	1992	1987年起,负责国家重点项目"风云一号"气象卫星的核心仪器——可见、红外扫描辐射计的初样及正样研制。完成总体方案设计,并解决了卫星上图像数据实时信息处理,以及在真空低温背景环境下红外通道的性能检验和红外辐射定标等关键技术难题。
刘维亚	男	上海刘维亚产品包装原创设计有限公司	高级工艺美术设计师	1992	1990—1991年,设计112件新产品包装造型,为企业创产值401.3万元(1986—1991年为企业创值1 008.2万元),获国家级、部级、华东地区等47项优秀包装设计奖。
黄培忠	男	上海市农业科学院	研究员	1994	主持国家和上海市重点攻关研究10项,先后主持育成裸麦品种"米麦114"、大麦品种"早熟3号""沪麦4号""沪麦8号""沪麦10号"等优质、抗病、高产新品种5个,参加育成"裸麦757"品种1个。
李瑞麟	男	上海市计划生育科学研究所	研究员、中国工程院院士	1994	研制成功1号避孕药、2号避孕药、53号探亲避孕药、RU486抗早孕药等一系列药物,填补了国内空白,国际同行称其为"53号之父",形成中国特色的避孕药系列。
李载平	男	中国科学院上海生命科学研究院	研究员、中国工程院院士	1994	20世纪80年代初,承担和组织了乙型肝炎病毒(HBV)的分子生物学研究,在国际上最先取得了adr亚型的基因组全克隆株,进行了乙型基因工程疫苗研究,构建了新型的、有特色的痘苗病毒载体系统生产乙肝疫苗。
林元培	男	上海市政工程设计研究总院	资深总工程师、中国工程院院士	1994	从事桥梁设计和理论研究,先后设计或主持设计了泖港大桥、广州海印大桥、重庆嘉陵江石门大桥等大型桥梁20余座。发表桥梁学术论文14篇,出版专著一部。
彭泽瑛	男	上海汽轮机有限公司	高级工程师	1994	为提高上海汽轮机厂引进型30万千瓦汽轮机组的水平、开发大容量机组及新品种机组做出了重要贡献。
王振义	男	上海交通大学医学院	终身教授、中国工程院院士	1994	1986年,首创应用维甲酸诱导分化治疗急性早幼粒细胞白血病,被誉为肿瘤治疗上的"革命性成就"。1988年10月,与学生一起撰写的论文在国际权威性刊物《血液》杂志发表后,被大量论文引证。多次获得国家、上海市、国家教委和卫生部的科技进步奖。
张　曙	男	同济大学	教授	1994	主要从事柔性制造技术和计算机集成制造技术的研究,曾主持独立制造岛在中国工业企业中的应用等中德政府科技合作项目、国家"七五"攻关和上海市重大科技项目10余项。大部分的科研成果属国内首创,达到当时国际水平。

姓　名	性别	单　位	职务、职称	授予年份	业　绩
顾玉东	男	复旦大学医学院	教授、中国工程院院士	1996	设计的"二套血供手术方法"使中国首创的足趾移植术在国际上保持领先地位；首创膈神经移位、多组神经移位、腱侧颈神经根移位治疗臂丛根性撕脱伤，使中国的臂丛损伤诊治处于国际领先地位。
孙观和	男	上海中西药厂药物研究所	高级工程师	1996	研究出世界第四代新型杀虫剂，如中西杀灭菊酯、中西除虫菊酯、中西氟氰菊脂等，填补国内空白。1989年发明中西溴氟菊酯，填补国内空白，取得国家专利，获国家发明奖二等奖和上海市科技进步奖一等奖。
徐芑南	男	中国船舶科学研究中心	副总工程师、研究员	1996	主持单人和无人潜水装具、缆控无人水下机器人(ROV)和"863"无缆自治式水下机器人(AUV)工程开发研制，先后担任4个项目的总设计师，获国家科技奖励1项，国家科委、国防科工委科技奖励2项，上海市、省部级奖励5项。
徐至展	男	中国科学院上海光学精密机械研究所	研究员、中国科学院院士	1996	主持线聚焦激光与等离子体相互作用、小型化脉宽可调的超短脉冲高功率激光系统和复合泵浦x射线激光等3项重大研究成果，分获1995年国家自然科学奖二等奖、1993年中国科学院科技进步奖一等奖和1992年中国科学院自然科学奖一等奖等。
叶可明	男	上海建工集团总公司	总工程师、高级工程师、中国工程院院士	1996	长期从事建筑施工技术的研究与工程实践。主持上海10多项重大工程的施工方案设计与工艺研究，攻克了许多施工技术上的重大难题，促进重大工程的顺利进行，在实践与理论上形成了针对"高、大、深、重、新"工程的技术体系。
曾溢滔	男	上海交通大学医学院	教授、中国工程院院士	1996	在血红蛋白病领域的研究中，发现了8种国际新型血红蛋白，在国际上首次阐明了牛类性别决定基因的核心序列，在奶牛胚胎性别鉴定和控制的重大研究中取得了突破性进展。
沈寅初	男	上海市农药研究所	高级工程师、中国工程院院士	1998	主持或主要参加的科研项目并得到推广应用的成果有抗油菜菌核病的新农用抗生素、对我国水稻主要病害纹枯病有特效的井冈霉素、农畜两用生物杀虫抗生素灭虫丁、微生物法生产丙烯酰胺等。
于仲嘉	男	上海市第六人民医院	主任医生、教授	1998	发明手或全手指缺失再造技术；首创桥式交叉吻合血管游离组织移植术、游离组织组合移植术；开拓了儿童大面积软组织缺损的修复等新技术；完成了世界首例前臂延长再造手。
范洪良	男	上海市农业科学院	研究员	1998	主持育成的中熟晚粳米新品种"寒丰""秋丰"，具有耐寒性强、米质优及高产稳产等特性。通过引种推广"太湖糯"，改变了糯稻低产局面。

（续表）

姓　名	性别	单　　位	职务、职称	授予年份	业　　绩
吴欣之	男	上海建工集团股份有限公司	副总工程师、教授级高级工程师	1998	攻克南浦大桥巨型曲线箱梁吊装、东方明珠钢天线桅杆的整体安装、浦东国际机场大型钢屋盖整体滑移等10余项重大难题。
张根度	男	复旦大学	教授	1998	负责承担完成60余项国家、部委、省市等重点科技攻关任务，建立具有世界一流水平的OSI一致性测试实验室。主持开发成功分布式电力调度自动化监控系统等产品。
郎明宽	男	电子部50研究所	教授级高级工程师	1998	主持研制成国内第一代数传设备，研制成高速200系列无线电力负荷控制系统，在全国80余个大中城市推广应用。
沈定中	男	中国科学院上海硅酸盐研究所	研究员	1998	主持开展的CsI(Ti)晶体的研制，排除了国际上惯用的在真空下生长该晶体的方法，首创一整套非真空无气氛保护大批量生长优质大尺寸CsI(Ti)晶体的新技术和新工艺。
谷超豪	男	复旦大学	教授、中国科学院院士	2001	开创了多元和高阶混合型偏微分方程理论，创建位相因子方法、球对称规范场的一般表达式及对称破缺研究成果，解决空气动力学方程与激波超音速绕流解有关的数学问题，开创波映照的研究，发展矩阵形式的Darboux变换方法，提出K展空间的新方法。
刘建航	男	上海市建委科学技术委员会	主任、高级工程师、中国工程院院士	2001	建立了时空效应理论，总结出车站基坑施工要点21条，创立不规则深大基坑的设计、施工和监控方法；提出地层位移的全过程控制及环境保护系列新技术，建立盾构法隧道施工地层位移的精确预测和控制技术，建立特种施工技术、地铁工程科学预测和信息化施工监控的整套技术等。
张文军	男	上海交通大学	教授	2003	解决数字高清晰度电视系统高速高效数字视频压缩编码和解码等7项重大关键技术，研制完成高清晰度电视视频编码器等13种国产核心设备、完整HDTV地面广播传输系统等。
张永莲	女	中国科学院上海生命科学研究院	研究员、中国科学院院士	2003	揭示雄激素对大鼠前列腺PSBP基因转录调控机制，提出将雄激素的作用定位在原始转录水平，开辟一条从反式因子、顺式元件、反式因子的研究道路，发现一大批新基因，为中国创立了一个器官功能基因组研究的基地。
蒋锡夔	男	中国科学院上海有机化学研究所	研究员、中国科学院院士	2005	发明含氟烯烃与三氧化硫的重要反应，合成新型化合物β-磺内酯，提出溶剂促簇能力、共簇集、解簇集和静电稳定化簇集等创新概念，建立了研究有机分子簇集的实验方法和判断标准，解决长期困扰自由基化学界如何评估这两种效应的重大问题。

(续表)

姓 名	性别	单 位	职务、职称	授予年份	业 绩
汤钊猷	男	复旦大学医学院	教授、中国工程院院士	2005	系统提出亚临床肝癌新概念,创用甲胎蛋白动态分析诊断没有症状的肝癌,大幅度提高了手术效果;在国际上最早系统提出对不能切除的肝癌采用缩小后切除的治疗方案,最早建成高转移潜能人肝癌模型体系。
李大潜	男	复旦大学	教授、中国科学院院士	2007	专于偏微分方程、最优控制理论及有限元素法理论,取得了多项具有国际先进水平的成果。其中,对一般形式的二自变数拟线性双曲型方程组的自由边界问题和间断解的系统研究,以及对非线性波动方程经典解的整体存在性及生命跨度的完整结果,均处于国际领先地位。
戴尅戎	男	上海交通大学医学院	教授、中国工程院院士	2007	在国际上首先将形状记忆合金制品用于人体内部。在步态和人体平衡功能定量评定、内固定的应力遮挡效应、骨质疏松性骨折、人工关节的基础研究与定制型人工关节、干细胞移植与基因治疗促进骨再生等方面取得创新性成果。
管彤贤	男	上海振华港机(集团)公司	总裁、高级工程师	2009	首创一次吊运2个40英尺(1英尺＝30.48厘米)集装箱的起重机新技术、全自动化双小车集装箱起重机、应用超级电容的轮胎式集装箱起重机、高效环保智能型立体集装箱码头装卸系统,研制亚洲最大4 000吨全回转浮吊、世界最大7 500吨全回转浮吊。
陈灏珠	男	复旦大学医学院	教授、中国工程院院士	2009	国内首次施行选择性冠状动脉造影和冠状动脉腔内超声检查,首次应用导管电极成功施行了经静脉心脏起搏,首次研制成功国产埋藏式起搏器,提出"心肌梗死"的疾病命名,率先证实"心肌梗死"可通过单极胸导联心电图进行定位诊断,率先用中西医结合治疗冠心病。

第二节　上海市科技精英

1989年,上海市科协开展首届"上海市科技精英"评选活动。之后,每两年评选一次,每次评选10名。至2010年,共评选出110名上海市科技精英。

表14-3-2　1989—2010年上海市科技精英一览表

姓 名	性别	单 位	职务职称	授予年份	业 绩
王承德	男	上海市特种基础工程研究所	高级工程师	1989	大直径工业管道水下长距离顶进技术研究获1981年市重大科技成果一等奖,三段双铰式局部气压顶管工具管获1982年国家发明奖三等奖,水下超长距离顶管施工工艺获1988年上海市科技进步奖一等奖和1989年国家科技进步奖一等奖。

姓　名	性别	单　　位	职务职称	授予年份	业　　　绩
申屠新林	男	上海航天局八一二所	研究员	1989	先后参加过东风5号、风暴火箭、实践2号、长征3号、长征4号控制系统设计工作和机器人的研制与开发工作。在任"长征4号"火箭控制系统副主任设计师时，组织实施的姿控系统应用于运载火箭，获得成功。
包起帆	男	上海国际港务集团有限股份公司	副总裁、高级工程师	1989	1985年以来，获得国家发明奖四等奖2项，交通部科技进步奖二等奖，优秀科技成果二等奖各1项，国际发明展览会金奖3项、银奖2项、铜奖1项。1986年获全国"五一"劳动奖章和全国优秀科技工作者称号。
吴汝平	女	中国科学院上海药物研究所	研究员	1989	青霉素酰化酶基因工程菌获中国科学院一等奖和亿利达奖。在研制确定基因克隆路线、基因定位表达和基因工程菌构建方面起了主要作用，技术指标优于国外同类菌种，达到20世纪80年代世界先进水平。
郭亚军	男	第二军医大学	教授	1989	提出肝癌局部免疫反应对肝癌发生发展有直接影响的新概念，创立局部细胞免疫研究的微量荧光抗体，在国内外首次利用小鼠抗大鼠T细胞亚群单克隆抗体微量全血染色法流式细胞仪分析等技术。
席裕庚	男	上海交通大学	教授	1989	预测控制机理与大系统预测控制获国家教委科技进步奖二等奖。提出的带约束多变量预测控制算法列入国家"七五"攻关计划。参与编写的《微型计算机控制技术》一书获国家优秀教材奖。
顾玉东	男	复旦大学医学院	教授、中国工程院院士	1989	静脉蒂动脉化游离腓肠神经移植获1987年国家发明奖三等奖；足趾移植后血循环危象处理获1987年国家科技进步奖二等奖；臂丛根性撕脱伤的生理诊断获市科技进步奖二等奖；神经诊断仪获1988年北京市科技进步奖三等奖。
黄培忠	男	上海市农业科学院	研究员	1989	主持和参与育成大麦高产新品种"沪麦4号"，选育出耐病、早熟、丰产的"沪麦6号"与耐病、早熟、高产的"沪麦8号"，以及耐病、早熟、适应性广的"沪麦10号"。
曾　乐	男	宝钢总厂及宝钢工程指挥部	副总工程师、高级工程师	1989	1988年宝钢一期工程施工技术获国家科技进步特等奖，他是主要获奖者之一。解决宝钢2号高炉及热风炉炉体用钢板的焊接技术，出版《焊接工程学》专著。1980年被评为冶金部劳模。
惠永正	男	中国科学院上海有机化学研究所	所长、研究员	1989	主持的糖淀粉螺旋构象的微环境效应研究获1986年中国科学院科技进步奖一等奖和1988年全国自然科学奖三等奖。在国内外一流学术刊物上发表论文50余篇。被国家科委授予有突出贡献的科学家称号。

（续表）

姓　名	性别	单　　位	职务职称	授予年份	业　　绩
苏洪雯	男	上海市建设工程局	教授级高级工程师	1991	超高建筑模具外挂脚手整体升降施工成套技术获1990年度国家发明奖二等奖。参加南浦大桥建设，担任浦西主引桥工程分指挥部指挥兼总工程师，连续两年获记功表彰。
严义埙	男	中国科学院上海技术物理研究所	所长、研究员	1991	在国际上首先提出并应用富碲"软性"碲化铅镀膜材料的理论与镀膜工艺。大气探测红外分光辐射计获1987年国家科技进步奖二等奖；6.5微米红外报警滤光片技术开发研究获1990年中国科学院科技进步奖一等奖和1991年国家科技进步奖三等奖。
张根度	男	复旦大学	教授	1991	1982年，DJS186微仿真器获电子部科技进步奖一等奖；1989年，"PENET"分组交换实验网获国家科技进步奖二等奖、机电部1989年科技进步奖一等奖；分布式信息网络与数据库获上海市科技进步奖二等奖。
张　熹	男	中国船舶工业公司七一一研究所	研究员	1991	光弹性测试技术及在柴油机等方面的应用获1978年全国科学大会奖；FQC-200型非球面激光全息光弹性获1980年国防工办技术改进成果二等奖；DYS-I型云纹散斑信息处理仪获1985年江西省科技进步奖二等奖和第七研究院重大科研成果二等奖。
杨玉良	男	复旦大学	教授、中国科学院院士	1991	在国内外一流杂志上发表40多篇高水平的学术论文。1986年获中国化学会首届青年化学家奖；1988年获国家教委科技进步奖二等奖、联邦德国莱布尼茨大奖。
杨雄里	男	中国科学院上海生理研究所	研究员、中国科学院院士	1991	在水平细胞所接收的光感受器信号及其相互作用方面取得新发现，在国际上被列为20世纪80年代视网膜研究中的突出成果。率先发现了视锥信号在暗中受到压抑的新现象，并对网间细胞及几种神经调质的参与机制进行了系统的分析。
陆　苹	女	上海交通大学农业与生物学院	教授	1991	抗兔出血热病毒单克隆抗体科技成果达到国际先进水平，获1990年上海市科技进步奖二等奖和国家教委科技进步奖三等奖；抗鸡传染性法氏囊病毒单克隆抗体研究。开创生物技术直接应用于畜牧业生产的新领域。
侯惠民	男	上海医药工业研究院	研究员、中国工程院院士	1991	主持国家"七五"攻关项目——高效维生素E制剂研究，成果为国内首创；消化道滞流及胃内漂浮制剂研究达到20世纪80年代后期国际先进水平。
高敦嶽	男	华东理工大学	教授	1991	泡沫自动检测仪表填补国内空白；血液钾钠分析仪的性能达到国外20世纪80年代同期产品先进水平；获1989年国家教委科技进步奖二等奖。

（续表）

姓　名	性别	单　位	职务职称	授予年份	业　绩
薛永祺	男	中国科学院上海技术物理研究所	研究员、中国科学院院士	1991	主要参加或主持研制的航空多光谱扫描仪等科研成果,分别获国家科技进步奖二、三等奖,中国科学院科技进步奖一、二等奖。
陈为铨	男	上海船厂	船长、高级工程师	1993	半潜式海洋石油钻井平台"勘探三号"获中国船舶总公司科技进步奖特等奖。建造28.3万立方英尺冷藏集装箱船。1992年获市建设科技功臣提名奖。
程骁	男	上海隧道工程公司	经理、高级工程师	1993	负责的软土地基注浆加固技术,属国内首创;盾构穿越重要构筑物时以双液跟踪注浆控制地面沉降技术项目,获1992年上海市科技进步奖一等奖。延安东路隧道施工技术项目获1993年上海市科技进步奖一等奖。
洪国藩	男	中国科学院上海生物化学研究所	研究员、中国科学院院士	1993	在国际上首次提出并完成DNA顺序的连续测定法,被誉为"洪氏测定法";发现DNA高温聚合酶,建立Bst聚合酶的高温DNA顺序测定系统,在国际上首次探清有关结瘤基因的调控机制。
李国欣	男	上海市航天局八一一研究所	研究员	1993	任"FY-1"气象卫星电源系统主任设计师,项目获1992年度航空航天部科技进步奖一等奖。主持的瑞典FREJA卫星镉镍电池组的性能达到当时国际先进水平。
李庆富	男	上海市农业科学院	研究员	1993	培育"沪单"一号、二号、三号等玉米品种,育成的"玉米自交系150",获1991年上海市科技进步奖一等奖。育成"沪爆一号"新品种玉米。曾获第二届上海市科技精英提名奖。
林元培	男	上海市市政工程设计院	总工程师、高级工程师	1993	解决国外桥梁尚未解决的裂缝问题,提出空间结构力学分析的新理论、梁式桥横向分析理论、装配式横向铰结板横向分布计算理论、大跨度T型钢构桥桥面错动理论等。
王正敏	男	复旦大学医学院	教授	1993	在国内首创单导电子耳蜗,使300多名全聋患者回到有声世界。是国内颅底显微外科的开拓者。在国内率先开展慢性胆脂瘤性中耳炎的鼓室成形术。
徐至展	男	中国科学院上海光学精密机械研究所	所长、研究员	1993	在激光物理等科技领域取得系统和重大的创造性研究成果。主持并作为第一研究者或首要贡献者完成的8项重大研究成果,获得国家级或中国科学院奖励。
朱能鸿	男	中国科学院上海天文台	高级工程师	1993	研制成中国第一架月球照相机,设计中国第一台真空照相天顶筒,填补国内空白。负责承担口径为1.56米天体测量望远镜的总体设计、制造和总装调试。该项目获1992年国家科技进步奖一等奖。

（续表）

姓　名	性别	单　位	职务职称	授予年份	业　　绩
陈　竺	男	上海第二医科大学附属瑞金医院	研究员、中国科学院院士	1995	急性早幼粒细胞白血病中 t(15;17)染色体易位的分子生物学研究，ph1 染色体相关白血病的细胞和分子生物学研究，先后获卫生部、上海市和国家教委科技进步奖一等奖。
陈良尧	男	复旦大学	教授	1995	独创性设计和研制高精度自动扫描椭圆偏振光谱仪，获 1994 年上海市科技进步奖一等奖。1995 年获国家杰出青年基金。经 SCI 检索，作为第一作者的论文被引用的有 32 次。
陈彦模	男	中国纺织大学	教授	1995	主持国家重大科研项目 4 个，承担部、市级项目 20 余个，获国家级和上海市科技进步奖 5 项、发明专利 2 项。其中丙纶单丝细旦丝(dpf<1)成形研究项目，填补国内空白，达到国际先进水平。
丁德富	男	上海市前卫农场	高级农艺师	1995	参加 9 次柑橘科研项目(其中主持 5 项)，有 3 项获国家级奖、6 项获市级奖。柑橘矮化密植早丰产和优质技术研究、上海市北缘柑橘大面积种植技术及推广等科研课题取得成功。
高秀理	男	中国船舶工业总公司第九设计研究院	高级工程师	1995	上海市合流污水治理工程彭越浦泵站(4.1 标)工程，节约土建和设备费用 1 000 万元。大直径深基础工程基坑稳定性研究，达到世界先进水平，获 1994 年上海市科技进步奖二等奖。
郭礼和	男	中国科学院上海生命科学研究院	研究员	1995	在酵母丙氨酸 TRNA 人工合成这一获得国际领先的重大科研成果中做出重要贡献。家兔个体表达系统研究获中国科学院科技进步奖一等奖；人生长激素基因工程获中国科学院科技进步奖二等奖。
侯春林	男	第二军医大学附属长征医院	教授	1995	带血管蒂组织瓣移位术临床研究获军队科技进步奖一等奖；手残指延长器获国家发明专利、军队科技进步奖二等奖；几丁质及其衍生物的基础和应用研究获军队科技进步奖二等奖。
王衡元	男	上海沪东造船厂	高级工程师	1995	先后参加和主持 10 多种型号舰船的设计。其中负责的 3 个项目获国家科技进步奖，3 项获省部级科技进步奖。
张　文	男	复旦大学	教授	1995	完成国家级、部委级和市级重大科研项目 18 项，复杂转子系统动力学荣获国家自然科学奖，航空发动机盘片轴整体全弹性转子振动特性分析获上海市科技进步奖一等奖。
郑崇直	男	中国科学院上海有机化学研究所	研究员	1995	领导的课题组在有机化合物结构计算机处理系统方面处于世界领先地位，完成中国化学文献库、综合谱图数据库、有机反应数据库等具有国内领先水平的项目，获得国家和中国科学院科技进步奖。

（续表）

姓　名	性别	单　　位	职务职称	授予年份	业　　绩
陈凯先	男	中国科学院上海药物研究所	所长、研究员	1997	主持的基蛋白质、核酸三维结构的合理药物设计项目,获1997年中国科学院自然科学奖二等奖(第一完成人);量子化学从头计算通用程序 MOM-81 获1987年中国科学院科技进步奖二等奖。
陈赛娟	女	上海第二医科大学附属瑞金医院	研究员	1997	phl 染色体相关白血病细胞和分子生物学研究获1994年上海市科技进步奖一等奖;急性早幼粒细胞白血病 t(15;17)染色体易位的分子生物学研究获1993年卫生部科技进步奖一等奖;人类白血病分子机制研究及其临床应用获1995年国家科技进步奖二等奖。
丁文江	男	上海交通大学	教授	1997	主持完成48个科研项目,获国家及省部级以上科技进步奖11项。研制的阻燃镁合金为世界首创,在世界上首次提出了气体吸附阻碍理论,并首次采用液相法制备出粒子增强铝基复合材料。
洪家兴	男	复旦大学	教授	1997	对数学家丘成桐提出的负曲率曲面在欧氏空间中实现这一困难问题,首次给出了一般的存在性定理。获1986年国家教委科技进步奖一等奖、1995年第五届陈省身数学奖和1996年求是科技基金"杰出青年学者奖"。
黄道	男	华东理工大学	教授	1997	合成氨和尿素装置计算机控制、优化和调度(第一完成人)获1995年化工部科技进步奖一等奖,获1996年国家科技进步奖二等奖。
马余刚	男	中国科学院上海应用物理研究所	研究员	1997	中能重离子碰撞的集体行为和奇异核产生截面和奇异反应总截面研究两项重要科研成果,获1997年中国科学院自然科学获二等奖。
吴欣之	男	上海市机械施工公司	总工程师、高级工程师	1997	在参加南浦大桥、上海体育场等重大工程建设中,解决了超高、超重、超大型建筑结构的安装技术。
徐鸣谦	男	同济大学	教授	1997	超大型构件液压同步提升技术与设备和 SVAGl367 转速、闭合角和点火提前角测量仪,分别获1996年国家科技进步奖二等奖和1992年上海市科技进步奖二等奖。240 米钢内筒烟囱液压顶升装置获1992年上海市科技进步奖二等奖。
杨甲梅	男	第二军医大学	教授	1997	首创和率先引用5种新的诊治肝胆疾病的方法,获军队科技进步奖二等奖2项、国家科技进步奖二等奖2项。中晚期肝癌外科综合治疗的研究获1995年国家科技进步奖二等奖。

(续表)

姓　名	性别	单　位	职务职称	授予年份	业　绩
朱传琪	男	复旦大学	教授	1997	大型并行超级计算机的同步获1991年国家自然科学奖四等奖;并行程序设计环境ParaPIE获1996年上海市科技进步奖二等奖。
刘达庄	女	上海市血液中心输血研究所	研究员	1999	完成简易致敏红细胞血小板血清学技术和应用的研究、特异性血小板抗原体反应检测方法和应用的研究,发现中国第一例血小板特异抗体、2例稀有抗体和1例稀有红细胞血型。
时俭益	男	华东师范大学	教授	1999	在群表示理论与组合数学领域取得多项成果,被国际组合数学界命名为"时排列"。主持或参加的项目有限群表示论、卡茨当—罗茨蒂克胞腔理论。
李　卿	男	中国航天工业总公司第八研究院	研究员	1999	参加了中国"东方红一号"卫星、"长空一号"卫星的研制。任"风云二号"地球同步卫星的总设计师,为开创中国长期稳定运行的卫星气象系统奠定了基础。
郑亲波	男	中国科学院上海技术物理研究所	研究员	1999	任"风云一号"极轨气象卫星副总设计师。主要参加的项目有"风云一号"甚高分辨率扫描辐射计、"863"项目——空间生物细胞反应器、中分辨率成像光谱仪原理型样机研制及航空校飞实验。
唐玉恩	女	上海现代建筑设计有限公司	副总建筑师、高级工程师	1999	主持设计的项目有上海图书馆、虹桥新世纪大厦、上海现代建筑设计大厦、上海柏树大厦、复旦大学逸夫楼等。获全国、部优秀设计奖和上海市科技进步奖等。
郭可中	男	上海宝钢集团公司	高级工程师	1999	主持或主要参加的项目有:提高高炉煤粉接受能力研究、高铁粉低二氧化硅烧结矿生产攻关研究、煤枪安装位置调整装置、高炉喷吹煤粉用煤枪。
钱旭红	男	华东理工大学	教授	1999	主持完成的获奖项目有:萘系杂环生物性能燃料的合成、光氧化及构效关系、恶唑及酰肼类昆虫调节剂的结构与活性关系。
曹谊林	男	上海第二医科大学附属第九人民医院	教授	1999	主持完成的人耳廓形态软骨再生,开辟无损伤修复创伤和实现真正意义功能重建的新途径。
曹雪涛	男	第二军医大学	教授	1999	克隆了109条全长基因。主持或承担的项目有:肿瘤的细胞因子基因治疗的实验研究,国家"863"项目、军队"九五"项目、国家自然科学基金重点项目和国家杰出青年基金项目。

（续表）

姓 名	性别	单 位	职务职称	授予年份	业 绩
潘迎捷	男	上海市农业科学院	院长、研究员	1999	在国际上首次提出并建立以单核和同核原生质体为材料的食用菌杂交育种新方法和育种技术程序。在国际上首次发现 ssRNA 香菇病毒。先后主持 14 项国家和全市重大科研项目。
江基尧	男	第二军医大学附属长征医院	教授	2001	在国际上首先发现亚低温对颅脑创伤具有显著的治疗保护作用；系统阐明三种脑递质受体在颅脑创伤发病机制中的作用；重型颅脑创伤救治成功率达国际先进水平；在国内首先采用超深低温成功复苏了脑无血循环 50 分钟的动物。
张文军	男	上海交通大学	教授	2001	研制成功高清晰度电视功能样机系统，使中国成为一个拥有完整数字电视系统技术的国家；研制开发数字高清晰度电视测试与转播试验系统，被评为国家重大科技成果。
张世永	男	复旦大学	教授	2001	完成了中欧合作一致性测试项目，建立了国内第一个一致性测试实验室和网络认证中心；参与制定上海信息港规划；计算机安全网络框架获国家科技进步奖二等奖。
杨桂生	男	上海杰事杰新材料有限公司	研究员	2001	先后负责承担国家级科技项目 12 项、省市级重大科技项目 18 项，是 20 项发明专利的主要发明人。该公司成为中国最大的工程塑料研究开发和产业基地之一。
范庆国	男	上海建工集团总公司	教授级高级工程师	2001	参与南浦大桥和杨浦大桥建设，解决了大跨度连续曲线箱梁和 208 米主桥塔结构砼施工难题；解决了金茂大厦超大规模深基础施工和外挑钢架复合型柱砼施工难题；主持了磁悬浮列车工程等重大项目。
郁竑	男	上海钢铁工艺技术研究所	教授级高级工程师	2001	发明的钢筋冷压连接技术，填补了中国钢筋机械连接技术的空白；作为主要起草人的中国第一部钢筋机械连接通用技术规程，被推广到全国 1 000 余项大型工程，并打入国际市场；代表中国参加了 ISO 国际标准的制定。
侯建文	男	上海航天局第八一二研究所	研究员	2001	承担了"风云一号"A、B 两颗卫星的控制设计和技术创新研究，负责"风云一号"C 气象卫星姿态控制系统的技术攻关和工程研制，组织"风云三号"等新一代卫星姿态控制系统技术开发和工程研制。为突破气象卫星高可靠、长寿命的关键技术做了大量的研究工作。
贺林	男	上海交通大学生命科学技术学院	教授	2001	在国内建立了神经精神疾病遗传资源样品库；在国内率先开展了精神疾病的致病基因及药物基因组学研究；定位与克隆了世界之谜 A－1 型短指（趾）症；承担了国家杰出青年基金、"973""863"计划等重大项目。

(续表)

姓 名	性别	单 位	职务职称	授予年份	业 绩
黄 倩	女	上海市第一人民医院	研究员	2001	在抑癌基因 Rb 突变与视网膜母细胞瘤发生、发展的关系,视网膜母细胞基因诊断领域的研究中取得突出成绩;在观察肿瘤早期新生血管形成过程、抑制肿瘤新生血管形成、治疗恶性肿瘤方面取得了新成果。
雍炯敏	男	复旦大学数学系	教授	2001	从事微分对策论及有关问题的研究,在追踪与躲避最优转换与脉冲控制理论、分布参数控制理论、反馈镇定理论等多个方向上获得一系列成果。完成 60 余篇论文(40 余篇在国内完成),大多数发表在国内外著名杂志上,受到国内外专家的高度评价。
王红阳	女	第二军医大学东方肝胆外科医院	教授	2003	克隆和鉴定 PCP-2 等新的酪氨酸磷酸酶 3 种,提出磷酸酶 MAM 型新的分类方法。四种新的基因的克隆鉴定与肿瘤相关性研究获 1999 年解放军总后勤部科技进步奖一等奖(第一完成者)。
孙超才	男	上海市农科院作物育种栽培所	副所长、研究员	2003	提出在双低杂种后代选择方法上先抗病性鉴定筛选,其次农艺产量性状选择,第三品质纯合的方法,培育成四个双低油菜新品种。早中熟甘蓝型双低油菜新品种的选育——"沪油 15"获 2003 年上海市科技进步奖一等奖。
陈 进	男	上海交通大学	教授	2003	领衔主持的 32 位高性能嵌入式 DSP 芯片开发项目通过"863"计划专家中期检查,为"汉芯"系列芯片的后续研发和产业化发展奠定了基础。后被有关部门证实"汉芯"为重大科研造假事件。
陈义汉	男	同济大学医学遗传研究所	所长、教授	2003	揭示高血压病靶器官损害的若干危险因素、部分分子基础和细胞机制。发现心房颤动致病基因,并阐明心房颤动的一个病理生理机制。是中国疾病基因组学的重大突破。
陆 昉	男	复旦大学物理系	主任、教授	2003	首次在国际上用导纳谱研究了锗硅半导体量子点中的库仑荷电效应。硅基低维结构材料的研制、物性研究及新型器件制备获 2003 年国家自然科学奖二等奖(第一完成者)。
林忠钦	男	上海交通大学	教授	2003	提出一套新的车身制造质量控制体系,提出新型高精度等效拉深筋阻力模型和变压边力控制模型。轿车车身制造质量控制技术及其应用获 2003 年国家科技进步奖二等奖。
施剑林	男	中国科学院上海硅酸盐研究所	所长、研究员	2003	提出氧化物化学制备过程中团聚体形成机制与团聚防止方法,发现前人在陶瓷烧结理论研究中的问题,提出全新的烧结致密化理论;发展出几种创新的介孔主客体纳米材料制备新方法。

（续表）

姓　名	性别	单　位	职务职称	授予年份	业　绩
秦宝华	男	上海市基础工程公司	副经理、教授级高级工程师	2003	负责徐浦大桥、卢浦大桥等多项重点工程的施工。在卢浦大桥建设中大胆采用"钢绞线留缆"方法，解决中跨拱肋安装的难题，攻克当时世界拱桥建桥史上单根长度最大的水平索施工技术。
蒋华良	男	中国科学院上海药物研究所	研究员	2003	在国内率先开展大分子复杂体系超级计算机并行算法和应用研究。带领课题组成功进行了 SARS 病毒关键蛋白的基因克隆、质粒构建和表达纯化。
戴德海	男	上海市航天局第801研究所	研究员	2003	主持攻关"长征四号"甲运载火箭三级姿控系统用于推进剂管理的"表面张力贮箱"关键技术。推进舱230升金属膜片贮箱关键技术填补国内空白。
丁　健	男	中国科学院上海药物研究所	研究员	2005	建立抗肿瘤药物筛选和药效学评价技术体系，阐明新拓扑异构酶Ⅱ抑制剂——沙尔威辛独特的抗耐药特性与分子机制，首次发现转录因子 c－Jun 在抗肿瘤多药耐药中的关键作用；发现其全新的抗肿瘤新生血管生成机理。
马建学	男	上海华谊丙稀酸有限公司	总工程师、高级工程师	2005	开发出具有自主知识产权的丙烯酸丁酯国产化生产工艺技术，填补国内丙烯酸行业的空白。丙烯酸丁酯新工艺生产关键技术获2005 年国家科技进步奖二等奖（第二完成人）。
史进渊	男	上海发电设备成套设计研究所	副总工程师、教授级高级工程师	2005	大型汽轮机部件寿命评定新技术获 2003 年国家科技进步奖二等奖；300 兆瓦火电机组可靠性增长技术的研究和应用获 2004 年国家科技进步奖二等奖。
陈　楠	女	上海交通大学附属瑞金医院肾脏科	主任、教授	2005	急性肾功能衰竭病因、临床与实验研究获 2003 年上海市科技进步奖一等奖；中国人遗传性肾炎（AIPORT 综合征）临床病理和分子发病机制研究获 2003 年教育部科技进步奖一等奖。
邵志敏	男	复旦大学附属肿瘤医院乳腺外科	主任、教授	2005	首次报道了在乳腺癌上胰岛素样生长因子结合蛋白-3 和激素受体相关及维甲酸受体-a 和激素受体相关。乳腺癌的临床和基础研究获 2004 年国家科技进步奖二等奖。
胡里清	男	上海神力科技有限公司	总经理兼技术总监、高级工程师	2005	承担国家"863"计划重大专项——燃料电池发动机研发工程，为同济大学燃料电池轿车提供了二代燃料电池发动机 4 台，为清华大学燃料电池大巴提供了三代燃料电池发动机 3 台。

（续表）

姓　名	性别	单　　位	职务职称	授予年份	业　　绩
唐　颐	男	复旦大学	教授	2005	有序排列的纳米多孔材料的组装合成和功能化获2005年国家自然科学奖二等奖(第二完成人);特殊孔结构的催化和分离材料的分子工程学研究获2003年上海市科技进步奖一等奖(第一完成人)。
袁　洁	男	上海航天局	局长、研究员	2005	先后担任运载火箭总体主任设计师、"长征二号"丁运载火箭总指挥等职。"长征四号"乙(CA－4B)运载火箭获2001年国家科技进步奖二等奖(第二完成人)。
钱　锋	男	华东理工大学	教授	2005	大型精对苯二甲酸生产过程智能建模、控制与优化技术获2005年教育部科技进步奖一等奖(第一完成人);乙烯精馏装置软测量和智能控制技术获2004年上海市科技进步奖一等奖(第一完成人)。
景益鹏	男	中国科学院上海天文台	研究员	2005	宇宙结构形成的数值模拟研究获2004年上海市科技进步奖一等奖。首次提出暗晕集因子的对数正则发布公式、暗晕内部物质分布的三轴椭球密度分布模型等。
毛军发	男	上海交通大学	教授	2007	发表300多篇学术论文,申请发明专利20项(授权10项),1998年获上海市自然科学牡丹奖,2004年获国家自然科学奖二等奖,2005年获上海市科技进步奖一等奖,2008年获国家技术发明奖二等奖。
刘昌胜	男	华东理工大学	教授	2007	研制出自固化磷酸钙"人工骨"系列产品,发明并制备出载重组人工骨高活性修复材料。获得国家科技进步奖二等奖、上海市自然科学奖二等奖等。
沈志强	男	中国科学院上海天文台	研究员	2007	发现了支持"银河系中心存在超大质量黑洞"这个观点迄今为止最令人信服的证据,结果于2005年11月3日在《自然》(Nature)上发表并在国内外引起重大反响。
张志愿	男	上海交通大学医学院	教授	2007	擅长口腔颌面部与头颈部肿瘤的诊治,承担国家"863""十一五"支撑计划、国家自然科学基金重点2项、面上5项等部、委级课题共19项;获得国家科学技术进步奖二等奖2项、上海市科技进步奖一等奖2项。
武　平	男	展讯通信公司	总裁兼CEO	2007	在系统集成电路、混合信号技术方面拥有丰富的设计经验和技术管理经验。国内TD－SCDMA手机大多选用了展讯、联芯和T3G这三家厂商的芯片。2007年成功推动展讯通信在纳斯达克上市。

（续表）

姓　名	性别	单　位	职务职称	授予年份	业　　绩
金东寒	男	中船重工集团公司第七一一研究所	研究员	2007	发展多缸热气机的基础理论,突破热气机及其动力系统的关键技术。获国家科技进步奖特等奖1项、一等奖1项,国防科技奖一等奖2项,其他省部级科技进步奖4项。
段树民	男	中国科学院上海生命科学研究院	研究员	2007	在胶质细胞信号分子释放机制、胶质细胞对神经环路和突触可塑性的调控等方面取得重要研究成果,以通讯作者在《科学》(Science)等国际著名杂志发表系列研究论文。2010年获国家自然科学奖二等奖。
俞　洁	男	上海卫星工程研究所	所长、研究员	2007	在"风云二号"气象卫星研制中,独创了多项新技术,为该型号卫星的成功研制和应用做出了特殊贡献。开展新一代气象卫星"风云四号"的预研和关键技术攻关,提出了具有重要价值的总体思路。
夏照帆	男	第二军医大学附属长征医院	教授	2007	首次证明烧伤休克细胞能量代谢障碍假说;率先发现皮肤成纤维细胞释放IL-6在烧伤后全身炎症反应中的重要作用等。获国家科技进步奖一等奖1项、二等奖2项、三等奖1项;获国家发明专利授权8项。
龚　剑	男	上海建工集团股份有限公司	总工程师、教授级高级工程师	2007	在超高层关键技术研究中,共获得省部级以上科技进步奖15项、国家科技进步奖一等奖1项、上海市科技进步奖一等奖5项,还获得技术专利15项。
马大为	男	中国科学院上海有机化学研究所	研究员	2009	获得求是科技基金会杰出青年学者奖(1998年)、中国青年科技奖(1998年)、上海市十大杰出青年(2001年)、上海市科学进步一等奖(2005年)、国家自然科学二等奖(2007年)。
许　迅	男	上海交通大学眼科研究所	所长	2009	主要从事眼底病的诊断、治疗与研究。多次获得中华医学科技奖、上海市科技进步奖和教育部科技奖。所带领的团队荣获2007年度上海市科技进步奖一等奖。
孙颖浩	男	上海交通大学附属长征医院	教授	2009	获国家科技进步奖二等奖及上海市科技进步奖一等奖各1项、中华医学科技奖三等奖1项、军队医疗成果一等奖2项及军队科技进步奖三等奖各1项,获上海科技进步奖二等奖1项。
李建华	男	上海交通大学	教授	2009	主要从事信息安全技术研究。2005年获国家科技进步奖二等奖1项,2003年、2004年获上海市科技进步奖一等和二等奖各2项,2001年获国防科技奖三等奖1项。

（续表）

姓　名	性别	单　位	职务职称	授予年份	业　绩
汪华林	男	华东理工大学	教授	2009	发明液体旋流脱盐、碱、微细颗粒的方法和集成工艺及高效旋流芯管,提出并开发成功石油焦化冷焦水密闭循环处理工艺技术。获2007年国家科技进步奖二等奖(第一完成人)。
陈代杰	男	上海医药工业研究院	研究员	2009	环孢菌素A生产新工艺关键技术及其应用分别获2004年上海市科技进步奖一等奖和2005年国家科技进步奖二等奖;万古霉素关键技术研究及产业化分别获2006年上海市科技进步奖一等奖和2007年国家科技进步奖二等奖。
陈芬儿	男	复旦大学	教授	2009	2006年获何梁何利奖、上海市发明家奖、上海市科技创新英才奖,2005年获国家技术发明奖二等奖、中国专利金奖,2004年获上海市发明创造专利一等奖,2003年获上海市科技进步奖一等奖、教育部科技进步奖一等奖。
金　力	男	复旦大学	教授	2009	在分子进化、重复片段位点和连锁不平衡等领域发展了多个理论和方法,在基因组水平深入解析了东亚人群的遗传多样性特征,阐明了东亚人群多个性状的适应性变异的分子遗传学基础。获何梁何利基金科学与技术进步奖、国家自然科学奖二等奖等。
房静远	男	上海交通大学医学院附属仁济医院	教授	2009	在国际上首次发现叶酸可以治疗慢性萎缩性胃炎和预防胃癌且其机理与DNA甲基化的维持有关。获得上海市科技进步奖一等奖、国家科技进步奖二等奖各1项,上海市和卫生部科技进步奖三等奖各2项。
樊　嘉	男	复旦大学附属中山医院	教授	2009	获上海市科技进步奖一等奖、中华医学科技奖二等奖、国家科技进步奖二等奖、上海市医学科技奖二等奖,上海市优秀发明奖选拔赛一、二等奖,上海市科技进步奖二等奖及上海市医学科技奖一等奖。

专 记

一、部 市 合 作

2004 年 7 月 14 日,科技部部长徐冠华与上海市市长韩正签署《科学技术部—上海市人民政府工作会商制度议定书》。双方围绕科技体制改革综合试点、"e-上海"建设、海水淡化、清洁能源、生命科学和医药产业发展、国家食品安全工程技术研究中心等方面达成合作意向。徐冠华在签字仪式上说,作为我国科技创新的重要城市,上海是落实"科教兴国"战略、实现新飞跃的重要载体,也是科技部推动科技创新和产业化的重要伙伴。相信在科技部和上海市政府的共同努力下,双方的合作一定会涌现出更多亮点,结出更多丰硕的果实,从而为提升我国的科技创新水平做出更大贡献。韩正表示,上海将把"科教兴市"主战略的实施,同建设创新型国家战略目标有机结合起来,认真履行"部市会商"协议所确定的各项内容,通过完善区域创新体系,增强区域创新能力,为上海率先建成小康社会和率先基本实现现代化提供智力支持和科技支撑,为国家创新体系的建立做出应有的贡献。11 月 1—2 日,科技部部长徐冠华、秘书长张景安、发展计划司司长杜占元、条件财务司司长郑国安、高新技术发展及产业化司司长冯记春、农村与社会发展司司长王晓方、政策法规与体制改革司副司长张晓原等来沪,听取上海市关于部市合作项目汇报。中共上海市委副书记殷一璀、上海市副市长严隽琪会见了徐冠华一行,上海市科委主任李逸平等参加会见。

2005 年 8 月 18 日,国家科技部与上海市部市合作委员会 2005 年工作会议在沪召开。明确将战略产品研发与产业化、重大工程科技应用示范,以及科技体制改革综合试点作为下一阶段"部市合作"三大核心任务。市委副书记、市长韩正会见了国家科技部部长徐冠华一行,科技部副部长李学勇、市委副书记殷一璀、副市长严隽琪等领导出席了会议。先期提出的几项重点工作均取得较快进展,在"生态岛科技支撑"方面,提出了建设"上海市崇明生态科技创新基地"的设想并取得良好开局,由复旦大学、同济大学等与崇明县共同建设的湿地科学与生态工程、环境科学与污染防治等 5个实验室落户崇明并投入运行;"崇明岛有机农业标准化栽培技术研究"等 10 个项目启动;包括"50千瓦屋顶太阳能并网应用""风光互补路灯应用系统""超级电容电动车""生态道路""垃圾生态处理机"等一批科技示范工程率先投入使用。清洁能源开发和利用围绕"以关键技术突破为核心、以规模化应用示范为带动、以产业化发展为目标"的主线,明确把"氢能与燃料电池""可再生能源""煤清洁利用"作为战略重点,并提出具体实施的技术路线。其中,"世博园"和"崇明岛"将作为清洁能源集成技术和系统应用的示范,"兆瓦级太阳能光电系统""煤气化多联产"及"风力发电机组的关键部件"等确定为上海市科委的重大科技项目。在"食品安全"方面,根据"部市合作"提出的建设"食品安全工程技术研究中心"的任务,明确了该机构的功能定位和重点任务。"中心"将针对我国食品安全中的重大技术需求,以形成新技术、建立新方法、推荐新标准为手段,整合优势资源,凝练技术方向,聚焦重大需求,推进食品安全生产标准化、监管信息化、检验监测技术国产化,为建立和完善我国食品安全体系提供技术保障。在"e-上海"方面,形成和完善"e-上海"的战略框架,从"集成应用性示范、开发战略性产品、研究关键性支撑技术"三个方面,提出实施"e-上海"战略具体的方案,并作为上海中长期科技发展"数字上海"建设的主要内容。

2006 年 11 月 2 日,国家科技部与上海市政府 2006 年部市工作会商会议召开,科技部部长徐冠华,中共上海市委代理书记、上海市市长韩正出席会议并讲话。科技部党组成员、纪检组长吴忠泽主持会议,上海市委副书记殷一璀,市委常委、常务副市长冯国勤,副市长严隽琪、杨定华出席会议。韩正在讲话时说,"部市合作"建立两年多来,科技部和上海市密切合作,在科技创新、体制创新等方面开展了一系列有益的探索,取得了显著成效。韩正指出,上海下一步一是要以"部市合作"为主要载体,紧密围绕国家中长期科技发展战略的实施,与科技部共同推进重大项目,积极争取更多国家重大专项落户上海;积极配合"国家队",力争在一些技术上取得突破。二是要以"部市合作"为重要契机,推进自主创新,提升创新能力。重点聚焦国家战略、重大产业项目和创新基地,围绕"突破主体、强化核心、完善载体、营造环境"四个关键环节抓落实,实现重点突破,在创新项目、创新机制的突破和创新政策的落实等方面进一步发挥好"部市合作"的示范带动作用。徐冠华在讲话时说,上海市委、市政府对科技进步高度重视,科技进步工作站得高、看得远、动得早、抓得实、效率高,与科技部的合作工作得到有效落实,取得了显著成效。科技部将与上海继续扩大、深化重大科技项目的合作,希望上海进一步参与国家重大科技专项,为国家重大项目研究取得突破做贡献;继续扩大深化在科技环境建设方面的合作,推进科技研发公共服务平台的建设,探索政府与市场结合的平台运行机制,加强与公共技术服务相关的规范和法制建设;继续扩大深化科技体制改革,特别是在形成以企业为主体、产学研相结合的技术创新体系建设方面加强合作,突破机制体制瓶颈,力求取得成效。会议经会商决定,今后双方协作将新增以下几方面的重点工作:一是围绕国家中长期科技发展战略,在极大规模集成电路制造技术及成套工艺、新一代宽带无线移动通信网、重大新药创制等重大项目上开展新一轮合作,抢占科技制高点。二是依托上海产业特色区和张江高新区等,整合产学研资源,建设以"上海宽带技术及应用工程中心"为平台的国家级网络试验床,加快培育和壮大宽带网络、射频识别等新兴产业。三是在区域合作、研发服务平台运作等机制上进行更加深入的探索,使上海研发公共服务平台成为国家科技基础条件平台的区域试点示范,提高服务长三角、服务全国的能力。四是以落实国家和地方配套政策及实施细则为契机,支持张江园区创建国家一流高新区,以"科技小巨人工程"的实施为主要载体,集部、市、区(县)三方之力,对科技小巨人企业给予资金、政策、人才等各方面的倾斜支持,提升企业技术创新能力。

2007年11月5日,国家科技部与上海市政府2007年部市工作会商会议在沪举行。国家科技部部长万钢、上海市市长韩正、科技部副部长曹健林、中共上海市委副书记殷一璀、常务副市长冯国勤、副市长杨定华等领导出席会议。会议由杨定华主持。上海市政府副秘书长、市科委主任李逸平汇报了一年来部市合作工作进展情况,并对提请会商的议题作说明。科技部发展计划司司长王晓方报告了科技部对上海市提出的部市会商内容的具体意见。万钢和韩正作了重要讲话。经会商,双方确立共同推进国家重大专项、加强世博科技攻关、推进崇明岛生态和经济建设协调发展、推进重大战略产品的研发应用、推进高新区建设、营造自主创新创业环境等新一轮合作工作重点。万钢在讲话时指出,中国的科技发展已进入到一个重要的跃升期,科技事业迎来了最好的发展时期,地方科技工作已成为全国科技工作中最为活跃、最有活力的部分,既是全国科技工作的重要组成部分,也是国家科技工作的重要支点。上海是我国创新能力最强的地区之一,上海的科技工作定位高、眼光远、实力强、办法多、抓手实、成效好,与科技部的合作工作成绩多,富有创造性。下一步科技部将与上海进一步紧密合作,全面落实科学发展观,以增强自主创新能力为主线,共同推动创新型国家和上海创新型城市的建设,集成优势,切实组织好重大专项;围绕重大需求,体现科技的支撑和引领作用;进一步当好改革开放的排头兵,积极探索和创新科技管理机制;进一步发挥上海的辐射带动作用,促进长三角区域创新体系建设和区域协同发展。韩正代表上海市政府,对科技部长期以来所给予的关心支持和指导帮助表示衷心感谢。他说,三年多来的成效表明,部市合作是国家指导地方科技创新、地方服务国家战略的一项创新性举措,是落实科学发展观的一个重要机制。围绕贯彻落实党的十七大精神,下一步上海将紧密结合自身实际,深化部市合作,更好地做到"两个紧密服务":一是紧密服务国家战略。要围绕建设国家创新体系的目标,根据国家科技发展战略布局,全力以赴实施好国家重大科技项目;二是紧密服务经济社会发展,推动产业结构调整和经济社会又好又快发展,推动资源节约型、环境友好型城市建设,推动体制机制创新。他表示,相信在未来发展中,部市合作一定会有更加广阔的舞台,一定能够取得更加丰硕的成果。

2008 年 11 月 3 日,国家科技部与上海市政府在上海召开了 2008 年度部市工作会商会议。全国政协副主席、国家科技部部长万钢,科技部党组成员、纪检组长吴忠泽,科技部党组成员、副部长杜占元,中共上海市委副书记、市长韩正,上海市委副书记殷一璀,上海市委常委、常务副市长杨雄,上海市副市长沈晓明等领导出席会议。会议总结了一年来部市合作工作进展,提出了新一轮合作议题。会议由吴忠泽主持。会议指出,一年来,在国家科技部和上海市政府的共同推进下,部市合作工作不断取得新进展。(1)上海承接的国家重大专项取得实质进展。通过建立组织保障、前瞻布局、整合资源、承接任务,上海在国家重大专项的落实中发挥了重要作用。(2)一批部市合作项目成果成功开展应用。世博园与世博场馆设计导则、世博票务及客流引导系统等世博科技专项成果在世博会的筹办进程中发挥了重要作用。宽带无线应急通信、燃料电池轿车等成果分别在抗震救灾、奥运会上大显身手,凸显了科技的关键支撑和保障作用。(3)研发公共服务平台服务能力与水平持续提升,专业服务进一步深化,服务范围面向全国。(4)创新创业环境不断优化,激励自主创新和创新集群的培育。此次会议双方就"合力推进,重点突破,全面推动科技让世博更精彩""夯实基础,集成优势,全力实施国家重大专项任务""围绕特色,科学发展,加快推动产业结构调整升级""创新机制,优化服务,营造自主创新良好环境"等四方面问题进行了高层次的交流和沟通,达成了共识,并形成了具体推动和落实的部署。万钢在讲话中充分肯定了上海科技发展取得的重要成绩。他指出,面对上海快速发展的新形势、新机遇,科技部将以党的十七大精神为指引,以部市会商为平台,深入学习实践科学发展观,进一步加强与上海市的合作与互动,共同推进自主创新战略实施。他强调,要充分发挥部市会商良好机制,进一步加强与上海市各部门的沟通协调,凝炼下一阶段世博科技的需求、目标和任务,不断丰富"科技世博"的内涵,协调组织全国力量,重点突破一批关键技术,加强世博科技专项和奥运科技成果的集成和应用,充分体现科技创新对世博会筹办的支撑和引领作用。科技部将进一步积极支持上海围绕优势领域不断提升持续创新能力,统筹项目、人才和基地建设。希望上海继续加大对国家科技重大专项的实施力度,确保国家战略目标顺利推进;加大力度推进民生科技、节能减排,以科技进一步促进产业结构调整;同时希望上海在长三角区域创新体系建设和区域协同发展中继续发挥关键作用。韩正说,自从 2004 年建立部市合作会商机制以来,上海与科技部密切联系,合作进展顺利,特别在重大项目攻关、重点基地建设、高端人才培育、体制机制创新等方面,取得了明显成效。服务国家战略,是上海的责任所在,上海要围绕建设创新型国家的目标,积极承接和实施国家重大专项。进一步增强实施国家重大专项的合力,注重发挥市场配置资源的基础性作用,加快推进成果转化和产业化。中国 2010 年上海世博会是国家举办、上海承办的全球盛会,我们将重点加强技术突破,在科技部的指导下,汇聚全国力量,共同推动世博科技工作,打造世博会的科技亮点,同时聚焦应用示范。我们要以浦东综合配套改革试点为契机,加强科技体制、机制创新,在推动企业真正成为技术创新主体上有突破,在促进科技资源共享上有突破,在形成全社会创新合力上有突破。

2009年11月5日,国家科技部、上海市政府在上海举行2009年部市会商工作会议。全国政协副主席、国家科技部部长万钢,中共上海市委副书记、市长韩正出席会议并讲话,上海市副市长沈晓明主持会议。经双方商议,新一轮"部市合作"将重点围绕培育新兴战略性产业、开展崇明生态岛绿色经济试点示范、实施技术创新工程、完善创新创业环境等方面展开。万钢在讲话中充分肯定了上海市科技工作,特别是在优化科技创新环境、承担国家重大科技任务、科技支撑经济社会发展等方面所取得的成绩。他指出,面对上海发展的新形势、新机遇,科技部将深入贯彻落实科学发展观,以部市会商为平台,进一步加强与上海市的合作与互动,促进上海科技创新。希望上海认真贯彻落实《国务院关于发挥科技支撑作用,促进经济平稳较快发展的意见》,进一步营造良好的科技创新环境和氛围,加强"世博科技"成果的应用和展示,切实抓好重大专项的实施,推动新能源、新材料、新能源汽车、生物医药、第三代移动通信、三网融合等新兴战略性产业,加强科技服务民生和生态环境等工作,加快长三角区域创新体系建设和区域协同发展,为创新型国家建设做出突出贡献。韩正说,当前上海正处在结构调整和经济转型的关键时期,必须更加注重经济运行的质量和效益、更加注重民生工作、更加注重环境建设,这些工作都需要得到科技部的大力支持、帮助和指导。上海将在部市合作框架下,进一步深化与科技部的合作领域,不断完善合作机制,创新合作形式,加快推进创新型城市建设。下一步上海将推进五个重点领域的工作:服务国家战略目标,全力以赴承接和实施国家重大专项任务;培育战略性新兴产业,不断加强前瞻科技布局;实施技术创新工程,努力推进高新技术成果转化;深化张江高新区"二次创业",着力优化科技创新创业环境;编制好上海"十二五"规划,精心谋划部署新一轮部市合作重点。

2009年,经双方共同推进,部市合作工作取得重要进展。一是世博科技成果的集成应用让世博更精彩。半导体照明、新能源汽车、节能建筑等技术和产品的应用示范,为低碳世博提供了强有力的技术支撑。多媒体、虚拟现实等信息技术支撑了世博的精彩展示,努力构建永不落幕的网上世博。二是上海在国家重大专项中承担重任,集成电路、重大新药创制等专项的攻关取得实质进展。三是下一代广播电视网、城市医疗信息共享服务系统等成果在"扩内需、保增长、调结构、上水平、惠民生"中发挥重要支撑作用。四是研发加计扣除、自主创新产品政府采购等创新政策的落实,以及研发公共服务平台创新创业服务功能的拓展和完善,进一步优化了创新创业环境。通过会商,国家科技部与上海市政府确定双方将在共同加快培育新兴战略性产业、共同开展崇明生态岛绿色经济试点示范、全面实施技术创新工程、进一步完善创新创业环境等方面开展深入合作。

2010年11月5日,国家科技部与上海市政府在上海举行部市工作会商制度议定书签字仪式暨2010年部市工作会商会议。全国政协副主席、科技部部长万钢,上海市委副书记、市长韩正出席会议并讲话。上海市委副书记殷一璀,市委常委、常务副市长杨雄出席会议。科技部党组成员、副部长杜占元主持会议并介绍2011—2015年部市工作会商议定书情况。上海市副市长沈晓明通报了部市工作会商5年工作情况及2010年重点工作建议。签署科技部、上海市工作会商制度议定书,确定5个方面为新一轮(2011—2015年)部市合作重点:共同培育战略性新兴产业,共同实施重大科技示范工程,共同建设高水平研发基地,共同推进技术创新工程实施,共同支持张江自主创新示范区建设。万钢在讲话中充分肯定了五年来部市合作所取得的显著成绩,高度评价了上海在世博科技、重大科技成果示范,以及科技创新环境优化等方面取得的突出成效。万钢指出,科技部将通过部市工作会商平台,进一步加强科技与经济的紧密结合,加强国家科技部署与区域经济发展的结合,积极引导科技资源向区域经济发展的重点领域和社会民生聚集,培育区域经济新的增长点,推动上海建设更具活力的创新型城市,促进上海提高自主创新能力,率先转变经济增长方式。万钢希望上海进一步贯彻落实中央十七届五中全会精神,深入实施国务院《关于加快培育和发展战略性新兴产业的决定》,积极组织引导对"世博科技"成果的消化吸收、再创新和产业化推广应用,最大程度发挥世博延伸效应,加快培育战略性新兴产业,加快推进张江高新区建设国家自主创新示范区和杨浦国家创新型试点城区建设,加快崇明低碳科技示范工程建设,深入推动国家技术创新工程试点市工作,进一步加强人才队伍建设,推动自主创新战略深入实施。韩正说,自 2004 年 7 月科技部和上海市建立部市会商机制以来,在科技部的大力支持下,上海在提高自主创新能力、推进科技成果示范运用、优化科技创新创业环境等方面,取得了新突破。特别是世博科技行动计划的 1 500 项成果,在上海世博会集中亮相,成为本届世博会最突出亮点之一。新一轮会商制度议定书的签订,对上海面向"十二五",进一步发挥科技对上海经济社会发展的引领支撑作用,具有重要促进作用。韩正说,"十二五"期间,上海要围绕服从服务国家战略,扩大深化科技合作的广度与深度,落实好国家重大专项等战略任务,加强科技基础能力建设,进一步组织实施科技示范工程。要聚焦培育发展战略性新兴产业,扩大深化在科技向现实生产力转化上的合作。进一步明确战略性新兴产业发展重点和目标,加快关键技术和核心技术的攻关与突破,坚持政府引导和市场机制紧密结合。要着力加强创新创业环境建设,扩大深化在推进政策创新、载体和服务体系建设上的合作。优化创新创业的金融环境、载体环境和服务环境,深入实施"聚焦张江"战略,积极创建张江国家自主创新示范区。

二、上　海　光　源

上海光源（Shanghai Synchrotron Radiation Facility，简称 SSRF）是第三代中能同步辐射光源，由中国科学院和上海市政府共同建议和建设，由中国科学院上海应用物理研究所承建，坐落于上海市浦东张江高科技园区，包括一台 150 MeV 电子直线加速器、一台全能量增强器、一台 3.5 GeV 电子储存环和已开放的 13 条光束线、16 个实验站。

上海光源具有波长范围宽、高强度、高亮度、高准直性、高偏振与准相干性、可准确计算、高稳定性等一系列比其他人工光源更优异的特性，可用以从事生命科学、材料科学、环境科学、信息科学、凝聚态物理、原子分子物理、团簇物理、化学、医学、药学、地质学等多学科的前沿基础研究，以及微电子、医药、石油、化工、生物工程、医疗诊断和微加工等高新技术的开发应用的实验研究。

上海光源是国家重大创新能力基础设施，是支撑众多学科前沿基础研究、高新技术研发的大型综合性实验研究平台，向基础研究、应用研究、高新技术开发研究各领域的用户开放。上海应用物理研究所／上海光源国家科学中心（筹）负责装置的运行、维护和改进提高。

上海光源于 2009 年 5 月 6 日正式对用户开放，除去集中维护检修期，每年向用户供光 4 000～5 000 小时。所有用户均可通过申请、审查、批准程序，获得上海光源实验机时。

提出建议

1993 年 12 月，冼鼎昌与丁大钊、方守贤等三位院士建议“在我国建设一台第三代同步辐射光源”。该建议在我国科技界引起广泛讨论。1994 年 1 月初，上海市科协主席、复旦大学校长兼中国科学院上海原子核研究所（简称原子核所）所长杨福家与校友、中科院高能物理所方守贤院士探讨原子核所如何发展时，方守贤院士提及他与丁大钊、冼鼎昌院士联合向国家建议“九五”期间建设中国大陆的第三代同步辐射光源，并认为原子核所可参与竞争，争取该光源建在上海。1994 年 3 月，原子核所向中国科学院和上海市政府提出了《关于在上海地区建设第三代同步辐射光源的建议报告》。杨福家向中国科学院院长路甬祥请示，并向上海市市长徐匡迪和市领导汇报，希望能和上海市共同建议和建造第三代同步辐射光源，得到上海市政府和有关领导积极支持，原则同意参与该项目的投资（不少于三分之一）。

1995 年 2 月初，杨福家在北京参加我国“九五”重大科研项目评审会时提出，如果上海市政府能对第三代同步辐射光源给予部分经费支持，那么上海应被作为首选城市。这一想法受到国家科委和中国科学院领导的积极鼓励。其后，杨福家联合六名（谢希德、金志青、王志勤、奚同根、蒋锡夔、曹珊珊）上海市和全国政协委员提交了“在上海建设第三代同步辐射光源”的政协提案，指出第三代同步辐射光源的巨大经济和技术价值，以及对我国多学科前沿领域研究的推动作用。该提案立即得到了政协领导的高度重视并被评为当届的优秀提案，并再由谢希德、杨福家、谈家桢、王淦昌等 37 位两院院士提交了“上海建设第三代同步辐射光源项目联合建议书”。1995 年 3 月，中国科学院和上海市政府原则同意，共同向国家建议建设第三代同步辐射光源——上海同步辐射装置。1995 年 6 月，中国科学院下发院发基字（1995）0308 号文件，要求上海原子核研究所组织成立上海同步辐射装置可行性研究工作组,用一年时间完成上海同步辐射装置的可行性方案报告。研究组得到上海市科委和中国科学院的 200 万元经费的资助。1995 年 6 月,上海同步辐射装置可行性研究工作正式起动,原子核所抽调了 30 多名加速器技术和实验核物理骨干人员,在可行性研究工作组的领导下,与中国科学院高能物理研究所参加该项工作的同志一起,经过一年多的努力工作,圆满完成可行性研究项目。1996 年 4 月,中国科学院和上海市共同向国家计委报送了"关于申报上海同步辐射装置(SSRF)工程项目的意向性建议书的请示";1996 年 10 月又向国家计委报送了"关于开展上海同步辐射装置预制研究的请示"。1997 年 6 月,国家科教领导小组批准开展上海同步辐射装置(SSRF)的预制研究。

工程预制研究

1997 年 6 月,国家科教领导小组针对国家计委提出的《关于实施国家重大科学工程的汇报》进行了审议,原则同意开展上海同步辐射装置工程预制研究。研究的内容主要包括关键技术、工程进度、人员组成、经费分配和用款计划等五个方面。1998 年 3 月,国家计委正式批准 SSRF 预制研究,同意将预制研究工作交由上海原子核研究所承担;总经费 8 000 万元,其中国家投入 2 000 万元,上海市投入 6 000 万元;10 月,中国科学院和上海市政府共同成立 SSRF 工程项目领导小组,下设工程项目指挥部。1999 年 1 月 14 日,上海同步辐射装置(SSRF)预制研究工作全面启动。1999 年 7 月,决定 SSRF 落址上海浦东张江高科技园区,上海浦东张江高科技园区无偿提供 300 亩建设用地,原则同意首批拟建的 7 条光束线和实验站。

2000 年 7 月,国家科教领导小组要求继续开展研究。2001 年 3 月,SSRF 预制研究通过专家鉴定。2002 年,开始二期预制研究工作。2003 年 5 月 14 日,中科院副院长江绵恒和上海分院院长沈文庆到上海原子核研究所听取上海同步辐射工程的情况汇报,并与原子核所的领导一起讨论了同步工程建设的有关问题。下午,江绵恒副院长等在原子核所所长徐洪杰等所领导的陪同下视察了张江同步辐射装置选址地块。

工程立项

2003 年 7 月,中科院正式确定启动 SSRF 立项工作。2003 年 9 月,国家发展和改革委员会委托中国国际咨询工程公司完成项目建议书的评估。9 月 15 日,中科院和市政府在沪签署了开展合作的《会谈纪要》。全国人大常委会副委员长、中科院院长路甬祥和上海市委副书记、市长韩正出席签字仪式。纪要提出,中科院和上海市将共同推进"上海光源"的立项与早日建成,为在多领域进行科学研究与技术创新提供重要平台。

2004 年 1 月 7 日,国务院常务会议批准项目建议书。2004 年 5 月 20 日上午,中科院路甬祥院长、江绵恒副院长、施尔畏副院长一行在上海分院听取了上海光源工程的工作汇报。上海应用物理所徐洪杰所长介绍了上海光源工程的四大类工作和建筑设计院的招标工作。上海建筑设计研究院有限公司的上海光源建筑总设计师介绍了上海光源的总体布局、主环建筑等设计工作。2004 年 6 月 28 日,中科院与上海市共同组织项目可行性研究报告的专家评议。

2004 年 6 月 29 日,上海光源工程建设领导小组第一次会议批准工程建设指挥部、经理部、科技委、顾问组成立及相关人选,选定主体建筑方案,同意项目可行性研究报告上报国家发改委。2004

年 7 月 26—27 日,受国家发展和改革委员会委托,中国国际工程咨询公司在北京组织专家对上海光源可行性研究报告进行了评估。10 月 21—22 日,上海光源工程首批光束线站初步设计评议会在中科院上海应用物理研究所召开,21 名国内同步辐射应用于光束线技术方面的专家到会参加评议。10 月 25—26 日,上海光源工程科学技术委员会第一次会议在中科院上海应用物理研究所召开。会议由上海光源工程科技委主任方守贤院士主持,中科院副院长、上海光源工程总指挥江绵恒出席会议并作重要讲话。出席本次会议的还有工程科技委副主任冼鼎昌、杨福家、陈森玉院士和工程科技委员会委员 20 人。上海光源工程经理部总经理徐洪杰、副总经理赵振堂和工程部分研究人员列席了会议。2004 年 11 月 15 日,国家发展改革委批复上海光源项目可行性研究报告。11 月 16—18 日,中国科学院和上海市政府联合在上海召开上海光源工程初步设计预评审会。会后,经工程指挥部批准,工程初步设计由中国科学院和上海市政府联合报国家发展和改革委员会审批。2004 年 11 月 17—18 日,中国科学院和上海市政府组织专家在上海召开了上海光源初步设计报告预评审会,专家组一致认为该初步设计达到开工要求。2004 年 12 月,国家发展改革委批复上海光源项目初步设计。

开工建设

2004 年 12 月 24 日,中国科学院批复上海光源项目开工报告。2004 年 12 月 25 日,上海光源国家重大科学工程开工典礼在浦东新区张江高科技园区举行。中共中央政治局委员、国务院副总理曾培炎发来贺信。上海市委主要领导,全国人大常委会副委员长、中国科学院院长路甬祥共同启动打桩按钮,上海市委副书记、市长韩正,中科院副院长白春礼出席典礼并致辞。

2005 年 9 月 10 日,上海同步辐射装置工程二期预制研究项目"100 MeV 高性能电子直线加速器"通过了专家鉴定测试。2006 年 6 月 21 日下午,中国科学院党组副书记方新同志在上海分院党组书记华仁长和副书记郑静芳的陪同下,视察了上海光源。6 月 29 日下午,上海市常务副市长冯国勤等到浦东张江视察了正在建设的上海光源。9 月 29 日上午,上海市委常委、副市长周禹鹏一行来到浦东张江高科技园区,视察了正在建设的上海光源。10 月 18 日,全国政协常委、上海市政协副主席谢丽娟和上海市政协教科文卫体委员会委员一行 30 人,来到浦东张江高科技园区,视察了正在建设的上海光源。10 月 26—27 日,上海光源建设方案调整评审论证会在上海应用物理所学术活动中心召开,上海光源工程 5 条光束线站和电子直线加速器的调整方案通过评审论证。11 月 10 日,上海光源工程进入加速器设备现场安装阶段,上海光源 150 MeV 电子直线加速器从这天起开始在直线隧道中进行安装。12 月 22 日,上海光源工程科学技术委员会第三次会议在上海召开。会议由上海光源工程科技委主任方守贤院士主持,中科院副院长、上海光源工程总指挥江绵恒出席会议并讲话。

2007 年 1 月 4 日,全国人大常委会副委员长、中科院院长、上海光源工程建设领导小组组长路甬祥,中共上海市委代理书记、市长、工程领导小组副组长韩正,以及在上海参加上海光源工程建设领导小组第二次会议的领导专家一行,视察了在浦东张江建设的上海光源工程。工程领导小组在中国科学院上海应用物理研究所上海光源综合办公楼一楼会议室举行了第二次会议。会议听取了工程指挥部、工程科技委、工程经理部所作的上海光源工程 2005—2006 年进展报告,对下一步上海光源的工作及相关问题进行了讨论并形成了意见;路甬祥组长、韩正副组长在会上作了重要讲话。1 月 31 日,上海光源最长的 432 米周长储存环,成功实现 3 GeV(30 亿电子伏)的电子束储存,并观测到了同步辐射光。这是上海光源工程建设的重大里程碑。4月16日,增强器正式开始隧道安装。5月15日,直线加速器启动调束,当日实现电子束出束。6月2日上午,华裔物理学家杨振宁先生专程来到浦东张江高科技园区,参观了正在建设的上海光源国家重大科学工程。6月11日,储存环设备总体安装正式启动。7月2日,中共上海市委书记习近平调研上海光源工程和上海浦东科技园建设情况,市领导韩正、殷一璀、杜家毫、杨雄、丁薛祥、杨定华及张学兵,在中科院副院长、上海分院院长江绵恒陪同下,来到上海光源工程建设现场,听取上海光源工程进展情况介绍。10月1日17时,上海光源3.5 GeV增强器实现束流注入和多圈循环,标志着上海光源增强器全面进入调束阶段。10月2日凌晨4时30分实现了150 MeV电子束储存(高频系统投入运行)。其后经过2日凌晨至3日凌晨的连续调束和两个夜班调束,增强器调束工作又获得重大进展,至10月5日凌晨4点25分,电子束流在增强器中被升能至3.5 GeV的最高设计能量,达到储存环注入的能量要求,标志着增强器升能(ramping)获得成功。这是继5月15日直线加速器出束后,上海光源工程建设的又一个重要里程碑。全国人大常委会副委员长、中国科学院院长路甬祥致信祝贺。11月4日,国务委员兼国务院秘书长华建敏一行,在上海市副市长、上海光源工程副总指挥杨雄和副市长杨定华等陪同下,来到上海光源工程建设现场视察工程进展情况。11月30日,首批全部7条光束线站前端区设备安装完成。12月17日晚上22点,增强器高能输运线开始进行束流传输实验研究。经科研人员精心调试,18日凌晨2时25分左右,束流从增强器引出后,经高能输运线成功到达储存环注入口。12月21日,上海光源最大的加速器——用于产生同步辐射光的电子储存环调束并实现了束流多圈循环。12月24日,在开工三周年之际,上海光源出光。12月28日,上海光源工程科学技术委员会第四次会议在上海光源所在的上海应用物理所张江园区召开。会议由上海光源工程科技委主任方守贤院士主持,中科院副院长、上海光源工程总指挥江绵恒出席会议并讲话。出席本次会议的还有工程科技委副主任冼鼎昌、陈森玉院士和工程科技委委员20人等。上海光源工程经理部总经理徐洪杰、副总经理赵振堂和部分工程科技人员列席了会议。12月29日下午,中共中央政治局委员、上海市委书记俞正声在中科院副院长江绵恒陪同下,来到上海光源工程建设现场视察工程进展情况。

2008年1月1日,上海光源储存环获得50 mA和80 mA储存束流,1月3日,获得了100 mA储存束流。2月21日,全国人大常委会副委员长、中科院院长、上海光源工程领导小组组长路甬祥,上海市市长、工程领导小组副组长韩正,以及在上海出席上海光源工程建设领导小组第三次会议的领导专家一行,视察了上海光源国家重大科学工程进展情况。工程领导小组在中国科学院上海应用物理研究所上海光源综合办公楼举行了第三次会议。5月12日,第一条光束线站——小角散射线站首轮调试成功,将聚焦的同步辐射单色光引到实验站样品处。

2008年6月19日,全国人大原副委员长、中国科协名誉主席周光召和中国科协常务副主席、书记处第一书记邓楠一行,在中科院副院长、上海光源工程总指挥江绵恒等陪同下,来到中科院上海应用物理所张江园区,现场视察上海光源工程进展情况。7月6日上午,中共中央政治局常委、国务院总理温家宝一行在中共中央政治局委员、上海市委书记俞正声,市长韩正等陪同下,来到中科院上海应用物理所,视察上海光源国家重大科学工程进展情况。温家宝总理听取了工程总指挥、中科院副院长江绵恒和工程总经理、上海应用物理所所长徐洪杰关于上海光源工程总体情况的汇报,随后视察了3.5 GeV电子储存环和X射线小角散射光束线站。国务委员兼国务院秘书长马凯参加了调研。7月21日上午,中共中央政治局委员、国务委员刘延东一行在中共上海市委常委、浦东新区区委书记徐麟,上海市副市长沈晓明等陪同下,来到中科院上海应用物理所,视察上海光源国家重大科学工程。12月27日,第一条波荡器光束线站——软X射线谱学显微线站首轮调试成功。12月29日,上海光源工程科学技术委员会第五次会议在上海应用物理所张江园区召开。会议由上海光源工程科技委主任方守贤院士主持,中科院副院长、上海光源工程总指挥江绵恒出席会议并讲话。

2009年1月28日,第一台真空波荡器自主研制成功,在储存环上安装就位。2月6日,硬X射线微聚焦及应用线站首轮调试成功。3月7日,首批建设的最后一条光束线站——生物大分子晶体学线站首轮调试成功。4月中下旬,直线加速器、增强器和储存环、首批7条光束线站通过工程科技委组织的专家测试。4月28日,上海光源工程领导小组第四次会议在上海召开,全国人大常委会副委员长、中科院院长、上海光源工程领导小组组长路甬祥和上海市市长、工程领导小组副组长韩正共同主持会议并讲话。中科院副院长江绵恒、施尔畏,秘书长李志刚,上海市常务副市长杨雄、副市长沈晓明等出席会议。4月26—27日,上海光源工程建设国际评估会举行。

2009年4月29日,上海光源国家重大科学工程竣工典礼举行,同时上海光源国家科学中心(筹)正式揭牌。中共中央政治局委员、国务委员刘延东,中共中央政治局委员、上海市委书记俞正声,全国人大常委会副委员长、中国科学院院长、上海光源工程领导小组组长路甬祥和全国政协原副主席、中国工程院院长徐匡迪共同启动上海光源运行,并为上海光源国家科学中心(筹)揭牌,标志着由中国科学院与上海市政府共同向国家申请建造、由中国科学院上海应用物理研究所承建的上海光源国家重大科学工程,经过52个月的紧张建设,已经按期、优质建成并向用户开放试运行。上海市市长韩正,中科院常务副院长白春礼,上海光源建设工程指挥部总指挥、中科院副院长江绵恒,科技部副部长曹健林,以及国家发展改革委高技术司副司长刘艳荣,上海光源工程总顾问、中国工程院院士陈森玉,上海光源工程经理部副总经理、上海世博会协调局副局长丁浩,上海光源工程经理部副总经理、上海应用物理所副所长赵振堂等出席了竣工典礼并致辞。竣工典礼由中国科学院上海应用物理研究所所长、上海光源工程经理部总经理徐洪杰主持。国务院副秘书长项兆伦,上海市人大常委会主任刘云耕,上海市政协主席冯国勤,国家自然科学基金委主任陈宜瑜,中共上海市委副书记殷一璀,卫生部副部长刘谦,上海市副市长沈晓明,中共上海市委常委、秘书长丁薛祥,中国科学院副院长施尔畏和詹文龙等出席了竣工典礼。上海光源工程科学技术委员会委员,中科院和上海市有关部门、国内部分高校、兄弟单位和参建单位,以及上海光源工程建设者等出席了竣工典礼。

运行

2009年5月6日,上海光源正式对国内用户开放试运行。7月16日,上海光源完成对用户的首轮开放,期间安排用户实验时间39天。10月11日,前中共中央政治局委员、国务院副总理曾培炎,在上海市委常委、常务副市长杨雄和副市长沈晓明陪同下,来到中科院上海应用物理所张江园区视察上海光源。11月29日至12月1日,第四届亚太同步辐射论坛在中国科学院上海应用物理研究所张江园区(上海光源)举行。中国科学院副院长江绵恒、国家自然科学基金委员会副主任沈文庆、上海市科学技术委员会副主任施强华和上海应用物理所所长赵振堂出席开幕式并致辞。大会组委会主席、上海光源工程总经理徐洪杰研究员主持开幕式。11月28—29日,上海光源第一届用户学术年会在中国科学院上海应用物理研究所召开。来自国内及日本、新加坡的80家单位的326位专家和代表参加了会议。杨福家院士、陈森玉院士、中国科学院基础科学局副局长刘鸣华、计划财务局基地处处长罗小安出席会议并致辞,上海应用物理所所长赵振堂致欢迎辞和开幕辞,冼鼎昌院士、上海市科委代表等出席会议。会议开幕式由上海应用物理所同步实验部主任何建华研究员主持。10月22—27日,上海光源工程通过验收工艺测试。12月8日,中国科学院基础科学局和计划财务局组织工艺鉴定验收专家委员会,对中科院上海应用物理研究所承建的上海光源(SSRF)国家重大科学工程进行了工艺鉴定验收。

2010年1月6—7日,由中科院计划财务局和上海市发展改革委共同组织专家,对上海光源工程的建安、财务、设备、档案进行了专业组验收。1月11日,科技日报社组织的"2009年国内十大科技新闻"揭晓,"我国最大的大科学装置'上海光源'竣工"入选。1月16日下午,在上海考察工作的中共中央总书记、国家主席、中央军委主席胡锦涛,在中共中央政治局委员、上海市委书记俞正声等陪同下,来到上海应用物理所张江园区,视察上海同步辐射光源工程,详细了解这一大科学工程的建设、运行和为科学实验提供服务的情况。中共中央政治局委员、国务院副总理王岐山,中共中央书记处书记、中央办公厅主任令计划,中共中央书记处书记、中央政策研究室主任王沪宁一同考察。1月18日,上海光源工程通过中科院和上海市组织的预验收。1月19日,上海光源工程通过国家验收。1月31日上午,中共中央政治局常委、全国人大常委会委员长吴邦国在中共中央政治局委员、上海市委书记俞正声,市委副书记、市长韩正,市人大常委会主任刘云耕等陪同下,来到上海应用物理所张江园区视察上海同步辐射光源,详细了解这一大科学装置的建设、运行和实验情况。3月26日上午,全国政协副主席、科技部部长万钢一行6人,在上海市科委主任寿子琪和上海分院党组书记、常务副院长华仁长等陪同下,来到中科院上海应用物理所张江园区,视察上海同步辐射光源并作重要讲话。3月30日,上海光源国家重大科学工程总结会在中科院上海应用物理研究所张江园区(上海光源)召开,中科院院长、上海光源工程领导小组组长路甬祥出席会议并讲话。会议由中科院副院长、上海光源工程指挥部总指挥江绵恒主持,上海光源工程总经理徐洪杰、副总工程师殷立新、束线工程分总体负责人肖体乔、总顾问陈森玉院士、副总经理赵振堂所长先后作工程总结报告和发言。

2010年4月22日上午,全国人大常委会副委员长陈至立率全国人大常委会科技进步法执法检查组,在上海市人大常委会副主任胡炜,上海市政府副秘书长翁铁慧,中科院上海分院党组书记、常务副院长华仁长等陪同下,来到中科院上海应用物理所张江园区,视察上海同步辐射光源并作重要讲话。5月14日上午,中共中央政治局委员、书记处书记、中组部部长李源潮,在上海市委副书记殷一璀和中科院上海分院党组书记、常务副院长华仁长陪同下,来到中科院上海应用物理所张江园区,视察上海同步辐射光源。6月28—30日,中国科学院上海应用物理研究所、上海光源国家科学中心(筹)在江苏常熟尚湖花园酒店组织召开了上海光源二期光束线站研讨会,邀请国内相关专家研讨同步辐射发展趋势及用户需求,对上海光源二期光束线站总体规划、线站科学目标及主要技术指标等提出意见和建议。7月23日上午,泰王国诗琳通公主殿下,在中科院上海分院副院长王建宇的陪同下,来到中科院上海应用物理所张江园区,访问上海同步辐射光源。诗琳通公主听取了上海应用物理所所长赵振堂关于上海光源总体情况的报告,实地察看了上海光源总体模型、储存环、光束线和实验站等科学设施。在诗琳通公主和王建宇副院长的见证下,中科院上海应用物理所与泰国同步辐射研究所签署了合作协议。

2009年8月到2010年7月的第一年运行中,上海光源开机率达到96%,平均故障间隔时间36.3小时,平均故障时间1.6小时,光源运行主要技术指标已经达到国际上新建光源运行初期的先进水平。截至2010年底,首批7条光束线站累计提供用户机时5 287时段(共计42 296小时),涵盖生命科学、凝聚态物理、化学、材料科学、地质考古学、环境和地球科学、高分子科学、医学药学、信息科学等学科,涉及 162 家单位,实验人员达 4 733 人次,共计 2 136 人。在《自然》(*Nature*)、《细胞》(*Cell*)、《科学》(*Science*)、《自然免疫学》(*Nature Immunology*)等国际顶级刊物上发表了一批重要研究成果。

三、世 博 科 技

从 1851 年首届世博会——伦敦万国工业产品大博览会开始,新科技就成为这一展会最抢眼的看点。上海世博会秉承"科技世博、低碳世博"的理念,在规划、建设、运营、展示的每个阶段和每个环节,绿色科技均有不同程度的体现。通过世博科技行动计划,科技世博设置 235 个专项,投入 10 亿多元,取得 1 000 多项成果;通过"展世博、讲世博、看世博",开展世博宣传科普活动。

2002 年 12 月中国获得世博会主办权。2005 年 2 月,科技部与上海市政府会同教育部、建设部、信息产业部等相关部门,制定了世博科技行动计划。

世博科技行动计划围绕"城市,让生活更美好"的世博会主题,突出"科技改变城市生活"的内涵,围绕上海世博会园区规划、场馆建设、新能源利用、节能环保、交通运营、安全健康及展览展示等领域的科技需求,在世博科技行动专项中进行了有针对性的项目安排。在园区场馆规划和建设方面,形成了适用于世博会建设的现代建筑技术体系和景观规划技术体系,为世博园区和场馆规划建设提供了技术支撑和依据;在园区能源技术应用和示范方面,组织开展了清洁能源技术的科技攻关和大规模示范应用,支撑了世博园区节能减排的实现,促进了清洁能源技术的应用和产业化;在园区生态环境建设方面,开展了生态环保技术的集成应用研究,保障了世博园区的环境质量,体现了城市与生态环境的和谐统一;在世博运营方面,进行了园区内外交通高强度客流的安全计算、引导、多语言信息汇聚与发布,保障了世博会运营的安全、高效和畅通;通过食品安全、应急防范等科技攻关,为食品检测、应对化学生物袭击等提供了技术手段;将因特网、多媒体、虚拟现实等技术整合到世博会展示中,通过网上世博等更好地展示城市文明的发展轨迹、提高观众参与及关心世博的热情。

世博科技组织

为发挥科技对世博的引领、支撑和保障作用,世博科技行动计划领导小组、科技部上海市科委联合办公组、世博科技促进中心等机构先后成立。在世博科技行动计划领导小组的总体要求下,各机构履行各自职责,确保科技助力世博。

【世博科技行动计划领导小组】

2005 年 2 月 4 日,国家科技部和上海市政府在北京联合召开世博科技行动计划领导小组成立大会暨第一次全体会议,会议产生了世博科技行动计划领导小组:科技部副部长马颂德和上海副市长严隽琪为组长,国家科技部、教育部、建设部、信息产业部、卫生部、环保总局、质检总局、中国科学院、中国工程院相关司局和上海世博局、上海市科委司局级领导为组成成员。2009 年 2 月 16 日,科技部和上海市政府在上海召开世博科技行动计划领导小组会议,决定将奥运科技团队整体移至上海,增加中国气象局等中央直属单位。科技部部长万钢、上海市市长韩正担任组长。领导小组负责对"世博科技行动计划"进行宏观指导和制定战略规划,指导和组织实施;围绕上海世博会筹备和举办过程中的技术需求提供技术咨询和支撑;在高校、科研院所、企业等多方参与下,定位科技需求,对接世博会建设、运行,并组织召开国际研讨会、开展交流活动,在能源、建设、环境、运行、安全和展示等六大领域中找到科技创新与世博实际需求的结合点,形成世博科技行动的具体实施方案;负责组织国内外最新的科技成果在 2010 年上海世博会上集中展示;加大世博科技宣传,加强与社会各界的信息沟通。

2005 年 11 月 4 日,上海世博科技促进中心成立。该中心隶属世博科技行动计划领导小组,是上海市科委管理的机构,负责世博科技专项的管理与服务等,对世博科技专项全过程进行引导、推进、服务与管理、宣传和交流。

【上海世博会主运行指挥部科技服务工作组】

2010 年,上海世博会主运行指挥部成立科技服务工作组,组长由上海市副市长沈晓明担任,市政府副秘书长翁铁慧、市科委主任寿子琪为副组长,世博局副局长黄健之、市建设交通委副主任沈晓苏、市气象局局长汤绪、市科技党委副书记陈龙、市科委秘书长徐美华、市科委总工程师陈杰、陕西省环保厅总工程师(中组部世博筹办挂职干部)郝彦伟为组员。主要职责包括:组织实施世博科技专项行动计划,为专项项目在世博会运行提供支撑;开展世博科技的宣传推广及科普教育;加强世博会期间科技合作交流;收集、汇总和报送各类科技信息;落实完成主运行指挥部交办的其他有关工作,配合做好交通协调保障组、公共卫生和医疗组、通信网络组等工作组的科技保障工作;下设科技展项保障、科技宣传交流、科技发展应用 3 个工作小组。

【科技部上海市科委联合办公组】

2005 年 2 月 4 日,科技部上海市科委联合办公组(世博科技行动计划领导小组办公室)成立,由科技部发展计划司和上海市科委负责人及其他相关部门的有关司局负责人组成,具体负责世博科技行动计划的运作与协调。

世博科技行动计划

2003 年 7 月,上海市科委向国家科技部提议,在国家科技部的指导和支持下,组织实施"世博科技行动计划"。2004 年 7 月,科技部部长徐冠华和上海市市长韩正签署工作会商制度协定书,建立"部市合作"制度,并将"世博科技行动计划"确定为"部市合作"的重要内容。2005 年,明确战略产品研发与产业化、重大工程科技应用示范,以及科技体制改革综合试点作为下阶段"部市合作"三大核心任务,"世博科技"是重大工程科技应用示范之一。《上海中长期科技发展规划纲要(2005—2020 年)》部署 33 项战略产品和 60 项关键技术,其中,10 项战略产品、20 项关键技术与世博有关。《上海"十一五"科技发展规划纲要》提出重点研发电子标签、半导体照明、混合动力汽车等 12 个重大战略产品,建设科技世博园、崇明生态岛、智能新港城、张江生药谷等 4 个科技示范工程。

在世博科技行动领导小组的领导下,各成员单位按照世博组委会第二次会议精神和《2010 年上海世博会行动纲要》的具体要求,于 2005 年 11 月向社会正式发布世博科技行动计划。世博科技行动计划专项必须符合世博工程需求,听取工程建设、管理和运营主体的意见,具有明确的应用对象,结果应用于世博会,多由世博工程承建或运作主体承担。所有项目构成一个完整体系,研究目标和内容具有集成化、综合性特征。通过科技创新,实现以下 5 个目标:一是实现世博园区的"低碳排放"。园区内客运交通工具"零排放",园区内建筑和照明的二氧化碳排放减少 30%;二是实现世博园区生态和谐。园区内雨污水收集处理率100%，综合利用率30%以上，工程废弃物和垃圾100%回收利用，资源化利用率50%以上；三是实现世博管理运营的便捷高效和健康安全。上海市域范围内到达世博园区不超过1小时，人均通过世博园区入口闸机时间不超过20秒，园区内信息反馈处理与应急反应时间小于2分钟；四是实现世博展览展示的精彩、互动和创新。在世博会历史上第一次实现网上世博展览，并为中国国家馆和主题馆提供先进的展示成果、展示技术和手段；五是引领和带动战略性新兴产业的发展。通过新能源汽车、太阳能光伏、半导体照明(LED)、生态节能建筑等创新成果在世博的综合集成及大规模示范应用，引领和带动相关产业的发展。

世博科技管理

世博科技行动计划的组织实施过程中，在世博科技行动计划领导小组的直接领导下，科技部上海市科委联合办公组组织协调，上海市世博科技促进中心具体落实，相关委办局、世博土控、世博集团、建设设计单位及高校、科研院所等多方参与，具体详见图1、图2。

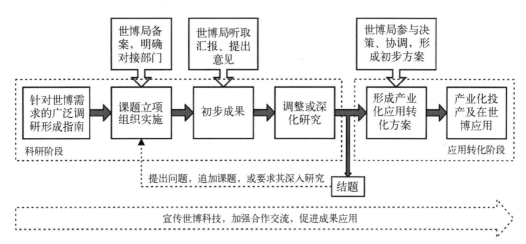

图1　上海世博科技运行管理机制图

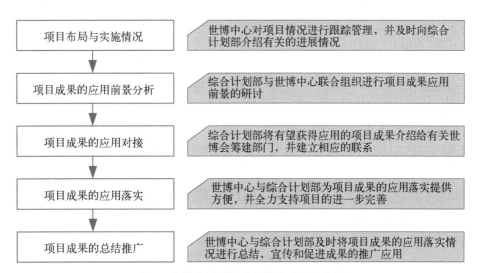

图2　上海世博科技成果推广应用流程图

世博科技行动计划的实施分为项目布局、技术集成、推广应用三个阶段。

项目布局阶段。一是项目征集与策划。向国内外专家学者征询世博会建设运行的科技需求与项目建议,组织上海市相关委办局、高校、科研院所及建设设计单位的专家,针对世博科技需求进行研讨和论证,凝炼"世博科技"项目,形成项目指南。二是项目立项与实施。面向社会进行项目的立项竞争招标,重大联合攻关项目鼓励联合竞争,根据具体情况,既采用先联合后竞争方式,也采用先竞争后联合方式。立项课题向上海世博局备案,明确对接应用部门。三是项目管理与考核。通过现场走访,召开研讨会等形式,采用节点评估方法,对项目课题进行阶段考察与总结,掌握项目进展情况,调整或深化研究。四是项目结题与评价。以项目是否在世博中得到应用为重要评价标准,项目结题需提交结题报告,组织专家评审会,对项目成果进行审议和评价。上海市科技项目(评估)管理中心对世博科技行动计划进行整体评估,提交评估总报告和各个领域评估报告。

技术集成阶段。在世博会基础设施建设、综合运行系统、新能源利用、环境保护与绿化景观和主题演绎、世博会票务管理、客流引导、物流管理和园区交通、安保管理及场馆园区建设等方面,组织关键技术集成,构建支撑上海世博会的关键技术体系。

推广应用阶段。对通过验收的结题项目,由上海市科委、世博科技促进中心会同世博局组织"供需见面"会,对项目成果、关键技术、推广应用价值等进行研讨,形成产业化应用方案。世博局、市科委、世博科技促进中心及相关委办局等协调督促项目的应用和推广。

世博科技宣传

中宣部新闻局于2009年9月提出"关于加强中国2010上海世博会'科技世博'主题报道的方案",对报道重点、报道选题、采访和发稿做出安排。10月8日,市委宣传部、市科技党委、市科委、上海世博局等部门牵头,世博科技促进中心、相关处室和单位参与,共同制定了《中国2010年上海世博会科技宣传行动方案》,包括展世博科技、讲世博科技、看世博科技三大板块。

展世博科技。即借助工博会、双年展、科技节、科技博览、巡回展等平台,展示世博科技成果,传播世博科技行动的理念和影响。

世博科技先后参加了2005—2010年一年一度的中国国际工业博览会(前身上海国际工业博览会,2006年更名)。2005年上海国际工业博览会宣传了2004年世博科技专项部分成果,包括电子废弃物资源化综合利用关键技术综合示范、太阳能复合能量系统、绿色降解包装材料、食品安全检测技术、半导体照明、有机发光显示器、电动汽车等。2006年中国国际工博会展示了针对2010年上海世博会而研发的最新技术和设备。2007年工博会设"世博科技专题展览展区",主题为"科技,让世博更精彩——安全健康的世博",展示了基于无线传感器的世博展品防盗系统、世博场馆大空间结构安全保障关键技术、现代化的3G+网络技术实时车辆监控调度信息系统、强对流天气动态预警预报系统等。2009年11月3—7日,中国工博会设立世博科技专题展览,分为总况、世博绿色能源与节能减排、环境改善与生态综合治理、世博规划与工程建设、世博安全健康、世博信息与服务、未来城市发展等7个展区,总展区面积1.15万平方米,精选了近180项参展项目。

2007—2009年,上海科技馆每年举行上海科技活动节(周),世博科技成果均参与展示。2007年5月19日,上海科技活动节(周)设世博科技科普展区,展出屋顶绿化技术、无人驾驶氢能汽车、生态建筑、玉米塑料、太阳能综合利用技术等研究成果。2008年5月17日,上海科技活动节(周)展示了上海世博微型五面成像虚拟循环导览,让参观者在虚拟世博情景中体验科技专项成果。2009

年5月16—22日,上海科技活动节(周)举办"科技·人·城市——与世博同行"大型主题展,介绍了1851年起历届世博会的科技亮点,宣传了《世博科技行动计划》内容及专项布局情况,展示了创新亮点及相关科普知识。

2006年5月23—27日,第九届科博会设世博科技展区,占地面积为500平方米,现场展示了低踏板汽车模型、节能型建筑模型、3G手机、激光电视、OLED、太阳能电池板及LED灯(屏)、世博会智能多语辅助翻译系统等世博科技成果。2007年6月26日,上海双年展专设世博科技成果展区,展示了世博科技专项成果。2008年上海双年展上,世博科技展区以"水"为主题,展示了在水处理与水环境改善等相关领域的全新理念和创新实践。

2009年10月,上海埃谛尔文化传播有限公司与世博科技促进中心一起策划,并与上海电视台纪实频道合作拍摄世博科技专题系列电视片,2010年7月起陆续在纪实频道播放。专题片重点介绍世博与科技、世博选址与规划、一轴四馆建设、世博园区生态景观、新能源汽车运营与产业化前景、太阳能技术规模化应用和建筑一体化、半导体照明技术、智能交通技术、门票的信息技术应用、准4G手机应用、世博会水资源综合利用、城市最佳实践区、智慧化生态建筑、南市电厂改造、世界各国展馆、企业馆、网上世博会等科技亮点。

2010年2—5月,上海世博科技巡回展先后赴哈尔滨、西安、重庆、石家庄展出,展期2~3天,分为上海世博会总况、世博规划与工程建设、世博园区新能源与节能减排、世博园区环境改善与生态综合治理、世博信息与服务、世博安全健康等6个板块,全面介绍世博科技成果。

讲世博科技。即通过报告会、讲座、讲坛等活动讲世博科技。2007年5月19日,由上海世博局、市科委、上海图书馆主办,上海世博科技促进中心、上海图书馆讲座中心、上海东方广播电台承办的"2010上海世博会讲坛·科技行动篇"系列讲座在上海开讲,活动宗旨是"让市民了解世博,让世博走进生活"。中国科学院院士郑时龄就"世博会建筑与科技创新"主题进行演讲。郑时龄等专家学者成为首批2010上海世博会讲坛科技行动计划宣讲员。

看世博科技。上海市科委还先后组织了"公众看世博科技""相约名人堂——与院士一起看世博"等活动。市科协在中国科协的指导下,与市委宣传部、市科技党委和市科委在世博园区内的公众参与馆组织开展了"相约名人堂——与院士一起看世博"活动。整个活动历时184天,每周举行两次,主要由院士讲演、院士与专家讨论、观众互动等构成。共邀请了来自中国科学院、中国工程院、美国国家工程院、英国皇家工程院、法国科学院、俄罗斯科学院等机构的54位中外院士,包括建筑设计学家何镜堂、实验核物理学家沈文庆、核物理学家杨福家、海洋地质与微体古生物学家汪品先、建筑学家郑时龄、生理学家杨雄里、遗传生物学家贺林等参加活动。专家们引领普通参观者在看热闹的同时更能看出世博会的科技"门道"。

世博科技促进中心建立"世博科技"专题网页,每周更新信息;从2006年起,编辑"世博科技"简报30多期,还编纂《世博科技画册》《世博科技报告》等,宣传世博科技。

世博建筑科技

建设科技是世博科技行动计划的重要组成部分,其目标是实现上海世博园区生态和谐及资源综合利用,通过科技创新成果的规模化应用和示范,引领和带动相关新兴产业发展。建设领域的项目数为37个,占总计划项目数的18.59%,计划投入1.44亿元,占总计划投入的13.92%,其中市科委财政资金投入为5 320万元,占总计划的11.59%。主要围绕世博会配套场馆建设中的若干重要研究问题进行布局,涵盖特种空间结构、新材料利用、规划设计、建设技术、地下空间建设、工程管理和新型生态建筑7个方向;涉及中国国家馆、世博轴及其地下空间、世博演艺中心、世博主题馆、世博输变电工程,以及世博园区南市电厂综合改造和能源中心建设工程等场馆和相关配套工程的规划设计和建设。

通过该领域项目的实施,共发表论文数量544篇,其中 SCI 收录30篇,EI 收录32篇;出版著作31部,其中主编10部;申请发明专利95项,授权25项;申请实用新型专利39项,授权15项;申请外观专利5项;获得奖项16项,其中国际奖项1项、国家级奖项1项、省部级3项;申请软件著作权登记10项,授权1项;申报标准32项,其中国家标准1项、行业标准2项、地方标准7项、企业标准11项;申报许可证并获批准1项。

在世博规划建设方面,突出绿色环保、生态节能、和谐宜居的理念,形成适用于世博会建设的现代建筑技术体系和现代景观技术体系。世博园与世博场馆规划设计导则研究项目成果,成为世博园区规划设计的主要技术指导依据。中国馆的设计和建设集成了生态、冰蓄冷、中水回用、雨水收集利用、绿色建筑材料等新技术、新材料,最大限度利用自然采光和太阳能发电进行照明,实现了中国馆照明用电的全部自给。世博轴建设融合了大跨度索膜结构、百万量级 LED、江水源与地源热泵、大规模曲面视频显示、地下空间防灾技术、地下空间建筑环境等多项技术的集成应用,实现了世博轴作为世博园区地下空间交通集散场所和重要建设空间的双重功能。主题馆实现了大跨度结构空间和太阳能屋顶并网发电等先进功能。在生态环境方面,突出了生态和谐与循环利用的理念,重点开展了生态环保和资源回用等技术的集成应用,体现了城市与生态环境的和谐统一。以"智能化生态建筑技术"研究项目成果为基础的"沪上·生态家——上海生态建筑示范楼",作为我国的实物案例入选上海世博会"城市最佳实践区",综合集成应用了"节能减排、资源回用、环境宜居、智能高效"等技术。

通过37个项目的实施,突出绿色环保、生态节能、和谐宜居的理念,保障了大型展示场馆和主体工程的施工建设顺利完工,形成了以生态可持续为基本宗旨的现代建筑技术体系。以绿色建筑技术为支撑,中国国家馆、世博轴、世博主题馆、世博演艺中心、沪上生态家等场馆成为突出体现"最为精彩、最为集中、最为实用"的绿色建筑技术的亮点工程。

世博能源科技

上海世博会将绿色能源技术和先进节能减排技术的应用示范作为兑现"低碳世博"和"绿色世博"的承诺、演绎城市可持续发展主题的重要举措之一,也是世博科技的亮点之一。世博园区众多基础设施、场馆建设与布展融入了新能源技术与理念,应用了太阳能光伏发电、江水源热泵和地热泵供能、新能源汽车、半导体照明、新型储能电池、人力作用发电等能源科技。

为支持能源科技在世博会建设和布展过程中的应用,世博科技行动计划有30个能源领域项目,占行动计划项目总数的15.1%。市科委为能源领域项目提供研究经费1.83亿元,平均每个项目资助610万元。该领域具体包括3个研究方向若干子项,其中新能源汽车示范项目16个、半导体照明项目6个、太阳能开发利用项目8个。

能源领域30个独立项目共发表学术论文132篇,其中被 SCI 检索的论文有20篇,被 EI 检索的论文有25篇;累计申请发明专利40项,授权4项。能源领域项目主要解决在世博应用中的具体技术问题,而且多为技术集成与示范应用,高水平论文成果相对较少,专利成果多为集成再创造和引进吸收再创造。

世博科技行动计划为能源类项目确定的总体目标是：实现上海世博会园区的"低碳排放"，做到园区内客运交通工具"零排放"，园区内建筑和照明二氧化碳排放减少30%，通过能源科技创新成果的规模化应用和示范，引领和带动相关产业的发展。

2010年上海世博会184天运行的实践证明：世博科技行动计划——能源科技的目标完全实现，在世博园区5.28平方公里内上千辆新能源汽车示范运行，包括纯电动、混合动力、燃料电池车三种新能源汽车，它们在为游客提供便利的同时，真正实现了园区内公共交通的"零排放"。新能源汽车在6个月的世博会期间节约传统燃油约1万吨，减少有害物质排放约118吨，减少温室气体排放约2.84吨。在世博会期间，构建了亚洲最大的半导体照明应用示范工程，整个园区LED芯片用量在10亿枚以上，LED灯具达到20万盏以上，园区内80%以上的夜景照明光源采用LED技术，世博园区成为全球最大的LED示范区。仅上海世博会沪上生态家采用的LED照明就比传统光源节电30%以上。太阳能技术集中应用于中国馆、世博中心、主题馆和南市电厂，大量的太阳能电池安装在屋顶、玻璃幕墙上，与建筑融为一体，成为上海世博会园区使用量最大的绿色能源。建成后的太阳能发电系统总装机容量约4.6兆瓦，远大于历届世博会太阳能应用的规模。世博园区光伏建筑一体化系统年平均发电量408万千瓦时，可减排二氧化碳3 330吨。半导体照明及太阳能技术的广泛应用，实现了园区内建筑和照明二氧化碳排放减少30%的目标，也实现了引领和带动相关产业的发展。

世博环境科技

环境领域是世博科技行动计划为确保上海世博会圆满成功完成而设置的重要领域之一，该领域项目的布局与实施为世博会在场馆和园区的建设、推广"绿色世博"理念提供了重要的技术支撑，也是环境领域科技成果的推广和应用的集中展示平台。

环境领域有30个项目，占项目总数的15.08%；项目总投入1.21亿元，其中市科委财政资金投入为2 195万元，占该计划财政经费资助总额的4.82%，平均每个课题获得财政资助金额为73.17万元。环境领域项目按照研究方向可以划分为四类：（1）环境规划，包括生态环境和物理环境的规划与设计，共2项；（2）环境监测、预警与治理，包括空气污染、水体污染、有害生物等的监测、预警和治理，共14项；（3）土壤污染修复，共2项；（4）废弃物回收与处理，包括废弃物、生活垃圾、废水和雨水处理等，共12项。

通过该领域项目的实施，共发表论文170篇，其中被SCI收录的论文有25篇，被EI收录的论文有38篇；出版论著12部，其中主编论著8部；申请发明专利49项，其中25项获得授权；申请实用新型专利11项，其中2项获得授权，并获得8项外观专利和1项软件著作权的授权；牵头制定技术标准2项，其中1项为国家标准。

世博科技行动计划与环境领域相关的目标是：实现上海世博园区生态和谐与资源综合利用，园区内雨污水收集处理率达到100%，雨污水综合利用率达到30%以上；工程废弃物和垃圾100%回收利用，资源化利用达到50%以上。

环境科技项目对于世博科技行动计划工作目标中的环境分目标起到全面支撑作用，在土壤、水体、空气、固体废弃物、生物、物理环境、新材料领域精心布局，保证世博园区乃至全市在世博会举办期间能有一个优良的环境。环境规划的研究全方位考虑了城市社会运作的生态安全，对世博会生态规划、生态要素配置体系和景观照明体系等方面进行了总体规划,在世博会区域探索和实践了城市化建设过程中"人与自然和谐发展"的模式,指导了世博园区的生态规划和夜景照明等方面的建设工作。通过对空气环境、水环境、生物环境等方面的实时监测、预警和治理,在改善世博园区的环境、预防有害生物灾害的发生等方面起到了不可忽视的作用,为上海世博会的成功举办保驾护航。土壤污染修复项目提出的污染场地土壤修复和维护的工程方案,为世博园区全面实施土壤修复提供了集成技术和优化方案。环境领域项目中对废弃物回收与处理方面的布局,有效解决了世博会展期间产生的废弃物和雨污水的回收、处理和资源再利用,既保证了世博园区环境的清洁,又通过废弃物的再利用节约了大量资源。

世博运营科技

运营领域是世博科技计划为确保上海世博会圆满成功完成而设置的重要领域之一,该领域项目的布局与实施为世博园区管理运营的便捷、高效和安全提供了全面的支撑,也是相关科技成果的推广和应用的集中展示平台。世博运营管理旨在向观看世博的受众尽可能好地提供服务,且在提供服务的过程中,做好监测与控制,并在世博结束后进行后续推广、利用,带动城市、产业发展。

运营类项目数为 31 个,占总计划的 15.57%,项目总投入为 2.155 亿元,其中市科委财政资助总金额为 6 870 万元,占总计划的 14.97%;平均每个课题获得的财政资助金额为 221.61 万元。运营类项目(课题)按研究方向可分成三大类:第一类旨在提高服务质量,具体是交通人流、门票系统、天气预报与园区温控、地图及可视化等项目,共 17 项;第二类则是世博会运行综合管理,这一类主要是为了能及时获取、分析、输出世博展会过程中的数据,便于世博局管理、监控的项目,包括数据整合与数据交换、实时移动监控、多媒体智慧监控等方面的项目,共 11 项;第三类是关于世博会后关键技术的有效利用、世博科技成果的综合效应评估与推广应用等方法的研究项目,以管理软课题为主,共 3 项。

通过运营领域项目的实施,共发表论文 156 篇,其中 SCI 论文 21 篇,论著 9 部,申请各类专利 49 项,其中申请发明专利 45 项,获授权 5 项,申请实用新型专利 4 项、获授权 1 项;申请软件著作权 25 项,申请技术标准 2 项。

世博运营科技方面的目标是:实现上海世博园区管理运营的便捷、高效和安全,上海市域范围内到达世博园区不超过 1 小时,人均通过世博园区入口闸机时间不超过 20 秒。

运营科技项目对于世博科技行动计划工作目标中的运营分目标起到全面支撑作用,尤其是在人流量大、高峰集中、区域范围小的特殊情况下,能够全方位高效应对,确保世博会顺畅运营。世博运营类科技项目通过园区规划、多媒体监控与指挥应用、移动信息服务平台、创新交通引导规则等创新成果的规模化应用和示范,实现了上海世博园区管理运营的便捷、高效和安全,并引领和带动了相关产业的发展,面对世博会科技项目对未来科技发展方向的示范,公众对科技进步的接受与认可程度也在不断提高。

世博展示科技

展示领域是世博科技行动计划为确保上海世博会圆满成功完成而设置的重要领域之一,该领域项目的布局要求通过对新媒体、新创意设计的研究,以创新性的展示手段和技术在世博会上产生具有震撼性的展示效果,直观、充分地展现生命科学、信息技术、光电技术和空天技术,以及未来城市的发展模式,突出本届世博会精彩、互动的理念,为充分演绎和展示"城市,让生活更美好"的上海世博会主题提供技术保障。

展示领域共布局了 40 个项目,总投入 1.48 亿元,其中市科委财政资金投入为 8 390 万元,占科委财政资金总投入的 18.28%;展示领域项目平均资助金额为 209.75 万元。展示领域涵盖 6 个研究方向,分别为展览展示技术研究方向 10 项,创新展示研究方向 6 项,景观展示研究方向 2 项,网上世博会研究方向 10 项,能源展示研究方向 4 项,展示宣传、管理与方案研究方向 8 项。其中 23 项在世博展示中得到应用。

通过该领域项目的实施,共发表论文 173 篇,其中被 SCI 收录的论文有 6 篇,被 EI 收录的论文有 28 篇;出版论著 10 部,其中主编论著 3 部;申请发明专利 52 项,实用新型专利 30 项,其中 16 项获得授权,并获得 5 项外观专利和 32 项软件著作权的授权;牵头制定了技术标准 4 项。

世博科技行动计划展示科技的目标是实现中国国家馆、主题馆、网上世博会等展览展示的精彩、互动和创新,通过科技创新成果的规模化应用和示范,引领和带动相关新兴产业发展。

大部分展示领域项目的研究成果填补了相关领域的技术空白,引领着相关技术的发展方向,为展示世博"精彩、互动、创新"的理念提供了科技支撑。展示领域项目的实施,策划了一系列科技宣传活动,加大了对世博科技的宣传力度,大大提高了世博认可度和群众感知度。应用新一代互联网技术、三维技术、多媒体技术,将世博会上的展示内容以虚拟和现实相结合的方式呈现在互联网上,搭建起一个能够进行网络体验和实时互动的网络平台——网上世博会,实现了世博会历史上的首次网上直播,使上海世博会成为无国界的"永不落幕的世博会"。

世博安全科技

世博会是一项人群高度聚集的特大型活动,关系到众多观展者的生命健康与财产安全,因此安全问题是世博会的核心问题之一,是至关重要的一环,安全办博已成为筹办上海世博会的一项重要理念。也正因如此,安全领域是世博科技行动计划布局的重要研究领域之一,成为确保举办一届"成功、精彩、难忘"世博会的重要支撑和亮点。

安全领域项目有 30 个,占项目总数的 15.08%;项目总投入 1.19 亿元,其中市科委财政资金投入为 4 415 万元,占该计划财政经费资助总额的 9.70%,平均每个项目获得财政资助金额为 147.17 万元。安全类项目涵盖 5 大类:(1) 食品,包括食品、饮用水质量监控、有害物质检测,共 14 项;(2) 突发灾害应急,主要研究如何预防重大灾难发生,以及灾难发生后的救援设施、定位系统的研制,共 7 项;(3) 检测、监测与监控,主要涉及雷电、化学生物、爆炸物等,共 4 项;(4) 预报、预警,主要针对天气动态进行预警,共 1 项;(5) 园区消防、安保,包括安保指挥调度、消防规划、火灾风险评估等项目,共 4 项。

通过该领域项目的实施,共发表论文 178 篇,其中被 SCI 收录的论文有 13 篇,被 EI 收录的论文有 22 篇;出版论著 10 部,其中主编论著 1 部;申请发明专利 49 项,其中 10 项获得授权;申请实用新型专利 21 项,其中 8 项获得授权;申请软件著作权登记 13 项,其中 3 项获得授权;申报技术标准 17 项,其中包括 3 项国家标准、3 项行业标准和 1 项地方标准。

世博科技行动计划在安全方面的工作目标为:实现上海世博园区管理运营的便捷、高效和安全,园区内信息反馈处理与应急反应时间小于 2 分钟。世博安全科技对于世博科技行动计划工作目标中的安全分目标起到全面支撑作用,在食品与饮用水安全、突发灾害应急、危险品检测、监测与监控、天气动态预警和园区消防、安保等领域精心布局,为世博会编织了一张覆盖空中、地面和地下的安全大网。

世博科技行动计划在安全领域布局方面十分注重食品安全的内容,在食品与饮用水监控研究方向设置了14个项目,接近安全领域项目总数的一半。这些项目通过借鉴国内外大型活动中食品安全保障的经验,结合我国国情,针对世博会的特点,构建了上海世博会食品安全保障的理论与实践体系,为世博会的平稳运行提供物质基础。安全领域在突发灾害应急研究方向的项目覆盖了地面及地下灾害事故,建立了实用、安全的应急响应和救援体系,为世博园区提供全方位的安全保障。安全领域项目在危险品检测、监测与监控方面的布局,涉及爆炸物、雷电和化学生物,在园区安保、气象灾害防护和生态保护等方面发挥了重要作用,既保证了人民的生命、财产安全,又保证了世博会的生态安全。安全领域在天气动态预警方面布局的目的是,提高强对流灾害天气预报时效与准确度,构建具有国际先进水平的强对流天气预警预报系统,为世博会的成功举办和人民健康安全提供科技保障。

附 录

一、科技政策与法规

上海市鼓励引进技术的吸收与创新规定

(2000 年 1 月 25 日上海市第十一届人民代表大会常务委员会第十六次会议通过　根据 2002 年 2 月 1 日上海市第十一届人民代表大会常务委员会第三十六次会议《关于修改〈上海市鼓励引进技术的吸收与创新规定〉的决定》修正)

第一条　为了鼓励引进技术的吸收与创新,提高本市引进技术的吸收与创新能力,加快产业升级和技术进步,促进经济和社会发展,根据有关法律、法规,结合本市实际情况,制定本规定。

第二条　本规定所称引进技术的吸收与创新(以下简称吸收与创新),是指依法通过贸易、经济技术合作等方式,从国外取得先进技术并通过掌握其设计理论、工艺流程等技术要素,成功地运用于生产经营,以及在此基础上开发新技术、新产品并实现商业化的活动。

第三条　本规定适用于本市范围内的吸收与创新活动。

第四条　吸收与创新应当遵守保护知识产权的法律、法规以及我国加入或者签订的国际条约、协议。技术进出口合同对技术保密有约定的,从其约定。吸收与创新所形成的知识产权受法律保护。

第五条　市人民政府负责吸收与创新工作的组织、协调,做好宏观调控,限制低水平的重复引进。

上海市经济委员会(以下简称市经委)负责组织编制和实施全市的吸收与创新规划;编制、公布本市吸收与创新重点项目指导目录(以下简称指导目录)和年度计划;指导年度计划项目的实施并组织鉴定和验收。

本市各有关部门以及区、县人民政府根据各自职责,共同做好吸收与创新工作。

第六条　企业是吸收与创新的主体,有权根据生产经营的需要和市场需求,自主引进先进适用技术,自主确定吸收与创新的内容和方式。

大型企业或者企业集团可以按照国家有关规定,设立吸收与创新基地,承担国家和本市重大技术装备或者吸收与创新的项目。

职工应当遵守企业依法建立的技术保密制度。

第七条　本市鼓励企业与科研单位、高等院校开展吸收与创新的联合研究、联合开发,或者联合建立技术开发机构。

参与吸收与创新项目的各方,应当签订合同,约定有关技术权益的归属以及各方的权利与义务。

第八条　企业可以按照指导目录以及规定的条件和程序,申请将本企业的吸收与创新项目列入市吸收与创新年度计划。

市经委接到申请后,应当组织专家,按照公平、公正、合理的原则进行评审,在每年第一季度确定市吸收与创新年度计划的项目,并书面通知申请单位。

第九条　本市设立吸收与创新的专项资金,列入市级预算并逐步增加。

吸收与创新的专项资金按照本规定用于吸收与创新项目的低息贷款、贷款贴息和技术开发经费补贴等方面的资助。

吸收与创新的专项资金,由市经委委托的企业技术创新服务中心(以下简称创新服务中心)负责结算管理。

区、县人民政府可以根据本地区经济发展情况和吸收与创新的需要,设立相应的专项资金,用于扶持本地区的吸收与创新项目。

第十条　市各有关部门用于技术进步的其他专项资金,应当确定高于10%的比例用于鼓励吸收与创新,重点支持引进高新技术的产品开发、中试和产业化。

第十一条　列入市吸收与创新年度计划项目的单位,可以申请低息贷款;获得金融机构贷款的,可以申请贷款贴息。

第十二条　下列项目或者技术、产品可以获得技术开发经费的补贴:

(一)属于国家技术创新项目或者本市重点支持的吸收与创新项目;

(二)在吸收基础上创新的、具有市场竞争力或者获得自主知识产权的技术、产品;

(三)未列入市吸收与创新年度计划,但符合指导目录要求,经过市经委组织鉴定,确认其技术上有重大突破并形成一定商业规模的项目。

第十三条　企业用于吸收与创新的技术开发经费,可以按照实际发生额计入成本。

用于吸收与创新的关键设备、测试仪器,单价在规定数额以下的,可以一次或者分次计入成本。

列入市吸收与创新年度计划的项目,经市财政、税务部门审核,可以对设备进行快速折旧,并参照市新产品试产计划或者中试产品计划的规定享受相应优惠。

第十四条　吸收与创新项目属于高新技术成果转化的,或者在吸收高新技术基础上创新的成果转让取得收益的,按照国家和本市高新技术成果转化的规定,享受优惠。

第十五条　列入市吸收与创新年度计划的项目,可以向市经委申请优先列入市技术改造项目计划,获得资本金注入或者贷款贴息的资助。

第十六条　吸收与创新的技术或者产品申请国内外专利的,可以分别向市科技行政管理部门、市专利行政管理部门、市经委申请专利申请费、专利维持费、专利代理费的部分资助。

企业引进国外专利技术用于技术开发,属于国内首次运用的,可以凭专利转让或者专利许可合同等有效证明,向市经委申请经费补贴。

第十七条　企业在本市建立吸收与创新的下列机构,可以向市经委申请启动经费的补贴:

(一)国家级或者市级的企业技术开发中心;

(二)国家级或者市级的吸收与创新基地;

(三)与科研单位、高等院校联合建立的市级技术开发机构。

第十八条　吸收与创新的高新技术产品出口,可以按照国家有关规定享受增值税零税率优惠。

吸收与创新的产品进入国际市场,其企业可以向市经委申请有关技术质量认证或者许可的经费补贴。

第十九条　本市吸收与创新年度计划的项目承担单位需要引进外省市专业技术人才的,可以按照规定直接申请办理外省市专业技术人才调入本市的手续,需要引进国外技术管理专家、海外高层次留学人员的,可以按照规定申请有关专项资金的扶持。

对列入市吸收与创新年度计划的项目进行关键技术攻关,需要聘用国外专家的,可依据聘用合同向市有关部门申请经费补贴。

第二十条　本市各级机关在采购活动中,在同等条件下,应当优先采购属于扶持发展产业的吸收与创新产品。

第二十一条　对吸收与创新做出重大贡献的企业经营者、项目负责人和科技人员,有关部门应当给予奖励。

对吸收与创新做出重大贡献的企业经营者、项目负责人和科技人员,企业应当在吸收与创新产品取得的收益中提取一定比例给予奖励,或者按照国家和本市有关规定将奖励额折算为股份或者出资比例,由受奖励人分享收益。

第二十二条　吸收与创新的成果或者产品,可以申请各级科技成果奖项。

第二十三条　创新服务中心应当根据市经委批准的吸收与创新项目和款额,与项目单位订立合同,并通过有关金融机构将款额及时足额地拨付给项目单位;项目单位应当按照合同约定的内容履行义务。

第二十四条　本市有关部门和创新服务中心的工作人员,在吸收与创新活动中违反本规定,疏于职守、弄虚作假、徇私舞弊,侵犯吸收与创新项目单位合法权益的,由其所在单位或者上级主管部门责令改正,给予行政处分;挪用、克扣、截留吸收与创新专项资金的,由其所在单位或者上级主管部门责令限期归还,给予行政处分;构成犯罪的,依法追究刑事责任。

第二十五条　违反本规定第四条,侵犯他人知识产权的,依照相关法律、法规处理。

违反本规定第六条第三款,给企业造成损失的,企业有权要求赔偿,并依照相关法律的规定,追究其违法责任。

第二十六条　企业在吸收与创新活动中弄虚作假,骗取低息贷款、贷款贴息或者技术开发经费补贴等资助的,由市经委会同有关部门追回其所得的款额,并由市经委处以所骗款额一至三倍的罚款;骗取其他优惠待遇的,依照有关法律、法规的规定处理。

采取欺骗手段获得奖励的,由市经委及有关部门撤销其奖励,并责令其退回奖励所得。

第二十七条　本规定自 2000 年 3 月 1 日起施行。1987 年 6 月 20 日上海市第八届人民代表大会常务委员会第二十九次会议批准的《上海市鼓励引进技术消化吸收暂行规定》同时废止。

上海市促进张江高科技园区发展的若干规定

沪府发(2001)第 20 号(2001 年 7 月 5 日)

第一条　(目的)

为了促进张江高科技园区的发展,根据《中共中央国务院关于加强技术创新发展高科技实现产业化的决定》,结合上海市实际情况,制定本规定。

第二条　(领导机构和管理机构)

上海市设立张江高科技园区领导小组(以下简称园区领导小组)及其办公室(以下简称园区办公室)。

园区领导小组是张江高科技园区(以下简称园区)开发、建设的领导机构,负责园区的规划编制、政策制定和组织协调工作。

园区办公室是园区领导小组的办事机构,同时为市政府及浦东新区政府的派出机构。园区办公室根据市和浦东新区有关行政管理部门、机构的委托或者授权,负责园区内投资项目、基本建设项目的审批;负责园区内高新技术企业、软件企业、集成电路企业、高新技术成果转化项目的认定;协调其他行政管理部门对园区内企业的日常行政管理、年检和落实优惠政策;为园区内企业提供各种必要的服务。

第三条 （企业的设立）

在园区内设立企业,实行直接登记。

符合企业设立条件的,工商行政管理部门应当在3个工作日内办理完毕。

法律、行政法规规定前置审批的,实行"工商受理、抄告相关、并联审批、限时完成"的方式,有关部门应当在5个工作日内办理完成前置审批手续。

申请设立企业也可以委托企业登记代理机构代为办理有关手续。

取消市政府及所属部门规定的企业设立前置审批。

科技人员和管理人员兼职或者离岗在园区内申请设立科技型企业,可以凭个人的有关证明材料向工商行政管理部门提出申请。对科技型企业不再限定具体的经营范围。

第四条 （项目审批）

园区办公室接受市外资委的委托,对园区内的外商投资项目进行审批,并将审批结果报有关行政管理部门备案。

园区办公室接受上海市有关行政管理部门的委托,对园区内的内资项目进行审批。

第五条 （规划和工程建设管理）

园区内的规划管理事项,由市和浦东新区规划管理部门委托园区办公室按照经批准的详细规划负责审批;园区内的工程建设管理事项,由市和浦东新区建设管理部门委托园区办公室负责审批。园区办公室应当将审批结果报市和浦东新区有关行政管理部门备案。

第六条 （重点扶持的产业）

园区重点扶持下列高新技术产业:

（一）列入《国家高新技术产品目录》的产业;

（二）生物医药产业;

（三）信息产业;

（四）市人民政府规定的其他产业。

第七条 （企业和项目的认定、发证）

园区内高新技术企业、软件企业、集成电路企业、高新技术成果转化项目的认定,由市科委、市信息办、市高新技术企业认定机构等委托园区办公室统一进行,实行一门式受理。园区办公室按照坚持认定标准和提高效率、简化程序、方便企业的原则开展认定工作,并将认定结果报市有关行政管理部门、机构备案。

市有关行政管理部门、机构对园区办公室的认定和发证工作进行监督;对不符合标准或者要求的认定结果,有权予以撤销。

第八条 （政策优惠）

经市有关行政管理部门、机构或者园区办公室认定的企业和项目,在园区内可以享受下列优惠政策:

（一）国家和上海市有关鼓励技术创新的各项优惠政策;

（二）国家和上海市有关鼓励科技成果转化和产业化的各项优惠政策;

（三）国家和上海市鼓励软件产业和集成电路产业的各项优惠政策;

（四）上海市促进中小企业发展的有关优惠政策。

第九条 （企业和科研机构的自主权）

园区内企业依法实行自主经营、自主用人、自主分配和自负盈亏。

园区内科研机构可以根据发展需要,自主设置专业技术岗位,自主聘任专业技术职务,自主确定岗位责任和任职条件。

第十条 (告知与承诺)

对园区内企业应当承担的法定义务,有关行政管理部门应当事先以书面的形式告知企业。

企业应当承担的法定义务,可以由企业自行向有关行政管理部门做出承诺或者保证,并承担相应的法律责任。

第十一条 (日常行政管理和年检规定)

质量技术监督、药品监督管理部门可以凭合法证件,依法对园区内企业的产品质量进行监督、检查和抽验。

行政管理部门依法对园区内企业实施检查和监督,应当提前15个工作日告知相关的企业,并由园区办公室统一协调安排。

行政管理部门依据法律、行政法规的规定对园区内企业进行年检的,应当由园区办公室统一协调安排。

第十二条 (收费行为的规范)

园区实行企业交费登记卡制度。

收费单位向企业收费时,应当出示《收费许可证》(副本)等合法证件,并逐项填写《上海市企业交费登记卡》。收费单位不出示《收费许可证》、不填写《上海市企业交费登记卡》的,企业有权拒绝交费。

第十三条 (中介服务)

园区应当完善中介服务体系,为从事技术创新及科技成果转化和产业化活动的单位和个人,提供符合国际惯例和国家规范的经营管理、技术、市场营销、信息、人才、财务、金融、标准和计量、专利、法律、公证等各类中介服务。

中介服务机构应当提高技术交易、技术产权交易、技术经纪、技术咨询、无形资产评估、科技投资咨询和技术评价服务的水平。

第十四条 (吸引人才和简化出国手续)

鼓励国内外专业人才到园区内企业从事科研项目开发和成果转化工作。

简化园区内企业因公出国、出境的审批手续。对与技术创新及科技成果转化和产业化等重大项目相关的出国、出境人员,实行"一次审批、多次有效"的政策,有关部门应当优先办理。

第十五条 (知识产权保护)

鼓励园区内企业开发具有自主知识产权的技术。鼓励企业对于知识产权的职务发明者、设计者、作者和主要实施者,给予与其实际贡献相当的报酬或者股权收益。

园区内的技术创新及科技成果转化和产业化活动,应当遵守保护知识产权的法律、法规以及我国加入或者签订的国际条约、协议。

在园区内设立专项奖励基金,鼓励企业积极申请专利,扶持专利项目产业化。

第十六条 (创业投资)

鼓励国内外机构在园区内设立创业投资机构。

鼓励在园区内的企业中形成风险投资资金的进入和退出机制。

鼓励园区内企业开展技术、产权交易。

第十七条 (禁止的情形)

禁止行政管理部门和其他单位要求园区内企业参加各种形式的检查、评比活动;禁止以任何名义向园区内企业乱收费。

第十八条 （投诉）

园区内企业对行政管理部门不符合本规定的管理行为,或者应当享受的优惠待遇未落实的,可以向园区办公室投诉。

第十九条 （适用范围和施行日期）

本规定适用于园区内已开发区域的企业。

园区办公室和有关部门可以根据本规定制定实施细则。

本规定自发布之日起施行。上海市政府2000年1月7日发布的《上海市促进张江高科技园区发展的若干规定》同时废止。

上海市科研计划课题制管理办法(暂行)

沪府办发(2002)32号(2002年9月10日)

第一条 为发挥科研人员的创新潜能,吸引海内外优秀科研人才参与政府科研项目的实施,提高科研水平和财政科研资金使用效益,促进经济和社会发展,根据《国家科研计划实施课题制管理的规定》,结合上海市实际,制定本办法。

第二条 本办法所称的课题制管理,是指以课题(或项目,下同)为中心、以课题组为基本活动单位,进行课题组织、管理和研究活动的一种科研管理制度。

第三条 本办法所称的课题制,适用于以财政拨款资助为主的各类科研计划的课题,以及相关管理活动。

第四条 课题制管理实行课题责任人负责制。课题责任人为法人或自然人。

课题责任人为确保课题任务的完成,在批准的计划任务和预算范围内,具有研究方案决定、人员聘用和经费支配等权利,并承担相应的法律责任。

法人课题责任人必须指定所承担课题的课题组长,并在科研合同或计划任务书中明确课题组长的权利和义务,且不得随意变更。

第五条 课题必须有依托单位。一个课题只能确立一个依托单位。依托单位必须具备和提供科研合同或计划任务书中确立的必要的课题实施条件,有健全的科研管理、知识产权管理、财务管理、资产管理和会计核算制度。

法人课题责任人是当然的依托单位。

属于自然人的课题责任人可以根据课题实施的需要,打破单位、所有制界限选择课题依托单位。课题责任人与依托单位之间的权利义务关系以合同的形式确定。

第六条 课题责任人应组建一个结构精干、人员相对稳定的课题组。课题责任人可以跨部门、跨单位择优聘用课题组成员。课题组人数及主要成员应符合各科研计划管理办法的要求。

第七条 科研计划归口管理部门(以下简称归口部门)应根据上海市科研计划和财政管理的有关规定,加强课题管理,建立课题备选库,充分发挥专家和科研管理中介机构的作用,确保课题管理的科学性和有效性。

经政府科技主管部门资质认定的科研项目管理中介机构,可接受归口部门委托,承担课题立项申请的受理和评审、课题实施过程管理等业务管理职能。

第八条 课题立项实行专家评议和政府决策相结合的审批机制。符合招投标条件的,按有关规定实行招标投标管理。对于涉及国家机密或需要紧急决策的特殊目标的课题,可另行规定立项。

第九条　课题立项申请应提交可行性报告和课题经费全额预算表,经依托单位签署审核意见后上报。

第十条　归口部门或受其委托的科研项目管理中介机构收到立项申请后,根据课题研究目标组织专家从技术先进性、实施可行性等方面进行评议。

归口部门负责课题立项的批准。

第十一条　经批准立项的课题,归口部门或受其委托的科研项目管理中介机构应与课题责任人和依托单位签订科研合同,并明确各方当事人的权利和义务、课题的具体目标、执行程序、经费使用、科研成果归属,以及合同生效、解除和违约责任等内容。

第十二条　课题责任人可根据实际需要,对课题实行"课题—子课题"或"项目—课题"两级管理。课题研究的分级情况必须在科研合同或计划任务书中明确,不得自行分解或随意变更。

实行两级管理的课题,课题责任人应与有关当事人签订分级合同,并报归口部门或科研项目管理中介机构备案。

课题责任人不得将课题转包给其他法人或自然人。

第十三条　课题制实行全额预算管理,细化预算编制,并实行课题预算评估或评审制度。

第十四条　课题责任人在编制课题研究经费预算时,必须同时编制经费来源预算与经费支出预算。

经费来源预算是指用于同一课题的来自于各种不同渠道的经费的预算,包括从归口部门、依托单位、国家有关部委或企业获得的经费,以及通过国际合作或其他渠道获得的经费。

经费支出预算是指课题研究过程发生的所有支出的预算。课题研究经费支出预算以课题及子课题为预算对象,预算内容包括与课题研究有关的所有直接费用和间接费用。

直接费用是指课题研究过程中使用的可以直接计入课题成本的费用。一般包括人员费、设备费、试验材料费、燃料动力费,以及其他研究经费等。人员费是指课题组成员的工资性费用。对所在单位有事业费拨款的课题组成员,其所在单位应按照国家规定的标准从事业费中及时足额予以支付。国家或上海市另有规定的,按照有关规定执行。

间接费用是指为实施课题而支付给依托单位直接为课题服务的管理服务人员的人员兼职、现有仪器设备和房屋的使用费或折旧费等。间接费用占课题经费支出的比例,最高不得超过15%。

第十五条　课题资助方式根据课题规模以及管理工作的需要,分为成本补偿式或定额补助式。

成本补偿式资助方式是指对受资助课题的成本费用进行补偿的资助方式,最高为全额。由归口部门会同财政部门对此类课题预算建议书进行审查并批复。课题支出必须严格按照批复的预算执行。

定额补助式资助方式是指对受资助课题提供固定数额经费的资助方式,资助额度依据评议专家的意见和经相关的财政、财务政策审核后确定。

第十六条　由归口部门会同财政部门从目标相关性、政策相符性和经济合理性等方面,对课题预算进行审核,确定课题经费预算。

第十七条　计划管理费是指由归口部门使用、为管理科研计划及其经费而支出的费用,一般包括在规划与指南的制定和发布、招标、课题遴选、评审、预算评估、监理、跟踪检查、验收,以及后评估等科技管理活动过程中所支付的费用。计划管理费总数不超过支出预算经费的5%。计划管理费预算由归口部门在此额度内编制,报同级财政部门核定后执行。该经费专款专用,如有结余,结转下年度继续使用。

第十八条 财政部门或归口部门根据批准的课题经费预算、用款计划、工作进度节点完成情况及经费结存情况,核定当期课题拨款额,并及时足额拨付课题经费;未按工作进度节点按时完成的,延迟或停止拨付课题经费。

按规定需实行政府采购的,经费拨付按政府采购办法的有关规定执行。

第十九条 经批准的经费预算必须严格执行,一般不作调整。由于课题研究目标、重大技术路线或主要研究内容调整,以及不可抗力造成意外损失等原因,对课题经费预算造成较大影响时,必须按经费管理办法中规定的程序进行报批,经批准后方可对经费预算进行调整。

第二十条 实行定额补助式资助的课题只在结题时编制课题研究费总决算,不编制年度决算;实行成本补偿式资助的课题要编制课题研究费年度决算。课题研究费决算以会计年度为计算期,在规定时间内上报归口部门。自课题研究费下达之日起不满三个月的课题,当年不编报决算,其当年经费的使用情况在下一年度决算中编报。

第二十一条 未结课题的年度结余经费,结转下一年度继续使用;已完成并通过验收课题的结余经费,经归口部门和财政部门批准后,可留给依托单位,用于补助科研发展开支。

第二十二条 课题验收包括技术成果或知识产权验收、固定资产验收,以及财务决算。课题验收要以批准的课题可行性报告、科研合同文本或计划任务书约定的内容或确定的考核目标为依据。

第二十三条 课题责任人对课题执行过程中发生的技术路线或主要研究内容调整、课题组主要研究人员变动,以及其他可能影响课题顺利完成的重大事项,应及时向归口部门或科研项目管理中介机构书面报告。

第二十四条 课题因故终止,依托单位和课题责任人应及时清理账目与资产,编制决算报表及资产清单,并将剩余经费(含处理已购仪器、设备及材料的变价收入)归还原渠道;剩余资产按国家有关规定处置。

第二十五条 用课题研究费购置的资产属于国有资产,其使用权和经营权一般归课题或子课题依托单位,资助文件中另有注明的除外。用课题研究费购置的固定资产,必须纳入课题或子课题依托单位的固定资产账户进行核算与管理。资产的处置按国家有关规定执行。

第二十六条 依托单位应对所依托的课题进行成本核算,未经批准不得分立或变更核算对象。对跨年度的课题,应保持其核算对象、口径的连续性。

依托单位应对所依托课题的一切经费开支行使监督权,做到审批手续完备、账目清楚、内容真实、核算准确、监督措施有力,确保政府科研资金的合理使用和安全。

第二十七条 归口部门和财政部门应对课题任务完成情况、课题合同执行情况及课题经费使用情况进行监督检查并开展绩效考评。

课题监督要做到独立、客观、公正、及时,且不得干扰和干预课题的正常实施。

归口部门可依据课题合同和有关的科研计划管理规定,对重大课题实行监理。每个课题监理人可同时进行多个课题的监理工作。

第二十八条 归口部门和财政部门依据监督检查与绩效考评的结果,对课题责任人、课题依托单位和科研项目管理中介机构的信誉度进行评估。

第二十九条 课题责任人、课题依托单位或科研项目管理中介机构有弄虚作假、截留、挪用、挤占课题经费等行为的,有关部门可依据各自职责,视情况采取通报批评、警告、停止拨款、终止课题和取消管理资格等措施。情节严重的,依法追究法律责任。

第三十条　本办法由市科委和市财政局负责解释。

第三十一条　本办法自 2002 年 10 月 1 日起生效。

上海市促进高新技术成果转化的若干规定

沪府发（2004）第 52 号（2004 年 12 月 22 日）

为了贯彻《中华人民共和国促进科技成果转化法》《上海实施科教兴市战略行动纲要》,加快本市高新技术成果转化,积极培育新兴产业,优化高新技术产业结构,形成高新技术产业链,特制定本规定。

一、市政府颁布上海市高新技术产业和技术指导目录。法人和自然人可按照市政府颁布的指导目录,申请高新技术成果转化项目的认定和高新技术企业的认定。

市政府有关部门在上海市高新技术成果转化服务中心联合设立"一门式"服务窗口,提供政策咨询服务,协调解决高新技术成果转化和高新技术企业发展过程中的疑难问题。

二、本市实行高新技术成果转化项目认定制度。上海市高新技术成果转化服务中心常年受理并负责组织高新技术成果转化项目的认定。对经认定的软件、集成电路、创新药物等项目,国家"863"计划等各项科研项目,以及获得科技型中小企业技术创新资金资助的项目,简化成果转化认定程序。

经认定的高新技术成果转化项目,若发现其转化内容与项目申请书有严重违背或在规定期限内未实施转化的,撤销该项目的认定资格,并停止其继续享受有关优惠政策的待遇。

三、本市实行高新技术企业认定制度。上海市高新技术企业认定办公室常年受理并负责组织本市高新技术企业的认定。对已经认定的软件、集成电路等企业,简化认定程序。经认定的高新技术企业,可按规定享受有关优惠政策。鼓励高新技术企业向国家高新技术产业开发区集中。

四、各类企事业单位特别是高等院校、科研机构和国有企事业单位,要以各种形式实施技术和管理要素参与分配。单位职务成果进行转化的,可根据不同的转化方式,约定成果完成人应当获得的股权、收益或奖励。

以股权投入方式进行转化的,成果完成人可享有不低于该项目成果所占股份 20％的股权。

以技术转让方式将成果提供给他人实施转化的,成果完成人可享有不低于转让所得的税后净收入 20％的收益。

自行实施转化或以合作方式实施转化的,在项目盈利后 3～5 年内,每年可从实施该项成果的税后净利润中提取不低于 5％的比例,用于奖励成果完成人;企业自主开发的非本企业主导经营领域的成果,在项目盈利后 3～5 年内,每年可从实施该项成果的税后净利润中提取不低于 10％的比例,用于奖励成果完成人。

高等院校、科研机构和国有企事业单位的科技人员在落实技术、管理等要素参与分配遇到障碍时,可以向高新技术成果转化服务中心咨询和申诉。

五、高新技术成果作为无形资产参与转化项目投资的,其作为无形资产的价值占注册资本比例可达 35％。合作各方另有约定的,从其约定。

高新技术成果作为无形资产投资的价值,应经具有资质的评估机构评估,或经各投资方协商认可并同意承担相应连带责任。企业凭评估机构的评估报告,或投资各方同意承担相应连带责任的协议书等,办理验资手续。

具备法人资格的高等院校、科研机构可与外国投资者以合作的方式,设立外商投资高新技术企业。

允许在外商投资高新技术企业工作1年以上的国内科研人员成为该企业的中方投资者。外商投资高新技术企业对所研究开发的产品,可实行委托加工生产模式,并允许对外租赁自产产品。

六、经认定的高新技术(国有独资)企业在实施公司制改制时,经出资人认可,可将前3年国有净资产增值中(不包括房地产增值部分)不高于35%的部分作为股份,奖励有贡献的员工特别是科技人员和经营管理人员。

高新技术企业和高新技术成果转化项目的企业可以期股、期权或技术分红等形式,奖励科技人员和经营管理人员。技术分红享受者可将技术分红作为出资,按照规定的价格购买公司股权,并依法办理股权登记手续。

七、鼓励企业加大技术开发费投入。企业当年发生的技术开发费(包括新产品设计费,工艺规程制定费,设备调整费,专门用于研究活动的专利、技术资料检索费用,委托其他单位进行的科研试制费,与新产品的试制和技术研究有关的其他费用)可据实列支,比上年实际增长10%以上的,可再按技术开发费实际发生额的50%抵扣当年应纳税所得额。企业为开发新技术、研制新产品必须购置的专用、关键的试制用设备、测试仪器所发生的费用,可一次或分次摊入成本。对技术转让、技术开发和与之相关的技术咨询、技术服务获得的收入,免征营业税。

国资重点支撑的产业性集团实际发生的技术开发费,应不低于当年销售收入的1%~3%。

八、本市注册的企业中经认定的高新技术成果转化项目,根据其综合经济指标的完成情况及项目知识产权的具体属性,在认定之后的一定期限内,由财政专项资金对其专项研发给予扶持。自认定之日起3年内,经上海市高新技术成果转化中心认定实现生产或试生产的,政府返还高新技术成果转化部分项目用地的土地使用费、土地出让金;购置用于高新技术成果转化的生产经营用房的,可免收交易手续费和产权登记费。如改变土地使用性质或用于非高新技术成果转化项目,所享受的优惠须全额退还。

九、鼓励境内外各类资本在本市设立注册资本不低于1000万元人民币的创业投资公司,以及注册资本不低于100万元人民币的创业投资管理公司。

创业投资主管部门委托市创业投资行业协会认定的创业投资公司,可按国家规定,运用其全额资本金进行投资。对其投资经认定的高新技术成果转化项目和高新技术企业的资金余额超过净资产50%,并且其他投资的资金余额未超过净资产30%的,给予财政专项资金扶持。

经市创业投资行业协会认定的本市创业投资管理公司,其管理投资于经认定的高新技术成果转化项目和高新技术企业所取得的投资收益、管理费收入和业绩奖励,自获利年度起3年内,由财政专项资金给予一定的扶持。

本市注册的创业投资公司可以按总收益中不高于10%的比例提取风险准备金,市科技专款予以等额匹配,市、区县两级科委共同设立创业投资风险救助专项资金。具体办法,由市科委会同市财政局另行制定。

十、市和区、县在有关专项资金中,对经认定的高新技术成果转化项目,给予贷款贴息或融资担保。

担保机构为经认定的高新技术成果转化项目和高新技术企业提供融资担保,所发生的项目代偿损失,经主管财政部门核准,可给予一定的补偿。

市、区县两级财政所属的担保机构要逐步扩大用于高新技术成果转化项目和高新技术企业的担保额比例。

对资产少、科技含量高的科技项目,可探索实行信用担保,以及与专利等无形资产挂钩的担保模式。

十一、在沪注册并缴纳企业所得税的企业(包括外商投资企业的中方投资者),以近3年的税后利润投资于经认定的高新技术成果转化项目,形成或增加企业的资本金,且投资合同期超过5年的,在第二年度内由财政专项资金给予一定的扶持。外商投资企业的外方投资者,将其从企业取得的利润直接再投资,该再投资部分交纳的企业所得税,按税法规定退税。

从事高新技术成果转化的科技人员,用其从成果转化中获得的收益投资经认定的高新技术成果转化项目或高新技术企业的,在第二年度由财政专项资金给予一定的扶持。

十二、建立上海市科技企业孵化器指导委员会,促进孵化器提高成果转化、中介、投融资等培育企业的服务功能。经上海市科技企业孵化器指导委员会批准的孵化基地视其实际运行情况,由市、区县财政安排专项资金给予扶持,用于加快孵化基地的建设和提升服务功能。

十三、从事经认定的高新技术成果转化项目的海外留学生在沪取得的工薪收入,在计算个人应纳所得税额时,可按规定享受加计扣除。企业和研究开发机构聘用的外籍专家,其薪金可列支成本。

经认定的高新技术成果转化项目所组建的企业,不受工资总额限制,董事会可参照劳动力市场价格和当年政府颁布的工资增长指导线,自行决定其职工的工资发放水平,并可全额列支成本。

十四、高等院校、科研院所的科技人员可以兼职从事高新技术成果的转化工作。科技人员兼职从事高新技术成果转化工作,应遵守与本单位的约定,保守本单位的商业秘密,尊重本单位知识产权;使用本单位或他人知识产权的,应与本单位或他人签订许可或转让协议。

科技人员和管理人员整体或者部分成建制脱离高校、科研机构等事业单位,进入企业从事高新技术成果转化的,凭转化证书经与劳动保障部门协商,可享受本市转制事业单位养老保险的有关政策。

十五、由上海市高新技术成果转化类高级专业技术职务任职资格评审委员会负责对本市在高新技术成果转化中做出贡献的工程技术人员、经营人员、管理人员以及中介服务组织工作人员的任职资格进行评审。对在高新技术成果转化工作中业绩突出者,可破格评定相应的专业技术职务任职资格。

十六、高新技术企业和高新技术成果转化项目的企业从外省引进大学以上学历(有相应学位)且紧缺、急需的专业技术人员、管理人员和创新团队的,引进人员的配偶(含农业户口)及未成年子女可以随调、随迁来沪。

建设留学人员创业园区,完善对留学人员创业的服务。对海外留学人员回国创办软件、集成电路设计和生物技术企业,给予创业扶持。

十七、上海人才发展资金资助认定的高新技术企业和高新技术成果转化项目的企业建立技术主管、信息主管岗位,并对聘用经考核合格的优秀人才提供补贴。

上海职业培训公共实训基地对开展高技能人才培训的职业培训学院、职业培训机构及本市相关行业和企业的培训部门免费开放、无偿使用。

十八、由市政府有关部门和区、县政府根据本规定,制定实施细则和服务指南。上海市高新技术成果转化服务中心负责对本规定的落实,进行组织协调和督促推进。

本市已颁布的有关高新技术成果转化的政策与本规定不一致的,以本规定为准。

关于本市转制科研机构深化产权制度改革的若干意见

沪府办(2005)1 号(2005 年 1 月 11 日)

为全面贯彻落实党的十六届三中、四中全会和市委八届四次、五次全会精神,加快实施科教兴市主战略,根据《国务院办公厅转发国务院体改办等部门关于深化转制科研机构产权制度改革若干意见》(国办发[2003]9 号)精神,结合实际,现就本市转制科研机构(指本市地方所属的已经由事业单位转制为具有独立法人资格、国有独资企业的科研院所,下同)深化产权制度改革提出以下意见:

一、指导思想和基本原则

(一)指导思想

按照树立和落实科学发展观、实施科教兴市主战略的要求,通过实施产权主体多元化的改革。进一步转换体制机制,调动和发挥科技骨干、经营管理团队的积极性与创造性,增强科技生产型、服务型企业的竞争力,培育一批充满生机与活力的市场创新主体,着力构建城市创新体系。

(二)基本原则

建立归属清晰、权责明确、保护严格、流转顺畅的现代产权制度;实施分类指导,重点推进与一般指导相结合;明确工作责任,科学规范,公开透明,循序渐进,稳步实施。

二、主要形式

(一)转制科研机构可根据自身特点,分别改制为科技生产型企业或科技服务型企业。转制科研机构的国有出资者要积极支持并鼓励转制科研机构进行产权制度改革。

(二)转制科研机构要积极引入战略投资者,通过增资扩股、产权转让等多种方式,改制为多种经济成分参股的有限责任公司、股份有限公司或其他企业组织形式。

(三)实施产权制度改革的转制科研机构,不再设立职工持股会等职工集体股。由于历史原因已经设立职工持股会的,可委托信托投资机构进行管理;也可本着自愿协商的原则转为自然人持股,由本机构科技骨干和经营管理者购买,或吸收其他投资者认购。

三、基本程序

(一)转制科研机构实施产权制度改革,必须制订改制方案。

市国资委出资监管的转制科研机构,其改制方案由市国资委会同市科委拟订,并报送市国资国企改革工作协调小组批准。

市国资委出资监管单位下属的转制科研机构,其改制方案由市国资委出资监管单位拟订和批准,并报送市国资委和市科委备案。

其他转制科研机构的改制方案,由转制科研机构国有产权持有单位拟订,报送其主管部门批准,并报送市科委和市国资委备案。

改制方案应按照有关规定,提交职工代表大会或职工大会审议,充分听取职工意见。其中,职工劳动关系处理方案须经职工代表大会或职工大会审议通过。改制方案、职工劳动关系处理方案应按规定公示。

(二)转制科研机构实施产权制度改革,要按照国家和本市的有关规定,进行清产核资和审计,落实债权债务。由出资者委托具有资质的中介机构对转制科研机构资产进行评估,评估结果按规定实行公示后,评估报告报送市国资委核准或备案。

(三)转制科研机构改制中涉及国有产权转让或者吸引社会资本实行增资扩股的,应按照《上海市产权交易市场管理办法》规定的相关程序,在本市产权交易机构通过拍卖、招投标、协议转让等方式进行,并办理相关手续。

四、具体要求

(一)鼓励和支持转制科研机构技术、管理骨干投资入股

1. 充分发挥知识产权及人力资本在科技创新中的关键性作用。优先鼓励和支持转制科研机构的科技骨干和经营管理者投资入股,同时,可吸收社会的技术和经营管理人才投资入股。在公开、公正、公平的条件下,科技骨干和经营管理者可以持有较大比重的股份。

2. 凡涉及向转制科研机构科技骨干和经营管理者转让国有产权尤其是无形资产,所占比例较大的,由出资者根据本市有关规定并结合科研机构实际,制定合理的实施方案。实施方案要充分体现鼓励和支持的原则。

3. 鼓励技术、管理等生产要素按贡献参与收益分配。经认定的高新技术科研机构实施改制时,经国资监管部门批准,可将前三年国有净资产增值(扣除房地产增值部分)中一般不高于35%的部分作为股份,奖励给有贡献的员工特别是科技骨干和经营管理者。

(二)搞好国有资产处置与管理

1. 按照国有资产监督管理的有关规定,改制后科研机构的国有产权应明确出资人。

2. 对经市有关部门确定,主要承担行业共性技术开发、基础性研究以及鉴定、检测等科技服务功能的社会公益性国有资产,可采取两种方式处置:一种是委托管理。委托管理的公益性国有资产,应由占有使用单位到国资监管部门单独进行产权登记;另一种是对其中确属改制科研机构开展业务需要的公益性国有资产,可在改制时一并转让。处置方式需报送市国资委和市科委批准。

3. 科研机构转让产权,涉及国有划拨土地的,受让方应按规定,与市房地资源部门签订国有土地使用权出让合同。

改制科研机构自用的国有房产,在不改变用途的情况下,可以继续租赁,并可以在与产权所有者协商的基础上、在一定的年限内,以优惠的租赁价格支持其发展。

4. 科研机构改制时,涉及国有非经营性资产需要移交相关部门管理的,应到国资监管部门办理资产划转手续。

5. 转制科研机构,凡涉及到转制时未处理完的不实资产,在此次改制时,应按照市国资委《关于印发〈本市国有资产战略性重组中不实资产核销的试行意见〉的通知》(沪国资产[2003]153号)的有关规定处理。

6. 转制科研机构不得为管理层和个人筹集收购国有产权的资金,不得以转制科研机构的国有产权或实物资产作标的物,为融资提供保证、抵押、质押、贴现等。

五、配套措施

(一)转制科研机构在改制时,应依法处理好与职工的劳动关系。劳动合同可以由改制后的用人单位继续履行;经当事人协商一致,劳动合同也可以变更或者解除;当事人另有约定的,从其约定。

(二)对改制中依法解除劳动关系(或事业编制的聘用关系)的职工,应按本市有关规定,向其支付经济补偿金。

对与改制后单位继续履行劳动合同且未获取经济补偿的职工,其在原科研机构的工作年限,应视作改制后单位的同一用人单位连续工作年限;其养老保险待遇,按现行规定执行。

(三)国有产权的转让收入,应优先用于安置职工以及偿还拖欠职工的债务和企业欠缴的社会

保险费,鼓励改制科研机构以现金方式支付职工的经济补偿。现金支付职工经济补偿:确有困难的,经与职工协商一致,可在科研机构净资产中予以抵扣,作为改制后单位对职工的负债;偿还期限最长不超过 3 年,也不得超过劳动合同期限。

对按照本市有关政策规定可以抵扣的抚恤对象安置费和退休人员的相关费用等,可在转制科研机构净资产中一次性抵扣。

(四)转制科研机构改制前的工资、福利性结余,按规定经出资者核准,可结转给改制后的单位,用于职工的补充养老保险和补充医疗保险。

(五)转制科研机构改制时,应按照中央和市委的有关规定,做好组织关系和有关干部管理关系的接转工作。涉及离休干部工作的,按照市委组织部《关于在国资管理体制改革中进一步做好企业老干部工作的若干意见》(沪委组[2003]907 号)执行。

(六)改制科研机构可按有关规定,继续享受有关税收优惠政策。

(七)改制科研机构注册名称,应符合企业名称登记管理的规定。对有特殊情况需继续使用原名称的,经批准可以在保留原名(去掉原主管部门标识)后增加改制的组织形式。改制科研机构经营范围中含有法律、行政法规规定必须报送审批的项目的,在重新办理有关手续期间,可暂时保留原有的经营资质。

(八)科研机构改制后,要积极探索建立以岗位工资为主的基本工资制度。符合本市有关规定条件的,可试行自主决定工资水平的办法,

(九)对科研机构改制后具备上市条件、具有发展潜力的科技型企业,鼓励和支持其在境内外上市或借壳、买壳上市。

(十)今后,政府将更多地采取购买方式,获取相应的公共服务,并鼓励和支持社会机构开展公益性科技服务。

六、组织实施

由市科委牵头,建立市发展改革委、市国资委、市经委、市建委、市财政局、市劳动保障局、市总工会等部门组成的联席会议。联席会议下设工作小组,主要职责是研究和落实改革政策,建立协调机制,具体推进有关工作。

各有关部门应根据本意见的要求,制定具体实施办法。科研机构的国有出资监管单位应按照本意见精神,制定具体的工作规划和落实措施。力争到 2005 年底,基本完成本市转制科研机构的产权制度改革。

本市其他科研机构的产权制度改革,可参照本意见执行。

《上海中长期科学和技术发展规划纲要(2006—2020 年)》 若干配套政策

沪府发(2006)12 号(2006 年 5 月 23 日)

一、加强政府科技投入和管理

(一)加大政府科技投入力度

稳步提高市和区县两级政府科技投入占财政支出的比例。到 2010 年,市级财政科技专项投入总量占当年财政支出的比例不低于 7%,区县财政科技专项投入总量占当年财政支出的平均比例达到 5%。在政府科技投入总量中,通过专项资金、部门预算等形式,统筹安排各项政策资金需求。

（二）优化政府科技投入结构

市级财政科技专项投入重点支持国家重大专项、本市中长期科技规划重大专项、科教兴市重大产业科技攻关专项等的实施。区县财政科技专项投入要加大对高新技术成果转化、科技型中小企业发展等的支持力度，营造良好的创新创业环境。

（三）切实保障重大专项实施

在政府科技投入中安排专门经费，为国家和本市重大专项实施提供配套支持。对符合国家和本市重点产业发展方向、能迅速形成自主知识产权的重大产业科技攻关项目，由科教兴市重大产业科技攻关项目专项资金给予支持。

市有关部门要按照"成熟一个、启动一个"的原则，对重大专项进行全面深入的技术、经济等可行性论证，经市政府批准后组织实施。

二、大力提升企业自主创新能力

（四）支持企业加大自主创新投入

允许企业按当年实际发生的技术开发费用的 150% 抵扣当年应纳税所得额。实际发生的技术开发费用当年抵扣不足部分，可按规定在 5 年内结转抵扣。企业购买国内外专利技术的支出，可一次或分次计入成本费用。

企业用于研究开发的仪器设备，单位价值在 30 万元以下的，可一次或分次摊入管理费，其中达到固定资产标准的应单独管理，但不提取折旧。单位价值在 30 万元以上的，可适当缩短固定资产折旧年限或加速折旧。

企业提取的职工教育经费在计税工资总额 2.5% 以内的，可在企业所得税前扣除。

（五）支持企业加强自主创新能力建设

对企业建设技术中心、购买国外先进研发设备等，由企业自主创新专项资金给予资助。

对符合国家规定条件的企业技术中心、国家工程（技术研究）中心等，进口规定范围内的科学研究和技术开发用品，免征进口关税和进口环节增值税；对承担国家重大科技专项、国家科技计划重点项目、国家重大技术装备研究开发项目和重大引进技术消化吸收再创新项目的企业，进口国内不能生产的关键设备、原材料及零部件，免征进口关税和进口环节增值税。

（六）支持高新技术企业和科技型中小企业发展

对符合规定条件的高新技术企业，可自获利年度起两年内免征企业所得税，两年后按 15% 的税率征收企业所得税。对增值税一般纳税人销售其自行开发生产的软件产品，按国家规定，对其增值税实际税负超过 3% 的部分，实行即征即退。

实施科技小巨人工程，对科技型中小企业技术创新项目，由中小企业创新专项资金给予资助。

（七）切实增强国有企业创新动力

国有重点制造类企业集团要制定提升核心竞争力的技术创新战略规划，研发投入占销售收入比例要逐步达到 5% 以上。将研发投入、品牌创新、专利授权和运用、科技成果转化、科教兴市重大产业科技攻关、人才队伍建设等，作为国有企业领导人员业绩考核的重要内容。

（八）支持多种所有制企业推进自主创新

民办、中外合资合作、外资企业和研发机构等均可公平参与申报地方科技攻关项目。鼓励中外合资合作企业创造和获得自主知识产权，发展自主品牌。中方企业在扩大合资合作中，要更加注重对核心技术的引进消化吸收再创新。

（九）鼓励社会资金捐赠创新活动

企事业单位、社会团体和个人通过公益性的社会团体和国家机关向科技型中小企业技术创新基金和经国务院批准设立的其他激励企业自主创新基金的捐赠,可按规定在缴纳企业和个人所得税时予以扣除。

三、增强产学研创新合力

（十）支持以企业为主体推进产学研合作

对产学研公共服务平台建设、产学研联合建设实验室和工程中心、企业购买高校和科研院所的技术创新成果、科研机构从事行业共性技术研发和服务等,由产学研合作专项资金给予资助。

对企业委托高校、科研机构等进行技术开发和科研试制所发生的费用,允许企业列入技术开发费用。对转制为企业的科研机构,5年内免征企业所得税和科研开发自用土地、房产的城镇土地使用税、房产税,政策执行到期后可再延长2年。

对技术转让、技术开发和与之相关的技术咨询、技术服务获得的收入,免征营业税。通过政府购买服务等方式,支持科技中介机构和技术经纪人的发展。

（十一）建立以企业需求为导向的产学研公共服务平台

拓展研发公共服务平台功能,推进资源整合,构筑以项目为载体,集企业技术攻关项目需求发布、高校和科研院所科研成果供给、技术成果交易等功能于一体的产学研公共服务平台。

（十二）深化高校和科研机构技术创新机制

改革高校、科研机构考核评价和科研人员职务评聘制度,加强应用导向。推进公益类科研机构分类改革,对其日常运行经费、重大装备基础设施、保持学科持续发展等给予稳定支持。

（十三）提升高新技术园区自主创新载体功能

深入实施"聚焦张江"战略,通过张江高科技发展专项资金等,支持高新技术企业和科研机构向园区集聚。加快工业园区创新平台建设。对符合条件的科技企业孵化器、国家大学科技园,可按规定免征营业税、所得税、房产税和城镇土地使用税。

（十四）加强科研基础设施和创新基地建设

在政府科技投入中安排专门经费,对落户本市的国家实验室、国家工程实验室、国家重点实验室、国家工程(技术)研究中心、国家级企业技术中心、国家级质检中心等给予配套支持。推进生命健康、城市生态、计量标准等创新基地建设。建立健全科研基地和科研基础设施的开放共享机制。

四、加快推进高新技术成果转化

（十五）支持高新技术成果转化项目实施

对符合规定条件的高新技术成果转化项目,由转化专项资金给予研发支持;实现生产或试生产的,返还相关土地使用费、土地出让金,免收生产经营用房的交易手续费和产权登记费。

（十六）加大对高新技术成果转化项目投入力度

对企业以税后利润投资高新技术成果转化项目,形成或增加企业资本金;科技人员以高新技术成果转化中获得的收益,投资高新技术成果转化项目或高新技术企业,并符合规定条件的,由转化专项资金给予支持。高新技术成果转化项目所组建的企业和高新技术企业,可不受工资总额限制,自行决定其职工的工资发放水平,并可全额列支成本。

五、加强引进消化吸收再创新

（十七）支持重大技术装备引进消化吸收再创新

加强对引进技术和装备的跟踪服务。对引进重大技术装备的消化吸收再创新,由企业自主创新专项资金给予资助。对政府核准或使用政府投资的重点工程项目中确需引进的重大技术装备,项目业主应联合制造企业制定并实施引进消化吸收再创新方案;鼓励外方与国内企业联合投标。

（十八）建立多层次的项目业主风险共担机制

对项目业主使用重大自主创新产品或国产首台（套）重大装备,由企业自主创新专项资金给予资助。引导项目业主和装备制造企业对国产首台（套）重大装备投保。

六、加大政府采购力度

（十九）建立政府采购自主创新产品制度

对纳入自主创新产品目录的产品,在本市财政支出和政府投资的重大工程建设中给予优先政府采购。在国家和地方政府投资的重点工程中,国产设备采购比例一般不低于 60%。

（二十）建立激励自主创新的政府首购和定购制度

企业或科研机构生产或开发的试制品和首次投向市场的产品,具有较大市场潜力并符合政府采购需求条件的,政府或采购人进行直接首购和订购。

七、改善投融资环境

（二十一）加快发展创业风险投资

通过创业投资引导基金,引导社会创业风险资金加大对种子期、起步期科研项目的投入力度。由创业投资风险救助专项资金与创业投资机构自愿提取的风险准备金等额匹配,用于创业投资企业对中小企业特别是中小高新技术企业的投资风险救助。对创业投资企业投资或管理高新技术成果转化项目和高新技术企业,并符合规定条件的,由财政专项资金给予支持。

（二十二）拓宽科技创新企业投融资渠道

政府性担保机构要逐步扩大用于高新技术成果转化项目和高新技术企业的担保额比例。对政府性担保机构的项目代偿损失,由贷款担保损失补偿资金按规定给予在保余额 5% 以内的限率补偿。推进设立产业投资基金。争取国家开发银行加大对科技创新企业投资的软贷款力度。支持政策性银行、商业银行开展知识产权权利质押业务试点。

（二十三）加快区域性多层次资本市场建设

推进上海区域性资本市场建设,为张江高新技术产业开发区内非上市股份制高新技术企业股权转让和交易提供平台。完善科技创新企业国有股权转让办法,加快股权流动。

（二十四）加强信用制度建设

完善本市个人和企业信用联合征信系统,建立科技、中小企业管理、风险投资管理、产权交易等部门对科技企业、中介机构和个人的信用信息共享机制,创立适合科技型中小企业特点的信用评级体系,推进信用产品使用。

八、加强知识产权的创造、运用和保护

（二十五）支持创造和掌握自主知识产权

在政府科技投入中安排专门经费,对本市单位和个人申请发明专利;企业和科研机构能形成自主知识产权的新产品研发;企业参与制定国际和国家技术标准,培育名牌产品和著（驰）名商标以及知识产权试点、示范单位建设等,给予支持。

（二十六）按合同约定发明创造权属和收益分配

单位与发明人或设计人可通过合同约定发明创造成果权属和收益分配。政府资助的科研项目所形成的发明创造成果,除另有约定外,由承担单位所有,发明人或设计人依法享有署名权和取得荣誉权。

（二十七）切实保障专利发明人或设计人的权益

专利权所有单位在专利转让或许可他人实施后，可在税后收益中提取不低于30％作为发明人或设计人的报酬。其中，专利权所有单位为高校和科研院所的，可提取的比例不低于50％。或可参照上述比例，实行发明人或设计人的技术入股。

专利权所有单位自行实施专利的，在专利权有效期内，对发明专利或实用新型专利的实施，可每年从税后收益中提取不低于5％作为发明人或设计人的报酬。对外观设计专利的实施，可提取的比例不低于1％。

（二十八）加强知识产权运用和保护

完善知识产权评估、登记、投资入股等实施办法，知识产权作价投资入股最高比例可达到公司注册资本的70％。实施专利管理专业工程师计划，纳入工程技术人员任职资格系列。建立重大经济活动知识产权特别审查机制，建立市知识产权举报、投诉中心，加大保护知识产权的执法力度。

（二十九）加强技术性贸易措施体系建设

加强对本市重点产品出口国技术性贸易措施的监测、研究和通报。整合质量技监、外经贸、海关、出入境检验检疫、知识产权服务中心、WTO咨询中心等信息资源，提升技术性贸易措施预警和服务信息平台功能。

九、加强人才队伍建设

（三十）支持领军人才和创新团队建设

对领军人才和创新团队在创新创业活动中的人力资本投入，由领军人才专项资金给予资助。支持领军人才在承担重大科研项目和重大工程建设、自主选题立项中创新创业。

（三十一）加快集聚海外优秀人才

海外高层次留学人员来沪定居工作或创业，可申请办理《上海市居住证》。入外籍留学人员可按规定申请参加社会保险。从事高新技术成果转化项目的留学人员在沪取得的工薪收入，在计算个人应纳所得税额时，可按规定加计扣除。高新技术企业和科研院所等用人单位聘用的外籍专家，其薪金可列支成本。

（三十二）支持企事业单位培养和吸引创新人才

及时发布本市重点领域和行业人才开发目录。对企事业单位引进优秀创新人才、解决优秀创新人才特殊困难等，由人才发展资金给予资助。已办理居住证的优秀人才可享受子女在沪就读、参加本市基本养老保险、医疗保险和缴纳住房公积金等待遇。

对由高新技术成果转化项目组建的企业，引进主要投资经营管理者和关键技术人员，并符合规定条件的，在本人及其配偶和未成年子女申请办理《上海市居住证》等方面给予优先支持。加快职业教育实训中心和公共实训基地建设。通过政府购买培训成果等方式，支持劳动者参加中高级职业技能培训。

（三十三）加大对科技人员的分配和奖酬力度

本市政府性科研项目经费在保证科研硬件投入的前提下，进一步提高用于人力成本支出的比例。

制定企业对技术、管理骨干进行期股、期权激励的实施、登记办法。国有独资高新技术企业在实施公司制改制时，可按规定将国有净资产增值中不高于35％的部分作为股份，奖励有贡献的企业骨干人员。

企事业单位受聘担任高级专业技术职务的人员，以及获得国家和本市科技奖励等荣誉的人员，可由单位为其建立补充养老保险。

对在科教兴市主战略实施中有重大贡献的个人和团队,由政府奖励基金给予奖励。

(三十四) 加强素质教育和科普宣传

实施全民科学素质行动计划,大力开展群众性发明、革新等创新活动。结合学校教学改革,探索中小学开放式、探究型科技教育模式。加快科普基地网络和功能建设。加大本市媒体宣传科普的力度。

十、完善推进落实机制

(三十五) 加强统筹协调

对事关上海全局的重大科技问题和重大科技攻关项目,建立和完善领导责任制。加强对科技投入、政府采购、引进消化吸收再创新的统筹协调。加强对区县科技创新活动的统筹协调和分类指导。

(三十六) 确保政策落实

各部门要根据本通知的有关规定,制定或完善具体实施办法,明确申请条件,简化操作流程,加强考核监督,确保各项政策落实。各区县政府要结合实际,制定相应的具体措施。

上海市促进科普事业发展的实施意见

沪科合(2006)29 号(2006 年 12 月 27 日)

一、提高全民科学素质

1. 各级组织、人事、宣传部门制定以增强科学发展观、自主创新战略为重点的培训计划,党校、行政院校积极开展相关内容的普及教育,提升领导干部创新意识与组织创新活动的能力。

2. 实施上海市青少年科技人才培养计划,构建中小学以创新为核心的科技教育教学体系,结合学校课程改革,运用拓展型、研究型科技教育平台,建立科普场馆与学校教学课程衔接、联动的有效机制。充分发挥科技教育特色示范学校的辐射、示范、引领作用。鼓励中小学生发明创造,扶持其创新成果。建立大学生科普志愿者服务社,鼓励大学生通过科技实践,为校区、园区、社区提供服务。

3. 在全市广泛开展以"百万职工科技创新""百万职工技能登高"为主要载体的群众性技术发明创造、合理化建议和技术交流、技能培训等活动。工会建立为职工科技创新、科技成果转化和提高职工科学素质服务的载体,对职工的职务和非职务发明创造、技术成果、合理化建议等由市总工会等部门组织评审并给予奖励。

4. 在社区建立推广科技应用型成果的新模式,培育若干节能型、节约型、资源循环利用型、信息化等科普示范小区。街道、社区因地制宜,根据不同人群制定提高居民科学素质的方案,开展形式多样的科普活动。对 0～18 岁儿童及青少年的家长进行家庭教育指导,提高其"科学教子,以德育儿"能力;增强弱势人群自我发展和自我保护能力;提高来沪务工人员适应城市生活的能力。

5. 建立健全农村科技教育、传播与普及服务组织网络和人才队伍。鼓励各类农村科教机构和社会力量参与多元化的农技推广服务,深入实施农业科技入户工程,通过开展"绿色证书工程""百千万专业农民培训工程"等,提高农民的科学素质、生产能力和经营水平。

二、提升科普能力

6. 各部门、各区(县)组织科技工作者、科普作者、大众传媒编创人员、高校教师、大学生等充实科普志愿者队伍。大学制定科普专业人才培养计划,开设相关课程,为科普事业输送人才。科技、教育、旅游及有关部门联合开展科普相关人员的再培训,提高他们的科普专业水平。

7. 市、区(县)各级政府加大对科普工作特别是重点科普设施建设的投入力度,并逐年增长。

8. 鼓励和支持境内外社会组织和个人捐赠、投资科普事业。企事业单位、社会团体通过非营利的社会团体、国家机关对科普教育基地的捐赠,可按国家有关规定在年度应纳税所得额的10%以内的部分,予以扣除。

9. 鼓励大学、研究所、企业和个人参与科普场馆建设,建立完善科普教育基地定期向公众开放制度。对经市科技主管部门和税务部门审定的科普教育基地,门票收入免征营业税。对参与学校课程教育改革并取得较好社会效益的科普场馆给予支持。

三、加强科普宣传

10. 充分发挥上海科技节、科技周、社科普及活动周等科普活动功能,市和区(县)的党委、政府及其工作部门以及科协、社联、工会、妇联、共青团、中福会组织开展的科普活动,经市科技主管部门审核和税务部门批准后,门票收入免征营业税。

11. 电视、广播、报纸等新闻媒体要加强科普宣传,加大宣传报道力度,要确定一定比例的科普宣传内容并逐年增加。鼓励电台、电视媒体加强科普节目的制作和采购。

12. 支持原创性科普作品、科普内容制作、现代科技手段和科普内容结合的新展示形式,培育科普作品需求市场,繁荣科普内容创作;对优秀科普作品,由科普创做出版专项资金给予专项支持。

四、完善体制机制

13. 完善领导组织体制和协调推进机制。健全市科普工作联席会议和市公民科学素质工作领导小组联会制度,充分发挥其协调科技、教育、宣传、文化、财政等党政部门和群众团体、大众传媒的功能,积极探索市、区(县)科普工作的协调和联动机制。

14. 形成科普与科研的联动机制。在科研项目研究的同时,凡有科普宣传内容的,应积极加强科普宣传,有利于科学知识的及时传播。

15. 形成科普评估机制。建立科普评估指标体系,定期对领导干部、青少年、在职职工以及社区居民科学素质进行测评,对科普场馆运行情况、科普项目和重大科普活动开展评估。

16. 形成促进科普事业发展的激励机制。在上海科学技术奖中设立科普专项奖。

上海市科技小巨人工程实施办法

沪科合(2006)9号(2006年5月29日)

第一章 总 则

第一条 为贯彻全国科技大会和上海市科技大会的精神,进一步推动科技中小企业的自主创新,提高企业核心竞争力,打造一大批具有国内外行业竞争优势的科技小巨人企业,促进地区经济增长,依据《中华人民共和国中小企业促进法》《科学技术部、财政部关于科技型中小企业技术创新基金的暂行规定》制定本办法。

第二条 科技小巨人企业的培育对象和授牌对象,应是从事符合国家和本市鼓励发展产业导向的高新技术领域产品开发、生产、经营和技术服务的科技型企业;应有较完善的企业创新体系、创新机制及与之相适应的科研投入;应有自主知识产权的品牌产品,有一定的经济规模和良好成长性;有较强的融资能力。其特征为创新型、规模型与示范性。

第三条　科技小巨人(企业)工程采取市区(县)联动方式,实行市区(县)科技行政管理部门集中受理,市区(县)科技和产业行政管理部门联合评审、共同授牌的方式。

本市各区(县)科技行政管理部门(以下简称"区(县)科技部门")负责本地区科技小巨人(企业)工程的组织申报、会同区(县)产业行政管理部门(以下简称"区(县)产业部门")审核推荐,实施管理,并制订相应的实施细则、操作规范、规程。

上海市科学技术委员会(以下简称"市科委")负责集中受理市区(县)共同支持的企业的申报,会同市经济委员会(以下简称"市经委")联合评审,共同授牌,制订科技小巨人(企业)工程实施办法,实施工程的管理工作。

第二章　支持对象与条件

第四条　支持对象:面向本市范围内工商注册登记的科技型中小企业。

第五条　科技小巨人(企业)工程支持对象分为两类:科技小巨人培育企业与科技小巨人企业。

第六条　科技小巨人培育企业主要条件:

1. 企业研发人员不低于职工总数的 10%;

2. 企业每年的科研投入经费不低于年销售额的 3%;

3. 应拥有自主知识产权(专利、软件版权、集成电路布图设计或专有技术以及注册商标);

4. 企业资产负债率低于 70%,有良好的信用等级;

5. 企业 2005 年度销售收入达 5 000 万元(制造类)、或 2 000 万元(软件及科技服务类)或利润 1 000 万元以上,前三年销售收入或净利润的平均增长率达到 20% 以上;

6. 企业有强健的经营管理团队,健全的财务制度,较强的市场应变能力,灵活的激励机制。

第七条　科技小巨人企业主要条件:

1. 企业研发人员:制造类企业人数不低于职工总数的 20%,软件或科技服务类企业不低于 50%;

2. 企业每年的科研投入经费不低于年销售额的 5%;

3. 应拥有自主知识产权的专利、软件著作权、集成电路布图设计或专有技术 2 项以上,拥有 1 项以上达到国际同类产品水平的标准或一项同行业中的知名品牌;

4. 企业应有研发机构(技术中心、实验室、测试平台等)、研发计划及与之相适应的知识产权保护、人才培养(含引进)、创新激励等运作机制,并有一套较完善的规范化制度;

5. 企业资产负债率低于 50%,有很好的信用等级与融资能力;

6. 企业 2005 年度销售收入达 1 亿元(制造类)、或 4 000 万元(软件及科技服务类)或利润 2 000 万元以上,其中主要产品销售额或利润额应占 60% 以上,前三年销售收入或净利润的平均增长率达到 30% 以上;

7. 企业有优秀的领军人物与良好的经营管理团队,有较强的抵御各类风险的运营机制,有健全的各项规章制度。

第三章　资金来源与支持方式

第八条　资金来源:

1. 市政府在原上海市科技型中小企业技术创新资金的基础上,自 2006 年起,逐年增加,实施五年；

2. 区县财政应当设立相应的科技小巨人（企业）工程专项资金；

3. 鼓励企业加大自主创新投入，积极吸纳社会融资。

第九条 支持方式：

1. 市政府以补贴资金与区县财政资金配套，资助科技小巨人培育企业与科技小巨人企业的自主创新与发展；

2. 资助规定：市、区（县）资金资助为1∶1配套。并且，两者资助总额不超过企业投入的50%；

3. 资助范围：围绕企业自主创新建设，可含多项内容，如技术攻关、专利二次开发、知识产权保护、成果转化的（中试）规模化、企业实验室、技术中心建设、人才培养、市场策划、技术咨询等企业创新活动的补贴；

4. 实施周期：科技小巨人培育企业的培育周期，一般不超过3年。

第四章 申请、受理与推荐

第十条 申请：符合科技小巨人培育企业与科技小巨人企业条件者，均可按要求提供相应的申请材料（另定）向所在区（县）科技部门申报。

第十一条 受理：

1. 受理工作贯彻公开、公平、公正的原则；

2. 受理时间：市科委受理各区（县）科技部门和产业部门的联合推荐时间为每年5月与8月；各区（县）科技部门受理所在地区企业申请时间可适时安排。

第十二条 区（县）推荐单位：本市各区（县）科技部门集中受理后，会同区县产业部门联合审核推荐。

第十三条 推荐要求：各区（县）科技部门应会同区（县）产业部门对申报企业作审核认定，将符合本办法规定的科技小巨人培育企业与科技小巨人企业分类汇总后向市科委推荐。推荐单位应同时确认对所推荐企业的资助。

第五章 评 审 与 选 项

第十四条 科技小巨人两类企业的评审工作，由市科委会同市经委组织专家或委托评估机构评审。

第十五条 评审工作采取以专家网上评审方式为主，必要时辅以会议复议或现场考察。

第十六条 选项工作按照科学公正、竞争择优的原则，根据专家评审意见，综合考虑区县政府的提议，选定每年度科技小巨人工程两类企业实施计划数，并予以公告。

第六章 实 施 管 理

第十七条 各区（县）科技部门会同区（县）产业部门负责所在地科技小巨人培育企业、科技小巨人企业的管理，协助解决企业在实施过程中遇到的困难与问题。并每半年将汇总情况报市科委和市经委。

第十八条 变更：科技小巨人工程实施应严格履行合同，因客观原因要求变更的，需由企业提出书面申请，经区（县）科技部门会同区（县）产业部门复核后，报市科委会同市经委审核确认，并作有效文本修改后执行。

第十九条　验收：科技小巨人培育企业实施期完成后,由该企业向区(县)科技部门提交书面的验收申请与总结报告,由市科委会同市经委组织专家或委托评估机构验收。科技小巨人企业实行每年度复审制,由市科委委托评估机构进行。

第二十条　授牌：凡评选为科技小巨人企业者,由市科委和市经委联名共同授予"上海市科技小巨人企业"称号的铜牌。对连续2年年审未达标的,则予以摘牌。

第二十一条　科技小巨人培育企业,按合同规定未能如期达标的,2年内不得再次申报。

第七章　附　　则

第二十二条　本实施办法由市科委负责解释并会同市经委修改。

第二十三条　管理办法自发布之日起施行。

上海市创业投资风险救助专项资金管理办法(试行)

沪科合(2006)30号(2006年12月31日)

第一条　(目的)

为支持各类创业投资公司对科技型中小企业进行风险投资,减少投资风险,改善创业投资环境,根据《上海市政府关于实施〈上海市中长期科学和技术发展规划纲要(2006—2020年)〉若干配套政策的通知》(沪府发[2006]12号),特设立上海市创业投资风险救助专项资金(以下简称"风险救助专项资金")。为充分发挥风险救助专项资金的促进作用,有利于创业投资机构投资高新技术企业,加快科技成果转化,进一步推动上海创业投资事业快速健康发展,特制定本办法。

第二条　(资金来源)

风险救助专项资金主要来源于上海创业投资机构自愿提取的风险准备金和政府匹配的资金。

(一)经备案登记并通过主管部门年检的创业投资机构自愿从其年度税后收益中按不高于10%的比例提取并缴纳风险准备金;或自愿按不高于其注册资金5%比例提取并缴纳风险准备金。自愿缴纳风险准备金的创业投资机构,在认缴风险准备金后10个工作日内,将本单位认缴的风险准备金一次性存入上海市创业投资行业协会在风险投资专项资金代理银行(以下简称代理银行)开设的专项资金账户,实行专户存储。

(二)市政府按创业投资机构实际缴纳的风险准备金予以1∶1匹配,政府匹配资金列入市财政科技经费预算。政府匹配资金不实行专户存储,由市财政根据风险救助专项资金实际发生的补助金额,每年进行一至两次结算,将资金拨入风险准备金账户。

(三)资金的管理。创业投资机构风险救助专项资金,存入上海市创业投资行业协会在代理银行开设的专项资金账户,专款专用。并根据出资人分设明细账,实施分账管理。

第三条　(适用范围)

在本办法施行后,创业投资机构因投资失败而清算或减值退出的风险投资项目所发生的损失,并同时符合以下条件的创业投资机构可以从风险救助专项资金获得部分补偿。

1. 通过本市创业投资机构备案登记和年度检查;

2. 参与风险救助专项资金的筹集,并缴纳风险准备金一年以上;

3. 所投单个项目的金额未超过该机构自有资金(或其管理资金、或其自有资金与管理资金之

和)的 15%;

4. 单个项目的投资行为在 1998 年 5 月 31 日之后;

5. 所投资的单个项目,投资期已经满 2 年;

6. 所投资的单个项目,于本办法施行后因失败而清算或减值退出。

第四条 (管理机构及其职责)

风险救助专项资金由上海市科学技术委员会、上海市发展和改革委员会、上海市财政局、上海市创业投资行业协会组成风险救助专项资金理事会。理事会对风险救助专项资金运作情况进行指导、监督,定期召开会议对重要事项进行决策。

风险救助专项资金理事会下设办公室,办公室为风险救助专项资金理事会常设办事机构。办公室设在上海市创业投资行业协会。具体负责管理风险救助专项资金账户和创业投资机构存入的风险准备金;审核风险救助资金的申请;认定损失额度;编制风险救助专项资金理事会书面汇报、资金拨付情况和创业投资机构运营信息。

第五条 (资金拨付审批权限及原则)

风险救助专项资金的补助项目由风险救助专项资金管理办公室负责审核,并报风险救助专项资金理事会审批。

(一)创业投资机构对单个项目的投资损失,是指投资机构对单个项目投资回收的货币资金(包括但不限于股权分红、管理费用收入、股权转让收入、项目清算回收等)与退出前累计投入该项目的投资资金之间的差额部分。对符合申请风险救助专项资金补助条件的创业投资机构,经风险救助专项资金理事会核准,风险救助专项资金对投资于经认定的上海高新技术企业的,可按不超过投资损失的 50% 给予补助;对其中投资于经认定的上海市高新技术成果转化项目,可按不超过投资损失的 70% 给予补助。风险救助专项资金向申请补助的机构拨付救助资金的总金额将不超过该机构向风险救助专项资金累计缴纳风险准备金总金额的 200%。

(二)对存在出于欺诈目的故意导致创业投资项目减值退出等不诚信行为的机构,一经查实,即取消享受补助资格并由风险救助专项资金管理办公室追回已拨付的资金,同时在行业范围内公布。

第六条 (申请及拨付程序)

(一)需风险救助专项资金补助的各创业投资机构,须于每年的第一季度结束前向风险救助专项资金管理办公室报送上一年度的风险救助资金申请表,并附项目情况等材料。

(二)需风险救助专项资金补助的区县属创业投资机构,应在向风险救助专项资金管理办公室报送材料的同时,抄送区县科委、区县发展改革委和区县财政局。

(三)风险救助专项资金管理办公室对有关风险投资机构提出的资金补助申请进行审核,确定初步补助额度;并编制风险救助专项资金平衡表报风险救助专项资金理事会核准。

(四)风险救助专项资金管理办公室根据风险救助专项资金理事会核准后的补助经费额度给予拨款。

第七条 (资金管理)

(一)风险救助专项资金使用必须坚持严格审批,严格管理;专款专用,任何单位或个人不得截留、挪用。

(二)上海市创业投资行业协会承担风险救助专项资金日常工作,其必需的管理费用,拟每年初由该行业协会按照必需、必要的原则编制年度经费预算,并报经理事会审核后,可在风险救助专项资金(创业投资机构缴纳的风险准备进部分)专户存储所产生的利息中列支。

(三)风险救助专项资金理事会于每年年初委托有关部门或中介机构对上一年度风险救助专项资金及日常管理经费的使用情况进行审计。

第八条 (资金撤回)

因被主管部门取消备案资格、歇业、清算或其他原因结束创业投资业务以及不再愿意向风险救助专项资金缴纳风险准备金的创业投资机构,可以从风险救助专项资金里撤回已缴纳且未被使用的资金;同时自动失去获得风险救助专项资金补助的资格。

对于要求撤回风险准备金的机构,需向风险救助专项资金理事会申请。待理事会批准申请后,办公室可以将申请撤回的风险准备金未被使用的部分退回给申请机构。

第九条 (风险救助资金清算)

因政策变化及其他不可抗力因素致使风险救助专项资金无法继续运作而宣告终止时,已向风险救助专项资金缴纳风险准备金的创业投资机构,可以从风险救助专项资金里获取本单位已缴纳且未被使用的风险准备金。

第十条 (办法解释)

本办法由上海市科学技术委员会会同上海市发展和改革委员会、上海市财政局负责解释。

第十一条 (实施日期)

本管理办法自 2007 年 1 月 1 日起施行。

上海市科学技术奖励规定(2007 年修正)

(2001 年 3 月 22 日上海市政府发布,根据 2007 年 1 月 11 日上海市政府令第 67 号《上海市政府关于修改〈上海市科学技术奖励规定〉的决定》修正并重新公布)

第一条 (目的和依据)

为了奖励在本市科学技术进步活动中做出贡献的个人、组织,调动科学技术工作者的积极性和创造性,加速本市科学技术事业的发展,促进科教兴市,根据《国家科学技术奖励条例》,结合本市实际情况,制定本规定。

第二条 (奖项设立)

市人民政府统一设立"上海市科学技术奖"。

第三条 (奖励原则)

科学技术奖励贯彻尊重劳动、尊重知识、尊重人才、尊重创造的方针,评奖工作坚持公开、公平、公正的原则。

第四条 (奖励委员会设置与职能)

市人民政府设立上海市科学技术奖励委员会(以下简称奖励委员会),负责对上海市科学技术奖励工作的指导和管理,审定上海市科学技术奖的获奖个人和组织(以下统称获奖对象)。

奖励委员会组成人选由市科学技术行政部门提出,报市人民政府批准。

第五条 (行政部门与奖励办公室)

市科学技术行政部门负责上海市科学技术奖励的组织管理工作。

市科学技术奖励管理办公室(以下简称奖励办公室)为奖励委员会的办事机构,设在市科学技术行政部门,负责上海市科学技术奖励的日常管理工作。

第六条 （奖励类别和等级）

上海市科学技术奖包括五个类别：

（一）科技功臣奖；

（二）自然科学奖；

（三）技术发明奖；

（四）科技进步奖；

（五）国际科技合作奖。

科技功臣奖每两年评审一次，每次授予人数不超过 2 名。

自然科学奖、技术发明奖、科技进步奖、国际科技合作奖每年评审一次。

自然科学奖、技术发明奖、科技进步奖各分为一等奖、二等奖、三等奖三个等级。

第七条 （科技功臣奖评定条件）

科技功臣奖授予下列科学技术工作者：

（一）在当代科学技术前沿取得重大突破或者在科学技术发展中有卓著贡献的；

（二）在科技创新、科技成果转化和高技术产业化中，创造巨大经济效益或者社会效益的。

第八条 （自然科学奖评定条件）

自然科学奖授予在基础研究和应用基础研究中阐明自然现象、特征和规律，做出重大科学发现的公民或者组织。

第九条 （技术发明奖评定条件）

技术发明奖授予运用科学技术知识做出产品、工艺、材料及其系统等重大技术发明的公民或者组织。

第十条 （科技进步奖评定条件）

科技进步奖授予在应用推广先进科学技术成果，完成重大科学技术工程、计划、项目等方面做出突出贡献，创造显著经济效益或者社会效益的下列公民或者组织：

（一）在实施技术开发类项目中，完成重大技术创新、科学技术成果转化或者高技术产业化的；

（二）在实施社会公益类项目中，长期从事科学技术基础性、公共性、普及性工作，并经实践检验和应用推广，产生较大社会影响的；

（三）在实施重大工程类项目中，完成重大技术创新，保障重大工程达到国际先进水平或者国内领先水平的；

（四）在科技管理、决策的软科学项目中取得突出成就，并对政府决策和社会发展产生重要影响的。

前款第（三）项涉及的科技进步奖仅授予组织。

第十一条 （国际科技合作奖评定条件）

国际科技合作奖授予对本市科学技术事业做出重要贡献的下列外国人或者外国组织：

（一）同本市的公民或者组织合作研究、开发，取得重大科学技术成果的；

（二）向本市的公民或者组织传授先进科学技术、培养人才，成效特别显著的；

（三）为促进本市与外国的国际科学技术交流与合作，做出重要贡献的。

第十二条 （推荐单位和个人）

上海市科学技术奖的候选个人、组织（以下统称候选对象）由下列单位或者专家推荐：

（一）各区、县人民政府；

（二）市政府各委、办、局；

（三）经市科学技术行政部门认定的具备推荐资格的其他单位和专家。

第十三条　（申报程序）

推荐单位和专家在推荐上海市科学技术奖候选对象时，应当填写统一格式的推荐书，提供真实、可靠的评价材料，推荐上报奖励办公室。

第十四条　（奖励办公室初审）

奖励办公室负责对推荐的上海市科学技术奖候选对象进行初步审核，符合条件的，按学科、专业进行分类。

第十五条　（专业评审组评审）

奖励办公室根据初审分类结果，分别组织不同的专业评审组对候选对象进行评审。专业评审组提出奖项等级，并形成专业评审组评审意见。

第十六条　（初评结果公布及异议处理）

经专业评审形成评审意见后，由奖励办公室通过媒体公布初评结果，并自公布之日起 30 日内，受理有关异议事项。必要时可以采用座谈会、听证会等方式，听取有关方面的意见。

有关异议的处理应当在受理期结束后 30 日内，将处理结果答复提出异议的个人或者组织。

第十七条　（复核和审定）

奖励办公室应当在初评结果公布及异议处理程序结束后，组织有关专家进行复核。

复核程序结束后，奖励办公室应当将初审情况、专业评审组评审意见、初评结果公布及异议处理情况、复核结果向奖励委员会报告，由奖励委员会对获奖对象、等级进行审定。

第十八条　（颁奖与公布）

奖励委员会审定获奖对象、等级后，按照规定的程序报市人民政府批准，由市人民政府对获奖的公民、组织颁发证书和奖金，并在《上海市政府公报》上公布获奖名单。

第十九条　（奖励经费）

上海市科学技术奖的奖金数额由市科学技术行政部门会同市财政部门提出，报市人民政府批准。

上海市科学技术奖的奖励经费由市财政列支。

第二十条　（申请人非法行为处理）

申请人以剽窃、假冒、侵占他人的发现、发明或者其他科学技术成果，或者以其他不正当手段骗取上海市科学技术奖的，由市科学技术行政部门依法撤销奖励，追回奖金。

第二十一条　（推荐单位非法行为处理）

推荐单位提供虚假数据、材料，协助他人骗取上海市科学技术奖的，由市科学技术行政部门予以通报批评；情节严重的，暂停或者取消其推荐资格；对负有直接责任的主管人员和其他直接责任人员，责成其主管部门依法给予行政处分。

第二十二条　（评审人员非法行为处理）

对在上海市科学技术奖评审活动中弄虚作假、徇私舞弊的专家和工作人员，取消其参加评审活动的资格，并予以通报批评；对情节严重的工作人员，给予行政处分。

第二十三条　（生效日期和废止事项）

本规定自 2001 年 4 月 1 日起施行。

1985 年 12 月 25 日上海市政府公布的《上海市科学技术进步奖励规定》同时废止。

上海市大型科学仪器设施共享服务评估与奖励暂行办法

沪府办发(2008)2 号(2008 年 1 月 29 日)

第一条 （目的）

为促进大型科学仪器设施的共享,提高其利用率,调动本市大型科学仪器设施管理单位和相关人员提供共享服务的积极性,根据《上海市促进大型科学仪器设施共享规定》,制定本办法。

第二条 （适用范围）

本市行政区域内高等学校、科研院所、企业等管理单位(以下统称"管理单位")的大型科学仪器设施共享服务评估和奖励工作,适用本办法。

第三条 （奖励资金）

本市设立大型科学仪器设施共享服务奖励资金,所需经费列入市科委部门预算。

第四条 （评估与奖励原则）

本市大型科学仪器设施共享服务的评估和奖励贯彻"公开、公平、公正"的原则,每年度进行一次。

第五条 （评估与奖励范围）

凡以市或区、县财政全额或者部分出资购置、建设的大型科学仪器设施的所在管理单位,都应接受仪器设施共享服务情况的评估;鼓励以其他资金,包括中央财政、社会资金等全额购置、建设的大型科学仪器设施的所在管理单位参加评估。

在大型科学仪器设施共享服务年度评估中,评估结果为合格及以上的管理单位,可申请共享服务奖励。

第六条 （评估内容）

对管理单位大型科学仪器设施共享服务情况的评估内容包括：大型科学仪器设施提供共享服务情况,可共享大型科学仪器设施情况,共享管理制度与条件保障等情况。

第七条 （评估程序）

(一)每年由市科委通知市各有关主管部门组织实施所辖管理单位本年度大型仪器设备设施共享服务评估;评估期为上年度 1 月 1 日至 12 月 31 日。

(二)由管理单位按要求核实本单位有关大型科学仪器设施共享服务情况,通过上海研发公共服务平台的科学仪器共享服务系统,填报评估与奖励申请书,在线打印纸质材料,报送相关主管部门。

主管部门为区县行政管理部门的,报送区县科委;无相关主管部门的,报送市科委。

(三)各有关主管部门组织专家或委托中介机构进行评估,填写专家评议表,形成评估结果。评估结果分为优秀、合格和不合格。其中,优秀名额不超过参加评估的管理单位数量的 10%。

第八条 （评估结果公布）

评估结果经审定后,由有关主管部门向管理单位颁发评估证书,并将评估结果通过上海研发公共服务平台向社会公布。

第九条 （奖励分类和条件）

大型科学仪器设施共享服务奖励分为管理单位共享服务奖和先进个人奖。

管理单位共享服务奖授予当年度共享服务评估获得合格及以上的管理单位;先进个人奖授予在共享服务工作量、服务质量、服务态度、功能开发等方面表现突出的操作人员,以及在共享管理制度建设、人才队伍建设、运行与服务管理等方面取得明显成效的管理人员。

对先进个人发放奖励资金，并颁发荣誉证书。先进个人名额，原则上不超过从事大型科学仪器设施共享服务的管理和操作人员的 2％。管理人员和操作人员的范围界定，由市科委负责。

第十条　（奖励程序）

市科委按年度实施大型科学仪器设施共享服务奖励工作。

（一）管理单位填报相关奖励申请材料。申报共享服务奖的，管理单位将经相关主管部门盖章后的评估与奖励申请书报送市科委；申报先进个人奖的，由管理单位组织遴选，填报《上海大型科学仪器设施共享服务先进个人推荐表》，盖章后报送市科委。

（二）市科委组织核实申报材料。选择不低于 10％ 的申报管理单位进行现场抽查和用户满意度调查，现场抽查包括共享服务相关原始记录和大型科学仪器设施运行情况的核实等。

（三）市科委组织专家或委托中介机构进行评议，确定奖励方案。评议主要根据申报奖励单位的共享服务工作情况，并结合现场抽查、用户满意度调查结果进行。

第十一条　（奖励金额确定）

管理单位共享服务奖的奖励经费，根据管理单位通过上海研发公共服务平台公开基本信息且服务记录备案的大型科学仪器设施共享服务工作量确定。

奖励金额依据每单台（套）仪器对外服务次数、机时数、样品数、服务收入、社会效益等核定。一般获得奖励的单台（套）大型科学仪器设施对外提供服务的年机时数，应不低于 100 小时。

其中，专门对外服务的仪器设施年服务机时数，应不低于可对外服务机时的 50％。

以非财政资金全额出资购置、建设的大型科学仪器设施，在同等条件下，上浮 10％ 的奖励金额。

第十二条　（奖励公布）

管理单位共享服务奖励和先进个人奖励的情况，通过上海研发公共服务平台向社会公布，并向市有关行政管理部门和管理单位通报。

第十三条　（奖励资金用途）

管理单位获得的共享服务奖励资金，应用于共享大型科学仪器设施的运行维护、服务信息完善、操作（管理）人员的培训与补贴。

第十四条　（资金管理与监督）

管理单位对奖励经费的开支行使管理和监督权，应做到手续完备、账目清楚、内容真实、核算准确，确保奖励资金的合理使用。

管理单位有弄虚作假、截留、挪用、挤占奖励资金等行为的，由市科委、市财政局依法追回；情节严重的，依法追究法律责任。

第十五条　（解释权）

本办法的具体应用，由市科委会同市财政局负责解释。

第十六条　（施行日期）

本办法自印发之日起施行。

关于进一步推进科技创新加快高新技术产业化的若干意见

沪委发（2009）9 号（2009 年 5 月 15 日）

为更好地贯彻落实科学发展观，加快推进"四个率先"，加快建设"四个中心"和社会主义现代化国际大都市,着眼于抢占科技制高点、培育经济增长点、服务民生关注点,坚持以自主创新为产业结构调整和经济发展方式转变的中心环节,坚持以产业结构调整和高新技术产业化为确保经济平稳较快发展的主攻方向,建立健全以企业为主体、市场为导向、产学研相结合的技术创新体系,现就进一步推进科技创新、加快高新技术产业化提出如下若干意见:

一、组织实施高新技术产业化重大项目

(一)聚焦产业发展重点领域。围绕本市产业发展重点,聚焦新能源、民用航空制造、先进重大装备、生物医药、电子信息制造、新能源汽车、海洋工程装备、新材料、软件和信息服务等九大领域,重点组织实施一批高新技术产业化重大项目,加快推进本市产业结构优化升级。(责任部门:市经济信息化委、市科委、市发展改革委等)

(二)建立健全组织实施机制。建立市推进高新技术产业化领导小组和工作小组,由市领导担任组长、副组长,加强决策和协调。明确项目推进责任部门和责任人,形成合力,共同推进。明确项目实施主体,加强产学研合作,建立责权统一的责任机制。(责任部门:市经济信息化委、市科委、市发展改革委等)

(三)加大配套资金投入力度。设立自主创新和高新技术产业化重大项目专项资金,充分发挥财政投入的引导带动作用和市场配置资源的基础性作用,形成企业、政府、社会共同推进自主创新和高新技术产业化的良好机制。加强财政专项资金的统筹和管理,加大对重大项目的聚焦投入。加强监督和评估,建立第三方独立评估制度。(责任部门:市发展改革委、市财政局、市经济信息化委、市科委等)

(四)开展重大科技攻关。根据重大项目技术路线图,制订并实施科技支撑产业发展行动计划,加强前瞻布局,组织开展科技攻关。(责任部门:市科委、市经济信息化委、市发展改革委等)

(五)完善产业配套政策。围绕重大项目的组织实施,根据产业化要求,研究制定产业配套政策和措施,加快推进重大科技创新成果产业化。(责任部门:市发展改革委、市经济信息化委、市科委等)

二、鼓励和促进科技创业

(六)设立"创业苗圃"。引导和支持科技企业孵化器、大学科技园等各类创业服务机构设立"创业苗圃",为创业者完善成果(创意)、制订商业计划、准备创业提供公共服务。(责任部门:市科委、市财政局、各区县政府等)

(七)加强科技创业孵化器建设。鼓励和支持区县建设科技创业孵化器,拓展孵化空间。改进孵化器考核评价机制。根据孵化服务质量,通过政府购买服务的形式,加大政府资助力度。建立"创业导师"队伍,指导和支持创业者,提高科技创业成功率。(责任部门:市科委、市财政局、市地税局、各区县政府等)

(八)鼓励科技人员创业。支持高校和科研院所的科技人员停薪留职创办科技企业,允许其3年内保留与原单位的人事关系。进一步鼓励大学生科技创业。(责任部门:市教委、市科委、市人力资源社会保障局等)

(九)完善研发公共服务平台。完善研发公共服务平台共享奖励机制,进一步推进创新创业资源共享,加强专业化服务。鼓励和引导企业通过研发公共服务平台开展技术创新,降低创新创业成本。(责任部门:市科委、市财政局等)

(十)发展科技中介服务。加快发展行业协会等社会组织,鼓励发展各类非营利组织和专业化中介服务机构。积极推进"创新驿站"建设,拓展服务网络,提升服务能力。加强技术经纪人的培

育,完善政府购买科技中介服务的政策,促进技术经纪人队伍发展。(责任部门:市科委、市教委、市工商局、市社团局等)

三、增强企业创新动力和能力

(十一)增强国有企业创新动力。组织实施国有企业中长期技术发展战略规划,推动其建立和完善技术体系。强化对国有企业负责人创新绩效考核。完善激励政策,对技术创新有突出贡献的企业负责人和重要技术骨干,可以延长任期。(责任部门:市国资委、市人力资源社会保障局、市科委、市知识产权局等)

(十二)引导企业增加研发投入。全面落实国家关于企业研究费用税前加计扣除政策,按照企业自主立项、税务机关受理登记、企业自行申报扣除的办法操作,优化操作流程,建立争议协调机制。(责任部门:市国税局、市地税局、市科委等)

(十三)加强企业研发队伍建设。引导和支持企业加强对创新人才的培养和引进,加大本市各类人才计划对企业人才的支持力度。实施“科技特派员”制度,鼓励和支持高校、科研院所科技人员深入企业,帮助企业建立技术体系,解决技术难题,研制创新产品。落实技术要素参与分配、技术入股等方面的扶持政策,激发科技人员的积极性。(责任部门:市科委、市教委、市人力资源社会保障局、市国资委等)

(十四)促进企业研发基地建设。支持企业建立研发机构,在企业建设重点实验室、工程技术研究中心、工程研究中心、工程实验室、企业技术中心等研发基地。鼓励和支持企业、高校、科研院所合作建立研发机构。(责任部门:市科委、市经济信息化委、市发展改革委、市国资委、市教委等)

(十五)培育创新产品市场。细化和落实政府采购自主创新产品的政策措施,研究制定自主创新产品认定办法和政府采购自主创新产品操作规程,实现自主创新产品目录与政府采购产品目录的对接。加大政府采购实施力度,切实发挥政府采购对于自主创新产品市场培育的引领作用。(责任部门:市财政局、市科委、市发展改革委、市经济信息化委等)

(十六)提升企业创新管理。实施“企业加速创新计划”,引导企业运用先进的创新管理方法,瞄准创新目标,制定创新战略,逐步提升创新能级。(责任部门:市科委、市知识产权局等)

(十七)加强知识产权开发和保护。创新知识产权服务方式,加大知识产权管理人才培养力度,鼓励和支持企业应用“专利地图”、“技术路线图”等工具,提升知识产权创造、运用、保护和管理的能力。(责任部门:市知识产权局等)

(十八)促进国际合作交流。支持企业“走出去”,利用国际资源,开拓国际市场,为重点行业、重点企业购并海外研发团队、品牌和技术型公司提供一定的融资渠道和担保支持。在加强资本项下先进技术引进的同时,继续支持国际贸易项下对产业重大关键技术的引进和再创新。进一步吸引外资研发机构和高科技企业入驻,促进与本土机构的合作交流。(责任部门:市商务委、市经济信息化委、市科委、市金融办等)

四、培育和发展创新集群

(十九)实施创新热点计划。聚焦创新热点,优化基础设施和公共服务,加强产学研合作,建立技术创新联盟,促进人才流动、信息交汇和资源共享,支持企业间开展合作交流和购并重组,完善产业链,培育和壮大创新集群。(责任部门:市科委、市发展改革委、相关区县政府等)

(二十)创新高新区管理体制。进一步完善本市高新技术产业开发区的管理体制,强化对高新区各分园的指导、协调、督办和服务职能,统筹协调高新区各分园的发展。推动区县政府加强对高新区各分园的管理,减少管理层次,提高政策执行力和服务效率。实现政企分开,理顺高新区各分园行政管理机构和开发公司的职责关系。(责任部门：市科委、市发展改革委、市财政局、市规划国土资源局、市编办、市政府法制办、浦东新区政府等)

(二十一)加强高新区评估。按照国家高新技术产业开发区评价指标体系的要求，制定并执行张江高新区考核评估实施方案，加强对高新区各分园的评估指导，引导和鼓励各分园错位发展、形成特色。(责任部门：市科委、市发展改革委、市规划国土资源局、市财政局等)

(二十二)促进区县科技创新发展。加强市区联动，创新工作机制，提高区县科技管理和服务水平。建设区县科技创新服务中心，加强科技公共服务。结合区县基础条件和优势资源，大力发展高新技术产业和高技术服务业。(责任部门：市科委、相关区县政府等)

五、加强共性技术研发和公益性服务

(二十三)优化研发基地布局。加强重点实验室、工程技术研究中心、工程研究中心、工程实验室、企业技术中心等各类研发基地的统筹布局，明确各类研发基地的功能定位，实行科学评估、动态调整、政府扶持的机制。(责任部门：市科委、市发展改革委、市财政局、市经济信息化委等)

(二十四)深化应用型科研院所改革和发展。加强对应用型科研院所"创新能力点"的识别和挖掘，对具有较强基础性、公益性、战略性，以及关系国家安全的研究开发和技术服务能力点，通过建设工程技术研究中心、重点实验室等方式予以重点支持。对具有较好条件的应用型科研院所，探索实施整建制改革和调整，优化运行机制和管理体制，增强共性技术研发和行业标准、检测等技术服务能力。(责任部门：市科委、市国资委、市发展改革委、市财政局、市国税局、市地税局、市人力资源社会保障局等)

(二十五)发挥高校创新资源优势。加强高校重点学科、学位点设置和教育高地等建设计划与本市重点产业发展规划的对接。加强对地方政府投入高校经费的绩效考核，引导高校创新资源开放共享，服务地方经济发展。实施知识转移计划，推广学术休假制度，改革完善高校职称评聘制度，促进高校和企业间的人才流动。(责任部门：市教委等)

(二十六)建立政府科研项目信息共享平台。建设政府科研项目共享信息系统，建立健全政府科研立项信息采集、检索、维护和共享的工作机制，加强部门协同，提高财政投入绩效。(责任部门：市财政局、市发展改革委、市科委、市经济信息化委等)

六、推动科技投融资体系建设

(二十七)大力发展"天使投资"。充分发挥政府资金引导作用，积极鼓励和支持企业或私人资本投资"天使基金"，开展"天使投资"。改革国有创业投资企业考核方式，引入公共财政考核评价机制，简化投资和退出审核程序，加强对科技型中小企业的投资，提高运作效率，发挥引导作用。(责任部门：市金融办、市发展改革委、市科委、市国资委、市财政局等)

(二十八)鼓励股权投资发展。研究制定促进股权投资企业和股权投资管理企业发展的实施办法，对股权投资企业及股权投资企业管理人才给予奖励和支持，研究拓宽外资股权投资企业的发展空间，优化股权投资企业的发展环境。(责任部门：市金融办、市商务委、市工商局、浦东新区政府等)

(二十九)加强和改善商业银行的金融服务。研究制定鼓励商业银行扶持科技型中小企业发展的支持政策，加快推进商业银行设立信贷专营服务机构，加大对科技型中小企业的金融支持力度。推进中小企业集合债券发行。积极争取国家相关部门的支持，探索开展投贷结合的融资服务。(责任部门：市金融办、上海银监局、市科委、市财政局、浦东新区政府等)

(三十)建设柜台交易市场。加快建立面向中小企业、以合格机构投资者为主要投资人的非公开上市公司股权转让的柜台交易市场。实施科技企业上市路线图计划,支持企业上市融资。(责任部门:市金融办、上海证监局、市工商局、市经济信息化委、市科委等)

(三十一)推进金融创新服务。研究制定科技保险保费补贴扶持政策,加快推广和发展科技保险,支持企业技术研发、市场开拓。优化知识产权评估机制,建立知识产权流通平台,推广知识产权质押贷款。研究制定科技企业信用互助实施方案,开展科技企业信用互助试点。(责任部门:市金融办、市科委、市知识产权局、市财政局、上海保监局、浦东新区政府等)

(三十二)发展担保机构。研究建立中小企业贷款担保联席会议制度,推进担保市场发展。建立担保机构多层次风险分担机制,鼓励担保机构为科技型中小企业提供融资担保。引导社会资金建立中小企业信用担保机构,支持担保机构做强做大。探索建立再担保公司。(责任部门:市金融办、市财政局等)

上海市科学技术进步条例

(1996年6月20日上海市第十届人民代表大会常务委员会第二十八次会议通过 根据2000年7月13日上海市第十一届人民代表大会常务委员会第二十次会议《关于修改〈上海市科学技术进步条例〉的决定》修正 2010年9月17日上海市第十三届人民代表大会常务委员会第二十一次会议修订)

第一章 总 则

第一条 为了促进科学技术进步,发挥科学技术第一生产力的作用,推动经济建设和社会发展,实施科教兴国战略,建设创新型城市,根据《中华人民共和国科学技术进步法》和其他有关法律、行政法规,结合本市实际,制定本条例。

第二条 在本市从事科学研究、技术开发、科学技术成果的推广应用、科学技术普及以及相关的服务和行政管理活动,适用本条例。

第三条 本市科学技术工作,应当面向经济建设和社会发展,实行自主创新、重点跨越、支撑发展、引领未来的指导方针,增强科技创新能力,提高市民科学素养,促进科学技术成果向现实生产力转化。

本市支持科学技术基础研究,鼓励科学技术研究开发与高等教育、产业发展相结合,鼓励自然科学与人文社会科学交叉融合和相互促进。

第四条 全社会都应当尊重劳动、尊重知识、尊重人才、尊重创造,营造良好的科技创新氛围。

第五条 市人民政府领导全市科学技术进步工作,组织有关部门开展科学技术发展战略研究,组织制定科学技术进步发展规划,确定本市科学技术发展的目标、任务和重点领域,保障科学技术进步与经济建设和社会发展相协调。

区、县人民政府应当根据全市的科学技术进步发展规划,结合本地区经济建设和社会发展实际,采取有效措施,推进科学技术进步工作。

第六条 市科学技术行政部门负责本市科学技术进步工作的综合管理和统筹协调。区、县科学技术行政部门负责本行政区域的科学技术进步工作。

市和区县发展改革、经济和信息化、农业、教育、财政、人力资源和社会保障、国有资产管理等部门在各自的职责范围内,负责有关的科学技术进步工作。

第七条　市国民经济和社会发展规划应当体现促进科学技术进步的要求,并将重大科学技术项目、高新技术产业发展等作为规划的重要内容。

第八条　市人民政府应当确定本市高新技术发展的重点领域、重点区域、重点工程和重点项目,制定扶持高新技术产业开发区的优惠政策,并为高新技术研究、高新技术成果转化和高新技术产业化提供良好的环境。

区、县人民政府应当对本行政区域内高新技术产业开发区的建设、发展给予引导和扶持。

第九条　市人民政府推进科学技术进步的政策、措施以及经费投入情况,应当根据政府信息公开的有关规定予以公开。市和区、县科学技术行政部门应当充分发挥科技信息平台的功能,汇总相关部门推进科学技术进步的政策、措施,为公民、法人或者其他组织提供服务。

市科学技术行政部门应当编制科学技术进步年度报告,总结和反映科学技术进步发展规划的实施、研究开发经费的投入和使用、科学技术成果的水平和应用、科学技术进步对经济增长的贡献等情况。

第十条　本市鼓励和支持企业、高等院校、科学技术研究开发机构、科学技术社会团体依法开展国内外科学技术合作与交流。

第十一条　本市设立科学技术奖,对在科学技术进步活动中做出重要贡献的组织和个人进行奖励。具体办法由市人民政府制定。

第二章　企业技术进步

第十二条　本市建立以企业为主体、市场为导向、产学研相结合的技术创新体系,积极落实国家和本市的各项科技创新政策,引导创新要素向企业聚集,培育一批具有核心竞争力的创新型企业。

鼓励企业、高等院校、科学技术研究开发机构采取多种方式建立合作机制,保障科学技术研究开发与产业发展紧密结合,提高科学技术成果的转化效率。

利用财政性资金设立的科学技术研究项目的管理机构对于具有明确市场应用前景的项目,应当鼓励企业联合科学技术研究开发机构、高等院校共同实施。

按照国家和本市有关规定认定的高新技术企业和高新技术成果转化项目,可以享受国家和本市的有关优惠政策。

第十三条　根据国家和本市的产业政策和技术政策,鼓励引进国外先进技术、装备。

利用财政性资金和国有资本引进重大技术、装备的,应当进行技术消化、吸收和再创新。相关部门和企业应当落实对消化、吸收和再创新的经费保障。项目审批部门应当将技术消化、吸收和再创新方案作为审批或者核准的重要内容。

第十四条　鼓励企业实施技术标准战略。支持企业参与地方标准、行业标准、国家标准和国际标准的制定。

制定地方标准,应当听取相关企业、行业协会、科学技术研究开发机构的意见。

第十五条　本市设立创业投资引导基金,通过参股创业投资企业、为创业投资企业提供融资担保等方式,引导社会资金投向创业投资企业,重点推动高新技术产业领域的创业发展。具体办法由市发展改革部门会同有关部门制定。

本市设立创业投资风险救助专项资金,由创业投资企业自愿提取的风险准备金与政府匹配的资金组成,用于补偿创业投资企业对高新技术成果转化项目和高新技术企业投资失败的部分损失。

具体办法由市科技、财政部门会同有关部门制定。

第十六条　本市建立促进科技与金融结合的扶持机制,通过引导、激励、风险分担等方式鼓励金融资源向科技创新领域集聚,鼓励和支持金融机构开发适合科技型企业需求的金融产品和金融服务。

市金融服务、知识产权等部门应当与金融机构、相关中介服务机构合作建立知识产权质押融资服务平台,为企业知识产权质押融资提供知识产权展示、登记、评估、咨询和融资推荐等服务。

第十七条　国有企业应当建立健全有利于技术创新的分配制度,完善激励约束机制。

国有企业负责人对企业的技术进步负责。国有企业的创新投入、创新能力建设、创新成效、消化吸收再创新等情况,纳入国有企业负责人业绩考核范围。

第十八条　本市安排科技型中小企业创新资金,资助中小企业开展技术创新,推动科技型中小企业创新创业。

市和区、县人民政府设立的高新技术创业服务中心应当为符合条件的高新技术创业项目和企业提供必要的场地、设施条件,提供政策咨询以及财务、营销、融资等方面的培训和推介服务。

市和区县科技、经济信息化等部门应当健全中小企业服务机构的服务功能,引导创业投资机构向科技型中小企业投资,鼓励科技型中小企业开发新产品、新技术或者拓展运用成熟技术,扶持具有创新优势的科技型中小企业加速发展。

第三章　科学技术研究开发机构与科学技术人员

第十九条　本市安排自然科学资金,支持重点基础性科学研究课题以及优秀中青年科学技术人员从事科学研究。

市科学技术行政部门应当会同有关部门确定利用财政性资金设立的科学技术研究开发机构的功能定位和布局。

第二十条　市科技、教育等部门应当充分发挥科学技术研究开发机构、高等院校、企业的科学技术优势,支持重点领域的科学技术研究,逐步形成一批重点实验室、科学研究中心、工程技术研究中心等科学技术创新基地。

第二十一条　本市鼓励企业建立研究开发机构,支持研究开发机构采用多种形式与企业结合组建为科技型企业或者企业研究开发中心,支持有条件的已转制为企业的研究开发机构继续从事共性技术研发和公益性服务。

第二十二条　市和区、县人民政府应当加强科学技术人才队伍建设,围绕本市优先发展的科学技术重点学科、重点产业、重大项目,培养、引进科学技术创新人才和创新团队,并为其开展科学技术研究活动和实施产业化提供便利。

企业应当鼓励职工的合理化建议活动,支持工会组织职工开展技术改进和技术创新活动。

第二十三条　市和区县人民政府、企业事业组织应当采取措施,改善科学技术人员的工作条件,保障科学技术人员接受继续教育的权利,提高科学技术人员工资和福利待遇,并对有突出贡献的科学技术人员给予优厚待遇。

鼓励科学技术研究开发机构、高等院校、企业通过科学技术人员兼职、岗位流动等多种方式,实行人才交流。

鼓励科学技术人员创办企业,依法实施科技成果转化。

科学技术人员参加科学技术普及、技术服务、技术咨询活动的情况,可以计入专业工作经历,作为职称评定的依据之一。

第二十四条　科学技术成果完成单位将其职务科学技术成果实施转化的,可以根据不同的转化方式,按照国家和本市有关规定,约定成果完成人应当获得的股权、收益或者奖励。

职务科学技术成果被授予专利权的,被授予专利权的单位应当对发明人、设计人给予奖励;发明创造专利实施后,应当根据其推广应用的范围和取得的经济效益,对发明人或者设计人给予合理的报酬。

被授予专利权的单位可以与发明人、设计人约定或者在其依法制定的规章制度中规定对职务发明创造给予奖励、报酬的方式和数额;单位未与发明人、设计人约定,也未在其依法制定的规章制度中规定对职务发明创造给予奖励、报酬的方式和数额的,应当执行国家规定的奖励、报酬标准。

第二十五条　科学技术人员应当遵守学术规范,恪守职业道德,诚实守信,努力提高自身的科学技术水平,不得在科学技术活动中弄虚作假。

利用财政性资金设立的科学技术研究项目,项目管理机构应当为项目申请单位、项目承担单位以及参与项目的科学技术人员,建立科研诚信档案,作为对科学技术人员聘任专业技术职务或职称、审批相关机构和人员申请科学技术研究项目等的依据。

第二十六条　本市鼓励科学技术人员自由探索、勇于承担风险。原始记录能够证明承担探索性强、风险高的科学技术研究项目的科学技术人员已经履行了勤勉尽责义务仍不能完成该项目的,不影响其继续申请本市利用财政性资金设立的科学技术研究项目。

第四章　科学技术资源共享与服务

第二十七条　市科学技术行政部门应当会同有关部门定期开展科学技术基础条件资源调查,并建立以下科学技术资源的信息系统:

(一)科学技术研究基地、科学仪器设备;

(二)科学技术文献、科学技术数据、科学技术自然资源、科学技术普及资源;

(三)专业技术服务资源、科学技术人才资源。

市科学技术行政部门应当及时向社会公布科学技术资源的分布、使用情况。

第二十八条　科学技术资源的管理单位应当向社会公布所管理的科学技术资源的共享使用制度和使用情况,并根据使用制度安排使用。法律、行政法规规定应当保密的,依照其规定。

科学技术资源的管理单位向社会开放科学技术资源,应当与用户约定服务内容、收费数额、知识产权归属、保密要求、损害赔偿、违约责任、争议处理等权利义务事项。

市科学技术行政部门应当会同有关部门制定科学技术资源共享扶持政策,推动科学技术资源的管理单位向社会开放科学技术资源。

第二十九条　市人民政府应当建立和完善研发公共服务平台,为科学技术研究开发机构、高等院校和企业提供科学技术资源信息查询、科学技术服务推介等服务,促进科学技术资源的整合和有效利用,支持科学技术创新活动。

第三十条　市和区、县人民政府应当培育和发展技术市场,鼓励社会力量和科技人员创办从事技术评估、技术经纪、技术咨询等活动的中介服务机构;规范中介服务机构的行为,增强行业自律,提高中介服务机构的专业水平和服务能力。

第五章　科学技术普及

第三十一条　市和区、县科学技术行政部门应当制定科普工作规划,加强科学技术知识的普及工作。

鼓励科学技术、教育、文化、新闻出版、广播影视、卫生等机构和社会团体开展多种形式的科学技术知识的宣传。

第三十二条　市和区、县人民政府应当加强科学技术普及场馆、设施建设和管理,鼓励和扶持社会力量建设科学技术普及场馆、设施。

鼓励企业、高等院校、科学技术研究开发机构依托自身优势,向公众开放科学技术普及场馆、实验室、陈列室等场地和设施,开展科学技术普及活动。

以政府财政投资建设的科学技术普及场馆,应当常年向公众开放,对青少年实行优惠。

第三十三条　市科学技术行政部门应当会同有关部门对科学技术普及工作的管理人员、新闻媒体从业人员、科学技术普及场馆的设计和讲解人员等进行培训。

第三十四条　科学技术行政部门、教育行政部门以及科学技术协会、学校、科普教育基地应当鼓励和积极组织青少年参加科学技术知识的普及活动,形成学科学、爱科学、讲科学、用科学的社会风尚。

第三十五条　利用财政性资金的科学技术研究项目适合科学技术普及的,项目管理机构应当在项目合同中要求项目承担者提交关于科学技术研究成果推广应用的科学技术普及报告。

第三十六条　市科学技术行政部门应当建立科学技术普及评估指标体系,构建科学技术普及监测工作网络,定期对市民的科学素质进行测评,对科学技术普及场馆运行情况、科学技术普及项目和重大科学技术普及活动的开展情况进行考核、评估。

第六章　保障措施

第三十七条　本市建立以政府投入为引导,以企业投入、市场融资、外资引进等多渠道社会投入为主体的科学技术经费投入体制。

本市逐步提高科学技术经费投入的总体水平。市和区、县财政用于科学技术经费的年增长幅度,应当高于本级财政经常性收入的年增长幅度。全社会科学技术研究开发经费应当占本市国内生产总值的百分之二点五以上。

第三十八条　市和区、县财政性科学技术资金应当主要用于下列事项的投入:

(一)对实现国家战略、保障国家安全、促进本市经济社会发展具有重要作用的科学技术研究开发;

(二)为国家在本市实施的重大科学技术项目提供配套支持;

(三)为从事公益性研究的科学技术研究开发机构提供运行保障;

(四)支持建设科学技术基础设施、购置科学技术仪器设备以及建设完善研发公共服务平台;

(五)支持科学技术成果的应用转化、科技型中小企业创业孵化和科技型中小企业的技术创新活动;

(六)支持科学技术基础研究和科学技术人才培养;

(七)支持科学技术普及;

(八)其他与国家和本市经济社会发展相关的科学技术进步工作。

市财政、科技部门应当会同有关部门建立和完善财政性科学技术资金的绩效评价制度,提高财政性科学技术资金的使用效益。

审计机关、财政部门应当依法对财政性科学技术资金的管理和使用情况进行监督检查。

第三十九条　从事技术开发、技术转让、技术咨询、技术服务活动的,按照国家规定享受税收优惠。

企业开发新技术、新产品、新工艺发生的研究开发费用可以按照国家有关规定,税前列支并加计扣除。

第四十条　利用财政性资金设立的科学技术研究项目,项目管理机构应当履行下列职责:

(一)制定项目资金的申请、管理办法,并通过政府网站予以公布;

(二)通过政府网站公布项目名称、项目内容、申请资格条件等信息;

(三)组织专家评审,并依据当事人的申请公开其评审结果;

(四)通过政府网站公布项目立项结果和项目承担者;

(五)实施项目执行中的全过程管理和项目成果验收;

(六)对项目成果推广应用等情况进行后续评估。

法律、法规规定科学技术研究项目应当保密的,按照其规定执行。

第四十一条　对于利用财政性资金设立的科学技术研究项目,市科技、财政部门应当会同有关部门建立政府科研项目共享信息系统。

项目管理机构应当在立项前,使用前款规定的信息系统进行检索、核对,避免重复立项,并将实施项目全过程管理的信息及时录入信息系统,实现项目名称、项目内容、申请资格条件、项目承担者、项目完成情况等信息的及时采集和共享。

第四十二条　对于境内公民、法人或者其他组织自主创新的产品,经纳入本市政府采购自主创新产品目录,且性能、技术等指标能够满足政府采购需求的,政府采购应当优先购买;首次投放市场的,政府采购应当率先购买。

政府采购的产品尚待研究开发的,采购人应当运用招标方式确定科学技术研究开发机构、高等院校或者企业进行研究开发,并予以订购。

第四十三条　市和区、县人民政府应当保障农业科学技术进步的投入,完善农业科学技术进步管理机制和服务体系,支持公益性农业科学技术研究开发机构和农业技术推广机构开展农业科学技术的研究开发及应用,发展高效生态现代农业。

第七章　法　律　责　任

第四十四条　虚报、冒领、贪污、挪用、截留用于科学技术进步的财政性资金,依照有关财政违法行为处罚处分的规定责令改正,追回有关财政性资金和违法所得,依法给予行政处罚;对直接负责的主管人员和其他直接责任人员依法给予处分。

第四十五条　抄袭、剽窃他人科学技术成果,或者在科学技术活动中弄虚作假的,由科学技术人员所在单位或者单位主管机关责令改正,对直接负责的主管人员和其他直接责任人员依法给予处分;获得用于科学技术进步的财政性资金或者有违法所得的,由有关部门追回财政性资金和违法所得;情节严重的,由所在单位或者单位主管机关向社会公布其违法行为,禁止其在一定期限内申请本市科学技术研究项目。

第四十六条　滥用职权,限制、压制科学技术研究开发活动的,对直接负责的主管人员和其他直接责任人员依法给予处分。

第四十七条　科学技术行政部门和其他有关部门及其工作人员,玩忽职守、滥用职权、徇私舞弊的,由其所在单位或者上级部门对直接负责的主管人员和其他直接责任人员依法给予行政处分;

构成犯罪的,依法追究刑事责任。

第四十八条 当事人对科学技术行政部门和其他有关部门的具体行政行为不服的,可以依照《中华人民共和国行政复议法》或者《中华人民共和国行政诉讼法》的规定,申请复议或者提起诉讼。

当事人对具体行政行为在法定期间内不申请复议、不提起诉讼又不履行的,做出具体行政行为的部门可以申请人民法院强制执行。

第八章 附 则

第四十九条 本条例自 2010 年 11 月 1 日起施行。

二、科 技 规 划

上海中长期科学和技术发展规划纲要（2006—2020 年）

为进一步落实科学发展观，努力构建和谐社会，加速实施科教兴市主战略，推动上海经济、社会、科技可持续发展，依据《国家中长期科学和技术发展规划纲要（2006—2020 年）》和《上海实施科教兴市战略行动纲要》，编制《上海中长期科学和技术发展规划纲要（2006—2020 年）》。

一、上海中长期科技发展的背景与基础

（一）发达国家在人类迈向知识社会进程中占据先机

20 世纪中叶特别是 80 年代以来，以数字化和网络化为特征的信息技术的飞速发展，使全球财富增长方式和分配方式发生了根本性的转变，一种以知识的生产、传播和使用为基础，以创造性的人力资源为依托，以高技术产业为支柱的全新的经济形态——"知识经济"开始出现，人类致富的手段发生了根本变化，知识的创造和应用成为财富增长的主要源泉。发达国家凭借其坚实的知识基础、高效的创新体系，使知识源源不断地生产出来并迅速转化为商业价值和社会价值，处在全球知识社会发展的"领跑者"行列。新兴国家在追赶先进国家的过程中，更加注重知识的应用，通过强化知识的消化、吸收和再创新，将外来知识转化为自身财富，并不断缩小与知识生产先进国家的差距。发达国家在加速进入知识社会的同时，凭借强大的知识储备和应用能力，充分利用知识产权、技术标准等工具，制约和削弱发展中国家的竞争力，使广大发展中国家在全球的知识竞争中处于被动地位。发展中国家正积极应对挑战，紧紧抓住信息化、网络化以及经济全球化的机遇，力争在世界科技、经济竞争格局中占有一席之地。

（二）科技革命孕育知识社会跨越式发展的重大机遇

未来的科技将沿着更加深入微观和宇观，更加走向复杂和综合，更加揭示生命和智慧本质，更加与经济社会互动的方向发展，在不断突破人类传统认识极限的基础上，有可能在全球范围内引发新的科技革命和产业革命，这为发展中国家和地区完成面向知识社会过渡的跨越式发展提供了难得的机遇。信息技术在未来一段时间内，将继续作为推动经济社会发展的主导技术。重大的科技突破将主要在纳米、生物、信息、认知等多个领域的相互交叉、渗透与融合的技术群落中产生。生物、纳米等技术的影响力将显著提升。同时，全球分工中的研发与创意环节趋于向创新活跃的地区集中，区域层次的科技创新与竞争进一步成为国家间综合实力比较的关键因素，科技特色和创新优势也因此成为区域及其中心城市发展和制胜的重要砝码。

（三）创新型国家被确立为我国中长期科技发展目标

面向全面建设小康社会的需求，在对全球经济、社会和科技发展趋势作出准确判断的基础上，党中央、国务院立足现实国情，明确了我国中长期科技发展的总体目标——显著提升国家整体科技竞争力和持续创新能力，到 2020 年进入创新型国家行列，为全面建设小康社会提供支撑，并为我国在本世纪上半叶成为世界科技强国奠定坚实基础。建设创新型国家战略的提出，对上海科技发展提出了更高的要求，需要上海更加充分地整合与利用科技创新资源，在实现创新型国家目标中贡献更多的力量。同时，在全面建设小康社会和创新型国家的过程中，全社会对于科技创新的需求将会

明显增长,上海科技发展的内涵将进一步得到丰富。

（四）上海已基本具备面向知识社会转型的良好基础

经过多年的发展与积累,上海已初步具备了实现知识社会转型的前提和基础。一是创新的社会环境逐步形成。创新的经济基础和人才基础进一步巩固,信息化基础设施不断完善,外资研发机构大量涌入,科技型企业的创业热情高涨,创新活力不断增强。二是科技投入产出同步增长。全社会研发经费投入逐年增长,公共平台不断完善,研发能力全面提升,国际科技论文收录和引用数量、专利申请与授权数量同步增长,并在生命科学与生物技术、航空航天领域取得了一批具有世界影响的科技成果。三是经济结构加快转型。上海高新技术产业和高新技术产品出口同步高速增长,产业的技术密集程度不断提高,产业结构正在向资本密集与技术密集型转变。

（五）科技供需的结构性矛盾是制约转型的主要瓶颈

虽然上海科技发展的经济与社会环境有了很大的改善,科技为上海经济社会发展提供了有力的支撑,但从上海进一步发展的更高要求以及面向知识社会转型的需求来看,上海科技发展的机遇与挑战并存。一方面,产业竞争对科技提出了更高要求。随着成本的上升,上海产业的比较成本优势正逐步丧失,而长三角及其他地区基础设施的完善和配套水平的提高,又增强了上海都市圈的产业竞争优势,不断提高上海产业的知识含量与附加价值因此成为科技创新的重要任务。另一方面,社会发展对科技提出了新的需求。在经历了工业化、城市化的快速发展后,以人为本的个性化、多样化和高度化的社会需求不断增长。这些需求中,有的需以科技进步为支撑保障(如能源、环境、安全、卫生、交通等),有的则以知识消费、知识服务为核心内容(如精神、文化、健康、娱乐等),科技创新的空间因此获得进一步拓展。

然而,上海具有自主知识产权的核心技术的数量和质量都远远落后于世界发达地区,上海的科技自主创新能力和核心技术供给对产业结构调整的贡献有限,对产业能级的提升支撑力度不足。因此,从长远来看,如果上海内生的自主创新能力和技术进步动能还没有培育起来,上海经济增长的动力将面临衰竭的危险,经济社会发展的可持续性将受到影响。所以,大幅度增加科技创新的有效供给,提升上海自主创新能力以及在全球的知识竞争力,是上海科技服务国家战略和促进地方经济社会发展的历史重任。

二、上海中长期科技发展的指导思想、战略目标与基本思路

（一）指导思想

以邓小平理论和“三个代表”重要思想为指导,树立和落实科学发展观,实施科教兴市主战略,发挥知识资本与人力资本的主导作用,持续增强科技自主创新能力,支撑引领经济社会协调发展,提升上海面向全球的知识竞争力,为提高上海的国际竞争力、全面建设小康社会贡献力量。

1. 发挥知识人力资本主导作用。全面落实“科技是第一生产力”“人才是第一资源”的思想,充分发挥和释放知识资本以及人力资本的潜在能量,使之成为创造高附加价值的核心生产要素,并在资源配置过程中占据主导地位,为上海知识竞争力的提升创造先决条件。

2. 持续增强科技自主创新能力。通过完善和优化科技创新体系,提供适宜的制度安排和创新环境,在若干优势领域内,聚焦有限目标,进一步夯实上海原始创新能力、集成创新能力、引进消化吸收再创新能力的基础,持续增强上海科技自主创新能力,逐步提高上海知识生产、知识应用、知识转移的层次和效率。

3. 支撑引领经济社会协调发展。服务经济社会发展是科技发展和知识竞争力提升的目标与归宿。科技创新既要为提高经济增长的速度和质量作出贡献,又要为人口、资源、环境等社会问题的解决提供出路,支撑经济社会全面、协调、可持续发展。科技创新要在满足经济增长和社会进步提出的现实需求基础上,更加着眼未来知识社会发展的潜在需求,不断拓展新的空间,引领经济社会发展进入更高的层次。

(二)战略目标

根据世界发展趋势以及国家科技发展战略,结合上海科技、经济和社会发展实际,提出以知识竞争力为测度的上海区域创新体系建设和科技发展的目标。

1. 战略目标(2020 年):知识竞争力充分提升,知识社会形态初现。区域创新体系高效运转,知识竞争力名列亚洲前列并进入世界先进地区第二集团,成为亚太地区的研发中心之一。若干科技领域达到世界领先水平,涌现出一批具有自主知识产权和国际竞争力的产品和产业,全社会研究开发(R&D)经费支出相当于地区生产总值的比重达 3.5% 以上(其中企业 R&D 经费支出占全社会 R&D 经费支出的比重达到 70% 左右),万人 R&D 人员全时当量达 60 人年/万人,公众科技素养达标率超过 15%,国际科技论文年收录数量达 40 000 篇,百万人年专利授权数量达 3 000 件(其中百万人年发明专利授权数量达 450 件),知识密集产业的增加值占地区生产总值的比重达到 40% 以上,为上海基本建成经济、金融、贸易、航运中心和现代化国际大都市提供强有力的支撑与保障,为我国成为科技强国奠定基础并发挥引领作用。

2. 阶段目标(2010 年):知识竞争力加速提升,知识社会基础夯实。区域创新体系逐步完善,知识竞争力居全国前列,全社会 R&D 经费支出相当于地区生产总值的比重达 2.8% 以上(其中企业 R&D 经费支出占全社会 R&D 经费支出的比重达到 65% 以上),万人 R&D 人员全时当量达 45 人年/万人,公众科技素养达标率超过 10%,国际科技论文年收录数量达 25 000 篇,百万人年专利授权数量达 1 500 件(其中百万人年发明专利授权数量达 200 件),知识密集产业的增加值占地区生产总值的比重达到 30% 以上,科技创新成果为上海世博会提供技术支撑,上海成为国家重要的知识生产中心、知识服务中心和高新技术产业化基地,在夯实创新型国家建设基础的过程中发挥重要作用。

(三)基本思路

根据上海科技发展的总体目标,提出"以应用为导向的自主创新"竞争策略,并以此为基点,明确上海中长期科技发展的基本思路:定位上,在确保一定的科学发现作为必要的战略储备的前提下,重点关注技术创新的效率和效益。路径上,在若干优势领域内聚焦有限目标,通过开展原始创新、集成创新和引进消化吸收再创新,持续增强上海自主创新能力。抓手上,将战略产品研发、示范工程建设作为上海科技创新的两个重要突破口,前者以商业价值实现为重心,形成自主知识产权的战略产品并带动具有国际竞争优势的产业发展;后者以社会价值实现为重心,建成在我国全面建设小康社会过程中具有推广价值的工程示范。载体上,将企业作为技术创新的主体,战略产品必须由企业提出并作为主要执行单位,由企业组织高校、科研院所的力量开展联合攻关。

三、上海中长期技术创新的主要任务

贯彻以应用为导向的自主创新竞争策略,按照科技发展的趋势,围绕新兴产业的培育和传统产业的提升,面向上海在健康社会、生态环境、高端制造和智能城市方面的战略需求,将构筑"健康(Healthy)、生态(Ecological)、精品(Advanced manufacturing)和数字(Digital)上海"的"引领工程"(HEAD)作为上海中长期技术创新的主要任务,围绕 11 个应用方向,研发 33 个战略产品或功能,攻克相关的 60 项关键技术。

(一)健康上海——营造身心健康、安全和谐的生活

坚持以人为本的发展理念,满足人口老龄化、居住高密度、交往多流动、工作快节奏、体力低消

耗等带来的健康需求,整合生命科学、医学和药学的综合科技优势,以"早"(早预防、早发现、早治疗)、"快"(快检测、快诊断、快康复)、"低"(低创伤、低毒副、低价格)以及"个性化"等特点和功能为方向,围绕公共卫生与防疫、疾病诊断与治疗、重大新药创制等3个应用方向,重点支持开发7项战略产品或功能,攻克17项关键技术,带动相关技术和产业的发展,使上海疾病预防、诊断、治疗和新药开发的技术总体水平和综合实力居国内领先地位,并具备技术扩散、产业扩散和服务扩散的能力,成为亚洲生命健康科技和产业的重镇。

1. 公共卫生与防疫

以防治结合、重在预防为指导方针,构建覆盖面广的公共卫生与防疫科技支撑体系,开展重大传染病传染源及食源性疾病病因、流行趋势、波及范围分析,在重大公共卫生突发事件处理、食品安全与检测、生物安全和防恐等领域突破关键技术,形成重点产品。

(1)重大呼吸系统传染病预防及疫苗

研制可快速诊断、发现呼吸道传染病病原体及耐药等生物学特性的技术和产品;开发流感、流脑、禽流感及结核病等预防用疫苗;建立针对呼吸道传染病特点的早期发现、隔离和接种疫苗的社会化技术预警体系。

(2)食品安全与生物安全保障

建立跨部门的食品中关键污染物监测点与网络、预警和食品污染应急处理技术体系,建成上海主要食品中化学污染物检测基本数据库;建立生物污染快速检测及预警系统技术与标准体系;食品安全和生物污染的监测预警、检验鉴定、防治疫苗与药物、污染消除、应急处置等技术和装备跨入国际先进行列。

2. 疾病诊断与治疗

通过对心脑血管病、糖尿病和恶性肿瘤的防治研究,在预防和治疗两方面集中攻关,形成一批具有明显应用价值、适合心脑血管病和恶性肿瘤防治迫切需求的防治手段和规范,为重大疾病的早期预防、早期诊断和早期治疗提供新技术、新装备和新途径。

(3)心脑血管病、糖尿病和恶性肿瘤三大疾病诊疗

开展心脑血管病、糖尿病和恶性肿瘤高危人群早诊技术及规范化治疗研究,完善高危人群综合干预和优化筛检方案,使三大疾病得到有效控制,显著提高治愈率,降低死亡率。

(4)智能医疗装备

研制用于诊断和治疗的临床数字医学影像产品和信息系统;开展全自动酶免生化分析系统、核磁共振超声消融系统、医用回旋加速器中的质子束治疗系统、全身正电子发射体层像扫描系统等关键技术研究,进行样机试验和临床验证,实现诊断治疗智能复合设备的商品化生产。

(5)先进生物医用材料

研发用于诊断、治疗、修复或替换病损组织、器官或增进其功能的新材料,促进组织修复、人工器官替换、药物传递取得应用。人工皮肤、人工软骨、人工神经、人工肝等进入临床应用;纳米技术应用于药物控释材料及基因治疗载体材料取得重大进展;复合生物材料得到大规模临床应用。

3. 重大新药创制

探索药物研发新途径,开辟疾病治疗新领域,促进上海医药产业由仿制为主向创新为主、由生产主导型向研发主导型的根本性转变。开发具有自主知识产权的生物、化学技术创新药物,并争取进入国际医药市场;构筑上海中药研发体系,突破中药现代化关键技术,培育具有自主知识产权的中药拳头产品。

(6)基于中药的创新药物

开展中药及天然产物活性成分(群)分离纯化与制备等研究,发现新先导化合物和候选药物;开展基于新策略和新靶标的先导化合物的结构改造与优化研究;推进基于中药先导化合物的、拥有自主知识产权的创新药物通过新药临床研究,实现中医药传承和创新发展。

(7)转染色体动物的构建与应用

基于重组染色体技术,对动物基因进行群体设计和工程改造,研制多品种的体内诊断、预防和治疗用完全人源单克隆抗体药品,进入临床应用。

关键技术1 分子诊断技术

分子与基因水平上的传染病流行规律和传播机制研究;基于核酸扩增技术与质谱技术组合联用的新现、再现传染病的快速诊断,基于荧光素酶报告噬菌体的诊断技术,基于检测耐药相关基因突变位点的生物芯片;病原菌分子分型监测系统所涉及的新技术。

关键技术2 食品安全检测技术

致病微生物、农药、兽药、食品包装等食品关键污染物点的现场快捷化、便携化和高灵敏度、高特异性的食品安全检测技术、检测试剂(盒)和相关标准建立。

关键技术3 生物安全监测与评价技术

生物安全应急体系所需的外来入侵生物监测、预警和防御技术;转基因动、植物安全性评价与监测技术。

关键技术4 心脑血管病、糖尿病和恶性肿瘤早期诊断与规范化治疗技术

急性心肌梗死再灌注治疗方法优选,以冠状动脉搭桥技术、介入治疗技术为核心的冠心病临床规范,非瓣膜性房颤消融技术,心力衰竭综合防治;脑卒中综合规范化临床诊治,脑卒中外科治疗技术,急性脑血管病三级康复;糖尿病早期筛查、人群综合干预;肝癌、肺癌、胃癌、乳腺癌复发转移标志物的确证。

关键技术5 生育与生殖健康相关技术

重要出生缺陷的遗传和环境研究,重要出生缺陷疾病致病基因的确定;无创、高效及多种生物标记物联合分析的出生缺陷筛查诊断技术;常见生殖道感染与艾滋病、宫颈癌等生殖系统疾病病因学关系;前列腺癌、乳腺癌、子宫肌瘤、子宫内膜异位症等生殖相关疾病的预警技术。

关键技术6 营养与健康相关技术

基因组框架内影响代谢调控与代谢平衡的代谢分子和营养因素研究,分子、细胞、动物和临床水平上的破坏代谢平衡靶标基因和蛋白的识别与判定,营养物质和代谢产物分析测试技术。

关键技术7 老年性疾病治疗与干预技术

老年性痴呆、帕金森氏综合症、骨质疏松症、前列腺增生症等重要老年病以及重要代谢性疾病发病机理及综合干预技术。

关键技术8 人源(化)单抗制备技术

关键技术9 转染色体及其应用技术

关键技术10 疫苗制备技术

细胞来源流感病毒疫苗、新型脑膜炎球菌疫苗、结核病预防用改良卡介苗疫苗和核酸疫苗、肝炎、艾滋病等病毒性疾病和肿瘤等的新型预防或治疗性疫苗;利用生物反应器研制预防重要疾病疫苗。

关键技术11 蛋白/多肽药物制备及其输送技术

重组蛋白药物的药用多肽基因工程高效表达、纯化与修饰等技术；延长在人体的半衰期、提高生物利用度的生物药物输送技术；肿瘤等重大疾病的核糖核酸干扰技术、核苷类药物的临床药理、毒理研究。

关键技术 12 创新药物发现与开发技术

基于疾病相关基因、蛋白等新靶标的识别和确证；基于新靶标和新策略药物的设计；药物高效合成与分离制备，大规模高通量药物筛选，成药性快速分析和预测、结构修饰和优化；先导化合物的结构改造与优化，小分子创新药物的设计筛选优化。

关键技术 13 中药现代化技术

基于疗效确切、用药安全，具有特色古方、验方的新药开发，现代中药小复方、复方中药有效部位群研究；中成药的二次开发，中药传统制剂改进及增加适应症；中药质量控制技术，中药材和中药饮片的质量标准及有害物质限量标准；中药化学成分和脱氧核糖核酸指纹图谱的分析技术，中药标准物质库。

关键技术 14 非专利药及制剂新技术

手性（生物）合成技术及自主创新的工艺专利，规模化生产的新工艺及质量控制体系；新型药物载体系统的构建和功能，药物的靶向传导系统、靶向给药系统及靶向前体药物、透皮给药系统及应答式给药系统，粘膜、口服生物粘附、控释等新型给药系统。

关键技术 15 数字化医疗影像技术与集成技术

数字医学影像功能与结构信息的高质量快速重建；感兴趣区病灶或解剖结构的自动分割与识别；图像的三维重构与可视化；高效的图像压缩与远程传输；与临床应用密切相关的图像后处理软件与装置；高灵敏、微创或无创、易操作、易联网的诊断仪器中生理信息和数据采集、处理和控制的智能化。

关键技术 16 干细胞技术

干细胞体外培养诱导分化和治疗应用，胚胎干细胞及各种组织（成体）干细胞的分离纯化、表型与生物学性能鉴定；干细胞体外长期培养、扩增或非分化增殖、分化与定向诱导分化和调控技术；细胞核移植、体细胞克隆与治疗性克隆等技术。

关键技术 17 医用材料与组织工程关键技术

修复和改善损伤组织结构与功能的生物替代物，骨、软骨、皮肤等结构性组织的组织工程再造，肝脏、肾脏、胰腺等代谢性组织器官工程临床应用。

（二）生态上海——建设资源节约、环境友好的都市

坚持可持续发展的理念，应对能源资源短缺、环境承载力限制等严峻挑战，以替代、节约、修复、再利用和循环等特点和功能为方向，以上海具有优势的生物技术、环保技术、材料技术和制造技术为基础，围绕资源再利用与环境污染控制、能源的高效利用和清洁能源的开发、生态科技工程等 3个应用方向，重点支持开发 8 项战略产品或功能，攻克 15 项关键技术，建立有利于生命健康和符合循环经济特点的资源能源利用模式、环境保护体系及生态科技示范基地，促进自然生态的逐步恢复和改善，产业生态的不断提升和发展，人居生态的绿色化、宜人化，形成人与自然和谐发展的都市型生态环境。

4. 资源再利用与环境污染控制

促进资源节约和高效利用相结合，实现资源保护与产业发展相协调，提高环境污染控制水平和能力，研发清洁生产共性技术及废弃物综合利用关键技术，开展绿色制造与再制造，实现资源低消

耗、生产高效率和污染低排放,以较小的资源和环境代价获取更高的效率和效益。

(8)零排放煤气化多联产装置

构建基于羰基合成、整体煤气化联合循环发电和规模化制氢的清洁工艺与仿真平台,突破以二氧化碳资源化回收为特色的煤气化多联产清洁工艺与集成技术,建成适用于燃料电池的煤制氢气示范生产线。建设零排放煤气化多联产生态工业园区,成为国际先进的煤气化多联产研发基地。

(9)面向能源和资源再利用的钢铁制造流程

引进消化吸收国外先进技术,促进现有钢厂流程结构的调整与优化,重视流程中的资源和能源利用,使钢厂具有冶金材料制造、能源转换(包括发电和大容量氢气制备等)和废弃物处理三种功能,成为循环经济的标志型企业。

(10)水资源处理和再利用成套装置

解决水资源高效、优质利用并与水环境保护相协调的关键技术问题,建立新型城市水环境发展模式。针对水质型缺水城市特点,重点围绕长江水资源的合理利用,研发水资源优化配置、淡水优质深度处理、水污染高效低耗治理及循环利用、水环境生态化代谢及保护技术,保障城市供水安全可靠,实现水资源可持续利用与水环境质量全面改善。

(11)城市地下空间开发利用与生态安全

针对上海特殊地质条件、环境效应和地面空间布局,开展受污染土层与地下水的处理和修复、承压水防治、软土地基深层加固、临近建筑物及地下管线保护等特殊地质与环境条件下的设计与施工技术研究,使城市中心密集区的地下空间开发与周围生态环境保护相协调,城市土地资源得到合理利用。

5.能源的高效利用和清洁能源的开发

大力发展化石燃料的高效清洁利用技术,及时调整优化能源结构,推进后续能源的开发与利用,研发天然气利用、风能、太阳能、生物质能利用、煤制油装置及先进能源动力系统,促进节能与提高能效技术研究与推广应用,加强能源安全保障体系建设,为"保证供应、节能优先、结构优化、环境友好"的上海能源提供经济、高效、清洁的先进能源技术和保障。

(12)高效节能技术与产品

研发原创性、系列化的节能和提高能效的新理论与技术,首选能耗大且节能潜力大的工业、建筑和交通等主要耗能领域,在新型能源使用及转换技术、高效节能技术及产品上取得突破,大幅度挖掘节煤、节油和节电潜力,为上海建成能源节约型城市提供技术支撑。

(13)可再生能源利用技术与装备

研发具有国际先进水平大型风力发电技术,具备批量生产的技术能力,开展海上风电场示范;突破太阳能规模化低成本综合利用技术;研发生物质能利用技术;形成可再生能源装备和产品制造基地。

6.生态科技工程的应用和示范

以崇明生态岛建设为生态科技攻关与示范的载体,通过土地修复、湿地保护和绿地建设、建筑和社区生态化、工业与农业生态化、重大灾害与风险监测和预警等生态领域的关键技术研发集成、示范推广,推进自然生态、产业生态与人居生态和谐、持续发展。

(14)崇明生态岛科技示范工程

建立崇明岛生态保护、安全保障体系,为自然生态系统达到国际健康标准提供科技保障;初步形成生态产业化与产业生态化格局,构建完备的生态产业链体系,推进循环经济尤其是生态农业发展；长江口特色水生生态系统资源平衡得到修复和保持；发展崇明地方特色动植物品种；创建崇明岛生态社区综合示范，推进崇明基础设施与人居环境生态化发展，为科技引领和支撑我国都市郊区发展及城镇化建设提供典范。

（15）都市现代农业

按照农产品高品质、个性化发展方向要求，围绕种源农业、装备农业、生态农业、数字农业，利用生物技术和特殊种质资源，实现农产品由依赖表型的传统育种逐渐转变到针对基因型的分子育种，由品种间杂交优势扩展到利用物种间的基因转移；发展高效种养殖技术；提升以全球定位系统、遥感、地理信息系统技术为核心的精准农业技术；开发新型农机具及农产品贮藏、加工和冷链中的装备；开发农产品安全检测技术，建立质量标准体系，提高农产品的安全性；研发非传统农业的生物技术产品。

关键技术 18　高效、清洁、综合利用煤炭技术

羰基合成模试技术装置及催化剂；二氧化碳回收工艺与装置设计及埋存技术；适用于燃料电池的煤基制氢气分离与纯化技术；煤直接液化工艺路线和催化剂合成技术；煤化工联产电力、醇、二甲醚与氢气的系统集成与优化技术；不同配置条件下的技术可靠性、经济性与环境特性的全生命周期分析体系。

关键技术 19　天然气利用技术

天然气发电及燃气轮机技术；天然气分布式供能系统；天然气发动机高效低排放技术；燃气热泵建筑物供热制冷一体化技术；天然气合成油技术；液化天然气冷能利用技术。

关键技术 20　节能与提高能效技术

高耗能工业的节能降耗新工艺、关键技术及设备；电站锅炉、工业锅炉、工业窑炉高效燃烧节能技术；柴油机高效燃烧与节能技术、汽油机缸内直接喷射技术、石油替代途径与代用燃料发动机技术；高效节能建筑造型与围护结构、保温隔热建筑新材料。

关键技术 21　风能、太阳能、生物质能利用技术

兆瓦级变桨距变转速风电机组技术，海上风电场技术装备，海上风电机组基础结构及耐腐蚀性能，海上输电系统；高性价比太阳能电池，太阳能热发电与光热利用技术，太阳能建筑一体化制备技术；生物质液体燃料转化及发电技术和装备。

关键技术 22　先进能源动力技术与系统

氢能制取与储存技术；车用及电站燃料电池；动力型二次电池；高效零排放汽车动力；二甲醚燃料动力系统；复合工质动力系统。

关键技术 23　钢铁制造新工艺技术

冶金炉气制氢的催化剂；杂质元素的有效脱除技术、混合炉气的高效分离和纯净化技术；氢还原铁矿技术；高炉喷吹有机固体废弃物技术；无机固体废弃物的高温处理技术；冶金炉渣的综合利用技术。

关键技术 24　废弃物资源化综合利用技术

生活垃圾收运物流系统智能化与信息化技术；易腐有机废物厌氧消化的能源利用和转化利用技术；工业危险废弃物及垃圾焚烧飞灰安全处置及生态修复技术；工业与农业废弃物、电子废弃物回收、降解和资源化综合利用技术；资源化利用技术和设施的环境预测预警及长期安全性评价技术。

关键技术 25　水净化及循环利用技术

水源地开发与保护；水深度处理新技术；水质安全预警与应急控制技术；海水淡化技术及装备；

高效低耗城市污水处理新工艺及模块化、标准化成套生产技术;高浓度难降解有机废水处理及资源化利用技术;高耗水工业废水循环利用技术;水环境生态化代谢系统构建技术及成套装置;面源污染控制与受污染水体生态修复技术。

关键技术 26 大型地下综合体建设技术

不同深度地下空间开发中的地质环境效应与特殊施工技术;地下综合体高精度安全监控、风险评价与智能化管理技术;地下空间与地面空间系统的协调技术;废弃土生态化处理及地下水综合利用技术;世博园区地下空间后续利用技术。

关键技术 27 土地、湿地、绿地保护与修复技术

土壤污染物筛选与检测技术;受污染场址生态修复和利用技术;湿地生物多样性关键类群的监测与保护技术;城市森林和绿地生态化营建与养护技术;森林绿地树木、植物病虫害监控和综合治理技术;绿化植物品种综合评价体系与优质种质培育技术。

关键技术 28 生态建筑与社区建设技术

生态建筑的构造体系、建筑物(群)总体复合能量系统优化;社区节水、水回用及节能和可再生能源利用技术,再生能源与建筑一体化应用技术;绿色建材开发与应用技术;旧建筑结构改造、加固与功能完善技术。

关键技术 29 生态农业技术

农业清洁生产及生态化畜禽养殖技术,有机农业生产技术;有害生物灾变监测、预警与生态化防治技术;生态型都市农业和休闲观光农业发展模式的构建技术;生态农业装备制造工艺与技术;全球环境变化对都市农林生态系统安全性影响及应对技术;特色植物种质资源收集、保护及开发利用技术;农业面源污染控制技术。

关键技术 30 城市重大突发性人为灾害防范和快速处置技术

大型建筑物安全和保障技术;新型高效的灭火与抢险救援技术;大型复杂建筑火灾防范与控制技术;工业火灾和爆炸综合防范与处置技术;重大化学污染快速检测、动态预测与控制技术;城市人为灾害风险评估与区域安全规划技术。

关键技术 31 城市生命线工程与高危行业生产安全监控技术

大型复杂生命线工程网络的抗灾可靠性设计与控制技术;超大规模电网电力合理配置、安全保障和抗灾技术;重大生命线系统和工业承压设备安全预警及应急处置技术;高危行业危险点、危险源的辨识、评估和监控技术,故障快速诊断及无损探伤技术。

关键技术 32 城市自然灾害监测与预警技术

台风、暴雨、雷电、潮汛等各种灾害信息资源库和高效信息处理技术;中长尺度区域性灾害危险性分析技术;自然灾害数值预报与预警系统;强震监测与预警、抗震设计和应急救援技术。

(三)精品上海——铸造自主产权、升级换代的产品

坚持集约化发展模式,为满足产品升级换代、产业结构优化和新兴产业集群的需求,打造具有自主知识产权的高端、高效、高附加值和低消耗的精品。以数字制造、绿色制造、极端制造等为技术方向,提高上海集成制造能力,重点围绕4项新兴产业战略产品、5项交通运输与机电战略产品和2项空天战略产品,攻克17项关键技术,构建以先进制造技术为核心的新型工业化体系,提高上海制造业的产业竞争力。

7. 新兴产业战略产品

针对上海先进制造业及现代服务业发展,突破新能源产品制造和材料等关键技术,研发半导体

照明光源及新技术设备,打造节能型战略产品。发展现代服务业硬件装备,开发高清晰、高灵敏显示器和服务机器人。提高制造业整体科技水平和能力,研制面向装备制造业的光、仪、电关键功能产品,实现先进制造业标志性和基础性高技术产品产业化。

(16)半导体照明

依托国家半导体照明工程建设,整合国内外各种优势资源,掌握半导体照明系统、材料、芯片、器件、装备及终端光源产品等方面的核心技术,发展具有自主知识产权的半导体照明终端应用产品,形成上海绿色照明技术产业链。

(17)高清晰、高灵敏显示器

消化、吸收引进技术、设备和工艺,建立自主的工艺、材料与装备研发体系。重点发展大屏幕全彩色长寿命显示技术,以有源驱动有机发光二极管和柔性显示屏为主要研发攻关方向,并建立具有自主研发能力和知识产权的有机发光显示产业及其产业链,带动相关材料、部件和关键设备行业发展。

(18)服务机器人

建立开放式智能服务机器人平台,攻克相关的核心基础技术、单元技术和系统集成技术,开发满足不同需求的各类服务机器人,制造满足家用、教育、助老助残、医疗、反恐、救灾等需要的产品,形成系列化型号,并在世博会上展示重点产品。

(19)面向装备制造业的光、仪、电关键功能产品

通过先进关键功能单元的引进消化吸收和再创新,提升我国关键功能单元的设计和制造水平,解决我国关键功能单元可靠性低、产品档次不高的问题。通过对超高速主轴单元、新型直线电机和驱动系统、精密传动件和支撑件等关键功能单元产品、中高档数控系统和高性能交流伺服驱动系统的技术攻关,实现产业化,为全面提升上海装备制造业提供支撑。

8.交通运输与机电战略产品

围绕国家和上海未来交通发展需求,针对交通环境以及海洋油气和矿产资源的开发利用等,构建适应未来发展的稳定、高效的交通结构,研发安全、高效、环保的先进车辆与船舶。适应上海能源结构调整战略需求,重点围绕先进核能技术研发、核电设备及新一代能源动力系统的生产,提高能源装备产品的国内外竞争力。

(20)城市轨道交通装备与控制系统

围绕整车、分系统、零部件三个层面,开展车辆的优化设计和制造,形成整车车辆变型设计和系统集成能力、车辆关键零部件设计和生产能力;掌握控制系统的核心技术,形成轨道交通控制系统的生产能力;最终实现城市轨道交通装备总成套和工程总承包能力。

(21)磁浮交通系统技术与装备

根据国家和上海轨道交通需求和发展规划,设计建造低速、高速磁浮工程试验线,结合城际轨道交通线建设,研究并掌握车辆制造、运行控制、牵引供电和系统集成等关键技术,系统技术和专用设备达到工程化应用水平,完成定型式认证,投入商业应用。

(22)大吨位海洋油气储运装备

为保障能源供给,实现国家和上海船舶工业战略目标,提高建造效率和产业竞争力,以海洋油气储运重大装备为载体,消化吸收国外先进技术,实现关键制造技术的突破,掌握液化天然气船和超大型海上浮式生产储油轮等油气储运设备自主设计能力及先进建造工艺。

(23)新能源汽车

建立氢能燃料电池等新型动力汽车自主研发体系,重点围绕动力系统优化匹配、能源管理与动

力控制等方面开展攻关,掌握关键部件核心技术,形成自主知识产权,实现具备高性价比的商业化示范运行与技术研发同步;建立汽车电子、电机、新材料等配套高新技术产业。

（24）核电机组关键装置

掌握核电机组的总体设计技术及核岛和常规岛主设备的自主设计、成套、制造关键技术;跟踪新一代核电前瞻性关键技术;提升上海核电设备制造业的技术能级,使上海成为自主设计、制造和成套供应核电机组设备的基地之一。

9. 空天战略产品

针对前沿性高技术战略产品开发,对接国家重大科技工程,依托航空航天研发和产业基地,开展空天战略产品和关键技术研发,实现集成创新,并带动上海在先进制造、新材料、新能源、计算机、通信、微电子等相关产业的发展,培育新兴产业。

（25）空间探测器

（26）支线与干线飞机

关键技术 33 数字化设计技术

建立产品设计知识库、智能决策支持系统和分布式设计系统;根据产品特点集成计算机辅助设计、工程、工艺、制造技术,实现虚拟设计、优化设计、集成设计、可靠性设计和面向产品全生命周期设计;大型核电站模块化三维设计技术。

关键技术 34 先进制造工艺技术

高速与高精度加工工艺技术;精密复杂型面的数控加工技术;电子束、离子束、先进激光加工工艺技术与表面处理技术;纳机械/纳电子机械关键加工工艺技术;微机电系统关键加工工艺技术。

关键技术 35 数字化控制技术

基于知识的智能化控制技术、面向信息集成的产品模型数据交换规范-数字控制技术、智能过程控制和现场总线技术;系统故障自诊断和智能维护技术;基于网络的设备远程状态监测与故障诊断技术。

关键技术 36 结构金属材料制备技术

超细晶金属材料制备和生产技术、薄板坯生产技术与高氮不锈钢生产技术;宽厚高强度钢板批量生产技术、耐低温钢板制备和生产技术、耐海水腐蚀材料和先进表面保护处理技术;高塑性高强度新型钢板以及轻合金金属材料的制备和生产技术;百万千瓦超临界火电机组和核电机组关键件的专用材料制备和生产技术;关键耐磨、耐蚀、耐温材料的制备技术;宽幅厚板镍基合金材料及蒸汽发生器管材的制备技术。

关键技术 37 薄膜材料制备技术

宽禁带薄膜、有机光电功能薄膜、铁电薄膜、反渗透膜制备技术。

关键技术 38 纳米及复合材料制备技术

纳米材料在复合材料基质中的高效分散技术;原位复合、溶胶－凝胶、层间插入和微乳液聚合等有化学反应和物理作用参与的复合技术;具有特种光、电、磁及高强度的纳米复合材料,橡胶基、塑料基高性能纳米复合材料;苛刻环境下使用的高比强度、高比模量复合材料;特殊防腐涂层材料的制备技术。

关键技术 39 发光二极管外延片的工艺装备及封装技术

高质量氮化镓基外延片的制备工艺技术;高效功率型芯片的制造及封装技术;高性能外延片制造装备和光源性能测试设备的设计和制造技术;高效能白光专用荧光粉研制。

关键技术 40 发光显示设备制造技术

有机电致发光显示材料、薄膜晶体管基板工艺技术，器件制造工艺，驱动电路技术，专用基板和柔性衬底技术。

关键技术 41 先进压水堆核电关键技术

关键技术 42 大型复杂构件的复合加工工艺与制造技术

特大型复杂构件和关键零部件的铸、锻、焊、热处理等成形及加工技术、可靠性与安全性评价技术；大型铸、锻件无损探伤与质量控制技术。

关键技术 43 汽车设计与系统集成技术

整车生产制造技术和车辆维修保养技术；汽车电子系统匹配及应用技术；提高整车、关键总成及部件可靠性和耐久性技术；轻量化材料应用技术。

关键技术 44 燃料电池等新型动力汽车设计制造技术

混合动力汽车动力总成设计、集成与匹配技术，主动变速系统控制技术；发动机/电动机一体化和轮毂电机的设计、制造技术；汽车排放后处理技术；燃料电池汽车动力总成设计、集成与匹配技术；燃料电池发动机、高性能动力蓄电池、氢气车载储备技术、燃料加注及安全监测与处理技术。

关键技术 45 轨道交通系统和装备制造技术

城市轨道交通车辆分析与集成技术、磁浮控制技术、机车控制技术、通信信号技术；转向架设计制造技术；电空联合制动系统技术；大功率电力电子变压变频供电技术；安全保障与灾害应急调度技术。

关键技术 46 船舶结构设计和制造技术

液化天然气船型结构优化、液货舱制造及装配技术、低温钢高效焊接技术与装备、液舱绝热和围护技术、液化天然气装卸技术、冷能回收与挥发天然气再液化技术；大吨位海洋油气储运装备系泊系统和外输系统设计与制造技术、原油处理设备的防浪设计技术、上部设施模块化建造技术；耐波性、结构疲劳与防腐蚀分析和优化；紧急关闭系统、火灾和气体报警系统、监控系统、动力管理系统和方位控制系统的集散控制技术；快速造船技术。

关键技术 47 空间自主导航、驱动及供能技术

关键技术 48 功能单元件及传感器关键技术

关键技术 49 飞机制造技术

（四）数字上海——提供无所不在、高效可信的服务

坚持以信息化促进国际现代化大都市发展，围绕移动化、微型化、多媒体及融合型的发展趋势，开发信息技术和产品，提升现代服务业的技术水平和服务效率，满足人们居住、交通、教育、工作、医疗、娱乐等方面需求，重点围绕智能港建设、信息产业基础战略产品 2 个应用方向，开发 7 项战略产品和功能，攻克 11 项关键技术，带动信息产业的发展，实现经济、社会、文化、管理的数字化，构建相关产业链，成为国内重要的信息技术应用示范和产业化基地，使上海从信息港走向智能港。

10. 智能港建设的战略产品和服务功能

研究并综合运用泛在传感网络、遥感系统、全球定位系统、下一代网络、高性能数据处理、信息共享、多媒体技术等共性、基础性技术，建设现代服务业集聚区和先进的物流园区，实现城市管理智能化、城市物流智能化、城市服务智能化、城市生活智能化等。

（27）智能代理服务

发展具有适应性、拟人性和学习性等特征的智能代理技术，形成智能搜索代理、分布式多重智

能代理、移动代理理论和技术体系,实现网络信息收集、处理、检索、监控的智能化,用智能代理等实现虚拟现实,为用户提供迅速、准确、方便的服务。

(28)家用设备智能化

通过新一代技术,赋予家居智能设备位置、姿态、动作等感知能力、识别能力和分析处理能力,并以此提供个性化的智能服务,提供更具亲和力的家居环境。

(29)智能社区

依托传感芯片、传感网络等多种数字技术,建立面向普通疾病治疗的社区化智能医疗服务系统和面向防火防盗及监护服务的家庭安全系统,实现管理者、服务提供者和住户三方在社区环境中的实时信息交互,营造和谐安全的社区环境。

(30)智能交通与物流

通过通信、控制、物联网等高技术的应用,建立交通网络平台和决策系统,全面实现城市交通智能化管理,提高道路交通网络有效通行能力;建立城市现代物流信息平台,使上海成为世界信息枢纽和物流产业中心,为上海成为国际航运中心奠定基础。

(31)智能城市安全

针对反恐防爆需求,研制带有敏感元件的无线传感器,实现立体综合检测。建立一系列完备的网络空间信息安全基础设施,加强网上信任体系和应急处置体系等基础设施的建设。

11. 信息产业基础战略产品

掌握集成电路、通信等信息技术领域的关键核心技术,提高信息的传输速度、存储容量及可靠性和安全性,打造具有自主知识产权和国际竞争力的战略产品,形成新的产业增长点,支撑现代服务业发展,提升传统产业竞争力,使上海信息产业整体研发和制造能力达到国际先进水平。

(32)微型芯片设计、制造及装备

建设微型芯片设计、集成、制造平台,重点开展集成电路设计与整机制造等方面的研发,掌握具有自主知识产权的片上系统设计方法和技术,设计技术水平与国际先进水平处于同一技术周期,形成规模产业。实现有自主知识产权装备的开发和制造,形成生产能力。

(33)新一代宽带移动通信

研制新一代公众蜂窝通信系统及其核心电子器件、芯片及基础软件,建立低成本广覆盖的宽带无线接入系统。参与国际主流技术的宽带移动通信系统标准的制定,并主导制定若干个相关国内标准、企业标准,使上海在整体上成为无线移动通信产业发展的领先地区之一。

关键技术 50 智能代理技术

基于学习和推理、相关度分析、虚拟现实等技术集成的智能搜索代理软件;分布式多重智能代理软件;移动代理软件。

关键技术 51 传感网器件及系统技术

无线智能传感器网络体系结构、网络协议栈;低功耗无线传感器网络核心芯片,模拟、混合信号及射频芯片,信号电路的可测性设计和内建自测试技术、信号隔离技术及自动优化与综合。

关键技术 52 新型人机环境及智能监控技术

生物特征、肢体语言、人脸表情等识别技术;多模式用户模型的交互技术。

关键技术 53 家用设备网络融合技术

信息、通信、娱乐、家用电器等设备互联和管理以及数据和多媒体信息共享的技术;智能内容显示与展示;消费电子类产品及网络、通信、软件、硬件相互兼容技术。

关键技术 54 嵌入式相关技术和标准

嵌入式操作系统内核、编译调试技术；行业性编程应用程序接口规范；自动化测试技术；底层、高层中间件技术；射频电子标签芯片、封装、读写终端、跨平台综合应用技术和标准。

关键技术 55 知识的智能处理技术

大规模知识处理机制和方法；语义环球网的基础软件；智能服务研究；普适计算技术；数字内容智能处理技术。

关键技术 56 可信计算及系统可生存性

可信终端、可信数据库、可信中间件、基于可信可控的信息安全服务协作系统；无界网络下的软件和系统的可生存性。

关键技术 57 微型芯片设计及测试技术

关键技术 58 先进器件和互连技术

新型硅基半导体材料和结构、新型栅堆垛技术、超浅结及其接触技术、非硅基与硅基相结合的新型器件；栅硅金属氧化物半导体新器件、硅基量子器件、单电子器件、非硅新材料的纳米器件、基于新原理的电子器件、光磁新器件；先进互连技术，低介电常数介质、化学机械抛光工艺等技术。

关键技术 59 先进光刻机技术

浸液式光刻机技术、用于先进封装的分步投影光刻机技术、极紫外光刻机技术；刻蚀多种材料一体化技术、终点检测技术、在线诊断技术。

关键技术 60 前沿网络技术

无线自组织网络技术、动态拓扑网络技术、超宽带技术；支持因特网协议 6 版本以及话音与数据、传输与交换、电路与分组、有线与无线多网融合的支撑技术和专用芯片。

四、上海中长期科学研究的主要任务

基础研究及应用基础研究是技术创新的源泉和产业发展的基石，是上海知识竞争力提升的基础。按照原创性、先导性、标志性的原则，面向世界科学发展前沿，结合国家重大战略需求，针对"健康、生态、精品、数字上海"建设的技术创新任务要求和重大基础科学问题，开展前瞻性布局，拓展研究的深度和广度，重点围绕生命科学、材料科学与工程、物质科学与信息、空天与地学、交叉科学等 5 个重点领域，开展 23 个优先主题的研究，力争在生命科学和材料科学等领域抢占世界科技制高点，推进纳米、生物、信息、认知等学科的交叉和融合，形成新的学科优势。

（一）生命科学领域

充分发挥本市生命科学的综合优势，体现对健康上海、生态上海的引领作用，力争在生物复杂系统、蛋白质功能和结构等方面获得重大突破，为生物医药产业提供坚实后盾。

1. 生物复杂系统的结构及其活动过程

生物复杂系统的研究方法；基于系统生物学研究技术的药物设计和筛选新方法；细胞信号传导及重要通路间对话和网络构成；细胞凋亡、增殖、分化和衰老之间的调节机理；重要疾病或复杂慢性疾病的系统生物学研究。

2. 蛋白质的结构与功能

蛋白质分子的折叠过程以及错误折叠引起病变的机制；具有重要功能的蛋白质分子结构分析；蛋白质表达的调控机制；重要蛋白质相互作用网络；蛋白质组表达变化及其调控规律；基于同步辐射光源的蛋白质结构测定的理论和方法；蛋白质单分子研究理论和方法、结构分析的新方法。

3. 干细胞与再生医学

维持胚胎干细胞全能性及定向分化的机制；发现肿瘤干细胞的分子标记物、建立肿瘤干细胞的分离扩增方法；基于干细胞的组织工程新理论和新方法，解决组织工程种子细胞的应用、材料特性对组织形成的影响等组织构建和临床应用的基础性问题。

4. 生殖与发育

生殖活动的细胞与分子机制；节育新方法；精子发生过程机理；受精卵早期发育的分子基础和表观遗传变化；体细胞核重编程基因网络和调控机制；核移植新方法；中枢神经系统早期发育过程中信号通路的分子机制。

5. 重要疾病的发病机制和模式生物

肿瘤、病毒性感染疾病、循环系统疾病、代谢性疾病、神经退行性疾病等重要疾病的分子与细胞发病机制；相关的中医证候理论、组方理论、针灸经络理论研究；建立重要疾病的动物模型，利用模型探寻新的疾病诊断和防治的有效途径；模式生物及其系统生物学研究。

6. 化学基因组与新药发现

运用小分子化合物作为探针研究基因的功能；发现调控基因功能的活性化合物；针对重大疾病，应用化学基因组方法发现药物作用新靶标和疾病相关基因调控途径，在此基础上发现新药先导化合物并进行新药研发；利用化学基因组学进行中药作用途径和中药物质的基础研究。

7. 农业生物的遗传控制和分子改良

整合功能基因组、蛋白质组和代谢组学等研究手段，研究水稻、蔬菜和油料作物重要性状的遗传控制及分子改良；植物的生长发育、代谢调控、抗逆、光合作用、生殖等过程的分子与细胞机制；重大病虫害基础生物学、灾变机理、转基因植物的安全性理论与方法。

（二）材料科学与工程领域

重点研究材料结构功能一体化、新型特种功能材料及其原型器件和部件、过程工业工程科学及其装备，引领纳米科技等高新技术的发展，为上海城市发展和产业提升奠定基础。

8. 材料的结构功能一体化设计、制备与表征

力学性能/生物功能、力学/热学性能、力学/光学性能等结构功能一体化材料；尺度可控的高分子复杂结构和特种功能高分子材料；金属基、陶瓷基和高分子基复合材料；轻质高强金属材料；基于同步辐射光源的材料结构和性能的表征方法和理论。

9. 新型特种材料制备科学及其原型器件与部件研制

左手材料的设计、制备和表征以及基于左手材料的原型器件研制；分子电子材料设计理论与方法以及新型可控分子电子超微型器件研制；生物器官材料的个性化设计与制备及其原型部件研制；材料的可靠性和材料寿命周期预测以及对环境影响的评估。

10. 纳米材料结构与表征

纳米体系的介观物理基础及特性机制与相关理论；纳米材料与结构的构效关系；纳米尺度下物质的输运方法；纳米材料的复合组装体系与集成；纳米结构和性能测量的新技术、新原理和新方法；纳米结构的动态与静态表征；材料的表面、界面结构的表征和测量；纳米结构修饰、组装和定位技术；纳米器件加工技术及实验设备。

11. 面向过程工业可持续发展的工程科学问题

大分子、生物活性、多相物系和极端条件下的工程热力学和传递；催化剂工程设计与工程反应动力学；过程工程设计、强化和优化中的多尺度方法；具有多尺度结构的功能化学品设计理论和方

法；目标导向的产品微介观结构调控和钢铁材料组织精细控制理论与方法；复杂生产制造过程智能建模与控制理论和方法；复杂生产过程与装备的可重构设计方法、可靠性分析与设计理论及时域与空域的综合优化设计理论与方法。

（三）物质科学与信息领域

加强物质科学和信息领域的科学前沿研究，推动涉及未来信息、通信发展的物理、力学等学科的发展，为上海高科技产业发展提供科技支撑，并在强场物理和带隙物理等优势的方面冲击国际前沿。

12. 量子调控

从电子与光子的带隙材料角度，研究单个或少数几个量子过程的能量状态、波函数、自旋态、量子态微观相互作用与纠缠以及量子跃迁和输运过程；新量子材料及器件特性；量子极限下的器件物理学；新一代微纳电子器件的基本物理现象及器件应用；互联网络发展所需要的新型光子学材料和结构。

13. 极端条件下的强场物理

强场与超强场物理、强场高能量密度物理；阿秒科学技术；非线性激光先进制造与遥测的理论和方法。

14. 空天与海洋工程中的力学问题

（四）空天与地学领域

加强对地观测和深空探测、天文地球动力学研究，带动上海一批相关学科发展，为上海空天产业发展做好知识储备和技术积累。加强河口、海岸及城市的生态与环境基础研究，探索深海过程及其资源环境效应，为生态上海和国际航运中心建设奠定科技基础。

15. 对地观测和深空探测

16. 天文和地球动力学

建立高精度天文和地球参考系；利用空间技术监测地球整体及各圈层的物质运动，研究这些物质运动的相互关系与机理；行星流体与磁流体动力学理论与大规模计算机模拟；宇宙结构形成数值模拟和暗物质探索及活动星系核研究。

17. 河口、海岸及城市的生态与环境

河口、海岸演变机理及环境变化；生态安全预警机制的理论和方法；水资源、水环境和水生态的相互作用理论和方法；城市绿地系统的生态效应与空间格局、城市热岛和浊岛效应；典型化学物质的安全和环境生态风险评价；入侵物种生态后果及防治方法。

18. 深海过程及其资源环境效应

深海水层中的物理、化学和生物过程；地震震源带到碳循环、海底以下的流体通量、海底金属和烃类成矿及其破坏过程、海底地壳内微细地震信号的监测。

（五）交叉科学领域

推动纳米、生物、信息、认知等科学的交叉融合，发展计算生物学、计算材料学，探索强场物理在生命科学与医学等科学领域中应用的新原理与新方法，推动数学和物理科学在金融领域中的应用。

19. 纳米电子学

纳米尺度下的量子相干效应和电子波的相位特性；与新器件相关的信息功能材料；纳米微处理器、海量存储器等原型器件及关键技术；全分子系统的设计与实现途径。

20. 纳米生物与医学

基于纳米技术实现对重大疾病的早期诊断与有效治疗；新型纳米靶向控释药物技术及传递系

统;基于纳米材料的组织工程;纳米生物诊断技术;基于生物分子的器件如生物传感器、仿生器件、人工视网膜等;基因排序技术与纳米技术组装的生物芯片。

21. 脑发育和可塑性及脑高级认知功能

感觉神经信息处理和调控机理及分子、细胞和组织学基础;脑疾病和脑功能障碍防治;认知活动的脑机制和智力本质及脑式人工智能计算理论;神经细胞的发育、结构和功能的调控机理;学习与记忆过程中信号采集、分析、储存和再提取的机理;神经退行性疾病的重要调控分子及信号转导系统。

22. "深部生物圈"及其微生物的基因组学

深海微生物的生态学;构建种质资源和基因组文库;深海微生物系统发育多样性与深海地质过程的关系,及其在元素循环和有机生物地球化学循环中的作用机理。

23. 应用数学模型与方法

研究客观世界中线性与非线性,连续与离散,确定性与随机性,宏观与微观等诸多现象的数学理论及其数学模型和算法,如生物系统和生命过程的数学建模和计算机仿真;集成电路技术中的大规模微分方程组和代数方程组及其反问题;材料科学、信息、航空航天等高技术中所涉及的非线性偏微分方程、准经典极限理论、随机分析以及数值模拟方法;密码学和编码学的理论和方法;多相反应过程和极端条件下的流体力学模拟与计算理论和方法;金融数学和金融物理中的价格形成,金融风险、经纪人相互作用模型、期权定价等理论和方法。

五、上海科技创新体系的建设

上海科技创新体系是国家创新体系的重要组成部分,是承载科学研究和技术创新活动的重要基础,是实现创新资源优化配置、提高科技创新效率与效益并确保价值最终实现的重要支撑。中长期上海科技创新体系建设的目标是:建成要素齐全、布局合理、运行高效、合作开放、互动充分并具有区域特色的城市创新体系。要综合运用法律、经济以及行政手段,深化体制改革,强化机制创新,重点围绕核心资源形成机制、企业动力激活机制、市场价值实现机制以及科技统筹管理体制的建立与完善,采取10个方面的28项政策措施,形成创新人才集聚、研发设施完备、创新源泉涌流、技术转移通畅、创业孵化便捷、主体实力强劲、特色产业集群的科技创新创业新局面。

(一)强化人力资源开发,巩固创新人才根基

创新者是驱动创新和经济增长的动力源泉,是知识密集型产业发展的核心资源。要加大培养和引进的力度,增加创新人才的数量,提高人才的创新能力,形成布局完备、结构合理的科技创新人才梯队,进一步巩固知识竞争力提升所需的人才基础。

1. 扩大科技创新人才的储备。要以构筑创新人才高地为目标,致力于科技创新人才的储备。以战略产品的研发与产业化为载体,引进和培养对上海自主创新能力建设具有关键作用的科技领军人才;围绕科技优先发展领域,培养和引进在国内具有重要影响的特色学科带头人和工程化人才,在此基础上重点资助和扶持创新团队,夯实科学家和工程师的基础,并根据产业发展和转型的需求,培养和引进杰出的企业高级技术管理者。加强专职技术管理、知识产权管理、技术转移、投资评估等科技管理人才以及集成电路设计、多媒体、软件、纳米材料等新兴产业的紧缺人才和高技能人才的培养。建立资助在校学生参与科研工作的机制,提高博士生及博士后研究的津贴,吸引更多优秀学生投入研究工作;系统选派优秀人才赴国外进行有针对性的学习;建立"特约研究人员"的资助机制。改进海外创新人才的引进和服务工作,重点引进跨领域、具有前瞻能力的研发人才,营造良好的服务系统,提高上海对国际人才的吸引力。

2. 激励和培育新一代创新者。创意及实践创意的能力是创新者的基本素质。要进一步加强创造性思维和创新技能、启发思考、应用知识解决问题能力的培养以及终身教育。重视大学生创新创业意识的培育,通过在企业设立工作室、建立风险实验室及辅导机构、模拟商业环境等措施,为大学生和研究生创造实习创新的机会,提高对商业技巧的理解能力,弥补研究开发与商业化运作之间的间隙。促进高校、科研机构与企业间在创新人才培养方面的合作,新评聘的工科教授要求有一定年限的企业工作经历,管理学教授要求具有一定的管理工作经历;鼓励学术休假和研究生联合培养,促进高校、科研机构与企业间人员流动。增设创新管理课程,提高企业经营者的创新技能;加大终身教育力度,鼓励在职培训,提供在职人员职业培训津贴或奖励,通过终生学习提高劳动力的适应性;完善信息及网络教育,丰富终生学习资源。

(二)建立引逼创新机制,加速企业主体到位

企业是技术创新的行为主体。要通过建立引导和约束机制,刺激企业增加研发投入,发挥企业在整合全社会创新资源中的主导作用,继而提高全社会创新活动的整体强度,为价值实现和知识竞争力提升提供重要载体。

3. 强化国有企业的创新活动。年销售收入超过 100 亿元的国有制造类企业,必须制定提升企业竞争力的战略与研发创新的规划,并建设相应的企业研究开发机构。年销售收入在 5 亿元以上的国有制造类企业,每年必须按不低于销售收入 3.0% 的比例提取研究开发经费用于开展研发活动,加强具有自主知识产权的技术和产品研究开发。对于重大引进项目,承担企业在项目引进前必须完成和提交消化吸收及再创新的计划与方案,并在经费上予以保障,计划与方案的实施接受有关部门的监督检查。国资部门完善对国有企业及其负责人的评价及考核,对国有企业考核的重心逐步从资产的保值增值向企业的长期竞争力和资产的长期收益能力转移。

4. 建立产学研有效结合机制。切实落实国家对企业增加研发投入的优惠政策,对企业研发的新产品或新技术给予奖励,对企业与高校或科研院所共建的研发机构予以支持。对由企业主导的产学研项目,建立对参与项目研发的大学和研究机构给予直接资助的机制,并对成功开展合作的产学研机构予以表彰和奖励,促进大学和研究机构紧密围绕企业的需求开展创新活动,大力推动以企业为主体的技术研究组合,发展多种形式的产学研创新网络机制。

5. 探索开放的企业创新机制。提高科技创新的国际化程度,继续吸引外资研发、设计和工程服务等机构入驻上海,鼓励外资研发机构与本地大学、研究机构及企业开展广泛的学术交流与合作科研,促进其融入上海创新系统,通过技术链的垂直传递和水平扩散激发整个创新系统的活力。鼓励企业赴海外设立研发部门,采取措施协助企业建立全球性营销网络并支持其参与全球性营销活动,增强企业利用全球资源能力,利用"专利地图"等工具,提升企业产品价值与品牌影响,增强企业国际市场竞争力。

(三)鼓励中小企业创新,构建集群创新网络

良好的区域集聚环境有利于促进研究开发、风险基金、商业运作和专业人才等各类资源的汇集,加速创意转变为产品、流程或服务,激发中小企业的创新活力,形成创新集群网络,增强区域的竞争优势。

6. 加速成果转化与企业创业。落实国家和上海有关中小企业和成果转化的法规和政策,鼓励中小企业自主创新,加强资源共享服务的供给和专业技术服务的支撑,鼓励以技术作价投资方式带动科技型中小企业创立及加速成果转化。发挥创业"天使基金"引导效用,释放科研人员和大学生的创业潜能。以资金、项目、平台、人才和政策等为抓手,实施科技企业"小巨人工程"。促进中小企

业与大企业的良性互动。

7. 促进技术转移与扩散。鼓励研究型大学和研究机构建立技术转移机构,发挥上海技术交易所的作用,建立和完善区域性技术转移网络。政府对非营利的技术转移机构给予补助。重点增强中小企业的技术吸收和创新的能力。提高科研人员的知识产权观念及法律意识,教授和研究员职称评定时考察知识产权的绩效。

8. 加速区域创新集群的形成。加强自主创新能力建设,推进高新技术产业开发区持续健康发展。继续实施"聚焦张江"战略,提升金桥、漕河泾等园区的自主创新能力,推动紫竹科学园区和杨浦知识创新区建设。充分发挥市、区县两级政府的积极性,建立校区、园区与社区的联动机制,以加速集群创新为目标,构建行业协会,鼓励知识流动与创新协作,促进前沿领域的多学科研究交流,并为新一代创新者提供培训场所。促进研发人员和企业经营者之间的联系,扩大面向中小企业的专业技术和管理服务,为创新者获得早期投资和有经验的创新顾问等提供良好的条件,培育有助于实现创意转让和商业化的网络,形成良好的创新生态系统,提升区域特色产业的竞争力。注重引进知识密集、有成长潜力的企业,协助企业参与区域创新网络,并加强与长三角地区的区域合作和良性互动,形成若干有产业竞争优势的高技术产业集群,促进长三角整体竞争优势的提升。

(四)建设创新基础设施,改进研发公共服务

创新基础设施是承载科学研究和技术创新的重要平台。要通过强化知识库、科研设施、技术基础等公共研发支撑体系的建设,改进与知识生产相关的各类公共服务条件,降低企业尤其是科技型中小企业的创新成本与风险,提高创新的整体效率和水准。

9. 面向重点产业建设知识库。围绕生物医药、能源环境、先进制造、信息通信等产业发展的需求,建设若干个以生命健康和化学化工等为主要特色的国际一流的上海大型综合性知识库。建设数据库群和科技数字图书馆;发展数据库内容产业,形成覆盖主要行业、反应迅速且使用便捷的科技情报信息管理系统,提高知识供给、利用与服务能力。完善专利数据库,提高专利检索的效率与专利分析的效果,方便公众对专利资源的利用,使专利数据库成为创新的重要工具。

10. 改善优势学科的科研设施。着眼提高学科交叉合作能力的需要,建设若干个国家级科学研究设施,促进基础设施的开放共享,为国家和上海的科技发展提供基础条件,重点建设同步辐射光源,支撑生命和材料科学等研究;建设新一代超大激光器,支撑医学、精密加工、空天科学等研究;建设强磁场装置,支撑医药、新材料等研究;建设完善实验动物和模式动物基地,支撑生命健康研究。

11. 强化标准与计量技术基础。重点确立适应中国人群的健康及其相关产品和实验的技术标准、环境技术标准。在保护专利权人利益的前提下,增强标准制定过程中知识产权整合的有效性,为全球协作标准的建立提供良好的条件。围绕本市支柱产业、特色产业和新兴产业的发展需求,建成国际一流的商检、药检、质检等检测系统,使上海成为全国乃至东亚地区重要的计量检测服务基地。

(五)优化学科机构布局,培育科技创新源泉

在科技创新体系建设中,充分发挥国家科研机构的骨干引领作用及大学的基础和生力军作用,促进中央与地方、本地与国内外、军工和民用力量的结合,形成科技创新的整体合力。

12. 调整与优化重点学科布局。根据科技创新和城市发展需要,适时调整学科设置,继续加强包括临床医学、公共卫生与预防医学、基础医学、中医药、生物医学工程、体育学、心理学等以生命科学为标志的优势学科群建设,并与材料、光学、化学化工、仪器、机械、电子、环境等其他学科相结合,

构建一批汇聚纳米、生命、信息、认知等领域、特色鲜明的学科群,通过重点学科强势化与新兴学科优势化,支撑上海传统产业与新兴产业发展。

13. 优化研发机构的地域布局。新建和迁建的研究机构向有实力的大学和产业区域集聚。在中心城区,重点建设和完善与知识密集产业及知识服务相关的创意、软件、咨询、评估、学术交流、高技术产品展示、高端人才培养机构。在中心城外,重点围绕科技或产业园区,建设和完善与芯片设计与制造、半导体照明、生物技术、创新药物等相关的研发机构和专业技术服务机构。结合上海主导产业发展,重点建设为船舶、汽车、航天、钢铁、电站、化工、物流装备等制造业发展以及崇明生态岛、临港新城、现代农业综合示范提供技术支撑的研发服务机构。

14. 优化研发机构的功能布局。重点培育若干所世界高水平大学、3～5个国际一流的国家级实验室与研究机构,在系统生物学、材料、有机化学等优势领域内抢占科技制高点。依托各类重点(开放)实验室和工程(技术)研究中心,建设和完善应用型研发机构,重点建设生命健康研究院、城市生态研究院、产业技术研究院、计量标准研究院、航天研究院以及核工业研究院。积极探索"任务导向研究机构"的运行机制,强化机构运行和服务的绩效评估,促进战略性前沿技术的研究与产业共性技术的研究与推广,进一步巩固和强化上海应用技术的创新支持体系。

(六) 完善创新相关市场,激活价值实现机制

发挥市场配置科技创新资源的基础性作用,进一步完善市场机制,培育中介,鼓励科技型企业在海内外上市,逐步形成知识价值有效实现的完整机制。

15. 发展创新相关的各类市场。依托现有的证券市场、产权市场、技术市场,进一步强化其对知识产权的评估、定价、交易功能,开发无形资产评估工具并发布知识资本投资指南,提高创新管理的水平。健全知识产权保护制度,形成知识价值的发现与实现机制,引导企业重视核心科技资源的创造、积累、转移和利用。在技术及产权交易机构建立规范的技术产权交易平台,发展柜台交易、委托交易等各种交易方式,简化转让环节,提供退出通道,保证多元化投资融资渠道的畅通。重点以浦东新区综合配套改革试点为契机,在浦东张江进行各种技术产权交易和市场化服务的试点。

16. 鼓励科技企业海内外上市。加快创业投资发展,鼓励相关基金参与创业投资和以知识产权为担保的融资业务,并对风险给予适度分摊。利用各类资本市场,打造有核心竞争力的跨国型科技企业,争取更多的归国留学生企业、民办企业和国有企业进入国际资本市场。鼓励和引导中小科技企业与上市公司间的并购行为,为科技型企业的发展进一步拓展空间,加速提升企业整体竞争力。

17. 培育创新相关的中介服务。加大对科技中介服务机构的培育力度,通过体现知识服务应有的劳动价值,进一步加强舆论引导与激励政策设计,支持科技创新中介服务机构的快速成长。具有一定研发性质和直接服务高新技术企业的科技服务机构可享受高技术企业的同等政策。承认中介机构的经营范围,利用相关资源推介科技项目,放宽科技经纪人资质条件,鼓励其参与科技成果的经纪活动,切实保障中介机构的合法权益与收益。

(七) 优化财政投入模式,提高创新产出绩效

持续增加政府财政科技投入,聚焦有限目标,合理配置用于原始创新、集成创新和引进消化吸收再创新的资源,改进投入的模式和机制,充分发挥政府创新资源的导向作用。

18. 发挥公共财政的杠杆功能。确保市财政用于科学技术进步的经费的年增长幅度高于财政收入的年增长幅度,其中研究开发经费的年增长幅度应当高于财政支出的年增长幅度,并通过贷款、贴息、担保、产业化服务等各种措施,发挥政府投入的导向作用,鼓励银行加强间接融资与金融

服务,扩大和吸引社会资金的投入。优化财政科技支出结构,政府科技支出用于原始创新、集成创新和再创新的比例大致为2∶6∶2,以此带动全社会的原始创新、集成创新和再创新投入结构趋于1∶3∶6。

19. 推动公共服务的政府购买。改革科技公共服务的提供方式,促进科技资源共享,提高服务效率。逐步推进科技服务事业单位由行政管理向契约关系的转变,通过引入竞争机制,采用托管经营方式,由行政主管部门以采购服务的方式提供给公众,进一步强化服务质量与效果的考核与评价。

20. 强化政府项目产学研导向。政府科技创新资源的使用以重大专项的实施为主要载体,充分发挥政府科技创新资源在引导产学研合作、促进科技创新战略联盟形成过程中的主导作用,除基础研究以外的重大专项实施方案必须提交明确的产学研任务分工与协作目标,通过产学研互动,提高自主创新产出效益。

(八)提高公众科技素养,营造创新文化氛围

促进哲学社会科学与自然科学协调发展,培养市民的科技素养和崇尚科学的精神,通过多种形式的科普活动让市民增加获得科学知识的机会,为创新文化的建设奠定扎实的群众基础。

21. 促进社会与自然科学融合。加强科技发展中规律性、前瞻性、战略性、综合性问题的研究,充分发挥社会科学的理论研究、认识世界、咨政育人、服务社会的功能,形成哲学社会科学与自然科学互动发展的格局。

22. 强化市民的科学技术普及。强化上海市科普联席会议职能。完善市、区县、街道(乡镇)科普网络。增加科普投入,完善科普设施,加强科普队伍建设。加强科普创作,搞活科普活动,促进公众理解科技、支持科技、参与科技,形成在全社会大力传播科学知识、弘扬科学精神、崇尚科学思想、倡导科学方法的氛围。

23. 营造良好的创新文化环境。加强创新教育,增强全民创新意识,大力开展各类小发明、小创造活动。积极营造鼓励创新、宽容失败的创新氛围,强化科技道德、诚信体系建设。增设创新奖以表彰创新成效显著的地区、机构和个人。发挥舆论导向,大力宣传和倡导科技自主创新的典型,增强自主创新的自信心,使自主创新的理念深入人心。

(九)制订完善相关政策,规范引导创新活动

按法定程序,制订和修订与科技规划纲要实施密切相关的地方性法规以及产业政策,通过法律、规章、政策规范科技行为,为知识竞争力的提升营造一个良好的政策与法制环境。

24. 推动地方的科技创新立法。在跟踪、修订、评估现有法规的基础上,报请市人大常委会把科技方面地方性法规的制订列入工作计划,逐步形成科技创新法规体系。推动优先制订、修订有关科技进步、促进科技成果转化、科技中介服务、政府资助科技创新、科技资源共享、人才市场、促进中小企业发展、企业信用担保、科学普及等法规。同时,着手准备科技经费投入与管理、引进海外留学人员、创业投资、科技和产业开发园区管理、著作权保护、著名商标认定与保护等法规。

25. 制定相关科技及产业政策。研究科技创新相关政策,重点包括促进产学研结合、重大产业攻关项目管理、信息系统安全的测评、公共财政资助项目的知识产权管理、知识产权中介服务机构的管理、集成电路布图设计保护等。同时,制订相关产业政策,鼓励节能技术、清洁能源技术、资源再利用技术的应用,促进低能耗、低污染、高附加值产业以及循环经济的发展。

(十)加强规划落实评估,形成推动创新合力

26. 建立统筹的科技管理体系。推动创新是政府各组成部门的共同职责。相关部门和单位要

就规划的落实进行事前协调、整合、分工,加强科技创新活动调查,减少重复与漏失,使科技经费实现合理配置。交通、能源、环保、卫生、气象以及公共安全等部门要围绕本规划纲要的总体要求,根据部门的工作实际与特点,制定相应的科技发展计划,提出各自的科技发展导向目标和任务,为公共管理与服务提供有效的科技支撑与保障。

27. 开展规划落实的动态跟踪。科技行政管理部门要会同相关部门跟踪与评估规划、计划和预算实施的情况。要通过加强技术预见,掌握世界科技发展的新趋势,把握机遇,对本规划纲要进行必要的动态调整与适时修订。

28. 加强规划落实的评估监督。自觉接受市人大对本规划纲要实施的监督。建立与知识经济发展相吻合的创新评价体系,强化科技创新绩效评估,按照区域性和国际性的基准,持续对知识竞争力的评价进行跟踪。

上海"十一五"科技发展规划纲要

未来 5 年是上海发展的关键时期,上海国际大都市建设将进入攻坚阶段,世博会将在上海举办,科学技术肩负着重要的历史使命。按照上海中长期科技发展规划纲要的基本思路和战略重点,合理部署上海"十一五"时期的科技工作,具有重要意义。

一、总体目标与基本思路

着眼于上海经济社会持续发展和面向知识社会转型的需求,针对上海科技发展的现实基础和薄弱环节,围绕上海知识竞争力提升的需要,提出"十一五"上海科技发展的指导思想、总体目标和基本思路。

(一)指导思想

坚持科学发展观,实施科教兴市主战略,发挥知识资本与人力资本的主导作用,持续增强科技自主创新能力,支撑引领经济社会协调发展,提升上海面向全球的知识竞争力。

1. 发挥知识人力资本主导作用。全面落实"科技第一生产力""人才第一资源"的思想,作为知识竞争力提升应具备的最基本的先决条件,要充分发挥和释放知识资本以及人力资本的潜在能量,使之成为创造高附加价值的核心生产要素,并在资源配置过程中占据主导地位。

2. 持续增强科技自主创新能力。提升上海知识竞争力的主要任务是通过完善和优化科技创新体系,提供适宜的制度安排和创新环境,在若干优势领域内,聚焦有限目标,进一步夯实上海原始创新能力、集成创新能力、消化吸收和再创新能力的基础,持续增强上海科技自主创新能力,逐步提高上海知识生产、知识应用、知识转移的层次和效率。

3. 支撑引领经济社会协调发展。服务经济社会发展是科技发展和知识竞争力提升的目标与归宿。科技创新既要为提高经济增长的速度和质量做出贡献,又要为人口、资源、环境等社会问题的解决提供出路,支撑经济社会全面、协调、可持续发展。同时,科技创新在满足经济增长和社会进步提出的现实需求基础上,更要着眼未来知识社会发展的潜在需求,做好超前部署,不断拓展新的空间,引领经济社会发展进入更高的层次。

(二)总体目标

根据世界发展趋势以及国家科技发展"三步走"目标,结合上海科技、经济和社会发展实际,以知识竞争力作为主要测度和参考基准,提出上海区域创新体系建设和科技发展的主要目标。

到 2010 年上海知识竞争力加速提升,知识社会基础夯实。区域创新体系逐步完善,知识竞争力居全国前列,R&D 占 GDP 的比重达到 2.8%,每千人劳动力 R&D 人数达到 10 人,知识密集产业的增加值占 GDP 的比重达到 30%以上,科技创新为上海世博会的举办提供有力保障,把上海建设成为国家重要的知识生产中心、知识服务中心和高新技术产业化基地,并在夯实"创新型国家"建设基础的过程中发挥重要作用。

知识资本。企业科技创新的主体地位进一步确立,企业占全市 R&D 投入的比重达到 65%以上,一批在全球具有重要影响的本土高科技跨国企业集团开始崭露头角,中小型科技企业的创业活力与创新动力明显提高,产学研协作的集群创新加速,知识资本投入、产出的市场化机制基本形成;知识产权数量加速提升,每年获得发明专利授权的数量占全国总量的比重达到 12%以上,百万居民的专利授权数量超过 1 500 件,知识产权的质量不断提高,尤其在若干战略高技术领域形成丰厚的自主知识产权并在国际市场占据相对的主导地位,知识产权和技术交易活动日趋活跃;国际论文的收录数量和引用数分别达到 25 000 篇和 25 000 次,若干优势领域在世界科技前沿占据一席之地,并成为亚太范围内该领域的研究重镇。

人力资本。科技创新的领军人才的团队加快形成,企业 R&D 活动人力投入当量超过全社会总量的 60%;职业经理人快速成长,高技术知识服务队伍逐步建立,初步形成一支有利于知识生产和应用的职业经理人和知识服务队伍;高技术产业从业人员和新兴产业的紧缺人才的需求缺口不断缩小,从业人员的总量和素质基本满足产业发展和升级的需要。

金融资本。科技创新的投融资机制取得较大的进展,资本市场逐步趋于规范和成熟,促进知识资本与金融资本互动的功能开始显现;以政府为主导的风险基金带动并吸引民间资金关注科技创新,资金总量规模不断扩大,伴随中小型科技企业的融资渠道进一步拓宽,科技创新创业资金的巨大缺口在一定程度上得到弥补。

制度和知识支持。随着科教兴市法制环境的营造,科技创新的法律框架基本形成;分工合作、运转高效的政府科技宏观管理体制基本形成,包括研发、人才、投融资、信息和知识产权等平台在内的科技创新公共服务体系趋于完备;人才教育体系趋于完善,劳动人口平均受教育年限达到 12.5 年,市民的科技素养超过 10%;城市信息化基础设施接近国际先进水平,每百万市民拥有安全服务器数量超过 200 台,每千市民宽带上网人数达到 500 人以上。

经济社会产出。科技创新成果的转化效率进一步提高,知识服务产业初具规模,高新技术产业化效益明显提升,劳动生产率达到 15 万元/人,综合能耗产出率达到 1.3 万元 GDP/吨标准煤,科技创新在缓解能源短缺、水资源短缺以及环境保护等方面作出贡献,并为 2010 年世博会在上海的成功举办提供重要的技术支撑。

(三)基本思路

根据上海科技发展的总体目标,提出"以应用为导向的自主创新战略",以此为基点明确"十一五"上海科技发展的基本思路。

1. 以价值实现为根本目标。科技的价值主要表现为商业价值、社会价值和科技自身积累价值。要将"价值实现"作为判断政府科技资源使用绩效以及衡量各类创新主体(企业、高校、科研机构)创新绩效的评价尺度;将"价值实现"作为创新体系建设和创新机制设计的立足点和组织科研项目攻关的出发点,确保科技创新有相对清晰的市场需求或社会需求指向,从而提高知识生产与应用的有效性。上海科技创新在注重科技自身积累价值的同时,要注重科技商业价值与社会价值的实现,在确保一定的科学发现作为必要的战略储备的前提下,重点强调和关注技术创新的效率和效益。

2. 以战略产品和示范工程为重要载体。战略产品的研发与产业化、重大工程的建设与示范是体现"应用导向"的两个重要载体。要通过学科交叉与技术集成,集中有限力量,加强对经济和社会发展有重大影响的战略产品的研究开发,增强具有自主知识产权的产品在国际市场的竞争力。要通过加大跨部门的协作实施科技示范工程,加快新技术的推广应用,为我国全面建设小康社会,为区域乃至国家经济社会的协调发展提供坚强的技术支撑与保障。

3. 以企业技术创新主体到位为基本保证。鉴于上海企业技术创新主体缺失、创新能力薄弱的现实基础,通过有效的制约和激励措施并举,依靠"引逼"双管齐下,激发出企业技术创新的内生动力和内在活力。一方面,要充分利用市场机制,通过制定和实施鼓励企业开展技术创新的优惠政策,不断完善和优化企业技术创新的环境,提高企业的创新意识,增强企业的创新动力和创新能力,通过增加研发投入、集聚创新人才、获取自主知识产权,促进企业加速高新技术产业化和利用适用技术改造传统产业。另一方面,要加强政府导向,重点针对国有企业,通过建立技术创新的约束机制,强制各级国有企业开展与之规模和产能相适应的创新活动,盘活国有企业现有的创新资源存量,尤其要对国有企业的战略规划、研发机构以及技术引进、消化吸收和再创新提出明确的要求并进行考核,促使国有企业不断加强技术创新的能力建设。

二、战略重点

围绕知识竞争力提升的目标,贯彻以应用为导向的自主创新竞争策略,按照前瞻性与有效性原则,确定科技发展重点领域,对科技依赖较大的健康社会、生态环境、高端制造和数字城市等四个方面,明确上海"十一五"科技发展战略重点,为数字上海、精品上海、生态上海和健康上海建设提供科技支撑与保障。面向世界科学发展前沿,立足上海的优势与基础,进一步明确科学研究的基本方向。同时,在全社会传播科学知识、弘扬科学精神、崇尚科学思想、倡导科学方法,为自主创新奠定扎实的群众基础,营造适宜的文化氛围。

（一）数字上海:创建"无所不在、高效可信"的服务

坚持以信息化促进国际现代化大都市发展,通过掌握核心技术,提高自主创新能力,适应信息技术移动化、微型化、多媒体及融合型的发展趋势。满足人们居住、交通、教育、工作、医疗、娱乐等方面需求,增强信息资源的协同服务能力,提高智能型服务和高端服务的比重,为现代服务业的发展提供强有力的技术支撑。促进信息产业和传统产业的优化升级,形成具有高产出、高效益竞争优势的产业。

目标

到 2010 年,发展若干具有国内影响力和国际竞争力的自主创新的关键技术,形成新的产业增长点,信息产业占上海 GDP 的比重明显增长;通过重大示范工程建设及其推广,60％的上海市民能够享受信息技术带来的高质量生活,上海成为国内数字化应用程度高度领先的城市及亚太地区的中文数字文化中心,为"数字上海"建设奠定基础。

战略部署

1. 集成电路。重点研究集成电路进入 90 纳米量级相关器件设计、测试、工艺和材料。开展SOC 设计方法和技术、先进器件与先进互连技术、纳米与微系统技术、集成电路测试等关键技术研发和产业化应用研究。

2. 计算机软件。重点开展新型计算技术、软件技术、人机接口和海量信息智能处理技术等的研究。构建高可信软件生产体系,形成具有自主产权的嵌入式软件和系统产品;实现人和机器的自然交互,海量信息的有效提取和服务智能化。

3. 网络与通信。重点面向下一代网络建设,发展自主通信技术。实现网络资源的全面共享和高效协同,提供无处不在的计算和服务能力;开发出具有自主知识产权的软硬件产品,如新型大容量路由器、交换机、无线网络设备、家庭网络、各类信息终端、各类网络服务等。

4. 信息获取与处理。重点突破无线传感核心技术,构建分布式、动态大规模民用智能传感网。实时对城市的基础设施、功能机制进行信息采集、动态监管;加强空天信息获取,提高我国自主空间数据源的占有率。

5. 内容产业与数字媒体。重点推进网络视频业务、手机电视、数字影院等内容产业的发展。研究数字电视、数字电影、流媒体以及其他新媒体产业发展中的信息处理和媒体管理科学技术,开发通用数字技术应用领域中媒体处理,数字传输,复杂控制所需的专用芯片和 SoC 芯片设计。

6. 信息安全。重点建设可信、可靠与可管的网络与信息系统。开展可信信息系统环境建设以及对网络信息系统行为监管与授权的相关技术,并在识别技术,访问控制技术,资源的审计与监管技术等方面有所突破和加强。

(二)精品上海:铸造"自主产权、升级换代"的产品

抓住国际制造产业转移的机遇,坚持集约化发展模式,发展高端产业拓展增长空间,提高先进制造业的研发能力,满足产品升级换代、产业结构优化和新兴产业集群的需求,夯实上海经济发展的基础。要构建以先进制造为核心的新型工业化体系,打造具有自主知识产权的高端、高效、高附加值和低消耗的精品,实现技术含量高,资源消耗低,经济效益好的生产模式,形成上海制造业自主创新的产业竞争力。

目标

到 2010 年,基本构筑上海产业技术创新体系,具有自主知识产权的产品和技术比重明显提高,制造业的核心竞争力显著增强。新能源及低能耗装备掌握核心关键技术和具备成套能力,新型交通运输装备、生物医疗装备掌握设计和制造关键技术,电子信息装备初步掌握自主开发能力和核心关键技术,高精数字化制造装备掌握自主设计和系统集成技术,掌握精品钢材、精细化工材料、生物医学材料、微电子产业用新材料等的自主开发能力,突破关键的应用技术,为"精品上海"打造提供动力。

战略部署

1. 自主创新设计。重点掌握一批具有自主知识产权、国际知名品牌产品的设计技术和方法。瞄准上海支柱产业、基础产业、都市产业等优势产业的技术应用,在工业设计、数字化设计、可靠性设计、并行设计、分布式协同设计和绿色设计技术方面,形成具有中国特色的核心设计技术。

2. 现代工艺与制造。重点开发影响制造工艺发展瓶颈的核心与共性加工工艺技术。开展重大基础工艺研究和国际竞争前沿高技术研究,形成产品与工艺技术装备自主研发能力,全面提升加工工艺与成形技术创新研发能力;通过先进制造工艺的理论与实验研究和模拟仿真,建立我国在先进制造工艺领域的数据库和理论体系。

3. 成套与系统集成。重点发展重大成套装备、高技术装备和高技术产业所需装备,推进重大装备的国产化。面向上海产业整体技术能力的提高,具备成套装备自主创新能力,提高单机和系统可靠性;加强成套技术的发展,提高成套能力。

4. 先进材料开发与应用。重点开发不同领域所需的先进材料,克服上海产业提升的材料技术"瓶颈"。聚焦装备产业升级突破的材料技术;支撑制造业实现信息化、数字化提升的关键材料技术;提高制造用材水平的关键材料,以及为发展绿色制造所需的材料技术。

（三）生态上海：建设"资源节约、环境友好"的城市

坚持可持续发展理念，应对城市化进程带来的资源、能源、环境等方面的严峻挑战，以替代、节约、修复、再利用和循环等特点和功能为方向，通过减缓环境压力和降低资源依赖，保障城市发展与安全。促进生态良性循环，资源高效利用，污染全面控制，不断提高上海的国际综合竞争力，满足人民生活质量不断提高的客观要求，使自然生态、人居生态和产业生态三者保持高度和谐。

目标

到 2010 年，退化的自然生态系统得到逐步恢复和改善，初步构筑区域生态安全格局，维护区域生态系统的平衡，有效地控制城市扩展进程。建设便捷、高效、宜人的生态交通体系，大力推进低能耗、低污染生态建筑的发展。实现产业的生态化提升，促进经济增长方式向生态经济方式转变，万元 GDP 能耗和水耗及污染物排放达发达国家中上水平，实现 2010 年"绿色世博"的目标，为"生态上海"建设构建框架。

战略部署

1. 高效清洁能源。重点通过化石燃料的高效清洁利用关键技术研发与推广应用，为上海提供稳定、经济、清洁、可靠、安全的能源保障和技术支撑；开发新型替代能源，形成独力供应能力，促使可再生能源和替代能源对上海多元化能源结构和社会可持续发展发挥重要作用；通过节能与能源安全保障技术的研发与推广应用，为保障上海能源供应，建设能源节约型城市提供技术保证。

2. 资源保护与利用。重点建立国内领先的资源保护与综合利用技术体系。在资源环境逐步修复、地下空间有效开发、海洋资源合理利用、水资源优化配置与循环使用、水环境质量全面改善方面提供技术保障，产业向资源节约、环境友好的生态化方向发展。

3. 生态化建筑与社区。重点提出与上海区域环境相适应的、市场可接受的生态建筑模式。通过关键技术研发与推广应用，制定相应的技术标准和技术方法，提出各类生态社区建设途径和适用技术。

4. 都市现代交通。重点构建适应未来都市发展的稳定、高效的交通结构。形成适合于大都市多式复杂交通的一体化绿色设施建设和管理技术；研发安全、高效、环保的先进交通工具，形成系列自主知识产权，进行大规模的推广应用。

5. 产业生态与循环经济。重点以资源集约化和循环利用为主要内容。开发具有自主知识产权的清洁生产共性技术、绿色制造与再制造、生态产业建设和废弃物综合利用关键技术，实现资源低消耗、生产高效率、污染低排放的产业发展模式。

6. 现代都市农业。重点发展种源农业、装备农业、生态农业和数字农业。采用常规育种技术和生物育种技术结合培育动植物新品种，研发结构先进、功能多样的农业装备，加强农业生态环境建设，生产无公害农产品。

7. 安全与防灾。重点建设管理一元化、决策科学化、信息共享化、防范系统化、技术现代化、指挥智能化、反应迅速、先进高效的上海市公共安全应急与环境健康保障平台。在重点领域形成关键技术体系，提高上海整体安全水平和综合防灾减灾能力。

（四）健康上海：营造"身心健康、安全和谐"的生活

坚持以人为本的发展理念，应对 21 世纪全球生命科学浪潮，适应城市环境迅速变化后，健康保护和疾病控制形成的特殊需求。解决老龄化、高密度、多流动、快节奏、低体力消耗等问题。全面重视人口数量、结构与质量的安全合理发展，注重生命全过程的健康监测和预防，关注环境、心理与机体交互作用的综合研究，开展城乡社区医疗卫生保健研究。

目标

到2010年，健全科学化的公共卫生保障系统，基础医学研究水平大幅提高，基本形成重大疾病规范化预防和诊疗方案体系。发展具有我国自主知识产权的避孕节育和生殖健康新产品、新方法和新技术，保持国内领先水平。完善新药创新体系，优化品种构成，实现上海医药产业由仿制向创新为主、由生产主导型向研发主导型的两个根本性转变，为"健康上海"建设提供支撑。

战略部署

1. 公共安全与卫生防疫。重点构建上海市公共安全与防疫科技支撑体系。在食品安全与检测和生物安全防恐等领域形成关键技术体系，建立一批具有国际先进水平的创新研究基地和专业实验室，建成上海市公共安全与防疫科技支撑平台。

2. 健康生育。重点发展适合不同人群的避孕节育新技术、新方法和新产品。提高不同人群对避孕节育方法的知情选择水平，降低本市新生儿出生缺陷的发生率，提高前列腺癌、乳腺癌、子宫肌瘤、艾滋病等危害大或发病率高的生殖相关疾病的预防和诊治水平。

3. 健康生活。重点实现预防与治疗、求助与自助、生理与心理、医学与社会、传统与现代交融汇合的健康保健目标。推广和普及健康的生活方式，促进心理健康，全面提升生活质量和健康寿命。

4. 诊断与治疗。重点为重大疾病的早期诊断、早期治疗和早期预防提供新技术、新方法和新途径。通过对心脑肺血管病、糖尿病和恶性肿瘤的防治研究，在预防和治疗两个方面集中攻克，规范一批具有明显应用价值、适合心脑肺血管病和恶性肿瘤防治迫切需求的防治手段和技术。

5. 新药创制。在生物制药方面，重点开辟新药物研发途径和疾病治疗新领域。开发10个具有自主知识产权的生物技术创新药物，并争取3~5个药物进入国际医药市场；在化学制药方面，重点建立和完善药物筛选新模型、新技术。基于新靶点、新作用机制，加快非专利药物的研发和标准提升，推动新型药物输送关键技术的发展，促进产品高端化和品牌化；在中药现代化方面，重点实施"品牌、标准、专利"三大战略，构筑上海中药研究开发体系。培育具有国际影响力的现代中药跨国集团和具有自主知识产权的中药拳头产品，实现上海传统中药产业向现代中药产业的跨越。

6. 生物医学工程。重点开展高精密医疗仪器的应用基础与开发研究、生物医用材料和组织工程材料的开发研究、诊断、治疗和康复医疗设备研制。发展有自主知识产权的创新产品，基本扭转我国医疗器械市场被国外产品长期占据的局面。

（五）科学源泉：增强"海纳百川、追求卓越"的原创

基础研究作为科技创新的先导，作为经济社会发展的源泉与后盾，是上海知识竞争力提升的基础，是上海产业实现跨越发展的基石。要结合国家重大战略需求，围绕跨越式发展目标，开展前瞻性布局，加强原始性创新，在更深的层面和更广泛的领域，围绕经济与社会发展中的重大科学问题开展研究，提高自主创新能力和解决重大科学问题的能力。

目标

到2010年，数学、物理、化学、生物学、医学、材料学等研究领域在保持国内优势地位的基础上，实现与经济和社会发展需求的有效衔接；基础研究经费占R&D总经费的比例进入国内前列；培养一批优秀科学家和高水平的研究队伍；国际学术论文产出量保持在全国前列，论文的引用率达到世界平均水平；在若干国家和上海重大战略需求领域解决一批重要的科学问题。

战略部署

1. 生命科学领域。充分发挥本市生命科学的综合优势，体现对健康上海、生态上海的引领作

用,围绕系统生物学、细胞活动机制、脑与认知生物学基础、农业生物的遗传控制以及化学基因组学开展研究。

2. 物质科学与信息领域。推动涉及未来通讯、信息发展的物理、力学等学科的发展,在微(纳)光磁电子学、量子调控、红外光电技术以及极端条件下的强场物理等方面开展研究。

3. 材料科学与工程领域。研究材料改性优化、人工结构材料、生物材料、信息材料、复杂材料、智能材料等,为上海城市发展和产业提升奠定基础。

4. 空天和地学领域。开展空天探测和天文研究,加强研究河口海岸及城市的生态与环境基础研究,包括城市环境治理和城市生态、工业生产污染治理和清洁生产、城市安全保障、深海过程及其资源环境效应、有毒化学物质污染治理等。

5. 交叉领域。推动纳米、生物、信息、认知等学科的交叉融合,促进经典实验科学与新兴的"组学"结合,发展计算生物学,计算材料学,探索强场物理在生命科学与医学等科学领域中应用的新原理与新方法,推动数学和物理科学在金融领域中的应用。

(六)科技素养:推进"公众理解、全民参与"的科普

适应科学社会化、社会科学化进程的新要求,科普要在发展主线上,实现从普及科技知识为主向全面提高公众科学素养的转变;在发展重点上,实现从传统科普活动为主向社会化的科普能力建设的转变;在发展形态上,实现从单纯的公益事业向公益事业与文化产业相互补充的转变;在传播手段上,实现从传统的科普手段向信息化和传媒化为主要手段的转变;在功能辐射上,实现从注重本地化向本地化、区域化、国际化有机结合的转变。

目标

到 2010 年,全市公众科学素养在全国保持领先,达到或接近主要发达国家或地区 21 世纪初的水平;科学精神与创新文化成为上海城市精神塑造的重要内容,成为新时代"海派文化"的重要内涵;科普基础设施水平显著提高,每百万人拥有科技类博物馆 2 个,以内容产业为核心的科普文化产业成为科普发展的重要支撑;科普主体多元化格局形成,政府引导、多元协调合作、全社会参与、市场发挥作用的科普运作机制基本形成。

战略部署

1. 构筑和完善科普基础设施网络。重点加大对科普基础设施建设的投入,新建和提升改造上海邮政博物馆等 30 个科普场馆。构筑以综合性的上海科技馆为龙头,以一批具有特色的专业性科普场馆为基干,以社区科普基础设施、各类企事业科普教育基地为辅助的多元化、层次性的科普基础设施网络。

2. 构筑和完善大众传媒科技传播网络。重点促进科学家与公众的相互交流、推动公众参与科技活动。构筑由电视、广播、报刊杂志、科普互联网(市、区县、家庭)、电子类科普画廊等组成的大众传媒科技传播网络和科普社会化共享平台。

3. 推进科普文化产业的发展。建立科普内容创业策划平台,重点提高上海在科普内容创作和出版、科学动漫影视、电子游戏产品、科普多媒体制作的中心地位。发展科普旅游、科普游戏、动漫、影视制作、科普多媒体、科普书籍创作出版、科普展教品设计和制作、科普节目策划和制作。

4. 培育科普主体和科普人才。重点培养自然科学、人文和社会科学的科普专职和志愿者队伍。发展科普专业教育和职业培训,促进科普人才、科普主体培育与科普文化产业发展的结合,促进科普队伍的职业化,促进科普主体的成长壮大。

5. 建立推动公益性科普事业发展的长效运行机制。重点确保政府对发展公益性科普事业的

主导作用。加大公共财政的科普投入,建立科研项目追加科普经费的制度,推动科技创新与科学普及共同发展。

6. 逐步构建科普终身教育体系。重点研究科普终身教育体系的内涵、结构、功能和运作机制。加强青少年科技教育,构建学校与科技、经济、社会发展相适应的现代青少年科技教育体系;实施针对领导干部和公务员、专业技术人员、企业职工、社区居民的科普教育计划。

三、科技发展重大任务

（一）重大战略产品

为充分体现科技创新在优化上海产业结构、促进产业升级中的重要作用,提升先进制造业和培育现代服务业,推动支柱产业升级和新兴产业壮大,同时兼顾经济增长和社会发展的良性互动,按照能够形成核心的自主产权,能够发挥企业的创新主体作用,能够体现政府的支持引导效果,能够产生巨大的经济社会效益的原则,布局开发12项重大战略产品。

1. 90纳米以下器件与互连技术

开展90纳米以下工艺方面的研究,开发新型互连技术与先进器件,实现45纳米工艺的大规模生产。

2. 嵌入式系统及产品

提升嵌入式软件技术自主创新能力,实现自主产权嵌入式操作系统及开发环境在信息家电、汽车船舶电子、工业控制等重点行业领域的应用。

3. 射频电子标签

建立起完整的射频识别与应用技术产业链,形成符合国际及国家标准的、具有自主知识产权的射频电子标签芯片及相关读写机具SoC;实现在先进制造业和现代物流业的大规模应用。

4. 新型平板显示器

依靠自主研发,打破国外垄断,掌握OLED的核心技术,具备OLED产品的设计开发能力及其生产线与装备的自主设计和建设能力,实现OLED显示器件及其配套材料、驱动模块等的产业化。

5. 半导体照明工程集成光源系统

实现照明技术标致性的飞跃,在绿色照明技术领域获得具有自主知识产权的设计、装备、材料、芯片及终端应用方面的核心技术,成为我国半导体照明光源的主要研发和产业化基地。

6. 大吨位海洋油气储运装备的高效建造关键技术和装备

以大吨位海洋油气储运装备为载体,开展船舶高效建造技术和自动化装备的研究,掌握自主创新设计和制造技术,提高LNG和FPSO生产效率。

7. 自主品牌混合动力汽车

研究开发和推广应用新型能源汽车,解决交通能源消耗和环境污染问题,带动汽车电子、轻量化新材料、蓄电池等关键技术及产业的发展,形成汽车工业新增长点。

8. 煤气化多联产技术与装备

依据循环经济的理念,通过能源与资源转换过程,达到联合生产电力、液体燃料、高附加值化工产品和规模化制氢的目的,最终建设零排放煤气化多联产生态工业园区,实现污染物的零排放。

9. 太阳能光伏关键技术及设备

解决限制太阳能光伏产业应用技术瓶颈,获得具有自主知识产权的光伏产品设计与制造技术,掌握专用原材料制备技术,实现规模并网发电,结合崇明生态岛和2010年上海世博会建设,树立上海科技、绿色环保新形象。

10. 基于中药先导物的创新药物

围绕恶性肿瘤、心脑血管病、神经退行性疾病和代谢性疾病等重大疾病,研制基于中药的自主创新药物,力争进入国际医药主流市场,并在诊断和疫苗方面开发 5～10 个具有自主知识产权产品。

11. 数字化高精密医疗诊断设备

开发具有极好的诊断效率、操作易用性和共享服务资源的功能的数字化高精密医疗诊断设备,实现高效率、低剂量、易操作和优质影响以及远程诊断,扭转我国高精密医疗诊断设备产业的弱势地位。

12. 诊断和基因工程疫苗

发展新型诊疗技术,为重大传染病和生物污染的诊断、慢性疾病的早期诊断、新生儿缺陷诊断提供新技术、新方法和新途径。增强疾病预防、疗效和愈后的判断、治疗药物的监测、健康状况的评价以及遗传性预测等方面的作用。

（二）重大科技示范工程

根据上海国际化大都市建设需要,对接国家重大科技工程的实施,围绕技术显示度与集成性高,公众关注和社会示范作用大,市场潜力和社会集资能力强等特点,建设具有超前性、综合性、示范性的重大科技示范工程,集中体现和发挥科技引领经济社会发展的作用。

1. 科技世博园

以世博会的需求导向为主线,以现代先进的科学技术为支撑,着眼于经济、社会、生态环境的协调发展,依托"部市合作"计划,重点开展世博会高、精、尖展品研发及世博园区地下空间开发与永续利用、突发性重大事故防范与应急反应控制技术、世博交通建设关键技术与管理决策支持系统、面向世博的智能监控系统、水安全保障与水环境治理等关键技术研究,集中展示科技整体实力和成果,使科技让世博更精彩。

2. 智能新港城

围绕上海国际航运中心建设,推进特殊建筑施工、智能物流、宽带通信、智能网络、绿色照明等现代科技在临港新城的应用与示范。到 2010 年,通过电子标签、自动分拣、传感网络系统等技术的研究应用,建成具有现代化信息基础设施,网络空间安全可靠,水陆空物流联运系统高效运行,办公、社区、交通智能化的临港新城,为"智能港"建设提供示范。

3. 崇明生态岛

针对上海国际大都市的综合性生态岛和国际性海上花园的定位,围绕生态功能、产业发展、循环经济和资源集约型社会建设的需求,建立崇明岛生态保护、安全保障体系,为自然生态系统达到国际健康标准提供科技保障;初步形成生态产业化与产业生态化格局,推进循环经济尤其是生态农业发展;创建崇明岛生态社区综合示范,推进崇明基础设施与人居环境生态化发展,为科技引领和支撑我国都市郊区发展及城镇化建设提供典范。

4. 张江生药谷

坚持研究开发、生产制造、专业服务三业并举,突破"资金""孵化""中介"和"产学研"等四个薄弱环节,打造张江生物医药产业集群,推进生命健康研究院的建设,吸引国内外大企业和创业型小企业的入驻,促进跨国制药公司研发中心和国内企业的研发机构的加盟。率先形成国内规模最大的生物医药产业集群,率先形成生物技术、现代中药和生物医学工程的产业化优势,率先形成以自主创新与国际化先进技术引进相结合的创新体系,为培育高科技产业提供示范。

（三）技术创新和科学研究项目

面向上海中长期科技发展战略目标,围绕未来五年上海国民经济和社会发展的需求,部署一批技术创新和科学研究项目。

1. 技术创新项目

数字城市——

（1）宽带通信与终端设备

（2）多核 CPU 与高端 DSP

（3）高端 SOC

（4）新型人机环境及智能监控

（5）SOC 集成电路测试技术

（6）大型计算与数据处理

（7）下一代网络关键技术与设备

（8）可信计算平台关键技术

（9）信息安全综合监控技术

（10）高分辨率对地观测系统关键技术

（11）伽利略卫星导航系统关键技术

（12）智能交通信息采集与发布综合应用关键技术

（13）数字媒体及创意内容产业

高端制造——

（14）城市轨道交通车辆及关键零部件的设计与集成制造

（15）深海半潜式平台

（16）反应堆堆芯机构的自主设计与精密制造

（17）月球探测车

（18）复合地层地铁隧道掘进机

（19）高性能精品钢及能源装备用钢铁材料

（20）高效聚乙烯系列催化剂

（21）高速高精度数控加工装备关键功能单元和集成技术

（22）创新产品协同开发支持技术

（23）石化行业制造执行系统

（24）MEMS 平台和 MEMS 器件工程化

（25）轻质高强新材料

生态环境——

（26）兆瓦级并网变速恒频风力发电机组

（27）水处理成套技术及装置

（28）长江黄浦江水源中内分泌干扰物的筛选去除技术

（29）长江河口及其毗邻海域生态环境保护与修复

（30）生态社区建设关键技术及集成

（31）石化行业产业微生态系统构建的成套技术与示范

（32）城市核心安全保障工程关键技术

（33）钢铁流程规模制氢关键技术

（34）生物质能综合利用关键技术

（35）废热和自然热能高效环保利用关键工程技术及装备

（36）废弃物资源化利用关键技术

健康社会——

（37）食品安全检测、监测、控制关键新技术与产品

（38）生殖健康促进技术与模式

（39）复方中药质量可控新型制剂与有效部位群研究

（40）慢性非传染性疾病诊疗技术

（41）人源化抗体药物

2. 科学研究项目

（1）蛋白质和重大疾病的系统生物医学研究

（2）人胚胎干细胞的体外培养、定向分化及组织工程可降解生物材料的应用基础研究

（3）免疫细胞亚群和新型免疫分子研究

（4）人类重要功能基因的模式生物研究

（5）学习与记忆的认知神经科学基础研究

（6）城市环境中持久性有毒污染物的控制机理研究

（7）基于基因改良的水稻新品种选育

（8）三超（超高强度、超短脉宽、超短波长）激光高技术及其重大应用

（9）未来信息科学中的量子调控技术

（10）微推进系统的重大基础问题研究

（11）全光驱动分子智能材料和原型器件的基础研究

（12）纳米结构与纳米技术

（13）微（纳）光磁电子学研究

（14）自旋电子学

（15）左手材料应用基础研究

（16）结构功能一体化材料及其制备技术研究

（17）面向化学工业可持续发展的新一代反应方法学研究

四、研发基地布局与设施建设

（一）研发基地布局

根据研发基地布局与创新体系建设相协调的原则,适应科技创新集群化、专业化、体系化、全球化的发展要求,针对上海科技力量多元化的特点,围绕科技资源"集聚、整合、优化、共享"的方针,建立内外统筹、市区联动、条块整合的创新集群和合理的分布结构,推动产学研结合,促进基地、平台、人才、项目一体化发展,配合和支撑科技发展重大任务的实施。

研发基地是形成科技创新能力的关键,也是承担科技攻坚任务、凝聚人才的实体。要从上海科技战略需求出发,围绕提高上海科技的资源集聚能力、自主创新能力和持续发展能力,抓紧建设一批在国内外有影响的研发机构,并根据不同类型研发机构的特点,建立起以中国科学院、大学等国立研究机构与国家级实验室为龙头,以地方工程（技术）研究中心为辅助,以企业技术中心和各类外资研究机构为支撑的研究开发体系。重点建设国家级实验室,提高现有重点实验室、工程中心、企

业技术中心的整体水平。要发挥中央部委驻沪各类研发机构的作用，利用跨国公司研发中心在上海的机遇，调动和激活各类科技力量。

要促进研发机构在内、中、外环线区域的合理分布和优势集聚。在内环线内，建设和完善与知识密集产业及知识服务相关的研发及服务机构。在内外环带间，集聚或围绕高新技术园区，建设和发展以信息和生物医药为主的研发机构、专业技术服务机构和企业孵化基地。在外环线以外，重点建设为船舶、汽车、钢铁、电站、化工等制造业发展以及崇明生态岛、临港新城、现代农业综合示范提供技术支撑的研发服务机构。进一步实施聚焦张江的政策，发展上海高新技术园区，构建高新区、大学科技园、企业孵化器为基础的产业化链。

1. 建设以国家级实验室为龙头、各类重点实验室为辅助、相关重点学科为支撑的基础研究单元

培育以中科院、大学为主的基础研究队伍，加强实验室建设。在体现国家优势和特色方面，积极筹建和培育国家级实验室。依托上海市的重点学科建设，围绕优势领域和社会需求，新建 40 个上海市重点实验室，使总量达到近 90 个。提高重点实验室自主创新能力和对外开放、交流水平，力争有 3～4 个市重点实验室升级为国家重点实验室。

2. 建设以四个研究院为核心、各类工程（技术）研究中心为配套的应用研究单元

深化应用型科研机构的改革与发展，积极探索以任务为导向的新型研究机制，整合现有分散资源，巩固和强化应用研究系统。启动生命健康研究院、城市生态研究院、产业技术研究院及计量标准研究院的建设。加强以行业共性技术研究和以企业为中心的竞争性技术研究体系建设。发挥现有国家工程技术研究中心和国家工程研究中心的作用，积极组织食品安全、生物信息等国家工程技术研究中心和电动汽车、汽车电子、核电装备、燃汽轮机等国家工程研究中心的建设。

——生命健康研究院

结合十五期间上海在生物医药与健康领域的研究机构布局与创新体系建设，推进人口与健康研究领域基础研究与临床医学、药物研发的有机结合，以张江国家生物医药科技产业基地为依托，整合资源，联合各方，以资产为纽带、以重大项目为载体，建立跨部门、跨学科的"资源共享、优势互补、联合研究、协同攻关"的生物医药与健康领域创新服务链，成为疾病发生和致病机理研究、食品安全、药物发现与开发关键技术的研发平台，形成上海生命健康应用研究体系，成为国家生物医药创新体系的重要组成部分。

——城市生态研究院

有效积聚上海现有相关研究机构力量，发挥各自在生态技术研究、装备制造、循环经济发展等方面的优势，以生态产业提升与学科发展为研究目标，协调组织全市各方力量开展生态安全、生态修复、污染控制、人居环境、清洁生产、清洁能源以及循环经济等方面的研究，实现多项技术的综合集成，解决能源、资源、大气、水环境治理、地下空间等领域的关键技术问题，为上海建设生态城市提供支撑。

——产业技术研究院

根据上海先进制造业发展的需要，着力关注上海产业共性技术、先导技术的战略研究，跟踪世界产业技术的前沿，推进产学研各方在技术成果的转移、扩散和集成等方面实现优势互补，为全市科技资源整合、开放、共享提供服务。研究院建设本着循序渐进、重点突破、分步实施的原则，形成一个集现代产业共性技术研发及推广和服务的非营利实体。

——计量标准研究院

围绕科技、经济和社会发展以及国防建设对检测及标准技术的需求，适应检测技术向微量快

速、复杂体系、无损检测发展的趋势及更灵敏更精密的特点,结合研发公共服务平台建设,联合相关具有行业标准研究及检测和服务功能的科研院所,重点开展汽车、生物医药、农产品、环境等相关领域的检测、计量和标准研究,研发高新技术检测设备国产化技术和高精密检测技术,为长三角和全国服务。

3. 建设以企业研发中心为基础、外资研发机构为补充、产业促进机构为媒介的开发研究单元

进一步加强企业研发中心,提高大型骨干企业技术吸收和创新能力,实现集成创新和再创新,支持中小企业建立企业技术研发机构。通过政策扶持和项目引导,夯实企业研发中心的技术创新及应用基础,到2010年,包括国家级和市级企业技术中心的总量达到200家,成为支撑上海支柱产业升级和新兴产业发展的重要力量。继续吸引外资研发机构、具有研发功能的地区总部入驻上海,扩大与本土科技创新力量的互动。

充分发挥市区两级政府联动的效应,在"一区一新"的基础上,对接浦东新区电子信息与生物制药、普陀区现代物流、闸北区多媒体、虹口区传感技术和器件、杨浦区知识产权园、闵行区航空航天装备、南汇区先进装备制造、崇明县生态岛等,建立与区县特色产业发展相配套的专业技术服务平台、创业孵化基地和社区学院。发挥科技成果转化、科技创业等服务机构的作用,为特色产业发展和中小企业技术开发提供专业配套支持及相关的产品展示与知识普及。

(二)科研设施与服务平台建设

围绕企业主体与产学研联盟的能动性、科技布局与资源配置的合理性、知识扩散和技术转移的有效性等方面的需求,按照上海研发公共服务平台建设的总体部署,继续建立由全社会各方资源全面共享、标准统一、分工有序、高效互动的研发公共服务体系,基本完成科技文献服务系统、科学数据共享系统、仪器设施共用系统、资源条件保障系统、试验基地协作系统、专业技术服务系统等十大系统建设任务。加强重要科研设施的建设,完善网络科技环境,建设国际先进、国内领先的数据基础设施、科技数字图书馆等公共服务平台等,使上海成为研发设施完善、创新创业环境适宜的国际大都市。

1. 上海光源后续利用

2010年前,通过光源建安工程、同步辐射光束线等技术的研究应用,建成世界上性能指标最先进的中能区第三代同步辐射光源,为信息、微纳电子、新材料、生物医药等多学科领域的前沿研究和高新技术开发应用研究提供重要的平台。

2. 强激光装置

适应国家重大战略需求,在建立"神光"和"强光"两大系列装置的基础上,研制超高强度、超短脉宽、超短波长激光装置,并应用于强场物理和阿秒科学等前沿领域及激光核聚变和激光雷达等战略高技术领域,引发微纳结构先进制造等方面的技术变革。

3. 强磁场装置

根据上海新材料发展需求,先期建设相对完备的强磁场下材料制备平台,在金属凝固、晶体生长、磁性材料改性、无机材料、高分子材料、生物医药、功能材料等多个领域的材料制备、电化学过程等方面取得一批具有原创性的科研成果,带动提升上海材料、生命、物理、化学等领域的创新能力。

4. 上海大型科学计算平台

以上海超算中心、超高速网络和网络科技环境及海量存储设备为基础,建设服务于科学研究、技术开发和工程设计的上海大型科学计算平台。同时研究与各类网络科技环境结点的接入技术,尤其是上海研发公共服务平台中的各类数字化科技资源,大型科学仪器和设施之间的联接和数据

信息计算处理技术。

5. 纳米技术检测与标准公共服务平台

建设纳米分析测试研究服务平台,开展纳米检测方法标准和相应的标准物质的研制,承接国内外纳米材料、纳米产品的各种特性的测试,成为国际认可的公共服务测试和评估机构,并参与国际标准的制定。

6. 上海地面交通工具风洞中心

在完成汽车风洞设计、建设和运行关键技术攻关的基础上,建设国家级汽车风洞公共服务技术平台和研发体系,研究和开发自主品牌的汽车和轨道车辆,提升先导性核心技术的产权占有率,结合新一代洁净能源汽车工程,研究和开发低风阻的概念化车型。

7. 高、低速磁浮交通工程试验线

通过高、低速磁浮系统集成、悬浮控制、运行控制系统等关键技术的研究,建成高速磁浮工程试验线和低速磁浮工程试验线,自主研制成功高、低速磁浮车及配套的运行控制和供电系统。实现较远距离城市间快速到达及大城市地面轨道交通公交化,优化我国综合交通体系的速度结构,带动和促进相关产业的发展。

8. 上海科技馆自然博物分馆

重点围绕自然类动植物展示、教育、收藏与研究进行建设,开展自然物和人类遗物的研究工作,成为动物、植物、地质、古生物等学科的分类学和生态学研究中心和鉴定中心。

五、科技创新体制与机制

为完成"十一五"规划各项任务,实现上海未来五年科技发展的阶段目标,并为中长期科技发展打下坚实基础,要综合运用法律、经济以及行政手段,深化体制改革,强化机制创新。重点围绕核心资源形成机制、企业动力激活机制、市场价值实现机制以及科技统筹管理体制的建立与完善,优化创新环境,形成创新人才集聚、研发设施完备、创新源泉涌流、技术转移通畅、创业孵化便捷、主体实力强劲、特色产业集群的科技创新创业新局面。

(一)强化人力资源开发,巩固创新人才根基

创新者是驱动创新和经济增长的动力源泉,是知识密集型产业发展的核心资源。要加大培养和引进的力度,增加创新人才的数量,提高人才的创新能力,形成布局完备、结构合理的科技创新人才梯队,进一步巩固知识竞争力提升所需的人才基础。

1. 扩大科技创新人才的储备。上海要以构筑创新人才高地为目标,致力于科技创新人才的储备。以战略产品的研发与产业化为载体,引进和培养对上海自主创新能力建设具有关键作用的科技领军人才;围绕科技优先发展领域,培养和引进在国内具有重要影响的特色学科带头人和工程化人才,在此基础上重点资助和扶持创新团队,夯实科学家和工程师的基础,并根据产业发展和转型的需求,培养和引进杰出的企业高级技术管理者。加强专职技术管理、知识产权管理、技术转移、投资评估等科技管理人才以及集成电路设计、多媒体、软件、纳米材料等新兴产业的紧缺人才和高技能人才的培养。建立资助在校学生参与科研工作的机制,提高博士生及博士后研究的津贴,吸引更多优秀学生投入研究工作;系统选派优秀人才赴国外进行有针对性的学习;建立"特约研究人员"的资助机制。改进海外创新人才的引进和服务工作,重点引进跨领域、具有前瞻能力的研发人才,营造良好的服务系统,提高上海对国际人才的吸引力。

2. 激励和培育新一代创新者。创意及实践创意的能力是创新者的基本素质。要进一步加强创造性思维和创新技能、启发思考、应用知识解决问题能力的培养以及终生教育。重视大学生创新

创业意识的培育,通过在企业设立工作室、建立风险实验室及辅导机构、模拟商业环境等措施,为大学生和研究生创造实习创新的机会,提高对商业技巧的理解能力,弥补研究开发与商业化运作之间的间隙。促进高校、科研机构与企业间在创新人才培养方面的合作,新评聘的工科教授要求有一定年限的企业工作经历,管理学教授要求具有一定的管理工作经历;鼓励学术休假和研究生联合培养,促进高校、科研机构与企业间人员流动。增设创新管理课程,提高企业经营者的创新技能;鼓励在职培训,提供在职人员职业培训津贴或奖励,通过终生学习提高劳动力的适应性;完善信息及网络教育,丰富终生学习资源。

(二)建立引逼创新机制,加速企业主体到位

企业是技术创新的行为主体。通过建立引导和约束机制,刺激企业增加研发投入,发挥企业在整合全社会创新资源中的主导作用,继而提高全社会创新活动的整体强度,为价值实现和知识竞争力提升提供重要载体。

3. 强化国有企业的创新活动。年销售收入超过 100 亿元的国有制造类企业,必须制定提升企业竞争力的战略与研发创新的规划,并建设相应的企业研究开发机构。年销售收入在 5 亿元以上的国有制造类企业,每年必须按不低于销售收入 3.0% 的比例提取研究开发经费用于购买新技术或开展研发活动,加强具有自主知识产权的技术和产品研究开发。对于重大引进项目,承担企业在项目引进前必须完成和提交消化吸收及再创新的计划与方案,并在经费上予以保障,计划与方案的实施接受有关部门的监督检查。国资部门完善对国有企业及其负责人的评价及考核,对国有企业考核的重心逐步从资产的保值增值向企业的长期竞争力和资产的长期收益能力转移。

4. 建立产学研有效结合机制。切实落实国家对企业增加研发投入的优惠政策,对企业研发的新产品或新技术给予奖励,对企业与高校或科研院所共建的研发机构予以支持。对由企业主导的产学研项目,建立对参与项目研发的大学和研究机构给予直接资助的机制,并对成功开展合作的产学研机构予以表彰和奖励,促进大学和研究机构紧密围绕企业的需求开展创新活动,大力推动以企业为主体的技术研究组合,发展多种形式的产学研创新网络机制。

5. 探索开放的企业创新机制。提高科技创新的国际化程度,继续吸引外资研发、设计和工程服务等机构入驻上海,鼓励外资研发机构与本地大学、研究机构及企业开展广泛的学术交流与合作科研,促进其融入上海创新系统,通过技术链的完善,激发整个创新系统的活力。鼓励企业赴海外设立研发部门,采取措施协助企业建立全球性营销网络并支持其参与全球性营销活动,增强企业利用全球资源能力,利用"专利地图"等工具,提高专利检索的效率与专利分析的效果,提升企业产品价值与品牌影响,增强企业国际市场竞争力。

(三)鼓励中小企业创新,构建集群创新网络

创新的实现有着固有的地域特性,良好的区域集聚环境有利于促进研究开发、风险基金、商业运作和专业人才等各类资源的汇集,加速创意转变为产品、流程或服务,激发中小企业的创新活力,形成创新集群网络,增强区域的竞争优势。

6. 加速成果转化与企业创业。落实国家和上海有关中小企业和成果转化的法规和政策,鼓励中小企业自主创新,加大资源共享服务的供给和专业技术服务的支撑,鼓励以技术作价投资方式带动科技型中小企业创立及加速成果转化。发挥创业"天使基金"引导效用,释放科研人员和大学生的创业潜能。以资金、项目、平台、人才和政策等为抓手,实施科技企业"小巨人工程"。促进中小企业与大企业的良性互动。

7. 促进技术转移与扩散。鼓励研究型大学和研究机构建立技术转移机构,发挥上海技术交易

所的作用，建立和完善区域性技术转移网络。政府对非营利的技术转移机构给予补助。重点增强中小企业的技术吸收和创新的能力。提高科研人员的知识产权观念及法律意识，教授和研究员职称评定时考察知识产权的绩效。

8. 加速区域创新集群的形成。加强自主创新能力建设，推进高新技术产业开发区持续健康发展。继续实施"聚焦张江"战略，提升金桥、漕河泾等园区的自主创新能力，推动紫竹科学园区和杨浦知识创新区建设。充分发挥市区两级政府的积极性，建立校区、园区与社区的联动机制，以加速集群创新为目标，构建行业协会，鼓励知识流动与创新协作，促进前沿领域的多学科研究交流，并为新一代创新者提供培训场所。促进研发人员和企业经营者之间的联系，扩大面向中小企业的专业技术和管理服务，为创新者获得早期投资和有经验的创新顾问等提供良好的条件，培育有助于实现创意转让和商业化的网络，形成良好的创新生态系统，提升区域特色产业的竞争力。注重引进知识密集、并有成长潜力的企业，协助企业参与区域创新网络，并加强与长三角地区的区域合作和良性互动，形成若干有产业竞争优势的高技术产业集群，促进长三角整体竞争优势的提升。

（四）完善创新相关市场，激活价值实现机制

发挥市场配置科技创新资源的基础性作用，进一步完善市场机制，培育中介，鼓励科技型企业在海内外上市，逐步形成知识价值有效实现的完整机制。

9. 发展创新相关的各类市场。依托现有的证券市场、产权市场、技术市场，进一步强化其对知识产权的评估、定价、交易功能，开发无形资产评估工具并发布知识资本投资指南，提高创新管理的水平。健全知识产权保护制度，形成知识价值的发现与实现机制，引导企业重视核心科技资源的创造、积累、转移和利用。在技术及产权交易机构建立规范的技术产权交易平台，发展柜台交易、委托交易等各种交易方式，简化转让环节，提供退出通道，保证多元化投资融资渠道的畅通。重点以获国务院批准的浦东新区综合配套改革试点为契机，在浦东张江进行各种技术产权交易和市场化服务的试点。

10. 鼓励科技企业海内外上市。加快创业投资发展，鼓励相关基金参与创业投资和以知识产权为担保的融资业务，并对风险给予适度分摊。利用各类资本市场，打造有核心竞争力的跨国型科技企业，争取更多的归国留学生企业、民办企业和国有企业进入国际资本市场。鼓励和引导中小科技企业与上市公司间的并购行为，为科技型的企业发展进一步拓展空间，加速提升企业整体竞争力。

11. 培育创新相关的中介服务。加大对科技中介服务机构的培育力度，通过体现知识服务应有的劳动价值，进一步加强舆论引导与激励政策设计，支持科技创新中介服务机构的快速成长。具有一定研发性质和直接服务高新技术企业的科技服务机构可享受高技术企业的同等政策。承认中介机构的经营范围，利用相关资源推介科技项目，放宽科技经纪人资质条件，鼓励其参与科技成果的经纪活动，切实保障中介机构的合法权益与收益。

（五）优化财政投入模式，提高创新产出绩效

持续增加政府财政科技投入，聚焦有限目标，合理配置用于原始创新、集成创新和引进消化吸收再创新的资源，改进投入的模式和机制，充分发挥政府创新资源的导向作用。

12. 发挥公共财政的杠杆功能。确保市财政用于科学技术进步的经费的年增长幅度，高于财政收入的年增长幅度，其中，研究开发经费的年增长幅度应当高于财政支出的年增长幅度，并通过贷款、贴息、担保、产业化服务等各种措施，发挥政府投入的导向作用，鼓励银行加强间接融资与金融服务，扩大和吸引社会资金的投入。优化财政科技支出结构，提高科技投入产出效率。

13. 推动公共服务的政府购买。改革科技公共服务的提供方式,促进科技资源共享,提高服务效率。逐步推进科技服务事业单位由行政管理向契约关系的转变,通过引入竞争机制,采用托管经营方式,由行政主管部门以采购服务的方式提供给公众,进一步强化服务质量与效果的考核与评价。

14. 强化政府项目产学研导向。政府科技创新资源的使用,将以重大专项的实施为主要载体,充分发挥政府科技创新资源在引导产学研合作、促进科技创新战略联盟形成过程中的主导作用,除基础研究以外的重大专项实施方案必须提交明确的产学研任务分工与协作目标,通过形成紧密而高效的产学研互动,提高自主创新产出效益。

(六)制订相关政策法规,规范引导创新活动

制订和修订与科技规划纲要实施密切相关的地方法规与产业政策,通过法律、规章、政策规范约束科技行为,为知识竞争力的提升营造一个良好的政策与法制环境。

15. 推动地方的科技创新立法。在跟踪、修订、评估现有法规的基础上,有重点地把地方性科技法规的制订列入上海市人大常委会的工作计划,逐步形成科技创新法规体系。优先制订、修订有关科技进步、促进科技成果转化、科技中介服务、政府资助科技创新、科技资源共享、人才市场、促进中小企业发展、企业信用担保、科学普及等法规。同时,着手准备科技经费投入与管理、引进海外留学人员、创业投资、科技和产业开发园区管理、著作权保护、著名商标认定与保护等法规。

16. 制定相关科技及产业政策。研究科技创新相关政策,重点包括促进产学研结合、重大产业攻关项目管理、信息系统安全的测评、公共财政资助项目的知识产权管理、知识产权中介服务机构的管理、集成电路布图设计保护等。同时,制订相关产业政策,鼓励节能技术、清洁能源技术、资源再利用技术的应用,促进低能耗、低污染、高附加值产业以及循环经济的发展。

(七)加强规划落实评估,形成推动创新合力

17. 建立统筹的科技管理体系。推动创新是政府各组成部门的共同职责。相关部门和单位就规划的落实,要进行事前协调、整合、分工,加强科技创新活动调查,减少重复与漏失,使科技经费实现合理配置。交通、能源、环保、卫生、气象以及公共安全等政府职能部门,要围绕中长期科技发展规划的总体要求,根据部门的工作实际与特点,制定相应的科技发展计划,提出各自的科技发展导向目标和任务,为公共管理与服务提供有效的科技支撑与保障。

18. 开展规划落实的动态跟踪。科技行政管理部门会同相关部门跟踪与评估规划、计划和预算实施的情况,把握调整的机遇,对规划纲要进行必要的动态调整与适时修订。

19. 加强规划落实的评估监督。为保证规划实施的严肃性,进一步加强市人大对上海中长期科技发展规划实施的监督。建立与知识经济发展相吻合的创新评价体系,强化科技创新绩效评估,按照区域性和国际性的基准,持续对知识竞争力的评价进行跟踪。

上海科技机构单位全称和简称对照表

全　称	简　称
上海市科学技术委员会	市科委
上海市科学技术协会	市科协
中国科学院	中科院
上海科学院	上科院
中国科学院上海微系统与信息技术研究所	微系统所
中国科学院上海技术物理研究所	技物所
中国科学院上海光学精密机械研究所	光机所
中国科学院上海硅酸盐研究所	硅酸盐所
中国科学院上海有机化学研究所	有机所
中国科学院上海应用物理研究所	应用物理所
中国科学院上海天文台	上海天文台
中国科学院上海生命科学研究院	生科院
中国科学院上海生物化学与细胞生物学研究所	生化与细胞所
中国科学院上海神经科学研究所	神经所
中国科学院上海药物研究所	药物所
中国科学院上海植物生理生态研究所	植生生态所
中国科学院上海健康科学研究所	健康所
中国科学院上海营养科学研究所	营养所
中国科学院上海巴斯德研究所	巴斯德所
中国科学院中科院—马普计算生物学伙伴研究所	计算生物学所
中国科学院上海生物化学研究所	生化所
中国科学院上海细胞生物学研究所	细胞所
中国科学院上海生理研究所	生理所
中国科学院上海脑研究所	脑研究所
中国科学院上海植物生理研究所	植物所
中国科学院上海昆虫研究所	昆虫所
中国科学院上海生物工程研究中心	生物工程中心
中科院上海辰山植物科学研究中心	辰山植物园

818

全　　称	简　　称
上海仪器仪表研究所	上仪所
上海市脑血管病防治研究所	脑防所
上海市纳米科技与产业发展促进中心	纳米中心
上海计算机软件技术开发中心	软件中心
上海集成电路技术与产业促进中心	集成电路中心
上海实验动物研究中心	实验动物中心
上海知识产权培训中心	知识产权中心
上海生物信息技术研究中心	生物信息中心
上海南方模式生物研究中心	模式生物中心
国家人类基因组南方研究中心	南方基因组
国家半导体照明应用系统工程技术研究中心	半导体照明中心
上海材料研究所	材料所
上海市计算技术研究所	计算所
上海市激光技术研究所	激光所
上海市计划生育科学研究所	计生所
上海市科学学研究所	科学学所
上海科技管理干部学院	科管院
上海专利商标事务所有限公司	专利所
上海市能源研究所	能源所
中国电子科技集团公司第二十一研究所	二十一所
中国电子科技集团公司第二十三研究所	二十三所
中国电子科技集团公司第三十二研究所	三十二所
中国电子科技集团公司第五十研究所	五十所
中国电子科技集团公司第五十一研究所	五十一所
中国船舶重工集团公司第七○一研究所上海分部	七○一所
中国船舶重工集团公司第七○二研究所上海分部	七○二所
中国船舶重工集团公司第七○四研究所	七○四所
中国船舶重工集团公司第七○五研究所上海技术工程部	七○五所
中国船舶工业集团公司第七○八研究所	七○八所
中国船舶重工集团公司第七一一研究所	七一一所
中国船舶重工集团公司第七二六研究所	七二六所

（续表）

全　　称	简　　称
中国工程物理研究院上海激光等离子体研究所	等离子体所
宝钢集团有限公司	宝钢
宝山钢铁股份有限公司	宝钢股份
上海重型机床厂有限公司	上重厂
上海钢铁工艺技术研究所	工艺所
上海第二冶炼厂	二冶厂
上海冶炼厂	上冶厂
上海市农业科学院	农科院
上海市农业科学院作物育种栽培研究所	作物所
上海市农业科学院林木果树研究所	林果所
上海市农业科学院设施园艺研究所	园艺所
上海市农业生物基因中心	基因中心
上海市农业科学院农产品质量标准与检测技术研究所	质标所
上海市农业科学院农业科技信息研究所	信息所
上海市农业科学院生态环境保护研究所	生态所
上海市农业科学院食用菌研究所	食用菌所
上海市农业科学院生物技术研究所	生物所
上海市农业科学院畜牧兽医研究所	畜牧所

索　引

E～F

S

W

（王彦祥、毋栋、张若舒、刘子涵　编制）

编　后　记

　　《上海市志·科学分志·科学技术卷(1978—2010)》(简称《上海科技志书》)的编纂工作始于2010年。全市地方志工作会议以后,市科委研究处和市科学学所立即启动了《上海科技志书》编纂工作的准备,制定了《上海科技志书》编纂实施方案。

　　2010年6月,市科委召开了《上海科技志书》编纂工作启动会暨编委会第一次会议,通过了《上海科技志书》编纂实施方案,成立了《上海科技志书》编纂委员会和编纂室。同年8月,市科委设立上海市科技发展基金软科学研究重点项目——关于《上海科技志书》的编纂与研究。同年9月,《上海科技志书》编纂工作正式启动。同年10月,召开了《上海科技志书》篇章结构专家研讨会,在专家建议的基础上,拟定了篇章结构。

　　2011年主要是搜集资料,形成资料卡片(2 000多万字)。搜集了两部《上海科学技术志》、30多本《上海科技年鉴》、10多本《上海科技进步报告》,形成了包含9个要素的电子资料卡片。2012年,对电子资料卡片进行整理,在此基础上编写资料长篇卡片。2013年,撰写初稿。同年11月,召开专家研讨会,对部分初稿提出建议和意见。2014年,完成初稿撰写,补充相关资料,修改初稿,编纂专篇专章。2015年,召开专篇专家研讨会,听取专业专家的建议,按照专家的建议进行进一步修改。2016年,总纂合成,同年10月编委会进行内部评议评审;同年12月,地方志办公室组织专家评议。2017年,根据地方志办公室组织的专家评议意见,进一步修改和完善;同年12月,地方志办公室组织评审。2018年,根据市地方志办公室的评审意见和评审专家的建议,进行修改和完善;同年11月提交验收稿。2019年,根据市地方志办公室的验收意见进行修改,提交出版社。

编者

2019年10月

图书在版编目(CIP)数据

上海市志. 科学分志: 科学技术卷: 1978—2010/
上海市地方志编纂委员会编. —上海: 上海古籍出版社,
2020. 9
ISBN 978 - 7 - 5325 - 9693 - 5

Ⅰ. ①上… Ⅱ. ①上… Ⅲ. ①上海—地方志②科学研
究事业—概况—上海—1978 - 2010 Ⅳ. ①K295. 1
②G322. 751

中国版本图书馆 CIP 数据核字(2020)第 127315 号

责任编辑 张靖伟
封面设计 严克勤

上海市志·科学分志·科学技术卷(1978—2010)
上海市地方志编纂委员会

出版发行 上海古籍出版社
　　　　　(200020　上海瑞金二路 272 号)
印　　刷 上海中华商务联合印刷有限公司
开　　本 889×1194　1/16
印　　张 59. 5
插　　页 21
字　　数 1,560,000
版　　次 2020 年 9 月第 1 版
印　　次 2020 年 9 月第 1 次印刷
ISBN 978 - 7 - 5325 - 9693 - 5/K · 2878
定　　价 360. 00 元